最高人民法院裁判观点精编

(2016—2017)

上

人民法院出版社法规编辑中心 编

人民法院出版社

图书在版编目（CIP）数据

最高人民法院裁判观点精编：2016—2017／人民法院出版社法规编辑中心编．—北京：人民法院出版社，2018.7
ISBN 978-7-5109-2165-0

Ⅰ．①最… Ⅱ．①人… Ⅲ．①最高法院—审判—案例—汇编—中国 ②最高法院—审判—法律文书—汇编—中国 Ⅳ．①D920.5 ②D926.2

中国版本图书馆 CIP 数据核字（2018）第 108442 号

最高人民法院裁判观点精编（2016－2017）
人民法院出版社法规编辑中心　编

责任编辑	王　婷
执行编辑	高　晖　杨钦云　尹立霞　陈　思　田　夏
出版发行	人民法院出版社
地　　址	北京市东城区东交民巷 27 号（100745）
电　　话	（010）67550673（执行编辑）　　67550558（发行部查询） 65223677（读者服务部）
客服QQ	2092078039
网　　址	http：//www.courtbook.com.cn
E－mail	courtpress@sohu.com
印　　刷	保定市中画美凯印刷有限公司
经　　销	新华书店
开　　本	787×1092 毫米　1/16
字　　数	1195 千字
印　　张	71
版　　次	2018 年 7 月第 1 版　2018 年 7 月第 1 次印刷
书　　号	ISBN 978-7-5109-2165-0
定　　价	168.00 元（上下册）

版权所有　　侵权必究

编写说明

本书以最高人民法院自 2016 年 1 月 1 日起,在所有司法公开信息平台上发布的指导案例、《最高人民法院公报》案例和裁判文书、"中国审判指导丛书"案例、中国裁判文书网案例、法信网案例等为素材和依据,精心挑选了 500 余件裁判文书,将其按照不同类别进行收集、整理,并提炼了裁判要旨,全面梳理了 2016 至 2017 年最高人民法院具有指导意义的裁判观点,集结成年度卷编辑出版,以帮助读者全面系统地了解最高人民法院对各审判领域发布案件的争议焦点、司法意见、裁判观点和实务见解,对司法审判实践和案例指导工作具有指导和参考作用。

一

本书选取案例的范围为:2016 至 2017 年最高人民法院公布的指导性案例,2016 至 2017 年《最高人民法院公报》及最高人民法院各业务庭室编辑出版的"中国审判指导丛书"刊登的最高人民法院裁判文书及各地案例,并选取了 2016 至 2017 年《人民法院案例选》刊登的部分刑事案例。

——最高人民法院指导性案例。指导性案例是最高人民法院为总结审判经验,统一法律适用,提高审判质量,维护司法公正,指导全国各级法院审判、执行工作而确定并统一发布的案例。指导性案例必须是裁判已经发生法律效力,社会广泛关注的、法律规定比较原则的、具有典型性的、疑难复杂或者新类型的、具有指导作用的案例。迄今为止,最高人民法院已经发布 17 批指导性案例,其中本书收录了 2016 至 2017 年发布的第十二至十七批 36 个指导性案例。

——《最高人民法院公报》案例及裁判文书。《最高人民法院公报》（以下简称《公报》）是最高人民法院公开介绍我国审判工作和司法制度的重要官方文献，《公报》所登载的案例和裁判文书，在我国案例指导制度的发展史上占据着重要位置。《公报》案例在发布之前都经过了严格的审核程序，虽然大部分不是最高人民法院直接审判的，但这些案例所涉及的关于法律的理解和适用，以及其中所反映的司法价值取向，都得到了最高人民法院的认可，直接体现了最高人民法院的裁判观点。它们具有典型性、真实性、权威性等特点，是最高人民法院指导地方各级人民法院审判工作的重要工具。本书收集、整理、提炼《公报》2016年第1期至2017年第12期所登载的案例和裁判文书中体现的最高人民法院的裁判观点。

——"中国审判指导丛书"案例及裁判文书。最高人民法院各业务庭室编辑出版的"中国审判指导丛书"，包括《民事审判指导与参考》《商事审判指导》《知识产权审判指导》等共11种。本书对《中国审判指导》丛书中直接由最高人民法院审判的案例及裁判文书进行了收录，并对最高人民法院的裁判观点进行了提炼。

——《最高人民法院知识产权案件年度报告》2016年、2017年案例。《最高人民法院知识产权案件年度报告》是从最高人民法院每年审结的知识产权和不正当竞争案件中精选了部分典型案例，从中归纳出具有普遍指导意义的法律适用问题，反映了最高人民法院在知识产权和反不正当竞争领域处理新型、疑难、复杂案件的审理思路和裁判方法。本书对上述案例和最高人民法院的裁判观点进行了收录。

——中国裁判文书网发布裁判文书。裁判文书上网是司法公开的重要一环。党的十八大以来，最高人民法院大力推进裁判文书上网工作，并于2013年7月1日开通中国裁判文书网。中国裁判文书网是全国法院公布裁判文书的统一平台，人民法院在该网公布裁判文书，应当依法、全面、及时、规范。裁判文书的公开对于各级人民法院类似案件的审理具有指导意义。本书主要收录中国裁判文书网上公布的、最高人民法院2016至2017年审理但未登载在公开出版物上的生效裁判文书。

——法信网案例。法信网是以宣传法律知识、提高公民权利意识、促进法学研究和学术交流、推动中国法治建设、实现法治国家为目的的网站。本书主要收录法信网上发布的、最高人民法院2016至2017年审理的案件。

——《人民法院案例选》案例。《人民法院案例选》是由最高人民法院中国应用法学研究所编著，从多个方面多个视角挖掘刑事、民事、商事、行政和国家赔偿等方面的案件，对案例指引、裁判要旨、要点提示等进行了深度提炼，体现了最高人民法院的裁判观点。本书选取《人民法院案例选》2016第1辑（总第95辑）至2017年第12辑（总第118辑）的部分刑事案例。

此外，本书还参考了《最高人民法院典型行政案件裁判观点与文书指导》等书以及部分法律微信公号。

二

本书分为民事篇、商事篇、知识产权篇、民事诉讼篇、行政·国家赔偿篇、刑事篇。栏目设置包括：标题、裁判要点、关键词、裁判理由及案件信息附录五部分。

1. 标题。分为主标题和副标题。主标题是对案例进行概括和提炼后所得出的法律知识要点；副标题为案例名称，由"双方当事人姓名或名称＋罪名或案由"组成。

2. 裁判要点。是指对案例裁判理由的意旨予以概括和抽象，选择、摘取其中的精华、核心所形成的"微缩判例"。裁判要点并不同于案例本身，但又是案例的组成部分，是对法官事实认定和法律适用活动的抽象和提纯。一个案例可以归纳出一项裁判要点，也可以归纳出多项裁判要点。本书中对同一案例有多项裁判要点的，进行了合理拆分，从多个法律知识点的进路进行多角度、多方面的论述。

3. 关键词。从案例的标题、裁判要点、判决理由所筛选出的能够体现其法律知识要点、法律问题的法律词语、术语，即为本案例的关键词。通常选取3至5个。

4. 裁判理由。裁判理由即"法院认为"部分，是法官针对当事人的诉讼请求，根据认定的案件事实，依照法律规定，通过对案件争议焦点所涉及的法律问题进行评析后，形成的对法律精神、法律适用、法律推理、裁判方式、司法理念等的论述。可以说，裁判理由部分集中体现了法官的裁判观点，是案例的核心内容。因此"裁判理由"也是体现最高人民法院司法观点、实务见解的重要部分。

5. 案件信息附录：为方便读者更好地结合原裁判文书了解本知识点，在案例结尾处注明案例的审理法院、审理时间、案号、出处等具体信息。

本书在案例编排中注重体系性、合理性，以主题相近、时间先后、效力高低等方式进行编排。例如，同一类法律知识点（章节）下，编排顺序需首先满足主题相近的要求；再按照最高人民法院指导案例（发布时间）、最高人民法院公报案例、《中国审判指导》丛书案例、《最高人民法院知识产权年度报告》案例、中国裁判文书网案例、法信网案例、《人民法院案例选》案例进行排列。

三

由于本书仅收录 2016 至 2017 年最高人民法院审理、发布的案例，所梳理的司法观点仅在司法实务中参考使用，并存在一定的滞后性，故凡与法律、司法解释不一致的，或者今后法律、司法解释有新规定的，应当按照法律、司法解释规定执行。

编　者

2018 年 6 月 28 日

总 目 录

上 册

第一篇 民 事

第一章　婚姻家庭继承…………………………………………（ 3 ）
第二章　侵权责任………………………………………………（ 7 ）
　第一节　人格权、人身权…………………………………（ 7 ）
　第二节　交通事故…………………………………………（ 13 ）
　第三节　产品责任…………………………………………（ 15 ）
　第四节　其他………………………………………………（ 19 ）
第三章　物　权…………………………………………………（ 24 ）
　第一节　总　类……………………………………………（ 24 ）
　第二节　担　保……………………………………………（ 29 ）
　第三节　建筑物区分所有权………………………………（ 58 ）
　第四节　其　他……………………………………………（ 61 ）
第四章　民事合同………………………………………………（ 65 ）
　第一节　总　类……………………………………………（ 65 ）
　第二节　买卖合同…………………………………………（ 92 ）
　第三节　委托合同…………………………………………（ 95 ）
　第四节　民间借款合同……………………………………（ 100 ）
　第五节　土地使用权出让合同……………………………（ 128 ）
　第六节　房地产开发合同…………………………………（ 145 ）
　第七节　建设工程合同……………………………………（ 164 ）

第八节　商品房买卖合同……………………………………（193）
　　第九节　服务合同…………………………………………（205）
第五章　劳动、人事争议……………………………………（209）
第六章　环境资源……………………………………………（216）
第七章　民刑交叉……………………………………………（228）

第二篇　商　事

第一章　公司企业……………………………………………（237）
第二章　破产清算……………………………………………（300）
第三章　商事合同……………………………………………（305）
　　第一节　一般商事合同……………………………………（305）
　　第二节　借款合同…………………………………………（309）
　　第三节　保证合同…………………………………………（316）
　　第四节　融资租赁合同……………………………………（341）
第四章　保　险………………………………………………（343）
第五章　金　融………………………………………………（358）
第六章　证券、票据、信用证………………………………（372）
第七章　海事商事……………………………………………（382）

第三篇　知识产权

第一章　著作权………………………………………………（399）
第二章　商标权………………………………………………（414）
第三章　专利权、技术合同…………………………………（465）
第四章　反不正当竞争、反垄断……………………………（523）
第五章　其　他………………………………………………（538）

下　册

第四篇　民事诉讼

第一章　总　类	（547）
第二章　起诉与受理	（553）
第三章　管　辖	（559）
第四章　诉讼参加人	（571）
第五章　证　据	（573）
第六章　诉讼费用	（587）
第七章　保　全	（590）
第八章　第三人撤销之诉	（596）
第九章　再　审	（605）
第十章　公益诉讼	（609）
第十一章　执　行	（613）
第十二章　仲　裁	（699）

第五篇　行政·国家赔偿

第一编　行　政	（713）
第一章　受案范围	（713）
第二章　起诉与受理	（756）
第三章　审理与法律适用	（821）
第二编　国家赔偿	（988）

第六篇　刑　事

第一章　总　类	（1001）
第二章　侵犯公民人身权利、民主权利	（1008）

第三章　危害公共安全罪……………………………………（1011）
第四章　破坏社会主义市场经济秩序罪……………………（1013）
第五章　侵犯财产罪…………………………………………（1023）
第六章　妨害社会管理秩序罪………………………………（1025）

关键词索引……………………………………………………（1030）

上 册

第一篇 民 事

第一章 婚姻家庭继承

1. 一方在离婚诉讼期间或离婚诉讼前，隐藏、转移、变卖、毁损夫妻共同财产，或伪造债务企图侵占另一方财产的，离婚分割夫妻共同财产时可以少分或不分财产
   ——雷某某诉宋某某离婚纠纷案 ……………………………（ 3 ）
2. 抚养费案件中除非一方支付的抚养费明显超过其负担能力或者有转移夫妻共同财产的行为，否则不能因未与现任配偶达成一致意见即认定属于侵犯夫妻共同财产权
   ——刘青先诉徐飚、尹欣怡抚养费纠纷案 …………………（ 5 ）

第二章 侵权责任

第一节 人格权、人身权

3. 为保护未成年人利益和揭露可能存在的犯罪行为，发帖人在其微博中发表未成年人受伤害信息，该网络举报行为不构成侵权
   ——施某某、张某某、桂某某诉徐某某肖像权、名誉权、隐私权纠纷案 ……………………………………………………（ 7 ）

4. 行为人因意外因素造成他人的权益受到损害的，如果行为人无过错，且其行为与损害结果之间无任何因果关系，行为人依法不承担赔偿责任
　　——蒋海燕、曾英诉覃维邱、苏燕弟生命权纠纷案……………（ 9 ）
5. 小区健身器材造成他人损害的，物业公司应承担赔偿责任
　　——汤某1诉连云港光鼎置业有限公司、灌南县开源物业管理有限公司人身损害赔偿纠纷案………………………………………（ 11 ）
6. 行为人因过错侵害他人民事权益的，应当承担侵权责任
　　——汪吉美诉仪征龙兴塑胶有限公司生命权纠纷案………………（ 12 ）

第二节　交通事故

7. 通行者在高速公路驾车行驶时碾压到车辆散落物导致交通事故的，高速公路管理者在不能举证证明已尽到及时巡视和清障义务的情况下，应当承担相应的赔偿责任
　　——丁启章诉江苏京沪高速公路有限公司等人身损害赔偿纠纷案………（ 13 ）

第三节　产品责任

8. 产品标注方式虽然不符合规范性要求，但不会导致消费者错误购买的，该行为不构成欺诈
　　——陈雪琴诉重庆商社新世纪百货连锁经营有限公司等产品销售者责任纠纷案…………………………………………………………（ 15 ）

第四节　其　他

9. 租赁期间因房屋不符合消防安全要求导致火灾发生或扩大的，出租人存在过错的，应依法承担相应的赔偿责任
　　——仪征市兴成塑业包装有限公司诉仪征市新城镇新华村村民委员会、郭玉年财产损害赔偿纠纷案………………………………（ 19 ）
10. 财产保全制度只有在申请人对财产保全错误存在故意或重大过失的情况下，方可认定申请人的申请有错误
　　——江苏中江泓盛房地产开发有限公司诉陈跃石损害责任纠纷案……（ 20 ）
11. 网络交易中买家对商家进行的评级、评论只要不是出于恶意诋毁商业信誉的目的，不属于侮辱诽谤行为
　　——申翠华诉王铮韵网络侵权责任纠纷案…………………………（ 22 ）

第三章 物　权

第一节　总　类

12. 父母出资购房将产权登记在子女名下，具有赠与性质
　　——刘柯妤诉刘茂勇、周忠容共有房屋分割案……………（24）
13. 在不动产产权人未依法变更的情况下，离婚协议中关于不动产归属的约定不具有对抗外部第三人债权的法律效力
　　——付金华诉吕秋白、刘剑锋案外人执行异议之诉案…………（26）
14. 没有履行过户登记手续的，以物抵债协议能否形成优先于一般债权的物权期待权
　　——孙宝刚与葫芦岛市中业房地产开发有限公司、葫芦岛恒远混凝土搅拌有限公司案外人执行异议之诉案………………（27）

第二节　担　保

15. 承兑汇票出票人向银行承兑汇票保证金专用账户交存保证金作为承兑汇票业务的担保，该行为性质属于设立金钱质押
　　——大连银行股份有限公司沈阳分行与抚顺市艳丰建材有限公司、郑克旭案外人执行异议之诉案……………………（29）
16. 劳动者以用人拖欠劳动报酬为由，主张对用人单位供其使用的工具物品等动产行使留置权的，法院不予支持
　　——长三角商品交易所有限公司诉卢海云返还原物纠纷案………（35）
17. 抵押权消灭后，抵押人要求解除抵押权登记的，人民法院应当支持
　　——王军诉李睿抵押合同纠纷案……………………（37）
18. 审理动产质押监管合同纠纷的三个要点
　　——大连俸旗投资管理有限公司与中国外运辽宁储运公司等借款合同纠纷案……………………（40）
19. 典当关系中同时存在第三人连带责任保证的，在当物"绝当"之后，对第三人保证责任的范围的认定
　　——安徽创元典当有限责任公司与安徽泰科铁塔有限公司等典当纠纷案……………………（47）

20. 医院土地使用权不能设定抵押
　　——周润泽与内蒙古玛拉沁医院、赵晖等借款合同纠纷案 …………（49）
21. 非集体经济组织成员不能通过以物抵债方式受让集体组织宅基地上房屋
　　——嵩县城关镇人民政府、嵩县城关镇北店街社区居民委员会与吴晓乐、闫景梅、吴东洋借款合同纠纷案 ……………………（50）
22. 抵押物被拆迁时，抵押权人可向抵押人主张物上代位权
　　——青岛北洋兰格投资顾问有限公司与滕州市城市建设综合开发公司、滕州市东方中石房地产开发有限公司抵押权纠纷案 …………（51）
23. 抵押物已被扣押后，抵押权人对抵押物的租金可优先于租金应收账款质权人受偿
　　——中国民生银行股份有限公司深圳分行与深圳市九策投资有限公司、天津市九策高科技产业园有限公司等金融借款合同纠纷案 ………（53）
24. 置换财产后注销土地使用权证未涤除抵押权的，不影响抵押效力
　　——中国建设银行股份有限公司分宜支行与江西江锂科技有限公司金融借款合同纠纷案 ……………………………………………（56）

第三节　建筑物区分所有权

25. 业主拒绝缴纳专项维修资金，并以诉讼时效提出抗辩的，人民法院不予支持
　　——上海市虹口区久乐大厦小区业主大会诉上海环亚实业总公司业主共有权纠纷案 ……………………………………………………（58）
26. 小区车位在无法办理产权登记成为专有部分时是否属于业主共有
　　——重庆市豪运房地产开发有限公司与重庆市九龙坡区西彭帝景豪苑业主委员会车位纠纷案 ……………………………………（60）

第四节 其 他

27. 当事人主张占有物返还，应当就其系物的合法占有人以及侵占人非法侵害占有等事实承担举证责任
——上诉人天津福特斯有限公司与被上诉人天津市蓟县供热服务中心占有物返还纠纷二审案 ………………………………………（61）

第四章 民事合同

第一节 总 类

28. 合同应作为确定当事人法律关系性质的重要依据，仅可在确有充分证据证明当事人实际履行行为与合同效果意思有显著差异时，才可不依照合同确定法律关系性质
——洪秀凤与昆明安钡佳房地产开发有限公司房屋买卖合同纠纷案 …（65）

29. 债务清偿期届满后的以物抵债协议的性质与履行
——通州建总集团有限公司与内蒙古兴华房地产有限责任公司建设工程施工合同纠纷案 ……………………………………（70）

30. 合同债权不属于侵权责任法保护范围
——中国工商银行股份有限公司平昌支行、中国长城资产管理公司成都办事处与四川平昌县百坚水泥有限公司等侵权赔偿纠纷案 ………（76）

31. 因对方违约解除合同后，已履行主要合同义务的一方有权请求可得利益赔偿
——中国联合网络通信有限公司红河哈尼族彝族自治州分公司与红河东佑房地产开发有限公司、云南晟邦融资担保有限公司房屋拆迁安置补偿合同纠纷案 ………………………………………（78）

32. 法院调整违约金时应以实际损失为基础，兼顾合同履行、当事人过错及预期利益等因素
——北京长富投资基金与武汉中森华世纪房地产开发有限公司等委托贷款合同纠纷案 …………………………………………（80）

33. 信访构成民事诉讼时效中断的法定事由
——李洪开与李南翔、张丹等建设工程施工合同纠纷案 …………（82）

34. 当事人客观合理的交易机会损失应属于缔约过失责任赔偿范围
　　——中信红河矿业有限公司与鞍山市财政局股权转让纠纷二审案 ……（83）
35. 如何确定法律漏洞填补方法与不当得利返还义务的范围
　　——南昌市市政建设有限公司与刘忠友建设工程合同纠纷案 …………（87）
36. 合同解除权应当在一定期间内行使
　　——中国建设银行股份有限公司青海省分行与王忠诚商品房预售合同纠纷上诉案 ………………………………………………………………（91）

第二节　买卖合同

37. 虽然网络竞价系统自动生成《竞价结果通知单》，但因违反交易规则，不能形成有效承诺的，交易依法不能成立
　　——青海红鼎房地产有限公司与青海省国有资产投资管理有限公司与青海省产权交易市场确认合同有效纠纷案 ……………………………（92）

第三节　委托合同

38. 受托人以自己的名义与第三人订立合同时，第三人不知道受托人与委托人之间的代理关系的，合同约束受托人与第三人
　　——上海闽路润贸易有限公司与上海钢翼贸易有限公司买卖合同纠纷案 ………………………………………………………………………（95）
39. 委托合同涉及买卖、借贷以及担保等多重法律关系的，应正确适用《合同法》第四百零二条但书前的规定
　　——厦门航空开发股份有限公司与北京南钢金易贸易有限公司及第三人厦门市东方龙金属材料有限公司买卖合同纠纷案……………（98）

第四节　民间借款合同

40. 委托贷款合同的效力、委托人与借款人之间的利息、逾期利息、违约金等权利义务均应受有关民间借贷的法律、法规和司法解释的规制
　　——北京长富投资基金与武汉中森华世纪房地产开发有限公司等委托贷款合同纠纷案 ……………………………………………（100）

41. 在三方或三方以上的企业间进行的封闭式循环买卖中，一方在同一时期先卖后买同一标的物，低价卖出高价买入，此种异常的买卖实为企业间以买卖形式掩盖的借贷法律关系
    ——日照港集团有限公司煤炭运销部与山西焦煤集团国际发展股份有限公司借款合同纠纷案 …………………………………（108）
42. "名为典当、实为借贷"的合同性质认定
    ——甘肃华屹置业有限公司与兰州云翔典当有限责任公司等民间借贷纠纷案 ………………………………………………（111）
43. 以农村集体土地上房屋偿还非集体经济组织成员借款的协议无效
    ——嵩县城关镇北店街社区居民委员会、嵩县城关镇人民政府与闫景梅、吴晓乐、吴东洋借款合同纠纷案 …………………（112）
44. 当事人提前还款约定不明时，应当优先冲抵到期利息，剩余部分冲抵本金
    ——常州金迪化工有限公司、唐忠达与杨建强等民间借贷纠纷案 ……（113）
45. 当事人未签订书面借款合同的，资金划拨和借贷合意是判定合同关系成立与否的基本要件
    ——凯利置业有限公司与聚融（海门）商务城有限公司企业借贷纠纷案 ……………………………………………………（116）
46. 醉酒不能成为行为人免除民事责任或否定真实意思表示的理由
    ——艾巧玲与张长有、天津市辰龙实业有限公司民间借贷纠纷案 ……（120）
47. 借款本金中预先扣除利息，应以实际借出金额认定本金数额
    ——高仲胜与龚爱爱民间借贷纠纷案 …………………………（121）
48. 民间借贷可请求法院保护的逾期利息、违约金之和的上限为年利率24%
    ——北京长富投资基金与武汉中森华世纪房地产开发有限公司、中森华投资集团有限公司等合同纠纷案 …………………（122）
49. 民间借贷中双方未约定利息时，债权人可主张逾期利息
    ——刘利与李友良、鄂州市五卦山矿业有限责任公司民间借贷纠纷案 ………………………………………………………（124）
50. 借款人主张借款本金包含前期利息，应承担举证责任
    ——黎晓军、覃清与广西梧州市华菲电子发展有限公司、广西壮族自治区梧州市电子工业学校等民间借贷纠纷案 ……………（125）

51. 合作开发资金方不承担风险只收取定额货币应认定为借款关系
　　——上海龙域投资有限公司与海南建丰旅业开发有限公司、北京达
　　义兴业房地产开发有限公司企业借贷纠纷案 …………………………（126）
52. 仅以转账凭证提起民间借贷诉讼，被告抗辩转账系因其他债务
　　关系，应承担举证责任
　　——姜功平与白世权、刘明芳民间借贷纠纷案 …………………………（127）

第五节　土地使用权出让合同

53. 土地转让合同中可以约定转让方应缴纳税款由受让方负担
　　——新疆京中房地产开发有限责任公司与巴州银盛房地产开发有限
　　公司建设用地使用权转让合同纠纷案 …………………………………（128）
54. 土地转让方的土地使用权灭失后，受让方不能请求以其他土地
　　替代履行
　　——唐山新戴河房地产开发有限公司与唐山康泰建筑工程有限公司
　　建设用地使用权转让合同纠纷案 ………………………………………（129）
55. 土地被政府收回，不影响转让合同的效力
　　——阿克苏万佳和房地产开发有限责任公司与阿克苏地区金泰商贸
　　有限责任公司建设用地使用权转让合同纠纷案 ………………………（132）
56. 国有土地使用权出让合同纠纷属于民事诉讼受案范围
　　——海南香江德福大酒楼、海南香江实业有限公司清算组与海口市
　　国土资源局建设用地使用权出让合同纠纷二审案 ……………………（133）
57. 一地数卖，购买者均未过户、未占有土地的情况下，先付款
　　的受让人优先取得土地
　　——河北冀丰房地产开发有限公司与石家庄市金之源化工有限公司
　　建设用地使用权纠纷案 …………………………………………………（135）
58. 土地转让方违约，受让方可请求赔偿土地增值的损失
　　——北海左右商贸有限公司与北海艺术设计学院建设用地使用权纠
　　纷案 ………………………………………………………………………（137）
59. 划拨土地转让由受让方办理出让手续的，土地使用权人与受
　　让方订立的土地转让合同转化为补偿性质的合同
　　——济南二建集团工程有限公司与济南阳光壹佰房地产开发有限
　　公司建设用地使用权转让合同纠纷案 …………………………………（139）

60. 转让价格低于市场价格不会导致土地转让合同无效,政府未
    行使优先购买权亦不会导致合同无效
    ——江门信金资产管理有限公司与江门市益丞物业管理有限公司、
    江门市蓬江区潮连建设综合开发公司案……………………………(141)
61. 未按约交纳土地出让金时违约责任的认定
    ——贵阳市国土资源局与贵州太升房地产开发有限公司建设用地使
    用权出让合同纠纷案…………………………………………………(143)
62. 与街道办订立的土地出让合同是否有效
    ——德州振业建筑建材有限公司、高树岭与德州市德城区新华街道
    办事处建设用地使用权出让合同纠纷案……………………………(144)

第六节 房地产开发合同

63. 合作开发房地产关系中,合作各方当事人在合作项目中的权
    利义务应当按照合作开发房地产协议约定的内容予以确定
    ——海南海联工贸有限公司与海南天河旅业投资有限公司、三亚天
    阔置业有限公司等合作开发房地产合同纠纷案……………………(145)
64. "意向书"法律性质和效力认定应从约定形式、内容以及是否
    有受约束的意思表示等方面考察,根据有关规定具体审查认定
    ——澳华资产管理有限公司与洋浦经济开发区管理委员会其他
    房地产开发经营合同纠纷案…………………………………………(148)
65. 合同双方协议约定变更工业用地使用权性质并履行法定程序,
    符合法律规定,不可因未全面实际履行等因素,认定合同
    无效
    ——宁夏金力泰钢结构有限公司银川开发区与宏建房地产开发有限
    公司合作、合资开发房地产合同纠纷案……………………………(150)
66. 综合原因导致合同不能履行,双方均有过错,解除合同所产
    生的损失应根据过错分担
    ——宁夏金力泰钢结构有限公司银川开发区与宏建房地产开发有限
    公司合作、合资开发房地产合同纠纷案……………………………(152)

67. 合同条款的文义与已查明事实及其相应法律规定的要求存在
冲突时,应综合当事人陈述、合同上下文所使用的词句、合
同有关条款等因素综合认定
——甘肃宝迪置业发展有限责任公司与兰州安宁新城万和影视文化
有限责任公司、兰州市安宁区就业服务局等合资、合作开发房地产
合同纠纷案 …………………………………………………………（153）

68. 合作开发房地产合同约定提供土地使用权的当事人只收取固
定利益的,应认定为土地转让合同
——东营瑞康房地产开发有限公司与胜利油田泰恒实业总公司建设
用地使用权转让合同纠纷案 ……………………………………（158）

69. 合作开发合同当事人均无房地产开发资质,但收购有资质企
业进行开发的,合作开发合同为有效合同
——徐曼与孙然、海南伟亚实业有限公司合同纠纷案……………（160）

70. 合作开发房地产合同一方即使抽逃出资,仍可按原约定比例
分配利润
——曾宪明与徐州咪兰房地产开发有限公司、徐先超合资、合作开
发房地产合同纠纷案 ……………………………………………（162）

71. 国有企业签订合作开发房地产合同未经批准不影响合同效力
——长子县鑫华房地产开发有限公司与山西省长子县淀粉厂合作开
发房地产合同纠纷上诉案 ………………………………………（163）

第七节 建设工程合同

72. 只有在审理《最高人民法院关于审理建设工程施工合同纠纷
案件适用法律问题的解释》涉及的建设工程施工合同纠纷案
件时才适宜认定实际施工人的身份
——李建国与孟凡生、长春圣祥建筑工程有限公司等案外人执行异
议之诉案 …………………………………………………………（164）

73. 合同履行过程中的正常变更与黑白合同的认定
——唐山凤辉房地产开发有限公司与赤峰建设建筑（集团）有限
责任公司建设工程施工合同纠纷案 ……………………………（165）

74. 发包人不得仅以与分包人另行签订分包合同并实际支付工程
    款为由，抗辩总承包人给付分包部分工程款的请求
    ——陕西省咸阳市建筑安装工程总公司与宁夏银峰房地产开发有限
    公司建设工程施工合同纠纷上诉案 ……………………………（169）

75. 发包人与实际施工人直接签订合同的，实际施工人可以直接
    向发包人主张权利
    ——中铁二局股份有限公司与李春久建设工程施工合同纠纷上诉案 …（174）

76. 约定了平方米均价的未完工程价款的结算
    ——唐山凤辉房地产开发有限公司与赤峰建设建筑（集团）有限责
    任公司建设工程施工合同纠纷案 ………………………………（176）

77. 建设工程施工中多份无效合同工程价款的结算
    ——江苏省第一建筑安装集团股份有限公司与唐山市昌隆房地产开
    发有限公司建设工程施工合同纠纷案 …………………………（179）

78. 建设工程价款优先受偿权行使期间的起算点为应当支付工程款时
    ——湖南协和建设有限公司与株洲市汉华房地产开发有限公司建设
    工程施工合同纠纷案 ……………………………………………（183）

79. 建设工程施工合同虽因违反有关招投标强制性法律规定被认定
    无效，但双方就施工纠纷协商达成的清算协议有效
    ——普定县鑫臻酒店有限公司等与黑龙江省建工集团有限责任公司
    建设工程合同纠纷案 ……………………………………………（185）

80. 工程造价成果文件签字签章虽有瑕疵，但并不能因此直接得
    出否定其证据证明力结论，不能因此全面否定其内容
    ——普定县鑫臻酒店有限公司等与黑龙江省建工集团有限责任公司
    建设工程合同纠纷案 ……………………………………………（187）

81. 商品房建设未招标或串通投标的建设工程合同无效
    ——浙江八达建设集团有限公司与锦州鸿亿房地产开发有限公司建
    设工程施工合同纠纷上诉案 ……………………………………（190）

82. 建设工程价款优先受偿权不能绝对排除抵押权人的权利
    ——贵阳农村商业银行股份有限公司小河支行与泸州市永泰建筑工
    程有限公司第三人撤销之诉案 …………………………………（192）

第八节 商品房买卖合同

83. 终止借款合同，建立商品房买卖合同关系，将借款本金及利息转化为已付购房款并经对账清算，该商品房买卖合同具有法律效力
    ——汤龙等诉新疆鄂尔多斯彦海房地产开发有限公司商品房买卖合同纠纷 …………………………………………………………（193）
84. 案件争议不动产的登记所有权人，同案件处理结果具有法律上的利害关系，可以作为案件第三人
    ——黄光娜与海口栋梁实业有限公司、广东省阳江市建安集团有限公司海南分公司商品房销售合同纠纷案 ………………（195）
85. 合同中已分别约定逾期交房及逾期办证的违约责任，但又约定开发商承担逾期交房责任后不再承担逾期办证责任的，该条款无效
    ——周显治、俞美芳与余姚众安房地产开发有限公司商品房销售合同纠纷案 ………………………………………………（197）
86. 因房屋质量问题给购房人造成损失的，可以房屋同期租金为标准计算实际损失
    ——李明柏诉南京金陵置业发展有限公司商品房预售合同纠纷案 ……（199）
87. 如开发商交付的房屋与购房合同约定的方位布局相反，且无法调换，购房者可以合同目的不能实现解除合同
    ——张俭华、徐海英诉启东市取生置业有限公司房屋买卖合同纠纷案 ……………………………………………………………（200）
88. 未取得商品房预售许可证的不影响商品房预约合同的效力
    ——陕西安同实业发展有限公司与张军杰商品房预约合同纠纷案 ……（202）
89. 出卖人未在《商品房买卖合同》约定的期限内将办理房屋权属登记资料报产权登记机关备案的，构成违约
    ——宁德市凯旋房地产开发有限公司诉陈其文等商品房销售合同纠纷案 …………………………………………………………（203）
90. 对当事人之间订立的商品房买卖合同是预约还是本约的判断标准
    ——张忠与资阳鑫源房地产开发有限公司商品房预约合同纠纷案 ……（204）

第九节 服务合同

91. 电信服务企业在订立合同时未向消费者告知某项服务设定了有效期限限制，在合同履行中又以该项服务超过有效期限为由限制或停止对消费者服务，构成违约，应当承担违约责任
    ——刘超捷诉中国移动通信集团江苏有限公司徐州分公司电信服务合同纠纷案 ……………………………………………………（205）

92. 手机电信用户服务提供者为达到可在电信增值业务推广目的，事先确定免费体验期内，用户可在该期间内免费体验增值服务。免费期过后，电信服务提供者对该增值业务进行收费时，应当得到用户明确的使用承诺
    ——郑传新诉中国电信股份有限公司连云港分公司电信服务合同纠纷案 …………………………………………………………（207）

第五章 劳动、人事争议

93. 劳动者用人单位发生变动，对于如何界定是否因劳动者本人原因，不应将举证责任简单地归于新用人单位，而应查清是哪一方主动引起了此次变动
    ——包利英诉上海申美饮料食品有限公司劳动合同纠纷案 ………（209）

94. 职工在工作时间和工作岗位上突发疾病，经抢救后医生虽然明确告知家属无法挽救生命，在救护车运送回家途中职工死亡的，仍应认定为工伤
    ——上海温和足部保健服务部诉上海市普陀区人力资源和社会保障局工伤认定案 ………………………………………………（211）

95. 从事接触职业病危害的作业的劳动者未进行离岗前职业健康检查的，用人单位不得解除或终止与其订立劳动合同
    ——张传杰诉上海敬豪劳务服务有限公司等劳动合同纠纷案 …………（212）

96. 职工获得用人单位为其购买的人身意外伤害保险赔付后，仍然有权向用人单位主张工伤保险待遇
    ——安民重、兰自姣诉深圳市水湾远洋渔业有限公司工伤保险待遇纠纷案 ………………………………………………………（214）

第六章 环境资源

97. 对环境污染损害因果关系,主张者只需证明被主张者存在污染环境的可能性
    ——陈汝国与泰州市天源化工有限公司水污染责任纠纷案 ……………（216）
98. 不能以部分水域的水质得到恢复为由免除污染者应当承担的环境修复责任
    ——泰州市环保联合会与泰兴锦汇化工有限公司等环境污染侵权赔偿纠纷案 ……………………………………………………………………（218）
99. 行为人未经许可将工业废酸违法排放到河流中,造成环境污染,应当承担修复受污染环境的责任以排除已经造成的危害
    ——连云港市赣榆区环境保护协会诉王升杰环境污染损害赔偿公益诉讼案 ……………………………………………………………………（220）
100. 即便未明确违反法律法规中的禁止性规定,但若认定合同有效并继续履行将损害环境公共利益的,应当认定合同无效
    ——四川金核矿业有限公司与新疆临钢资源投资股份有限公司特殊区域合作勘查合同纠纷案 …………………………………………（221）
101. 采矿权转让意向合同不属于经地质矿产主管部门批准才生效的合同
    ——内蒙古青阳矿业有限责任公司与突泉泰银矿业有限责任公司合同纠纷案 ……………………………………………………………（224）
102. 政府关于煤矿企业兼并重组的政策变化是情势变更还是商业风险
    ——任维俊、张翔采矿权转让合同纠纷案 ………………………（226）

第七章　民刑交叉

103. 行为人以所在单位名义与他人签订经济合同，给他人造成经济损失构成犯罪的，除依法追究行为人的刑事责任外，其所在单位也应对给他人造成的经济损失依法承担相应的民事责任
　　——中国远大集团有限责任公司与中国轻工业对外经济技术合作公司进出口代理合同纠纷案……………………………（228）
104. 民间借贷借款人涉嫌犯罪，出借人可以诉请担保人承担民事责任
　　——赵学军与赵明伍、刘克胜民间借贷纠纷案…………（229）
105. 伪造印章被判犯罪，但所签担保合同合法有效
　　——游斌琼与福建省万翔房地产开发有限公司、翁炎金等民间借贷纠纷案……………………………………………………（230）
106. 民间借贷案件事实必须以未审结的刑事案件审理结果为依据，应裁定中止诉讼
　　——赵永贵与曲阜市红海置地有限公司民间借贷纠纷案………（231）
107. 越界开采行为涉嫌非法采矿犯罪的，应驳回被侵权人提起的民事侵权诉讼
　　——吉林省乾源矿业开发有限责任公司与通化尊正实业有限公司抚松县大方铁矿等探矿权纠纷二审案……………………（232）

第二篇　商　事

第一章　公司企业

108. 有限责任公司的股权分期支付转让款中发生股权受让人延迟或者拒付等违约情形，股权转让人不享有合同解除权
　　——汤长龙诉周士海股权转让纠纷案………………………（237）

109. 对股东会决议转让公司主要财产投反对票的股东有权请求公司以合理价格回购其股权
　　——袁朝晖与长江置业（湖南）发展有限公司请求公司收购股份纠纷案 ………………………………………………………（239）

110. 在法律无明文规定且股东未明示放弃优先购买权的情况下，享有优先购买权的股东未进场交易，其优先购买权也并未丧失
　　——中静实业（集团）有限公司诉上海电力实业有限公司等股权转让纠纷案 ……………………………………………………（241）

111. 仅转让公司股权而不导致矿业权主体的变更，不属于矿业权转让，转让合同无需地质矿产主管部门审批，在不违反法律、行政法规强制性规定的情况下，应认定合同合法有效
　　——大宗集团有限公司、宗锡晋与淮北圣火矿业有限公司、淮北圣火房地产开发有限责任公司、涡阳圣火房地产开发有限公司股权转让纠纷案 ……………………………………………………（243）

112. 在一人公司法人人格否认之诉中，若债权人以一人公司的股东与公司存在财产混同为由起诉要求股东对公司债务承担连带责任，应实行举证责任倒置
　　——应高峰诉嘉美德（上海）商贸有限公司、陈惠美其他合同纠纷案 …………………………………………………………（246）

113. 以分公司名义注册登记的，其与公司之间有关权利义务、责任划分的内部约定，不具有对抗第三人的法律效力
　　——李建国与孟凡生、长春圣祥建筑工程有限公司等案外人执行异议之诉案 …………………………………………………（248）

114. 认定公司滥用法人人格和有限责任的法律责任，应综合多种因素作出判断
　　——邵萍与云南通海昆通工贸有限公司、通海兴通达工贸有限公司民间借贷纠纷案 ……………………………………………（251）

115. 取得股权的方式由股权转让变更为增资入股后，原股权转让合同终止，作为从合同的定金合同亦相应消灭
　　——孙宝荣与杨焕香、廊坊愉景房地产开发有限公司公司增资纠纷案 …………………………………………………………（254）

116. 公司减资时未按法定程序履行通知义务，公司股东不能证明
自己无过错的，应就该债务对债权人承担补充赔偿责任
——上海德力西集团有限公司诉江苏博恩世通高科有限公司、
冯军、上海博恩世通光电股份有限公司买卖合同纠纷案 ············（256）

117. 合同约定生效要件为报批允准，承担报批义务方不履行报批
义务的，应当承担缔约过失责任
——深圳市标榜投资发展有限公司与鞍山市财政局股权
转让纠纷案 ··（258）

118. 股权转让合同履行中，当事人之间的"全面交底"义务与
"支付首笔股款义务"因缺乏当事人对义务性质的明确约
定，不成立先履行抗辩权
——辽宁中泽控股集团有限公司与华丰置业有限公司股权
转让纠纷案 ··（265）

119. 按照合伙协议所设立的企业登记为"企业法人"的，各合
伙人因经营该企业所产生的纠纷应按照合伙协议处理
——李光辉与冷水江市梓龙乡更生五矿、蔡长明等合伙协议
纠纷 ···（267）

120. 出资人已将划拨土地使用权出资设立公司，工商行政管理
部门已经办理了公司登记，公司和履约股东要求以划拨土
地使用权出资人履行出资义务时，人民法院应责令当事人
在指定的合理期间内办理土地变更手续
——海南三亚国家级珊瑚礁自然保护区管理处与周春梅、
三亚中海生态旅游发展有限公司股东出资纠纷再审案 ···········（269）

121. 守约方只有利息损失的情况下，违约金足以涵盖其损失的，
利息损失与违约金不可一并适用
——西藏唐蕃投资有限公司、曲珍与西藏林芝嘉龙建筑房地产开
发有限公司股权转让合同纠纷案 ·······································（272）

122. 非经工商登记的隐名股东，满足一定条件可依法转让股权
——毛光随与焦秀成、焦伟等股权转让纠纷案 ······················（273）

123. 事先约定股权回购价款，即便公司资产重大变化也不能要
求调整价款
——中国信达资产管理股份有限公司与太西集团有限责任公司请
求公司收购股份纠纷案 ··（275）

124. 自然人私刻其挂靠公司公章从事经营活动，该被挂靠公司应对外承担相应责任
　　——江山市江建房地产开发有限责任公司与雷伟程等民间借贷纠纷案 ……………………………………………（277）

125. 《公司股权转让合同书》的效力适用合同法相关规定，不应以土地管理法审查
　　——付学玲等与周盈岐、营口恒岐房地产开发有限公司等股权转让纠纷案 …………………………………………（278）

126. 公司可根据公司章程或股东会决议，对瑕疵出资股东的股东权利作出合理限制
　　——亿中制衣厂有限公司与惠州市乐生实业发展总公司南澳公司股东出资纠纷案 …………………………………（280）

127. 转让方无权处分股权，股权转让协议并不当然无效
　　——王忠昌等与大连富业船舶工程有限公司股权转让合同纠纷案 ……（281）

128. 在公司对外融资增资扩股时，对公司原有股东优先认购权的保护是有限度的
　　——中节能资产经营有限公司与荆门京环环保科技有限公司股东出资纠纷案 ………………………………………（283）

129. 合同解除后，交易可得利益损失属于缔约过失责任赔偿范围
　　——中信红河矿业有限公司与鞍山市财政局股权转让纠纷案 ………（284）

130. 股东会有权决议可供投资者分配的利润是否作为红利向股东分配
　　——山西马堡煤业有限公司与山西太阳石煤炭储运有限公司盈余分配纠纷案 ………………………………………（286）

131. 对赌协议中，可约定公司为大股东的回购价款承担连带责任，但是应当经过为股东提供担保的内部决策程序
　　——通联资本管理有限公司、成都新方向科技发展有限公司与公司有关的纠纷再审案 …………………………………（287）

132. 受让股权时未尽到最基本的审慎注意义务，不适用善意取得
　　——沈阳亿丰商业管理有限公司诉李乔等案外人执行异议诉讼案 ………（289）

133. 解除股权转让合同除应依据法律的明确规定外，还应考虑股权转让合同的特点
　　——上海绿洲花园置业有限公司与霍尔果斯锐鸿股权投资有限公司股权转让纠纷案 ……………………………………（291）
134. 股权转让合同的履行期间跨越外资审批制度改革的法律文件实施日期的，该合同效力应如何认定
　　——吉美投资有限公司、河南鹰城集团有限公司股权转让纠纷案 ……（295）

第二章　破产清算

135. 建设工程施工合同视为解除的，承包人行使优先受偿权的期限应自合同解除之日起计算
　　——通州建总集团有限公司诉安徽天宇化工有限公司别除权纠纷案 ………………………………………………（300）
136. 重整与重大资产重组程序并行，对内需要解决重整状态下公司治理结构问题；对外需要协调司法程序与行政程序之间冲突
　　——江苏舜天船舶股份有限公司破产重整案 ………………………（301）
137. 清算组未履行通知和公告义务，导致债权人未及时申报债权而未获清偿，清算组成员需对损失承担赔偿责任
　　——邢台轧辊异型辊有限公司与李桂芬、李荣丰清算责任纠纷案 …………………………………………………（303）

第三章　商事合同

第一节　一般商事合同

138. 债务人收到部分债权转让通知后仍向原债权人支付款项的，除有相反证据外，应视为对原债权人现有到期债权的清偿
　　——辽宁能港发电有限公司与中国信达资产管理股份有限公司吉林省分公司等合同纠纷案 …………………………（305）
139. 公司法定代表人与他人合伙投资，借用公司资质进行项目建设，公司不能认定为合伙主体
　　——泰来县鑫兴达房地产开发有限公司与于会波合伙协议纠纷案 ……（307）

第二节 借款合同

140. 非标准保兑仓模式下商业银行责任的认定
——中信银行股份有限公司厦门分行与柳州钢铁股份有限公司、
厦门拓兴成集团有限责任公司金融借款合同纠纷案 ……………（309）

**141. 委托贷款合同明确约定所有风险由委托人承担，若受托人
存在过错，仍需承担责任**
——李本琼与广汉珠江村镇银行股份有限公司委托合同纠纷案 ………（315）

第三节 保证合同

**142. 数份最高额担保合同情形下担保人应当在最高债权限额内
承担担保责任**
——温州银行股份有限公司宁波分行诉浙江创菱电器有限公司等
金融借款合同纠纷案 ……………………………………………（316）

**143. 保证合同中保证人在签字签章时出现瑕疵，其余保证人不
能据此拒绝承担保证责任**
——顾善芳诉张小君、林兴钢、钟武军追偿权纠纷案 ……………（318）

**144. 保证人在保证期间内支付利息，视为债权人向保证人主张
保证责任**
——三明市瑞城房地产开发有限公司与高山、董文新等民间借贷
纠纷案 ……………………………………………………………（319）

145. 保兑仓交易模式中，保证责任承担对象的认定
中信银行股份有限公司与大连中聚能源有限公司等合同纠纷案 ………（321）

**146. 未经担保人同意的重组债务转移，担保人可以主张免除担
保责任**
——通化市山城房屋开发有限公司与吉林银行股份有限公司通化
分行等借款合同纠纷案 …………………………………………（323）

**147. 对约定结算期的工程合同提供担保，即使实际结算时间晚
于约定，保证期间也自约定的付款之日起算**
——大连金广建设集团有限公司与大连沃土房地产开发有限公司、
大连想想房地产开发有限公司等建设工程施工合同纠纷案 …………（324）

148. 保证期满后保证人又在还款承诺书上签字的，应承担担保
责任
——高山、董文新与三明市瑞城房地产开发有限公司、永安市永
达金属制品有限公司等民间借贷纠纷案 ……………………（326）
149. 债权人未按照约定的实现顺序实现其债权，对不可选择起
诉的抵押人却不予起诉、不予追加的，应视为其以诉讼表
示放弃担保物权
——中国农业发展银行乾安县支行与江苏索普（集团）有限公司、
上海儒仕实业有限公司保证合同纠纷二审案 ………………（327）
150. 债权具体数额尚未确定的框架性协议不能成为保证担保的
对象
——中国葛洲坝集团房地产开发有限公司与海口恒天晟实业有限
公司、海南葛洲坝实业有限公司借款合同纠纷案 ……………（337）
151. 公司曾实际使用过的公章与公安部门备案公章不一致时是
否影响非备案公章在其他印文中的效力
——薛启盟与山东兴康医疗器械有限公司、
陈兴旺等民间借贷纠纷案 ………………………………………（339）
152. 以离任的法定代表人名章对外签订自然人保证合同，离任
法定代表人仍需承担担保责任
——许爱平、中国农业发展银行商南县支行金融借款合同纠纷案 ……（340）

第四节　融资租赁合同

153. 区分融资租赁合同还是分期付款合同的关键在于判断涉案
合同是否符合融资租赁合同成立的三个要件
——曲某、孙某等融资租赁合同纠纷案 …………………………（341）

第四章　保　险

154. 因第三者的违约行为给被保险人的保险标的造成损害，保
险人可以依法向第三者行使代位求偿权
——中国平安财产保险股份有限公司江苏分公司诉江苏镇江安装
集团有限公司保险人代位求偿权纠纷案 ………………………（343）

155. 保险合同约定于交纳保险费后保险合同生效,保险人对交纳保险费前所发生的损失不承担赔偿责任
——云南福运物流有限公司与中国人寿财产保险股份公司曲靖中心支公司财产损失保险合同纠纷案 …………………………（346）

156. 承包人欲将施工过程中可能产生的损害赔偿责任转由保险人承担,应当投保相关责任保险,而不能借由发包人投保的财产损失保险对抗保险人向其行使保险代位求偿权
——中国平安财产保险股份有限公司江苏分公司诉江苏镇江安装集团有限公司保险代位求偿权纠纷案 ……………………（348）

157. 在合同有效期内,保险标的的危险程度显著增加的,被保险人应当及时通知保险人,保险人可以增加保险费或者解除合同
——程春颖诉张涛、中国人民财产保险股份有限公司南京市分公司机动车交通事故责任纠纷案 ……………………………（352）

158. 若因可归责于学校的原因导致学生生命健康权受损,按照投保的校园方责任险应由学校承担赔偿责任的,应当依据保险合同约定由保险公司代为赔偿
——仇玉亮等诉中国人民财产保险股份有限公司灌云支公司等意外伤害保险合同纠纷案 …………………………………（354）

159. 饮酒过量导致身体损害不属于意外伤害,被保险人据此申请保险公司支付保险金的,人民法院不予支持
——赵青、朱玉芳诉中美联泰大都会人寿保险有限公司意外伤害保险合同纠纷案 ………………………………………（356）

第五章 金 融

160. 银行对客户未尽到最大注意和风险义务,对内未尽严格管理的义务,则应对客户存款损失承担主要责任
——伊立军与中国工商银行股份有限公司盘锦分行银行卡纠纷案 ……（358）

161. 在无任何证据证明持卡人自行泄露银行卡密码的情况下,不应判令持卡人承担部分损失,从而减轻银行的赔偿责任
——宋鹏诉中国工商银行股份有限公司南京新门口支行借记卡纠纷案 …………………………………………………………（363）

162. 银行依照规定对印鉴采用折角核对方式进行核查但未发现问题,造成客户存款被骗取的,银行应当承担民事责任
　　——武汉农村商业银行股份有限公司积玉桥支行与武汉农村商业银行股份有限公司储蓄存款合同纠纷案·················（365）

163. 银行为收回贷款而虚假陈述其债务人的经营状况骗取过桥资金转嫁风险的行为构成欺诈,应负连带赔偿责任
　　——中国工商银行股份有限公司大连二七广场支行与大连明珠国际经济技术合作有限公司财产损害赔偿纠纷案·········（367）

164. 银行充当融资通道而在汇票上背书的,为票据债务人,应承担票据责任
　　——恒丰银行股份有限公司泉州分行与通榆县农村信用合作联社票据追索权纠纷案·····································（369）

165. 银行参与"倒打款",以贴现方式为他人提供融资通道的,需承担票据责任
　　——恒丰银行股份有限公司南通分行与兴业银行股份有限公司哈尔滨分行票据追索权纠纷案······························（370）

第六章　证券、票据、信用证

166. 票据经公示催告程序被人民法院作出除权判决之后,原合法持票人可以公示催告申请人不当申请公示催告致其票据权利丧失为由,向人民法院提起诉讼
　　——杭州翔盛纺织有限公司诉余姚市圣凯五金厂（普通合伙）票据损害责任纠纷案·····································（372）

167. 信托财产上存在权利负担或者他人就该财产享有购买权益,与信托财产的明确属于不同法律问题,当事人不能以此为由主张信托无效
　　——世欣荣和投资管理股份有限公司与长安国际信托股份有限公司等信托合同纠纷案·································（374）

168. 由于客户自己疏忽或其他过错造成密码失密而有损失的,应由客户承担相应责任
　　——长城证券有限责任公司深圳深南大道证券营业部等与中国南航集团财务有限公司证券保证金提取侵权纠纷抗诉案··········（377）

169. 如果投资者在虚假陈述实施日至揭露日或更正日之后仍有买入卖出股票的行为,则应当认定投资者的交易决定并未受到虚假陈述行为的影响,投资者的投资损失与虚假陈述行为之间不存在因果关系

——林超英与宝安鸿基地产集团股份有限公司证券虚假陈述责任纠纷案 ···（380）

第七章　海事商事

170. 海上货物运输合同的承运人对其责任期间发生的货损依照货物受损前后的到岸价之差为准承担赔偿责任

——哈池曼海运公司与上海申福化工有限公司、日本德宝海运株式会社海上货物运输合同货损纠纷案 ·················（382）

171. 在船舶触碰码头责任事故中就码头限期清障的费用向船舶追偿的,应认定为限制性海事赔偿

——中国石化销售有限公司上海石油分公司罗泾油库与广东仁科海运有限公司船舶触碰损害责任纠纷案 ·············（385）

172. 当事人明确约定无论救助是否成功投资公司均应支付报酬,且以救助船舶每马力小时和人工投入等作为计算报酬的标准,该合同属于雇佣救助合同,应适用合同法

——交通运输部南海救助局与阿昌格罗斯投资公司、香港安达欧森有限公司上海代表处海难救助合同纠纷案 ·············（389）

173. 判断海事赔偿责任限制权利是否丧失,应综合考量船舶所有人等责任人本人是否对损害结果的发生具有故意,或者明知可能造成损失而轻率地作为或者不作为

——毛雪波诉陈伟、嵊泗县江山海运有限公司船舶碰撞损害赔偿责任纠纷案 ···（392）

174. 救助局救助报酬获得与否和救助是否有实际效果无直接联系,救助报酬计算与获救财产价值无关联,则救助合同属雇佣救助合同

——交通运输部南海救助局与阿昌格罗斯投资公司、香港安达欧森有限公司上海代表处海难救助合同纠纷案 ·············（395）

第三篇 知识产权

第一章 著作权

175. 民间文学艺术衍生作品的表达系独立完成且有创作性的部分，符合作品特征的，应认定享有著作权
    ——洪福远、邓春香诉贵州五福坊食品有限公司、贵州今彩民族文化研发有限公司著作权侵权纠纷案 ……………………（399）

176. 判断作品实质相似应比较作品表达中的取舍、选择、安排、设计等是否相同或相似
    ——张晓燕诉雷献和、赵琪、山东爱书人音像图书有限公司著作权侵权纠纷案 ……………………（401）

177. 智力成果在表现形式上是唯一的，无法体现与已有作品存在的差异，即不符合独创性的要求
    ——再审申请人孙新争与被申请人马居奎侵害著作权纠纷案 ………（404）

178. 网络服务提供者明知或应知网络用户利用网络服务侵害信息网络传播权，未采取必要措施或者提供技术支持等帮助行为的，应认定其构成帮助侵权行为
    ——苹果公司与中文在线数字出版集团股份有限公司、苹果电子产品商贸（北京）有限公司、艾通思有限责任公司侵害信息网络传播权纠纷案 ……………………（405）

179. 将他人作品作为商标使用时侵权损害赔偿的计算应主要考虑著作权许可使用费
    ——再审申请人李艳霞与被申请人吉林市永鹏农副产品开发有限公司及一审第三人南关区本源设计工作室侵害著作权纠纷案 ………（408）

180. 诉争商标申请日之后的著作权登记证书不能单独作为在先著作权的权属证据
    ——再审申请人温州市伊久亮光学有限公司与被申请人达马股份有限公司及二审被上诉人国家工商行政管理总局商标评审委员会商标权无效宣告请求行政纠纷案 ……………………（410）

181. 对他人是否享有在先著作权，应对证据综合考量予以审查认定
　　——再审申请人杰杰有限公司与被申请人国家工商行政管理总局商标评审委员会、一审第三人金华市百姿化妆品有限公司商标异议复审行政纠纷案 ……………………………………………（411）
182. 模型作品的认定标准
　　——再审申请人深圳市飞鹏达精品制造有限公司与被申请人北京中航智成科技有限公司侵害著作权纠纷案 ……………………（412）

第二章　商标权

183. 当事人违反诚实信用原则，恶意取得、行使商标权并主张他人侵权的，人民法院对其诉讼请求不予支持
　　——王碎永诉深圳歌力思服饰股份有限公司、杭州银泰世纪百货有限公司侵害商标权纠纷案 ………………………………………（414）
184. 被异议商标申请人在同类商品上注册、使用有关商标时，应当遵守诚实信用原则，注意合理避让而不是恶意攀附引证商标的知名度和良好商誉
　　——北京福联升鞋业有限公司与国家工商行政管理总局商标评审委员会、北京内联升鞋业有限公司商标异议复审行政纠纷案 ………（416）
185. 伤害宗教感情的标志可以认定为"具有其他不良影响"
　　——泰山石膏股份有限公司与山东万佳建材有限公司、国家工商行政管理总局商标评审委员会商标争议行政纠纷案 ……………（419）
186. 在后商标使用许可合同相对人明知商标权人和在先许可合同相对人未解除独占使用许可合同，仍和商标权人签订许可合同的，不属于善意第三人
　　——上海帕弗洛文化用品有限公司诉上海艺想文化用品有限公司、毕加索国际企业股份有限公司商标使用许可合同纠纷案 ……（421）
187. 商标权共有的，商标权许可使用应遵循当事人意思自治原则
　　——张绍恒与沧州田霸农机有限公司、朱占峰侵害商标权纠纷案 ……（423）

188. 商标使用行为可能导致相关公众误认销售服务系商标权人或者存在商标许可等关联关系的,应认定已超出指示所销售商品来源所必要的范围
——维多利亚的秘密商店品牌管理公司诉上海麦司投资管理有限公司分割商标权及不正当竞争纠纷案 ……………………（425）

189. 人民法院可以对行政部门漏审的重要事实依职权作出认定
——再审申请人普兰娜生活艺术有限公司与被申请人国家工商行政管理总局商标评审委员会商标申请驳回复审行政纠纷案 ………（426）

190. 商标侵权案件中对是否构成在先使用的审查判断
——再审申请人梁或、卢宜坚与被申请人安徽采蝶轩蛋糕集团有限公司、合肥采蝶轩企业管理服务有限公司、一审被告、二审被上诉人安徽巴莉甜甜食品有限公司侵害商标权及不正当竞争纠纷案 ………………………………（428）

191. 损害赔偿数额的计算应当遵循比例原则
——再审申请人梁或、卢宜坚与被申请人安徽采蝶轩蛋糕集团有限公司、合肥采蝶轩企业管理服务有限公司、一审被告、二审被上诉人安徽巴莉甜甜食品有限公司侵害商标权及不正当竞争纠纷案 ………………………………（429）

192. 商标权的保护强度应当与其显著性和知名度相适应
——再审申请人杭州奥普卫厨科技有限公司与被申请人浙江现代新能源有限公司、浙江凌普电器有限公司、杨艳侵害商标权纠纷案 …………………………………（430）

193. 对法律适用存在瑕疵但裁判结果正确的二审判决的处理方式
——再审申请人黄小东与被申请人国家工商行政管理总局商标评审委员会、原审第三人沙特阿若必恩石油公司商标异议复审行政纠纷案 ……………………………………（432）

194. 证明商标显著性的认定
——再审申请人布鲁特斯SIG有限公司与被申请人国家工商行政管理总局商标评审委员会商标驳回复审行政纠纷案 ……………（433）

195. 销售发票指向非侵权商品的商标使用行为不构成侵权
——无锡小天鹅股份有限公司与内蒙古包头百货大楼集团股份有限公司及内蒙古包头百货大楼集团股份有限公司昆区海威超市侵害商标权及不正当竞争纠纷案 ……………………（434）

196. 商标申请或注册人信息不属于著作权法规定的表明作者身
份的署名行为
　　——再审申请人格里高利登山用品有限公司与被申请人鹤山三丽
雅工艺制品有限公司、一审被告、二审被上诉人国家工商行政管
理总局商标评审委员会商标异议复审行政纠纷案 ……………（435）

197. 著作权登记证书对在先著作权的证明效力
　　——再审申请人格里高利登山用品有限公司与被申请人鹤山三丽
雅工艺制品有限公司、一审被告、二审被上诉人国家工商行政管
理总局商标评审委员会商标异议复审行政纠纷案 ……………（436）

198. 商标驳回复审程序中通常不应当考虑与知名度有关的证据
　　——再审申请人深圳市柏森家居用品有限公司与被申请人国家
工商行政管理总局商标评审委员会商标驳回复审行政纠纷案 ………（438）

199. 姓名的商业使用不能与他人合法的在先权利相冲突
　　——再审申请人北京庆丰包子铺与被申请人山东庆丰餐饮管理
有限公司侵害商标权与不正当竞争纠纷案 ……………………（439）

200. 对包含他人合法在先权利作品的著作权应合理避让
　　——再审申请人诸暨市开心猫食品有限公司与被申请人诸暨市
优莱客食品商行、王坤、何铁永、傅凤丽、广东飞鹅包装彩印
有限公司、长沙市裕得康食品贸易有限公司侵害商标权纠纷案………（440）

201. 判断中外文商标是否构成近似应当考虑二者是否已经形
成了稳定的对应关系
　　——再审申请人拉菲罗斯柴尔德酒庄与被申请人国家工商行政
管理总局商标评审委员会、南京金色希望酒业有限公司商标争
议行政纠纷案 ……………………………………………（442）

202. 已注册商标是否已经形成稳定的市场秩序的判断
　　——再审申请人拉菲罗斯柴尔德酒庄与被申请人国家工商行政
管理总局商标评审委员会、南京金色希望酒业有限公司商标争
议行政纠纷案 ……………………………………………（443）

203. 共存协议在2001年修正的《商标法》第二十八条适用过程
中的作用
　　——再审申请人谷歌公司与被申请人国家工商行政管理总局商
标评审委员会商标驳回复审行政纠纷案 ………………………（444）

204. 驰名商标认定的证据审查标准
　　——再审申请人苹果公司与被申请人国家工商行政管理总局商标评审委员会、一审第三人新通天地科技（北京）有限公司商标异议复审行政纠纷案 …………………………………………（445）

205. 姓名权构成商标法保护的"在先权利"
　　——再审申请人迈克尔·杰弗里·乔丹与被申请人国家工商行政管理总局商标评审委员会、一审第三人乔丹体育股份有限公司商标争议行政纠纷案 ……………………………………（447）

206. 自然人可就其未主动使用的特定名称获得姓名权的保护
　　——再审申请人迈克尔·杰弗里·乔丹与被申请人国家工商行政管理总局商标评审委员会、一审第三人乔丹体育股份有限公司商标争议行政纠纷案 ……………………………………（448）

207. 自然人就特定名称主张姓名权保护时应当满足的条件
　　——再审申请人迈克尔·杰弗里·乔丹与被申请人国家工商行政管理总局商标评审委员会、一审第三人乔丹体育股份有限公司商标争议行政纠纷案 ……………………………………（449）

208. 非以诚信经营为前提的商业成功与市场秩序不是维持商标注册的正当理由
　　——迈克尔·杰弗里·乔丹与国家工商行政管理总局商标评审委员会商标争议行政纠纷案 ……………………………（451）

209. 商标近似性判断的考量因素，包括被异议商标和引证商标的构成要素、被异议商标的在先使用状况及知名度等因素
　　——再审申请人四川省宜宾五粮液集团有限公司与被申请人国家工商行政管理总局商标评审委员会、甘肃滨河食品工业（集团）有限责任公司商标异议复审行政纠纷案 ……………（452）

210. 注册商标的保护与被诉侵权商品商标知名度的关系
　　——再审申请人曹晓冬与被申请人云南下关沱茶（集团）股份有限公司侵害商标权纠纷案 ………………………………（453）

211. 特殊历史背景下商标与字号共存的考量因素
　　——申诉人太原大宁堂药业有限公司与被申诉人山西省药材公司商标侵权、不正当竞争纠纷案 ………………………………（455）

212. 商标侵权案件中正当使用的认定
　　——再审申请人冯印与被申请人西安曲江阅江楼餐饮娱乐文化有限公司侵害商标权纠纷案 ……………………………（456）

213. 法定通用名称的认定
　　——再审申请人福州米厂与被申请人五常市金福泰农业股份有限公司、福建新华都综合百货有限公司福州金山大景城分店、福建新华都综合百货有限公司侵害商标权纠纷案 ……………（458）

214. 约定俗成通用名称的认定
　　——再审申请人福州米厂与被申请人五常市金福泰农业股份有限公司、福建新华都综合百货有限公司福州金山大景城分店、福建新华都综合百货有限公司侵害商标权纠纷案 ……………（459）

215. 农作物品种名称的正当使用
　　——再审申请人福州米厂与被申请人五常市金福泰农业股份有限公司、福建新华都综合百货有限公司福州金山大景城分店、福建新华都综合百货有限公司侵害商标权纠纷案 ……………（460）

216. 作为在先权利保护的"肖像"应当具有可识别性
　　——再审申请人迈克尔·杰弗里·乔丹与被申请人国家工商行政管理总局商标评审委员会、一审第三人乔丹体育股份有限公司商标争议行政纠纷案 ………………………（461）

217. 对于已为在先生效判决所羁束的行政裁决提起行政诉讼所引致的新判决申请再审的受理条件
　　——再审申请人三得利控股株式会社与被申请人国家工商行政管理总局商标评审委员会、原审第三人杭州保罗酒店管理集团股份有限公司之商标权承继人浙江向网科技有限公司商标撤销复审行政纠纷案 ……………………………………………（463）

第三章　专利权、技术合同

218. 网络服务提供者自行设定的投诉规则，不得影响权利人依法维护其自身合法权
　　——威海嘉易烤生活家电有限公司诉永康市金仕德工贸有限公司、浙江天猫网络有限公司侵害发明专利权纠纷案 …………（465）

219. 当事人的制备工艺与涉案专利方法不同，相应的技术特征也不属于基本相同的技术手段，达到的技术效果存在较大差异，未构成等同特征
　　——礼来公司、常州华生制药有限公司侵害发明专利权纠纷案 ………（468）

220. 侵权产品外观设计是否落入涉案外观设计专利权的保护范围的判断标准
　　——高仪股份公司诉浙江健龙卫浴有限公司侵害外观设计专利权纠纷案 ……………………………………………………（473）
221. 国家机关在其职权范围内制作的文书在无相反证据的情况下，应推定记载的事项真实
　　——南昌弘益科技有限公司与天长亿帆制药有限公司、合肥创新医药技术有限公司确认不侵害专利权纠纷案 …………………（478）
222. 化学产品专利申请充分公开的要求
　　——再审申请人田边三菱制药株式会社与被申请人国家知识产权局专利复审委员会发明专利申请驳回复审行政纠纷案 ………（480）
223. 化合物新颖性判断中现有技术公开内容的认定标准
　　——基因技术股份有限公司与国家知识产权局专利复审委员会发明专利驳回复审行政纠纷案 ………………………………………（481）
224. 产品说明书属于专利法意义上的公开出版物
　　——再审申请人蒂森克虏伯机场系统（中山）有限公司与被申请人中国国际海运集装箱（集团）股份有限公司、深圳中集天达空港设备有限公司、一审被告广州市白云国际机场股份有限公司侵害发明专利权纠纷案 ……………………………………………（482）
225. 发明专利申请是否具备实用性的判断
　　——再审申请人顾庆良、彭安玲与被申请人国家知识产权局专利复审委员会发明专利申请驳回复审行政纠纷案 ………………（483）
226. 专利法关于"能够制造或者使用"与"能够实现"之间的关系
　　——再审申请人顾庆良、彭安玲与被申请人国家知识产权局专利复审委员会发明专利申请驳回复审行政纠纷案 ………………（484）
227. 对专利法第四十七条第二款中"追溯力"的判定
　　——再审申请人上海优周电子科技有限公司与被申请人深圳市精华隆安防设备有限公司侵害实用新型专利权纠纷案 …………（485）
228. 技术委托开发合同中欺诈行为认定的基本原则
　　——上诉人钦州锐丰钒钛铁科技有限公司与被上诉人北京航空航天大学技术合同纠纷案 ……………………………………………（486）

229. 对技术委托开发合同中"产品"的理解与受托方欺诈行为
的认定
　　——上诉人钦州锐丰钒钛铁科技有限公司与被上诉人北京航空航
　　天大学技术合同纠纷案 ……………………………………（488）

230. 对技术委托开发合同中"技术开发成本"的理解与受托方
欺诈行为的认定
　　——上诉人钦州锐丰钒钛铁科技有限公司与被上诉人北京航空航
　　天大学技术合同纠纷案 ……………………………………（489）

231. 技术委托开发合同中委托方应当自行完成的商业判断与受托
方欺诈行为的认定
　　——上诉人钦州锐丰钒钛铁科技有限公司与被上诉人北京航空航
　　天大学技术合同纠纷案 ……………………………………（491）

232. 使用同源性加上来源和功能限定方式的生物序列权利要求得
到说明书支持的判断
　　——再审申请人国家知识产权局专利复审委员会、诺维信公司与
　　被申请人江苏博立生物制品有限公司发明专利权无效行政
　　纠纷案 ………………………………………………………（492）

233. 技术工业化合同中合同目的的认定
　　——再审申请人陕西天宝大豆食品技术研究所与被申请人汾州裕
　　源土特产品有限公司技术合同纠纷案 ……………………（493）

234. 权利要求是否以说明书为依据的认定
　　——再审申请人传感电子有限责任公司与被申请人国家知识产权
　　局专利复审委员会、一审第三人宁波讯强电子科技有限公司发明
　　专利权无效行政纠纷案 ……………………………………（494）

235. 在认定权利要求是否以说明书为依据时涉案专利所要解决的
技术问题的确定
　　——再审申请人传感电子有限责任公司与被申请人国家知识产权
　　局专利复审委员会、一审第三人宁波讯强电子科技有限公司发明
　　专利权无效行政纠纷案 ……………………………………（496）

236. 权利要求是否以说明书为依据与该权利要求是否具有创造性
的关系
　　——再审申请人传感电子有限责任公司与被申请人国家知识产权
　　局专利复审委员会、一审第三人宁波讯强电子科技有限公司发明
　　专利权无效行政纠纷案 ……………………………………（498）

237. 人民法院可部分撤销专利无效决定
——再审申请人传感电子有限责任公司与被申请人国家知识产权局专利复审委员会、一审第三人宁波讯强电子科技有限公司发明专利权无效行政纠纷案 …………………………（499）

238. 在申请再审程序中以新的证据主张现有技术抗辩不应予以支持
——再审申请人唐山先锋印刷机械有限公司与被申请人天津长荣印刷设备股份有限公司、一审被告常州市恒鑫包装彩印有限公司侵害发明专利权纠纷案 …………………………（500）

239. 专利行政诉讼起诉期限起算点的确定
——再审申请人北京泰隆自动化设备有限公司、王宇与被申请人河南省知识产权局其他行政纠纷案 …………………………（501）

240. 说明书是否清楚完整的认定
——再审申请人斯托布利—法韦日公司与被申请人常熟纺织机械厂有限公司，一审被告、二审被上诉人国家知识产权局专利复审委员会发明专利权无效行政纠纷案 …………………………（502）

241. 仅具有技术功能的零部件不构成外观设计侵权
——再审申请人欧介仁与被申请人泰州市金申家居用品有限公司侵害外观设计专利权纠纷案 …………………………（503）

242. 实用新型专利的非形状构造类技术特征在认定现有技术抗辩时原则上不予考虑
——再审申请人谭熙宁与被申请人镇江新区恒达硅胶有限公司侵害实用新型专利权和外观设计专利权纠纷案 …………………………（504）

243. 合法来源抗辩应当提供符合交易习惯的相关证据
——再审申请人宁波欧琳实业有限公司与被申请人宁波搏盛阀门管件有限公司，二审上诉人宁波欧琳厨具有限公司、宁波欧琳网络科技有限公司，二审被上诉人宁波市鄞州时蓉塑胶有限公司侵害外观设计专利权纠纷案 …………………………（505）

244. 马库什权利要求在无效程序中的修改原则
——再审申请人国家知识产权局专利复审委员会与被申请人北京万生药业有限责任公司、一审第三人第一三共株式会社发明专利权无效行政纠纷案 …………………………（507）

245. 马库什权利要求的创造性判断方法
　　——再审申请人国家知识产权局专利复审委员会与被申请人北京万生药业有限责任公司、一审第三人第一三共株式会社发明专利权无效行政纠纷案 ………………………………………………（508）

246. 马库什权利要求的性质
　　——再审申请人国家知识产权局专利复审委员会与被申请人北京万生药业有限责任公司、一审第三人第一三共株式会社发明专利权无效行政纠纷案 ………………………………………………（509）

247. 专利侵权判断中权利要求技术特征的划分标准
　　——再审申请人刘宗贵与被申请人台州市丰利莱塑胶有限公司侵害实用新型专利权纠纷案 ……………………………………（510）

248. 专利侵权案件中适用禁止反悔原则的限制条件
　　——再审申请人曹桂兰、胡美玲、蒋莉、蒋浩天与被申请人重庆力帆汽车销售有限公司等侵害发明专利权纠纷案 ……………（512）

249. 以外观设计专利权与他人在先取得的合法权利相冲突为由提起无效宣告请求的请求人资格
　　——再审申请人斯特普尔斯公司与被申请人罗世凯、一审被告国家知识产权局专利复审委员会外观设计专利权无效行政纠纷案 ………（513）

250. 当事人恒定原则可以适用于专利无效宣告行政程序
　　——再审申请人斯特普尔斯公司与被申请人罗世凯、一审被告国家知识产权局专利复审委员会外观设计专利权无效行政纠纷案 ………（516）

251. 专利行政执法中程序违法的认定和处理
　　——再审申请人西峡龙成特种材料有限公司与被申请人榆林市知识产权局、陕西煤业化工集团神木天元化工有限公司专利侵权纠纷行政处理案 …………………………………………………（517）

252. 外观设计专利权无效案件中区别技术特征的认定
　　——再审申请人YKK株式会社与被申请人国家知识产权局专利复审委员会、一审第三人理想（广东）拉链实业有限公司、开易（广东）服装配件有限公司外观设计专利权无效行政纠纷案 ………（518）

253. 认定外观设计是否相同或近似，应根据授权外观设计、被诉侵权设计的设计特征，以外观设计的整体视觉效果进行综合判断

——三九企业集团兰考葡萄酒业有限公司蛋白食品分公司与江西江中食疗科技有限公司、三九企业集团兰考葡萄酒业有限公司、安徽金麦乐面业有限公司、南城县万家福购物广场侵害外观设计专利权纠纷案 …………………………………………………………（520）

第四章　反不正当竞争、反垄断

254. "老字号"构成不正当竞争或侵犯注册商标专用权的认定

——成都同德福合川桃片有限公司诉重庆市合川区同德福桃片有限公司、余晓华侵害商标权及不正当竞争纠纷案 ……………（523）

255. 经营者占有市场支配地位的认定

——再审申请人吴小秦与被申请人陕西广电网络传媒（集团）股份有限公司捆绑交易纠纷案 ………………………………（525）

256. 滥用市场支配地位案件中"搭售"行为的认定

——再审申请人吴小秦与被申请人陕西广电网络传媒（集团）股份有限公司捆绑交易纠纷案 ………………………………（526）

257. 行为人开发并运营相关软件，实现无需观看片前广告即可直接观看其他网络视频平台视频的功能，该行为违背了诚实信用原则，构成不正当竞争

——北京爱奇艺科技有限公司诉深圳聚网视科技有限公司其他不正当竞争纠纷案 ………………………………………………（527）

258. 商业秘密共有案件中合理保密措施的认定

——上诉人化学工业部南通合成材料厂、南通星辰合成材料有限公司、南通中蓝工程塑胶有限公司与被上诉人南通市旺茂实业有限公司、周传敏、陈建新、陈晰、李道敏、戴建勋侵害商业技术秘密和商业经营秘密纠纷案 ……………………（529）

259. 不正当竞争案件中当事人诉讼主体资格的确定

——再审申请人梁或、卢宜坚与被申请人安徽采蝶轩蛋糕集团有限公司、合肥采蝶轩企业管理服务有限公司、一审被告、二审被上诉人安徽巴莉甜甜食品有限公司侵害商标权及不正当竞争纠纷案 ……………………………………………………………（530）

260. 网络购物收货地不宜作为知识产权和不正当竞争案件的侵权行为地
　　——上诉人广东马内尔服饰有限公司、周乐伦与被上诉人新百伦贸易（中国）有限公司、一审被告南京东方商城有限责任公司不正当竞争纠纷管辖异议案 ……………………………………（531）

261. 知名商品特有包装装潢中的"商品"与"包装装潢"应当具有特定指向关系
　　——上诉人广东加多宝饮料食品有限公司与被上诉人广州医药集团有限公司、广州王老吉大健康产业有限公司擅自使用知名商品特有包装装潢纠纷两案 ………………………………………（533）

262. 确定知名商品特有包装装潢权益归属的考量因素
　　——上诉人广东加多宝饮料食品有限公司与被上诉人广州医药集团有限公司、广州王老吉大健康产业有限公司擅自使用知名商品特有包装装潢纠纷两案 ………………………………………（534）

263. 对涉及市场统计调查的公证书证据的审查认定
　　——再审申请人河北六仁烤饮品有限公司与被申请人河北养元智汇饮品股份有限公司及一审被告金华市金东区叶保森副食店擅自使用知名商品特有包装、装潢纠纷案 ……………………（536）

264. 企业在申请注册企业名称时已知晓他人注册商标，而申请相同字号企业名称的，表明该企业具有攀附他人商誉的主观故意，构成不正当竞争
　　——菏泽汇源罐头食品有限公司与北京汇源食品饮料有限公司侵害商标权及不正当竞争纠纷案 …………………………（537）

第五章　其　他

265. 分别持有植物新品种父本与母本的双方当事人，因不能达成相互授权许可协议，导致植物新品种不能继续生产，损害双方各自利益，在衡量父本与母本对植物新品种生产具有基本相同价值基础上，人民法院可以直接判令双方当事人相互授权许可并相互免除相应的许可费
　　——天津天隆种业科技有限公司与江苏徐农种业科技有限公司侵害植物新品种权纠纷案 ……………………………………（538）

266. 未经品种权人许可,为商业目的生产或销售授权品种的繁殖
材料的,构成侵犯植物新品种权
——莱州市金海种业有限公司诉张掖市富凯农业科技有限责任公
司侵犯植物新品种权纠纷案……………………………………(540)
267. 集成电路布图设计侵权案件中合法来源抗辩是否成立的判断
——再审申请人南京微盟电子有限公司与被申请人泉芯电子技术
(深圳)有限公司侵害集成电路布图设计专有权纠纷案…………(542)
268. 植物新品种保护条例第六条规定中"销售"的含义
——再审申请人莱州市永恒国槐研究所与被申请人葛燕军侵害植
物新品种权纠纷案 ………………………………………………(543)

第一篇 民 事

第一章 婚姻家庭继承

1. 一方在离婚诉讼期间或离婚诉讼前，隐藏、转移、变卖、毁损夫妻共同财产，或伪造债务企图侵占另一方财产的，离婚分割夫妻共同财产时可以少分或不分财产
——雷某某诉宋某某离婚纠纷案

> **裁判要点**
>
> 一方在离婚诉讼期间或离婚诉讼前，隐藏、转移、变卖、毁损夫妻共同财产，或伪造债务企图侵占另一方财产的，离婚分割夫妻共同财产时，依照《中华人民共和国婚姻法》第四十七条的规定可以少分或不分财产。

关 键 词 离婚 擅自处分共同财产

裁判理由 法院生效裁判认为：婚姻关系以夫妻感情为基础。宋某某、雷某某共同生活过程中因琐事产生矛盾，在法院判决不准离婚后，双方感情仍未好转，经法院调解不能和好，双方夫妻感情确已破裂，应当判决准予双方离婚。

本案二审期间双方争议的焦点在于雷某某是否转移夫妻共同财产和夫妻双方名下的存款应如何分割。《中华人民共和国婚姻法》第十七条第二款规定："夫妻对共同所有的财产，有平等的处理权。"第四十七条规定："离婚时，一方隐藏、转移、变卖、毁损夫妻共同财产，或伪造债务企图侵占另一方财产的，分割夫妻共同财产时，对隐藏、转移、变卖、毁损夫妻共同财产或伪造债务的一方，可以少分或不分。离婚后，另一方发现有上述行为的，可以向人民法院提起诉讼，请求再次分割夫妻共同财产。"这就是说，一方在离婚诉讼期间或离婚诉讼前，隐藏、转移、变卖、毁损夫妻共同财产，或伪造债务企图侵占另一方财产的，侵害了夫妻对共同财产的平等处理权，离婚分割夫妻共同财产时，应当依照《中华人民共和国婚姻法》第四十七条的规

定少分或不分财产。

　　本案中，关于双方名下存款的分割，结合相关证据，宋某某婚前房屋拆迁款转化的存款，应归宋某某个人所有，宋某某婚后所得养老保险金，应属夫妻共同财产。雷某某名下中国工商银行尾号为4179账户内的存款为夫妻关系存续期间的收入，应作为夫妻共同财产予以分割。雷某某于2013年4月30日通过ATM转账及卡取的方式，将尾号为4179账户内的195 000元转至案外人名下。雷某某始称该款用于家庭开销，后又称用于偿还外债，前后陈述明显矛盾，对其主张亦未提供证据证明，对钱款的去向不能作出合理的解释和说明。结合案件事实及相关证据，认定雷某某存在转移、隐藏夫妻共同财产的情节。根据上述法律规定，对雷某某名下中国工商银行尾号4179账户内的存款，雷某某可以少分。宋某某主张对雷某某名下存款进行分割，符合法律规定，予以支持。故判决宋某某婚后养老保险金14 322.48元归宋某某所有，对于雷某某转移的19.5万元存款，由雷某某补偿宋某某12万元。

审理法院　北京市第三中级人民法院
裁判时间　2015年10月19日
案　　号　北京市第三中级人民法院（2015）三中民终字第08205号民事判决书
出　　处　最高人民法院指导案例66号，2016年9月19日发布。

2. 抚养费案件中除非一方支付的抚养费明显超过其负担能力或者有转移夫妻共同财产的行为，否则不能因未与现任配偶达成一致意见即认定属于侵犯夫妻共同财产权

——刘青先诉徐飚、尹欣怡抚养费纠纷案

> **裁判摘要**
>
> 抚养费案件中第三人撤销权的认定，需明确父母基于对子女的抚养义务支付抚养费是否会侵犯父或母再婚后的夫妻共同财产权。虽然夫妻对共同所有财产享有平等处理的权利，但夫或妻也有合理处分个人收入的权利。除非一方支付的抚养费明显超过其负担能力或者有转移夫妻共同财产的行为，否则不能因未与现任配偶达成一致意见即认定属于侵犯夫妻共同财产权。

关 键 词 抚养费 夫妻共同财产权 侵犯

裁判理由 上海市第一中级人民法院二审认为：本案中被上诉人刘青先要求撤销（2014）徐少民初字第60号判决的请求权能否成立，需从以下两点分析：

第一，从（2014）徐少民初字第60号判决内容来看，在2008年已有生效判决确认原审被告徐飚按每月1万元的标准支付抚养费后，徐飚又分别于2010年4月12日和2011年10月13日出具承诺，将抚养费调整到每月1.2万元和每月2万元至上诉人尹欣怡20周岁，并且其在两份承诺中都明确"如果以后有任何原因（如家人的压力上法庭）等产生关于此事的法律纠纷，本人请求法院按照本人此意愿判决"。之后，徐飚亦按承诺履行至2014年1月。抚养费费用的多少和期限的长短，系先由父母双方协议，协议不成时再由法院判决。本案中徐飚对于支付尹欣怡抚养费的费用和期限都已经明确作出承诺，原审法院在审查双方当事人的陈述、提供的证据、徐飚的收入等材料后，确认徐飚应按其承诺内容履行，据此判决徐飚按每月2万元的标准支付抚养费，并支付到尹欣怡20周岁时止。法院认为，（2014）徐少民初字第60号判决内容并无不当。

第二，原审被告徐飚就支付上诉人尹欣怡抚养费费用和期限作出的承诺，是否侵犯了被上诉人刘青先的夫妻共同财产权。要解决这个问题，首先需要明确父母基于对子女的抚养义务支付抚养费是否会侵犯父或母再婚后的夫妻共同财产权。父母对未成年子女有法定的抚养义务，非婚生子女享有与婚生子女同等的权利，不直接抚养非婚生子女的生父或生母，应负担子女的生活费和教育费，直至子女能独立生活为止。虽然夫妻对共同所有的财产，有平等的处理权，但夫或妻也有合理处分个人收入的权利，不能因未与现任配偶达成一致意见即认定支付的抚养费属于侵犯夫妻共同财产权，除非一方支付的抚养费明显超过其负担能力或者有转移夫妻共同财产的行为。本案中，虽然徐飚承诺支付的抚养费数额确实高于一般标准，但在父母经济状况均许可的情况下，都应尽责为子女提供较好的生活、学习条件。徐飚承诺支付的抚养费数额一直在其个人收入可承担的范围内，且徐飚这几年的收入情况稳中有升，支付尹欣怡的抚养费在其收入中的比例反而下降，故亦不存有转移夫妻共同财产的行为。因此法院认为，徐飚就支付尹欣怡抚养费费用和期限作出的承诺，并未侵犯刘青先的夫妻共同财产权。

审理法院　上海市第一中级人民法院
裁判时间　2015年4月23日
案　　号　上海市第一中级人民法院（2015）沪一中民一（民）撤终字第1号民事判决书
出　　处　《最高人民法院公报》2016年第7期。

第二章 侵权责任

第一节 人格权、人身权

3. 为保护未成年人利益和揭露可能存在的犯罪行为，发帖人在其微博中发表未成年人受伤害信息，该网络举报行为不构成侵权
——施某某、张某某、桂某某诉徐某某肖像权、名誉权、隐私权纠纷案

裁判摘要

为保护未成年人利益和揭露可能存在的犯罪行为，发帖人在其微博中发表未成年人受伤害信息，所发微博的内容与客观事实基本一致的，符合社会公共利益原则和儿童利益最大化原则，该网络举报行为不构成侵权。

关 键 词 未成年人保护 儿童利益最大化原则 侵权

裁判理由 江苏省南京市江宁区人民法院一审认为：当事人对自己提出的主张，有责任提供证据。行为人因过错侵害他人民事权益的，应当承担侵权责任。损害是因第三人造成的，第三人应当承担侵权责任。

关于被告徐某某是否侵害原告施某某肖像权。《中华人民共和国民法通则》第一百条规定，公民享有肖像权，未经本人同意，不得以营利为目的使用公民的肖像。《中华人民共和国未成年人保护法》第六条第二款规定，对侵犯未成年人合法权益的行为，任何组织和个人都有权予以劝阻、制止或者向有关部门提出检举或者控告。本案中，徐某某在知晓施某某被伤害后，为揭露可能存在的犯罪行为和保护未成年人合法权益不受侵犯而使用施某某受伤的九张照片，虽未经施某某同意，但其使用是为了维护社会公共利益和施某某本人利益的需要，也没有以营利为目的，且使用时已对照片脸部进行了模糊处理，应认定该使用行为不构成对施某某肖像权的侵害。

关于被告徐某某是否侵害原告施某某、张某某、桂某某名誉权。《中华人民共和国民法通则》第一百零一条规定，公民、法人享有名誉权，公民的人格尊严受法律保护，禁止用侮辱、诽谤等方式损害公民、法人的名誉。以书面、口头等形式宣扬他人的隐私，或者捏造事实公然丑化他人人格，以及用侮辱、诽谤等方式损害他人名誉，造成一定影响的，应当认定为侵害公民名誉权的行为。本案中，徐某某通过网络公开了男童遭受虐待的事实，是一种公开的网络举报行为，不存在主观上的过错。徐某某所发微博的内容既没有夸大或隐瞒事实，更没有虚构、造谣和污蔑，且施某某受到伤害情况客观存在，微博反映的内容与客观事实基本相一致，微博中也没有使用侮辱、诽谤性的语言，客观上不会造成施某某社会声望和评价的降低。徐某某所发微博的内容未涉及张某某、桂某某的任何信息资料，不存在对张某某、桂某某进行侮辱或诽谤。施某某、张某某、桂某某亦未能提供充分证据证明由于徐某某的网络发帖行为导致原告的名誉受损的事实。故施某某、张某某、桂某某主张徐某某侵犯其名誉权不能成立。

关于被告徐某某是否侵害原告施某某、张某某、桂某某隐私权。隐私权是指自然人享有的对其个人的与公共利益无关的个人信息、私人活动和私有领域进行支配的一种人格权。是否构成侵犯隐私权，应当根据受害人确有隐私被损害的事实、行为人行为违法、违法行为与损害后果之间有因果关系、行为人主观上有过错来认定。本案中，徐某某对相关信息的披露是节制的，对相关照片进行了模糊处理，没有暴露受害儿童真实面容，也没有披露施某某的姓名和家庭住址，其目的是揭露可能存在的犯罪行为。徐某某所发微博的内容虽出现收养的词语，但微博文字与照片结合后，第三人不能明显识别出微博中的受害儿童即为施某某。徐某某所发微博的内容未涉及张某某、桂某某的任何信息资料，至于徐某某发表微博后，网民对张某某、桂某某搜索导致其相关信息被披露，不应由徐某某承担责任。故施某某、张某某、桂某某主张徐某某侵害其隐私权不能成立。

综上，被告徐某某在原告施某某受伤害后，为保护未成年人利益和揭露可能存在的犯罪行为，依法在其微博中发表未成年人受伤害信息，符合社会公共利益原则和儿童利益最大化原则。徐某某的网络举报行为未侵犯施某某的肖像权、名誉权、隐私权，未侵犯原告张某某、桂某某的名誉权、隐私权。施某某、张某某、桂某某的诉讼请求于法无据，不予支持。

一审判决后，原被告双方均未提起上诉，判决已发生法律效力。

审理法院　江苏省南京市江宁区人民法院
裁判时间　2015 年 9 月 25 日
案　　号
出　　处　《最高人民法院公报》2016 年第 4 期。

4. 行为人因意外因素造成他人的权益受到损害的，如果行为人无过错，且其行为与损害结果之间无任何因果关系，行为人依法不承担赔偿责任
——蒋海燕、曾英诉覃维邱、苏燕弟生命权纠纷案

> **裁判摘要**
> 　　民法鼓励民事主体积极开展合法、正当的社会交往。行为人在正常社会交往活动中实施的行为本身不具有危害性，因意外因素造成他人的权益受到损害的，如果行为人无过错，且其行为与损害结果之间无任何因果关系，行为人依法不承担赔偿责任。

关 键 词　人身损害　无过错　因果关系　赔偿责任

裁判理由　广东省佛山市中级人民法院二审认为：本案为人身损害侵权赔偿纠纷，应适用《中华人民共和国侵权责任法》的相关规定。《中华人民共和国侵权责任法》第六条第一款规定："行为人因过错侵害他人民事权益，应当承担侵权责任。"本条是过错责任原则的规定。过错责任是指造成损害并不必然承担赔偿责任，必须看行为人是否有过错，有过错有责任，无过错无责任。据此，确定被上诉人覃维邱在本案中的行为是否存在过错是本案的争议焦点。一般而言，过错包括故意和过失，故意是指行为人以损害他人为目的而实施加害行为，或者明知自己的行为会造成损害仍实施加害行为；行为人因疏忽或者懈怠未尽合理注意义务的，为过失。根据本案查明的事实，覃维邱无故意加害曾婷婷的目的和行为，且本案也无证据证明覃维邱在明知曾婷婷有不能独立进食芭蕉的特殊体质的情况下，仍放任曾婷婷独立进食芭蕉，故覃维邱不存在故意侵权行为。因此，判断覃维邱的行为是否因疏忽或者懈怠未尽合理注意义务是其承担责任与否的关键。对此，法院认为，覃维邱对于曾婷婷进食芭蕉窒息死亡不存在过失，理由如下：首先，事发时，曾婷婷

是已满五周岁的学龄前儿童，从一般生活经验来看，其已具备独立进食包括本案芭蕉在内的常见食物的能力，比曾婷婷年幼的覃维邱的孙子覃光典事发当天也独立进食芭蕉，由此可见，覃维邱对于曾婷婷独立进食芭蕉的注意标准与其处理自己同样事务的标准一致；其次，对于并非曾婷婷临时监护人的覃维邱，不能苛求其一直照看曾婷婷，并且事发当日早上，曾婷婷已经与覃光典一起进食过芭蕉，当时并没有异常，而事发时为当日下午，才发现曾婷婷进食芭蕉窒息，对此后果无法预见，事后其也尽力协助救治曾婷婷，不能据此认为覃维邱存在疏忽或者懈怠。最后，从民法的基本价值立场出发，民法应是鼓励民事主体积极地展开社会交往，如果将小孩之间分享无明显安全隐患食物的行为定性为过失，无疑限制人之行为自由，与过错责任原则的立法宗旨不符。综上，正如一审法院所认定，曾婷婷是因在进食过程中一时咬食芭蕉过多、吞咽过急等偶发因素而导致窒息死亡，应属于意外事件，覃维邱不存在故意或过失侵害曾婷婷的行为，对曾婷婷的死亡没有过错，在本案中无需承担侵权损害赔偿责任。上诉人蒋海燕、曾英上诉认为覃维邱应对曾婷婷的死亡承担赔偿责任，缺乏法律依据，法院不予采纳。一审判决认定事实清楚，适用法律正确，予以维持。

审理法院 广东省佛山市中级人民法院
裁判时间 2015 年 8 月 27 日
案　　号
出　　处 《最高人民法院公报》2016 年第 11 期。

5. 小区健身器材造成他人损害的，物业公司应承担赔偿责任
——汤某1诉连云港光鼎置业有限公司、灌南县开源物业管理有限公司人身损害赔偿纠纷案

> **裁判摘要**
> 物业公司作为小区健身器材的管理人，应当对健身器材进行日常管理和维护，器材存在安全隐患的，物业公司应设置安全警示标志并及时维修，以保障他人使用器材时的安全。物业公司未尽到该职责造成他人损害的，应依法承担相应赔偿责任。

关 键 词　物业公司　健身器材　赔偿责任

裁判理由　灌南县人民法院一审认为：侵害公民身体造成伤害的，应当承担赔偿责任。原告汤某1被南大院小区损坏的健身器材致伤，被告光鼎公司虽系该小区建设单位，但已与被告开源公司就小区物业设施完成交接查验手续，事发前健身器材完好无损可正常使用，其对原告损害发生并无过错，故不应承担赔偿责任；开源公司作为南大院小区的物业管理企业，对物业设施负有维护和管理义务，其未及时对健身设备进行检查、维修，导致健身器材存在一定的安全隐患，致使原告在玩耍时被建设器材夹伤手指，开源公司对此负有过错，现原告请求开源公司承担赔偿责任，法院予以支持。监护人周某带领三周岁的原告到南大院小区，放任原告独自进入健身场地，未尽到监护职责，对原告受伤负有重大过错。依据原告监护人周某和开源公司的过错程度，法院确认开源公司对原告受伤承担30%的赔偿责任。原告因伤造成的损失为：医疗费11445.06元、护理费5850元（65元/天×90天）、住院伙食补助费250元（25元/天×10天）、营养费900元（15元/天×60天）、鉴定费600元，合计19045.06元。开源公司应赔偿5713.52元（19045.06元×30%）。

一审宣判后，双方当事人在法定期限内均未提起上诉，一审判决书已经发生法律效力。

审理法院　灌南县人民法院

裁判时间 2015 年 3 月 19 日
案　　号
出　　处 《最高人民法院公报》2017 年第 3 期。

6. 行为人因过错侵害他人民事权益的，应当承担侵权责任
——汪吉美诉仪征龙兴塑胶有限公司生命权纠纷案

> **裁判摘要**
> 　　根据《中华人民共和国防洪法》第二十二条规定，禁止在河道、湖泊管理范围内建设妨碍行洪的建筑物、构筑物，禁止从事影响河势稳定、危害河岸堤防安全和其他妨碍河道行洪的活动。
> 　　公民的生命权受法律保护。行为人因过错过侵害他人民事权益的，应当承担侵权责任。受害人对于损害的发生也具有过错的，可以减轻侵权人的民事责任。

关 键 词　民事权益　侵权责任

裁判理由　扬州市中级人民法院二审认为：由于天气原因突降暴雨虽然属于自然现象，但由于上诉人龙兴公司自建围墙，导致上游河水滞留在龙兴公司厂区内，直至冲垮部分围墙致水流迅速向路边冲击，此系造成被上诉人汪吉美的女儿杨颖被水流卷走溺亡的重要因素之一。因此，杨颖的死亡非不可抗力所致，一审法院据此认定龙兴公司承担 40% 的赔偿责任比例划分得当。上诉人提出因杨颖未听他人劝告一意孤行和其监护人汪吉美未尽监护责任故应承担相应责任，一审法院已经据此酌定被上诉人自行承担 30% 的责任符合法律规定，对上诉人要求被上诉人再承担更多责任的上诉主张不予支持。

　　综上，龙兴公司上诉主张无事实和法律依据，不予支持。一审判决认定事实清楚，适用法律正确，程序合法，依法应予维持。

审理法院　扬州市中级人民法院
裁判时间　2013 年 7 月 20 日
案　　号

出　　处　《最高人民法院公报》2017年第6期。

第二节　交通事故

7. 通行者在高速公路驾车行驶时碾压到车辆散落物导致交通事故的，高速公路管理者在不能举证证明已尽到及时巡视和清障义务的情况下，应当承担相应的赔偿责任

——丁启章诉江苏京沪高速公路有限公司等人身损害赔偿纠纷案

> **裁判摘要**
>
> 车辆通过付费方式进入高速公路的法律关系，系通行者与高速公路管理者达成的有偿使用高速公路的民事合同关系，高速公路管理者有及时巡视和清障的义务，以保障司乘人员在通过高速公路时的安全、畅通。通行者在高速公路驾车行驶时碾压到车辆散落物导致交通事故的，高速公路管理者在不能举证证明已尽到及时巡视和清障义务的情况下，应当承担相应的赔偿责任。

关　键　词　高速公路　车辆散落物　交通事故　赔偿责任

裁判理由　扬州市中级人民法院二审认为：上诉人江苏京沪高速公司为本案适格主体并应承担相应赔偿责任，具体分析如下：

（一）高速公路是由专门机构管理的具备高速、封闭、机动车专用等特点的道路。在高速公路上，直接引发事故的因素往往除了机动车（含事故车和其他违章车辆）驾驶人员外，还可能包括非机动车因素，如不应进入高速公路的人或物，以及其他车辆的抛洒、散落物体等。在此情况下事故赔偿主体应当不限于导致事故发生的人或物的支配者，也可能包括未尽相关管理义务的高速公路的经营者。

（二）本案系侵权之诉，上诉人江苏京沪高速公司是否构成侵权主体及是否应当承担赔偿责任，关键看其是否已尽管理义务。车辆进入高速公路系通过付费方式以获得运行高效的保障，高速公路管理者应保证道路的畅通安全，

如果未尽管理义务或管理有瑕疵，应当承担相应的赔偿责任。《最高人民法院关于审理人身损害赔偿案件适用法律若干问题的解释》第十六条载明："道路、桥梁、隧道等人工建造的构筑物因维护、管理瑕疵致人损害的，由所有人或管理人承担赔偿责任，但能够证明自己没有过错的除外。"根据该规定，高速公路管理者如想减免己方责任，其前提是须证明已尽到了及时巡视和清障的义务，否则将因自身的不作为而承担相应的赔偿责任。

（三）本案中，一审被告弓金秋与上诉人江苏京沪高速公司系有偿使用高速公路的民事合同关系，上诉人收取车辆通行费用，即应当保障弓金秋、丁启章等司乘人员在通过高速公路时的安全、畅通。现上诉人未举证证明其已尽及时巡查义务，更不能证明已达到保障公路安全通行的目的，据此可认定其存在疏于管理的不作为。上诉人怠于巡查和清障的不作为，与事故的发生有相当因果关系，其依法应对被上诉人丁启章的损失承担主要的赔偿责任。原审将上诉人列为被告并判令其承担80%的赔偿责任符合法律规定。上诉人辩称只有在收到清障信息后，其才有清障义务，该辩称缺乏法律依据，过度限缩了高速公路经营管理者的法律义务，法院对该理由不予采纳。弓金秋在高速公路上驾驶机动车，未尽充分的安全谨慎义务，未及时发现障碍物，对事故的发生也存在一定过错，原审认定其承担20%的赔偿责任并无不妥。

关于上诉人存在异议的医疗费、营养费、误工费、交通费、护理费、残疾赔偿金，分析如下：（1）医疗费。被上诉人丁启章因事故受伤后，一直在外辗转治疗，其多次转院均针对受伤部位，提供的医疗文证和单据也能证明花费的医疗费与事故存在关联性和必要性，且相关材料前后连续、对应，原审据此认定医疗费为63255.10元符合客观事实。（2）营养费。原审中上诉人江苏京沪高速公司对丁启章主张的相关期限并无异议，原审按10元/天计算营养费的事实和法律依据充分。（3）误工费、残疾赔偿金。丁启章长期在江苏华星重工机械有限公司务工，其收入主要来源于工资，原审按其实际误工损失和城镇标准分别计算误工费和残疾赔偿金并无不当。（4）交通费。该项费用系丁启章治疗过程中必然发生的损失，结合其伤情、治疗地点、治疗期限等因素，原审酌定交通费和住宿费共计6000元是合理的，并未明显高出实际支出。（5）护理费。丁启章伤情较重且长期治疗，确需专人护理，其妻朱艮娣系工厂员工，因护理丁启章致收入损失，应参照误工费的规定据实计算。只有当朱艮娣本身没有收入时，才应按当地护工工资标准计算护理费。原审按朱艮娣的实际损失而非按护工的工资标准计算该项费用符合法律规定,也较好保障了受害人的合法权益。

审理法院 扬州市中级人民法院
裁判时间 2012年9月18日
案　　号
出　　处 《最高人民法院公报》2016年第10期。

第三节　产品责任

8. 产品标注方式虽然不符合规范性要求,但不会导致消费者错误购买的,该行为不构成欺诈
——陈雪琴诉重庆商社新世纪百货连锁经营有限公司等产品销售者责任纠纷案

> **裁判摘要**
> 　　产品标注方式虽然不符合规范性要求,但不会导致消费者错误购买的,属于"不符合在产品或者其包装上注明采用的产品标准"的情形,应依据《中华人民共和国产品质量法》第四十条的规定支持消费者的退货请求。

关 键 词　产品标注方式　消费者　误导
裁判理由　重庆市第一中级人民法院二审认为:本案争议焦点是在涉案产品上标注药品生产许可证号的行为是否违反法律法规禁止性规定、商家是否构成欺诈以及责任承担的问题。

一、关于在涉案产品上标注药品生产许可证号的行为是否违反法律法规禁止性规定的问题

药品生产许可证是药品监督管理部门发给药品生产企业的,但其均有特定的编号和对应的生产范围。涉案产品标注的药品生产许可证号:渝20100061系颁发给慧远公司,其证号注明的生产范围为"生产中药饮片(含

直接服用中药饮片)、毒性中药饮片"。根据《中华人民共和国药典》定义,"中药饮片是指经过加工炮制的中药材,可直接用于调配或制剂。"《中华人民共和国药品管理法》第十条第二款规定,"中药饮片必须按照国家药品标准炮制;国家药品标准没有规定的,必须按照省、自治区、直辖市人民政府药品监督管理部门制定的炮制规范炮制。省、自治区、直辖市人民政府药品监督管理部门制定的炮制规范应当报国务院药品监督管理部门备案。"据此,中药饮片系由中药材加工而成,但其必须按照规定方式炮制,并被收录入《中华人民共和国药典》的"中药饮片"目录,而冬虫夏草胶囊不符合此要求,故不能认定为中药饮片,亦不能标注中药饮片的生产许可证号。

《中华人民共和国药典》收录了冬虫夏草,冬虫夏草属于中药材,上诉人和被上诉人对此均无异议。《中药材生产质量管理规范(试行)》第五十五条第一项规定:"中药材指药用植物、动物的药用部分采收后经产地初加工形成的原料药材。"国食药监市〔2006〕63号《关于城乡集市贸易市场经营中药材有关问题的批复》载明:"根据《中药材生产质量管理规范》,'中药材产地初加工'主要是指中药材采收后,经过拣选、清洗、切制或修整等适宜的加工,使中药材不受污染,有效成分不被破坏。"涉案产品系将冬虫夏草打成粉末并装入胶囊,该行为已明显超出了"中药材产地初加工"的范畴,应当认定为对中药材的生产、加工行为。《中华人民共和国药品管理法》第一百条第一款规定,"药品,是指用于预防、治疗、诊断人的疾病,有目的地调节人的生理机能并规定有适应症或者功能主治、用法和用量的物质,包括中药材、中药饮片、中成药、化学原料药及其制剂、抗生素、生化药品、放射性药品、血清、疫苗、血液制品和诊断药品等。"《中华人民共和国药品管理法》第七条和第十四条分别规定,药品生产和经营实行药品生产许可证制度和药品经营许可证制度。但同时,《中华人民共和国药品管理法》第二十一条第一款规定:"城乡集市贸易市场可以出售中药材,国务院另有规定的除外。"《中华人民共和国药品管理法》第三十一条第一款规定:"生产新药或者已有国家标准的药品的,须经国务院药品监督管理部门批准,并发给药品批准文号;但是,生产没有实施批准文号管理的中药材和中药饮片除外。实施批准文号管理的中药材、中药饮片品种目录由国务院药品监督管理部门会同国务院中医药管理部门制定。"《中华人民共和国药品管理法》第三十四条规定:"药品生产企业、药品经营企业、医疗机构必须从具有药品生产、经营资格的企业购进药品;但是,购进没有实施批准文号管理的中药材除外。"结合上述条文可知,中药材属于药品,药品的生产和经营通常实行许可证制度，但是，除了实施批准文号管理的中药材以外，中药材的生产和经营并不实行许可证制度。经查询国务院药品监督管理部门会同国务院中医药管理部门制定的"实施批准文号管理的中药材、中药饮片品种目录"，冬虫夏草不属于实施批准文号管理的中药材，因此其生产和经营无需办理许可证。《重庆市产品质量条例》第十六条规定，"生产者、销售者、服务业经营者不得有下列行为：（一）对不实行生产许可证制度的产品，使用生产许可证标志和编号；……"而涉案产品作为不实行生产许可证制度的产品，却使用了生产许可证编号，显然违反了该条规定。

二、关于商家是否构成欺诈的问题

在涉案产品上标注药品生产许可证号的行为违反《重庆市产品质量条例》的规定，但是，认定该行为是否构成欺诈还需结合消费者权益保护法有关欺诈的规定、相关民法原理以及案件事实等因素进行综合判定。首先，涉案产品标注的药品生产许可证号是国家有关主管部门颁发给慧远公司的，因该证号有对应的产品范围，故不应标注于涉案产品之上，但由于其本身就属于该企业合法取得的证号，因而不属冒用。其次，由于药品生产许可证号本身并不显示其对应的生产范围，故不能认定上诉人陈雪琴因信赖药品生产许可证号而将涉案产品作为中药饮片购买，进而认定欺诈。再次，根据普通消费者的通常认知水平，可以认定在涉案产品上标注药品生产许可证号，足以对陈雪琴将涉案产品作为药品购买产生重大影响，而依据《中华人民共和国药品管理法》第一百条的规定，中药材、中药饮片等均属药品，故即便不当标示使陈雪琴产生了涉案产品系药品的认识，该认识也并非错误认识，故不存在基于对方的欺诈行为陷于错误认识的事实。第四，陈雪琴的代理人在法庭中也陈述，没有明确的购买目的，觉得好就买，因此，此种不当标注行为，固然会强化消费者的购买信心，但并不是导致其产生购买意愿的主要原因。综上，不能因涉案产品标注药品生产许可证号而认定被上诉人世纪新都构成欺诈。

此外，关于"虚标质量合格标志"是否构成欺诈的问题。《中华人民共和国标准化法》第六条第二款规定："企业生产的产品没有国家标准和行业标准的，应当制定企业标准，作为组织生产的依据。企业的产品标准须报当地政府标准化行政主管部门和有关行政主管部门备案。"该规定表明，涉案产品在没有国家标准、行业标准、地方标准的情况下，制定并执行企业标准并无不当，但应当向本地政府标准化行政主管部门和有关行政主管部门备案，而涉案产品执行的企业标准未经依法备案。然而，虽未依法备案，却不等于产品质量不合格。现无证据证明涉案产品质量不合格，故不能仅因企业自行标注"质量合格"而认定其构成欺诈。

三、关于责任承担的问题

商家不构成欺诈，并不意味着不承担任何民事责任。产品标识是消费者识别商品性能、特征和价值的重要依据，是消费者选择消费行为的重要信息来源，生产者、销售者应当确保产品标识内容的真实性、准确性。尤其是像涉案产品这类商品，普通消费者对于其原材料冬虫夏草的性质并不具备相应识别能力，在将冬虫夏草打成粉末并装入胶囊之后，外观发生显著变化，消费者对产品性质更加难以判断，在这种情况下，产品标识对于消费者了解产品进而作出符合其真实意思的购买行为具有更加重要的意义。被上诉人世纪新都作为销售商，负有对商品标识的真实性、准确性进行查验的义务，涉案产品为不实行许可证制度的产品，其生产、销售均不实行许可证制度，因此世纪新都无需办理药品经营许可证即可对涉案产品进行销售，而涉案产品外包装上却标注了药品生产许可证号，且所标注的药品生产许可证号对应的产品并不包括涉案产品，世纪新都对涉案产品系违规标注应为"明知"，其明知违规标注而仍然予以销售，应当承担相应责任。《中华人民共和国产品质量法》第四十条规定，"售出的产品具有下列情形之一的，销售者应当负责修理、更换、退货；给购买产品的消费者造成损失的，销售者应当赔偿损失：……（二）不符合在产品或者其包装上注明采用的产品标准的；……"涉案产品属于不实行许可证制度的产品，却违规标注了药品生产许可证号，使消费者容易将其与实行许可证制度的产品产生混同，而二者实行的管理制度和质量标准实则各不相同，而且，涉案产品在所执行的企业标准未经备案的情况下自行标注"产品质量合格"，此行为亦属于产品标准标注不规范，故涉案产品属于"不符合在产品或者其包装上注明采用的产品标准的"之情形，被上诉人世纪新都未尽到相应查验义务和瑕疵担保义务，依照《中华人民共和国产品质量法》第四十条第一款第二项的规定，其应当负责退货。

综上所述，被上诉人世纪新都销售标注药品生产许可证号的冬虫夏草胶囊的行为违反了《重庆市产品质量条例》第十六条之规定，但该行为不符合欺诈的构成要件，故上诉人陈雪琴关于被上诉人新世纪百货公司、世纪新都对其构成欺诈要求三倍赔偿的主张不成立，但根据《中华人民共和国产品质量法》第四十条规定，对其退还购物款请求予以支持。

审理法院 重庆市第一中级人民法院
裁判时间 2016 年 12 月 16 日
案　　号
出　　处 《最高人民法院公报》2017 年第 8 期。

第四节　其　他

9. 租赁期间因房屋不符合消防安全要求导致火灾发生或扩大的，出租人存在过错的，应依法承担相应的赔偿责任

——仪征市兴成塑业包装有限公司诉仪征市新城镇
新华村村民委员会、郭玉年财产损害赔偿纠纷案

> **裁判摘要**
> 　　房屋出租人明知承租人生产易燃产品而将不符合消防安全要求或未经消防验收合格的房屋出租给承租人用于生产，租赁期间因房屋不符合消防安全要求导致火灾发生或扩大的，出租人存在过错，应依法承担相应的赔偿责任。

关　键　词　租赁期间　消防安全要求　过错

裁判理由　扬州市中级人民法院经二审认为：当事人对自己提出的主张，有责任提供证据。没有证据或者证据不足以证明自己的事实主张，由负有举证责任的当事人承担不利的法律后果。经查，本起火灾事故损失的资产评估系一审法院委托扬州佳诚资产评估事务所评估，该评估机构及其资产评估师均具备相应的资质，对被上诉人兴成公司因火灾遭受损失的评估，程序合法，依据较为充分，其出具的资产评估结论具有证明效力，予以采信。上诉人新华村委会对该资产评估报告提出异议，但是其未提交充分证据证实自己的主张，且在一审时也未申请重新鉴定，故对新华村委会的该项上诉主张不予采信。

　　上诉人新华村委会作为出租方，其出租房屋给承租人的用途是生产经营，

故其将房屋出租给被上诉人兴成公司时，应提供经过消防验收合格的房屋。本案中，当火灾发生时，因新华村委会出租厂房的屋顶为芦席顶，系易燃材料，耐火等级低，导致燃烧蔓延迅速，损失扩大。由于新华村委会出租未经消防验收合格的房屋，且兴成公司生产的塑料包装制品系易燃物品，故其对火灾造成的损失具有一定过错。因此，一审根据本案的实际情况，判决新华村委会承担10%的赔偿责任并无不当。

审理法院 扬州市中级人民法院
裁判时间 2013年12月18日
案　　号
出　　处 《最高人民法院公报》2016年第3期。

10. 财产保全制度只有在申请人对财产保全错误存在故意或重大过失的情况下，方可认定申请人的申请有错误

——江苏中江泓盛房地产开发有限公司诉陈跃石损害责任纠纷案

> **裁判摘要**
> 　　因财产保全引起的损害赔偿纠纷，适用《中华人民共和国侵权责任法》规定的过错责任归责原则。财产保全制度的目的在于保障将来生效判决的执行，只有在申请人对财产保全错误存在故意或重大过失的情况下，方可认定申请人的申请有错误，不能仅以申请保全标的额超出生效裁判支持结果作为判断标准。

关　键　词　财产保全制度　故意或重大过失

裁判理由　江苏省盐城市中级人民法院二审认为：因财产保全引起的损害赔偿纠纷，应当适用《中华人民共和国侵权责任法》规定的过错责任归责原则。财产保全制度的目的在于保障将来生效判决的执行，因此只有在申请人对出现财产保全的错误存在故意或重大过失的情况下，方可认定为申请人的申请有错误，不能仅以申请保全标的额超出生效裁判支持结果作为判断标准。

在盐城中院（2012）盐民初字第0232号一案中，被上诉人陈跃石以创迎公司（二建公司）对上诉人中江泓盛公司的工程款债权受让人身份起诉，其向中江泓盛公司主张权利的依据也是创迎公司与中江泓盛公司签订的备案合同。虽然备案合同经法院审查后被最终认定无效并以四方协议作为结算工程价款的最终依据，并直接导致陈跃石的诉讼请求没有完全得到法院的支持，但是备案合同客观上是经过相关招投标程序并经相关管理部门认可的，目前未有证据且生效判决也未认定陈跃石为创迎公司承建工程的实际施工人，亦无证据证明陈跃石知晓存在四方协议。在存在两份合同的情形下，作为创迎公司工程款债权受让人，即使陈跃石清楚创迎公司在申请拨付工程款时按照每平方米866元结算，其在诉讼中选择依据债权转让通知书中载明的备案合同主张权利，并无明显重大过错，未违反普通人的注意义务。加之中江泓盛公司在诉讼中认为工程款支付条件未成就并不同意支付工程款，而生效判决并未采纳其抗辩意见，因此，综合案件实际情况，不能认定陈跃石在盐城中院（2012）盐民初字第0232号一案中的财产保全申请有错误，一审法院未支持中江泓盛公司要求陈跃石赔偿损失的诉讼请求并无不当。

综上所述，上诉人中江泓盛公司上诉理由不能成立，一审判决判处正确，应予维持。

审理法院 江苏省盐城市中级人民法院
裁判时间 2014年11月16日
案　　号
出　　处 《最高人民法院公报》2016年第6期。

11. 网络交易中买家对商家进行的评级、评论只要不是出于恶意诋毁商业信誉的目的，不属于侮辱诽谤行为

——申翠华诉王铮韵网络侵权责任纠纷案

> **裁判摘要**
>
> 网络交易中买家基于货品本身与网店描述是否相符、卖家服务态度等综合因素对商家进行的评级、评论，虽具有一定的主观性，但只要不是出于恶意诋毁商业信誉的目的，买家给"差评"不属于侮辱诽谤行为。

关 键 词 恶意诋毁商业信誉 差评 侮辱诽谤

裁判理由 上海市第二中级人民法院二审认为：本案的争议焦点是：被上诉人王铮韵给予差评的行为及相关评论内容是否对上诉人申翠华经营的淘宝网店构成了网络侵权。

淘宝网设置买家评论功能的目的就是出于网络购物具有虚拟性的特征，希望通过买家网购后的真实体验评论在买卖双方之间构建一个信息对称的平台。本案中，被上诉人王铮韵作为买家有权在收到货品后凭借自己购物后的体验感受在上诉人申翠华的淘宝网店评论栏中选择是否给予差评，而买家在淘宝网上给出何种评级和评论往往系基于货品本身是否与网店描述相符、卖家服务态度等综合因素进行考量，且买家作出的相应评级和评论具有一定的主观性，但只要这种评级和评论不是基于主观恶意的目的，卖家则不能过分苛求每一个买家必须给予好评。

从上诉人申翠华提供的相关证据来看，被上诉人王铮韵给予差评的行为及相关评论内容并非系出于恶意诋毁商业信誉的目的。因此，从主观上来看，被上诉人的行为并非属于侮辱诽谤行为。故被上诉人给予差评的行为及相关评论内容并不构成网络侵权行为。

综上所述，一审法院认定事实清楚，判决并无不当。

审理法院 上海市第二中级人民法院

裁判时间 2015 年 9 月 2 日
案　　号
出　　处 《最高人民法院公报》2016 年第 12 期。

第三章 物 权

第一节 总 类

12. 父母出资购房将产权登记在子女名下,具有赠与性质
——刘柯妤诉刘茂勇、周忠容共有房屋分割案

> **裁判摘要**
>
> 父母出资购房将产权登记在子女名下,具有赠与性质。子女不仅应在物质上赡养父母,也应在精神上慰藉父母,努力让父母安宁、愉快地生活。子女对父母赠与的房屋依物权法分则行使物权,将损害父母生活的,人民法院可依物权法总则的规定不予支持。

关 键 词 购房 产权登记 赠与

裁判理由 重庆市第五中级人民法院再审认为:现有新证据证明,本案讼争房屋系被申请人刘茂勇、周忠容及再审申请人刘柯妤按份共有。单从《中华人民共和国物权法》第九十七条之规定看,刘柯妤占份额90%,有权决定本案讼争房屋的处分,但本案中刘茂勇、周忠容与刘柯妤系父母子女关系,双方以居住为目的购房,从购房的相关证据看,大部分房款由刘茂勇、周忠容出资,刘茂勇、周忠容购房时将大部分财产份额登记在刘柯妤名下,超出刘柯妤出资部分,具有赠与性质,系父母疼爱子女的具体表现。"百善孝为先"一直是中国社会各阶层所尊崇的基本伦理道德。孝敬父母乃"天之经、地之义、人之行、德之本",是中国传统伦理道德的基石,是千百年来中国社会维系家庭关系的重要道德准则,是中华民族优秀的传统美德。亲子之爱是人世间最真诚、最深厚、最持久的爱,为人子女,不仅应在物质上赡养父母,满足父母日常生活的物质需要,也应在精神上慰藉父母,善待父母,努力让父母安宁、愉快地生活。从刘柯妤陈述及提交的《承诺书》看,刘柯妤仍存有赡养父母之念,值得肯定和发扬。目前,刘茂勇、周忠容与刘柯妤之间存

在较深的误解与隔阂,双方生活习惯差距较大,刘茂勇、周忠容多年在本土生活,不愿去苏州与刘柯妤共同居住生活,刘茂勇、周忠容对居住地和居住方式的选择应予尊重,他人不应强求。刘柯妤虽然承诺财产份额转让后,可由刘茂勇、周忠容居住使用该房屋至去世时止,但双方目前缺乏基本的信任,刘茂勇、周忠容担心刘柯妤取得完全产权后变卖房屋而导致其无房居住,具有一定合理性。刘茂勇、周忠容承诺有生之年不转让处分享有的份额,去世之后其份额归刘柯妤所有,刘茂勇、周忠容持有的财产份额价值较小,单独转让的可能性不大,刘柯妤担心父母将其财产份额转让他人,无事实根据,且刘柯妤承诺该房由其父母继续居住,目前要求其父母转让财产份额并无实际意义,徒增其父母的担忧,不符合精神上慰藉父母的伦理道德要求,并导致父母与子女之间的亲情关系继续恶化。《中华人民共和国物权法》第七条明确规定:"物权的取得和行使,应当遵守法律,尊重社会公德,不得损害公共利益和他人合法权益。"综上,刘柯妤要求其父母转让财产份额的诉求与善良风俗、传统美德的要求不符,法院不予支持。本院二审判决认定为共同共有不当,导致适用法律有瑕疵,应予纠正,但判决结果正确,应予维持。

审理法院　重庆市第五中级人民法院
裁判时间　2015 年 9 月 10 日
案　　号
出　　处　《最高人民法院公报》2016 年第 7 期。

13. 在不动产产权人未依法变更的情况下,离婚协议中关于不动产归属的约定不具有对抗外部第三人债权的法律效力
——付金华诉吕秋白、刘剑锋案外人执行异议之诉案

> **裁判摘要**
> 根据我国《物权法》规定,不动产物权变动原则上以登记完成为生效要件。夫妻双方签订的离婚协议中对不动产归属的约定并不直接发生物权变动的效果,一方仅可基于债权请求权向对方主张履行房屋产权变更登记的契约义务。在不动产产权人未依法变更的情况下,离婚协议中关于不动产归属的约定不具有对抗外部第三人债权的法律效力。

关 键 词　离婚协议　物权变动　债权请求权

裁判理由　上海市第一中级人民法院认为:本案系争房屋是原告付金华与第三人刘剑锋夫妻关系存续期间所购买,根据婚姻法相关规定,系争房屋应属原告与第三人的夫妻共同财产。我国《物权法》第九条明确规定,"不动产物权的设立、变更、转让和消灭,经依法登记,发生法律效力;未经登记,不发生法律效力"。双方在离婚协议中约定上述房屋产权均归原告所有,这是第三人对自己在系争房屋产权中所拥有份额的处分,该处分行为未经产权变更登记并不直接发生物权变动的法律效果,也不具有对抗第三人的法律效力。因系争房屋的产权未发生变更登记,第三人刘剑锋仍为系争房屋的登记产权人,其在系争房屋中的产权份额尚未变动至原告名下,故在第三人对外尚存未履行债务的情况下,被告吕秋白作为第三人的债权人,要求对第三人名下的财产予以司法查封并申请强制执行符合法律规定。原告依据《离婚协议书》对系争房屋产权的约定要求确认系争房屋的所有权属其所有并要求解除对系争房屋的司法查封、停止对系争房屋执行的诉讼请求于法无据,法院不予支持。

一审判决后,各方当事人均未提起上诉,一审判决已经发生法律效力。

审理法院　上海市第一中级人民法院
裁判时间　2015 年 2 月 9 日
案　　号

出　　处　《最高人民法院公报》2017年第3期。

14. 没有履行过户登记手续的，以物抵债协议能否形成优先于一般债权的物权期待权

——孙宝刚与葫芦岛市中业房地产开发有限公司、葫芦岛恒远混凝土搅拌有限公司案外人执行异议之诉案

裁判要点

基于以物抵债而拟受让不动产的受让人仅享有未来据实抵债的普通债权请求权，不能满足法定物权变动要求，因而不能直接获得所有权。同时，鉴于以物抵债协议首先以消灭金钱债务为目的，而物的交付仅为以物抵债的实际履行方式，其同基于买卖而产生物权期待权具有基础性的区别，故在完成不动产法定登记之前，该以物抵债协议并不足以形成优先于一般债权的利益，不能据此产生针对交易不动产的物权期待权。

关　键　词　过户登记手续　以物抵债　物权期待权

裁判理由　最高人民法院认为：（一）关于恒远公司对涉案42户房屋是否实际享有所有权的问题。

孙宝刚在原审以及申请再审中始终认为，中业公司与恒远公司通过签订《团购商品房预售协议书》以及《团体商品房预售补充协议书》的方式，将包括涉案42户房屋在内的196套房屋出售给了恒远公司，因而恒远公司对涉案42户房屋享有所有权。本院认为，依据中业公司与恒远公司签订的《团购商品房预购协议书》可以认定，中业公司欲以其开发的196户房屋及车库抵顶未来应支付给恒远公司的混凝土价款，同时双方还约定了结算面积最后按产权测量中心测得面积进行结算、购房款多退少补的结算方式。虽然在该协议签署时，拟抵债的196户房屋尚未建成、具体房屋位置并未确定、中业公司应付恒远公司混凝土款也并未结算，但该协议并不违反法律法规的效力性强制性规定，应属有效。依据法律规定，物权的取得分为原始取得和继受取得两种方式。从上述协议内容看，恒远公司拟采取以物抵债的方式取得房屋所有权，应属继受取得。因涉案42户房屋属于应当登记的不动产，故按照《中华人民共和国物权法》第六条不动产物权的设立、变更、转让和消灭，应

当依照法律规定登记。动产物权的设立和转让，应当依照法律规定交付、第九条不动产物权的设立、变更、转让和消灭，经依法登记，发生效力；未经登记，不发生效力，但法律另有规定的除外以及第十四条不动产物权的设立、变更、转让和消灭，依照法律规定应当登记的，自记载于不动产登记簿时发生效力之规定，在办理房屋登记之前，继受取得的法定公示要件尚未达成，因而涉案42户房屋的物权并未发生变动，恒远公司依据其与中业公司之间签订的协议仅享有未来据实抵债的普通债权请求权，而不能直接获得房屋所有权。同理，虽然中业公司在2013年6月8日《团体商品房预售补充协议书》中明确确认恒远公司已购得196户房屋，但却始终没有为恒远公司办理物权登记，因而不能满足法定物权变动要求，于此情形下，恒远公司并不享有房屋所有权。对于该补充协议可否视为中业公司以书面方式确认恒远公司为实际权利人的问题，本院认为，《最高人民法院关于人民法院民事执行中查封、扣押、冻结财产的规定》第二条第三款对于第三人占有的动产或者登记在第三人名下的不动产、特定动产及其他财产权，第三人书面确认该财产属于被执行人的，人民法院可以查封、扣押、冻结之规定，系基于现实当中名义购买人与实际购买人不一致的情形而进行的规制，且需要不动产的登记人向人民法院以书面方式确认实际权利人。而在本案中，恒远公司与中业公司之间签订的《团购商品房预售协议书》以及《团体商品房预售补充协议书》均属于以物抵债协议，二者之间并非名义购买人与实际购买人的关系。此外，中业公司不但从未向人民法院作出任何书面确认，反而坚持主张其为房屋的所有权人。因此，恒远公司不能依据《团体商品房预售补充协议书》之约定对涉案42户房屋享有实际所有权。

（二）关于恒远公司对涉案42户房屋是否享有物权期待权的问题。

依据《团购商品房预售协议书》以及《团体商品房预售补充协议书》的约定可确认，涉案42户房屋为中业公司抵顶恒远公司混凝土款之标的物，而非恒远公司买卖之标的物。本院认为，以物抵债协议首先以消灭金钱债务为目的，而物的交付仅为以物抵债的实际履行方式，此即与《最高人民法院关于人民法院民事执行中查封、扣押、冻结财产的规定》所规定的基于买卖而产生物权期待权具有基础性的区别。因而，基于以物抵债而拟受让不动产的受让人，在完成不动产法定登记之前，该以物抵债协议并不足以形成优先于一般债权的利益，不能据此产生针对交易不动产的物权期待权。就本案而言，恒远公司依据其与中业公司之间签订的抵债协议而产生的权利仍未超过债权之维度,并无任何物权化之属性。不仅如此,本案尚无证据证明恒远公司实际占有了涉案 42 户房屋,亦不能产生对外公示物权的效力。尽管孙宝刚主张其中有 3 户房屋进行了装修,但依据一审庭审笔录的记载,恒远公司自认该 3 户房屋系由其处理给了内部人员,而非由其直接占有,故不能产生物权期待权。基于上述两点分析,本院认为,恒远公司对于由中业公司开发的涉案 42 户房屋既无所有权又无物权期待权,不属于恒远公司的责任财产范围,人民法院不应采取强制执行措施。二审法院判决停止强制执行行为的认定结果正确,不存在认定基本事实缺乏证据证明或适用法律错误的情形。

审理法院 最高人民法院
裁判时间 2016 年 12 月 29 日
案　　号 最高人民法院(2016)最高法民申 3620 号民事裁定书
出　　处 中国裁判文书网。

第二节　担　保

15. 承兑汇票出票人向银行承兑汇票保证金专用账户交存保证金作为承兑汇票业务的担保,该行为性质属于设立金钱质押

——大连银行股份有限公司沈阳分行与抚顺市艳丰
建材有限公司、郑克旭案外人执行异议之诉案

> **裁判摘要**
>
> 《最高人民法院关于适用〈中华人民共和国民事诉讼法〉的解释》第三百一十二条规定,对于案外人提起的执行异议之诉,人民法院经审理,案外人就执行标的享有足以排除强制执行的民事权益的,判决不得执行该执行标的。本案中,承兑汇票出票人向银行承兑汇票保证金专用账户交存保证金作为承兑汇票业务的担保,该行为性质属于设立金钱质押。当出票人未支付到期票款,银行履行垫款义务后,银行基于质权享有就该保证金优先受偿的权利。质权属于担保物权,足以排除另案债权的强制执行。

关 键 词 承兑汇票出票人　设立金钱质押

裁判理由 最高人民法院认为：本案为大连银行沈阳分行对河北省廊坊市中级人民法院作出的（2013）廊执异字第26-1号执行异议裁定不服提起的案外人执行异议之诉，根据《最高人民法院关于适用〈中华人民共和国民事诉讼法〉的解释》第三百一十二条规定，对该类案件，人民法院经审理，按照下列情形分别处理：（一）案外人就执行标的享有足以排除强制执行的民事权益的，判决不得执行该执行标的；（二）案外人就执行标的不享有足以排除强制执行的民事权益的，判决驳回诉讼请求。案外人同时提出确认其权利的诉讼请求的，人民法院可以在判决中一并作出裁判。因此，本案再审审理的焦点问题是大连银行沈阳分行对执行标的即艳丰公司存入保证金专用账户的4000万元是否享有足以排除人民法院强制执行的民事权益。大连银行沈阳分行主张，艳丰公司存入保证金专用账户的4000万元系具有金钱质押效力的保证金，在其对艳丰公司申请开立的银行承兑汇票付款之后，其对该4000万元享有优先受偿权。据此，本案将从大连银行沈阳分行是否对该4000万元享有质权、该权利是否足以排除强制执行等方面进行分析判定。

一、大连银行沈阳分行对案涉4000万元是否享有质权

《中华人民共和国物权法》第二百一十条规定："设立质权，当事人应当采取书面形式订立质权合同。质权合同一般包括下列条款：（一）被担保债权的种类和数额；（二）债务人履行债务的期限；（三）质押财产的名称、数量、质量、状况；（四）担保的范围；（五）质押财产交付的时间。"第二百一十二条规定："质权自出质人交付质押财产时设立。"《最高人民法院关于适用〈中华人民共和国担保法〉若干问题的解释》第八十五条规定："债务人或者第三人将其金钱以特户、封金、保证金等形式特定化后，移交债权人占有作为债权的担保，债务人不履行债务时，债权人可以以该金钱优先受偿。"根据上述法律及司法解释的规定，金钱作为一种特殊的动产，具备一定形式要件后，可以用于质押。具体到本案，大连银行沈阳分行对案涉4000万元是否享有质权，应当从大连银行沈阳分行与艳丰公司之间是否存在质押合同关系以及质权是否有效设立两个方面进行审查。

（一）大连银行沈阳分行与艳丰公司之间是否存在质押合同关系。大连银行沈阳分行与艳丰公司签订的《汇票承兑合同》第二条第2.2款约定：艳丰公司于汇票承兑前，在大连银行沈阳分行开立针对合同项下汇票的保证金专用账户（账号为1012××××××0023）并存入汇票金额100%的保证金，

保证金金额为 8000 万元。艳丰公司同意将上述保证金及其产生的利息作为履行合同的担保，并授权大连银行沈阳分行在因合同需要时办理上述保证金的冻结、扣划等手续；第五条第 5.7 款约定：艳丰公司应于合同项下汇票到期日之前将汇票金额足额存入大连银行沈阳分行指定账户。若艳丰公司未能在汇票到期日前足额交付全部汇票金额，则大连银行沈阳分行有权将合同第二条第 2.2 款的保证金账户和艳丰公司其他存款账户中的款项直接用于支付到期汇票或偿还大连银行沈阳分行对持票人的垫款以及相应利息和手续费，同时对艳丰公司尚未支付的汇票金额按照日万分之五计收罚息。上述约定表明，大连银行沈阳分行与艳丰公司之间协商一致，达成以下合意，即艳丰公司向大连银行沈阳分行缴存 100% 比例保证金作为案涉承兑汇票业务的担保，如艳丰公司未按期足额交付全部汇票金额，则大连银行沈阳分行有权以该保证金直接支付到期承兑汇票或偿还大连银行沈阳分行对持票人的垫款，也即大连银行沈阳分行对案涉保证金享有优先受偿权。上述合意具备质押合同的一般要件，符合《最高人民法院关于适用〈中华人民共和国担保法〉若干问题的解释》第八十五条关于金钱质押的规定。原审法院仅以双方在《汇票承兑合同》中未有大连银行沈阳分行对该保证金享有优先受偿权的表述即认定双方并无以保证金设立质押的意思表示、保证金不具有金钱质押性质，有所不当，本院予以纠正。

（二）本案质权是否有效设立。根据《中华人民共和国物权法》第二百一十二条"质权自出质人交付质押财产时设立"的规定，交付行为应被视为设立动产质权的生效条件。金钱质押作为特殊的动产质押，依照《最高人民法院关于适用〈中华人民共和国担保法〉若干问题的解释》第八十五条规定，生效条件包括金钱特定化和移交债权人占有两个方面。具体到本案，首先，案涉 4000 万元资金已经通过存入保证金专用账户的形式予以特定化。保证金特定化的实质意义在于使特定数额金钱从出质人财产中划分出来，成为一种独立的存在，使其不与出质人其他财产相混同，同时使转移占有后的金钱也能独立于质权人的财产，避免特定数额的金钱因占有即所有的特征混同于质权人和出质人的一般财产中。具体到保证金账户的特定化，就是要求该账户区别于出质人的一般结算账户，使该账户资金独立于出质人的其他财产。本案中，双方当事人按照《汇票承兑合同》的约定开立了账号为 1012×××××××0023 的保证金专用账户，用途均与保证金有关，不同于艳丰公司在大连银行沈阳分行开立的账号为 1012×××××××0325 的一般结算账户。艳丰公司按照《汇票承兑合同》约定的额度比例向该账户缴存了保证金,大连银行沈阳分行向艳丰公司出具了《保证金冻结通知书》,对保证金账户进行了冻结。因此,本案符合金钱以保证金形式特定化的要求。其次,大连银行沈阳分行能够对该保证金专用账户进行实际控制和管理,实现了移交占有。本案中,案涉保证金专用账户开立于大连银行沈阳分行的下属支行,艳丰公司在按照《汇票承兑合同》约定存入保证金之后,大连银行沈阳分行对该账户进行了冻结,使得艳丰公司作为保证金专户内资金的所有权人,不能自由使用账户资金,实质上丧失了对保证金账户的控制权和管理权。而大连银行沈阳分行依据《汇票承兑合同》第五条第5.7款规定,在艳丰公司未能在汇票到期日前足额交付全部汇票金额的情况下,有权将保证金账户中的款项直接用于支付到期汇票或者偿还大连银行沈阳分行对持票人的垫款,即大连银行沈阳分行有权直接扣划保证金专用账户内的资金。据此应当认定,大连银行沈阳分行实质上取得了案涉保证金专用账户的控制权,此种控制权移交符合动产交付占有的本质要求。

综合以上分析可以认定,本案金钱质押已经设立,大连银行沈阳分行对案涉4000万元保证金享有质权。大连银行沈阳分行该项再审主张和理由,有事实和法律依据,本院予以支持。原审法院认定本案保证金账户存款性质属于信誉保证,不属于金钱质押,适用法律错误,本院予以纠正。

二、大连银行沈阳分行对案涉4000万元保证金享有的质权是否足以排除郑克旭与艳丰公司借款案的强制执行

根据《中华人民共和国物权法》第一百七十条规定,担保物权人在债务人不履行到期债务或者发生当事人约定的实现担保物权的情形,依法享有就担保财产优先受偿的权利;第二百零八条规定,为担保债务的履行,债务人或者第三人将其动产出质给债权人占有的,债务人不履行到期债务或者发生当事人约定的实现质权的情形,债权人有权就该动产优先受偿。因此,大连银行沈阳分行在履行案涉承兑汇票付款义务后,对艳丰公司享有垫款之债权,也即《汇票承兑合同》约定的担保之债权已经发生,为实现该债权,大连银行沈阳分行有权就4000万元保证金主张优先受偿。但本案的特殊之处在于,另案即郑克旭与艳丰公司、明达意航公司借款合同纠纷案判决郑克旭对艳丰公司享有4000万元本金及相应利息的债权,该案执行中,该4000万元作为艳丰公司的资金已被廊坊市中级人民法院予以冻结,因此出现了在同一执行标的即案涉4000万元保证金之上,大连银行沈阳分行主张质权而郑克旭主张

债权的冲突问题。大连银行沈阳分行享有的质权能否排除郑克旭案的强制执行，是本案需要解决的终极问题，而该问题取决于物权与债权的关系如何。

从权利属性和分类上来讲，大连银行沈阳分行对艳丰公司享有的质权属于担保物权，因此该权利具备物权的基本特征和法律效力。《中华人民共和国物权法》第二条第三款明确规定："本法所称物权，是指权利人依法对特定的物享有直接支配和排他的权利"，据此，物权相较之债权而言具有优先性，此即意味着当同一标的物之上同时存在债权人主张债权与物权人主张物权相冲突时，物权优先于债权实现。具体到本案，大连银行沈阳分行对案涉4000万元保证金享有担保物权，而郑克旭作为艳丰公司的普通债权人对艳丰公司存款享有的仅是一般债权，两种权利虽都是当事人的合法民事权利，但二者相比较，大连银行沈阳分行享有的物权应当优先于郑克旭的普通债权得以实现。因此，可以得出结论，大连银行沈阳分行对执行标的即4000万元保证金享有的质权足以排除郑克旭与艳丰公司借款案的强制执行。大连银行沈阳分行该项再审主张有事实及法律依据，本院予以支持。原审法院认定大连银行沈阳分行对4000万元保证金不享有优先受偿权，适用法律错误，本院予以纠正。

关于郑克旭答辩提出的大连银行沈阳分行在出票过程中存在重大过错的意见，从本案事实看，大连银行沈阳分行与艳丰公司签订《汇票承兑合同》是双方的真实意思表示，现无证据证实该合同存在《中华人民共和国合同法》第五十二条规定的合同无效之情形，因此双方已经形成票据法律关系；大连银行沈阳分行已对艳丰公司提供的《工业品买卖合同》进行了相应的形式审查，虽未按《汇票承兑合同》约定要求艳丰公司提供增值税专用发票复印件存在业务操作欠规范的情形，但并不对《汇票承兑合同》的真实性、合法性以及票据法律关系的效力构成影响。至于艳丰公司与首创公司之间的基础交易关系，属于票据取得的原因关系，而票据作为要式证券，文义性、无因性是其重要特征，票据关系一经成立，即与票据取得的原因关系相脱离，无论其原因关系是否存在及是否有效，均不影响票据本身的效力。因此，郑克旭以非票据法律关系当事人之身份、以艳丰公司与首创公司的买卖交易关系虚假为由主张本案《汇票承兑合同》及其中的保证金条款无效，无法律依据，本院不予采纳。另外，郑克旭还提出，大连银行沈阳分行在票据付款过程中亦存在过错，在廊坊市中级人民法院对案涉保证金采取冻结措施后，大连银行沈阳分行不应再进行付款。但从本案事实看，大连银行沈阳分行在出票的同时已经在汇票正面"本汇票已经承兑，到期日由本行付款"处加盖了汇票专用章，即进行了承兑。大连银行沈阳分行一经承兑，则负有汇票到期无条件交付票款的责任，且已经实际履行该付款责任。根据最高人民法院、中国人民银行《关于依法规范人民法院执行和金融机构协助执行的通知》（法发〔2000〕21号）第九条关于"人民法院依法可以对银行承兑汇票保证金采取冻结措施，但不得扣划。如果金融机构已对汇票承兑或者已对外付款，根据金融机构的申请，人民法院应当解除对银行承兑汇票保证金相应部分的冻结措施；银行承兑汇票保证金丧失保证功能时，人民法院可以依法采取扣划措施"的规定，廊坊市中级人民法院虽然于2013年5月28日对案涉保证金进行了冻结，但该冻结措施发生于大连银行沈阳分行承兑之后，而在艳丰公司未在汇票到期日前将汇票金额足额交存的情况下，大连银行沈阳分行已经实际履行了付款责任，与艳丰公司形成垫付款的债权债务关系，此时案涉4000万元保证金并未丧失保证功能。因此，大连银行沈阳分行有权对廊坊市中级人民法院采取的冻结措施提出异议，该院应当解除对保证金相应部分的冻结措施。原审法院关于大连银行沈阳分行在人民法院冻结4000万元保证金之后未要求艳丰公司在汇票到期日之前将汇票金额存入指定账户，而是进行了兑付，存在明显过错，大连银行沈阳分行应对其损失自负的认定，无法律依据，本院予以纠正。

另外，大连银行沈阳分行在本案中还有一项诉讼请求，即要求撤销廊坊市中级人民法院（2013）廊执异字第26-1号执行裁定书，但根据《最高人民法院关于适用〈中华人民共和国民事诉讼法〉的解释》第三百一十四条规定："对案外人执行异议之诉，人民法院判决不得对执行标的执行的，执行异议裁定失效"，在本案判决对案涉执行标的4000万元保证金不得执行后，上述执行异议裁定即已失效。因此，大连银行沈阳分行的该项诉讼请求已无实质意义。

审理法院　最高人民法院
裁判时间　2016年3月31日
案　　号　最高人民法院（2015）民提字第175号民事裁定书
出　　处　《最高人民法院公报》2016年第10期。

16. 劳动者以用人拖欠劳动报酬为由，主张对用人单位供其使用的工具物品等动产行使留置权的，法院不予支持
——长三角商品交易所有限公司诉卢海云返还原物纠纷案

> **裁判摘要**
>
> 留置权是平等主体之间实现债权的担保方式；除企业之间留置的以外，债权人留置的动产，应当与债权属于同一法律关系。
>
> 劳动关系主体双方在履行劳动合同过程中处于管理与被管理的不平等关系。劳动者以用人拖欠劳动报酬为由，主张对用人单位供其使用的工具物品等动产行使留置权，因此类动产不是劳动合同关系的标的物，与劳动债权不属于同一法律关系，故人民法院不予支持该主张。

关 键 词　拖欠劳动报酬　留置权

裁判理由　无锡市中级人民法院二审认为：留置权是平等主体之间实现债权的担保方式；除企业之间留置的以外，债权人留置的动产，应当与债权属于同一法律关系。劳动关系主体双方在履行劳动合同过程中处于管理与被管理的不平等关系。劳动者以用人单位拖欠劳动报酬为由，主张对用人单位供其使用的工具、物品等动产行使留置权，因此类动产不是劳动合同关系的标的物，与劳动债权不属于同一法律关系，故该主张与法律规定相悖。上诉人长三角公司的上诉理由成立，应予采纳。理由如下：

（一）基于劳动关系产生的债权不能行使留置权。《物权法》第二百三十条规定"债务人不履行到期债务，债权人可以留置已经合法占有的债务人的动产，并有权就该动产优先受偿"；第二百三十一条规定"债权人留置的动产，应当与债权属于同一法律关系，但企业之间留置的除外"。根据法律规定及法律体系的架构，留置权的行使要件之一应为存在平等主体间的债权债务关系。留置权是担保物权之一，规定在我国的《民法通则》《担保法》《物权法》等民法体系中，其调整对象应是平等主体间的民事担保关系，排除因管理行为产生的债权债务对担保法的运用。留置权在性质上是平等主体间实现债权的一种方式，其平等性表现在债权人可通过留置债务人的动产对抗债务人，督促其履行债务，并可通过对留置物进行变价优先受偿来保护债权。而

劳动关系一方为用人单位，另一方为劳动者，与一般的民事关系相比，双方在履行劳动合同过程中处于管理和被管理的不平等关系，劳动者不能基于劳动管理关系而对所占有的用人单位的财产适用留置，否则将导致劳动管理秩序的紊乱。我国的劳动法及劳动合同法已经对劳动者的合法权利设置了倾斜性保护条款，劳动者完全可以通过法定的正当途径保护自己的劳动债权，如再使用私力救济方式保护劳动债权，不仅影响劳动生产和管理秩序，还将造成债权债务保护的不公平性。另外，由于留置权具有优先受偿性，不仅优于一般债权人，还优先于享有抵押权、质押权人的其他债权人，而劳资纠纷产生于用人单位与劳动者之间，本质上系经济组织的内部纠纷，从用人单位与劳动者共担经营风险的角度而言，也不应通过行使留置权而优先于外部债权人受偿。

（二）被上诉人卢海云所扣留的苏B×××××轿车，不是双方劳动合同关系的标的物，不符合"同一法律关系"的构成要件。除企业间留置外，留置的动产应与债权属于同一法律关系。这实际上对留置的动产范围作了严格限定。所谓同一法律关系，是指债权人占有动产是基于与其债权发生的同一法律关系发生，动产与债权发生具有紧密联系性。劳动合同的基本法律关系为劳动者承担向用人单位提供劳动和接受用人单位管理的义务，并有权要求用人单位依约支付劳动报酬。本案中，卢海云被上诉人长三角公司安排在管理岗位，分管行政事务、财务以及人事工作，因此卢海云所扣留的苏B×××××轿车，仅仅是长三角公司为公司高管出行提供的便利，并非是双方建立的劳动关系的标的物，长三角公司可以随时收回车辆也并不影响原有劳动关系的履行，长三角公司是基于所有权而不是基于劳动关系要求卢海云返还车辆，因此卢海云占有苏B×××××轿车与其主张的工资、社保金等劳动债权并非基于同一法律关系。

（三）双方劳动关系已经解除，被上诉人卢海云丧失合法占有苏B×××××轿车的基础。作为上诉人长三角公司高管所享受的便利，卢海云合法占有苏B×××××轿车是有时间限制和条件限制的，在双方劳动关系解除后，卢海云合法占有苏B×××××轿车的条件已不存在，理应向长三角公司返还苏B×××××轿车。

综上，一审判决事实认定清楚，但适用法律错误，应予纠正。上诉人长三角公司放弃被上诉人卢海云支付苏B×××××轿车使用费的主张，是对自身合法权利的处分。

审理法院 无锡市中级人民法院
裁判时间 2014 年 11 月 17 日
案　　号
出　　处 《最高人民法院公报》2017 年第 1 期。

17. 抵押权消灭后，抵押人要求解除抵押权登记的，人民法院应当支持
——王军诉李睿抵押合同纠纷案

> **裁判摘要**
> 　　抵押权人在主债权诉讼时效期间未行使抵押权将导致抵押权消灭，而非胜诉权的丧失。抵押权消灭后，抵押人要求解除抵押权登记的，人民法院应当支持。

　　关 键 词　抵押权　解除抵押登记

　　裁判理由　北京市第三中级人民法院二审认为：本案的争议焦点集中在三个方面。其一，被上诉人王军与上诉人李睿之间是否存在借贷法律关系；其二，如借贷法律关系成立，李睿享有的该主债权是否已经超过诉讼时效；其三，如主债权已过诉讼时效，则为担保主债权而设定的抵押权是否消灭，即抵押人王军主张解除抵押登记的请求应否支持。

　　关于争议焦点一，法院认为被上诉人王军与上诉人李睿之间的借贷法律关系成立。理由阐述如下：首先，2009 年 8 月 11 日涉及借款内容的协议书显示其签订主体为王军和李睿，同日，王军向李睿出具 50 万元的收条，其内容亦显示收款方为王军；其次，2009 年 8 月 12 日，王军以上述借款协议书为基础，用自己的房屋向相关部门申请办理了抵押权登记，将抵押权人明确为上述款项的出借人李睿；再次，出借人李睿于庭审中明确借款人为王军，王军虽称本案涉及的款项非其所借，而只是以房屋作担保为案外人兰广清借用，然王军对此并未提供反证且于法院庭审中又明确表示认可一审法院确定的法律关系，故综合法律关系的表现形式和当事人的自认，应当认定借贷法律关系发生在王军和李睿之间。

　　关于争议焦点二，在借贷法律关系成立的前提下，法院认为上诉人李睿

的债权已经超过诉讼时效，理由阐述如下：首先，依照双方签订的协议书，被上诉人王军应当在2009年9月11日偿还借款，如王军未按时还款，则李睿的债权已自该日起遭受侵害，依照《中华人民共和国民法通则》第一百三十七条的规定，李睿应当在2011年9月10日之前向王军主张债权，否则人民法院则不予保护。其次，李睿自认其并未在2014年之前直接找到王军催要借款，并将其理由解释为2014年之前通过与王军电话沟通，由案外人兰广清替王军还款，然李睿又表示除了涉诉借款之外，其与兰广清之间尚存在其他债权债务关系，对于兰广清所偿还钱款对应何笔债务李睿也表示并不清楚，且暂搁置兰广清还款的性质不论，对于电话沟通事宜及兰广清是否曾向其还款一节李睿也未提交任何证据佐证。再次，李睿辩称王军曾于2015年8月向其偿还过五千元，对此李睿仅提交了一份录音证据，然在王军否认且录音内容缺乏明确指向的前提下，法院亦难以据此认定诉讼时效存在阻却理由。故综合上述分析，应当认定李睿在诉讼时效届满即2011年9月10日之前并未向王军积极主张债权，且不存在其他阻却诉讼时效计算的理由，故李睿已丧失就上述债权请求法院保护的权利。

关于争议焦点三，在主债权已过诉讼时效的前提下，法院认为上诉人李睿的抵押权已消灭，抵押人王军主张解除抵押登记的请求应予支持。然需特别指出的是，由于该争议焦点的本质涉及到对《中华人民共和国物权法》（以下简称物权法）第二百零二条的理解，且与当事人的诉求和抗辩直接相关，故法院以法理为基，以规范为据，对于作出如上认定的理由阐释如下：物权法第二百零二条规定："抵押权人应当在主债权诉讼时效期间行使抵押权，未行使的，人民法院不予保护"，该条款中"不予保护"含义的明确依赖于对诉讼时效和抵押权性质的分析。

首先，就诉讼时效而言，其以请求权人怠于行使权利持续至法定期间的状态为规制对象，目的在于让罹于时效的请求权人承受不利益，以起到促其及时行使权利之作用，依民法理论通说，其适用范围限于债权请求权。而就抵押权而言，其属于支配权，并非请求权的范围，更非债权请求权的范围，如将抵押权纳入诉讼时效的规制范围，无疑有违民法原理。

其次，就抵押权而言，其目的在于担保债务的履行，以确保抵押权人对抵押物的价值享有优先受偿的权利。为实现上述目的，抵押权对物之本身必将产生权能上的限制，对物的使用和转让均会发生影响。故，若对抵押权人行使抵押权的期限不进行限制，将使抵押财产的归属长期处于不稳定状态，不仅不利于保护当事人的合法权益，亦不利于物之使用和流通效能的发挥。此外，如果允许抵押权人在任何时候均可行使抵押权，则意味着在主债权经过诉讼时效且债务人因此取得抗辩权之后，债权人依然可从抵押人处获得利益，进而将抵押人和债务人之间的追偿和抗辩置于困境，换言之，也意味着抵押人将长期处于一种不利益的状态，其义务也具有不确定性，若如此，对于抵押人来说未免过于苛刻亦有失公允。

再次，从权利分类角度分析，在数项权利并存时，依据权利的相互依赖关系，有主权利与从权利之分，凡可以独立存在、不依赖于其他权利者，为主权利；必须依附于其他权利、不能独立存在的则为从权利。举例而言，在债权与为担保债的履行的抵押权并存时，债权是主权利，抵押权为从权利。在主权利已经丧失国家强制力保护的状态下，抵押物上所负担的抵押权也应消灭方能更好地发挥物的效用，亦符合物权法之担保物权体系的内在逻辑。故物权法第二百零二条规定抵押权行使期间的重要目的之一当在于促使抵押权人积极地行使抵押权，迅速了结债权债务关系，维系社会经济秩序的稳定。综合上述分析，应当认定在法律已设定行使期限后，抵押权人仍长期怠于行使权利时，法律对之也无特别加以保护的必要，应使抵押权消灭。具体到本案中，因上诉人李睿在主债权诉讼时效期间并未向被上诉人王军主张行使抵押权，故对李睿的抵押权，人民法院不予保护，该抵押权消灭，王军请求解除抵押登记的请求应予支持。

审理法院　北京市第三中级人民法院
裁判时间　2016年10月25日
案　　号
出　　处　《最高人民法院公报》2017年第7期。

18. 审理动产质押监管合同纠纷的三个要点
——大连俸旗投资管理有限公司与中国外运辽宁
储运公司等借款合同纠纷案

> **裁判摘要**
> 一、在审理动产质押监管合同纠纷案件时,应当查明质物是否真实移交监管或是否足额移交监管的基本事实,据此对相应质权是否已经设立作出准确认定。
> 二、在动产质钾监管合同纠纷中,如果债权人、作为出质人的债务人、质物监管人三方对质物没有真实移交监管或没有足额移交监管均存在过错,则三方对相应质权没有设立给债权人造成的损失均应承担责任。由于债务人负有移交质物的法定义务,且质物是否移交直接决定质权设立,所以其对质物没有真实移交监管或没有足额移交监管而致质权没有设立给债权人造成的损失,存在的是主要过错,应当承担主要责任。监管人虽然存在误以为质物真实移交的过错行为,但因这种过错行为不是导致质权没有设立的主要原因,所以其应对债权人损失承担次要责任。监管人的这种责任因违反约定义务而产生,性质上应认定为违约责任。
> 三、在动产质押监管合同纠纷中,债权人的直接义务人是债务人和担保人,监管人仅是帮助债权人实现债权的辅助人,除因自身原因造成监管质物灭失外,其责任需依附于债务人与担保人的直接责任。如果直接责任因清偿而消灭,债权人因获得清偿而不存在损失,则监管人的监管责任也相应消灭。因此,监管人只是前述直接义务人的补充义务人,其对质物没有真实移交监管或没有足额移交监管而致质权没有设立给债权人造成的损失,应承担补充赔偿责任。

关 键 词 动产质押监管合同　基本事实

裁判理由 最高人民法院认为:根据各方当事人的上诉和答辩意见及查明事实,本案争议焦点问题是:第一,俸旗公司的涉案债权是多少;第二,辽宁储运公司对俸旗公司涉案质权不能设立所造成的损失应否承担赔偿责任,责任性质是什么,应如何承担责任。

（一）涉案俸旗公司的债权本金应认定为20800万元。

关于俸旗公司受让的崔杨的300万元及黄建的6000万元债权问题。首先，崔杨、黄建与大连谷物公司的《借款合同》已实际履行。2013年12月26日，黄建与大连谷物公司签订了《借款合同》，约定借款金额为6000万元，并于2013年12月27日通过上海浦东发展银行将款汇入大连谷物公司指定账户。2014年5月12日，崔杨与大连谷物公司签订了《借款合同》，约定借款金额为300万元，合同签订当日，崔杨通过上海浦东发展银行将款汇入大连谷物公司指定账户。上述两笔借款的银行业务凭证/回单上标明的日期、汇款人、收款人、汇款数额均与相应的《借款合同》相符，均盖有银行的业务核算章，足以证明黄建和崔杨在合同签订后履行了出借义务。

其次，崔杨、黄建对大连谷物公司的债权经确认后转让给了俸旗公司。2014年5月31日，杨一、黄建为甲方，光德公司、大连谷物公司为乙方，俸旗公司为丙方共同签订了《欠款确认及债权转让协议书》，其中确认了黄建于2013年12月27日借款给大连谷物公司6000万元，并同意将该笔债权转让给俸旗公司。2014年6月1日，崔杨为甲方，大连谷物公司为乙方，俸旗公司为丙方签订了一份《协议书》，确认了大连谷物公司于2014年5月12日向崔杨借款300万元，崔杨同意将该笔债权转让给俸旗公司。《欠款确认及债权转让协议书》《协议书》是各方的真实意思表示，内容不违反法律、行政法规的强制性规定，为有效合同。合同中，债权人黄建、崔杨与债务人大连谷物公司对借款数额进行了确认，并同意将债权转让给俸旗公司。因此，俸旗公司依法享有对大连谷物公司6300万元债权。辽宁储运公司关于该两笔债权不成立的上诉请求没有事实和法律依据，原审判决认定涉案债权本金为20800万元具有证据支持。

（二）大连谷物公司、俸旗公司与辽宁储运公司对涉案质权不能设立所造成的损失均有过错，均应承担责任。

根据《中华人民共和国物权法》第二百一十二条的规定，质权自出质人交付质押财产时设立。本案中，大连谷物公司与俸旗公司签订《最高额动产质押合同》，合同成立并生效，但是大连谷物公司自始没有交付质物145400吨玉米，质权未设立。对因质权未设立给俸旗公司造成的损失，应当根据大连谷物公司、俸旗公司和辽宁储运公司的过错程度，分别承担相应责任。

第一，对大连谷物公司而言。根据《中华人民共和国担保法》第六十三条的规定，大连谷物公司应依法将涉案质押玉米交付俸旗公司。俸旗公司与大连谷物公司签订的《最高额动产质押合同》约定，大连谷物公司自愿以其自有145400吨玉米为涉案债权提供质押担保，大连谷物公司应当按照合同约定于合同签订之日交付质物（包括从物）、相关权利证明及保管所需资料等。俸旗公司、大连谷物公司及辽宁储运公司签订的《动产质押监管协议》第2.1条约定，质物即为质押标的，是俸旗公司和大连谷物公司所签质押合同中约定的由大连谷物公司向俸旗公司提供质押担保并交由辽宁储运公司存储监管的货物。第2.2条约定，大连谷物公司保证质物的品名、规格型号、生产厂家（产地）、数量、质量、包装、件数和标记等与其和俸旗公司的约定以及向辽宁储运公司申报和交付的一致，并对上述全部事实的真实性承担法律责任。根据上述约定，大连谷物公司应交付俸旗公司、辽宁储运公司质押玉米145400吨。大连谷物公司法定代表人刘有文因涉嫌合同诈骗罪被羁押，因其刑事案件于一审期间正在长春市中级人民法院（以下简称长春中院）审理，故一审法院委托长春中院提讯刘有文。其在被讯问中自认了大连谷物公司在与俸旗公司签订合同后没有依约提供质押玉米，涉案质物自始不存在的事实。由此，涉案质物实际并未交付，负有交付质物义务的一方大连谷物公司必然对质物自始不存在的事实是明知的。根据《最高人民法院关于适用〈中华人民共和国担保法〉若干问题的解释》第八十六条的规定，债务人或者第三人未按质押合同约定的时间移交质物的，因此给质权人造成损失的，出质人应当根据其过错承担赔偿责任。本案中，大连谷物公司在明知质押玉米没有交付的情况下，依然与俸旗公司一起向辽宁储运公司出具《代出质通知书》，对质押玉米的重量、库存等情况进行确认，主观过错明显。因是否交付质物直接决定质权的设立，没有质物质权一定不能设立，而其实际上并没有交付质物，故其对质物自始不存在而致俸旗公司因质权不能设立所造成的损失，应当承担主要责任。虽然大连谷物公司是涉案质押玉米的出质人，但同时其也是债务人，理应对涉案全部债务承担还款责任，故其作为《最高额动产质押合同》的当事人及《动产质押监管合同》的关联一方所应承担的违约责任与其作为债务人应承担的责任竞合，在此不再赘述。

第二，对俸旗公司而言。首先，涉案《最高额动产质押合同》第6.1条约定，合同项下质押物由大连谷物公司占管，大连谷物公司应于合同签订之日将质物、相关权利证明及保管所需资料交付质权人俸旗公司保管。《动产质押监管协议》开篇约定，俸旗公司与大连谷物公司均同意将质物交由辽宁储运公司监管，辽宁储运公司同意接受俸旗公司的委托并按照俸旗公司的指示监管质物。根据上述合同约定可知，涉案质物是应当首先由大连谷物公司交付俸旗公司，然后再由俸旗公司交由辽宁储运公司监管。在交付辽宁储运公司前，大连谷物公司应按照质押合同的约定将质押监管物交付俸旗公司，由俸旗公司保管。因此，棒旗公司在将质押监管物交付辽宁储运公司监管之前是知道或应当知道涉案质物是否存在的。

其次，根据《中华人民共和国物权法》第二百一十五条规定可知，质权人负有妥善保管质押财产的义务。本案俸旗公司作为质权人，具有审查保管质押财产的义务，应当对债务人大连谷物公司交付的质押财产进行严格审查。但俸旗公司未履行相应义务，而是将该义务通过《动产质押监管合同》全部委托给辽宁储运公司履行。俸旗公司既未对质物实际库存情况进行审查，也不督促辽宁储运公司按照监管合同约定进行审查，即在签订《最高额动产质押合同》当天，向辽宁储运公司出具了盖有其公章及法定代表人名章的《代出质通知书》，该通知书不仅记载了质物名称、产地、重量，而且记载了货物库存情况。该行为一方面表明俸旗公司对质物是否在库是知道或者应当知道的，另一方面也表明其不仅怠于履行其法定质物审查义务，而且对自己债权的实现疏于管理并听任债权不能实现的风险放大。对质物自始不存在致使质权不能设立所造成的损失，俸旗公司本身存在明显过错，也应当承担相应责任。

第三，对辽宁储运公司而言。首先，辽宁储运公司对因质权未设立而给俸旗公司造成损失存在过错。一方面，俸旗公司与大连谷物公司签订《最高额动产质押合同》的时间是 2014 年 6 月 4 日，同日，辽宁储运公司与俸旗公司、大连谷物公司签订《动产质押监管协议》，俸旗公司与大连谷物公司也在当日给辽宁储运公司出具了《代出质通知书》，辽宁储运公司同样在 2014 年 6 月 4 日出具了《收到质物通知书》。涉案质物是玉米 145400 吨，质物数量巨大，实际查验、核对、清点需耗费大量人力、物力和时间。然而，辽宁储运公司在签订监管协议当天就出具了《收到质物通知书》，确认涉案质物已在其占有和监管之下，时间如此之短，显然没有对质物进行清点审核。另一方面，辽宁储运公司的监管员孙家国在被讯问中自认，其经手过俸旗公司的 14 至 15 万吨玉米质物的监管，监管期间，根据领导授意，在明知仓内没有粮食并且不知储粮仓位具体位置的情况下编造的监管日志和明细分类账目，以证明粮食存在并处于监管之中。对于该证言，辽宁储运公司予以认可。大连谷物公司法定代表人刘有文在被讯问中也陈述，辽宁储运公司对质物 145400 吨玉米自始不存在是知道的。孙家国、刘有文分属于不同的单位，且孙家国是辽宁储运公司的员工，他们的证言均证明辽宁储运公司知道涉案质物自始不存在的事实。综上，辽宁储运公司对质物145400吨玉米不存在是知道或应当知道的，在此情况下仍提供所谓的监管，其对质权未设立给俸旗公司造成的损失存在明显过错。

其次，辽宁储运公司违反了《动产质押监管协议》中的合同义务。根据《中华人民共和国合同法》第三百六十九条的规定，保管人应当妥善保管保管物。第三百九十九条规定，受托人应当按照委托人的指示处理委托事务。第四百零一条规定，受托人应当按照委托人的要求，报告委托事务的处理情况。涉案《动产质押监管协议》第一条约定，辽宁储运公司对出质人进行监督、对质物进行监控、对出质人对质物的入库、提货等过程进行监督，一旦发现违反本协议约定之行为，辽宁储运公司应及时制止并向俸旗公司报告。质物监控是指对质物的品名、数量等进行查验、核对，及时向俸旗公司报告质物状况。第2.8条约定，如大连谷物公司交予的货物及实际库存与《代出质通知书》记载不一致，辽宁储运公司不得接收货物并签发《收到货物通知书》，并应立即书面通知俸旗公司、大连谷物公司。第4.1条约定，辽宁储运公司派驻监管员在监管场地查验、核对、清点质物，获取和记录质物状况数据；对质物进行监控，发现质物不足或其他异常情况及时报告俸旗公司和大连谷物公司，并要求大连谷物公司采取措施制止、纠正。第4.4条约定，监管期间，因各种原因质物发生短少、毁损、变质、灭失等可能影响俸旗公司权益的情形，辽宁储运公司应当在24小时内通知俸旗公司，并采取适当的应急措施。第4.6条约定，监管期间，辽宁储运公司应接受俸旗公司对质物及相关单证的查询，接受俸旗公司对质物的检查，并给予必要的协助。本案辽宁储运公司作为专业监管人，首先应对涉案质物进行核对和查验，但其无视《动产质押监管协议》的约定，在未经实际审查质物交付情况及实际库存的情况下，于签订监管协议的当日即随意出具《收到质物通知书》，并且未将该情况及时报告、通知俸旗公司。在俸旗公司查验质物时，向俸旗公司出具所谓的台账、仓位图等证明质物存在。辽宁储运公司上述行为明显违反了《动产质押监管协议》约定的义务。由于辽宁储运公司对棒旗公司因质权不能设立所造成的损失存在过错，且这种过错行为违反了《动产质押监管协议》的约定，其对该损失也应当承担相应责任。

综上，由于质押人大连谷物公司、质权人俸旗公司、质物监管人辽宁储运公司对涉案质权不能设立均存在过错，三方均应承担相应的责任，且作为质物交付主体的大连谷物公司为主要责任，本院认为质物监管人辽宁储运公司对涉案质权不能设立给倖旗公司造成的损失应承担的责任份额以不超过30%为宜。

（三）辽宁储运公司承担本案责任的性质及方式。

第一，辽宁储运公司承担责任的性质应为违约责任。所谓违约责任，是指合同当事人一方不履行合同义务或履行合同义务不符合约定所应承担的民事责任。《中华人民共和国合同法》第一百零七条规定，当事人一方不履行合同义务或者履行合同义务不符合约定的，应当承担继续履行、采取补救措施或者赔偿损失等违约责任。本案中，《动产质押监管协议》约定，辽宁储运公司应按照倖旗公司要求核对质物权属和品质证明文件，按照《代出质通知书》列明的内容核查大连谷物公司交付的货物及现有的库存，监管期间，因各种原因质物发生短少、毁损、变质、灭失等可能影响倖旗公司权益的情形，应在24小时内通知倖旗公司，并采取适当的应急措施。但是，辽宁储运公司未按合同约定履行查验、核对、清点质物的义务及报告义务，造成倖旗公司的质权因质物自始不存在而未能设立，对于因质权未设立而给倖旗公司造成的债权不能实现的损失，应当承担相应责任。这种责任因违反合同约定义务而来，性质上属于违约责任。

第二，辽宁储运公司承担责任的方式应为补充赔偿责任。在债权债务及担保法律关系中，债务人是终局性义务人，担保人在替代债务人清偿债权后可以向债务人追偿，属于从义务人，二者依法或依约定而产生，都是债权人的直接义务人。相对于债务人与担保人而言，担保物监管人仅是帮助债权人实现债权的辅助人，而不是债权实现的直接义务人，其责任虽具有一定的独立性，但除因自身原因造成监管担保物灭失外，其责任需依附于债务人与担保人的直接责任，如果直接责任因清偿而消灭，由于债权人因获得清偿而不存在损失，则其监管责任也相应消灭。所以其只可能是前述直接义务人后的辅助性补充性义务人。实践中，在以下两种情况中更应如此。一是债权产生在先并已陷入不能清偿风险。由于这种情况中债权不能清偿风险已在先产生，而担保物监管在后出现，债权并不是因信任担保权的保障及担保物监管人的监管而产生，债权不能实现的首要原因是债务人不能清偿债权，与担保物监管人的后续进入并不存在直接因果关系。二是债权人、担保人对质权不能设立存在过错且过错在先。由于这种情况中债权不能实现的首要原因除债务人不能清偿债权外，主要是债权人、担保人的在先过错导致质权没有设立，所以担保物监管人的后续进入对质权实质上已无法设立并不能产生根本性影响。上述两种情况中，担保物监管人的责任都只应是辅助性的补充性的。

本案中，一方面，涉案原始债权早在 2013 年 5 月、9 月、12 月及 2014 年 5 月已形成，且均已超过约定还款期限而未清偿。即使对于受让上述原始债权的俸旗公司而言，其相当一部分债权的受让也发生在涉案《动产质押监管协议》签订时的 2014 年 6 月 4 日之前。涉案债权不能清偿风险发生在《动产质押监管协议》签订前，辽宁储运公司对涉案质物的监管在后出现，涉案债权并不是因信任大连谷物公司提供的质权保障及辽宁储运公司对质物的监管而产生，其不能实现的首要原因是债务人大连谷物公司不能清偿债权，与辽宁储运公司作为质物监管人的后续进入并不存在直接因果关系。另一方面，涉案俸旗公司质权因质物自始不存在而不能设立，首要原因在于在先的债务人大连谷物公司的虚假出质以及债权人俸旗公司对债务人虚假出质的审查存在过错，辽宁储运公司作为质物监管人的后续加入只是将这种虚假出质状态延续下去，而不是因为辽宁储运公司的监管行为直接造成了虚假出质。因此，辽宁储运公司的责任应当排位在债务人大连谷物公司及相关担保人的直接责任之后，责任方式应认定为补充赔偿责任。俸旗公司债权损失的具体数额在人民法院强制执行债务人大连谷物公司及其他担保人之后方可确定，辽宁储运公司应对人民法院对大连谷物公司及其他担保人强制执行并穷尽一切执行措施后仍不能清偿部分，承担补充赔偿责任。

审理法院　最高人民法院
裁判时间　2017 年 2 月 28 日
案　　号　最高人民法院（2016）最高法民终 650 号民事判决书
出　　处　《最高人民法院公报》2017 年第 7 期。

19. 典当关系中同时存在第三人连带责任保证的，在当物"绝当"之后，对第三人保证责任的范围的认定
——安徽创元典当有限责任公司与安徽泰科铁塔有限公司等典当纠纷案

> **裁判要点**
> 典当关系中同时存在第三人连带责任保证的，对于保证人在当物"绝当"之后应承担的保证责任范围的认定规则，应有别于物权法对于混合共同担保中连带责任保证人保证责任范围的规定，应当建立在尊重典当固有特点的基础之上，即当事人的约定不应与典当的固有特点相悖，在债务已届清偿期而未获清偿时，应当先以当物的价值清偿债务，保证人对于不能清偿的部分承担连带保证责任。

关 键 词 典当 绝当 第三人连带责任保证

裁判理由 最高人民法院认为：

（二）关于二审判决在认定新荣久公司等保证人应否对案涉债务承担连带清偿责任上是否适用法律错误的问题。

典当是一种具有中国传统特色的制度。虽然物权法等法律、行政法规对于典当法律关系没有明确规定，但典当仍是我国民间长期存在的一种资金融通方式。为此，公安部、商务部于2005年颁布了《典当管理办法》，对典当行业进行规范和管理。故对于典当关系当事人之间的权利义务，可参照适用《典当管理办法》予以确定。

传统典当关系中，绝当意味着回赎权消灭，典当行可以直接以当物或者变卖当物受偿债权。而在我国现代典当关系中，情况则有所不同。《典当管理办法》第四十条第一款规定："典当期限或者续当期限届满后，当户应当在5日内赎当或者续当。逾期不赎当也不续当的，为绝当。"第四十三条规定："典当行应当按照下列规定处理绝当物品：（一）当物估价金额在3万元以上的，可以按照《中华人民共和国担保法》的有关规定处理，也可以双方事先约定绝当后由典当行委托拍卖行公开拍卖。拍卖收入在扣除拍卖费用及当金本息后，剩余部分应当退还当户，不足部分向当户追索。（二）绝当物估价金额不足3万元的，典当行可以自行变卖或者折价处理，损溢自负。……"据

此，绝当意味着以下两层意思：一是对于价值 3 万元以下的当物，典当行可以直接处分当物受偿，而且损溢自负；二是对于当物估价金额在 3 万元以上的，典当行可以依照担保法（当然亦包括物权法）的规定，行使担保物权受偿，也可以根据双方的事先约定，在绝当后由典当行委托拍卖行公开拍卖。可见，在现行的典当制度下，尚不能得出绝当的法律后果是当物的所有权归属典当行的结论，尤其是对于价值 3 万元以上的当物而言。

对于价值 3 万元以上的当物绝当的处理，《典当管理办法》第四十三条的规定实际上是基于公平原则以及典当的担保属性而对传统典当制度作出的符合现代担保目的的一种改造。但同时，不能据此即得出典当已经不再具有传统意义上的任何特点，而纯粹演化为现代物权法意义上的抵押或质押的结论。上述改造实质上是在尊重典当固有特点的基础上进行的改造，其基本精神应理解为在债务逾期未清偿时，虽然不再以转移当物所有权来直接抵偿债务本息，但应以公开拍卖当物所得价款来优先清偿债务，超出的部分应当退还给出当人，这实际上就是以当物的价值优先冲抵债务。因此，对于典当关系中又同时存在第三人保证的，对第三人保证责任的范围的认定，应有别于物权法规定的混合共同担保责任的认定规则，而是应建立在尊重典当固有特点的基础之上，即当事人的约定不应与典当的固有特点相悖，在债务已届清偿期而未获清偿时，应当先以当物的价值清偿债务，保证人对于拍卖当物后不能清偿的债务承担连带保证责任。据此，具体到本案，二审的认定和处理符合典当制度的基本特征，不违反国家关于典当制度的规定，并无不当。

审理法院　最高人民法院
裁判时间　2017 年 9 月 21 日
案　　号　最高人民法院（2016）最高法民申 3191 号民事裁定书
出　　处　《民事审判指导与参考》2017 年第 3 辑（总第 71 辑）。

20. 医院土地使用权不能设定抵押
——周润泽与内蒙古玛拉沁医院、赵晖等借款合同纠纷案

> **裁判要点**
>
> 私人所有的营利性医疗机构,相较于公办医疗机构,仅是投资渠道上的不同,并不能否定其公益属性,私立医院中的医疗卫生设施仍属于社会公益设施。根据《物权法》第一百八十四条第(三)项的规定,其服务于公益目的的财产属依法不得抵押的财产。

关 键 词 医院土地 抵押权

裁判理由 最高人民法院认为:2011年11月21日,周润泽与玛拉沁医院签订一份《抵押合同》,玛拉沁医院为邢科的借款提供担保,将其所有的位于新城区迎新中路西侧4140.74平方米国有土地抵押给周润泽。《中华人民共和国物权法》第一百八十四条规定:"下列财产不得抵押:……(三)学校、幼儿园、医院等以公益为目的的事业单位、社会团体的教育设施、医疗卫生设施和其他社会公益设施;……"玛拉沁医院虽为私人所有的营利性医疗机构,相较于公办医疗机构,仅是投资渠道上的不同,并不能否定其公益属性,私立医院中的医疗卫生设施仍属于社会公益设施。根据上述法律规定,玛拉沁医院为邢科的借款提供担保的财产属依法不得抵押的财产。由此,周润泽与玛拉沁医院签订的《抵押合同》为无效合同。《最高人民法院关于适用〈中华人民共和国担保法〉若干问题的解释》第七条规定:"主合同有效而担保合同无效,债权人无过错的,担保人与债务人对主合同债权人的经济损失,承担连带赔偿责任;债权人、担保人有过错的,担保人承担民事责任的部分,不应超过债务人不能清偿部分的二分之一。"本案中,周润泽、玛拉沁医院在签订合同时均应知悉玛拉沁医院为邢科所负债务提供担保的财产属依法不得抵押的财产,周润泽、玛拉沁医院对案涉《抵押合同》无效均存在过错,对此,周润泽、玛拉沁医院应当根据其过错各自承担相应的民事责任。一审法院对玛拉沁医院的责任认定适用《最高人民法院关于适用〈中华人民共和国担保法〉若干问题的解释》第八条的规定,适用法律不当。但周润泽并未对玛拉沁医院的责任分担问题提起上诉,应视为周润泽对自己权利的处分,本

院对此不予审理。综上，玛拉沁医院有关其不应承担责任的上诉主张，缺乏事实和法律依据，不能获得支持。

审理法院　最高人民法院
裁判时间　2016年10月15日
案　　号　最高人民法院（2015）民一终字第240号民事判决书
出　　处　中国裁判文书网。

21. 非集体经济组织成员不能通过以物抵债方式受让集体组织宅基地上房屋
——嵩县城关镇人民政府、嵩县城关镇北店街社区居民委员会与吴晓乐、闫景梅、吴东洋借款合同纠纷案

裁判要点

农村宅基地使用权不能自由流转，债务人通过以物抵债方式将宅基地使用权及房屋抵偿给非集体经济组织成员的债权人的，以物抵债合同无效，原借款关系未消灭，债务人仍应履行原借款关系项下的还款义务。

关 键 词　非集体经济组织　以物抵债　宅基地

裁判理由　最高人民法院认为：本案再审审查争议的焦点问题是《还款协议》的效力。本案原债权债务关系是借款关系，改造指挥部向三江源公司借款，城关镇政府为担保人。为清偿借款债务，改造指挥部、北店街居委会与三江源公司签订《还款协议》，各方确认截止2013年12月31日，改造指挥部仍欠三江源公司本息约700万元，改造指挥部负责在于沟河建设完工后划出一层商业房柒佰平方米交给三江源公司，用于偿还所欠其所有本息。改造指挥部撤销后，权利义务由北店街居委会承担。《还款协议》约定以交付商业房代替原借款合同约定的偿还货币义务，以消灭原债权债务关系。原审查明，《还款协议》所涉及房屋属于城中村改造工程的一部分，建设在农村集体土地上，没有相关规划审批手续，至今未交付闫景梅等三人。根据《中华人民共和国物权法》第一百五十一条规定，农村集体土地作为建设用地，应当依照土地管理法等法律规定办理。根据地随房走的一般原则，案涉宅基地使

用权将与房屋一并实现流转。根据《中华人民共和国土地管理法》第八条规定，宅基地属于农民集体所有。吴自民及闫景梅三人均非北店街集体组织成员，不享有该集体组织宅基地使用权，不能通过以物抵债方式受让该集体组织宅基地上房屋。故《还款协议》的约定违反现行法律规定。城关镇政府主张国家对宅基地流转限制呈放开趋势，但是双方签订《还款协议》时及至吴自民起诉之时，案涉农村宅基地使用权仍不能自由流转，故二审判决认定《还款协议》无效，并无不当。《还款协议》自始无效，原借款关系未消灭，吴自民请求北店街居委会、城关镇政府履行原借款关系项下义务应予支持。

吴自民与三江源公司签订的《债权转让协议》系当事人真实意思表示，并不违反法律规定。二审判决认定有效，亦无不当。

审理法院　最高人民法院
裁判时间　2016 年 12 月 19 日
案　　号　最高人民法院（2016）最高法民申 3285 号民事裁定书
出　　处　中国裁判文书网。

22. 抵押物被拆迁时，抵押权人可向抵押人主张物上代位权
——青岛北洋兰格投资顾问有限公司与滕州市城市建设综合开发公司、滕州市东方中石房地产开发有限公司抵押权纠纷案

> **裁判要点**
> 　　抵押权是抵押权人对抵押物变卖、拍卖后享有优先受偿的权利，而非对抵押物的实际占有。在抵押权人未向补偿款给付人主张优先受偿的情况下，该补偿款给付人不存在将补偿款给付抵押权人的义务。抵押权人对抵押物代位物优先受偿权的基础为抵押物，因此该权利应根据代位物的实际归属情况向相对人提出。

关 键 词　抵押物　物上代位权
裁判理由　最高人民法院认为：2012 年 12 月 27 日汇丰支行（甲方）与兰格公司（乙方）签订《债权转让合同》，将 121062665.29 元贷款债权转让给兰格公司，其中包括（2009）滕商初字第 522 号民事判决确认的债权本金

及相应利息。因无法通知到债务人雪淇公司，汇丰支行于2013年1月10日在山东法制报发布债权转让公告。可见，在滕州市人民法院（2009）滕商初字第522号民事判决生效数月之后，兰格公司受让本案债权一年多之前，城建公司作为拆迁人依据2011年7月13日签订的《房屋拆迁货币补偿合同》已将案涉抵押物的拆迁补偿款支付给了被拆迁人（即抵押物的所有权人）雪淇公司。也就是说，在兰格公司提起本案诉讼之时，抵押物的代位物（即拆迁补偿款）早已于一年多之前由拆迁人城建公司支付给被拆迁人雪淇公司，而兰格公司直到2012年12月27日才成为雪淇公司的债权人。抵押权是抵押权人对抵押物变卖、拍卖后享有优先受偿的权利，而非对抵押物的实际占有。在抵押权人未向补偿款给付人主张优先受偿的情况下，该补偿款给付人不存在将补偿款给付抵押权人的义务。即便如兰格公司所主张的其享有代位物的优先受偿权。也并不意味着兰格公司对该拆迁补偿款自动获得给付方任何时候优先支付的权利。代位物优先受偿权的基础为抵押物，因此该权利应根据代位物的实际归属情况向相对人提出。依据本案已查明事实，该拆迁补偿款于2011年7月13日由城建公司支付于雪淇公司，代位物权属已发生转移。兰格公司不积极申请执行生效判决，从雪淇公司实现自己的债权，却主张城建公司应向其优先支付拆迁补偿款，缺乏法律依据和事实依据。二审法院驳回兰格公司的诉讼请求并无不当。本案不存在适用法律错误的问题。

审理法院　最高人民法院
裁判时间　2016年12月26日
案　　号　最高人民法院（2016）最高法民申2915号民事裁定书
出　　处　中国裁判文书网。

23. 抵押物已被扣押后，抵押权人对抵押物的租金可优先于租金应收账款质权人受偿

——中国民生银行股份有限公司深圳分行与深圳市九策投资有限公司、天津市九策高科技产业园有限公司等金融借款合同纠纷案

裁判要点

法院通过查封对抵押财产施加以公权力之后，抵押人收取孳息的权利即被剥夺，无论抵押权人是否通知法定孳息的清偿义务人，抵押权效力已经及于孳息，此时对于抵押物的租金，租金应收账款质权人劣后于抵押权人受偿。

关 键 词 抵押物租金 扣押 优先受偿

裁判理由 最高人民法院认为：关于民生银行深圳分行对案涉九处房产自2013年2月5日至2016年2月5日期间出租所产生的租金收益是否享有优先受偿权的问题。本案天津隆桥公司以其九处房产的租金收益向民生银行深圳分行设立应收账款质押，并办理了质押登记，原判决认定该质押有效设立并无不当，通常情况下民生银行深圳分行作为质权人可对该租金收益享有优先受偿权。但是，根据二审查明的事实，本案所涉的九处房产抵押给了另案债权人国联公司，国联公司在实现抵押权时将案涉租金收益作为抵押权标的通过法院予以强制执行。由此产生的主要法律问题是，国联公司在另案中的抵押权效力是否及于案涉租金收益？如果及于，何时及于？对该问题的回答，关系到究竟是民生银行深圳分行还是国联公司对案涉租金享有优先受偿权的问题，对此具体分析如下：

《物权法》第一百九十七条第一款规定："债务人不履行到期债务或者发生当事人约定的实现抵押权的情形，致使抵押财产被人民法院依法扣押的，自扣押之日起抵押权人有权收取该抵押财产的天然孳息或者法定孳息，但抵押权人未通知应当清偿法定孳息的义务人的除外。"租金属于法定孳息的范畴，故判断另案抵押权的效力是否及于案涉租金，亦当依据物权法的该款规定进行。从本案一、二审查明的事实看，另案中天津隆侨公司于2011年7月22日为国联公司的债权设立抵押权，2012年4月18日江苏高院查封案涉九处

房产，2013年8月12日江苏高院通知天津远东百货暂停支付租赁合同项下租金。而本案中应收账款质权系于2013年2月6日经登记设立。显然，本案应收账款质权设立之时，抵押财产即案涉九处房产已被江苏高院另案查封，但尚未通知法定孳息即案涉租金的清偿义务人天津远东百货。在此情况下，另案抵押权的效力是否应当及于法定孳息，关键在于对《物权法》第一百九十七条第一款关于通知的法律后果如何判断。若该通知行为系抵押权的效力及于法定孳息的生效要件，则本案质权设立时国联公司的抵押权尚不及于案涉租金，本案质权当优先于另案抵押权受偿。若该通知行为系抵押权的效力及于法定孳息的对抗要件，即未通知的效果只是不得主张清偿义务人所为之清偿无效，则国联公司的抵押权自2012年4月18日江苏高院查封之日起已经及于案涉租金，早于本案质权设立时间，另案抵押权人当优先于本案质权人受偿。

　　对此，一方面，从抵押权效力及于孳息的立法目的看，抵押权系非占有性担保物权，抵押权设立后，抵押财产的占有权、使用权和收益权仍由抵押人行使，因抵押财产的使用而产生的孳息亦当由抵押人所有。但是，当债务人不履行到期债务或者发生约定的实现抵押权之情形，因抵押权人行使抵押权致使抵押财产被法院扣押，就意味着抵押权进入实现程序。如果此时抵押财产的孳息仍为抵押人收取，就会使抵押人为收取孳息而拖延处理抵押物，此时剥夺抵押人收取孳息的权利有利于抵押权的实现，这应是《物权法》第一百九十七条第一款规定抵押权效力自扣押之日起及于孳息的立法目的之所在。法院通过查封对抵押财产施加以公权力之后，抵押人收取孳息的权利即被剥夺，抵押权人是否通知法定孳息的清偿义务人，并不影响该立法目的实现。另一方面，从法律规定的通知之目的看，法定孳息系由抵押关系当事人之外的第三人负责清偿。《物权法》第一百九十七条规定的对法定孳息清偿义务人的通知与《合同法》第八十条规定的债权让与时对债务人的通知，均具有防止发生债务人为错误给付之目的。《合同法》第八十条明确规定："未经通知，该转让对债务人不发生效力。"参照该规定，对法定孳息清偿义务人之通知亦当解释为，未经通知对该法定孳息清偿义务人不发生抵押权效力及于孳息之法律效果。进而言之，抵押财产被法院扣押后，即使抵押权人怠于通知，抵押权效力已经及于孳息，但清偿义务人因不知抵押财产被扣押的情况而将法定孳息支付给抵押人的，仍产生清偿的效力，抵押权人不得主张清偿无效，即不得对抗清偿义务人。

由此可见，《物权法》第一百九十七条规定的对法定孳息清偿义务人的通知，并非抵押权效力及于法定孳息的生效要件，而系对抗要件。因此，虽然江苏高院于 2013 年 8 月 12 日才通知天津远东百货暂停支付租赁合同项下租金，但应认定国联公司的抵押权效力自 2012 年 4 月 18 日江苏高院查封之日起已及于案涉租金。因本案应收账款质权设立在后，民生银行深圳分行对案涉九处房产租金收益相对于另案抵押权人不应当优先受偿。

另应指出的是，本案应收账款质权虽然劣后于另案抵押权，但民生银行深圳分行较之于无担保之普通债权人就案涉租金仍具有优先受偿的权利。若另案抵押权人国联公司的债权受清偿后上述租金仍有剩余，则民生银行深圳分行就该剩余部分之租金可主张优先受偿。根据本院二审查明的事实，2015 年 11 月 30 日江苏高院另案裁定，终结本次执行程序。据此可知，另案抵押权人国联公司的债权尚未得到全部清偿。

在另案抵押债权尚未得到全部清偿的情况下，民生银行深圳分行对案涉租金不得行使优先受偿权。更何况，当事人并未提供证据证明在案涉租赁合同解除后，案涉九处房产之上又形成新的租赁关系。故在案涉租赁合同解除后，由于案涉质权的标的即收取租金的债权已经终止，民生银行深圳分行亦无从行使其优先受偿权。

根据上述分析可以认定，本案应收账款质权虽有效设立，但另案抵押权及于法定孳息即租金的效力优先于本案应收账款质权的效力。故，相对于另案抵押权人国联公司而言，民生银行深圳分行对案涉九处房产租金收益不具有优先受偿的权利。

审理法院　最高人民法院
裁判时间　2016 年 12 月 30 日
案　　号　最高人民法院（2016）最高法民终 543 号民事判决书
出　　处　中国裁判文书网。

24. 置换财产后注销土地使用权证未涤除抵押权的，不影响抵押效力

——中国建设银行股份有限公司分宜支行与江西江锂科技有限公司金融借款合同纠纷案

> **裁判要点**
>
> 根据《物权法》第一百九十一条第二款"抵押期间，抵押人未经抵押权人同意，不得转让抵押财产，但受让人代为清偿债务消灭抵押权的除外"之规定，置换已抵押的土地使用权及嗣后注销土地使用权证的行为，不具有对抗抵押权人的效力，不影响抵押权人对已抵押的土地使用权抵押权的行使。

关 键 词 置换财产　土地使用权证　抵押效力

裁判理由 最高人民法院认为：本案争议焦点为，建行分宜支行对案涉土地使用权是否享有抵押权。

本案中，建行分宜支行与江锂科技于2013年3月29日签订的《最高额抵押合同》，系双方当事人真实意思表示，内容不违反法律、行政法规的强制性规定，应为合法有效。《最高额抵押合同》中约定的抵押物除案涉房屋外，还包括产权证号为分乡国用（2009）第028号，分乡国用（2013）第016号、第017号的土地使用权。协议签订后，双方于2013年4月2日在分宜县房产交易所办理了房地产抵押登记手续，建行分宜支行取得钤房他证分宜字第××号房屋他项权利证明书，该证明书内"附记"中除载明房权证号外，还对上述土地证号进行了记载。建行分宜支行上诉主张，根据分宜县当时关于房地产抵押登记的办公流程，对于附着有建筑物的土地，土地管理部门不负责办理抵押登记，而由房屋管理部门统一办理，出具抵押他项权证，在他项权证上载明土地使用权证号、收存抵押的房屋产权证和土地使用权证原件，即视为办理了土地使用权抵押登记。且即使未办理土地使用权抵押登记，但已依法办理了房屋抵押登记，根据《中华人民共和国物权法》第一百八十二条的规定，抵押的效力及于房屋占用范围内的土地使用权。江锂科技辩称，《中华人民共和国物权法》第一百八十二条虽规定"一并抵押"，但并未规定无须

办理抵押登记，案涉土地使用权未办理抵押登记，不发生抵押效力，且该土地使用权证已因置换被注销，建行分宜支行对案涉土地使用权不享有抵押权。本院认为，《中华人民共和国物权法》第十条规定了不动产统一登记，但对不动产抵押登记机构未作明确规定。《中华人民共和国担保法》第四十二条规定："办理抵押物登记的部门如下：（一）以无地上定着物的土地使用权抵押的，为核发土地使用权证书的土地管理部门；（二）以城市房地产或者乡（镇）、村企业的厂房等建筑物抵押的，为县级以上地方人民政府规定的部门……"二审庭审中，双方当事人均确认办理案涉土地使用权抵押登记时，当地县级以上人民政府未明确规定具有地上定着物的土地使用权抵押登记的办理部门。根据《最高人民法院关于适用〈中华人民共和国担保法〉若干问题的解释》第六十条"以担保法第四十二条第（二）项规定的不动产抵押的，县级以上地方人民政府对登记部门未作规定，当事人在土地管理部门或者房产管理部门办理了抵押物登记手续，人民法院可以确认其登记的效力"之规定，本案中，分宜县房产交易所在颁发的房屋他项权证上记载土地证号的行为，具有对该房屋占用范围内的土地使用权进行抵押登记的效力，足以产生公示的法律效果。

　　本案中，《最高额抵押合同》系双方当事人真实意思表示，其中约定的抵押物明确包括案涉土地使用权在内，双方当事人对该土地使用权作为抵押财产均有明确预期。即使案涉土地使用权未办理抵押登记，根据《中华人民共和国物权法》第一百八十二条"以建筑物抵押的，该建筑物占用范围内的建设用地使用权一并抵押。以建设用地使用权抵押的，该土地上的建筑物一并抵押。抵押人未依照前款规定一并抵押的，未抵押的财产视为一并抵押"之规定，建行分宜支行对案涉土地使用权亦享有抵押权。一审判决以未办理抵押登记为由，判令建行分宜支行对案涉土地使用权不享有优先受偿权，认定事实和适用法律均有不当，本院予以纠正。

　　就案涉土地使用权证已被注销是否影响建行分宜支行行使抵押权一节，根据本案已查明的事实，江锂科技与江西江锂新材料科技有限公司之间的《资产置换协议》，系2016年10月14日签订，发生在建行分宜支行的土地使用权抵押权设定之后，且该置换行为未经建行分宜支行同意，江西江锂新材料科技有限公司亦未代为清偿债务，根据《中华人民共和国物权法》第一百九十一条第二款"抵押期间，抵押人未经抵押权人同意，不得转让抵押财产，但受让人代为清偿债务消灭抵押权的除外"之规定，江锂科技置换案涉土地使用权及嗣后注销土地使用权证的行为，不具有对抗建行分宜支行的效力，不影响建行分宜支行对案涉土地使用权抵押权的行使。

审理法院 最高人民法院
裁判时间 2017年6月25日
案　　号 最高人民法院（2017）最高法民终40号民事判决书
出　　处 中国裁判文书网。

第三节　建筑物区分所有权

25. 业主拒绝缴纳专项维修资金，并以诉讼时效提出抗辩的，人民法院不予支持
——上海市虹口区久乐大厦小区业主大会诉上海环亚实业总公司业主共有权纠纷案

> **裁判要点**
> 专项维修资金是专门用于物业共用部位、共用设施设备保修期满后的维修和更新、改造的资金，属于全体业主共有。缴纳专项维修资金是业主为维护建筑物的长期安全使用而应承担的一项法定义务。业主拒绝缴纳专项维修资金，并以诉讼时效提出抗辩的，人民法院不予支持。

关键词 业主共有　专项维修资金　法定义务　诉讼时效

裁判理由 法院生效裁判认为：《中华人民共和国物权法》（以下简称《物权法》）第七十九条规定，"建筑物及其附属设施的维修资金，属于业主共有。经业主共同决定，可以用于电梯、水箱等共有部分的维修。"《物业管理条例》第五十四条第二款规定，"专项维修资金属于业主所有，专项用于物业保修期满后物业共用部位、共用设施设备的维修和更新、改造，不得挪作他用"。《住宅专项维修资金管理办法》（建设部、财政部令第165号）（以下简称《办法》）第二条第二款规定，"本办法所称住宅专项维修资金，是指专项用于住宅共用部位、共用设施设备保修期满后的维修和更新、改造的资

金。"依据上述规定，维修资金性质上属于专项基金，系为特定目的，即为住宅共用部位、共用设施设备保修期满后的维修和更新、改造而专设的资金。它在购房款、税费、物业费之外，单独筹集、专户存储、单独核算。由其专用性所决定，专项维修资金的缴纳并非源于特别的交易或法律关系，而是为了准备应急性地维修、更新或改造区分所有建筑物的共有部分。由于共有部分的维护关乎全体业主的共同或公共利益，所以维修资金具有公共性、公益性。

《物业管理条例》第七条第四项规定，业主在物业管理活动中，应当履行按照国家有关规定交纳专项维修资金的义务。第五十四条第一款规定："住宅物业、住宅小区内的非住宅物业或者与单幢住宅楼结构相连的非住宅物业的业主，应当按照国家有关规定交纳专项维修资金。"依据上述规定，缴纳专项维修资金是为特定范围的公共利益，即建筑物的全体业主共同利益而特别确立的一项法定义务，这种义务的产生与存在仅仅取决于义务人是否属于区分所有建筑物范围内的住宅或非住宅所有权人。因此，缴纳专项维修资金的义务是一种旨在维护共同或公共利益的法定义务，其只存在补缴问题，不存在因时间经过而可以不缴的问题。

业主大会要求补缴维修资金的权利，是业主大会代表全体业主行使维护小区共同或公共利益之职责的管理权。如果允许某些业主不缴纳维修资金而可享有以其他业主的维修资金维护共有部分而带来的利益，其他业主就有可能在维护共有部分上支付超出自己份额的金钱，这违背了公平原则，并将对建筑物的长期安全使用，对全体业主的共有或公共利益造成损害。

基于专项维修资金的性质和业主缴纳专项维修资金义务的性质，被告环亚公司作为久乐大厦的业主，不依法自觉缴纳专项维修资金，并以业主大会起诉追讨专项维修资金已超过诉讼时效进行抗辩，该抗辩理由不能成立。原告根据被告所有的物业面积，按照同期其他业主缴纳专项维修资金的计算标准算出的被告应缴纳的数额合理，据此判决被告应当按照原告诉请支付专项维修资金。

审理法院 上海市第二中级人民法院
裁判时间 2011年9月21日
案　　号 上海市第二中级人民法院（2011）沪二中民二（民）终字第1908号民事判决书

出　　处　最高人民法院指导案例65号，2016年9月19日发布。

26. 小区车位在无法办理产权登记成为专有部分时是否属于业主共有
——重庆市豪运房地产开发有限公司与重庆市九龙坡区
西彭帝景豪苑业主委员会车位纠纷案

裁判要点

开发商虽在建造小区时支付了建筑区划内的土地使用权出让金，成为建设用地使用权人，但是小区建设完成之后，随小区内房屋的出售，小区建筑区划内的土地使用权也随之转移，小区的共有部分土地使用权归小区业主共有。由于案涉车位不能办理产权登记，不能成为专有部分，原判决确认该部分停车位属于占用业主共有的道路或者其他场地用于停放汽车的车位并无不当。

关 键 词　小区车位　产权登记　业主共有

裁判理由　最高人民法院认为：根据《最高人民法院关于审理建筑物区分所有权纠纷案件具体应用法律若干问题的解释》第二条第一款关于"建筑区划内符合下列条件的房屋，以及车位、摊位等特定空间，应当认定为物权法第六章所称的专有部分：（一）具有构造上的独立性，能够明确区分；（二）具有利用上的独立性，可以排他使用；（三）能够登记成为特定业主所有权的客体"之规定，案涉车位不能办理产权登记，因此其不能成为享有专有权的专有部分。即使豪运公司在建造帝景豪苑小区时支付了建筑区划内的土地使用权出让金，成为建设用地使用权人，但是小区建设完成之后，随小区内房屋的出售，小区建筑区划内的土地使用权也随之转移，小区的共有部分土地使用权归小区业主共有。由于案涉车位不能办理产权登记，不能成为专有部分，原判决确认该部分停车位属于占用业主共有的道路或者其他场地用于停放汽车的车位并无不当。而开发商建设的小区经验收合格，是开发商的基本义务，且绿化是否超过规划面积对认定停车位是否占用业主共有场地没有必然联系。故豪运公司关于原判决认定案涉车位系占用业主共有的道路或者其他场地的车位，缺乏事实依据的申请再审事由不能成立。

审理法院	最高人民法院
裁判时间	2017 年 8 月 24 日
案　　号	最高人民法院（2017）最高法民申 2817 号民事裁定书
出　　处	中国裁判文书网。

第四节　其　他

27. 当事人主张占有物返还，应当就其系物的合法占有人以及侵占人非法侵害占有等事实承担举证责任
——上诉人天津福特斯有限公司与被上诉人天津市蓟县供热服务中心占有物返还纠纷二审案

裁判要点

当事人依据《中华人民共和国物权法》第二百四十五条规定，主张占有物返还的，应当就其系物的合法占有人以及侵占人非法侵害占有的事实，承担举证证明责任。当事人主张侵害占有损害赔偿的，应当按照侵权责任的构成要件予以审查认定。

关　键　词　占有物返还　举证责任

裁判理由　最高人民法院认为：

首先，关于供热中心应否返还案涉供热管道及设施设备的经营权、使用权的问题。针对福特斯公司二审所提交相关证据，本院认为，嘉信集团于 2015 年 5 月 10 日出具的证明材料及鑫泰物业公司诉华奥公司追偿权纠纷一案的诉讼材料形成于一审程序结束之后，从形式上看，属于二审程序中的新的证据。福特斯公司提交鑫泰物业公司诉华奥公司追偿权纠纷一案的诉讼材料，旨在证明鑫泰物业公司现为本案标的物的使用人和经营者，该证明目的系为说明本案应追加鑫泰物业公司为本案被告一节。最高人民法院（2015）民一终字第 105-1 号民事裁定认定，鑫泰物业公司实际占有使用案涉供热设施系根据供热中心的指示，从占有类型看，属他主占有和辅助占有，其占有状态能否持续，依赖于供热中心的授权意思。据此，鑫泰物业公司并非必须参加

本案诉讼的必要共同诉讼人。于此情况下，在对本案当事人诉争实体权利义务的认定和处理过程中，该证据不具有证明力。《中华人民共和国民事诉讼法》第六十五条第二款规定，当事人逾期提供证据的，人民法院应当责令其说明理由；拒不说明理由或者理由不成立的，人民法院根据不同情形可以不予采纳该证据，或者采纳该证据但予以训诫、罚款。《最高人民法院关于适用〈中华人民共和国民事诉讼法〉的解释》第一百零一条、第一百零二条第一款规定，当事人逾期提供证据的，人民法院应当责令其说明理由，必要时可以要求其提供相应的证据。当事人因客观原因逾期提供证据，或者对方当事人对逾期提供证据未提出异议的，视为未逾期。当事人因故意或者重大过失逾期提供的证据，人民法院不予采纳。但该证据与案件基本事实有关的，人民法院应当采纳，并依照《民事诉讼法》第六十五条、第一百一十五条第一款的规定予以训诫、罚款。本院认为，即使福特斯公司所述逾期提供证据的事由属实，但该情形显然不属于"客观原因"。此外，当事人之间重要协议文件的废止显属本案争议的极端重要事项，即便因交接问题未能如期提交相关证据，福特斯公司（包括自称以证人身份"参与"一审诉讼的华奥公司）在一审期间均未向一审法院提及该重要事实，亦使得福特斯公司二审所述逾期提交理由欠缺起码的合理性。依照上述规定，由于福特斯公司对逾期提供该等证据所述之理由并不属于因客观原因所致，其理由也明显不能成立，故应认定其逾期提供构成重大过失，故对相关证据均应不予采信。但根据有关证据与案件基本事实的关系，也可就前述六份证据以及嘉信集团于2015年5月10日出具的证明材料分别作出认定。

从福特斯公司在本案一、二审过程中所持诉讼理由看，其提出该诉讼请求的基础在于，其已经享有案涉供热管道及设施设备的所有权并在供热中心基于另案先予执行程序取得"占有"之前即已实现了"占有"。福特斯公司认为其已享有案涉供热管道及设施设备的所有权的主要依据是，其于2008年9月19日、2013年7月28日与华奥公司签订并履行了合作协议书及买卖合同。案涉供热管道及设施设备并非一般的民事交易标的物，具有一定的区域规划性和社会公益性。在福特斯公司确认真实性的供热办与华奥公司2008年11月10日所签《协议书中》以及相关《授权委托书》中，双方当事人对标的物所有权问题并未作出明确约定，但从其中均明确载明华奥公司享有的负责宝塔路供热站的建设维修、运行、经营管理及供热收费等权利内容看，得不出华奥公司据此取得案涉供热管道及设施设备所有权的结论。依福特斯公司所述，其与华奥公司签订并履行了合作协议及买卖合同，但在福特斯公司能否取得案涉供热管道及设施设备所有权问题上，应作不能超越华奥公司所享有权利边界的解释。《中华人民共和国物权法》第三十条规定，因合法建造等事实行为设立物权的，自事实行为成就时发生效力。具体到本案，该条规定所称"合法建造"之事实行为，应依有关行政主管部门审批而定。本案中，福特斯公司并未就其所称投资建设系根据当地相关政府职能部门批准所为的证据。福特斯公司在二审中虽然主张其在2008年3月25日至2011年9月29日期间投入61642000元用于建设案涉供热管道及设施设备，但所举证据既不能证明所付款项的性质，且该主张亦与一审期间其对该款项性质所作陈述存在重大出入。福特斯公司认为其与华奥公司签订并已履行了买卖合同，其对讼争标的物享有权利，但在蓟县法院先予执行过程中，其并未提出异议。不仅如此，在前述买卖合同已经履行完毕且其认为对讼争标的物享有权利的情况下，向蓟县人民政府报送《关于供热中心支付、收购宝塔路供热站资产转让金的请示》的主体仍然为华奥公司。由此，福特斯公司所持其为案涉供热管道及设施设备所有权人的主张，亦欠缺其行使所有权人权利的相关事实依据。前述福特斯公司二审提交的证据1~5中，证据2、4、5，在形式上存在明显瑕疵，而证据3中标记作废的签字盖章仅为华奥公司。除此以外，福特斯公司上诉认为，供热中心与华奥公司所签2008年11月13日《补充协议书》已经作废，六份协议原件均已被收回。在此情况下，若其所称2008年11月23日"三方补充协议"真实存在，该协议应为各方当事人重新订立。本案福特斯公司提交的该三方协议表明，各方当事人保留了已经作废协议的形式和内容，协议当事人部分仍为供热中心、华奥公司而非三方，本可直接修改的内容反采保留原表述但特别标注增加、废止的方式处理。前述证据1~5均系华奥公司、福特斯公司持有，在供热中心与华奥公司在蓟县法院相关诉讼过程中，华奥公司的观点却是认为约束其与供热中心的《授权委托书》不能解除。由是，福特斯公司二审所提前述证据1的内容缺乏其他证据相互印证，且该证据中对有关协议签约主体的表述亦与本案相关协议文件所载内容不符。在此情况下，依据该等证据，根本无法认定福特斯公司所主张的供热中心明知并认可福特斯公司与华奥公司之间存在合作、合伙关系，福特斯公司自身一审所提相关书证已经作废的事实成立。对该等证据，难予采信。关于福特斯公司所提证据6，根据本案现已查明的案件事实，即便该协议真实存在，亦应认定其仅在华奥公司、福特斯公司之间具有约束力。嘉信集团同本案相关当事人存在或者曾经存在关联关系，其所出具的证明材料不能单独作为认定本案事实的证据，且该材料所载内容同样缺乏其他证据相互印证。综上，本院认定福特斯公司所持其基于投资建设而对案涉供热管道及设施设备享有的，作为请求供热中心返还相关资产经营权、使用权之权利基础并不存在。

关于福特斯公司所称其在供热中心基于另案先予执行程序取得"占有"之前即已实现"占有"的问题。2013年9月29日，蓟县法院作出（2013）蓟民二初字第710号民事裁定，裁定华奥公司向供热中心交付宝塔路供热站供热设施。福特斯公司既未就先予执行措施提出异议，亦未针对讼争供热设施设备主张权利，仅是华奥公司于2013年12月2日向蓟县人民政府提出异议，要求供热中心返还供热设施设备并赔偿损失。在供热中心系依据生效裁定合法占有案涉供热管道及设施设备，且福特斯公司没有提供充分证据证明其已实现占有的情况下，对福特斯公司前述主张，不予采信。

证明标准是负担证明责任的人提供证据证明其所主张法律事实所要达到的证明程度。按照《最高人民法院关于适用〈中华人民共和国民事诉讼法〉的解释》第一百零八条规定，福特斯公司之举证应当在证明力上足以使人民法院确信其所主张的待证事实之存在具有高度可能性。而在本案中，福特斯公司的举证，远未达到高度可能性证明标准的要求。综上，对福特斯公司要求供热中心返还案涉供热管道及设施设备的经营权、使用权的上诉请求，不予支持。

审理法院　最高人民法院
裁判时间　2015年7月2日
案　　号　最高人民法院（2015）民一终字第105号民事判决书
出　　处　《民事审判指导与参考》2015年第4辑（总第64辑）。

第四章　民事合同

第一节　总　类

28. 合同应作为确定当事人法律关系性质的重要依据，仅可在确有充分证据证明当事人实际履行行为与合同效果意思有显著差异时，才可不依照合同确定法律关系性质
——洪秀凤与昆明安钡佳房地产开发有限公司房屋买卖合同纠纷案

> **裁判摘要**
> 一、合同在性质上属于原始证据、直接证据，应当重视其相对于传来证据、间接证据所具有的较高证明力，并将其作为确定当事人法律关系性质的逻辑起点和基本依据。若要否定书面证据所体现的法律关系，并确定当事人之间存在缺乏以书面证据为载体的其他民事法律关系，必须在证据审核方面给予更为审慎的分析研判。
> 二、在两种解读结果具有同等合理性的场合，应朝着有利于书面证据所代表法律关系成立的方向作出判定，藉此传达和树立重诺守信的价值导向。
> 三、透过解释确定争议法律关系的性质，应当秉持使争议法律关系项下之权利义务更加清楚，而不是更加模糊的基本价值取向。在没有充分证据佐证当事人之间存在隐藏法律关系且该隐藏法律关系真实并终局地对当事人产生约束力的场合，不宜简单否定既存外化法律关系对当事人真实意思的体现和反映，避免当事人一方不当摆脱既定权利义务约束的结果出现。

关　键　词　充分证据　隐藏法律关系

裁判理由　最高人民法院认为：根据当事人上诉、答辩意见，并经其当庭确认，本案二审争议焦点为：一、双方当事人之间法律关系的性质；二、安钡佳公司应否向洪秀凤交付案涉房产并协助办理所有权变更登记；三、安钡佳公司应否以及如何承担逾期交房的违约责任，应否承担洪秀凤支付的律师费。

一、关于双方当事人之间法律关系的性质问题

民事法律关系是民事法律规范调整社会关系过程中形成的民事主体之间的民事权利义务关系。除基于法律特别规定，民事法律关系的产生、变更、消灭，需要通过法律关系参与主体的意思表示一致才能形成。判断民事主体根据法律规范建立一定法律关系时所形成的一致意思表示，目的在于明晰当事人权利义务的边界、内容。一项民事交易特别是类似本案重大交易的达成，往往存在复杂的背景，并非一蹴而就且一成不变。当事人的意思表示于此间历经某种变化并最终明确的情况并不鲜见。有些已经通过合同确立的交易行为，恰恰也经历过当事人对法律关系性质的转换过程。而基于各自诉讼利益考量，当事人交易形成过程中的细节并不都能获得有效诉讼证据的支撑。合同在性质上属于原始证据、直接证据。根据《最高人民法院关于民事诉讼证据的若干规定》第七十七条有关证据证明力认定原则的规定，其应作为确定当事人法律关系性质的逻辑起点和基本依据，应当重视其相对于传来证据、间接证据所具有的较高证明力。仅可在确有充分证据证明当事人实际履行行为与书面合同文件表现的效果意思出现显著差异时，才可依前者确定其间法律关系的性质。亦即，除在基于特定法政策考量，有必要在书面证据之外对相关事实予以进一步查证等情形，推翻书面证据之证明力应仅属例外。民事诉讼中的案件事实，应为能够被有效证据证明的案件事实。此外，透过解释确定争议法律关系的性质，应当秉持使争议法律关系项下之权利义务更加清楚，而不是更加模糊的基本价值取向。在没有充分证据佐证当事人之间存在隐藏法律关系且该隐藏法律关系真实并终局地对当事人产生约束力的场合，不宜简单否定既存外化法律关系对当事人真实意思的体现和反映，避免当事人一方不当摆脱既定权利义务约束的结果出现。此外，即便在两种解读结果具有同等合理性的场合，也应朝着有利于书面证据所代表法律关系成立的方向作出判定，藉此传达和树立重诺守信的价值导向。综上，若要否定书面证据所体现的法律关系，并确定当事人之间存在缺乏以书面证据为载体的其他民事法律关系，必须在证据审核方面给予更为审慎的分析研判。

根据《最高人民法院关于适用〈中华人民共和国合同法〉若干问题的解释（二）》第七条规定，"交易习惯"是指，不违反法律、行政法规强制性规

定的，在交易行为当地或者某一领域、某一行业通常采用并为交易对方订立合同时所知道或者应当知道的做法，或者当事人双方经常使用的习惯做法。《中华人民共和国合同法》针对"交易习惯"问题作出相关规定，其意旨侧重于完善和补充当事人权利义务的内容，增强当事人合同权利义务的确定性。而本案并不涉及运用交易习惯弥补当事人合同约定不明确、不完整所导致的权利义务确定性不足的问题。在前述立法意旨之外，运用"交易习惯"认定当事人交易行为之"可疑性"，应格外谨慎。首先，关于房屋交付时间问题。案涉房产存在违反规划超建楼层且尚未报批即行出售的事实，在此情况下，当事人约定在合同签订之日后近四个月时交付房产。而即便不考虑前述事实，在现房买卖情形中，如何约定交房期限方符合"交易习惯"，有无必要乃至是否形成"交易习惯"，同类一般交易判断是否已经形成普遍共识，尚存较大疑问。其次，关于房屋价格问题。抛开此节是否属于"交易习惯"的问题，对不合理低价的判断，亦须以当时当地房地产管理部门公布的同等房地产之价格信息为参考依据。虽安钡佳公司称对其法定代表人张晓霞与张琳婕是否为亲属关系不得而知，但其确认张琳婕同张传文（与张晓霞户籍迁移时间、原因，迁出及迁入地均相同）身份证号相同的事实。张琳婕与安钡佳公司《商品房购销合同》的备案登记，已于 2014 年 4 月 22 日（一审庭审时间为 2014 年 9 月 23 日）因退房原因被注销。一审法院未查明相关事实，亦未对安钡佳公司在一审庭审中所作陈述与前述合同约定单价出现明显差异的事实给予必要关注，径以双方当事人约定价格明显低于安钡佳公司与张琳婕在案涉合同签订之日近 30 个月前所订合同中约定价格为主要理由，否定本案双方当事人之间存在房屋买卖法律关系，理据不足。此外，至本案当事人签约时（2013 年 8 月 21 日），昆明市进一步加强商品房预售管理实施意见已经在当地施行（2011 年 1 月 1 日生效）。根据该意见的前述相关规定，可以认定洪秀凤所持本案交易价格符合合理区间的主张成立。再次，关于付款问题。案涉合同约定的购房款支付方式为分期支付，但在洪秀凤所为一次性支付及安钡佳公司受领给付的共同作用下，应当认定其属于合同履行之变更。将此种合同履行变更视作与正常买房人的付款习惯相悖，理据尚不充分。而洪秀凤向安钡佳公司法定代表人张晓霞付款 1900 万元，也符合该公司所出具付款委托书的要求。购房发票系当事人办理房地产变更登记过程中所必需，一审法院认定安钡佳公司此前先行开具购房款收据违背房屋买卖"交易习惯"，并得出当事人之间不存在房屋买卖法律关系的结论，缺乏足够的事实和法律依据。对本案

736万元款项性质,双方所述均无合同依据且无其他证据佐证。然据前所述及,也不宜基此通过解释和推断得出推翻书面证据所反映当事人法律关系存在的结论。最后,关于借贷法律关系问题。洪秀凤与安钡佳公司签订了房屋买卖合同且已经备案登记,在实际履行过程中,虽然有些事实可能引发不同认识和判断,但在没有任何直接证据证明洪秀凤与安钡佳公司之间存在民间借贷法律关系,且安钡佳公司对其所主张民间借贷法律关系诸多核心要素的陈述并不一致的情况下,认定双方当事人之间存在民间借贷法律关系,缺乏充分的事实依据。本案二审庭审时,当庭播放了沈汉卿与安钡佳公司法定代表人张晓霞于2014年11月10日(一审庭审之后)的通话录音。其时,安钡佳公司一审所持抗辩意见已经固定,但安钡佳公司法定代表人张晓霞在通话中对洪秀凤之购房人身份却是认可的。至于安钡佳公司主张支付吴基协的1840万元系其所归还的借款本金问题,因其未提供任何证据支持,本院难予采信。如有争议,当事人可另循法律途径解决。

证明标准是负担证明责任的人提供证据证明其所主张法律事实所要达到的证明程度。本案中,洪秀凤已经完成双方当事人之间存在房屋买卖法律关系的举证证明责任,安钡佳公司主张其与洪秀凤之间存在民间借贷法律关系。按照《最高人民法院关于适用〈中华人民共和国民事诉讼法〉的解释》第一百零八条规定,安钡佳公司之举证应当在证明力上足以使人民法院确信该待证事实的存在具有高度可能性。而基于前述,安钡佳公司为反驳洪秀凤所主张事实所作举证,没有达到高度可能性之证明标准。较之高度可能性这一一般证明标准而言,合理怀疑排除属于特殊证明标准。《最高人民法院关于适用〈中华人民共和国民事诉讼法〉的解释》第一百零九条对排除合理怀疑原则适用的特殊类型民事案件范围有明确规定。一审法院认定双方当事人一系列行为明显不符合房屋买卖的"交易习惯",进而基于合理怀疑得出其间系名为房屋买卖实为借贷民事法律关系的认定结论,没有充分的事实及法律依据,也不符合前述司法解释的规定精神,本院予以纠正。

二、关于安钡佳公司应否向洪秀凤交付案涉房产并协助办理所有权变更登记的问题

安钡佳公司与洪秀凤所签两份《商品房购销合同》,不违反法律、行政法规的效力性强制性规定,应认定有效。《中华人民共和国合同法》第八条、第六十条第一款规定,依法成立的合同,受法律保护,当事人应当按照约定全面履行自己的义务。在洪秀凤已经按约支付全部价款的情况下,安钡佳公司

应当依法按约向洪秀凤交付房产并协助办理所有权变更登记。百富琪商业广场存在违规超建的事实,但该行政违法并不针对本案争议房产,安钡佳公司向洪秀凤交付房产并不存在法律上和事实上的障碍,对洪秀凤有关安钡佳公司交付案涉房产的诉请,本院予以支持。而因前述行政违法行为构成案涉房产所有权变更登记之法律障碍,于本案中直接判决安钡佳公司履行办理所有权变更登记义务并不妥当。安钡佳公司应在相关行政违法事项消除后,协助洪秀凤办理所有权变更登记。后续事项如因新的事实出现而再起争议,洪秀凤可另循法律途径解决。

三、关于安钡佳公司应否以及如何承担逾期交房的违约责任,应否承担洪秀凤支付的律师费的问题

《中华人民共和国合同法》第一百零七条规定,当事人一方不履行合同义务或者履行合同义务不符合约定的,应当承担继续履行、采取补救措施或者赔偿损失等违约责任。本案中,安钡佳公司逾期交房构成违约,理应依法承担相应的违约责任。按照双方当事人有关安钡佳公司逾期交房违约责任的约定,安钡佳公司应承担的违约金为:314 302 元 × 30 日 × 2 = 18 858 120 元;62 860 400 元 × 5‰ = 314 302 元;35 541 130 元 × 5‰ = 177 705.65 元;以上合计 19 350 127.65 元。洪秀凤要求安钡佳公司承担 19 350 128 元的违约责任有合同依据。考虑到洪秀凤对其收取的 736 万元款项性质的主张未能提供充分证据,为更好平衡当事人利益,该款可从违约金总额中予以相应扣减。据此,安钡佳公司应向洪秀凤支付违约金 11 990 128 元。根据《中华人民共和国合同法》第一百一十三条第一款规定,当事人一方不履行合同义务或者履行合同义务不符合约定,给对方造成损失的,损失赔偿额应当相当于因违约所造成的损失。律师费 300 万元的支出,并非洪秀凤主张权利必然发生的费用,在当事人对此并无特别约定的情况下,洪秀凤亦未充分证明该损失额与安钡佳公司违约行为之间的直接因果关系,故对洪秀凤此项诉讼请求,本院不予支持。

综上所述,一审判决认定双方当事人之间名为房屋买卖实为借贷法律关系,并据此驳回洪秀凤的诉讼请求,认定事实和适用法律错误,本院予以纠正。洪秀凤上诉主张其与安钡佳公司之间存在房屋买卖法律关系,并要求安钡佳公司承担继续履行等违约责任,有事实和法律依据,对其合理部分,本院予以支持。

审理法院 最高人民法院
裁判时间 2015年6月1日
案　　号 最高人民法院（2015）民一终字第78号民事判决书
出　　处 《最高人民法院公报》2016年第1期。

29. 债务清偿期届满后的以物抵债协议的性质与履行
——通州建总集团有限公司与内蒙古兴华房地产
有限责任公司建设工程施工合同纠纷案

裁判摘要

一、对以物抵债协议的效力、履行等问题的认定，应以尊重当事人的意思自治为基本原则。一般而言，除当事人有明确约定外，当事人于债务清偿期届满后签订的以物抵债协议，并不以债权人现实地受领抵债物，或取得抵债物所有权、使用权等财产权利，为成立或生效要件。只要双方当事人的意思表示真实，合同内容不违反法律、行政法规的强制性规定，合同即为有效。

二、当事人于债务清偿期届满后达成的以物抵债协议，可能构成债的更改，即成立新债务，同时消灭旧债务；亦可能属于新债清偿，即成立新债务，与旧债务并存。基于保护债权的理念，债的更改一般需有当事人明确消灭旧债的合意，否则，当事人于债务清偿期届满后达成的以物抵债协议，性质一般应为新债清偿。

三、在新债清偿情形下，旧债务于新债务履行之前不消灭，旧债务和新债务处于衔接并存的状态；在新债务合法有效并得以履行完毕后，因完成了债务清偿义务，旧债务才归于消灭。

四、在债权人与债务人达成以物抵债协议、新债务与旧债务并存时，确定债权是否得以实现，应以债务人是否按照约定全面履行自己义务为依据。若新债务届期不履行，致使以物抵债协议目的不能实现的，债权人有权请求债务人履行旧债务，且该请求权的行使，并不以以物抵债协议无效、被撤销或者被解除为前提。

关 键 词 以物抵债协议　债务清偿期限

裁判理由 最高人民法院认为：根据当事人的上诉请求、答辩意见以及有关证据，并经当事人当庭确认，本案二审争议焦点为：一、供水财富大厦A座9层抵顶工程款是否应计入已付工程款中。二、一审判决是否将弱电安装工程人工费525722元作为应付工程款进行了重复计算。三、一审判决认定的甲供材料价值是否正确。四、欠付工程款应自何时起计付利息。

一、关于供水财富大厦A座9层抵顶工程款是否应计入已付工程款中的问题

首先，以物抵债，系债务清偿的方式之一，是当事人之间对于如何清偿债务作出的安排，故对以物抵债协议的效力、履行等问题的认定，应以尊重当事人的意思自治为基本原则。一般而言，除当事人明确约定外，当事人于债务清偿期届满后签订的以物抵债协议，并不以债权人现实地受领抵债物，或取得抵债物所有权、使用权等财产权利，为成立或生效要件。只要双方当事人的意思表示真实，合同内容不违反法律、行政法规的强制性规定，合同即为有效。本案中，兴华公司与通州建总呼和浩特分公司第二工程处2012年1月13日签订的《房屋抵顶工程款协议书》，是双方当事人的真实意思表示，不存在违反法律、行政法规规定的情形，故该协议书有效。

其次，当事人于债务清偿期届满后达成的以物抵债协议，可能构成债的更改，即成立新债务，同时消灭旧债务；亦可能属于新债清偿，即成立新债务，与旧债务并存。基于保护债权的理念，债的更改一般需有当事人明确消灭旧债的合意，否则，当事人于债务清偿期届满后达成的以物抵债协议，性质一般应为新债清偿。换言之，债务清偿期届满后，债权人与债务人所签订的以物抵债协议，如未约定消灭原有的金钱给付债务，应认定系双方当事人另行增加一种清偿债务的履行方式，而非原金钱给付债务的消灭。本案中，双方当事人签订了《房屋抵顶工程款协议书》，但并未约定因此而消灭相应金额的工程款债务，故该协议在性质上应属于新债清偿协议。

再次，所谓清偿，是指依照债之本旨实现债务内容的给付行为，其本意在于按约履行。若债务人未实际履行以物抵债协议，则债权人与债务人之间的旧债务并未消灭。也就是说，在新债清偿，旧债务于新债务履行之前不消灭，旧债务和新债务处于衔接并存的状态；在新债务合法有效并得以履行完毕后，因完成了债务清偿义务，旧债务才归于消灭。据此，本案中，仅凭当事人签订《房屋抵顶工程款协议书》的事实，尚不足以认定该协议书约定的供水财富大厦A座9层房屋抵顶工程款应计入已付工程款，从而消灭相应金

额的工程款债务,是否应计为已付工程款并在欠付工程款金额中予以相应扣除,还应根据该协议书的实际履行情况加以判定。对此,一方面,《中华人民共和国物权法》第九条规定:"不动产物权的设立、变更、转让和消灭,经依法登记,发生效力;未经登记,不发生效力,但法律另有规定的除外"。据此,除法律另有规定的以外,房屋所有权的转移,于依法办理房屋所有权转移登记之日发生效力。而本案中,《房屋抵顶工程款协议书》签订后,供水财富大厦A座9层房屋所有权并未登记在通州建总名下,故通州建总未取得供水财富大厦A座9层房屋所有权。另一方面,兴华公司已经于2010年底将涉案房屋投入使用,故通州建总在事实上已交付了包括供水财富大厦A座9层在内的房屋。兴华公司并无充分证据推翻这一事实,也没有证据证明供水财富大厦A座9层目前在通州建总的实际控制或使用中,故亦不能认定供水财富大厦A座9层房屋实际交付给了通州建总。可见,供水财富大厦A座9层房屋既未交付通州建总实际占有使用,亦未办理所有权转移登记于通州建总名下,兴华公司并未履行《房屋抵顶工程款协议书》约定的义务,故通州建总对于该协议书约定的拟以房抵顶的相应工程款债权并未消灭。

最后,当事人应当遵循诚实信用原则,按照约定全面履行自己的义务,这是合同履行所应遵循的基本原则,也是人民法院处理合同履行纠纷时所应秉承的基本理念。据此,债务人于债务已届清偿期时,应依约按时足额清偿债务。在债权人与债务人达成以物抵债协议、新债务与旧债务并存时,确定债权人应通过主张新债务抑或旧债务履行以实现债权,亦应以此作为出发点和立足点。若新债务届期不履行,致使以物抵债协议目的不能实现的,债权人有权请求债务人履行旧债务;而且,该请求权的行使,并不以以物抵债协议无效、被撤销或者被解除为前提。本案中,涉案工程于2010年底已交付,兴华公司即应依约及时结算并支付工程款,但兴华公司却未能依约履行该义务。相反,就其所欠的部分工程款,兴华公司试图通过以部分房屋抵顶的方式加以履行,遂经与通州建总协商后签订了《房屋抵顶工程款协议书》。对此,兴华公司亦应按照该协议书的约定积极履行相应义务。但在《房屋抵顶工程款协议书》签订后,兴华公司就曾欲变更协议约定的抵债房屋的位置,在未得到通州建总同意的情况下,兴华公司既未及时主动向通州建总交付约定的抵债房屋,也未恢复对旧债务的履行即向通州建总支付相应的工程欠款。通州建总提起本案诉讼向兴华公司主张工程款债权后,双方仍就如何履行《房屋抵顶工程款协议书》以抵顶相应工程款进行过协商,但亦未达成一致。

而从涉案《房屋抵顶工程款协议书》的约定看，通州建总签订该协议，意为接受兴华公司交付的供水财富大厦 A 座 9 层房屋，取得房屋所有权，或者占有使用该房屋，从而实现其相应的工程款债权。虽然该协议书未明确约定履行期限，但自协议签订之日至今已四年多，兴华公司的工程款债务早已届清偿期，兴华公司却仍未向通州建总交付该协议书所约定的房屋，亦无法为其办理房屋所有权登记。综上所述，兴华公司并未履行《房屋抵顶工程款协议书》约定的义务，其行为有违诚实信用原则，通州建总签订《房屋抵顶工程款协议书》的目的无法实现。在这种情况下，通州建总提起本案诉讼，请求兴华公司直接给付工程欠款，符合法律规定的精神以及本案实际，应予支持。

此外，虽然兴华公司在一审中提交了《房屋抵顶工程款协议书》，但其陈述的证明目的是兴华公司有履行给付工程款的意愿，而并未主张以此抵顶工程款，或者作为已付工程款，故一审判决基于此对《房屋抵顶工程款协议书》没有表述，并不构成违反法定程序。

综上，涉案《房屋抵顶工程款协议书》约定的供水财富大厦 A 座 9 层房屋抵顶工程款金额不应计入已付工程款金额，一审法院认定并判令兴华公司应向通州建总支付相应的工程欠款，并无不当，兴华公司的该项上诉理由不能成立。

二、关于一审判决是否将弱电安装工程人工费 525722 元作为应付工程款进行了重复计算的问题

一审中，通州建总提交了关于包含弱电安装工程在内的新增项目结算的证据资料，兴华公司虽然在一审及二审中均提出异议，认为构成了重复计算，但其提交的《供水大厦誉博财富大厦中心工程（新增部分）结算书》《呼和浩特市供水大厦专业工程造价核定书》等证据，均不足以证明其主张的事实，根据《最高人民法院关于适用〈中华人民共和国民事诉讼法〉的解释》第九十条之规定，兴华公司对此应当承担不利的后果。

而且，从 CCTV 监控系统工程、弱电安装工程两个工程看，前者属于合同正常履行过程中的专业安装工程，双方结算于 2009 年 9 月；后者是在工程已经实际投入使用之后变更而形成的增补项目之一，双方结算于 2011 年 10 月。除非有证据证明当事人约定后者不再另行计付工程款，否则，主张 CCTV 监控系统工程款 82 万元包含了后者工程款，没有事实和法律依据。此外，在通州建总报送的弱电安装工程人工费的《预（决）算书》上，兴华公司的法定代表人陈英于 2011 年 10 月 12 日批示："同意下浮 10% 结算。"可见，兴华

公司同意按照通州建总报送的结算价下浮10%支付弱电安装工程人工费,这一金额计算即为525722元。

综上,一审判决将弱电安装工程人工费525722元计入应付工程款并无不当,兴华公司有关构成了重复计算的主张不能成立。

三、关于一审判决认定的甲供材料价值是否正确的问题

针对甲供材料,兴华公司在一审中提交了购销合同、付款凭证等证据,主张甲供材料价值大约2500多万元。对此,通州建总认可甲供材料价值为24568708.65元。兴华公司对于24568708.65元予以认可,同时质证称这只是阶段性的对账,不是最终结果。对于其主张的超出24568708.65元的部分,兴华公司在二审中进一步确定金额为1502077.35元,并提交了购销合同、付款凭证等证据,但其明确表示均不作为二审新证据,而且这些证据也不足以证明相应的材料已提供给通州建总用于涉案工程施工建设,或者与通州建总在一审中已经认可的甲供材料之间不存在任何重复包含关系,通州建总在二审中对此亦均不予认可,故兴华公司应当对此承担相应的不利后果。一审法院以双方核对认可的甲供材料价值24568708.65元,作为认定可以折抵工程款的甲供材料价款,于法有据,兴华公司的该上诉理由不能成立。

四、关于欠付工程款应自何时起计付利息的问题

本院认为,双方在涉案《建设工程施工合同》中虽约定工程价款在报双方认可的审计部门在30个工作日内审计结束后的30个工作日内支付95%,但双方未就审计部门的选定达成一致,故该约定的付款时间实际上无法确定,因此,一审判决认定应视为付款时间约定不明,并无不当。

《最高人民法院关于审理建设工程施工合同纠纷案件适用法律问题的解释》第十八条规定:"利息从应付工程款之日计付。当事人对付款时间没有约定或者约定不明的,下列时间视为应付款时间:(一)建设工程已实际交付的,为交付之日;……"故认定涉案工程欠付工程款应以工程实际交付之日起算,于法有据。涉案工程虽然没有经过竣工验收,但于2010年底已经实际交由兴华公司占有使用,故以2010年底作为起算欠付工程款利息的时间符合本案实际。当然,由于通州建总一审起诉主张从2011年2月20日起算,该日期晚于2010年底,当事人有权处分自己的民事权利,故应以2011年2月20日起算欠付工程款利息。

但由于涉案工程在实际交付使用之后,根据双方协商,通州建总又进行了一些增补项目的施工,并于2011年5月至2012年1月进行了相应的结算,

共涉及新增项目工程款 830722 元，对这部分款项也一体自 2011 年 2 月 20 日起计付利息，与《最高人民法院关于审理建设工程施工合同纠纷案件适用法律问题的解释》第十八条确立的原则相悖。虽然兴华公司的上诉状中有关欠付工程款利息起算不符的理由不能成立，但由于其针对一审判决对欠付工程款利息起算的处理提起了上诉，故对于新增项目工程款 830722 元的利息起算时间问题，亦应一并处理。考虑到每个增补项目工程款金额均相对不太大，通州建总于 2011 年 12 月 16 日编制了《增补项目结算汇总表》，兴华公司的法定代表人陈英在四个增补项目上的签字时间不同，但最晚的签字时间是 2012 年 1 月 12 日，故本院酌定于 2012 年 1 月 13 日起计付新增项目工程款 830722 元的利息。对于其余的欠付工程款 25173837.35 元（26004559.35 元 − 830722 元），则仍应自 2011 年 2 月 20 日起计付利息。

综上所述，兴华公司的上诉理由不能成立，但其关于欠付工程款利息起算时间的上诉请求，部分能够成立；一审判决认定事实清楚，适用法律基本正确，但在部分欠付工程款利息起算时间问题的处理上存在不当，应予纠正。

审理法院　最高人民法院
裁判时间　2016 年 12 月 27 日
案　　号　最高人民法院（2016）最高法民终字第 484 号民事判决书
出　　处　《最高人民法院公报》2017 年第 9 期。

30. 合同债权不属于侵权责任法保护范围
——中国工商银行股份有限公司平昌支行、中国长城资产管理公司成都办事处与四川平昌县百坚水泥有限公司等侵权赔偿纠纷案

> **裁判要点**
>
> 　　根据《中华人民共和国民事诉讼法》第一百一十九条规定，原告必须是与本案有直接利害关系的公民、法人和其他组织。所谓"有直接利害关系"应为作为原告的公民、法人或其他组织自身的财产权、人身权或者其他民事权益受到侵害或者与他人直接发生了民事权利义务上的争议。合同债权一般不应成为侵权责任法的调整对象，应该遵循合同相对性原则予以救济。

　　关　键　词　合同债权　侵权责任

　　裁判理由　最高人民法院认为：（一）平昌工行主张案涉不良资产剥离系国家政策性调整，与平等主体按照意思自治和等价有偿原则进行交易行为有所区别，即使平昌工行与长城资产成都办之间存在纠纷也不应通过诉讼途径解决。本院认为，平昌工行该项主张不能成立。

　　首先，根据《最高人民法院关于民事诉讼证据的若干规定》之规定，当事人对自己提出的诉讼请求所依据的事实有责任提供证据加以证明，没有证据或者证据不足以证明当事人的事实主张的，由负有举证责任的当事人承担不利后果。本案中，平昌工行并未提交证据证明其与长城资产成都办之间不良债权转让属于政策性转让，即属于《最高人民法院关于审理涉及金融不良债权转让案件工作座谈会纪要》规定的人民法院不予受理案件范围。其次，作为受让方的长城资产成都办亦认为该笔不良债权转让属于商业性转让而非政策性剥离。平昌工行以本案属于《最高人民法院关于审理涉及金融不良债权转让案件工作座谈会纪要》适用范围，人民法院不应受理依据不足，不予采信。

　　（二）徐丰与平昌工行、百坚公司并不存在法律上的直接利害关系。

　　首先，徐丰与平昌工行、百坚公司之间并不存在合同关系。合同是平等主体的自然人、法人或其他组织之间设立、变更、终止民事权利义务关系的协议。本

案中,徐丰并未与平昌工行、百坚公司之间以书面形式、口头形式或其他形式订立民事合同。本案一审徐丰的诉讼请求、事实理由及二审法院再次确认徐丰一审诉讼请求为"判令平昌工行和百坚公司连带赔偿533.5万元及利息"也可印证,徐丰亦认可与平昌工行、百坚公司之间并不存在合同关系。

其次,徐丰与平昌工行、百坚公司之间并不存在侵权法律关系。根据查明事实,2004年5月31日,平昌工行向百坚公司发出承诺书,同意百坚公司以现金230万元买断在平昌工行的全部债务。2004年6月16日,平昌工行与百坚公司达成《执行合(和)解协议》载明:百坚公司变现资金198.5万元,全部用于偿还平昌工行贷款本息,百坚公司已无力偿还余下贷款本息,平昌工行请求法院作出执行终结裁定。2004年6月30日,平昌县人民法院作出(2004)平法执裁字第42号民事裁定,认定百坚公司对其有效资产进行变现处理现金198.5万元,全部用于偿还平昌工行贷款。余下533.5万元本金及利息,执行人无力偿还,裁定终结执行。

就了结平昌工行与百坚公司之间的债权债务,当事人已经达成合意,且以部分实际履行、部分免除债务方式终结了合同权利义务关系。平昌工行在人民法院裁定终结执行且双方合意消灭债权之后,转让的不良资产实质为并不存在的债权。

从侵权责任的构成而言,一般包括四个方面:一是行为人实施了某一行为;二是行为人行为时有过错;三是受害人的民事权益有损害事实;四是行为人行为与受害人损害之间有因果关系。平昌工行将并不存在的债权作为不良资产转让给长城资产成都办明显不当,但主观上并无证据表明平昌工行存在损害徐丰利益的过错,从客观上平昌工行转让并不存在的债权历经多手至徐丰时,其过错行为与其后多次转让的受让方徐丰损失之间并不具有直接的法律上的因果关系。本案中,百坚公司在与平昌工行就债务履行达成协议后,隐瞒协议内容参加诉讼存在不当,但其对平昌工行将不存在的债权转让于长城资产成都办并不知情,也没有直接对徐丰构成侵权行为,不应承担侵权赔偿责任。

起诉是公民、法人和其他组织之间因财产关系和人身关系发生纠纷,其中一方向人民法院提出诉讼请求,要求人民法院行使国家审判权,依法裁决纠纷双方的民事法律关系,以保护自己合法权益的诉讼行为。起诉应该符合法律规定的条件,《中华人民共和国民事诉讼法》第一百一十九条第一项规定,原告是与本案有直接利害关系的公民、法人和其他组织。本案中,徐丰与平昌工行、百坚公司既不存在合同关系,也不存在侵权关系,并非是与本案有直接利害关系的适格原告。原判以侵权纠纷予以受理并认定平昌工行承担侵权责任，事实依据和法律依据不足，应予纠正。

徐丰对于其损失可根据合同相对性原则向其合同相对人要求承担责任，另行诉讼解决。

审理法院　最高人民法院
裁判时间　2015 年 8 月 10 日
案　　号　最高人民法院（2014）民提字第 46 号民事裁定书
出　　处　《民事审判指导与参考》2016 年第 2 辑（总第 66 辑）。

31. 因对方违约解除合同后，已履行主要合同义务的一方有权请求可得利益赔偿

——中国联合网络通信有限公司红河哈尼族彝族自治州分公司
与红河东佑房地产开发有限公司、云南晟邦融资
担保有限公司房屋拆迁安置补偿合同纠纷案

裁判要点

合同解除后，应根据合同解除的具体原因确定双方承担的责任。若合同是因一方违约解除，守约方除可根据《合同法》第九十七条规定请求恢复原状、采取其他补救措施外，还可根据《合同法》第一百零七条规定和第一百一十三条规定请求违约方赔偿损失。若守约方已经履行完毕主要合同义务的，损失赔偿的范围应当包括合同履行后可以获得的利益。

关 键 词　合同解除　损失赔偿

裁判理由　最高人民法院认为：本案焦点是东佑公司应向联通公司进行赔偿的损失数额如何确定的问题。

《拆迁补偿协议》解除后，东佑公司应向联通公司赔偿的损失为 27260800 元，理由如下：第一，本案中，《拆迁补偿协议》是因东佑公司违约而解除。依据《合同法》第一百一十三条规定"当事人一方不履行合同义务或者履行合同义务不符合约定，给对方造成损失的，损失赔偿额应当相当于因违约所

造成的损失,包括合同履行后可以获得的利益,但不得超过违反合同一方订立合同时预见到或者应当预见到的因违反合同可能造成的损失",东佑公司应当赔偿联通公司合同履行后可以获得的利益。第二,依据《拆迁补偿协议》约定,联通公司交付房屋、土地所期望得到的利益是一定面积的产权置换房屋、车位和货币补偿。东佑公司在订立《拆迁补偿协议》时,应当预见到其若不能交付置换房屋、车位,可能造成的损失就是对应房屋、车位在交房日期的市场价值。红河实信司鉴(2012)房鉴字第 15 号鉴定报告即是以交房日期为基准日,以《拆迁补偿协议》约定的应置换给联通公司的待建房屋、车位为评估对象作出的评估报告,故以此评估报告结果作为认定损失赔偿的依据并没有超过红河公司应当预见的损失范围。第三,根据《拆迁补偿协议》第一条第 2 项约定"拆迁对象合计评估总价为 1205.88 万元,平均单价为 2544.28 元/平方米"、第三条第一项第 4 款约定"若乙方在原址开发商品房售价低于评估价时,乙方应对甲方补齐产权置换的差价"、第三条第二项第 2 款约定"剩余的 1000 平方米以货币补偿,单价为 2544.28 元/平方米"及第七条第 1 项约定"乙方延期 90 天仍不能交房的,甲方有权要求乙方在十日内向其全额支付人民币 1200 万元的拆迁补偿金"可知,《拆迁补偿协议》中列明评估价,是为给货币补偿提供标准,也是联通公司为了防止置换房屋售价低于评估价而设,如果置换房屋增值,则选择房屋,如果贬值,则以评估价为准。所以第七条第 1 项关于 1200 万元拆迁补偿金的约定,应是联通公司的选择性条款,其有权要求东佑公司支付 1200 万元,也可要求支付房屋,故东佑公司关于"在不能交付房屋的情形下,联通公司只能要求 1200 万元的损失赔偿"的主张不成立。第四,本案中,联通公司的房屋已被拆除、土地已经转移至东佑公司名下,其上建筑物正在建设过程中,这种情形下,《拆迁补偿协议》解除后,联通公司无法依据合同法第九十七条规定要求"恢复原状",只能请求采取补救措施和损失赔偿。按照权利义务对等性原则,联通公司既已履行完毕合同义务,其应该得到合同权益或者相当于合同权益的利益。故在未能得到房屋的情形下,其应得到与拟交付房屋在约定交房日期的市场价值相当的损失赔偿。综上,以红河实信司鉴(2012)房鉴字第 15 号鉴定报告为依据,东佑公司应向联通公司赔偿的损失为 27260800 元。二审判决对此认定有误,予以纠正。

审理法院 最高人民法院

裁判时间 2015 年 10 月 21 日
案　　号
出　　处 《民事审判指导与参考》2016 年第 4 辑（总第 68 辑）。

32. 法院调整违约金时应以实际损失为基础，兼顾合同履行、当事人过错及预期利益等因素
——北京长富投资基金与武汉中森华世纪房地产开发有限公司等委托贷款合同纠纷案

> **裁判要点**
>
> 当事人主张约定的违约金过高请求予以适当减少的，人民法院应当以实际损失为基础，兼顾合同的履行情况、当事人的过错程度以及预期利益等综合因素，根据公平原则和诚实信用原则予以衡量，并作出裁决。

关 键 词 违约金　实际损失

裁判理由 最高人民法院认为：本案焦点是关于违约利息和违约金问题。中森华房地产公司上诉主张原审判决确定的利息按 24% 年利率计算过高，自 2014 年 9 月 10 日至本案判决确定的给付之日止的利息损失应当按年息 16% 计算，长富基金上诉主张中森华房地产公司还应按约承担 1.26 亿元的违约金。本院认为，首先，长富基金在原审中诉讼主张 2014 年 3 月 22 日至 6 月 21 日的年利率按 16% 计算、自 2014 年 6 月 22 日起的年利率按 24% 计算，并要求中森华房地产公司支付 1.26 亿元的违约金。原审判决基于弥补长富基金因解除合同所遭受实际损失的考量，判令中森华房地产公司自本案原审受理之次日即 2014 年 9 月 10 日至本案判决确定的给付之日止赔偿的利息损失按照年息 24% 计算，对长富基金关于 1.26 亿元违约金的诉讼请求未予支持。原审判决关于利息损失计算起止日期及利率标准虽与长富基金不一致，但长富基金对此并未提出上诉请求，应视为其对相关权利的放弃。因中森华房地产公司对案涉《委托贷款合同》的解除应承担违约责任，原审判决判定的逾期利息按年利率 24% 计算也是违约责任承担的一种方式，原审判决综合合同约定的违约金、罚息等因素酌定中森华房地产公司按照年利率 24% 承担利息损失，并不明显高于市场融资成本，对中森华房地产公司并无不公，因此，中森华房地产公司关于利息损失的年利率

标准应按 16% 计算的上诉主张，本院不予支持。其次，《最高人民法院关于适用〈中华人民共和国合同法〉若干问题的解释（二）》第二十七条规定，"当事人通过反诉或者抗辩的方式，请求人民法院依照合同法第一百一十四条第二款的规定调整违约金的，人民法院应予支持。"第二十九条规定，"当事人主张约定的违约金过高请求予以适当减少的，人民法院应当以实际损失为基础，兼顾合同的履行情况、当事人的过错程度以及预期利益等综合因素，根据公平原则和诚实信用原则予以衡量，并作出裁决。"《最高人民法院关于审理民间借贷案件适用法律若干问题的规定》第三十条规定，"出借人与借款人既约定了逾期利率，又约定了违约金或者其他费用，出借人可以选择主张逾期利息、违约金或者其他费用，也可以一并主张，但总计超过年利率 24% 的部分，人民法院不予支持。"《最高人民法院关于认真学习贯彻最高人民法院〈关于审理民间借贷案件适用法律若干问题的规定〉的通知》第三条第三项，"本《规定》施行后，尚未审结的一审、二审、再审案件，适用《规定》施行前的司法解释进行审理，不适用本《规定》"。虽然按照《最高人民法院关于认真学习贯彻最高人民法院〈关于审理民间借贷案件适用法律若干问题的规定的通知》第三条第三项的规定，本案长富基金与中森华房地产公司之间的民间借贷关于利息、违约金等问题不应适用《最高人民法院关于审理民间借贷案件适用法律若干问题的规定》，此前相关法律、法规和司法解释也并未对出借人是否可以就逾期利息和违约金同时主张及二者的限额进行限制，但根据《最高人民法院关于适用〈中华人民共和国合同法〉若干问题的解释（二）》第二十七条、第二十九条规定精神，对《最高人民法院关于审理民间借贷案件适用法律若干问题的规定》施行前的民间借贷中逾期利息和违约金等明显过高的，在当事人主张约定的违约金过高请求予以适当减少的情况下，也可参照《最高人民法院关于审理民间借贷案件适用法律若干问题的规定》确定的年利率 24% 司法保护上限进行调整。长富基金在原审判决年利率 24% 逾期利息基础上另外依照合同约定主张 1.26 亿元违约金，该主张实质是要求逾期罚息和固定违约金并行。本案中长富基金因中森华房地产公司违约遭受的损失主要是利息损失，因长富基金并未提供证据证明其实际损失超过原审判决确定逾期利息，故对其关于中森华房地产公司应当在原审判决确定的逾期利息基础上再给付 1.26 亿元违约金的上诉请求，本院不予支持。

审理法院　最高人民法院

裁判时间 2016年6月27日

案　　号 最高人民法院（2016）最高法民终124号民事裁定书

出　　处 中国裁判文书网。

33. 信访构成民事诉讼时效中断的法定事由
——李洪开与李南翔、张丹等建设工程施工合同纠纷案

> **裁判要点**
>
> 通过向相关行政职能部门进行信访的方式主张权利，属于诉讼时效中断的法定事由。

关 键 词 信访　诉讼时效　中断

裁判理由 最高人民法院认为：关于本案是否超过诉讼时效的问题。根据原审查明的事实，李洪开一直采取派人看管案涉房屋以及向相关行政职能部门进行信访的方式主张权利，前述事实符合诉讼时效中断的法定事由。李南翔、张丹主张本案超过法定诉讼时效的再审申请理由不能成立。

审理法院 最高人民法院

裁判时间 2017年4月27日

案　　号 最高人民法院（2017）最高法民申937号民事裁定书

出　　处 中国裁判文书网。

34. 当事人客观合理的交易机会损失应属于缔约过失责任赔偿范围
——中信红河矿业有限公司与鞍山市财政局股权转让纠纷二审案

裁判要点

通常情况下，缔约过失责任人对善意相对人缔约过程中支出的直接费用等直接损失予以赔偿，善意相对人的利益即可得到恢复。但如果善意相对人确实因缔约过失责任人的行为遭受交易机会损失等间接损失，则缔约过失责任人也应当予以适当赔偿。

关 键 词 交易机会 缔约过失责任 赔偿

裁判理由 最高人民法院认为：（一）鞍山财政局未将涉案合同报送批准存在缔约过失。

首先，鞍山财政局未履行报批义务违反合同约定。《中华人民共和国合同法》第八条规定，依法成立的合同，对当事人具有法律约束力。当事人应当按照约定履行自己的义务，不得擅自变更或者解除合同。依法成立的合同，受法律保护。《最高人民法院关于适用〈中华人民共和国合同法〉若干问题的解释（二）》第八条规定，依照法律、行政法规的规定经批准或者登记才能生效的合同成立后，有义务办理申请批准或者申请登记等手续的一方当事人未按照法律规定或者合同约定办理申请批准或者未申请登记的，属于《合同法》第四十二条第（三）项规定的"其他违背诚实信用原则的行为"，人民法院可以根据案件的具体情况和相对人的请求，判决相对人自己办理有关手续；对方当事人对由此产生的费用和给相对人造成的实际损失，应当承担损害赔偿责任。根据上述法律和司法解释规定，如果合同已成立，合同中关于股权转让的相关约定虽然需经有权机关批准方产生法律效力，但合同中关于报批义务的约定自合同成立后即对当事人具有法律约束力。当事人应按约履行报批义务，积极促成合同生效。本案中，《股份转让合同书》第7.1条规定，本次转让依法应上报有权审批机关审批。甲、乙双方应履行或协助履行向审批机关申报的义务，并尽最大努力，配合处理任何审批机关提出的合理要求和质询，以获得审批机关对本合同及其项下股权交易的批准；第11.2条规定，中信红河公司作为乙方保证向甲方及沈交所提交的各项证明文件及资料均真实、准确、完整。上述约定虽未明确涉案合同报批义务及协助报批义务具体由哪一方负担，但根据约定中信红河公司的主要义务是提供相关证明文件、资料，主要是协助报批。据此，应认定涉案合同报批义务由鞍山财政局负担。但鞍山财政局违反合同约定，未履行报批义务，亦未按照有权机关要求补充报送相关材料，依据上述司法解释规定，其行为属于《合同法》第四十二条第（三）项规定的"其他违背诚实信用原则的行为"，应认定鞍山财政局存在缔约过失。鞍山银行并非涉案《股份转让合同书》的当事人，鞍山财政局上诉主张报批义务由鞍山银行承担，没有合同依据，不予支持。

其次，鞍山财政局不履行报批义务的抗辩理由不能成立。一方面，鞍山财政局关于中信红河公司等四户企业存在关联关系导致其不具有受让涉案股权资格的证据不足。根据查明的事实，鞍山市××委于2013年3月25日作出鞍国资函（2013）13号《关于终止鞍山银行国有股权受让的函》，以中信红河公司等四户企业存在关联交易为由终止涉案股权转让。但在中信红河公司等企业提出异议后，鞍山市××委又于2013年5月2日发函对中信红河公司等四户企业呈报资料进行审计，并按审计结果上报监管部门审定。由于审计报告的作出时间早于鞍山财政局终止涉案股权转让的时间，审计结论亦未明确否定中信红河公司等企业不具有受让资格，因此，鞍山财政局关于中信红河公司因存在关联关系等原因不具有涉案股权受让资格的上诉理由，证据不足，不能成立。另一方面，鞍山财政局拒不报送审批材料无合法依据。在鞍山财政局已与中信红河公司签订涉案合同的情况下，应视为其认可中信红河公司具有合同主体资格。涉案《股份转让合同书》是否批准，应由政府及金融行业监管部门决定，鞍山财政局作为合同一方当事人，不具有审批权力，不能以其自身判断而违反合同约定免除其报送审批的义务。鞍山财政局关于涉案合同因中信红河公司等不具有受让资格而无需报批的上诉理由，无事实和法律依据，不能成立。

综上，鞍山财政局无正当理由不履行涉案合同报批义务，其行为已构成合同法第四十二条规定的"其他违反诚实信用原则的行为"，应认定其存在缔约过失。

（二）鞍山财政局对中信红河公司的直接损失应予赔偿。

中信红河公司在缔约过程中支付交易费及保证金利息，属于中信红河公司的直接损失，应由鞍山财政局承担赔偿责任。具体分析如下：首先，关于交易费及利息问题。根据查明的事实，中信红河公司于2012年3月30日向沈交所交付了涉案交易费用，鞍山财政局退还的保证金亦扣除了交易费，该费用系中信红河公司在合同签订过程中实际财产的减损,该费用及相应利息均应由鞍山财政局予以赔偿。中信红河公司已向沈交所保证无论交易成功与否均不退还交易费,故在交易不成功的情况下,该笔交易费已经构成其损失,且是因鞍山财政局不诚信行为导致。因此,鞍山财政局主张其不应赔偿的上诉理由不能成立。其次,关于保证金利息问题。鞍山财政局虽已将中信红河公司支付的保证金返还,但中信红河公司作为商事主体,无论是否以自有资金支付保证金,均因保证金的支付产生财务成本。因此,中信红河公司所支付保证金的相应利息属于直接损失,应当由鞍山财政局予以赔偿。最后,关于利息计算标准问题。原审判决以人民银行同期贷款利率作为计算上述交易费及保证金利息的标准,符合通常的计算标准,并无不当。鞍山财政局主张应以同期银行存款利率为标准计算利息,没有法律依据,不予支持。鞍山财政局关于不付利息是行业惯例的上诉理由,无证据证明,应当不予采信。

(三)鞍山财政局对中信红河公司所主张的可得利益损失应予适当赔偿。

1. 当事人客观合理的交易机会损失应属于缔约过失责任赔偿范围。缔约过失责任制度是实现诚实守信这一民法基本原则的具体保障。通过要求缔约过失责任人承担损害赔偿责任,填补善意相对人信赖利益损失,以敦促各类民事主体善良行事,恪守承诺。通常情况下,缔约过失责任人对善意相对人缔约过程中支出的直接费用等直接损失予以赔偿,即可使善意相对人利益得到恢复。但如果善意相对人确实因缔约过失责任人的行为遭受交易机会损失等间接损失,则缔约过失责任人也应当予以适当赔偿。一方面,免除缔约过失责任人对相对人间接损失的赔偿责任没有法律依据。合同法第四十二条规定的"损失"并未限定于直接损失。根据《最高人民法院关于适用〈中华人民共和国合同法〉若干问题的解释(二)》第八条规定在报批生效合同当事人未履行报批义务的,如合同尚有报批可能,且相对人选择自行办理批准手续的情况下,可以由相对人自行办理报批手续,并由缔约过失责任人赔偿相对人的相关实际损失。上述规定均未排除缔约过失责任人对相对人交易机会损失等间接损失的赔偿责任。另一方面,缔约过失责任人对于相对人客观合理的间接损失承担赔偿责任也是贯彻诚实信用原则,保护无过错方利益的应有之义。虽然交易机会本身存在的不确定性对相应损害赔偿数额的认定存在影响,应当根据具体案情予以确定,但不应因此而一概免除缔约过失责任人的间接损失赔偿责任。

2. 关于鞍山财政局应否对中信红河公司其他损失承担赔偿责任的问题。

首先，鞍山财政局恶意阻止合同生效的过错明显。鞍山财政局作为政府部门，在国有产权交易过程中，既应践行诚实信用价值观念，有约必守；更要遵循政务诚信准则，取信于民，引领全社会建设诚信守信市场秩序。但在本案中，其在能够将涉案合同报送有权机关批准的情况下，拒不按照银监部门的要求提交相应材料，导致银监部门对相关行政许可事项不予以受理，致使合同不能生效。不仅如此，还将涉案股权在很短时间内另行高价出售。鞍山财政局恶意阻止涉案合同生效，其行为明显违反诚实信用原则，过错明显。

其次，中信红河公司存在客观合理的交易机会损失。中信红河公司主张的可得利益损失实际系丧失取得涉案股权的交易机会所带来的损失。所谓机会，是指特定利益形成或者特定损害避免的部分条件已经具备，但能否最终具备尚不确定的状态。而所谓机会损失，则是当事人获取特定利益或避免特定损害的可能性降低或者丧失。一般而言，在交易磋商阶段，合同是否能够订立以及合同订立所带来的交易机会能否最终实现均属未知，故此时交易机会尚不具有可能性。但如果双方已经达成合意并签订合同，在合同生效要件具备前，双方的相互信赖的程度已经达到更高程度，因信赖对方诚实守信的履行相关义务从而获取特定利益的机会也就具有相当的可能性。此时，如一方当事人不诚实守信履行报批义务，其应当预见对方因此而遭受损失。就本案而言，涉案《股份转让合同书》订立后，虽须经有权机关批准方才生效，但双方已就中信红河公司购买鞍山银行股权达成合意，在无证据证明该合同不能获得有权机关批准的情况下，中信红河公司有合理理由信赖鞍山财政局恪守承诺，及时妥善的履行报批手续，从而使涉案合同的效力得到确定，进而通过合同的履行实际取得涉案股权，获取相关利益。因此，中信红河公司获得涉案股权的可能性现实存在。但因鞍山财政局拒不将涉案合同报批，继而还将涉案股权另行高价出售，其不诚信行为直接导致中信红河公司获得涉案股权的可能性完全丧失，导致中信红河公司因此而获得相关利益的现实性完全丧失。综上，中信红河公司因鞍山财政局的不诚信行为存在客观现实的交易机会损失。

最后，鞍山财政局对中信红河公司交易机会损失承担赔偿责任是维护公平正义和市场交易秩序的需要。一方面，鞍山财政局对中信红河公司交易机会损失承担赔偿责任符合公平原则。鞍山财政局所获得的股权出售价差利益，是以中信红河公司丧失购买涉案股权的机会为代价。在鞍山财政局因其过错行为获得利益的情况下，如果不对中信红河公司的交易机会损失予以赔偿，将导致双方利益严重失衡,不符合公平原则。另一方面,鞍山财政局在赔偿中信红河公司直接损失的基础上,对中信红河公司间接损失承担适当赔偿责任,以使其为不诚信行为付出相应代价,有利于敦促各类民事主体善良行事,恪守诚实信用,也有利于维护诚实守信的市场交易秩序。

审理法院 最高人民法院
裁判时间 2017 年 5 月 26 日
案　　号 最高人民法院(2016)最高法民终 803 号民事判决书
出　　处 中国裁判文书网。

35. 如何确定法律漏洞填补方法与不当得利返还义务的范围
——南昌市市政建设有限公司与刘忠友建设工程合同纠纷案

裁判要点

1. 所谓法律漏洞,是指违反立法计划导致法律规范的不完整性。是否构成法律漏洞应视此种未规定的事项是否违反了法律规范的目的,以及是否立法者出于立法技术等方面的考虑而有意不设置条文而定。

2. 法律漏洞可以区分为开放的漏洞和隐蔽的漏洞,前者指针对某一事项欠缺法律规定,后者指虽有法律规定,但依据该规定的目的,不应适用于某一事项。在法律适用中,不同性质的法律漏洞,主要通过类推适用、目的论的限缩等不同方法加以填补。

3. 不当得利法律关系中,现行法律未就原物毁损、灭失或者因其他法律或者事实上的原因返还不能时,受益人应当返还的不当利益的范围作出规定,已对法律适用造成困扰,构成法律漏洞。

4. 不当得利关系中,亦应区分受益人的善意与否,确定不同的返还义务范围,如受益人主观上是善意的,其返还义务的范围应以现存利益为限,没有现存利益的,不再负有不当利益的返还义务;如受益人主观上为恶意,即使没有现存利益,也不能免除其返还所受不当利益的义务。

关 键 词 法律漏洞填补　不当得利返还义务
裁判理由 最高人民法院认为:本案再审审理的争议焦点为市政公司是

否负有返还刘忠友 600 万元不当得利的义务。该争议焦点项下，涉及不当得利的构成要件和法律效果两个层面的问题，其一，市政公司与刘忠友之间是否构成不当得利；其二，市政公司是否因此负有返还刘忠友 600 万元及相应利息的义务。分析如下：

（一）市政公司与刘忠友之间是否构成不当得利

《中华人民共和国民法通则》第九十二条规定："没有合法根据，取得不当利益，造成他人损失的，应当将取得的不当利益返还受损失的人。"2017 年 10 月 1 日起施行的《中华人民共和国民法总则》第一百二十二条基本沿袭了该条规定，"因他人没有法律根据，取得不当利益，受损失的人有权请求其返还不当利益。"根据上述规定，构成不当得利，应符合以下要件：民事主体一方取得利益；取得利益没有法律根据；取得利益致使民事主体他方受到损失。

根据发生原因的不同，可以将不当得利划分为基于给付而生的不当得利，和基于给付之外的事由而生的不当得利两种基本类型。对于前者而言，是否构成不当得利，应就给付行为发生当时进行判断。

根据本案已查明的事实，市政公司系基于与辛国强合伙投标进贤产业园排水工程，于 2014 年 5 月 12 日收到自路桥公司处按照辛国强的指示转入的 600 万元投标保证金。其系出于对和辛国强形成合伙关系的信赖和基于合伙事务的执行而取得利益，但因该合伙关系为辛国强所虚构，系辛国强犯合同诈骗罪的一个环节，实际并不存在，故市政公司取得该 600 万元利益不具有合法原因。

就刘忠友而言，其于 2014 年 5 月 5 日、6 日向路桥公司共计转入 2000 万元，以及与辛国强作为合伙体，要求路桥公司于 2014 年 5 月 12 日向市政公司转入 600 万元，均系受辛国强虚构市政公司为发包单位的进贤 G320 绕城公路工程所欺诈而缴纳的工程保证金，上述 2000 万元，嗣后仅被返还 1120 万元，其财产总额减少了 880 万元，其中的 600 万元损失，即系因路桥公司按照辛国强的指示转入市政公司而发生。

就市政公司取得 600 万元利益和刘忠友受到 600 万元损失的原因来看，前者是基于辛国强虚构的合伙投标进贤产业园排水工程，后者是基于辛国强虚构的进贤 G320 绕城公路工程，似乎不属于严格意义上的同一原因事实，但整体而言，前述两个虚构行为系辛国强同一合同诈骗犯罪活动的不同环节而已，基于公平理念和社会一般观念，应当认定两者之间具有实质上的牵连关系，足以成立因果关系。故，基于上述构成要件层面的分析，市政公司和刘忠友之间成立不当得利。

(二)市政公司是否因此负有返还刘忠友600万元及相应利息的义务

虽市政公司无法律根据取得600万元利益,致刘忠友受到600万元损失,二者之间构成不当得利,但因市政公司在取得600万元的次日,即按照辛国强的指示将该600万元转出至辛国强掌控的博世强公司,就市政公司而言,其所获利益已不存在,是否仍应负有向刘忠友返还600万元及相应利息的义务,还应在不当得利的法律效果层面,尤其在不当得利受益人的返还义务范围上予以检视。

就不当得利受益人的返还义务范围而言,现行法律中,除前述《中华人民共和国民法通则》第九十二条有"应当将取得的不当利益返还受损失的人",《中华人民共和国民法总则》第一百二十二条有"受损失的人有权请求其返还不当利益"的规定外,并未针对受益人应当返还的不当利益的范围设置具体条文。《最高人民法院关于贯彻执行〈中华人民共和国民法通则〉若干问题的意见(试行)》第131条亦仅规定,"返还的不当利益,应当包括原物和原物所生的孳息。利用不当得利所取得的其他利益,扣除劳务管理费用后,应当予以收缴",未规定在原物毁损、灭失或者因其他法律或者事实上的原因返还不能的情况下,应当返还的不当利益的范围如何确定。

需要指出的是,并非所有法律未规定的事项,均当然地构成法律漏洞。所谓法律漏洞,是指违反立法计划导致法律规范的不完整性。是否构成法律漏洞应视此种未规定的事项是否违反了法律规范的目的,以及是否立法者出于立法技术等方面的考虑而有意不设置条文而定。不当得利法律关系中,如一旦构成不当得利即不问过错一概由受益人负全部返还义务,既欠缺法律依据,混淆了不当得利的构成要件和法律效果这两个本属不同层面的问题,也违反了不当得利调节财产价值不当移动的规范意旨和价值指向。故,现行法律未就原物毁损、灭失或者因其他法律或者事实上的原因返还不能时,受益人应当返还的不当利益的范围作出规定,已对法律适用造成困扰,构成法律漏洞。

具体而言,法律漏洞可以区分为开放的漏洞和隐蔽的漏洞,前者指针对某一事项欠缺法律规定,后者指虽有法律规定,但依据该规定的目的,不应适用于某一事项。在法律适用中,不同性质的法律漏洞,主要通过类推适用、目的论的限缩等不同方法加以填补。本案所涉事项系因法律未作规定而构成的开放的漏洞,应采用类推适用的方法来填补。即,对法律未规定的事项,参照、援引与其性质相类似的法律规定,加以适用。

本案中，市政公司本身亦为辛国强合同诈骗犯罪活动的对象，其系基于对与辛国强合伙投标进贤产业园排水工程的信赖而收取并转出600万元。现无证据证明，市政公司对该合伙项目属辛国强虚构知情，亦无证据证明其对辛国强采取虚构市政公司为发包单位的进贤G320绕城公路工程，虚构与路桥公司、刘忠友之间的内部承包、合伙关系，指示路桥公司向市政公司缴纳进贤G320绕城工程保证金600万元的方式诈骗刘忠友的情形知情，其在对该600万元款项的收取、占有以及嗣后的转出上，主观上均为善意。市政公司作为善意受益人，在其收取的600万元已于次日转出、所获利益不存在的情况下，其对受损人刘忠友所负返还义务的范围问题，在法律性质和基本权利义务结构上，与占有关系中占有人和权利人，尤其占有物毁损、灭失之际，权利人可向善意占有人主张的损害赔偿请求权问题，具有相似性，甚至会产生一定程度的竞合关系。

《中华人民共和国物权法》第二百四十四条规定："占有的不动产或者动产毁损、灭失，该不动产或者动产的权利人请求赔偿的，占有人应当将毁损、灭失取得的保险金、赔偿金或者补偿金等返还给权利人；权利人的损害未得到足够弥补的，恶意占有人还应当赔偿损失。"上述规定，与该法第二百四十二条关于"占有人因使用占有的不动产或者动产，致使该不动产或者动产受到损害的，恶意占有人应当承担赔偿责任"、第二百四十三条关于"不动产或者动产被占有人占有的，权利人可以请求返还原物及其孳息，但应当支付善意占有人因维护该不动产或者动产支出的必要费用"的规定，共同构成了占有人与权利人之间的权利义务规则。

上述规则的体系解释表明，法律对占有关系进行调整时，无论占有人使用占有物时权利人的损害赔偿请求权，占有物毁损、灭失时权利人的损害赔偿请求权，抑或权利人对占有物的返还请求权，均区分占有人的主观心理状态，分别对善意占有人和恶意占有人赋予不同的权利义务、课以不同的责任方式和责任范围。如，占有物毁损、灭失场合下，权利人请求赔偿的，善意占有人仅负有返还因"毁损、灭失取得的保险金、赔偿金或者补偿金"的义务。

同样地，不当得利关系中，亦应区分受益人的善意与否，确定不同的返还义务范围，如受益人主观上是善意的，其返还义务的范围应以现存利益为限，没有现存利益的，不再负有不当利益的返还义务；如受益人主观上为恶意，即使没有现存利益，也不能免除其返还所受不当利益的义务。事实上，这一结论，在比较法解释的层面上，亦能获得充分的支持。

审理法院 最高人民法院
裁判时间 2017 年 7 月 20 日
案　　号 最高人民法院（2017）最高法民再287号民事判决书
出　　处 中国裁判文书网。

36. 合同解除权应当在一定期间内行使
—— 中国建设银行股份有限公司青海省分行与
王忠诚商品房预售合同纠纷上诉案

裁判要点

合同解除权为形成权，其单方行使即可导致合同关系终止。因此解除权应当在一定期间内行使。逾期行使商品房买卖合同解除权的，解除权消灭。

关 键 词 合同解除权　期间

裁判理由 最高人民法院认为：案涉《个人住房（商业用房）借款合同》应予解除，理由如下：《最高人民法院关于审理商品房买卖合同纠纷案件适用法律若干问题的解释》第二十四条规定："因商品房买卖合同被确认无效或者被撤销、解除，致使商品房担保贷款合同的目的无法实现，当事人请求解除商品房担保贷款合同的，应予支持。"据此，在《商品房预售合同》解除的情况下，王忠诚从建行青海分行借款支付购房款的目的已经无法实现，王忠诚请求解除《个人住房（商业用房）借款合同》的，应予支持。建行青海分行的这一上诉请求，理由不能成立，本院不予支持。

关于《个人住房（商业用房）借款合同》第十九条第二款和第四款的特别规定，本院认为，该两款约定的含义并非《商品房预售合同》解除后，《个人住房（商业用房）借款合同》不得解除，而是约定《个人住房（商业用房）借款合同》解除后，王忠诚应立即返还其所欠建行青海分行的贷款本金、利息、罚息及实现债权的费用，或委托越州公司直接将上述款项归还建行青海分行。故即使依据这两款规定，《个人住房（商业用房）借款合同》也可以解除。

在主合同《个人住房（商业用房）借款合同》解除的情况下，因《房地产抵押合同》是该合同的从合同，故《房地产抵押合同》也应当解除。

审理法院 最高人民法院
裁判时间 2017 年 11 月 28 日
案　　号 最高人民法院（2017）最高法民终 683 号民事判决书
出　　处 中国裁判文书网。

第二节　买卖合同

37. 虽然网络竞价系统自动生成《竞价结果通知单》，但因违反交易规则，不能形成有效承诺的，交易依法不能成立
——青海红鼎房地产有限公司与青海省国有资产投资
管理有限公司与青海省产权交易市场确认合同有效纠纷案

> **裁判摘要**
> 　　一、网络竞价交易具有即时性和公开性的特点，产权人、竞买人、竞买组织方均应严格遵守相关交易规则。虽然网络竞价系统自动生成《竞价结果通知单》，但因违反交易规则，不能形成有效承诺的，交易依法不能成立。
> 　　二、网络竞拍是拍卖的一种特殊形式，在其有特别规定时依其规定，在无特别规定时，可以适用《拍卖法》的一般规定。

关 键 词　网络竞价　交易规则
裁判理由　最高人民法院认为：本案二审争议焦点是，国投公司与红鼎公司间就 69 号标的物的买卖合同是否成立，效力如何。结合当事人的诉辩意见，从以下三个方面进行分析：
一、关于案涉交易应遵守的交易规则
本案中，国投公司作为甲方与作为乙方的产权市场，就 69 号标的物的转让签订《产权转让服务协议》，由国投公司委托产权市场办理上述财产转让的相关事宜。2011 年 9 月 19 日、9 月 20 日产权市场分别与伟业公司、红鼎公司签订《网络竞价协议书》，就两公司参加 69 号标的物转让项目的网络竞价活

动作出约定。各方主体在产权市场利用金马甲网络竞价系统对69号标的物进行交易,均应遵守交易规则,而《金马甲网络竞价操作须知》《金马甲网络竞价大厅使用规则》均是该交易规则的重要组成部分。

二审中,红鼎公司和产权市场称,国投公司提交的《金马甲网络竞价大厅使用规则》与公示的文件不符,产权市场与红鼎公司出具的《金马甲竞价大厅使用规则》系发给所有竞买人的原文。对于该问题,本院认为,首先,原一审中红鼎公司与国投公司均将《金马甲网络竞价大厅使用规则》作为证据提交,且发表了质证意见,双方对其真实性均无异议;其次,本案一审中,国投公司也提交了该份证据,红鼎公司和产权市场对此证据的真实性未表示异议;再次,金马甲公司在原一审中给一审法院的答复中亦称,每次网络竞价活动的规则约束体系,由《金马甲网络竞价大厅使用规则》、组织方《交易须知》及其他相关规则文件等共同构成;最后,从名称上看,《金马甲网络竞价大厅使用规则》相对于《金马甲竞价大厅使用规则》而言,应为适用于网络竞价的特别规则,二者并不冲突。故虽然二审中红鼎公司与产权市场对于《金马甲网络竞价大厅使用规则》的真实性提出异议,但未能提供证据推翻之前的质证意见,对此本院不予采信,应当认定《金马甲网络竞价大厅使用规则》是案涉网络竞价交易规则的组成部分。关于应否适用拍卖法问题,本院认为,网络竞拍是拍卖的一种特殊形式,在其有特别规定时依其规定,在无特别规定时,可以适用《拍卖法》的一般规定。

二、关于是否存在计时器在倒计时至19秒时停止计时这一事实的问题

本案二审中,各方当事人对于是否存在计时器停止计时的事实存在争议。但产权市场在与国投公司产权转让服务协议纠纷仲裁案庭审过程中,明确表示确认倒计时停止19秒是事实,本案二审庭审中产权市场亦认可交易当天由于出现争议曾组织各方协商。结合伟业公司2011年9月21日委托青海树人律师事务所致函产权市场和2011年12月5日伟业公司再次致函产权市场就计时器停止计时问题提出异议的事实,以及国投公司向产权市场致函称由于竞价过程中竞买一方计算机出现故障,对于当日的竞价结果不予确认的事实,应当认定在案涉网络竞价交易过程中,存在倒计时停止计时的事实。红鼎公司与产权市场虽辩称这一事实并不存在,但并未提供充分证据证明,故对于该抗辩理由,本院不予采信。

三、关于计时器停止计时是否导致诉争交易不能成立的问题

根据《金马甲网络竞价操作须知》,限时竞价阶段由多个竞价周期组成,每个限时竞价周期为3分钟,竞买人有权在3分钟完整竞价周期内进行新的报价。《金马甲网络竞价大厅使用规则》第二十九条规定,发生下列情形之一

的，组织方有权中止或终结竞价活动：（一）金马甲服务器机房网络、互联网络或组织方网络出现故障的；……（四）通过组织方指定终端参与竞价活动时有客户端出现故障的……

本案中在案涉 69 号标的物进行网络竞价时，伟业公司在限时 180 秒的竞价阶段，其计算机页面计时器在竞价倒计时至 19 秒时停止计时，在产权市场工作人员进行处置时，金马甲网络竞价系统自动生成《竞价结果通知单》。伟业公司致函产权市场称，在限时竞价阶段，计时器停止读秒，致使伟业公司在剩余的 19 秒期限内丧失了竞价机会。虽然，原一审中，当事人提交樊强的书面证言称，竞价人伟业公司反映后，樊强及时指出该停止现象不影响其竞价，并询问是否继续竞价，其表示不再竞价。但樊强无正当理由未出庭作证，且其系当时指导伟业公司进行诉争网络竞价交易的产权市场工作人员，与本案当事人一方产权市场有利害关系，其所做证言与伟业公司函件内容相冲突，不能单独作为认定案件事实的依据。金马甲公司和北京国研科技公司书面答复称，19 秒停止现象是互联网一种迟延现象，不影响加价操作，通过加价操作，可瞬时恢复正常。但产权市场在二审庭审中称，本案中的计时器停止计时现象属于异常现象，是产权市场使用该系统出现的第一次系统延迟，同时承认并未对竞买人如何应对该种突发情况进行培训。故即使如金马甲网络公司所称此种现象并不影响正常加价，但伟业公司对于出现该种异常情况时仍能正常加价以及如何操作并不知情。在伟业公司明确提出异议的情况下，红鼎公司和产权市场主张该计时器停止计时现象在事实上不影响交易进行，依据不足。本院认为，网络竞价交易具有即时性和公开性的特点，其交易规则具有严格性，产权人、竞买人、竞买组织方均应严格遵守。本案中，在存在计时器停止计时这一事实且伟业公司和国投公司均提出异议认为该事实导致交易未能充分竞价的情况下，应当认定该停止计时现象致使案涉交易未能实现充分竞价。

金马甲公司在书面答复中还称，本案竞价活动中出现的网络延迟不属于故障范畴。金马甲公司为案涉网络竞价活动提供网络服务，与案件有利害关系，其对案涉交易中出现的计时器停止计时现象是否属于故障所作的说明和解释，证明力较低。并且，无论计时器停止计时现象是否属于故障，案涉交易均违反了"限时竞价阶段应当给予竞买人完整的竞买周期以实现充分竞价"的交易规则。原审判决在认定停止计时现象不属于故障问题的前提下，认定案涉竞价结果合法有效不当，本院予以纠正。

综上，本案中，虽然金马甲网络竞价系统自动生成《竞价结果通知单》，但因案涉交易违反交易规则，未能形成有效承诺，对于国投公司不具有约束力，交易未能成立。红鼎公司所称产权市场为国投公司代理人，其所做出的意思表示对国投公司具有约束力以及红鼎公司作为善意第三人，买卖合同有效成立的抗辩理由，均不能成立。国投公司关于本案交易无效，买卖合同未成立的上诉理由成立。

审理法院　最高人民法院
裁判时间　2015 年 12 月 19 日
案　　号　最高人民法院（2015）民二终字第 351 号民事判决书
出　　处　《最高人民法院公报》2017 年第 3 期。

第三节　委托合同

38. 受托人以自己的名义与第三人订立合同时，第三人不知道受托人与委托人之间的代理关系的，合同约束受托人与第三人

——上海闽路润贸易有限公司与上海钢翼贸易有限公司买卖合同纠纷案

> **裁判摘要**
>
> 　　受托人以自己的名义与第三人订立合同时，第三人不知道受托人与委托人之间的代理关系的，合同约束受托人与第三人。受托人因第三人的原因对委托人不履行义务，受托人向委托人披露第三人后，委托人可以选择是否行使介入权；委托人行使介入权的，则合同直接约束委托人与第三人，委托人可以要求第三人向其承担违约责任；委托人不行使介入权的，根据合同的相对性原则，合同仍约束受托人与第三人，受托人可以向第三人主张违约责任，受托人与委托人之间的纠纷根据委托合同的约定另行解决。
>
> 　　在判定合同的效力时，不能仅因合同当事人一方实施了涉嫌犯罪的行为，而当然认定合同无效。此时，仍应根据《中华人民共和国合同法》等法律、行政法规的规定对合同的效力进行审查判断，以保护合同中无过错一方当事人的合法权益，维护交易安全和交易秩序。在合同约定本身不属于无效事由的情况下，合同中一方当事人实施的涉嫌犯罪的行为并不影响合同的有效性。

关 键 词 受托人 代理 合同相对性

裁判理由 最高人民法院认为：根据钢翼公司的再审申请，本案的争议焦点有三：一是闽路润公司是否是《购销合同》的主体；二是《购销合同》是否因李强构成犯罪而无效；三是闽路润公司是否有权解除《购销合同》并要求钢翼公司返还货款。

一、关于闽路润公司是否是《购销合同》的主体

本案所涉《购销合同》是闽路润公司基于兴盟公司的委托以自己名义与钢翼公司订立的。钢翼公司认为，根据闽路润公司向钢翼公司送达的《公证书》以及兴盟公司发给闽路润公司的《函》，兴盟公司已经行使了介入权，《购销合同》应直接约束委托人兴盟公司，闽路润公司作为受托人不再是合同主体。

本案所涉的《购销合同》是闽路润公司基于兴盟公司的委托与钢翼公司订立，现尚无证据证明钢翼公司在与闽路润公司订立合同时明知闽路润公司是基于兴盟公司的委托与其订立的合同，故不能依据《中华人民共和国合同法》第四百零二条认定该合同直接约束兴盟公司。关于委托人的介入权，《中华人民共和国合同法》第四百零三条第一款规定，受托人以自己的名义与第三人订立合同时，第三人不知道受托人与委托人之间的代理关系的，受托人因第三人的原因对委托人不履行义务，受托人应当向委托人披露第三人，委托人因此可以行使受托人对第三人的权利，但第三人与受托人订立合同时如果知道该委托人就不会订立合同的除外。根据该规定，隐名代理的受托人向委托人披露第三人后，委托人可以行使介入权直接向第三人主张权利。委托人行使介入权，则合同直接约束委托人与第三人，委托人代替受托人成为合同主体，受托人不能行使合同权利；委托人不行使介入权的，则合同仍约束受托人，受托人可以行使合同权利。钢翼公司认为，据兴盟公司送达给闽路润公司的《函》，兴盟公司同意将《购销合同》项下的全部债权转让给闽路润公司，由闽路润公司向钢翼公司主张违约责任，故闽路润公司所行使的权利，是基于兴盟公司的债权让与产生的，闽路润公司行使的是兴盟公司的权利，应视为兴盟公司行使了介入权，《购销合同》应该直接约束兴盟公司，闽路润公司不再作为合同主体。根据一审、二审查明事实，在闽路润公司向钢翼公司主张权利之前，兴盟公司并未向钢翼公司主张权利，故不能认为兴盟公司已经行使介入权。既然兴盟公司没有行使介入权，则不是《购销合同》的主体，不享有《购销合同》项下的权利，无权将基于《购销合同》产生的

债权进行转让，故兴盟公司与闽路润公司之间所谓的债权转让无法实际发生。兴盟公司发给闽路润公司的《函》，从合同解释角度可认定为，兴盟公司承诺放弃介入权，由闽路润公司行使《购销合同》项下的权利，该函件并不影响闽路润公司作为《购销合同》的主体地位。综上，闽路润公司虽是基于兴盟公司的委托与钢翼公司订立合同，且在合同履行过程中向兴盟公司披露第三人钢翼公司，但并没有证据表明兴盟公司行使了介入权，故闽路润公司仍是《购销合同》的主体。钢翼公司认为闽路润公司不是《购销合同》主体的主张与事实不符，不予支持。

二、《购销合同》是否因李强构成犯罪而无效

钢翼公司主张，李强利用兴盟公司委托闽路润公司向钢翼公司采购钢材，又通过钢翼公司再向其实际控制的铁申公司采购钢材，最终达到骗取货款的目的，闽路润公司与钢翼公司之间的《购销合同》是一种犯罪手段，并无真实的商业交易动机和目的，应认定无效。

根据上海市第二中级人民法院关于李强合同诈骗案的（2012）沪二中初字第120号刑事判决书，李强以兴盟公司的名义委托闽路润公司采购钢材，闽路润公司根据李强的指定向钢翼公司购买钢材，李强行贿钢翼公司业务经理，使得钢翼公司向其控制的铁申公司购货，并伪造闽路润公司公章签订担保合同，闽路润公司、钢翼公司均已支付相应货款，李强通过铁申公司收取钢翼公司支付的购货款后未交付货物。以上事实只是认定李强利用其控制的公司实施犯罪行为，但并没有证据表明闽路润公司明知或参与李强的犯罪行为。钢翼公司在一二审中曾主张，钢翼公司是根据闽路润公司的指定向铁申公司购货，但其所提交的关于闽路润公司指定铁申公司的《补充协议》上的闽路润公司的印文与闽路润公司的印章经鉴定并不一致。而据（2012）沪二中初字第120号刑事判决书认定的事实，钢翼公司之所以向李强控制的铁申公司购买钢材，是因李强贿赂了钢翼公司的工作人员。在没有证据证明闽路润公司明知或者参与李强实施的犯罪行为的情况下，闽路润公司与钢翼公司所订立的《购销合同》效力不受李强犯罪行为的影响。钢翼公司关于《购销合同》因李强构成犯罪而无效的主张缺乏法律依据，不予支持。

三、闽路润公司是否有权解除《购销合同》并要求钢翼公司返还货款

钢翼公司认为，闽路润公司并未实际概括受让兴盟公司在《购销合同》项下的权利义务，不是《购销合同》主体，且《购销合同》无效，闽路润公司无权解除合同并要求返还货款。本院认为，闽路润公司与钢翼公司所订立

合同是当事人双方真实意思表示，不违反法律、行政法规的强制性规定，合法有效。闽路润公司虽是基于兴盟公司的委托与钢翼公司订立《购销合同》，但其是以自己的名义与钢翼公司订立的合同，在兴盟公司并没有行使介入权的情况下，闽路润公司仍是《购销合同》的主体，有权行使《购销合同》项下的权利。因此，在符合法定解除条件的情况下，闽路润公司有权解除《购销合同》，并要求钢翼公司返还货款。

综上，钢翼公司的再审申请不符合《中华人民共和国民事诉讼法》第二百条第（二）、（六）项规定的情形。

审理法院　最高人民法院
裁判时间　2015 年 5 月 8 日
案　　号　最高人民法院（2015）民申字第 956 号民事裁定书
出　　处　《最高人民法院公报》2016 年第 1 期。

39. 委托合同涉及买卖、借贷以及担保等多重法律关系的，应正确适用《合同法》第四百零二条但书前的规定
——厦门航空开发股份有限公司与北京南钢金易贸易有限公司及第三人厦门市东方龙金属材料有限公司买卖合同纠纷案

裁判摘要

《合同法》第四百零二条但书前的规定，仅仅适用于单纯的委托合同关系。实践中因委托合同产生的法律关系，往往不仅仅涉及委托关系，还可能涉及买卖、借贷以及担保等多重法律关系。在此情况下，如简单适用合同法第四百零二条但书前的规定，可能损害委托方合同权益，故应综合考虑全部案情，谨慎衡量，正确适用合同法第二百零二条的规定。

关 键 词　委托合同　委托关系　买卖、借贷以及担保

裁判理由　最高人民法院认为：本案再审审查涉及的主要问题是南钢金易公司是否应返还厦航开发公司案涉货款及相应利息。

首先，在案涉交易之前的委托合同、买卖合同履行过程中，东方龙金属公司实际提货以南钢金易公司向厦航开发公司发出《提货通知函》、厦航开发

公司向南钢金易公司发出《货物出仓通知单》,并告知货权转移给东方龙金属公司为前提。就案涉交易而言,从一、二审审理查明的事实来看,南钢金易公司对东方龙金属公司和厦航开发公司之间签订的《委托代理协议书》中"东方龙金属公司提货遵循款到发货原则"、"提货前,货物所有权归属厦航开发公司"的内容是实际知晓的,在厦航开发公司不知情的情况下,南钢金易公司通过案外人直接向东方龙金属公司交付了货物,实际上损害了厦航开发公司的利益。其次,《合同法》第四百零二条关于委托人介入权的规定一般限于单纯的委托合同关系,但本案除委托合同关系外,还涉及买卖、借贷以及担保等多重法律关系,特别是担保法律关系。厦航开发公司为保证自己出借资金的安全,特地在其与南钢金易公司签订的《钢材购销合同》中约定,交(提)货地点在供方仓库,方式为供方将货权转移给需方。因此,在厦航开发公司向南钢金易公司付款后,南钢金易公司交付的钢材的所有权属于厦航开发公司。在所有权人厦航开发公司根本不知情的情况下,南钢金易公司将合同约定的钢材交付给东方龙金属公司,对厦航开发公司不发生已经交付的法律效力。据此,在厦航开发公司已实际为东方龙金属公司垫付巨额货款的前提下,在南钢金易公司知道该事实的情况下,若简单适用合同法第四百零二条(不适用该条的但书),排除买卖关系中买方厦航开发公司要求卖方南钢金易公司返还货款的权利,明显损害厦航开发公司的权利,不符合该条的立法本意。本案应当适用该条的但书规定,即《钢材购销合同》的上述约定内容以及南钢金易公司知道东方龙金属公司为该笔交易向厦航开发公司融资的事实,属于合同法第四百零二条但书中规定的"确切证据",故《钢材购销合同》只约束厦航开发公司和南钢金易公司。最后,本院认为,东方龙金属公司实际领取了案涉钢材,却未支付货款,是最终责任人,南钢金易公司在承担本案责任后,可以向其追偿。另由于厦门市中级人民法院已经生效的(2013)厦民初字第156号民事判决已判决东方龙金属公司等主体偿还厦航开发公司垫付款及利息,故本案在执行程序中应与该案相互协调,避免厦航开发公司重复受偿。

审理法院 最高人民法院
裁判时间 2015年10月20日
案　　号 最高人民法院(2014)民申字第2225号民事裁定书
出　　处 《最高人民法院公报》2017年第1期。

第四节 民间借款合同

40. 委托贷款合同的效力、委托人与借款人之间的利息、逾期利息、违约金等权利义务均应受有关民间借贷的法律、法规和司法解释的规制
——北京长富投资基金与武汉中森华世纪房地产开发有限公司等委托贷款合同纠纷案

裁判摘要

委托人、受托银行与借款人三方签订委托贷款合同，由委托人提供资金、受托银行根据委托人确定的借款人、用途、金额、币种、期限、利率等代为发放、协助监督使用并收回贷款，受托银行收取代理委托贷款手续费，并不承担信用风险，其实质是委托人与借款人之间的民间借贷。委托贷款合同的效力、委托人与借款人之间的利息、逾期利息、违约金等权利义务均应受有关民间借贷的法律、法规和司法解释的规制。

关 键 词 委托贷款合同　民间借贷

裁判理由 最高人民法院认为：本案中，长富基金、兴业银行武汉分行与中森华房地产公司三方签订《委托贷款合同》，由长富基金提供资金，兴业银行武汉分行根据长富基金确定的借款人、用途、金额、币种、期限、利率等代为发放、协助监督使用并收回贷款，兴业银行武汉分行收取代理委托贷款手续费，并不承担信用风险，实质是长富基金与中森华房地产公司之间的民间借贷，委托贷款合同的效力和长富基金与中森华房地产公司之间约定的权利义务内容均应受相关民间借贷的法律、法规和司法解释的规制。《最高人民法院关于认真学习贯彻〈最高人民法院关于审理民间借贷案件适用法律若干问题的规定〉的通知》第三条规定："人民法院确认民间借贷合同效力时，应当按照《最高人民法院关于适用〈中华人民共和国合同法〉若干问题的解释（一）》第三条规定的精神，对本《规定》施行前成立的民间借贷合同，适用当时的司法解释民间借贷合同无效而适用本规定有效的，适用本《规定》。"《最高人民法院关于审理民间借贷案件适用法律若干问题的规定》第

十一条规定:"法人之间、其他组织之间以及它们相互之间为生产、经营需要订立的民间借贷合同,除存在合同法第五十二条、本规定第十四条规定的情形外,当事人主张民间借贷合同有效的,人民法院应予支持。"第十四条规定:"具有下列情形之一,人民法院应当认定民间借贷合同无效:(一)套取金融机构信贷资金又高利转贷给借款人,且借款人事先知道或者应当知道的;(二)以向其他企业借贷或者向本单位职工集资取得的资金又转贷给借款人牟利,且借款人事先知道或者应当知道的;(三)出借人事先知道或者应当知道借款人借款用于违法犯罪活动仍然提供借款的;(四)违背社会公序良俗的;(五)其他违反法律、行政法规效力性强制性规定的。"本案中长富基金与中森华房地产公司之间通过兴业银行武汉分行签订《委托贷款合同》,并不违反《中华人民共和国合同法》第五十二条和《最高人民法院关于审理民间借贷案件适用法律若干问题的规定》第十四条关于合同无效的规定,无论在《最高人民法院关于审理民间借贷案件适用法律若干问题的规定》施行前后,案涉《委托贷款合同》均应合法有效。

根据当事人的上诉请求和答辩意见,本案争议焦点主要是:一、长富基金是否系本案适格原告;二、长富基金对《委托贷款合同》的解除是否存在违约责任;三、中森华房地产公司自2014年9月10日至本案判决确定的给付之日止赔偿的利息损失是否应当按年利率24%计算,长富基金关于1.26亿元违约金的上诉请求能否得到支持;四、长富基金能否对中森华房地产公司在徐东集团公司徐东村城中村综合改造项目C地块产业项目的全部权益进行处置以清偿本案债务;五、鉴定费11万元应由长富基金还是中森华房地产公司承担。根据本案查明的事实、证据,对上述焦点问题分析评判如下:

一、关于长富基金是否系本案适格原告问题。中森华房地产公司在二审庭审中提交补充上诉状,依据《委托贷款合同》第1.4条的约定和《最高人民法院关于如何确定委托贷款协议纠纷诉讼主体资格的批复》主张原审法院不应受理长富基金作为原告直接对中森华房地产公司提起的诉讼。长富基金答辩认为,中森华房地产公司的该上诉请求超出上诉期限,《委托贷款合同》第1.4条的约定是选择性条款,受托银行也在原审中明确表示同意长富基金主张权利,中森华房地产公司关于长富基金不是本案适格原告的上诉主张不能成立。本院认为,首先,《中华人民共和国合同法》第四百零二条规定:"受托人以自己的名义,在委托人的授权范围内与第三人订立的合同,第三人在订立合同时知道受托人与委托人之间的代理关系的,该合同直接约束委托人和第三人，但有确切证据证明该合同只约束受托人和第三人的除外。"中森华房地产公司在 2013 年 9 月 27 日与长富基金、兴业银行武汉分行、中森华投资公司、郑巨云、陈少夏签订《投资合作协议》，以及与长富基金、兴业银行武汉分行签订《委托贷款合同》的行为及合同内容，表明中森华房地产公司在签订《委托贷款合同》时明知兴业银行武汉分行与长富基金之间的代理关系，中森华房地产公司并未提供证据证明《委托贷款合同》只约束兴业银行武汉分行和中森华房地产公司，因此，《委托贷款合同》直接约束长富基金和中森华房地产公司，原审判决认定长富基金可以自己名义直接向中森华房地产公司主张权利，有事实和法律依据。其次，《委托贷款合同》第 1.4 条受托人承诺中约定："借款人不能按期偿还本金及利息时，受托人应按照委托人的书面要求以受托人的名义向借款人、担保人及相关联人提起诉讼"，该约定是受托人兴业银行武汉分行对委托人长富基金的承诺，只约束兴业银行武汉分行和长富基金，与中森华房地产公司无关；就约定内容而言，是否以兴业银行武汉分行作为原告对借款人、担保人及相关联人提起诉讼，是该约定赋予长富基金的权利，而非系限制其行为的义务，长富基金既可以自行起诉，也可要求受托人兴业银行武汉分行提起诉讼。此外，《最高人民法院关于如何确定委托贷款协议纠纷诉讼主体资格的批复》对请示的相关问题答复："在履行委托贷款协议过程中，由于借款人不按期归还贷款而发生纠纷的，贷款人（受托人）可以借款合同纠纷为由向人民法院提起诉讼；贷款人坚持不起诉的，委托人可以委托贷款协议的受托人为被告、以借款人为第三人向人民法院提起诉讼。"该答复意见规定委托人可以作为原告提起诉讼和对受托人的被告地位的明确，旨在对委托人权利的保护。中森华房地产公司依据前述约定和批复上诉主张长富基金不是本案适格原告，系对合同约定和批复的错误理解，不能成立。第三，中森华房地产公司在原审中并未以反诉或抗辩方式就长富基金不是本案适格原告提出主张，其在 2016 年 3 月 21 日二审开庭时才提出这一上诉请求，而本案的最后上诉期是 2015 年 12 月 25 日，中森华房地产公司在二审庭审中提出长富基金不是本案适格原告的上诉请求，不符合《中华人民共和国民事诉讼法》第一百六十四条关于 15 日上诉期的规定和《最高人民法院关于适用〈中华人民共和国民事诉讼法〉的解释》第三百二十八条关于在第二审程序中原审原告不得增加独立诉讼请求或者原审被告提出反诉的规定。综上，长富基金是本案适格原告，中森华房地产公司关于长富基金不是本案适格原告的上诉主张，本院不予支持。

二、关于长富基金对《委托贷款合同》的解除是否存在违约责任问题。中森华房地产公司主张，长富基金违反双方合同约定，没有向中森华房地产公司发放第二期2.3亿元借款，致使项目资金出现困难，给中森华房地产公司造成重大损失，对《委托贷款合同》的解除也应承担责任。长富基金认为，长富基金按照《委托贷款合同》第2.1.3.1（1）条的规定发放了4亿元贷款，但中森华房地产公司未按照约定办理抵押登记，导致未达到《委托贷款合同》第2.1.3.1（1）条约定的发放第二期2.3亿元贷款的条件，长富基金不存在违约情形，相反是中森华房地产公司违约造成本案《投资合作协议》及《委托贷款合同》的解除，责任完全在中森华房地产公司。本院认为，首先，长富基金已经按照《委托贷款合同》第2.1.3.1（1）条的约定发放了4亿元贷款，因中森华房地产公司未将其拥有的位于湖北省武汉市洪山区徐东村K2地块、K3地块和K4地块及在建工程进行抵押登记，未达到《委托贷款合同》第2.1.3.1（1）条约定的发放第二期2.3亿元贷款的条件，长富基金和兴业银行武汉分行未发放第二期2.3亿元贷款并不构成违约。其次，《委托贷款合同》第2.1.5.1条约定："借款按自然季结息，结息日为每季度末月的20日后的第一个工作日……借款人须于每一结息日当日付息"；第2.1.7.2条约定："借款人未按合同约定的期限归还借款本金及利息的，委托人对逾期的借款从逾期之日起在约定的借款利率基础上上浮50%计收罚息，直至本息清偿为止"；《委托贷款合同》第4.1条约定借款人构成违约的行为包括：未履行本合同第一条所作的承诺；明确表示或者以行为表明不愿清偿其已到期或未到期债务；未履行或者未完全履行借款人与委托人签订的其他合同项下义务的；委托人宣布借款人构成违约的；借款人不履行或者不完全履行合同的其他情形。中森华房地产公司未按约定办理K2地块、K3地块和K4地块及在建工程的抵押登记，属于"未履行或者未完全履行借款人与委托人签订的其他合同项下义务"；中森华房地产公司支付2014年第一季度利息后，自2014年3月22日起未付利息，未按合同约定按季度支付利息，属于"明确表示或者以行为表明不愿清偿其已到期或未到期债务"；原审法院在实施本案诉讼保全时，中森华房地产公司已涉及多起诉讼，合同约定应向长富基金提供的抵押物已被其他债权人查封。因此，中森华房地产公司构成根本违约，长富基金请求终止合同履行、提前收回贷款符合《投资协议》《委托贷款合同》中"借款人或保证人违约，借款人或者保证人还款能力可能发生重大不利变化，抵押物、质押物可能遭受重大损害或者价值减损等，可以停止发放借款，提前收回已发放借款"的约定。综上，中森华房地产公司应当对案涉《委托贷款合同》的解除承担相应的违约责任，而长富基金没有责任。

三、关于违约利息和违约金问题。中森华房地产公司上诉主张原审判决确定的利息按24%年利率计算过高，自2014年9月10日至本案判决确定的给付之日止的利息损失应当按年息16%计算，长富基金上诉主张中森华房地产公司还应按约承担1.26亿元的违约金。本院认为，首先，长富基金在原审中诉讼主张2014年3月22日至6月21日的年利率按16%计算、自2014年6月22日起的年利率按24%计算，并要求中森华房地产公司支付1.26亿元的违约金。原审判决基于弥补长富基金因解除合同所遭受实际损失的考量，判令中森华房地产公司自本案原审受理之次日即2014年9月10日至本案判决确定的给付之日止赔偿的利息损失按照年息24%计算，对长富基金关于1.26亿元违约金的诉讼请求未予支持。原审判决关于利息损失计算起止日期及利率标准虽与长富基金不一致，但长富基金对此并未提出上诉请求，应视为其对相关权利的放弃。因中森华房地产公司对案涉《委托贷款合同》的解除应承担违约责任，原审判决判定的逾期利息按年利率24%计算也是违约责任承担的一种方式，原审判决综合合同约定的违约金、罚息等因素酌定中森华房地产公司按照年利率24%承担利息损失，并不明显高于市场融资成本，对中森华房地产公司并无不公，因此，中森华房地产公司关于利息损失的年利率标准应按16%计算的上诉主张，本院不予支持。其次，《最高人民法院关于适用〈中华人民共和国合同法〉若干问题的解释（二）》第二十七条规定："当事人通过反诉或者抗辩的方式，请求人民法院依照合同法第一百一十四条第二款的规定调整违约金的，人民法院应予支持。"第二十九条规定："当事人主张约定的违约金过高请求予以适当减少的，人民法院应当以实际损失为基础，兼顾合同的履行情况、当事人的过错程度以及预期利益等综合因素，根据公平原则和诚实信用原则予以衡量，并作出裁决。"《最高人民法院关于审理民间借贷案件适用法律若干问题的规定》第三十条规定："出借人与借款人既约定了逾期利率，又约定了违约金或者其他费用，出借人可以选择主张逾期利息、违约金或者其他费用，也可以一并主张，但总计超过年利率24%的部分，人民法院不予支持。"《最高人民法院关于认真学习贯彻〈最高人民法院关于审理民间借贷案件适用法律若干问题的规定〉的通知》第三条第（三）项："本《规定》施行后，尚未审结的一审、二审、再审案件，适用《规定》施行前的司法解释进行审理，不适用本《规定》。"虽然按照《最高人民法院关于认真学习贯彻〈最高人民法院关于审理民间借贷案件适用法律若干问题的规定〉的通知》第三条第（三）项的规定，本案长富基金与中森华房地产公司之间的民间借贷关于利息、违约金等问题不应适用《最高人民法院关于审理民间借贷案件适用法律若干问题的规定》，此前相关法律、法规和司法解释也并未对出借人是否可以就逾期利息和违约金同时主张及二者的限额进行限制，但根据《最高人民法院关于适用〈中华人民共和国合同法〉若干问题的解释（二）》第二十七条、第二十九条规定精神，对《最高人民法院关于审理民间借贷案件适用法律若干问题的规定》施行前的民间借贷中逾期利息和违约金等明显过高的，在当事人主张约定的违约金过高请求予以适当减少的情况下，也可参照《最高人民法院关于审理民间借贷案件适用法律若干问题的规定》确定的年利率24%司法保护上限进行调整。长富基金在原审判决年利率24%逾期利息基础上另外依照合同约定主张1.26亿元违约金，该主张实质是要求逾期罚息和固定违约金并行。本案中长富基金因中森华房地产公司违约遭受的损失主要是利息损失，因长富基金并未提供证据证明其实际损失超过原审判决确定逾期利息，故对其关于中森华房地产公司应当在原审判决确定的逾期利息基础上再给付1.26亿元违约金的上诉请求，本院不予支持。

四、关于长富基金能否对中森华房地产公司在徐东集团公司徐东村城中村综合改造项目C地块产业项目的全部权益进行处置以清偿本案债务问题。长富基金上诉请求判令其有权对中森华房地产公司在案涉C地块产业项目的全部权益进行处置以清偿本案债务。中森华房地产公司、徐东集团公司答辩主张中森华房地产公司在案涉C地块产业项目是否有权益及长富基金是否有权处置并非本案审理范围。本院认为，徐东集团公司在2013（世纪）字第12号《承诺函》确认C地块产业项目除15 000平方米商铺外的土地使用权、在建工程和房屋所有权及相关一切权益均属中森华房地产公司所有，该意思表示清晰明确，《承诺函》并未载明中森华房地产公司享有该权益另有附加条件，不存在徐东集团公司答辩所称需要符合联合开发的三个条件中森华房地产公司才能取得产权、中森华房地产公司在该地块中的权利是一种可能性的问题，且徐东集团公司在该《承诺函》亦承诺徐东集团公司对中森华房地产公司的所有债权劣后于长富基金的债权。从《承诺函》设置的义务内容看，系徐东集团公司对长富基金在《委托贷款合同》中的债权作出的一种担保性质的承诺，虽不具有物权法上的排他性物权效力，不能对抗第三人，但该承诺不违反法律、法规的禁止性规定，应合法有效，在当事人之间具有约束力。

因此，中森华房地产公司、徐东集团公司关于中森华房地产公司在案涉 C 地块产业项目是否有权益及长富基金是否有权处置并非本案审理范围的主张不能成立，长富基金在本案中主张对中森华房地产公司在案涉 C 地块产业项目的全部权益进行处置以清偿本案债务，应予支持。至于中森华房地产公司与徐东集团在案涉 C 地块产业项目中的权利义务关系，应根据该公司与徐东集团公司之间相关合同另行确定，对长富基金在案涉 C 地块产业项目上的权利并无影响；长富基金如何对中森华房地产公司在案涉 C 地块产业项目的全部权益进行处置，非本案解决的范畴，处置中与其他人的争议系另案或执行程序解决的问题。

五、关于 11 万元鉴定费问题。长富基金上诉主张中森公司《承诺函》系中森华房地产公司向长富基金提交，该《承诺函》公章及签字鉴定不实而产生的鉴定费应由中森华房地产公司承担。中森华房地产公司答辩主张无法确定长富基金在本案诉讼中提交的中森公司《承诺函》与中森华房地产公司交付长富基金的是否一致，鉴定费用应由证据提交人长富基金承担。本院认为，诉争 11 万元鉴定费虽系对中森公司《承诺函》的鉴定而发生，但鉴定结论没有确定《承诺函》系中森公司出具，故中森公司不应承担鉴定费用。因中森华房地产公司认可其向长富基金提交中森公司《承诺函》的事实，长富基金在诉讼中没有理由不提交该中森公司《承诺函》以支持其诉讼主张，中森华房地产公司对关于鉴定的《承诺函》与其向长富基金提交的《承诺函》不一致的抗辩主张应承担相应的举证责任，否则应承担不利的后果。由于中森华房地产公司对其抗辩主张没相应证据支持，故对长富基金关于该 11 万元鉴定费用应由中森华房地产公司承担的上诉主张，本院予以支持。

此外，北龙公司在答辩状中主张北龙公司从未向长富基金及任何第三方出具工程款优先受偿权劣后的承诺，原审判决认定长富基金对北龙公司承包施工的项目拍卖价款有优先权与湖北省高级人民法院（2013）鄂民一初字第 00011 号民事判决相冲突，长富基金应补偿北龙公司交通费、差旅费、律师费等 10 万元，并请求驳回长富公司对北龙公司施工的徐东公寓拍卖价款享有优先受偿权的诉讼主张。本院认为，首先，原审判决以北龙公司《承诺函》上加盖的北龙公司印章和法定代表人陈书田的签字被湖北省武汉市中星公证处认定为系伪造为由，认定该《承诺函》对北龙公司不具有约束力，进而在判项中对长富基金关于确认编号 2013（世纪）字第 7－1 号北龙公司《承诺函》合法有效、北龙公司对中森华房地产公司在徐东村城中村综合改造项目中的工程项目建筑工程款的受偿权劣后于长富基金债权的诉讼请求未予支持,因长富基金、北龙公司并未就此提起上诉,故本院对北龙公司是否向长富基金及任何第三方出具工程款优先受偿权劣后的承诺的问题不予评判。其次,原审判决判令长富基金有权对湖北省武汉市洪山区徐东村徐东公寓 10 325.82 平方米的房屋折价或者拍卖、变卖价款优先受偿系基于兴业银行武汉分行与中森华房地产公司《抵押合同》、武汉市期房抵押证明(武房期洪字第 2013015485 号),并非北龙公司《承诺函》,不存在北龙公司答辩所称原审判决确认长富基金举证的北龙公司《承诺函》系伪造与认定长富基金对北龙公司承包施工的项目拍卖价款有优先权自相矛盾的问题。最后,至于原审判决判令长富基金有权对湖北省武汉市洪山区徐东村徐东公寓 10 325.82 平方米的房屋折价或者拍卖、变卖价款优先受偿,与湖北省高级人民法院(2013)鄂民一初字第 00011 号民事判决判令的北龙公司建筑工程款优先受偿权是否相冲突,长富基金是否应补偿北龙公司交通费、差旅费、律师费等 10 万元问题,因北龙公司并未就该两主张以上诉请求方式提出,亦不属本案审理范围,应在执行程序或其他程序中另行解决。

综上,长富基金的上诉请求部分成立,本院予以支持;中森华房地产公司的上诉主张不能成立,本院予以驳回。

审理法院 最高人民法院
裁判时间 2016 年 6 月 27 日
案　　号 最高人民法院(2016)最高法民终 124 号民事判决书
出　　处 《最高人民法院公报》2016 年第 11 期。

41. 在三方或三方以上的企业间进行的封闭式循环买卖中，一方在同一时期先卖后买同一标的物，低价卖出高价买入，此种异常的买卖实为企业间以买卖形式掩盖的借贷法律关系

——日照港集团有限公司煤炭运销部与山西焦煤集团国际发展股份有限公司借款合同纠纷案

裁判摘要

在三方或三方以上的企业间进行的封闭式循环买卖中，一方在同一时期先卖后买同一标的物，低价卖出高价买入，明显违背营利法人的经营目的与商业常理，此种异常的买卖实为企业间以买卖形式掩盖的借贷法律关系。企业间为此而签订的买卖合同，属于当事人共同实施的虚伪意思表示，应认定为无效。

在企业间实际的借贷法律关系中，作为中间方的托盘企业并非出于生产、经营需要而借款，而是为了转贷牟利，故借贷合同亦应认定为无效。借款合同无效后，借款人应向贷款人返还借款的本金和利息。因贷款人对合同的无效也存在过错，人民法院可以相应减轻借款人返还的利息金额。

关 键 词 封闭式循环买卖 借款合同 虚伪意思表示

裁判理由 最高人民法院院认为：本案当事人再审争议的焦点问题是肇庆公司支付给日照港运销部的1760万元是否为代山西焦煤公司返还给日照港运销部的预付款，山西焦煤公司是否负有继续履行煤炭购销合同或返还预付款本息的责任。解决这一焦点问题，既涉及对三方交易及款项支付情况的事实认定，也涉及对三方之间法律关系的性质及效力的判断。对此，作如下分析认定：

一、关于肇庆公司支付给日照港运销部的1760万元是否为肇庆公司代山西焦煤公司返还给日照港运销部的预付款。本院认为，依据现有证据，不能认定肇庆公司支付给日照港运销部的1760万元为肇庆公司代山西焦煤公司返还的预付款，山西焦煤公司主张与日照港运销部之间的1760万元债权债务已

经消灭不能成立。理由是：

第一，山西焦煤公司确认其与日照港运销部之间的1760万元债务并未履行完毕。山西焦煤公司虽然在诉讼中辩称已经通过肇庆公司在2007年7月的两次付款行为返还了日照港运销部1760万元，双方之间的债权债务已经消灭，但其未能提供指示肇庆公司还款的证明，亦从未将指示肇庆公司还款的事实通知日照港运销部。相反，山西焦煤公司却在肇庆公司已将1760万元付给日照港运销部近两年之后的2009年7月1日，仍向日照港运销部出具书面证明，确认双方之间的1760万元原煤买卖债务尚未履行完毕。因此，山西焦煤公司在诉讼中的主张与其在诉前出具的书面证明自相矛盾，难以令人采信。

第二，现有证据能够证明，肇庆公司系将1760万元作为其欠日照港运销部的货款支付给日照港运销部，而非代山西焦煤公司返还预付款。一、二审法院已经查明，日照港运销部与肇庆公司之间在2007年有业务往来，日照港运销部向肇庆公司付货80836.2吨，应收货款43085598.66元，2007年4月2日至2007年7月25日，日照港运销部实收货款4340万元。在肇庆公司向日照港运销部汇款1000万元的汇款凭证上，明确载明汇款用途为"货款"，而非替山西焦煤公司返还预付款；在肇庆公司的财务记账凭证中，其余760万元也记载为向日照港集团"背书付货款"。2009年10月29日，肇庆公司与日照港运销部进行业务往来结账时，该1760万元亦是作为肇庆公司支付给日照港运销部的货款而结算的。

第三，二审法院否认肇庆公司所付1760万元为应付货款的理由不能成立。二审法院认为，对于肇庆公司转回日照港运销部的1760万元，如日照港运销部主张该笔款项系肇庆公司的应付货款，应提供与肇庆公司的煤炭购销合同予以证明，因日照港运销部无法提供合同，故对日照港运销部辩称该1760万元系肇庆公司应付货款的理由不予支持。但在查明事实部分，二审法院已经查明确认日照港运销部与肇庆公司在2007年有业务往来，日照港运销部向肇庆公司付货80836.2吨，应收货款43085598.66元，2007年4月2日至2007年7月25日，实收货款4340万元，其中1760万元只是货款的一部分。二审法院一方面认定日照港运销部与肇庆公司之间存在煤炭购销业务往来，所付1760万元为货款，另一方面却又以日照港运销部未能提供与肇庆公司之间的煤炭购销合同为由，否认肇庆公司所付1760万元为货款，前后自相矛盾，判决理由显失妥当。

二、关于本案法律关系的性质及合同效力。2006年12月4日，日照港运销部与山西焦煤公司、山西焦煤公司与肇庆公司分别签订了除价款外在标的、数量、质量指标、交货时间、发货港、发货方式、质量标准、数量验收等方面完全相同的《煤炭购销合同》，肇庆公司作为最终供货人，实际上是经由山西焦煤公司这一中介，以卖煤的形式间接从日照港运销部取得货款，山西焦煤公司从中获取每吨13元的价差收益。根据已经查明的事实，同一时期日照港运销部又与肇庆公司签订买卖合同，以每吨533元的价格向肇庆公司转卖所购煤炭，从而获取每吨10元的价差收益。通过上述三项交易，日照港运销部、山西焦煤公司、肇庆公司三方之间形成了一个标的相同的封闭式循环买卖，肇庆公司先以每吨510元的低价卖煤取得货款，经过一定期间后再以每吨533元的高价买煤并付货款。在这一循环买卖中，肇庆公司既是出卖人，又是买受人，低价卖出高价买入，每吨净亏23元。肇庆公司明知在这种循环买卖中必然受损，交易越多，损失越大，却仍与日照港运销部、山西焦煤公司相约在2007年度合作经营煤炭100万吨，这与肇庆公司作为一个营利法人的身份明显不符，有违商业常理，足以使人对肇庆公司买卖行为的真实性产生合理怀疑。对此，山西焦煤公司解释称是由于肇庆公司缺少资金才一手组织了这样的交易。通过对本案交易过程的全面考察以及相关证据的分析认定，本院认为日照港运销部、山西焦煤公司、肇庆公司之间并非真实的煤炭买卖关系，而是以煤炭买卖形式进行融资借贷，肇庆公司作为实际借款人，每吨支付的23元买卖价差实为利息。唯此，才能合理解释肇庆公司既卖又买、低卖高买、自甘受损的原因。因此，本案法律关系的性质应为以买卖形式掩盖的企业间借贷，相应地，本案的案由亦为企业间的借款合同纠纷。原一、二审法院认定本案的案由为买卖合同纠纷不当，本院予以纠正。因日照港运销部、山西焦煤公司、肇庆公司之间所签订的《煤炭购销合同》均欠缺真实的买卖意思表示，属于当事人共同而为的虚伪意思表示，故均应认定为无效。

山西焦煤公司、日照港运销部及肇庆公司于2007年1月9日签订《三方合作协议》，约定三方在2007年度合作经营煤炭100万吨。由此可见，三方之间已就长期、反复地以煤炭买卖形式开展企业间借贷业务形成合意。本案所涉的1760万元交易即属三方协议的具体履行。日照港运销部不具有从事金融业务的资质，却以放贷为常业，实际经营金融业务，有违相关金融法规及司法政策的规定。山西焦煤公司以买卖形式向日照港运销部借款，并非出于生产、经营需要，而是为了转贷给肇庆公司用以牟利。因此日照港运销部与山西焦煤公司、山西焦煤公司与肇庆公司之间以买卖形式实际形成的借贷合同均应认定为无效。根据《合同法》第五十八条的规定，本案当事人日照港运销部与山西焦煤公司之间的借贷合同无效后，山西焦煤公司应将从日照港运销部取得的 1760 万元及其利息返还给日照港运销部。由于日照港运销部对借贷行为的无效亦存在过错，山西焦煤公司应返还的利息金额可以适当减轻，本院根据公平原则，酌定按中国人民银行同期同类存款基准利率计算山西焦煤公司应返还的利息数额。山西焦煤公司与案外人肇庆公司之间的纠纷可以另案解决。

综上，本院认为原一、二审判决认定事实及适用法律错误，本院予以纠正。

审理法院 最高人民法院
裁判时间 2015 年 11 月 19 日
案　　号 最高人民法院（2015）民提字第 74 号民事判决书
出　　处 《最高人民法院公报》2017 年第 6 期。

42. "名为典当、实为借贷"的合同性质认定
——甘肃华屹置业有限公司与兰州云翔典当
有限责任公司等民间借贷纠纷案

> **裁判要点**
>
> "名为典当、实为借贷"的合同性质辨析需建立在典当关系与民间借贷关系的界定基础上，最为关键的是对典当关系成立的当票凭证等形式条件和交付当物质押、发放当金、收取综合费等实质条件的审查。

关 键 词 典当　借贷　合同性质

裁判理由 最高人民法院认为：虽然云翔公司的企业性质属于典当行，但其在本案中发放借款的行为不符合《典当管理办法》所规定的典当特征，属于"名为典当，实为借贷"。因此，本案讼争合同性质为民间借贷合同，对于双方约定的综合费和滞纳金属于对借款利息数额的约定。由于云翔公司与华屹公司约定的利息数额过高，已经超过法律保护的界限，一审法院根据最高人民法院《关于人民法院审理借贷案件若干意见》第六条的规定，将当事

人双方约定的利息数额调整为以中国人民银行同期贷款基准利率四倍为限支付至实际给付之日，适用法律并无不当。但一审判决对于利息数额仍采用综合费及滞纳金的表述存在不妥。应予纠正。

审理法院 最高人民法院
裁判时间 2016年9月28日
案　　号 最高人民法院（2016）最高法民终339号民事判决书
出　　处 《民事审判指导与参考》2017年第1辑（总第69辑）。

43. 以农村集体土地上房屋偿还非集体经济组织成员借款的协议无效
——嵩县城关镇北店街社区居民委员会、嵩县城关镇人民政府与闫景梅、吴晓乐、吴东洋借款合同纠纷案

裁判要点

宅基地属于农民集体所，非集体组织成员不享有该集体组织宅基地使用权，不能通过以物抵债方式受让该集体组织宅基地上房屋。当事人签订以物抵债协议并不必然导致原债消灭，以物抵债协议无效后，债权人请求债务人履行原债，应予支持。

关 键 词 宅基地　以物抵债　借款合同

裁判理由 最高人民法院认为：本案再审审查的焦点问题是《还款协议》的效力。本案原债权债务关系是借款关系，改造指挥部向三江源公司借款，城关镇政府为担保人。为清偿借款，改造指挥部、北店街居委会与三江源公司签订《还款协议》，各方确认截至2013年12月31日，改造指挥部仍欠三江源公司本息约700万元，改造指挥部负责在于沟河建设完工后划出一层商业房柒佰平方米交给三江源公司，用于偿还所欠其所有本息。改造指挥部撤销后，权利义务由北店街居委会承担。《还款协议》约定以交付商业房代替原借款合同约定的偿还货币义务，以消灭原债权债务关系。原审查明，《还款协议》所涉及房屋属于城中村改造工程的一部分，建设在农村集体土地上，没有相关规划审批手续，至今未交付闫景梅等三人。根据《中华人民共和国物

权法》第一百五十一条规定,农村集体土地作为建设用地,应当依照土地管理法等法律规定办理。根据地随房走的一般原则,案涉宅基地使用权将与房屋一并实现流转。根据土地管理法第八条规定,宅基地属于农民集体所有。吴自民及闫景梅等三人均非北店街集体组织成员,不享有该集体组织宅基地使用权,不能通过以物抵债方式受让该集体组织宅基地上房屋。故《还款协议》的约定违反现行法律规定。城关镇政府主张国家对宅基地流转限制呈放开趋势,但是双方签订《还款协议》时及至吴自民起诉之时,案涉农村宅基地使用权仍不能自由流转,故二审判决认定《还款协议》无效,并无不当。《还款协议》自始无效,原借款关系未消灭,闫景梅等三人请求北店街居委会、城关镇政府履行原借款关系项下义务应予支持。

审理法院　最高人民法院
裁判时间　2016年12月19日
案　　号　最高人民法院(2016)最高法民申3285号民事判决书
出　　处　《民事审判指导与参考》2017年第1辑(总第69辑)。

44. 当事人提前还款约定不明时,应当优先冲抵到期利息,剩余部分冲抵本金
——常州金迪化工有限公司、唐忠达与杨建强等民间借贷纠纷案

> **裁判要点**
> 　　当事人对于提前归还的款项性质没有约定,应当优先冲抵到期利息,剩余部分抵充本金,所欠本金以实际数额为准,以此为规律运行递归算法。

关 键 词　民间借贷　提前还款
裁判理由　最高人民法院认为:(三)本案借款的本金及利息。金迪公司申请再审主张其为承兑汇票贴现费用90万元应予扣除或者从汇票到期日开始计息。本案中对于杨建强向金迪公司交付1500万元银行承兑汇票,且金迪公司已经实现票据权利的事实,当事人均无异议。一方面,金迪公司提交的承兑汇票载明的银行承兑汇票贴现率不足以证明案涉承兑汇票实际发生的贴现

费率；另一方面，亦未提交其他证据足以证明为实现票据权利而支出费用及费用具体数额。故其申请再审主张扣除 90 万元贴现费用依据不足，不予支持。

金迪公司申请再审主张借款协议签订次日支付的 361 万元利息应从本金中扣除。根据本案查明事实，2012 年 1 月 17 日，方略公司代杨建强交付给金迪公司票面金额为 1500 万元的承兑汇票。2012 年 1 月 18 日，金迪公司向姚恒锋转账 361 万元，姚恒锋又分别向杨建强支付 180 万元，向徐亚娟支付 181 万元，后徐亚娟又向杨建强银行卡转账 181 万元。上述两笔款项中，杨建强对于 181 万元认可收到。金迪公司申请再审主张该款项为利息，应作为预扣利息扣除本金计算。杨建强主张该笔款项与本案 1500 万元借款无关，称该 181 万元系唐忠达归还杨建强另外 270 万元借款，杨建强就此主张提供了唐忠达于 2012 年 1 月 17 日书写的欠条复印件予以佐证。金迪公司对于该欠条的真实性予以认可。根据《最高人民法院关于适用〈中华人民共和国民事诉讼法〉的解释》之规定，当事人对自己提出的诉讼请求所依据的事实或者反驳对方诉讼请求所依据的事实，应当提供证据加以证明。主张法律关系存在的当事人，应当对产生该法律关系的基本事实承担举证证明责任；主张法律关系变更、消灭或权利受到妨害的当事人，应当对该法律关系变更、消灭或者权利受到妨害的基本事实承担举证证明责任。

本案中，杨建强尽管认可收到 181 万元，但其主张为唐忠达另外借款并提供唐忠达于 2012 年 1 月 17 日书写的欠条复印件予以佐证，金迪公司对于该欠条的真实性予以认可。对此，主张 181 万元为部分归还案涉 1500 万元借款的金迪公司负有进一步举证证明责任。在其没有提供进一步证据证明情况下，原判认定该 181 万元与本案无关并无不当。

2012 年 1 月 18 日，金迪公司向杨建强支付的 180 万元，金迪公司申请再审主张为预扣利息应从本金中扣除。本院认为，原判认定金迪公司与杨建强并未约定何时归还利息，可视为归还案涉借款利息不当。

首先，根据合同法规定，借款合同是借款人向贷款人借款，到期返还借款并支付利息的合同。借款合同中，出借人的主要义务是提供借款，借款人的主要义务是偿还所借款项并支付利息。利息就其性质而言，为借款人使用本金按约定利率计算的法定孳息，应当是借款人完全支配和使用借款本金所承担的成本。合同法对于提前扣除利息采取否定性评价，《合同法》第二百条规定，借款的利息不得预先在本金中扣除。利息预先在本金中扣除的，应当按照实际借款数额返还借款并计算利息。如果事先从借款本金中扣除利息，那么借款人并没有完全支配和使用借款本金，使其创造经济效益的资金条件受到明显制约，对于借款人而言是不公平的。

其次，《合同法》第二百零五条规定：借款人应当按照约定的期限支付利息。根据查明事实，《借款协议书》第五条约定，金迪公司还款方式为按月付息到期一次还本，金迪公司提前还款的，利息按实际借款期限计算（借款不满一月的，按日平均利率计算）。即根据合同约定，金迪公司偿还利息方式为按月付息，原判认定当事人并没有约定利息归还时间，属事实认定错误，本院予以纠正。根据合同约定，借款期限自 2012 年 1 月 17 日至 2012 年 7 月 9 日，月利率为 20‰；利息总额为 180 万元。2012 年 1 月 18 日，金迪公司向杨建强支付 180 万元，属于提前还款。金迪公司主张为归还本金，应在扣除相应利息之后予以支持。即本金 1500 万元、月利率为 2%、利息总额 180 万元，2012 年 1 月 18 日归还的 180 万元款项中 1 万元为一天利息，179 万元为归还本金。借款期间本金为 1321 万元。借款期间约定的月利率为 2%，自 2012 年 1 月 18 日开始，应按照月利率 2% 标准偿还 1321 万元的本息，至判决给付之日止。

本案一审判决金迪公司于判决生效之日起十日内向杨建强归还借款本金 1499 万元及违约金 292.8 万元，共计 1791.8 万元；金迪公司于判决生效之日起十日内给付杨建强因主张本案权利所付出的律师代理费 223799 元；化工研究所、金田公司、唐忠达、李汉民、钱世龙对金迪公司的上述债务承担连带清偿责任，在其承担保证责任后，有权就其所承担的保证责任向金迪公司进行追偿。杨建强二审并未上诉，亦未申请再审。根据《最高人民法院关于适用〈中华人民共和国民事诉讼法〉的解释》第四百零五条规定，人民法院审理再审案件应当围绕再审请求进行。当事人的再审请求超出原审诉讼请求的，不予审理。

金迪公司应当归还借款本金 1321 万元及违约金。违约金根据月利率 2% 标准计算，基于杨建强一审诉请从 2012 年 7 月 10 日起计算违约金，本案金迪公司应当支付的违约金为本金 1321 万元 × 2% 月利率 ×（2012 年 7 月 10 日至 2013 年 5 月 2 日/9.73 月）＝ 257.07 万元。金迪公司需要支付杨建强 1321 万元 + 257.07 万元 = 1578.07 万元。

审理法院　最高人民法院

裁判时间 2014年11月13日

案　　号 最高人民法院（2014）民申字第962号民事判决书

出　　处 《民事审判指导与参考》2017年第2辑（总第70辑）。

45. 当事人未签订书面借款合同的，资金划拨和借贷合意是判定合同关系成立与否的基本要件

——凯利置业有限公司与聚融（海门）商务城有限公司企业借贷纠纷案

> **裁判要点**
>
> 借款合同是贷款人向借款人提供资金融通，由借款人到期返还借款并支付利息的合同。由于聚融公司和凯利公司没有签订书面借款合同，因此资金划拨和借贷合意是判定两者之间借款合同关系成立与否的两项基本要件。

关 键 词 资金划拨　借贷合意　企业借贷

裁判理由 最高人民法院认为：本案上诉争议焦点是聚融公司收到凯利公司汇入的涉案款项是否为聚融公司向凯利公司的借款。借款合同是贷款人向借款人提供资金融通，由借款人到期返还借款并支付利息的合同。由于聚融公司和凯利公司没有签订书面借款合同，因此资金划拨和借贷合意是判定两者之间借款合同关系成立与否的两项基本要件。

首先，本案相关证据表明聚融公司收取的涉案款项系吉斯达公司的出资款，聚融公司并没有借款的意思表示。聚融公司工商档案资料显示，涉案款项分别于2003年7月和11月经过法定验资程序，作为吉斯达公司对聚融公司的投资款，由东洲会计师事务所出具验资报告予以确认。聚融公司2004年3月的工商年检报告亦佐证，聚融公司无对外借款，涉案款项为其收取的投资款。2003年6月至2004年12月，即在涉案款项的汇入、验资以及聚融公司工商年检期间，王某同时任聚融公司和凯利公司的法定代表人，因此王某及其控制的凯利公司对涉案款项的性质、用途以及验资结果均是清楚知晓的。凯利公司上诉认为，验资不能免除聚融公司的还款责任。然而，从公司法的规定看，公司依据章程收取股东缴纳的出资款，形成公司的法人财产，因而公司收取出资款的性质完全不同于公司的对外借款，前者情形下公司作为被

投资的主体并没有偿还款项的义务,而后者情形下公司需承担到期还本付息的义务。凯利公司没有证据推翻验资报告的真实性,本案应当认定涉案款项构成吉斯达公司对聚融公司的出资款,而非聚融公司的对外借款。至于凯利公司代吉斯达公司支付出资款的行为,是否构成吉斯达公司向凯利公司的借款,因本案中凯利公司对吉斯达公司未提出诉讼请求,一审法院不予审理是正确的。

其次,关于《借款确认函》的效力问题。凯利公司上诉认为,聚融公司已经出具《借款确认函》,故双方借款关系有效成立,即使印章不真实,王某作为聚融公司法定代表人的签字也能够代表聚融公司的意思表示。本院认为,《借款确认函》不能代表聚融公司的真实意思表示,对聚融公司无法律约束力,具体理由如下:

(一)关于王某签字的效力问题。公司由公司权力机关形成意思,法定代表人对外表达意思,法定代表人的代表权受到法律、章程、公司权力机关内部决议的限制。《中华人民共和国合同法》第五十条规定"法人或者其他组织的法定代表人、负责人超越权限订立的合同,除相对人知道或者应当知道其超越权限的以外,该代表行为有效",明确规定法定代表人超越权限范围代表公司行事时,如相对人知道或者应当知道法定代表人越权的,该代表行为无效。从聚融公司的内部治理结构看,聚融公司的全资股东是吉斯达公司,而吉斯达公司由吴某某控制的吴泰集团和王某控制的光大公司各占50%股权,因此在光大公司出让其持有的吉斯达公司股权前,聚融公司由吴某某和王某共同控制。在2004年11月王某代表光大公司、吴某某代表亘泰公司签署的《吉斯达公司股权及权益转受让协议》中,光大公司保证王某在担任聚融公司法定代表人期间,没有未经聚融公司董事会同意对外以聚融公司名义为聚融公司举债或招致任何责任的情形。该协议表明,王某任聚融公司法定代表人期间,未经聚融公司董事会同意,不得以聚融公司名义借款。王某在《离职函》中亦确认其在担任聚融公司法定代表人期间,没有以聚融公司名义签订或同意承担任何债务或责任,已向其他董事披露的除外,这进一步印证了王某并没有独立作出以聚融公司名义对外借款的权限。凯利公司上诉认为,王某出具的《离职函》仅排除聚融公司在没有对价的情况下承担责任的可能性,但上述内容并没有在《离职函》中予以体现,亦不符合通常理解,本院对此不予采信。王某签署的《借款确认函》,形成于验资报告之后,与王某签署的《吉斯达公司股权及权益转受让协议》《离职函》的内容直接相冲突,而在本案审理过程中凯利公司也不能补充提交证据证明王某以聚融公司名义签署《借款确认函》的行为得到了聚融公司董事会的同意或已向其他董事披露，因此本案应认定王某签署《借款确认函》的代表行为，超越聚融公司内部给其的授权，不能代表聚融公司的真实意思表示。另一方面，王某在《借款确认函》中代表聚融公司向其控制的凯利公司确认债务，属于双方代表行为，构成利益冲突的自我交易，其行为的实质是增加聚融公司的债务，使聚融公司收到的出资款被变相抽回，损害了聚融公司的利益。《中华人民共和国公司法》（1999年修正）第十八条规定："外商投资的有限责任公司适用本法，有关中外合资经营企业、中外合作经营企业、外资企业的法律另有规定的，适用其规定。"第五十九条规定："董事、监事、经理应当遵守公司章程，忠实履行职务，维护公司利益，不得利用在公司的地位和职权为自己谋取私利。"王某利用担任聚融公司法定代表人的地位签署的《借款确认函》，构成违反法律限制性规定的越权代表行为。凯利公司作为王某控制的公司，应当知道公司法关于董事忠实义务的规定以及聚融公司内部对法定代表人代表权的限制，其不属于合同法第五十条规定的有正当理由信赖王某代表权外观的善意相对人，因此王某的越权代表行为无效。一审判决认定王某签署《借款确认函》的民事行为无效的结论是正确的，本院予以维持，但其适用《中华人民共和国民法通则》第五十八条第一款第（四）项关于恶意串通的规定，在法律适用方面欠准确，本院予以纠正。

（二）关于《借款确认函》加盖印章的真实性问题。在2003年11月3日《借款确认函》出具时，聚融公司已经启用了椭圆形的备案公章。凯利公司上诉认为，根据其二审庭审中提交的海保公司工商注册资料，证明海保公司于2003年7月不可能为聚融公司刻制公章。但凯利公司提交的该份证据仅能证明海保公司在刻制公章时未进行工商注册登记，并不能证明该公司当时是否已经实际开展刻章业务。海门市公安局存档的《公章准刻书》、海保公司存档的《公章备案表》以及海门市公安局治安警察大队出具的《情况说明》相互印证，能够证明聚融公司于2003年7月7日取得《公章准刻书》，并由海保公司为其刻制了椭圆形印章，原圆形印章由公安部门销毁。江苏高院至南通市海门工商行政管理局调取了2003年7月23日、11月21日聚融公司就涉案款项出具给中国银行的银行询证函，函上加盖了聚融公司的椭圆形印章，亦佐证2003年7月以后聚融公司已启用椭圆形备案公章的事实。因此，凯利公司二审提交的海保公司工商注册登记资料，尚不足以否定《借款确认函》出具时聚融公司已经启动新备案公章的事实。由于《借款确认函》上加盖的圆形印章不是聚融公司的椭圆形备案印章，鉴定结论表明该章与聚融公司之前在其他协议上使用过的原圆形印章也不一致，根据现有证据不能确认该印章的真实性，更无法由印章的加盖推定《借款确认函》是聚融公司的真实意思表示。

其三，从本案所涉款项的发生背景看，吴泰集团和光大公司共同组建吉斯达公司，投资聚融公司，在海门开发经营房地产，并约定聚融公司的资金由吴某某负责筹措。在本案所涉款项发生前，吴某某曾通过其控制的吴泰集团委托凯利公司、光大公司汇入聚融公司款项，作为吉斯达公司的出资款。然而对于本案所涉款项的性质，凯利公司出现了前后矛盾的陈述，其在起诉状中主张聚融公司为借款人，其后代理人又主张涉案款项是吴某某以吉斯达公司名义向凯利公司的借款，此表明凯利公司对于谁为借款人并没有清晰连贯的认识。一审判决并未根据凯利公司该项陈述，就认定凯利公司和吉斯达公司之间存在借款关系，而仅是将该项陈述作为补充论证凯利公司和聚融公司之间不存在借款关系的理由，并无不当之处。凯利公司上诉认为一审判决错误采信代理人的陈述，缺乏相应的事实依据，本院不予采纳。凯利公司上诉认为根据其提交的代付款委托书以及光大公司出具的收据，可以反证涉案款项系借款。经查，凯利公司在一审庭审过程中未就代付款委托书等证据进行举证，故一审判决未予查明。但即使代付款委托书属实，该部分证据与光大公司出具的收据也仅能证明其他没有争议的代付出资款情况，而不能证明本案所涉款项的具体情况。凯利公司该项上诉理由不能成立，本院予以驳回。

审理法院　最高人民法院
裁判时间　2015 年 10 月 27 日
案　　号　最高人民法院（2015）民四终字第 31 号民事判决书
出　　处　《涉外商事海事审判指导》2016 年第 1 辑（总第 32 辑）。

46. 醉酒不能成为行为人免除民事责任或否定真实意思表示的理由
——艾巧玲与张长有、天津市辰龙实业有限公司民间借贷纠纷案

裁判要点

借款人在醉酒状态下出具的借条，只要对其内容和真实性无异议，则该借条所确认的债权债务关系合法有效。

关 键 词 醉酒　免除民事责任　真实意思表示

裁判理由 最高人民法院认为：本案为民间借贷纠纷，艾巧玲为债权人，张长有为债务人，辰龙公司为担保人。艾巧玲起诉要求张长有返还借款，有借条、辰龙公司的担保书、汇票、支票、当事人陈述为证。生效的天津市第一中级人民法院（2011）一中刑终字第223号刑事裁定书亦认定，艾巧玲与张长有在交往中有经济往来。从文字内容看，本案借条上的文字记载是对一段时间内借款的累计确认。借据本身的意义就在于确认债权债务关系，避免将来可能发生的争议，也有防止反悔、避免长时间后举证困难的意义。艾巧玲与张长有在交往中有经济往来，张长有对借条的真实性和内容没有异议，只是辩解称是其在醉酒状态下所写。这个理由没有法律上的意义。醉酒不能成为行为人免除民事责任或否定真实意思表示的理由，亦不能导致举证责任之再转移于艾巧玲。在当事人对债权债务通过借条明白无误地加以确认且有其他证据佐证的情况下，债务人一方要求债权人再次证明其债权的存在，不符合民法的诚实信用原则。原两审法院认定借条载明的债权不成立是错误的。

审理法院　最高人民法院
裁判时间　2015年10月9日
案　　号　最高人民法院（2015）民提字第68号民事判决书
出　　处　中国裁判文书网。

47. 借款本金中预先扣除利息，应以实际借出金额认定本金数额
——高仲胜与龚爱爱民间借贷纠纷案

裁判要点

民间借贷预先在本金中扣除利息的，应当将实际出借的金额认定为本金。

关 键 词　民间借贷　本金　利息

裁判理由　最高人民法院认为：关于龚爱爱上诉请求从 9400 万元借款本金中扣减 100 万元的理由是否成立的问题。2012 年 11 月 2 日，龚爱爱在高仲胜与刘某签订的《贷款协议》背面向高仲胜书写"今借到高仲胜人民币壹亿元整，期限陆个月，按月结息，月息 20‰。借款人龚爱爱。"的借据内容，证明了由高仲胜出面向刘某借款 1 亿元再由高仲胜转借给龚爱爱使用，系三方合意。由此，龚爱爱与高仲胜之间民间借贷法律关系成立；一审中，高仲胜向法庭提供的刘某在借款协议签订的当天两次通过中国农业银行股份有限公司榆林分行兴达路支行向大德公司账户 26××× 82 转账 9400 万元的转帐凭证，龚爱爱及其子李冬在高引娥和杨利平于 2014 年 4 月 17 日向高仲胜出具的内容为"龚爱爱因公司资金周转困难于 2012 年 11 月 2 日……以高仲胜向刘某贷款用于高仲胜的公司周转为理由，刘某给高仲胜贷款，再由高仲胜转贷给龚爱爱。上述贷款协议达成后，刘某已直接向龚爱爱的个人（公司）账号转了款。……"的《承诺书》书上签名并留下身份证号码，龚爱爱于 2014 年 4 月 15 日向"杨行长"杨利平出具的"因我欠我亲戚高仲胜的钱，故将北京三里屯商铺暂抵押给高仲胜，请配合履行相关手续"的委托书，以及龚爱爱上诉书中自认收到大德公司转付的借款 9300 万元等证据形成了完整的证据链，不但能够直接证明刘某已通过转借的方式将其出借给高仲胜的 1 亿元借款在扣除 600 万元利息后已向大德公司转款 9400 万元，且能够印证大德公司在本案中系代理龚爱爱收取款项。据此，可以确认高仲胜与龚爱爱双方之间约定的借款义务已实际履行完毕。原审法院根据上述事实，从双方约定的借款 1 亿元中剔除预先扣除的 600 万元利息，认定高仲胜实际向龚爱爱支付的借款本金为 9400 万元，并据此判决龚爱爱偿还高仲胜借款本金 9400 万元及约定利息，认定事实清楚，证据充分。龚爱爱上诉请求从该借款本金中扣减 100 万元的理由，缺乏事实根据，

应予驳回。

审理法院　最高人民法院
裁判时间　2016 年 6 月 25 日
案　　号　最高人民法院（2016）最高法民终 204 号民事判决书
出　　处　中国裁判文书网。

48. 民间借贷可请求法院保护的逾期利息、违约金之和的上限为年利率 24%

——北京长富投资基金与武汉中森华世纪房地产开发有限公司、中森华投资集团有限公司等合同纠纷案

> **裁判要点**
>
> 　　出借人与借款人既约定了逾期利率，又约定了违约金或者其他费用，出借人可以选择主张逾期利息、违约金或者其他费用，也可以一并主张，但总计超过年利率 24% 的部分，人民法院不予支持。

关 键 词　民间借贷　年利率上限

裁判理由　最高人民法院认为：关于违约利息和违约金问题。中森华房地产公司上诉主张原审判决确定的利息按 24% 年利率计算过高，自 2014 年 9 月 10 日至本案判决确定的给付之日止的利息损失应当按年息 16% 计算，长富基金上诉主张中森华房地产公司还应按约承担 1.26 亿元的违约金。本院认为，首先，长富基金在原审中诉讼主张 2014 年 3 月 22 日至 6 月 21 日的年利率按 16% 计算、自 2014 年 6 月 22 日起的年利率按 24% 计算，并要求中森华房地产公司支付 1.26 亿元的违约金。原审判决基于弥补长富基金因解除合同所遭受实际损失的考量，判令中森华房地产公司自本案原审受理之次日即 2014 年 9 月 10 日至本案判决确定的给付之日止赔偿的利息损失按照年息 24% 计算，对长富基金关于 1.26 亿元违约金的诉讼请求未予支持。原审判决关于利息损失计算起止日期及利率标准虽与长富基金不一致，但长富基金对此并未提出上诉请求，应视为其对相关权利的放弃。因中森华房地产公司对案涉《委托贷款合同》的解除应承担违约责任，原审判决判定的逾期利息按年利率 24% 计算也是违约责任承担的

一种方式，原审判决综合合同约定的违约金、罚息等因素酌定中森华房地产公司按照年利率24%承担利息损失，并不明显高于市场融资成本，对中森华房地产公司并无不公，因此，中森华房地产公司关于利息损失的年利率标准应按16%计算的上诉主张，本院不予支持。其次，《最高人民法院关于适用〈中华人民共和国合同法〉若干问题的解释（二）》第二十七条规定，"当事人通过反诉或者抗辩的方式，请求人民法院依照合同法第一百一十四条第二款的规定调整违约金的，人民法院应予支持。"第二十九条规定，"当事人主张约定的违约金过高请求予以适当减少的，人民法院应当以实际损失为基础，兼顾合同的履行情况、当事人的过错程度以及预期利益等综合因素，根据公平原则和诚实信用原则予以衡量，并作出裁决。"《最高人民法院关于审理民间借贷案件适用法律若干问题的规定》第三十条规定，"出借人与借款人既约定了逾期利率，又约定了违约金或者其他费用，出借人可以选择主张逾期利息、违约金或者其他费用，也可以一并主张，但总计超过年利率24%的部分，人民法院不予支持。"《最高人民法院关于认真学习贯彻最高人民法院〈关于审理民间借贷案件适用法律若干问题的规定〉的通知》第三条第三项，"本《规定》施行后，尚未审结的一审、二审、再审案件，适用《规定》施行前的司法解释进行审理，不适用本《规定》"。虽然按照《最高人民法院关于认真学习贯彻最高人民法院〈关于审理民间借贷案件适用法律若干问题的规定〉的通知》第三条第三项的规定，本案长富基金与中森华房地产公司之间的民间借贷关于利息、违约金等问题不应适用《最高人民法院关于审理民间借贷案件适用法律若干问题的规定》，此前相关法律、法规和司法解释也并未对出借人是否可以就逾期利息和违约金同时主张及二者的限额进行限制，但根据《最高人民法院关于适用〈中华人民共和国合同法〉若干问题的解释（二）》第二十七条、第二十九条规定精神，对《最高人民法院关于审理民间借贷案件适用法律若干问题的规定》施行前的民间借贷中逾期利息和违约金等明显过高的，在当事人主张约定的违约金过高请求予以适当减少的情况下，也可参照《最高人民法院关于审理民间借贷案件适用法律若干问题的规定》确定的年利率24%司法保护上限进行调整。长富基金在原审判决年利率24%逾期利息基础上另外依照合同约定主张1.26亿元违约金，该主张实质是要求逾期罚息和固定违约金并行。本案中长富基金因中森华房地产公司违约遭受的损失主要是利息损失，因长富基金并未提供证据证明其实际损失超过原审判决确定逾期利息，故对其关于中森华房地产公司应当在原审判决确定的逾期利息基础上再给付1.26亿元违约金的上诉请求，本院不予支持。

审理法院　最高人民法院
裁判时间　2016 年 6 月 27 日
案　　号　最高人民法院（2016）最高法民终 124 号
出　　处　中国裁判文书网。

49. 民间借贷中双方未约定利息时，债权人可主张逾期利息
——刘利与李友良、鄂州市五卦山矿业有限
责任公司民间借贷纠纷案

> **裁判要点**
> 　　在民间借贷中双方没有约定利息的，债权人不能主张借期内利息，但可以要求债务人支付逾期利息。

关 键 词　民间借贷　约定　逾期利息

裁判理由　最高人民法院认为：本案为民间借贷纠纷，争议焦点为李友良、五卦山矿业公司所欠刘利借款本金及利息数额。李友良、五卦山矿业公司欠付刘利借款包括两部分，一是李友良于 2014 年 9 月 20 日向刘利借款 200 万。李友良向刘利出具借条，载明李友良向刘利借款 200 万。双方当事人对于借款事实本身并无争议，由于该借条中未约定利息，原审法院根据《中华人民共和国合同法》第二百一十一条认定该笔借款不予计息，并无不当。二是李友良、五卦山矿业公司于 2014 年 9 月 20 日与吕学田经结算后签字确认李友良、五卦山矿业公司还下欠吕学田 350 万元，后吕学田将该笔 350 万元债权转让给刘利。李友良、五卦山矿业公司于 2014 年 9 月 20 日向吕学田出具欠条，载明截至 2014 年 9 月 15 日，李友良累计欠吕学田 960 万，已还 410 万，石籽以 200 万元结算，还下欠 350 万，此前手续全部作废，欠款按月息 5 分计算。该欠条上有李友良签字捺印，五卦山矿业公司盖章，并有徐某、刘某二人作为见证人签字捺印。欠条内容清楚明确，李友良虽主张 960 万元借款中包括高息，属于高利贷，但并未举出充分证据证明，李友良、五卦山矿业公司提交了一份利息计算底稿，但底稿上并无任何当事人签名，无法确定底稿形成过程，本院不予认可。原审法院查明吕学田于 2014 年 12 月 10 日向李友良发出《债权转让通知书》，并于 2015 年 1 月 23 日通过特快专递方式邮寄到

李友良担任法定代表人的五卦山矿业公司。吕学田已经履行债权转让通知义务，债权转让行为合法有效。原审查明吕学田出借款项大部分汇入李友良个人帐户，不能认定为李友良职务行为，李友良虽主张借款用于公司经营，但并未举出相反证据，本院不予认可。李友良、五卦山矿业公司欠付刘利两笔借款共计550万元。原审法院予以确认，并对于其中350万元借款按中国人民银行同期贷款利率4倍分段计算利息，并无不当。

审理法院　最高人民法院
裁判时间　2016年7月22日
案　　号　最高人民法院（2016）最高法民申824号民事裁定书
出　　处　中国裁判文书网。

50. 借款人主张借款本金包含前期利息，应承担举证责任
——黎晓军、覃清与广西梧州市华菲电子发展有限公司、广西壮族自治区梧州市电子工业学校等民间借贷纠纷案

> **裁判要点**
> 　　借款人主张借款凭证是将前期利息计入借款本金后重新出具的，其应承担举证责任。

关 键 词　借款本金　利息　举证责任

裁判理由　最高人民法院认为：关于本案的借款本金数额的问题。申请人主张本案借款本金数额为260万元，其依据是赖志坚与覃清的对话录音以及覃清草稿。而该录音中，覃清并未认可赖志坚关于借款本金为280万元的自述，同时，申请人亦不能说明该录音反映的借款与本案涉及的三张借条所形成借款之间的关系，故该录音并不能证明申请人的主张。申请人主张覃清草稿上的本金数额558.48万元是从260万元借款本金利滚利所得。但一方面，申请人不能证明其所谓的260万元本金如何演变成草稿上所载的本金数额；另一方面，申请人主张的260万元本金数额亦远低于一审查明的覃清分10次向谢雪莲账户转账的460万元，且申请人对此未能合理说明。故申请人关于本案借款本金为260万元的主张并不能成立。二审以覃清草稿与三张借条之

间的联系，计算出的借款本金数额并无不当之处。

审理法院 最高人民法院
裁判时间 2016年9月26日
案　　号 最高人民法院（2016）最高法民申1440号民事裁定书
出　　处 中国裁判文书网。

51. 合作开发资金方不承担风险只收取定额货币应认定为借款关系
——上海龙域投资有限公司与海南建丰旅业开发有限公司、北京达义兴业房地产开发有限公司企业借贷纠纷案

> **裁判要点**
>
> 　　合作开发房地产合同约定提供资金的当事人不承担经营风险，只收取固定数额货币的，应当认定为借款合同。

关 键 词 合作开发　风险承担　定额货币　借款关系

裁判理由 最高人民法院认为：《最高人民法院关于审理涉及国有土地使用权合同纠纷案件适用法律问题的解释》第二十六条规定："合作开发房地产合同约定提供资金的当事人不承担经营风险，只收取固定数额货币的，应当认定为借款合同。"案涉《投资合作协议书》第二条就企业的经营管理及风险承担约定："鉴于乙方龙域公司不直接参与公司经营管理，因此甲方建丰公司在经营管理过程中产生的风险责任由甲方建丰公司承担，即乙方龙域公司承担投资责任，不承担经营风险责任。"第三条就投资回报约定："甲方建丰公司给予乙方龙域公司固定投资回报，本合同项下的年回报率按年利率10%计算，在本合同有效期内回报率保持不变。"第六条就龙域公司的权利义务约定："乙方龙域公司享有合作项目的监督权、查阅权、投资回报收益权。"由此可见，案涉《投资合作协议书》在形式上虽有"投资合作"字样，但从其约定的内容看，龙域公司不直接参与公司经营管理，不承担经营风险，只收取固定数额收益，即该协议书排除了双方共担合作风险的情形，其实质在于龙域公司所得的回报与合作结果无关。故建丰公司签订《投资合作协议书》

的本意是融资，龙域公司的真实意思表示则为借款，双方并无合作开发案涉房地产的合意。根据《合同法》第二百零二条有关"贷款人按照约定可以检查、监督借款的使用情况"的规定，龙域公司作为贷款人为确保借款安全对资金的使用情况具有检查、监督的权利。故建丰公司以案涉合同约定龙域公司对合作项目具有监督、查阅等权利为由主张双方并非借款关系，没有事实和法律依据。原审判决将本案认定为借款合同纠纷于法有据，本院予以维持。

审理法院　最高人民法院
裁判时间　2016 年 11 月 2 日
案　　号　最高人民法院（2016）最高法民终 541 号民事判决书
出　　处　中国裁判文书网。

52. 仅以转账凭证提起民间借贷诉讼，被告抗辩转账系因其他债务关系，应承担举证责任
——姜功平与白世权、刘明芳民间借贷纠纷案

> **裁判要点**
> 原告仅依据金融机构的转账凭证提起民间借贷纠纷诉讼，被告以该转账系偿还双方之前借款或其他债务为由进行抗辩的，应当对其主张提供证据证明。被告举证不足的，法院应认定借贷关系成立。

关 键 词　民间借贷　举证责任

裁判理由　最高人民法院认为：关于白世权与姜功平之间是否存在借贷关系，白世权是否应向姜功平支付借款利息问题。姜功平于 2011 年 8 月 1 日通过银行向白世权转款 450 万元，对此，白世权并无异议，但认为该 450 万元不是借款而是投资款。为此，白世权提交了其与姜功平及案外人田耀凯于 2012 年 5 月 27 日签订的《关于开发特克斯县 78 团畜牧营的协议》、其与姜功平于 2015 年 2 月 12 日签订的《协议》，以证明其上述主张。关于证据一，即 2012 年 5 月 27 日三方所签《关于开发特克斯县 78 团畜牧营的协议》，从该协议的内容看，是关于三方合作在特克斯县开发沙金矿的协议。根据该协议，姜功平已按约完成出资 300 万元的义务，且双方均认可该 300 万元出资款与 2015 年 2 月 12 日双方所签《协议》中的

450万元款项没有关系。因该协议与本案无关，故该证据不能证明白世权的上述主张。关于证据二，即2015年2月12日双方所签《协议》，从该协议的内容看，虽然个别条款中将450万元款项表述为"投资"款，但该表述与其他条款中"返还450万元"及"按月息2分计息"的表述相矛盾，且该450万元转款在前，而双方合作开发沙金矿在后，在姜功平不认可该450万元为合作投资款的情况下，白世权应当继续举证，但其未再举证，应当承担举证不足的法律后果。故仅凭该证据不能证明白世权的上述主张。

审理法院　最高人民法院
裁判时间　2016年12月13日
案　　号　最高人民法院（2016）最高法民申3335号民事裁定书
出　　处　中国裁判文书网。

第五节　土地使用权出让合同

53. 土地转让合同中可以约定转让方应缴纳税款由受让方负担
——新疆京中房地产开发有限责任公司与巴州银盛房地产开发有限公司建设用地使用权转让合同纠纷案

> **裁判要点**
> 　　土地转让协议中关于税款负担条款，只要双方的意思表示是真实的，该约定并不会造成国家税款的流失，这种约定不违反法律的强制性规定，因此约定税款具体由谁来负担是当事人意思自治的范畴，不影响合同的效力。

关 键 词　土地转让合同　税款负担条款　效力
裁判理由　最高人民法院认为：关于税款的数额和承担问题。（一）关于税款的数额问题。一审时，银盛公司就已经提交了缴纳营业税、土地增值税、企业所得税的付款凭证，税款系按照税务机关的要求缴纳，不存在逃税、避税的情形，京中公司主张税款认定数额错误，却不能提交证据推翻税务机关的认定,故其该项主张不能成立。(二)关于税款负担条款的效力问题。从一、二审以及申请再审的情况看,京中公司不否认双方协议中关于税款负担条款的真实性,只是主张该行为违反了法律强制性规定,应认定无效,故双方关于税款负担条款的意思表示是真实的,同时,该约定不违反法律的强制性规定,只要国家的税款不流失,约定由谁来负担是当事人意思自治的范畴,与合同的效力无关。故京中公司关于税款负担条款应认定无效的主张不能成立。

审理法院 最高人民法院

裁判时间 2015年10月29日

案　　号 最高人民法院(2015)民申字第2282号民事裁定书

出　　处 中国裁判文书网。

54. 土地转让方的土地使用权灭失后,受让方不能请求以其他土地替代履行
——唐山新戴河房地产开发有限公司与唐山康泰建筑工程有限公司建设用地使用权转让合同纠纷案

> **裁判要点**
> 在判断合同能否继续履行的问题上,区分特定物与种类物具有重要法律意义。通常情况下,土地使用权转让系特定物转让,不同位置、用途、不同地质构造及其他外部条件的土地均是特定、唯一和不可替代的。特定土地使用权在法律意义上灭失后,构成法律上的不能履行,故受让方不能请求以其他土地替代履行。

关 键 词 土地转让　使用权　履行

裁判理由 最高人民法院认为:(一)关于案涉《土地使用权转让合同》能否继续履行的问题。在判断合同能否继续履行的问题上,区分特定物与种类物具有重要法律意义。通常情况下,土地使用权转让系特定物转让,不同位置、用途、不同地质构造及其他外部条件的土地均是特定、唯一和不可替代的。本案中,根据案涉《土地使用权转让合同》的约定,该合同标的物是

新戴河公司乐国用字（2003）0096号国有土地证项下具有明确四至以及界址的800亩土地，该土地系十里长滩建设的一部分，用途应依规划而定，当事人对于土地范围和用途的约定明确、具体，故合同标的物具有特定性、唯一性和不可替代性。康泰公司没有提供充分证据证明上述土地在2010年至2011年期间被调整后，仍由新戴河公司享有土地使用权。而且，根据唐山市城乡规划委员会办公室（2010）001号、（2011）013号文件以及《唐山市城乡规划局关于唐山新戴河房地产开发有限公司祥云岛影视旅游开发及配套项目的规划意见》[市规（2011）27号]，新戴河公司原申报的十里长滩规划方案变更为祥云岛影视旅游开发项目，设计建设祥云岛海上影视城、高尔夫球场以及悦榕庄酒店。因此，案涉《土地使用权转让合同》项下的标的物虽然就自然属性而言依旧存在，但该标的物权利主体以及用途等已因规划变更而发生重大变化，应认定已经构成法律意义上的灭失。新戴河公司不再享有该合同项下土地使用权，新戴河公司所负转让该合同项下土地使用权给康泰公司的主要合同义务已经无法履行。根据《合同法》第一百一十条"当事人一方不履行非金钱债务或者履行非金钱债务不符合约定的，对方可以要求履行，但有下列情形之一的除外：（一）法律上或者事实上不能履行；……"的规定，康泰公司要求新戴河公司继续履行该合同，转让相应土地使用权的请求，不符合法律规定。二审判决认为"土地置换后，尽管合同所约定转让的合同标的物已不在新戴河公司名下，但可由新戴河公司名下的置换后的其他土地替代执行，故合同目的仍可以实现"，系事实认定与法律适用错误。

康泰公司的一审反诉请求是：继续履行案涉《土地使用权转让合同》并向康泰公司交付打网岗岛内800亩土地，同时办理上述土地的使用权过户登记手续。康泰公司反诉主张的"向康泰公司交付打网岗岛内800亩土地"，并未明确指向案涉《土地使用权转让合同》项下的土地，结合本案土地的现状，康泰公司的反诉请求并非是要求新戴河公司交付该合同项下的土地。因此，一审判决判令"新戴河公司从置换后的土地中向康泰公司交付同等条件下800亩土地"，在程序上并不构成超出当事人的诉讼请求。但根据合同法关于合同订立和变更的基本原则，在土地的位置及用途均发生重大变化的情形下，康泰公司要求新戴河公司在调整后的土地中转让给其"同等条件"的800亩土地，其依据和基础只能是当事人之间就此达成的新的合意，而非政府有关部门的意见或建议。因此，虽然当地有关行政主管部门在有关文件中对新戴河公司可以从调整后的土地中等量划转给康泰公司800亩，由国土资源管理部门为康泰公司办理相应的土地使用权过户手续表示认可,但该意见仅仅表明在当事人如能达成新的合意的情况下,政府有关部门表示支持的态度,并不能替代当事人之间需就此达成合意这一基础性要件。在新戴河公司与康泰公司未就此达成合意的情形下,二审判决认为新戴河公司调整后的土地中有可替代执行的 800 亩土地,并判决新戴河公司以调整后的同等条件下的 800 亩土地履行合同,亦在实质上是替代了当事人的协商与合意,违反了合同自由的合同法基本原则。

2. 关于案涉《土地使用权转让合同》应否解除的问题。合同法对当事人法定解除权的行使条件有严格规定。在案涉《土地使用权转让合同》中,当事人对新戴河公司应如何履行所负办理土地使用权变更登记和交付土地的合同义务有明确约定,新戴河公司并未履行相应义务。该合同虽因唐山湾国际旅游岛总体规划和控制性详细规划调整而不能履行,但《合同法》第一百一十条是对当事人一方不履行非金钱债务或者履行非金钱债务不符合约定情形下,应否承担继续履行违约责任的特别规定,该条规定并不涉及合同解除权的行使问题,并未赋予无需承担继续履行违约责任的一方当事人享有合同解除权。据上,新戴河公司没有充分证据证明本案符合合同解除的法定情形,其请求解除合同理据不足,本院不予支持。原判决驳回新戴河公司此项诉请,结果正确,本院予以维持。就案涉《土地使用权转让合同》的相关事宜,当事人应本着诚实信用的原则进行协商,以彻底解决案涉纠纷。如果协商不成,依法享有违约责任追究乃至解除合同权利的当事人,应按照《合同法》第九十四条、第一百一十九条等规定及时并合理行使权利。

审理法院　最高人民法院
裁判时间　2015 年 11 月 26 日
案　　号　最高人民法院(2015)民提字第 35 号民事判决书
出　　处　中国裁判文书网。

55. 土地被政府收回，不影响转让合同的效力
——阿克苏万佳和房地产开发有限责任公司与阿克苏地区金泰商贸有限责任公司建设用地使用权转让合同纠纷案

裁判要点

合同效力的认定需要评判合同约定内容是否违反法律、行政法规的效力性强制性规定，合同履行过程中发生的事实，不影响合同效力。

关 键 词 土地收回　转让合同　效力

裁判理由 最高人民法院认为：合同效力的认定需要评判合同约定内容是否违反法律、行政法规的效力性强制性规定，合同履行过程中发生的事实，不影响合同效力。万佳和公司以 08 号宗地已被政府收回后公开出让，金泰公司不可能向万佳和公司交付该宗地，案涉《土地转让协议》关于 08 号宗地使用权转让的约定无效；金泰公司至今未交付 74 号宗地，有关该宗地的转让约定效力待定，缺乏法律依据，其该项再审申请理由不成立。

合同履行过程中，金泰公司向万佳和公司交付土地 26652.7 平方米。案涉《土地转让协议》关于付款方式约定：1. 本协议签订之日内，万佳和公司一次性支付定金 200 万元。2. 土地过户之日万佳和公司须一次性支付 800 万元。3. 剩余土地款 3288 万元，万佳和公司在取得土地证后于 2011 年 10 月 1 日起至 2014 年 10 月 1 日三年内每年按 30%、30%、40% 的比例支付给金泰公司。合同约定的剩余款项数额，是以双方交易的 53.6 亩土地为基数计算，但合同并未将万佳和公司取得全部 53.6 亩土地使用权证，作为万佳和公司履行付款义务的条件。万佳和公司的陈述表明，合同约定的土地面积系由三宗土地组成。这就存在金泰公司分别交付上述三宗土地，万佳和公司分别取得三宗土地使用证的情况。《合同法》第一百六十一条规定：买受人应当按照约定的时间支付价款。对支付时间没有约定或者约定不明确，依照本法第六十一条的规定仍不能确定的，买受人应当在收到标的物或者提取标的物单证的同时支付。案涉合同为土地使用权转让合同，属于买卖合同范畴。对于转让人付款时间的认定，可以适用上述法律规定。二审判决基于案涉土地面积由三宗土地组成，土地使用权存在分期交付的实际情况，认定万佳和公司在取

得 26652.7 平方米（015 号地块）的土地使用权证后应当依照合同约定的转让款计算方法及支付时间的约定支付转让费，适用法律正确。万佳和公司认为其取得 53.6 亩土地使用证后方应履行付款义务，与合同约定不符，其上述再审理由不成立。

审理法院　最高人民法院
裁判时间　2015 年 12 月 18 日
案　　号
出　　处　中国裁判文书网。

56. 国有土地使用权出让合同纠纷属于民事诉讼受案范围
——海南香江德福大酒楼、海南香江实业有限公司清算组与海口市国土资源局建设用地使用权出让合同纠纷二审案

> **裁判要点**
>
> 　　国有土地使用权出让合同应认定为民事合同，属于民事诉讼受案范围。原因在于：（1）国有土地使用权出让合同系当事人双方协商订立，遵循平等、自愿、有偿原则；（2）国有土地使用权出让合同双方当事人权利义务对等；（3）现行的《国有土地使用权合同纠纷解释》将国有土地使用权合同定性为民事合同，《民事案件案由规定》亦将"建设用地使用权出让合同纠纷"列为"合同纠纷"的下级案由予以明确。因此，最高法院认为海南高院以本案不属于民事纠纷为由驳回香江公司清算组及香江酒楼的起诉欠妥，指令海南高院审理本案。

关 键 词　国有土地使用权　出让合同　受案范围
裁判理由　最高人民法院认为：本案国有土地使用权出让合同目前仍应认定为民事合同。

首先，国有土地使用权出让合同系当事人双方协商订立，遵循平等、自愿、有偿原则。《城镇国有土地使用权出让和转让暂行条例》第十一条规定："土地使用权出让合同应当按照平等、自愿、有偿的原则，由市、县人民政府土地管理部门与土地使用者签订。"这表明土地管理部门代表国家与土地使用

者签订出让合同时二者的法律地位是平等的。国有土地使用权出让合同系国家作为土地所有者与土地使用者签订的设定用益物权（土地使用权）的合同，政府土地管理部门作为土地所有者的代表，与作为合同相对方的土地使用者系平等民事主体。

其次，国有土地使用权出让合同双方当事人权利义务对等。土地管理部门的主要权利是收取土地出让金，主要义务是在一定期限内向对方提供土地使用权；土地使用者的主要权利是在一定期限内获得相应土地使用权，主要义务是支付出让金和按照法律法规规定及合同约定的用途开发利用土地。《房地产管理法》第十五条规定："土地使用者必须按照出让合同约定，支付土地使用权出让金；未按照出让合同约定支付土地使用权出让金的，土地管理部门有权解除合同，并可以请求违约赔偿。"第十六条规定："土地使用者按照出让合同约定支付土地使用权出让金的，市、县人民政府土地管理部门必须按照出让合同约定，提供出让的土地；未按照出让合同约定提供出让的土地的，土地使用者有权解除合同，由土地管理部门返还土地使用权出让金，土地使用者并可以请求违约赔偿。"上述规定赋予了双方当事人平等的合同解除权，守约方享有的违约赔偿请求权应属于民事权利性质。

本院注意到，目前在理论界和司法实践中确有观点认为国有土地使用权出让合同系行政合同。其主要理由是：国有土地使用权出让合同的出让方为政府调控管理土地资源和执行土地政策的土地管理部门，即行使行政职权的行政机关；合同目的是土地管理部门通过签订出让土地合同这一管理方式，合理保护及开发利用有限的土地资源，进而实现社会公共利益；合同内容中将土地管理部门的法定职责细化为不得协商的合同条款，且与合同相对方的权利义务并不对等；合同履行方面土地管理部门享有优益权：可以为实现公共利益和行政管理目的，在履约中单方变更、解除合同，甚至可以依法单方作出行政强制、行政处罚行为。这些观点也具有一定的合理性，考虑到相关合同中融入了行政职权、对合同纠纷的审理需要对行政行为的合法性展开审查等因素，通过行政诉讼对行政行为的合法性与合同争议一并审查，亦便于争议的一揽子解决。

但是，现行的《最高人民法院关于审理涉及国有土地使用权合同纠纷案件适用法律问题的解释》将国有土地使用权合同定性为民事合同，《民事案件案由规定》亦将"建设用地使用权出让合同纠纷"列为"合同纠纷"的下级案由予以明确，审判实践中基本依据上述司法解释之规定均将此类案件作为民事诉讼案件审理。在现行法律没有修改的情况下,本案纠纷不宜作为行政争议纳入行政诉讼的范围。本院还注意到,修改后的《行政诉讼法》第十二条第(十一)项有将此类纠纷纳入行政诉讼范围的趋向,但该行政诉讼法直到 2015 年 5 月 1 日才实施,不能作为本案审理依据。至于此法实施后发生的法律行为产生争议是否按行政争议处理,再依据新修改的《行政诉讼法》及其司法解释作出判断,此处不予赘述。

综上所述,本案虽因香江酒楼、香江公司与新华通讯社海南分社的划拨土地使用权转让合同引发,但在海口市政府审批同意案涉划拨土地使用权转让后,已经转化为香江酒楼、香江公司与海口市国土局之间的国有土地使用权出让合同纠纷,国有土地使用权出让合同纠纷属于民事诉讼受案范围,原审法院应当受理并进行实体审理。香江公司清算组因主体不适格,原审裁定驳回其起诉并无不当。香江酒楼系本案适格主体,原审裁定以本案不属于民事纠纷为由同时驳回香江公司清算组及香江酒楼的起诉欠妥。如果香江公司清算组在本院指令原审法院审理后能提交加盖香江公司公章的变更原告申请书,将香江公司变更为原告,原审法院应依法审查后确定其原告资格。

审理法院　最高人民法院
裁判时间　2016 年 1 月 18 日
案　　号　最高人民法院(2015)民一终字第 83 号民事裁定书
出　　处　中国裁判文书网。

57. 一地数卖,购买者均未过户、未占有土地的情况下,先付款的受让人优先取得土地

——河北冀丰房地产开发有限公司与石家庄市金之源化工有限公司建设用地使用权纠纷案

裁判要点

一地数卖,受让方均未办理过户手续,也未合法占有投资开发土地,先支付土地转让款的受让方优先受让土地。

关 键 词　一地数卖　付款　优先权

裁判理由　最高人民法院认为：关于二审判决未予支持冀丰公司关于金之源公司应继续履行《土地使用权转让协议》的主张是否适当的问题。冀丰公司与金之源公司于 2011 年 8 月 28 日签订的《土地使用权转让协议》第十一条第 1 项约定："协议签订后，若甲方单方面解除合同，应按履行合同定金和已交付土地使用权转让金（借款）的四倍赔偿乙方损失，退还乙方履行合同定金和已交付土地使用权转让金（借款）；若乙方单方面解除合同，应按履行合同定金和已交付土地使用权转让金（借款）的四倍赔偿甲方的损失。"该条系对单方解除合同情形下所应承担违约责任的约定，即因一方行为导致合同解除时，解约方应承担相应的违约责任。(2014) 石民二初字第 00005 号民事调解书已经确认涉案土地转让给承租人石家庄市金河石油化工有限公司（以下简称金河公司），在金之源公司单方解除合同且二审判决依据合同约定并结合本案查明的事实判令其支付相应违约金的情况下，冀丰公司再行主张继续履行《土地使用权转让协议》没有合同依据。冀丰公司主张其一审提交的《公证书》、发票、交接清单及收据等证据显示，其已实际占有涉案土地，根据《最高人民法院关于审理涉及国有土地使用权合同纠纷案件适用法律问题的解释》第十条关于占有优于交款的次序规定，其诉求理应得到支持。本院认为，上述证据仅能证明冀丰公司在金之源公司仓库内存放有部分机器设备及材料，不足以充分证明其实际占有涉案土地。因此，二审判决综合考虑合同约定、冀丰公司另案诉请撤销 (2014) 石民二初字第 00005 号民事调解书被判决驳回诉讼请求、涉案土地上有金河公司财产、合同履行的可行性以及对土地资源的有效利用等因素，在判令金之源公司支付违约金的前提下，未予支持冀丰公司关于金之源公司应继续履行《土地使用权转让协议》的主张，并无不当。

审理法院　最高人民法院
裁判时间　2016 年 8 月 2 日
案　　号　最高人民法院（2016）最高法民申 1325 号民事裁定书
出　　处　中国裁判文书网。

58. 土地转让方违约，受让方可请求赔偿土地增值的损失
——北海左右商贸有限公司与北海艺术设计学院
建设用地使用权纠纷案

> **裁判要点**
> 土地转让方根本违约导致受让方不能取得土地，根据《合同法》一百一十三条的规定，应赔偿受让方损失，损失赔偿额应当相当于因违约所造成的损失，包括合同履行后可以获得的预期利益。

关 键 词 土地转让 违约 土地增值 赔偿

裁判理由 最高人民法院认为：一、关于艺术学院应赔偿左右公司的土地溢价损失数额问题。对于案涉土地溢价损失数额，双方争议的关键在于艺术学院与左右公司之间合同约定的土地转让价款是多少？这一问题涉及对双方所签多份合同中关于土地转让价款约定的理解，本院对此分析如下：（一）双方2008年5月签订的《联合开发合同》包括两项主要内容，一是联合开发案涉土地，艺术学院占10%的股份，左右公司占90%的股份；二是转让土地使用权，左右公司支付艺术学院地价款（土地转让价款）5680万元，其中800万元作为艺术学院的10%股份的投资款，从地价款中扣除，左右公司应付地价款为4880万元。此时，双方之间既存在土地使用权转让合同法律关系，又存在联合开发案涉土地法律关系，且双方约定的土地转让价款为5680万元。（二）2009年3月22日艺术学院与左右公司签订《补充合同》，就左右公司应当支付给艺术学院的4880万元土地转让款的支付问题作出了补充约定。（三）2009年9月24日艺术学院与左右公司签订《补充协议二》，该合同又涉及两方面的内容：一是对左右公司尚欠的土地转让款2280万元的支付问题作出了重新约定；二是就艺术学院的合作开发投资收益也作出重新约定："左右公司同意按税后1000万元的金额作为固定回报，加800万元投资款，合计1800万元，从2011年4月份开始每月支付200万元至2011年11月份结清尾款。"依据《最高人民法院关于审理涉及国有土地使用权合同纠纷案件适用法律问题的解释》第二十四条的规定，"合作开发房地产合同约定提供土地使用权的当事人不承担经营风险，只收取固定利益的，应当认定为土地使

权转让合同",本案双方之间合同不再具有联合开发性质,而属于土地使用权转让合同性质。(四)2009年11月8日艺术学院与左右公司签订《补充协议三》第4条约定"艺术学院原定土地款800万元作为投资款的决定取消。由于左右公司付款滞后,艺术学院土地款升值部分双方协定增加为1000万元,土地款共计1800万元。"该条约定对本案土地使用权转让合同中土地转让价款又做了重新安排。双方之间关于800万元土地转让款转化为投资款的约定取消,并且艺术学院也从参与合作开发土地,变成收取固定收益回报,进而双方约定同意因土地增值增加土地转让价款1000万元。综合分析上述《联合开发合同》《补充合同》《补充协议二》《补充协议三》四份合同,原判决关于土地转让价款增加1000万元,土地溢价损失相应减少的认定,并无不当。左右公司申请再审认为1000万元系投资款的回报,其支付系附条件的理由不能成立,本院不予支持。

二、关于艺术学院是否应赔偿左右公司未返还的150万元土地转让款利息损失问题。左右公司支付土地转让款3510万元原系履行自己的合同义务,后因艺术学院违约造成双方之间的合同无法继续履行而解除。但是,艺术学院赔偿左右公司土地溢价损失已填补艺术学院因合同目的落空而造成的利益减损的损失,其中未返还的土地转让款的利息损失也已经包含在土地溢价损失中,故左右公司主张艺术学院应赔偿未返还的土地转让款利息损失的再审申请理由不能成立,本院不予支持。

审理法院 最高人民法院
裁判时间 2016年8月17日
案　　号 最高人民法院(2016)最高法民申1259号民事裁定书
出　　处 中国裁判文书网。

59. 划拨土地转让由受让方办理出让手续的，土地使用权人与受让方订立的土地转让合同转化为补偿性质的合同

——济南二建集团工程有限公司与济南阳光壹佰房地产开发有限公司建设用地使用权转让合同纠纷案

> **裁判要点**
>
> 划拨土地使用权人与受让方订立土地转让合同，起诉前经有批准权的人民政府同意转让，并由受让方办理土地使用权出让手续的，土地转让合同转化为补偿性质的合同，合同合法有效。

关　键　词　划拨土地　转让合同　补偿性质合同

裁判理由　最高人民法院认为：根据本案查明的事实，2001 年 8 月 24 日济南市人民政府、光华公司以及济南市城市建设投资有限公司签订《关于对原济南水泥厂、东方红水泥厂地区开发建设协议书》约定：经济南市人民政府确定，将济南市规划部门确定的济南水泥厂、东方红水泥厂地区用地规划范围内开发建设权交给光华公司；具体范围是东至水泥厂路、西至十里河东街、北至丁子山东街、南至建新路，总规划面积约 1500 亩。2001 年 11 月 23 日，济南市建设委员会与原济南市第二建筑工程总公司签订《关于对刘长山路 11 号、17 号拆迁安置协议》，协议载明："根据市政府与北京银信光华房地产开发有限公司签订的和市政府对两水泥厂地区的总体规划，乙方（二建公司）刘长山路 11 号、17 号两块土地被列入规划范围。乙方服从市政府规划，积极配合该地区的开发建设，甲方（济南市建设委员会）充分考虑乙方的实际困难给予一定支持……"。由此可见，济南市人民政府对该区域的总体规划是二建公司与阳光壹佰公司签订《土地有偿转让协议书》的依据和原因。正是基于案涉刘长山路 17 号地块被济南市人民政府列入该地区规划范围，且济南市人民政府明确该地区规划范围内的开发建设由光华公司实施，2003 年 8 月 8 日，二建公司才与阳光壹佰公司签订《土地有偿转让协议书》，约定二建公司将刘长山路 17 号地块使用权以 1879 万元价格转让给阳光壹佰公司。

在二建公司与阳光壹佰公司签订《土地有偿转让协议书》后，阳光壹佰

公司分别于2003年8月8日、2007年10月23日向二建公司支付1729万元、150万元，共计1879万元。二建公司在收到合同约定款项后，为履行合同约定的协助阳光壹佰公司办理案涉刘长山路17地块土地证义务，于2006年2月25日将案涉刘长山路17号地块的原土地使用权证交给了阳光壹佰公司。

根据本案查明的事实，阳光壹佰公司未能办理案涉案涉刘长山路17号地块国有土地使用证，主要是因为2004年国土资源部、监察部联合下发国土资发〔2004〕71号令，要求2004年8月31日后不得再以历史遗留问题为由采用协议方式出让经营性土地使用权，并非二建公司原因所致。在济南市人民政府2007年12月5日下发《关于同意收回（购）济南二建集团工程有限公司国有土地使用权的批复》后，二建公司与济南市土地储备交易中心签订《国有土地使用权收回（购）合同》，实际交出了案涉刘长山路17号地块。2011年5月23日，济南市国土资源局通过招拍挂和阳光壹佰公司签订《国有建设用地使用权出让合同》，约定济南市国土资源局向阳光壹佰公司出让包括案涉刘长山路17号地块在内的98421平方米国有土地使用权。阳光壹佰公司于2015年7月10日取得包括98421平方米在内的国有土地使用证。

从上述案涉刘长山路17号地块的转让过程可以看出，在国土资源部、监察部联合下发国土资发〔2004〕71号令之后，济南市人民政府按照国土资源部和监察部要求，对于案涉刘长山路17号地块，采取先由济南市土地储备交易中心从二建公司收回，再由济南市国土资源局通过招拍挂方式与阳光壹佰公司签订出让合同，向阳光壹佰公司出让案涉刘长山路17号地块使用权。该事实也表明济南市人民政府实际同意二建公司将案涉刘长山路17号地块使用权转让给阳光壹佰公司。根据《最高人民法院关于审理涉及国有土地使用权合同纠纷案件适用法律问题的解释》第十二条关于"土地使用权人与受让方订立合同转让划拨土地使用权，起诉前经有批准权的人民政府同意转让，并由受让方办理土地使用权出让手续的，土地使用权人与受让方订立的合同可以按照补偿性质的合同处理"的规定，二建公司与阳光壹佰公司签订的《土地有偿转让协议书》性质上转化为补偿合同，协议约定转让的划拨用地已经济南市人民政府批准同意，故案涉《土地有偿转让协议书》合法有效。在本案一审期间，济南市国土资源局向一审法院出具复函说明二建公司与阳光壹佰公司之间转让划拨土地未经其批准，与本案事实不符，本院不予采信。一、二审判决认定《土地有偿转让协议书》未经有批准权人民政府同意转让，合同无效，认定事实和适用法律均存在错误，本院予以纠正。

……

案涉《土地有偿转让协议书》合法有效。根据《土地有偿转让协议书》的约定，二建公司履行了拆除清理地上建筑物、将土地证原件交付阳光壹佰公司等协助办理国有土地使用证的合同义务。阳光壹佰公司亦按约定向二建公司支付了转让款 1879 万元。在二建公司按照济南市人民政府要求交回案涉刘长山路 17 号地块，阳光壹佰公司从济南市国土资源局受让并取得包括案涉刘长山路 17 号地块在内的国有土地使用证之后，阳光壹佰公司主张二建公司返还 1879 万元转让款并赔偿经济损失，没有事实及法律依据，本院不予支持。一、二审判决认定案涉《土地有偿转让协议书》无效，判决二建公司返还阳光壹佰公司 1879 万元转让款并赔偿经济损失，属认定事实和适用法律错误，本院予以纠正。

审理法院　最高人民法院
裁判时间　2016 年 9 月 10 日
案　　号　最高人民法院（2016）最高法民再 121 号民事判决书
出　　处　中国裁判文书网。

60. 转让价格低于市场价格不会导致土地转让合同无效，政府未行使优先购买权亦不会导致合同无效

——江门信金资产管理有限公司与江门市益丞物业管理有限公司、江门市蓬江区潮连建设综合开发公司案

裁判要点

一、土地使用权转让价格明显低于市场价格不会导致土地转让合同无效。

二、人民政府未对低价转让的土地使用权行使优先购买权不属于《中华人民共和国合同法》第五十二条所规定的可导致合同无效的法定情形。

关 键 词　转让价格　土地转让合同　优先购买权
裁判理由　最高人民法院认为：关于《土地转让合同》是否有效的问题。

从信金公司所援引法规的性质看,《中华人民共和国城镇国有土地使用权出让和转让暂行条例》第二十六条关于"上述使用权转让价格明显低于市场价格的,市、县人民政府有优先购买权"以及《国务院关于加强国有土地资产管理的通知》关于"国有土地使用权转让,转让双方必须如实申报成交价格。土地行政主管部门要根据基准地价、标定地价对申报价格进行审核和登记。申报土地转让价格比标定地价低20%以上的,市、县人民政府可行使优先购买权"的规定的立法目的在于更有效地强化对国有土地使用权转让价格合理范围的控制,并未直接否定交易本身的效力或明确了此类合同当为无效的法律后果,均属于带有行政监管色彩的管理性规定。即便在土地使用权转让价格低于市场价格时人民政府未行使优先购买权的,也只是行政部门综合判断有关情况后的选择,难以认定侵害了社会公共利益。有关人民政府未行使优先购买权并不能导致案涉《土地转让合同》归于无效的法律后果。另从上述法规的内容看,人民政府是否行使优先购买权也不属于《中华人民共和国合同法》第五十二条所规定的可导致合同无效的法定情形,何况时至今日,当地人民政府并未就案涉土地使用权主张行使优先购买权,也能从侧面说明《土地转让合同》尚无可导致无效的事由。故信金公司关于二审法院错误认定《土地转让合同》有效的主张因无法律依据而不能成立。一审、二审法院基于上述判断认为即便存在案涉土地使用权转让价格偏低也不会产生导致《土地转让合同》无效的法律后果,因而未接受信金公司关于申请调取案涉土地价格是否偏低的证据的申请并无不当,其审判程序并无违法之处。同理,信金公司在本案再审审查中提交新的证据《关于公布广东省城市国有土地分等及基准地价标准的通知》及《广东省城市国有土地分等及基准地价标准(2003)》,即便能够证实本案存在案涉土地使用权转让价格明显低于市场价格、江门市人民政府对该地块有优先购买权的事实,也因不属合同法定无效情形而不能推翻二审判决关于《土地转让合同》有效的认定。

审理法院 最高人民法院
裁判时间 2016年11月7日
案　　号 最高人民法院(2016)最高法民申2373号民事裁定书
出　　处 中国裁判文书网。

61. 未按约交纳土地出让金时违约责任的认定
——贵阳市国土资源局与贵州太升房地产开发有限公司
建设用地使用权出让合同纠纷案

> **裁判要点**
> 土地使用权出让合同中，双方当事人通常对未按约交纳土地出让金时如何承担违约责任的争议较大。应综合涉案合同的履行情况、当事人的过错程度、预期利益等以及违约方给守约方造成的损失情况，根据公平原则和诚实信用原则，予以确定。

关 键 词 土地使用权 出让合同 违约责任

裁判理由 最高人民法院认为：双方当事人对于太升公司未按约支付土地使用权出让金这一事实均不持异议。太升公司应当承担未按时支付土地使用权出让金的违约责任。对于违约金的计算标准，贵阳市国土局主张应当依照合同约定计算违约金，认为双方关于违约金的约定标准符合国务院办公厅《关于规范国有土地使用权出让收支管理的通知》中的规定。本院认为，该规定系从行政管理角度规范国有土地出让收入的缴纳，属于行政规章，在调整平等民事主体之间的法律关系中不宜直接作为计算违约金的依据。双方当事人对于违约金的承担虽然参照上述规定作了约定，但是土地使用权受让人作为民事平等主体，有权请求人民法院对于过分高于实际损失的违约金予以适当减少，人民法院可以进行调整。贵阳市国土局主张涉案违约金不能调整，缺乏依据，本院不予支持。对于调整标准，太升公司主张应当依据人民银行贷款率计算涉案违约金。本案中，贵阳市国土局并无任何违约行为，而太升公司直至现在仍未交清涉案土地土地使用权出让金。从违约金的目的看，既有补偿性，亦有惩罚性。如果以中国人民银行同期同类贷款利率计算涉案违约金，等同于太升公司低成本占用贵阳市国土局的土地出让金。太升公司亦主张迟延支付土地出让金的理由是"因为全国整体经济环境的恶化及信贷的收缩。"在信贷政策收缩的情况下，太升公司很难以中国人民银行同期贷款利率融到资，以同期同类贷款利率计算违约金不能体现违约金的惩罚性。因此，太升公司主张以银行贷款利率计算违约金亦缺乏依据，本院亦不予支持。违约金一方面具有惩罚性，另一方面具有补偿性。违约金的计算不能过分高于违约方给非违约方造成的损失。贵州市国土局的损失为太升公司所拖欠其土地使用权出让金的利息损失。在贵州市国土局未举证证明其还存在其他损失的情况下，一审判决以年24%利率计算涉案违约金过高，显属不当，应予纠正。本院认为，综合涉案合同的履行情况、太升公司的过错程度、预期利益等以及贵州市国土局的损失情况，根据公平原则和诚实信用原则，应以中国人民银行公布的同期同类贷款利率的二倍计算涉案违约金。

审理法院　最高人民法院
裁判时间　2016年12月28日
案　　号　最高人民法院（2016）最高法民终633号民事判决书
出　　处　《民事审判指导与参考》2016年第4辑（总第68辑）。

62. 与街道办订立的土地出让合同是否有效
——德州振业建筑建材有限公司、高树岭与德州市德城区新华街道办事处建设用地使用权出让合同纠纷案

裁判要点

土地使用权出让合同应由市、县人民政府土地管理部门与土地使用者签订，街道办作为国有土地使用权出让主体订立的国有土地使用权出让合同无效。

关　键　词　土地出让合同　街道办　效力

裁判理由　最高人民法院认为：新华街道办作为国有土地使用权出让主体订立案涉《征用土地协议书》，违反了《中华人民共和国城市房地产管理法》第十五条关于"土地使用权出让，应当签订书面出让合同。土地使用权出让合同由市、县人民政府土地管理部门与土地使用者签订"的规定和《中华人民共和国城镇国有土地使用权出让和转让暂行条例》第十一条、《招标拍卖挂牌出让国有建设用地使用权规定》第四条的规定，原审法院据此认定案涉《征用土地协议书》无效并不违反《合同法》第五十二条关于违反法律、行政法规强制性规定的合同应认定无效的规定，新华街道办关于原审法院适

用法律错误的第三项再审申请理由不能成立，本院不予支持。

审理法院 最高人民法院
裁判时间 2017 年 4 月 12 日
案　　号 最高人民法院（2017）最高法民申 770 号民事裁定书
出　　处 中国裁判文书网。

第六节　房地产开发合同

63. 合作开发房地产关系中，合作各方当事人在合作项目中的权利义务应当按照合作开发房地产协议约定的内容予以确定

——海南海联工贸有限公司与海南天河旅业投资有限公司、三亚天阔置业有限公司等合作开发房地产合同纠纷案

> **裁判摘要**
> 　　合作开发房地产关系中，当事人约定一方出地、一方出资并以成立房地产项目公司的方式进行合作开发，项目公司只是合作关系各方履行房地产合作开发协议的载体和平台，合作各方当事人在项目公司中是否享有股权不影响其在合作开发合同中所应享有的权益；合作各方当事人在合作项目中的权利义务应当按照合作开发房地产协议约定的内容予以确定。

关　键　词　合作开发　协议约定

裁判理由　最高人民法院认为：本案是海联公司与天河公司基于《合作项目合同书》而发生的合作开发纠纷。根据前述，天阔公司只是天河公司与海联公司双方按照《合作项目合同书》约定为开发"天阔广场"项目而借用的合作项目载体，不是涉案合作开发合同的相对方，海联公司无论是否为天阔公司的股东，均不影响其在《合作项目合同书》中所享有的收益权。海联公司对"天阔广场"项目所享有的 23.8% 房地产利益分配权，是依据其与天河公司双方所签订的《合作项目合同书》约定，以三亚市政府补偿给其的项

目开发权以及46.5亩建设用地使用权投入项目公司,获取的23.8%房地产利益分配比例;而邢坚、邢伟是以出资238万元取得天阔公司的23.8%股权,不是同一法律关系,邢坚、邢伟将其所持的天阔公司23.8%的股权转让给天河公司是天阔公司股东之间产生的股权转让法律关系,与海联公司在《合作项目合同书》中所享有的23.8%房地产利益分配权比例没有关系,不能以海联公司在天阔公司不享有股权,就认定其退出了"天阔广场"项目。按照《合作项目合同书》的约定,海联公司以三亚市政府补偿给其的项目开发权以及46.5亩建设用地使用权投入项目公司,并通过仲裁裁决的方式将"天阔广场"项目裁决给了天阔公司,这是海联公司履行《合作项目合同书》约定的义务,并非是向天阔公司的出资。根据合同相对性原则,《合作项目合同书》是海联公司与天河公司之间签订的合作合同,在海联公司与天河公司双方当事人没有就合同解除终止达成一致的情况下,三亚中院、海南高院以邢坚、邢伟转让了代海联公司在天阔公司所持股权,并已将46.5亩土地投入了项目公司,来认定海联公司已退出合作项目,不享有任何权利,没有法律事实和法律依据。《合作项目合同书》是双方当事人的真实意思表示,没有违反法律、行政法规的强制性规定,合法有效,在没有经过依法依约解除、终止的情况下,海联公司有权主张解除合同并要求天阔公司将"天阔广场"土地及项目开发权返还并变更主体为海联公司。

如上所述,天阔公司作为项目公司,是海联公司与天河公司为共同履行各自在《合作项目合同书》权利义务的载体,按照约定,海联公司将"天阔广场"项目开发权及三亚市政府给海联公司的46.5亩土地投资补偿权变更到天阔公司的名下,完成了《合作项目合同书》项下的义务,但该义务并非是向天阔公司的出资,不构成天阔公司法人财产权;而天河公司则应按照约定履行项目开发的全部建设资金。但根据一审、二审、再审查明的事实,按照海南省三亚市房产管理局2007年8月31日颁发的三房拆许(2007)第03号《房屋拆迁许可证》明确要求,在2008年9月必须完成拆迁建筑面积30 468m^2,但天河公司未完成。2008年7月20日,三亚市住房保障和房产管理局批准其延期完成拆迁,并签发新的《房屋拆迁许可证》,要求在2009年7月20日前完成全部拆迁任务,但天河公司仍未能完成。天河公司投入的拆迁资金约2000万元(含时运大酒店拆迁补偿款),仅完成拆迁量的20%。针对一审判决认定的以上事实,各方当事人均没有上诉。二审判决在事实认定上对一审判决认定的事实予以确认。但二审判决随后在没有新的证据和事实的情况下，又认定"天河公司向天阔公司投入一定的资金，并完成一定的拆迁工作，履行了合同约定的主要义务"，该项事实认定缺乏证据证明，更与其在事实认定部分已确认的事实相悖，事实认定错误。

2009年7月13日，丽源公司成立，7月23日，未经海联公司同意，天河公司即与丽源公司签订《股权转让协议》，将其持有的天阔公司70.5%的股权转让给丽源公司；同日，王家金也与丽源公司签订《股权转让协议》，将其持有的5.7%股权转让给丽源公司。同年8月31日，丽源公司又与爱地公司、富丽达公司签订《股权转让合同》，将其持有的天阔公司股权全部转让给爱地公司和富丽达公司。

天河公司从2009年7月13日丽源公司成立，到23日未经海联公司同意将其持有的天阔公司70.5%的股权转让给丽源公司后，再没有向"天阔广场"项目进行投资，该行为表明已不再履行《合作项目合同书》约定的义务；而在同年8月31日，丽源公司再次将其持有的天阔公司股权全部转让给爱地公司和富丽达公司后，后续的股东至今也没有完成"天阔广场"项目的拆迁安置工作。而且在海联公司得知天河公司转让其所持天阔公司股权的情况后，向天河公司及受让公司股权的丽源公司、爱地公司、富丽达公司发函，建议新承接"天阔广场"项目权利义务的股东召开会议以落实完善补充合同条款及安排下步投资开发等事宜，而天河公司、丽源公司、爱地公司、富丽达公司没有回应，拒绝承认海联公司在《合作项目合同书》中的权利，也不承认海联公司享有天阔广场23.8%的分配权，2009年11月18日，海联公司向天河公司发出《通知书》，解除《合作项目合同书》。

根据上述事实，在天河公司未经海联公司同意即将所持天阔公司股权转让给丽源公司、丽源公司又很快再次将其受让的股权转让给爱地公司和富丽达公司后，以及天阔公司的后续股东不仅没有按照约定进行投资完成拆迁工作，而且也拒绝与海联公司进行协商等行为，充分表明天河公司已不再履行与海联公司所签订的《合作项目合同书》所约定的义务。从本案查明的事实看，由于天河公司迟延履行合同义务，后续股东也没有按约完成拆迁安置工作，"天阔广场"项目目前仍处于停滞状态，致使海联公司在《合作项目合同书》中的合同目的不能实现。天河公司不但明确表示，而且以其行为表明不再履行《合作项目合同书》约定的义务，其行为已构成根本违约。根据《中华人民共和国合同法》第九十四条第（二）、（四）项、第九十七条的规定，海联公司请求解除《合作项目合同书》，返还"天阔广场"项目的开发权和土地使用权的诉讼请求，于法有据，应予支持。

综上，海南省三亚市中级人民法院、海南省高级人民法院的判决认定事实不当，适用法律错误。

审理法院　最高人民法院
裁判时间　2015 年 10 月 11 日
案　　号　最高人民法院（2015）民提字第 64 号民事判决书
出　　处　《最高人民法院公报》2016 年第 1 期。

64."意向书"法律性质和效力认定应从约定形式、内容以及是否有受约束的意思表示等方面考察，根据有关规定具体审查认定
——澳华资产管理有限公司与洋浦经济开发区管理委员会其他房地产开发经营合同纠纷案

裁判要点

"意向书"的法律含义并不非常明确，法律性质也呈多样化，可能是磋商性文件、预约合同或者本约合同。如果只是磋商性文件，则一般无法律约束力；如果构成预约合同，若违反则应承担预约合同违约责任或者损害赔偿责任；如果构成本约合同，则应按合同法等有关规定承担违约责任。对于"意向书"法律性质和效力的认定，应从约定形式是否典型、内容是否确定以及是否有受约束的意思表示等方面考察，根据有关法律和司法解释的规定具体审查认定。如果意向书的"标的、数量"不确定，缺少当事人受其约束的意思表示，一般应认定为磋商性文件。

关 键 词　意向书　意思表示　磋商性文件

裁判理由　最高人民法院认为：本案关键在于对《投资意向书》的法律定性。一般而言，从一方发出愿意签订合同的意思表示（要约或要约邀请）到合同的正式成立，期间会经历一个协商过程，并对合同的主要内容达成初步合意，最终以口头或书面方式成立合同。《最高人民法院关于适用〈中华人民共和国合同法〉若干问题的解释（二）》第一条规定："人民法院能够认定

当事人名称或者姓名、标的和数量的，一般应当认定合同成立。"本案《投资意向书》并不具备合同的基本要素。从标题看，该文件明确为"意向书"，并非常用的"合同""协议"等名称；从内容看，该文件对于双方的权利义务以及法律责任约定并不明确，只是表明为了澳华公司能够在相应的地块进行商业投资开发，洋浦管委会有为其协调置换土地的意愿，但并未约定置换土地的具体位置和面积及履行期限等；从具体措辞看，双方明确约定洋浦管委会"协调置换土地"，表明从"协调"到真正"置换"还是需要经过再协商、再约定。因此，最高人民法院生效判决认定《投资意向书》的性质为磋商性、谈判性文件，符合法律规定和当事人真实意思表示。另外，澳华公司并不能以其取得光大公司资产包为由，主张其应当取得相应的土地使用权。洋浦管委会于 2006 年 8 月收回土地，并向光大公司清算组送达了告知书，澳华公司与光大公司清算组于 2007 年 3 月签订《资产包整体转让协议》，晚于洋浦管委会收回土地时间，澳华公司应当自行承担相应后果。

洋浦管委会在二审中提交的 16 份证据在一审庭审结束前均已客观存在，其以一审庭审结束后新发现为由，且存在合理的客观原因，作为新证据向二审法院提交，并不违反法律及相关司法解释之规定。上述 16 份证据均经过了质证，双方对证据的真实性并无异议，能够证明案件事实，二审予以采信并无不当。

审理法院 最高人民法院
裁判时间 2014 年 7 月 29 日
案　　号 最高人民法院（2014）民一申字第 263 号民事裁定书
出　　处 《审判监督指导》2015 年第 2 辑（总第 52 辑）。

65. 合同双方协议约定变更工业用地使用权性质并履行法定程序，符合法律规定，不可因未全面实际履行等因素，认定合同无效

——宁夏金力泰钢结构有限公司银川开发区与宏建房地产开发有限公司合作、合资开发房地产合同纠纷案

> **裁判要点**
>
> 合同双方协议约定变更工业用地使用权性质并履行法定出让、补缴费用、过户、行政审批等程序，符合法律规定。至于约定内容能否全面实际履行，是考量合同应否解除或终止的因素，并不能因此认定合同无效。

关　键　词　工业用地　使用权　合同效力

裁判理由　最高人民法院认为：关于《联合开发协议》的性质和效力问题。宏建公司与金力泰公司签订的《联合开发协议》主要内容包括，金力泰公司出地，宏建公司出资，双方在金力泰公司享有土地使用权的工业用地上合作开发房地产，实行统一规划、分段实施的开发原则，最终收益分成方式为双方按照投资比例分配开发所建成品房。具体操作路径为，宏建公司以4000万元支付讼争100亩土地转让、变性及过户发生的税费，另105.55亩作价每亩40万元，变性及税费由金力泰公司承担；以金力泰公司为主，宏建公司协助共同申办变性手续；《建设用地规划许可证》《建设工程施工许可证》《建设工程规划许可证》《商品房预售许可证》等房地产开发手续，办到宏建公司名下，便于整体市场销售、保障客户权利和纳税关系。即，先实现工业用地变性为开发用地，再办妥开发手续，最终实现开发目标。《最高人民法院关于审理涉及国有土地使用权合同纠纷案件适用法律问题的解释》第十四条规定，本解释所称的合作开发房地产合同，是指当事人订立的以提供出让土地使用权、资金等作为共同投资，共享利润、共担风险合作开发房地产为基本内容的协议。共担风险是合作开发房地产合同的根本特征。《联合开发协议》符合上述司法解释规定的合作开发房地产合同法律特征，应认定为合作开发房地产合同。一审判决认定案涉合同性质为带有部分转让建设用地使用权的合作、合资开发房地产合同，定性不准，应予以纠正。

案涉合作开发房地产合同实行统一规划，分段开发、分段承担责任和享受权利原则，即，近期目标为实现工业用地变性，远期目标为实现商品房开发。分步履行的开发合同约定中存在大量的缺失和不确定内容，尚需随合同履行进程而填充、明确、细化主合同内容，才能接续履行以实现合同目的。此间，需要缔约双方协调配合、办理政府行政审批手续、缴纳有关规费；需评估城市整体规划和项目规划是否变化、国家和地方政府房地产政策及行情动态变化情况等，能否实现合同目的存在着很大变数。据此，讼争项目隐含的商业风险远大于一般合作开发房地产项目。

关于合同效力问题。考察合同效力的主要依据是合同约定内容。从涉案合同内容看，案涉合同并未违反法律效力性强制性规定。金力泰公司上诉主张，订约双方约定变更土地性质，违反《中华人民共和国土地管理法》等法律规定，应认定无效。双方协议变更讼争用地性质并履行法定出让、补缴费用、过户、行政审批等程序，符合法律规定。至于约定内容能否全面实际履行，是考量合同应否解除或终止的因素，并不能因此认定合同无效。金力泰公司与贺兰县国土资源局签订的《国有土地使用权出让合同》第十七条和第二十四条明确约定，变更土地用途或转让土地均应报贺兰县国土资源局批准，说明该宗土地变更用途或转让并非禁止，可以通过申报批准而实现。金力泰公司关于协议无效的主张，缺乏法律依据，不能成立。

审理法院　最高人民法院
裁判时间
案　　号　最高人民法院（2015）民一终字第 57 号民事判决书
出　　处　《民事审判指导与参考》2016 年第 1 辑（总第 65 辑）。

66. 综合原因导致合同不能履行，双方均有过错，解除合同所产生的损失应根据过错分担

——宁夏金力泰钢结构有限公司银川开发区与宏建房地产开发有限公司合作、合资开发房地产合同纠纷案

> **裁判要点**
>
> 合同当事人一方违约、双方当事人怠于履行合同义务、合同约定不明、政府出让土地四至存在争议等综合原因导致合同不能履行，双方均有过错，解除合同所产生的损失应根据过错分担。

关 键 词　合同解除　损失分担

裁判理由　最高人民法院认为：宏建公司诉请解除合同，金力泰公司同意，一审法院亦判决解除合同。对此，应予以认可。导致案涉合同无法继续履行的原因是多方面的，包括合同当事人一方违约、双方当事人怠于履行合同义务、合同约定不明、政府出让土地四至存在争议等综合原因。具体分析如下：一是《联合开发协议》约定变性后用于房地产开发的 205.55 亩土地中的 80.94 亩因出让环节存在误差出现用地红线四至争议，且尚未解决。二是案涉合同有关"以谁名义开发"等合作开发合同必备的核心条款约定不明。《联合开发协议》约定，合作项目用地全部保留以金力泰公司名义运行；还约定，项目报批材料均侧重宏建公司名义申报，最终确保《建设用地规划许可证》《建设工程规划许可证》《建设工程施工许可证》《商品房预售许可证》办到宏建公司名下，有利于宏建公司进行整体项目规划、设计、施工招投标、施工管理、工程竣工验收和项目整体综合验收、承担前期建安工程费、配套工程费和开工前各项规费、销售、缴纳税费。上述约定内容冲突，难以履行。三是双方在履约中未尽到信赖与协助义务。合作开发合同本质特征是信赖与协作。本案双方履行合同中，未积极沟通协调，及时化解履行合同中出现的困难。《联合开发协议》第四条第一款约定，协议生效后，如一方不能履行义务，应及时书面告知对方，由对方及时调整资金计划并完成核缴义务，根据核缴额及协议相关条款调整双方权益比例。金力泰公司早在 2012 年已经知道讼争土地地界存在争议，但其并未举证证明及时告知宏建公司。宏建公司交

付款项后土地用途一直未变更，其亦未尽协助义务。对此，双方均有责任，也是案涉合同不能全面实际履行的原因之一。四是签订《联合开发协议》时，金力泰公司已将案涉土地抵押，其主张已以口头形式告知宏建公司，但并无证据佐证。更为甚者，抵押借款债务清偿后金力泰公司又将讼争土地抵押，其行为已构成违约，并影响协议全面实际履行。

上述多重原因导致案涉合同不能履行，双方均有过错，解除合同所产生的损失应根据过错分担。一审判决认为因金力泰公司怠于履行合同义务，导致项目开发不能进行，金力泰公司应当承担因此造成的损失。一审判决认定合同目的不能实现的原因不够全面，应予修正。综合各方当事人过错、结合本案实际，酌定金力泰公司向宏建公司返还4000万元投资款并按照中国人民银行同期贷款利率的2倍计息。

审理法院　最高人民法院
裁判时间
案　　号　最高人民法院（2015）民一终字第57号民事判决书
出　　处　《民事审判指导与参考》2016年第1辑（总第65辑）。

67. 合同条款的文义与已查明事实及其相应法律规定的要求存在冲突时，应综合当事人陈述、合同上下文所使用的词句、合同有关条款等因素综合认定

——甘肃宝迪置业发展有限责任公司与兰州安宁新城万和
影视文化有限责任公司、兰州市安宁区就业
服务局等合资、合作开发房地产合同纠纷案

裁判要点

合同条款的文义理解与已查明的事实及其相应法律规定存在冲突时，是否采信应综合当事人陈述、合同上下文所使用的词句、合同有关条款、合同目的、交易习惯以及诚实信用原则等因素，探求当事人缔约时的真实意思并决定是否将其作为案件裁判的依据。

关 键 词 合同条款 解释规则

裁判理由 最高人民法院认为：本案二审争议焦点为：（一）宝迪公司能否以万和公司欠付其垫资款 14649420 元为由，抗辩万和公司要求按约定交付案涉房屋的主张；（二）万和公司是否应当向宝迪公司返还案涉 175 万元借款；（三）原审法院是否应追加安宁区广电局为本案当事人；（四）宝迪公司上诉请求是否超出其一审反诉请求。

（一）关于宝迪公司能否以万和公司欠付其垫资款 14649420 元为由，抗辩万和公司要求按约定交付案涉房屋主张的问题。

二审法院认为，宝迪公司该上诉主张不能成立。第一，万和公司已按《项目协议书一》约定履行了投资义务，有权依据《补充协议一》约定取得投资回报。根据双方当事人在 2010 年 9 月 2 日签订的《项目协议书一》可知，万和公司将案涉划拨用地经政府批准变更为开发用地后，作为项目建设用地并负责转移登记至宝迪公司，成为本项目万和公司出资。宝迪公司则负责资金投入并完成案涉项目的工程建设。至于万和公司的投资回报，则在随后 2010 年 11 月 26 日签订的《补充协议一》约定为，万和公司所得建筑面积（含所有拆迁面积）确保 7000 平方米，其中商业用房面积不超过 6000 平方米。为履行上述约定的投资义务，万和公司将案涉划拨土地变性为文化、娱乐、商业用地后登记在自己名下［该变性后土地使用权的容积率不高于 2；建筑密度不高于 30%；绿地比例不小于 30%（不含城市公共绿地）］，并在 2010 年 12 月 6 日与宝迪公司签订《兰州市城镇国有土地使用权转让合同书》将案涉土地使用权转让给宝迪公司，转让价为 7424500 元。2011 年 1 月 27 日，宝迪公司取得上述案涉土地使用权。至此，万和公司已履行将土地使用权变性并转移登记到宝迪公司名下的出资义务。自登记在宝迪公司名下之日起，案涉土地使用权即不再归万和公司所有。从上述协议还可知，当时只约定万和公司主要投资回报为所得建筑面积（含所有拆迁面积）确保 7000 平方米，其中商业用房面积不超过 6000 平方米，并未具体约定案涉土地使用权转移登记时的折算投资金额。也即，无论案涉土地使用权转移登记时的市场价值多少，宝迪公司都同意万和公司所要求的建筑面积（含所有拆迁面积）确保 7000 平方米，其中商业用房面积不超过 6000 平方米的投资回报。

第二，宝迪公司主张万和公司应向其给付案涉土地相关款项的主张缺乏依据。宝迪公司从万和公司处取得案涉土地使用权后，为改变土地使用权用途、调高容积率、建筑密度等指标获取更大商业利益，于 2012 年 3 月 27 日与兰州经济技术开发区土地储备中心签订《国有土地使用权收购合同》，由兰州经济技术开发区土地储备中心从宝迪公司手中收回了案涉土地使用权。2012年5月15日，兰州市国土资源局经济技术开发区分局发布案涉土地的拍卖和挂牌出让公告。将案涉土地使用权改变用途为二类居住用地，容积率小于等于8.9；建筑密度小于等于58%、绿地率大于等于6%。案涉土地使用权，起始价为5500万元。

由于竞买案涉土地使用权，将增加宝迪公司在案涉项目上的成本支出，为平衡合作双方的利益，在安宁区广电局见证下，万和公司与宝迪公司于2012年5月18日签订了《补充协议二》。从该协议书第三部分"本补充协议的法律效力"可知，该协议书是对万和公司与宝迪公司之前签订的项目协议书及《补充协议一》的补充，仅仅对项目土地使用权情况发生变化后，对宝迪向万和公司返还房屋的建筑面积的确认。原协议及补充协议的其他条款约定，仍以原协议及补充协议执行。由此可知，万和公司与宝迪公司签订《补充协议二》的目的仅仅是基于案涉土地使用权情况的变化，为平衡双方利益，将《补充协议一》约定的万和公司可得建筑面积由7000平方米降至6000平方米以降低宝迪公司风险，保证项目实现。由于《补充协议二》中已明确约定，除了万和公司可得建筑面积条款之外，原协议及补充协议的其他条款约定，仍以原协议及补充协议执行，故相比之前签订的若干协议，《补充协议二》并未增加万和公司的其他义务。进而，在其他协议均未约定万和公司应向宝迪公司给付土地相关款项的情况下，宝迪公司依据该《补充协议二》提出土地价款的主张，与该《补充协议二》的上述约定明显不符。

宝迪公司上诉还主张，依据《补充协议二》中"原协议土地由甲方投资，市场化后，土地按市场挂牌价出售。返还的土地出让金＋政府应返还甲方的资金，约占本次返还土地总价款的75%。25%由乙方支付"约定，万和公司应向其返还的垫资款为：案涉土地使用权挂牌出让价5600万元的75% − 2735.058万元（土地收购补偿价款）＝1464.942万元（垫资款）。而且，宝迪公司在二审庭审中还陈述，返还土地总价款，是其为购买改变用途后案涉土地使用权向政府支付的土地出让金5600万元。可见，宝迪公司认为案涉土地使用权出让金应作为"本次返还土地总价款"全部返还。但宝迪公司并未举证证明国家通过挂牌出让国有土地使用权所收取的土地出让金将会以"本次返还土地总价款"名义全部返还。

另外，宝迪公司在二审庭审中还自认，"返还的土地出让金＋政府应返还甲方的资金"中"返还的土地出让金"是"政府在收储的时候应返还给宝迪的资金,这个钱也确实给了"。事实上,从《国有土地使用权收购合同》可知,上述2735.058万元土地收购补偿款是根据该合同约定计算公式"土地收购补偿费=商业用途基准地价×70%+(出让成交价款-商业用途基准地价)×40%+被收购方实际缴纳的剩余出让年限土地出让金"计算得出。也即2735.058万元土地收购补偿款本身就包含了应返还的剩余年限土地出让金。根据合同相对性原则,上述土地出让金应返还的对象为签订《国有土地使用权收购合同》的案涉土地使用权人宝迪公司,而非与该合同无关的非案涉土地使用权人万和公司。而且,宝迪公司也在二审庭审中自认该笔土地出让金已返还给了宝迪公司。在《国有土地使用权收购合同》约定土地出让金返还对象为宝迪公司而非万和公司且宝迪公司已自认收到案涉土地出让金的情形下,宝迪公司还主张万和公司应支付该笔"返还的土地出让金",缺乏依据。至于"政府应返还给万和公司的资金",宝迪公司在二审庭审中称是政府应返还给万和公司的拆迁安置费用。但该说法与土地使用权收储及挂牌过程不符。案涉土地使用权最早是由万和公司作为合作投资转移登记到宝迪公司名下。之后,政府从案涉土地使用权人宝迪公司手中将土地使用权收储。最后,宝迪公司通过竞买从政府手中再次取得用途变更为居住用地的案涉土地使用权。根据合同相对性,即便政府要返还拆迁安置费用,也应返还给其收储或出让案涉土地使用权的交易对象宝迪公司,而不是已与土地使用权没有关系的万和公司。虽然宝迪公司以2012年7月21日的《汇报》作为返还拆迁安置费的依据,但该书面汇报落款为安宁区广电局和安宁区财政局,属于内部行政公文且未形成决议正式下发,不足以证明政府已同意向万和公司返还上述协议中所指的"政府应返还给万和公司的资金"。

由上,既然宝迪公司二审提交证据不足以证明万和公司欠付其垫资款14649420元,那么其以此为由抗辩万和公司要求其按约定交付案涉房屋的主张亦不能成立。

(二)关于万和公司是否应当向宝迪公司返还案涉175万元借款的问题。

宝迪公司主张返还案涉175万元的依据是补充协议书有明确约定,只是归还时间另行协商。二审法院认为,宝迪公司的该主张,不能成立。《补充协议一》中约定的关于案涉175万元借款的出借人都是宝迪投资公司,而非本案的宝迪公司。而万和公司在协议中也只是同意以现金方式归还给出借人而未约定为归还给宝迪公司。

二审庭审中，虽然宝迪公司陈述其是宝迪投资公司的子公司，宝迪投资公司为宝迪公司的母公司。但母子公司分别为独立的法人，各自以其名下财产对外独立享有民事权利、履行民事义务，承担民事责任。在宝迪公司未提交宝迪投资公司授权其收取案涉175万元借款债权证据的情形下，宝迪公司仅以其为宝迪投资公司的子公司为由，向万和公司主张案涉175万元借款债权，缺乏依据。此外，《补充协议一》对案涉175万元借款归还日期的约定为"归还日期另行协商"。这说明该协议并未明确约定万和公司向宝迪投资公司归还案涉175万元债权的具体时间，而是以另行协商方式确定。现宝迪公司并未举证证明宝迪投资公司与万和公司曾就该借款进行过另行协商且协商未果，亦不符合归还借款的约定。

（三）关于原审法院是否应追加安宁区广电局为本案当事人的问题。

宝迪公司上诉主张安宁区广电局是原合同一方，参与了案涉合同相关事项并在《补充协议二》上以丙方名义签章确认，参与了相关会议，是本案必须参加诉讼的当事人。二审法院认为，宝迪公司该上诉主张，不能成立。第一，安宁区广电局签订合同对象为宝迪投资公司。从一审已查明案情可知，虽然安宁区广电局曾就案涉项目签订过《安宁影剧院引资改造建设合同》《补充协议书》，但该两份合同的另一方当事人均为宝迪投资公司，而非宝迪公司。即便宝迪投资公司与宝迪公司为母子公司，两者仍为各自独立的法人，对外签订协议时均以自己名义，单独承担责任，不能等同对待。第二，安宁区广电局仅为《补充协议二》的见证人，而非合同一方当事人。宝迪公司起诉所依据的项目协议书、《补充协议一》《补充协议二》均与万和公司签订。尽管安宁区广电局曾经担任过万和公司的股东，但公司为合同当事人不等于股东也为合同当事人。另外，安宁区广电局虽在《补充协议二》以丙方身份签名、盖章，但该协议第三部分"3. 安宁区广电局为项目初始甲方，本次作为丙方对本协议予以见证确认"的表述足以证明，安宁区广电局仅为该协议的见证人，而非合同一方。

（四）关于宝迪公司上诉请求是否超出其一审反诉请求的问题。

宝迪公司的上诉请求为撤销一审判决第一、二、四项，改判驳回万和公司一审请求并支持宝迪公司反诉请求；或在项目协议书及补充协议继续履行的情况下，万和公司应先偿还宝迪公司垫付的土地出让金后方有权按照约定主张返还房屋拆迁补偿面积，或判令宝迪公司在万和公司欠付土地出让金的范围内减少返还的房屋拆迁补偿面积；或本案发回一审法院重新审理；相关全部诉讼费用由万和公司承担。而宝迪公司一审反诉请求为"1. 解除项目协议书及补充协议；2. 确认宝迪公司已替代万和公司完成对杨松、剑沱酒业、荔昌家居的安置责任并返还宝迪公司因安置产生的费用1635万元；3. 万和公司根据《补充协议一》归还175万元借款；4. 诉讼费用由万和公司承担。"

两者对比可知，宝迪公司的上诉请求：一方面要求支持其一审反诉请求，即包括支持解除项目协议书及补充协议的请求；另一方面，又主张在判令项目协议书及补充协议继续履行的情况下，万和公司应先偿还宝迪公司垫付的土地出让金后方有权按照约定主张返还房屋拆迁补偿面积等。显然，解除项目协议书及补充协议的请求与项目协议书及补充协议继续履行的请求是互相矛盾的。而且，宝迪公司关于万和公司应先偿还宝迪公司垫付的土地出让金14649420元后方有权按照约定主张返还房屋拆迁补偿面积或者宝迪公司在万和公司欠付土地出让金14649420元的范围内减少返还的房屋拆迁补偿面积的上诉请求中有关万和公司返还宝迪公司垫付的14649420元土地出让金这一请求，超出了宝迪公司一审反诉请求范围。

审理法院　最高人民法院
裁判时间　2017年10月27日
案　　号　最高人民法院（2016）最高法民终691号民事判决书
出　　处　《民事审判指导与参考》2018年第1辑（总第73辑）。

68. 合作开发房地产合同约定提供土地使用权的当事人只收取固定利益的，应认定为土地转让合同
——东营瑞康房地产开发有限公司与胜利油田泰恒实业总公司建设用地使用权转让合同纠纷案

裁判要点

合作开发房地产合同约定提供土地使用权的当事人只收取固定收益，既不存在按照投资比例进行利润分成的约定，也不存在承担该项目开发经营风险的约定，故不具有合作开发房地产合同所必需的"共享利润、共担风险"条件，应认定为建设用地使用权转让合同。

关 键 词 土地使用权 利润分配 合同性质

裁判理由 最高人民法院认为：关于二审法院认定案涉《合作开发协议书》的性质是否错误问题，根据《最高人民法院关于审理涉及国有土地使用权合同纠纷案件适用法律问题的解释》第二十四条之规定，共同投资、共享利润、共担风险是房地产合作开发合同的必要条件。本案《合作开发协议书》约定，泰恒公司享有土地所得收益包干价为800万元整，不承担合作开发项目的经营风险。在合同实际履行过程中，瑞康公司以自己的名义作为建设单位与施工单位签订建设工程施工合同，对建设项目对外独立承担责任；售楼期间楼房的销售所得由瑞康公司单独收取，瑞康公司单独管理经营项目账务，泰恒公司并非按照投资比例进行利润分担。上述约定明显系国有土地使用权转让的法律性质。

至于瑞康公司以《合作开发协议书》中已经约定了其应承担的相关义务，主张系泰恒公司应承担的风险。对此，从《合作开发协议书》中关于瑞康公司应承担的义务来看，第四条第3项和第六条第6项约定，在案涉建设用地使用权登记在泰恒公司名下的情况下，由泰恒公司协助瑞康公司以泰恒公司名义办理开工前的各项手续，及对建设项目的质量、进度实施管理监督权，以确保合作项目顺利进行；第四条第7项约定，泰恒公司对开发项目的冠名有主张权。第六条第1项约定，泰恒公司负责施工现场的"三通一平"及泵房拆迁建设工作。第六条第2项约定，泰恒公司负责新建住宅天然气接入许可工作，并协调解决水、电、暖气、弱电等的接入许可工作。第六条第3项约定：负责安排该项目竣工后的物业管理工作。第六条第7项约定，泰恒公司负责对地下地上管、线、沟的迁移。第八条第2项约定，泰恒公司负责聘请监理单位，由其负责工程质量监理；第八条第3项、第4项则进一步约定了泰恒公司的监督权。第九条则约定了双方的违约责任，第5项约定了"因甲方原因致使开发期限拖延停建或土地性质变更而影响乙方销售，甲方承担乙方损失。已支付甲方的款额全部退还乙方，并按本项第3条规定计息，土地权属依然归甲方。因此造成的乙方损失（不含利润）由甲方承担，并追付给乙方赔偿金100万元。"上述约定均是瑞康公司履行交付国有土地使用权过程中的权利义务，而非针对合作开发项目的经营风险的负担，这种风险恰恰是建设用地使用权转让合同中当事人的权利义务的真实意思表示，而非合作、合资开发房地产的共享利润、共担风险的意思表示，故虽然当事人之间的协议名称为"合作开发协议书"，但是鉴于泰恒公司在此"合作开发项目"中只收取固定收益，既不存在按照投资比例进行利润分成，也不存在承担该项目开发经营风险的约定，故不具有合作、合资开发房地产合同所必需的"共享利润、共担风险"条件，不符合合作、合资开发房地产合同的实质要件。

民事法律行为应探究当事人的真实意思表示，而不能仅仅根据当事人合同中所采用的合同名称即认定当事人之间的法律关系性质。本案基于瑞康公司与泰恒公司之间的真实意思系转让案涉建设用地使用权，故应认定为建设用地使用权转让合同。一、二审法院对本案当事人之间《合作开发协议书》的法律性质，认定事实清楚，适用法律正确，本院予以确认。瑞康公司关于本案当事人之间的纠纷性质应为合作、合资开发房地产纠纷的再审申请理由，理据不足，本院不予采信。

审理法院 最高人民法院
裁判时间 2015年6月8日
案　　号 最高人民法院（2015）民申字第943号民事裁定书
出　　处 中国裁判文书网。

69. 合作开发合同当事人均无房地产开发资质，但收购有资质企业进行开发的，合作开发合同为有效合同
——徐曼与孙然、海南伟亚实业有限公司合同纠纷案

裁判要点

合作开发房地产合同当事人虽不具备房地产开发经营资质，但通过收购具备房地产开发经营资质的企业对合作项目进行开发的，合作开发合同为有效合同。

关　键　词 合作开发　房地产开发资质　合同效力

裁判理由 最高人民法院认为：徐曼及孙然虽均为自然人，不具备房地产开发资质，但双方在《投资合作协议书》中明确约定共同投资成立"有限公司"开发建设凯莱项目，并实际通过股权转让方式获得具备房地产开发资质的伟亚公司的股权，房地产开发是由伟亚公司进行的，并非由徐曼、孙然

直接进行。因此,《投资合作协议书》并不存在《最高人民法院关于审理涉及国有土地使用权合同纠纷案件适用法律问题的解释》规定的应当认定合同无效的情形。孙然关于其与徐曼均为自然人,不具备房地产开发经营资质,双方签订《投资合作协议书》,投资合作开发房地产项目,根据《最高人民法院关于审理涉及国有土地使用权合同纠纷案件适用法律问题的解释》第十五条的规定,应认定无效的上诉理由不能成立。

徐曼、孙然、伟亚公司三方于 2010 年 1 月 30 日签订《协议书》,载明"根据现在的市场行情,三方同意确定该项目(即凯莱项目)纯利润 3 个亿。现因三方的经营思路的不同,徐曼同意退出该项目。为此,三方经友好协商,达成如下协议";第一条约定,无论项目盈亏情况如何,孙然、伟亚公司均应无条件向徐曼支付投资款本金、利息、投资收益 1.982 亿元,在该款项还清之前,徐曼仍保留项目 50% 的权益。由此可见,《协议书》的真实意思是将徐曼通过伟亚公司享有的凯莱项目的 50% 的权益转让给孙然,孙然向徐曼支付 1.982 亿元转让款作为对价,该意思表示真实,且不违反我国法律、行政法规的规定,应当认定有效。《协议书》第二条第九项关于最长不得超过 8 个月的约定,是对孙然支付股权转让款期限的约定,并非合同生效条件的约定。《协议书》并非附生效条件的合同,一审判决认为《协议书》系附生效条件的合同,且因生效条件未成就而未生效,适用法律错误,应予纠正。孙然主张其签订《协议书》是受胁迫而为,但并未举出充分的证据予以证明,故该抗辩理由不能成立。

审理法院　最高人民法院
裁判时间　2016 年 3 月 2 日
案　　号　最高人民法院(2015)民一终字第 305 号民事判决书
出　　处　中国裁判文书网。

70. 合作开发房地产合同一方即使抽逃出资，仍可按原约定比例分配利润
——曾宪明与徐州咪兰房地产开发有限公司、徐先超合资、合作开发房地产合同纠纷案

> **裁判要点**
>
> 合作开发房地产合同的一方当事人未按约定出资，如另一方当事人同意按照原约定的分配比例分配利润的，双方仍应按原约定的分配比例分配利润，而不是按实际投资比例分配利润。

关 键 词 合作开发 抽资出逃 利润分配

裁判理由 最高人民法院认为：关于一、二审判决适用法律是否确有错误。本院认为，根据二审查明的事实，徐先超、曾宪明存在合资、合作开发房地产法律关系，进而适用《最高人民法院关于审理涉及国有土地使用权合同纠纷案件适用法律问题的解释》第十五条之规定，适用法律并无不当。二审判决认定，咪兰公司注册成立后仅数日该300万元借款即由咪兰公司用房屋预售款返还给了任永红，构成抽逃出资，曾宪明并未实际完成投资义务，徐先超对此知晓并予以认可，在《补充协议》中仍约定了对咪兰公司账上存款及售房款五五分配，与之前《联合开发协议》的利润分配约定相符，此约定为当事人的真实意思表示，不违反法律、行政法规的强制性规定。双方合作期间，徐先超并未提出曾宪明未出资不应享受利润分配。现咪兰公司、徐先超主张曾宪明没有投资不应享有利润分成，与双方的约定不符，二审判决对其主张不予支持，并无不当。咪兰公司、徐先超关于应适用《最高人民法院关于审理涉及国有土地使用权合同纠纷案件适用法律问题的解释》第二十二、二十三条之规定，判决曾宪明无权请求分配利润的再审申请理由，本院不予支持。

审理法院 最高人民法院
裁判时间 2016年5月30日
案　　号 最高人民法院（2016）最高法民申363号民事裁定书
出　　处 中国裁判文书网。

71. 国有企业签订合作开发房地产合同未经批准不影响合同效力
——长子县鑫华房地产开发有限公司与山西省
长子县淀粉厂合作开发房地产合同纠纷上诉案

> **裁判要点**
>
> 《企业国有资产法》第三十一条规定，国有独资企业、国有独资公司合并、分立，增加或者减少注册资本，发行债券，分配利润，以及解散、申请破产，由履行出资人职责的机构决定，并未规定国有企业签订合作开发房地产合同需要履行报批手续。故国有企业签订合作开发房地产合同未经批准并不影响合同效力。

关 键 词 国有企业 合作开发 合同效力

裁判理由 最高人民法院认为：长子县工商企业改制领导组对《长子县淀粉厂企业改制方案》的批复［长企改字（2007）2号］及长子县人民政府关于淀粉厂改制有关事宜的会议纪要［长政纪字（2007）6号］，均证明政府许可淀粉厂与他人合作开发房地产，并非淀粉厂管理层自行对国有资产进行处置。在政府批复同意淀粉厂改制并将占用划拨土地依法变性用于房地产开发情形下，淀粉厂有权自主选定合作伙伴共同合作开发房地产项目。《企业国有资产法》第三十一条规定，国有独资企业、国有独资公司合并、分立，增加或者减少注册资本，发行债券，分配利润，以及解散、申请破产，由履行出资人职责的机构决定，并未规定国有企业签订合作开发房地产合同需要履行报批手续。并且《企业国有资产法》自2009年5月1日起施行，而《协议书》于2007年5月10日签订，亦不宜适用《企业国有资产法》认定协议未生效。双方签订的合作开发房地产合同明确约定土地变性、合作开发等应履行法定程序，约定内容合法；鑫华公司已依约支付大部分出资，合同成立并生效，且已部分实际履行。一审判决认定案涉协议未经批准或者备案，适用《合同法》第四十四条第二款规定认定案涉合同未生效有误。

审理法院 最高人民法院
裁判时间 2016年12月27日

案　　号　最高人民法院（2014）民一终字第308号民事判决书
出　　处　中国裁判文书网。

第七节　建设工程合同

72. 只有在审理《最高人民法院关于审理建设工程施工合同纠纷案件适用法律问题的解释》涉及的建设工程施工合同纠纷案件时才适宜认定实际施工人的身份
——李建国与孟凡生、长春圣祥建筑工程有限公司等案外人执行异议之诉案

> **裁判摘要**
>
> 实际施工人是《最高人民法院关于审理建设工程施工合同纠纷案件适用法律问题的解释》中规定的概念，因其规范情形之特定性，故亦应在该规范所涉之建设工程施工合同纠纷案件中，才适宜对实际施工人的身份作出认定。

关　键　词　实际施工人　司法解释　身份认定

裁判理由　最高人民法院认为：原判决认定李建国系蓝天佳苑二期工程的实际施工人，超出了本案的审理范围。实际施工人是《最高人民法院关于审理建设工程施工合同纠纷案件适用法律问题的解释》中规定的概念，旨在对于那些已实际施工诉争工程但无法因合同关系主张工程款的人予以限制性保护，因其规范情形之特定性，故亦应在该规范所涉之建设工程施工合同纠纷案件中，才适宜对实际施工人的身份作出认定。本案系案外人执行异议之诉，并非是实际施工人以发包人和承包人为被告提起的建设工程施工合同纠纷，原判决认定李建国为蓝天佳苑二期工程的实际施工人，一方面超出了本案的审理范围，另一方面因一、二审法院并非针对建设工程施工合同纠纷进行审理，并未围绕该工程所涉各方之诉辩主张、举证质证情况进行庭审、判断及裁决，故作出该认定可能有失公正且可能对于该工程所涉各方之权利义务关系造成一定影响。因此，原判决作出的关于李建国为蓝天佳苑二期工程

的实际施工人的认定欠妥,本院予以纠正。

审理法院 最高人民法院
裁判时间 2016 年 7 月 28 日
案　　号 最高人民法院(2016)最高法民再 149 号民事判决书
出　　处 《最高人民法院公报》2017 年第 2 期。

73. 合同履行过程中的正常变更与黑白合同的认定
——唐山凤辉房地产开发有限公司与赤峰建设建筑(集团)有限责任公司建设工程施工合同纠纷案

> **裁判要点**
> 　　双方当事人在中标合同履行过程中,为了赔偿一方停工损失而对工程价款结算方式进行的变更约定,其实质为关于损失赔偿的约定,属于合同履行过程中的正常变更,不属于《最高人民法院关于审理建设工程施工合同纠纷案件适用法律问题的解释》第二十一条规定的"黑合同",其效力应予以认可,可作为双方结算的依据。

关　键　词　合同变更　黑白合同
裁判理由　最高人民法院认为:
(一)关于赤峰建设公司的工程款如何认定的问题

根据已查明事实,赤峰建设公司退场时,本案所涉工程尚未完工。对于其所完成的工程部分的价款如何计算,双方存在以下几方面的争议:(1)结算方式如何认定。凤辉公司主张应按照 2007 年 12 月 18 日的《建设工程施工合同》约定的可调价方式进行结算;赤峰建设公司主张应按照 2010 年 7 月 10 日的《补充协议书》约定的固定单价方式进行结算。上述两协议均为双方当事人真实意思表示,内容不违反法律、法规的强制性规定,应为合法有效,双方应依约履行。因《补充协议书》签订在后,且对《建设工程施工合同》的约定进行了变更,双方应按照《补充协议书》约定的固定单价方式进行结算。凤辉公司虽称《补充协议书》是迫于政府部门、施工进度、工期、返迁等各种压力签订,但并没有否认此协议书的真实性,也没有主张撤销,所以

《补充协议书》对其仍有拘束力。《最高人民法院关于审理建设工程施工合同纠纷案件适用法律问题的解释》第二十一条关于"当事人就同一建设工程另行订立的建设工程施工合同与经过备案的中标合同实质性内容不一致的,应当以备案的中标合同作为结算工程价款的依据"之规定针对的是当事人在中标合同之外另行签订建设工程施工合同,以架空中标合同、规避中标行为和行政部门监管的情形,而《补充协议书》是在双方履行《建设工程施工合同》过程中,为了解决因工程多次停工给赤峰建设公司造成的损失而签订,只是变更了结算方式,《建设工程施工合同》其他条款仍然有效,并且双方在2012年11月22日的《会议纪要》上对此结算方式再次确认,当地住建局工作人员也在《会议纪要》上签字认可。因此,《补充协议书》属于双方当事人在合同履行过程中经协商一致的合同变更,不属于《最高人民法院关于审理建设工程施工合同纠纷案件适用法律问题的解释》第二十一条规定的情形。2013年2月1日《补充协议》约定双方核算工程量及完成产值,但此后双方未能按约进行核算,故凤辉公司认为该《补充协议》已将结算方式由"固定单价"再次变更为"可调价方式",从而主张按可调价方式进行结算的上诉理由不成立。

(2) 采用固定单价如何计算工程款。《补充协议书》约定的固定单价,指的是每平方米均价,针对的是已经完工的工程。根据已查明事实,赤峰建设公司退场时,案涉工程尚未完工。此种情形下工程款如何计算,现行法律、法规、司法解释没有作出规定。一审判决先以固定单价乘以双方约定的面积计算出约定的工程总价款,再通过造价鉴定计算出赤峰建设公司完成的部分占整个工程的比例,再用计算出的比例乘以约定的工程总价款确定赤峰建设公司应得的工程价款,此种计算方法,能够兼顾合同约定与工程实际完成情况,并无不当。

(3) 关于造价鉴定问题。《最高人民法院关于民事诉讼证据的若干规定》第二十七条规定,"当事人对人民法院委托的鉴定部门作出的鉴定结论有异议申请重新鉴定,提出证据证明存在下列情形之一的,人民法院应予准许:(一) 鉴定机构或者鉴定人员不具备相关的鉴定资格的;(二) 鉴定程序严重违法的;(三) 鉴定结论明显依据不足的;(四) 经过质证认定不能作为证据使用的其他情形。对有缺陷的鉴定结论,可以通过补充鉴定、重新质证或者补充质证等方法解决的,不予重新鉴定。"本案一审审理过程中,鉴定机构的选定经过了法定程序,其在鉴定过程中听取了双方当事人的意见,最终作出的鉴定意见经过了庭审质证，鉴定人员也出庭接受了质询，凤辉公司上诉申请重新鉴定，但没有提交证据证明存在上述情形，故对其重新鉴定的申请不予准许。一审法院委托鉴定机构按照定额进行鉴定，是为了确定赤峰建设公司完成的部分占整个工程的比例，而不是直接采用鉴定意见作为工程款数额，并不违背《最高人民法院关于审理建设工程施工合同纠纷案件适用法律问题的解释》第二十二条规定，不存在适用法律错误的问题。

（4）工程面积如何确定。凤辉公司上诉主张《会议纪要》不具有法律效力，主张11号、12号、13号、14号楼这四栋楼地下室面积不应算作商业建筑面积以及对13号楼地下室面积记载错误。对此，本院认为，第一，《会议纪要》由双方的工作人员参加，其中凤辉公司的参会人员为张宇、赵晓锁，凤辉公司虽然在二审庭审中称此二人没有得到其授权，但一审时经过双方质证、凤辉公司认可真实性的2010年7月14日《凤辉和赤峰对账情况表》上也有赵晓锁的签字，因此，在凤辉公司对《会议纪要》的形成以及所记载内容的真实性均予以认可的情形下，应认为张宇、赵晓锁的参会行为是职务行为，应由凤辉公司承担相应法律后果。即《会议纪要》的内容由凤辉公司和赤峰建设公司讨论议定，是双方当事人的真实意思表示，应具有协议的法律效力，在双方没有形成新的协议推翻其所记载的内容之前，对双方应具有拘束力。第二，按照《会议纪要》第（一）条第2项记载，11号、12号、13号、14号这四栋楼的地下室面积列在"商业建筑面积"中，此为双方自愿达成的合意，按照诚实信用原则，凤辉公司应对自己作出的民事行为承担相应的法律后果，故其关于该点的上诉理由不成立。第三，对于13号楼地下室的建筑面积问题，《会议纪要》并未单独列明，只是计算了四栋楼的地下室总面积。并且凤辉公司在一审时就此问题并未提出异议，应视为认可，其在二审庭审中陈述的"在一审时没有发现，所以没有提"的理由不能成立，依据《最高人民法院关于适用〈中华人民共和国民事诉讼法〉的解释》第三百四十二条"当事人在第一审程序中实施的诉讼行为，在第二审程序中对该当事人仍具有拘束力。当事人推翻其在第一审程序中实施的诉讼行为时，人民法院应当责令其说明理由。理由不成立的，不予支持"之规定，凤辉公司关于13号楼地下室面积计算错误的上诉理由不成立。第四，按照《会议纪要》记载，《会议纪要》所载的工程量建筑面积是以当地住建局房产部门测算为依据。凤辉公司虽不认可该面积，但也没有提出有充分证据证明的新的数据。（5）应否扣除因质量问题造成的返工、返修费用。凤辉公司虽然在一审答辩时提出案涉工程存在质量问题，但并未就质量问题的存在以及因此发生的返工、返修费用提交相应证据证明，因此其关于此点的上诉理由不成立。其就质量问题可另行起诉。综上，一审判决对赤峰建设公司工程款的认定并无不当，凤辉公司关于工程款的上诉理由均不成立。

（二）关于停工损失数额如何认定的问题

依据 2011 年 12 月 16 日《补充协议书二》第五条约定，凤辉公司同意补偿赤峰建设公司损失 2000 万元；依据该协议书第九条约定，该协议书签订后，若凤辉公司应付款项不能在三日内到账，每延期一天，承担赤峰建设公司因停工所造成的各项损失合计 50000 元。该协议书是双方当事人真实意思表示，内容合法有效，双方当事人应依约履行。一审判决依据该协议书约定，酌情确定三个月的合理期限，从而认定凤辉公司应赔偿赤峰建设公司 2011 年 12 月 16 日之前的停工损失 2000 万元、2011 年 12 月 17 日之后的停工损失 450 万元并无不当，凤辉公司关于此点的上诉理由不成立。

（三）关于凤辉公司应否赔偿赤峰建设公司 43873 元财物损失的问题

关于 43873 元财物损失，赤峰建设公司提交了记载有具体财物、损失原因的四份《证明》，四份《证明》上均有凤辉公司工作人员的签名，凤辉公司对签名的真实性予以认可。因此，一审判决据此认定凤辉公司应赔偿赤峰建设公司 43873 元财物损失并无不当，凤辉公司关于此点的上诉理由不成立。

（四）关于凤辉公司应否退还 30 万元保证金的问题

《会议纪要》第（三）项约定"赤建集团缴纳的保证金 30 万元，唐山凤辉房地产公司支付给赤建集团"，同时第（五）项约定"由于工程时间较长，2011 年 12 月 16 日协商会上，唐山凤辉房地产梅总同意不再扣押质保金"。因此，一审判决据此认定凤辉公司应退还 30 万元保证金并无不当，凤辉公司关于此点的上诉理由不成立。

审理法院　最高人民法院
裁判时间　2016 年 1 月 15 日
案　　号　最高人民法院（2015）民一终字第 309 号民事判决书
出　　处　《民事审判指导与参考》2015 年第 4 辑（总第 64 辑）。

74. 发包人不得仅以与分包人另行签订分包合同并实际支付工程款为由，抗辩总承包人给付分包部分工程款的请求

——陕西省咸阳市建筑安装工程总公司与宁夏银峰房地产开发有限公司建设工程施工合同纠纷上诉案

> **裁判要点**
>
> 在分包工程承包人同时签订合法分包合同与违法发包合同的情形下，分包人究竟履行的是哪份合同应当依据施工过程中形成的《工程质量验收记录》《工作联系函》等证据材料的记载内容进行综合判断。发包人不得仅以其与分包工程承包人签订了分包合同并向分包人实际给付了工程款来抗辩总承包人关于分包部分工程款的给付请求。

关 键 词 建设工程施工合同 工程款

裁判理由 最高人民法院认为：

（一）关于银峰公司应向咸阳公司支付案涉工程款的具体数额问题

1. 案涉外墙保温及涂料部分造价（包括垂直运输下浮15%的造价）是否应计入工程总造价的问题。本案二审中，本院组织了咸阳公司、银峰公司和深圳公司等三方进行询问。经核实，三方当事人对外墙及涂料部分工程的价款和施工面积没有争议，即：真石漆的总面积为：9389.42㎡；乳胶漆总面积：5654.25㎡。相应地管理费提取情况为：真石漆部分提取管理费22元×9389.42＝206567.24元；乳胶漆部分提取管理费：85元×5654.25×15%＝72091.6875元。以上咸阳公司有权收取的管理费合计为：206567.24元＋72091.6875元＝278658.928元。对此，银峰公司同意将该管理费纳入应付工程款中。

在询问中，咸阳公司同意外保温部分工程款只收取上述管理费，但要求垂直升降费应按一审处理。但银峰公司认为应该扣掉15%。就此，银峰公司仅有其单方主张，并没有提供充分证据加以证明，不予支持。另外，三方当事人一致同意保温工程费用刨去管理费后的其他工程款由银峰公司与深圳公司另行解决。由上，双方当事人二审中关于外墙保温工程款从本案中剥离，咸阳公司只收取管理费278658.928元的确认，属于当事人真实意思表示，不

违反法律行政法规的规定,应予确认。

2. 关于案涉商品混凝土 2% 的单价优惠是否应计入工程总造价的问题。首先,案涉《商品混凝土销售合同》第八条约定:"4. 本次商品砼合同价为参考第三期材差文件价格,结算时以当期信息价优惠 2%,结合工程量进入结算。"由该条款可知,案涉 2% 的优惠价是金长城公司单方对咸阳公司的让利。从合同相对性角度而言,该让利行为仅是金长城公司针对咸阳公司这一特定交易相对方实施,属于买卖双方之间的权利义务的约定。而银峰公司在该合同中只是保证人身份,而不是买卖双方中任何一方,故该合同中主要权利义务的约定都对银峰公司不产生约束力。也即,银峰公司不能以合同保证人身份主张得到该让利优惠。其次,案涉《鉴定报告》中商砼价格按信息价计入符合双方的约定。根据案涉《补充协议》第四条约定的工程结算依据为:"宁夏 (2000) 预算定额和取费标准及相关文件和当地政府的新规定、合同、协议、招投标文件、施工图纸、工程变更、洽商、法律法规、政府公开的市场信息价、甲方签认的采购价、合同价款及调整 [13.1(2)] 节之约定等。"可知,市场信息价是咸阳公司与银峰公司约定的案涉商品砼的计价依据。由上,一审法院以《鉴定报告》确定的商品砼信息价作为咸阳公司与银峰公司之间计价依据,而不将金长城公司单方给咸阳公司的 2% 优惠进行扣减,并无不当。

3. 关于案涉卫生间涂膜防水造价是否应计入工程总造价的问题。第一,咸阳公司在对案涉卫生间涂膜防水施工完毕后未通知银峰公司和监理单位的行为,违反了相关规定。根据《建筑工程质量管理条例》第三十条"施工单位必须建立、健全施工质量的检验制度,严格工序管理,做好隐蔽工程的质量检查和记录。隐蔽工程在隐蔽前,施工单位应当通知建设单位和建设工程质量监督机构"之规定,案涉卫生间涂膜防水工程作为一种隐蔽工程,在完工后隐蔽前,咸阳公司应依法通知银峰公司和建设工程质量监督机构。但从二审庭审可知,咸阳公司认为,对案涉卫生间涂膜防水工程的验收就是"监理现场看,不做不能往下走。既然往下走,就说明没有问题。"对咸阳公司所谓监理单位"现场看,现场把关"的观点,咸阳公司既没有提供该验收模式的法律依据,也未提供证据证明监理单位对案涉卫生间涂膜防水工程的验收采取了上述模式。第二,银峰公司提供的关于案涉卫生间防水材料高度的证据证明力明显大于咸阳公司提供证据的证明力。从银峰公司提供的相关照片来看,案涉卫生间防水材料的高度显然没有 1.8 米。除此之外,银峰公司还提供了监理单位关于防水材料卷起高度为300毫米的证明。2014年5月6日，五环公司作为案涉工程监理单位出具的《工程施工情况证明》，证明案涉住宅楼卫生间防水工程施工时，卫生间内墙四周防水材料卷起高度为300毫米。至于咸阳公司提供的案涉卫生间防水材料高度为1.8米的证据，则仅有相关设计图纸要求和其单方陈述。两者相较，银峰公司关于案涉卫生间涂膜防水工程高度为300毫米的证据比咸阳公司提交的关于案涉卫生间涂膜防水工程高度为1.8米的证据更具有证明力，故该项工程款382170.13元应从工程总造价中扣除。

4. 关于案涉细石混凝土垫层造价是否应计入工程总造价的问题。第一，银峰公司关于细石混凝土垫层造价应包含在地热工程中的主张仅有其单方陈述，并无其他证据证明。二审中，银峰公司承认不仅地热工程要用细石混凝土，而且施工的其他方面例如地平也可能要用细石混凝土。在此前提下，仅凭其单方陈述，不足以得出案涉《鉴定报告》将细石混凝土纳入工程造价计算错误的结论；第二，混凝土垫层施工并不限于地热工程范围内。根据银峰公司提交的《地暖施工合同》第二条、第七条第8项可知，银峰公司与巨鹏公司之间约定的地暖工程不包括混凝土层施工。而是将混凝土施工交由土建施工方单独完成。相应地，混凝土垫层部分造价也纳入到土建工程部分统一结算；第三，案涉《鉴定报告》所确认的地热工程造价510405.88元中不包括细石混凝土垫层造价部分。从一审判决可知，一审法院认定地热工程造价510405.88元的依据是咸阳公司提交的《建筑工程分包合同》（地热工程）《工程结算单》《付款凭证》等。但单就其中两张《工程结算单》中记载的地热工程造价就已高达727804元。之所以两者之间存在较大差距，主要是因为后者包括了细石混凝土的造价在内，而前者则是在案涉《鉴定报告》中将土建施工方完成的地热工程中混凝土部分纳入到了土建工程部分统一确定工程总造价。

5. 关于案涉电动机接线及系统联动调试工序造价是否应计入工程总造价的问题。第一，咸阳公司不能提供证据证明其已实施案涉电动机接线及系统联动调试工序。本案中，咸阳公司作为承包方有义务对案涉工程进行电动机接线以及系统联动调试，并提供证据对其调试行为加以证明。但咸阳公司虽主张其在案涉工程交付前实施了上述工序，但并未提供证据证明，应承担证明不能的相应后果；第二，电动机接线及系统联动即便正常运行也不能必然得出咸阳公司已实施上述工序的结论。本案二审中，咸阳公司虽主张既然案涉工程使用正常就说明必然进行了调试，但其并未提供证据证明上述工序不调试就必然会导致案涉工程使用不正常。从日常生活经验而言，即便系统联动等工序未经调试，案涉工程使用也有可能使用正常。故在咸阳公司未就案涉工序调试充分举证的情形下，对其该主张不予采信。相应地，该项工序的造价249812.03元应从工程总造价中扣除。

6. 关于案涉应付款差价是否应作为银峰公司的已付款。银峰公司上诉主张，相关电费分摊明细表足以证明案涉30555元电费已经产生。但其提供的相关凭证仅为其单方制作，并未经过咸阳公司事后确认。在咸阳公司不确认该款项的情况下，仅凭其单方制作的凭证不能证明上述电费是在咸阳公司施工过程中产生，更不能得出应由咸阳公司承担的结论。

7. 关于保修期内发生的工程维修费是否应从工程总造价中扣除的问题。本案中，银峰公司虽然提交了案涉工程售后方面的证据，证明涉案工程部分存在质量问题需要维修，但其并未提供证据证明已向咸阳公司发出维修的通知。而且，银峰公司也没有提供关于维修的相关凭证已送达咸阳公司的证据。因此，咸阳公司有权按约定不承担银峰公司委托其他人员修理所支出的费用。

8. 关于案涉钢材款是否应从工程总造价中扣除的问题。黄天虎在《询问笔录》中陈述，案涉钢材是其负责签收，并卸到案涉工程一标段的材料现场，上面还有供材方甲方公司韩中正和吴彬的签字。但其不记得具体是谁要求其签收该批钢材，也不知道这批钢材具体用到什么地方。另外，银峰公司还提供了公安机关对王占云的《询问笔录》加以佐证。对此，咸阳公司抗辩称，黄天虎的证人证言不足以证明咸阳公司已收到案涉钢材。其主要理由是，第一，《施工合同》约定的案涉工程由咸阳公司总包，未约定银峰公司供应钢材。故银峰公司主张供应钢材没有书面依据；第二，咸阳公司接收材料的相关凭证上都会加盖咸阳公司的公章加以确认，但黄天虎所签收的钢材提货单上只有其签名，并无其他咸阳公司的公章确认。本院认为，既然银峰公司对案涉钢材款已由银峰公司接受只有证人证言，没有其他证据加以证明。而黄天虎没有在二审中出庭作证，银峰公司也未向法院申请其出庭作证，故无法在二审庭审中核实其证人证言的真实性。在双方当事人未约定银峰公司供应钢材且咸阳公司没有在相关提货单上按惯例加盖公章予以确认的情况下，本院根据《最高人民法院关于民事诉讼证据的若干规定》第七十三条"双方当事人对同一事实分别举出相反的证据，但都没有足够的依据否定对方证据的，人民法院应当结合案件情况，判断一方提供证据的证明力是否明显大于另一方提供证据的证明力,并对证明力较大的证据予以确认"之规定,依法确认咸阳公司提供证据的证明力。

9. 关于咸阳公司是否多领取了甲供材料的问题。银峰公司提供的相关材料单据上只有材料员签字没有加盖公章,而咸阳公司则主张甲供材料接收应以加盖该公司公章确认为准,未加盖公章的,不予确认。经查,由于咸阳公司接收材料的人员流动较大,仅凭相关人员的签名很难确认咸阳公司已签收材料。既然双方当事人在施工过程中已采取由咸阳公司盖章确认方式签收材料,那么仅凭相关单据有相关人员的签名,而无咸阳公司盖章确认时,不能得出咸阳公司已收到材料的必然结论。

10. 关于案涉钢筋机械接头款是否应计入工程总造价的问题。首先,当时的相关规定并未强制要求对机械接头验收的一个验收批为500个机械接头。根据《钢筋机械连接通用技术规程》(JGJ107-2003)中"6.0.4 接头的现场检验按验收批进行。同一施工条件下采用同一批材料的同等级、同型式、同规格接头,以500个为一个验收批进行检验与验收,不足500个也作为一个验收批。"可知,一个验收批所验收的机械接头未必有500个。相应地,一个验收批对应的试验报告未必就能证明有500个机械接头;其次,咸阳公司提交的大部分《试验报告》记载的机械接头数量也与500个相去甚远,无法证明其所主张的一份《试验报告》就能对应500个机械接头这一结论。

审理法院　最高人民法院
裁判时间
案　　号　最高人民法院(2014)民一终字第70号民事判决书
出　　处　《民事审判指导与参考》2016年第1辑(总第65辑)。

75. 发包人与实际施工人直接签订合同的，实际施工人可以直接向发包人主张权利

——中铁二局股份有限公司与李春久
建设工程施工合同纠纷上诉案

> **裁判要点**
>
> 发包人与实际施工人直接签订的合同对于合同双方均有拘束力，实际施工人可以直接向发包人主张权利，不受《关于审理建设工程适用法律问题的解释》第二十六条的规定的限制。

关 键 词　建设工程　施工合同　共同承包

裁判理由　最高人民法院认为：（一）关于是否应当追加圣奇公司为第三人的问题。中铁二局上诉认为，一审法院应追加圣奇公司为第三人。其主要理由是，中铁二局独立投标并独立与招标人签订施工总承包合同，后将中标工程分包给各施工单位，包括中隧公司，中隧公司权利义务后由圣奇公司承继。中铁二局与中隧公司（圣奇公司）之间是发包人与承包人的关系。一审应将圣奇公司追加进来，并查明《合作经营协议》的具体内容。本院认为，《退场清算协议》系中铁二局与李春久签订。中铁二局作为合同一方，应当受该合同的约束。本案是李春久依据《退场协议书》起诉请求中铁二局支付工程款，即使其与中隧公司、圣奇公司对于涉案工程款的支付问题有约定，也不能约束李春久。中铁二局提到的《合作经营协议》，其本是协议的当事人，但并未提交该协议，故其以查明《合作经营协议》为由要求法院追加圣奇公司为第三人的理由不能成立，且其一审时并未提出追加第三人，因此，对于其追加圣奇公司为第三人的主张，本院不予支持。

（二）关于中铁二局和圣奇公司是否构成共同承包的问题。中铁二局认为其与圣奇公司是总包、分包关系。主要证据是两份《合作投标框架协议》及中铁二局和圣奇公司 2011 年 12 月 10 日签订的《协议》。本院认为，中铁二局所举示证据，不足以证明中铁二局与圣奇公司之间是总分包关系。两份《合作投标框架协议》，一份是中铁二局和黑龙江源鑫海设备租赁有限公司签订，另一份所涉项目非本案诉争项目，均与本案无关。从中铁二局和圣奇公

司于 2011 年 12 月 10 日所签《协议》的内容看,"甲乙双方在兰新铁路第二双线 LXTJ5 标工程投标过程中,为整合资源,发挥双方优势,确保中标,双方签订《合作经营协议》联合投标",一审判决据此认定中铁二局与圣奇公司系兰新铁路第二双线 LXTJ5 标工程共同承包人并无不当。另《退场协议书》系中铁二局单方向李春久出具,中铁二局作为《退场协议书》的一方,为该合同的义务履行主体,无论中铁二局与圣奇公司是否构成共同承包关系,中铁二局均应承担《退场协议书》中其应履行的义务。

3. 关于《退场协议书》和计价审核表能否作为给付李春久工程款依据的问题。根据一审查明的事实,李春久系中铁二局项目部四工区第四作业队的负责人,进行了路基土石方工程的施工。虽然李春久和中铁二局之间未签订书面施工合同,但李春久提供的计价审核表、《退场协议书》及施工资料等证据,能够证明其在涉案项目中提供了劳务作业,对此中铁二局并未提出异议。中铁二局与李春久之间存在事实上的劳务施工合同关系。《退场协议书》系中铁二局与李春久签订,两者之间存在直接的合同关系,李春久可以依据《退场协议书》向中铁二局主张权利,本案并不适用《关于审理建设工程施工合同纠纷适用法律问题的解释》第二十六条的规定,即使其与圣奇公司结清工程款,其亦应履行《退场协议书》中的义务。2012 年 6 月 25 日《退场协议书》是中铁二局项目部四工区和李春久签订,盖有中铁二局项目部四工区的印章,为当事人真实意思表示,双方当事人均应受其约束。中铁二局提交的《承诺书》和《集体承诺书》以及撤销中铁二局项目部四工区的证据并不能证明中铁二局的主张。四工区是中铁二局内设机构,四工区何时撤销,李春久对此并不知情,承诺书仅对承诺人和中铁二局产生约束力。如果中铁二局认为中铁二局项目部四工区印章的实际控制人存在有违承诺书的行为,可以另行主张权利。中铁二局还将叶勇的陈述作为证人证言提交。叶勇系中铁二局一审时的代理人,不能作为证人作证。一审判决以《退场协议书》、计价审核表等为依据,判令中铁二局支付欠付工程款并无不当。

审理法院　最高人民法院
裁判时间　2015 年 12 月 14 日
案　　号　最高人民法院(2015)民一终字第 248 号民事判决书
出　　处　《民事审判指导与参考》2016 年第 1 辑(总第 65 辑)。

76. 约定了平方米均价的未完工程价款的结算
——唐山凤辉房地产开发有限公司与赤峰建设建筑（集团）
有限责任公司建设工程施工合同纠纷案

裁判要点
对于在施工合同中约定按照平方米均价进行结算的未完工程，对已完工程部分进行结算时，应尊重当事人的约定。可先以合同约定的平方米均价乘以总面积数计算得出约定的总价款，再通过鉴定确定已完工程的工程量占全部工程量的比例，最后以总价款乘以比例得出已完工程的工程价款。

关 键 词　建设工程施工合同　工程价款
裁判理由　最高人民法院认为：
（一）关于赤峰建设公司的工程款如何认定的问题。根据已查明事实，赤峰建设公司退场时，本案所涉工程尚未完工。对于其所完成的工程部分的价款如何计算，双方存在以下几方面的争议：

1. 结算方式如何认定。凤辉公司主张应按照2007年12月18日的《建设工程施工合同》约定的可调价方式进行结算；赤峰建设公司主张应按照2010年7月10日的《补充协议书》约定的固定单价方式进行结算。上述两协议均为双方当事人真实意思表示，内容不违反法律、法规的强制性规定，应为合法有效，双方应依约履行。因《补充协议书》签订在后，且对《建设工程施工合同》的约定进行了变更，双方应按照《补充协议书》约定的固定单价方式进行结算。凤辉公司虽称《补充协议书》是迫于政府部门、施工进度、工期、返迁等各种压力签订，但并没有否认此协议书的真实性，也没有主张撤销，所以《补充协议书》对其仍有拘束力。《最高人民法院关于审理建设工程施工合同纠纷案件适用法律问题的解释》第二十一条关于"当事人就同一建设工程另行订立的建设工程施工合同与经过备案的中标合同实质性内容不一致的，应当以备案的中标合同作为结算工程价款的依据"之规定针对的是当事人在中标合同之外另行签订建设工程施工合同，以架空中标合同、规避中标行为和行政部门监管的情形，而《补充协议书》是在双方履行《建设工程施工合同》过程中，为了解决因工程多次停工给赤峰建设公司造成的损失而签订，只是变更了结算方式，《建设工程施工合同》其他条款仍然有效，并且双方在 2012 年 11 月 22 日的《会议纪要》上对此结算方式再次确认，当地住建局工作人员也在《会议纪要》上签字认可。因此，《补充协议书》属于双方当事人在合同履行过程中经协商一致的合同变更，不属于《最高人民法院关于审理建设工程施工合同纠纷案件适用法律问题的解释》第二十一条规定的情形。2013 年 2 月 1 日《补充协议》约定双方核算工程量及完成产值，但此后双方未能按约进行核算，故凤辉公司认为该《补充协议》已将结算方式由"固定单价"再次变更为"可调价方式"，从而主张按可调价方式进行结算的上诉理由不成立。

2. 采用固定单价如何计算工程款。《补充协议书》约定的固定单价，指的是每平方米均价，针对的是已经完工的工程。根据已查明事实，赤峰建设公司退场时，案涉工程尚未完工。此种情形下工程款如何计算，现行法律、法规、司法解释没有做出规定。一审判决先以固定单价乘以双方约定的面积计算出约定的工程总价款，再通过造价鉴定计算出赤峰建设公司完成的部分占整个工程的比例，再用计算出的比例乘以约定的工程总价款确定赤峰建设公司应得的工程价款，此种计算方法，能够兼顾合同约定与工程实际完成情况，并无不当。

3. 关于造价鉴定问题。《最高人民法院关于民事诉讼证据的若干规定》第二十七条规定，"当事人对人民法院委托的鉴定部门作出的鉴定结论有异议申请重新鉴定，提出证据证明存在下列情形之一的，人民法院应予准许：（一）鉴定机构或者鉴定人员不具备相关的鉴定资格的；（二）鉴定程序严重违法的；（三）鉴定结论明显依据不足的；（四）经过质证认定不能作为证据使用的其他情形。对有缺陷的鉴定结论，可以通过补充鉴定、重新质证或者补充质证等方法解决的，不予重新鉴定。"本案一审审理过程中，鉴定机构的选定经过了法定程序，其在鉴定过程中听取了双方当事人的意见，最终做出的鉴定意见经过了庭审质证，鉴定人员也出庭接受了质询，凤辉公司上诉申请重新鉴定，但没有提交证据证明存在上述情形，故对其重新鉴定的申请不予准许。一审法院委托鉴定机构按照定额进行鉴定，是为了确定赤峰建设公司完成的部分占整个工程的比例，而不是直接采用鉴定意见作为工程款数额，并不违背《最高人民法院关于审理建设工程施工合同纠纷案件适用法律问题的解释》第二十二条规定，不存在适用法律错误的问题。

4. 工程面积如何确定。凤辉公司上诉主张《会议纪要》不具有法律效力，主张11号、12号、13号、14号楼这四栋楼地下室面积不应算作商业建筑面积以及对13号楼地下室面积记载错误。对此，最高人民法院认为，第一，《会议纪要》由双方的工作人员参加，其中凤辉公司的参会人员为张宇、赵晓锁，凤辉公司虽然在二审庭审中称此二人没有得到其授权，但一审时经过双方质证、凤辉公司认可真实性的2010年7月14日《凤辉和赤峰对账情况表》上也有赵晓锁的签字，因此，在凤辉公司对《会议纪要》的形成以及所记载内容的真实性均予以认可的情形下，应认为张宇、赵晓锁的参会行为是职务行为，应由凤辉公司承担相应法律后果。即《会议纪要》的内容由凤辉公司和赤峰建设公司讨论议定，是双方当事人的真实意思表示，应具有协议的法律效力，在双方没有形成新的协议推翻其所记载的内容之前，对双方应具有拘束力。第二，按照《会议纪要》第（一）条第2项记载，11号、12号、13号、14号这四栋楼的地下室面积列在"商业建筑面积"中，此为双方自愿达成的合意，按照诚实信用原则，凤辉公司应对自己做出的民事行为承担相应的法律后果，故其关于该点的上诉理由不成立。第三，对于13号楼地下室的建筑面积问题，《会议纪要》并未单独列明，只是计算了四栋楼的地下室总面积。并且凤辉公司在一审时就此问题并未提出异议，应视为认可，其在二审庭审中陈述的"在一审时没有发现，所以没有提"的理由不能成立，依据《最高人民法院关于适用〈中华人民共和国民事诉讼法〉的解释》第三百四十二条"当事人在第一审程序中实施的诉讼行为，在第二审程序中对该当事人仍具有拘束力。当事人推翻其在第一审程序中实施的诉讼行为时，人民法院应当责令其说明理由。理由不成立的，不予支持"之规定，凤辉公司关于13号楼地下室面积计算错误的上诉理由不成立。第四，按照《会议纪要》记载，《会议纪要》所载的工程量建筑面积是以当地住建局房产部门测算为依据。凤辉公司虽不认可该面积，但也没有提出有充分证据证明的新的数据。

5. 应否扣除因质量问题造成的返工、返修费用。凤辉公司虽然在一审答辩时提出案涉工程存在质量问题，但并未就质量问题的存在以及因此发生的返工、返修费用提交相应证据证明，因此其关于此点的上诉理由不成立。其就质量问题可另行起诉。综上，一审判决对赤峰建设公司工程款的认定并无不当，凤辉公司关于工程款的上诉理由均不成立。

审理法院 最高人民法院
裁判时间 2016年1月15日
案　　号 最高人民法院（2015）民一终字第309号民事判决书
出　　处 《民事审判指导与参考》2016年第3辑（总第67辑）。

77. 建设工程施工中多份无效合同工程价款的结算
——江苏省第一建筑安装集团股份有限公司与唐山市
昌隆房地产开发有限公司建设工程施工合同纠纷案

> **裁判要点**
>
> 　　《最高人民法院关于审理建设工程施工合同纠纷案件适用法律若干问题的解释》第二十一规定，当事人就同一建设工程另行订立的建设工程施工合同与经过备案的中标合同实质性内容不一致的，应当以备案的中标合同作为结算工程价款的依据，其适用前提应为备案的中标合同合法有效，无效的备案合同并非当然具有比其他无效合同更优先参照适用效力。在当事人存在多份施工合同且均无效情况下，一般应参照符合当事人真实意思表示并实际履行的合同作为工程价款结算依据；在无法确定实际履行合同时，可以对于两份争议合同之间差价，结合工程质量、当事人过错、诚实信用原则等予以合理分配。

　　关 键 词　建设工程施工合同　无效合同　工程价款

　　裁判理由　最高人民法院认为：围绕当事人上诉请求、事实理由与答辩意见，本案争议焦点为：（一）原判认定昌隆公司支付江苏一建工程欠款数额及利息是否正确；（二）原判昌隆公司支付江苏一建停窝工损失是否正确。

　　（一）原判认定昌隆公司支付江苏一建工程欠款数额及利息是否正确

　　首先，关于案涉工程价款的结算依据。江苏一建上诉主张本案双方实际履行的合同是《补充协议》，应据此结算工程价款；昌隆公司认为根据《最高人民法院关于审理建设工程施工合同纠纷案件适用法律问题的解释》（以下简称《建设工程施工合同司法解释》）规定，《补充协议》为黑合同，应当以《备案合同》作为工程价款结算依据。

　　本院认为，第一，招标投标法、《建设工程项目招标范围和规模标准规定》明确规定应当进行招标的范围，案涉工程建设属于必须进行招标的项目，当事人双方2009年12月8日签订的《备案合同》虽系经过招投标程序签订，并在建设行政主管部门进行备案，但在履行招投标程序确定江苏一建为施工单位之前，一方面昌隆公司将属于建筑工程单位工程的分项工程基坑支护委托江苏一建施工，另一方面江苏一建、昌隆公司、设计单位及监理单位对案涉工程结构和电气施工图纸进行了四方会审，且江苏一建已完成部分楼栋的定位测量、基础放线、基础垫层等施工内容，一审法院认定案涉工程招标存在未招先定等违反招标投标法禁止性规定的行为，《备案合同》无效并无不当。

第二，当事人双方2009年12月28日签订的《补充协议》系未通过招投标程序签订，且对备案合同中约定的工程价款等实质性内容进行变更，一审法院根据《建设工程施工合同司法解释》第二十一条规定，认为《补充协议》属于另行订立的与经过备案中标合同实质性内容不一致的无效合同并无不当。

第三，《建设工程施工合同司法解释》第二条规定，建设工程施工合同无效，但建设工程经竣工验收合格，承包人请求参照合同约定支付工程价款的，应予支持。《建设工程施工合同司法解释》第二十一条规定，当事人就同一建设工程另行订立的建设工程施工合同与经过备案的中标合同实质性内容不一致的，应当以备案的中标合同作为结算工程价款的根据。就本案而言，虽经过招投标程序并在建设行政主管部门备案的《备案合同》因违反法律、行政法规的强制性规定而无效，并不存在适用《建设工程施工合同司法解释》第二十一条规定的前提，也并不存在较因规避招投标制度、违反备案中标合同实质性内容的《补充协议》具有优先适用效力。

《合同法》第五十八条规定，合同无效或者被撤销后，因该合同取得的财产，应当予以返还；不能返还或者没有必要的，应当折价补偿。有过错的一方应当赔偿对方因此所受到的损失，双方都有过错的，应当各自承担相应的责任。建设工程施工合同的特殊之处在于，合同的履行过程，是承包人将劳动及建筑材料物化到建设工程的过程，在合同被确认无效后，只能按照折价补偿的方式予以返还。本案当事人主张根据《建设工程施工合同司法解释》第二条规定参照合同约定支付工程价款，案涉《备案合同》与《补充协议》分别约定不同结算方式，应首先确定当事人真实合意并实际履行的合同。

结合本案《备案合同》与《补充协议》，从签订时间而言，《备案合同》

落款时间为2009年12月1日,2009年12月30日在唐山市建设局进行备案;《补充协议》落款时间为2009年12月28日,签署时间仅仅相隔二十天。从约定施工范围而言,《备案合同》约定施工范围包括施工图纸标识的全部土建、水暖、电气、电梯、消防、通风等工程的施工安装,《补充协议》约定施工范围包括金色和园项目除土方开挖、通风消防、塑钢窗、景观、绿化、车库管理系统、安防、电梯、换热站设备、配电室设备、煤气设施以外所有建筑安装工程,以及雨污水、小区主环路等市政工程。实际施工范围与两份合同约定并非完全一致。从约定结算价款而言,《备案合同》约定固定价,《补充协议》约定执行河北省2008年定额及相关文件,建筑安装工程费结算总造价降3%,《补充协议》并约定价格调整、工程材料由甲方认质认价。综上分析,当事人提交的证据难以证明其主张所依据的事实,一审判决认为当事人对于实际履行合同并无明确约定,两份合同内容比如甲方分包、材料认质认价在合同履行过程中均有所体现,无法判断实际履行合同并无不当。

在无法确定双方当事人真实合意并实际履行的合同时,应当结合缔约过错、已完工程质量、利益平衡等因素,根据《合同法》第五十八条规定由各方当事人按过错程度分担因合同无效造成的损失。一审法院认定本案中无法确定真实合意履行的两份合同之间的差价作为损失,基于昌隆公司作为依法组织进行招投标的发包方,江苏一建作为对于招标投标法等法律相关规定也应熟知的具有特级资质的专业施工单位的过错,结合本案工程竣工验收合格的事实,由昌隆公司与江苏一建按6∶4比例分担损失并无不当。江苏一建上诉主张应依《补充协议》结算工程价款,事实依据和法律依据不足,最高人民法院不予支持。

关于案涉工程价款利息,江苏一建上诉主张应自2012年1月30日起按照中国人民银行同期贷款利率支付工程款利息。一审法院认为,昌隆公司在施工过程中并无拖欠工程进度款情形,亦无拖欠工程款的主观恶意,且双方对于签订两份无效合同并由此导致工程价款结算争议发生均有过错,因此欠付工程款利息自江苏一建起诉之日按中国人民银行同期同类贷款利率计息。最高人民法院认为,《建设工程施工合同司法解释》第十八条规定,利息从应付工程价款之日计付。当事人对付款时间没有约定或者约定不明的,下列时间视为应付款时间:(1)建设工程已实际交付的,为交付之日;(2)建设工程没有交付的,为提交竣工结算文件之日;(3)建设工程未交付,工程价款也未结算的,为当事人起诉之日。案涉工程于2011年11月30日竣工验收合格并交付使用，案涉两份合同均被认定无效，一方面合同约定的工程价款给付时间无法参照合同约定适用，另一方面发包人支付工程欠款利息性质为法定孳息，建设工程竣工验收合格交付发包人后，其已实际控制，有条件对诉争建设工程行使占有、使用、收益权利，故从工程竣工验收合格交付计付工程价款利息符合当事人利益平衡。江苏一建公司主张从 2012 年 1 月 30 日起按照中国人民银行同期贷款利率支付工程款利息，本院予以支持。

（二）原判昌隆公司支付江苏一建停窝工损失是否正确

江苏一建上诉主张应根据其实际发生的人工费、机械台班费损失支付窝工损失。本院认为，案涉工程 2011 年 7 月 20 日的工程联系单中，监理单位已经签章确认确实存在因昌隆公司原因导致江苏一建窝工 81 天的事实，但签证单中并未确定损失数额，也没有涉及停工损失的计算方法。江苏一建提供的停窝工损失证据相当一部分是其自己记载、单方提供的工人数量、名单、工资数额、现场机械数量等，昌隆公司对此不予认可，一审法院鉴于此前双方在施工过程中也曾发生过 8 天停窝工，双方协商的补偿数额为 7 万元，基本可以反映出停窝工给江苏一建造成的损失程度，酌定 81 天停窝工损失为 70 万元并无明显不当。

另外，江苏一建上诉主张一审判决预先扣除 1972553.25 元维修费不当。本院认为，案涉工程鉴定机构在进行现场勘验时发现楼梯间与不采暖走道及住宅间的隔墙保温层厚度达不到设计要求，且该质量问题并非业主使用造成，而是江苏一建在施工过程中未按图纸施工所致，因此应由江苏一建承担质量责任。一审判决认为昌隆公司要求江苏一建对存在质量问题部分进行整改并将该部分工程款 1972553.25 元暂不处理，待江苏一建整改合格之后双方另行结算并无不当。

江苏一建上诉主张改判昌隆公司支付全部欠款之日起 15 日内向其交付全部施工资料。本院认为，提交竣工验收资料是施工单位的法定义务，其在特定情况下享有抗辩权并不意味着可以一直不履行交付竣工资料的义务，且江苏一建在一审庭审中也认可交付资料，故一审判决江苏一建于判决生效之日起 15 日向内昌隆公司交付全部施工资料并无不当。

审理法院 最高人民法院

裁判时间 2017 年 5 月 17 日

案　　号 最高人民法院（2017）最高法民终 175 号民事裁判书

出　　处　《民事审判指导与参考》2017年第4辑（总第72辑）。

78. 建设工程价款优先受偿权行使期间的
起算点为应当支付工程款时
——湖南协和建设有限公司与株洲市汉华房地产开发
有限公司建设工程施工合同纠纷案

裁判要点

建设工程优先受偿的对象是工程折价或者拍卖价款，而工程需折价或者拍卖的前提是发包人逾期不支付工程价款。当发包人支付工程价款已届履行期时，承包人要求支付工程款才可能得到支持，并相应主张优先受偿权才有意义，故建设工程优先受偿权宜从发包人应付工程款期间届满之日起算。

关　键　词　建设工程施工合同　工程价款　优先受偿权

裁判理由　最高人民法院认为：本案再审的争议焦点为协和公司对案涉工程主张优先受偿权是否已经超过6个月的保护期限。对此问题的判断，主要取决于两个方面的因素，一是优先受偿权保护期限的起算点，二是协和公司提出主张的时间。

（一）关于本案优先受偿权保护期限的起算点如何认定的问题

协和公司主张本案优先权受偿权的保护期限应从双方结算协议约定的付款日之次日即2015年1月28日开始起算，而汉华公司则认为应当从建设工程竣工日2012年10月18日开始起算。本院认为，本案优先受偿权的保护期限应从2015年1月28日开始起算。理由是：首先，《合同法》第二百八十六条规定："发包人未按照约定支付价款的，承包人可以催告发包人在合理期限内支付价款。发包人逾期不支付的，除按照建设工程的性质不宜折价、拍卖的以外，承包人可以与发包人协议将该工程折价，也可以申请人民法院将该工程依法拍卖。建设工程的价款就该工程折价或者拍卖的价款优先受偿。"根据该条规定可知，建设工程优先受偿的对象是工程折价或者拍卖价款，而工程需折价或者拍卖的前提是发包人逾期不支付工程价款。当发包人支付工程价款已届履行期时，承包人要求支付工程款才可能得到支持，并相应主张优先受偿权才有意义，故建设工程优先受偿权宜从发包人应付工程款期间届满之日起算。《合同法》第二百八十六条规定承包人就未付工程款对所承建工程享有优先受偿权，系为保护承包人对工程价款的实际受偿，在认定该优先受偿权的行使期限时，应当尊重当事人之间关于支付工程价款期限的约定，优先受偿权行使期限的起算点，不应早于当事人之间约定的工程价款支付期限，以保证实现该优先权权能。《优先受偿权问题批复》第四条规定建设工程承包人行使优先受偿权的期限自建设工程竣工之日或者建设工程合同约定的竣工之日起计算，宜理解为前述起算点与应付工程款的期限一致的情形。本案中，汉华公司在2014年10月24日办理竣工结算备案之日，向协和公司出具"欠条"，确认实际拖欠工程款3316万元，承诺于2015年1月27日之前完成支付，并在"欠条"中载明协和公司就拖欠的工程款享有优先受偿权。由此可见，虽然案涉工程已于2012年10月18日竣工，但双方实际办理竣工结算备案的时间是2014年10月24日，约定的付款时间是2015年1月27日之前。因此，本案优先受偿权宜从2015年1月28日起算，计算6个月至2015年7月27日止。其次，根据《最高人民法院关于适用〈中华人民共和国民事诉讼法〉的解释》第三百八十六条的规定，人民法院受理申请再审案件后，应当对当事人主张的再审事由进行审查。本院根据协和公司的申请提审本案后，亦应围绕协和公司申请再审的事由进行审理。二审法院认定，双方结算协议约定付款于2015年1月27日之前付清，在该约定付款期限到达前，双方纠纷尚未发生，协和公司不行使建设工程优先受偿权合乎情理。这说明二审判决也认为本案优先受偿权应从2015年1月27日之后开始起算。当事人双方对二审判决有关优先受偿权起算点的认定未申请再审，而汉华公司在再审审理中提出的从2012年10月18日开始起算优先受偿权期限的抗辩主张，最高人民法院不予支持。

（二）关于协和公司提出优先权主张的时间如何认定的问题

建设工程款优先受偿权的行使期限属于除斥期间，且承包人需在法定期限内通过诉讼的方式予以主张。二审法院认为优先受偿权须向相对方提出，审判机关不是其权利的行使对象，属于对法律规定的错误理解，最高人民法院予以纠正。原审查明，协和公司于2015年5月15日向一审法院提交民事起诉状，主张欠付工程款及优先受偿权。因协和公司无力缴交诉讼费，其降低了诉讼请求标的额并重新提交起诉状后，一审法院于2015年7月29日予以立案。虽然本案一审立案时间是2015年7月29日，但协和公司第一次提交起诉状的时间是 2015 年 5 月 15 日，在一审法院对协和公司第一次提交起诉状未作处理的情形下，应认定协和公司后面提交的起诉状是对之前起诉状的变更，其通过起诉主张权利的效力处于延续状态，故本案应认定协和公司提起优先受偿权主张的时间是 2015 年 5 月 15 日。该时间点未超过优先受偿权保护期限，协和公司主张就建设工程款优先受偿，符合法律规定，应予支持。二审认定协和公司主张建设工程优先受偿权超过了 6 个月的保护期限，适用法律错误，判决结果不当，本院予以纠正。

审理法院 最高人民法院

裁判时间 2017 年 12 月 22 日

案　　号 最高人民法院（2017）最高法民再 389 号民事判决书

出　　处 《民事审判指导与参考》2018 年第 1 辑（总第 73 辑）。

79. 建设工程施工合同虽因违反有关招投标强制性法律规定被认定无效，但双方就施工纠纷协商达成的清算协议有效

——普定县鑫臻酒店有限公司等与黑龙江省建工集团有限责任公司建设工程合同纠纷案

> **裁判要点**
> 建设工程施工合同虽因违反有关招投标强制性法律规定被认定无效，但双方就施工纠纷协商达成的清算协议，系对双方之间既存债权债务关系的结算和清理，因而具有独立性，应作为处理双方争议依据。

关 键 词 施工合同　合同效力　清算协议

裁判理由 最高人民法院认为：《中华人民共和国招标投标法》第三条第一款规定："在中华人民共和国境内进行下列工程建设项目包括项目的勘察、设计、施工、监理以及与工程建设有关的重要设备、材料等的采购，必须进行招标：（一）大型基础设施、公用事业等关系社会公共利益、公众安全的项目……前款所列项目的具体范围和规模标准，由国务院发展计划部门会同国务院有关部门制订，报国务院批准。"《工程建设项目招标范围和规模标准规定》第三条第五项规定："关系社会公共利益、公众安全的公用事业项目的范围包括商品住宅，包括经济适用住房……"第七条规定："本规定第二条至第六条规定范围内的各类工程建设项目，包括项目的勘察、设计、施工、监理

以及与工程建设有关的重要设备、材料等的采购，达到下列标准之一的，必须进行招标：（一）施工单项合同估算价在 200 万元以上的……"根据以上规定，案涉工程项目属于必须进行招标的项目，双方当事人未履行法律规定的招标投标程序，违反了法律强制性规定。《最高人民法院关于审理建设工程施工合同纠纷案件适用法律问题的解释》第一条规定："建设工程施工合同具有下列情形之一的，应当根据合同法第五十二条第（五）项的规定，认定无效：……（三）建设工程必须进行招标而未招标或者中标无效的。"根据前述法律及司法解释规定，《"鑫臻酒店·鑫臻苑工程"建筑工程承包合同》《"鑫臻苑"工程建筑工程承包合同》为无效合同。一审判决认定《"鑫臻苑"工程建筑工程承包合同》有效，属于适用法律错误，本院对此予以纠正。鉴于依据上述法律规定，可以认定《"鑫臻酒店·鑫臻苑工程"建筑工程承包合同》《"鑫臻苑"工程建筑工程承包合同》为无效合同，故鑫臻房开公司、鑫臻酒店申请本院对刘中义等人是否属于黑龙江建工集团员工身份进行调查取证，从而证明刘中义等人挂靠黑龙江建工集团实际施工而应当认定上述合同无效，已无调查收集证据之必要，根据《最高人民法院关于适用〈中华人民共和国民事诉讼法〉的解释》第九十五条之规定，对鑫臻房开公司、鑫臻酒店上述调查收集证据申请，本院不予准许。

本院认为，《纠纷处理协议》是在本案双方当事人因项目施工发生纠纷，普定县人民政府组织进行协调并达成一致意见的情况下，双方就纠纷处理方案签订的协议。该协议在性质上属于鑫臻房开公司、鑫臻酒店和黑龙江建工集团对双方之间既存债权债务关系的结算和清理，因而具有独立性。《纠纷处理协议》作为清算协议，具有单独的法律效力，应当作为处理双方争议的依据。案涉工程交付、工程款结算及违约责任的确定等，应当根据《纠纷处理协议》的内容确定。

审理法院　最高人民法院
裁判时间　2016 年 6 月 25 日
案　　号　最高人民法院（2016）民终 107 号民事判决书
出　　处　中国裁判文书网。

80. 工程造价成果文件签字签章虽有瑕疵，但并不能因此直接得出否定其证据证明力结论，不能因此全面否定其内容
——普定县鑫臻酒店有限公司等与黑龙江省建工集团有限责任公司建设工程合同纠纷案

> **裁判要点**
>
> 工程造价成果文件未按《建设项目工程结算编审规程》进行签章，确实存在一定瑕疵，但并不能因此直接得出否定其作为证据证明力的结论。

关 键 词 工程款 结算依据 工程造价鉴定 签字签章瑕疵

裁判理由 最高人民法院认为：本案的焦点是关于《修正结算报告》是否可以作为认定案涉工程结算价款依据的问题。

首先，关于鑫臻酒店主张其未就案涉项目委托三力公司审计的问题。根据《纠纷处理协议》的约定，鑫臻酒店按工程现状进行收方结算，收方结束后，同样由双方委托一家资质审计单位对工程款进行审计……从审计结算报告完成并提交普定县住建局之日起，鑫臻酒店须确保20天内据实向黑龙江建工集团付清酒店工程款，双方关于鑫臻酒店的建设合同自然解除，黑龙江建工集团并将有关工程资料移交普定县住建局管理。该《纠纷处理协议》落款处，鑫臻房开公司和鑫臻酒店均盖章，并由两公司法定代表人叶胜权签字。2014年1月23日，鑫臻房开公司与黑龙江建工集团"鑫臻酒店·鑫臻苑"项目部作为甲方，共同委托三力公司对"鑫臻酒店·鑫臻苑"项目的工程量和工程造价进行审计。2014年3月23日"普定县鑫臻苑1、2号楼欠完善资料清单"第11项载明，鑫臻酒店审计报告一个月内完成，由住建局负责，该清单上有鑫臻酒店法定代表人叶胜权的签字认可。2014年6月27日普定县住建局作出的《"鑫臻酒店·鑫臻苑"项目纠纷问题协调处理专题会议纪要》载明的决议事项中，包括要求审计单位（三力公司）暂以施工单位提交的资料（含电子版文件）为依据，于2014年7月16日前出具酒店和住宅的结算报告，如建设单位和施工单位对结算报告存在异议可另行协商一致处理，并明确纪要内容经各方讨论达成一致，务必遵照执行，与2013年12月24日签署

的会议纪要、协议具同等约束效力。综合以上事实，本院认为，虽然2014年1月23日与三力公司签订的《工程结算编制协议书》上没有加盖鑫臻酒店的公章，但叶胜权作为鑫臻酒店和鑫臻房开公司的法定代表人，签字认可要求审计机构在一定期限内出具对鑫臻酒店的审计报告，对于已将鑫臻酒店争议工程款委托三力公司进行结算审计的情况，鑫臻酒店明知且认可。叶胜权的上述行为应当视为对鑫臻房开公司代鑫臻酒店在与三力公司签订的《工程结算编制协议书》中，约定对鑫臻酒店工程造价进行结算编制代理权的追认，现鑫臻酒店主张其未就案涉项目委托三力公司审计，因而不认可三力公司出具的鑫臻酒店工程造价结论，与客观事实不符，本院对此不予采信。

其次，关于《修正结算报告》依据资料是否不符合双方约定或法律规定的问题。2014年6月27日普定县住建局作出的《"鑫臻酒店·鑫臻苑"项目纠纷问题协调处理专题会议纪要》载明，各方同意三力公司暂以施工单位提交的资料（含电子版文件）为依据，于2014年7月16日前出具酒店和住宅的结算报告，如建设单位和施工单位对结算报告存在异议可另行协商一致处理。本院认为，根据该会议纪要的内容，三力公司主要依据黑龙江建工集团提交的施工资料进行结算编制，系经各方共同协商决定的结果，鑫臻酒店现以评估依据不是其提交、未经其确认为由，主张《修正结算报告》违反约定程序，本院不予采信。二审中，鑫臻酒店向本院提交"鑫臻酒店评估审计结算资料"一册，载明该材料系"鑫臻酒店·鑫臻苑"项目部提交的据以结算的资料。该册资料中的工程材料计划表、工程主材材料价格认证表、材料及单价确认表等材料定价资料上，均有鑫臻房开公司、鑫臻酒店盖章或其代表签字。鑫臻酒店上诉所持三力公司依据未经其确认的主材价格及增减工程价款计算得出工程价款的主张，与其自行提交的证据所显示的内容不符。故对鑫臻酒店该项主张，本院亦不予采信。

再次，关于《修正结算报告》是否存在形式瑕疵因而不能作为结算依据的问题。就鑫臻酒店主张的《工程结算编制协议书》约定结算编制与审核均由三力公司完成，不符合中国建设工程造价管理协会标准规定的问题。本院认为，中国建设工程造价管理协会制定的《建设项目工程结算编审规程》，不属于强制性法律规范，是否违反该规程，不能作为认定案涉《修正结算报告》是否可以作为结算依据的法律依据。而且根据该规程第1.0.5条的规定，"工程造价咨询单位和专业人员不得接受同一项目工程结算编制与结算审查的委托"，系为了确保工程结算编制与结算审查的相对独立性。本案不存在三力公司进行案涉工程结算编制的同时或嗣后又进行该工程结算审查的情形,三力公司系受双方当事人共同委托,就案涉工程结算价款出具《修正结算报告》,以作为双方结算依据,不属于上述编审规程所禁止的情形。

就鑫臻酒店主张造价工程师王程不具备出具《修正结算报告》主体资格的问题。黑龙江建工集团向本院提交了贵州省住房和城乡建设厅政务服务中心出具的《关于注册造价工程师王程的情况说明》,载明造价工程师王程于2011年10月9日至2015年10月期间在三力公司注册为造价工程师,鑫臻酒店对该说明的真实性亦予以认可,故对鑫臻酒店所持上述主张,本院不予采信。就鑫臻酒店主张《修正结算报告》上没有编制人、复核人签字的问题。本院认为,根据《工程造价咨询企业管理办法》第二十二条的规定,工程造价咨询企业从事工程造价咨询业务,应当按照有关规定的要求出具工程造价成果文件。工程造价成果文件应当由工程造价咨询企业加盖有企业名称、资质等级及证书编号的执业印章,并由执行咨询业务的注册造价工程师签字、加盖执业印章。就此问题,三力公司在向普定县住建局作出的情况说明中称,由于本案并非司法鉴定,其系按照中国建设工程造价管理协会制定的《建设项目工程结算编审规程》的规定要求用章。本院认为,《修正结算报告》在签章上确实存在一定瑕疵,但并不能因此直接得出否定其作为证据证明力的结论。按照《最高人民法院关于民事诉讼证据的若干规定》第二十七条、第二十八条的规定,对于一方当事人自行委托或人民法院委托的鉴定,只有在鉴定结论存在严重缺陷或者鉴定程序严重违法、鉴定人员或机构不具备相关资格等情况,致使鉴定结论不能作为认定案件事实依据的情形,对当事人申请重新鉴定的,方应准许。仅因上述签字盖章瑕疵,不足以推翻《修正结算报告》结论,不能因此全面否定该报告的内容。

综上,本院认为,鑫臻酒店对抽签选定三力公司对案涉工程进行结算编制的事项明知且通过其法定代表人签字予以认可,在三力公司提交结算初步成果后,鑫臻房开公司、鑫臻酒店提出的异议未经全部核对,但在本案一审过程中,一审法院通知三力公司到庭,并向鑫臻酒店释明,可以将其针对《修正结算报告》的异议提出,由三力公司接受质询并进行补充修正,但鑫臻酒店明确表示不认可该报告、不愿意逐项核对、拒绝对该结算报告进行补充修正。在此情况下,一审法院将《修正结算报告》认定为双方结算依据并无不当。本案一审、二审期间,鑫臻酒店既未申请就双方争议工程造价进行鉴定,亦未就《修正结算报告》申请补充鉴定、重新质证或者补充质证等予以修正。鑫臻酒店于二审中提出的专家证人意见及相关证据,不足以推翻《修正结算报告》,故对鑫臻酒店基于上述上诉理由,提出《修正结算报告》不应作为认定案涉工程结算价款依据的主张,本院不予采信。

审理法院　最高人民法院
裁判时间　2016年7月26日
案　　号　最高人民法院(2016)民终106号民事判决书
出　　处　中国裁判文书网。

81. 商品房建设未招标或串通投标的建设工程合同无效
——浙江八达建设集团有限公司与锦州鸿亿房地产开发有限公司建设工程施工合同纠纷上诉案

裁判要点

商品住宅建设项目属于《招标投标法》规定的关系社会公共利益、公众安全的公用事业项目,是依法必须招标的工程项目。未经招标或者串通投标签订的建设工程合同无效。

关　键　词　商品房建设　招投标　串通　合同效力

裁判理由　最高人民法院认为:一、关于本案所涉合同的效力问题。本案系建设工程施工合同纠纷,故合同效力如何为本案审理之前提。结合八达公司的上诉主张以及本院组织的庭审、询问前后双方口头和书面意见,现对鸿亿公司与八达公司于2011年12月20日签订的《君御华庭项目工程土建施工总承包合同》、2012年4月10日签订的三份备案《建设工程施工合同》的效力认定如下:

本院业已查明的事实表明,双方当事人在涉案工程招标前即签订了《君御华庭项目工程土建施工总承包合同》,约定涉案工程由鸿亿公司发包给八达公司,合同估算总价为107,743,700元。同时,双方就承包方式、承包范围、工期等实质性内容亦达成了一致,且在合同中多次以"中标人"代称八达公司。据此可见,在涉案工程招标程序启动前,双方已将中标人内定为八达公司,此举属于为法律所禁止的招标人与投标人串通投标行为。在此情形下,八达公司在涉案工程的招标程序中中标,涉案双方遂依据三份中标通知书的内容就涉案工程签订了三份《建设工程施工合同》并进行了备案。该备案的三份合同中约定的工程价款合计仅为 59,042,223.39 元,此价格明显低于涉案工程的合理成本。而无论八达公司抑或鸿亿公司均认可双方实际履行的是《君御华庭项目工程土建施工总承包合同》,而非前述三份备案的《建设工程施工合同》。对此,本院认为,涉案工程为商品住宅建设项目,属于《中华人民共和国招标投标法》第三条第一款第一项规定的关系社会公共利益、公众安全的公用事业项目,是依法必须招标的工程项目。虽然鸿亿公司与八达公司通过招投标程序签订了《建设工程施工合同》,但结合《君御华庭项目工程土建施工总承包合同》签订的时间、价款等内容以及双方实际的履行行为看,鸿亿公司与八达公司以对外招投标为名,行串通投标之事,违反了《中华人民共和国招标投标法》第四十三条"在确定中标人前,招标人不得与投标人就投标价格、投标方案等实质性内容进行谈判"、第五十五条"依法必须进行招标的项目,招标人违反本法规定,与投标人就投标价格、投标方案等实质性内容进行谈判的,给予警告,对单位直接负责的主管人员和其他直接责任人员依法给予处分。前款所列行为影响中标结果的,中标无效"等效力性强制性规定,双方于 2012 年 4 月 10 日签订的三份《建设工程施工合同》依法无效。又依据前引法律以及《最高人民法院关于审理建设工程施工合同纠纷案件适用法律问题的解释》第一条"建设工程施工合同具有下列情形之一的,应当根据合同法第五十二条第(五)项的规定,认定无效:(一)承包人未取得建筑施工企业资质或者超越资质等级的;(二)没有资质的实际施工人借用有资质的建筑施工企业名义的;(三)建设工程必须进行招标而未招标或者中标无效的"、第二十一条"当事人就同一建设工程另行订立的建设工程施工合同与经过备案的中标合同实质性内容不一致的,应当以备案的中标合同作为结算工程价款的根据"之规定,鸿亿公司与八达公司于 2011 年 12 月 20 日签订的《君御华庭项目工程土建施工总承包合同》亦为无效。一审判决认定 2011 年 12 月 20 日签订的《君御华庭项目工程土建施工总承包合同》合法有效属于适用法律错误,本院予以纠正。

审理法院 最高人民法院
裁判时间 2016 年 11 月 29 日
案　　号 最高人民法院(2016)最高法民终 574 号民事判决书

出　　处　中国裁判文书网。

82. 建设工程价款优先受偿权不能绝对排除抵押权人的权利
——贵阳农村商业银行股份有限公司小河支行与泸州市
永泰建筑工程有限公司第三人撤销之诉案

> **裁判要点**
>
> 在建设工程价款优先受偿权与抵押权指向同一标的物，且该标的物拍卖、变卖所得价款不足以清偿工程欠款和抵押权所担保的主债权时，抵押权人的权益必然会因为建设工程价款优先受偿权的有无以及范围大小而受到影响。因此，抵押权人可对债务人与施工人之间的内容涉及实现建设工程价款优先受偿权的民事调解书提出第三人撤销之诉。

关 键 词　建设工程价款　优先受偿权　抵押权

裁判理由　最高人民法院认为：57号调解书内容错误将直接损害小河农商行的抵押权。建设工程价款优先受偿权是法定优先权，该权利一旦确定，当然优先于银行的抵押权，在建设工程价款优先受偿权与抵押权指向同一标的物，且该标的物拍卖、变卖所得价款不足以清偿工程欠款和抵押权所担保的主债权时，抵押权人的权益必然会因为建设工程价款优先受偿权的有无以及范围大小而受到影响。从现有的证据材料看，57号调解书的执行标的物有三套房屋，其中，在两套房屋上小河农商行设有抵押权，该三套房屋在57号调解书执行过程中三次流拍，后小河农商行设有抵押权的两套房屋一套被变卖，一套直接作价抵偿给永泰公司，而从剩余抵押物的评估价来看，尚不足以清偿小河农商行的全部债权，因此，小河农商行对于57号案件的处理结果，有法律上的利害关系。如果57号调解书存在错误，通过当事人约定的方式随意扩大法定优先受偿权的范围，将直接损害小河农商行的抵押权。

审理法院　最高人民法院
裁判时间　2017年3月28日
案　　号　最高人民法院（2017）最高法民终38号民事裁定书
出　　处　中国裁判文书网。

第八节 商品房买卖合同

83. 终止借款合同，建立商品房买卖合同关系，将借款本金及利息转化为已付购房款并经对账清算，该商品房买卖合同具有法律效力
——汤龙等诉新疆鄂尔多斯彦海房地产开发有限公司商品房买卖合同纠纷案

> **裁判要点**
>
> 借款合同双方当事人经协商一致，终止借款合同关系，建立商品房买卖合同关系，将借款本金及利息转化为已付购房款并经对账清算的，不属于《中华人民共和国物权法》第一百八十六条规定禁止的情形，该商品房买卖合同的订立目的，亦不属于《最高人民法院关于审理民间借贷案件适用法律若干问题的规定》第二十四条规定的"作为民间借贷合同的担保"。在不存在《中华人民共和国合同法》第五十二条规定情形的情况下，该商品房买卖合同具有法律效力。但对转化为已付购房款的借款本金及利息数额，人民法院应当结合借款合同等证据予以审查，以防止当事人将超出法律规定保护限额的高额利息转化为已付购房款。

关 键 词 商品房买卖合同 借款合同 清偿 法律效力

裁判理由 法院生效裁判认为：本案争议的商品房买卖合同签订前，彦海公司与汤龙等四人之间确实存在借款合同关系，且为履行借款合同，双方签订了相应的商品房预售合同，并办理了预购商品房预告登记。但双方系争商品房买卖合同是在彦海公司未偿还借款本息的情况下，经重新协商并对账，将借款合同关系转变为商品房买卖合同关系，将借款本息转为已付购房款，并对房屋交付、尾款支付、违约责任等权利义务作出了约定。民事法律关系的产生、变更、消灭，除基于法律特别规定，需要通过法律关系参与主体的意思表示一致形成。民事交易活动中，当事人意思表示发生变化并不鲜见，该意思表示的变化，除为法律特别规定所禁止外，均应予以准许。本案双方经协商一致终止借款合同关系，建立商品房买卖合同关系，并非为双方之间的借款合同履行提供担保，而是借款合同到期彦海公司难以清偿债务时，通过将彦海公司所有的商品房出售给汤龙等四位债权人的方式，实现双方权利义务平衡的一种交易安排。该交易安排并未违反法律、行政法规的强制性规定，不属于《中华人民共和国物权法》第一百八十六条规定禁止的情形，亦不适用《最高人民法院关于审理民间借贷案件适用法律若干问题的规定》第二十四条规定。尊重当事人嗣后形成的变更法律关系性质的一致意思表示，是贯彻合同自由原则的题中应有之意。彦海公司所持本案商品房买卖合同无效的主张，不予采信。

但在确认商品房买卖合同合法有效的情况下，由于双方当事人均认可该合同项下已付购房款系由原借款本息转来，且彦海公司提出该欠款数额包含高额利息。在当事人请求司法确认和保护购房者合同权利时，人民法院对基于借款合同的实际履行而形成的借款本金及利息数额应当予以审查，以避免当事人通过签订商品房买卖合同等方式，将违法高息合法化。经审查，双方之间借款利息的计算方法，已经超出法律规定的民间借贷利率保护上限。对双方当事人包含高额利息的欠款数额，依法不能予以确认。由于法律保护的借款利率明显低于当事人对账确认的借款利率，故应当认为汤龙等四人作为购房人，尚未足额支付合同约定的购房款，彦海公司未按照约定时间交付房屋，不应视为违约。汤龙等四人以彦海公司逾期交付房屋构成违约为事实依据，要求彦海公司支付违约金及律师费，缺乏事实和法律依据。一审判决判令彦海公司承担支付违约金及律师费的违约责任错误，本院对此予以纠正。

审理法院　最高人民法院
裁判时间　2015 年 10 月 8 日
案　　号　最高人民法院（2015）民一终字第 180 号民事判决书
出　　处　最高人民法院指导案例 72 号，2016 年 12 月 28 日发布。

84. 案件争议不动产的登记所有权人，同案件处理结果具有法律上的利害关系，可以作为案件第三人
——黄光娜与海口栋梁实业有限公司、广东省阳江市建安集团有限公司海南分公司商品房销售合同纠纷案

> **裁判摘要**
>
> 一、案件争议不动产的登记所有权人，同案件处理结果具有法律上的利害关系，可以作为案件第三人。
>
> 二、一方当事人大股东在案件诉讼过程中受让争议标的物，但未作为第三人参加诉讼，在案件判决生效后，又提起第三人撤销之诉的，法院推定其知悉案件情况，非因不能归责于其本人的原因未参加诉讼的，符合常理和交易惯例。上述大股东所提第三人撤销之诉不符合起诉条件，应裁定不予受理。

关 键 词 不动产 登记所有权人 第三人

裁判理由 最高人民法院认为：本案争议焦点一是黄光娜能否作为阳江公司诉栋梁公司建设工程施工合同纠纷一案的第三人；二是黄光娜未参加前述诉讼能否归责于其本人。

关于黄光娜能否作为阳江公司诉栋梁公司建设工程施工合同纠纷一案的第三人的问题。根据《中华人民共和国民事诉讼法》第五十六条，民事诉讼的第三人包括对案件诉讼标的有独立请求权的人，及虽无此请求权，但同案件处理结果有法律上利害关系的人。在阳江公司诉栋梁公司建设工程施工合同纠纷一案中，海南省海口市中级人民法院二审以（2014）琼环民终字第7号民事判决，判决栋梁公司将案涉华源大厦一层334m² 交付阳江公司并协助办理过户手续。而本案黄光娜主张其已向栋梁公司买受了1320m² 的华源大厦一层，并办理了过户手续。故上述阳江公司诉栋梁公司一案的终审判决结果影响黄光娜对案涉房产的权利，其应为该案第三人。

关于黄光娜未参与前述诉讼能否归责于其本人的问题。根据（2014）琼环民终字第7号民事判决查明的事实及黄光娜本案起诉内容，其与栋梁公司系在阳江公司诉栋梁公司一案诉讼过程中，就案涉房屋签订买卖合同，当时

黄光娜为持有栋梁公司 50% 股份的股东。在前述阳江公司诉栋梁公司一案审理结果势必影响黄光娜重大权益的情况下，黄光娜未举证证明其在提起本案撤销之诉前，知悉前述二审判决结果较知晓该案整个诉讼过程的条件有何不同。本案一审法院依据黄光娜股东身份、当时持股比例，及案涉房屋买卖合同签订与前案起诉时间的关系，推定黄光娜知晓前案，符合常理和企业一般经营决策惯例。一审裁定认定黄光娜应当知晓前案诉讼情况，其不能证明因不能归责于本人的事由未参加该案诉讼，故其提起的本案诉讼不符合《中华人民共和国民事诉讼法》第五十六条关于第三人撤销之诉的受理条件的规定正确。

综上，一审裁定关于黄光娜不是（2014）琼环民终字第 7 号民事判决所涉案件第三人的认定不当，本院予以纠正。上诉人黄光娜关于其因不能归责于其本人的原因未参加前述案件诉讼的理由，缺乏证据证明，不能成立。

审理法院　最高人民法院
裁判时间　2015 年 10 月 16 日
案　　号　最高人民法院（2015）民一终字第 37 号民事裁定书
出　　处　《最高人民法院公报》2016 年第 9 期。

85. 合同中已分别约定逾期交房与逾期办证的违约责任，但又约定开发商承担逾期交房责任后不再承担逾期办证责任的，该条款无效

——周显治、俞美芳与余姚众安房地产开发有限公司商品房销售合同纠纷案

> **裁判摘要**
>
> 商品房买卖中，开发商的交房义务不仅仅局限于交钥匙，还需出示相应的证明文件，并签署房屋交接单等。合同中分别约定了逾期交房与逾期办证的违约责任，但同时又约定开发商承担了逾期交房的责任之后，逾期办证的违约责任就不予承担的，应认定该约定属于免除开发商按时办证义务的无效格式条款，开发商仍应按照合同约定承担逾期交房、逾期办证的多项违约之责。

关 键 词 商品房买卖合同 房屋交接单

裁判理由 浙江省宁波市中级人民法院二审认为：上诉人众安公司与被上诉人周显治、俞美芳签订的《商品房买卖合同》系双方当事人真实意思表示，属有效合同，双方应按照约定全面履行自己的权利义务。根据双方所签订《商品房买卖合同》的约定，"出卖人应当在2012年12月31日前，将符合各项条件的商品房交付买受人使用；商品房达到交付使用条件后，出卖人应当书面通知买受人办理交付手续，……"说明上诉人应当书面通知被上诉人办理交付手续；而依据被上诉人出具的《双方同意书》，被上诉人会按照双方约定的时间配合办理交房手续，故上诉人无需在2012年12月31日前另行书面通知被上诉人办理交房手续。但根据双方在2013年9月23日就涉案房产有关车库、地下室、进户门、阳台等方面存在的质量瑕疵问题的说明及一直未对存在问题的整改作出结论情况看，双方至今并未解决交房问题，上诉人存在逾期交房的违约行为。对于《商品房买卖合同》中约定的"出卖人负责办理土地使用权初始登记，取得《土地使用权证书》或土地使用证明，出卖人负责申请该商品房所有权初始登记，取得该商品房《房屋所有权证》，出卖人承诺于2013年3月31日前，取得前款规定的土地、房屋权属证书，交付给

买受人"，明确了上诉人应当于 2013 年 3 月 31 日前取得土地、房屋权属证书，并交付给被上诉人，而不能理解为上诉人自身于 2013 年 3 月 31 日前取得《土地使用权证书》《房屋所有权证》的初始登记，否则无法确定被上诉人何时才能取得房地产权证书（将房产从上诉人公司转移登记过户至被上诉人名下），现上诉人已逾期交付房地产权属证书，应当承担违约责任。至于附件八补充协议第 6 条第 2 款关于"若出卖人逾期交房并承担了逾期交房违约责任的，则本合同第十六条中出卖人承诺取得土地、房屋权属证书的时间相应顺延，顺延期限与商品房交付的逾期期限相同"的约定，根据《中华人民共和国合同法》第三十九条、第四十条规定："采用格式条款订立合同的，提供格式条款的一方应当遵循公平原则确定当事人之间的权利和义务，并采取合理的方式提请对方注意免除或者限制其责任的条款，按照对方的要求，对该条款予以说明；格式条款具有本法第五十二条和第五十三条规定情形的，或者提供格式条款一方免除其责任、加重对方责任、排除对方主要权利的，该条款无效。"该补充协议的格式条款系上诉人提供，并没有采取合理的方式提请对方注意，而其内容显然对被上诉人利益不利，导致被上诉人权益处于不确定状态，免除了上诉人按时交付房地产权属证书的义务，应当为无效。

审理法院 浙江省宁波市中级人民法院
裁判时间 2014 年 8 月 13 日
案　　号
出　　处 《最高人民法院公报》2016 年第 11 期。

86. 因房屋质量问题给购房人造成损失的，可以房屋同期租金为标准计算实际损失

——李明柏诉南京金陵置业发展有限公司商品房预售合同纠纷案

> **裁判摘要**
> 一、对于政府机关及其他职能部门出具的证明材料，人民法院应当对其真实性、合法性以及与待证事实的关联性进行判断，如上述证据不能反映案件的客观真实情况，则不能作为人民法院认定案件事实的根据。
> 二、因出卖人所售房屋存在质量问题，致购房人无法对房屋正常使用、收益，双方当事人对由此造成的实际损失如何计算未作明确约定的，人民法院可以房屋同期租金作为标准计算购房人的实际损失。

关 键 词 房屋质量 同期租金

裁判理由 南京市中级人民法院经审理认为：因金陵置业公司交付的房屋存在质量问题，致李明柏无法正常居住，李明柏要求赔偿损失，符合法律规定。关于损失计算标准问题，李明柏提交的房屋租赁协议虽证明涉案小区有业主出租房屋租金可达到每月 21000 元以上，但该租金价格并不具有普遍性，而江苏省高级人民法院向南京市住建局调取的同区域别墅租金清册载明的价格，系综合多方因素得出的平均租金价格，更具有普遍性，再审一审法院在双方均不申请对案涉房屋装修前后出租价格进行评估的基础上，结合案涉房屋的具体情况，参考该租金清册所确定的租金价格并无不当。李明柏要求至少按每月 21000 元标准进行补偿，不予支持。综上，再审一审判决认定事实清楚，所作判决并无不当。李明柏、金陵置业公司的上诉请求均不能成立，不予支持。

审理法院 南京市中级人民法院
裁判时间 2015 年 9 月 25 日
案　　号
出　　处 《最高人民法院公报》2016 年第 12 期。

87. 如开发商交付的房屋与购房合同约定的方位布局相反，且无法调换，购房者可以合同目的不能实现解除合同
——张俭华、徐海英诉启东市取生置业有限公司房屋买卖合同纠纷案

> **裁判摘要**
> 当事人将特定主观目的作为合同条件或成交基础并明确约定，则该特定主观目的之客观化，属于《中华人民共和国合同法》第九十四条第一款第四项的规制范围。如开发商交付的房屋与购房合同约定的方位布局相反，且无法调换，购房者可以合同目的不能实现解除合同。

关 键 词 开发商 购房合同 解除合同

裁判理由 南通市中级人民法院二审认为：本案二审的争议焦点为，上诉人张俭华、徐海英能否以合同目的不能实现解除案涉购房合同。

根据《中华人民共和国合同法》第九十四条第一款第四项规定，当事人一方迟延履行债务或者有其他违约行为致使不能实现合同目的，当事人可以解除合同。该条赋予合同目的不能实现时非违约方的法定解除权，案涉房屋内部布局左右相反导致上诉人张俭华、徐海英合同目的不能实现，其有权解除购房合同。

首先，合同目的包括客观目的和主观目的。客观目的即典型交易目的，当事人购房的客观目的在于取得房屋所有权并用于居住、孩子入学、投资等，影响合同客观目的的实现的因素有房屋位置、面积、楼层、采光、质量、小区配套设施等，客观目的可通过社会大众的普通认知标准予以判断。主观目的为某些特定情况下当事人的动机和本意。一般而言，《中华人民共和国合同法》第九十四条第一款第四项中的合同目的不包括主观目的，但当事人将特定的主观目的作为合同的条件或成交的基础，则该特定的主观目的客观化，属于《中华人民共和国合同法》第九十四条的规制范围。

其二，本案中，双方当事人对于房屋的内部左右布局约定明确。从现有证据来看，无论是被上诉人取生置业的宣传图片还是购房合同附件中的房屋平面图，均明确了房屋进门后的左右布局。取生置业在购房合同附件中的房屋平面图加盖合同专用章，该附件并未提醒购房者，实际交付房屋的内部左

右布局可能与平面图相反。取生置业辩称其工作人员在销售房屋时曾明确告知,但并未提供证据予以证明,应承担举证不能的不利后果。且上诉人张俭华、徐海英所购房屋为期房,在购房时参观的样板房也与实际交付的房屋不一致,无法据此推断张俭华、徐海英明知所购房屋的内部左右布局与合同约定相反。

其三,上诉人张俭华、徐海英对于房屋内部左右布局明确约定并作为特定的合同目的,并不违反法律、行政法规的禁止性规定,亦未侵害第三人权益,属于当事人意思自治的范畴,法律尊重和保护个体通过自身价值判断自由选择合适房屋的合法权利。房屋并非普通商品,购房者对所购房屋的谨慎选择符合生活常理。由于被上诉人取生置业并未交付符合合同约定布局的房屋且无法调换,致使张俭华、徐海英购买符合购房合同附件中约定布局房屋的合同目的落空,张俭华、徐海英要求解除合同于法有据,法院予以确认。张俭华、徐海英于2015年7月16日向取生置业发出律师函,告知取生置业构成根本违约,要求其拿出解决方案,但未明确解除合同,故法院确认案涉购房合同的解除时间为一审期间起诉状副本送达取生置业之日即2015年8月1日。

根据《中华人民共和国合同法》第九十七条的规定,合同解除后,尚未履行的,终止履行;已经履行的,根据履行情况和合同性质,当事人可以要求恢复原状、采取其他补救措施、并有权要求赔偿损失。由于上诉人张俭华、徐海英并未实际取得案涉房屋,被上诉人取生置业应返还购房款630 000元,同时,张俭华、徐海英放弃对违约金部分的主张,系对自身权利的自由处分,法院照准。

综上所述,上诉人张俭华、徐海英的上诉理由成立,法院予以采纳。一审判决认定事实清楚,但适用法律不当,依法予以改判。

审理法院 南通市中级人民法院
裁判时间 2016年3月7日
案　　号
出　　处 《最高人民法院公报》2017年第9期。

88. 未取得商品房预售许可证的不影响商品房预约合同的效力
——陕西安同实业发展有限公司与张军杰商品房预约合同纠纷案

> **裁判要点**
>
> 对于已经具备《商品房销售管理办法》第十六条规定的商品房买卖合同主要内容的认购协议，均认定为商品房买卖合同。如出卖人至审理时仍未取得商品房预售许可证，该认购协议书应属无效。如认购协议完全不具备商品房买卖合同的基本要件，此时该认购协议应属于预约合同，合法有效，不受是否办理《商品房预售许可证》影响。

关 键 词 商品房买卖合同　商品房预售许可　效力

裁判理由 最高人民法院认为：双方当事人签订的《西安市东大街安同国际生活城内部认购协议书》（以下简称内部认购协议书）尽管约定了房屋买卖合同的主要内容，但不仅其名称为内部认购协议书，而且明确约定还需另行签订正式买卖合同，二审法院认定该协议书为商品房预约合同，事实依据充分。安同公司未取得商品房预售许可证，不影响该预约合同的效力。安同公司关于二审判决认定合同效力存在错误的申请理由，没有事实及法律依据，本院不予支持。

涉案内部认购协议书签订1年内，双方未能签订正式买卖合同，张军杰依照约定享有并行使了合同解除权。尽管双方2014年11月27日经协商订立了《退款承诺书》，对安同公司返还购房款的期限作出了新的约定，但该承诺书同时约定"房款分三次退完，退完房款后合同自行作废"。安同公司申请再审时主张已经返还60万元，但此项主张与其在一、二审中认可的该款为其他案件而非本案项下购房款的事实相矛盾。因安同公司没有按照承诺退还房款，因此原合同即内部认购协议书仍然有效。二审判决按照内部认购协议书中的约定，判令安同公司支付违约金，并无不当。

审理法院 最高人民法院
裁判时间 2016年3月31日
案　　号 最高人民法院（2016）最高法民申181号民事裁定书

出　　处　中国裁判文书网。

89. 出卖人未在《商品房买卖合同》约定的期限内将办理房屋权属登记资料报产权登记机关备案的，构成违约
——宁德市凯旋房地产开发有限公司诉陈其文等商品房销售合同纠纷案

> **裁判要点**
>
> 　　在《商品房买卖合同》合法有效的情况下，出卖人未在《商品房买卖合同》约定的期限内将办理房屋权属登记资料报产权登记机关备案，已构成违约，应当按照《商品房买卖合同》的约定支付相应的违约金。

关 键 词　商品房买卖合同　约定期限　登记备案

裁判理由　最高人民法院认为：依据《商品房买卖合同》第十四条的约定，凯旋公司应当在交付涉案房屋后60日内，向当地房屋权属登记机构办理房屋所有权初始预登记，并将办理权属登记需由凯旋公司提供的资料交付陈其文等四人，但经查明，宁德市房地产管理中心直至2014年3月31日才受理凯旋公司房屋所有权初始登记，原审据此认定凯旋公司存在逾期协助办证的违约行为并无不当。如前所述，凯旋公司存在迟延办理涉案房屋所有权初始登记、未按照合同约定协助办理涉案房屋的按揭贷款、逾期协助办证的违约行为，且均违约在先，故其主张享有《中华人民共和国合同法》第六十七条所规定的顺序履行抗辩权并拒绝配合办理权属证书的理由不能成立。

审理法院　最高人民法院
裁判时间　2017年8月9日
案　　号　最高人民法院（2017）最高法民申1888号民事裁定书
出　　处　中国裁判文书网。

90. 对当事人之间订立的商品房买卖合同是预约还是本约的判断标准
——张忠与资阳鑫源房地产开发有限公司商品房预约合同纠纷案

> **裁判要点**
>
> 对于当事人协议性质的认定，不能仅孤立地以当事人之间签订的协议之约定为依据，而是应当综合审查相关协议的内容以及当事人嗣后为达成交易进行的磋商和有关的履行行为等事实，从中探寻当事人真实意思，并据此对当事人之间法律关系的性质作出准确界定。

关 键 词 商品房买卖合同 性质 判断

裁判理由 最高人民法院认为：关于《认购协议》的性质，一、二审法院查明，2010年12月16日，鑫源公司作为出卖人与廖明刚作为认购人签订了《认购协议》。2011年1月10日，鑫源公司作为甲方与廖明刚作为乙方签订了《补充认购协议》。本院认为，鑫源公司与廖明刚于《认购协议》中对认购房屋的坐落位置、预测面积、价款及付款方式、取得预售许可证及正式开盘销售时间、正式买卖合同的签订等事项进行了约定，并于《补充认购协议》中进一步明确了认购房屋产权办理相关事宜，除《认购协议》专门约定案涉500万元借款之外，并未提及其他借款事项。张忠非《认购协议》及《补充认购协议》的当事方，其主张案涉协议应认定为民间借贷合同，但未能提供充分证据予以证明，应承担相应不利法律后果。二审法院综合全案事实认定《认购协议》及《补充认购协议》实为商品房买卖预约合同，并无明显不当。张忠并无证据推翻二审法院关于《认购协议》及《补充认购协议》性质的认定，其关于应适用民间借贷的相关法律规定确定案涉款项利率的主张并无事实和法律依据，二审判决鑫源公司支付张忠相应资金占用利息并无不当。

审理法院 最高人民法院
裁判时间 2017年9月19日
案　　号 最高人民法院（2017）最高法民申3567号民事裁定书
出　　处 中国裁判文书网。

第九节 服务合同

91. 电信服务企业在订立合同时未向消费者告知某项服务设定了有效期限限制，在合同履行中又以该项服务超过有效期限为由限制或停止对消费者服务，构成违约，应当承担违约责任

——刘超捷诉中国移动通信集团江苏有限公司
徐州分公司电信服务合同纠纷案

> **裁判要点**
> 1. 经营者在格式合同中未明确规定对某项商品或服务的限制条件，且未能证明在订立合同时已将该限制条件明确告知消费者并获得消费者同意的，该限制条件对消费者不产生效力。
> 2. 电信服务企业在订立合同时未向消费者告知某项服务设定了有效期限限制，在合同履行中又以该项服务超过有效期限为由限制或停止对消费者服务的，构成违约，应当承担违约责任。

关 键 词 电信服务合同 告知义务 有效期限

裁判理由 法院生效裁判认为：电信用户的知情权是电信用户在接受电信服务时的一项基本权利，用户在办理电信业务时，电信业务的经营者必须向其明确说明该电信业务的内容，包括业务功能、费用收取办法及交费时间、障碍申告等。如果用户在不知悉该电信业务的真实情况下进行消费，就会剥夺用户对电信业务的选择权，达不到真正追求的电信消费目的。

依据《中华人民共和国合同法》第三十九条的规定，采用格式条款订立合同的，提供格式条款的一方应当遵循公平原则确定当事人之间的权利和义务，并采取合理的方式提请对方注意免除或者限制其责任的条款，按照对方的要求，对该条款予以说明。电信业务的经营者作为提供电信服务合同格式条款的一方，应当遵循公平原则确定与电信用户的权利义务内容，权利义务的内容必须符合维护电信用户和电信业务经营者的合法权益、促进电信业的健康发展的立法目的，并有效告知对方注意免除或者限制其责任的条款并向其释明。业务受理单、入网服务协议是电信服务合同的主要内容，确定了原被告双方的权利义务内容,入网服务协议第四项约定有权暂停或限制移动通信服务的情形,第五项约定有权解除协议、收回号码、终止提供服务的情形,均没有因有效期到期而中止、解除、终止合同的约定。而话费有效期限制直接影响到原告手机号码的正常使用,一旦有效期到期,将导致停机、号码被收回的后果,因此被告对此负有明确如实告知的义务,且在订立电信服务合同之前就应如实告知原告。如果在订立合同之前未告知,即使在缴费阶段告知,亦剥夺了当事人的选择权,有违公平和诚实信用原则。被告主张"通过单联发票、宣传册和短信的方式向原告告知了有效期",但未能提供有效的证据予以证明。综上,本案被告既未在电信服务合同中约定有效期内容,亦未提供有效证据证实已将有效期限制明确告知原告,被告暂停服务、收回号码的行为构成违约,应当承担继续履行等违约责任,故对原告主张"取消被告对原告的话费有效期的限制,继续履行合同"的诉讼请求依法予以支持。

审理法院　徐州市泉山区人民法院

裁判时间　2011 年 6 月 16 日

案　　号　徐州市泉山区人民法院(2011)泉商初字第 240 号民事判决书

出　　处　最高人民法院指导案例 64 号,2016 年 6 月 30 日发布。

92. 手机电信用户服务提供者为达到可在电信增值业务推广目的，事先确定免费体验期内，用户可在该期间内免费体验增值服务。免费期过后，电信服务提供考对该增值业务进行收费时，应当得到用户明确的使用承诺

——郑传新诉中国电信股份有限公司连云港分公司电信服务合同纠纷案

裁判摘要

根据《消费者权益保护法》的有关规定，市场交易行为应当遵循公平交易原则，反对强买强卖行为。消费者有权知悉所购买商品和接受服务的真实情况。手机电信用户服务提供者为达到可在电信增值业务推广目的，事先确定免费体验期内，用户可在该期间内免费体验增值服务。免费期过后，电信服务提供考对该增值业务进行收费时，应当得到用户明确的使用承诺，否则，电信服务提供者的强行扣费行为侵犯了消费者对所接受服务的知情权，违背市场公平交易原则。

关 键 词 手机电信用户服务提供者 免费体验期 使用承诺

裁判理由 连云港市海州区人民法院一审认为：原告郑传新系被告连云港电信公司客户，拥有电信号码133XXXX6469，双方之间形成电信服务关系。原告主张被告未经其同意开通手机报业务，并予以收费，侵犯了其知情权及财产权。法院认为，被告业务推销员未能有效核实机主身份，在未得到原告确认的情形下，为号码133XXXX6469开通生活百科手机报业务，并在免费体验期后收取相关费用。被告的上述行为导致了原告的财产受损，被告应当返还收取的4.83元的费用。

关于原告郑传新所称被告连云港电信公司存在欺诈行为，应按《中华人民共和国消费者权益保护法》第五十五条规定赔偿损失500元，法院认为，被告虽然在工作中存在过失，但并无侵占原告财产的故意，也不存在主观的欺诈故意，对原告主张被告构成欺诈，应予赔偿500元的诉讼请求，法院不予支持。

关于原告郑传新要求被告连云港电信公司赔礼道歉的诉讼请求，法院认

为,《中华人民共和国消费者权益保护法》第五十条"经营者侵害消费者的人格尊严、侵犯消费者人身自由或者侵害消费者个人信息依法得到保护的权利的,应当停止侵害、恢复名誉、消除影响、赔礼道歉,并赔偿损失";第五十二条"经营者提供商品或者服务,造成消费者财产损害的,应当依照法律规定或者当事人约定承担修理、重作、更换、退货、补足商品数量、退还货款和服务费用或者赔偿损失等民事责任。"因此,赔礼道歉的民事责任承担一般适用于经营者的经营行为给消费者的人身权利造成损害的情况,而对于财产损害的民事责任则主要是修理、重作、更换、退货、补足商品数量、退还货款和服务费用或者赔偿损失等,该财产损害一般不适用于赔礼道歉。本案中,原告因被告的行为导致财产受损,要求被告赔礼道歉,于法无据,法院不予支持。鉴于本次诉讼因被告在工作中存在过失而发生,原告对此并无过错,案件受理费应由被告承担。被告应在工作中进一步规范业务办理流程,充分尊重消费者权益,确保消费者明明白白消费。

一审判决后,郑传新提出上诉,在本案二审过程中,郑传新主动撤诉,一审判决已发生法律效力。

审理法院　连云港市海州区人民法院
裁判时间　2015 年 3 月 19 日
案　　号
出　　处　《最高人民法院公报》2017 年第 5 期。

第五章 劳动、人事争议

93. 劳动者用人单位发生变动，对于如何界定是否因劳动者本人原因，不应将举证责任简单地归于新用人单位，而应查清是哪一方主动引起了此次变动
——包利英诉上海申美饮料食品有限公司劳动合同纠纷案

裁判摘要

劳动者仍在原工作场所、工作岗位工作，劳动合同主体由原用人单位变更为新用人单位的，应当认定属于"劳动者非因本人原因从原用人单位被安排到新用人单位工作"，工作年限应当连续计算。劳动者用人单位发生变动，对于如何界定是否因劳动者本人原因，不应将举证责任简单地归于新用人单位，而应从该变动的原因着手，查清是哪一方主动引起了此次变动。劳务派遣公司亦不应成为工作年限连续计算的阻却因素。

关　键　词　劳动者　用人单位

裁判理由　上海市第一中级人民法院二审认为：根据本案查明的事实，上诉人包利英于 2006 年 4 月 4 日起，一直在上诉人申美公司处从事销售相关工作，其用人单位先后从人资公司、支点公司变更为安普公司，2010 年 2 月 1 日起变更为申美公司，自 2006 年 4 月 4 日至 2010 年 3 月期间，包利英的工作场所并无变化，且从事的工作内容也没有变化。申美公司主张用人单位主体的变更系包利英本人原因造成，但申美公司未提供充分证据予以证明。从上述事实分析可以得知，包利英的劳动合同主体虽然由人资公司变为支点公司，再变为安普公司，但是包利英的工作场所没有变化，包利英一直在从事销售相关工作，申美公司亦承认由于公司人员需要，申美公司从 2010 年 2 月 1 日起与包利英建立劳动关系。根据《最高人民法院关于审理劳动争议案件适用法律若干问题的解释（四）》第五条第二款第（一）项之规定，可以认定本案的情形属于"劳动者非因本人原因从原用人单位被安排到新用人单位

工作"。因此,依照《中华人民共和国劳动合同法实施条例》第十条的规定,可以确认包利英在申美公司处的工作年限应自2006年4月4日起计算。

依照上诉人包利英在上诉人申美公司处的工作年限,计算包利英可以享受的医疗期,一审法院认定双方劳动关系顺延至2013年12月24日医疗期届满终止,并无不当。现包利英要求恢复劳动关系至判决生效之日的上诉请求,不予支持。

关于病假工资的请求,依照《上海市企业工资支付办法》第九条第一款第(三)项的规定,并参照上诉人包利英在上诉人申美公司处的工作年限,一审法院确定包利英2013年4月1日至2013年8月31日期间的病假工资,并无不妥。包利英主张以2179.24元/月作为计算病假工资的标准,法院难以采纳。包利英据此标准要求申美公司支付2013年4月1日至2013年8月31日病假期间工资差额的上诉请求,不予支持。鉴于包利英、申美公司间的劳动合同延续至2013年12月24日终止,故申美公司应支付包利英2013年9月3日至2013年9月24日的病假工资。申美公司要求不支付2013年9月3日至2013年9月24日病假工资的上诉请求,亦不予支持。

关于疾病救济费的请求,鉴于双方劳动关系顺延至2013年12月24日医疗期届满终止,因此,上诉人包利英要求上诉人申美公司支付疾病救济费至判决生效之日的上诉请求,不予支持。根据包利英在申美公司处的工作年限以及病假超过6个月的情况,一审法院确定包利英2013年9月25日至2013年12月24日期间的疾病救济费为3840.31元,亦无不妥。包利英主张以1991.97元/月的标准计算2013年9月的疾病救济费,以1327.98元/月的标准计算2013年10月以后的疾病救济费,不予采纳。申美公司要求不支付2013年9月25日至2013年12月24日期间疾病救济费的上诉请求,亦不予支持。

综上,一审法院根据查明的事实所作判决正确,应予维持。上诉人包利英、申美公司的上诉请求,理由不成立,均不予支持。

审理法院　上海市第一中级人民法院
裁判时间　2015年1月30日
案　　号
出　　处　《最高人民法院公报》2016年第12期。

94. 职工在工作时间和工作岗位上突发疾病，经抢救后医生虽然明确告知家属无法挽救生命，在救护车运送回家途中职工死亡的，仍应认定为工伤

——上海温和足部保健服务部诉上海市普陀区人力资源和社会保障局工伤认定案

裁判摘要

职工在工作时间和工作岗位上突发疾病，经抢救后医生虽然明确告知家属无法挽救生命，在救护车运送回家途中职工死亡的，仍应认定其未脱离治疗抢救状态。若职工自发病至死亡期间未超过48小时，应视为"48小时之内经抢救无效死亡"，视同工伤。

关 键 词 突发疾病 死亡 未脱离治疗抢救状态

裁判理由 上海市第二中级人民法院二审认为：被上诉人普陀区人保局具有作出被诉工伤认定的法定职权。被上诉人受理两原审第三人的工伤认定申请后，依法进行了调查，于法定期限内作出被诉工伤认定决定并送达双方当事人，行政程序合法。被上诉人依据温和足保部员工的调查笔录及吴亚海的病历材料、居民死亡医学证明书等证据，认定吴亚海于2013年12月23日工作时突发疾病，当日送同济医院救治，次日死亡的事实，证据充分、事实清楚。被上诉人依据《工伤保险条例》第十五条第一款第（一）项、《上海市工伤保险实施办法》第十五条第一款第（一）项之规定，认定吴亚海因病死亡的情形属于视同工伤，适用法律正确。被上诉人所作的工伤认定决定书在使用法律条文时，将上述规定均表述为"第十五条第（一）项"，未写明第一款，显然不符合规范，应予纠正。

关于上诉人温和足保部对吴亚海死亡医学证明真实性存疑的意见，上海市第二中级人民法院认为，死亡医学证明系有资质的医疗机构出具，该证明形式完整、要件齐备，虽然在"死亡日期"的月份处有涂改，但该涂改不影响对吴亚海死亡时间的认定，也未与其他证据相矛盾，故该证明的真实性予以认可。

上诉人温和足保部关于运送吴亚海回乡的救护车为非正规救护车的意见，

被上诉人普陀区人保局认定吴亚海死亡的依据是死亡医学证明书,该证明书载明吴亚海死亡医院为急诊救护车,即已经对该救护车予以了确认。而且,两原审第三人是通过拨打 120 电话的正规途径呼叫的救护车,即使该救护车不属于上海市医疗急救中心所有,也不能推断上海化学工业区医疗中心的救护车为非正规救护车。上诉人提供的证据无法证明其该项主张,法院不予支持。

关于上诉人温和足保部认为吴亚海死亡系家属主动放弃治疗运送其回乡而导致,不属于《工伤保险条例》第十五条第一款第(一)项规定的"突发疾病死亡或者在 48 小时之内经抢救无效死亡"的情形的意见,法院认为,从吴亚海发病后被送至同济医院治疗直至在救护车上死亡,其始终未脱离医疗机构的治疗抢救状态,其家属始终未有拒绝接受救治的意思表示,故上诉人的上述主张不能成立。

综上,一审法院判决驳回上诉人温和足保部的诉讼请求并无不当。上诉人的上诉请求和理由缺乏事实证据和法律依据,法院不予支持。

审理法院　上海市第二中级人民法院
裁判时间　2015 年 10 月 26 日
案　　号
出　　处　《最高人民法院公报》2017 年第 4 期。

95. 从事接触职业病危害的作业的劳动者未进行离岗前职业健康检查的,用人单位不得解除或终止与其订立劳动合同
——张传杰诉上海敬豪劳务服务有限公司等劳动合同纠纷案

裁判摘要

　　从事接触职业病危害的作业的劳动者未进行离岗前职业健康检查的,用人单位不得解除或终止与其订立劳动合同。即使用人单位与劳动者已协商一致解除劳动合同,解除协议也应认定无效。

关 键 词　职业病危害　职业健康检查　离岗
裁判理由　上海市第二中级人民法院二审认为:根据《中华人民共和国

劳动合同法》第四十二条第一款的规定，从事解除职业病危害作业的劳动者未进行离岗前职业健康检查的，用人单位不得依照该法第四十条、第四十一条的规定解除劳动合同。此款规定虽然没有排除用人单位与劳动者协商一致解除劳动合同的情形，但根据《中华人民共和国职业病防治法》第三十六条的规定，"对从事接触职业病危害的作业的劳动者，用人单位应当按照国务院安全生产监督管理部门、卫生行政部门的规定组织上岗前、在岗期间和离岗时的职业健康检查，并将检查结果书面告知劳动者……对未进行离岗前职业健康检查的劳动者不得解除或者终止与其订立的劳动合同"。因此，用人单位安排从事接触职业病危害的作业的劳动者进行离岗职业健康检查是其法定义务，该项义务并不因劳动者与用人单位协商一致解除劳动合同而当然免除。

本案中，双方于2014年1月13日签订的《协商解除劳动合同协议书》并未明确上诉人张传杰已经知晓并放弃了进行离岗前职业健康检查的权利，且张传杰于事后亦通过各种途径积极要求被上诉人敬豪公司为其安排离岗职业健康检查。因此，张传杰并未放弃对该项权利的主张，敬豪公司应当为其安排离岗职业健康检查。在张传杰的职业病鉴定结论未出之前，双方的劳动关系不能当然解除。

2014年12月10日，上诉人张传杰被鉴定为"职业病致残程度柒级"。根据《工伤保险条例》第三十七条规定，职工因工致残被鉴定为七级至十级伤残的，劳动、聘用合同期满终止，或者职工本人提出解除劳动、聘用合同的，由工伤保险基金支付一次性工伤医疗补助金，由用人单位支付一次性伤残就业补助金。因此，鉴于双方签订的劳动合同原应于2014年6月30日到期，而张传杰2014年12月10日被鉴定为"职业病致残程度柒级"，依据《工伤保险条例》的规定，用人单位可以终止到期合同，故张传杰与被上诉人敬豪公司的劳动关系应于2014年12月10日终止。

审理法院　上海市第二中级人民法院
裁判时间　2015年11月12日
案　　号　
出　　处　《最高人民法院公报》2017年第5期。

96. 职工获得用人单位为其购买的人身意外伤害保险赔付后，仍然有权向用人单位主张工伤保险待遇

——安民重、兰自姣诉深圳市水湾远洋渔业有限公司工伤保险待遇纠纷案

> **裁判摘要**
>
> 用人单位为职工购买商业性人身意外伤害保险的，不因此免除其为职工购买工伤保险的法定义务。职工获得用人单位为其购买的人身意外伤害保险赔付后，仍然有权向用人单位主张工伤保险待遇。

关 键 词 人身意外伤害保险 工伤保险

裁判理由 广东省高级人民法院二审认为：《中华人民共和国工伤保险条例》第二条第一款规定："中华人民共和国境内的企业、事业单位、社会团体、民办非企业单位、基金会、律师事务所、会计师事务所等组织和有雇工的个体工商户（以下称用人单位）应当依照本条例规定参加工伤保险，为本单位全部职工或者雇工（以下称职工）缴纳工伤保险费"，根据该规定，为职工缴纳工伤保险费是水湾公司的法定义务，该法定义务不得通过任何形式予以免除或变相免除。《工伤保险条例》第六十二条第二款又进一步规定："依照本条例规定应当参加工伤保险而未参加工伤保险的用人单位职工发生工伤的，由该用人单位按照本条例规定的工伤保险待遇项目和标准支付费用"。在上诉人水湾公司未为安东卫缴纳工伤保险费的情况下，水湾公司应向安东卫的父母被上诉人安民重和兰自姣支付工伤保险待遇。水湾公司为安东卫购买的商业性意外伤害保险，性质上是水湾公司为安东卫提供的一种福利待遇，不能免除水湾公司作为用人单位负有的法定的缴纳工伤保险费的义务或支付工伤保险待遇的义务。

此外，法律及司法解释并不禁止受工伤的职工或其家属获得双重赔偿。《最高人民法院关于审理工伤保险行政案件若干问题的规定》第八条第一款规定："职工因第三人的原因受到伤害，社会保险行政部门以职工或者其近亲属已经对第三人提起民事诉讼或者获得民事赔偿为由，作出不予受理工伤认定申请或者不予认定工伤决定的，人民法院不予支持"，第三款规定："职工因第三人的原因导致工伤，社会保险经办机构以职工或者其近亲属已经对第三

人提起民事诉讼为由，拒绝支付工伤保险待遇的，人民法院不予支持，但第三人已经支付的医疗费用除外"，由此可见，上述规定并不禁止受工伤的职工同时获得民事赔偿和工伤保险待遇赔偿。上诉人水湾公司称被上诉人安民重和兰自姣同时获得保险金和工伤保险待遇属一事二赔、违反公平原则，没有法律依据，不予支持。一审法院判决水湾公司向安民重和兰自姣支付工伤保险待遇正确，予以维持。

综上，一审法院认定事实清楚，适用法律正确，处理结果恰当，应予维持。水湾公司上诉理据不足，予以驳回。

审理法院 广东省高级人民法院
裁判时间 2016 年 5 月 24 日
案　　号
出　　处 《最高人民法院公报》2017 年第 12 期。

第六章 环境资源

97. 对环境污染损害因果关系，主张者只需证明被主张者存在污染环境的可能性
——陈汝国与泰州市天源化工有限公司水污染责任纠纷案

> **裁判摘要**
> 一、对环境污染损害因果关系，主张者只需证明被主张者存在污染环境的可能性，不存在因果关系的证明责任则由被主张者承担。
> 二、水产养殖物灭失后，可以根据实际养殖状态与条件，参照地方性行政规章对国有渔业水域因工程建设占用补偿标准确定经济损失。

关　键　词　环境污染　因果关系

裁判理由　江苏省泰州医药高新技术产业开发区人民法院一审认为：因污染环境造成损害的，污染者应当承担侵权责任。我国侵权责任法规定，因污染环境发生纠纷，污染者应当就法律规定的不承担责任或者减轻责任的情形及其行为与损害之间不存在因果关系承担举证责任。原告陈汝国举证和有关鉴定报告证明，被告天源公司与陈汝国所承包的鱼塘相毗邻，排水口相联通且为野徐镇工业园内唯一使用氰化物的单位。2012年4月20日至次日所降中到大雨导致含有氰化物的污水排入原告承包的鱼塘造成鱼受污染而死亡的可能性较大。本案中，原告证明天源公司系鱼塘周边氰化物使用者的唯一性且有相联通管道排泄雨水及氰化物外泄的可能性，由排污口氰化物浓度高于鱼塘内水可以推定，外源性污染物介入导致鱼死亡的较大可能性。而天源公司对原告渔业用水水质标准提出质疑，国家制定的水质标准，是环保、水利部门对水体进行监测、环境管理的依据，而不是确定排污单位是否承担赔偿责任的前提或界限。因此，本案中鱼塘水中的氰化物含量是否符合二类水质的标准以及是否应当用渔业用水的标准衡量，与排污单位承担赔偿责任并无必然之关系，天源公司的抗辩不足以否定本案因果关系的存在。综上，可以

认定本案中污染行为与损害结果之间存在因果关系的可能性较大,而天源公司未能举证证明存在免责事由以及其行为与损害之间不存在因果关系,故其应当承担环境污染损害赔偿责任。

关于原告陈汝国就鱼塘水被污染所主张的各项损失,作如下认定:(1)鱼死亡所造成的损失。陈汝国在鱼死亡后未及时采取必要措施对死鱼进行计量称重,而是进行了掩埋处理,从而导致死鱼的损失无法计算。虽然原告提交了关于购买鱼苗的证据,因养殖条件较差,养殖技术水平较低,上述证据无法证明水污染造成的鱼类损失。鉴定人扬州市江都区渔业环境监测站结合陈汝国的实际养殖状态、条件,根据相关规定,参照内陆养殖水域占用补偿标准所确定的经济损失9450元,符合本案实际情形,在陈汝国未能提交充分有效的证据证明其损失的情况下,以此作为确定其损失的依据,较为公平合理。(2)关于打捞死鱼的费用,鱼塘内鱼死亡后因打捞死鱼的需要确存在打捞死鱼的人工费(尚未支付),结合鉴定人在损失评估中的意见,确认打捞死鱼的费用为1050元。(3)关于鱼塘清污费用,陈汝国所提交的两份报价单并不是具有相应资质的评估鉴定机构出具,且尚未实际产生。原告可待实际清污后再行主张其合理损失。(4)关于陈汝国主张的承包费损失、可得利润损失,污染事件发生后,环保、渔政等部门已到场采集水源样本,经双方申请的扬州市江都区渔业环境监测站出具的事故鉴定报告和事故评估报告的截止日为2012年12月6日。此后,陈汝国应当及时清污并继续渔业养殖,其怠于恢复养殖系单方扩大的损失,且其所主张的预期利润系估算损失,缺乏事实依据,故对其所主张的预期利润损失难以支持。承包费应纳入原告养殖成本,不予支持。(5)关于交通费、鉴定费、评估费,陈汝国主张交通费500元,虽未提交交通费票据,但事故发生后确实产生交通费,酌情予以支持;鉴定费、评估费3400元,均系为查明死鱼原因、损失而发生,属于因污染而造成的损失,且有相应票据证实,予以支持。综上,结合陈汝国的现有证据及本案实际情况,依法认定其承包的鱼塘受污染后造成的总损失为14400元。

审理法院 江苏省泰州医药高新技术产业开发区人民法院
裁判时间 2014年6月4日
案　　号
出　　处 《最高人民法院公报》2016年第3期。

98. 不能以部分水域的水质得到恢复为由免除
污染者应当承担的环境修复责任

——泰州市环保联合会与泰兴锦汇化工有限公司
等环境污染侵权赔偿纠纷案

> **裁判摘要**
>
> 环境污染案件中,危险化学品和化工产品生产企业对其主营产品及副产品必须具有较高的注意义务,必须全面了解其主营产品和主营产品生产过程中产生的副产品是否具有高度危险性,是否会造成环境污染;必须使其主营产品的生产、出售、运输、储存和处置符合相关法律规定,并使其副产品的生产、出售、运输、储存和处置符合相关法律规定,避免对生态环境造成损害或者产生造成生态环境损害的重大风险。虽然河流具有一定的自净能力,但是环境容量是有限的。向河流中大量倾倒副产酸,必然对河流的水质、水体动植物、河床、河岸以及河流下游的生态环境造成严重破坏,如不及时修复,污染的累积必然会超出环境承载能力,最终造成不可逆转的环境损害。因此,不能以部分水域的水质得到恢复为由免除污染者应当承担的环境修复责任。

关 键 词 水质恢复 污染者 环境修复责任

裁判理由 最高人民法院认为:虽然河流具有一定的自净能力,但是环境容量是有限的,向水体大量倾倒副产酸,必然对河流的水质、水体动植物、河床、河岸以及河流下游的生态环境造成严重破坏。如不及时修复,污染的累积必然会超出环境承载能力,最终造成不可逆转的环境损害。因此,不能以部分水域的水质得到恢复为由免除污染者应当承担的环境修复责任。

泰州市环保联合会申请东南大学能源与环境学院吕锡武教授作为专家辅助人出席一审庭审,对鉴定意见以及本案所涉专业问题提出意见。吕锡武教授认为,向水体倾倒危险废物的行为直接造成了区域生态环境功能和自然资源的破坏,无论是对长江内河水生态环境资源造成的损害进行修复,还是将污染引发的风险降至可接受水平的人工干预措施所需费用,均将远远超过污染物直接处理的费用;由于河水的流动和自我净化,即使倾倒点水质得到恢复，也不能因此否认对水生态环境曾经造成的损害。鉴定人南京理工大学贺启环教授出庭接受询问时也表示，无法计算得到实际人工干预的费用或者难于计算人工干预的费用，可以采用虚拟治理成本法计算损失。

水环境具有流动性，污染行为瞬间发生，损害现场无法复原，属于《推荐方法》（第Ⅰ版）规定的环境修复费用难于计算的情形，可以采用虚拟治理成本法来计算环境修复费用。且《推荐方法》（第Ⅱ版）与（第Ⅰ版）关于虚拟治理成本法的规定并无本质区别，二审判决以《评估技术报告》确定的锦汇公司被江中公司倾倒的副产酸治理成本、被倾倒的数量再乘以Ⅲ类地表水环境功能敏感程度推荐倍数4.5~6倍的下限4.5倍计算环境修复费用，并无不当。

经查泰州市环保联合会的一审起诉状，虽然将诉讼请求表述为赔偿水环境污染损失，但在事实和理由部分明确此赔偿款项系环境修复费用。二审判决判令锦汇公司承担环境修复费用并未超出当事人的诉讼请求。

审理法院　最高人民法院
裁判时间　2016年1月31日
案　　号　最高人民法院（2015）民申字第1366号民事裁定书
出　　处　《最高人民法院公报》2016年第5期。

99. 行为人未经许可将工业废酸违法排放到河流中，造成环境污染，应当承担修复受污染环境的责任以排除已经造成的危害

——连云港市赣榆区环境保护协会诉王升杰环境污染损害赔偿公益诉讼案

> **裁判摘要**
>
> 造成环境污染危害者，有责任排除危害。行为人未经许可将工业废酸违法排放到河流中，造成环境污染，应当承担修复受污染环境的责任以排除已经造成的危害。为了达到使被污染环境得到最科学合理的恢复这一最终目标，法院可以采取专家证人当庭论证的方式提供专业技术支持。当行为人的经济赔偿能力不足时，可以参照目前全国职工日工资标准确定修复费用，按照"谁污染，谁治理，谁损害，谁赔偿"的环境立法宗旨，要求行为人通过提供有益于环境保护的劳务活动抵补其对环境造成的损害。

关 键 词 环境污染 排除危害 修复环境

裁判理由 江苏省连云港市中级人民法院一审认为：根据《中华人民共和国水污染防治法》第二十九条规定，禁止向水体排放油类、酸液、碱液或者剧毒废液。第三十五条规定，禁止利用渗井、渗坑、裂隙和溶洞排放、倾倒含有毒污染物的废水、含病原体的污水和其他废弃物。被告王升杰未经环境保护主管部门批准取得《排放污染物许可证》，违法采取酸洗方式清洗石英石，将酸洗后的含酸废水未进行无害化处理即通过渗坑排放，造成水污染并影响了水域周边土壤等生态环境，其应对其造成的环境污染损害承担赔偿责任。对原告赣榆区环境保护协会提起公益诉讼、连云港市人民检察院支持起诉要求被告赔偿公共利益损害的主张江苏省连云港市中级人民法院予以支持。根据出庭专家的评估意见，100吨含酸废水治理成本约14616.7元，因其未经处理即行排放导致治理成本扩大，无法具体测算对环境和生态的损害程度，依据国家环境保护部《关于开展环境污染损害鉴定评估工作的若干意见》中环境污染损害数额计算推荐方法采取虚拟成本治理法符合本案实际。结合王升杰排放废酸数量及环境监测评估意见等，被告造成的环境损害，江苏省连

云港市中级人民法院酌情认定为 75000 元。王升杰主张其经济非常困难，自愿在经济赔偿能力不足的情况下，通过提供有益于环境保护的劳务活动抵补其对环境造成的损害，符合"谁污染，谁治理，谁损害，谁赔偿"的环境立法宗旨，较单纯赔偿更有利于环境的修复与治理，江苏省连云港市中级人民法院予以采纳。在本案审理过程中，连云港市赣榆区环境保护局发函同意对王升杰提供的劳务进行监管。参照目前全国职工日工资标准，王升杰提供环境保护劳务的工作量应相当于其环境污染赔偿不足的金额。赣榆环保协会作为不以盈利为目的的公益组织，其为提起公益诉讼支出的合理费用应由被告承担。

审理法院 江苏省连云港市中级人民法院
裁判时间 2014 年 9 月 9 日
案　　号
出　　处 《最高人民法院公报》2016 年第 8 期。

100. 即便未明确违反法律法规中的禁止性规定，但若认定合同有效并继续履行将损害环境公共利益的，应当认定合同无效
——四川金核矿业有限公司与新疆临钢资源投资股份有限公司特殊区域合作勘查合同纠纷案

> **裁判摘要**
> 当事人关于在自然保护区、风景名胜区、重点生态功能区、生态环境敏感区和脆弱区等区域内勘查开采矿产资源的合同约定，不得违反法律、行政法规的强制性规定或者损害环境公共利益，否则应依法认定无效。环境资源法律法规中的禁止性规定，即便未明确违反相关规定将导致合同无效，但若认定合同有效并继续履行将损害环境公共利益的，应当认定合同无效。

关 键 词 环境资源　损害环境公共利益　合同无效
裁判理由 最高人民法院认为：当事人二审争议的焦点在于（一）临钢公司与金核公司签订的《合作勘查开发协议》应否解除；（二）临钢公司要

求金核公司返还合作补偿价款并赔偿投入损失的请求能否成立。

（一）关于案涉《合作勘查开发协议》应否解除的问题

《合作勘查开发协议》项下的探矿权位于新疆塔什库尔干野生动物自然保护区范围内，该自然保护区设立在先，金核公司的探矿权取得在后，从协议第6.2.3条关于"乙方保证取得的上述探矿证……不在冰川保护区、自然保护区、风景区等可能影响矿山开发的区域范围内"的约定来看，双方当事人均知道或者应当知道在自然保护区内不允许进行矿产资源的勘探和开发。《中华人民共和国自然保护区条例》第二十六条规定，禁止在自然保护区内进行砍伐、放牧、狩猎、捕捞、采药、开垦、烧荒、开矿、采石、挖沙等活动。金核公司主张，案涉矿权虽在自然保护区范围内，但处于实验区和缓冲区，依法允许勘探。《中华人民共和国自然保护区条例》第十八条规定："自然保护区可以分为核心区、缓冲区和实验区。自然保护区内保存完好的天然状态的生态系统以及珍稀、濒危动植物的集中分布地，应当划为核心区，禁止任何单位和个人进入；除依照本条例第二十七条的规定经批准外，也不允许进入从事科学研究活动。核心区外围可以划定一定面积的缓冲区，只准进入从事科学研究观测活动。缓冲区外围划为实验区，可以进入从事科学试验、教学实习、参观考察、旅游以及驯化、繁殖珍稀、濒危野生动植物等活动。"金核公司主张探矿属于"等活动"的范围。本院认为，开矿属于《中华人民共和国自然保护区条例》第二十六条明令禁止的行为，显然不包含在该条例第十八条所允许的活动范围内。金核公司的该项主张，缺乏法律依据，不能成立。因此，双方签订的《合作勘探开发协议》违反了《中华人民共和国自然保护区条例》的禁止性规定，如果认定该协议有效并继续履行，将对自然环境和生态造成严重破坏，损害环境公共利益。根据《中华人民共和国合同法》第五十二条第四项、第五项之规定，《合作勘查开发协议》应属无效。一审法院认定该协议有效并判令双方继续履行，适用法律错误，本院予以纠正。无效合同不存在解除问题，故对金核公司要求确认临钢公司解除《合作勘查开发协议》的行为无效的本诉请求，以及临钢公司要求判决解除《合作勘查开发协议》的反诉请求，均不予支持。

（二）关于返还财产及赔偿损失的认定问题

《中华人民共和国合同法》第五十八条规定："合同无效或者被撤销后，因该合同取得的财产，应当予以返还；不能返还或者没有必要返还的，应当折价补偿。有过错的一方应当赔偿对方因此所受到的损失，双方都有过错的，应当各自承担相应的责任。"因《合作勘查开发协议》无效,临钢公司基于该协议向金核公司支付的 3500 万元矿权合作补偿价款,金核公司应当予以返还。临钢公司在《合作勘查开发协议》履行期间,与喀什地区公路桥梁工程有限责任公司签订了《新疆塔什库尔干乌如克铁矿普查项目道路施工工程项目合同书》及《补充合同》,委托后者为案涉勘查项目修建道路,该道路已物化为矿区财产,应由金核公司予以补偿。临钢公司为此支付的工程款中的 250 万元有加盖银行印鉴的付款凭证为凭,证据充分,本院予以支持。其余 303.86 万元修路费用以及临钢公司主张的 328.815 万元勘查费用、150 万元矿山道路通行维护费,相关付款凭证为临钢公司自行打印的电子回单,未经银行盖章确认。金核公司在一审质证中提出,电子回单可以自己打印,但应当去银行补盖印章,对其真实性并不认可。临钢公司在二审中仍未就此补强证据,其付款凭证的真实性不能确定,本院不予认定。临钢公司主张的 5702257 元工程费用、管理费用损失是项目公司日常经营管理中的费用支出,付款人均为项目公司,而临钢公司及金核公司在项目公司成立时均有注资,不能仅认定为临钢公司的损失,该部分款项应在项目公司清算时另行解决。临钢公司在合作前未对矿区位置进行必要的调查了解便盲目投资,对《合作勘查开发协议》的无效具有过错,应当自行承担由此导致的资金利息损失,故对其上诉主张的约 665.33 万元利息损失,不予支持。临钢公司主张律师费用的依据为《合作勘查开发协议》第 7.2 条的约定,现该协议已被认定无效,律师费用应由临钢公司自行承担。金核公司的探矿权仍在其名下,不存在返还问题。临钢公司应将该矿的经营管理权交还金核公司。金核公司如因《合作勘查开发协议》无效而遭受损失的,可另案主张权利。

综上所述,一审判决认定事实清楚,但适用法律不当,应予纠正。

审理法院　最高人民法院
裁判时间　2015 年 11 月 14 日
案　　号　最高人民法院(2015)民二终字第 167 号民事判决书
出　　处　《最高人民法院公报》2017 年第 4 期。

101. 采矿权转让意向合同不属于经地质矿产主管部门批准才生效的合同

——内蒙古青阳矿业有限责任公司与突泉泰银矿业有限责任公司合同纠纷案

裁判要点

意向合同对未来的采矿权转让作出事前安排,该约定并不属于必须经地质矿产主管部门批准才生效的内容,不违反法律、行政法规的强制性规定,合同合法有效。

关 键 词 采矿权 转让意向合同 地质矿产主管部门

裁判理由 最高人民法院认为:(一)关于二审判决认定《收购意向书》《收购意向补充协议》合法有效是否有误的问题

1. 关于转让标的及合同性质问题。根据双方签订的《收购意向书》和《收购意向补充协议》的约定内容,双方在合同中涉及了突泉泰银公司的物权、突泉泰银公司的股权及未来由沈阳泰银公司变更到突泉泰银公司名下的采矿权等多个标的,收购价为11180万元,双方的最终目的是青阳公司通过对突泉泰银公司的实物资产、全部股权及未来过户到突泉泰银公司名下采矿权的取得和控制,成为突泉泰银公司的唯一股东,独立经营突泉泰银公司。故二审判决认定案涉合同转让的标的涉及突泉泰银公司的多种财产权益,而不仅仅是股权或采矿权,合同为企业资产的整体转让合同,并无不当。

2. 关于合同效力问题。根据本案已查明的事实,邓忠利既是突泉泰银公司的股东、法定代表人,又是沈阳泰银公司的股东、法定代表人。对于本案中所涉转让采矿权、股权及物权,2013年12月10日,沈阳泰银公司和突泉泰银公司均召开股东会议,全体股东一致同意案涉合同标的对外转让。邓忠利作为突泉泰银公司和沈阳泰银公司的法定代表人、股东,在各股东形成股东会决议同意转让的情况下,其在《收购意向书》和《收购意向补充协议》上的签字行为可理解代表了突泉泰银公司和沈阳泰银公司全体股东的意志,且至本案诉讼,突泉泰银公司和沈阳泰银公司的股东均未对转让事宜提出异议。故二审判决认定案涉合同内容不违反法律、行政法规的强制性规定,应为有效,并无不当。

至于案涉合同中所涉采矿权转让的内容。按照合同约定,本案所涉采矿权转让是在青阳公司取得突泉泰银公司的物权、股权,支付第一笔3000万元,将被抵押的采矿权解除抵押后,采矿权人由沈阳泰银公司变更为突泉泰银公司,即在青阳公司实际成为突泉泰银公司的唯一股东,完全控制突泉泰银公司的情况下,沈阳泰银公司将其采矿权转让给突泉泰银公司,从而实现青阳公司合同目的。届时,就该采矿权的转让应系发生在沈阳泰银公司与突泉泰银公司之间,二者仍需签订相应的采矿权转让合同,并须经地质矿产主管部门依法批准生效。因此,《收购意向书》和《收购意向补充协议》只是对未来涉及的沈阳泰银公司与突泉泰银公司之间的采矿权转让作出事前安排或约定,该部分约定并不属于必须经地质矿产主管部门批准才生效的内容。二审判决认定该约定系双方真实意思表示,不违反法律、行政法规的强制性规定,合同一经成立,即对双方均有拘束力,并无不当。

至于突泉泰银公司是否存在欺诈行为导致合同无效的问题。根据本案已经查明的事实,《收购意向书》和《收购意向补充协议》有明确的约定,签订协议时,青阳公司对突泉泰银公司的采矿权及安全生产证照方面的情况是明知的,并不能证明其存在受欺诈的事实。而且即便青阳公司主张的欺诈事实存在,根据《中华人民共和国合同法》第五十二条、第五十四之规定,以欺诈手段订立的合同只有损害国家利益的,才属于无效,否则应属于可撤销或者可变更的情形,而本案中青阳公司没有证据证明突泉泰银公司的欺诈行为损害了国家利益。故二审判决认定青阳公司以此为由主张合同无效没有事实及法律依据,有相应的事实和法律依据。

审理法院 最高人民法院
裁判时间 2016年6月21日
案　　号 最高人民法院(2016)最高法民申930号民事裁定书
出　　处 中国裁判文书网。

102. 政府关于煤矿企业兼并重组的政策变化是情势变更还是商业风险
——任维俊、张翔采矿权转让合同纠纷案

> **裁判要点**
>
> 判断是否属于情势变更还是商业风险，需要参照合同约定，并从可预见性、归责性以及产生后果等方面进行分析。

关　键　词　政府政策　情势变更　商业风险

裁判理由　最高人民法院认为：《最高人民法院关于适用〈中华人民共和国合同法〉若干问题的解释（二）》第二十六条规定："合同成立以后客观情况发生了当事人在订立合同时无法预见的、非不可抗力造成的不属于商业风险的重大变化，继续履行合同对于一方当事人明显不公平或者不能实现合同目的，当事人请求人民法院变更或者解除合同的，人民法院应当根据公平原则，并结合案件的实际情况确定是否变更或者解除。"是否属于所谓情势变更还是商业风险，需要参照合同约定，并从可预见性、归责性以及产生后果等方面进行分析。

本案中，任维俊主张本案适用情势变更的主要依据是其在二审期间提交的 2012 年 12 月 19 日贵州省人民政府办公厅印发的《贵州省煤矿企业兼并重组工作方案（试行）》，但是基于该工作方案的内容可以看出，2010 年国家即开始启动煤矿企业的兼并重组工作，国务院办公厅、贵州省人民政府也就煤矿企业兼并重组颁发了相关规范性文件。任维俊作为《转让协议》的签约人，在决策购买地质煤矿时应当了解、知晓国家关于煤炭资源整合、煤矿企业兼并重组的相关政策，对于一定规模以下的煤矿可能存在被兼并重组、甚至关闭的商业风险应该是有预期的，不存在客观情况发生了任维俊在订立合同时无法预见的、非不可抗力造成的不属于商业风险的重大变化。同时，根据本案已经查明的事实，地质煤矿采矿权的转让分别在 2013 年 10 月 16 日和 2015 年 1 月 20 日两次通过了贵州省国土资源厅的批准，说明即便基于《贵州省煤矿企业兼并重组工作方案（试行）》的要求，地质煤矿采矿权也是可以转让的，案涉《转让协议》并非不能履行，并不存在继续履行合同对于任维俊明显不公平或者不能实现合同目的的情形。因此，任维俊主张本案符合情势变更的情形并据此请求解除《转让协议》，没有事实和法律依据，本院不予支持。

审理法院　最高人民法院
裁判时间　2017 年 4 月 1 日
案　　号　最高人民法院（2016）最高法民终 781 号民事判决书
出　　处　中国裁判文书网。

第七章　民刑交叉

103. 行为人以所在单位名义与他人签订经济合同，给他人造成经济损失构成犯罪的，除依法追究行为人的刑事责任外，其所在单位也应对给他人造成的经济损失依法承担相应的民事责任

——中国远大集团有限责任公司与中国轻工业对外经济技术合作公司进出口代理合同纠纷案

> **裁判摘要**
>
> 行为人以所在单位名义与他人签订经济合同，给他人造成经济损失构成犯罪的，除依法追究行为人的刑事责任外，其所在单位也应对给他人造成的经济损失依法承担相应的民事责任。

关　键　词　经济合同　单位名义　刑事责任　民事责任

裁判理由　最高人民法院审理认为：从本案合同订立来看，远大公司在合同签订前，对轻工业公司经营地进行资信考察，轻工业公司也向远大公司提供加盖公章的营业执照、组织机构代码证及进出口企业资格证书复印件；在办理涉案棕榈油进出口许可证时，远大公司申报过程中使用的是轻工业公司电子密钥向中华人民共和国商务部提交文件，并与销售商签订《销售合同》。其次，在整个合同履行过程中，轻工业公司在《代理协议》《销售合同》《油脂接卸储存三方协议》（以下简称《仓储协议》）三份合同上加盖该公司的6号合同章，并在《销售合同》及附件上加盖骑缝章；远大公司通过中国银行开立信用证进行承兑，东莞市华南油脂工业有限公司向远大公司出具证明，证实棕榈油已全部进入该公司储油罐。因此，该外贸代理合同已全部履行完毕，远大公司以该《代理协议》并依据《最高人民法院关于在审理经济纠纷案件中涉及经济犯罪嫌疑若干问题的规定》（法释〔1998〕7号）第三条规定提起本案诉讼，符合法律规定，应作为民事案件进行审理。轻工业

公司职员赵远征的合同诈骗行为，虽然已被生效的刑事判决予以确认，但该个人的犯罪行为与本案《代理协议》的履行没有关联，也不能因此免除轻工业公司在本案中的民事责任。原审驳回远大公司的起诉不当，应予纠正。

综上，原一、二审裁定认定事实不清，适用法律错误，应予撤销。

审理法院　最高人民法院
裁判时间　2015 年 10 月 12 日
案　　号　最高人民法院（2015）民提字第 128 号民事裁定书
出　　处　《最高人民法院公报》2016 年第 2 期。

104. 民间借贷借款人涉嫌犯罪，出借人可以诉请担保人承担民事责任
——赵学军与赵明伍、刘克胜民间借贷纠纷案

裁判要点

借款人涉嫌刑事犯罪，不能否定出借人与担保人之间存在的民事关系，出借人起诉请求担保人承担民事责任的，法院应予受理。

关 键 词　民间借贷　刑事犯罪　保证责任

裁判理由　最高人民法院认为：从一审起诉的情况看，赵学军主张刘克胜承担借款还款责任，赵明伍对借款承担连带保证责任。因刘克胜涉嫌非法吸收公众存款罪，已被公安机关立案侦查，根据最高人民法院、最高人民检察院和公安部《关于办理非法集资刑事案件适用法律若干问题的意见》第七条第二款关于"人民法院在审理民事案件或者执行过程中，发现有非法集资犯罪嫌疑的，应当裁定驳回起诉或者中止执行，并及时将有关材料移送公安机关或者检察机关"的规定，赵学军对刘克胜的起诉应予驳回。但是，刘克胜涉嫌刑事犯罪，并不能否定赵学军与赵明伍之间存在的民事关系，一审法院根据最高人民法院、最高人民检察院和公安部《关于办理非法集资刑事案件适用法律若干问题的意见》第七条第二款的规定，一并驳回赵学军对赵明伍的起诉不当。至于案件进入诉讼程序后，是否应该裁定中止审理，应由受理法院视情形决定。

审理法院 最高人民法院
裁判时间 2016 年 4 月 25 日
案　　号 最高人民法院（2016）最高法民终 138 号民事裁定书
出　　处 中国裁判文书网。

105. 伪造印章被判犯罪，但所签担保合同合法有效
——游斌琼与福建省万翔房地产开发有限公司、
翁炎金等民间借贷纠纷案

> **裁判要点**
> 　　他人伪造公司印章对外签订合同构成表见代理的，即使该伪造印章的行为后被认定为伪造印章罪，也不影响所签合同对公司的约束力。

关 键 词 伪造印章　刑事犯罪　合同效力　表见代理

裁判理由 最高人民法院认为：构成表见代理必须符合两个条件：一是代理人表现出了其具有代理权的外观；二是相对人相信其具有代理权且善意无过失。虽然 2006 年修订后的《公司法》第十三条规定公司法定代表人可以由董事长、执行董事或者经理担任，但从实践情况看，在公司设有董事长的情况下，由董事长担任公司法定代表人的情况是普遍现象。并且，董事长虽不一定同时担任公司法定代表人，但根据《公司法》的有关规定，其相较于公司其他管理人员显然享有更大的权力，故其对外实施的行为更能引起交易相对人的合理信赖。同时，翁炎金还是万翔公司的股东，且在签订涉案担保合同时持有万翔公司的公章，尽管刑事判决已经认定该公章为翁炎金私刻，但结合翁炎金在万翔公司所任特殊职务以及股东身份等权利外观，已经足以让交易相对人游斌琼产生合理信赖，让其负有对公章真实性进行实质审查的义务，对于相对人要求过于严苛，不利于保护交易安全。综上，本院认为，翁炎金的行为已构成表见代理，万翔公司应对翁炎金的涉案债务承担担保责任。万翔公司关于翁炎金并非万翔公司法定代表人并存在私刻公章行为，故其不应承担担保责任等主张不能成立。

审理法院 最高人民法院

裁判时间 2016 年 6 月 30 日
案　　号 最高人民法院（2016）最高法民申 733 号民事裁定书
出　　处 中国裁判文书网。

106. 民间借贷案件事实必须以未审结的刑事案件审理结果为依据，应裁定中止诉讼
——赵永贵与曲阜市红海置地有限公司民间借贷纠纷案

> **裁判要点**
> 民间借贷基本案件事实必须以尚未审结的刑事案件审理结果为依据，法院应当裁定中止本案诉讼。

关 键 词 民间借贷　刑民交叉　中止诉讼

裁判理由 最高人民法院认为：本案民事纠纷和王润南涉嫌合同诈骗犯罪存在案件事实重合。为防止民事判决与刑事判决矛盾，民事纠纷案件审理中有关合同签订履行事实认定、合同效力认定、责任划分等问题应以涉嫌犯罪案件的审理结果为依据，在涉嫌犯罪案件审结前，应当中止民事纠纷案件的审理。在本案纠纷审理中，红海置地公司申请法庭调取王润南涉嫌犯罪案件与本案相关的证据，但原审法院以"因本案并不以刑事案件处理结果为依据"为由未予调取，并且在刑事案件审理结果出来之前作出一、二审民事判决，是不当的。

审理法院 最高人民法院
裁判时间 2016 年 9 月 20 日
案　　号 最高人民法院（2016）最高法民申字 793 号民事裁定书
出　　处 中国裁判文书网。

107. 越界开采行为涉嫌非法采矿犯罪的，应驳回被侵权人提起的民事侵权诉讼

——吉林省乾源矿业开发有限责任公司与通化尊正实业有限公司抚松县大方铁矿等探矿权纠纷二审案

裁判要点

人民法院作为越界开采侵权纠纷受理的案件，该侵权行为涉嫌非法采矿犯罪的，应当裁定驳回起诉。

关 键 词　越界开采　非法采矿

裁判理由　最高人民法院认为：《最高人民法院关于在审理经济纠纷案件中涉及经济犯罪嫌疑若干问题的规定》第十一条规定，"人民法院作为经济纠纷受理的案件，经审理认为不属经济纠纷案件而有经济犯罪嫌疑的，应当裁定驳回起诉，将有关材料移送公安机关或检察机关"。本案中，乾源公司于2011年1月提起民事诉讼，主张尊正公司及尊正大方铁矿存在越界开采的侵权行为，并导致了乾源公司可开采的铁矿石储量的减少，要求法院判决尊正公司及尊正大方铁矿立即停止侵权行为并赔偿乾源公司的经济损失等。在本案民事诉讼审理期间，乾源公司又基于尊正大方铁矿的同一开采行为向国土部门举报尊正大方铁矿涉嫌非法采矿。2015年10月13日吉林省白山市国土资源局将乾源公司的举报案件移送白山市公安局，白山市公安局于当日受理，并于2016年3月30日作出白山公刑立字（2016）10005号立案决定书，决定对尊正大方铁矿涉嫌非法采矿案立案侦查。本院二审中，乾源公司亦认可本案民事诉讼所涉开采行为包含在刑事案件范围之内。据此可以认定，本案民事诉讼与刑事侦查案件指向同一法律事实，即尊正大方铁矿是否擅自进入乾源公司矿区范围内采矿。由于白山市公安局已经作出立案决定书，本案乾源公司起诉尊正公司及尊正大方铁矿侵犯探矿权的民事案件本身所涉尊正大方铁矿开采行为涉嫌刑事犯罪，据此，本案应先通过刑事诉讼程序解决，一审裁定驳回乾源公司的起诉，有事实依据，亦符合《最高人民法院关于在审理经济纠纷案件中涉及经济犯罪嫌疑若干问题的规定》第十一条的规定。关于乾源公司上诉主张在刑事案件作出生效裁判之前，不能确定本案案件本身是

否构成犯罪，应当适用《中华人民共和国民事诉讼法》第一百五十条第五项的规定中止本案审理，本院认为，上述法律规定的中止审理的情形是指一案必须以另一案的审理结果为依据，而另一案件尚未审结的情形。但本案与刑事案件是基于同一事实产生，且《最高人民法院关于在审理经济纠纷案件中涉及经济犯罪嫌疑若干问题的规定》第十一条的适用仅要求达到"有经济犯罪嫌疑"的情形，并未要求经济犯罪的事实经过法院生效判决予以认定为前提条件。因此，乾源公司主张本案应当中止审理的上诉请求缺乏相应的事实和法律依据，本院不予支持。如在刑事案件中经法定程序认定尊正大方铁矿的行为不构成犯罪，乾源公司可以再行寻求民事诉讼程序救济。至于一审裁定适用《最高人民法院关于适用刑法第六十四条有关问题的批复》是否属于适用法律错误的问题，因所涉刑事案件现尚处于侦查阶段，本案是否构成该批复规定的"被告人非法占有、处置被害人财产的"情形尚不确定，乾源公司的诉请是否应当通过追缴或者责令退赔的方式予以解决亦不确定，因此本案缺乏适用该批复的前提条件。但是，由于一审裁定依据《最高人民法院关于在审理经济纠纷案件中涉及经济犯罪嫌疑若干问题的规定》第十一条规定驳回乾源公司的起诉并无不当，故上述适用法律上存在的瑕疵不影响本案裁判结果。

审理法院　最高人民法院
裁判时间　2016 年 11 月 7 日
案　　号　最高人民法院（2016）最高法民终 654 号民事裁定书
出　　处　中国裁判文书网。

第二篇 商　事

第一章 公司企业

108. 有限责任公司的股权分期支付转让款中发生股权受让人延迟或者拒付等违约情形，股权转让人不享有合同解除权
——汤长龙诉周士海股权转让纠纷案

> **裁判要点**
> 有限责任公司的股权分期支付转让款中发生股权受让人延迟或者拒付等违约情形，股权转让人要求解除双方签订的股权转让合同的，不适用《中华人民共和国合同法》第一百六十七条关于分期付款买卖中出卖人在买受人未支付到期价款的金额达到合同全部价款的五分之一时即可解除合同的规定。

关 键 词 民事 股权转让 分期付款 合同解除

裁判理由 法院生效判决认为：本案争议的焦点问题是周士海是否享有《中华人民共和国合同法》（以下简称《合同法》）第一百六十七条规定的合同解除权。

一、《合同法》第一百六十七条第一款规定，"分期付款的买受人未支付到期价款的金额达到全部价款的五分之一的，出卖人可以要求买受人支付全部价款或解除合同"。第二款规定，"出卖人解除合同的，可以向买受人要求支付该标的物的使用费。"《最高人民法院关于审理买卖合同纠纷案件适用法律问题的解释》第三十八条规定，"合同法第一百六十七条第一款规定的'分期付款'，系指买受人将应付的总价款在一定期间内至少分三次向出卖人支付。分期付款买卖合同的约定违反合同法第一百六十七条第一款的规定，损害买受人利益，买受人主张该约定无效的，人民法院应予支持"。依据上述法律和司法解释的规定，分期付款买卖的主要特征为：一是买受人向出卖人支付总价款分三次以上，出卖人交付标的物之后买受人分两次以上向出卖人支

付价款；二是多发、常见在经营者和消费者之间，一般是买受人作为消费者为满足生活消费而发生的交易；三是出卖人向买受人授予了一定信用，而作为授信人的出卖人在价款回收上存在一定风险，为保障出卖人剩余价款的回收，出卖人在一定条件下可以行使解除合同的权利。

本案系有限责任公司股东将股权转让给公司股东之外的其他人。尽管案涉股权的转让形式也是分期付款，但由于本案买卖的标的物是股权，因此具有与以消费为目的的一般买卖不同的特点：一是汤长龙受让股权是为参与公司经营管理并获取经济利益，并非满足生活消费；二是周士海作为有限责任公司的股权出让人，基于其所持股权一直存在于目标公司中的特点，其因分期回收股权转让款而承担的风险，与一般以消费为目的分期付款买卖中出卖人收回价款的风险并不同等；三是双方解除股权转让合同，也不存在向受让人要求支付标的物使用费的情况。综上特点，股权转让分期付款合同，与一般以消费为目的分期付款买卖合同有较大区别。对案涉《股权转让资金分期付款协议》不宜简单适用《合同法》第一百六十七条规定的合同解除权。

二、本案中，双方订立《股权转让资金分期付款协议》的合同目的能够实现。汤长龙和周士海订立《股权转让资金分期付款协议》的目的是转让周士海所持青岛变压器集团成都双星电器有限公司6.35%股权给汤长龙。根据汤长龙履行股权转让款的情况，除第2笔股权转让款150万元逾期支付两个月，其余3笔股权转让款均按约支付，周士海认为汤长龙逾期付款构成违约要求解除合同，退回了汤长龙所付710万元，不影响汤长龙按约支付剩余3笔股权转让款的事实的成立，且本案一、二审审理过程中，汤长龙明确表示愿意履行付款义务。因此，周士海签订案涉《股权转让资金分期付款协议》的合同目的能够得以实现。另查明，2013年11月7日，青岛变压器集团成都双星电器有限公司的变更（备案）登记中，周士海所持有的6.35%股权已经变更登记至汤长龙名下。

三、从诚实信用的角度，《合同法》第六十条规定，"当事人应当按照约定全面履行自己的义务。当事人应当遵循诚实信用原则，根据合同的性质、目的和交易习惯履行通知、协助、保密等义务"。鉴于双方在股权转让合同上明确约定"此协议一式两份，双方签字生效，永不反悔"，因此周士海即使依据《合同法》第一百六十七条的规定，也应当首先选择要求汤长龙支付全部价款，而不是解除合同。

四、从维护交易安全的角度，一项有限责任公司的股权交易，关涉诸多方面，如其他股东对受让人汤长龙的接受和信任（过半数同意股权转让），记载到股东名册和在工商部门登记股权，社会成本和影响已经倾注其中。本案中，汤长龙受让股权后已实际参与公司经营管理、股权也已过户登记到其名下，如果不是汤长龙有根本违约行为，动辄撤销合同可能对公司经营管理的稳定产生不利影响。

综上所述，本案中，汤长龙主张的周士海依据《合同法》第一百六十七条之规定要求解除合同依据不足的理由，于法有据，应当予以支持。

审理法院　最高人民法院
裁判时间　2015 年 10 月 26 日
案　　号　最高人民法院（2015）民申字第 2532 号民事裁定书
出　　处　最高人民法院指导案例 67 号，2016 年 9 月 19 日发布。

109. 对股东会决议转让公司主要财产投反对票的股东有权请求公司以合理价格回购其股权
——袁朝晖与长江置业（湖南）发展有限公司请求公司收购股份纠纷案

> **裁判摘要**
> 　　根据《中华人民共和国公司法》第七十四条之规定，对股东会决议转让公司主要财产投反对票的股东有权请求公司以合理价格回购其股权。非因自身过错未能参加股东会的股东，虽未对股东会决议投反对票，但对公司转让主要财产明确提出反对意见的，其请求公司以公平价格收购其股权，法院应予支持。

关 键 词　充分证据　隐藏法律关系

裁判理由　最高人民法院认为：一、关于袁朝晖是否有权请求长江置业公司回购股权的问题。2010 年 3 月 5 日，长江置业公司形成股东会决议，明确由沈良、钟继光、袁朝晖三位股东共同主持工作，确认全部财务收支、经营活动和开支、对外经济行为必须通过申报并经全体股东共同联合批签才可执行，对重大资产转让要求以股东决议批准方式执行。但是，根据长江置业公司与袁朝晖的往来函件，在实行联合审批办公制度之后，长江置业公司对案涉二期资产进行了销售，该资产转让从定价到转让，均未取得股东袁朝晖的同意，也未通知其参加股东会。根据《公司法》第七十四条之规定，对股东会决议转让公司主要财产投反对票的股东有权请求公司以合理价格回购其股权。本案从形式上看，袁朝晖未参加股东会，未通过投反对票的方式表达对股东会决议的异议。但是，《公司法》第七十四条的立法精神在于保护异议股东的合法权益，之所以对投反对票作出规定，意在要求异议股东将反对意见向其他股东明示。本案中袁朝晖未被通知参加股东会，无从了解股东会决议，并针对股东会决议投反对票，况且，袁朝晖在2010年8月19日申请召开临时股东会时，明确表示反对二期资产转让，要求立即停止转让上述资产，长江置业公司驳回了袁朝晖的申请，并继续对二期资产进行转让，已经侵犯了袁朝晖的股东权益。因此，二审法院依照《公司法》第七十四条之规定，认定袁朝晖有权请求长江置业公司以公平价格收购其股权，并无不当。

同时，长江置业公司《公司章程》中规定，股东权利受到公司侵犯，股东可书面请求公司限期停止侵权活动，并补偿因被侵权导致的经济损失。如公司经法院或公司登记机关证实：公司未在所要求的期限内终止侵权活动，被侵权的股东可根据自己的意愿退股，其所拥有的股份由其他股东协议摊派或按持股比例由其他股东认购。本案中，长江置业公司在没有通知袁朝晖参与股东会的情况下，于2010年5月31日作出股东会决议，取消了袁朝晖的一切经费开支，长江置业公司和其股东会没有保障袁朝晖作为股东应享有的决策权和知情权，侵犯了袁朝晖的股东权益，符合长江置业公司《公司章程》所约定的"股东权利受到公司侵犯"的情形。因此，袁朝晖有权根据《公司章程》的规定，请求公司以回购股权的方式让其退出公司。

从本案实际处理效果看，长江置业公司股东之间因利益纠纷产生多次诉讼，有限公司人合性已不复存在，通过让股东袁朝晖退出公司的方式，有利于尽快解决公司股东之间的矛盾和冲突，从而保障公司利益和各股东利益。如果长江置业公司有证据证明袁朝晖存在侵占公司资产的行为，可以另行主张。综上，袁朝晖请求长江置业公司收购其20%股权符合《公司法》和长江置业公司《公司章程》的规定。长江置业公司提交的《09年第4次股东会议纪要》《2010年临时股东会决议》、长沙市公安局岳麓分局经济犯罪侦查大队出具的《说明》、湖南省高级人民法院（2014）民二终字第

29 号民事裁定书以及股东钟继光、沈良的往来函件等证据材料，均不能构成推翻二审判决的新证据，本院不予采信。

二、关于股权回购价格应如何确定的问题。长江置业公司在二审中提交了九组证据，拟证明《审计报告》中长江置业公司净资产的结论可据此调整，二审法院组织双方当事人对该九组证据进行了质证。经审查，上述证据所证明的款项均已纳入审计范围，不能达到长江置业公司所要证明的目的，不属于《审计报告》第五项"如出现新的证据或资料，由法院经过司法程序查证属实后，可据实调整审计结果"的情形。

审理法院 最高人民法院
裁判时间 2015 年 10 月 29 日
案　　号 最高人民法院（2014）民申字第 2154 号民事裁定书
出　　处 《最高人民法院公报》2016 年第 1 期。

110. 在法律无明文规定且股东未明示放弃优先购买权的情况下，享有优先购买权的股东未进场交易，其优先购买权也并未丧失

——中静实业（集团）有限公司诉上海电力
实业有限公司等股权转让纠纷案

裁判摘要

虽然国有产权转让应当进产权交易所进行公开交易，但因产权交易所并不具有判断交易一方是否丧失优先购买权这类法律事项的权利，在法律无明文规定且股东未明示放弃优先购买权的情况下，享有优先购买权的股东未进场交易，并不能根据交易所自行制定的"未进场则视为放弃优先购买权"的交易规则，得出其优先购买权已经丧失的结论。

关 键 词 法律无明文规定　股东未明示放弃　优先购买权

裁判理由 上海市第二中级人民法院二审认为：本案争议焦点为被上诉人中静公司是否已经丧失了涉案股权的股东优先购买权。

法院认为,中静公司并未丧失涉案股权的股东优先购买权。

第一,考虑到有限公司的人合性特征,《中华人民共和国公司法》等相关法律法规规定了股东向股东以外的人转让股权的,应当向其他股东充分履行通知义务。其他股东在同等条件下享有优先购买权。此处所涉通知的内容,应当包括拟转让的股权数量、价格、履行方式、拟受让人的有关情况等多项主要的转让条件。结合本案,首先,在上诉人电力公司于一审第三人新能源公司股东会议中表示了股权转让的意愿后,被上诉人中静公司已明确表示不放弃优先购买权。其次,电力公司确定将股权转让给上诉人水利公司后,也并未将明确的拟受让人的情况告知中静公司。故而对于中静公司及时、合法的行权造成了障碍。而权利的放弃需要明示,故不能当然地认定中静公司已经放弃或者丧失了该股东优先购买权。

第二,被上诉人中静公司在一审第三人产交所的挂牌公告期内向产交所提出了异议,并明确提出了股东优先购买权的问题,要求产交所暂停挂牌交易。但产交所未予及时反馈,而仍然促成上诉人电力公司与水利公司达成交易,并在交易完成之后,方通知中静公司不予暂停交易,该做法明显欠妥。需要说明的是,产交所的性质为经市政府批准设立,不以盈利为目的,仅为产权交易提供场所设施和市场服务,并按照规定收取服务费的事业法人。基于此,产交所并非司法机构,并不具有处置法律纠纷的职能,其无权对于中静公司是否享有优先购买权等作出法律意义上的认定。故当中静公司作为新能源公司的股东在挂牌公告期内向产交所提出异议时,产交所即应当暂停挂牌交易,待新能源公司股东之间的纠纷依法解决后方恢复交易才更为合理、妥当。故其不应擅自判断标的公司其余股东提出的异议成立与否,其设定的交易规则也不应与法律规定相矛盾和冲突。

综上所述,一审认定事实清楚,判决并无不当。

审理法院　上海市第二中级人民法院
裁判时间　2015年4月22日
案　　号
出　　处　《最高人民法院公报》2016年第5期。

111. 仅转让公司股权而不导致矿业权主体的变更，不属于矿业权转让，转让合同无需地质矿产主管部门审批，在不违反法律、行政法规强制性规定的情况下，应认定合同合法有效

——大宗集团有限公司、宗锡晋与淮北圣火矿业有限公司、淮北圣火房地产开发有限责任公司、涡阳圣火房地产开发有限公司股权转让纠纷案

> **裁判摘要**
>
> 矿业权与股权是两种不同的民事权利，如果仅转让公司股权而不导致矿业权主体的变更，则不属于矿业权转让，转让合同无需地质矿产主管部门审批，在不违反法律、行政法规强制性规定的情况下，应认定合同合法有效。迟延履行生效合同约定义务的当事人以迟延履行期间国家政策变化为由主张情势变更的，不予支持。

关 键 词 公司股权 矿业权

裁判理由 最高人民法院认为：本案的争议焦点为（一）一审判决认定第一笔股权转让款不符合情势变更原则是否有误；（二）一审判决认定《股权转让协议》有效是否有误、协议是否应继续履行；（三）一审判决淮北房地产公司、涡阳房地产公司在房产销售款范围内对圣火矿业公司债务承担共同还款责任是否有误；（四）如果存在抽逃出资的情形，是否影响本案的审理。

（一）关于一审判决认定第一笔转让款不符合情势变更原则是否有误的问题

《最高人民法院关于适用〈中华人民共和国合同法〉若干问题的解释（二）》第二十六条规定，"合同成立以后客观情况发生了当事人在订立合同时无法预见的、非不可抗力造成的不属于商业风险的重大变化，继续履行合同对于一方当事人明显不公平或者不能实现合同目的，当事人请求人民法院变更或者解除合同的，人民法院应当根据公平原则，并结合案件的实际情况确定是否变更或者解除。"是否属于所谓情势变更还是商业风险，需要参照合同约定，并从可预见性、归责性以及产生后果等方面进行分析。本案中，淮北宗圣公司成立于2007年，涉案三处

煤炭资源一直申请办理采矿权手续或立项核准,直到2014年10月12日《指导意见》之前,也未获得批准,并且该意见规定,只是在今后一段时间内东部地区原则上不再新建煤矿项目,且安徽省是否属于该《指导意见》所确定的东部地区尚需进一步论证。因此,政策原因并非是造成合作开发项目得不到核准的唯一原因。

案涉《股权转让协议》第四条约定,无论与淮北宗圣公司、宿州宗圣公司拥有的三处煤炭资源相关的探矿许可证或采矿许可证是否作废、到期或失效,圣火矿业公司均无条件的履行本协议约定的所有条款;第二条约定,2014年7月31日前,圣火矿业公司向大宗公司支付第一笔股权转让款。圣火矿业公司对此并无异议,且在第一笔转让款期满不能支付的情况下向大宗公司出具了2000万元的违约金欠条并实际履行1000万元,而《指导意见》出台时间是在2014年10月12日,故对该笔股权转让款,一审判决认定不符合情势变更原则,有事实依据。圣火矿业公司以情势变更原则不应履行支付第一笔股权转让款的抗辩,本院不予采信。

(二)关于一审判决认定股权转让协议有效、协议是否应继续履行的问题

2013年3月24日,大宗公司、宗锡晋与圣火矿业公司签订的《股权转让协议》,系双方真实意思表示,且不违反法律、行政法规的禁止性规定,一审判决认定该协议合法有效并无不当。双方在协议中约定,大宗公司、宗锡晋将合法持有宿州宗圣公司和淮北宗圣公司各44%的股权全部转让给圣火矿业公司,圣火矿业公司支付转让款项。三处煤炭资源的探矿权许可证和采矿权许可证始终在两个目标公司名下,不存在变更、审批的问题。《股权转让协议》签订后,圣火矿业公司也实际控制了两个目标公司,实现了合同目的。因此,双方系股权转让的法律关系,圣火矿业公司主张本案系转让探矿权,因未经审批合同未生效,对该主张,本院不予支持。

鉴于大宗公司、宗锡晋的一审诉讼请求只是请求判令圣火矿业公司支付第一期股权转让款及违约金,并无请求进一步继续履行案涉协议的诉求,故尽管一审判决中有"由于股权转让协议合法有效,大宗公司、宗锡晋要求圣火矿业公司继续履行,支付已到期应给付的股权转让款1亿元及尚未支付的违约金1000万元的主张,本院予以支持"等相关表述,但仍然是基于大宗公司、宗锡晋请求支付第一笔股权转让款及违约金的诉求,而对于案涉《股权转让协议》是否应进一步继续履行,需要当事人以积极的行为进行主张。圣火矿业公司主张本案符合情势变更原则,协议不应再继续履行,但由于案涉第一笔股权转让款的支付不符合情势变更原则,圣火矿业公司针对第一笔股

权转让款项支付的抗辩不能成立。至于案涉《股权转让协议》是否应进一步继续履行、是否应予解除的问题，由于大宗公司、宗锡晋在一审中并没有主张，圣火矿业公司亦未提出反诉，故该部分事项已经超出了本案二审的审理范围，本院不予审理。

（三）关于一审判决淮北房地产公司、涡阳房地产公司在房产销售款范围内对圣火矿业公司债务承担共同还款责任是否有误的问题

本案中，淮北房地产公司和涡阳房地产公司向大宗公司出具《承诺书》，承诺以房产销售款首先按合同约定偿还大宗公司的到期债权，并在保证人处盖有公章。本院认为，该承诺书系淮北房地产公司、涡阳房地产公司的真实意思表示，其承诺并不违反法律、行政法规的禁止性规定，理应按照承诺履行其相应义务。大宗公司起诉淮北房地产公司、涡阳房地产公司的实质是请求两房地产公司基于承诺函的约定承担相应的法律责任，一审法院经审查认定淮北房地产公司、涡阳房地产公司不构成连带保证责任，但应在其房产销售款中对圣火矿业公司的债务承担共同还款责任，一审判决实质上并未加重其民事责任，本院予以维持。淮北房地产公司、涡阳房地产公司的房产是否销售，相关部门均有登记，税务部门也有凭证，不存在不确定性问题，也不存在无法执行的情况。淮北房地产公司、涡阳房地产公司的该主张没有事实和法律依据，本院不予支持。

（四）关于如果存在抽逃出资的情形，是否影响本案的审理的问题

一审判决认为，大宗公司如果存在对淮北宗圣公司抽逃出资的情形，淮北宗圣公司有权要求股东补足出资。圣火矿业公司二审中提交证据证明其已针对大宗公司抽逃出资问题向安徽省睢县人民法院提起了诉讼，可以证明其权利尚有救济渠道，故圣火矿业公司请求中止本案审理没有法律依据，本院不予支持。

综上，圣火矿业公司、淮北房地产公司、涡阳房地产公司的上诉请求不能成立，一审判决认定事实清楚，适用法律正确，应予维持。

审理法院 最高人民法院
裁判时间 2015 年 12 月 7 日
案　　号 最高人民法院（2015）民二终字第 236 号民事判决书
出　　处 《最高人民法院公报》2016 年第 6 期。

112. 在一人公司法人人格否认之诉中，若债权人以一人公司的股东与公司存在财产混同为由起诉要求股东对公司债务承担连带责任，应实行举证责任倒置

——应高峰诉嘉美德（上海）商贸有限公司、陈惠美其他合同纠纷案

> **裁判摘要**
> 一、在一人公司法人人格否认之诉中，应区分作为原告的债权人起诉所基于的事由。若债权人以一人公司的股东与公司存在财产混同为由起诉要求股东对公司债务承担连带责任，应实行举证责任倒置，由被告股东对其个人财产与公司财产之间不存在混同承担举证责任。而其他情形下需遵循关于有限责任公司法人人格否认举证责任分配的一般原则，即折中的举证责任分配原则。
> 二、一人公司的财产与股东个人财产是否混同，应当审查公司是否建立了独立规范的财务制度、财务支付是否明晰、是否具有独立的经营场所等进行综合考量。

关　键　词　一人公司法人人格否认之诉　财产混同　连带责任　举证责任倒置

裁判理由　上海市第一中级人民法院二审认为：本案二审争议焦点在于（一）投资合同解除后，上诉人嘉美德公司应当全额返还被上诉人应高峰的投资款，还是按照投资款的剩余残值进行返还；（二）上诉人陈惠美是否应对返还投资款承担连带清偿责任。

第一，关于上诉人嘉美德公司应如何返还投资款的问题。法院认为，根据《投资合同》的约定，签约后三个月内，若被上诉人应高峰对于嘉美德公司的财务报表和经营报表有不同意见，且双方无法协调取得共识时，应高峰有权撤销投资合同，嘉美德公司同意无条件返还应高峰的投资资金，并终止此合同。合同履行中，应高峰于2012年9月29日通知嘉美德公司终止投资合同，并要求退还全部投资款。上诉人陈惠美代表嘉美德公司于同年11月21日回复称，尊重应高峰的选择，已向应高峰汇出40万元，同时提出其余投资

款已用于支付货款及各种费用等。由此可以看出，应高峰要求嘉美德公司返还全额投资款的诉请符合双方的合同约定，在应高峰通知解除投资合同后，嘉美德公司对应当全额返还投资款也未提出异议，至于投资款是否已经用于经营以及嘉美德公司是否无力还款的事实并不能改变双方的合同约定，也不能据此免除嘉美德公司的还款义务。嘉美德公司的此项上诉理由不能成立，原判判令嘉美德公司承担全额还款责任正确，应予维持。

第二，关于上诉人陈惠美个人是否应承担连带还款责任的问题。法院认为，根据《中华人民共和国公司法》第六十三条之规定，一人有限责任公司的股东不能证明公司财产独立于股东自己的财产的，应当对公司债务承担连带责任。上述法律规定要求一人有限责任公司的股东将公司财产与个人财务严格分离，且股东应就其个人财产是否与公司财产相分离负举证责任。本案中，陈惠美提供了上诉人嘉美德公司的相关审计报告，可以反映嘉美德公司有独立完整的财务制度，相关财务报表亦符合会计准则及国家外汇管理的规定，且未见有公司财产与股东个人财产混同的迹象，可以基本反映嘉美德公司财产与陈惠美个人财产相分离的事实。应高峰认为上述证据不足以证明嘉美德公司财产与陈惠美个人财产没有混同，并提出如下异议：审计报告未反映本案诉讼情况；嘉美德公司一审中提供的银行收支报告反映，应高峰投资后仅一周，嘉美德公司就向均岱公司转移了96万余元，包括发放均岱公司员工工资等。法院认为，《中华人民共和国公司法》第六十四条的规定，意在限制一人有限责任公司股东采用将公司财产与个人财产混同等手段，逃避债务，损害公司债权人的利益，因此股东对公司债务承担连带清偿责任的前提是该股东的个人财产与公司财产出现了混同。然而从本案目前的证据材料可以看出，嘉美德公司收到应高峰的投资款后，虽有部分用于支付均岱公司的员工工资及货款等费用，但是，根据双方投资合同的约定，应高峰投资后，均岱公司的业务将全部转入嘉美德公司，因此均岱公司的业务支出与应高峰的投资项目直接有关；这些费用的支出均用于均岱公司的业务支出，并无款项转入陈惠美个人账户的记录，而审计报告中是否记载本案诉讼的情况也与财产混同问题无涉。因此，应高峰提出的异议并不能反映嘉美德公司财产与陈惠美个人财产有混同的迹象，不足以否定上诉人的举证。陈惠美的上诉理由成立，一审判令陈惠美对嘉美德公司的债务承担连带清偿责任不当，应依法予以纠正。

审理法院 上海市第一中级人民法院
裁判时间 2014年10月27日

案　　号
出　　处　《最高人民法院公报》2016年第10期。

113. 以分公司名义注册登记的，其与公司之间有关权利义务、责任划分的内部约定，不具有对抗第三人的法律效力
——李建国与孟凡生、长春圣祥建筑工程
有限公司等案外人执行异议之诉案

> **裁判摘要**
> 一、法律规则是立法机关综合衡量取舍之后确立的价值评判标准，应当成为司法实践中具有普遍适用效力的规则，除非法律有特别规定，否则在适用时不应受到某些特殊情况或者既定事实的影响。
> 二、分公司的财产即为公司财产，分公司的民事责任由公司承担，这是《中华人民共和国公司法》确立的基本规则。以分公司名义依法注册登记的，即应受到该规则调整。至于分公司与公司之间有关权利义务及责任划分的内部约定，因不足以对抗其依法注册登记的公示效力，进而不足以对抗第三人。
> 三、遵法守法依法行事者，其合法权益必将受到法律保护；不遵法守法甚至违反法律者，因其漠视甚至无视法律规则，就应当承担不受法律保护或者受到法律追究的风险。

关 键 词　分公司　公司财产

裁判理由　最高人民法院认为：根据孟凡生及圣祥公司的再审请求，结合李建国的答辩意见，本案的争议焦点为李建国对建和分公司账户内的案涉争议款项提出的执行异议是否成立，是否足以阻却人民法院的强制执行。

（一）建和分公司系圣祥公司的分支机构，其与圣祥公司之间的关系应当受到《公司法》规定的调整。《公司法》第十四条第一款规定："公司可以设立分公司。设立分公司，应当向公司登记机关申请登记，领取营业执照。分公司不具有法人资格，其民事责任由公司承担。"根据以上规定，分公司的财产属于公司所有，分公司对外进行民事活动所产生的民事责任由公司承担。《最高人民法院关于人民法院执行工作若干问题的规定（试行）》（以下简称

《执行规定》）第78条第一款亦规定，被执行人为企业法人的分支机构不能清偿债务时，可以裁定企业法人为被执行人。同理，当被执行人为企业法人时，如果不能执行该企业法人分支机构的财产，将有违权利义务对等原则。

根据已查明的事实，圣祥公司之前身东亚公司于2006年3月17日向长春市工商行政管理局申请设立分支机构建和分公司。2006年3月24日，长春市工商行政管理局颁发了建和分公司营业执照，经营范围为在所隶属的公司经营范围内，从事工程承包经营，其民事责任由所属的公司承担。建和分公司作为圣祥公司的分公司在工商行政管理机关依法注册登记，圣祥公司与建和分公司之间即形成法律上的公司与分公司之间的关系，应当受到《公司法》所确立的公司与分公司之间各项规则的调整。具体表现为：分公司的财产即为公司财产，分公司的民事责任由公司承担。本院同时注意到，本案再审申请人孟凡生申请执行一案的起因即是其与祥泽分公司之间的买卖合同纠纷，该判决因祥泽分公司系圣祥公司的分公司，据此判令圣祥公司承担债务责任并进而执行圣祥公司的财产。李建国在庭审中陈述，圣祥公司多个分公司经营模式基本相同，即以注册成立分公司的形式利用圣祥公司资质承揽建筑工程。在此情形下，对于一个分公司的民事行为适用《公司法》关于公司与分公司之间的规则判令公司承担责任，而对于另一个分公司如不适用该规则而使其免除责任，将有违权利义务对等原则以及法律适用的统一性。

（二）李建国提出的其与圣祥公司关于建和分公司经营模式的内部约定，不具有对抗第三人的法律效力。如前所述，建和分公司作为圣祥公司的分公司在工商行政管理机关依法注册登记，应当受到《公司法》既有规则的调整。无论当时圣祥公司与建和分公司内部如何约定双方之间的权利义务关系及责任划分标准，该约定内容均不足以对抗其在工商行政管理机关依法注册登记的公示效力，进而不足以对抗第三人。建和分公司、李建国如认为其为圣祥公司承担责任有违其与圣祥公司之间的内部约定，可与圣祥公司协商解决。

既然建和分公司系圣祥公司的分支机构，而案涉争议款项又在建和分公司银行账户内，故该笔款项在法律上就是圣祥公司的财产。在对圣祥公司强制执行时，如未出现法定的可以不予执行之情形，人民法院可以执行该笔款项。

（三）法律作为一种约束人们各项行为之规范的总和，其中一项重要价值即在于保护合法权益。本院认为并倡导，遵法守法依法行事者，其合法权益必将受到法律保护；反之，不遵法守法甚至违反法律者，因其漠视甚至无视法律规则，就应当承担不受法律保护或者受到法律追究的风险。李建国具有完全民事行为能力，从事建设工程施工事务多年，其应当知道国家有关建设工程施工方面的法律法规规定，应当知道法律对于借用资质从事施工行为的态度，应当知道公司与分公司之间的权利义务以及责任关系。但是，其坚持选择以圣祥公司的分公司名义从事经营活动，坚持选择利用圣祥公司的资质对外承揽建筑工程，坚持选择实施此种为法律所不容之行为并获取收益，其亦应当承担由此可能带来的不受法律保护的法律风险。因此，即便能够认定李建国系建和分公司的实际经营控制人，因其对外以建和分公司名义从事民事活动，案涉争议款项亦实际存至建和分公司账户，其就应当按照既有法律规则承担法律责任，即其对于案涉争议款项提出的执行异议，不足以阻却人民法院的强制执行。

司法实践中，一些案件常产生某些既定事实或者特殊情况与既有的法律规则之间的冲突。本案一、二审法院之所以作出原判决之认定，即是受到这种冲突所引发的利益权衡纠结之影响。诚如原判决之分析，本案圣祥公司、建和分公司以及李建国之间确实存在着有别于一般公司与分公司经营模式的特殊情况，如李建国自述的其虽以分公司形式开展经营活动，但实际上系其个人借用圣祥公司资质从事部分工程的施工活动，从某种角度上讲，其境遇亦值得同情。但本院同时认为，既然法律规则是立法机关综合衡量取舍之后确立的价值评判标准，就应当成为司法实践中具有普遍适用效力的规则，就应当成为司法者在除非法律有特别规定之外要始终坚守的信条，就应当成为不受某些特殊情况或者既定事实影响的准则。否则，如某一法律规则可以随着个案的特殊情况或者既定事实不断变化左右逢源，该规则将因其不确定性，而不再被人们普遍信奉、乐于遵守，从而失去其存在意义，并将严重伤害法律的权威性、秩序的稳定性以及司法的公正性。

审理法院 最高人民法院
裁判时间 2016 年 7 月 28 日
案　　号 最高人民法院（2016）最高法民再 149 号民事判决书
出　　处 《最高人民法院公报》2017 年第 2 期。

114. 认定公司滥用法人人格和有限责任的法律责任，应综合多种因素作出判断
——邵萍与云南通海昆通工贸有限公司、通海兴通达工贸有限公司民间借贷纠纷案

> **裁判摘要**
>
> 依据《中华人民共和国公司法》第二十条第三款的规定，认定公司滥用法人人格和有限责任的法律责任，应综合多种因素作出判断。在实践中，公司设立的背景，公司的股东、控制人以及主要财务人员的情况，该公司的主要经营业务以及公司与其他公司之间的交易目的，公司的纳税情况以及具体债权人与公司签订合同时的背景情况和履行情况等因素，均应纳入考察范围。

关 键 词 滥用法人人格 法律责任

裁判理由 最高人民法院认为：本案的争议焦点为昆通公司是否应当就案涉债务承担连带责任。

第一，2009年6月10日在玉溪市中级人民法院的主持下所形成的《涉及通海昆通工贸公司债权人会议纪要》的内容显示，由于昆通公司被法院查封难以继续经营，为使债权人债权得到清偿，由华盛源公司与昆通公司合作，昆通公司资产交由华盛源公司代为管理，对外债务由华盛源公司汇入法院账户协助执行。虽然华盛源公司与昆通公司之后未按照上述会议纪要的内容合作，但是，该会议纪要能够证明昆通公司由于被法院强制执行而陷入不能经营的状态这一事实。

第二，从工商登记资料及身份证明上看，昆通公司的法定代表人自2007年11月18日变更为岳跃，岳跃系该公司两股东岳修宽与张淑芬之子。岳贤系昆通公司监事，杨琼华系昆通公司工作人员，孔丽菠系昆通公司财务人员。而兴通达公司的工商登记资料显示，兴通达公司于2009年8月27日申请设立登记。岳贤同时为兴通达公司的股东，杨琼华担任兴通达公司的监事，孔丽菠也担任兴通达公司的财务人员。上述证据说明，兴通达公司在财务人员、在主要工作人员以及股东的构成上，存在相互交叉或者相互重合的情形。

第三，邵萍在二审中提供的岳贤与昆通公司于 2009 年 8 月 30 日签订的《约定协议》，虽然在形式上系复印件，但是结合岳贤与邵萍的微信记录、两人于 2015 年 12 月 1 日的通话录音以及陈建明的当庭陈述，可以认定岳贤系代理昆通公司持有兴通达公司的股权。这说明，昆通公司实际上是通过岳贤持有兴通达公司股权的。

第四，2009 年 7 月 18 日和 2009 年 9 月 20 日昆通公司与兴通达公司签订的两份租赁协议可以证明，虽然双方系通过租赁合同的形式由兴通达公司承租昆通公司的办公用房及货场和料场，但从其租金约定的数额畸低这一事实来看，双方实际上存在着办公地点、经营设备、生产场地混同的情形。

第五，由昆通公司和兴通达公司于 2009 年 9 月 16 日及 2011 年 10 月 25 日联合向通海县国税局、秀山分局呈报的《关于昆通公司和兴通达公司生产经营情况的报告》和《关于昆通公司和兴通达公司税负情况形成原因的报告》的内容显示，昆通公司在 2009 年已因拖欠税款被国税部门扣留税控机，自 2009 年 9 月兴通达公司对外采购原材料销售给昆通公司，昆通公司所产产品销售给兴通达公司，由兴通达公司再对外销售。兴通达公司作为"昆通公司原、辅料的采购及产品（副产品）销售商，不以盈利为目的，因此对昆通公司的采购和销售采取①原材料平进平出；②产品销售提留微量进销差价（以维持兴通达公司日常基本费用）的方式"。上述证据结合前述 2009 年 6 月 10 日在玉溪市中级人民法院的主持下所形成的《涉及通海昆通工贸公司债权人会议纪要》可知，昆通公司由于被人民法院查封和被国税部门扣留税控机无法继续经营，在与华盛源公司未实际履行上述会议纪要的前提下，又通过岳贤和罗海东代持股权的方式与陈建明设立兴通达公司，兴通达公司设立的目的是为了恢复昆通公司的生产经营。

第六，邵萍与兴通达公司于 2011 年 3 月 29 日签订的两份《借款协议》，数额分别为 2920 万元和 1716 万元，两份《借款协议》上除陈建明作为借款方兴通达公司法定代表人签字之外，还有昆通公司法定代表人岳跃和岳升（系岳跃之弟）的签名。2011 年 4 月 18 日兴通达公司向邵萍出具的数额为 490.5 万元的收据上，除了陈建明签名之外，岳跃也在该收据上签名。2011 年 10 月 10 日，兴通达公司向邵萍出具的数额为 1889.5 万元的《收款收据》上，除了陈建明签名之外，岳跃也在该收据上签名。上述签名的法律含义可以解释为一审法院所认定的岳跃系作为见证人签名。另外一种则是结合前述昆通公司与兴通达公司在股东持股、财务人员、办公场所等方面存在高度混同的事实,将该签名的法律含义解释为,兴通达公司与邵萍签订借款协议时,均明知兴通达公司的设立目的是为了通过兴通达公司实现昆通公司的经营,所出借的款项实际用途也都是用于昆通公司的恢复生产及经营。因此,岳跃在上述借款凭证签名的行为实际上是代表昆通公司确认借款关系的行为。本院认为,将岳跃签名的法律意义认定为是见证行为,无其他证据辅佐,也与前述一系列证据所证明的事实形成冲突。岳跃在前述借款凭证上签名的行为也从另外一个侧面说明,昆通公司与兴通达公司存在着高度混同的现象。

综合上述多个证据,可以认定,兴通达公司的设立目的是为了通过兴通达公司恢复昆通公司的生产经营,昆通公司通过岳贤、罗海东等持股的方式成为兴通达公司的股东,两公司在财务人员、工作人员、经营场所、生产经营等方面存在高度混同的现象。昆通公司通过此种方式设立兴通达公司并利用了兴通达公司的法人独立地位和股东有限责任,损害了邵萍作为债权人的利益。根据《中华人民共和国公司法》第二十条第三款的规定,昆通公司应当对以兴通达公司的名义向邵萍的借款债务承担连带责任。邵萍的上诉主张部分成立,本院予以支持。

综上,由于一审判决未能就多个证据作出综合判断,未能对证据作出准确评价认定事实错误,仅以兴通达公司非为昆通公司的代理人为由驳回邵萍要求昆通公司承担连带责任的请求,适用法律错误。

审理法院 最高人民法院
裁判时间 2015 年 12 月 16 日
案　　号 最高人民法院(2015)民一终字第 260 号民事判决书
出　　处 《最高人民法院公报》2017 年第 3 期。

115. 取得股权的方式由股权转让变更为增资入股后，原股权转让合同终止，作为从合同的定金合同亦相应消灭

——孙宝荣与杨焕香、廊坊愉景房地产开发有限公司公司增资纠纷案

裁判摘要

股权转让属于股权的继受取得，增资入股则是股权的原始取得。当事人之间协议将取得股权的方式由股权转让变更为增资入股后，原股权转让合同即被其后签订的增资入股合同所更替而终止。根据定金合同的从属特征，作为原股权转让合同从合同的定金合同亦相应消灭，定金罚则不应再适用。

关 键 词 股权转让 增资入股 定金合同

裁判理由 最高人民法院认为：二、关于定金罚则如何适用

杨焕香上诉主张，孙宝荣未履行"目标公司取得变更后的土地证之日起一个月内付全部投资款的80％"的义务，构成违约，根据定金罚则，孙宝荣支付的2800万元定金应不予返还，原审法院认定其违约并判决双倍返还定金3000万元不当，应予以撤销。孙宝荣认为，杨焕香未经孙宝荣同意将愉景公司土地使用权进行抵押、变更愉景公司股权结构、拒绝为孙宝荣办理股权登记、股权被法院查封等，违反了投资入股协议的约定，导致合同无法继续履行，应当承担双倍返还定金的责任，原审判决认定杨焕香违约并适用定金罚则并无不当。双方当事人的此项争议焦点在于定金罚则如何适用，即由谁承担定金责任。

定金罚则的适用以定金担保存在为前提。如果定金担保并未设立，也就不存在因违约而适用定金罚则的问题。本案中，杨焕香与孙宝荣于2011年5月30日签订《股权（土地使用权）转让意向书》，约定杨焕香将其持有的愉景公司35％的股权转让给孙宝荣，孙宝荣向杨焕香支付3000万元定金。该定金条款为《股权（土地使用权）转让意向书》的从合同，目的在于保障意向书的履行，类型上属于违约定金，具有担保性、从属性。2011年11月3日，杨焕香与孙宝荣签订了《投资入股协议书》，约定孙宝荣通过增资入股方式取得愉景公司35％的股权。作为股权取得的两种方式，股权转让与增资入股具

有根本差异。股权转让属于股权的继受取得；增资入股则是通过向公司出资，认购公司增加的注册资本而成为股东，属于股权的原始取得。杨焕香与孙宝荣签订《投资入股协议书》后，孙宝荣取得愉景公司35%股权的方式就由先前的股权转让变更为增资入股，《股权（土地使用权）转让意向书》亦被《投资入股协议书》代替而归于消灭。根据定金的从属性特征，《股权（土地使用权）转让意向书》消灭后，前述定金合同亦相应消灭，孙宝荣有权要求杨焕香返还已经支付的定金。但本案中，孙宝荣并未要求杨焕香返还定金，而是将其作为《投资入股协议书》中的投资款计算在付款总额中，杨焕香也同样如此处理。因此，双方已就以先前的定金抵作《投资入股协议书》项下的投资款形成了一致的意思表示。《中华人民共和国担保法》第九十条规定："定金应当以书面形式约定。"《投资入股协议书》中未约定定金担保，杨焕香与孙宝荣也没有另外签订书面的定金合同，孙宝荣更未在投资款之外向杨焕香支付过担保《投资入股协议书》履行的定金。因此，本院认为，孙宝荣与杨焕香并未为《投资入股协议书》附设定金担保合同，本案不存在因当事人违反《投资入股协议书》而适用定金罚则的前提。故杨焕香上诉主张因孙宝荣违反《投资入股协议书》而不返还2800万元定金，本院不予支持；原审判决杨焕香双倍返还定金，亦有所不当，本院予以纠正。

综上，本院认为，原审判决认定事实不清，适用法律错误，杨焕香的部分上诉主张成立。

审理法院　最高人民法院
裁判时间　2016年12月18日
案　　号　最高人民法院（2015）民二终字第191号民事判决书
出　　处　《最高人民法院公报》2017年第8期。

116. 公司减资时未按法定程序履行通知义务，公司股东不能证明自己无过错的，应就该债务对债权人承担补充赔偿责任

——上海德力西集团有限公司诉江苏博恩世通高科有限公司、
冯军、上海博恩世通光电股份有限公司买卖合同纠纷案

> **裁判摘要**
>
> 　　一、公司减资时对已知或应知的债权人应履行通知义务，不能在未先行通知的情况下直接以登报公告形式代替通知义务。
>
> 　　二、公司减资时未依法履行通知已知或应知的债权人的义务，公司股东不能证明其在减资过程中对怠于通知的行为无过错的，当公司减资后不能偿付减资前的债务时，公司股东应就该债务对债权人承担补充赔偿责任。

关 键 词　公司减资　债权人　通知义务

裁判理由　上海市第二中级人民法院认为：上诉人德力西公司与被上诉人江苏博恩公司签订的买卖合同合法有效，双方当事人均应按约履行各自的合同义务。德力西公司依约履行供货义务后，江苏博恩公司未将剩余货款给付德力西公司，构成违约，故对于德力西公司要求江苏博恩公司支付货款777 000元的请求，应予支持。

　　对于上诉人德力西公司要求被上诉人冯军、上海博恩公司对江苏博恩公司的上述债务在19 000万元的范围内承担补充赔偿责任的请求，亦应予以支持。理由如下：公司减资本质上属于公司内部行为，理应由公司股东根据公司的经营状况通过内部决议自主决定，以促进资本的有效利用，但应根据《公司法》第一百七十七条第（二）项规定，直接通知和公告通知债权人，以避免因公司减资产生损及债权人债权的结果。根据德力西公司与被上诉人江苏博恩公司在合同中约定的交货、验收、付款条款以及实际履行情况看，江苏博恩公司与德力西公司的债权债务在江苏博恩公司减资之前已经形成。德力西公司在订立的合同中已经留下联系地址及电话信息，且就现有证据不存在江苏博恩公司无法联系德力西公司的情形，故应推定德力西公司系江苏博恩公司能够有效联系的已知债权人。虽然江苏博恩公司在《江苏经济报》

上发布了减资公告,但并未就减资事项直接通知德力西公司,故该通知方式不符合减资的法定程序,也使得德力西公司丧失了在江苏博恩公司减资前要求其清偿债务或提供担保的权利。

根据现行《公司法》之规定,股东负有按照公司章程切实履行全面出资的义务,同时负有维持公司注册资本充实的责任。尽管公司法规定公司减资时的通知义务人是公司,但公司是否减资系股东会决议的结果,是否减资以及如何进行减资完全取决于股东的意志,股东对公司减资的法定程序及后果亦属明知,同时,公司办理减资手续需股东配合,对于公司通知义务的履行,股东亦应当尽到合理注意义务。被上诉人江苏博恩公司的股东就公司减资事项先后在 2012 年 8 月 10 日和 9 月 27 日形成股东会决议,此时上诉人德力西公司的债权早已形成,作为江苏博恩公司的股东,被上诉人上海博恩公司和冯军应当明知。但是在此情况下,上海博恩公司和冯军仍然通过股东会决议同意冯军的减资请求,并且未直接通知德力西公司,既损害江苏博恩公司的清偿能力,又侵害了德力西公司的债权,应当对江苏博恩公司的债务承担相应的法律责任。公司未对已知债权人进行减资通知时,该情形与股东违法抽逃出资的实质以及对债权人利益受损的影响,在本质上并无不同。因此,尽管我国法律未具体规定公司不履行减资法定程序导致债权人利益受损时股东的责任,但可比照公司法相关原则和规定来加以认定。由于江苏博恩公司减资行为上存在瑕疵,致使减资前形成的公司债权在减资之后清偿不能的,上海博恩公司和冯军作为江苏博恩公司股东应在公司减资数额范围内对江苏博恩公司债务不能清偿部分承担补充赔偿责任。

综上,上诉人德力西公司所提上诉请求和理由成立,应予支持。被上诉人江苏博恩公司、冯军、上海博恩公司未参加本案诉讼,系自愿放弃答辩、质证等诉讼权利,应承担相应的法律后果。一审认定事实清楚,但所作判决部分不当。

审理法院 上海市第二中级人民法院
裁判时间 2017 年 1 月 17 日
案　　号
出　　处 《最高人民法院公报》2017 年第 11 期。

117. 合同约定生效要件为报批允准，承担报批义务方不履行报批义务的，应当承担缔约过失责任
——深圳市标榜投资发展有限公司与鞍山市财政局股权转让纠纷案

> **裁判摘要**
> 一、合同约定生效要件为报批允准，承担报批义务方不履行报批义务的，应当承担缔约过失责任。
> 二、缔约过失人获得利益以善意相对人丧失交易机会为代价，善意相对人要求缔约过失人赔偿的，人民法院应予支持。
> 三、除直接损失外，缔约过失人对善意相对人的交易机会损失等间接损失，应予赔偿。间接损失数额应考虑缔约过失人过错程度及获得利益情况、善意相对人成本支出及预期利益等，综合衡量确定。

关 键 词 合同约定生效要件 缔约过失责任

裁判理由 最高人民法院认为：本案争议焦点问题是，（一）涉案《股份转让合同书》的效力应如何认定；（二）涉案《股份转让合同书》解除的方式应如何认定；（三）鞍山财政局应否赔偿标榜公司交易费、保证金利息损失及可得利益损失。

（一）涉案《股份转让合同书》应认定为成立未生效合同。

《中华人民共和国合同法》第四十四条规定，依法成立的合同，自成立时生效。法律、行政法规规定应当办理批准、登记等手续生效的，依照其规定。国务院办公厅国办发明电〔1994〕12号《关于加强国有企业产权交易管理的通知》第二条规定，地方管理的国有企业产权转让，要经地级市以上人民政府审批，其中有中央投资的，要事先征得国务院有关部门同意，属中央投资部分的产权收入归中央。中央管理的国有企业产权转让，由国务院有关部门报国务院审批。所有特大型、大型国有企业（包括地方管理的）的产权转让，报国务院审批。财政部《金融企业国有资产转让管理办法》第七条规定，金融企业国有资产转让按照统一政策、分级管理的原则，由财政部门负责监督管理。财政部门转让金融企业国有资产，应当报本级人民政府批准。政府授权投资主体转让金融企业国有资产，应当报本级财政部门批准。金融企业国

有资产转让过程中,涉及政府社会公共管理和金融行业监督管理事项的,应当根据国家规定,报经政府有关部门批准。《中华人民共和国商业银行法》第二十八条规定,任何单位和个人购买商业银行股份总额百分之五以上的,应当事先经过国务院银行业监督管理机构批准。涉案《股份转让合同书》的转让标的为鞍山财政局持有的鞍山银行 9.9986% 即 22500 万股股权,系金融企业国有资产,转让股份总额已经超过鞍山银行股份总额的 5%。依据上述规定,该合同应经有批准权的政府及金融行业监督管理部门批准方产生法律效力。由此,本案的《股份转让合同书》虽已经成立,但因未经有权机关批准,应认定其效力为未生效。标榜公司主张涉案合同已经鞍山市人民政府批准,其所依据的是鞍山市国有银行股权转让说明书,但该说明书仅是鞍山市人民政府对涉案股权挂牌出让的批准,并非对涉案《股份转让合同书》的批准。标榜公司关于涉案合同已生效的上诉理由,不符合法律规定,不能成立。

(二)关于涉案《股份转让合同书》解除的方式应如何认定的问题。

1. 涉案《股份转让合同书》应认定为于 2013 年 10 月 11 日协商解除。《中华人民共和国合同法》第九十三条规定,当事人协商一致,可以解除合同。当事人可以约定一方解除合同的条件。解除合同的条件成就时,解除权人可以解除合同。本案中,鞍山财政局于 2013 年 6 月 6 日以国有资产明显增值为由,向沈交所发出鞍财债(2013)137 号《终止鞍山银行国有股权转让的函》,沈交所根据该函,于 2013 年 6 月 14 日向标榜公司、宏运集团、中信红河矿业有限公司、辽宁融信资产经营有限公司发出终止鞍山银行国有股权转让的通知。2013 年 10 月 11 日,宏运集团代表四家挂牌公司向鞍山财政局发出《关于要求返还交易保证金的函》。该函虽未明示同意解除合同,但并未主张继续履行合同,反而对合同解除后如何处理提出要求,即要求返还保证金及支付交易费,该回复函应认定为表示同意解除合同。由此,原审判决认定双方于 2013 年 10 月 11 日达成一致解除合同,合法有据。

2. 鞍山财政局、标榜公司关于涉案合同已单方解除的上诉理由均不能成立。《中华人民共和国合同法》第九十六条对合同解除权行使作了规定,只有在存在《合同法》第九十三条第二款规定的"双方合同约定的解除条件成就"或者第九十四条(一)至(五)项情形时,当事人才有权单方解除合同,并以解除通知到达相对方的时间为合同解除时间。一方面,本案中鞍山市国资委虽于 2013 年 3 月 27 日作出《关于终止鞍山银行国有股权转让的函》,标榜公司等亦于 2013 年 4 月 11 日回函提出异议,但鞍山市国资委并非涉案合同当事人，鞍山财政局也无证据证明鞍山市国资委的意思表示可以视为鞍山财政局的意思表示。因此，鞍山市国资委终止交易的函，不能产生解除合同的法律效果。鞍山财政局关于涉案合同因鞍山市国资委作出终止转让的函而解除的上诉理由，于法无据，不能成立。另一方面，根据前述分析，对于鞍山财政局向沈交所发出的终止交易的函，标榜公司等已发函表示同意，双方就合同解除达成一致，涉案合同应认定为于2013年10月11日协商一致解除。标榜公司关于涉案合同于2013年6月14日经鞍山财政局单方通知解除的上诉理由，与事实不符，亦不能成立。

（三）关于鞍山财政局应否赔偿标榜公司交易费、保证金利息及可得利益损失的问题。

《中华人民共和国民法通则》第四条规定，民事活动应当遵循自愿、公平、等价有偿、诚实信用的原则。《中华人民共和国合同法》第四十二条规定，当事人在订立合同过程中有下列情形之一，给对方造成损失的，应当承担损害赔偿责任：（一）假借订立合同，恶意进行磋商；（二）故意隐瞒与订立合同有关的重要事实或者提供虚假情况；（三）有其他违背诚实信用原则的行为。上述法律规定确立了缔约过失责任，即在合同缔约过程中，如一方当事人违背诚实信用原则，不履行相关先合同义务，其应对相对人因此所受损失承担赔偿责任。根据法律规定及本案事实，对本案合同解除后鞍山财政局所应承担的责任性质、赔偿范围及具体数额，分析如下：

1. 鞍山财政局未将涉案合同报送批准存在缔约过失。

首先，鞍山财政局未履行报批义务违反合同约定。《中华人民共和国合同法》第八条规定，依法成立的合同，对当事人具有法律约束力。当事人应当按照约定履行自己的义务，不得擅自变更或者解除合同。依法成立的合同，受法律保护。《最高人民法院关于适用〈中华人民共和国合同法〉若干问题的解释（二）》第八条规定，依照法律、行政法规的规定经批准或者登记才能生效的合同成立后，有义务办理申请批准或者申请登记等手续的一方当事人未按照法律规定或者合同约定办理申请批准或者未申请登记的，属于《合同法》第四十二条第（三）项规定的"其他违背诚实信用原则的行为"，人民法院可以根据案件的具体情况和相对人的请求，判决相对人自己办理有关手续；对方当事人对由此产生的费用和给相对人造成的实际损失，应当承担损害赔偿责任。根据上述法律和司法解释规定，如果合同已成立，合同中关于股权转让的相关约定虽然需经有权机关批准方产生法律效力，但合同中关于报批义务的约定自合同成立后即对当事人具有法律约束力。当事人应按约履行报批义务，积极促成合同生效。本案中，《股份转让合同书》第7.1条规定，本次转让依法应上报有权审批机关审批。甲、乙双方应履行或协助履行向审批机关申报的义务。并尽最大努力，配合处理任何审批机关提出的合理要求和质询，以获得审批机关对本合同及其项下股权交易的批准；第11.2条规定，标榜公司作为乙方保证向甲方及沈交所提交的各项证明文件及资料均真实、准确、完整。上述约定虽未明确涉案合同报批义务及协助报批义务具体由哪一方负担，但根据约定标榜公司的主要义务是提供相关证明文件、资料，主要是协助报批。据此，应认定涉案合同报批义务由鞍山财政局负担。但鞍山财政局违反合同约定，未履行报批义务，亦未按照有权机关要求补充报送相关材料，依据上述司法解释规定，其行为属于《合同法》第四十二条第（三）项规定的"其他违背诚实信用原则的行为"，应认定鞍山财政局存在缔约过失。鞍山银行并非涉案《股份转让合同书》的当事人，鞍山财政局上诉主张报批义务由鞍山银行承担，没有合同依据，不予支持。

其次，鞍山财政局不履行报批义务的抗辩理由不能成立。一方面，鞍山财政局关于标榜公司等四户企业存在关联关系导致其不具有受让涉案股权资格的证据不足。根据查明的事实，鞍山市国资委于2013年3月25日作出鞍国资函（2013）13号《关于终止鞍山银行国有股权受让的函》，以标榜公司等四户企业存在关联交易为由终止涉案股权转让。但在标榜公司等企业提出异议后，鞍山市国资委又于2013年5月2日发函对标榜公司等四户企业呈报资料进行审计，并按审计结果上报监管部门审定。由于审计报告的作出时间早于鞍山财政局终止涉案股权转让的时间，审计结论亦未明确否定标榜公司等企业不具有受让资格，因此，鞍山财政局关于标榜公司因存在关联关系等原因不具有涉案股权受让资格的上诉理由，证据不足，不能成立。另一方面，鞍山财政局拒不报送审批材料无合法依据。在鞍山财政局已与标榜公司签订涉案合同的情况下，应视为其认可标榜公司具有合同主体资格。涉案《股份转让合同书》是否批准，应由政府及金融行业监管部门决定，鞍山财政局作为合同一方当事人，不具有审批权力，不能以其自身判断而违反合同约定免除其报送审批的义务。鞍山财政局关于涉案合同因标榜公司等不具有受让资格而无需报批的上诉理由，无事实和法律依据，不能成立。

综上，鞍山财政局无正当理由不履行涉案合同报批义务，其行为已构成《合同法》第四十二条规定的"其他违反诚实信用原则的行为"，应认定其存在缔约过失。

2. 鞍山财政局对标榜公司的直接损失应予赔偿。

根据上述分析，鞍山财政局违反诚实信用原则，存在缔约过失。标榜公司在缔约过程中支付交易费及保证金利息，属于标榜公司的直接损失，应由鞍山财政局承担赔偿责任。具体分析如下：首先，关于交易费及利息问题。根据查明的事实，标榜公司于2012年3月30日向沈交所交付了涉案交易费用，鞍山财政局退还的保证金亦扣除了交易费，该费用系标榜公司在合同签订过程中实际财产的减损，该费用及相应利息均应由鞍山财政局予以赔偿。标榜公司已向沈交所保证无论交易成功与否均不退还交易费，故在交易不成功的情况下，该笔交易费已经构成其损失，且是因鞍山财政局不诚信行为导致。因此，鞍山财政局主张其不应赔偿的上诉理由不能成立。其次，关于保证金利息问题。鞍山财政局虽已将标榜公司支付的保证金返还，但标榜公司作为商事主体，无论是否以自有资金支付保证金，均因保证金的支付产生财务成本。因此，标榜公司所支付保证金的相应利息属于直接损失，应当由鞍山财政局予以赔偿。最后，关于利息计算标准问题。原审判决以人民银行同期贷款利率作为计算上述交易费及保证金利息的标准，符合通常的计算标准，并无不当。鞍山财政局主张应以同期银行存款利率为标准计算利息，没有法律依据，不予支持。鞍山财政局关于不付利息是行业惯例的上诉理由，无证据证明，应当不予采信。

3. 鞍山财政局对标榜公司所主张的可得利益损失应予适当赔偿。

（1）当事人客观合理的交易机会损失应属于缔约过失责任赔偿范围。缔约过失责任制度是实现诚实守信这一民法基本原则的具体保障。通过要求缔约过失责任人承担损害赔偿责任，填补善意相对人信赖利益损失，以敦促各类民事主体善良行事，惜守承诺。通常情况下，缔约过失责任人对善意相对人缔约过程中支出的直接费用等直接损失予以赔偿，即可使善意相对人利益得到恢复。但如果善意相对人确实因缔约过失责任人的行为遭受交易机会损失等间接损失，则缔约过失责任人也应当予以适当赔偿。一方面，免除缔约过失责任人对相对人间接损失的赔偿责任没有法律依据。合同法第四十二条规定的"损失"并未限定于直接损失。《最高人民法院关于适用〈中华人民共和国合同法〉若干问题的解释（二）》第八条规定在报批生效合同当事人未履行报批义务的，如合同尚有报批可能，且相对人选择自行办理批准手续的，可以由相对人自行办理报批手续，并由缔约过失责任人赔偿相对人的相关实际损失。上述规定均未排除缔约过失责任人对相对人交易机会损失等间接损失的赔偿责任。另一方面,缔约过失责任人对于相对人客观合理的间接损失承担赔偿责任也是贯彻诚实信用原则,保护无过错方利益的应有之义。虽然交易机会本身存在的不确定性对相应损害赔偿数额的认定存在影响,应当根据具体案情予以确定,但不应因此而一概免除缔约过失责任人的间接损失赔偿责任。

(2) 关于鞍山财政局应否对标榜公司其他损失承担赔偿责任的问题。

首先,鞍山财政局恶意阻止合同生效的过错明显。鞍山财政局作为政府部门,在国有产权交易过程中,既应践行诚实信用价值观念,有约必守;更要遵循政务诚信准则,取信于民,引领全社会建设诚信守信市场秩序。但在本案中,其在能够将涉案合同报送有权机关批准的情况下,拒不按照银监部门的要求提交相应材料,导致银监部门对相关行政许可事项不予以受理,致使合同不能生效。不仅如此,还将涉案股权在很短时间内另行高价出售。鞍山财政局恶意阻止涉案合同生效,其行为明显违反诚实信用原则,过错明显。

其次,标榜公司存在客观合理的交易机会损失。标榜公司主张的可得利益损失实际系丧失取得涉案股权的交易机会所带来的损失。所谓机会,是指特定利益形成或者特定损害避免的部分条件已经具备,但能否最终具备尚不确定的状态。而所谓机会损失,则是当事人获取特定利益或避免特定损害的可能性降低或者丧失。一般而言,在交易磋商阶段,合同是否能够订立以及合同订立所带来的交易机会能否最终实现均属未知,故此时交易机会尚不具有可能性。但如果双方已经达成合意并签订合同,在合同生效要件具备前,双方的相互信赖的程度已经达到更高程度,因信赖对方诚实守信的履行相关义务从而获取特定利益的机会也具有相当的可能性。此时,如一方当事人不诚实守信履行报批义务,其应当预见对方因此而遭受损失。就本案而言,涉案《股份转让合同书》订立后,虽须经有权机关批准方才生效,但双方已就标榜公司购买鞍山银行股权达成合意,在无证据证明该合同不能获得有权机关批准的情况下,标榜公司有合理理由信赖鞍山财政局恪守承诺,及时妥善的履行报批手续,从而使涉案合同的效力得到确定,进而通过合同的履行实际取得涉案股权,获取相关利益。因此,标榜公司获得涉案股权的可能性现实存在。但因鞍山财政局拒不将涉案合同报批,继而还将涉案股权另行高价出售,其不诚信行为直接导致标榜公司获得涉案股权的可能性完全丧失,导致标榜公司因此而获得相关利益的现实性完全丧失。综上,标榜公司因鞍山财政局的不诚信行为存在客观现实的交易机会损失。

最后，鞍山财政局对标榜公司交易机会损失承担赔偿责任是维护公平正义和市场交易秩序的需要。一方面，鞍山财政局对标榜公司交易机会损失承担赔偿责任符合公平原则。鞍山财政局所获得的股权出售价差利益，是以标榜公司丧失购买涉案股权的机会为代价。在鞍山财政局因其过错行为获得利益的情况下，如果不对标榜公司的交易机会损失予以赔偿，将导致双方利益严重失衡，不符合公平原则。另一方面，鞍山财政局在赔偿标榜公司直接损失的基础上，对标榜公司间接损失承担适当赔偿责任，以使其为不诚信行为付出相应代价，有利于敦促各类民事主体善良行事，恪守诚实信用，也有利于维护诚实守信的市场交易秩序。

（3）关于标榜公司交易机会损失的数额认定问题。结合本案事实，对标榜公司因合同未生效导致交易机会损失数额，应综合考虑以下因素予以确定：首先，鞍山财政局的获益情况。如前所述，鞍山财政局违反诚实信用，以2.5元/股的价格将涉案股权另行出售，其所获得的0.5元/股的价差，系其不诚信行为所得。标榜公司丧失涉案股权交易机会的损失数额，可以以此作为参考。其次，标榜公司的交易成本支出情况。因涉案合同未生效并已解除，标榜公司未实际支付对价，亦未实际取得涉案股权，其主张应当以鞍山财政局转售股权价差的全部作为标准进行赔偿不符合本案情况，不应支持。本案中，即使标榜公司实际取得涉案股权，因双方合同对股权再转让有期限限制的约定，故约定期限届满之后，涉案股权价值是涨是跌，尚不确定。另外，标榜公司虽丧失购买涉案股权的交易机会，但并不妨碍其之后将资金另行投资其他项目获得收益。综上，对标榜公司交易机会损失，本院酌定按鞍山财政局转售涉案股权价差的10%予以确定，以涉案股权转售价2.5元/股减去涉案股权转让合同价2元用受乘以22500万股再乘以10%计算，即1125万元。该损失应由鞍山财政局予以赔偿。

（四）标榜公司的起诉未超过诉讼时效。

《中华人民共和国民法通则》第一百三十五条规定，向人民法院请求保护民事权利的诉讼时效期间为二年，法律另有规定的除外。第一百三十七条规定，诉讼时效期间从知道或者应当知道权利被侵害时起计算。如前所述，涉案合同于2013年10月11日解除，标榜公司同时明确提出返还保证金及交易费的要求。此时，标榜公司对其利益受到损害是知道的，故应当从2013年10月11日开始计算其主张保护权利的诉讼时效。2014年1月16日，标榜公司提起诉讼向鞍山财政局主张权利,诉讼时效发生中断,应从该日起重新计算诉讼时效。2015 年 9 月 1 日标榜公司提起本案诉讼,不超过 2 年诉讼时效期限。鞍山财政局关于标榜公司起诉已超诉讼时效的上诉理由,无事实依据,不予支持。

综上,原审判决认定事实清楚,但关于标榜公司可得利益损失的赔偿问题处理不当,应予纠正。

审理法院 最高人民法院
裁判时间 2017 年 5 月 26 日
案　　号 最高人民法院(2016)最高法民终 802 号民事判决书
出　　处 《最高人民法院公报》2017 年第 12 期。

118. 股权转让合同履行中,当事人之间的"全面交底"义务与"支付首笔股款义务"因缺乏当事人对义务性质的明确约定,不成立先履行抗辩权

——辽宁中泽控股集团有限公司与华丰置业有限公司股权转让纠纷案

> **裁判要点**
> 　　不安抗辩权是指后履行的当事人丧失履行能力或者有丧失履行能力的可能性时,应当先履行的当事人有权中止履行,要求其提供担保或恢复履行能力。在本案中,双方当事人之间的"全面交底"义务与"支付首笔股款义务"因缺乏当事人对义务性质的明确约定,亦不构成合同主给付义务,又不具有履行途径上的唯一性,故不宜判断为构成"双方当事人因同一合同互负债务",因此虽然先履行抗辩权的其他要件可以满足,也不成立先履行抗辩权。而双方当事人的"支付首笔股款"与"办理工商变更登记"则属于具有双务合同义务的对价性,对当事人合同目的的实现具有重大意义,应判断为构成"双方当事人因同一合同互负债务",另外由于构成不安抗辩权的其他条件也满足,故成立不安抗辩权。

关　键　词 股权转让　合同履行　不安抗辩权　先履行抗辩权
裁判理由 最高人民法院认为:第一,按照双方当事人《补充协议》第

四条的约定,中泽集团公司向华丰置业公司交付首笔股权对价款前双方应"进行资产、财务、工程业务全面交底,即全部实物、档案资料、证照文件的逐一甄别确认,形成签约后再核实确认影响对价的资产负债调整项,经双方签字确认于协议生效日后2个月内完成",华丰置业公司主张首笔股权转让对价款5亿元应在《股权转让协议》生效之日起2个月内无条件支付,与双方约定不符。中泽集团公司支付5亿元的前提条件是,双方应形成资产负债调整项,进行资产、财务、工程业务的全面交底,且应在协议生效后2个月内完成,而华丰置业公司在此期限内未将资产、财务、工程业务资料全面交给中泽集团公司,中泽集团公司不能全部了解标的公司资产负债和调整项情况,不能形成资产负债调整项,影响了股权对价和股权变更比例的确定。

第二,华丰置业公司持有的标的公司的100%股权于2013年10月8日、10月17日被沈阳市中级人民法院和沈阳市和平区人民法院查封,违反了《股权转让协议》第三条的约定,中泽集团公司未按照约定时间支付股权转让款,属行使不安抗辩权,其事实依据充分。况且,中泽集团公司在得知华丰置业公司持有的标的公司100%股权被法院查封后,要求华丰置业公司解除股权查封,并提供担保,表明了中泽集团公司希望继续履行合同的善意。沈阳市中级人民法院、沈阳市和平区人民法院根据华丰置业公司的承诺"在与中泽集团公司股权交易中将受让方支付的股权对价款优先全额支付给贵院",先后解除了华丰置业公司持有的标的公司100%股权冻结。但股权的解封是以中泽集团公司支付对价款为条件的,不符合合同约定的免遭任何第三方追索的条件,且解封的期限在5亿元付款履行期限届满之后,而华丰置业公司并未按中泽集团公司要求提供担保,未能消除中泽集团公司的履约不安。依照《合同法》第六十八条第一款第(四)项的规定,华丰置业公司在履行合同过程中,因转让的标的公司股权被法院查封,有可能丧失履行债务能力,中泽集团公司要求华丰置业公司提供担保,其未提供担保,中泽集团公司有权中止履行合同义务。

第三,由于华丰置业公司未与委托的施工单位结算和赔偿,施工单位不退场,致使中泽集团公司复工未果,导致合同无法继续履行;华丰房产公司销售的商品房购买者纷纷要求退房返款,亦影响了股权转让合同的正常履行。

综上,华丰置业公司主张中泽集团公司未将5亿元付到共管账户构成违约的理由不成立。在中泽集团公司不构成根本违约的情况下,华丰置业公司于2013年11月28日给中泽集团公司、中泽房产公司发出解除协议的通知函。

按照《股权转让协议》的约定:"如中泽集团公司没有根本违约,华丰置业公司不得单方终止本协议,如无故终止本协议,应将收到的股权转让定金双倍返还给中泽集团公司。"华丰置业公司单方终止协议情况,应双倍返还定金1亿元。

审理法院 最高人民法院
裁判时间 2015年1月9日
案　　号 最高人民法院(2014)民二终字第233号民事判决书
出　　处 《商事审判指导》2016年第3辑(总第42辑)。

119. 按照合伙协议所设立的企业登记为"企业法人"的,各合伙人因经营该企业所产生的纠纷应按照合伙协议处理
——李光辉与冷水江市梓龙乡更生五矿、蔡长明等合伙协议纠纷

> **裁判要点**
> 　　合伙企业名称中应当标明"普通合伙"或"有限合伙"字样,其不能取得法人资格。根据合伙协议成立的企业登记为企业法人后,与该企业发生的纠纷不属于合伙企业纠纷,不能适用合伙企业法。签订合伙协议的合伙人之间因经营该企业所产生的纠纷应当根据合伙协议处理。

　　关 键 词 合伙协议纠纷　合伙企业名称　法人资格
　　裁判理由 最高人民法院认为:根据《合伙企业法》第十五条和第六十二条的规定,合伙企业名称中应当标明"普通合伙"或"有限合伙"字样;根据《中华人民共和国企业法人登记管理条例》第三条的规定,企业领取《企业法人营业执照》,取得法人资格。在更生五矿成立之初,《冷水江市东明煤矿与大石岭煤矿合并补充合同》将更生五矿约定为股份制企业,后登记为集体所有制的企业法人,并明确了法定代表人,领取了《企业法人营业执照》。更生五矿并未在其名称中标明"普通合伙"或"有限合伙"字样,也未在经营期间对企业名称进行过变更。同时,《合伙合同书》第四条约定:"本煤矿是一家由全体合伙人共同出资、共同经营、共享收益、共负盈亏、合伙人承担无限连带法律责任、具有独立法人资格的合伙企业"。此后的合伙人

会议决议和董事会决议均是根据《合伙合同书》，对煤矿经营、李光辉问题等内部合伙事项所做的处理。可见，更生五矿并非合伙企业，其对外具有独立法人资格；蔡长明等七人与李光辉共同签订并履行《合伙合同书》，并对更生五矿进行投资、经营，由此产生本案纠纷。本案虽然还涉及李光辉替更生五矿对外垫付的费用及其工资奖金，但双方主要争议在于《合伙合同书》的履行和李光辉合伙出资款的返还，故本案基本法律关系应为合伙协议纠纷，一、二审将更生五矿认定为合伙企业，并进而将本案定性为合伙企业纠纷不当，应予纠正。基于此，处理本案李光辉与蔡长明等七人之间的法律关系，应当以《合伙合同书》以及双方认可的相关内部协议为依据，不应适用抗诉机关所引用的合伙企业法，一、二审对此适用法律亦属不当，应一并纠正。《合伙合同书》为李光辉与蔡长明等全体协议合伙人所签订，并加盖有更生五矿印章；李光辉的出资款由更生五矿收取，投入生产经营。若更生五矿应向李光辉返还相应出资款，蔡长明等其他协议合伙人作为《合伙合同书》的合同相对方，且均在处理李光辉退伙问题的会议纪要中签字同意，故应当对出资款的返还负有连带责任。

审理法院　最高人民法院
裁判时间　2016 年 3 月 3 日
案　　号　最高人民法院（2015）民抗字第 25 号民事判决书
出　　处　《审判监督指导》2016 年第 1 辑（总第 55 辑）。

120. 出资人已将划拨土地使用权出资设立公司，工商行政管理部门已经办理了公司登记，公司和履约股东要求以划拨土地使用权出资人履行出资义务时，人民法院应责令当事人在指定的合理期间内办理土地变更手续

——海南三亚国家级珊瑚礁自然保护区管理处与周春梅、三亚中海生态旅游发展有限公司股东出资纠纷再审案

> **裁判要点**
>
> 划拨土地使用权由土地行政部门通过行政划拨行为创设，一般均为无偿取得，法律规定划拨的土地使用权只能用于划拨用途，不能擅自进入市场流通。但在司法实践中，如出资人已将划拨土地使用权出资设立公司，工商行政管理部门已经办理了公司登记，公司和履约股东要求以划拨土地使用权出资人履行出资义务时，人民法院在诉讼过程中应根据公司法司法解释（三）第八条的规定，责令当事人在指定的合理期间内办理土地变更手续。已经实际补正的，人民法院可以认定当事人以划拨土地使用权出资的效力；逾期未办理的，应当认定出资人未依法全面履行出资义务。

关 键 词 股东出资纠纷　公司登记　划拨土地使用权

裁判理由 最高人民法院认为：

（一）关于本案纠纷是股东出资纠纷还是股东出资纠纷、项目合作纠纷的问题

民事案件纠纷性质应当依据当事人主张的民事法律关系的性质来确定。周春梅、中海公司以珊瑚礁管理处未履行出资义务为由，提起本案诉讼。原审法院据此认定本案案由为股东出资纠纷，并无不当。珊瑚礁管理处虽提起反诉，但反诉应与本诉具有牵连性，即其需针对周春梅、中海公司依据股东出资义务所提出的本诉而进行反诉。一审法院结合上述事实和本诉请求，认定珊瑚礁管理处提出的关于解除《合作合同》的诉讼请求构成反诉，而其他反诉请求均与本诉无牵连关系，有事实和法律依据。且在一审法院作出当事

人签订《合作合同》的目的已经实现并驳回珊瑚礁管理处解除该合同的反诉请求后，珊瑚礁管理处亦未对此提起上诉。珊瑚礁管理处主张本案纠纷性质属于股东出资纠纷与项目合作纠纷，一、二审法院未审理项目合作关系缺乏事实和法律依据，本院不予支持。

（二）关于珊瑚礁管理处的出资方式是否由实物出资变更为货币出资的问题

原审查明，珊瑚礁管理处与周春梅于2002年4月28日订立《合作合同》，约定共同设立中海公司，珊瑚礁管理处主要以9454m²土地和已建好的码头设施参股。中海公司2002年公司章程载明，珊瑚礁管理处以9454m²土地作价150万元出资。依据上述合同及公司章程，珊瑚礁管理处的出资义务应为实物出资，即其应向中海公司交付约定的9454m²土地，并将该土地使用权变更登记到中海公司名下。中海公司设立后，珊瑚礁管理处将案涉土地交付给中海公司使用，但未办理权属变更手续。股东出资是指股东根据协议的约定以及法律和章程的规定向公司交付财产或履行其他给付义务，股东出资义务既属于约定义务又属于法定义务，故股东出资方式在公司设立后是否发生变更应结合股东会决议、公司章程及公司工商登记事项作出综合认定。中海公司2006年公司章程、2006年12月10日《股东会决议书》以及《章程修正案》涉及的是中海公司原股东方锦文转让股权给周春梅，周春梅在中海公司的股份比例由49%变更为70%，并未涉及珊瑚礁管理处的出资方式变更事项。珊瑚礁管理处提供的中海公司2013年公司章程为复印件，该章程落款处加盖的珊瑚礁管理处的公章名称为"三亚国家珊瑚礁自然保护区管理处"，与其设立登记的名称即"海南三亚国家级珊瑚礁自然保护区管理处"并不相符，故对珊瑚礁管理处提供的中海公司2013年公司章程的真实性，本院不予确认。退一步而言，即使该章程落款处加盖的公章真实，该公司章程亦与中海公司股东为修正该章程而于2013年3月24日作出的《股东会议决议》的内容不相符，该决议载明公司章程修正案为修改公司的经营范围，并明确章程的其他各项不变，即未对珊瑚礁管理处的出资方式作出变更的决议。故珊瑚礁管理处虽主张其出资方式由土地使用权出资变更为货币出资，但提交的股东会决议及公司章程修正案等证据材料尚不足以证明该事项。另，珊瑚礁管理处提交的海南华合会计师事务所出具的《验资报告》及银行现金缴款单等证据材料，与一审法院委托的海南华联会计师事务所出具的《司法会计鉴定报告》确认中海公司实收资本500万元并非股东真实出资相互矛盾，也不足以证明其出资方式已发生变更并已实际履行。原判决据此认定珊瑚礁管理处的出资方式未发生变更，其仍应以土地使用权出资，并无不当。珊瑚礁管理处主张其出资义务变更为货币出资，且已实际履行，依据不足，本院不予支持。

（三）关于珊瑚礁管理处是否应将案涉土地使用权转移登记至中海公司名下的问题

案涉出资土地系国有划拨用地，依据《中华人民共和国土地管理法》等相关法律法规，划拨土地使用权只能用于划拨用途，不能直接用于出资。出资人欲以划拨土地使用权作为出资，应由国家收回直接作价出资或者将划拨土地使用权变更为出让土地使用权。《最高人民法院关于适用〈中华人民共和国公司法〉若干问题的规定（三）》（以下简称《公司法司法解释（三）》）第八条规定的本意就是考虑到在司法实践中如果划拨土地使用权存在的权利瑕疵可以补正，且在法院指定的合理期限内实际补正的，可以认定当事人以划拨土地使用权出资的效力。但能否补正瑕疵的决定权在于土地所属地方政府及其土地管理部门，人民法院判断出资行为的效力应以瑕疵补正的结果作为前提。因而，《公司法司法解释（三）》第八条等规定"人民法院应当责令当事人在指定的合理期间内办理土地变更手续"，即人民法院应当在诉讼过程中给当事人指定合理的期间，由其办理相关的土地变更手续，并视变更手续完成的结果再行作出判决。本案中，本院在再审审查期间已给予当事人相应的时间办理土地变更手续，再审审理过程中又为当事人指定了两个月（2016年4月23日~6月22日）的合理期限办理土地变更登记手续，但当事人未能在本院指定的期间内完成土地变更登记行为，即其无法自行补正划拨土地使用权出资的瑕疵。故珊瑚礁管理处虽将案涉土地交付给中海公司使用，但未将案涉土地过户登记至中海公司名下，因而其以案涉土地使用权出资的承诺并未履行到位。周春梅、中海公司请求确认珊瑚礁管理处未履行作为中海公司股东的出资义务，有事实和法律依据，本院予以支持。但因案涉出资土地系划拨用地，当事人未能在本院指定的合理期间内办理土地变更登记手续，故周春梅、中海公司请求将案涉土地办理过户登记至中海公司名下，没有法律依据，本院不予支持。一、二审法院直接判决珊瑚礁管理处将案涉划拨土地使用权变更登记到中海公司名下，适用法律错误，应予撤销。

审理法院　最高人民法院

裁判时间 2016 年 6 月 30 日
案　　号 最高人民法院（2016）最高法民再 87 号民事判决书
出　　处 《审判监督指导》2016 年第 3 辑（总第 57 辑）。

121. 守约方只有利息损失的情况下，违约金足以涵盖其损失的，利息损失与违约金不可一并适用
——西藏唐蕃投资有限公司、曲珍与西藏林芝嘉龙建筑房地产开发有限公司股权转让合同纠纷案

> **裁判要点**
>
> 违约金的性质既具有补偿性，又具有赔偿性，在守约方不能举证证明其除利息损失外还存在其他损失，违约金能够足以涵盖其利息损失的情况下，另行主张赔偿其利息损失的，应不予支持。

关 键 词 股权转让　违约金　利息损失
裁判理由 最高人民法院认为：

（三）关于唐蕃公司以及曲珍是否应当赔偿嘉龙公司利息损失问题

如前所述，嘉龙公司主张唐蕃公司及曲珍支付其违约金 1000 万元，有合同依据。违约金的性质既具有补偿性，又具有赔偿性，嘉龙公司并未举证证明其除利息损失外还存在其他损失，在 1000 万元违约金能够足以涵盖其利息损失的情况下，嘉龙公司主张唐蕃公司、曲珍除支付 1000 万元违约金以外，另行赔偿其利息损失缺乏依据，本院不予支持。

审理法院 最高人民法院
裁判时间 2015 年 12 月 31 日
案　　号 最高人民法院（2015）民一终字 169 号
出　　处 《民事审判指导与参考》2017 年第 2 辑（总第 70 辑）。

122. 非经工商登记的隐名股东，满足一定条件可依法转让股权
——毛光随与焦秀成、焦伟等股权转让纠纷案

裁判要点

股东虽非经工商登记，但可据公司出具的确认股东身份及份额的文件享有相应股权。如股权转让的受让人明知其系隐名股东，且公司及其他登记股东亦未对股权转让提出异议，则股权转让合法有效。

关 键 词 隐名股东 转让股权

裁判理由 最高人民法院认为：一、关于《股权认购协议书》的效力以及毛光随是否享有石圪图煤炭公司合法有效股权的问题。

根据本案已经查明的事实，毛光随与石圪图煤炭公司于2009年1月12日签订了《股权认购协议书》，并盖有石圪图煤炭公司印章，焦伟及毛光随亦均签字捺印。根据该协议书中首部的内容可以认定，石圪图煤炭公司已经确认焦伟与毛光随享受石圪图煤炭公司股东的权利及义务。在该认购协议书的具体条款中，石圪图煤炭公司进一步确认毛光随的股份占该公司总股份的12%，还明确了"现公司股权以本协议为准，与工商注册无关"以及"此协议是确认股东身份的唯一依据"等内容。

首先，对于焦秀成、焦伟上诉认为该《股权认购协议书》实质为"增资扩股"的主张，本院认为，依据《中华人民共和国公司法》及相关司法解释的规定，所谓有限责任公司的"增资扩股"应当是公司基于增加注册资本金之目的而增加新股东或原股东增持股份的行为。但从《股权认购协议书》的首部及具体条款的内容看，该认购协议书的目的在于确认焦伟、毛光随为石圪图煤炭公司股东的身份，并确定毛光随持股之比例，而并未有增加注册资本金的约定。至于是否存在焦秀成、焦伟所称的"债转股"的行为，单凭该《股权认购协议书》的内容尚不足以确认，且其对此也未能进一步提供证据予以证明。因此，焦秀成、焦伟关于《股权认购协议书》实质为"增资扩股"、并认为非经法定程序的"增资扩股"依法无效的主张缺乏事实依据，本院不予支持。

第二，对于毛光随是否具备股东资格的问题，从《股权认购协议书》首

部内容看，焦伟于 2008 年 3 月 19 日与石圪图煤炭公司全体股东签订了《准格尔旗川掌镇石圪图煤炭有限责任公司股权转让协议书》，但依据石圪图煤炭公司的工商登记材料，焦伟始终未出现在石圪图煤炭公司工商登记的股东名册中。据此，可以认定石圪图煤炭公司存在登记股东与实际股东不一致的情形，因此，不能仅依据工商登记之有无而断定毛光随是否为石圪图煤炭公司的股东。本院认为，在公司内部涉及股东之间的纠纷中，法律并未明确规定未经登记的股东不具备股东资格，而是应当结合其他证据综合认定。石圪图煤炭公司以签订《股权认购协议书》的形式，确认了焦伟及毛光随股东之身份，并认可该二人享有公司股东的权利及义务，据此，可以确认毛光随系石圪图煤炭公司隐名股东这一身份，其股东资格不因未工商登记而被否定。

第三，对于《股权认购协议书》中确定毛光随持有 12% 的股权是否有效的问题，本院认为，对公司外部而言，公司的股权应当以对外公示的工商登记为准；而在公司内部，有关隐名股东身份及持股份额之约定等属于公司与实际出资人或名义股东与实际出资人之间形成的债权债务的合意，除非隐名股东要求变更为显名股东以外，该约定不会引起外界其他法律关系的变化，亦不会破坏有限责任公司的人合性，故一般应当认可其有效性。在案涉的《股权认购协议书》中，石圪图煤炭公司确认了毛光随享有 12% 的股权，明确了其投资份额，无论此协议的签订是基于其他实际出资人股权之转让抑或其他原因，该协议所确定之内容均不违反法律法规的效力性强制性规定，应当依法确认其合法性。因此，就本案纠纷而言，毛光随依据《股权认购协议书》享有以隐名股东身份持有 12% 的股权。

第四，对于焦秀成上诉认为《股权认购协议书》系焦伟无权代理签订故不应当认定其效力的问题，本院认为，尽管在石圪图煤炭公司的工商登记信息中并未反映出焦伟与该公司之间的关系，但从 2008 年 2 月 26 日焦伟以石圪图煤炭公司法定代表人的身份与毛光随签订《石圪图煤炭公司露天煤矿第一工段生产责任制协议》以及在石圪图煤炭公司为毛光随出具的 3000 万元收款收据上签字的行为可见，石圪图煤炭公司对于焦伟以该公司名义与毛光随所从事的行为是认可的，加之焦伟与石圪图煤炭公司的法定代表人焦秀成之间系同胞兄弟之关系，再考虑到焦伟系石圪图煤炭公司对外公示的法人股东内蒙古恒华煤炭（集团）有限公司的法定代表人之身份，可以看出焦伟与石圪图煤炭公司之间存在明显而紧密的利益关系。焦秀成主张焦伟无权代表石圪图煤炭公司签字，进而否认《股权认购协议书》的效力的上诉主张是不能成立的。

综合上述分析，一审法院作出的《股权认购协议书》合法有效的认定正确，毛光随享有石圪图煤炭公司 12% 的股权合法有效，其有权转让该股权。

审理法院　最高人民法院
裁判时间　2016 年 3 月 7 日
案　　号　最高人民法院（2016）最高法民终 18 号民事判决书
出　　处　中国裁判文书网。

123. 事先约定股权回购价款，即便公司资产重大变化也不能要求调整价款
——中国信达资产管理股份有限公司与太西集团有限责任公司请求公司收购股份纠纷案

裁判要点

在公司全体股东已事先约定股权回购价款的计算方式的情况下，任何一方不得以公司资产发生变化为由主张调整股权回购价款的计算方式。

关 键 词　股权回购　价款　事先约定

裁判理由　最高人民法院认为：在股东之间对股权回购有明确约定的情况下，《中华人民共和国公司法》第七十四条有关股东请求公司以合理的价格收购其股权的规定，并非能够完全脱离原出资协议约定而另行确定。太西集团章程第七十一条规定资产管理公司所持股权按《债权转股权协议》和《债权转股权补充协议》实施。信达公司于 2000 年 5 月 29 日及 6 月 9 日与石炭井矿务局及华融公司三方签订的《债权转股权协议》和《债权转股权补充协议》，不仅对上述三方股东共同设立太西集团的出资形式和比例作了约定，亦对各股东股权的退出及收购方式作了特别约定。2000 年 5 月 29 日《债权转股权协议》第十章股权退出，约定信达公司以及华融公司所持有太西集团的股权，可以采取新公司回购、债权方向第三方转让和丙方石炭井矿务局收购三种退出方式，退出的时间为 7 年，从 2000 年开始退出，在 2007 年前全部退出。且对太西集团股权回购或者丙方石炭井矿务局收购计划约定了每年的股

权退出比例、股权退出数、以及按照溢价率计算的每年股权退出的总价款。2000年6月9日，信达公司与石炭井矿务局、华融公司三方股东就股权退出问题及分取红利、股权退出价款支付计划调整等签订《债权转股权补充协议》作了进一步约定，其中第二条针对股权退出补充约定：债权方的股权通过新公司回购方式退出时，股权退出价格为债权方转股债权原值，不采取溢价方式计算，即当事人实际取消原协议中关于股权退出按照一定股权溢价率支付回购价款的约定。对此约定，并不违反国务院办公厅2003年2月23日国办发〔2003〕8号《关于进一步做好国有企业债权转股权工作的意见》第三条第五项对债转股协议和方案中"要求原企业全部购买金融资产管理公司股权的有关条款"予以废止的规定，上述规定中"原企业"是指当时的丙方石炭井矿务局，本案当事人争议的是信达公司是否有权请求由石炭井矿务局、华融公司及信达公司三方股东共同出资设立的新公司太西集团收购或回购其股权以及以何种价格收购或回购，而并非要求原出资一方购买股权，二者有本质区别。至于原出资人石炭井矿务局主体资格演变如何认定，并不影响对本案中由原出资一方购买股权和新设立的公司购买股权两种性质的判断。当事人约定由三方股东设立的新公司太西集团回购股份，回购方式也非一次性全部回购，而是约定分期分批进行，并没有加大新公司的负担。原审判决认定本案《债权转股权协议》及《债权转股权补充协议》为当事人意思表示真实，内容形式不违反法律、行政法规的强制性规定，协议合法有效，并无不当。信达公司上诉关于本案《债权转股权协议》《债权转股权补充协议》约定的回购方式，因违反国务院办公厅国办发〔2003〕8号《关于进一步做好国有企业债权转股权工作的意见》第三条第5项有关规定，对当事人已不再具有效力的理由，不能成立，本院不予支持。太西集团主张原审判决不应该按照太西集团2002年股份账面原值计算收购股权价值，原审没有考虑太西集团资产因所属单位政策性破产而带来的股权价值变化的上诉理由，亦不能成立。对于股权退出方式及价格，是三方股东根据自愿原则自由商定的，对当事人具有法律约束力。至于成立的新公司后来资产发生了变化，并非必然导致股权价值的变化，股权价值还取决于公司其他因素。不能以股权回购时企业财产的实际状况已经发生减少，约定的股权收购价值就必须相应减少，当事人对此亦没有明确约定。况且信达公司债权转为股权作为对太西集团的出资，为太西集团减负，支持其经营，所起作用是显然的，要求相应减少股权回购款，对信达公司亦有不公。太西集团关于原审判决其承担2007年1月1日至判决生效之日的利息无事实和法律依据的上诉主张，本院认为，鉴于双方当事人在《债权转股权协议》《债权转股权补充协议》约定信达公司股权必须到 2007 年前退出完毕，但太西集团并没有按照约定履行其义务，太西集团迟延履行支付回购股权的款项，相应地给予利息，属法定孳息，具有合法依据。

审理法院　最高人民法院
裁判时间
案　　号　最高人民法院（2016）最高法民终 34 号民事判决书
出　　处　中国裁判文书网。

124. 自然人私刻其挂靠公司公章从事经营活动，该被挂靠公司应对外承担相应责任
——江山市江建房地产开发有限责任公司与雷伟程等民间借贷纠纷案

> **裁判要点**
> 　　自然人通过挂靠其他公司，并私刻该公司公章，多次使用该枚公章从事一系列经营活动，且该公章已为相关政府职能部门确认的，可推定该公司明知该自然人使用该枚公章，该公司应当对外承担相应民事责任。

关 键 词　挂靠　公司公章　经营活动

裁判理由　最高人民法院认为：吴自旺与雷伟程达成的《还款协议》是双方真实意思表示，应为有效，《还款协议》上江建公司作为担保人加盖公章。虽然该公章已被刑事判决认定为吴自旺伪造，但吴自旺多次使用该枚公章从事一系列经营活动，且该公章已为施工单位和相关政府职能部门确认。吴自旺通过挂靠江建公司，取得了"金迪商厦"项目的开发人资格，吴自旺是该项目的实际控制人，吴自旺所借款项部分用于"金迪商厦"项目。江建公司为涉案款项提供担保的行为合法有效。吴自旺在《招标通知书》和《建设工程施工招标备案资料》以及与施工单位订立的《建设工程施工合同》中均使用了该枚私刻的公章。上述法律行为必须要使用公章，在此情况下，推定江建公司对于吴自旺使用该枚公章知情并无不当。且依据一审时的鉴定结论，吴自旺使用的该枚公章与其向东乡县房管局申报《承诺书》中的公章相

同。上述事实使雷伟程对于该公章形成合理信赖，雷伟程的合理信赖利益应当受到保护。

审理法院　最高人民法院
裁判时间　2016年3月31日
案　　号　最高人民法院（2016）最高法民申425号民事裁定书
出　　处　中国裁判文书网。

125.《公司股权转让合同书》的效力适用合同法相关规定，不应以土地管理法审查
——付学玲等与周盈岐、营口恒岐房地产开发有限公司等股权转让纠纷案

> **裁判要点**
>
> 　　转让持有土地使用权的公司的100%股权，该股权转让行为未变动土地使用权之主体，不应纳入土地管理法律法规的审查范畴。由于现行法律并无效力性强制性规定禁止以转让房地产项目公司股权形式实现土地使用权转让的目的，因此股权转让协议应认定有效。

关 键 词　公司股权转让合同书　效力审查

裁判理由　最高人民法院认为：关于《公司股权转让合同书》的效力问题。合同效力应当依据《中华人民共和国合同法》第五十二条之规定予以判定。在上诉中，周盈岐、恒岐公司主张《公司股权转让合同书》第六条第一款、第二款、第四款第一项、第二项因违反法律法规的强制性规定而无效，其无须履行否则会给社会造成危害。但经审查上述条款，第六条第一款约定了合同生效后，恒岐公司所有董事及法定代表人即失去法律赋予的所有权利，意在表明沙建武受让全部股权后即实际控制恒岐公司；第二款约定了合同生效后，涉案土地交由沙建武开发使用；第四款第一项约定沙建武支付第一笔5000万元转让款后，恒岐公司应将涉案土地的所有资料原件交由沙建武保管，沙建武可开发使用，勘探、设计、施工、销售等相关人员可进入；第四款第二项进一步约定恒岐公司应当将工商、税务有关证件交给沙建武，印章由恒

岐公司派人持有并配合使用。可见，上述条款约定的内容属股权转让中的具体措施及方法，并未违反法律法规所规定的效力性强制性规定，亦未损害国家、集体或其他第三人利益。此外，本院已经注意到，该《公司股权转让合同书》存在以股权转让为名收购公司土地的性质，且周盈岐因此合同的签订及履行而被另案刑事裁定〔(2015)营刑二终字第00219号刑事裁定书〕认定构成非法倒卖土地使用权罪，但对此本院认为，无论是否构成刑事犯罪，该合同效力亦不必然归于无效。本案中业已查明，沙建武欲通过控制恒岐公司的方式开发使用涉案土地，此行为属于商事交易中投资者对目标公司的投资行为，是基于股权转让而就相应的权利义务以及履行的方法进行的约定，既不改变目标公司本身亦未变动涉案土地使用权之主体，故不应纳入土地管理法律法规的审查范畴，而应依据《中华人民共和国公司法》中有关股权转让的规定对该协议进行审查。本院认为，在无效力性强制性规范对上述条款中的合同义务予以禁止的前提下，上述有关条款合法有效。另，在周盈岐签署的《公司股权转让合同书》中约定将周盈岐所持100%的股权予以转让，虽然该合同主体为恒岐公司与沙建武，但鉴于周盈岐在其一人持股的恒岐公司中担任法定代表人、且股东个人财产与公司法人财产陷入混同的特殊情形，即便有合同签订之主体存在法人与股东混用的问题，亦不影响该合同在周盈岐与沙建武之间依法产生效力。因此，周盈岐、恒岐公司提出部分条款无效的主张缺乏法律依据，本院不予支持。

审理法院　最高人民法院
裁判时间　2016年5月19日
案　　号　最高人民法院（2016）最高法民终222号民事判决书
出　　处　中国裁判文书网。

126. 公司可根据公司章程或股东会决议，对瑕疵出资股东的股东权利作出合理限制
——亿中制衣厂有限公司与惠州市乐生实业发展总公司南澳公司股东出资纠纷案

> **裁判要点**
>
> 公司限制未履行或者未全面履行出资义务或者抽逃出资股东的利润分配请求权、新股优先认购权、剩余财产分配请求权等股东权利，应当同时具备以下条件：一是股东未履行或者未全面履行出资义务，或者有抽逃出资的行为；二是应当根据公司章程或者股东会决议作出限制。

关　键　词　瑕疵出资　股东权利　公司章程　股东会决议

裁判理由　最高人民法院认为：《最高人民法院关于适用〈中华人民共和国公司法〉若干问题的规定（三）》第十六条规定："股东未履行或者未全面履行出资义务或者抽逃出资，公司根据公司章程或者股东会决议对其利润分配请求权、新股优先认购权、剩余财产分配请求权等股东权利作出相应的合理限制，该股东请求认定该限制无效的，人民法院不予支持。"根据该规定，限制股东利润分配请求权、新股优先认购权、剩余财产分配请求权等股东权利，应当同时具备以下条件：一是股东未履行或者未全面履行出资义务，或者有抽逃出资的行为；二是应当根据公司章程或者股东会决议作出限制。

首先，如前所述，乐生南澳公司并非未履行出资义务，而是未全面履行出资义务。

其次，亿湖公司的章程中并未明确规定未全面履行出资义务的股东将被限制股东权利。

第三，由于我国外商投资企业法的立法早于公司法立法，《中华人民共和国中外合资经营企业法》及其实施条例关于合资企业的治理结构中没有股东会的规定，股东会的相应职责实际是由董事会行使。根据亿湖公司章程第二十五条的规定，出席董事会会议的法定人数不得少于全体董事的三分之二，不够三分之二人数时，其通过的决议无效。亿湖公司共有5名董事，而亿湖公司于2012年3月30日召开的关于限制乐生南澳公司股东权利的董事会仅有

3名董事参加，显然不满足合资企业章程规定的条件，故当次董事会决议无效。已经生效的广东省高级人民法院（2013）粤高法民四终字第49号民事判决亦认为，2012年3月30日亿湖公司董事会决议因未达到亿湖公司章程规定的通过比例而无效。

因此，亿中公司、亿湖公司根据亿湖公司董事会决议，请求限制乐生南澳公司相应的股东权利，不能得到支持。一、二审判决认定乐生南澳公司不享有亿湖公司的利润分配请求权、新股优先认购权、剩余财产分配请求权等股东权利，缺乏事实和法律依据，应予纠正。

审理法院 最高人民法院
裁判时间 2016年12月12日
案　　号 最高人民法院（2016）最高法民再357号民事判决书
出　　处 中国裁判文书网。

127. 转让方无权处分股权，股权转让协议并不当然无效
——王忠昌等与大连富业船舶工程有限公司股权转让合同纠纷案

裁判要点

无权处分的合同并不当然无效，此类合同只要系双方真实意思表示，其买卖合同的债权行为即为有效，但卖方向买方转移标的物所有权的物权行为处于效力待定状态，在经权利人追认或事后取得处分权时，物权行为生效。

关 键 词 股权转让　无权处分　合同效力

裁判理由 最高人民法院认为：关于双方签订的《产权转让协议书》的效力问题。

根据一、二审及本院再审查明事实，富业公司与王忠昌、付维鑫于2008年7月15日签订《产权转让协议书》，该协议书系双方真实意思表示，一、二审根据其内容中涉及的转让产权不属于富业公司所有而认定该合同属于无权处分，并认定该协议无效。本院认为，《中华人民共和国合同法》第五十一条规定："无处分权的人处分他人财产，经权利人追认或者无处分权的人订立

合同后取得处分权的，该合同有效"。《最高人民法院关于审理买卖合同纠纷案件适用法律问题的解释》第三条规定："当事人一方以出卖人在缔约时对标的物没有所有权或者处分权为由主张合同无效的，人民法院不予支持。出卖人因未取得所有权或者处分权致使标的物所有权不能转移，买受人要求出卖人承担违约责任或者要求解除合同并主张损害赔偿的，人民法院应予支持"。根据前述规定，无权处分的合同并不当然无效，此类合同只要系双方真实意思表示，其买卖合同的债权行为即为有效，但卖方向买方转移标的物所有权的物权行为处于效力待定状态，在经权利人追认或事后取得处分权时，物权行为生效。本案中富业公司虽未取得协议涉及的国有资产所有权，但王忠昌、付维鑫在签订合同时即已经知晓富业公司仅以"协议（预期）"的方式受让粮食储备库的股权和资产，且在转让方式的约定中也明确了王忠昌、付维鑫需通过直接参加拍卖合法取得，故，该协议的签订是双方真实意思表示，并不存在《合同法》第五十二条规定的合同无效的情形，根据《合同法》第四十四条"依法成立的合同，自成立时生效"的规定，本案涉案《产权转让协议书》在签订时已经生效，一、二审法院因无权处分而认定该协议无效，属于适用法律错误，应予纠正。

审理法院　最高人民法院
裁判时间　2016 年 8 月 22 日
案　　号　最高人民法院（2016）最高法民再 75 号民事判决书
出　　处　中国裁判文书网。

128. 在公司对外融资增资扩股时，对公司原有股东优先认购权的保护是有限度的
——中节能资产经营有限公司与荆门京环环保科技有限公司股东出资纠纷案

裁判要点

公司作为一个独立的有机体，有自己独立之利益，若绝对地强调股东之优先认购权，在一定情况下将可能损害公司的利益。在公司对外融资增资扩股时，对公司原有股东优先认购权的保护是有限度的，而不是绝对的，从维护诚信的角度，更应该保护新进股东的出资权利。

关　键　词　增资扩股　优先认购权

裁判理由　最高人民法院认为：投资公司是否有权依据《特许经营合同》9.1.3条款请求确认其对453万元的出资。

公司作为一种资本企业，它的一个最大的特点，就是其权利设计和制度安排是以资本为中心展开的，资本是公司作为资本企业的必然选择。公司设立后，可能会因经营业务发展的需要而增加公司的资本。由于有限责任公司具有人合性质，在公司需要增加资本时，应当由本公司的股东首先认缴，以防止新增股东而打破公司原有股东之间的亲密关系。但是，公司作为一个独立的有机体，有自己独立之利益，若绝对地强调股东之优先认购权，在一定情况下将可能损害公司的利益。在公司对外融资增资扩股时，对公司原有股东优先认购权的保护是有限度的，而不是绝对的，从维护诚信的角度，更应该保护新进股东的出资权利。

关于中节能公司提出的，京环公司将453万元计入"长期应付款"科目，而没有计入"实收资本"科目的问题，在未确定出资人代表的情况下，无法列为"实收资本"科目，是否列入"实收资本"科目并不能改变其资本金的性质。

《特许经营合同》9.1.3条款约定内容合法有效，投资公司请求确认其对453万元的出资，还必须符合《公司法》和《京环公司章程》的规定。《公司法》第四十三条规定："股东会的议事方式和表决程序，除本法有规定的外，由公司章程规定。股东会会议作出修改公司章程、增加或者减少注册资本的

决议,以及公司合并、分立、解散或者变更公司形式的决议,必须经代表三分之二以上表决权的股东通过。"《京环公司章程》第十一条约定:"公司增加或减少注册资本,必须召开股东会,并由股东会代表三分之二以上表决权的股东表决并形成决议。"从一审、二审查明的事实看,京环公司于2005年12月3日召开第一届股东会第二次会议,会议议题就是审核《特许经营合同》,会议决议内容为:(一)全面同意荆门市医疗废物集中处置中心项目特许经营权合同内容;(二)同意京环公司与荆门市政府授权的荆门市环境保护局签订特许经营合同。据此可以认定《特许经营合同》已经获得京环公司全体股东一致同意,该股东会决议符合《公司法》和《京环公司章程》规定的三分之二以上表决权的要求。荆门市政府根据《特许经营合同》9.1.3条款的约定指定投资公司代持453万元资本金,有合同依据。投资公司有权依据《特许经营合同》9.1.3条款以及上述股东会决议请求确认其对453万元的出资。

审理法院 最高人民法院
裁判时间 2017年2月27日
案　　号 最高人民法院(2016)最高法民再234号民事判决书
出　　处 中国裁判文书网。

129. 合同解除后,交易可得利益损失属于缔约过失责任赔偿范围
——中信红河矿业有限公司与鞍山市财政局股权转让纠纷案

裁判要点

转让方应承担缔约过失赔偿责任,只赔偿给受让方造成的实际损失。可得利益是指合同履行以后可以获得的纯利润,而不包括取得这些利益所支付的费用。

关 键 词 股权转让　合同解除　可得利益损失

裁判理由 鞍山财政局对中信红河公司所主张的可得利益损失应予适当赔偿。

(1)当事人客观合理的交易机会损失应属于缔约过失责任赔偿范围。缔

约过失责任制度是实现诚实守信这一民法基本原则的具体保障。通过要求缔约过失责任人承担损害赔偿责任，填补善意相对人信赖利益损失，以敦促各类民事主体善良行事，恪守承诺。通常情况下，缔约过失责任人对善意相对人缔约过程中支出的直接费用等直接损失予以赔偿，即可使善意相对人利益得到恢复。但如果善意相对人确实因缔约过失责任人的行为遭受交易机会损失等间接损失，则缔约过失责任人也应当予以适当赔偿。一方面，免除缔约过失责任人对相对人间接损失的赔偿责任没有法律依据。《合同法》第四十二条规定的"损失"并未限定于直接损失。根据《最高人民法院关于适用〈中华人民共和国合同法〉若干问题的解释（二）》第八条规定在报批生效合同当事人未履行报批义务的，如合同尚有报批可能，且相对人选择自行办理批准手续的情况下，可以由相对人自行办理报批手续，并由缔约过失责任人赔偿相对人的相关实际损失。上述规定均未排除缔约过失责任人对相对人交易机会损失等间接损失的赔偿责任。另一方面，缔约过失责任人对于相对人客观合理的间接损失承担赔偿责任也是贯彻诚实信用原则，保护无过错方利益的应有之义。虽然交易机会本身存在的不确定性对相应损害赔偿数额的认定存在影响，应当根据具体案情予以确定，但不应因此而一概免除缔约过失责任人的间接损失赔偿责任。

审理法院　最高人民法院
裁判时间　2017 年 5 月 26 日
案　　号　最高人民法院（2016）最高法民终 803 号民事判决书
出　　处　中国裁判文书网。

130. 股东会有权决议可供投资者分配的利润是否作为红利向股东分配

——山西马堡煤业有限公司与山西太阳石煤炭储运有限公司公司盈余分配纠纷案

> **裁判要点**
>
> 向股东分配的红利不等于可供投资者分配的利润，经有效的股东会决议向投资者分配的利润才是股东的红利。可供投资者分配的利润是否作为红利向股东分配，股东会有权根据企业的经营状况、市场环境、企业的发展方向等因素做出决议。

关 键 词 股东红利　盈余分配

裁判理由 最高人民法院认为：向股东分配的红利不等于可供投资者分配的利润，经有效的股东会决议向投资者分配的利润才是股东的红利。可供投资者分配的利润是否作为红利向股东分配，股东会有权根据企业的经营状况、市场环境、企业的发展方向等因素做出决议。马堡公司2011至2013年的利润分配预案均是股东会决议通过，并非原判决认定的未经董事会决议。太阳石公司并未主张相应股东会决议存在无效或可撤销的情形，却主张应按可供投资者分配额数额向其分配红利，与股东会决议不符，不应予以支持。因行为可以被追认，故原判决以"扣划在先，决议形成在后"判令退还，属于适用法律错误，本院予以纠正。

马堡公司股东会决议将一定比例的可分配利润作为公司流动资金，而不是作为红利向股东分配，并不违反公司法的相关规定。该笔未分配利润仍属于马堡公司财产，而非太阳石公司所主张的借款性质。故太阳石公司以借款为依据向马堡公司主张债权，与事实不符。综上所述，马堡公司的上诉请求成立，本院予以支持。

审理法院 最高人民法院
裁判时间 2017年8月15日
案　　号 最高人民法院（2017）最高法民终392号民事判决书

出　　处　中国裁判文书网。

131. 对赌协议中，可约定公司为大股东的回购价款承担连带责任，但是应当经过为股东提供担保的内部决策程序
——通联资本管理有限公司、成都新方向科技发展
有限公司与公司有关的纠纷再审案

> **裁判要点**
> 　　对赌协议中，约定公司为原股东应履行的回购义务承担连带责任的约定，如果履行了公司为股东提供担保的内部决议程序，并且外部投资人善意审查了相关的内部决策文件，该约定应属有效。即使因外部投资人未经审查内部决策文件导致约定无效，也应当考量双方是否存在过错等因素，来分担责任。

关　键　词　对赌协议　回购义务　连带责任　协议效力

裁判理由　最高人民法院认为：二、关于久远公司应否对新方向公司的股权回购义务承担履约连带责任问题

　　《增资扩股协议》中约定新方向公司在约定触发条件成就时按照约定价格回购通联公司持有的久远公司股权，该约定实质上是投资人与目标公司原股东达成的特定条件成就时的股权转让合意，该合意系当事人真实意思表示，亦不存在违反公司法规定的情形，二审判决认定新方向公司与通联公司达成的"股权回购"条款有效，且触发回购条件成就，遂依协议约定判决新方向公司承担支付股权回购款本金及利息，适用法律正确，本院予以维持。新方向公司辩称《增资扩股协议》约定的股权回购条款无效、回购条件不成就，没有事实和法律依据，应不予支持。

　　至于《增资扩股协议》中约定久远公司对新方向公司的股权回购义务承担履约连带责任的条款效力问题。本院认为，首先，久远公司不是股权回购的义务主体，并不产生久远公司回购本公司股份的法律后果，即不存在新方向公司答辩中称《增资扩股协议》约定久远公司对新方向公司的股权回购义务承担履约连带责任的条款违反公司法第三十五条、第三十六条、第三十七条第一款第（七）项及第七十四条规定的情形。其次，《增资扩资股协议》

第6.2.1条约定久远公司对新方向公司负有的股权回购义务承担履约连带责任,并未明确为连带担保责任。通联公司在一审也是诉请久远公司对新方向公司承担的股份回购价款及涉及的税款承担连带责任。但是,久远公司、新方向公司二审上诉中称"通联公司明知未经股东会批准,而约定由久远公司对新方向公司提供担保,有违我国公司法第十六条第二款的规定,其请求亦不应得到支持"。通联公司亦抗辩称"我国公司法第十六条第二款属于管理性强制性规定,即使久远公司所提供的该担保未经股东会议决议,也不影响担保的有效性"。二审法院在双方当事人将《增资扩资股协议》第6.2.1条约定的"连带责任"条款解释为"连带担保责任"基础上,并适用公司法第十六条第二款的规定裁判本案。本院认为,连带担保责任属于连带责任的情形之一,但连带担保责任有主从债务之分,担保责任系从债务。双方当事人将"连带责任"理解为"连带担保责任",并未加重久远公司的责任负担,且从通联公司诉请久远公司的责任后果看,是对新方向公司承担的股权回购价款本息承担连带责任,仍然属于金钱债务范畴,也与久远公司实际承担的法律责任后果一致,本院予以确认。因此,二审判决依据公司法第十六条第二款关于公司对控股股东、实际控制人提供担保的相关规定来裁判久远公司对新方向公司的股权回购义务承担履约连带责任的条款效力,并无不当。再次,通联公司申请再审称公司法第十六条第二款的规定系管理性规范,久远公司承诺为新方向公司的股权回购义务承担履约连带责任,虽然未经久远公司股东会决议通过,亦不影响公司承诺担保条款的效力,并提交最高人民法院相关案例佐证。本院认为,公司法第十六条第二款明确规定"公司为公司股东或者实际控制人提供担保的,必须经股东会或者股东大会决议",该条规定的目的是防止公司股东或实际控制人利用控股地位,损害公司、其他股东或公司债权人的利益。对于合同相对人在接受公司为其股东或实际控制人提供担保时,是否对担保事宜经过公司股东会决议负有审查义务及未尽该审查义务是否影响担保合同效力,公司法及其司法解释未作明确规定。二审法院认为,虽然久远公司在《增资扩股协议》中承诺对新方向公司进行股权回购义务承担连带责任,但并未向通联公司提供相关的股东会决议,亦未得到股东会决议追认,而通联公司未能尽到基本的形式审查义务,从而认定久远公司法定代表人向生建代表公司在《增资扩股协议》上签字、盖章行为,对通联公司不发生法律效力,适用法律并无不当。

三、久远公司应否承担"连带责任条款"无效后的过错赔偿责任

通联公司在签订《增资扩股协议》时，因《久远公司章程》中并无公司对外担保议事程序规定，通联公司有合理理由相信向生建有权代表公司对外签订有担保意思表示内容的《增资扩股协议》，但其未能尽到要求目标公司提交股东会决议的合理注意义务，导致担保条款无效，对协议中约定的担保条款无效自身存在过错。而久远公司在公司章程（2009年6月9日之前）中未规定公司对外担保及对公司股东、实际控制人提供担保议事规则，导致公司法定代表人使用公章的权限不明，法定代表人向生建，未经股东会决议授权，越权代表公司承认对新方向公司的股权回购义务承担履约连带责任，其对该担保条款无效也应承担相应的过错责任。《最高人民法院关于适用〈中华人民共和国担保法〉若干问题的解释》第七条规定："主合同有效而担保合同无效，担保人无过错的，担保人不承担民事责任；担保人有过错的，担保人承担民事责任的部分，不应超过债务人不能清偿部分的二分之一。"根据该条规定，通联公司、久远公司对《增资扩股协议》中约定的"连带责任"条款无效，双方均存在过错，久远公司对新方向公司承担的股权回购款及利息，就不能清偿部分承担二分之一的赔偿责任。

审理法院　最高人民法院
裁判时间　2017年9月29日
案　　号　最高人民法院（2017）最高法民再258号民事判决书
出　　处　中国裁判文书网。

132. 受让股权时未尽到最基本的审慎注意义务，不适用善意取得
——沈阳亿丰商业管理有限公司诉李乔等案外人执行异议诉案

裁判要点

一旦法院对股权作出的查封、冻结的裁定及协助执行通知被工商局接收，即具有了对外公示效力，股东也就无权处分该股权。任何拟受让股权的受让方均有义务对拟受让的股权是否存在权利负担进行审查，否则一旦购买到有权利瑕疵的股权并不适用善意取得。

关 键 词 股权转让 审慎注意义务 善意取得

裁判理由 最高人民法院认为：根据《中华人民共和国民事诉讼法》第二百四十二条第二款规定："人民法院决定扣押、冻结、划拨、变价财产，应当作出裁定，并发出协助执行通知书，有关单位必须办理"。一审法院对案涉股权作出的查封、冻结裁定及协助执行通知经抚顺市工商局接收后，即具有了对外公示效力。亿丰公司主张案涉股权查封没有进行公示，与事实不符。至于抚顺市工商局采取什么方式履行司法协助义务，则属于另一法律关系，并不影响人民法院对案涉股权查封已经依法公示的事实。亿丰公司系在案涉股权依法被查封期间受让股权，作为商事主体，亿丰公司在受让案涉股权时应明知需对受让的股权是否存在权利负担尽审慎注意义务，但在原审及申请再审期间，亿丰公司均未能举证证明其在受让股权时曾向明达公司或抚顺市工商局了解案涉股权情况。原审判决认定亿丰公司在案涉股权交易中并没有尽到最基本的审慎注意义务，本案不适用善意取得制度，并无不当。《最高人民法院民事执行中查封、扣押、冻结财产的规定》第二十六条第一款规定："被执行人就已经查封、扣押、冻结的财产所作的移转、设定权利负担或者其他有碍执行的行为，不得对抗申请执行人。"明达公司转让的是已经人民法院依法查封、冻结的财产，且亿丰公司并非善意第三人。因此，亿丰公司主张其依据善意取得制度已经取得案涉股权，能够阻却人民法院执行的再审申请理由不能成立。

审理法院 最高人民法院
裁判时间 2017 年 8 月 31 日
案　　号 最高人民法院（2017）最高法民申 3150 号民事裁定书
出　　处 中国裁判文书网。

133. 解除股权转让合同除应依据法律的明确规定外，还应考虑股权转让合同的特点
——上海绿洲花园置业有限公司与霍尔果斯锐鸿股权投资有限公司股权转让纠纷案

> **裁判要点**
>
> 股权转让合同的签订与履行不仅直接影响合同当事人的利益，而且还会影响目标公司的员工、债权人及其他相关第三人的利益。因此，解除股权转让合同除应依据法律的明确规定外，还应考虑股权转让合同的特点。尤其在股权已经变更登记、受让方已经支付大部分款项、且已经实际控制目标公司的情况下，解除股权转让合同应结合合同的履行情况、违约方的过错程度以及股权转让合同目的能否实现等因素予以综合判断。

关 键 词 股权转让　合同解除

裁判理由　最高人民法院认为：本案的焦点在于《股权转让协议》是否符合法定解除条件应予解除。

绿洲公司上诉认为，锐鸿公司拒不支付 80% 的股权转让款已超过两年，逃废债行为十分明显，《股权转让协议》的合同目的已无法实现，依据合同法第九十四条的规定应解除《股权转让协议》。合同法第九十四条规定："有下列情形之一的，当事人可以解除合同：（一）因不可抗力致使不能实现合同目的；（二）在履行期限届满之前，当事人一方明确表示或者以自己的行为表明不履行主要债务；（三）当事人一方迟延履行主要债务，经催告后在合理期限内仍未履行；（四）当事人一方迟延履行债务或者有其他违约行为致使不能实现合同目的；（五）法律规定的其他情形。"本案中，《股权转让协议》是否应予解除主要涉及以下问题，本院对此逐一评述如下：

（一）锐鸿公司是否存在迟延支付股权转让款的违约行为

1. 锐鸿公司是否已向绿洲公司支付 2.25 亿元股权转让款。绿洲公司确认锐鸿公司已按《股权转让协议》约定支付 2.25 亿元款项，但上诉认为其中 1.31 亿元为绿洲公司对海港城公司的借款，故 1.31 亿元不属于股权转让款。根据查明的事实，绿洲公司于 2015 年 11 月 20 日向锐鸿公司出具《委托支付

指令函》，委托锐鸿公司将其中的1.31亿元的股权转让款定向支付给海港城公司，支付后即视为锐鸿公司已按协议履行该部分股权转让款付款义务。后锐鸿公司将该笔款项支付至海港城公司名下账户，故1.31亿元应属于股权转让款。30号民事判决虽判决锐鸿公司向绿洲公司支付1.3104亿元股权转让款及利息，但该判决为未生效的一审判决，对本案无拘束力。因此，一审法院认定锐鸿公司已向绿洲公司支付2.25亿元股权转让款正确，绿洲公司该项上诉理由不成立。

2. 锐鸿公司支付1.5亿元股权转让款的条件是否已经成就。绿洲公司上诉认为，锐鸿公司支付1.5亿元股权转让款的条件于2015年11月9日已经成就。《股权转让协议》第3.5条约定，乙方应付甲方股权转让总价款的40%（1.5亿元），由乙方在股权交割后，在威斯汀酒店在建工程造价审核完成后的60个工作日内，但最迟不晚于本协议签署后9个月内，向甲方付清。《股权转让协议》于2015年2月9日签订，因此，依照《股权转让协议》约定，1.5亿元最迟应于2015年11月9日支付。但是，案涉股权于2015年11月19日才完成变更登记，《备忘录》签订于2015年11月18日。因此，1.5亿元最迟应于2015年11月9日的支付期限已经被《备忘录》所变更。1.5亿元的支付条件仅为"在威斯汀酒店在建工程造价审核完成后的60个工作日内"。绿洲公司上诉主张锐鸿公司支付1.5亿元股权转让款的条件于2015年11月9日已经成就，与事实不符。

《股权转让协议》第5.1.7条约定，在本协议正式生效之日，即视作为乙方按现状接收海港城公司威斯汀酒店在建工程。在乙方按现状接收海港城公司威斯汀酒店在建工程后，由乙方为主、甲乙双方共同配合对海港城公司威斯汀酒店截止本协议生效之日前的现状工程造价进行审核，海港城公司提供一切所需资料和便利，酒店工程结算最终以审计结算为准。（甲方为绿洲公司、乙方为锐鸿公司）因此，对威斯汀酒店在建工程造价现状完成审核主要系锐鸿公司的义务，而且该工程造价审核是《股权转让协议》生效之日前的现状工程造价审核。《股权转让协议》于2015年2月9日签订，绿洲公司于2015年11月19日将海港城公司80%的股权变更登记为锐鸿公司，在距今长达两年多时间内，锐鸿公司仍未完成对威斯汀酒店在建工程造价的审核，且亦无证据证明绿洲公司不配合锐鸿公司进行审核。《合同法》第四十五条规定，当事人为自己的利益不正当地阻止条件成就的，视为条件已成就；不正当地促成条件成就的，视为条件不成就。因此，锐鸿公司怠于对威斯汀酒店在建工程造价进行审核,系为其自己的利益不正当地阻止1.5亿元支付条件的成就,应视为"对威斯汀酒店在建工程造价完成审核"这一条件已成就,锐鸿公司支付1.5亿元股权转让款的条件已经成就。一审法院认定1.5亿元股权转让款的支付条件未成就错误,本院予以纠正。

3. 6900万元是否为《股权转让协议》项下锐鸿公司的付款义务。绿洲公司上诉认为,一审法院认定6900万元与《股权转让协议》履行无关,属认定事实错误。《股权转让协议》第3.1条约定,本协议签署之日,乙方向甲方支付1000万元,作为本次股权转让的定金。截至本协议签署之日,海南恒道置业有限公司转让海口外滩城房地产有限公司股权的应付未付的股权转让款(咨询服务费)6900万元。在本协议签署后2个工作日内,由乙方负责将其中的900万元支付予甲方;在本协议5.1.5条约定事项达成之日,由乙方负责将剩余的6000万元全部支付予甲方。第5.1.5条约定,在本协议签订后60日内,甲方负责、乙方和海港城公司配合取得海港城公司借款银行和海港城公司威斯汀酒店喜达屋酒店管理集团对本次股权转让书面同意。因此,6900万元系《股权转让协议》项下锐鸿公司的合同义务。依据《股权转让协议》的约定,锐鸿公司在协议签署2个工作日内应支付900万元,锐鸿公司至今未支付,应承担迟延支付900万元的违约责任。但喜达屋酒店管理集团对本次股权转让未出具书面同意,因此,锐鸿公司支付6000万元的条件尚未成就,绿洲公司关于威斯汀酒店即将开业可视为喜达屋酒店管理集团对案涉股权转让出具了书面同意、锐鸿公司支付6000万元条件已经成就的上诉主张不能成立。绿洲公司、锐鸿公司、海港城公司和绿创公司一致认可,《股权转让协议》约定的锐鸿公司应向绿洲公司支付股权转让总价款3.75亿元与海南恒道置业有限公司转让海口外滩城房地产有限公司股权应付未付的股权转让款(咨询服务费)6900万元是相互独立的两笔款项,故一审法院认为"6900万元(咨询服务费)的履行情况不应作为评判本案股权转让交易行为是否违约的依据",并无明显不当。

此外,关于将海港城公司分立为海港城公司和绿创公司是否为锐鸿公司和海港城公司的违约行为问题。绿洲公司上诉认为,锐鸿公司和海港城公司违反了《备忘录》第二条第4款的约定对海港城公司进行分立,应承担违约责任。本院认为,绿洲公司在一审中未主张该违约行为,一审法院亦未以此判断《股权转让协议》是否应予解除。《备忘录》第二条第2、3、4款约定了海港城公司分立的条件,但涉及国升公司、上置公司及其附属公司的合同义务，而国升公司、上置公司及其附属公司并非《股权转让协议》的当事人，与《股权转让协议》是否符合法定解除条件应予解除并无必然关联性。因此，对锐鸿公司和海港城公司将海港城公司分立为海港城公司和绿创公司的行为是否构成违约行为，本院不予评述。

（二）《股权转让协议》的合同目的是否不能实现，是否应予解除

绿洲公司依据《合同法》第九十四条第（四）项规定主张解除《股权转让协议》，即本案是否存在锐鸿公司迟延履行债务或者其他违约行为致使不能实现合同目的。锐鸿公司已支付股权转让款2.25亿元，占全部股权转让款的60%，尚未支付剩余1.5亿元股权转让款虽然构成违约，但并未致使《股权转让协议》的目的不能实现。迟延履行不能实现合同目的，指迟延的时间对于债权的实现至关重要，超过了合同约定的期限履行合同，合同目的就将落空。虽然锐鸿公司存在尚未支付剩余1.5亿元股权转让款的违约行为，但《股权转让协议》并未约定锐鸿公司迟延支付该部分款项，绿洲公司将不接受《股权转让协议》的履行。绿洲公司作为股权的出让方，其转让股权的目的在于收取股权转让款，迟延交付1.5亿元股权转让款虽使其遭受损失，但是通过股权买受人继续履行股权转让款支付义务并承担违约责任等，合同目的仍能实现。现本院认定剩余1.5亿元股权转让款的支付条件已经成就，绿洲公司主张迟延履行支付1.5亿元股权转让款致使《股权转让协议》合同目的不能实现的理由不成立。此外，如前所述，虽然6900万元为《股权转让协议》项下锐鸿公司的支付义务，锐鸿公司尚未支付900万元构成违约行为，但是该款项并不属于锐鸿公司应支付案涉股权的对价，因此，锐鸿公司尚未支付900万元不影响《股权转让协议》目的的实现。关于锐鸿公司和海港城公司将海港城公司分立的违约行为，前已述及，本院对此不予评述。即使锐鸿公司和海港城公司存在提前将海港城公司分立的违约行为，海港城公司的分立亦非《股权转让协议》项下的主要合同义务，绿洲公司亦不能依据锐鸿公司和海港城公司的该违约行为主张解除《股权转让协议》。

股权是一种综合性的财产权利，不仅包括财产收益权还包括公司经营决策权等多种权利。股权转让合同的签订与履行不仅直接影响合同当事人的利益，而且还会影响目标公司的员工、债权人及其他相关第三人的利益。因此，解除股权转让合同除应依据法律的明确规定外，还应考虑股权转让合同的特点。尤其在股权已经变更登记，受让方已经支付大部分款项、且已经实际控制目标公司的情况下，解除股权转让合同应结合合同的履行情况、违约方的

过错程度以及股权转让合同目的能否实现等因素予以综合判断。本案中，绿洲公司已将海港城公司 80% 的股权变更登记至锐鸿公司名下，锐鸿公司已经实际接管海港城公司达两年多，占海港城公司 20% 股权的股东国升公司明确反对绿洲公司再次进入海港城公司，威斯汀酒店也开业在即，海港城公司在中国银行海口海甸支行的贷款本息已经还清，海港城公司也于 2016 年 2 月 19 日分立为海港城公司和绿创公司。与 2015 年 11 月 19 日案涉股权过户时相比，锐鸿公司持有的海港城公司股权的价值及股权结构均已发生较大变化，案涉股权客观上已经无法返还。综上，锐鸿公司虽然存在迟延支付股权转让款的违约行为，但是依据本案事实和法律规定，《股权转让协议》并不符合法定解除条件应予以解除，绿洲公司该项上诉请求不成立，本院不予支持。

审理法院 最高人民法院
裁判时间 2017 年 12 月 18 日
案　　号 最高人民法院（2017）最高法民终 919 号民事判决书
出　　处 中国裁判文书网。

134. 股权转让合同的履行期间跨越外资审批制度改革的法律文件实施日期的，该合同效力应如何认定
——吉美投资有限公司、河南鹰城集团有限公司股权转让纠纷案

裁判要点

股权转让合同的履行期间跨越了外资审批制度改革的法律文件实施日期，但股权转让合同只要是各方当事人的真实意思表示，不违反我国法律、行政法规的强制性规定，合同有效。

关 键 词 股权转让　效力认定

裁判理由 最高人民法院认为：本案的焦点在于《股权转让合同》的效力问题。

首先，案涉《股权转让合同》的履行期间跨越了外资审批制度改革的实施日期，故需对其效力分阶段予以阐明。在 2016 年 9 月 30 日前，《中华人民共和国中外合作经营企业法》（2000 年修正）实行外资审批制度，该法于第

十条规定："中外合作者的一方转让其在合作企业合同中的全部或者部分权利、义务的，必须经他方同意，并报审查批准机关批准。"《中华人民共和国中外合作经营企业法实施细则》第十一条规定："合作企业协议、合同、章程自审查批准机关颁发批准证书之日起生效。"根据《中华人民共和国合同法》第四十四条"依法成立的合同，自成立时生效。法律、行政法规规定应当办理批准、登记等手续生效的，依照其规定"以及《最高人民法院关于审理外商投资企业纠纷案件若干问题的规定（一）》第一条第一款"当事人在外商投资企业设立、变更等过程中订立的合同，以法律、行政法规的规定应当经外商投资企业审批机关批准后才生效的，自批准之日起生效；未经批准的，人民法院应当认定该合同未生效。当事人请求确认该合同无效的，人民法院不予支持"的规定，中外合作经营企业股权转让合同自外资审批机关颁发批准证书之日起生效。因此，尽管本案中平顶山商务局就案涉股权转让作出了平商审（2016）8号批复，但其没有作出外商投资企业批准证书，故至2016年9月30日，案涉《股权转让合同》因未经审批，合同的法定生效要件未满足，处于合同成立但未生效的状态。一审判决认定截至2016年9月30日案涉《股权转让合同》未生效是正确的。

其次，关于《股权转让合同》效力状态是否因鹰城集团控制的鹰城房地产公司撤回报批申请而受到影响的问题。鹰城集团、张顺义、张磊上诉称《股权转让合同》在审批流程完成后没有得到批准，已经确定属于不生效合同。但平顶山商务局作出批复后没有颁发外商投资企业批准证书的原因，是鹰城集团控制的鹰城房地产公司撤回了报批申请，并不是因审批机关作出不同意转让的决定致使审批流程终结。《中华人民共和国合同法》第八条规定："依法成立的合同，对当事人具有法律约束力。当事人应当按照约定履行自己的义务，不得擅自变更或解除合同。依法成立的合同，受法律保护。"《股权转让合同》未生效并不代表对当事人没有拘束力，相反，鹰城集团负有报批促使合同生效的义务。鹰城集团、张顺义、张磊上诉认为鹰城房地产公司撤回报批申请，系因吉美公司没有履行再投资8500万元的承诺。然而，鹰城集团、张顺义、张磊并不能提供证据证明吉美公司作出了该等承诺，该等承诺也未记载于《股权转让合同》，故其主张的撤回报批申请的理由不能成立。鹰城集团控制的鹰城房地产公司在外资审批程序终结前单方撤回报批申请的行为，不仅违反了《股权转让合同》约定应由鹰城集团完成的报批义务，也违背了民法的诚实信用原则。鹰城集团控制的鹰城房地产公司撤回报批申请的行为不影响《股权转让合同》的效力状态。《最高人民法院关于审理外商投资企业纠纷案件若干问题的规定（一）》第九条规定："外商投资企业股权转让合同成立后，受让方未支付股权转让款，转让方和外商投资企业亦未履行报批义务，转让方请求受让方支付股权转让款的，人民法院应当中止审理，指令转让方在一定期限内办理报批手续。"本案一审审理过程中，河南高院指令吉美公司办理报批手续，但因鹰城集团、鹰城房地产公司不予配合，未能成功办理，故《股权转让合同》仍处于成立但未生效状态。

其三，关于2016年10月1日后《股权转让合同》的效力状态。2016年10月1日，《中华人民共和国中外合作经营企业法》（2016年修正）正式施行。该法第二十五条规定，"举办合作企业不涉及国家规定实施准入特别管理措施的，对本法第五条、第七条、第十条、第十二条第二款、第二十四条规定的审批事项，适用备案管理。国家规定的准入特别管理措施由国务院发布或者批准发布"，即对外商投资准入特别管理措施（即外商投资准入负面清单）以外的外商投资企业的设立、变更，由行政审批制转为适用备案管理制，而备案管理的性质为告知性备案，不属于合同的效力要件。2016年10月，商务部发布《外商投资企业设立及变更备案管理暂行办法》。该办法第二十九条规定："本办法实施前商务主管部门已受理的外商投资企业设立及变更事项，未完成审批且属于备案范围的，审批程序终止，外商投资企业或其投资者应按照本办法办理备案手续。"由于本案股权转让的标的公司鹰城房地产公司经营范围不在外商投资准入负面清单之列，案涉股权转让依法不需要再提交行政审批。《中华人民共和国立法法》第九十三条规定："法律、行政法规、地方性法规、自治条例和单行条例、规章不溯及既往，但为了更好地保护公民、法人和其他组织的权利和利益而作的特别规定除外。"我国立法在法律溯及力问题上，采用"从旧兼有利"原则。在因法律修改而使得合同效力要件不复存在的情形下，则应当适用新法而认定合同有效。一审判决关于《股权转让合同》因法律规定的变化自2016年10月1日起生效的认定正确。此外，鹰城集团、张顺义、张磊还上诉认为，《股权转让合同》第七条约定"自审批机关批准之日起生效"，故该合同依约未生效，即使生效其也以股东会决议的方式解除了《股权转让合同》。但如前所述，该合同签订时，案涉《股权转让合同》依据当时的法律需要外资审批机关审批才生效，这是当事人约定合同自批准之日起生效的背景。2016年10月1日《中华人民共和国中外合作经营企业法》（2016年修正）施行后，《股权转让合同》不再属于审批对象，亦不具有审批可能，而备案也不是合同的生效条件，因此该合同第七条"自审批机关批准之日起生效"的约定不再具有限定合同生效条件的意义。根据《中华人民共和国合同法》第八条的规定,依法成立的合同,对当事人具有法律约束力,当事人不得擅自变更或解除合同。鹰城房地产公司的股东会决议,没有得到吉美公司的同意,不构成约定解除的情形,亦不符合法定解除的条件,故不产生解除《股权转让合同》的法律效果。综上,鹰城集团、张顺义、张磊主张一审判决错误认定《股权转让合同》效力的上诉理由不能成立,本院不予支持。

其四,关于《股权转让合同》是否存在受欺诈、胁迫签订以及显失公平等情形而应予撤销的问题。鹰城集团、张顺义、张磊上诉主张,其已起诉吉美公司,请求撤销《股权转让合同》,并另案受理,故本案应中止审理。本院认为,吉美公司在本案中诉请鹰城集团支付股权转让款,故本案必须对《股权转让合同》的效力以及是否应继续履行作出实质判断,相应要对当事人主张的案涉合同存在欺诈、胁迫、显失公平的理由进行审查,而不以其他案件的审理结果为依据。《最高人民法院关于适用〈中华人民共和国民事诉讼法〉的解释》第一百零九条规定:"当事人对欺诈、胁迫、恶意串通事实的证明,以及对口头遗嘱或者赠与事实的证明,人民法院确信该待证事实存在的可能性能够排除合理怀疑的,应当认定该事实存在。"本案中,鹰城集团、张顺义、张磊提供的证据为鹰城房地产公司对外的经营款项往来,并不足以证明吉美公司存在抽逃出资的情形,且鹰城集团作为鹰城房地产公司的实际控制方,其称签约时不知晓鹰城房地产公司的抽逃出资情况,也与常理不符。而鹰城集团、张顺义、张磊所称的受胁迫签订《股权转让合同》,仅为单方陈述,事后亦没有形成报案记录。鉴于鹰城集团、张顺义、张磊对其主张的欺诈、胁迫的待证事实未提交充分证据证明,且不能达到排除合理怀疑的证明标准,对其主张的该项上诉理由,本院不予采信。《股权转让合同》对吉美公司1.5亿元出资所对应的股权转让价约定1亿元,也不存在显失公平的情形。综上,鹰城集团、张顺义、张磊主张鹰城集团享有撤销权以及本案应中止审理的上诉理由不能成立。鹰城集团、张顺义、张磊今后如确有证据证明吉美公司存在抽逃出资情形,其仍可依据公司法的相关规定另行主张权利。

其五,关于张磊上诉提出的案涉股权转让未经鹰城房地产公司的合营股东华丰集团同意的问题。张磊作为华丰集团的法定代表人在鹰城房地产公司合同、章程修改协议以及同意吉美公司向鹰城集团转让股权的董事会决议上签字,其行为系法定代表人的职务行为,法律后果应由华丰集团承担。故《股权转让合同》不存在侵害其他股东同意权及优先购买权的应予撤销情形。鹰城房地产公司董事会决议及合同、章程修改协议虽系复印件,但上述原件曾提交过平顶山商务局,现为鹰城房地产公司持有,经河南高院释明,鹰城房地产公司未予提交,一审判决依据《最高人民法院关于适用〈中华人民共和国民事诉讼法〉的解释》第一百一十二条的规定认定复印件书证内容真实,符合法律规定。张磊关于案涉股权转让未经华丰集团同意的上诉理由不能成立。

综上所述,《股权转让合同》是各方当事人真实意思表示,不违反我国法律、行政法规的强制性规定,合法有效。吉美公司关于案涉合同有效的上诉理由成立,本院予以支持。鹰城集团、张顺义、张磊请求确认案涉合同未生效、应予撤销、已被鹰城房地产公司确认无效并解除的上诉理由不能成立,本院予以驳回。

审理法院 最高人民法院
裁判时间 2017 年 12 月 28 日
案　　号 最高人民法院(2017)最高法民终 651 号民事判决书
出　　处 中国裁判文书网。

第二章　破产清算

135. 建设工程施工合同视为解除的，承包人行使优先受偿权的期限应自合同解除之日起计算
——通州建总集团有限公司诉安徽天宇化工有限公司别除权纠纷案

> **裁判要点**
>
> 符合《中华人民共和国破产法》第十八条规定的情形，建设工程施工合同视为解除的，承包人行使优先受偿权的期限应自合同解除之日起计算。

关 键 词　别除权　优先受偿权　行使期限　起算时间

裁判理由　法院生效裁判认为：本案双方当事人签订的建设工程施工合同虽约定了工程竣工时间，但涉案工程因安徽天宇公司未能按合同约定支付工程款导致停工。现没有证据证明在工程停工后至法院受理破产申请前，双方签订的建设施工合同已经解除或终止履行，也没有证据证明在法院受理破产申请后，破产管理人决定继续履行合同。根据《中华人民共和国破产法》第十八条"人民法院受理破产申请后，管理人对破产申请受理前成立而债务人和对方当事人均未履行完毕的合同有权决定解除或继续履行，并通知对方当事人。管理人自破产申请受理之日起二个月未通知对方当事人，或者自收到对方当事人催告之日起三十日内未答复的，视为解除合同"之规定，涉案建设工程施工合同在法院受理破产申请后已实际解除，本案建设工程无法正常竣工。按照最高人民法院全国民事审判工作会议纪要精神，因发包人的原因，合同解除或终止履行时已经超出合同约定的竣工日期的，承包人行使优先受偿权的期限自合同解除之日起计算，安徽天宇公司要求按合同约定的竣工日期起算优先受偿权行使时间的主张，缺乏依据，不予采信。2011年8月26日，法院裁定受理对安徽天宇公司的破产申请，2011年10月10日通州建总公司向安徽天宇公司的破产管理人申报债权并主张工程款优先受偿权，因此，通州建总公司主张优先受偿权的时间是2011年10月10日。安徽天宇

公司认为通州建总公司行使优先受偿权的时间超过了破产管理之日六个月,与事实不符,不予支持。

审理法院 安徽省高级人民法院

裁判时间 2014 年 7 月 14 日

案　　号 安徽省高级人民法院(2014)皖民一终字第 00054 号民事判决书

出　　处 最高人民法院指导案例 73 号,2016 年 12 月 28 日发布。

136. 重整与重大资产重组程序并行,对内需要解决重整状态下公司治理结构问题;对外需要协调司法程序与行政程序之间冲突

——江苏舜天船舶股份有限公司破产重整案

> **裁判摘要**
>
> 　　江苏舜天船舶股份有限公司破产重整案系上市公司破产重整与重大资严重组同步实施的案件,在破产司法实践中启动最高法院与证监会会商机制。重整与重大资产重组程序并行,对内需要解决重整状态下公司治理结构问题;对外需要协调司法程序与行政程序之间冲突。通过会商机制形成并购重组专家咨询委员会意见,法院在参考该意见的基础上裁定批准重整计划。

关 键 词 破产重整

裁判理由 南京市中级人民法院认为:依照《中华人民共和国企业破产法》(以下简称企业破产法)规定,重整计划草案由债权人会议分组表决;涉及出资人权益调整事项的,还应当设出资人组,对该事项进行表决。各表决组均表决通过重整计划草案后,还应提交法院审查,由法院裁定批准。即重整计划草案批准程序为"会议表决+司法裁定"。依照重组管理办法的规定,上市公司进行重大资产重组,应当由董事会依法作出决议,并提交股东大会批准。证监会依照法定条件和程序,对上市公司重大资产重组申请作出是否核准的决定。即重大资产重组程序为"内部决议+行政许可"。当重整程序中

同时启动重大资产重组时,则存在"会议表决"、"内部决议"的公司内部治理结构冲突与"司法裁定"、"行政许可"的外部监管权力冲突。

一、关于上市公司治理结构与管理人管理模式的调和

依照企业破产法规定,重整中的企业管理模式分为管理人管理模式和债务人管理模式。两种管理模式的区别在于企业经营控制权的归属不同,分别由管理人和债务人行使,并相应地负责制作重整计划草案。企业破产法规定企业重整期间是以管理人管理模式为原则,实践中绝大多数上市公司重整也都是采用这种模式。因重整与重大资产重组程序并行操作复杂,故舜天船舶重整案采取了管理人管理模式,由管理人负责制作重整计划草案。

管理人在接管公司财产和营业事务后成为公司内部治理的机关,负责开展公司重整工作。但是我国公司法、证券法在对上市公司重大资产重组有关决议等问题作出规定时,假设前提是企业正常存续状态,未能对破产状态下做出例外规定。实践中,证券监管机构依照重组管理办法规定,要求上市公司即使在重整程序中进行重大资产重组,也应当由董事会依法作出决议,并提交股东大会批准。因此,倘若取消上述上市公司原意思机关也将影响在重整程序中启动重大资产重组。

为此,本案在管理人负责模式下,采取由管理人负责协调、处理债权审核、资产调查、衍生诉讼推进、信息披露、重整计划草案制定等诸多法律事务。同时兼顾保留公司原意思机关的必要性,由管理人聘请原经营管理层继续负责公司日常经营,授权董事会审议通过重大资产重组议案,并提交出资人组会议暨临时股东大会表决。

二、关于最高法院与证监会会商机制的运行

为解决重整与重大资产重组并行过程中司法权与行政权协调问题,座谈会纪要建立了最高法院与证监会的会商机制。

因会商需要时间,为保障重整程序在规定的期限内顺利推进,本案在重整计划草案提交法院之前两个月即启动会商机制。依照企业破产法规定,法院在收到重整计划草案之日起三十日内应召开债权人会议进行表决。管理人或债务人应自草案通过之日起十日内,向法院提出批准申请。法院应自收到申请之日起三十日内裁定是否批准。即法院在收到重整计划草案之日起至裁定批准之日最多七十日。故若在重整计划草案提交法院之时或之后再启动会商机制,时间上难以满足会商需要。

依照座谈会纪要规定,法院应当参考专家咨询意见,作出是否批准重整计划

草案的裁定。为避免重整计划草案表决通过后，专家咨询意见认为需修改或否定重大资产重组方案，造成重整程序拖延乃至未获批准，本案早在重整计划草案提交法院之前即将会商材料通过最高法院函送证监会，希望在重整计划草案表决之前能够收到专家咨询意见。专家咨询意见出具在、前，有利于重整计划草案在制定和表决前及时修改调整，即使重整计划草案未获表决通过，因专家咨询意见仅作为参考，并不能代替行政许可决定，故不会造成行政许可事项未执行的后果。但因会商意见出具时间不确定，为不影响重整进程，管理人依法向南京中院提交了重整计划草案。在重整计划草案表决通过后，2016年10月22日，南京中院收到证监会并购重组专家咨询委员会出具的专家咨询意见。

经审查重整计划草案并参考专家咨询意见后，南京中院认为重整计划制定、表决程序合法、内容符合法律规定，公平对待债权人，对出资人权益调整公平、公正，经营方案具有可行性。

审理法院 南京市中级人民法院
裁判时间 2016年10月24日
案　　号
出　　处 《最高人民法院公报》2017年第12期。

137. 清算组未履行通知和公告义务，导致债权人未及时申报债权而未获清偿，清算组成员需对损失承担赔偿责任
——邢台轧辊异型辊有限公司与李桂芬、李荣丰清算责任纠纷案

> **裁判要点**
> 　　公司清算时，清算组应当将公司解散清算事宜书面通知全体已知债权人，并根据公司规模和营业地域范围在全国或者公司注册登记地省级有影响的报纸上进行公告。清算组未履行通知和公告义务，导致债权人未及时申报债权而未获清偿，债权人有权要求清算组成员对因此造成的损失承担赔偿责任。

关 键 词 债权申报 公告义务 清偿 赔偿责任

裁判理由 最高人民法院认为：本案再审中争议焦点为李桂芬是否应当承担清算赔偿责任。《中华人民共和国公司法》第三十二条第三款规定："公司应当将股东的姓名或者名称向公司登记机关登记；登记事项发生变更的，应当办理变更登记。未经登记或者变更登记的，不得对抗第三人。"本案中李荣丰与李桂芬是华丰公司股东，虽然两人签订股权转让协议，李桂芬将所持有的华丰公司50%股权转让给李荣丰，但并未在工商登记机关办理股权转让和股东变更登记，因此华丰公司的股权变更不能对抗债权人轧辊公司。对于轧辊公司而言，李桂芬仍然具有华丰公司股东的身份，承担华丰公司股东的责任。《中华人民共和国公司法》第一百八十三条规定："有限责任公司的清算组由股东组成"，李桂芬作为华丰公司股东之一，承担组成清算组，依法清算的义务。《最高人民法院关于适用〈中华人民共和国公司法〉若干问题的规定（二）》第十一条规定："公司清算时，清算组应当按照第的规定，将公司解散清算事宜书面通知全体已知债权人，并根据公司规模和营业地域范围在全国或者公司注册登记地省级有影响的报纸上进行公告。清算组未按照前款规定履行通知和公告义务，导致债权人未及时申报债权而未获清偿，债权人主张清算组成员对因此造成的损失承担赔偿责任的，人民法院应依法予以支持。"本案中华丰公司清算组疏于履行公司清算时的通知和公告义务，导致债权人轧辊公司未及时申报债权，现华丰公司已注销，轧辊公司向清算组成员要求损害赔偿，原审法院支持轧辊公司的诉讼请求并无不当。

审理法院 最高人民法院
裁判时间 2015年12月17日
案　　号 最高人民法院（2015）民申字第1416号民事裁定书
出　　处 中国裁判文书网。

第三章　商事合同

第一节　一般商事合同

138. 债务人收到部分债权转让通知后仍向原债权人支付款项的，除有相反证据外，应视为对原债权人现有到期债权的清偿
——辽宁能港发电有限公司与中国信达资产管理股份有限公司吉林省分公司等合同纠纷案

> **裁判要点**
>
> 债务人同时对原债权人、债权受让人负有债务的情况下，在收到债权转让通知后，仍向原债权人还款，该款项不能当然构成对债权受让人的还款。

关　键　词　债务人　部分债权转让　证据　清偿

裁判理由　最高人民法院认为：根据《中华人民共和国合同法》第八十条的规定，债权人转让权利的，应当通知债务人。故自能港发电公司收到应收账款转让通知后，债权转让即已发生效力，能港发电公司与信达资产公司之间形成新的债权债务关系，根据合同相对性原则，能港发电公司应当直接向债权受让人信达资产公司履行给付义务。而本案中，能港发电公司未按照《应收账款转让通知书（受让后）》要求的付款账户付款，而是仍然向华能煤业公司账户付款的行为，不能构成其作为债务人对债权受让人信达资产公司的有效还款。华能煤业公司根据其与建行白山分行之间的《有追索权国内保理合同》之约定，即使在债权转让后，仍有义务向建行白山分行还款，故其将能港发电公司向其账户汇入的1000万元款项划转至建行白山分行要求的保理专户的行为，构成其对建行白山分行的还款。另外，二审法院及本院审查查明，能港发电公司在向华能煤业公司还款1000万元之后仍欠华能煤业公司

2000 余万元煤款，换言之，能港发电公司在还款 1000 万元之前尚欠华能煤业公司 3000 余万元，即其对华能煤业公司所负债务除去已经转让给建行白山分行的经法院查明确认为 14988246.60 元的金额外，尚欠的煤款超过 1000 万元，那么，能港发电公司在同时对建行白山分行、华能煤业公司负有债务的情况下，向其中一方还款的行为，不能当然构成对另一方的还款，能港发电公司主张该笔还款系归还建行白山分行，未能提供证据予以佐证。相反，本案中华能煤业公司表示其接收的款项用以消灭其自己对能港发电公司的债权，其向建行白山分行还款的行为亦属于偿还自身负债，并非代能港发电公司还款。此外，能港发电公司主张其并未接收到华能煤业公司发出的《应收账款转让通知书》，而是在其提供的空白回执上加盖公章，用以配合华能煤业公司获取贷款。本院认为，建行白山分行向华能煤业公司发放贷款的前提条件之一即是能港发电公司出具《应收账款转让通知书回执》，换言之，正是能港发电公司在《应收账款转让通知书回执》上加盖公章的行为，协助华能煤业公司获取了金额为 2770.2 万元贷款，虽然一、二审法院经审理查明后均认定能港发电公司仅在实际发生的煤炭交易范围内承担还款责任，但不能忽视能港发电公司配合华能煤业公司获取贷款这一事实。同时，在能港发电公司举示的空白《应收账款转让通知书回执》上亦载明债权已经转让给建行白山分行，其不经核实仍然向华能煤业公司付款的行为与常理不符，故本院对能港发电公司该项主张不予支持。

审理法院 最高人民法院
裁判时间 2016 年 7 月 28 日
案　　号 最高人民法院（2016）最高法民申 1519 号民事裁定书
出　　处 中国裁判文书网。

139. 公司法定代表人与他人合伙投资，借用公司资质进行项目建设，公司不能认定为合伙主体
——泰来县鑫兴达房地产开发有限公司与于会波合伙协议纠纷案

裁判要点

鑫兴达公司虽然是其法定代表人张险峰一人出资设立，但其与张险峰个人分别是两个独立的民事主体，合伙协议由张险峰个人签字无公司印章且协议内容约定张险峰的系个人出资义务，协议签字不应视为张险峰代公司履行法定代表人职责，本案事实是各自然人合伙投资借用公司资质进行建设，鑫兴达公司并非案涉合伙投资《协议书》的一方合同主体。

关 键 词 法定代表人 借用 合伙 合伙主体

裁判理由 最高人民法院认为：本案的焦点问题是鑫兴达公司与本案诉争的《协议书》之间的关系，即该公司能否作为《协议书》的一方主体向于会波主张权利。

首先，关于鑫兴达公司与《协议书》的关系。从本案一、二审中双方当事人的诉辩主张和法院审理情况来看，鑫兴达公司主张的合作开发协议书就是张险峰与于会波等人签订的《协议书》。从签订《协议书》的主体看，甲方为张险峰，乙方为于会波、王春发、周军。从《协议书》的内容看，甲、乙双方约定共同出资开发讷河市翠湖名苑项目，并约定了出资比例、利润分配比例以及甲、乙双方的权利义务和结算方式等。鑫兴达公司虽然是其法定代表人张险峰一人出资设立，但其与张险峰个人分别是两个独立的民事主体，因此，本院认为，鑫兴达公司并非案涉《协议书》的一方合同主体。

其次，关于鑫兴达公司的诉讼请求及事实理由。鑫兴达公司提起本案诉讼共有两个诉讼请求，一是请求判令于会波返还占用翠湖名苑项目资金1亿元，二是对翠湖名苑房地产项目进行清算。然而，该公司在起诉、上诉中主张的主要事实和理由是，《协议书》不是合伙性质的协议，而是于会波与该公司之间建立的合作开发房地产法律关系的协议；《协议书》约定的自然人合伙开发房地产因违反相关法律司法解释规定而无效；于会波已明确提出终止合作、退出项目，不再承担项目风险，双方之间合作开发房地产项目的信任关

系已经不复存在，该合作开发协议书已无继续履行的必要，等等。鑫兴达公司的诉讼请求看似独立于《协议书》，但其主张权利的基础实际上针对的还是《协议书》的性质、效力和履行情况。

再次，关于鑫兴达公司与本案的关系。《民事诉讼法》第一百一十九条规定，提起诉讼的原告必须是"与本案有直接利害关系的公民、法人和其他组织""有具体的诉讼请求和事实、理由"。虽然鑫兴达公司提出的诉讼请求比较明确，即要求于会波返还占用资金和对翠湖名苑项目进行清算，但是结合鑫兴达公司起诉和诉讼中提出的具体事实和理由，以及一、二审的审理情况，本院认为，张险峰和于会波等人围绕《协议书》的性质、效力及履行情况产生的争议，应当由协议各方当事人依照法律程序进行解决。对于该协议是否属于合伙协议，协议是否有效，以及对于协议中约定的张险峰、于会波、王春发、周军四人开发翠湖名苑项目是否应当进行清算等，鑫兴达公司不是协议当事人，无权进行干预，鑫兴达公司不能因为其是张险峰投资开办的一人公司而代替张险峰向《协议书》中的其他当事人主张权利。因此，鑫兴达公司提起本案诉讼属于主体不适格，对于鑫兴达公司的起诉依法应予驳回。

鑫兴达公司上诉主张《协议书》不是合伙性质，属于无效协议，于会波等人只提供资金及获取收益、不承担项目风险，《协议书》应按照借款关系认定及处理，以及应当对案涉的翠湖名苑项目进行审计、清算等，因鑫兴达公司提起的本案诉讼不符合起诉条件，本院不予支持。至于鑫兴达公司上诉主张一审法院未依照《最高人民法院关于民事诉讼证据的若干规定》履行释明义务、违反法定程序的问题，《最高人民法院关于民事诉讼证据的若干规定》第三十五条关于"诉讼过程中，当事人主张的法律关系的性质或者民事行为的效力与人民法院根据案件事实作出的认定不一致的，不受本规定第三十四条规定的限制，人民法院应当告知当事人可以变更诉讼请求"的规定，针对的是当事人增加、变更诉讼请求或者提起反诉的，应当在举证期限届满前提出以及人民法院应当重新指定举证期限的情况。因鑫兴达公司与本案没有直接的利害关系，故一审法院未对鑫兴达公司主张的法律关系性质和效力进行释明，不属于违反法定程序，亦不影响本院对本案的依法裁判。

综上，原判决认定鑫兴达公司与张险峰、于会波等四人没有合作开发房地产的意思表示，亦无合同权利义务关系，其依据《协议书》主张合作关系及清算、返还占用款项没有事实及法律依据正确，但判决驳回鑫兴达公司诉讼请求不当，应予纠正。因鑫兴达公司与本案没有直接利害关系，不是适格的原告，应当裁定驳回其起诉。本院依照《中华人民共和国民事诉讼法》第一百一十九条、第一百七十条第一款第二项、《最高人民法院关于适用〈中华人民共和国民事诉讼法〉的解释》第三百三十条之规定，裁定如下：

一、撤销黑龙江省高级人民法院（2015）黑民初字第18号民事判决；

二、驳回泰来县鑫兴达房地产开发有限公司的起诉。

审理法院 最高人民法院
裁判时间 2016年11月16日
案　　号 最高人民法院（2016）最高法民终35号民事裁定书
出　　处 中国裁判文书网。

第二节　借款合同

140. 非标准保兑仓模式下商业银行责任的认定
——中信银行股份有限公司厦门分行与柳州钢铁股份有限公司、厦门拓兴成集团有限责任公司金融借款合同纠纷案

裁判要点

由于法律并未就保兑仓融资业务及模式作出明确、专门的规定，司法实践中应以商业银行、生产企业及销售商之间合同订立及履行情况为依据，依照合同法及相关法律的规定，认定各方主体的权利义务及责任。责任的具体划分，亦不应突破各方主体的合同约定、履行情况及公平原则。

关 键 词　金融借款合同　保兑仓　责任承担

裁判理由　最高人民法院认为：结合当事人的上诉请求和答辩意见，本案二审主要争议焦点为：柳钢公司、拓兴成公司是否存在违约行为；如存在，柳钢公司、拓兴成公司应如何承担责任。

（一）关于厦门中信银行自身是否存在过错的问题

本院认为，根据以下两个理由，足以认定厦门中信银行对不能收回的款

项，存在重大过错。

第一，《合作协议书》第六条约定："甲（拓兴成公司）、乙（柳钢公司）、丙（中信银行厦门分行）三方约定每笔银行承兑汇票对应的货物的收货单位、到货地点具有唯一性，若在甲、乙双方所签订的《买卖合同》中未注明的，则在甲、丙双方签订的《银行承兑汇票承兑协议》补充条款中予以明确，如需要变更或注销收货单位、到货地点，由经销商提供变更合同或协议原件通知丙方，关于收货单位、到货地点必须明确：（一）收货地点为丙方指定仓库；（二）收货单位为中信银行股份有限公司厦门分行代厦门拓兴成集团有限责任公司。"据此，拓兴成公司、柳钢公司、厦门中信银行共同负有保证每笔银行承兑汇票对应的货物的收货单位、到货地点具有唯一性的义务。既然约定收货地点是厦门中信银行指定的仓库，那么厦门中信银行在开具收款人为柳钢公司的银行承兑汇票之前，就有义务先通知柳钢公司该仓库的具体名称、地址，但该行并没有提供证据证明其已经通知。在此情况下，厦门中信银行却开出了高达1.55亿元的银行承兑汇票，对于案涉损失，自身存在重大过失。

第二，《合作协议书》第七条约定："若乙方在收到丙方银行承兑汇票之日起50个工作日内，未能全部交付相应该笔银行承兑汇票价值货物（不可抗力除外），乙方应在接到丙方书面通知后15个工作日内（不迟于票据到期日）将未发运钢材价值的款项直接退还丙方或划入丙方指定账户。甲方对此不持异议。"根据该约定，如果柳钢公司在收到厦门中信银行开出的银行承兑汇票之日起50个工作日内，没有全部交付相应该笔银行承兑汇票价值钢材，基于资金安全的需要，厦门中信银行应在合理时间内书面通知柳钢公司退还与未发钢材相应的价款。

根据本案查明的事实，厦门中信银行2012年2月28日至10月26日共收到钢材的货值40341505.42元，2012年2月8日至6月15日开出汇票总计票面金额15500万元。

厦门中信银行第一次于2012年2月8日开出汇票500万元，同年2月28日收到了货值1254417.9元的钢材，期间相差20天。柳钢公司收到出票日为2012年2月8日汇票的时间是同年2月13日，但在50个工作日即约同年4月24日内，厦门中信银行只收到货值345万余元的钢材，未发钢材货值154万余元，根据《合作协议书》第七条的约定，厦门中信银行应当在4月24日后的合理期间内，书面通知柳钢公司退还未发运钢材的款项，但厦门中信银行并未采取相应的风险控制措施,直到2013年4月16日才发出退款通知,相距近360天。同样,柳钢公司收到厦门中信银行2012年2月14日开出的第二笔票面金额1000万元汇票的时间是同年2月17日,在50个工作日即约同年4月28日内,厦门中信银行并没有收到与该笔银行承兑汇票相应价款的钢材,厦门中信银行亦未采取该风险控制措施,而是直到2013年4月16日才发出退款通知,相距亦已350余天。

特别需要指出的是,截至2012年4月底,厦门中信银行共开出3500万元以柳钢公司为收款人的银行承兑汇票,但只收到货值345万余元的钢材,不及开出汇票总金额的十分之一。

从以上事实可以看出,厦门中信银行对于案涉损失,自身存在重大过失,其并没有按照《合作协议书》第七条的要求保护自身资金的安全,而是在一定程度上"放任"风险扩大、集聚。即使在本案没有通知的情况下,如果厦门中信银行严格按照《合作协议书》第七条的约定,在没有收到相应货值钢材的情况下,停止开出银行承兑汇票,并向柳钢公司索赔汇票金额与收到钢材货值的差额,则也可能将损失降到最低。故厦门中信银行对不能收回案涉款项的损失,自身存在重大过错,是造成该损失的主要原因。

(二)关于柳钢公司是否违反《合作协议书》的约定的问题

关于厦门中信银行已经收到的钢材,是否系由柳钢公司承担运输责任并由其实际控制的问题。为证明柳钢公司实际控制了案涉货物的运输,厦门中信银行提交了加盖厦门中外运物流有限公司公章的《质押监管确认书》和《广州市世海船务有限公司水路货物运单》等证据。本院认为,首先,《广州市世海船务有限公司水路货物运单》书面载明的托运人为广州市世海船务有限公司,运单上加盖了拓兴成公司公章,柳钢公司本身并未在该运单上作为托运人或者付款人盖章。其次,虽然《质押监管确认书》载明"收妥柳钢发来以贵行为收货人的如下钢材",但该表述方式与《质押货物监管协议》的附件事先确认的模式一致,在缺乏其他直接单证证明的情况下,只能说明收到的钢材是柳钢公司生产的,但不足以证明该部分钢材是由柳钢公司以厦门中信银行为收货人发出并具体履行运输义务。综上,现有证据尚不能反映对于厦门中信银行已经收到的钢材,是柳钢公司以厦门中信银行为收货人发出,并由柳钢公司实际控制的。故厦门中信银行上诉提出的"柳钢公司实际控制并全程参与了已交付厦门中信银行部分货物的运输,原审判决认定货物运输与柳钢公司无关与事实不符"的主张不能成立。

关于柳钢公司是否负有将货物交付至厦门中信银行,并确保厦门中信银行实现对货物的监管的合同义务问题。第一,本院在本案管辖权异议阶段作出的(2014)民二终字第5号民事裁定书,系在分析本案法律关系的基础上就本案的地域管辖问题进行裁决,并未就柳钢公司的货物交付方式、收货人等问题作出实体认定,厦门中信银行上诉主张福建高院未能认识到最高人民法院(2014)民二终字第5号民事裁定书明确的柳钢公司在履行《合作协议书》时所负的向厦门中信银行交货的义务,从而判决结果错误的上诉理由不能成立。第二,《合作协议书》第四条仅约定柳钢公司应按约定发清货物,"发清货物"即交付所有货物,并未明确柳钢公司负有将货物交付至厦门中信银行的义务。对于质押关系,该条约定拓兴成公司为出质人、厦门中信银行为质权人,与柳钢公司无涉。因此,厦门中信银行关于《合作协议书》第四条明确约定了柳钢公司负有将货物交付至厦门中信银行指定仓库的上诉理由因缺乏合同依据,不能成立。第三,根据《合作协议书》第五条第二款约定的内容,对于采用水路和公路运输的货物,是由拓兴成公司、厦门中信银行与厦门中信银行指定的监管方签订三方协议,买卖合同关系项下的货物由拓兴成公司授权监管方进行验收,并由监管方将货物运送到指定收货地点后实行封闭保管。从该约定可以看出,将钢材从到站码头运送到指定收货地点的义务人是厦门中信银行指定的监管方,实质义务人是厦门中信银行,而非柳钢公司。

第四,《合作协议书》第六条虽然约定货物的收货单位、到货地点具有唯一性,但同时也约定收货单位、到货地点可以变更或者注销,而如果需要变更或者注销,则是由经销商即拓兴成公司通知厦门中信银行,柳钢公司不负担通知或协商的义务。另外,关于收货单位和到货地点,该条还约定,若在拓兴成公司、柳钢公司所签订的《买卖合同》中未注明的,则在拓兴成公司、厦门中信银行所签订的《银行承兑汇票承兑协议》补充条款中予以明确。而本案的实际情况是,《买卖合同》没有约定,拓兴成公司与厦门中信银行也没有签订《银行承兑汇票承兑协议》补充条款,而《买卖合同》第三条、第八条、第十一条约定的货物交付方式又为自提,加之厦门中信银行并没有通知柳钢公司收货地点,综合考虑以上因素,最高人民法院认为,厦门中信银行关于《合作协议书》第六条的约定体现了柳钢公司负有将货物交付至厦门中信银行指定仓库的上诉理由亦缺乏合同依据,不能成立。该上诉理由也与《合作协议书》第五条第二款规定的厦门中信银行授权的监管方负有"将货物运送到指定收货地点"的义务相矛盾。此外，从常理来讲，如果柳钢公司负有将货物交付至厦门中信银行指定仓库的义务，那么厦门中信银行可直接与柳钢公司签订钢材买卖合同，由柳钢公司根据厦门中信银行的指令发货到指定仓库，同时厦门中信银行与拓兴成公司签订买卖合同，由拓兴成公司到厦门中信银行指定仓库提货，以确保厦门中信银行资金的绝对安全。需要注意的是，柳钢公司与拓兴成公司之间的买卖合同是基础。在厦门中信银行没有通知柳钢公司收货地点的情况下，柳钢公司将货物交给钢材的买方拓兴成公司，由其自提，没有违反《合作协议书》第六条规定的柳钢公司的主要义务。第五，《合作协议书》第九条主要约定的是拓兴成公司回赎货物的义务。对于柳钢公司，只规定了拓兴成公司未能按期回赎货物时，柳钢公司应协助销售，该约定并不能作为柳钢公司货物交付方式的合同依据。第六，从整个合同的约定来看，厦门中信银行控制风险的重要方式是货权"质押"，如《合作协议书》开宗明义就指出，"为加强银企商合作，促进封闭运作方式下货权质押授信业务的顺利开展，甲、乙、丙三方本着友好协商、互惠互利的原则，根据《中华人民共和国合同法》有关法律规定，就甲方以甲、乙双方签订的《柳州钢铁股份有限公司产品销售合同》（以下简称《买卖合同》）项下货物为质押，向丙方申请银行承兑汇票敞口额度人民币壹亿元整事项达成以下合作协议。"第四条第二款、第五条第二款、第八条、第九条、第十条对质押都有相关约定。综上，案涉《合作协议书》经文义解释，不能得出为柳钢公司设置了只能向厦门中信银行交货，以确保厦门中信银行实现对货物的控制的义务。厦门中信银行关于《合作协议书》的相关约定体现了柳钢公司负有将货物交付至厦门中信银行指定仓库的上诉理由因缺乏合同依据，最高人民法院不予支持。

不过，本院也注意到，根据《合作协议书》第六条的约定，拓兴成公司、柳钢公司、厦门中信银行共同负有保证每笔银行承兑汇票对应的货物的收货单位、到货地点具有唯一性的义务。在厦门中信银行没有履行告知收货地点这一先义务的情况下，根据《合同法》第六十条第二款规定的"协助"义务，柳钢公司应当询问厦门中信银行，请求其告知具体的收货地点。其没有履行该"协助"义务，是造成该损失的次要原因，应当承担与该"协助"义务相应的次要责任。一审法院对此没有认定，本院予以纠正。

同时还要看到，在厦门中信银行没有书面告知柳钢公司钢材的收货地点，柳钢公司与拓兴成公司签订的《买卖合同》的交付方式就是自提，拓兴成公司持续自提货物，厦门中信银行持续开具汇票，在开具汇票后很长一段时间没有向柳钢公司索赔的情况下，不可避免地给柳钢公司留下错误印象，以为拓兴成公司自提的钢材都交付到了厦门中信银行指定的仓库。

本院认为，根据上文分析，结合本案的具体情况，特别是柳钢公司毕竟交付了与汇票价款相应货值的钢材，对于拓兴成公司不能还款的原因，主要还是厦门中信银行自身没有履行先通知收货地点义务就开具高额汇票，忽视了这样做存在的巨大风险，且在没有收到相应货值钢材的情况下还在短时间内大量开具汇票扩大风险这两个方面的原因造成的。柳钢公司违反的则是法律规定的"协助"义务，而不是主要义务，对于损失的发生，是次要原因，而非主要原因。综合考虑以上情况，本院酌定，对于拓兴成公司不能偿还厦门中信银行的货款，厦门中信银行自身承担80%的损失，柳钢公司承担20%的损失。

（三）关于拓兴成公司的责任承担问题

拓兴成公司向厦门中信银行申请承兑汇票后，向柳钢公司购买并自提了案涉钢材，致使货物脱离厦门中信银行的监管。之后，拓兴成公司并没有按照《合作协议书》《银行承兑汇票承兑协议》的有关约定，向厦门中信银行履行付款义务，违约情形明显。对于厦门中信银行开出的汇票总额与拓兴成公司已付保证金、货款之间的差额，拓兴成公司应依照合同法的规定，承担全部赔付责任，上文关于厦门中信银行、柳钢公司过错的认定，并不能免除拓兴成公司的赔偿责任。但由于在本案中，厦门中信银行系诉请拓兴成公司承担补充责任，故对拓兴成公司就本案柳钢公司责任应承担的补充责任之外的赔偿责任，本院不作处理，厦门中信银行可另行向拓兴成公司主张。

另外，关于厦门中信银行主张的律师费5万元，由于其已提供了《委托代理合同》及厦门市地方税务局通用机打发票的发票联，该数额亦没有超过法定限额，应一并纳入厦门中信银行损失范围。

审理法院　最高人民法院
裁判时间　2014年3月19日
案　　号　最高人民法院（2014）民二终字第5号民事裁定书
出　　处　《商事审判指导》2016年第3辑（总第42辑）。

141. 委托贷款合同明确约定所有风险由委托人承担，若受托人存在过错，仍需承担责任
——李本琼与广汉珠江村镇银行股份有限公司委托合同纠纷案

裁判要点

贷款合同明确约定所有风险由委托人承担，若受托人未履行应尽的审查义务，给委托人造成损失，根据合同法关于有偿委托合同的规定，因受托人的过错给委托人造成损失的，委托人可以要求赔偿损失。因而，在受托人存在过错的情况下，受托人仍需承担责任。

关 键 词 委托贷款合同 委托人

裁判理由 最高人民法院认为：本案再审的焦点问题为珠江银行在履行《委托贷款协议》过程中有无过错，应否赔偿李本琼的损失。《合同法》第四百零六条规定，"有偿的委托合同，因受托人的过错给委托人造成损失的，委托人可以要求赔偿损失。无偿的委托合同，因受托人的故意或者重大过失给委托人造成损失的，委托人可以要求赔偿损失。受托人超越权限给委托人造成损失的，应当赔偿损失。"本案李本琼与珠江银行签订的是有偿委托合同，珠江银行依据该委托合同向唐艳萍发放了300万元贷款，唐艳萍未归还贷款，因土地抵押登记虚假，致李本琼亦无法实现债权，造成损失。如珠江银行在履行委托合同的过程中有过错，且该过错与李本琼的损失之间有因果关系，珠江银行应对李本琼的损失承担相应的赔偿责任。

李本琼主张珠江银行在履行《委托贷款协议》过程中的主要过错包括：未按照正常程序办理土地抵押登记致办理了假的《土地他项权利证明书》，未按照约定办理抵押物保险，未及时向法院申请强制执行（2014）德民二初字第11号民事调解书。本院认为，土地抵押登记由珠江银行负责办理，在其办理的《土地他项权利证明书》系伪造的情况下，珠江银行应提供证据证明其是按照正常程序规范办理的土地抵押登记，否则应认定珠江银行办理抵押登记有过错。珠江银行未举证证明办理土地抵押登记的正常程序，其所提供的（2015）德刑二初字第8号刑事判决书不能反映珠江银行办理案涉《土地他项权利证明书》的过程，刘家义的说明实为证人证言，其无正当理由并未出庭，

本院对其证言不予采信。

此外，珠江银行与借款人签订的抵押合同明确约定，借款人要根据珠江银行的要求办理抵押物保险，但珠江银行未要求借款人办理抵押物保险。本案贷款发放的时间为 2012 年 5 月 3 日，办理抵押登记的时间为 2012 年 5 月 4 日，如珠江银行在办理土地抵押登记时完全按照规范办理、按照约定要求借款人办理抵押物保险，应可以及时发现抵押物虚假的情况，并采取收回贷款等措施防止实际损失的发生或减轻损失的程度。也因为如此，李本琼的声明即使属实，亦不能成为珠江银行免责的依据。

审理法院 最高人民法院
裁判时间 2016 年 12 月 14 日
案　　号 最高人民法院（2016）最高法民再 303 号民事判决书
出　　处 中国裁判文书网。

第三节　保证合同

142. 数份最高额担保合同情形下担保人应当在最高债权限额内承担担保责任
——温州银行股份有限公司宁波分行诉浙江创菱电器有限公司等金融借款合同纠纷案

> **裁判要点**
> 在有数份最高额担保合同情形下，具体贷款合同中选择性列明部分最高额担保合同，如债务发生在最高额担保合同约定的决算期内，且债权人未明示放弃担保权利，未列明的最高额担保合同的担保人也应当在最高债权限额内承担担保责任。

关 键 词　民事　金融借款合同　最高额担保

裁判理由　法院生效裁判认为：温州银行与创菱电器公司之间签订的编号为温银 9022011 企贷字 00542 号借款合同合法有效，温州银行发放贷款后，创菱电器公司未按约还本付息，已经构成违约。原告要求创菱电器公司归还贷款本金250万元，支付按合同约定方式计算的利息、罚息，并支付原告为实现债权而发生的律师费95200元，应予支持。岑建锋、三好塑模公司自愿为上述债务提供最高额保证担保，应承担连带清偿责任，其承担保证责任后，有权向创菱电器公司追偿。

本案的争议焦点为，婷微电子公司签订的温银9022010年高保字01003号最高额保证合同未被选择列入温银9022011企贷字00542号借款合同所约定的担保合同范围，婷微电子公司是否应当对温银9022011企贷字00542号借款合同项下债务承担保证责任。对此，法院经审理认为，婷微电子公司应当承担保证责任。理由如下：第一，民事权利的放弃必须采取明示的意思表示才能发生法律效力，默示的意思表示只有在法律有明确规定及当事人有特别约定的情况下才能发生法律效力，不宜在无明确约定或者法律无特别规定的情况下，推定当事人对权利进行放弃。具体到本案，温州银行与创菱电器公司签订的温银9022011企贷字00542号借款合同虽未将婷微电子公司签订的最高额保证合同列入，但原告未以明示方式放弃婷微电子公司提供的最高额保证，故婷微电子公司仍是该诉争借款合同的最高额保证人。第二，本案诉争借款合同签订时间及贷款发放时间均在婷微电子公司签订的编号温银9022010年高保字01003号最高额保证合同约定的决算期内（2010年9月10日至2011年10月18日），温州银行向婷微电子公司主张权利并未超过合同约定的保证期间，故婷微电子公司应依约在其承诺的最高债权限额内为创菱电器公司对温州银行的欠债承担连带保证责任。第三，最高额担保合同是债权人和担保人之间约定担保法律关系和相关权利义务关系的直接合同依据，不能以主合同内容取代从合同的内容。具体到本案，温州银行与婷微电子公司签订了最高额保证合同，双方的担保权利义务应以该合同为准，不受温州银行与创菱电器公司之间签订的温州银行非自然人借款合同约束或变更。第四，婷微电子公司曾于2012年6月、10月、11月三次归还过本案借款利息，上述行为也是婷微电子公司对本案借款履行保证责任的行为表征。综上，婷微电子公司应对创菱电器公司的上述债务承担连带清偿责任，其承担保证责任后，有权向创菱电器公司追偿。

审理法院 浙江省宁波市中级人民法院
裁判时间 2014年5月14日

案　　号　浙江省宁波市中级人民法院（2014）浙甬商终字第369号民事判决书

出　　处　最高人民法院指导案例57号，2016年5月20日发布。

143. 保证合同中保证人在签字签章时出现瑕疵，其余保证人不能据此拒绝承担保证责任
——顾善芳诉张小君、林兴钢、钟武军追偿权纠纷案

> **裁判摘要**
> 　　对格式条款的理解发生争议的，首先应当按照通常理解予以解释。只有按照通常理解对格式条款有两种以上解释的，才应采用不利解释原则。连带共同保证中保证人减少时，应按实际保证人人数平均分配保证份额。

关 键 词　连带共同保证　保证人　保证份额

裁判理由　浙江省宁波市中级人民法院二审认为：本案二审的争议焦点是，一、上诉人钟武军提供的保证是否系其真实意思表示；二、涉案最高额保证合同是否生效；三、被上诉人顾善芳在签订最高额保证合同时是否知晓"张小君"并非其本人所签，从而可以对债权人泰隆余姚支行的代偿请求提出抗辩。

　　一、上诉人钟武军提供的保证是否系其真实意思表示。法院认为，本案钟武军、顾善芳、林兴钢以保证人身份分别在涉案最高额保证合同上签名，为借款人马达荣向泰隆余姚支行的借款提供连带责任保证的意思表示真实。因各保证人与泰隆余姚支行没有约定保证份额，故应依法认定为连带共同保证，泰隆余姚支行有权要求任何一个保证人承担全部保证责任。因钟武军并未提供证据证明其提供保证是以张小君本人提供保证为条件，故其上诉提出的因"张小君"并非该本人签名，故钟武军在最高额保证合同上签名不是其真实意思表示的主张不予采信。钟武军、顾善芳、林兴钢与泰隆余姚支行之间保证合同关系依法成立。

　　二、涉案最高额保证合同是否生效。对此，法院认为，涉案最高额保证合同属于泰隆余姚支行预先拟定的格式合同，该合同第8条约定，该合同自各方签名或盖章之日起生效。对此条款双方当事人有不同理解。根据《中华人民共和国合同法》第四十一条的规定，对格式条款的理解发生争议的，首

先应当按照通常理解予以解释。因本案各保证人并非作为一个整体对泰隆余姚支行的债权提供担保,而是各保证人分别提供担保,故按通常理解,该合同第 8 条约定的内容应理解为合同自每个保证人分别签名或盖章后生效。因此,上诉人钟武军提出的此点上诉理由法院不予采纳。本案最高额保证合同对被上诉人顾善芳、一审被告林兴钢、钟武军均具有法律拘束力。

三、被上诉人顾善芳在签订最高额保证合同时是否知晓"张小君"并非其本人所签,从而可以对债权人泰隆余姚支行的代偿请求提出抗辩。对此,法院认为,上诉人钟武军并未提供证据证明顾善芳在签订最高额保证合同时已知晓"张小君"并非其本人所签。在此情形下,顾善芳作为保证人代为清偿债务人的债务并无不妥之处。在其代为清偿后,有权根据法律规定要求其他保证人平均分担。因此,钟武军提出的此点上诉理由没有事实依据,不予采纳。综上,钟武军的上诉请求法院不予支持。一审判决认定案件事实清楚,适用法律正确。

审理法院 浙江省宁波市中级人民法院
裁判时间 2014 年 4 月 24 日
案　　号
出　　处 《最高人民法院公报》2017 年第 1 期。

144. 保证人在保证期间内支付利息,视为债权人向保证人主张保证责任
—— 三明市瑞城房地产开发有限公司与高山、
董文新等民间借贷纠纷案

> **裁判要点**
> 　　经股东会授权,公司法定代表人对外处理担保的行为视为公司行为,后来形成的股东会决议不能对抗外部债权人。在保证期间内,保证人支付债务利息的行为,视为债权人向保证人主张了本息债权的保证责任,保证人无权再以保证期间经过,要求免除保证责任。保证责任的诉讼时效从债权人主张保证责任之日起算。

关　键　词　民间借贷　股东会决议　保证责任　诉讼时效

裁判理由　最高人民法院认为：第一，余华铨在 2012 年 3 月 5 日《还款承诺书》上签字承诺还款的行为属职务行为。2011 年 4 月 17 日，瑞城公司形成《股东（董事）会决议书》，同意为颜耀军、兰燕芬的 4000 万元借款提供担保，并载明："本公司同意授权余华铨作为本笔借款担保事宜的代理人，后者在本次代理中的合法行为全部予以承认。"包括余华铨在内的全体股东签字，并加盖瑞城公司公章予以确认。同年 4 月 19 日，瑞城公司在颜耀军、兰燕芬出具的两份借条上盖章确认，为 4000 万元借款提供担保，余华铨以瑞城公司的法定代表人身份签字认可。瑞城公司申请再审称，2011 年 11 月 22 日，其股东结构发生了重大变化，公司股东会于 2012 年 1 月 10 日作出过股东会决议，明确法定代表人在没有股东会一致决议的情况下，对外签字属个人行为。但瑞城公司未提供相应证据，且该决议只是其内部文件，并不具有对外效力，在余华铨为法定代表人的情形下，其对外足以代表瑞城公司。根据一、二审查明的事实，直到 2013 年 4 月 19 日，瑞城公司法定代表人才由余华铨变更为姚金渠，余华铨同时不再为股东。因此，余华铨在 2012 年 3 月 5 日《还款承诺书》上的签字应当视为瑞城公司的意思表示，瑞城公司应当对此承担相应的法律责任。如果瑞城公司认为余华铨违背内部决议，损害其合法利益，其可通过其他途径解决。

第二，本案保证债务未过保证期间。《担保法》第二十六条规定："连带责任保证的保证人与债权人未约定保证期间的，债权人有权自主债务履行期届满之日起六个月内要求保证人承担保证责任。在合同约定的保证期间和前款规定的保证期间，债权人未要求保证人承担保证责任的，保证人免除保证责任。"法律规定保证期间的作用在于：一方面促使债权人尽快行使权利，另一方面使保证人免于无限期地承担保证责任。本案借条中未约定保证期间，保证期间应从主债务履行期届满之日即 2011 年 7 月 18 日起算六个月即到 2012 年 1 月 18 日止。

结合上述对余华铨在保证事项中行为性质的认定，余华铨在借款后至 2013 年 2 月 5 日陆续向债权人高山、董文新支付利息的行为，应当认定为瑞城公司在自动履行作为保证人的还款义务。在此情形下，保证责任促使债务人尽快行使权利的功能已经被保证人的自动履行行为所替代，故无论高山、董文新是否实际向瑞城公司主张权利，均应视为债权人在保证期间内要求保证人承担保证责任。《最高人民法院关于〈中华人民共和国担保法〉若干问题的解释》第三十四条第二款规定："连带责任保证的债权人在保证期间届满前要求保证人承担保证责任的，从债权人要求保证人承担保证责任之日起，开始计算保证合同的诉讼时效。"利息属于保证人的保证范围，本案转账情况表明，余华铨代表瑞城公司支付利息的行为一直持续到2013年2月5日，而保证期间届满日为2012年1月17日，故本案债权人要求保证人承担保证责任的诉讼时效最早也应从2012年1月17日起算。高山、董文新于2013年5月6日提起诉讼，未超过两年诉讼时效。况且，余华铨代表瑞城公司作为2012年3月5日《还款承诺书》的承诺人之一，与借款人等共同承诺延期还款，是对其在保证期间内已经产生的保证责任的再次确认。《最高人民法院关于人民法院应当如何认定保证人在保证期间届满后又在催款通知书上签字问题的批复》适用的条件之一是"保证责任消灭后"，本案不适用该批复，更不存在根据该批复认定是否成立新的保证合同的问题。

审理法院　最高人民法院
裁判时间　2016年5月5日
案　　号　最高人民法院（2016）最高法民申621号民事裁定书
出　　处　《审判监督指导》2016年第2辑（总第56辑）。

145. 保兑仓交易模式中，保证责任承担对象的认定
——中信银行股份有限公司与大连中聚能源有限公司等合同纠纷案

> **裁判要点**
> 《保兑仓协议》在制度设计上的目的是保护卖方的收款权利，本质上是银行作为买方的付款担保人代替买方付款，在保兑仓交易模式中，若银行承担保证责任以对方出具提货单为条件，会造成当事人权利义务显失公平。

关　键　词　保兑仓　保证责任
裁判理由　最高人民法院认为：在保兑仓交易模式中，如张家口公司承担保证责任以中信银行出具提货单为条件，会造成当事人权利义务显失公平。张家口公司作为供货方接受7522、7525汇票收取货款后，相应的合同权利已

经实现,同时,其还占有货物。其在权利已经完全实现的情况下不承担任何义务,显失公平。故张家口公司承担保证责任不以中信银行出具提货单为条件。

张家口公司主张,其并非应对银行承兑金额与乙方备付金额之间的差额承担保证责任,而是对银行出具的提货单累计金额与承兑金额之间的差额承担保证责任。本院认为,《保兑仓协议》约定张家口公司就提货单累计金额与承兑金额之间的差额承担保证责任,该差额是张家口公司承担保证责任的最大范围,但其实际承担保证责任的大小,必然受大连中聚缴付备付金数额的影响。大连中聚已经缴付备付金,但是未出具提货单部分的数额当然应予扣除,因为这部分并不构成中信银行的损失,扣除这一部分,是减轻张家口公司的保证责任。即在计算张家口公司实际应承担的保证责任时,应以承兑金额与银行出具提货单累计金额之间的差额再减去未出具提货单的备付金数额。张家口公司保证责任的对象并未发生变化,其承担的还是提货单累计金额与承兑金额之间的差额保证责任,只是因扣减未出具提货单的备付金额,导致其实际承担责任数额减少。

中信银行承兑7522、7525汇票是履行《保兑仓协议》,中信银行承兑并将汇票交付张家口公司后,即已完成了《保兑仓协议》约定的主要合同义务。汇票到期后,中信银行必须依法向持票人付款。原审已经查明了中信银行于2013年1月4日向7522、7525汇票的持票人大雪集团付款的事实。因大连中聚缴付的保证金不足,差额部分形成中信银行的损失。中信银行要求张家口公司承担相应的保证责任,符合《保兑仓协议》的约定,应予支持。

审理法院　最高人民法院
裁判时间　2015年6月19日
案　　号　最高人民法院(2015)民提字第16号民事判决书
出　　处　《商事审判指导》2016年第1辑(总第40辑)。

146. 未经担保人同意的重组债务转移，担保人可以主张免除担保责任
—— 通化市山城房屋开发有限公司与吉林银行股份有限公司通化分行等借款合同纠纷案

> **裁判要点**
>
> 在企业重组过程中，债务的责任承担主体发生了变化，构成债务转让。债务人的偿债能力发生了变化，严重影响抵押人作出担保责任时的判断。故如该债务转让未经担保人同意，担保人可主张免责。

关 键 词 担保人 债务重组 担保责任

裁判理由 最高人民法院认为：担保人是基于对于债务人偿债能力的信任才做出担保，因此，《最高人民法院关于适用〈中华人民共和国担保法〉若干问题的解释》第七十二条规定，第三人提供抵押的，债权人许可债务人转让债务未经抵押人书面同意的，抵押人对未经其同意转让的债务，不再承担担保责任。本案中债务人东晨药业发生了企业重组。依据一审查明的事实，2005年8月2日，威德药业与金恺威药业法人代表王平签订企业产权转让合同，其中约定欠吉林银行的900万元贷款及利息由王平负责偿还。不论最终该笔债务是由王平负责偿还，还是金恺威药业负责偿还，在企业重组过程中，涉案债务的责任承担主体发生了变化，构成债务转让。债务人的偿债能力发生了变化，这严重影响山城公司作出担保责任时的判断。而从2006年6月5日，通化市金信城市信用社向通化市中远资产评估有限责任公司作出的《关于同意东晨药业向金恺威药业投资函》的内容看，吉林银行作为债权人对于所发生的债务转让是知情并同意的，依据《最高人民法院关于适用〈中华人民共和国担保法〉若干问题的解释》第七十二条的规定，涉案债务的转让并未取得抵押人的书面同意，抵押人应不再承担担保责任。现吉林银行与金恺威药业均未提供证据证明山城公司书面同意债务转让，应当认定山城公司不再承担担保责任。

审理法院 最高人民法院
裁判时间 2015 年 10 月 9 日
案　　号 最高人民法院（2015）民提字第 28 号民事裁定书
出　　处 中国裁判文书网。

147. 对约定结算期的工程合同提供担保，即使实际结算时间晚于约定，保证期间也自约定的付款之日起算
——大连金广建设集团有限公司与大连沃土房地产开发有限公司、大连想想房地产开发有限公司等建设工程施工合同纠纷案

> **裁判要点**
> 　　对约定结算期的工程合同提供担保，保证人承担保证责任的保证期间应当自协议约定的付款截止之日起开始起算，而不能从实际完成结算之日或实际付款之日起开始起算，否则将导致保证期间因不归责于保证人的原因被无限延长，从而加重保证人的负担。

关 键 词 工程合同　担保　保证期间

裁判理由 最高人民法院认为：《中华人民共和国担保法》第二十六条规定："连带责任保证的保证人与债权人未约定保证期间的，债权人有权自主债务履行期届满之日起六个月内要求保证人承担保证责任。在合同约定的保证期间和前款规定的保证期间，债权人未要求保证人承担保证责任的，保证人免除保证责任。"《最高人民法院关于适用〈中华人民共和国担保法〉若干问题的解释》第三十条第二款规定："债权人与债务人对主合同履行期限作了变动，未经保证人书面同意的，保证期间为原合同约定的或者法律规定的期间。"担保法及其司法解释将保证期间确定和限制为六个月，且除非保证人对债权债务双方变动主合同履行期限予以书面同意的，否则保证期间仍需遵从原合同约定或者法律规定，亦即不能因不归责于保证人的原因将保证期间无限期延长并加重保证人的负担。

　　本案中，《补充协议书》约定：沃土公司与金广公司于本协议签订之日起三十日内完成结算，结算完成之日起三日内沃土公司支付结算值的 95%，剩余工程款于本协议约定的结算完成之日起二十日内支付；想想公司、裕联公

司对本协议中沃土公司应承担的付款等义务承担连带责任保证；如本协议约定的付款期限届满时沃土公司没有履行或者没有全部履行其付款义务，金广公司有权直接要求想想公司、裕联公司承担保证责任。从前述约定内容可知，首先，金广公司与沃土公司之间的债权债务关系已确定；其次，双方之间对于主债务的具体数额在约定的结算时间之后亦应达成合意；第三，双方之间已明确约定主债务开始履行的时间；第四，想想公司、裕联公司承诺予以保证的是该协议项下的已明确约定履行时间的债务；第五，该协议未约定保证期间，故金广公司有权自主债务履行期届满之日起六个月内要求想想公司、裕联公司承担保证责任。

《补充协议书》的签订日期为2013年10月12日，按照协议约定，沃土公司与金广公司应当在协议签订之日起三十日内即2013年11月11日之前完成结算，沃土公司应当在结算完成之日起三日内即2013年11月14日之前支付结算值的95%工程款，并于2013年12月1日前付清全部工程款。但是，沃土公司及金广公司未按协议约定日期完成结算并开始履行，双方系在一审诉讼过程中才对工程价款数额达成一致，即债权债务双方对原约定的履行期限以实际行动作出变动，该变动未征得想想公司、裕联公司的书面同意，故保证期间仍需遵从原合同约定或者法律规定。

结合前述法律规定及案涉合同约定，想想公司、裕联公司承担保证责任的保证期间应当自《补充协议书》约定的主债务履行期届满之日起算，如按照金广公司申请再审所称自沃土公司与金广公司实际结算之日起算主债务履行期，则势必导致保证期间因不归责于保证人的原因被无限延长从而加重保证人的负担，有违担保法及其司法解释之规定。同时，《补充协议书》还约定，在约定的付款期限届满时沃土公司没有履行或者没有全部履行付款义务时，金广公司有权直接要求想想公司、裕联公司承担保证责任。现金广公司没有证据证明其自合同约定的主债务履行期届满之日起六个月内向想想公司、裕联公司提出过承担保证责任的要求。因此，自《补充协议书》约定的主债务履行期届满之日起算，直至金广公司起诉时，想想公司、裕联公司所承担保证责任的保证期间已经超过六个月，原判决据此免除想想公司、裕联公司的保证责任并无不当。

审理法院 最高人民法院
裁判时间 2016年4月8日

案　　号　最高人民法院（2015）民申字第3107号民事裁定书
出　　处　中国裁判文书网。

148. 保证期满后保证人又在还款承诺书上签字的，应承担担保责任
——高山、董文新与三明市瑞城房地产开发有限公司、永安市永达金属制品有限公司等民间借贷纠纷案

> **裁判要点**
>
> 《还款承诺书》直接确认了承诺人的还款义务，且并未区分主债务人和保证人的责任，应当认定各"承诺人"共同与债权人形成了新的债务履行协议，从而在各保证人原本所承担的连带保证责任的基础上，再次确认了保证人的还款责任。

关 键 词　保证人　还款承诺书　保证责任

裁判理由　最高人民法院认为：本案《还款承诺书》不同于一般的催款通知书。合同的订立需要经过邀约和承诺，承诺是针对要约内容的确认。本案《还款承诺书》直接确认了承诺人的还款义务，且并未区分主债务人和保证人的责任，应当认定各"承诺人"共同与债权人形成了新的债务履行协议，从而在各保证人原本所承担的连带保证责任的基础上，再次确认了保证人的还款责任。《最高人民法院关于人民法院应当如何认定保证人在保证期间届满后又在催款通知书上签字问题的批复》适用对象是债权人的催款通知书，目的在于防止将保证人单纯的签字收到催款通知书的行为认定为新的承诺。本案《还款承诺书》不同于催款通知书，不适用上述批复，不能以该批复否定《还款承诺书》所确定的法律责任。

审理法院　最高人民法院
裁判时间　2016年5月5日
案　　号　最高人民法院（2016）最高法民申621号民事裁定书
出　　处　中国裁判文书网。

149. 债权人未按照约定的实现顺序实现其债权，对不可选择起诉的抵押人却不予起诉、不予追加的，应视为其以诉讼表示放弃担保物权

——中国农业发展银行乾安县支行与江苏索普（集团）有限公司、上海儒仕实业有限公司保证合同纠纷二审案

裁判要点

《保证合同》约定："当债务人未履行债务时，无论债权人对主合同项下的债权是否拥有其他担保，债权人均有权直接要求保证人承担担保责任。"在与债务人的《抵押合同》又约定："当债务人未履行债务时，无论抵押权人对所担保的主合同项下的债权是否拥有其他担保，抵押权人均有权直接要求抵押人在其担保范围内承担担保责任。"此情形应属于就实现担保物权作出了明确约定，债权人应当先依照《抵押合同》中关于实现担保物权的明确约定，先行向抵押人主张实现其债权，而不应当依照《保证合同》的约定实现其债权。债权人对不可选择起诉的抵押人却明确不予起诉、不予追加的，应视为其以诉讼表示放弃担保物权。

关 键 词 保证合同 担保 物保相对优先

裁判理由 最高人民法院认为：关于本案实现担保物权的约定是否明确的问题。本案《保证合同》第 6.14 条约定："当债务人未履行债务时，无论债权人对主合同项下的债权是否拥有其他担保，债权人均有权直接要求保证人承担担保责任。"索普公司、儒仕公司称，以上保证合同条款并未对物的担保与人的担保并存时的实现顺序和方式作出明确约定，因本案 0022 号《流动资金借款合同》项下有债务人天安公司以及第三人丁醇公司提供的最高额抵押担保，乾安支行应当先就天安公司以及丁醇公司提供的物的担保实现其债权。乾安支行辩称，上述条款对物的担保和人的担保并存时债权实现的顺序、方式约定已属明确，即无论天安公司以及丁醇公司是否提供抵押担保，乾安支行均有权直接要求索普公司、儒仕公司承担保证责任。究竟哪方主张成立，这需要结合《物权法》第一百七十六条规定以及本院进一步查明的事实综合判断。

《物权法》第一百七十六条之规定："被担保的债权既有物的担保又有人的担保的，债务人不履行到期债务或者发生当事人约定的实现担保物权的情形，债权人应当按照约定实现债权；没有约定或者约定不明确，债务人自己提供物的担保的，债权人应当先就该物的担保实现债权；第三人提供物的担保的，债权人可以就物的担保实现债权，也可以要求保证人承担保证责任。提供担保的第三人承担担保责任后，有权向债务人追偿。"《担保法》第二十八条规定："同一债权既有保证又有物的担保的。保证人对物的担保以外的债权承担保证责任。债权人放弃物的担保的，保证人在债权人放弃权利的范围内免除保证责任。"比照《物权法》与《担保法》以上条文的规定，《物权法》显然对《担保法》物保绝对优先的原则进行了修正，但这并不意味着《物权法》即抛弃了物保相对优先的基本精神。正确理解该条文，显然是就同一债权并存物保与人保时如何实现担保权利所作的规定，显然在《担保法》物权绝对优先原则的基础上，融合了意思自治的法律权衡，以满足更加丰富的现实需求。

本院认为，对《物权法》第一百七十六条可作以下三种情形的具体把握：第一种情形，即对实现担保物权有明确约定的情形，在此情形下，无论是对人的担保合同还是物的担保合同，均要审查是否存在"当事人约定的实现担保物权的情形"，即是否对实现担保物权作出明确约定，有此约定的，即应优先按照该类约定进行处理，无论该类关于实现担保物权的约定是就债务人提供的物保所作约定，还是就第三人提供的物保所作约定，均应当按照该明确约定实现债权。很显然，此等情形下，隐含着意思自治可以排除物保优先的精神，这实际是将契约自由精神摆在更加重要的法律地位。但此等情形下，依然始终要围绕实现担保物权的约定进行审查，其实质亦同样体现着物保优先的法律原则。第二种情形，即先就债务人的物保实现债权的情形，经审查人保合同与物保合同，对实现担保物权的情形没有约定或者约定不明确时，则债权人应当先就债务人提供的物保实现其债权，不得绕过债务人的物保而径行追究人保合同项下保证人的保证责任。此等情形，更是直接体现着物保优先的原则，尽管是就债务人的物保优先而言。第三种情形，即债权人对第三人提供的物保选择实现债权的情形，此等情形适用的前提与前述第二种情形应当相同，即依然是有关实现担保物权的情形没有约定或约定不明确时，因提供物保主体上存在差异，即物保系债务人以外的第三人所提供，则债权人既可选择向第三人物保实现债权，也可依据人保合同向保证人实现债权，或者同时向第三人物保以及人保提供者主张实现债权。此等情形,尽管赋予债权人以选择权,但此等情形的前提是没有关于实现担保物权的明确约定,因此依然体现着物保优先原则与意思自治原则相结合的审查要求。

结合本院进一步查明的事实,除本案《保证合同》6.14条款外,经查,乾安支行与天安公司以及丁醇公司签订的两份《最高额抵押合同》第11.7条均约定:"当债务人未履行债务时,无论抵押权人对所担保的主合同项下的债权是否拥有其他担保,抵押权人均有权直接要求抵押人在其担保范围内承担担保责任。"根据以上对《物权法》第一百七十六条规定所作理解,结合对本案《保证合同》以及两份《最高额抵押合同》相关条款的审查,在本案被担保债权既有物的担保又有人的担保、且物的担保既有债务人提供的、也有第三人丁醇公司提供时,乾安支行无疑应当先依照两份《最高额抵押合同》中关于实现担保物权的明确约定,先行向债务人天安公司以及第三人丁醇公司主张实现其债权,而不应当依照本案《保证合同》的约定实现其债权。这是因为,本案《保证合同》的前述约定,仅仅是关于实现保证债权而非实现担保物权的约定,而且本案《保证合同》的前述条款也并没有明确涉及实现担保物权的内容,不能得出已就担保物权的实现顺序与方式等作出了明确约定,故不能将本案《保证合同》中的以上约定即理解为《物权法》第一百七十六条规定的"当事人约定的实现担保物权的情形"。但两份《最高额抵押合同》第11.7条所作的相同约定,却显然是关于实现担保物权所作的约定,是关于抵押权人直接要求抵押人在其物保范围内承担物保责任的约定,无疑属于就实现担保物权所作的明确约定,这与乾安支行及一审判决关于《保证合同》6.14条的理解逻辑实质上并无不同。在此情形下,按照《物权法》第一百七十六条之规定,当发生当事人约定的实现担保物权的情形时,债权人即应当按照该约定实现债权,即本案乾安支行应当按照其与债务人天安公司以及第三人丁醇公司的明确约定,不仅应当先就债务人天安公司的物保实现其债权,而且也应当先就第三人丁醇公司的物保实现其债权。一审判决对于《物权法》第一百七十六条规定的精神理解显然片面,在得出本案0022号《流动资金借款合同》同时附着两份《最高额抵押合同》以及本案《保证合同》的正确判断下,却又仅仅审查本案《保证合同》项下关于实现保证债权的约定,不去审查两份《最高额抵押合同》项下对于实现担保物权已经作出的明确约定,明显不妥。乾安支行能够理解本案《保证合同》第6.14条的约定明确,却偏偏置本案两份《最高额抵押合同》第11.7条的明确约定于不顾,这与其作为专业银行应当正确理解《物权法》精神以及应当全面审查《保证合同》与《最高额抵押合同》的基本要求均相违背，对由此片面理解法律精神以及片面审查合同条款所可能引发的行为后果，乾安支行应自行承担。故索普公司、儒仕公司关于乾安支行应先向债务人天安公司以及第三人丁醇公司实现债权的主张，因两份《最高额抵押合同》已就此作出明确约定，应予支持。

关于索普公司、儒仕公司主张免除保证责任应否支持的问题。与适用本案是否免除保证人责任相关的法条主要有以下规定：一是《担保法》第二十八条之规定："同一债权既有保证又有物的担保的，保证人对物的担保以外的债权承担保证责任。债权人放弃物的担保的，保证人在债权人放弃权利范围内免除保证责任。"二是《最高人民法院关于适用〈中华人民共和国担保法〉若干问题的解释》（以下简称《担保法司法解释》）第三十八条第三款之规定："债权人在主合同履行期届满后怠于行使担保物权，致使担保物的价值减少或者毁损、灭失的，视为债权人放弃部分或者全部物的担保。保证人在债权人放弃权利的范围内减轻或者免除保证责任。"三是《担保法司法解释》第一百二十三条之规定："同一债权上数个担保物权并存时，债权人放弃债务人提供的物的担保的，其他担保人在其放弃权利的范围内减轻或者免除担保责任。"四是《物权法》第一百九十四条第二款之规定："债务人以自己的财产设定抵押，抵押权人放弃该抵押权、抵押权顺位或者变更抵押权的，其他担保人在抵押权人丧失优先受偿权益的范围内免除担保责任，但其他担保人承诺仍然提供担保的除外。"五是《物权法》第一百七十八条规定："担保法与本法的规定不一致的，适用本法。"综合以上条文以及前述《物权法》第一百七十六之规定，除《担保法》第二十八条关于保证人仅对物的担保以外的债权承担保证责任与《物权法》第一百七十六条关于优先按照实现担保物权的约定实现债权以及约定不明时如何实现债权的规定存在明显冲突外，其他各条关于放弃物保而免除保证责任的法条表述虽不完全一致，但各条规定精神总体相符，并可互为补充适用。本院认为，在本案主债权不仅附着债务人天安公司的担保物权并同时附着第三人丁醇公司担保物权的情形下，在债权人乾安支行应当按照其与债务人天安公司以及第三人丁醇公司关于实现担保物权的明确约定先行实现其债权情形下，结合本案相关事实，索普公司、儒仕公司关于免除保证责任的请求，应予支持。

其一，乾安支行本案不起诉、不追加天安公司以及丁醇公司应视为其放弃抵押权的行为。综合上述各法条规定，其中所谓的"放弃"，显然不应按本案一审判决所理解的仅限于明确积极的放弃行为。因为实践之中明确表示放弃担保物权的情形毕竟是少见的，通常表现出来的往往是一些债权人的不作为行为致使担保物权实现困难，或因债权人的原因致使担保物权下的实际财产内容减少等，均可视为放弃之范畴。如本案情形，乾安支行依法应当先行向物权担保人实现其债权，但却不起诉、不追加物权担保人天安公司与丁醇公司为本案当事人，甚至在明知天安公司抵押资产正持续贬值尤其是个别土地使用权抵押已经到期情形下，乾安支行依然怠于行使其抵押权，如此诉讼阶段的不作为若还不视为放弃担保物权的行为，则以后类似债权人均难免如本案一样滥用其诉权。对此，乾安支行却始终认为，其本案债权并不附着债务人天安公司与第三人丁醇公司的担保物权，故其不起诉天安公司与丁醇公司属于其可以选择的权利。但本院认为，本案并不属于乾安支行可以选择起诉的范畴，对不可选择起诉的抵押人却明确不予起诉，即应视为放弃抵押权的行为。如之前本院所曾指出，因本案债权不仅附着物保而且对实现物保有着明确约定，故依据《物权法》第一百七十六条的规定，乾安支行"应当按照约定实现债权"，即应当先向天安公司并丁醇公司主张最高额抵押权以实现其债权。乾安支行关于本案债权并不附着天安公司以及丁醇公司物保的主张，实际属于其作为专业银行对最高额抵押法律制度不应当发生的错误理解，属于其始终放弃该物保的错误主观认知。正是基于该错误的主观认知，其对可选择的诉讼对象亦产生错误判断，乾安支行不仅不起诉该两公司主张最高额抵押权，而且在索普公司、儒仕公司申请追加当事人或主张在放弃该两公司抵押权价值范围内相应免责情形下，乾安支行依然不追加该两公司承担抵押担保责任，乾安支行此等不起诉以及不予追加的诉讼表示，应当视为其以诉讼表示放弃担保物权的情形。还可进一步得到印证的是，乾安支行在松原中院另案起诉索普公司、儒仕公司主张0024号《固定资产借款合同》项下3000万元债权时，即便按其自身主张0024号《固定资产借款合同》项下的确附着第三人丁醇公司0019号《最高额抵押合同》项下的最高额抵押，但其在该另案起诉时依然没有将第三人丁醇公司一并起诉，当然也没有起诉债务人天安公司。所以，乾安支行放弃债务人天安公司以及第三人丁醇公司物保的意思表示不仅在本案表露无遗，在该另案中亦可得到相互印证。乾安支行对于其自身错误认知以及错误选择诉讼对象而可能造成的法律后果，应当自行承担。

就乾安支行放弃抵押权的价值而言，一是本案最高额抵押担保的最高债权本金余额明显大于乾安支行本案主张的主债权金额。二是列入抵押物清单的抵押物评估总价值以及设定抵押价值亦远远超过乾安支行本案主张的主债权金额。三是本案并未流失的不动产抵押物价值依然大于主债权金额。本院认为，在此必须指出的是，以上各抵押物评估价值，如果其中存在因抵押物抵押时的评估价值与设定抵押价值虚假评估或高估而引发债权实现时抵押物价值贬损可能的话，则应由乾安支行自行承担该可能之后果，与索普公司、儒仕公司无关，因为索普公司、儒仕公司并未参与以上价值评估及其抵押价值的设定；如果由于停产以及市场原因等导致抵押物最终处理时价值贬损可能的话，亦应由乾安支行负责，因这与乾安支行放弃行使或怠于行使其抵押权密切相关，与保证人索普公司、儒仕公司亦无关联；如果以上抵押物最终处理时的价值足以满足乾安支行本案合法债权请求的话，则更无追究本案保证人责任之必要。

其二，乾安支行放弃第三人丁醇公司的物保，索普公司、儒仕公司并非不可主张相应免除保证责任。本院认为，抵押权人放弃债务人提供的物保无疑应当相应免除保证人的责任，这固然是《担保法司法解释》第一百二十三条、《物权法》一百九十四条第二款规定的应有之义，但这也不能一概得出保证人对于抵押权人放弃第三人物保的情形均不得主张相应免除保证责任。这是因为，《担保法司法解释》第一百二十三条、《物权法》第一百九十四条第二款仅是就债权人放弃债务人物保时其他担保人可以主张相应免责作了规定，但就其他担保人对债权人放弃第三人物保时是否可以主张免责并未明确，而《物权法》《担保法》其他条文对此亦无明文规定；反倒是《担保法司法解释》第三十八条第三款就债权人怠于行使"担保物权"时保证人可以相应免责作了规定，这里的"担保物权"并未区分是债务人所提供还是第三人所提供。由此，本案保证人索普公司、儒仕公司即据此主张其可以在乾安支行放弃丁醇公司物保范围价值范围内相应免责。事实上，当前理论与实践中对这一问题的确存在不同认识，主要有两种基本观点：一是债权人放弃的无论是债务人提供的物保还是第三人提供的物保，其他担保人均可主张相应免责；二是只有当债权人放弃债务人提供的物保时，其他担保人才可主张相应免责。对此，本院认为，应结合《物权法》第一百七十六条的规定精神更加全面地加以把握。按该条规定，当有关于实现担保物权明确约定时即应按照该约定实现债权，因此亦应理解为，当债权人已经与第三人就实现物保作了明确约定时，若债权人放弃该第三人提供的物保，则其他保证人并非不可主张相应免除担保责任；当然，如果对实现第三人担保物权的约定并不明确时，则不仅抵押权人可以选择是否起诉该第三人,并且债权人即便放弃该第三人抵押权时,其他担保人亦不得主张相应免除担保责任。所以,当抵押权人放弃第三人的抵押权时,其他担保人是否可以主张相应免除担保责任,关键要看有关实现该第三人担保物权的约定是否明确,或者说前提是抵押权人对该第三人物保是否享有选择起诉的权利,这应是综合《担保法》《物权法》以上法条精神的正当理解与把握。结合本案事实而言,乾安支行与第三人丁醇公司签订的0019号《最高额抵押合同》中对实现抵押权已经作了明确约定,乾安支行不按照其与第三人丁醇公司的明确约定实现其债权,放弃其对第三人丁醇公司的抵押权,按照《担保法》《物权法》以上条文规定的总体精神,即可相应免除保证人的保证责任。

尤其本案还特有的事实是,根据现有相关材料显示,第三人丁醇公司之所以为天安公司提供抵押担保显然是为了置换、释放天安公司前身乾安酒精公司向吉行松原分行的抵押资产而引起。乾安酒精公司因为向吉行松原分行债权提供抵押一事,面临松原中院(2009)松民二初字第81、82号两案民事判决的执行。为此,2011年2月16日,松原市人民政府与吉林省农业发展银行联合上报吉林省人民政府松政文(2011)3号文件,而同年6月25日,索普公司、儒仕公司、天安公司、吉林省粮食集团有限公司四方联合给乾安支行出具《关于农发行重组贷款发放相关问题的报告》,同年7月8日,乾安支行给索普公司、儒仕公司、天安公司、吉林省粮食集团有限公司出具《关于对〈关于农发行重组贷款发放相关问题报告〉的复函》。以上文件内容以及丁醇公司抵押发生的时间均可充分表明,第三人丁醇公司提供本案0019号《最高额抵押合同》项下价值3000万元的抵押有着特定背景与特殊目的,那就是要以此抵押来化解或释放吉行松原分行债权执行可能带给重组后天安公司的经营风险。但事实却是,当吉行松原分行债权受让人杨建文申请执行天安公司抵押资产时,天安公司虽提异议,却没有证据显示乾安支行提出过任何异议,乾安支行即便知道或应当知道该执行会带给天安公司抵押资产重大价值贬损,亦没有如原先约定以丁醇公司的抵押资产来化解相关之风险,以至于如乾安支行所言,天安公司评估时2亿3千多万的机器设备主要因此执行如今已到价值几乎全部灭失之境地。如果说,因为丁醇公司当时并未实现替代天安公司向吉行松原分行设定的抵押,以至于乾安支行无法以丁醇公司抵押来化解该执行风险的话,那么在提起本案诉讼乃至另案3000万元债权诉讼、尤其是该3000万元债权按乾安支行主张还明确附着丁醇公司抵押的话,乾安支行仍以不起诉、不追加丁醇公司的坚定意思表示而明确放弃对丁醇公司抵押责任的追究,这已经不仅仅是债权人不正当维护自身权益的问题,而是明显既损害自身权益也明显损害保证人权益,更明显违背其债权重组时所做承诺的问题。乾安支行仅以索普公司、儒仕公司有足够保证能力而完全无视其在政府协调下、在各方重大利益关切下所做出的承诺,完全无视第三人丁醇公司提供抵押的特定目的,不仅完全放弃第三人丁醇公司的抵押,而且还公然主张这样的放弃是其可以选择的权利,这不仅令人情理上无法认同,亦必须让其对自身失信行为承担相应后果。故此,无论是结合本案乾安支行与丁醇公司 0019 号《最高额抵押合同》的明确约定,还是结合本案以上第三人丁醇公司提供抵押担保的特殊背景与目的,乾安支行关于其放弃第三人丁醇公司抵押而索普公司、儒仕公司不得主张相应免责的理由,不能予以支持;一审判决支持乾安支行该项主张,系对《物权法》第一百七十六条、第一百七十八条、第一百九十四条第二款等相关法条并不全面的理解,与本案之实际亦不相符。

其三,乾安支行与天安公司未经保证人同意经由另案庭审变更本案原所设定的抵押担保,索普公司、儒仕公司保证责任应予免除。本案一审判决作出后,乾安支行又另案发起针对债务人天安公司的诉讼,除主张 1 亿元债权外,还依据 2011 年 6 月 28 日签订的 0015 号《最高额抵押合同》主张其抵押权利。但依据松原中院 2016 年 5 月 9 日就该另案作出的(2016)吉 07 民初 3 号民事判决,在该案庭审中,乾安支行与天安公司均已确认 0021 号、0023 号《流动资金借款合同》项下共计 1 亿元的债权转入 2011 年 7 月 8 日变更后的 0015 号《最高额抵押合同》所担保的债权范围,这是该案庭审时双方达成的确认,并非 2011 年 7 月 8 日变更当时双方之确认,更非其他各利益相关主体当时之共认。乾安支行与天安公司于该案庭审中的一致表示,必将发生以下后果:一是身为债权人的乾安支行与身为债务人的天安公司以共同的诉讼表示确认变更了他们原所签订且直至该另案诉讼发生时各方原本均认可的 2011 年 6 月 28 日的 0015 号《最高额抵押合同》,他们以共同的诉讼行为将原 6 月 28 日的《最高额抵押合同》确认变更为 7 月 8 日的 0015 号《最高额抵押合同》;二是他们一致同意将 0021、0023 号《流动资金借款合同》项下 1 亿元债权转入他们一致认可变更后的 7 月 8 日《最高额抵押合同》。如此诉讼行为之后果,实际隐含着未经他们认可的其他债权均不得再行纳入 7 月 8 日的 0015 号《最高额抵押合同》担保范围,结合乾安支行本案之中始终否认 7 月

8日0015号《最高额抵押合同》担保了本案之债权,如此必然使得原本附着6月28日0015号《最高额抵押合同》抵押担保的本案0022号《流动资金借款合同》项下债权,由于债权人与债务人于该另案之中事后共同放弃之表示而失去抵押担保之附着效力。而且,由于乾安支行本案只起诉保证人索普公司、儒仕公司,而另案又只起诉天安公司,这种起诉对象的割裂安排,致使保证人索普公司、儒仕公司对该另案之中乾安支行与天安公司所谓一致认可之变更无法提出任何有效的抗辩,这种看似"程序高明"的安排,实质损害或者剥夺了保证人的程序抗辩权益,是一种典型地滥用诉讼权利以及诉讼失信之行为。如果不让类似本案诉权滥用情形之当事人承担相应的后果,则必然会导致类似乾安支行本案诉权滥用现象之蔓延,而这显然为程序正义所不容。还有,乾安支行与天安公司如此诉讼处置的行为,亦明显是在对抗本案一审在先已经做出的关于本案债权不仅附着索普公司、儒仕公司等人保、而且也附着2011年6月28日天安公司以及丁醇公司物保的判决,其原本可以就本案一审判决该项认定正当提起上诉,但却另案与天安公司不当进行诉讼处置,对此不当处置行为之后果必须自行承担。乾安支行与天安公司于该另案中的以上诉讼处置,最为清晰地证明了乾安支行放弃本案债权原所附着的债务人天安公司物保之效力,使得本案债权完全失去了债务人天安公司原本提供的物权担保,而且所放弃的价值就本案债权而言,按天安公司提供的最高债权余额为19840万元,即便扣除乾安支行该另案主张的1亿元债权本金,所放弃的抵押担保债权本金余额亦达9840万元,而本案乾安支行有证据可以支持的债权本金扣除其已经通过诉讼与执行不能再行让保证人承担保证责任的金额后只有9701.9万元,这也就是说即便扣除乾安支行于该另案主张的1亿元债权金额,其与债务人天安公司一致认可放弃抵押担保的债权本金额亦超过了其于本案主张可以获得支持的债权本金额。不仅如此,还应注意的是,根据《担保法》第二十四条之规定:"债权人与债务人协议变更主合同的,应当取得保证人书面同意,未经保证人书面同意的,保证人不再承担保证责任。保证合同另有约定的,按照约定。"如前所述,本案债权应当认定附着债务人天安公司所提供之物保,相对于保证人索普公司、儒仕公司而言,本案0022号《流动资金借款合同》无疑是保证合同所对应的主合同,但除此之外,乾安支行与天安公司2011年6月28日与本案0022号《流动资金借款合同》同一日签订的0015号《最高额抵押合同》,亦应属于该主合同对价的重要组成部分。但债权人乾安支行与债务人天安公司却在另案一致变更6月28日的

《最高额抵押合同》，默契一致地将7月8日《最高额抵押合同》替代原6月28日之《最高额抵押合同》，这种行为亦实质属于债权人与债务人协议变更主合同附属最高额抵押重要条款却未取得保证人书面同意的情形，因此亦实质违反了《担保法》第二十四条之规定精神，保证人因此亦不再承担保证责任。综上，索普公司、儒仕公司主张免除本案保证责任，不仅有法律依据，而且有事实依据，应予支持。

尤为值得指出的是，乾安支行为维护其正当债权利益，原本可以就其与天安公司重组债权整体提起诉讼。因为，2011年6月28日其与天安公司签署30671万元整体《贷款重组协议》一份，并据此同一日与天安公司分别签订0021号、0022号、0023号《流动资金借款合同》以及0024号《固定资产借款合同》，该四份借款合同合计借款金额亦为30671万元，同一日还分别与天安公司签订0015号《最高额抵押合同》，与丁醇公司签订0019号《最高额抵押合同》、与索普公司、儒仕公司、吉林酒精公司签订001号、002号、003号《保证合同》。结合签订合同的以上事实，乾安支行完全可以原告身份，同时起诉天安公司既主张全部重组贷款债权也主张最高额抵押权，并同时起诉丁醇公司主张最高额抵押权，同时起诉索普公司、儒仕公司、吉林酒精公司主张承担保证责任，如此诉讼情形下，便于各方主体共同到庭查明全案事实，查明实际贷款重组金额，由此则不仅天安公司应归还实际所欠债务，而且乾安支行还可就天安公司以及丁醇公司抵押物按原设定最高债权担保份额获得优先受偿权，同时还可让索普公司、儒士公司、吉林酒精公司在应承担保证责任金额范围内进一步承担补充还款责任。如此，不仅债权金额的查明可以给各方充分辩论权利，而且抵押物价值的最终变现与处理亦必然在各方关切下获得公平处理，乾安支行的债权利益亦必然会最大化地、合理化地依法获得保障。但令人遗憾的是，乾安支行一味地追求自身债权最大化地实现，不仅分案诉讼，而且选择性地进行诉讼，不仅令人无法理解地、任性地放弃第三人丁醇公司的抵押权，不仅任性地不起诉同省保证人吉林酒精公司，更令人无法接受的是，乾安支行不仅不顾保证人利益，实质亦是不顾自身利益，将本案一审判决已经认定且原本附着天安公司抵押担保的本案债权，竟于另案之中与天安公司以事后一致确认的方式将该公司抵押物完全变更排除适用于本案债权。或许在乾安支行看来，如此安排，其本案债权可有索普公司、儒仕公司保证，另案3000万元债权也有索普公司、儒仕公司保证，而另案1亿元债权则有天安公司抵押物保障，其全部重组贷款债权必将获得全部实现。

本院认为，乾安支行就其整体重组贷款整案诉讼应为优先，分案诉讼亦未尝不可，但如乾安支行以上分案诉讼的安排，明显是以牺牲保证人索普公司、儒仕公司的重大利益为代价，明显置保证人依法应当享有的权利完全于不顾，最终亦实际是置自身权益于不顾。实现债权并无不可，最大化追求债权的实现亦无可厚非，但保证人承诺保证后并非没有相应合法之救济权利，置保证人正当之实体与程序权利于不顾，随意地取舍债务责任人范围，随意地放弃物保价值，随意地安排诉讼进行，过分地、不合法地追求自身债权最大化的实现，与其专业银行的债权人身份极不相称，乾安支行必须为其放弃之权益承担后果。

审理法院　最高人民法院
裁判时间　2016 年 6 月 6 日
案　　号　最高人民法院（2016）最高法民终第 40 号民事判决书
出　　处　中国裁判文书网。

150. 债权具体数额尚未确定的框架性协议不能成为保证担保的对象
——中国葛洲坝集团房地产开发有限公司与海口恒天晟实业有限公司、海南葛洲坝实业有限公司借款合同纠纷案

裁判要点
　　保证合同应当符合以下要求：（1）有明确的保证意思。即保证人必须明确表达对某一债权债务愿意以自己的财产担保债务履行的意思表示；（2）被担保主债权已经确定或可以确定。即保证合同的标的应当是特定化的、数额可以确定的、已经成立并合法有效的债权。

关　键　词　债权　数额确定　框架性协议　保证
裁判理由　最高人民法院认为：上述约定不具备保证合同的成立要件。《中华人民共和国担保法》第六条规定，"本法所称保证，是指保证人和债权人约定，当债务人不履行债务时，保证人按照约定履行债务或者承担责任的行为"；第十五条规定，"保证合同应当包括以下内容：（一）被保证的主债权种类、数额；（二）债务人履行债务的期限；（三）保证的方式；（四）保

证担保的范围；（五）保证的期间；（六）双方认为需要约定的其他事项。保证合同不完全具备前款规定内容的，可以补正。"依照上述规定，保证合同是在保证人与债权人之间订立的；合同双方应就债权种类数额、担保范围等合同主要条款达成合意并予以书面确认；在保证合同不完全具备法定条款的情况下，合同双方可以也应当予以补正。其中，鉴于保证合同的类型和性质，其主要条款在有效确定保证人的保证责任方面，应当符合以下要求，如保证意思，保证人必须明确表达对某一债权债务愿意以自己的财产担保债务履行的意思表示；被担保主债权，即保证合同的标的，应当是特定化的、数额可以确定的、已经成立并合法有效的债权。《合作开发协议》有关恒天晟公司"以其在项目公司的全部股权对项目融资承担连带担保责任"的约定，是以签约之时尚未成立、融资数额尚未确定、债权人债务人等基本要素均不特定的项目融资作为主债权，并缺少债务人履行债务的期限、保证担保的范围、保证的期间等基本要件，明显不符合保证合同的成立要件。因此，即使葛洲坝房地产公司关于 2010 年 8 月 27 日其与葛洲坝实业公司签订《借款合同》形成涉案债权的主张属实，鉴于该债权债务关系形成后直至本案诉讼时，葛洲坝房地产公司与恒天晟公司并未对《合作开发协议》中的上述所谓的担保条款予以有效补正或者重新订立保证合同，故葛洲坝房地产公司依据上述《合作开发协议》的约定主张恒天晟公司与其之间存在担保法律关系，缺乏事实和法律依据。

审理法院　最高人民法院
裁判时间　2016 年 7 月 4 日
案　　号　最高人民法院（2016）最高法民终 240 号民事判决书
出　　处　中国裁判文书网。

151. 公司曾实际使用过的公章与公安部门备案公章不一致时是否影响非备案公章在其他印文中的效力
——薛启盟与山东兴康医疗器械有限公司、
陈兴旺等民间借贷纠纷案

裁判要点

当事单位日常曾经使用了与该单位备案公章印文不一致的公章可说明该单位实际使用的公章并非只有在公安部门备案的一枚，其不能以加盖的公章印文与备案公章不一致为由而否定真实性。

关 键 词 公司公章 备案 效力

裁判理由 最高人民法院认为：原审法院审理查明，兴康公司作出的案涉担保函上加盖的兴康公司的公章印文虽然与该公司在公安机关备案的公章印文不一致，但经鉴定，与兴康公司向相关国家机关报送的材料上加盖的公章印文是一致的。山东省济南市中级人民法院（2014）济民五终字第648号民事判决亦认定兴康公司在向案外人出具的《借款保证合同》上使用了与该公司备案公章印文不一致的公章。以上事实可说明兴康公司实际使用的公章并非只有在公安部门备案的一枚，兴康公司关于案涉担保函上加盖的该公司公章印文不真实的主张不能成立。另外，虽然案涉担保函上没有时任兴康公司法定代表人刘刚的签字，但加盖了刘刚的个人名章，刘刚本人对该名章的真实性未提出异议。陈兴旺在二审期间关于其私刻兴康公司公章和刘刚名章的陈述，因其本人与案件处理结果有直接利害关系，又缺乏其他证据佐证，本院不予采信。至于兴康公司提出的其在诉讼阶段出具案涉担保函与常理不符的主张缺乏依据，并不能证明案涉担保函不真实。故兴康公司关于案涉担保函不真实的主张不能成立。

审理法院 最高人民法院

裁判时间 2017年3月1日

案　　号 最高人民法院（2016）最高法民再194号民事判决书

出　　处 中国裁判文书网。

152. 以离任的法定代表人名章对外签订自然人保证合同，离任法定代表人仍需承担担保责任
——许爱平、中国农业发展银行商南县支行金融借款合同纠纷案

裁判要点

涉案《自然人保证合同》上加盖的带有编码的法定代表人印章已在公安机关备案，作为公司法定代表人应知晓名章具有概括授权的法律效果，但其在离任后仍将个人名章存放于公司，不及时收回并妥为保管，故原审判决认定加盖法定代表人名章的案涉《自然人保证合同》对法定代表人个人真实有效。

关 键 词 法定代表人 离任 保证合同 责任承担

裁判理由 最高人民法院认为：《中华人民共和国合同法》第三十二条规定："当事人采用合同书形式订立合同的，自双方当事人签字或者盖章时合同成立。"据此，签字或盖章仅具其一，案涉合同即可成立。又据《中华人民共和国合同法》第四十四条第一款规定："依法成立的合同，自成立时生效。"案涉协议成立后，不必签字、盖章兼具，即可生效。经审查，涉案保证合同上加盖的带有编码的许爱平印章已在公安机关备案，该印章是许爱平担任豪琳公司法定代表人期间由其公司工作人员持豪琳公司委托书、法定代表人身份证复印件等相关证明申请办理刻制，该印章并非伪造。许爱平作为豪琳公司法定代表人，应知名章具有概括授权的法律效果，但其在离任后仍将个人名章存放于公司，不及时收回并妥为保管，先后在时隔二个月期间内反复使用于由其与配偶共同签署的四份保证合同书中。原审判决认定加盖许爱平名章的案涉保证合同真实有效，不缺乏证据证明。在此前提下，许爱平签名及按印并非认定其意思表示是否真实的主要证据。原审判决在举证责任分配上适用法律亦无不当。

审理法院 最高人民法院

裁判时间 2017年9月28日

案　　号 最高人民法院（2017）最高法民申2581号民事裁定书

出　　处　中国裁判文书网。

第四节　融资租赁合同

153. 区分融资租赁合同还是分期付款合同的关键在于判断涉案合同是否符合融资租赁合同成立的三个要件
——曲某、孙某等融资租赁合同纠纷案

> **裁判要点**
> 融资租赁合同成立的一般要件包括：（1）出租人根据承租人对出卖人和租赁物的选择出资购买租赁物；（2）承租人向出租人交付租金；（3）出租人将租赁物交付承租人使用收益。凡符合上述条件，应认定为融资租赁合同成立。

关　键　词　融资租赁合同　分期付款合同

裁判理由　最高人民法院认为：曲某与某租赁公司之间是融资租赁合同关系还是买卖合同关系。本院认为，判断当事人之间的法律关系性质，应根据双方当事人约定及实际履行的权利义务进行综合判断。根据合同法规定，买卖合同是出卖人转移标的物所有权于买受人，买受人支付价款的合同；融资租赁合同是出租人根据承租人对出卖人、租赁物的选择，向出卖人购买租赁物，提供给承租人使用，承租人支付租金的合同。根据《最高人民法院关于审理融资租赁合同纠纷案件适用法律问题的解释》规定，人民法院应当根据《合同法》第二百三十七条的规定，结合标的物的性质、价值、租金的构成以及当事人的合同权利和义务，对是否构成融资租赁法律关系作出认定。

根据上述法律及司法解释规定，曲某与某租赁公司之间存在融资租赁合同法律关系。首先，根据中华人民共和国商务部和国家税务总局、江苏省经济贸易委员会和江苏省地方税务局、徐州市经济贸易委员会分别作出的批准某租赁公司为融资租赁试点企业的文件规定，某租赁公司具有从事融资租赁业务经营的资格。曲某、孙某申请再审主张某租赁公司不具有开展融资租赁业务资质及业务范围依据不足。其次，在案涉《工程机械销售还款合同》签订前，曲某向某租赁公司提交了《融资租赁申请表》，虽然该份申请表上没有某租赁公司的签字确认，但体现了曲某自主选择租赁物、自愿向某租赁公司申请融资租赁的意思，且该份申请表上记载的设备型号、价款与双方于次日签订的《工程机械销售还款合同》上设备型号、价款基本一致。某租赁公司提交与徐州重型机械公司签订产品购销合同，证明根据曲某对出卖人和租赁物的选择出资购买租赁物。曲某申请再审主张根据《工程机械销售还款合同》、销售发票证明双方为分期付款买卖合同关系，本院认为，虽然某租赁公司与曲某签订的合同名称为"工程机械销售还款合同"，在该合同上表述某租赁公司为"出卖方"，曲某为"买受方"，且机动车销售发票上记载销货单位为某租赁公司，购货单位系曲某，但在合同签订前，曲某向某租赁公司提交的《融资租赁申请表》明确载明："本人自主选择上述经销商及设备，自愿向某租赁公司提出融资租赁申请。"且在该合同中第一条约定的是"租赁设备"，并约定自 2009 年 7 月 10 日起支付"租金"；而机动车销售发票是为了根据合同约定，能让本案所涉的起重机上牌并由曲某方便使用所开具。再次，某租赁公司将租赁物交付出租人使用并收益。《江苏某租赁公司客户接车登记表》载明，曲某已经接收案涉起重机并投入使用，双方对于该事实并无异议，而且曲某已向某租赁公司支付了 2009 年 7 月至 2010 年 5 月的租金，亦印证双方在履行融资租赁合同。

另外，曲某虽然在吉林法院提起产品质量纠纷案件的诉讼，吉林市昌邑区人民法院（2011）昌民一初字第 589 号民事判决、吉林市中级人民法院（2013）吉中民一终字第 515 号和（2014）吉中民再字第 19 号民事判决，均未对曲某与某租赁公司之间的法律关系性质界定为买卖合同纠纷。综上，案涉合同内容符合融资租赁合同成立的一般要件即：出租人根据承租人对出卖人和租赁物的选择出资购买租赁物；承租人向出租人交付租金；出租人将租赁物交付承租人使用收益。原判认定当事人之间为融资租赁关系并无不当。

审理法院　最高人民法院
裁判时间　2016 年 2 月 24 日
案　　号　最高人民法院（2016）最高法民申 204 号民事裁定书
出　　处　中国裁判文书网。

第四章 保 险

154. 因第三者的违约行为给被保险人的保险标的造成损害，保险人可以依法向第三者行使代位求偿权
——中国平安财产保险股份有限公司江苏分公司诉江苏镇江安装集团有限公司保险人代位求偿权纠纷案

裁判要点

因第三者的违约行为给被保险人的保险标的造成损害的，可以认定为属于《中华人民共和国保险法》第六十条第一款规定的"第三者对保险标的的损害"的情形。保险人由此依法向第三者行使代位求偿权的，人民法院应予支持。

关 键 词 保险代位求偿权 保险合同 第三者对保险标的的损害 违约行为

裁判理由 法院生效裁判认为：本案的焦点问题是：（一）保险代位求偿权的适用范围是否限于侵权损害赔偿请求权；（二）镇江安装公司能否以华东制罐公司、华东制罐第二公司已购买相关财产损失险为由，拒绝保险人对其行使保险代位求偿权。

关于第一个争议焦点。《中华人民共和国保险法》（以下简称《保险法》）第六十条第一款规定："因第三者对保险标的的损害而造成保险事故的，保险人自向被保险人赔偿保险金之日起，在赔偿金额范围内代位行使被保险人对第三者请求赔偿的权利。"该款使用的是"因第三者对保险标的的损害而造成保险事故"的表述，并未限制规定为"因第三者对保险标的的侵权损害而造成保险事故"。将保险代位求偿权的权利范围理解为限于侵权损害赔偿请求权，没有法律依据。从立法目的看，规定保险代位求偿权制度，在于避免财产保险的被保险人因保险事故的发生，分别从保险人及第三者获得赔偿，取得超出实际损失的不当利益，并因此增加道德风险。将《保险法》第六十条

第一款中的"损害"理解为仅指"侵权损害",不符合保险代位求偿权制度设立的目的。故保险人行使代位求偿权,应以被保险人对第三者享有损害赔偿请求权为前提,这里的赔偿请求权既可因第三者对保险标的实施的侵权行为而产生,亦可基于第三者的违约行为等产生,不应仅限于侵权赔偿请求权。本案平安财险公司是基于镇江安装公司的违约行为而非侵权行为行使代位求偿权,镇江安装公司对保险事故的发生是否有过错,对案件的处理并无影响。并且,《建设工程施工合同》约定"承包人不得将本工程进行分包施工"。因此,镇江安装公司关于其对保险事故的发生没有过错因而不应承担责任的答辩意见,不能成立。平安财险公司向镇江安装公司主张权利,主体适格,并无不当。

关于第二个争议焦点。镇江安装公司提出,在发包人与其签订的建设工程施工合同通用条款第 40 条中约定,待安装设备由发包人办理保险,并支付保险费用。从该约定可以看出,就工厂搬迁及设备的拆解安装事项,发包人与镇江安装公司共同商定办理保险,虽然保险费用由发包人承担,但该约定在双方的合同条款中体现,即该费用系双方承担,或者说,镇江安装公司在总承包费用中已经就保险费用作出了让步。由发包人向平安财险公司投保的业务,承包人也应当是被保险人。关于镇江安装公司的上述抗辩意见,《保险法》第十二条第二款、第六款分别规定:"财产保险的被保险人在保险事故发生时,对保险标的应当具有保险利益";"保险利益是指投保人或者被保险人对保险标的具有的法律上承认的利益"。据此,不同主体对于同一保险标的可以具有不同的保险利益,可就同一保险标的的投保与其保险利益相对应的保险险种,成立不同的保险合同,并在各自的保险利益范围内获得保险保障,从而实现利用保险制度分散各自风险的目的。因发包人和承包人对保险标的具有不同的保险利益,只有分别投保与其保险利益相对应的财产保险类别,才能获得相应的保险保障,二者不能相互替代。发包人华东制罐公司和华东制罐第二公司作为保险标的的所有权人,其投保的安装工程一切险是基于对保险标的享有的所有权保险利益而投保的险种,旨在分散保险标的的损坏或灭失风险,性质上属于财产损失保险;附加险中投保的"内陆运输扩展条款 A"约定"保险公司负责赔偿被保险人的保险财产在中华人民共和国境内供货地点到保险单中列明的工地,除水运和空运以外的内陆运输途中因自然灾害或意外事故引起的损失",该项附加险在性质上亦属财产损失保险。镇江安装公司并非案涉保险标的的所有权人,不享有所有权保险利益,其作为承包人对案涉保险标的享有责任保险利益，欲将施工过程中可能产生的损害赔偿责任转由保险人承担，应当投保相关责任保险，而不能借由发包人投保的财产损失保险免除自己应负的赔偿责任。其次，发包人不认可承包人的被保险人地位，案涉《安装工程一切险投保单》中记载的被保险人为华东制罐公司及华东制罐第二公司，并明确记载承包人镇江安装公司不是被保险人。因此，镇江安装公司关于"由发包人向平安财险公司投保的业务，承包人也应当是被保险人"的答辩意见，不能成立。《建设工程施工合同》明确约定"运至施工场地内用于工程的材料和待安装设备，由发包人办理保险，并支付保险费用"及"工程分包不能解除承包人任何责任与义务，分包单位的任何违约行为或疏忽导致工程损害或给发包人造成其他损失，承包人承担连带责任"。由此可见，发包人从未作出在保险赔偿范围内免除承包人赔偿责任的意思表示，双方并未约定在保险赔偿范围内免除承包人的赔偿责任。再次，在保险事故发生后，被保险人积极向承包人索赔并向平安财险公司出具了权益转让书。根据以上情况，镇江安装公司以其对保险标的也具有保险利益，且保险标的所有权人华东制罐公司和华东制罐第二公司已投保财产损失保险为由，主张免除其依建设工程施工合同应对两制罐公司承担的违约损害赔偿责任，并进而拒绝平安财险公司行使代位求偿权，没有法律依据，不予支持。

综上理由作出如上判决。

审理法院　江苏省高级人民法院
裁判时间　2014 年 5 月 30 日
案　　号　江苏省高级人民法院（2012）苏商再提字第 0035 号民事判决书
出　　处　最高人民法院指导案例 74 号，2016 年 12 月 28 日发布。

155. 保险合同约定于交纳保险费后保险合同生效，保险人对交纳保险费前所发生的损失不承担赔偿责任

——云南福运物流有限公司与中国人寿财产保险股份公司曲靖中心支公司财产损失保险合同纠纷案

> **裁判摘要**
>
> 一、当事人就货物保险损失达成的《赔偿协议书》及《货运险赔偿确认书》是对财产损害赔偿金额的自认，是真实意思表示，是有效的民事法律行为。
>
> 二、保险合同以当事人双方意思表示一致为成立要件，即保险合同以双方当事人愿意接受特定条件拘束时，保险合同即为成立。签发保险单属于保险方的行为，目的是对保险合同的内容加以确立，便于当事人知晓保险合同的内容，能产生证明的效果。根据《中华人民共和国保险法》第十三条第一款关于"投保人提出保险要求，经保险人同意承保，保险合同成立。保险人应当及时向投保人签发保险单或者其他保险凭证，并在保险单或者其他保险凭证中载明当事人双方约定的全部内容"之规定，签发保险单并非保险合同成立时所必须具备的形式。
>
> 三、保险费是被保险人获得保险保障的对价。根据《中华人民共和国保险法》第十三条第三款关于"依法成立的保险合同，自成立时生效。投保人和保险人可以对合同的效力约定附条件或者附期限"之规定，保险合同可以明确约定以交纳保险费为合同的生效要件。如保险合同约定于交纳保险费后保险合同生效，则保险人对交纳保险费前所发生的损失不承担赔偿责任。

关　键　词　保险合同　交纳保险费　合同效力

裁判理由　最高人民法院认为：一、本案一、二审法院驳回双方当事人要求撤销《赔偿协议书》及《货运险赔偿确认书》的请求并无不当。本案双方当事人达成的《赔偿协议书》及《货运险赔偿确认书》是双方对财产损害赔偿金额的自认，是真实意思表示，是有效的民事法律行为。虽然双方当事人均提出撤销《赔偿协议书》及《货运险赔偿确认书》的请求，但均未对可

撤销的理由提出相关证据。《中华人民共和国民法通则》第五十七条规定："民事法律行为从成立时起具有法律约束力。行为人非依法律规定或者取得对方同意，不得擅自变更或者解除。"根据上述规定，福运公司与人寿财保曲靖公司所签订的《赔偿协议书》及《货运险赔偿确认书》应受法律保护，双方当事人应受该协议的约束。

二、人寿财保曲靖公司不应赔偿福运公司的其余货物损失 1 873 207 元。首先，福运公司与人寿财保曲靖公司之间的保险合同关系成立且有效，本案一、二审法院关于保险合同成立的认定并无不当。其次，保险费是被保险人获得保险保障的对价，根据《中华人民共和国保险法》第十三条第三款关于"依法成立的保险合同，自成立时生效。投保人和保险人可以对合同的效力约定附条件或者附期限"之规定，本案福运公司向保险公司投保所提交的《国内货物运输保险投保单》上关于"投保人应当在保险合同成立时交付保险费。保险费未交清前发生的保险事故，保险公司不承担责任。保险责任开始后 15 天内投保人未交清保险费，保险人有权解除保险合同"的"特别约定"，属于附生效要件的合同。由于本案保险合同约定于交纳保险费后生效，故保险人对投保人保险费交纳前所发生的损失不承担赔偿责任。综上，福运公司要求人寿财保曲靖公司承担保险责任的请求，因与其投保单所载明的内容不相符，本院不予支持。福运公司关于人寿财保曲靖公司没有对特别约定向其履行明确说明条款内容义务的主张，本院不予采信。

综上，福运公司的再审申请不符合《中华人民共和国民事诉讼法》第二百条第（二）项、第（六）项规定的情形。

审理法院　最高人民法院
裁判时间　2015 年 4 月 30 日
案　　号　最高人民法院（2013）民申字第 1567 号民事裁定书
出　　处　《最高人民法院公报》2016 年第 7 期。

156. 承包人欲将施工过程中可能产生的损害赔偿责任转由保险人承担，应当投保相关责任保险，而不能借由发包人投保的财产损失保险对抗保险人向其行使保险代位求偿权

——中国平安财产保险股份有限公司江苏分公司诉江苏镇江安装集团有限公司保险代位求偿权纠纷案

> **裁判摘要**
>
> 一、《中华人民共和国保险法》第六十条第一款规定，因第三者对保险标的的损害而造成保险事故的，保险人自向被保险人赔偿保险金之日起，在赔偿金额范围内代位行使被保险人对第三者请求赔偿的权利。根据该条款的文义及保险代位求偿权制度的立法目的，保险人行使代位求偿权必须以被保险人对第三者享有损害赔偿请求权前提，这里的赔偿请求权既可因第三者对保险标的实施的侵权行为而产生，亦可基于第三者的违约行为等产生，不应仅限于侵权赔偿请求权。
>
> 二、施工过程中造成发包人的设备毁损灭失，承包人以其对该设备也具有保险利益，且发包人已对该设备投保财产损失保险为由，主张驳回保险人对其行使代位求偿权的请求的，因承包人虽对施工所涉发包人设备也具有保险利益，但该保险利益系责任保险利益，不同于发包人对其设备具有的所有权保险利益。保险利益不同，可以投保的保险类别亦不同，不能相互替代。承包人欲将施工过程中可能产生的损害赔偿责任转由保险人承担，应当投保相关责任保险，而不能借由发包人投保的财产损失保险免除自己应负的赔偿责任。故其主张不应予以支持。

关 键 词 承包人 损害赔偿责任 保险人

裁判理由 江苏省高级人民法院再审认为：

一、保险代位求偿权的适用范围不限于侵权损害赔偿请求权。

1. 将保险代位求偿权的适用范围限于侵权损害赔偿请求权，没有法律依据。从《中华人民共和国保险法》第六十条第一款"因第三者对保险标的的损害而造成保险事故的，保险人自向被保险人赔偿保险金之日起，在赔偿金

额范围内代位行使被保险人对第三者请求赔偿的权利"的文义分析，该款使用的是"因第三者对保险标的的损害而造成保险事故"的表述，并未限制规定为"因第三者对保险标的的侵权损害而造成保险事故"。

2. 将保险代位求偿权的适用范围理解为限于侵权损害赔偿请求权，不符合保险代位求偿权制度设立的目的。从立法目的分析，规定保险代位求偿权制度，在于贯彻财产保险之"损失补偿规则"，避免被保险人因保险事故的发生分别从保险人及第三者获得赔偿，取得超出实际损失的不当利益，并因此增加道德风险。

根据《中华人民共和国保险法》第六十条第一款的文义及保险代位求偿权制度的立法目的可知，保险人行使代位求偿权，应以被保险人对第三者享有损害赔偿请求权为前提，这里的赔偿请求权既可因第三者对保险标的实施的侵权行为而产生，亦可基于第三者的违约行为等产生，不应仅限于侵权赔偿请求权。本案平安财险公司是基于被申请人镇江安装公司的违约行为而非侵权行为行使代位求偿权，镇江安装公司对保险事故的发生是否有过错，对案件的处理并无影响；而且，《建设工程施工合同》约定"承包人不得将本工程进行分包施工"及"工程分包不能解除承包人任何责任与义务"，因此，镇江安装公司关于其对保险事故的发生没有过错因而不应承担责任的答辩意见，不能成立。

二、被申请人镇江安装公司不能以华东制罐公司、华东制罐第二公司已购买相关财产损失保险为由，拒绝保险人对其行使保险代位求偿权。

1. 被申请人镇江安装公司不是案涉保险标的的所有权人，不具有所有权保险利益，不能成为适格的财产损失保险被保险人。《中华人民共和国保险法》第十二条规定："财产保险的被保险人在保险事故发生时，对保险标的应当具有保险利益。保险利益是指投保人或者被保险人对保险标的具有的法律上承认的利益。"不同主体对于同一保险标的可以具有不同的保险利益，可就同一保险标的的投保与其保险利益相对应的保险险种，成立不同的保险合同，在各自的保险利益范围内获得保险保障，从而实现利用保险制度分散各自风险的目的。对于所有权人而言，其对保险标的具有所有权保险利益，为分散保险标的的损坏或灭失风险，可以投保与其所有权保险利益一致的相关财产损失保险。发包人华东制罐公司及华东制罐第二公司投保的安装工程一切险（不包括第三者责任险）性质上属于财产损失保险，附加险中投保的"内陆运输扩展条款 A"约定"保险公司负责赔偿被保险人的保险财产在中华人民共和国境内供货地点到保险单中列明的工地,除水运和空运以外的内陆运输途中因自然灾害或意外事故引起的损失",该项附加险在性质上亦属财产损失保险。作为案涉保险标的的所有权人,华东制罐公司及华东制罐第二公司对保险标的具有所有权保险利益,是适格的财产损失保险被保险人。但是,镇江安装公司并非案涉保险标的的所有权人,其对本案保险标的不具有所有权保险利益,因而不是适格的财产损失保险被保险人。镇江安装公司作为承包人,其对案涉保险标的具有责任保险利益,欲将施工过程中可能产生的损害赔偿责任转由保险人承担,应当投保相关责任保险,而不能借由发包人投保的财产损失保险免除自己应负的赔偿责任。而且,本案所涉《安装工程一切险投保单》中记载的被保险人为华东制罐公司及华东制罐第二公司,并明确记载承包人镇江安装公司不是被保险人。因此,镇江安装公司关于"由发包人向平安财险公司投保的业务,承包人也应当是被保险人"的答辩意见,不能成立。

2. 发包人从未作出在保险赔偿范围内免除承包人赔偿责任的意思表示,而是积极向承包人索赔并向平安财险公司出具权益转让书。《建设工程施工合同》约定"工程分包不能解除承包人任何责任与义务,分包单位的任何违约行为或疏忽导致工程损害或给发包人造成其他损失,承包人承担连带责任",未约定在保险赔偿范围内免除承包人的赔偿责任。保险事故发生后,发包人华东制罐公司及华东制罐第二公司于2009年12月2日向被申请人镇江安装公司发出《索赔函》,称"该事故导致的全部损失应由贵司与亚民运输公司共同承担,一旦损失金额确定,投保公司核实并先行赔付后,对赔付限额内的权益,将由我方让渡给投保公司行使",并于2010年5月12日向再审申请人平安财险公司出具赔款收据及权益转让书,载明"同意将上述赔款部分保险标的的一切权益转让给平安财险公司,同意平安财险公司以平安财险公司的名义向责任方追偿"。

3. 即便发包人与承包人约定在保险赔偿范围内免除承包人的赔偿责任,亦属无效。《中华人民共和国保险法》第六十一条规定:"保险事故发生后,保险人未赔偿保险金之前,被保险人放弃对第三者请求赔偿的权利的,保险人不承担赔偿保险金的责任。保险人向被保险人赔偿保险金后,被保险人未经保险人同意放弃对第三者请求赔偿的权利的,该行为无效。"该条系针对保险事故发生后被保险人未经保险人同意放弃对第三者请求赔偿权利的行为所作的规定,但其立法精神同样适用于保险事故发生前被保险人未经保险人同意放弃对第三者请求赔偿权利的行为,否则将反向引导当事人在保险事故发生前即通过约定事先放弃对第三者请求赔偿的权利,从而使《中华人民共和国保险法》第六十一条的立法目的落空。

4. 不支持承包人以发包人已购损失保险为由对抗保险人向其行使保险代位求偿权的进一步考虑。支持承包人可以以发包人已购损失保险为由对抗保险人向其行使保险代位求偿权,无异于认可可以以一份损失保险取代发包人和承包人基于各自不同的保险利益而本应分别购买的两种不同性质的保险(损失保险和责任保险),这不仅有违保险利益原则,亦将造成保险合同当事人之间的权利义务失衡,违背保险经营的基本原理,不利于保险市场的健康发展。

综上,再审申请人平安财险公司的再审请求具有事实和法律依据,予以支持。镇江市京口区人民法院一审判决在事实查明部分的表述存在一定错误,但适用法律正确,判决结果并无不当,应予维持。镇江市中级人民法院二审判决在事实查明部分的表述存在一定错误,适用法律错误,应予纠正。

审理法院 江苏省高级人民法院
裁判时间 2014 年 5 月 30 日
案　　号
出　　处 《最高人民法院公报》2017 年第 1 期。

157. 在合同有效期内，保险标的的危险程度显著增加的，被保险人应当及时通知保险人，保险人可以增加保险费或者解除合同

——程春颖诉张涛、中国人民财产保险股份有限公司南京市分公司机动车交通事故责任纠纷案

> **裁判摘要**
>
> 在合同有效期内，保险标的的危险程度显著增加的，被保险人应当及时通知保险人，保险人可以增加保险费或者解除合同。被保险人未作通知，因保险标的危险程度显著增加而发生的保险事故，保险人不承担赔偿责任。以家庭自用名义投保的车辆从事网约车营运活动，显著增加了车辆的危险程度，被保险人应当及时通知保险公司。被保险人未作通知，因从事网约车营运发生的交通事故，保险公司可以在商业三者险范围内免赔。

关 键 词 保险标的 被保险人 保险人

裁判理由 江苏省南京市江宁区人民法院一审认为：公民的健康权受法律保护。行为人因过错侵害他人权益的承担侵权责任。

关于本次交通事故责任划分问题。《中华人民共和国道路交通安全法》第七十六条规定机动车发生交通事故造成损失的，首先由保险公司在交强险责任限额内赔偿，不足部分，机动车与非机动车驾驶人之间发生交通事故，非机动车驾驶人无过错的，由机动车一方承担赔偿责任；有证据证明非机动车驾驶人有过错的，根据过错程度适当减轻机动车一方的赔偿责任。本案 1 中，被告张涛驾驶机动车向右转弯，原告程春颖驾驶非机动车直行，转弯应当避让直行，张涛未能避让存在过错。被告不能证明原告程春颖存在闯红灯等过错行为，故张涛应负事故全部责任，程春颖因本次交通事故产生的损失首先由被告人保南京分公司在交强险责任限额内赔偿，不足部分，由机动车一方赔偿。

关于被告人保南京分公司是否应当在商业三者险内赔偿的问题。《中华人民共和国保险法》（以下简称《保险法》）第五十二条规定："在合同有效期

内，保险标的的危险程度显著增加的，被保险人应当按照合同约定及时通知保险人，保险人可以按照合同约定增加保险费或者解除合同。……被保险人未履行前款规定的通知义务的，因保险标的的危险程度显著增加而发生的保险事故，保险人不承担赔偿保险金的责任。"保险合同是双务合同，保险费与保险赔偿金为对价关系，保险人依据投保人告知的情况，评估危险程度而决定是否承保以及收取多少保险费。保险合同订立后，如果危险程度显著增加，保险事故发生的概率超过了保险人在订立保险合同时对事故发生的合理预估，如果仍然按照之前保险合同的约定要求保险人承担保险责任，对保险人显失公平。

在当前车辆保险领域中，保险公司根据被保险车辆的用途，将其分为家庭自用和营运车辆两种，并设置了不同的保险费率，营运车辆的保费接近家庭自用的两倍。这是因为，相较于家庭自用车辆，营运车辆的运行里程多，使用频率高，发生交通事故的概率也自然更大，这既是社会常识也是保险公司对风险的预估，车辆的危险程度与保险费是对价关系，家庭自用车辆的风险小，支付的保费低；营运车辆风险大，支付的保费高。以家庭自用名义投保的车辆，从事营运活动，车辆的风险显著增加，投保人应当及时通知保险公司，保险公司可以增加保费或者解除合同并返还剩余保费，投保人未通知保险公司而要求保险公司赔偿营运造成的事故损失，显失公平。

营运活动与家庭自用的区别在于：第一，营运以收取费用为目的，家庭自用一般不收取费用。第二，营运的服务对象是不特定的人，与车主没有特定的关系；家庭自用的服务对象一般为家人、朋友等与车主具有特定关系的人。而本案中，被告张涛通过打车软件接下网约车订单，其有收取费用的意图，且所载乘客与其没有特定关系，符合营运的特征。

被告张涛的营运行为使被保险车辆危险程度显著增加，张涛应当及时通知被告人保南京分公司，人保南京分公司可以增加保险费或者解除合同返还剩余保险费。张涛未履行通知义务，且其营运行为导致了本次交通事故的发生，人保南京分公司在商业三者险内不负赔偿责任。

一审宣判后，双方当事人均未在法定期限内提起上诉，一审判决已发生法律效力。

审理法院　江苏省南京市江宁区人民法院

裁判时间 2016 年 12 月 14 日
案　　号
出　　处 《最高人民法院公报》2017 年第 4 期。

158. 若因可归责于学校的原因导致学生生命健康权受损，按照投保的校园方责任险应由学校承担赔偿责任的，应当依据保险合同约定由保险公司代为赔偿

——仇玉亮等诉中国人民财产保险股份有限公司灌云支公司等意外伤害保险合同纠纷案

> **裁判摘要**
>
> 学校的教学环境、活动设施必须符合安全性要求，以保障学生生命健康不受损害。若因可归责于学校的原因导致学生生命健康权受损，按照投保的校园方责任险应由学校承担赔偿责任的，应当依据保险合同约定由保险公司代为赔偿。学校以免除己方责任为条件与家长签订人道主义援助补偿协议，应主要认定其所具有的补偿性，而非免除保险公司的赔偿责任，在学校怠于请求保险赔偿时，不应依据该协议剥夺受害人的保险索赔权。

关 键 词 生命健康权　承担赔偿责任

裁判理由 连云港市中级人民法院二审认为：第三人江苏省教育厅与原审被告人保江苏省分公司签订保险合同及被上诉人仇玉亮、卞光林与上诉人人保灌云支公司签订保险合同系双方当事人的真实意思表示，不违反法律法规强制性规定，合法有效，双方均应当遵照履行。

仇创在学校统一组织体育活动过程中摔倒经抢救无效死亡，该事实客观存在。被上诉人仇玉亮、卞光林与灌云高级中学均非确定自然人如何死亡的医疗专业技术机构或司法专业医学鉴定机构。涉案仇创的病历中没有反映仇创是何种疾病死亡。上诉人人保灌云支公司以仇玉亮、卞光林与灌云高级中学达成协议已确定"仇创是自身原因意外死亡"没有专业医学根据，故对人保灌云支公司上诉称"仇创是自身原因意外死亡"的理由不予采纳。

江苏省教育厅作为投保人与人保江苏省分公司订立《校园方责任保险条款》第三条约定在中华人民共和国境内（港澳台地区除外），在被保险人的在校活动中或由被保险人统一组织或安排的活动过程中，因被保险人疏忽或过失发生导致学生的人身伤亡保险条款中约定情况，依法应由被保险人承担的经济赔偿责任，保险人按照保险合同约定负责赔偿。本案中，经审查，按规定学校统一组织体育活动安排在上午两节课后，但被保险人灌云高级中学教师贺大连在当天天未亮时集合全班未吃早餐的学生至学校操场，由其开轿车亮车灯让学生跑步，致学生朱津慧被绊倒，仇创摔倒经抢救无效死亡。被保险人灌云高级中学在教学时间之外，可在适当时间、学生做好准备活动之后组织学生进行课外体育活动。但根据上述情况，灌云高级中学教师在不适宜室外活动时间及在学生未做好准备活动时，让学生做跑步运动，对此未尽到注意义务。贺大连在校的相关教学活动应为职务行为，造成相应后果应由灌云高级中学承担。

关于被上诉人仇玉亮与灌云高级中学达成人道主义援助协议后，仇玉亮是否有权依据《校园方责任保险条款》向人保江苏省分公司主张有关保险赔偿问题。二审法院认为，灌云高级中学给付仇玉亮150000元款项在涉案协议中明确为人道主义援助款，并非赔偿性质的款项，双方达成的协议中未涉及到赔偿责任问题和有关保险索赔权问题，即仇玉亮没有明确表示放弃保险赔偿的权利。依据《中华人民共和国保险法》第二条规定，仇玉亮、卞光林有权向人保江苏省分公司主张权利。

上诉人人保灌云支公司提出对于仇创死亡而产生的精神损害抚慰金，按照保险条款约定不应当保险赔偿问题。二审法院审查认为，一审法院确定的校方赔偿数额为363949.75元，即使扣减50000元精神抚慰金，还有313949.75元，数额也高于一审判决保险赔偿的300000元。一审法院判决人保江苏省分公司承担保险责任300000元有合同依据，符合保险法相关规定。

综上，一审判决认定事实清楚，处理结果妥当，上诉人人保灌云支公司的上诉理由均不能成立。

审理法院 连云港市中级人民法院
裁判时间 2015年7月1日
案　　号
出　　处 《最高人民法院公报》2017年第7期。

159. 饮酒过量导致身体损害不属于意外伤害,被保险人据此申请保险公司支付保险金的,人民法院不予支持
——赵青、朱玉芳诉中美联泰大都会人寿保险有限公司意外伤害保险合同纠纷案

> **裁判摘要**
>
> 意外伤害是指由于外来的、突发的、非本意的、非疾病的原因导致身体受到伤害的客观事件。饮酒过量有害身体健康属生活常识,被保险人作为完全民事行为能力人,对此完全可以控制、避免,故饮酒过量导致身体损害不是基于外来的、突发的和非本意的因素,不属于意外伤害,被保险人据此申请保险公司支付保险金的,人民法院不予支持。

关 键 词 饮酒过量　完全民事行为能力人　意外伤害　支付保险金

裁判理由 南京市鼓楼区人民法院一审认为:原告赵青、朱玉芳对赵开先生前喝酒的事实无异议,根据《南京市急救中心院前医疗急救病历》和《接处警工作登记表》记载,可以证实赵开先系醉酒导致死亡,上述记载并未出现其他外在因素的介入。原告提供的《死亡证明》仅记载了死亡原因为"酒后意外死亡",并未记载导致死亡的其他意外因素,故其认定的意外因素为"酒后"。至于喝酒致死是否属于意外身故,则需根据案涉保险合同的约定加以认定。根据保险合同约定,意外伤害是指遭受外来的、突发的、非本意的、非疾病的使身体受到伤害的客观事件。喝酒过量有害身体健康属生活常识,赵开先作为完全民事行为能力人,完全可以控制是否需要喝酒及喝酒量的多少,故喝酒行为本身不符合意外伤害定义的外来的、突发的和非本意的因素,不属于意外伤害。在赵开先喝酒死亡过程中,并无证据表明存在外部因素的介入,故其喝酒导致死亡不属于意外身故,原告主张被告联泰保险公司承担意外身故保险金责任于法无据,法院不予支持。

一审宣判后,双方当事人在法定期限内未提出上诉,一审判决已发生法律效力。

审理法院 南京市鼓楼区人民法院

裁判时间 2016 年 9 月 26 日
案　　号
出　　处 《最高人民法院公报》2017 年第 9 期。

第五章 金 融

160. 银行对客户未尽到最大注意和风险义务，对内未尽严格管理的义务，则应对客户存款损失承担主要责任
——伊立军与中国工商银行股份有限公司盘锦分行银行卡纠纷案

裁判摘要

银行作为办理金融业务的专业机构，在为自然人办理储蓄等业务时，居于明显的、支配的优势地位，而自然人则处于相对的、被支配的弱势地位，故银行工作人员在为客户办理业务时，理应严格遵守工作流程和业务操作规范，尽到最大的注意和风险提示义务。

关键词 银行工作人员 注意和风险提示义务

裁判理由 最高人民法院再审认为：根据一审、二审判决、伊立军的再审请求及工行盘锦分行的答辩意见，本案的主要争议焦点是：一、工行盘锦分行与伊立军是否存在储蓄存款合同关系；二、案涉存款被转走的责任应如何划分；三、伊立军所获 310 万元高息应否予以扣除以及案涉存款利息的计算方法。

关于工行盘锦分行与伊立军是否存在储蓄存款合同关系的问题。《中华人民共和国民法通则》第五十五条规定："民事法律行为应当具备下列条件：（一）行为人具有相应的民事行为能力；（二）意思表示真实；（三）不违反法律或者社会公共利益。"本案中，辽宁省盘锦市中级人民法院（2015）盘中刑二终字第 00013 号刑事判决书认定："2010 年 5 月至 2012 年 3 月期间，李学武伙同他人以给付高额利息为诱饵，或编造工商银行回报高额利息吸纳储户存款、工商银行有投资项目需要吸纳资金的虚假事实，或虚构李学武系中国工商银行股份有限公司盘锦分行或盘山支行工作人员的身份，自行或通过中间人联系，骗取被害人信任，授意被害人将资金存入中国工商银行股份有限公司盘锦盘隆支行及辽河路储蓄所，被告人李学武再采取网上银行转账、

银行柜台转账、现金支取、网上支付的方式将被害人的存款取走，……2011年4月份，被告人李学武骗取被害人伊立军的信任，授意伊立军在辽河路储蓄所开立账户，于2011年4月26日至11月11日期间存入共计1450万元。"据此，本院认为，伊立军的真实意思表示是将款项存入银行以获取高额利息，伊立军与银行之间的储蓄存款合同关系从银行接受伊立军的存款并交付存款凭证之时起即告成立。虽然伊立军是在李学武通过编造存款有高息回报诱骗的情形下将案涉款项存入银行，但该情形并不影响伊立军与工行盘锦分行之间储蓄存款合同的合法有效。本案中，伊立军于2011年4月26日及6月28日分别在工行盘锦分行下属的辽河路储蓄所申请开立了活期储蓄存款账户，为此，该行向伊立军交付了两张银行借记卡，伊立军自2011年4月26日至2011年11月11日期间，先后向该两账户内存入了合计1450万元款项。上述事实足以证明，伊立军与工行盘锦分行间已经建立了储蓄存款合同关系，工行盘锦分行向伊立军出具的银行借记卡，即为双方间储蓄存款合同关系成立的直接证据。根据伊立军向工行盘锦分行申请开立活期储蓄账户，工行盘锦分行为其开立账户并出具银行借记卡，伊立军向该银行卡存入款项的事实，本院认定工行盘锦分行与伊立军之间的储蓄存款合同关系成立。

关于案涉存款被转走的责任应如何划分的问题。本案中，案涉伊立军的存款，均是李学武通过网上银行转账或支付方式非法取走的，网银的开通、U盾的掌控及网银密码的取得是案涉款项被骗取的关键。厘清工行盘锦分行在给伊立军办理网银业务中是否存在违规操作以及伊立军在开通网银过程中是否尽到了注意义务是案涉损失责任划分的前提。

（一）关于工行盘锦分行在给伊立军办理网银业务中是否存在违规操作的问题。《中国工商银行电子银行业务管理办法》第七章"个人网上银行业务"第二节第一条规定："柜员认真审核申请表内容并核对客户身份后对客户办理网上银行注册。……柜员须按照'本人办、交本人、本人签'的原则，将U盾或电子银行口令卡交给申请网上银行的客户本人，现场授权或现场管理人员应对U盾交付客户本人进行监督，并确认客户本人签收。"据此，办理网上银行业务，柜员必须认真审核客户身份及申请表内容，申请办理网上银行必须由申请人本人办理，U盾或电子银行口令卡必须交付客户本人，办理网上银行业务的相关文件必须由客户本人签字。而《鉴定意见书》确认，2011年4月26日《中国工商银行个人客户业务申请书》（电子银行注册/银行户口服务开立）中"申请人签名"处的"伊立军"签名笔迹、2011年6月28日的

《中国工商银行电子银行个人客户变更（注销）事项申请表》中"签名"处的"伊立军"签名笔迹及 2011 年 6 月 28 日的《中国工商银行交接确认书》（U 盾交接）中"接收人 1 签章"处的"伊立军"签名笔迹均不是伊立军签名笔迹。显然，工行盘锦分行于 2011 年 4 月 26 日为"伊立军"开通的网上银行并非伊立军本人办理，2011 年 6 月 28 日工行盘锦分行注销该网上银行业务时也非依伊立军本人申请注销；工行盘锦分行于 2011 年 6 月 28 日虽依伊立军申请开通了网上银行，但没有将 U 盾交付给伊立军本人。因此，工行盘锦分行在 2011 年 4 月 26 日及 2011 年 6 月 28 日办理开通及注销伊立军网上银行业务中均存在严重违规操作行为。

（二）伊立军在开通网银过程中是否尽到了注意义务。本案中，2011 年 4 月 26 日伊立军在开立账户后并没有开通网银，不存在其将 U 盾交与他人及泄露网银密码的问题。虽然其获得了相应高息，但其受高息诱惑前往存款与款项损失间没有直接因果关系。因此，难以认定伊立军对于 2011 年 4 月 26 日开立的银行卡内的资金损失存在过错。但是，伊立军在 2011 年 6 月 28 日开户时，其同时在开通网银的申请书上签字确认开通了网上银行服务业务。该申请书上以加大号字体提示："您已开通网银并领取 U 盾，凭 U 盾可办理网上转账、汇款等业务。请您妥善保管 U 盾，切勿交给他人，并牢记网银及 U 盾密码，切勿泄漏。"但伊立军没有注意该申请书记载的内容，没有向工行盘锦分行工作人员主动索要网银 U 盾，而是在开立账户和网银后又向该账户转入巨额款项，致使犯罪分子利用该 U 盾将其该卡内的存款转走造成案涉存款损失，其在办理该次开户、存款业务中，没有尽到理应与其自身预期获得收益业务相应的、合理的、谨慎的注意义务。因此，其对 2011 年 6 月 28 日开户后存入款项被转走具有一定过失。

（三）关于案涉存款被转走责任的承担问题。首先，《中华人民共和国商业银行法》第六条规定："商业银行应当保障存款人的合法权益不受任何单位和个人的侵犯"。银行对储户存款具有安全保障的法定义务。在信息化、电子化、科技化时代背景下，社会得以迅猛发展，社会分工越来越精细，社会关系越来越复杂，社会公众对专业化的依赖程度越来越高。现代商业银行作为吸收公众存款、发放贷款、办理结算等业务的企业法人，专门的金融机构，其不仅具有传统的经济功能，而且承担了大量的社会功能；借力科技，开拓了许多新业务，既提高了自身的竞争力，又服务了社会和客户，在普通的社会公众中享有极高的信赖度和诚信度，进而享有极高的信誉和声誉。普通的储户到银行办理储蓄业务，营业的环境、规范的服务、科技的手段，一方面让缺乏金融知识的普通客户获得了安全感，相应的注意义务也会降低，另一方面普通客户在繁琐的流程、大量的专业化术语、复杂的科技化服务面前，再加上可能身后还有许多客户在等待办理业务的情形下，普通客户想尽到最大的注意义务，客观条件也难以允许，更多时候只能是被动地听从银行工作人员的安排，按照银行工作人员指示的流程办理业务。更多的义务意味着更大的责任，银行应该尽到更多的注意义务，对储户的存款负有严格的安全保障义务，应当制定完善的业务规范，加强内部管理；在银行与普通储户办理业务过程中，银行工作人员代表银行应该更加严格地遵守工作流程和操作规范。

本案中，对于2011年4月26日伊立军的网上银行业务未经伊立军本人申请和2011年6月28日工行盘锦分行的工作人员违规操作擅自办理U盾业务，将U盾交给他人，这些严重违规的事实，直接导致案涉存款损失，工行盘锦分行应该对案涉存款损失承担主要的、绝大部分的责任。

其次，李学武在工行盘锦分行工作期间，利用其工作身份，编造高息揽储谎言，诱使伊立军将案涉款项存入工行盘锦分行，并利用工作便利从同事赵宇红处拿走U盾，导致案涉款项损失。以上事实能够证明工行盘锦分行内部管理出现漏洞，工作人员操作严重违规，工行盘锦分行应对造成的案涉损失承担管理不力的责任。在银行工作人员参与金融诈骗案件犯罪时有发生的背景下，银行更应预防此类案件的发生，强化内部管理，为客户提供更加优质安全放心的服务。再次，伊立军作为具有完全民事行为能力的自然人，在工行盘锦分行工作人员李学武高息揽储的诱惑下，听信犯罪分子李学武的谎言，到工行盘锦分行柜台办理开户、开卡并开通网银业务，并将总计1450万元巨额资金存入账户。在犯罪分子利用网络进行诈骗，涉银行卡诈骗案件频发，公安机关在银行营业场所等公众场所进行广泛宣传防止犯罪分子利用银行卡进行诈骗的背景下，伊立军作为完全民事行为能力的自然人在享有高回报、涉及巨额资金的存款时，应当尽到最大的注意义务，但其不仅没有尽到最大的注意义务，反而降低了风险防范意识，放松了对账户内资金安全的注意义务，导致其在2011年6月28日开户和办理网银业务时，没有认真仔细阅读开通网银申请书的提示，没有向银行主动索要U盾，导致犯罪分子利用该U盾将其卡内的存款转走造成案涉存款损失，其在办理该次开户、存款业务中，没有尽到相应的、合理的、谨慎的注意义务，应该承担对2011年6月28

日自开户日起至 2011 年 11 月 11 日先后九次向该账户内存款共计 850 万元款项被转走的次要的、小部分的责任。

综上，本院认为，银行作为办理金融业务的专业机构，在为自然人办理储蓄等业务时，居于明显的、支配的优势地位，而自然人则处于相对的、被支配的弱势地位，故银行工作人员在为客户办理业务时，理应严格遵守工作流程和业务操作规范，尽到最大的注意和风险提示义务。本案中，伊立军于 2011 年 4 月 26 日并未开通网上银行业务，不应对该日开通的网银造成的损失承担责任；但对 2011 年 6 月 28 日开通的网银，伊立军没有尽到理应与其自身预期获得收益业务相应的、合理的、谨慎的注意义务，其对该次存款中大部分款项被犯罪分子通过网银转走应承担 1% 的责任，而工行盘锦分行在对储户存款负有严格安全保障义务下，没有尽到严格内部管理的义务，致使内部管理出现漏洞，工作人员严重违规操作，没有尽到最大的注意和风险提示义务，其应承担 99% 的责任，二审法院对该次存款损失责任的承担认定不当，本院予以纠正。

关于伊立军所获 310 万元高息应否予以扣除以及案涉存款利息计算方法的问题。本案中，伊立军与李学武之间不存在借贷关系，伊立军从李学武处获取的 310 万元款项，没有合法依据，属于李学武为骗取伊立军信任，进而骗取网银 U 盾控制账户而支付的高额利息，故该款项应在工行盘锦分行返还存款本金时予以扣除。至于伊立军主张案涉存款利息应按银行同期贷款利率计付利息的问题，由于伊立军办理的是活期储蓄存款业务，故该主张缺乏事实和法律依据，本院不予支持。

综上所述，伊立军的再审请求部分成立。

审理法院　最高人民法院
裁判时间　2017 年 6 月 12 日
案　　号　最高人民法院（2017）最高法民再 174 号民事判决书
出　　处　《最高人民法院公报》2017 年第 8 期。

161. 在无任何证据证明持卡人自行泄露银行卡密码的情况下，不应判令持卡人承担部分损失，从而减轻银行的赔偿责任
——宋鹏诉中国工商银行股份有限公司南京新门口支行借记卡纠纷案

> **裁判摘要**
>
> 一、银行负有保障储户存款安全的义务，应努力提高并改进银行卡防伪技术，最大限度防止储户银行卡被盗刷。
>
> 二、借记卡章程关于"凡使用密码进行的交易，发卡银行均视为持卡人本人所为"的规定，仅适用于真实的借记卡交易，并不适用于伪卡交易，银行不能据此免责。
>
> 三、在无任何证据证明持卡人自行泄露银行卡密码的情况下，不应判令持卡人承担部分损失，从而减轻银行的赔偿责任。

关 键 词　银行卡密码　自行泄露　赔偿责任

裁判理由　南京市中级人民法院二审认为：本案二审争议焦点是，（一）诉争的交易是否属于伪卡交易；（二）本案是否应当裁定驳回起诉或者中止审理；（三）关于被上诉人宋鹏存款损失的责任承担问题。

关于争议焦点一，即诉争的交易是否属于伪卡交易的问题。《最高人民法院关于适用〈中华人民共和国民事诉讼法〉的解释》第一百零八条第一款规定，对负有举证证明责任的当事人提供的证据，人民法院经审查并结合相关事实，确信待证事实的存在具有高度可能性的，应当认定该事实存在。本案中，被上诉人宋鹏系中国人民解放军94991部队战士，其名下借记卡于2015年8月5日凌晨2时许在河南省驻马店市某信用社ATM机取现六次合计14 094元（含手续费），在发现上述取款短信后，宋鹏在当日早晨便致电工商银行客服进行了挂失。当日上午9时54分，宋鹏因银行卡被吞没在工商银行办理了吞没卡领取手续，并向中央门派出所报案。中国人民解放军94991部队出具的证明表明，宋鹏在8月5日2时18分至8时一直在南京市钟阜路1号的单位，从未外出。原审法院根据上述事实，综合考量涉案银行卡账户凌晨短时间内异地交易、河南省驻马店市与江苏省南京市的距离、宋鹏的职业身份、宋鹏的挂失报警时间以及宋鹏的陈述等事实认定诉争交易为伪卡交易并

无不当。上诉人工行新门口支行认为对伪卡交易的认定标准应当采用排除合理怀疑的证明标准，并无法律依据，对其该项上诉主张不予支持。

关于争议焦点二，即本案是否应当裁定驳回起诉或者中止审理的问题。被上诉人宋鹏的起诉系基于民事上的储蓄存款合同关系，与他人利用银行卡实施盗刷行为而应承担的刑事责任并不是同一法律关系。宋鹏与上诉人工行新门口支行之间的储蓄存款合同纠纷本身不涉及犯罪，亦没有证据证明宋鹏系实施盗刷行为的共同行为人，因此，公安机关的侦查行为并不影响工行新门口支行对宋鹏的责任承担。故根据《最高人民法院关于在审理经济纠纷案件中涉及经济犯罪嫌疑若干问题的规定》第十条关于"人民法院在审理经济纠纷案件中，发现与本案有牵连，但与本案不是同一法律关系的经济犯罪嫌疑线索、材料，应将犯罪嫌疑线索、材料移送有关公安机关或检察机关查处，经济纠纷案件继续审理"的规定，本案应当继续审理。

关于争议焦点三，即被上诉人宋鹏存款损失的责任承担问题。《中华人民共和国商业银行法》第六条、第三十三条规定，商业银行对储户存款具有安全保障义务。上诉人工行新门口支行为宋鹏提供借记卡服务，就应当确保该借记卡内的数据信息不被非法窃取并加以使用。并且，工行新门口支行作为发卡行及相关技术、设备和操作平台的提供者，在其与储户的合同关系中明显占据优势地位，应当承担伪卡的识别义务。案涉伪卡交易能够进行，说明宋鹏持有的真正银行卡内数据信息可以被复制并存储到其他的伪卡内，并且伪卡输入密码后还可以进行正常的交易活动，因此工行新门口支行制发的借记卡以及交易系统在防伪技术上存在缺陷，工行新门口支行未能履行交易安全保障义务，给宋鹏造成了经济损失，应承担赔偿责任。工行新门口支行上诉称宋鹏对泄露交易密码存在过错，但并没有提供证据证明宋鹏对其持有的借记卡没有妥善保管和合理使用，应承担举证不能的法律后果。虽然根据工行借记卡章程规定，凡使用密码进行的交易，发卡银行均视为持卡人本人所为，但该规则适用的前提是当事人持真实的借记卡进行交易。因此，工行新门口支行在没有证据证明宋鹏存在违约或违法犯罪情形的前提下，应先行承担资金损失。对工行新门口支行认为宋鹏在未能证明银行导致其密码泄露情况下应当承担相应责任的主张不予支持。

综上所述，上诉人工行新门口支行的上诉请求和理由，无事实和法律依据，应不予支持。原审判决认定事实清楚、适用法律正确，依法应予维持。

审理法院 南京市中级人民法院
裁判时间 2016 年 2 月 23 日
案　　号
出　　处 《最高人民法院公报》2017 年第 12 期。

162. 银行依照规定对印鉴采用折角核对方式进行核查但未发现问题，造成客户存款被骗取的，银行应当承担民事责任
——武汉农村商业银行股份有限公司积玉桥支行与武汉农村
　　商业银行股份有限公司储蓄存款合同纠纷案

裁判要点
　　折角核对印鉴的规定属于银行内部规章，只对银行工作人员有约束作用，以此核对方法核对印鉴未发现存在的问题而造成客户存款被骗取的，银行有过错，应当对不能追回的被骗款项承担民事责任。

关 键 词 折角核对　骗取存款　民事责任
裁判理由 最高人民法院认为：《合同法》第一百零七条规定："当事人一方不履行合同义务或者履行合同义务不符合约定的，应当承担继续履行、采取补救措施或者赔偿损失等违约责任。"本院认为，根据《武汉农村商业银行单位人民币银行结算账户管理协议》第十四条第（二）项约定，积玉桥支行不能向顺凯公司兑付全部存款及利息的行为已经构成违约，应承担相应的损害赔偿违约责任。积玉桥支行称其已按照折角核对方式尽到审慎审查义务，不应对案涉款项被骗划导致的损失承担责任。本院认为，积玉桥支行作为专业金融机构，负有在转款时对凭证印鉴与银行预留印鉴是否相符进行核实的义务，且依据《最高人民法院关于银行以折角核对方法核对印鉴后应否承担客户存款被骗取的民事责任问题的复函》规定，"折角核对虽是现行《银行结算会计核算手续》规定的方法，但该规定属于银行内部规章，只对银行工作人员有约束作用，以此核对方法核对印鉴未发现存在的问题而造成客户存款被骗取的，银行有过错，应当对不能追回的被骗款项承担民事责任。"虽然积玉桥支行辩称上述司法解释中涉及的《银行结算会计核准手续》已失效，但该司法解释并未废止，且该《银行结算会计核准手续》只是被《中国人民银

行关于印发〈支付结算会计核算手续〉的通知》代替,其中折角核对印鉴的操作方法亦未被废除,本案中积玉桥支行实际上也是采取此种方式进行核对,故上述司法解释关于折角核对与存款被骗后责任承担的认定并不因此失效,原审法院认定上述义务的履行不能作为积玉桥支行承担责任的免责依据,并无不当,积玉桥支行关于原审就此问题适用法律错误的主张,不能成立,本院不予支持。

关于积玉桥支行应承担的违约损害赔偿责任范围问题。虽然我国《合同法》就违约责任通常采取严格责任原则,即合同一方当事人因违约给对方造成损失的,如果不能举证证明存在法律规定或合同约定的免责事由,应就其违约给对方当事人造成的损害承担赔偿责任。但是根据公平原则,如果守约方对于损失发生也有过错的,守约方亦应对损害承担相应的责任,并由此扣减违约方的损失赔偿数额。对此,《最高人民法院关于审理买卖合同纠纷案件适用法律问题的解释》第三十条规定:"买卖合同当事人一方违约造成对方损失,对方对损失的发生也有过错,违约方主张扣减相应的损失赔偿数额的,人民法院应予支持。"本案虽系储蓄存款合同纠纷,但根据《合同法》第一百二十四条、第一百七十四条以及上述司法解释第四十五条的规定,法律对其他有偿合同没有规定的,可参照适用买卖合同的有关规定。故储蓄存款合同作为银行以支付利息的方式有偿使用储户资金的合同类型,亦可适用上述与有过失规则。按照这一规则,顺凯公司如对积玉桥支行违约行为给其造成的损失发生也有过错的,则应对其自身过错造成的损失部分承担责任,并相应扣减积玉桥支行应承担的损失赔偿数额。

本案中,相关已生效刑事判决书中查明的事实表明,顺凯公司职员朱贺、积玉桥支行工作人员李良斌对于案涉款项被骗划均负有责任。其中,积玉桥支行在与顺凯公司办理开户和存款手续后,其工作人员李良斌(客户经理)将预留的顺凯公司印模提供给刘芳,供刘芳用于与朱贺提供的预留印鉴进行比对,并帮助刘芳等人使用私刻的印章,以电汇转账方式分五次转走1992万元,为刘芳等人骗取案涉银行存款提供便利。故积玉桥支行未能尽到对顺凯公司银行结算账户信息资料保密的义务,其柜面人员折角核对的审查方式亦未有效避免损失发生,对案涉款项被骗划并导致顺凯公司损失方面存在过错,应对此承担赔偿责任。同时,顺凯公司职员朱贺在明知刘芳等人违反国家对金融票据的管理制度,采用伪造的银行结算凭证骗取他人银行存款的情况下,仍从本单位偷盖顺凯公司在银行的预留印鉴交给刘芳等人,使刘芳等人用于伪造印鉴并使用伪造印鉴得以将顺凯公司 1992 万元存款转入其他账户。此外，为获取高额利息，顺凯公司将 2000 万元异地存入积玉桥支行，并在存款的前后几天内，收取了犯罪分子刘芳支付的 109.99 万元高额利息。故顺凯公司对其员工管理和预留印鉴的保管方面亦存在过错，并为谋取高息而对异地存款的危险性存在放任行为，对于案涉款项被骗划并造成的损失同样应根据其过错承担相应的责任。

审理法院　最高人民法院
裁判时间　2017 年 7 月 3 日
案　　号　最高人民法院（2016）最高法民再 231 号民事判决书
出　　处　中国裁判文书网。

163. 银行为收回贷款而虚假陈述其债务人的经营状况骗取过桥资金转嫁风险的行为构成欺诈，应负连带赔偿责任
——中国工商银行股份有限公司大连二七广场支行与大连明珠国际经济技术合作有限公司财产损害赔偿纠纷案

> **裁判要点**
> 　　贷款银行负责人向过桥资金提供方介绍案涉借款业务时，不仅没有如实说明债务人的实际经营状况，还作出了贷款行会在短期内对债务人的案涉贷款进行续贷以及案涉贷款有质押物的陈述，但债务人当时的经营状况并不足以偿还所借银行贷款，而且在以案涉借款偿还贷款后，银行并未对光德公司进行续贷。故贷款银行与债务人应属恶意串通，共同对过桥资金提供方实施了欺诈行为，使贷款不能收回的风险转嫁给过桥方，造成了过桥方财产损失，故贷款银行应与债务人连带赔偿。

关　键　词　银行　虚假陈述　转嫁风险
裁判理由　最高人民法院认为：（一）关于原审判决认定的基本事实是否缺乏证据证明的问题。经审查，本案一审审理期间，明珠公司提供了李某某等人的证人证言，李某某亦出庭作证。李某某系介绍明珠公司与林某商谈案涉借款业务的中间人，实际参与了借贷的协商及借款合同签订过程，且与本

案各方均无利害关系，二审判决采信其证言符合法律规定。根据李某某的证言及原审查明的事实，林某系以工行二七支行主管信贷副行长的身份主动联系案涉借款业务，且案涉借款用于偿还了光德公司在工行二七支行的贷款，工行二七支行属于受益人，原审判决认定林某系职务行为并无不当。根据李某某的证言，林某在向明珠公司介绍案涉借款业务时，不仅没有如实说明光德公司的实际经营状况，还作出了工行二七支行会在短期内对光德公司的案涉贷款进行续贷以及案涉贷款有35000吨玉米质押物的陈述。根据原审查明的事实，光德公司当时的经营状况并不足以偿还所借银行贷款，而且在以案涉借款偿还贷款后，工行二七支行并未对光德公司进行续贷，明珠公司在持有工行二七支行向其交付的提货手续提取质押物时，被告知质押物并不存在。在本院审查期间，工行二七支行表示其没有审批贷款的权限，此项业务须经分行批准，但工行二七支行在原审及向本院申请再审期间均没有提供证据能够证明其曾为光德公司的案涉贷款申报或办理过续贷业务。另外，根据中国人民银行《贷款通则》第二十七条、第三十一条，中国银行业监督管理委员会《流动资金贷款管理暂行办法》第十三条、第三十条的规定，工行二七支行在为光德公司办理案涉贷款发放业务及贷后检查工作过程中，对光德公司的经营状况以及质押物状态负有审查义务，其应该知晓质押物的实际状况，且工行二七支行向本院提供的新证据《确认函》载明的在工行二七支行贷款并有质押物在中外运公司处进行监管的公司中并没有光德公司。据此，二审判决认定工行二七支行与光德公司恶意串通对明珠公司进行了欺诈，有事实依据。工行二七支行主张林某没有作出虚假陈述，但在原审及向本院申请再审期间均未能提供充足的证据对其主张予以证明，工行二七支行该项再审申请理由缺乏事实依据，本院不予支持。

（二）关于原审判决适用法律是否确有错误的问题。本院认为，明珠公司以工行二七支行为避免自身贷款损失，转嫁风险，与光德公司构成共同侵权，应承担侵权责任为由提起本案诉讼。经二审查明，工行二七支行与光德公司恶意串通，共同对明珠公司实施了欺诈行为，使贷款不能收回的风险转嫁给明珠公司，造成了明珠公司财产损失。二审判决据此认定案涉《借款合同》无效，判令工行二七支行和光德公司共同给付明珠公司2900万元本金及自2014年5月29日案涉借款到期日起按照中国人民银行同期贷款利率赔偿明珠公司案涉借款的利息损失，适用法律并无不当。

审理法院 最高人民法院
裁判时间 2017 年 10 月 31 日
案　　号 最高人民法院（2017）最高法民申 3656 号民事裁定书
出　　处 中国裁判文书网。

164. 银行充当融资通道而在汇票上背书的，为票据债务人，应承担票据责任
——恒丰银行股份有限公司泉州分行与通榆县农村信用合作联社票据追索权纠纷案

> **裁判要点**
> 　　银行等金融机构自愿充当过桥通道、参与汇票金额倒打款，并以贴现名义在汇票上背书的，应明知采取倒打款的过桥模式办理贴现业务、在票据上签章的法律后果，对此种业务的商业风险亦应有所预期。在票据形式合法、签章真实、背书连续的情况下，不能以倒打款模式来否定其应承担的票据责任。

关 键 词 融资通道　背书　票据责任　倒打款

裁判理由 最高人民法院认为：本案中，博罗村镇银行、通榆合作社、恒丰银行泉州分行、民生银行长春分行之间系汇票转贴现关系，各贴现主体均签订了贴现合同，明确约定了背书主体对票据合法性及真实性已审查、承诺其为合法持票人，即民生银行长春分行的前手银行均在明知前述事宜情况下签订了《商业汇票转贴现合同》并签章、背书，各金融机构均明知票据转贴现权利、义务及法律后果。因此，民生银行长春分行主导案涉汇票贴现业务、采取倒打款的过桥模式办理贴现业务过程中，不存在欺诈、偷盗或胁迫等手段取得票据，亦不存在明知前列情形而恶意取得票据，即不属于票据法第十二条规定的丧失票据权利的情形，持票人并不丧失票据权利。另，根据票据法第四条规定，票据债务人应当按照票据记载的事项承担票据责任，即票据债务人的责任是依据票据记载事项产生，独立于票据的基础关系，是票据无因性所决定，也是票据权利义务关系的核心。《最高人民法院关于审理票据纠纷案件若干问题的规定》第十四条规定："票据债务人以票据法第十条、

第二十一条的规定为由,对业经背书转让票据的持票人进行抗辩的,人民法院不予支持。"票据法第十条规定:"票据的签发、取得和转让,应当遵循诚实信用的原则,具有真实的交易关系和债权债务关系。票据的取得,必须给付对价,即应当给付票据双方当事人认可的相对应的代价。"第二十一条规定:"汇票的出票人必须与付款人具有真实的委托付款关系,并且具有支付汇票金额的可靠资金来源。不得签发无对价的汇票用以骗取银行或者其他票据当事人的资金。"据此,票据的出票、转让过程中基础交易关系、是否给付对价、资金来源等不能成为票据债务人拒绝承担票据责任的合法理由。本案中,民生银行长春分行事前持有票据、组织背书及倒打款方式,并不能成为其前手票据债务人拒绝承担票据责任的理由。综上,案涉两张票据转贴现业务模式并不违反票据法及法律、行政法规强制性规定,票据上的各方签章主体应当按照票据记载事项承担票据责任。

审理法院 最高人民法院
裁判时间 2017年10月31日
案　　号 最高人民法院(2017)最高法民终223号民事判决书
出　　处 中国裁判文书网。

165. 银行参与"倒打款",以贴现方式为他人提供融资通道的,需承担票据责任
——恒丰银行股份有限公司南通分行与兴业银行股份有限公司哈尔滨分行票据追索权纠纷案

裁判摘要

以倒打款的模式办理票据贴现业务虽不符合行业管理要求,但并无法律、行政法规对此作出效力性否定规定,在票据形式合法、签章真实、背书连续的情况下,不能以倒打款模式来否定票据债务人依据票据记载事项而承担的票据责任。

关 键 词 倒打款　融资通道　票据责任
裁判理由 最高人民法院认为:关于恒丰银行主张兴业银行因具有重大过

失而丧失票据权利是否成立的问题。票据法第十二条第二款规定:"持票人因重大过失取得不符合本法规定的票据的,也不得享有票据权利。"根据票据无因性特点,票据关系一经形成即与基础关系相分离,基础关系是否存在、是否有效,都不影响票据关系。凡是符合票据法要求的票据真实、票据要素齐全、背书连续,均为有效票据。享有票据权利必须符合三个条件:一是取得票据给付了对价,二是取得票据的手段合法,三是取得票据时主观上必须是善意。从上述法律规定和原理出发分析恒丰银行的主张是否成立。首先,恒丰银行主张兴业银行存在"倒打款"的违规行为,应当提供证据证明。本案中恒丰银行要求兴业银行提交的会计汇兑处理凭证,不属于法院调查搜集证据的范围,原审法院不予调查取证并无不当,因此本案中并无充分证据证明存在"倒打款"行为。其次,即使存在"倒打款"行为,恒丰银行亦是其中的参与者,恒丰银行以明知并参与其中的不当行为进行抗辩要求免除其责任,不应予以支持。"倒打款"行为是否违反了有关规定,可以由有关监管部门依规进行处理。再次,恒丰银行作为本案当事人票据交易的最前手,从其直接前手包头农信社取得贴现票据过程中,应对票据及跟单资料的真实性、合法性审核把关。现恒丰银行主张票据在该阶段出现了问题,即包头农信社虚假直贴涉案39张商业承兑汇票,恒丰银行应当承担没有尽到必要审查义务的责任。最后,兴业银行已经对涉案39张商业承兑汇票进行了必要的审查,认定了票面记载事项齐全、票据真实以及票据背书连续,且对前手银行与出票人的查询(复)书及贴现凭证均进行了审查,主观上已尽到了必要的注意义务,不存在重大过失。兴业银行对于涉诉汇票的出票人与收款人之间是否存在真实交易不负有审查义务。恒丰银行提出兴业银行与包头农信社签有票据回购协议并明知涉案票据存在风险。因此,恒丰银行主张兴业银行存在重大过失行为,丧失票据权利的理由不成立,本院不予支持。

审理法院　最高人民法院
裁判时间　2017年12月28日
案　　号　最高人民法院(2017)最高法民终449号民事判决书
出　　处　中国裁判文书网。

第六章 证券、票据、信用证

166. 票据经公示催告程序被人民法院作出除权判决之后，原合法持票人可以公示催告申请人不当申请公示催告致其票据权利丧失为由，向人民法院提起诉讼

——杭州翔盛纺织有限公司诉余姚市圣凯五金厂（普通合伙）票据损害责任纠纷案

> **裁判摘要**
>
> 票据经公示催告程序被人民法院作出除权判决之后，原合法持票人可以公示催告申请人不当申请公示催告致其票据权利丧失为由，向人民法院提起诉讼，请求公示催告的不当申请人承担损害赔偿责任。

关 键 词 票据责任 公示催告程序 除权判决

裁判理由 浙江省余姚市人民法院认为：首先，以背书转让的汇票，背书应当连续，持票人以背书的连续证明其汇票权利。本案中，原告翔盛公司提供的银行承兑汇票背书连续，且能够证明其从前手合法取得该汇票；另，因该汇票后手以票据被判决除权、银行拒付为由依次将该汇票退给原告，故原告是该汇票最后的合法持有人。

其次，除权判决是依公示催告程序作出，利害关系人或真正的权利人提起票据诉讼时，其权利义务关系不应受除权判决约束。涉案汇票均未记载背书时间，在被告圣凯五金厂未能提供相反证据的情况下，原告翔盛公司取得汇票时间可以认定为其向恒远公司出具收款收据的日期即2012年10月8日，原告在公示催告前取得该票据，系合法持票人。被告圣凯五金厂没有在案涉票据背书栏内签章，未向法院提供有效证据证明其合法取得票据，亦未向法院提交票据遗失的相关证据。相反，原告提交的本案讼争票据必要记载事项齐全、背书连续，且已在公示催告期间前合法持有该票据，故在无相反证据

证明原告取得票据存在恶意或重大过失的情况下应认定原告享有票据权利。因此，法院对被告提出的被告是票据最后合法持有人的抗辩意见不予采纳。被告并非票据的最后合法持有人，却依除权判决获得票据款项，客观上造成了原告的损失。对该损失，作为最后的合法持有人的原告理应获得赔偿，故原告要求被告赔偿承兑汇票损失 200000 元的诉请合理合法，法院予以支持，对于原告的利息请求，因原告未提供有效证据证明其后手何时向其退票并支付款项的证据，故应从起诉之日计算。被告的抗辩意见于法无据，不予采纳。

一审判决后，双方均未上诉，该判决已发生法律效力。

审理法院　浙江省余姚市人民法院
裁判时间　2015 年 3 月 9 日
案　　号
出　　处　《最高人民法院公报》2016 年第 6 期。

167. 信托财产上存在权利负担或者他人就该财产享有购买权益，与信托财产的明确属于不同法律问题，当事人不能以此为由主张信托无效

——世欣荣和投资管理股份有限公司与长安国际信托股份有限公司等信托合同纠纷案

裁判摘要

一、有限合伙企业中，如果执行事务合伙人怠于行使诉讼权利时，不执行合伙事务的有限合伙人可以为了合伙企业的利益以自己的名义提起诉讼。

二、资金信托设立时，受托人因承诺信托而从委托人处取得的资金是信托财产；资金信托设立后，受托人管理运用、处分该资金而取得的财产也属于信托财产。

三、信托财产的确定体现为该财产明确且特定。信托财产的确定要求其从委托人的自有财产中隔离和指定出来，而且在数量和边界上应当明确，以便受托人为实现信托目的对其进行管理运用、处分；信托财产上存在权利负担或者他人就该财产享有购买权益，与信托财产的确定属不同的法律问题，也不当然影响信托财产的确定。

四、当事人以信托财产上存在权利负担或者他人就该财产享有购买权益，主张信托无效的，不能成立。

关 键 词 有限合伙企业 诉讼权利

裁判理由 最高人民法院认为：东方高圣按照涉诉两份《信托合同》认购信托单位而交付给长安信托的 112 031 000 元资金，因世欣荣和公司和长安信托、东方高圣均认可其属于上述《信托合同》项下的信托财产，故本院对该 112 031 000 元资金属于受托人长安信托获得的信托财产予以确认。因受托人管理运用、处分信托财产而取得的财产也应归入信托财产，而长安信托以上述资金从鼎晖一期、鼎晖元博处受让涉诉股票收益权系运用信托财产，故世欣荣和公司主张长安信托因此取得的涉诉股票收益权亦属于信托财产，本院予以支持。原审判决认定长安信托从鼎晖一期、鼎晖元博取得的涉诉股票

收益权不属于信托财产，有失妥当，本院予以纠正。

信托法律关系中信托财产的确定是要求信托财产从委托人自有财产中隔离和指定出来，而且在数量和边界上应当明确，即，信托财产应当具有明确性和特定性，以便受托人为实现信托目的对其进行管理运用、处分。本案中，长安信托与鼎晖一期、鼎晖元博分别在相应《股票收益权转让协议》中约定，股票收益权内容包括鼎晖一期持有的 9 003 983 股、鼎晖元博持有的 2 539 585 股合计 11 543 568 股股票的处置收益及股票在约定收益期间所实际取得的股息及红利、红股、配售、新股认股权证等孳息。该约定明确了长安信托所取得的涉诉股票收益权的数量、权利内容及边界，已经使得长安信托取得的涉诉股票收益权明确和特定，受托人长安信托也完全可以管理运用该股票收益权。所以，信托财产无论是东方高圣按照涉诉两份《信托合同》交付给长安信托的 112 031 000 元资金，还是长安信托以上述资金从鼎晖一期、鼎晖元博处取得的股票收益权，均系确定。世欣荣和公司主张涉诉两份《信托合同》中信托财产不确定，缺乏事实基础，对其主张本院不予支持。

长安信托从鼎晖一期、鼎晖元博处取得涉诉股票收益权前，鼎晖一期、鼎晖元博等在与世纪光华签订的《关于业绩补偿的协议书》中承诺该协议中的浙江恒逸石化股份有限公司相关会计年度实际盈利未达标时，世纪光华可以回购鼎晖一期、鼎晖元博持有的上述相应股票。在上述股票的收益权转让给长安信托后，上述承诺涉及的问题就是如果上述浙江恒逸石化股份有限公司相关会计年度实际盈利未达标，涉诉股票上世纪光华回购权益就需与长安信托的收益权进行协调。涉诉股票需进行权益协调的问题，与股票收益权确定与否的问题，属不同法律问题，二者没有法律上的关联。涉诉股票权益协调可以按照法律的规定予以解决，权益协调并不当然导致长安信托丧失其所取得的股票收益权。本案中，因长安信托为保障股票收益权实现已取得了该股票的质押权，故，在涉诉股票上长安信托的权利优先于世纪光华。而且，本案中世纪光华也并未回购涉诉股票。所以，涉诉股票并未因世纪光华回购而使长安信托无法拥有股票收益权。世欣荣和公司提出的涉诉股票"所有权"不确定进而股票收益权也不确定之主张，实质是认为世纪光华对涉诉股票的回购权益将使鼎晖一期、鼎晖元博无法拥有股票"所有权"进而长安信托无法享有股票收益权，如前所述，该主张缺乏法律依据，故难以成立。世纪光华就涉诉股票享有的回购权益未对作为信托财产的股票收益权产生法律上的影响，世欣荣和公司以涉诉股票上存在世纪光华回购权益为由否定《信托合同》效力，事实和法律依据均不充分，本院不予支持。

因本案中并无世纪光华向鼎晖一期、鼎晖元博回购股票而受阻之事实，故世欣荣和公司主张《股票收益权转让协议》及《股票质押合同》因使世纪光华回购涉诉股票受阻而损及社会公众股东利益，缺乏事实依据。世欣荣和公司认可世纪光华对涉诉股票享有回购权益属公开披露的事实，所以即使鼎晖一期、鼎晖元博在与长安信托签订的《股票收益权转让协议》中未专门披露上述事实，也不构成恶意串通隐瞒上述事实。而且，世纪光华对涉诉股票的回购权益事实上没有影响长安信托实际取得涉诉股票收益权或处置股票。因此，鼎晖一期、鼎晖元博在与长安信托签订上述协议时陈述所称的涉诉股票不存在影响股票收益权转让或处置股票的情况，并无不当，《股票收益权转让协议》不应属于恶意串通损害第三人东方高圣利益而无效。世欣荣和公司主张《股票收益权转让协议》无效，事实依据不足，其主张难以成立。相应地，世欣荣和公司以该协议无效为依据来主张涉诉两份《信托合同》无效，也不能成立。

原审判决查明的 2013 年 3 月 7 日长安信托向东方高圣发出征询函及东方高圣盖章同意、2014 年 9 月 26 日兴业银行上海分行向长安信托发出委托指令、2014 年 10 月 11 日长安信托向东方高圣发出《通知函》的事项，属于涉诉两份《信托合同》履行中的问题。该类问题因不会影响涉诉两份《信托合同》的效力，故本院对其不予审理。因本案中并无证据否定涉诉两份《信托合同》的效力，故世欣荣和公司主张该合同无效，本院不予采纳。世欣荣和公司以上述《信托合同》无效为据主张长安信托返还 112 031 000 元认购资金、6 065 814 元保证金及支付相应利息，并主张鼎晖一期、鼎晖元博以及该二合伙企业的普通合伙人鼎晖管理中心承担连带责任，均不能成立，对其主张本院不予支持。世欣荣和公司就原审判决笔误提出的意见，本院予以采纳并予纠正。

综上，本案中东方高圣与长安信托签订的两份《信托合同》有效。世欣荣和公司依据该《信托合同》要求长安信托、鼎晖一期、鼎晖元博、鼎晖管理中心连带返还认购资金、保证金及相应利息，不能成立。原审判决认定事实基本清楚，适用法律虽有不当但判决结果正确，应予维持。

审理法院 最高人民法院

裁判时间 2016 年 6 月 6 日
案　　号 最高人民法院（2016）最高法民终 19 号民事判决书
出　　处 《最高人民法院公报》2016 年第 12 期。

168. 由于客户自己疏忽或其他过错造成密码失密而有损失的，应由客户承担相应责任
——长城证券有限责任公司深圳深南大道证券营业部等与中国南航集团财务有限公司证券保证金提取侵权纠纷抗诉案

裁判要点

委托理财关系中，受托方一般仅掌握交易密码实施证券交易，委托方无须也不应同意受托方知悉取款密码。这是由于取款密码具有私有性、唯一性和秘密性的特点。在正常情况下，取款密码为委托方设定并仅由其掌握，他人（包括金融机构的工作人员以及受托人）并不知晓，因此无论是委托人本人或其授权的其他人使用了取款密码进行资金提取，都应视为本人的行为。密码的操作已经成为身份识别的重要标志，准确输入密码是客户的有效委托，由于客户自己疏忽或其他过错造成密码失密而造成损失的，应由客户自己承担相应责任。

关 键 词 保证金提取　委托理财关系　密码失密

裁判理由 最高人民法院认为：根据本案查明事实，南航财务公司与好世纪公司签订《委托理财协议书》，南航财务公司依约提供资金，并将资金转至在深南大道营业部开设的陈志远和刘映兰账户，但在涉案证券账户开户过程中，南航财务公司并未向深南大道营业部明示身份，黎敏、徐建良在整个过程中亦没有向深南大道营业部披露过涉案证券账户中保证金的实际来源是南航财务公司，深南大道营业部也无从知晓黎敏与徐建良是南航财务公司的代理人。故本案中南航财务公司与深南大道营业部之间没有形成直接的证券交易委托合同关系。现涉案证券保证金被黎敏通过犯罪行为从深南大道营业部提取，该保证金的实际所有人南航财务公司以涉案证券保证金未经许可被提取造成其损失为由主张深南大道营业部和长城证券公司赔偿，原审以证券

保证金提取侵权纠纷案由审理本案并无不妥。

涉案证券保证金之所以被提取导致南航财务公司损失直接原因在于黎敏的犯罪行为，其犯罪事实已经生效的（2004）粤高法刑二终字第379号刑事判决所确认。黎敏是好世纪公司的法定代表人，其在履行职务的过程中实施犯罪行为提取了南航财务公司涉案证券保证金，因此，在民事责任方面好世纪公司无疑应当承担侵权责任，承担南航财务公司的全部损失。但本案在南航财务公司选择仅起诉深南大道营业部和长城证券公司，拒绝追加好世纪公司为共同被告，且好世纪公司已于2005年被依法公告吊销的情况下，解决问题的关键在于深南大道营业部和长城证券公司在黎敏提取保证金过程中是否有过错，应否为南航财务公司的保证金损失承担责任。

南航财务公司和好世纪公司借用他人身份证在深南大道营业部开立证券账户时，为保证存放在该账户内本案资金的安全，与该营业部约定，需南航财务公司的代理人与好世纪公司法定代表人同时到场办理业务。该约定作为特别约定，效力优于凭密码交易等格式条款的效力，深南大道营业部应当遵守。由于深南大道营业部未尽审慎注意义务，未能防止本案资金被好世纪公司法定代表人仅凭其本人身份证件、伪造的南航财务公司代理人徐建良的委托书和账户密码非法挪用，故深南大道营业部在本案中存在过错，客观上为黎敏提取账户内的证券保证金提供了方便，该行为与损害后果之间具有一定的因果关系，应承担相应的损害赔偿责任。原审法院关于深南大道营业部上述过错的认定并无不妥，本院予以支持。

涉案《证券交易委托代理协议书》甲方即投资人处签名的是黎敏和徐建良本人。徐建良、黎敏是投资者，是借用陈志远、刘映兰的身份证进行证券交易。更为重要的是，本案中，徐建良、黎敏还共同向深南大道营业部出具了《责任承诺书》，依据该《责任承诺书》足以表明账上资金及证券来源、使用、转入和调出等均由徐建良、黎敏负责，徐建良、黎敏完全有权利从事转入转出资金等操作，后果由徐建良、黎敏承担。可见，在南航财务公司并未向深南大道营业部明示身份，黎敏、徐建良在整个过程中亦没有向深南大道营业部披露过涉案证券账户中保证金的实际来源是南航财务公司，深南大道营业部也无从知晓黎敏与徐建良是南航财务公司的代理人。对深南大道营业部而言，徐建良、黎敏就是涉案资金所有者，是本案证券的投资者。南航财务公司在深圳市中级人民法院一审重审开庭中亦明确陈述，在开户的时候徐建良和黎敏都知道资金提取密码，委托黎敏和徐建良共同处理账户上的所有权益，表明南航财务公司实际授权黎敏控制理财资金。而在现代交易行为中，无论是委托人本人或其授权的其他人使用了取款密码进行交易，都应视为本人的行为，故南航财务公司自身对损失的造成存在重大过错。检察机关关于"原审没有认定南航财务公司的过错，判令深南大道营业部承担全部责任适用法律错误"的抗诉理由成立，本院予以支持。

深南大道营业部承担责任的原因并不是与黎敏代表的好世纪公司对南航财务公司共同侵权，而是因为其违反了《证券交易委托代理协议书》中的相关审核的规定，对大额资金管理未尽到审慎注意义务。深南大道营业部与黎敏代表的好世纪公司各自不同的主观过错及其各自的行为与损害后果之间不同的关联关系，决定了深南大道营业部应承担的是补充赔偿责任。

综上，根据《民法通则》第一百零六条"公民、法人由于过错侵害国家的、集体的财产，侵害他人财产、人身的，应当承担民事责任"，参照第一百三十一条"受害人对于损害的发生也有过错的，可以减轻侵害人的民事责任"之规定，本院酌情认定深南大道营业部对好世纪公司无力返还南航财务公司款项的25%承担补充赔偿责任。深南大道营业部不具有法人资格，长城证券公司依法应为深南大道营业部的债务承担清偿责任。深南大道营业部和长城证券公司在向南航财务公司承担赔偿责任后可向黎敏和好世纪公司追偿。原审认定事实清楚，但适用法律不当，应予纠正。

审理法院 最高人民法院
裁判时间 2014 年 10 月 14 日
案　　号 最高人民法院（2013）民抗字第 20 号民事判决书
出　　处 《审判监督指导》2015 年第 3 辑（总第 53 辑）。

169. 如果投资者在虚假陈述实施日至揭露日或更正日之后仍有买入卖出股票的行为，则应当认定投资者的交易决定并未受到虚假陈述行为的影响，投资者的投资损失与虚假陈述行为之间不存在因果关系

——林超英与宝安鸿基地产集团股份有限公司证券虚假陈述责任纠纷案

> **裁判要点**
>
> 投资者的交易决定必须是受到了虚假陈述行为的影响或者误导并错误交易才构成证券交易欺诈因果关系。换言之，如果投资者在虚假陈述实施日后买入股票，且在揭露日后卖出股票，则应认定虚假陈述与投资者的投资决定之间有交易因果关系，进而认定虚假陈述与投资者的投资损失之间存在损失因果关系。但是，如果在虚假陈述实施日后，投资者既买入股票，又卖出股票，尤其是在揭露日后仍然买入股票，则应认为投资者的投资决策并未受虚假陈述行为的影响，即投资者的这一行为构成投资者并未信赖虚假陈述行为的"反证"，因此，虚假陈述行为与投资者的投资决策之间没有因果关系，虚假陈述行为与投资者的投资损失之间亦没有因果关系。

关 键 词 虚假陈述 买卖股票 因果关系

裁判理由 最高人民法院认为：本案的焦点在于再审申请人林超英的投资损失与鸿基公司的虚假陈述行为之间是否存在因果关系的问题。

要认定林超英的投资损失与鸿基公司的虚假陈述行为之间是否存在因果关系，需先查明鸿基公司股票是否因其虚假陈述行为被揭露而出现较大幅度的涨跌情况。为此，原审法院选取了与鸿基公司同期、同类企业的个股及上证指数、深证指数、地产板块指数等变化情况与鸿基公司股票在虚假陈述行为实施日、揭露日和基准日的涨跌进行对比分析。通过数据的分析比对，原审法院认为鸿基公司的股票价格在虚假陈述实施日后与揭露日后的一段期间内，没有在短时间内出现大起大落或连续涨跌停等异常情况，即走势没有发生异常大幅度的波动，其股票价格涨跌幅与大盘、所在产业板块、以及与其他同类企业股票价格的整体走势基本一致。原审法院据此认为股票市场对鸿

基公司虚假陈述行为反应有限，没有证据表明其虚假陈述行为导致了鸿基公司股价出现异常波动，原审法院又依据若干规定第十九条关于"被告举证证明原告损失或者部分损失是由证券市场系统风险等其他因素所导致，人民法院应当认定虚假陈述与损害结果之间不存在因果关系"的规定，认定鸿基公司虚假陈述行为没有对其股价形成实质性影响，包括再审申请人林超英在内的投资者的损失，是证券市场其他因素导致的个股股价变化而发生的，与鸿基公司虚假陈述行为没有因果关系。

本院对原审法院认定鸿基公司的虚假陈述行为未导致其公司股价出现异常波动的结论予以确认。本院认为，根据《最高人民法院关于贯彻执行＜中华人民共和国民法通则＞若干问题的意见（试行）》（以下简称民通意见）第六十八条的规定："一方当事人故意告知对方虚假情况，或者故意隐瞒真实情况，诱使对方当事人作出错误意思表示的，可以认定为欺诈行为"。据此，虚假陈述行为与投资者的投资决定之间存在因果关系，是证券投资欺诈的成立要件之一。也就是说，投资者的交易决定，必须是受到了虚假陈述行为的影响或者误导并错误交易才构成证券交易欺诈因果关系。具体到本案，鸿基公司于2007年3月19日实施虚假陈述行为，本质上属于隐匿公司资产的不实陈述，如果林超英在该虚假信息披露后，系基于对该虚假信息的信赖而卖出其持有的鸿基公司的股票，则可以主张该卖出行为系受公司资产减少不实的虚假陈述行为的影响。本案中，鸿基公司的虚假陈述实施日为2007年3月19日，虚假陈述揭露日为2010年11月5日，而林超英却在2009年11月至2011年9月期间多次买入、卖出鸿基公司股票，即虚假陈述实施日甚至揭露日之后其仍在进行买入卖出行为，应当认定其交易决定并未受本案诉争的虚假陈述行为的影响，故不产生交易因果关系，其主张不符合民通意见第六十八条的规定。故林超英的投资损失和鸿基公司的虚假陈述行为并无因果关系，原审法院对鸿基公司的虚假陈述行为与林超英的投资损失没有因果关系的裁判理由有所欠当，但处理结果正确，应予以维持。

审理法院　最高人民法院
裁判时间　2016年6月6日
案　　号　最高人民法院（2016）最高法民申502号民事裁定书
出　　处　中国裁判文书网。

第七章　海事商事

170. 海上货物运输合同的承运人对其责任期间发生的货损依照货物受损前后的到岸价之差为准承担赔偿责任
——哈池曼海运公司与上海申福化工有限公司、日本德宝海运株式会社海上货物运输合同货损纠纷案

> **裁判摘要**
>
> 海上货物运输合同的承运人对其责任期间发生的货损依照《中华人民共和国海商法》第五十五条的规定承担赔偿责任。
>
> 《中华人民共和国海商法》第五十五条规定的货物实际价值不包括市价损失。

关 键 词　海上货物运输合同　承运人　赔偿责任

裁判理由　最高人民法院认为：本案系具有涉外因素的海上货物运输合同货损赔偿纠纷，当事人均认为本案应适用中华人民共和国法律，故一、二审法院以中华人民共和国法律作为本案纠纷适用的法律正确。《中华人民共和国海商法》作为调整海上运输关系的法律应当适用于本案。

在涉案运输中，德宝公司签发已装船清洁提单，是海上货物运输的承运人，哈池曼公司所属"金色蒂凡尼"轮承运本案货物，是海上货物运输的实际承运人。提单已由托运人背书转让，申福公司成为提单合法持有人，是收货人。申福公司与德宝公司之间成立了以提单为证明的海上货物运输合同关系。本案争议的焦点为：（一）二审法院是否违反法定程序；（二）二审判决是否遗漏诉讼请求；（三）涉案苯酚色度升高是否构成货损；（四）货物损失数额的确定。

（一）关于二审法院是否违反法定程序。《中华人民共和国民事诉讼法》第六十四条规定："人民法院应当按照法定程序，全面地、客观地审查核实证据。"《最高人民法院关于民事诉讼证据的若干规定》第六十四条规定："审

判人员应当依照法定程序,全面、客观地审核证据,依据法律的规定,遵循法官职业道德,运用逻辑推理和日常生活经验,对证据有无证明力和证明力大小独立进行判断,并公开判决的理由和结果。"二审中,哈池曼公司提交了武汉海事法院对明天科技的调查笔录、民政部网站有关王可强任职的全国酚醛树脂与塑料行业协会的背景资料等文件。二审法院在判决中既未对该组证据作出列明,也未公开法院对该组证据的认定结论,程序上确有不当。但该程序瑕疵对本案事实的认定和判决结果并无影响。

(二)关于二审判决是否遗漏诉讼请求。经核查,哈池曼公司、德宝公司在一审答辩理由中提出有权享受海事赔偿责任限制。一审法院认为:"因本案被告赔偿责任未超过责任限额,被告有关享受责任限制的主张,本案中不予审理。"哈池曼公司、德宝公司在二审上诉状及庭审答辩中均未再要求享受海事赔偿责任限制,仅在二审庭审后提交的补充上诉答辩意见暨代理意见中提出其有权享受海事赔偿责任限制。本院认为,即使哈池曼公司、德宝公司的赔偿责任未超过其海事赔偿责任限额,法院亦应当对该抗辩理由进行审理,更何况是否超出限额需经过审理才可以认定。本案一审判决以未超过责任限额为由对哈池曼公司和德宝公司提出的抗辩理由不予审理,确有不当。但哈池曼公司、德宝公司并未就此提起上诉,其在二审庭审后提交的补充上诉答辩意见暨代理意见中提出其有权享受海事赔偿责任限制,不属于对海事赔偿责任限制的问题提出上诉,故二审法院未主动审理其是否应享有海事赔偿责任限制并无不当。

(三)关于涉案苯酚色度升高是否构成货损。对于工业用合成苯酚,虽然国家标准对于苯酚色度没有强制标准,但规定色度在必要时由供需双方约定。本案中,申福公司与住友商事株式会社(香港)有限公司签订的买卖合同约定,苯酚色度最高不超过10哈森。货物装船时,托运人、承运人对涉案苯酚进行了封样,该封样随船运输,构成收货人对运输苯酚质量检验的依据。现有证据证明,货物运抵目的港后,装载于三个船舱内的涉案货物,两个船舱的货物发生色度变化。在申福公司拒绝收货的情况下,承运人为减少船舶损失,向申福公司出具其愿意承担因货物混装造成的损失的声明。因此,尽管其中一个船舱的货物并未发生色度变化,但三个船舱的苯酚混装卸至岸罐后,经检验确定货物的色度值为12哈森,明显超出货物装船前和装船后5哈森的色度值。据此可以认定涉案苯酚色度在承运人管货期间发生变化,涉案苯酚发生了实际损失。德宝公司、哈池曼公司作为涉案货物运输的承运人、实际承运人应当承担相应的连带赔偿责任。哈池曼公司主张承运人无义务按货物封样交货、涉案苯酚仍然符合国标优等品标准、申福公司未证明色度略高对苯酚的品质会造成损坏等抗辩理由，缺乏事实依据和法律依据，不予采信。

（四）关于货物损失数额的确定。《中华人民共和国海商法》第五十五条规定："货物损坏的赔偿额，按照货物受损前后实际价值的差额或者货物的修复费用计算。货物的实际价值，按照货物装船时的价值加保险费加运费计算。"该条款规定了两种货损赔偿额的计算方法。鉴于本案不涉及修复费用，二审法院未依据法律规定的"修复费用"计算申福公司的损失数额并无不当。申福公司的损失应当按照"货物受损前后实际价值的差额计算"，"货物的实际价值，应当按照货物装船时的价值加保险费及运费计算"，即以货物受损前后的到岸价之差为准。因海运时间较长，货物价值易受市场波动影响，《中华人民共和国海商法》第五十五条规定的货物实际价值的计算方法排除了市价损失，符合合同违约赔偿之因果关系原则和合理预见原则。

2008年9月至11月间，正值国内苯酚市场价格发生较大幅度的变化。二审判决以申福公司在国内市场最高询价每吨人民币5000元作为受损后货物实际价值，用货物受损前的价值（申福公司对外付款金额）减去申福公司卖出的996吨苯酚的金额（每吨以人民币5000元计算），进而确定货物损失为人民币5 589 474.59元，以此价格计算出的涉案苯酚的损失范围既包括因色度值发生变化造成的贬值损失，也包括因市场价格下跌造成的行市损失。涉案苯酚的市价损失不属于《中华人民共和国海商法》规定的货物灭失或损坏的范畴，承运人对此并无赔偿责任。

本案因苯酚色度值变化导致的货物贬损率的计算应当以目的港货物完好的市场价值减去受损货物的销售价值，再除以货物完好的市场价值。2008年11月24日，苯酚华东地区即时行情为人民币5800元至5900元，平均价为人民币5850元。双方当事人同意以该日价格确定申福公司实际出售苯酚之日的完好价值。二审判决认为申福公司与明洋公司是关联公司，它们之间的买卖价格不能作为损失计算依据，但与当时完好苯酚的平均价比较，每吨人民币4720元的价格并无明显不当。依此计算出货物的贬损率为（5850 – 4720）/ 5850 = 19.32%。申福公司就涉案货物对外付款为人民币10 569 474.59元，支付保险费人民币11 560.85元，申福公司的货物损失应当为（10 569 474.59 + 11 560.85）×19.32% = 2 044 256.05元（人民币）。申福公司因货损向上海东方天祥检验服务有限公司支付检验费人民币4250元，向通标标准技术服务有限公司青岛分公司支付检验费人民币 4000 元，向上海悦之保险公估有限公司支付检验费人民币 3331.25 元，共计 11 581.25 元，应当由哈池曼公司和德宝公司赔偿。以上赔偿款共计人民币 2 055 837.30 元。

另，申福公司实际销售数量为 996 吨，但本案提单下货物数量为 1001.53 吨，二审法院以 996 吨作为涉案货物受损后的总吨，以 5000 元/吨×996 吨作为货物受损后的实际价值确有不当，但该认定不影响本院对事实的认定和判决结果。

审理法院　最高人民法院
裁判时间　2013 年 12 月 6 日
案　　号　最高人民法院（2013）民提字第 6 号民事判决书
出　　处　《最高人民法院公报》2016 年第 2 期。

171. 在船舶触碰码头责任事故中就码头限期清障的费用向船舶追偿的，应认定为限制性海事赔偿
——中国石化销售有限公司上海石油分公司罗泾油库与
广东仁科海运有限公司船舶触碰损害责任纠纷案

> **裁判摘要**
>
> 　　《最高人民法院关于审理海事赔偿责任限制相关纠纷案件的若干规定》第十七条的规定仅涉及沉没、遇难、搁浅或被弃船舶和船上货物清除打捞费用的请求以及船舶之间碰撞所引起的相关追偿，不涵盖码头残骸等其他沉物清除打捞费用的请求及船舶触碰码头和其他设施所引起的相关追偿。在船舶触碰码头责任事故中就码头限期清障的费用向船舶追偿，要求船舶所有人承担触碰损害赔偿责任，应适用《中华人民共和国海商法》第二百零七条第一款第（一）项的规定，认定为限制性海事赔偿请求。

关 键 词　船舶之间碰撞　相关追偿

裁判理由　最高人民法院认为：本案为船舶触碰损害责任纠纷。根据仁科公司的再审申请和罗泾油库的答辩，本案再审审理重点是：（一）船舶触碰

损失的认定；（二）仁科公司是否存在依法丧失海事赔偿责任限制权利的情形；（三）仁科公司是否有权对受损码头清障费用、事故现场及航道看护费用、设标费用的请求主张限制赔偿责任。

（一）关于船舶触碰损失的认定

罗泾油库码头因"仁科1"轮单方过失触碰致损，仁科公司应承担全部赔偿责任。对于船舶触碰事故损失，双方当事人在一审中共同选定鉴定评估机构进行鉴定评估，并确认以中九公司与中九研究院的鉴定评估结论作为确定受损码头修复费用的最终依据，以双希公司的鉴定评估结论作为确定受损输油臂修复费用的最终依据，一、二审判决据此认定有关修复费用损失并无不当。涉案码头于1995年建造基本成型，在一审判决作出前尚未投入营运，码头属于罗泾油库所有并经营管理，罗泾油库在诉讼中没有提供该码头竣工验收的文件，但涉案码头的修复方案主要是根据码头受损前的状况进行恢复原状，并没有明确提出以修建一个合格码头的标准进行修复重建，码头受损前无论是否竣工验收，仁科公司均负有恢复原状的义务，仁科公司以一、二审判决按照重建一个合格码头的费用认定修复费用为由否定其该项赔偿义务，没有事实依据，本院不予支持。涉案码头没有投入营运，一、二审判决认定损失时没有扣除折旧费用并无不当。涉案码头被"仁科1"轮触碰后，码头北端上面所建综合楼一同损毁，该综合楼原本具有其特定用途，可安置值班人员，并为码头提供夜间照明。鉴于涉案码头需要一定时间修复，罗泾油库在修复期间购置集装箱活动房用作临时值班房，产生费用211 567.09元，是必要的临时替代费用，罗泾油库同时请求该码头临时值班房购置费用与码头修复费用，并不构成重复索赔。罗泾油库根据上海海事局限期打捞清除的行政决定立即委托打捞作业人清除码头残骸，由此产生的清障费用属于为保障航道畅通所必然发生的费用，本案没有证据表明罗泾油库在清除码头残骸方面有违反合理减损义务的行为。涉案码头触碰事故发生后，为防止发生次生事故而在现场水域设立专用浮标并派船守护事故现场，由此产生事故现场及航道看护费用和设标费用，均是为保障水域航行安全所采取必要措施的费用。清障费用、事故现场及航道看护费用和设标费用均是罗泾油库因码头被触碰所遭受的损失，仁科公司应予以赔偿。仁科公司认为其不应赔偿上述费用损失，没有事实和法律依据，本院不予支持。一、二审判决认定事故损失，具有充分事实和法律依据，本院予以维持。

(二) 关于仁科公司是否存在依法丧失海事赔偿责任限制权利的情形

涉案事故系仁科公司委托的船务代理人安排非法引航、引航人员与船长船员驾驶船舶过失、船长安全管理船舶过失所致。本案没有证据证明涉案事故损失是由于仁科公司的故意或者明知可能造成损失而轻率地作为或者不作为造成的，一审判决认定仁科公司不应丧失海事赔偿责任限制的权利，并无不当。罗泾油库在一审判决后没有对此提出上诉，其在再审答辩中认为仁科公司不应享受海事赔偿责任限制的权利，没有提出足以推翻一审判决相关认定的证据和事由，本院不予支持。

(三) 关于仁科公司是否有权对受损码头清障费用、事故现场及航道看护费用、设标费用的请求主张限制赔偿责任

《中华人民共和国海商法》第二百零七条对限制性海事赔偿请求作出了规定，其中第一款第（一）项规定为："在船上发生的或者与船舶营运、救助作业直接相关的人身伤亡或者财产的灭失、损坏，包括对港口工程、港池、航道和助航设施造成的损坏，以及由此引起的相应损失的赔偿请求。""仁科1"轮触碰罗泾油库码头，产生码头修复费用、输油臂修复费用、倒塌综合楼内财物损失、码头临时值班房购置费用及利息、事故现场及航道看护费用、设标费用等损失，这些损失的赔偿请求属于上述法律规定的限制性海事赔偿请求。根据《中华人民共和国海商法》第二百零七条第一款规定的立法本意，《最高人民法院关于审理海事赔偿责任限制相关纠纷案件的若干规定》第十七条第一款规定："海商法第二百零七条规定的可以限制赔偿责任的海事赔偿请求不包括因沉没、遇难、搁浅或者被弃船舶的起浮、清除、拆毁或者使之无害提起的索赔，或者因船上货物的清除、拆毁或者使之无害提起的索赔。"同时，该条第二款规定："由于船舶碰撞致使责任人遭受前款规定的索赔，责任人就因此产生的损失向对方船舶追偿时，被请求人主张依据海商法第二百零七条的规定限制赔偿责任的，人民法院应予支持。"该条的规定仅涉及沉没、遇难、搁浅或被弃船舶和船上货物清除打捞费用的请求以及船舶之间碰撞所引起的相关追偿。在船舶触碰码头责任事故中就码头限期清障的费用向船舶追偿，要求船舶所有人承担触碰损害赔偿责任，应适用《中华人民共和国海商法》第二百零七条第一款第（一）项的规定，认定为限制性海事赔偿请求。一、二审判决认定受损码头清障费用、事故现场及航道看护费用、设标费用为非限制性海事赔偿请求，不符合法律规定。仁科公司对此申请再审有理，应予支持。

仁科公司有权对罗泾油库提出的全部码头触碰损害赔偿请求主张海事赔偿责任限制。罗泾油库的全部损害赔偿请求（含仁科公司已经支付的事故现场及航道看护费用 200 万元），应在仁科公司设立的海事赔偿责任限制基金 20 167 537.36 元及其设立期间的利息（按中国人民银行确定的金融机构同期一年期贷款基准利率计算）范围内受偿。罗泾油库系唯一申请债权登记的债权人，仁科公司已经赔偿事故现场及航道看护费用 200 万元，故仁科公司在本案中的损害赔偿责任应相应扣减，罗泾油库经本判决认定的损害赔偿请求，应在上述基金扣减 200 万元后的余额 18 167 537.36 元及基金设立期间的利息范围内受偿。

综上，一、二审判决认定事实清楚，但适用法律部分错误，本院予以纠正。

审理法院　最高人民法院
裁判时间　2014 年 12 月 31 日
案　　号　最高人民法院（2014）民提字第 191 号民事判决书
出　　处　《最高人民法院公报》2016 年第 3 期。

172. 当事人明确约定无论救助是否成功投资公司均应支付报酬，且以救助船舶每马力小时和人工投入等作为计算报酬的标准，该合同属于雇佣救助合同，应适用合同法
——交通运输部南海救助局与阿昌格罗斯投资公司、香港安达欧森有限公司上海代表处海难救助合同纠纷案

裁判摘要

海难救助合同的双方当事人明确约定，无论救助是否成功，投资公司均应支付报酬，且以救助船舶每马力小时和人工投入等作为计算报酬的标准。此种救助合同并非《1989年国际救助公约》和《中华人民共和国海商法》规定的"无效果无报酬"的救助合同，而属雇佣救助合同。在《1989年国际救助公约》和《中华人民共和国海商法》均允许当事人对救助报酬的确定另行约定，而又对雇佣救助合同没有具体规定的情况下，应适用《中华人民共和国合同法》的相关规定确定当事人的权利义务。

关　键　词　海难救助　支付报酬

裁判理由　最高人民法院认为：本案系海难救助合同纠纷。中华人民共和国加入了《救助公约》，《救助公约》所确立的宗旨，即鼓励对处于危险中的船舶和其他财产，以及对环境安全构成威胁的事件进行及时有效的救助，同时确保对实施救助作业的人员给予足够的鼓励，在本案中应予遵循。涉案事故发生后，投资公司及时寻求救助，南海救助局按照约定积极参与救助，对避免海洋污染事故的发生均发挥了作用，值得倡导。

因投资公司是希腊公司，"加百利"轮为希腊籍油轮，本案具有涉外因素。各方当事人在诉讼中一致选择适用中华人民共和国法律，根据《中华人民共和国涉外民事关系法律适用法》第三条的规定，本院适用中华人民共和国法律对本案进行审理。《海商法》作为调整海上运输关系、船舶关系的特别法，应优先适用。《海商法》没有规定的，适用《合同法》等相关法律的规定。

根据南海救助局的再审申请理由及投资公司、上海代表处的答辩意见，

本案的争议焦点涉及事实和法律适用两个方面。具体包括：（一）南海救助局再审阶段提交的证据材料是否为法律规定的新的证据，如是，是否足以推翻二审判决；（二）如何理解《救助公约》和《海商法》所规定的救助合同；（三）本案所涉合同的性质及法律适用；（四）南海救助局诉请的救助报酬数额如何确定。

（一）关于南海救助局提交的证据材料是否为法律规定的新的证据及是否足以推翻二审判决

南海救助局申请再审期间，向本院提交了中国人民财产保险股份有限公司北京市分公司（以下简称人保财险北京公司）出具的《海损担保函》，目的在于证明投资公司在向南海救助局支付报酬后，可以从人保财险北京公司处获得补偿，认为该证据足以推翻二审判决。投资公司和上海代表处庭审质证称，对该证据材料的真实性、合法性无异议，但认为该证据材料不是新的证据，对其证明效力不予认可。

本院认为，该证据材料系人保财险北京公司针对"加百利"轮船东和其他可能的航程利益相关方而出具，该证据材料虽对本院了解案涉救助款项承担的相关情况有所帮助，但与本案当事人争议的救助报酬问题并无直接关联，本院不予采纳。

（二）关于如何理解《救助公约》和《海商法》所规定的救助合同

海难救助是一项传统的国际海事法律制度，《救助公约》和《海商法》对此作了专门规定。《海商法》第九章关于海难救助的规定，借鉴吸收了《救助公约》的主要内容。《救助公约》第十二条、《海商法》第一百七十九条规定了"无效果无报酬"的救助报酬支付原则，《救助公约》第十三条、《海商法》第一百八十条及第一百八十三条在该原则基础上进一步规定了报酬的评定标准与具体承担。上述条款是对当事人基于"无效果无报酬"原则确定救助报酬的海难救助合同的具体规定。与此同时，《救助公约》和《海商法》均允许当事人对救助报酬的确定另行约定。因此，在《救助公约》和《海商法》规定的"无效果无报酬"救助合同之外，还可以依当事人的约定形成雇佣救助合同。

（三）关于本案所涉合同的性质及法律适用

根据本案查明的事实，投资公司与南海救助局经过充分磋商，明确约定无论救助是否成功，投资公司均应支付报酬，且"加百利"轮脱浅作业过程中如发生任何意外，南海救助局无需负责。依据该约定，南海救助局救助报酬的获得与否和救助是否有实际效果并无直接联系，而救助报酬的计算，是以救助船舶每马力小时,以及人工投入等事先约定的固定费率和费用作为依据,与获救财产的价值并无关联。因此,本案所涉救助合同不属于《救助公约》和《海商法》所规定的"无效果无报酬"救助合同,而属雇佣救助合同。

关于雇佣救助合同下的报酬支付条件及标准,《救助公约》和《海商法》并未作具体规定。一、二审法院依据《海商法》第一百八十条规定的相关因素对当事人在雇佣救助合同中约定的固定费率予以调整,属适用法律错误。本案应依据《合同法》的相关规定,对当事人的权利义务予以规范和确定。

(四)关于南海救助局诉请的救助报酬数额如何确定

对于南海救助局诉请的救助报酬数额,投资公司主张,其应依照《海商法》第一百八十三条的规定,按照船舶获救价值占全部获救价值的比例承担救助报酬。本院认为,《海商法》第一百八十三条应适用于"无效果无报酬"的救助合同,而案涉合同属雇佣救助合同,南海救助局以其与投资公司订立的合同为依据,要求投资公司全额支付约定的救助报酬并无不当。

投资公司还提出,本案救助方案由此前的拖带作业、探摸作业变更为过驳减载,符合情势变更的有关情形,此前约定的救助报酬费率应予调整。本院认为,《最高人民法院关于适用〈中华人民共和国合同法〉若干问题的解释(二)》第二十六条规定:"合同成立以后客观情况发生了当事人在订立合同时无法预见的、非不可抗力造成的不属于商业风险的重大变化,继续履行合同对于一方当事人明显不公平或者不能实现合同目的,当事人请求人民法院变更或者解除合同的,人民法院应当根据公平原则,并结合案件的实际情况确定是否变更或者解除。"本案救助方案的调整并非基于客观情况的重大变化,而是包括当事人在内的相关方协商讨论的结果,且合同的继续履行对于投资公司并非明显不公平或者不能实现合同目的,救助方案的调整并不属于法律意义上的情势变更。投资公司以此主张降低约定的费率和费用,缺乏事实和法律依据,本院不予支持。

南海救助局根据其与投资公司的约定,投入了相应的船舶和人员用于涉案救助服务,投资公司应根据约定的费率,以及南海救助局投入的船舶和人员、耗费的时间等支付报酬。一审判决按照当事人的约定,确定投资公司应当向南海救助局支付"南海救201"轮以及潜水队员的费用正确;同时,一审判决根据实际施救情况,将"南海救116"轮和"南海救101"轮的救助费率由每马力小时3.2元酌予调整至每马力小时2.9元,南海救助局对此未提起上诉，亦未就此问题提出再审请求，本院予以认可。

综上，二审法院以一审判决确定的救助报酬数额为基数，依照《海商法》的规定，判令投资公司按照船舶获救价值占全部获救财产价值的比例支付救助报酬，适用法律和处理结果错误，应予纠正。一审判决适用法律错误，但鉴于一审判决对相关费率的调整是以当事人的合同约定为基础，南海救助局对此并未行使相关诉讼权利提出异议，一审判决结果可予维持。

审理法院 最高人民法院
裁判时间 2016年7月7日
案　　号 最高人民法院（2016）最高法民再61号民事判决书
出　　处 《最高人民法院公报》2016年第11期。

173. 判断海事赔偿责任限制权利是否丧失，应综合考量船舶所有人等责任人本人是否对损害结果的发生具有故意，或者明知可能造成损失而轻率地作为或者不作为

——毛雪波诉陈伟、嵊泗县江山海运有限公司船舶碰撞损害赔偿责任纠纷案

裁判摘要

判断海事赔偿责任限制权利是否丧失，应综合考量船舶所有人等责任人本人是否对损害结果的发生具有故意，或者明知可能造成损失而轻率地作为或者不作为。但诸多严重违法航行行为（如无证航行、超航区航行、不办理签证航行、肇事后擅自驶离现场等）的集合和长期、屡次或反复实施，可能足以推定船舶所有人等责任人本身具有重大主观过错。因此，对于严重违法航行的，应当综合行为的内容、性质及违法的严重程度等因素，综合认定责任人是否丧失海事赔偿责任限制权利。

关 键 词 海事赔偿责任　故意

裁判理由 上海市高级人民法院二审认为：本案二审的争议焦点在于（一）本案一审是否存在程序违法；（二）本案的碰撞责任比例；（三）上诉

人陈伟是否能主张适用海事赔偿责任限制；（四）碰撞导致的损失金额。

关于争议焦点：（一）根据《中华人民共和国民事诉讼法》的规定，案件必须以另一案的审理结果为依据，而另一案尚未审结的，应中止诉讼。本案的审理无须以打捞费相关案件的审理结果为依据。一审法院未中止本案诉讼未违反法律规定。

（二）海事部门在调查结论书中认定，"浙嵊97506"轮当班人员无证驾驶，疏忽了望，未使用安全航速，未遵守能见度不良情况下相关规定，且事发后未采取有效搜救措施，也未向主管机关报告，擅自驶离现场，应当对本起事故负主要责任；"台联海18"轮船舶无任何证书，当班人员无证驾驶，未开启AIS信号，未使用安全航速，未遵守能见度不良情况下相关规定，未采取有效措施进行避让，应对本起事故负次要责任。一审法院据此综合认定"浙嵊97506"轮一方承担本次碰撞事故70%的侵权责任，"台联海18"轮一方承担本次碰撞事故30%的侵权责任，具有事实依据，符合法律规定。

（三）现有证据显示，"浙嵊97506"轮存在超航区航行、配员不足、无证驾驶等违法行为，上述行为是事故发生的直接原因。陈伟作为船舶所有人对上述违法行为并未予以阻止，而是采取了放任的态度。"浙嵊97506"轮当班人员在事故发生后未向主管机关报告，并驾驶船舶擅自离开现场，导致"台联海18"轮的重大人员伤亡。陈伟作为船舶所有人应当对其雇员的行为承担相应的责任。陈伟的上述行为属于明知可能造成损失而轻率的作为或者不作为，根据《中华人民共和国海商法》的规定，上诉人陈伟在本案中不能适用海事赔偿责任限制。

（四）"台联海18"轮打捞后进行评估确定的修理费用为涉案事故导致的直接损失。根据事故责任比例，陈伟应承担直接损失70%的赔偿责任。而由于打捞费用未支付，导致船舶被打捞公司长期留置，因留置导致的高于修理费用的损失属于扩大损失。陈伟在打捞合同中表示同意出借150万元用于支付打捞费用，但其并未实际支付。陈伟在打捞合同中虽将150万元表述为借款，但陈伟系打捞费的最终承担方之一，且该"借款"合同系特定的碰撞事故责任主体之间签订，用于特定的事故善后事宜（打捞）的处理，故其性质有别于普通的民间借贷，该"借款"合同系双方真实意思的表示，一经签订，即具法律效力，相对方对约定的内容，可产生合理期待。陈伟违背合同，未出借150万元用以支付打捞费，系船舶被打捞公司留置的主要原因。陈伟应根据其承担的打捞费的比例对因留置导致的扩大损失承担赔偿责任。打捞费总金额为 212 万元，陈伟与被上诉人毛雪波均未支付，对于扩大损失，双方均有责任，应根据双方的出资比例分摊责任。陈伟同意出借的打捞费金额为 150 万元，其应承担扩大损失中 70% 的责任。毛雪波应支付打捞费中的 62 万元，应承担扩大损失中 30% 的责任。一审法院认定陈伟应承担"台联海 18"轮总损失金额中的 70% 的赔偿责任，并无不当。关于"浙嵊 97506"轮的损失金额，陈伟提供了南通市价格认证中心出具的鉴定报告，用以证明船舶的修复价格和修理天数等。一审法院据此确认碰撞导致的船舶修理费，及修理期间的船舶相关损失，并无不当。

综上，上诉人陈伟的上诉理由缺乏事实和法律依据。一审法院认定事实清楚，处理结果正确，应予维持。

审理法院　上海市高级人民法院
裁判时间　2016 年 4 月 22 日
案　　号　
出　　处　《最高人民法院公报》2016 年第 12 期。

174. 救助局救助报酬获得与否和救助是否有实际效果无直接联系，救助报酬计算与获救财产价值无关联，则救助合同属雇佣救助合同
——交通运输部南海救助局与阿昌格罗斯投资公司、香港安达欧森有限公司上海代表处海难救助合同纠纷案

> **裁判要点**
>
> 投资公司与南海救助局经过充分磋商，明确约定无论救助是否成功，投资公司均应支付报酬，且"加百利"轮脱浅作业过程中如发生任何意外，南海救助局无需负责。依据该约定，南海救助局救助报酬的获得与否和救助是否有实际效果并无直接联系，而救助报酬的计算，是以救助船舶每马力小时，以及人工投入等事先约定的固定费率和费用作为依据，与获救财产的价值并无关联。因此，本案所涉救助合同不属于《救助公约》和《海商法》所规定的"无效果无报酬"救助合同，而属雇佣救助合同。

关 键 词 海难救助 无效果无报酬 雇佣救助合同

裁判理由 最高人民法院认为：

（二）关于如何理解《救助公约》和《海商法》所规定的救助合同

海难救助是一项传统的国际海事法律制度，《救助公约》和《海商法》对此作出了专门规定。《海商法》第九章关于海难救助的规定，借鉴吸收了《救助公约》的主要内容。《救助公约》第十二条、《海商法》第一百七十九条规定了"无效果无报酬"的救助报酬支付原则，《救助公约》第十三条、《海商法》第一百八十条及第一百八十三条在该原则基础上进一步规定了报酬的评定标准与具体承担。上述条款是对当事人基于"无效果无报酬"原则确定救助报酬的海难救助合同的具体规定。与此同时，《救助公约》和《海商法》均允许当事人对救助报酬的确定另行约定。因此，在《救助公约》和《海商法》规定的"无效果无报酬"救助合同之外，还可以依当事人的约定形成雇佣救助合同。

（三）关于本案所涉合同的性质及法律适用

根据本案查明的事实，投资公司与南海救助局经过充分磋商，明确约定

无论救助是否成功，投资公司均应支付报酬，且"加百利"轮脱浅作业过程中如发生任何意外，南海救助局无需负责。依据该约定，南海救助局救助报酬的获得与否和救助是否有实际效果并无直接联系，而救助报酬的计算，是以救助船舶每马力小时，以及人工投入等事先约定的固定费率和费用作为依据，与获救财产的价值并无关联。因此，本案所涉救助合同不属于《救助公约》和《海商法》所规定的"无效果无报酬"救助合同，而属雇佣救助合同。

关于雇佣救助合同下的报酬支付条件及标准，《救助公约》和《海商法》并未作具体规定。一、二审法院依据《海商法》第一百八十条规定的相关因素对当事人在雇佣救助合同中约定的固定费率予以调整，属适用法律错误。本案应依据《合同法》的相关规定，对当事人的权利义务予以规范和确定。

审理法院　最高人民法院
裁判时间　2016 年 7 月 7 日
案　　号　最高人民法院（2016）最高法民再 61 号民事判决书
出　　处　《涉外商事海事审判指导》2016 年第 2 辑（总第 33 辑）。

第三篇　知识产权

第一章 著作权

175. 民间文学艺术衍生作品的表达系独立完成且有创作性的部分，符合作品特征的，应认定享有著作权
——洪福远、邓春香诉贵州五福坊食品有限公司、贵州今彩民族文化研发有限公司著作权侵权纠纷案

裁判要点

民间文学艺术衍生作品的表达系独立完成且有创作性的部分，符合著作权法保护的作品特征的，应当认定作者对其独创性部分享有著作权。

关 键 词 著作权 民间文学艺术衍生作品 独创性

裁判理由 法院认为：关于第一个争议焦点，本案所涉原告洪福远的《和谐共生十二》画作中两只鸟尾部重合，中间采用铜鼓纹花连接而展示对称的美感，而这些正是传统蜡染艺术的自然纹样和几何纹样的主题特征，根据本案现有证据，可以认定涉案作品显然借鉴了传统蜡染艺术的表达方式，创作灵感直接来源于黄平革家蜡染背扇图案。但涉案作品对鸟的外形进行了补充，对鸟的眼睛、嘴巴丰富了线条，对鸟的脖子、羽毛融入了作者个人的独创，使得鸟图形更为传神生动，对中间的铜鼓纹花也融合了作者的构思而有别于传统的蜡染艺术图案。根据著作权法实施条例第二条"著作权法所称作品，是指文学、艺术和科学领域内具有独创性并能以某种有形形式复制的智力成果"的规定，本案所涉原告洪福远创作的《和谐共生十二》画作属于传统蜡染艺术作品的衍生作品，是对传统蜡染艺术作品的传承与创新，符合著作权法保护的作品特征，在洪福远具有独创性的范围内受著作权法的保护。

关于第二个争议焦点，根据著作权法实施条例第四条第九项"美术作品，是指绘画、书法、雕塑等以线条、色彩或者其他方式构成的有审美意义的平面或者立体的造型艺术作品"的规定，绘画作品主要是以线条、色彩等方式

构成的有审美意义的平面造型艺术作品。经过庭审比对，本案所涉产品贵州辣子鸡等包装礼盒和产品手册中使用的花鸟图案与涉案《和谐共生十二》画作，在鸟与花图形的结构造型、线条的取舍与排列上一致，只是图案的底色和线条的颜色存在差别，就比对的效果来看图案的底色和线条的颜色差别已然成为侵权的掩饰手段而已，并非独创性的智力劳动；第三人今彩公司主张其设计、使用在五福坊公司产品包装礼盒和产品手册中的作品创作于2006年，但其没有提交任何证据可以佐证，而洪福远的涉案作品于2009年发表在《福远蜡染艺术》一书中，且书中画作直接注明了作品创作日期为2003年，由此可以认定洪福远的涉案作品创作并发表在先。在五福坊公司生产、销售涉案产品之前，洪福远即发表了涉案《和谐共生十二》作品，五福坊公司有机会接触到原告的作品。据此，可以认定第三人今彩公司有抄袭洪福远涉案作品的故意，五福坊公司在生产、销售涉案产品包装礼盒和产品手册中部分使用原告的作品，侵犯了原告对涉案绘画美术作品的复制权。

审理法院 贵州省贵阳市中级人民法院

审理时间 2015年9月18日

案　　号 贵州省贵阳市中级人民法院（2015）筑知民初字第17号民事判决书

出　　处 最高人民法院指导案例80号，2017年3月6日发布。

176. 判断作品实质相似应比较作品表达中的取舍、选择、安排、设计等是否相同或相似
——张晓燕诉雷献和、赵琪、山东爱书人音像图书有限公司著作权侵权纠纷案

裁判要点

1. 根据同一历史题材创作的作品中的题材主线、整体线索脉络，是社会共同财富，属于思想范畴，不能为个别人垄断，任何人都有权对此类题材加以利用并创作作品。

2. 判断作品是否构成侵权，应当从被诉侵权作品作者是否接触过权利人作品、被诉侵权作品与权利人作品之间是否构成实质相似等方面进行。在判断是否构成实质相似时，应比较作者在作品表达中的取舍、选择、安排、设计等是否相同或相似，不应从思想、情感、创意、对象等方面进行比较。

3. 按照著作权法保护作品的规定，人民法院应保护作者具有独创性的表达，即思想或情感的表现形式。对创意、素材、公有领域信息、创作形式、必要场景，以及具有唯一性或有限性的表达形式，则不予保护。

关　键　词　影视作品　历史题材　实质相似

裁判理由　最高人民法院认为：本案的争议焦点是"雷剧"的剧本及电视剧是否侵害"张剧"的剧本及电视剧的著作权。

判断作品是否构成侵权，应当从被诉侵权作品的作者是否"接触"过要求保护的权利人作品、被诉侵权作品与权利人的作品之间是否构成"实质相似"两个方面进行判断。本案各方当事人对雷献和接触"张剧"剧本及电视剧并无争议，本案的核心问题在于两部作品是否构成实质相似。

我国著作权法所保护的是作品中作者具有独创性的表达，即思想或情感的表现形式，不包括作品中所反映的思想或情感本身。这里指的思想，包括对物质存在、客观事实、人类情感、思维方法的认识，是被描述、被表现的对象，属于主观范畴。思想者借助物质媒介，将构思诉诸形式表现出来，将

意象转化为形象、将抽象转化为具体、将主观转化为客观、将无形转化为有形，为他人感知的过程即为创作，创作形成的有独创性的表达属于受著作权法保护的作品。著作权法保护的表达不仅指文字、色彩、线条等符号的最终形式，当作品的内容被用于体现作者的思想、情感时，内容也属于受著作权法保护的表达，但创意、素材或公有领域的信息、创作形式、必要场景或表达唯一或有限则被排除在著作权法的保护范围之外。必要场景，指选择某一类主题进行创作时，不可避免而必须采取某些事件、角色、布局、场景，这种表现特定主题不可或缺的表达方式不受著作权法保护；表达唯一或有限，指一种思想只有唯一一种或有限的表达形式，这些表达视为思想，也不给予著作权保护。在判断"雷剧"与"张剧"是否构成实质相似时，应比较两部作品中对于思想和情感的表达，将两部作品表达中作者的取舍、选择、安排、设计是否相同或相似，而不是离开表达看思想、情感、创意、对象等其他方面。结合张晓燕的主张，从以下几个方面进行分析判断：

  关于张晓燕提出"雷剧"与"张剧"题材主线相同的主张，因"雷剧"与《骑马挎枪走天涯》都通过紧扣"英雄末路、骑兵绝唱"这一主题和情境描述了"最后的骑兵"在撤编前后发生的故事，可以认定"雷剧"题材主线及整体线索脉络来自《骑马挎枪走天涯》。"张剧""雷剧"以及《骑马挎枪走天涯》《天苍茫》4部作品均系以二十世纪八十年代中期精简整编中骑兵部队撤（缩）编为主线展开的军旅历史题材作品，是社会的共同财富，不能为个别人所垄断，故4部作品的作者都有权以自己的方式对此类题材加以利用并创作作品。因此，即便"雷剧"与"张剧"题材主线存在一定的相似性，因题材主线不受著作权法保护，且"雷剧"的题材主线系来自最早发表的《骑马挎枪走天涯》，不能认定"雷剧"抄袭自"张剧"。

  关于张晓燕提出"雷剧"与"张剧"人物设置与人物关系相同、相似的主张，鉴于前述4部作品均系以特定历史时期骑兵部队撤（缩）编为主线展开的军旅题材作品，除了《骑马挎枪走天涯》受短篇小说篇幅的限制，没有三角恋爱关系或军民关系外，其他3部作品中都包含三角恋爱关系、官兵上下关系、军民关系等人物设置和人物关系，这样的表现方式属于军旅题材作品不可避免地采取的必要场景，因表达方式有限，不受著作权法保护。

  关于张晓燕提出"雷剧"与"张剧"语言表达及故事情节相同、相似的主张，从语言表达看，如"雷剧"中"做个自由的'牧马人'"与"张剧"中"做个牧马人"语言表达基本相同，但该语言表达属于特定语境下的惯常用语，非独创性表达。从故事情节看，用于体现作者的思想与情感的故事情节属于表达的范畴，具有独创性的故事情节应受著作权法保护，但是，故事情节中仅部分元素相同、相似并不能当然得出故事情节相同、相似的结论。前述4部作品相同、相似的部分多属于公有领域素材或缺乏独创性的素材，有的仅为故事情节中的部分元素相同，但情节所展开的具体内容和表达的意义并不相同。二审法院认定"雷剧"与"张剧"6处相同、相似的故事情节，其中老部下关系、临时指定马匹等在《天苍茫》中也有相似的情节内容，其他部分虽在情节设计方面存在相同、相似之处，但有的仅为情节表达中部分元素的相同、相似，情节内容相同、相似的部分少且微不足道。

整体而言，"雷剧"与"张剧"具体情节展开不同、描写的侧重点不同、主人公性格不同、结尾不同，二者相同、相似的故事情节在"雷剧"中所占比例极低，且在整个故事情节中处于次要位置，不构成"雷剧"中的主要部分，不会导致读者和观众对两部作品产生相同、相似的欣赏体验，不能得出两部作品实质相似的结论。根据《最高人民法院关于审理著作权民事纠纷案件适用法律若干问题的解释》第十五条"由不同作者就同一题材创作的作品，作品的表达系独立完成并且有创作性的，应当认定作者各自享有独立著作权"的规定，"雷剧"与"张剧"属于由不同作者就同一题材创作的作品，两剧都有独创性，各自享有独立著作权。

审理法院　最高人民法院
审理时间　2014年11月28日
案　　号　最高人民法院（2013）民申字第1049号民事裁定书
出　　处　最高人民法院指导案例81号，2017年3月6日发布；《最高人民法院知识产权案件年度报告（2014）》；《知识产权审判指导》2015年第1辑（总第25辑）。

177. 智力成果在表现形式上是唯一的，无法体现与已有作品存在的差异，即不符合独创性的要求
——再审申请人孙新争与被申请人马居奎侵害著作权纠纷案

裁判要点

如果智力成果在表现形式上是唯一的，无法体现与已有作品存在的差异，即不符合著作权法关于独创性的要求。智力劳动成果必须借助特定形式为他人知晓和确定，是作品须具备有形形式要求的应有之义。

关 键 词 独创性 有形形式 智力劳动成果

裁判理由 最高人民法院认为：具备独创性并能以某种有形形式复制的智力成果，是著作权法给予保护的作品。首先，判断一部作品是否具有独创性，应当从是否独立创作及在外在表现上是否与已有作品存在一定程度的差异，或具备最低程度的创造性进行分析判断。如果智力成果的表现形式是唯一的，因其无法呈现出作品与已有作品的差异性或者最低的创造性，在现实上也是无法与已有的智力劳动成果进行区分的。本案中，孙新争所主张的曲线图，系当事人根据客观的价格数据，通过使用WPS制表工具制作完成。鉴于图表所使用的数据客观存在，数量有限，WPS为通用软件，将上述数据录入制表工具所形成的结果，尽管属于孙新争运用智力的结果，但使用上述数据与工具所产生的结果缺少差异性。这种唯一或有限的表达方式，通常被排除在独创性之外。其次，著作权法保护那些凝结了作者智力劳动的成果归其所有，作者的智力劳动须借助于特定的形式予以传达，否则该智力劳动他人无从知晓，智力成果也将是不确定的，这是作品须具备有形形式的本质含义。对说明性作品而言，即使在作品本身可以获得著作权法保护的情况下，著作权法通常也仅着重于保护作品的表达方式而非结论本身，垄断结论不符合著作权法的立法本义。孙新争主张保护的曲线图本身并不符合作品构成的要件，加之其主张的所谓分析结果并无明确确定的形式，一审、二审法院对其主张不予支持的做法并无不当。

审理法院 最高人民法院

审理时间 2016 年 9 月 13 日
案　　号 最高人民法院（2016）最高法民申 2136 号民事裁定书
出　　处 《最高人民法院知识产权案件年度报告（2016）》。

178. 网络服务提供者明知或应知网络用户利用网络服务侵害信息网络传播权，未采取必要措施或者提供技术支持等帮助行为的，应认定其构成帮助侵权行为

——苹果公司与中文在线数字出版集团股份有限公司、苹果电子产品商贸（北京）有限公司、艾通思有限责任公司侵害信息网络传播权纠纷案

裁判要点

根据《最高人民法院关于审理信息网络传播权民事纠纷案件适用法律若干问题的规定》第七条、第八条、第九条、第十一条等相关规定，人民法院应当根据网络服务提供者的过错，确定其是否承担教唆、帮助侵权的责任。网络服务提供者的过错，包括对于网络用户侵害信息网络传播权行为"明知"或者"应知"的情形。人民法院可以根据侵权事实是否明显，网络服务提供者应当具备的管理信息能力，是否主动对作品进行选择、编辑、推荐等因素，综合认定网络服务提供者是否构成"应知"的情形。如果网络服务提供者从网络用户提供作品、表演、录音录像制品行为中直接获得经济利益的，应当认定其对网络用户侵害信息网络传播权行为负有较高的注意义务。网络服务提供者明知或应知网络用户利用网络服务侵害信息网络传播权，未采取删除、屏蔽、断开链接等必要措施，或者提供技术支持等帮助行为的，人民法院应当认定其构成帮助侵权行为。

关 键 词 信息网络传播权　帮助侵权行为　必要措施

裁判理由 最高人民法院认为：根据《最高人民法院关于审理信息网络传播权民事纠纷案件适用法律若干问题的规定》第七条、第八条、第九条、

第十一条等相关规定，人民法院应当根据网络服务提供者的过错，确定其是否承担教唆、帮助侵权的责任。网络服务提供者的过错，包括对于网络用户侵害信息网络传播权行为"明知"或者"应知"的情形。人民法院可以根据侵权事实是否明显，网络服务提供者应当具备的管理信息能力，是否主动对作品进行选择、编辑、推荐等因素，综合认定网络服务提供者是否构成"应知"的情形。如果网络服务提供者从网络用户提供作品、表演、录音录像制品行为中直接获得经济利益的，应当认定其对网络用户侵害信息网络传播权行为负有较高的注意义务。网络服务提供者明知或应知网络用户利用网络服务侵害信息网络传播权，未采取删除、屏蔽、断开链接等必要措施，或者提供技术支持等帮助行为的，人民法院应当认定其构成帮助侵权行为。

根据原审法院查明的事实，涉案应用程序的开发商首先需要同意并签署《已注册的APPLE开发商协议》，由苹果公司根据协议约定提供操作系统及程序开发环境。开发商签署《已注册的APPLE开发商协议》并注册成功后，获得开发者账号，可以进一步开发苹果公司旗下的iOS系统、Mac系统等操作系统中的应用程序。为取得开发iOS系统下应用程序的资格，开发商还须使用上述账号签署《iOS开发商计划许可协议（包括附表1）》并支付99美元，方可获得开发并发布iOS应用程序的权限。为获得开发收费应用程序的资格，开发商还须使用上述账号同意并签署《iOS开发商计划许可协议（附录2）》。

苹果公司通过要求开发商签署系列协议，基本控制了应用程序开发的方向和标准。不仅许可开发商使用苹果公司的软件编写、测试可运行在iOS环境下的应用程序，为开发商提供相关作业系统、文档资料、软件（源代码和目标代码）、应用程序、示范代码、模拟器、工具、应用程序库存、API、数据等内容和服务，并且要求开发商将其开发的所有应用程序向苹果公司提交，由苹果公司进行选择分销。在确定是否分销时，苹果公司采取了极具控制力的协议条款。例如《iOS开发商计划许可协议》的正文记载："6.2 Apple选择分销。阁下理解并同意，Apple可独自酌情：a）确定阁下的应用程序不符合当时有效的全部或任何部分文档资料或计划要求；b）以任何理由拒绝分销阁下的应用程序，即使阁下的应用程序符合文档资料或计划的要求""8.撤销。阁下理解并同意，Apple可随时终止分销阁下的获许可应用程序、获许可应用信息，或撤销任何阁下的应用程序的数字证书。"由此，原审法院认定苹果公司对于涉案程序商店发布应用程序的问题，可以采取符合其自身政策需求的做法而不受开发商的限制，因而具有很强的控制能力和管理能力，具有充分的事实和法律依据。

《iOS开发商计划许可协议（附录2）》记载，"获许可应用程序"一词包括阁下利用In App Purchase API在某一获许可应用程序中出售的其他任何获许可的功能、内容或服务，而"最终用户"既包括获许可应用程序的实际最终用户，亦包括可为最终用户购买获许可应用程序的授权机构客户。"3.4 Apple 关联公司有权收取以下佣金，作为其在本附录2项下为阁下提供代理/居间服务的对价：（a）就向本附录2附文B第1条（经iTunes Connect 网站不时更新）所列国家地区的最终用户销售获许可应用程序，Apple 关联公司有权收取相当于每位最终用户应付价款30%的佣金。""如Apple 关联公司向最终用户退还该等价款，阁下必须向Apple 关联公司偿付和该获许可应用程序价款等额的款项或向Apple 关联公司提供和该获许可应用程序价款等额的贷项。尽管向最终用户退还价款，Apple 关联公司仍将有权保留其就该获许可应用程序应得的佣金。"苹果公司在其官方网站上发布的《App Store 审核指南》亦记载：1.1作为一个应用商城的应用开发者，你要受你和"APPLE"之间的该计划许可协议、用户界面规约和其他许可或者合同的条款的规约。11.11通常你的应用越贵，我们就会审核得越彻底。11.12提供订阅的APP应用程序必须使用IAP，如同前述《开发者计划许可协议》中规定的一样，"APPLE"将和开发者按照3比7的比例分享此类商品的订阅收入。

根据原审法院查明的事实，涉案应用程序开发商为取得开发iOS系统下应用程序的资格、获得开发权限和使用开发工具，已向苹果公司支付99美元。苹果公司运营的App Store针对本案所涉"《五星大饭店》海岩作品精选[简繁]"应用程序（售价人民币12元）、"[简繁]二月河之康熙雍正乾隆光绪"应用程序（售价人民币6元）以及"权与欲——官场小说大合集"应用程序（售价人民币12元），又另行收取30%固定比例的费用。因此，苹果公司以其他网络服务提供商亦从商品或服务销售额中抽取固定比例数额费用的做法，主张其针对涉案应用程序另行收取固定比例费用，性质上属于技术服务费，而非从涉案应用程序中直接获取的经济利益，缺乏事实和法律依据。原审法院基于苹果公司前述直接获取经济利益的情形，认定其应当对涉案侵害信息网络传播权行为负有较高注意义务，并无不当。

另外，苹果公司虽然在其《iOS开发商计划许可协议》《App Store 审核指南》中记载有"不得开发任何可能用来进行或帮助侵权的应用程序，不得违反、盗用或侵犯任何第三方版权或合法权利""Apple 关联公司对应用程序内容无任何控制或权益""使用受保护的第三方资料（商标、版权、商业秘密、其他的专利内容）时需要一个文件式的权利证明书，此证明书必须按要求提供"等内容，但在协议实际履行过程中，其未按前述约定要求涉案应用程序开发商提供相关的证明文件。因此，苹果公司系在可以明显感知涉案应用程序属于未经合法授权的情形下，没有采取合理措施，亦具主观过错，应当承担相应的法律责任。

审理法院　最高人民法院
审理时间　2016 年 9 月 22 日
案　　号　最高人民法院（2016）最高法民申 1803 号民事裁定书
出　　处　《知识产权审判指导》2016 年第 2 辑（总第 28 辑）。

179. 将他人作品作为商标使用时侵权损害赔偿的计算应主要考虑著作权许可使用费
——再审申请人李艳霞与被申请人吉林市永鹏农副产品开发有限公司及一审第三人南关区本源设计工作室侵害著作权纠纷案

> **裁判要点**
> 　　未经许可将他人作品作为商标使用，构成侵害他人著作权的，不应依据权利人损失或侵权人获益计算损害赔偿，而应主要考虑著作权许可使用费。被诉侵权人商标设计费用可以作为确定著作权许可使用费的参考。

关键词　著作权　侵权损害赔偿　商标许可使用

裁判理由　最高人民法院认为：本案所涉作品为剪纸美术作品。就美术作品而言，如果侵权行为系出版行为，可按照权利人因此遭受的稿酬损失计算；如果侵权行为系复制美术品的方式，一般应按照侵权人的市场利润即复制品数量与单位利润计算，因为作品是侵权复制品定价的核心，侵权复制品的获利应当视为来自作品的全部贡献或主要贡献。如果是将美术作品用于宣传其他商品，如用于广告、装饰装潢等，商品利润与作品价值之间并无直接的因果关系，不宜将商品利润直接作为作品损失。侵权行为的收益往往表现在应当支付但未支付的成本，即著作权许可费用。本案所涉侵权行为系擅自将他人作品用作商标的行为。作品被用作商标，一般有两种情况，一种是通过许可使用合同获得已有作品的授权，一种是自行或委托他人创作。在使用许可合同中，作品的独创性可能对商标显著性有影响，作品的知名度对商标的知名度有贡献，均可作为作品价值的参考要素，体现在许可使用费中。如果是自行创作或委托创作，一般分为两阶段，商标设计制作和商标交付使用阶段。在商标设计制作阶段，设计人使用的是作品，其通过创作作品获得相应报酬，因此商标设计费是作品被用作商标的对价。在商标使用过程中，使用人主要使用的是商标而非作品，其产生的价值应当主要属于商标价值而非作品价值。无论上述哪种情况，对于作品权利人而言，当作品被他人擅自用作商标，丧失的既非出版稿酬损失，也非美术品损失，而是许可他人用作商标的费用与机会损失。因此，二审法院认为，不宜以标有商标的包装袋数量作为侵权复制品的数量，应以作品授权许可费用作为标准计算本案损失，符合法律规定。本案中，作品被复制侵权的第一使用人系本源工作室，其通过为永鹏公司设计商标获取的费用，是其使用涉案作品获得的直接利益，可以作为衡量作品损失的参考标准。一般认为，侵权复制者的成本较低，其授权作品的价格可能低于合法授权作品的价格，因此，可在参考该费用的基础上，考虑侵权行为的性质、影响等因素，乘以适当倍数，进行计算。有鉴于此，一审、二审法院综合考虑涉案作品价值、独创性程度、侵权情节、主观过错程度及诉讼合理支出等因素，酌定赔偿数额为 8 万元并无不妥。

审理法院　最高人民法院
审理时间　2017 年 9 月 26 日
案　　号　最高人民法院（2017）最高法民申 2348 号民事裁定书
出　　处　《最高人民法院知识产权案件年度报告（2017）》。

180. 诉争商标申请日之后的著作权登记证书不能单独作为在先著作权的权属证据

——再审申请人温州市伊久亮光学有限公司与被申请人达马股份有限公司及二审被上诉人国家工商行政管理总局商标评审委员会商标权无效宣告请求行政纠纷案

> **裁判要点**
>
> 著作权人、著作权的利害关系人均可依据《商标法》第三十一条的规定主张在先著作权。诉争商标申请日之后的著作权登记证书不能单独作为在先著作权的权属证据。诉争商标申请日之前的商标注册证虽不能作为著作权权属证据,但可以作为确定商标权人为有权主张商标标志著作权的利害关系人的初步证据。

关 键 词 在先著作权 商标申请日 著作权登记证书

裁判理由 最高人民法院认为:因我国实行作品自愿登记制度,著作权登记机关在制作、颁发著作权登记证书时不对所登记内容进行实质审查,故当著作权登记时间晚于诉争商标申请日时,仅凭著作权登记证书尚不足以认定登记的著作权人在诉争商标申请日之前即享有著作权。但除诉争商标申请日之后的著作权登记证书外,达马公司还提交了诉争商标申请日之前的意大利商标注册证和引证商标注册证,参照商标授权确权司法解释第十九条第三款之规定,商标注册证可以作为确定商标申请人为有权主张商标标志著作权的利害关系人的初步证据。本案中,鉴于伊久亮公司、商标评审委员会均未提交相反证据,故应认定达马公司有权主张涉案"鲨鱼"图形的著作权。伊久亮公司关于达马公司无权主张该图形著作权的主张,缺乏依据,不能成立。

审理法院 最高人民法院
审理时间 2017 年 10 月 27 日
案　　号 最高人民法院(2017)最高法行申 7174 号行政裁定书
出　　处 《最高人民法院知识产权案件年度报告(2017)》

181. 对他人是否享有在先著作权，应对证据综合考量予以审查认定
——再审申请人杰杰有限公司与被申请人国家工商行政管理总局商标评审委员会、一审第三人金华市百姿化妆品有限公司商标异议复审行政纠纷案

裁判要点

对于当事人是否享有在先著作权，需要综合考量相关证据予以认定。在著作权登记证明晚于诉争商标申请日时，可以结合商标注册证、包含商标标志的网站页面、记载作品创作过程的报刊内容、产品实物、著作权转让证明等证据，在确认相关证据相互印证，已形成完整的证据链时，可以认定当事人对该商标标志享有在先著作权。

关 键 词 在先著作权 著作权登记 证据链

裁判理由 最高人民法院认为：虽然杰杰公司在一审期间提交的作品登记证书、登记证明、作品存档证明、著作权转让证明等证据均形成于2014年，但杰杰公司向最高人民法院提交的羡慕标志作品前身"ENVY"系列作品的《美国著作权登记证书》，可以证明杰罗德·布兰丁于1997年将羡慕标志作品的前身ENVY作品向美国版权局进行登记。杰杰公司网站过去特定时间页面的相关内容表明，该公司至迟于2001年已使用涉案羡慕标志作品。2004年12月6日美国《橘子郡商业报》中关于杰罗德·布兰丁的采访报道，不仅提及杰罗德·布兰丁对羡慕标志作品的创作过程，包括设计了一个夸张的曲线型女性轮廓剪影，而且该报还刊登了带有羡慕标志作品的TOO FACED品牌化妆品照片。杰杰公司2005年推出的部分产品实物表明，其多款化妆品包装盒上使用了羡慕标志作品。杰杰公司除在该公司网站及有关产品包装上就著作权保留作出声明之外，还专门指明相关作品系杰罗德·布兰丁为杰杰公司独家创作。尽管前述著作权保留声明是笼统针对网页或产品包装，但羡慕标志作品作为其中的重要内容，应当包括在前述声明的内容之中。羡慕标志的美国商标注册证亦可明确表明，含有羡慕标志的涉案商标图形至迟于2005年11月前已形成。在没有相反证据的情况下，前述证据与杰杰公司在原审期间提交的羡慕标志作品《美国著作权登记证明》、作品存档证明、著作权转让证

明等证据相结合,能够证明杰罗德·布兰丁为羡慕标志作品的作者,亦可以证明其在创作完成羡慕标志作品后将其依法享有的相关著作权让与杰杰公司进行商业使用的事实,发生在被异议商标 2006 年 2 月 20 日申请注册之前。杰杰公司关于被异议商标的申请注册损害其在先著作权的主张,具有事实和法律依据。

审理法院 最高人民法院
审理时间 2017 年 12 月 21 日
案　　号 最高人民法院(2017)最高法行再 35 号行政判决书
出　　处 《最高人民法院知识产权案件年度报告(2017)》。

182. 模型作品的认定标准
——再审申请人深圳市飞鹏达精品制造有限公司与被申请人北京中航智成科技有限公司侵害著作权纠纷案

裁判要点

在判断是否构成受著作权法保护的模型作品时,不能将《著作权法实施条例》第四条第(十三)项模型作品的规定与第二条作品的规定割裂开来适用。在仅仅满足《著作权法实施条例》第四条第(十三)项规定的情况下,尚不能认定构成受著作权法保护的模型作品。

关 键 词 著作权　模型作品　独创性
裁判理由 最高人民法院认为:中航智成公司一审起诉要求保护的歼十飞机模型作品,是其从成飞所获得授权制造、销售的歼十飞机模型,该模型是歼十飞机的等比例缩小,故歼十飞机产生在先,中航智成公司在本案中要求保护的歼十飞机模型产生在后。中航智成公司主张飞鹏达公司生产、销售的歼十飞机模型侵害其对歼十飞机模型享有的模型作品著作权,应当对其获得授权制造、销售的歼十飞机模型构成受我国著作权法保护的模型作品负有举证责任。中航智成公司在本案中要求保护的歼十飞机模型与歼十飞机相比,除材质、大小不同外,外观造型完全相同。因此,无论中航智成公司在将歼十飞机等比例缩小的过程中付出多么艰辛的劳动,中航智成公司均未经过自己的选择、取舍、安排、设计、综合、描述,创作出新的点、线、面和几何结构,其等比例缩小的过程仅仅只是在另一载体上精确地再现了歼十飞机原有的外观造型,没有带来新的表达,属于严格按比例缩小的技术过程。在中航智成公司不能证明其根据歼十飞机等比例缩小而制造的歼十飞机模型具有独创性的情况下,该过程仍然是复制,产生的歼十飞机模型属于歼十飞机的复制件,不构成受我国著作权法所保护的模型作品。即便按二审法院认定的事实,中航智成公司制造、销售的歼十飞机模型是对成飞所完成的歼十飞机模型的复制,因二审法院认定由成飞所完成的歼十飞机模型,亦为歼十飞机的等比例缩小,故基于与上述同样的理由,该成飞所完成的模型亦不具有独创性,不受我国著作权法的保护。因此,二审法院关于"模型与原物的近似程度越高,其独创性越高"的认定,违背我国著作权法的基本原理。又鉴于我国著作权法只保护作品的表达,不延及思想、工艺、操作方法或数学概念,且我国著作权法保护的表达是具有文学、艺术和科学审美意义的智力成果,不保护为满足人们实际生活需要的实用性和功能性的表达,因此,二审法院关于"模型越满足实际需要,其独创性越高"的认定,也违背我国著作权法的立法本意。中航智成公司关于飞鹏达公司侵害其歼十飞机模型作品著作权的起诉主张缺乏事实和法律依据,一审法院对其诉讼主张不予支持正确。

审理法院 最高人民法院
审理时间 2017 年 12 月 29 日
案　　号 最高人民法院(2017)最高法民再 353 号民事判决书
出　　处 《最高人民法院知识产权案件年度报告(2017)》。

第二章 商标权

183. 当事人违反诚实信用原则,恶意取得、行使商标权并主张他人侵权的,人民法院对其诉讼请求不予支持
——王碎永诉深圳歌力思服饰股份有限公司、
杭州银泰世纪百货有限公司侵害商标权纠纷案

裁判要点

当事人违反诚实信用原则,损害他人合法权益,扰乱市场正当竞争秩序,恶意取得、行使商标权并主张他人侵权的,人民法院应当以构成权利滥用为由,判决对其诉讼请求不予支持。

关 键 词 商标权 诚实信用原则 权利滥用

裁判理由 最高人民法院认为:诚实信用原则是一切市场活动参与者所应遵循的基本准则。一方面,它鼓励和支持人们通过诚实劳动积累社会财富和创造社会价值,并保护在此基础上形成的财产性权益,以及基于合法、正当的目的支配该财产性权益的自由和权利;另一方面,它又要求人们在市场活动中讲究信用、诚实不欺,在不损害他人合法利益、社会公共利益和市场秩序的前提下追求自己的利益。民事诉讼活动同样应当遵循诚实信用原则。一方面,它保障当事人有权在法律规定的范围内行使和处分自己的民事权利和诉讼权利;另一方面,它又要求当事人在不损害他人和社会公共利益的前提下,善意、审慎地行使自己的权利。任何违背法律目的和精神,以损害他人正当权益为目的,恶意取得并行使权利、扰乱市场正当竞争秩序的行为均属于权利滥用,其相关权利主张不应得到法律的保护和支持。

第 4157840 号"歌力思及图"商标迄今为止尚未被核准注册,王碎永无权据此对他人提起侵害商标权之诉。对于歌力思公司、杭州银泰公司的行为是否侵害王碎永的第 7925873 号"歌力思"商标权的问题,首先,歌力思公

司拥有合法的在先权利基础。歌力思公司及其关联企业最早将"歌力思"作为企业字号使用的时间为 1996 年,最早在服装等商品上取得"歌力思"注册商标专用权的时间为 1999 年。经长期使用和广泛宣传,作为企业字号和注册商标的"歌力思"已经具有了较高的市场知名度,歌力思公司对前述商业标识享有合法的在先权利。其次,歌力思公司在本案中的使用行为系基于合法的权利基础,使用方式和行为性质均具有正当性。从销售场所来看,歌力思公司对被诉侵权商品的展示和销售行为均完成于杭州银泰公司的歌力思专柜,专柜通过标注歌力思公司的"ELLASSAY"商标等方式,明确表明了被诉侵权商品的提供者。在歌力思公司的字号、商标等商业标识已经具有较高的市场知名度,而王碎永未能举证证明其"歌力思"商标同样具有知名度的情况下,歌力思公司在其专柜中销售被诉侵权商品的行为,不会使普通消费者误认该商品来自于王碎永。从歌力思公司的具体使用方式来看,被诉侵权商品的外包装、商品内的显著部位均明确标注了"ELLASSAY"商标,而仅在商品吊牌之上使用了"品牌中文名:歌力思"的字样。由于"歌力思"本身就是歌力思公司的企业字号,且与其"ELLASSAY"商标具有互为指代关系,故歌力思公司在被诉侵权商品的吊牌上使用"歌力思"文字来指代商品生产者的做法并无明显不妥,不具有攀附王碎永"歌力思"商标知名度的主观意图,亦不会为普通消费者正确识别被诉侵权商品的来源制造障碍。在此基础上,杭州银泰公司销售被诉侵权商品的行为亦不为法律所禁止。最后,王碎永取得和行使"歌力思"商标权的行为难谓正当。"歌力思"商标由中文文字"歌力思"构成,与歌力思公司在先使用的企业字号及在先注册的"歌力思"商标的文字构成完全相同。"歌力思"本身为无固有含义的臆造词,具有较强的固有显著性,依常理判断,在完全没有接触或知悉的情况下,因巧合而出现雷同注册的可能性较低。作为地域接近、经营范围关联程度较高的商品经营者,王碎永对"歌力思"字号及商标完全不了解的可能性较低。在上述情形之下,王碎永仍在手提包、钱包等商品上申请注册"歌力思"商标,其行为难谓正当。王碎永以非善意取得的商标权对歌力思公司的正当使用行为提起的侵权之诉,构成权利滥用。

审理法院　最高人民法院
审理时间　2014 年 8 月 14 日
案　　号　最高人民法院(2014)民提字第 24 号民事判决书

出　　处　最高人民法院指导案例 82 号，2017 年 3 月 6 日发布；《最高人民法院知识产权案件年度报告（2014）》；《知识产权审判指导》2015 年第 1 辑（总第 25 辑）。

184. 被异议商标申请人在同类商品上注册、使用有关商标时，应当遵守诚实信用原则，注意合理避让而不是恶意攀附引证商标的知名度和良好商誉

——北京福联升鞋业有限公司与国家工商行政管理总局商标评审委员会、北京内联升鞋业有限公司商标异议复审行政纠纷案

> **裁判摘要**
>
> 被异议商标申请人作为同地域的同业竞争者，理应对引证商标的知名度和显著性有相当程度的认识。因此，被异议商标申请人在同类商品上注册、使用有关商标时，应当遵守诚实信用原则，注意合理避让而不是恶意攀附引证商标的知名度和良好商誉，从而造成相关公众混淆误认。
>
> 虽然被异议商标经过一定时间和范围的使用在客观上形成了一定的市场规模，但是，有关被异议商标的使用行为大多是在被异议商标申请日之后，尚未核准注册的情况下发生的。被异议商标申请人在其大规模使用被异议商标之前，理应认识到由于被异议商标与引证商标近似，并且引证商标具有较高的知名度和显著性，故存在被异议商标不被核准注册，乃至因使用被异议商标导致侵犯引证商标注册商标权的法律风险。被异议商标申请人未能尽到合理的注意和避让义务，仍然申请注册并大规模使用被异议商标，由此带来的不利后果理应自行承担。

关　键　词　诚实信用原则　混淆误认

裁判理由　最高人民法院认为：本案焦点为被异议商标与引证商标是否构成近似商标，不符合 2001 年修订的《中华人民共和国商标法》（以下简称商标法）第二十八条的规定。

商标法第二十八条规定，申请注册的商标同他人在同一种或者类似商品上已经注册的商标相同或者近似的，不应予以核准注册。关于商标民事纠纷案件中商标相同或者近似的认定，最高人民法院《关于审理商标民事纠纷案

件适用法律若干问题的解释》第十条规定:"人民法院依据商标法第五十二条第(一)项的规定,认定商标相同或者近似按照以下原则进行:(一)以相关公众的一般注意力为标准;(二)既要进行对商标的整体比对,又要进行对商标主要部分的比对,比对应当在比对对象隔离的状态下分别进行;(三)判断商标是否近似,应当考虑请求保护注册商标的显著性和知名度。"根据商标法第二十八条的规定并参照上述司法解释的规定,本院认为被异议商标与引证商标近似,不符合商标法第二十八条的规定,具体理由如下:

首先,从两商标的音、形、义看,虽然被异议商标兼具文字和图形,但其文字部分"福联升"为商标的呼叫部分,起到主要的识别作用。将"福联升"与引证商标相比,二者仅首字不同,其余的"联升"两字完全相同,相关公众对两商标的称呼近似。而且,引证商标中的"联升"并非固定的词语组合。虽然再审申请人提交的证据3表明在清代存在名字中包含"联升"的自然人,以及另有其他商标或者企业名称中包含有"联升",但该自然人并非知名人物,不为相关公众所熟悉。再审申请人也没有提交证据证明在引证商标申请日之前,另有他人在鞋类商品上曾使用"联升"。因此,二审判决认定"'联升'并非固定的词语组合,而是内联升公司所独创",并无不当。

其次,从引证商标的显著性和知名度看。根据一、二审判决以及本院审查查明的事实,"内联升"系中国驰名商标,先后被认定为中华老字号、国家非物质文化遗产,荣获"中国布鞋第一家"等荣誉称号,其销售的布鞋产品在相关公众中具有极高的美誉。在引证商标具有如此高的显著性和知名度的情况下,与其构成近似商标的范围较普通商标也应更宽,同业竞争者亦相应地应具有更高的注意和避让义务。

再次,关于被异议商标的知名度和使用情况。再审申请人提交证据1、2、6,用于证明其在全国28个省、自治区、直辖市发展有若干加盟店,形成了一定的知名度。但所述证据仅能证明被异议商标在其各地的加盟店中使用,形成了一定的市场规模,但不足以证明被异议商标具有较高的知名度和显著性。在引证商标具有较高的知名度和显著性,并且被异议商标与引证商标标识近似的情况下,再审申请人提交的证据不足以证明被异议商标与引证商标形成了有效的市场区分。相关公众施以一般注意力,客观上仍然容易对引证商标和被异议商标的商品来源产生混淆误认,或者误认为被异议商标与引证商标所指代的商品存在特定联系。

最后,《中华人民共和国民法通则》第四条规定:"民事活动应当遵循……诚实信用的原则。"本案中再审申请人与被申请人均制造、销售布鞋产品,再审申请人作为同地域的同业竞争者,理应对被申请人及其引证商标的知名度和显著性有相当程度的认识。因此,再审申请人在鞋类商品上注册、使用有关商标时,理应遵守诚实信用原则,注意合理避让而不是恶意攀附被申请人及其引证商标的知名度和良好商誉,造成相关公众混淆误认。然而,本案相关证据表明,再审申请人在注册、使用被异议商标时存在攀附被申请人与引证商标的明显恶意。其一,再审申请人提交的加盟合同书上均记载签约地点为"石家庄市广安大街美东国际C座2305",相关联系电话的区号亦为0311,表明其实际经营地为河北省石家庄市。但再审申请人却将企业注册在北京市密云县,并将企业名称注册为与被申请人企业名称仅有一字之差的"北京福联升鞋业有限公司"。由此可见,再审申请人从商标、注册地乃至企业名称上,都有意贴近被申请人及其引证商标。其二,如前所述,引证商标中的"联升"系由被申请人首次使用在布鞋类商品上,并且构成引证商标的主要呼叫部分和识别部分。再审申请人主张其使用"联升"的原因,在于取其"联发升腾"之义。但所谓"联发升腾"既非成语,亦非汉语中的既有词汇,故再审申请人有关其选用"联升"的理由明显有悖常理。其三,再审申请人不仅无正当理由注册具有"联升"字样的被异议商标,还围绕"联升"字样,在同类商品及其他类别商品上另行申请注册十余项包含有"联升"文字的其他商标,其主观恶意愈加明显。其四,虽然被异议商标经过一定时间和范围的使用,客观上形成了一定的市场规模,但是,有关被异议商标的使用行为大多是在被异议商标申请日之后,尚未核准注册的情况下发生的。再审申请人在其大规模使用被异议商标之前,理应认识到由于被异议商标与引证商标近似,并且引证商标具有较高的知名度和显著性,故存在被异议商标不被核准注册,乃至因使用被异议商标导致侵犯引证商标注册商标权的法律风险。再审申请人未能尽到合理的注意和避让义务,仍然申请注册并大规模使用被异议商标,由此带来的不利后果理应自行承担。相反,在再审申请人作为同业竞争者明知或者应知引证商标具有较高知名度和显著性,仍然恶意申请注册、使用与之近似的被异议商标的情形下,如果仍然承认再审申请人此种行为所形成的所谓市场秩序或知名度,无异于鼓励同业竞争者违背诚实信用原则,罔顾他人合法在先权利,强行将其恶意申请的商标做大、做强。这样既不利于有效区分市场,亦不利于净化商标注册、使用环境,并终将严重损害在先商标权人的合法权益以及广大消费者的利益,违背诚实信用原则以及商标法"保护商标专用权""维护商标信誉""保障消费者和生产、经营者的利益"等立法宗旨。因此，再审申请人有关被异议商标经过使用，已经形成一定的市场知名度，不会导致相关公众混淆的主张，缺乏事实和法律依据，本院不予支持。

综上，福联升公司的再审申请不符合《中华人民共和国行政诉讼法》第九十一条之规定。

审理法院 最高人民法院
审理时间 2015 年 11 月 18 日
案　　号 最高人民法院（2015）知行字第 116 号行政裁定书
出　　处 《最高人民法院公报》2016 年第 6 期；《最高人民法院知识产权案件年度报告（2015）》。

185. 伤害宗教感情的标志可以认定为"具有其他不良影响"
——泰山石膏股份有限公司与山东万佳建材有限公司、国家工商行政管理总局商标评审委员会商标争议行政纠纷案

裁判摘要

对具有宗教含义的商标，一般可以该商标的注册有害于宗教感情、宗教信仰或者民间信仰为由，认定其具有"其他不良影响"。判断商标是否具有宗教含义，应当结合当事人提交的证据、宗教人士的认知以及该宗教的历史渊源和社会现实综合予以认定。

关 键 词 商标注册　不良影响　宗教含义

裁判理由 最高人民法院认为：判断有关标志是否构成具有其他不良影响的情形时，应当考虑该标志或者其构成要素是否可能对我国政治、经济、文化、宗教、民族等社会公共利益和公共秩序产生消极、负面影响。如果某标志具有宗教含义，不论相关公众是否能够普遍认知，该标志是否已经使用并具有一定知名度，通常可以认为该标志的注册有害于宗教感情、宗教信仰或者民间信仰，具有不良影响。本案中，判断"泰山大帝"是否系道教神灵的称谓，是否具有宗教含义，不仅需考量本案当事人所提交的相关证据，也

需考量相关宗教机构人士的认知以及道教在中国民间信众广泛的历史渊源和社会现实。首先，虽然当事人提交的大部分证据，也即二审法院认定的官方记载未记载"东岳大帝"或"泰山神"称为"泰山大帝"，但有部分书籍、新闻报道和论文中提及"东岳大帝"或"泰山神"称为"泰山大帝"。其次，泰安市民族与宗教事务局、泰安市道教协会也出具说明证明"泰山大帝"系道教神灵的称谓，他们的认知本身即是相关宗教机构人士的认知。第三，道教是我国具有悠久历史传统的一种宗教，在漫长的历史过程中，道教信众广泛，有关记载道教的书籍、杂志、报道众多。因此，关于道教神灵的称谓也难言仅限于国家官方记载。故即便官方文献未记载"泰山大帝"为"泰山神"或"东岳大帝"，"泰山大帝"不是"东岳大帝"或"泰山神"称谓的唯一对应，但相关证据和宗教界机构人士的认知表明，"泰山大帝"均指向"泰山神"或"东岳大帝"，而不是指向其他道教神灵，"泰山大帝"的称谓系客观存在，具有宗教含义。万佳公司以及争议商标原申请注册人将"泰山大帝"作为商标加以注册和使用，可能对宗教信仰、宗教感情或者民间信仰造成伤害，从而造成不良影响。因此，争议商标的注册属于商标法第十条第一款第（八）项规定的情形，应予撤销。

审理法院　最高人民法院
审理时间　2016 年 5 月 11 日
案　　号　最高人民法院（2016）最高法行再 21 号行政判决书
出　　处　《最高人民法院公报》2017 年第 1 期；《最高人民法院知识产权案件年度报告（2016）》。

186. 在后商标使用许可合同相对人明知商标权人和在先许可合同相对人未解除独占使用许可合同，仍和商标权人签订许可合同的，不属于善意第三人

——上海帕弗洛文化用品有限公司诉上海艺想文化用品有限公司、毕加索国际企业股份有限公司商标使用许可合同纠纷案

> **裁判摘要**
>
> 在后商标使用许可合同相对人明知商标权人和在先商标使用许可合同相对人未解除在先商标独占使用许可合同，仍和商标权人签订许可合同，导致先后两不独占许可合同的许可期间存在重叠的，在后合同并非无效，但在后商标使用许可合同相对人不属于善意第三人，不能依据在后合同获得商标的许可使用权，在先取得的独占许可使用权可以对抗在后的商标使用许可合同关系。

关　键　词　商标独占使用许可合同　善意第三人

裁判理由　法院认为：四、上诉人艺想公司与被上诉人毕加索公司签订的独占使用许可合同是否因恶意串通损害第三人利益而无效

上诉人艺想公司与被上诉人毕加索公司于 2012 年 2 月签订的系争《商标使用许可合同书》，双方意思表示真实一致，合同已经成立并生效。关于艺想公司与毕加索公司是否存在恶意串通损害第三人利益并导致合同无效的问题，首先，艺想公司与上诉人帕弗洛公司生产销售类似书写工具产品，在同一市场展开竞争，且毕加索公司在向法院提交的书面答辩意见中称已将其与帕弗洛公司的商标使用许可情况告知艺想公司；其次，艺想公司与毕加索公司在商标局 2012 年 3 月 13 日公告终止备案之前的 2012 年 2 月 16 日即签订系争商标使用许可合同，虽然商标使用许可合同备案于 2012 年 1 月 1 日终止，但并无证据表明帕弗洛公司与毕加索公司的商标独占使用许可合同关系已经解除，不能仅依据备案之终止而推定商标使用许可合同之解除；再者，艺想公司亦表示其知悉帕弗洛公司与毕加索公司之间的涉案商标使用许可关系。据此，可以认定艺想公司在与毕加索公司签订系争商标使用许可合同时，知晓帕弗

洛公司与毕加索公司之间存在涉案商标独占使用许可关系，因而在重复授权情况下，艺想公司并不属于在后被授权之善意第三人。

然而，上诉人艺想公司不属于善意第三人，仅意味着其对被上诉人毕加索公司与上诉人帕弗洛公司之间的涉案商标独占使用许可关系是知情的，并不一定意味着其与毕加索公司间存在恶意串通并损害第三人利益之行为。从恶意串通的构成要件看，既需证明主观上存在加害故意，又需证明客观上存在串通行为。而本案中，艺想公司与毕加索公司签订使用许可合同的目的在于使用涉案商标，虽然艺想公司和毕加索公司在签订系争合同时，并未以毕加索公司和帕弗洛公司解除其双方在先的商标独占使用许可合同为合同生效前提之做法存在不妥，导致先后两个商标独占使用许可合同的许可期间存在重叠，但综合艺想公司在其系争合同中要求毕加索公司积极撤销与帕弗洛公司的备案合同等条款，本案中尚无充分证据证明艺想公司有加害帕弗洛公司的主观恶意，亦无证据证明艺想公司和毕加索公司间存在串通行为，因此难以认定此种合同行为属恶意串通损害第三人利益之行为。艺想公司、毕加索公司的投诉、举报行为，系基于其自认为艺想公司已获得涉案商标的独占许可使用权，且相应行政机关并未作出帕弗洛公司违法的决定，难言属于双方恶意串通之行为。至于系争合同专门设置的限制合同双方与第三方和解的条款，符合艺想公司维护其合同利益的目的，系市场竞争中的常见手段，同样难以认定系恶意串通行为。鉴于艺想公司与帕弗洛公司系同业竞争者，其采用与涉案商标权利人毕加索公司签订独占使用许可合同、要求毕加索公司不得在同类产品上向第三方授权使用涉案商标的方式展开市场竞争，该竞争方式本身并不具有违法性。系争合同不符合认定合同无效的法定条件，涉案各方之间的纠纷，可以通过追究违约责任等方式予以解决。

五、上诉人艺想公司能否依据其与被上诉人毕加索公司签订的系争合同获得涉案商标使用权

虽然本案中上诉人艺想公司与被上诉人毕加索公司之间的商标使用许可合同已成立并生效，但合同已生效并不等于合同已被实际履行。首先，艺想公司、毕加索公司均知悉上诉人帕弗洛公司与毕加索公司就涉案商标存在的独占使用许可关系，艺想公司相对于帕弗洛公司与毕加索公司之间的商标独占使用许可合同关系而言，不属于善意第三人。其次，毕加索公司与帕弗洛公司之间就涉案商标存在独占使用许可合同关系，且该独占使用许可合同正常履行，虽然毕加索公司与帕弗洛公司之间的涉案商标使用许可合同备案于

2012年1月1日终止，但在无证据表明帕弗洛公司与毕加索公司的商标独占使用许可合同已被解除的情况下，应认定该独占使用许可合同关系依然存续。由于艺想公司不属于善意第三人，因此帕弗洛公司依据其与毕加索公司间的商标使用许可合同取得的涉案商标独占许可使用权，可以对抗艺想公司与毕加索公司之间的商标使用许可合同关系。鉴于毕加索公司实际上并未履行其与艺想公司签订的商标使用许可合同之义务，艺想公司也就不能据此系争合同获得涉案商标的使用权。由此，帕弗洛公司依据在先的独占使用许可合同已经形成的商标使用的状态，应认定未被在后的商标独占使用许可合同关系所打破，否则将有悖公平诚信原则、扰乱商标使用秩序并最终有损相关消费者利益。原审判决虽认定系争合同并非无效，但并未认定艺想公司享有涉案商标的独占许可使用权，并无不当。艺想公司与毕加索公司如就系争合同产生纠纷，可通过追究违约责任等方式另案解决。此外，艺想公司是否另案起诉毕加索公司与帕弗洛公司恶意串通损害国家税收利益及艺想公司利益，属另案审理范围，本案不予审查。

审理法院 上海市高级人民法院
审理时间 2015年9月30日
案　　号 上海市高级人民法院（2014）沪高民三（知）终字第117号民事判决书
出　　处 《最高人民法院公报》2017年第2期。

187. 商标权共有的，商标权许可使用应遵循当事人意思自治原则
——张绍恒与沧州田霸农机有限公司、朱占峰侵害商标权纠纷案

> **裁判摘要**
> 在商标权共有的情况下，商标权的许可使用应遵循当事人意思自治原则，由共有人协商一致行使；不能协商一致，又无正当理由的，任何一方共有人不得阻止其他共有人以普通许可的方式许可他人使用该商标。

关　键　词 商标权共有　意思自治原则　商标权许可使用

裁判理由 最高人民法院认为：对于商标权共有，2001年修正的《中华人民共和国商标法》（以下简称商标法）第五条规定，两个以上的自然人、法人或者其他组织可以共同向商标局申请注册同一商标，共同享有和行使该商标专用权。除此之外，商标法对于商标权共有人权利行使的一般规则没有作出具体规定。本院认为，商标权作为一种私权，在商标权共有的情况下，其权利行使的规则应遵循意思自治原则，由共有人协商一致行使；不能协商一致，又无正当理由的，任何一方共有人不得阻止其他共有人以普通许可的方式许可他人使用该商标。理由在于：

首先，商标只有用于生产经营活动中，与商品或者服务结合起来，才能起到区分商品或者服务来源的作用，体现商标的真正价值。如果因为商标权共有人难以协商一致导致注册商标无法使用，不仅难以体现出注册商标的价值，有悖于商标法的立法本意，也难以保障共有人的共同利益。其次，商标权共有人单独以普通许可方式许可他人使用该商标，一般不会影响其他共有人利益，其他共有人可以自己使用或者以普通许可方式许可他人使用该商标，该种许可方式原则上应当允许。商标权共有人如果单独以排他许可或者独占许可的方式许可他人使用该商标，则对其他共有人的利益影响较大，原则上应禁止。再次，根据商标法的规定，许可人应当监督被许可人使用其注册商标的商品质量，被许可人应当保证使用该注册商标的商品质量。因此，从保证商品质量和商标商誉的角度，商标权共有人单独进行普通许可，对其他共有人的利益一般也不会产生重大影响。退一步而言，即便商标权共有人单独进行普通许可造成了该商标商誉的降低，损害到了其他共有人的利益，这也是商标权共有制度自身带来的风险。在商标权共有人对权利行使规则没有作出约定的情况下，共有人应对该风险有所预期。最后，要求商标权共有人全部同意才可进行普通许可，无疑会增加商标许可使用的成本，甚至导致一些有价值的商标因共有人不能达成一致而无法使用。综上，商标权共有人在没有对权利行使规则作出约定的情况下，一般可以单独以普通许可的方式许可他人使用该商标。

审理法院 最高人民法院
审理时间 2016年3月31日
案　　号 最高人民法院（2015）民申字第3640号民事裁定书
出　　处 《最高人民法院公报》2017年第4期；《最高人民法院知识产

权案件年度报告（2016）》。

188. 商标使用行为可能导致相关公众误认销售服务系商标权人或者存在商标许可等关联关系的，应认定已超出指示所销售商品来源所必要的范围
——维多利亚的秘密商店品牌管理公司诉上海麦司投资管理有限公司分割商标权及不正当竞争纠纷案

> **裁判摘要**
>
> 　　合法取得销售商品权利的经营者，可以在商品销售中对商标权人的商品商标进行指示性使用，但应当限于指示商品来源，如超出了指示商品来源所必需的范围，则会对相关的服务商的商标专用权构成侵害。商标使用行为可能导致相关公众误认为销售服务系商标权人或者与商标权人存在商标许可等关联关系的，应认定已经超出指示所销售商品来源所必要的范围而具备了指示、识别服务来源的功能。

　　关 键 词　指示商标来源　指示、识别服务来源　商标专用权

　　裁判理由　法院认为：本案中，麦司公司所销售的商品并非假冒"VICTORIA'S SECRET""维多利亚的秘密"商标的商品，维多利亚公司亦未主张麦司公司所售商品为侵权产品，双方争议在于如何评价麦司公司在销售过程中使用"VICTORIA'S SECRET""维多利亚的秘密"标识的行为。值得注意的是，维多利亚公司在第35类服务上享有"VICTORIA'S SECRET""维多利亚的秘密"的注册商标专用权，这表明在此类服务上，他人未经许可不得使用"VICTORIA'S SECRET""维多利亚的秘密"注册商标。同时，由于麦司公司所销售的并非假冒商品，因此其也应具有将"VICTORIA'S SECRET""维多利亚的秘密"商品商标在销售活动中指示商品来源、以便消费者识别商品来源的权利，对此商标权人应当予以容忍。但如果对销售过程中商品商标的指示性使用不加限制，则可能危及相关服务商标的存在价值。因此，麦司公司在指示性使用涉案商品商标过程中，应当限于指示商品来源，如超出了指示商品来源所必需的范围，则会对相关的服务商标专用权构成侵害。根据

本案查明的事实，麦司公司在店铺大门招牌、店内墙面、货柜以及收银台、员工胸牌、VIP卡、时装展览等处使用了"VICTORIA'S SECRET"标识，且对外宣称美罗城店为维多利亚的秘密上海直营店、其系维多利亚的秘密中国总部、北上广深渝津大区总经销、中国区品牌运营商等，这可能导致相关公众误认为销售服务系商标权人提供或者与商标权人存在商标许可等关联关系，因此已经超出指示所销售商品来源所必要的范围，具备了指示、识别服务来源的功能，构成对"VICTORIA'S SECRET"服务商标专用权的侵害。麦司公司在网络广告宣传过程中使用"VICTORIA'S SECRET""维多利亚的秘密"标识，目的是利用涉案商标开展产品销售相关的招商加盟业务，系在与涉案服务商标同类的服务上使用与涉案服务商标相同的商标，一审法院认定其构成侵权，并无不当。

审理法院　上海市高级人民法院
审理时间　2015年2月13日
案　　号　上海市高级人民法院（2014）沪高民三（知）终字第104号民事判决书
出　　处　《最高人民法院公报》2017年第8期。

189. 人民法院可以对行政部门漏审的重要事实依职权作出认定
——再审申请人普兰娜生活艺术有限公司
与被申请人国家工商行政管理总局商标评审
委员会商标申请驳回复审行政纠纷案

> **裁判摘要**
> 　　申请人在申请商标注册时主张有优先权，行政部门对申请商标是否享有优先权存在漏审，导致被诉决定错误的，人民法院应当在查清相关事实的基础上依法作出裁判。

关 键 词　优先权　漏审
裁判理由　最高人民法院认为：普兰娜公司在商标授权的行政程序中曾

经提出过优先权的主张,商标局并未对该申请给予回复,商标评审委员会亦未能在审查阶段对该事实予以认定,导致被诉决定存在遗漏当事人请求的情形。根据查明的事实,申请商标的优先权日期应当为2010年11月19日,申请商标的优先权日期早于引证商标一的申请日期。本案一、二审法院均已判决商标评审委员会对申请商标重新作出决定,而对于优先权认定的基本事实,商标评审委员会重新作出的决定并未涉及。由于优先权的认定是判断本案引证商标一是否能够成为申请商标的权利障碍的关键事实,且普兰娜公司对重新作出的商标驳回复审决定再次提出了行政诉讼。鉴于被诉决定对申请商标的优先权日存在漏审,导致错误认定了引证商标一成为注册申请的权利障碍,为避免循环诉讼、及时维护当事人权益、提高诉讼效率,参照《最高人民法院关于审理商标授权确权行政案件若干问题的规定》第二条关于"人民法院对商标授权确权行政行为进行审查的范围,一般应根据原告的诉讼请求及理由确定。原告在诉讼中未提出主张,但商标评审委员会相关认定存在明显不当的,人民法院在各方当事人陈述意见后,可以对相关事由进行审查并做出裁判"的规定,对被诉决定认定的错误事实予以纠正,申请商标的优先权日期为2010年11月19日,而非2010年12月28日。由于申请商标的优先权日期早于引证商标一的申请日期,故引证商标一不构成申请商标能否注册申请的权利障碍。在此情形下,无需讨论申请商标与引证商标一是否构成同一种或类似商品上的近似商标。综上,普兰娜公司关于优先权的再审申请理由成立,商标评审委员会作出的被诉决定结论错误,应予撤销。

审理法院 最高人民法院
审理时间 2017年5月9日
案　　号 最高人民法院(2017)最高法行再10号行政判决书
出　　处 《最高人民法院公报》2017年第12期;《最高人民法院知识产权案件年度报告(2017)》;《知识产权审判指导》2017年第1辑(总第29辑)。

190. 商标侵权案件中对是否构成在先使用的审查判断
——再审申请人梁或、卢宜坚与被申请人安徽采蝶轩蛋糕集团有限公司、合肥采蝶轩企业管理服务有限公司、一审被告、二审被上诉人安徽巴莉甜甜食品有限公司侵害商标权及不正当竞争纠纷案

> **裁判要点**
> 主张在先使用权益的一方当事人,应当举证证明其使用时间早于注册商标的申请日,且通过使用行为使未注册商标产生了一定影响。

关 键 词 商标在先使用 举证责任

裁判理由 最高人民法院认为:关于采蝶轩集团公司、采蝶轩服务公司和巴莉甜甜公司对"采蝶轩"字号和"采蝶轩"标识的使用是否构成在先使用问题。本案被诉侵权行为发生在现行商标法修正前,因此应适用2001年修正的商标法,该法并未对先使用抗辩问题作出明确规定。即使参照现行商标法关于先用权抗辩问题的规定,采蝶轩集团公司、采蝶轩服务公司和巴莉甜甜公司对被诉侵权标识的使用,也不构成在先使用。采蝶轩服务公司和巴莉甜甜公司对被诉侵权标识的使用,也不构成在先使用。理由在于,第1344787号和第1328994号注册商标的申请日分别是1998年7月3日和1998年7月6日,均早于采蝶轩公司的前身合肥采蝶轩公司成立的2000年6月8日,也即采蝶轩集团公司、采蝶轩服务公司对于被诉侵权标识的使用,晚于前述两个注册商标的申请日;即便如原审法院所认定的前述两个注册商标与被控侵权标识不构成类似商品和服务,也即不考虑前述两个注册商标对在先使用判断的影响,在第3422492号注册商标的申请日,即2002年12月31日前,采蝶轩集团公司当时也只有5家门店,且2003年的销售额只有7.58万元,难言具有一定影响。同理,采蝶轩集团公司对于其企业字号的商标性使用也没有在先使用的权利。故此,原审法院认定采蝶轩集团公司、采蝶轩服务公司和巴莉甜甜公司具有在先使用的权利,没有事实根据,依法予以纠正。

审理法院 最高人民法院
审理时间 2016年6月7日

案　　号　最高人民法院（2015）民提字第38号民事判决书
出　　处　《最高人民法院知识产权案件年度报告（2016）》。

191. 损害赔偿数额的计算应当遵循比例原则
——再审申请人梁或、卢宜坚与被申请人安徽采蝶轩蛋糕集团有限公司、合肥采蝶轩企业管理服务有限公司、一审被告、二审被上诉人安徽巴莉甜甜食品有限公司侵害商标权及不正当竞争纠纷案

裁判要点

销售收入与生产经营规模、广告宣传、商品质量等密切相关，而不仅仅来源于对商标的使用及其知名度。当事人主张以全部销售收入与销售利润率为基础计算侵权获利的，不应予以支持。

关　键　词　损害赔偿　关联性　比例原则

裁判理由　最高人民法院认为：关于侵权损害赔偿问题，根据《商标法》（2001年修正）第五十六条第一款、第二款的规定，梁或、卢宜坚主张按照采蝶轩集团公司、采蝶轩服务公司和巴莉甜甜公司分别从2002年和2005年起至起诉时止的侵权获利来计算损害赔偿额，并据此提出了1500万元的赔偿请求。对此最高人民法院认为，关于侵权损害赔偿时间的计算，根据《最高人民法院关于审理商标民事纠纷案件适用法律若干问题的解释》第十八条的规定，梁或、卢宜坚于2012年9月17日向一审法院提起诉讼时，侵权行为仍在持续，故本案的损害赔偿计算时间，应从梁或、卢宜坚提起本案诉讼之日起向前推算两年计算，梁或、卢宜坚主张分别从2002年和2005年起计算损害赔偿数额没有法律依据。关于采蝶轩集团公司、采蝶轩服务公司和巴莉甜甜公司的侵权获利，梁或、卢宜坚主张按照其销售收入与中山市采蝶轩食品有限公司的销售利润率的乘积计算。采蝶轩集团公司、采蝶轩服务公司和巴莉甜甜公司的销售收入与其生产经营规模、广告宣传、商品质量等是密切相关的，不仅仅来源于对涉案商标的使用以及涉案商标的知名度，故对梁或、卢宜坚的前述主张不予支持。对于本案的损害赔偿数额，应当根据被申请人和巴莉甜甜公司实施侵权行为的性质、期间、后果以及涉案商标的声誉等情况，酌情确定采蝶轩集团公司、采蝶轩服务公司和巴莉甜甜公司赔偿梁或、

卢宜坚 50 万元。梁或、卢宜坚为制止侵权行为，支出公证费、差旅费、律师费等合计 44511 元，该合理开支由采蝶轩集团公司、采蝶轩服务公司和巴莉甜甜公司承担。

审理法院 最高人民法院
审理时间 2016 年 6 月 7 日
案　　号 最高人民法院（2015）民提字第 38 号民事判决书
出　　处 《最高人民法院知识产权案件年度报告（2016）》。

192. 商标权的保护强度应当与其显著性和知名度相适应
——再审申请人杭州奥普卫厨科技有限公司与
被申请人浙江现代新能源有限公司、
浙江凌普电器有限公司、杨艳侵害商标权纠纷案

裁判要点

商标权的保护强度，应当与其显著性和知名度相适应。如果使用行为并未损害涉案商标的识别和区分功能，亦未因此而导致市场混淆的后果，即不为法律所禁止。

关 键 词 显著性　知名度　商标权保护强度

裁判理由 最高人民法院认为：商标法所要保护的，是商标所具有的识别和区分商品及服务来源的功能，而并非仅以注册行为所固化的商标标识本身。商标权的保护强度，应当与其应有的显著性和知名度相适应。商标标识本身的近似不是认定侵权行为是否成立的决定性因素，如果使用行为并未损害涉案商标的识别和区分功能，亦未因此而导致市场混淆的后果，该种使用行为即不在商标法所禁止的范围之中。具体到本案而言，涉案商标中的中文文字"奥普"为臆造词，具有较强的固有显著性，且与奥普卫厨公司及其关联企业的商号完全一致。至涉案商标申请日之前，经奥普卫厨公司及其关联企业的使用，"奥普"系列商标已经具有了较高的知名度。与此相比，经新能源公司的许可，凌普公司在对涉案商标进行使用的过程中，多次因不规范或突出使用"奥普"文字的行为，受到行政处罚或被司法机关认定为不正当竞

争行为。其商誉攀附的对象，正是在市场中已经具有较高知名度的奥普电器产品。因此，涉案商标中"奥普"文字的显著性和知名度，实际上来源于奥普公司及其关联企业的使用行为。涉案商标虽然在"金属建筑材料"上享有注册商标专用权，但对该权利的保护范围和保护强度，应当与新能源公司对该商标的显著性和知名度所作出的贡献相符。本案中，被诉侵权产品的销售地点为奥普公司的正规销售门店，门店之上突出标注了奥普公司的字号及注册商标。被诉侵权产品的外包装和产品本身清晰标注了奥普卫厨公司企业名称的全称及其关联企业在第6类商品上拥有的"1+N浴顶"等注册商标。结合奥普卫厨公司的在先权利基础，一般消费者凭借奥普卫厨公司在销售场所和被诉侵权商品上标注的上述信息，已足以实现对商品来源的清晰区分，不会导致误认被诉侵权产品来源于新能源公司的结果，亦不会产生攀附涉案商标商业信誉的损害后果。因此，奥普卫厨公司、杨艳生产、销售使用"AUPU奥普©"及"AUPU"标识的被诉侵权商品的行为，不构成对涉案商标权的侵害。

审理法院　最高人民法院
审理时间　2016年6月25日
案　　号　最高人民法院（2016）最高法民再216号民事判决书
出　　处　《最高人民法院知识产权案件年度报告（2016）》；《知识产权审判指导》2016年第2辑（总第28辑）。

193. 对法律适用存在瑕疵但裁判结果正确的二审判决的处理方式
——再审申请人黄小东与被申请人国家工商行政管理总局商标评审委员会、原审第三人沙特阿若必恩石油公司商标异议复审行政纠纷案

> **裁判要点**
>
> 二审判决在适用法律方面存在瑕疵,但裁判结果正确,可参照适用民事诉讼法及相关司法解释的规定,对二审判决适用法律存在的瑕疵予以纠正的基础上,裁定驳回再审申请。

关 键 词 商标复审程序 法律适用

裁判理由 最高人民法院认为:《商标法》第十条第一款第(二)项所称"同外国的国家名称相同或者近似的标志",是指该标志作为整体同外国国家名称相同或者近似。如果该标志含有与外国国家名称相同或者近似的文字,且其与其他要素相结合,作为一个整体已不再与外国国家名称构成相同或者近似的,则不宜认定为同外国国家名称相同或者近似的标志。本案中,被异议商标为"沙特阿美及图",图形为狗头图案,文字为"沙特阿美",图形在文字上方,图形所占面积超过文字所占面积的二倍。被异议商标虽然含有"沙特"二字,但该标志整体上并未与沙特阿拉伯王国的国家名称相同或者近似。但根据《商标法》第十条第一款第(八)项的规定,有害于社会主义道德风尚或者有其他不良影响的标志不得作为商标使用。被异议商标的构成要素中含有"沙特"和狗头图形,且被异议商标指定使用于"石油"等相关商品上,相关公众容易认为其指定使用的商品与沙特阿拉伯王国有所联系。在此情况下,如果允许被异议商标在我国予以注册并作商业使用,将产生不良影响。因此,被异议商标违反了《商标法》第十条第一款第(八)项的规定,不应当予以核准注册。综上,被异议商标虽然并未构成商标法第十条第一款第(二)项规定的情形,但构成了《商标法》第十条第一款第(八)项规定的情形,同样不应当核准注册。二审判决在适用法律方面存在瑕疵,但裁判结果正确。对于此种情况如何处理,行政诉讼法并未作出明确规定。但

根据行政诉讼法第一百零一条的规定,对此可参照适用《民事诉讼法》的相关规定。根据《最高人民法院关于适用〈中华人民共和国民事诉讼法〉的解释》第三百三十四条规定:"原判决、裁定认定事实或者适用法律虽有瑕疵,但裁判结果正确的,第二审人民法院可以在判决、裁定中纠正瑕疵后,依照民事诉讼法第一百七十条第一款第一项规定予以维持。"依照和参照上述规定,在对二审判决适用法律存在的瑕疵予以纠正的基础上,驳回黄小东的再审申请。

审理法院 最高人民法院
审理时间 2016 年 6 月 27 日
案　　号 最高人民法院(2016)最高法行申 356 号行政裁定书
出　　处 《最高人民法院知识产权案件年度报告(2016)》。

194. 证明商标显著性的认定
——再审申请人布鲁特斯 SIG 有限公司与被申请人国家工商行政管理总局商标评审委员会商标驳回复审行政纠纷案

> **裁判要点**
> 　　商标法虽然对证明商标的申请主体、使用主体及基本功能作出了专门规定,但商标法关于注册商标应当具备显著特征的要求,同样适用于证明商标。

关 键 词　证明商标　显著性
裁判理由　最高人民法院认为:显著性是商标发挥识别不同商品或者服务功能的基础。虽然商标法对证明商标的申请主体、使用主体及基本功能作出了专门规定,但证明商标作为注册商标的一种类型,仍然应当符合注册商标的一般性规定,即具有显著性。虽然"蓝牙"最初是作为"Bluetooth"的中文翻译进入我国并为中国消费者所认识,而"Bluetooth"也已作为商标在中国被核准注册。但自 20 世纪 90 年代蓝牙技术产生后,布鲁特斯公司及电子通信领域的公司长期将"蓝牙"作为"一种近距离无线通信技术"使用在音箱、耳机、打印机、手机、鼠标等产品上,并开展相关标准化活动,蓝牙技术、蓝牙产品已迅速普及并被广大消费者所接受,相关公众普遍认为"蓝牙"是一种能在移动电话、PDA、无线耳机、笔记本电脑、相关外设等众多设备之间进行无线信息交换的短距离无线通信技术,蓝牙产品就是包含短距离无线通信技术的产品。而且,布鲁特斯公司在诉讼过程中也曾称"申请商标一直都是仅使用在符合特定技术标准和要求的商品和服务上,与特定技术标准联系更为紧密。"因此,申请商标"蓝牙"使用在指定服务上,直接表示了服务的技术特点,缺乏商标应有的显著特征,不符合《商标法》第十一条第一款第(二)项的规定。

审理法院 最高人民法院
审理时间 2016年7月26日
案　　号 最高人民法院(2016)最高法行申2159号行政裁定书
出　　处 《最高人民法院知识产权案件年度报告(2016)》。

195. 销售发票指向非侵权商品的商标使用行为不构成侵权
——无锡小天鹅股份有限公司与内蒙古包头百货大楼集团
股份有限公司及内蒙古包头百货大楼集团股份有限公司
昆区海威超市侵害商标权及不正当竞争纠纷案

> **裁判要点**
> 　　销售发票上的商标使用行为是否合法,需要根据其指向的商品或服务本身是否构成侵权作出判断。

关 键 词　销售发票　商标使用行为

裁判理由　最高人民法院认为:被诉侵权商品在面板及商品外包装上,标注有生产商的企业名称全称,并未突出使用"小天鹅"字样,故被诉侵权商品未侵害涉案商标权。关于包头百货公司在发票上标注"小天鹅"字样的行为是否构成侵权的问题,最高人民法院认为,商标是用以区分商品或服务来源的标识,独立的标识无法构成商标法意义上的商标。作为商品交易文书的一种,发票使用属于一种商标使用行为,但在实际使用中,发票对商标的使用必然是与特定商品或服务的结合性使用。因此,在判断该使用行为是否侵犯他人权利时，仍然需要结合其指向的商品或服务本身予以综合判断。具体到本案而言，按交易惯例，购买洗衣机一般均是在先察看商品、了解功能价格来源等情况下，再决定购买、付款，销售者在款项收讫的情况下出具发票，发票出具是商品交易过程中的一个环节。包头百货公司在发票上的标注属于对商标的使用，但该行为所指向的对象仍是被诉侵权商品本身。在被诉侵权商品本身不构成侵权的情况下，仅凭发票标注"小天鹅"字样，尚不足以认定该行为构成侵害商标权。

审理法院 最高人民法院
审理时间 2016年9月18日
案　　号 最高人民法院（2016）最高法民申2216号民事裁定书
出　　处 《最高人民法院知识产权案件年度报告（2016）》。

196. 商标申请或注册人信息不属于著作权法规定的表明作者身份的署名行为

——再审申请人格里高利登山用品有限公司与被申请人鹤山三丽雅工艺制品有限公司、一审被告、二审被上诉人国家工商行政管理总局商标评审委员会商标异议复审行政纠纷案

> **裁判要点**
> 　　商标申请人及商标注册人信息仅能证明注册商标权的归属，不属于著作权法规定的表明作品创作者身份的署名行为。

关 键 词　注册信息　署名行为

裁判理由　最高人民法院认为：本案的关键问题是判断"GREGORY 山形图案"的著作权是否归格里高利公司享有。格里高利公司主张涉案"GREGORY 山形图案"的著作权归其享有的主要理由是：Pamela Beverly 创作了"GREGORY 山形图案"，边奇公司享有该图形的著作权，边奇公司将该图形的著作权转让给原格里高利公司前身，原格里高利公司前身更名为原格里高利公司，原格里高利公司与珠穆朗玛联合Ⅱ有限公司合并成立格里高利公司，格里高利公司继受了原格里高利公司的所有知识产权，故格里高利公司

对"GREGORY 山形图案"享有在先的著作权。格里高利公司为此提交了边奇公司于 1992 年 11 月 16 日向美国专利及商标局申请注册"GREGORY 山形图案"商标、1994 年 5 月 17 日获准注册的证据以证明其享有"GREGORY 山形图案"的在先著作权。首先,著作权法规定,在作品上署名的公民、法人或者其他组织为作者。商标申请人及商标注册人信息仅仅能证明注册商标权的归属,不属于著作权法规定的表明作品创作者身份的署名行为。因此,边奇公司在美国申请并核准注册"GREGORY 山形图案"商标的证据不足以证明该涉案作品的著作权最早归边奇公司享有。其次,格里高利公司字号最早的使用时间晚于被异议商标申请日,且"GREGORY 山形图案"中英文文字"GREGORY"是整个图案的组成部分,"GREGORY"系常见男子名,故格里高利公司商标注册证上显示的"GREGORY"不能视为格里高利公司的署名行为。最后,商标具有地域性,持有美国的商标注册证,仅能证明商标注册人从著作权人处获得了在美国申请注册该图形商标的权利,不能据此证明其当然享有在中国行使著作权的权利。

审理法院　最高人民法院
审理时间　2016 年 9 月 21 日
案　　号　最高人民法院(2016)最高法行申 2154 号行政裁定书
出　　处　《最高人民法院知识产权案件年度报告(2016)》。

197. 著作权登记证书对在先著作权的证明效力
——再审申请人格里高利登山用品有限公司与被申请人鹤山三丽雅工艺制品有限公司、一审被告、二审被上诉人国家工商行政管理总局商标评审委员会商标异议复审行政纠纷案

裁判要点

在商标申请日之前取得的著作权登记证书,在作品具有独创性、没有相反证据足以推翻的情况下,可以证明登记证书上记载的权利人享有在先著作权。申请日之后取得的著作权登记证书,不具有证明在先著作权的证明效力。

关 键 词 在先著作权 著作权登记

裁判理由 最高人民法院认为：格里高利公司为证明其对"GREGORY山形图案"享有在先著作权，在商标评审期间向商标评审委员会提交了2009年10月27日颁发的《著作权登记证书》，载明原格里高利公司经边奇公司转让，取得了美术作品"GREGORY山形图案"在中国范围内的著作权，转让期间自1992年起至永久。首先，我国著作权登记采取自愿登记制，著作权登记机关仅进行形式审查，在注册商标申请日之前取得的著作权登记证书，在该作品具有独创性、没有相反证据足以推翻的情况下，可以证明登记证书上记载的权利人在先享有著作权。本案被异议商标于2006年9月28日申请注册，格里高利公司取得《著作权登记证书》晚于被异议商标注册申请日三年多，故在后取得的著作权登记证书，不足以证明其享有在先的著作权。其次，被异议商标于2009年5月21日予以初步审定公告，格里高利公司自公告之日起三个月内，向商标局提出异议申请，随后进行著作权登记，格里高利公司在商标异议申请后取得的著作权登记证书，不足以证明其享有在先的著作权。最后，三丽雅公司于2006年12月7日早于格里高利公司对与涉案"GREGORY山形图案"构成实质性近似的被异议商标图形亦进行了著作权登记，故格里高利公司在后取得的著作权登记证书，不足以证明其享有在先的著作权。

审理法院 最高人民法院
审理时间 2016年9月21日
案　　号 最高人民法院（2016）最高法行申2154号行政裁定书
出　　处 《最高人民法院知识产权案件年度报告（2016）》。

198. 商标驳回复审程序中通常不应当考虑与知名度有关的证据
——再审申请人深圳市柏森家居用品有限公司与被申请人
国家工商行政管理总局商标评审委员会商标驳回复审行政纠纷案

> **裁判要点**
>
> 由于商标驳回复审程序为单方程序，引证商标权利人并无机会提交有关引证商标知名度的证据。为维护程序的正当性，在商标驳回复审程序中通常不应当考虑与知名度有关的证据。

关 键 词 单方程序　知名度

裁判理由 最高人民法院认为：商标驳回复审案件为单方程序，引证商标持有人不可能作为诉讼主体参与到该程序中，有关引证商标知名度的证据因而在该程序中无法得以出示，在缺乏对申请商标，特别是引证商标进行充分举证和辩论的情况下，商标知名度实际上无法予以考虑。否则，将有违程序的正当性。本案中，只有柏森公司提交证据，试图证明申请商标知名度强、引证商标知名度弱，而引证商标持有人并无机会参与诉讼程序。由于柏森公司的证据均为单方证据，故二审法院认为仅凭柏森公司的证据不足以证明申请商标与引证商标一、引证商标二能够实现区分，该结论并无不当。

审理法院 最高人民法院
审理时间 2016 年 9 月 26 日
案　　号 最高人民法院（2016）最高法行申 362 号行政裁定书
出　　处 《最高人民法院知识产权案件年度报告（2016）》。

199. 姓名的商业使用不能与他人合法的在先权利相冲突
——再审申请人北京庆丰包子铺与被申请人山东庆丰餐饮管理有限公司侵害商标权与不正当竞争纠纷案

裁判要点

公民享有合法的姓名权，并有权合理使用自己的姓名，但不得违反诚实信用原则，侵害他人的在先权利。明知他人注册商标或字号具有较高的知名度，仍以攀附他人知名度为目的，将相同文字注册为字号并突出使用，即使该字号中含有与姓名相同的文字，亦不属于对姓名的合理使用，而构成侵害他人注册商标专用权及不正当竞争。

关 键 词 注册商标专用权 姓名权 诚实信用原则

裁判理由 最高人民法院认为：庆丰包子铺采用全国性连锁经营的模式，经过多年诚信经营和广告宣传，其商标及字号取得了较高的显著性和知名度。庆丰包子铺在餐馆服务上注册的"慶豐"商标及在方便面、糕点、包子等商品上注册的"老庆丰＋laoqingfeng"商标，在全国具有较高的知名度和影响力。"慶豐"与"庆丰"是汉字繁体与简体的一一对应关系，其呼叫相同；"老庆丰＋laoqingfeng"完全包含了"庆丰"文字。庆丰餐饮公司将"庆丰"文字商标性使用在与庆丰包子铺的上述两注册商标核定使用的商品或服务类似的餐馆服务上，容易使相关公众对商品或服务的来源产生误认或者认为其与庆丰包子铺之间存在某种特定的联系，可能导致相关公众的混淆和误认。庆丰餐饮公司的法定代表人为徐庆丰，其姓名中含有"庆丰"二字，徐庆丰享有合法的姓名权，当然可以合理使用自己的姓名。但是，徐庆丰曾在北京餐饮行业工作，应当知道庆丰包子铺商标的知名度和影响力，却仍在其网站、经营场所突出使用与庆丰包子铺注册商标相同或相近似的商标，明显具有攀附庆丰包子铺注册商标知名度的恶意，容易使相关公众产生误认，属于给他人注册商标专用权造成其他损害的行为，不属于对该公司法定代表人姓名的合理使用。此外，庆丰包子铺自1956年开业，1982年1月5日起开始使用"庆丰"企业字号，至庆丰餐饮公司注册之日止已逾二十七年，属于具有较高的市场知名度、为相关公众所知悉的企业名称中的字号，庆丰餐饮公司擅自将庆丰包子铺的字号作为其字号注册使用,经营相同的商品或服务,具有攀附庆丰包子铺企业名称知名度的恶意,其行为构成不正当竞争。

审理法院 最高人民法院
审理时间 2016年9月29日
案　　号 最高人民法院(2016)最高法民再238号民事判决书
出　　处 《最高人民法院知识产权案件年度报告(2016)》。

200. 对包含他人合法在先权利作品的著作权应合理避让
——再审申请人诸暨市开心猫食品有限公司与被申请人诸暨市优莱客食品商行、王坤、何铁永、傅凤丽、广东飞鹅包装彩印有限公司、长沙市裕得康食品贸易有限公司侵害商标权纠纷案

> **裁判要点**
> 　　著作权人在行使自身权利之时,应遵循合法、善意及审慎的原则,对于因历史原因而包含于作品当中的他人合法的在先权利,应当合理避让。

关 键 词　权利交叉　合理避让　在先权利

裁判理由　最高人民法院认为:虽然已有生效判决确认优莱客食品商行系"波斯猫爱挑逗"作品的著作权人,但该判决同时确认,优莱客食品商行创作完成该作品的时间为2005年5月17日,其时何铁永与王坤尚在合作期间,何铁永在产品包装中使用涉案商标的行为,系基于王坤的明确授权。双方亦曾明确约定,在合作终止后,优莱客食品商行不得再继续使用涉案商标。因此,至本案被诉侵权行为发生之时,优莱客食品商行在产品包装中对被诉侵权标识的使用已经不具备合法性基础。其在行使自身享有的著作权权利之时,应对王坤合法拥有的在先涉案商标权予以避让,即不能继续在包装中使用涉案商标,是优莱客食品商行合法、善意、审慎行使其著作权的应有之义。但本案被诉侵权行为的发生,具有一定的历史原因和背景:首先,双方之间曾经存在合作及知识产权许可关系。自2004年起,何铁永与王坤即针对"波斯猫"商品开展了一系列合作经营活动。涉案产品包装中对"波斯猫BOSI-

MAO"等标识的使用,最早即来源于王坤在合作过程中的明确授权。本案被诉侵权行为的性质因此而区别于恶意攀附他人商誉的"搭便车"行为。其次,知识产权权利保护客体具有一定的特殊性,使其在权利的行使和权利边界界定的过程中,相较于具有明确物理边界的物权而言,具有更多的复杂因素。具体到本案而言,在双方各自拥有的著作权与商标权形成和行使的过程中,因伴随着曾经的合作和知识产权许可关系,而使得权利的行使出现了一定程度的交叉。对于并不具有专业知识背景的本案当事人而言,如何正确理解和行使知识产权的相关权利,客观上确实存在一定的困难。双方曾经存在长期的合作关系,并均因此而获益。在合作终止后,双方所涉知识产权纠纷不断,不仅影响了正常的生产经营活动,亦可能损及自身的企业形象。而即使作为具有同业经营关系的市场经营者,亦应遵循诚实信用原则,遵守公认的商业道德,开展有序的市场竞争,而不应以诉讼为名行恶性竞争之实。双方在充分尊重他人合法权利的同时,亦应善意、审慎地行使自身权利,从而在诚信经营的基础上,获取消费者的认同和赞誉。

审理法院 最高人民法院
审理时间 2016 年 11 月 27 日
案　　号 最高人民法院(2016)最高法民申 1975 号民事裁定书
出　　处 《最高人民法院知识产权案件年度报告(2016)》。

201. 判断中外文商标是否构成近似应当考虑二者是否已经形成了稳定的对应关系

——再审申请人拉菲罗斯柴尔德酒庄与被申请人国家工商行政管理总局商标评审委员会、南京金色希望酒业有限公司商标争议行政纠纷案

裁判要点

判断中文商标与外文商标是否构成近似，不仅要考虑商标构成要素及其整体的近似程度、相关商标的显著性和知名度、所使用商品的关联程度等因素，还应考虑二者是否已经在相关公众之间形成了稳定的对应关系。

关 键 词 商标近似 中外文商标

裁判理由 最高人民法院认为：认定商标是否近似，既要考虑商标构成要素及其整体的近似程度，也要考虑相关商标的显著性和知名度、所使用商品的关联程度等因素，以是否容易导致混淆作为判断标准。争议商标由中文文字"拉菲庄园"构成，"庄园"用在葡萄酒类别上显著性较弱，"拉菲"系争议商标的主要部分，判断争议商标与引证商标是否构成近似，关键在于判断"拉菲"与"LAFITE"是否构成近似或者形成了较为稳定的对应关系。在争议商标申请日前，各类宣传报道中即有将引证商标"LAFITE"音译为"拉菲"的情况，且《新快报》《扬子晚报》《北京日报》等刊物属于消费者容易接触到的，受众面较大的宣传媒介。相关媒体所载文章均对"LAFITE"葡萄酒给予了极高评价，引证商标具有较高的知名度。此外，拉菲酒庄通过多年的商业经营活动，客观上在"拉菲"与"LAFITE"之间建立了稳固的联系，我国相关公众通常以"拉菲"指代"LAFITE"商标，争议商标与引证商标构成近似商标。此外，对于已经注册使用一段时间的商标，是否已经通过使用建立较高市场声誉和形成自身的相关公众群体，并非由使用时间决定，而是要看相关公众能否通过其使用行为，在客观上实现了与其他商标的区分。根据查明的事实，有关新闻报道所涉不合格产品，均系使用了争议商标的相关产品。从前述报道也可以看出，相关公众对争议商标与引证商标仍会混淆误

认。因此，金色希望公司提交的证据未能证明其通过对争议商标的使用已经形成了相关公众群体，二审法院所作争议商标已经形成了稳定的市场秩序的结论并无事实依据，对此应予纠正。

审理法院　最高人民法院
审理时间　2016 年 12 月 23 日
案　　号　最高人民法院（2016）最高法行再 34 号行政判决书
出　　处　《最高人民法院知识产权案件年度报告（2016）》。

202. 已注册商标是否已经形成稳定的市场秩序的判断
——再审申请人拉菲罗斯柴尔德酒庄与被申请人国家工商行政管理总局商标评审委员会、南京金色希望酒业有限公司商标争议行政纠纷案

> **裁判要点**
> 　　对于已经注册使用的商标，是否已经通过使用建立较高市场声誉，并形成了相关公众群体，应当以相关公众能否在客观上实现市场区分并避免混淆误认的结果为判断标准。

关 键 词　市场区分　混淆误认

裁判理由　最高人民法院认为：对于已经注册使用一段时间的商标，是否已经通过使用建立较高市场声誉和形成自身的相关公众群体，并非由使用时间的长短决定，而是要看相关公众能否通过其使用行为，在客观上实现了市场区分。金色希望公司主张，争议商标的知名度和市场占有率远远超过拉菲酒庄，其对争议商标的大量使用所形成的稳定市场秩序足以使争议商标与引证商标相区分。但根据查明的事实，有关新闻报道所涉不合格产品，均系使用了争议商标的相关产品。从前述报道也可以看出，相关公众对争议商标与引证商标仍会混淆误认。金色希望公司提交的证据未能证明其通过对争议商标的使用已经形成了自身的相关公众群体，相关公众不会将争议商标和引证商标混淆误认。二审法院认定"争议商标的注册和使用长达十年之久，其已经形成稳定的市场秩序，从维护已经形成和稳定的市场秩序考虑，本案争

议商标的注册应予维持"的结论并无事实和法律依据,对此予以纠正。

审理法院 最高人民法院
审理时间 2016 年 12 月 23 日
案　　号 最高人民法院(2015)民三终字第 1 号行政判决书
出　　处 《最高人民法院知识产权案件年度报告(2016)》。

203. 共存协议在 2001 年修正的《商标法》第二十八条适用过程中的作用
——再审申请人谷歌公司与被申请人国家工商行政管理总局商标评审委员会商标驳回复审行政纠纷案

> **裁判要点**
> 　　共存协议是认定申请商标是否违反 2001 年修正的商标法第二十八条规定的重要考量因素。在共存协议没有损害国家利益、社会公共利益或者第三人合法权益的情况下,不应简单以损害消费者利益为由,对共存协议不予采信。

关 键 词　共存协议　消费者利益

裁判理由　最高人民法院认为:引证商标权利人在本案中出具的同意书,是认定申请商标的注册是否违反商标法第二十八条规定的重要考虑因素。首先,引证商标权利人通过出具同意书,明确对争议商标的注册、使用予以认可,是引证商标权利人处分其合法权利的方式之一。在同意书没有损害国家利益、社会公共利益或者第三人合法权益的情况下,应当予以必要的尊重。其次,保障消费者的利益和生产、经营者的利益均是商标法的立法目的,二者不可偏废。虽然是否容易造成相关公众的混淆、误认是适用商标法第二十八条的重要考虑因素,但也要考虑到相关公众对于近似商业标志具有一定的分辨能力,在现实生活中也难以完全、绝对地排除商业标志的混淆可能性。考虑到特定历史背景等因素,可能产生因不同生产、经营者善意注册、使用行为而出现的商业标志共存。本案中,相较于尚不确实是否受到损害的一般消费者的利益,申请商标的注册和使用对于引证商标权利人株式会社岛野利益的影响更为直接和现实。株式会社岛野出具同意书，同意谷歌公司的商标申请行为，表明其对申请商标的注册是否容易导致相关公众的混淆、误认持否定或者容忍态度。尤其是考虑到谷歌公司、株式会社岛野分别为相关领域的知名企业，本案中没有证据证明，谷歌公司申请或使用申请商标存在攀附株式会社岛野及引证商标知名度的恶意，也没有证据证明申请商标的注册会损害国家利益或者社会公共利益。最后，虽然商标的主要作用在于区分商品或者服务的来源，但除申请商标和引证商标外，包括谷歌公司的企业名称及字号、相关商品特有的包装装潢等其他商业标志也可以一并起到区分来源的作用。即使准予申请商标注册，如在实际使用过程中结合其他商业标志，也可以有效避免相关公众的混淆、误认。综合考虑申请商标与引证商标指定使用的商品的关联程度，以及株式会社岛野出具同意书等情形，应当认定申请商标的注册未违反《商标法》（2001年修正）第二十八条的规定。

审理法院　最高人民法院
审理时间　2016年12月23日
案　　号　最高人民法院（2016）最高法行再103号行政判决书
出　　处　《最高人民法院知识产权案件年度报告（2016）》。

204. 驰名商标认定的证据审查标准
——再审申请人苹果公司与被申请人国家工商行政管理总局商标评审委员会、一审第三人新通天地科技（北京）有限公司商标异议复审行政纠纷案

裁判要点

在判断相关证据能否证明引证商标驰名与否时，应当注意，公司的经营历史及知名度与引证商标的宣传、使用历史及知名度并不必然等同；相关公众能否通过正规、有效的渠道，认知和了解引证商标；一般性的消息报道，而非针对引证商标的广告宣传，不足以作为认定特定商标已在中国经广泛商业宣传达到驰名程度的事实依据。

关　键　词　驰名商标　证据认定

裁判理由 最高人民法院认为：引证商标在被异议商标申请日之前是否已达到驰名商标的程度，是其能否合法阻止被异议商标在不相类似商品上获得注册的关键事实。苹果公司主张，引证商标随着 IPHONE 手机概念的公布及在美国首次销售的信息在全球传播，已瞬间成为驰名商标。对此最高人民法院认为，苹果公司在商标异议复审、一审、二审及再审申请阶段，分别提交了相关证据。上述证据中，部分内容仅涉及引证商标在被异议商标申请日后的实际使用及知名度的事实，与本案的关键事实并无直接关联性。其他证据，如关于苹果公司于 1993 年开始在北京设立办事处、于 2007 年 1 月公布 IPHONE 手机概念、于 2007 年 6 月 29 日在美国上市第一代 IPHONE 手机，以及"中关村在线"网站等媒体报道或网站信息，其证明的相关事实虽早于被异议商标申请日发生，但仍不足以证明引证商标在被异议商标申请日之前已达到驰名程度，主要理由在于：（1）苹果公司派驻代表机构在中国开展商务活动之初，尚不存在任何关于宣传和使用 IPHONE 商业标志的事实，苹果公司的经营历史及知名度与引证商标的宣传、使用历史及知名度并不必然等同；（2）苹果公司正式向中国市场销售 IPHONE 手机的时间为 2009 年 10 月，自 IPHONE 手机概念公布至 2009 年 10 月的逾两年内，苹果公司并未在中国市场销售 IPHONE 手机，相关公众在中国市场无法通过正规销售渠道购得 IPHONE 手机，中国相关公众缺乏通过购买、使用 IPHONE 手机熟悉并高度认同 IPHONE 商标的有效渠道；（3）"中关村在线"网站发布的《2007 年 7 月智能手机市场关注度及价格报告》等证据亦显示，在被异议商标申请日前通过非正规销售渠道流入中国市场的 IPHONE 手机，在当时的中国智能手机市场中并未占有较高份额；（4）在被异议商标申请日之前，与 IPHONE 手机有关的信息内容主要集中在对苹果公司下一代产品及经营策略的新闻报道、分析预测性文章，传播载体集中于《程序员》《软件世界》《环球》《经济论丛》等专业性较强的报刊，鲜有面向中国相关公众（尤其是广大消费者）的 IPHONE 手机商业广告。相反的是，苹果公司的部分证据反映了以下特点：（2）IPHONE 手机概念公布至被异议商标申请日期间，IPHONE 手机是部分媒体关注的对象，但并非中国主要媒体商业广告的对象，也未成为中国市场广大消费者熟悉并认可的知名品牌；（2）IPHONE 手机概念公布至苹果公司正式向中国市场销售 IPHONE 手机的逾两年内，苹果公司基于其经营策略，未实施向中国市场投放 IPHONE 品牌广告、销售 IPHONE 手机商品等经营行为，IPHONE 商标至少在被异议商标申请日之前缺乏在中国驰名的客观条件。因此，苹果公司的证据尚未有效证明在被异议商标申请日前，引证商标为中国相关公众所熟知并已达到驰名程度的事实。苹果公司主张引证商标随着IPHONE手机概念的公布及在美国首次销售的信息在全球传播而瞬间成为驰名商标的理由，既不符合2007年互联网在中国的实际状况，也不符合引证商标当时在中国的使用状况。苹果公司主张引证商标在被异议商标申请日之前已在中国驰名的理由无事实根据。

审理法院 最高人民法院
审理时间 2016年12月27日
案　　号 最高人民法院（2016）最高法行申3386号行政裁定书
出　　处 《最高人民法院知识产权案件年度报告（2016）》。

205. 姓名权构成商标法保护的"在先权利"
——再审申请人迈克尔·杰弗里·乔丹与被申请人国家工商行政管理总局商标评审委员会、一审第三人乔丹体育股份有限公司商标争议行政纠纷案

> **裁判要点**
> 姓名权是自然人对其姓名享有的重要人身权，姓名权可以构成2001年修正的商标法第三十一条规定的"在先权利"。

关 键 词 在先权利　姓名权

裁判理由 最高人民法院认为：《商标法》（2001年修正）第三十一条规定："申请商标注册不得损害他人现有的在先权利"。对于《商标法》已有特别规定的在先权利，应当根据《商标法》的特别规定予以保护。对于《商标法》虽无特别规定，但根据《民法通则》《侵权责任法》和其他法律的规定应予保护，并且在争议商标申请日之前已由民事主体依法享有的民事权利或者民事权益，应当根据该概括性规定给予保护。《民法通则》第九十九条第一款、《侵权责任法》第二条第二款均明确规定，自然人依法享有姓名权。故姓名权可以构成《商标法》第三十一条规定的"在先权利"。争议商标的注册损害他人在先姓名权的，应当认定该争议商标的注册违反《商标法》第三十

一条的规定。姓名被用于指代、称呼、区分特定的自然人，姓名权是自然人对其姓名享有的重要人身权。随着我国社会主义市场经济不断发展，具有一定知名度的自然人将其姓名进行商业化利用，通过合同等方式为特定商品、服务代言并获得经济利益的现象已经日益普遍。在适用《商标法》第三十一条的规定对他人的在先姓名权予以保护时，不仅涉及对自然人人格尊严的保护，而且涉及对自然人姓名，尤其是知名人物姓名所蕴含的经济利益的保护。未经许可擅自将他人享有在先姓名权的姓名注册为商标，容易导致相关公众误认为标记有该商标的商品或者服务与该自然人存在代言、许可等特定联系的，应当认定该商标的注册损害他人的在先姓名权，违反《商标法》第三十一条的规定。

审理法院　最高人民法院
审理时间　2016 年 12 月 30 日
案　　号　最高人民法院（2016）最高法行再 27 号行政判决书
出　　处　《最高人民法院知识产权案件年度报告（2016）》。

206. 自然人可就其未主动使用的特定名称获得姓名权的保护
——再审申请人迈克尔·杰弗里·乔丹与被申请人国家工商行政管理总局商标评审委员会、一审第三人乔丹体育股份有限公司商标争议行政纠纷案

裁判要点

"使用"是姓名权人享有的权利内容之一，并非其承担的义务，更不是姓名权人主张保护其姓名权的法定前提条件。在符合有关姓名权保护条件的情况下，自然人有权根据 2001 年修正的《商标法》第三十一条的规定，就其并未主动使用的特定名称获得姓名权的保护。

关 键 词　姓名权　主动使用

裁判理由　最高人民法院认为：首先，根据《民法通则》第九十九条第一款的规定，"使用"是姓名权人享有的权利内容之一，并非其承担的义务，更不是姓名权人"禁止他人干涉、盗用、假冒"，主张保护其姓名权的法定前

提条件。其次，在适用《商标法》第三十一条的规定保护他人在先姓名权时，相关公众是否容易误认为标记有争议商标的商品或者服务与该自然人存在代言、许可等特定联系，是认定争议商标的注册是否损害该自然人姓名权的重要因素。因此，在符合前述有关姓名权保护的三项条件的情况下，自然人有权根据《商标法》第三十一条的规定，就其并未主动使用的特定名称获得姓名权的保护。最后，对于在我国具有一定知名度的外国人，其本人或者利害关系人可能并未在我国境内主动使用其姓名；或者由于便于称呼、语言习惯、文化差异等原因，我国相关公众、新闻媒体所熟悉和使用的"姓名"与其主动使用的姓名并不完全相同。商标评审委员会、乔丹公司关于乔丹、耐克公司未主动使用"乔丹"，故对"乔丹"不享有姓名权的主张不能成立。

审理法院 最高人民法院
审理时间 2016 年 12 月 30 日
案　　号 最高人民法院（2016）最高法行再 27 号行政判决书
出　　处 《最高人民法院知识产权案件年度报告（2016）》。

207. 自然人就特定名称主张姓名权保护时应当满足的条件
——再审申请人迈克尔·杰弗里·乔丹与被申请人国家
工商行政管理总局商标评审委员会、一审第三人乔丹
体育股份有限公司商标争议行政纠纷案

> **裁判要点**
>   自然人就特定名称主张姓名权保护的，该特定名称应当符合三项条件：其一，该特定名称在我国具有一定的知名度、为相关公众所知悉；其二，相关公众使用该特定名称指代该自然人；其三，该特定名称已经与该自然人之间建立了稳定的对应关系。外国人外文姓名的中文译名如符合前述三项条件，可以依法主张姓名权的保护。

关　键　词　姓名权　特定名称
裁判理由　最高人民法院认为：自然人依据《商标法》第三十一条的规定，就特定名称主张姓名权保护时，应当满足必要的条件。其一，该特定名

称应具有一定知名度、为相关公众所知悉，并用于指代该自然人。《最高人民法院关于审理不正当竞争民事案件应用法律若干问题的解释》第六条第二款是针对"擅自使用他人的姓名，引人误认为是他人的商品"的不正当竞争行为的认定作出的司法解释，该不正当竞争行为本质上也是损害他人姓名权的侵权行为。认定该行为时所涉及的"引人误认为是他人的商品"，与本案中认定争议商标的注册是否容易导致相关公众误认为存在代言、许可等特定联系是密切相关的。因此，在本案中可参照适用上述司法解释的规定，确定自然人姓名权保护的条件。其二，该特定名称应与该自然人之间已建立稳定的对应关系。在解决本案涉及的在先姓名权与注册商标权的权利冲突时，应合理确定在先姓名权的保护标准，平衡在先姓名权人与商标权人的利益。既不能由于争议商标标志中使用或包含有仅为部分人所知悉或临时性使用的自然人"姓名"，即认定争议商标的注册损害该自然人的姓名权；也不能如商标评审委员会所主张的那样，以自然人主张的"姓名"与该自然人形成"唯一"对应为前提，对自然人主张姓名权的保护提出过苛的标准。自然人所主张的特定名称与该自然人已经建立稳定的对应关系时，即使该对应关系达不到"唯一"的程度，也可以依法获得姓名权的保护。综上，在适用《商标法》第三十一条关于"不得损害他人现有的在先权利"的规定时，自然人就特定名称主张姓名权保护的，该特定名称应当符合以下三项条件：其一，该特定名称在我国具有一定的知名度、为相关公众所知悉；其二，相关公众使用该特定名称指代该自然人；其三，该特定名称已经与该自然人之间建立了稳定的对应关系。在判断外国人能否就其外文姓名的部分中文译名主张姓名权保护时，需要考虑我国相关公众对外国人的称谓习惯。中文译名符合前述三项条件的，可以依法主张姓名权的保护。

审理法院 最高人民法院
审理时间 2016年12月30日
案　　号 最高人民法院（2016）最高法行再27号行政判决书
出　　处 《最高人民法院知识产权案件年度报告（2016）》。

208. 非以诚信经营为前提的商业成功与市场秩序不是维持商标注册的正当理由
——迈克尔·杰弗里·乔丹与国家工商行政管理总局商标评审委员会商标争议行政纠纷案

> **裁判要点**
> 商标权人主张的市场秩序或者商业成功并不完全是诚信经营的合法成果,而是一定程度上建立于相关公众误认的基础之上。维护此种市场秩序或者商业成功,不仅不利于保护姓名权人的合法权益,而且不利于保障消费者的利益,更不利于净化商标注册和使用环境。

关 键 词 诚实信用原则 市场秩序

裁判理由 最高人民法院认为:乔丹公司的经营状况,以及乔丹公司对其企业名称、有关商标的宣传、使用、获奖、被保护等情况,均不足以使争议商标的注册具有合法性。其一,从权利的性质以及损害在先姓名权的构成要件来看,姓名被用于指代、称呼、区分特定的自然人,姓名权是自然人对其姓名享有的人身权。而商标的主要作用在于区分商品或者服务来源,属于财产权,与姓名权是性质不同的权利。在认定争议商标的注册是否损害他人在先姓名权时,关键在于是否容易导致相关公众误认为标记有争议商标的商品或者服务与姓名权人之间存在代言、许可等特定联系,其构成要件与侵害商标权的认定不同。因此,即使乔丹公司经过多年的经营、宣传和使用,使得乔丹公司及其"乔丹"商标在特定商品类别上具有较高知名度,相关公众能够认识到标记有"乔丹"商标的商品来源于乔丹公司,也不足以据此认定相关公众不容易误认为标记有"乔丹"商标的商品与乔丹之间存在代言、许可等特定联系。其二,乔丹公司恶意申请注册争议商标,损害乔丹的在先姓名权,明显有悖于诚实信用原则。商标评审委员会、乔丹公司主张的市场秩序或者商业成功并不完全是乔丹公司诚信经营的合法成果,而是一定程度上建立于相关公众误认的基础之上。维护此种市场秩序或者商业成功,不仅不利于保护姓名权人的合法权益,而且不利于保障消费者的利益,更不利于净化商标注册和使用环境。

审理法院 最高人民法院
审理时间 2016 年 12 月 30 日
案　　号 最高人民法院（2016）最高法行再27 号行政判决书
出　　处 《最高人民法院知识产权案件年度报告（2016）》。

209. 商标近似性判断的考量因素，包括被异议商标和引证商标的构成要素、被异议商标的在先使用状况及知名度等因素
——再审申请人四川省宜宾五粮液集团有限公司与被申请人国家工商行政管理总局商标评审委员会、甘肃滨河食品工业（集团）有限责任公司商标异议复审行政纠纷案

> **裁判要点**
> 判断被异议商标与引证商标是否构成使用在相同或类似商品上的近似商标，应当综合考虑被异议商标和引证商标的构成要素、被异议商标的在先使用状况及知名度等因素，若不会导致相关公众的混淆误认，则应认定被异议商标与引证商标不构成近似。

关 键 词 商标近似 混淆误认

裁判理由 最高人民法院认为：本案的引证商标为"五粮液及图"，被异议商标为"滨河九粮液"文字，二者相比对，标志本身存在一定程度的区别。虽然考虑到"五粮液"商标的知名度较高，相关公众容易将"五粮液"视作引证商标的主要识别部分，但是，根据二审法院查明的事实，滨河公司于1987 年7 月21 日就申请注册了"滨河及图"商标，并于1988 年2 月20 日被核准注册，该商标经过使用已经具有较高知名度，"滨河"作为该商标的主要识别部分，已经在相关公众中与滨河公司形成对应联系。在这种情况下，被异议商标在整体上与引证商标形成较大差异，白酒类商品的相关公众施以一般注意力可以将二者进行区分，不会造成混淆误认。此外，滨河公司主张其在被异议商标中使用"九粮"二字，源于其自主研发的"九粮九轮酿制工艺"，滨河公司已经将该酿制工艺向主管部门申报备案了"九粮香型白酒"生产企业标准；而且，根据现有证据，在被异议商标申请日前，滨河公司就于

1996年将"滨河九粮液"项目在"第八届中国新技术新产品博览会"上展出，并获得该博览会颁发的金牌。综合考虑引证商标和被异议商标的构成要素、被异议商标的使用状况及知名度等情况，两商标共同使用在相同商品上不会导致相关公众混淆误认，不构成商标法第二十八条规定的相同或类似商品上的相同或近似商标。二审判决认定事实和适用法律并无不当，应当予以维持。

审理法院 最高人民法院
审理时间 2017年6月30日
案　　号 最高人民法院（2014）知行字第37号行政裁定书
出　　处 《最高人民法院知识产权案件年度报告（2017）》。

210. 注册商标的保护与被诉侵权商品商标知名度的关系
——再审申请人曹晓冬与被申请人云南下关沱茶（集团）股份有限公司侵害商标权纠纷案

裁判要点

注册商标作为一项标识性民事权利，商标权人不仅有权禁止他人在相同类似商品上使用该注册商标标识，更有权使用其注册商标标识，在相关公众中建立该商标标识与其商品来源的联系。相关公众是否会混淆误认，既包括将使用被诉侵权标识的商品误认为商标权人的商品或者与商标权人有某种联系，也包括将商标权人的商品误认为被诉侵权人的商品或者误认商标权人与被诉侵权人有某种联系。

关　键　词 商标知名度　商品来源　混淆误认

裁判理由 最高人民法院认为：首先，商标作为一种区分商品或者服务来源的标识，其基本属性是其标识性。金戈铁马虽然是文学作品中的常见词汇，但其注册使用在第30类茶、蜂蜜、糖、咖啡等商品上具有显著性，能够发挥识别商品来源的作用。其次，人民法院认定事实应当是在审查当事人提供证据的基础上进行审查判定，而非进行简单推断。即使根据案件优势证据需要对当事人的相关意图进行推断时，也须结合相关证据认定的事实进行。

根据一审法院查明的事实，曹晓冬第5492697号"金戈铁马"商标注册时间早于下关沱茶公司的"松鹤延年"（第6209882号）和"下关沱茶"商标（第12201774号）注册时间；曹晓冬于2009年8月16日许可云南金戈铁马茶业有限公司使用其注册商标，而下关沱茶公司生产被诉侵权商品系2014年，也晚于曹晓冬注册商标的使用时间；第5492697号"金戈铁马"注册商标在多款茶叶上使用，并已形成了一定的市场份额，具有一定的消费群体。在没有证据证明"下关沱茶"商标具有更高知名度的情况下，原审此推断并无事实依据。最后，即使下关沱茶商标较本案诉争商标具有更高的知名度，原审法院认定被诉侵权商品没有必要攀附涉案商标来提高自己的知名度虽有一定的可能性，但该推断忽视了注册商标作为一项标识性民事权利的权能和作用，其不仅有权禁止他人在相同类似商品上使用该注册商标标识，更有权使用其注册商标标识其商品或者服务，在相关公众中建立该商标标识与其商品来源的联系。相关公众是否会混淆误认，既包括将使用被诉侵权标识的商品误认为商标权人的商品或者与商标权人有某种联系，也包括将商标权人的商品误认为被诉侵权人的商品或者误认商标权人与被诉侵权人有某种联系，妨碍商标权人行使其注册商标专用权，进而实质性妨碍该注册商标发挥识别作用。因此，如果认为被诉侵权人享有的注册商标更有知名度即可以任意在其商品上使用他人享有注册商标的标识，将实质性损害该注册商标发挥识别商品来源的基本功能，对该注册商标专用权造成基本性损害。二审法院以被诉侵权商品自有商标知名度高为由认定不构成侵犯涉案商标专用权，认定事实和适用法律均有不当，予以纠正。

审理法院　最高人民法院
审理时间　2017年9月20日
案　　号　最高人民法院（2017）最高法民再273号民事判决书
出　　处　《最高人民法院知识产权案件年度报告（2017）》。

211. 特殊历史背景下商标与字号共存的考量因素
——申诉人太原大宁堂药业有限公司与被申诉人
山西省药材公司商标侵权、不正当竞争纠纷案

> **裁判要点**
> 在特殊历史背景下，对于使用与他人商标相同的字号是否构成商标侵权和不正当竞争，应当从历史传承、现实情况、法律适用和社会效果等方面综合考量。

关 键 词 不正当竞争　字号　共存

裁判理由 最高人民法院认为：大宁堂药业与太原中药厂之间存在历史承继关系，对"大宁堂"字号享有在先权利。第一，从历史传承看，太原中药厂的前身大宁堂药铺采"前店后厂"模式，其于1956年公私合营后店厂分设，前店（包括匾牌）归山西药材公司，后厂（包括生产批件和大宁堂秘制药方）归太原中药厂，太原中药厂后来又历经分立、破产并改制成大宁堂药业，因此，大宁堂药业与太原中药厂乃至山西药材公司之间存在历史传承关系。大宁堂药业是因历史原因而使用大宁堂字号，与通常那种恶意搭车攀附而做大做强的情形不同。在太原中药厂破产前对其所承载的大宁堂商誉如何处置没有明确约定情况下，可以认定大宁堂药业承继了相应的商誉。第二，从现实情况看，山西省药品监督管理局的批复、山西省中药厂和山西太原中药厂工会委员会共同做出的"关于设立太原大宁堂药业有限公司的决议"以及纠纷出现后山西省经贸委多次协调等事实均表明，该企业分立是主管部门批准的企业自救行为，原厂的领导班子和绝大多数职工均进入大宁堂药业。这种自救行为在20世纪八九十年代比较常见，一方面通过分立或破产来解决外部债务问题，另一方面通过设立新的股份制企业来解决职工安置和企业转型问题。现实情况是，大宁堂药业拥有大宁堂药铺传统配方秘制中药的生产批件并一直在生产，而山西省省药材公司只拥有"大宁堂"商标和牌匾，因此为了承继和弘扬大宁堂药铺商誉，两者善意共存较为合理。第三，从法律适用看，太原中药厂在分立改制时并没有现在企业的知识产权观念和意识，该企业及其上级主管部门最关心的不是商誉问题，而是企业如何生存、职工

如何安置的问题。因此，若以现行商标法的规则和理念去认定和解决 20 多年前的问题，实质是适用市场经济时代的法律去解决计划经济下形成的法律关系，不仅违反"法不溯及既往"原则，也有悖公平合理之精神。四是从社会效果看，如果不认可大宁堂药业享有在先权利，就会导致大宁堂药铺秘方药和商誉得不到传承，因为大宁堂传统秘制中药药方的实际传承人大宁堂药业将不得不停止使用大宁堂字号，其已经注册的商标亦将被撤销；而山西省药材公司只有"大宁堂"商标和牌匾，却一直没有生产和销售大宁堂药铺的传统秘方药。综上，比较公平合理的解决方式应当是允许两者善意共存，大宁堂公司继续使用大宁堂字号并生产大宁堂传统秘方药品，山西省药材公司可销售大宁堂药业生产的药品。如此，前店后厂的历史传承关系能够被继续维系，大宁堂的商誉亦可以由两家共同弘扬。

审理法院　最高人民法院
审理时间　2017 年 9 月 20 日
案　　号　最高人民法院（2015）民提字第 46 号民事判决书
出　　处　《最高人民法院知识产权案件年度报告（2017）》。

212. 商标侵权案件中正当使用的认定
——再审申请人冯印与被申请人西安曲江阅江楼餐饮娱乐文化有限公司侵害商标权纠纷案

> **裁判要点**
> 　　被诉侵权人在其企业名称中及其他商业活动中使用相关符号的主要目的在于客观描述并指示其服务的特点，并且在其实际使用过程中，从未完整使用与涉案商标相同的图文组合形式，亦无证据显示被诉侵权人对相关符号文字的使用旨在攀附涉案商标的商业信誉，可以认定被诉侵权行为并不具有使相关公众混淆误认的可能性，进而不构成侵害涉案商标权。

关 键 词　商标权　正当使用　客观描述
裁判理由　最高人民法院认为：根据《商标法》第五十七条的规定，未经商标注册人的许可,在同一种商品上使用与其注册商标近似的商标,或者在类似商品上使用与其注册商标相同或者近似的商标并容易导致混淆的,构成侵害注册商标专用权的行为。同时,根据商标法第五十九条第一款的规定,注册商标中含有的本商品的通用名称、图形、型号,或名称、图形、型号,或者直接表示商品的质量、主要原料、功能、用途、重量、数量及其他特点,或者含有地名,注册商标专用权人无权禁止他人正当使用。具体到本案而言,涉案商标由"阅江楼"文字及其上方的图形部分组合而成,冯印指称阅江楼公司实施的被诉侵权行为包括:将"阅江楼"文字作为其企业字号从事餐饮服务、在经营场所正门悬挂"阅江楼"巨幅招牌并在餐具、菜单等处突出使用"阅江楼"文字。对于上述主张,最高人民法院认为:注册商标专用权人有权制止他人未经许可,在相同或类似商品上使用相同或者近似商标并可能导致公众混淆的行为,但同时,商标权人应当遵循诚实信用原则,依法正当行使自身的权利。当注册商标中含有具有描述性质的文字,而他人使用的目的在于指示或描述客观事实时,权利人无权禁止该种使用行为。具体到本案被诉侵权行为而言,根据原审法院已经查明的事实,西安阅江楼为坐落于西安曲江池遗址公园内的一处景观。根据阅江楼公司与西安曲江文化(旅游)集团有限公司的协议,阅江楼公司获得了在阅江楼经营餐饮项目的权利。阅江楼公司的企业名称完整使用了"曲江阅江楼"字样,且根据阅江楼租赁合作协议,阅江楼及其相关场地、设备、设施、装饰、装修等附属资产,亦全部来自于原有的阅江楼景观。因此,无论是阅江楼公司在其企业名称中选用"阅江楼"文字,还是在其经营场所及菜单、餐具上使用"阅江楼"文字的行为,主要目的仍在于客观描述并指示其经营场所所在地西安阅江楼。在其使用过程中,阅江楼公司从未完整使用与涉案商标相同的图文组合形式,亦无证据显示阅江楼公司对"阅江楼"文字的使用旨在攀附涉案商标的商业信誉。据此,一审、二审法院认定被诉侵权行为并不具有使相关公众混淆误认的可能性,进而不构成侵害涉案商标权的结论,具备事实与法律依据,予以支持。当然,也需要指出的是,市场经营者在开展经营活动的过程中,应当秉持诚实信用原则,尽量保持有关商业标识之间的足够距离。因此,阅江楼公司在今后的经营活动中,亦应合理、审慎地使用有关商业标识,避免引发不必要的纠纷。

审理法院　最高人民法院

审理时间 2017年12月13日

案　　号 最高人民法院（2017）最高法民申4920号民事裁定书

出　　处 《最高人民法院知识产权案件年度报告（2017）》。

213. 法定通用名称的认定

——再审申请人福州米厂与被申请人五常市金福泰农业股份有限公司、福建新华都综合百货有限公司福州金山大景城分店、福建新华都综合百货有限公司侵害商标权纠纷案

> **裁判要点**
>
> 《农作物品种审定办法》规定的通用名称与商标法意义上的通用名称含义并不完全相同，不能仅以审定公告的品种名称为依据，认定该名称属于商标法意义上的法定通用名称。

关 键 词　法定通用名称　通用名称

裁判理由　最高人民法院认为：首先，法律规定为通用名称的，或者国家标准、行业标准中将其作为商品通用名称使用的，应当认定为通用名称。本案中，五常公司并无证据证明"稻花香"依据法律规定或者国家标准、行业标准应认定为法定的通用名称。其次，农作物品种审定办法规定的通用名称与商标法意义上的通用名称含义并不完全相同，不能仅以审定公告的名称为依据，认定该名称属于商标法意义上的通用名称。《农作物品种审定办法》第三十二条第三款规定，"审定公告公布的品种名称为该品种的通用名称。禁止在生产、经营、推广过程中擅自更改该品种的通用名称。"此处规定的通用名称是指根据农作物品种审定办法审定公告的主要农作物品种名称，用以指代该特定品种。该名称在生产、经营、推广过程中禁止擅自更改。商标法中的通用名称指代某一类商品，因该名称不能用于指代特定的商品来源，故相关公众都可以正当使用。再次，根据《农作物品种审定办法》第三十二条的规定，审定公告的通用名称在实际的使用过程中不得擅自更改。审定公告的原代号为"稻花香2号"，并非"稻花香"，在在先存在涉案商标权的情况下，不能直接证明"稻花香"为法定的通用名称。综上，现有证据不足以证明

"稻花香"为法定的通用名称。

审理法院 最高人民法院
审理时间 2017 年 12 月 22 日
案　　号 最高人民法院（2016）最高法民再 374 号民事判决书
出　　处 《最高人民法院知识产权案件年度报告（2017）》。

214. 约定俗成通用名称的认定
——再审申请人福州米厂与被申请人五常市金福泰农业股份有限公司、福建新华都综合百货有限公司福州金山大景城分店、福建新华都综合百货有限公司侵害商标权纠纷案

裁判要点
产品的相关市场并不限于特定区域而是涉及全国范围的，应以全国范围内相关公众的通常认识为标准判断是否属于约定俗成的通用名称。

关 键 词 商标权　约定俗成　通用名称

裁判理由 最高人民法院认为：约定俗成的通用名称一般以全国范围内相关公众的通常认识为判断标准。当然，基于历史传统、风土人情、地理环境等原因，某些商品所对应的相关市场相对固定，如果不加区分地仍以全国范围相关公众的认知为标准，判断与此类商品有关的称谓是否已经通用化，有违公平原则。但是，适用不同评判标准的前提是，当事人应首先举证证明此类商品属于相关市场较为固定的商品。否则，是否构成约定俗成的通用名称，仍应当以全国范围内相关公众的通常认知作为判断依据。本案中，被诉侵权产品销售范围并不局限于五常地区，而是销往全国各地，在福州米厂的所在地福建省福州市的超市内就有被诉侵权产品销售。在这种情况下，被诉侵权产品相关市场并非较为固定在五常市地域范围内，应以全国范围内相关公众的通常认识为标准判断"稻花香"是否属于约定俗成的通用名称。为证明"稻花香"属于约定俗成的通用名称，五常公司先后提交了五常市农业局出具的《关于稻花香大米名称的使用证明》、五常市龙凤山镇人民政府出具的

《证明》、五常市稻米商业商会提供的《关于五常市稻花香大米品牌维权的综合材料》、"稻花香2号"主要育种人田永太出具的证明材料、媒体的相关报道等证据,并申请证人出庭作证。上述证据多为五常市当地有关部门、稻农或育种人出具的证明材料,媒体报道数量有限,以全国范围内相关公众的通常认识为标准,现有证据不足以证明"稻花香"属于约定俗成的通用名称。

审理法院 最高人民法院
审理时间 2017年12月22日
案　　号 最高人民法院(2016)最高法民再374号民事判决书
出　　处 《最高人民法院知识产权案件年度报告(2017)》。

215. 农作物品种名称的正当使用
——再审申请人福州米厂与被申请人五常市金福泰农业股份有限公司、福建新华都综合百货有限公司福州金山大景城分店、福建新华都综合百货有限公司侵害商标权纠纷案

> **裁判要点**
> 在存在他人在先注册商标权的情况下,经审定公告的农作物品种名称可以规范使用于该品种的种植收获物加工出来的商品上,但该种使用方式仅限于表明农作物品种来源且不得突出使用。

关 键 词 商标权　审定公告　品种来源

裁判理由 最高人民法院认为:本案的特殊之处在于,福州米厂申请注册涉案商标主观上并无恶意,注册商标专用权在全国范围内具有效力,应得到有效保护。根据现有证据,"稻花香2号"作为审定公告的品种,对于五常这一特定地域范围内的相关种植农户、大米加工企业和消费者而言,在以"稻花香2号"种植加工出的大米上使用"稻花香"主观上也并无攀附涉案商标的恶意。基于公平原则,考虑到双方的利益平衡,最高人民法院认为:对于五常这一特定地域范围内的相关种植农户、大米加工企业和消费者而言,可以在以"稻花香2号"种植加工出的大米上规范标注"稻花香2号",以表明品种来源。但需要在此特别强调,该种标注方式仅限于表明品种来源且不

得突出使用。

审理法院 最高人民法院
审理时间 2017 年 12 月 22 日
案　　号 最高人民法院（2016）最高法民再 374 号民事判决书
出　　处 《最高人民法院知识产权案件年度报告（2017）》。

216. 作为在先权利保护的"肖像"应当具有可识别性
——再审申请人迈克尔·杰弗里·乔丹与被申请人国家工商行政管理总局商标评审委员会、一审第三人乔丹体育股份有限公司商标争议行政纠纷案

裁判要点

肖像权所保护的"肖像"应当具有可识别性，其中应当包含足以使社会公众识别其所对应的权利主体，即特定自然人的个人特征，从而能够明确指代该特定的权利主体。

关 键 词 肖像权　可识别性

裁判理由 最高人民法院认为：肖像权所保护的"肖像"是对特定自然人体貌特征的视觉反映，社会公众通过"肖像"识别、指代其所对应的自然人，并能够据此将该自然人与他人相区分。根据肖像权以及肖像的性质，肖像权所保护的"肖像"应当具有可识别性，其中应当包含足以使社会公众识别其所对应的权利主体，即特定自然人的个人特征，从而能够明确指代其所对应的权利主体。如果请求肖像权保护的标识不具有可识别性，不能明确指代特定自然人，则难以在该标识上形成依法应予保护，且归属于特定自然人的人格尊严或人格利益。从社会公众的认知习惯和特点来看，自然人的面部特征是其体貌特征中最为主要的个人特征，一般情况下，社会公众通过特定自然人的面部特征就足以对其进行识别和区分。如果当事人主张肖像权保护的标识并不具有足以识别的面部特征，则应当提供充分的证据，证明该标识包含了其他足以反映其所对应的自然人的个人特征，具有可识别性，使得社会公众能够认识到该标识能够明确指代该自然人。关于迈克尔·乔丹在本案

中主张的肖像权。照片中的迈克尔·乔丹运动形象清晰反映了其面部特征、身体形态、球衣号码等个人特征，社会公众据此能够清楚无误地识别该照片中的自然人为迈克尔·乔丹，故迈克尔·乔丹就照片中的运动形象享有肖像权。关于涉案商标标识，虽然该标识与照片中迈克尔·乔丹运动形象的身体轮廓的镜像基本一致，但该标识仅仅是黑色人形剪影，除身体轮廓外，其中并未包含任何与迈克尔·乔丹有关的个人特征。并且，迈克尔·乔丹就该标识所对应的动作本身并不享有其他合法权利，其他自然人也可以作出相同或者类似的动作，该标识并不具有可识别性，不能明确指代迈克尔·乔丹。因此，迈克尔·乔丹不能就该标识享有肖像权，其有关涉案商标的注册损害其肖像权的主张不能成立。

审理法院　最高人民法院
审理时间　2017 年 12 月 27 日
案　　号　最高人民法院（2015）知行字第 332 号行政裁定书
出　　处　《最高人民法院知识产权案件年度报告（2017）》。

217. 对于已为在先生效判决所羁束的行政裁决提起行政诉讼所引致的新判决申请再审的受理条件
——再审申请人三得利控股株式会社与被申请人
国家工商行政管理总局商标评审委员会、
原审第三人杭州保罗酒店管理集团股份有限公司之商标权
承继人浙江向网科技有限公司商标撤销复审行政纠纷案

> **裁判要点**
>
> 　　当事人对于商标评审委员会依据法院生效判决作出的行政裁决再次提起行政诉讼,人民法院依据原生效判决的认定作出维持该行政裁决的判决,当事人可否针对该新判决申请再审,应结合被诉行政裁决的法律性质、新判决的内容及尽可能防止循环诉讼等因素予以考虑。如果被诉行政裁决完全被在先生效判决所羁束,新判决系根据在先生效判决确定的事实和理由作出,未对被诉行政裁决进行实体审理,为避免循环诉讼,对于该新判决不应允许申请再审。

　　关 键 词　商标撤销程序　再审申请　受理条件

　　裁判理由　最高人民法院认为：本案涉及当事人对于商标评审委员会依据法院生效判决作出的复审决定再次提起行政诉讼,人民法院依据原生效判决的认定作出维持该复审决定的判决,当事人可否针对该新判决申请再审的法律问题。对此问题应结合被诉复审决定的法律性质、新判决的内容及尽可能防止循环诉讼等因素予以考虑。首先,本案第35021号重审决定系商标评审委员会依据在先生效判决确定的裁判内容作出,商标评审委员会依法忠实履行了在先生效判决确定的法律义务,作为本案诉讼标的的被诉复审决定已为在先生效判决所羁束。其次,本案一、二审判决系根据在先生效判决确定的事实和理由作出裁决,对第35021号重审决定实际上并未进行实体审理。最后,如果允许当事人对于新的判决可以申请再审,则可能导致已为在先生效判决所羁束的复审决定再次进入司法程序,造成循环诉讼和纠纷久拖不决。为防止循环诉讼问题,《最高人民法院关于审理商标授权确权行政案件若干问题的规定》第三十条明确规定："人民法院生效裁判对于相关事实和法律适用已作出明确认定，相对人或者利害关系人对于商标评审委员会依据该生效裁判重新作出的裁决提起诉讼的，人民法院依法裁定不予受理；已经受理的，裁定驳回起诉。"虽然该司法解释在本案发生后才施行，但是其所蕴含的法律精神对于适用2001年修正的商标法审理的商标授权确权行政案件仍可参照适用。根据该规定，对于已为在先生效判决所羁束的复审决定提起行政诉讼的，应该不予受理或者驳回起诉。参照该规定的精神，对于已为在先生效判决所羁束的复审决定提起行政诉讼所引致的一审、二审判决，当然更不应该允许申请再审。因此，三得利株式会社的再审申请不符合应予受理的条件。

审理法院 最高人民法院
审理时间 2017年12月28日
案　　号 最高人民法院（2017）最高法行申5093号行政裁定书
出　　处 《最高人民法院知识产权案件年度报告（2017）》。

第三章　专利权、技术合同

218. 网络服务提供者自行设定的投诉规则，不得影响权利人依法维护其自身合法权

——威海嘉易烤生活家电有限公司诉永康市金仕德工贸有限公司、浙江天猫网络有限公司侵害发明专利权纠纷案

> **裁判要点**
>
> 　　网络用户利用网络服务实施侵权行为，被侵权人依据侵权责任法向网络服务提供者所发出的要求其采取必要措施的通知，包含被侵权人身份情况、权属凭证、侵权人网络地址、侵权事实初步证据等内容的，即属有效通知。网络服务提供者自行设定的投诉规则，不得影响权利人依法维护其自身合法权利。

　　关　键　词　发明专利权　网络服务提供者　连带责任

　　裁判理由　法院认为：各方当事人对于金仕德公司销售的被诉侵权产品落入嘉易烤公司涉案专利权利要求1的保护范围，均不持异议，原审判决认定金仕德公司涉案行为构成专利侵权正确。关于天猫公司在本案中是否构成共同侵权，侵权责任法第三十六条第二款规定，网络用户利用网络服务实施侵权行为的，被侵权人有权通知网络服务提供者采取删除、屏蔽、断开链接等必要措施。网络服务提供者接到通知后未及时采取必要措施的，对损害的扩大部分与该网络用户承担连带责任。上述规定系针对权利人发现网络用户利用网络服务提供者的服务实施侵权行为后"通知"网络服务提供者采取必要措施，以防止侵权后果不当扩大的情形，同时还明确界定了此种情形下网络服务提供者所应承担的义务范围及责任构成。本案中，天猫公司涉案被诉侵权行为是否构成侵权应结合对天猫公司的主体性质、嘉易烤公司"通知"的有效性以及天猫公司在接到嘉易烤公司的"通知"后是否应当采取措施及所采取的措施的必要性和及时性等加以综合考量。

首先，天猫公司依法持有增值电信业务经营许可证，系信息发布平台的服务提供商，其在本案中为金仕德公司经营的"益心康旗舰店"销售涉案被诉侵权产品提供网络技术服务，符合侵权责任法第三十六条第二款所规定网络服务提供者的主体条件。

其次，天猫公司在二审庭审中确认嘉易烤公司已于2015年2月10日委托案外人张一军向淘宝网知识产权保护平台上传了包含被投诉商品链接及专利侵权分析报告、技术特征比对表在内的投诉材料，且根据上述投诉材料可以确定被投诉主体及被投诉商品。

侵权责任法第三十六条第二款所涉及的"通知"是认定网络服务提供者是否存在过错及应否就危害结果的不当扩大承担连带责任的条件。"通知"是指被侵权人就他人利用网络服务商的服务实施侵权行为的事实向网络服务提供者所发出的要求其采取必要技术措施，以防止侵权行为进一步扩大的行为。"通知"既可以是口头的，也可以是书面的。通常，"通知"内容应当包括权利人身份情况、权属凭证、证明侵权事实的初步证据以及指向明确的被诉侵权人网络地址等材料。符合上述条件的，即应视为有效通知。嘉易烤公司涉案投诉通知符合侵权责任法规定的"通知"的基本要件，属有效通知。

再次，经查，天猫公司对嘉易烤公司投诉材料作出审核不通过的处理，其在回复中表明审核不通过原因是：烦请在实用新型、发明的侵权分析对比表表二中详细填写被投诉商品落入贵方提供的专利权利要求的技术点，建议采用图文结合的方式一一指出。（需注意，对比的对象为卖家发布的商品信息上的图片、文字），并提供购买订单编号或双方会员名。

二审法院认为，发明或实用新型专利侵权的判断往往并非仅依赖表面或书面材料就可以作出，因此专利权人的投诉材料通常只需包括权利人身份、专利名称及专利号、被投诉商品及被投诉主体内容，以便投诉接受方转达被投诉主体。在本案中，嘉易烤公司的投诉材料已完全包含上述要素。至于侵权分析比对，天猫公司一方面认为其对卖家所售商品是否侵犯发明专利判断能力有限，另一方面却又要求投诉方"详细填写被投诉商品落入贵方提供的专利权利要求的技术点，建议采用图文结合的方式一一指出"，该院认为，考虑到互联网领域投诉数量巨大、投诉情况复杂的因素，天猫公司的上述要求基于其自身利益考量虽也具有一定的合理性，而且也有利于天猫公司对于被投诉行为的性质作出初步判断并采取相应的措施。但就权利人而言，天猫公司的前述要求并非权利人投诉通知有效的必要条件。况且，嘉易烤公司在本案的投诉材料中提供了多达 5 页的以图文并茂的方式表现的技术特征对比表，天猫公司仍以教条的、格式化的回复将技术特征对比作为审核不通过的原因之一，处置失当。至于天猫公司审核不通过并提出提供购买订单编号或双方会员名的要求，该院认为，本案中投诉方是否提供购买订单编号或双方会员名并不影响投诉行为的合法有效。而且，天猫公司所确定的投诉规制并不对权利人维权产生法律约束力，权利人只需在法律规定的框架内行使维权行为即可，投诉方完全可以根据自己的利益考量决定是否接受天猫公司所确定的投诉规制。更何况投诉方可能无需购买商品而通过其他证据加以证明，也可以根据他人的购买行为发现可能的侵权行为，甚至投诉方即使存在直接购买行为，但也可以基于某种经济利益或商业秘密的考量而拒绝提供。

　　法院认为：侵权责任法第三十六条第二款所规定的网络服务提供者接到通知后所应采取必要措施包括但并不限于删除、屏蔽、断开链接。"必要措施"应根据所侵害权利的性质、侵权的具体情形和技术条件等来加以综合确定。

　　本案中，在确定嘉易烤公司的投诉行为合法有效之后，需要判断天猫公司在接受投诉材料之后的处理是否审慎、合理。该院认为，本案系侵害发明专利权纠纷。天猫公司作为电子商务网络服务平台的提供者，基于其公司对于发明专利侵权判断的主观能力、侵权投诉胜诉概率以及利益平衡等因素的考量，并不必然要求天猫公司在接受投诉后对被投诉商品立即采取删除和屏蔽措施，对被诉商品采取的必要措施应当秉承审慎、合理原则，以免损害被投诉人的合法权益。但是将有效的投诉通知材料转达被投诉人并通知被投诉人申辩当属天猫公司应当采取的必要措施之一。否则权利人投诉行为将失去任何意义，权利人的维权行为也将难以实现。网络服务平台提供者应该保证有效投诉信息传递的顺畅，而不应成为投诉信息的黑洞。被投诉人对于其或生产、或销售的商品是否侵权，以及是否应主动自行停止被投诉行为，自会作出相应的判断及应对。而天猫公司未履行上述基本义务的结果导致被投诉人未收到任何警示从而造成损害后果的扩大。至于天猫公司在嘉易烤公司起诉后即对被诉商品采取删除和屏蔽措施，当属审慎、合理。综上，天猫公司在接到嘉易烤公司的通知后未及时采取必要措施，对损害的扩大部分应与金仕德公司承担连带责任。天猫公司就此提出的上诉理由不能成立。关于天猫公司所应承担责任的份额，一审法院综合考虑侵权持续的时间及天猫公司应当知道侵权事实的时间，确定天猫公司对金仕德公司赔偿数额的 50000 元承担连带赔偿责任，并无不当。

侵权责任法第三十六条第二款所规定的网络服务提供者接到通知后所应采取的必要措施包括但并不限于删除、屏蔽、断开链接。"必要措施"应遵循审慎、合理的原则，根据所侵害权利的性质、侵权的具体情形和技术条件等来加以综合确定。

审理法院 浙江省高级人民法院
审理时间 2015 年 11 月 17 日
案　　号 浙江省高级人民法院（2015）浙知终字第 186 号民事判决
出　　处 最高人民法院指导案例 83 号，2017 年 3 月 6 日发布。

219. 当事人的制备工艺与涉案专利方法不同，相应的技术特征也不属于基本相同的技术手段，达到的技术效果存在较大差异，未构成等同特征

——礼来公司、常州华生制药有限公司侵害发明专利权纠纷案

裁判要点

1. 药品制备方法专利侵权纠纷中，在无其他相反证据情形下，应当推定被诉侵权药品在药监部门的备案工艺为其实际制备工艺；有证据证明被诉侵权药品备案工艺不真实的，应当充分审查被诉侵权药品的技术来源、生产规程、批生产记录、备案文件等证据，依法确定被诉侵权药品的实际制备工艺。

2. 对于被诉侵权药品制备工艺等复杂的技术事实，可以综合运用技术调查官、专家辅助人、司法鉴定以及科技专家咨询等多种途径进行查明。

关 键 词 专利权保护范围　技术特征

裁判理由 最高人民法院认为：《最高人民法院关于审理侵犯专利权纠纷案件应用法律若干问题的解释》第七条规定："人民法院判定被诉侵权技术方案是否落入专利权的保护范围，应当审查权利人主张的权利要求所记载的全部技术特征。被诉侵权技术方案包含与权利要求记载的全部技术特征相同或

者等同的技术特征的，人民法院应当认定其落入专利权的保护范围；被诉侵权技术方案的技术特征与权利要求记载的全部技术特征相比，缺少权利要求记载的一个以上的技术特征，或者有一个以上技术特征不相同也不等同的，人民法院应当认定其没有落入专利权的保护范围。"本案中，华生公司被诉生产销售的药品与涉案专利方法制备的产品相同，均为奥氮平，判定华生公司奥氮平制备工艺是否落入涉案专利权保护范围涉及以下三个问题。

（一）关于涉案专利权的保护范围

专利法第五十六条第一款规定："发明或者实用新型专利权的保护范围以其权利要求的内容为准，说明书及附图可以用于解释权利要求。"本案中，礼来公司要求保护涉案专利权利要求1中的方法（a），该权利要求采取开放式的撰写方式，其中仅限定了参加取代反应的三环还原物及N-甲基哌嗪以及发生取代的基团，其保护范围涵盖了所有采用所述三环还原物与N-甲基哌嗪在Q基团处发生取代反应而生成奥氮平的制备方法，无论采用何种反应起始物、溶剂、反应条件，均在其保护范围之内。基于此，判定华生公司奥氮平制备工艺是否落入涉案专利权保护范围，关键在于两个技术方案反应路线的比对，而具体的反应起始物、溶剂、反应条件等均不纳入侵权比对范围，否则会不当限缩涉案专利权的保护范围，损害礼来公司的合法权益。

（二）关于华生公司实际使用的奥氮平制备工艺

专利法第五十七条第二款规定："专利侵权纠纷涉及新产品制造方法的发明专利的，制造同样产品的单位或者个人应当提供其产品制造方法不同于专利方法的证明。"本案中，双方当事人对奥氮平为专利法中所称的新产品不持异议，华生公司应就其奥氮平制备工艺不同于涉案专利方法承担举证责任。具体而言，华生公司应当提供证据证明其实际使用的奥氮平制备工艺反应路线未落入涉案专利权保护范围，否则，将会如前案二审判决所述因其举证不能而承担推定礼来公司侵权指控成立的法律后果。

本案中，华生公司主张其自2003年至今一直使用2008年向国家药监局补充备案工艺生产奥氮平，并提交了其2003年和2008年奥氮平批生产记录（一审补充证据6），2003年、2007年和2013年生产规程（一审补充证据7），《药品补充申请批件》（一审补充证据12）等证据证明其实际使用的奥氮平制备工艺。如前所述，本案的侵权判定关键在于两个技术方案反应路线的比对。华生公司2008年补充备案工艺的反应路线可见于其向国家药监局提交的《奥氮平药品补充申请注册资料》，其中5.1"原料药生产工艺的研究资料及文献资料"之5.1.2"工艺路线图"显示该反应路线为：先将"仲胺化物"中的仲氨基用苄基保护起来，制得"苄基化物"（苄基化），再进行闭环反应，生成"苄基取代的噻吩并苯并二氮杂"三环化合物（还原化物）。"还原化物"中的氨基被N-甲基哌嗪取代，生成"缩合物"，然后脱去苄基，制得奥氮平。本院认为，现有在案证据能够形成完整证据链，证明华生公司2003年至涉案专利权到期日期间一直使用其2008年补充备案工艺的反应路线生产奥氮平，主要理由如下：

首先，华生公司2008年向国家药监局提出奥氮平药品补充申请注册，在其提交的《奥氮平药品补充申请注册资料》中，明确记载了其奥氮平制备工艺的反应路线。针对该补充申请，江苏省药监部门于2009年7月7日和8月25日对华生公司进行了生产现场检查和产品抽样，并出具了《药品注册生产现场检查报告》（受理号CXHB0800159），该报告显示华生公司的"生产过程按申报的工艺进行"，三批样品"已按抽样要求进行了抽样"，现场检查结论为"通过"。也就是说，华生公司2008年补充备案工艺经过药监部门的现场检查，具备可行性。基于此，2010年9月8日，国家药监局向华生公司颁发了《药品补充申请批件》，同意华生公司奥氮平"变更生产工艺并修订质量标准"。对于华生公司2008年补充备案工艺的可行性，礼来公司专家辅助人在二审庭审中予以认可，江苏省科技咨询中心出具的〔2014〕司鉴字第02号《技术鉴定报告》在其鉴定结论部分也认为"华生公司2008年向国家药监局备案的奥氮平制备工艺是可行的"。因此，在无其他相反证据的情形下，应当推定华生公司2008年补充备案工艺即为其取得《药品补充申请批件》后实际使用的奥氮平制备工艺。

其次，一般而言，适用于大规模工业化生产的药品制备工艺步骤烦琐，操作复杂，其形成不可能是一蹴而就的。从研发阶段到实际生产阶段，其长期的技术积累过程通常是在保持基本反应路线稳定的情况下，针对实际生产中发现的缺陷不断优化调整反应条件和操作细节。华生公司的奥氮平制备工艺受让于医科院药物所，双方于1999年10月28日签订了《技术转让合同》。按照合同约定，医科院药物所负责完成临床前报批资料并在北京申报临床。在医科院药物所1999年10月填报的〔京99〕药申临字第82号《新药临床研究申请表》中，"制备工艺"栏绘制的反应路线显示，其采用了与华生公司2008年补充备案工艺相同的反应路线。针对该新药临床研究申请，北京市卫生局1999年11月9日作出《新药研制现场考核报告表》，确认"原始记录、实验资料基本完整，内容真实"。在此基础上，医科院药物所和华生公司按照《技术转让合同》的约定，共同向国家药监局提交新药证书、生产申请表（〔2001〕京申产字第019号）。针对该申请，江苏省药监局2001年10月22日作出《新药研制现场考核报告表》，确认"样品制备及检验原始记录基本完整"。通过包括前述考核在内的一系列审查后，2003年5月9日，医科院药物所和华生公司获得国家药监局颁发的奥氮平原料药和奥氮平片《新药证书》。由此可见，华生公司自1999年即拥有了与其2008年补充备案工艺反应路线相同的奥氮平制备工艺，并以此申报新药注册，取得新药证书。因此，华生公司在2008补充备案工艺之前使用反应路线完全不同的其他制备工艺生产奥氮平的可能性不大。

最后，国家药监局2010年9月8日向华生公司颁发的《药品补充申请批件》"审批结论"栏记载"变更后的生产工艺在不改变原合成路线的基础上，仅对其制备工艺中所用溶剂和试剂进行调整"，即国家药监局确认华生公司2008年补充备案工艺与其之前的制备工艺反应路线相同。华生公司在一审中提交了其2003、2007和2013年的生产规程，2003、2008年的奥氮平批生产记录，华生公司主张上述证据涉及其商业秘密，一审法院组织双方当事人进行了不公开质证，确认其真实性和关联性。本院经审查，华生公司2003、2008年的奥氮平批生产记录是分别依据2003、2007年的生产规程进行实际生产所做的记录，上述生产规程和批生产记录均表明华生公司奥氮平制备工艺的基本反应路线与其2008年补充备案工艺的反应路线相同，只是在保持该基本反应路线不变的基础上对反应条件、溶剂等生产细节进行调整，不断优化，这样的技术积累过程是符合实际生产规律的。

综上，本院认为，华生公司2008年补充备案工艺真实可行，2003年至涉案专利权到期日期间华生公司一直使用2008年补充备案工艺的反应路线生产奥氮平。

（三）关于礼来公司的侵权指控是否成立

对比华生公司奥氮平制备工艺的反应路线和涉案方法专利，二者的区别在于反应步骤不同，关键中间体不同。具体而言，华生公司奥氮平制备工艺使用的三环还原物的胺基是被苄基保护的，由此在取代反应之前必然存在苄基化反应步骤以生成苄基化的三环还原物，相应的在取代反应后也必然存在脱苄基反应步骤以获得奥氮平。而涉案专利的反应路线中并未对三环还原物中的胺基进行苄基保护，从而不存在相应的苄基化反应步骤和脱除苄基的反应步骤。

《最高人民法院关于审理专利纠纷案件适用法律问题的若干规定》第十七条第二款规定："等同特征，是指与所记载的技术特征以基本相同的手段，实现基本相同的功能，达到基本相同的效果，并且本领域普通技术人员在被诉侵权行为发生时无需经过创造性劳动就能够联想到的特征。"本案中，就华生公司奥氮平制备工艺的反应路线和涉案方法专利的区别而言，首先，苄基保护的三环还原物中间体与未加苄基保护的三环还原物中间体为不同的化合物，两者在化学反应特性上存在差异，即在未加苄基保护的三环还原物中间体上，可脱落的Q基团和胺基均可与N-甲基哌嗪发生反应，而苄基保护的三环还原物中间体由于其中的胺基被苄基保护，无法与N-甲基哌嗪发生不期望的取代反应，取代反应只能发生在Q基团处；相应地，涉案专利的方法中不存在取代反应前后的加苄基和脱苄基反应步骤。因此，两个技术方案在反应中间物和反应步骤上的差异较大。其次，由于增加了加苄基和脱苄基步骤，华生公司的奥氮平制备工艺在终产物收率方面会有所减损，而涉案专利由于不存在加苄基保护步骤和脱苄基步骤，收率不会因此而下降。故两个技术方案的技术效果如收率高低等方面存在较大差异。最后，尽管对所述三环还原物中的胺基进行苄基保护以减少副反应是化学合成领域的公知常识，但是这种改变是实质性的，加苄基保护的三环还原物中间体的反应特性发生了改变，增加反应步骤也使收率下降。而且加苄基保护为公知常识仅说明华生公司的奥氮平制备工艺相对于涉案专利方法改进有限，但并不意味着两者所采用的技术手段是基本相同的。

审理法院 最高人民法院

审理时间 2016年5月31日

案　　号 最高人民法院（2015）民三终字第1号民事判决书

出　　处 最高人民法院指导案例84号，2017年3月16日发布；《最高人民法院知识产权案件年度报告（2016）》；《知识产权审判指导》2016年第1辑（总第27辑）。

220. 侵权产品外观设计是否落入涉案外观设计专利权的保护范围的判断标准

——高仪股份公司诉浙江健龙卫浴有限公司侵害外观设计专利权纠纷案

> **裁判要点**
>
> 1. 授权外观设计的设计特征体现了其不同于现有设计的创新内容，也体现了设计人对现有设计的创造性贡献。如果被诉侵权设计未包含授权外观设计区别于现有设计的全部设计特征，一般可以推定被诉侵权设计与授权外观设计不近似。
>
> 2. 对设计特征的认定，应当由专利权人对其所主张的设计特征进行举证。人民法院在听取各方当事人质证意见基础上，对证据进行充分审查，依法确定授权外观设计的设计特征。
>
> 3. 对功能性设计特征的认定，取决于外观设计产品的一般消费者看来该设计是否仅仅由特定功能所决定，而不需要考虑该设计是否具有美感。功能性设计特征对于外观设计的整体视觉效果不具有显著影响。功能性与装饰性兼具的设计特征对整体视觉效果的影响需要考虑其装饰性的强弱，装饰性越强，对整体视觉效果的影响越大，反之则越小。

关　键　词　外观设计专利　设计特征　功能性特征

裁判理由　法院认为：本案的争议焦点在于被诉侵权产品外观设计是否落入涉案外观设计专利权的保护范围。

专利法第五十九条第二款规定："外观设计专利权的保护范围以表示在图片或者照片中的该产品的外观设计为准，简要说明可以用于解释图片或者照片所表示的该产品的外观设计。"《最高人民法院关于审理侵犯专利权纠纷案件应用法律若干问题的解释》（以下简称《侵犯专利权纠纷案件解释》）第八条规定："在与外观设计专利产品相同或者相近种类产品上，采用与授权外观设计相同或者近似的外观设计的，人民法院应当认定被诉侵权设计落入专利法第五十九条第二款规定的外观设计专利权的保护范围"；第十条规定："人民法院应当以外观设计专利产品的一般消费者的知识水平和认知能力，判断外观设计是否相同或者近似。"本案中，被诉侵权产品与涉案外观设计专利产品相同，均为淋浴喷头类产品，因此，本案的关键问题是对于一般消费者而言，被诉侵权产品外观设计与涉案授权外观设计是否相同或者近似，具体涉及以下四个问题：

一、关于涉案授权外观设计的设计特征

外观设计专利制度的立法目的在于保护具有美感的创新性工业设计方案，一项外观设计应当具有区别于现有设计的可识别性创新设计才能获得专利授权，该创新设计即是授权外观设计的设计特征。通常情况下，外观设计的设计人都是以现有设计为基础进行创新。对于已有产品，获得专利权的外观设计一般会具有现有设计的部分内容，同时具有与现有设计不相同也不近似的设计内容，正是这部分设计内容使得该授权外观设计具有创新性，从而满足专利法第二十三条所规定的实质性授权条件：不属于现有设计也不存在抵触申请，并且与现有设计或者现有设计特征的组合相比具有明显区别。对于该部分设计内容的描述即构成授权外观设计的设计特征，其体现了授权外观设计不同于现有设计的创新内容，也体现了设计人对现有设计的创造性贡献。由于设计特征的存在，一般消费者容易将授权外观设计区别于现有设计，因此，其对外观设计产品的整体视觉效果具有显著影响，如果被诉侵权设计未包含授权外观设计区别于现有设计的全部设计特征，一般可以推定被诉侵权设计与授权外观设计不近似。

对于设计特征的认定，一般来说，专利权人可能将设计特征记载在简要说明中，也可能会在专利授权确权或者侵权程序中对设计特征作出相应陈述。根据"谁主张、谁举证"的证据规则，专利权人应当对其所主张的设计特征进行举证。另外，授权确权程序的目的在于对外观设计是否具有专利性进行审查，因此，该过程中有关审查文档的相关记载对确定设计特征有着重要的参考意义。理想状态下，对外观设计专利的授权确权，应当是在对整个现有设计检索后的基础上确定对比设计来评判其专利性，但是，由于检索数据库的限制、无效宣告请求人检索能力的局限等原因，授权确权程序中有关审查文档所确定的设计特征可能不是在穷尽整个现有设计的检索基础上得出的，因此，无论是专利权人举证证明的设计特征，还是通过授权确权有关审查文档记载确定的设计特征，如果第三人提出异议，都应当允许其提供反证予以推翻。人民法院在听取各方当事人质证意见的基础上，对证据进行充分审查，依法确定授权外观设计的设计特征。

本案中，专利权人高仪公司主张跑道状的出水面为涉案授权外观设计的设计特征，健龙公司对此不予认可。对此，法院生效裁判认为，首先，涉案授权外观设计没有简要说明记载其设计特征，高仪公司在二审诉讼中提交了12份淋浴喷头产品的外观设计专利文件，其中7份记载的公告日早于涉案专利的申请日，其所附图片表示的外观设计均未采用跑道状的出水面。在针对涉案授权外观设计的无效宣告请求审查程序中，专利复审委员会作出第17086号决定，认定涉案授权外观设计与最接近的对比设计证据1相比："从整体形状上看，与在先公开的设计相比，本专利喷头及其各面过渡的形状、喷头正面出水区域的设计以及喷头宽度与手柄直径的比例具有较大差别，上述差别均是一般消费者容易关注的设计内容"，即该决定认定喷头出水面形状的设计为涉案授权外观设计的设计特征之一。其次，健龙公司虽然不认可跑道状的出水面为涉案授权外观设计的设计特征，但是在本案一、二审诉讼中其均未提交相应证据证明跑道状的出水面为现有设计。本案再审审查阶段，健龙公司提交200630113512.5号淋浴喷头外观设计专利视图拟证明跑道状的出水面已被现有设计所公开，经审查，该外观设计专利公告日早于涉案授权外观设计申请日，可以作为涉案授权外观设计的现有设计，但是其主视图和使用状态参考图所显示的出水面两端呈矩形而非呈圆弧形，其出水面并非跑道状。因此，对于健龙公司关于跑道状出水面不是涉案授权外观设计的设计特征的再审申请理由，本院不予支持。

二、关于涉案授权外观设计产品正常使用时容易被直接观察到的部位

认定授权外观设计产品正常使用时容易被直接观察到的部位，应当以一般消费者的视角，根据产品用途，综合考虑产品的各种使用状态得出。本案中，首先，涉案授权外观设计是淋浴喷头产品外观设计，淋浴喷头产品由喷头、手柄构成，二者在整个产品结构中所占空间比例相差不大。淋浴喷头产品可以手持，也可以挂于墙上使用，在其正常使用状态下，对于一般消费者而言，喷头、手柄及其连接处均是容易被直接观察到的部位。其次，第17086号决定认定在先申请的设计证据2与涉案授权外观设计采用了同样的跑道状出水面，但是基于涉案授权外观设计的"喷头与手柄成一体，喷头及其与手柄连接的各面均为弧面且喷头前倾，此与在先申请的设计相比具有较大的差别，上述差别均是一般消费者容易关注的设计内容"，认定二者属于不相同且不相近似的外观设计。可见，淋浴喷头产品容易被直接观察到的部位并不仅限于其喷头头部出水面，在对淋浴喷头产品外观设计的整体视觉效果进行综合判断时，其喷头、手柄及其连接处均应作为容易被直接观察到的部位予以

考虑。

三、关于涉案授权外观设计手柄上的推钮是否为功能性设计特征

外观设计的功能性设计特征是指那些在外观设计产品的一般消费者看来，由产品所要实现的特定功能唯一决定而不考虑美学因素的特征。通常情况下，设计人在进行产品外观设计时，会同时考虑功能因素和美学因素。在实现产品功能的前提下，遵循人文规律和法则对产品外观进行改进，即产品必须首先实现其功能，其次还要在视觉上具有美感。具体到一项外观设计的某一特征，大多数情况下均兼具功能性和装饰性，设计者会在能够实现特定功能的多种设计中选择一种其认为最具美感的设计，而仅由特定功能唯一决定的设计只有在少数特殊情况下存在。因此，外观设计的功能性设计特征包括两种：一是实现特定功能的唯一设计；二是实现特定功能的多种设计之一，但是该设计仅由所要实现的特定功能决定而与美学因素的考虑无关。对功能性设计特征的认定，不在于该设计是否因功能或技术条件的限制而不具有可选择性，而在于外观设计产品的一般消费者看来该设计是否仅仅由特定功能所决定，而不需要考虑该设计是否具有美感。一般而言，功能性设计特征对于外观设计的整体视觉效果不具有显著影响；而功能性与装饰性兼具的设计特征对整体视觉效果的影响需要考虑其装饰性的强弱，装饰性越强，对整体视觉效果的影响相对较大，反之则相对较小。

本案中，涉案授权外观设计与被诉侵权产品外观设计的区别之一在于后者缺乏前者在手柄位置上具有的一类跑道状推钮设计。推钮的功能是控制水流开关，是否设置推钮这一部件是由是否需要在淋浴喷头产品上实现控制水流开关的功能所决定的，但是，只要在淋浴喷头手柄位置设置推钮，该推钮的形状就可以有多种设计。当一般消费者看到淋浴喷头手柄上的推钮时，自然会关注其装饰性，考虑该推钮设计是否美观，而不是仅仅考虑该推钮是否能实现控制水流开关的功能。涉案授权外观设计的设计者选择将手柄位置的推钮设计为类跑道状，其目的也在于与其跑道状的出水面相协调，增加产品整体上的美感。因此，二审判决认定涉案授权外观设计中的推钮为功能性设计特征，适用法律错误，本院予以纠正。

四、关于被诉侵权产品外观设计与涉案授权外观设计是否构成相同或者近似

《侵犯专利权纠纷案件解释》第十一条规定，认定外观设计是否相同或者近似时，应当根据授权外观设计、被诉侵权设计的设计特征，以外观设计的

整体视觉效果进行综合判断；对于主要由技术功能决定的设计特征，应当不予考虑。产品正常使用时容易被直接观察到的部位相对于其他部位、授权外观设计区别于现有设计的设计特征相对于授权外观设计的其他设计特征，通常对外观设计的整体视觉效果更具有影响。

本案中，被诉侵权产品外观设计与涉案授权外观设计相比，其出水孔分布在喷头正面跑道状的区域内，虽然出水孔的数量及其在出水面两端的分布与涉案授权外观设计存在些许差别，但是总体上，被诉侵权产品采用了与涉案授权外观设计高度近似的跑道状出水面设计。关于两者的区别设计特征，一审法院归纳了八个方面，对此双方当事人均无异议。对于这些区别设计特征，首先，如前所述，第17086号决定认定涉案外观设计专利的设计特征有三点：一是喷头及其各面过渡的形状，二是喷头出水面形状，三是喷头宽度与手柄直径的比例。除喷头出水面形状这一设计特征之外，喷头及其各面过渡的形状、喷头宽度与手柄直径的比例等设计特征也对产品整体视觉效果产生显著影响。虽然被诉侵权产品外观设计采用了与涉案授权外观设计高度近似的跑道状出水面，但是，在喷头及其各面过渡的形状这一设计特征上，涉案授权外观设计的喷头、手柄及其连接各面均呈圆弧过渡，而被诉侵权产品外观设计的喷头、手柄及其连接各面均为斜面过渡，从而使得二者在整体设计风格上呈现明显差异。另外，对于非设计特征之外的被诉侵权产品外观设计与涉案授权外观设计相比的区别设计特征，只要其足以使两者在整体视觉效果上产生明显差异，也应予以考虑。其次，淋浴喷头产品的喷头、手柄及其连接处均为其正常使用时容易被直接观察到的部位，在对整体视觉效果进行综合判断时，在上述部位上的设计均应予以重点考查。具体而言，涉案授权外观设计的手柄上设置有一类跑道状推钮，而被诉侵权产品无此设计，因该推钮并非功能性设计特征，推钮的有无这一区别设计特征会对产品的整体视觉效果产生影响；涉案授权外观设计的喷头与手柄连接产生的斜角角度较小，而被诉侵权产品的喷头与手柄连接产生的斜角角度较大，从而使得两者在左视图上呈现明显差异。正是由于被诉侵权产品外观设计未包含涉案授权外观设计的全部设计特征，以及被诉侵权产品外观设计与涉案授权外观设计在手柄、喷头与手柄连接处的设计等区别设计特征，使得两者在整体视觉效果上呈现明显差异，两者既不相同也不近似，被诉侵权产品外观设计未落入涉案外观设计专利权的保护范围。二审判决仅重点考虑了涉案授权外观设计跑道状出水面的设计特征，而对于涉案授权外观设计的其他设计特征，以及淋浴喷头产品正常使用时其他容易被直接观察到的部位上被诉侵权产品外观设计与涉案授权外观设计专利的区别设计特征未予考虑,认定两者构成近似,适用法律错误,本院予以纠正。

综上,健龙公司生产、许诺销售、销售的被诉侵权产品外观设计与高仪公司所有的涉案授权外观设计既不相同也不近似,未落入涉案外观设计专利权保护范围,健龙公司生产、许诺销售、销售被诉侵权产品的行为不构成对高仪公司涉案专利权的侵害。二审判决适用法律错误,本院依法应予纠正。

审理法院 浙江省高级人民法院
审理时间 2013 年 9 月 27 日
案　　号 浙江省高级人民法院(2013)浙知终字第 255 号民事判决书
出　　处 最高人民法院指导案例 85 号,2017 年 3 月 6 日发布;《最高人民法院公报》2016 年第 10 期。

221. 国家机关在其职权范围内制作的文书在无相反证据的情况下,应推定记载的事项真实

——南昌弘益科技有限公司与天长亿帆制药有限公司、
合肥创新医药技术有限公司确认不侵害专利权纠纷案

裁判要点

《最高人民法院关于适用〈中华人民共和国民事诉讼法〉的解释》第一百一十四条规定,国家机关或者其他依法具有社会化管理职能的组织,在其职权范围内制作的文书所记载的事项推定为真实,但有相反证据足以推翻的除外。本案中,国家食品药品监督管理总局向二审法院作出的复函,即为上述司法解释中所称的"国家机关在其职权范围内制作的文书",故在无相反证据的情况下,应推定复函记载的事项真实。

关　键　词 确认不侵害专利权之诉　国家机关文书　异议人

裁判理由 最高人民法院认为:《最高人民法院关于审理侵犯专利权纠纷案件应用法律若干问题的解释》(法释〔2009〕21 号)第十八条规定,权利人向他人发出侵犯专利权的警告,被警告人或者利害关系人经书面催告权利

人行使诉权,自权利人收到该书面催告之日一个月内或者自书面催告发出之日起两个月内,权利人不撤回警告也不提起诉讼,被警告人或者利害关系人向人民法院提起请求确认其行为不侵犯专利权的诉讼的,人民法院应当受理。二审法院认为,原天康药业公司、合肥创新公司在进行药品注册申报过程中,南昌弘益公司向原国家食品药品监督管理局提出书面异议,称其是"灯盏花素滴丸及其制备方法"专利权人。经原天康药业公司、合肥创新公司发函催告,南昌弘益公司既不撤回异议,也不提起诉讼,原天康药业公司、合肥创新公司提起确认不侵犯专利权诉讼符合法律规定。南昌弘益公司对此提出异议认为,南昌弘益公司不是本案药品申报程序的异议人,故并非本案的适格被告,一审、二审法院对本案予以受理是错误的。本院认为,南昌弘益公司是否以对涉案药品申报程序提出异议的方式发出侵权警告,即南昌弘益公司是否为"异议人",是本案的争议焦点问题。天长亿帆公司、合肥创新公司就此提交的证据为原国家食品药品监督管理局药品审评中心《关于"灯盏花素滴丸"药品注册相关事宜的函》,其中载明的专利持有人为南昌弘益公司。鉴于南昌弘益公司对其是否为"异议人"的事实提出质疑,二审法院致函国家食品药品监督管理总局要求确认涉案药品申报"异议人"的全称。对此,国家食品药品监督管理总局通过复函的形式明确答复二审法院,《关于"灯盏花素滴丸"药品注册相关事宜的函》中的"南昌弘益"即为"南昌弘益科技有限公司"。本院认为,《最高人民法院关于适用〈中华人民共和国民事诉讼法〉的解释》第一百一十四条规定,国家机关或者其他依法具有社会化管理职能的组织,在其职权范围内制作的文书所记载的事项推定为真实,但有相反证据足以推翻的除外。本案中,国家食品药品监督管理总局向二审法院作出的复函,即为上述司法解释中所称的"国家机关在其职权范围内制作的文书",故在无相反证据的情况下,应推定复函记载的事项真实。因此,现有证据已经足以证明,南昌弘益公司即为本案药品申报程序的"异议人",一审、二审法院基于该事实,认定其为本案所涉确认不侵害专利权之诉的适格被告,具有事实与法律依据,本院对该结论予以维持。此外,在现有证据已足以澄清本案争议事实的情况下,二审法院未支持南昌弘益公司进一步调查取证的申请,并无不当之处,本院对此不持异议。

对于南昌弘益公司所称二审法院未对相关证据予以质证从而导致事实认定错误的主张,本院认为,首先,二审法院庭审笔录已经明确记载,南昌弘益公司曾明确表示,其在二审期间并无新证据提交,故南昌弘益公司所称二审法院未对新证据进行质证进而违反法定程序的主张,缺乏事实依据。其次,即使考虑南昌弘益公司在再审程序中补充提交的其对案外人提出药品申报异议的相关证据,亦不足以否定和排除南昌弘益公司在本案药品申报程序中的"异议人"身份,即不构成足以推翻国家食品药品监督管理总局复函的相反证据。据此,南昌弘益公司与此有关的异议均不能成立,本院不予支持。

审理法院 最高人民法院
审理时间 2017 年 6 月 5 日
案　　号 最高人民法院(2017)最高法民申 771 号民事裁定书
出　　处 《知识产权审判指导》2017 年第 1 辑(总第 29 辑)。

222. 化学产品专利申请充分公开的要求
——再审申请人田边三菱制药株式会社与被申请人国家知识产权局专利复审委员会发明专利申请驳回复审行政纠纷案

> **裁判摘要**
> 对于化学产品的专利申请,应当完整公开该产品的用途和/或使用效果。如果所属技术领域的技术人员无法根据现有技术预测发明能够实现所述用途和/或使用效果,则说明书中还应当记载对于本领域技术人员来说,足以证明发明的技术方案可以实现所述用途和/或达到预期效果的定性或定量实验数据。

关 键 词 发明专利　复审程序　充分公开

裁判理由 最高人民法院认为:首先,发明专利权作为一种工业产权,应当具备产业上的利用价值,对于尚不确定其具有何种技术意义或者无积极效果的发明创造不应予以保护。其次,一项发明的技术方案是否具备产业的利用价值,需要根据说明书公开的内容并结合现有技术状况来判断,即专利说明书是判断发明创造是否实质上被完成以及是否应给予专利保护的关键,因此,说明书应当记载发明创造是否具备产业价值、是否已实质上完成的技术信息。基于此,《专利审查指南》第二部分第十章"关于化学领域发明专利申请审查的若干规定"第 3.1 节"化学产品发明的充分公开"部分有如下规定："要求保护的发明为化学产品本身的，说明书中应当记载化学产品的确认、化学产品的制备以及化学产品的用途。""对于化学产品发明，应当完整地公开该产品的用途和/或使用效果，即使是结构首创的化合物，也应当至少记载一种用途。""如果所属技术领域的技术人员无法根据现有技术预测发明能够实现所述用途和/或使用效果，则说明书中还应当记载对于本领域技术人员来说，足以证明发明的技术方案可以实现所述用途和/或达到预期效果的定性或定量实验数据。"上述关于化学产品发明充分公开的判断标准符合我国专利法第二十六条第三款的规定，也为我国专利审查实践所长期遵循。最后，对于化学领域的发明创造，要求公开其用途和效果是该领域发明创造的特点决定的。在多数情况下，化学发明能否实施以及具备何种用途或效果往往难以预测，必须借助于实验结果加以证实才能得到确认。因此，在本领域技术人员根据现有技术不能预测新的化合物具备说明书所述用途和/或使用效果的情况下，专利申请说明书应当记载该化合物可以实现所述用途和/或达到预期效果的定性或定量实验数据。

审理法院 最高人民法院
审理时间 2016 年 2 月 26 日
案　　号 最高人民法院（2015）知行字第 352 号行政裁定书
出　　处 《最高人民法院公报》2017 年第 11 期；《最高人民法院知识产权案件年度报告（2016）》。

223. 化合物新颖性判断中现有技术公开内容的认定标准
——基因技术股份有限公司与国家知识产权局专利
复审委员会发明专利驳回复审行政纠纷案

> **裁判要点**
> 　　在涉及化合物专利是否具有新颖性的判断过程中，对于现有技术文献是否已公开了该化合物，应以所属领域的普通技术人员根据该文献的启示，能否制造或分离出该化合物为标准。

关 键 词　发明专利　复审程序　新颖性

裁判理由 最高人民法院认为：对于现有技术文献是否已公开了某化合物，应以所属领域的普通技术人员从该文献的启示能否制造或分离出该化合物为准。本案中，基因公司已经认可对比文件 1 实施例中所使用的抗体即是本案申请中的纯化抗体，即应推定本案申请不具有新颖性。基因公司主张对比文件 1 披露的技术结果公众无法获得，即所属领域的普通技术人员不能制造或分离出该产品，其应进一步举证证明。在二审法院指定的举证期限内，基因公司所提交的证据，仅能证明在本申请优先权日之前，其对使用本案申请说明书的纯化方法制备本案申请产品采取了保密措施，尚不能证明对比文件 1 提及的产品公众无法获得。二审法院据此认为基因公司并未完成举证责任，进而认定本案申请相对于对比文件 1 不具有新颖性，并无不当。

审理法院 最高人民法院

审理时间 2016 年 6 月 29 日

案　　号 最高人民法院（2015）知行字第 356 号行政裁定书

出　　处 《最高人民法院知识产权案件年度报告（2016）》。

224. 产品说明书属于专利法意义上的公开出版物
——再审申请人蒂森克虏伯机场系统（中山）有限公司与被申请人中国国际海运集装箱（集团）股份有限公司、深圳中集天达空港设备有限公司、一审被告广州市白云国际机场股份有限公司侵害发明专利权纠纷案

裁判要点

产品操作和维护说明书随产品销售而交付使用者，使用者及接触者均没有保密义务，且其能够为不特定公众所获取，属于专利法意义上的公开出版物。其中记载的技术方案，以交付给使用者的时间作为公开时间。

关 键 词 发明专利　产品说明书　出版物公开

裁判理由 最高人民法院认为：蒂森中山公司在本案中主张现有技术抗辩，即因附录 Y 构成出版物公开，故其使用的是现有技术，不侵害本案专利

权。专利法意义上的出版物是指记载有技术或设计内容的独立存在的传播载体，并且应当表明或者有其他证据证明其公开发表或出版的时间。附录 Y 虽是一份产品操作和维护说明书并随产品销售而交付使用者，但其使用者以及接触者均没有保密义务，也即附录 Y 是可公开的，且其能够为不特定公众通过复印的方式获取。由此可见，附录 Y 系独立存在的传播载体，鉴于其也记载了涉案专利技术的技术特征，其交付给旧金山国际机场的时间，即公开时间亦能确定，故其属于专利法意义上的出版物公开，蒂森中山公司据此主张现有技术抗辩，有事实和法律依据，应当予以支持。

审理法院 最高人民法院
审理时间 2016 年 10 月 10 日
案　　号 最高人民法院（2016）最高法民再 179 号民事裁定书
出　　处 《最高人民法院知识产权案件年度报告（2016）》。

225. 发明专利申请是否具备实用性的判断
——再审申请人顾庆良、彭安玲与被申请人国家知识产权局专利复审委员会发明专利申请驳回复审行政纠纷案

裁判要点

发明专利申请具备实用性，是指该技术方案本身符合自然规律，可实际应用并能够工业化再现。

关 键 词 发明专利　复审程序　实用性　工业化再现

裁判理由 最高人民法院认为：对于本案申请是否具有实用性，应当结合说明书和权利要求书公开的整体技术内容，判断该技术方案能否解决技术问题，并且能够产业上制造、使用。本案申请限定的技术方案强调的是利用"磁能"，实现节能环保的效果，该"磁能"的来源是动力机的内部特定结构，且该"磁能"是动力机旋转的主要能量来源。故判断本案申请是否具有实用性，关键在于其利用"磁能"实现连续运转的技术方案能否在产业上制造或者使用。依据本案申请公开的整体技术内容，该磁悬浮磁能动力机具备外转子和内转子以及飞轮等结构，在少量的动能输入的情况下，由磁场产生

磁力对负载阻力做功，主要能量来源于内部特定结构产生的"磁能"。飞轮的惯性需要外力提供，外力对飞轮做功后，一方面要克服负载阻力，另一方面要加速推动外转子旋转做功，而要维持该磁场为动磁场，也需要能量的输入。由此可知，要达到持续推动飞轮前进，并对外做功的效果，输出的能量必然要大于输入的能量。但依据本案申请权利要求书和说明书公开的整体技术内容，其请求保护的技术方案的实质是要在磁悬浮磁能动力机只有少量用于维持飞轮转动的直流电输入的情况下，通过动力机特定结构得到"磁能"，满足300°空间不消耗电能，实现连续运转的技术效果。由于离开永磁体磁场之时与进入永磁体磁场之时相比而言无法获得更多能量，在运转的设备还存在能量消耗的情况下，本案申请不可能通过磁场内部产生的磁力得到一个大于输入的输出能量，本案申请违反了能量守恒定律。因此，本案申请请求保护的技术方案仅仅是一种设想或者结果，依靠所谓的"磁能"实现不间断的连续运转的技术方案不能够在产业上制造或使用。

审理法院　最高人民法院
审理时间　2016 年 11 月 7 日
案　　号　最高人民法院（2016）最高法行申 789 号行政裁定书
出　　处　《最高人民法院知识产权案件年度报告（2016）》。

226. 专利法关于"能够制造或者使用"与"能够实现"之间的关系
——再审申请人顾庆良、彭安玲与被申请人国家知识产权局专利复审委员会发明专利申请驳回复审行政纠纷案

裁判要点

专利法第二十二条第四款规定的"能够制造或者使用"是指发明或者实用新型的技术方案具有在产业中被制造或使用的可能性。专利法第二十六条第三款规定的"能够实现"是指本领域技术人员根据说明书的内容能否实现该发明或实用新型。两者判断标准不同，之间没有必然联系。

关　键　词　发明专利　复审程序　制造或使用

裁判理由　最高人民法院认为：本案申请说明书尽管在形式上没有公开电能驱动后如何利用所获得的"磁能"实现连续运转的具体技术方案，以至于本领域技术人员不能够实现该技术方案。但是，本案申请能否在产业上被制造或者使用，是基于技术方案的本质而言。由于本案申请的技术方案违反自然规律，导致其事实上就不包含可以实施的技术信息，无法在工业上再现并产生积极的效果，因此，这种由于技术方案本身固有的缺陷引起的不能够制造或使用，与说明书中是否充分公开了权利要求的相关信息并无关系。虽然本案申请说明书同样没有对发明作出清楚、完整的说明，形式上存在本领域技术人员不能够实现的问题，但鉴于本案申请存在的本质缺陷，第68294号决定以本案申请不具备实用性予以审查评述，并无不当。

审理法院　最高人民法院
审理时间　2016 年 11 月 7 日
案　　号　最高人民法院（2016）最高法行申 789 号行政裁定书
出　　处　《最高人民法院知识产权案件年度报告（2016）》。

227. 对专利法第四十七条第二款中"追溯力"的判定
——再审申请人上海优周电子科技有限公司与被申请人深圳市精华隆安防设备有限公司侵害实用新型专利权纠纷案

> **裁判要点**
> 在专利权被宣告无效前，人民法院作出侵权认定的判决已经执行完毕，宣告专利权无效的决定对上述判决内容不具有追溯力。但专利权被无效后，有关技术方案即进入公有领域，任何单位和个人均可自由实施，专利权人无权予以制止。

关　键　词　实用新型专利　专利权无效　溯及力

裁判理由　最高人民法院认为：因二审判决在涉案专利权被宣告无效之前已经执行，根据专利法第四十七条第二款之规定，无效决定对本案二审判决不具有追溯力，对优周公司的再审申请不应予以支持。但是，鉴于涉案专利权已经无效,该专利的技术方案已经进入社会公有领域,任何单位和个人实施该技术方案,即制造、使用、许诺销售、销售、进口涉案专利产品都不构成侵权,精华隆公司均无权予以制止。

审理法院 最高人民法院
审理时间 2016年12月13日
案　　号 最高人民法院(2016)最高法民再384号民事裁定书
出　　处 《最高人民法院知识产权案件年度报告(2016)》。

228. 技术委托开发合同中欺诈行为认定的基本原则
——上诉人钦州锐丰钒钛铁科技有限公司与
被上诉人北京航空航天大学技术合同纠纷案

裁判要点

对于技术委托开发合同中受托方欺诈行为的认定,应当尊重技术开发活动本身的特点和规律,区分技术开发的不同阶段,以合同签订之时的已知事实和受托方当时可以合理预知的情况,作为判断其是否告知了虚假情况或隐瞒了真实情况的标准。

关 键 词 技术合同　技术开发　合理预知

裁判理由 最高人民法院认为:在技术委托开发合同领域,对于受托方是否告知虚假情况或隐瞒真实情况的判断,须充分考虑技术开发活动本身的特性。技术开发活动具有阶段性,其结果具有不确定性。从实验室试验,到半工业试验、工业试验,再到成熟的工业生产,研发阶段的不断递进不只是产量和规模的简单递增,更是不断克服已知和未知困难的复杂过程,技术开发活动中的某些困难可能难以预见、难以预防、难以控制、难以克服。规模化工业试验并不是半工业试验的简单再现,二者在试验目的、试验环境、试验规模、试验设备等方面均有不同,可能遇到的技术困难也不尽一致。以顺畅的规模化工业生产为目的,对半工业试验中的工艺进行适应性调整和改进,本就是工业试验的题中之意。因而,工业试验在整体工艺和具体工序上与半工业试验的工艺、工序有所差异,实属正常。关于北航大学是否向钦州锐丰公司告知了虚假情况或隐瞒了真实情况的判断，主要应考虑两个方面的问题：一是北航大学是否向钦州锐丰公司完整告知了半工业试验阶段钒钛磁铁砂矿综合利用技术的真实情况；二是北航大学是否向钦州锐丰公司完整告知了钒钛铁分离技术工业化示范项目的真实规划。北航大学在涉案合同磋商阶段向香港锐丰公司、钦州锐丰公司提供了《鉴定证书》，即已完整告知了关于涉案钒钛磁铁砂矿综合利用技术半工业试验阶段的真实情况。北航大学正是在钒钛磁铁砂矿综合利用技术半工业试验的基础上，对工业试验阶段的工艺作出了调整。北航大学完整地告知了钦州锐丰公司钒钛磁铁砂矿综合利用技术半工业试验阶段的真实情况，其未对涉案技术在这一研发阶段的情况实施欺诈；且依据现有证据难以认定《鉴定证书》所载钒钛磁铁砂矿综合利用技术系虚假技术。同时，北航大学在涉案合同磋商阶段也向钦州锐丰公司提交了《示范项目申请报告》，用以说明其关于钒钛磁铁砂矿综合利用技术工业化试验项目的规划。鉴于北航大学完整告知了钒钛磁铁砂矿综合利用技术半工业试验阶段的真实情况，以及钒钛铁分离技术工业化示范项目的真实规划，故北航大学不构成对钦州锐丰公司的欺诈。

审理法院 最高人民法院
审理时间 2016 年 11 月 29 日
案　　号 最高人民法院（2015）民三终字第 8 号民事判决书
出　　处 《最高人民法院知识产权案件年度报告（2016）》。

229. 对技术委托开发合同中"产品"的理解与受托方欺诈行为的认定

——上诉人钦州锐丰钒钛铁科技有限公司与被上诉人北京航空航天大学技术合同纠纷案

裁判要点

裁判要点对于技术合同中"产品"的理解，应当考虑技术研发活动具有的阶段性及阶段产品存在差异的特点。对受托方使用不尽相同的概念对技术合同中的产品进行指代的行为，应当在考虑其所处研发阶段及对应具体工序的基础上，认定其是否实施了虚报项目产品的欺诈行为。

关　键　词　技术合同　研发阶段　欺诈行为

裁判理由　最高人民法院认为：钦州锐丰公司以《示范项目申请报告》中使用了"富钛渣""高钛渣""钛渣""钒铁金属间化合物""钒铁"等多个概念为由，认为北航大学虚报了项目产品。对此最高人民法院认为，技术研发活动具有阶段性，后一阶段并非前一阶段的简单复现和放大，不同研发阶段的产品可能存在差异；即便就同一研发阶段而言，不同工序也会对应不同产品。所谓"中间产品"本就不是一个指向固定的概念，中间产品为何物，取决于其对应的工序为何者。故对于产品的理解，特别是对中间产品的理解，既要考虑其所处的研发阶段，也要考虑其所对应的具体工序。本案中，《示范项目申请报告》中既有对《鉴定证书》所载钒钛磁铁砂矿综合利用技术半工业试验阶段的情况回顾，也有对该技术规模化工业试验阶段的项目规划；既有对钒钛铁分离技术示范项目一期工程的介绍，也有对后期工程的展望，因而其中所涉及的产品相对复杂。对于《示范项目申请报告》中"富钛渣""高钛渣""钛渣""钒铁金属间化合物""钒铁"等产品概念的理解，必须结合不同语境，明确其所指向的研发阶段和具体工序，不能简单因为报告中同时出现了上述概念就认定其自相矛盾或陈述不实。首先，《示范项目申请报告》中的"富钛渣""高钛渣"基本都指向半工业试验阶段的钒钛磁铁砂矿综合利用技术或整个钒钛铁分离技术工业化示范项目。其次，《示范项目申请报告》中"钛渣"基本都指向钒钛铁分离技术工业化示范项目的一期工程。

再次，根据《示范项目申请报告》第 1 页的记载，该报告中的"钒铁"均为"钒铁金属间化合物"的简称，故在该报告语境下"钒铁金属间化合物"和"钒铁"并无差异。最后，《示范项目申请报告》在产品描述方面也确有未尽精准之处，混杂出现了钛渣、富钛富钒渣、高钛渣等多个概念。但考虑到：一方面，"中间产品"的概念确有一定的不确定性，一个工艺流程包含若干不同工序，本就可以有多个不同的中间产品；另一方面，报告关于熔分后的产物为钛渣，钛渣中二氧化钛含量为 46% 的表述自始至终是清晰、一贯的，且这与涉案合同中关于钒钛铁分离技术工业化示范项目一期工程的产品为还原铁、钛渣、钒渣的明确约定也是一致的，故上述表述并不涉及故意告知虚假情况或故意隐瞒真实情况等陈述不实之情形。

审理法院 最高人民法院
审理时间 2016 年 11 月 29 日
案　　号 最高人民法院（2015）民三终字第 8 号民事判决书
出　　处 《最高人民法院知识产权案件年度报告（2016）》。

230. 对技术委托开发合同中"技术开发成本"的理解与受托方欺诈行为的认定

——上诉人钦州锐丰钒钛铁科技有限公司与
被上诉人北京航空航天大学技术合同纠纷案

> **裁判要点**
> 　　技术开发成本包括但不限于试验设备的相关费用，也仅仅是决定技术开发合同价款的因素之一。对技术开发成本的认定，应当符合技术开发成本的客观构成，以及技术开发合同定价的基本规律，并在此基础上认定受托方是否以虚报技术开发成本的方式实施了欺诈行为。

关 键 词　技术合同　技术开发　欺诈行为
裁判理由　最高人民法院认为：该案中钦州锐丰公司主张，涉案合同的总额为 3.15 亿元，但北航大学向案外人发包生产线制造项目的总费用仅为 1.702 亿元，故北航大学以虚报 1.448 亿元项目开发成本的方式实施了欺诈行为。对此最高人民法院认为，首先，技术开发成本包括但不限于试验设备的相关费用。尽管试验设备在技术开发活动中的作用举足轻重，但其远非技术研发活动的全部。尤其是在工业化试验项目中，除试验设备外，项目的整体设计、生产工艺的优化、生产流程的监控等也都至关重要，其相应对价均可计入技术开发成本。其次，技术开发成本仅仅是决定技术开发合同价款的因素之一。技术成果的先进性、技术成果实施转化和应用的程度、当事人享有的权益和承担的责任、技术成果的经济效益等，亦与技术开发成本一样，是技术开发合同定价的重要考虑因素。故在本案中，北航大学向案外人发包生产线制造项目的1.702亿元仅是钒钛铁分离技术工业化示范项目技术开发成本的一部分，而该项目的技术开发成本也仅是整个合同定价的考虑因素之一。钦州锐丰公司将项目生产线的制造费用等同于整个技术开发成本，又将技术开发成本等同于涉案合同价款，既不符合技术开发成本的客观构成，也不符合技术开发合同定价的基本规律，其关于北航大学虚报技术开发成本的主张，缺乏依据。

审理法院 最高人民法院
审理时间 2016年11月29日
案　　号 最高人民法院（2015）民三终字第8号民事判决书
出　　处 《最高人民法院知识产权案件年度报告（2016）》。

231. 技术委托开发合同中委托方应当自行完成的商业判断与受托方欺诈行为的认定
——上诉人钦州锐丰钒钛铁科技有限公司与
被上诉人北京航空航天大学技术合同纠纷案

> **裁判要点**
>
> 　　判断技术合同中的委托方是否因受欺诈而陷于错误判断，应当充分尊重技术开发活动的特性，并综合考虑委托方的认知能力、信息来源及所能合理预知的情况等因素。在受托方已经尽到合理告知义务的情况下，委托方未完成应由其自行完成的商业判断，不能据此认定受托方构成欺诈。

　　关 键 词　技术合同　欺诈行为　商业判断

　　裁判理由　最高人民法院认为：技术开发活动具有阶段性，其结果具有不确定性。对于技术委托开发合同中委托方是否因受欺诈而陷于错误判断，并在此基础上做出违背其真意的意思表示的认定，也应在充分尊重技术开发活动固有特性的前提下，综合考虑委托方对合同项目的认知能力、委托方的信息来源、委托方所能合理预知的情况等因素，认定其是否陷于错误判断，以及其错误判断与受托方的欺诈行为是否具有因果关系。关于是否向规模化工业试验项目投资的判断，尽管离不开对技术和项目的理解，但本质上仍是一种商业判断。磋商阶段，技术方应确保其所供技术并非虚假，所做规划未有不实；至于估算项目产值，核算项目成本，预测项目利润等商业分析理应由投资方自行完成。本案中，北航大学固然是对钒钛铁分离技术工业化示范项目的商业价值提出了参考意见，但是否投资该项目仍应是钦州锐丰公司自己的商业判断。鉴于北航大学真实、完整地告知了钦州锐丰公司钒钛磁铁砂矿综合利用技术半工业试验阶段的情况和钒钛铁分离技术工业化示范项目的规划；亦鉴于，涉案合同载明的还原铁、钛渣、钒渣等项目一期工程产品均系行业内的常见产品，钦州锐丰公司完全有能力自行估算项目产值，并在此基础上判断以3.15亿元的对价签订涉案合同是否符合其商业利益。钦州锐丰公司主张北航大学虚报项目成本和产值，使其陷入错误判断，缺乏依据，对此不予支持。

审理法院 最高人民法院
审理时间 2016 年 11 月 29 日
案　　号 最高人民法院（2015）民三终字第 8 号民事判决书
出　　处 《最高人民法院知识产权案件年度报告（2016）》。

232. 使用同源性加上来源和功能限定方式的生物序列权利要求得到说明书支持的判断
——再审申请人国家知识产权局专利复审委员会、诺维信公司与被申请人江苏博立生物制品有限公司发明专利权无效行政纠纷案

> **裁判要点**
>
> 　　对于保护主题为生物序列的权利要求是否得到说明书的支持，需要考虑其中的同源性、来源、功能等技术特征对该生物序列的限定作用。如果这些特征的限定导致包含于该权利要求中的生物序列极其有限，且根据专利说明书公开的内容能够预见到这些极其有限的序列均能实现发明目的，达到预期的技术效果，则权利要求能够得到说明书的支持。

关 键 词 发明专利　　无效程序　　说明书支持

裁判理由 最高人民法院认为：根据专利法第二十六条第四款规定，权利要求所要求保护的技术方案应当是所属技术领域的技术人员能够从说明书充分公开的内容中得到或概括得出的技术方案，并且不得超出说明书的范围。对于全长 591 个氨基酸的 SEQ ID NO：7 而言，尽管与之具有 99% 以上同源性的序列仍有约 5、6 个氨基酸位点的差异，但是，除了同源性特征之外，权利要求 10、11 进一步限定所述的酶来源于 T. emersonii 菌种和特定菌株 T. emersonii CBS 793.97。本领域普通技术人员一般认为，种是生物分类的基本单位，在某些基本特征上，同一种中的个体彼此显示出高度的相似性。同一种真菌或同一株真菌编码其体内某种酶的基因序列一般是确定的，偶尔会存在极少数同源性极高的变体序列，相应地，由该基因编码的酶也是确定的或者极少数的。本案中，99% 以上同源性与菌种或者菌株来源的双重限定已

经使得权利要求 10 和 11 的保护范围限缩至极其有限的酶,何况权利要求 10 和 11 还包括权利要求 6 所限定的酶的等电点和具有葡糖淀粉酶活性的功能。因此,在说明书实施例 1~4 已经证实了上述 SEQ ID NO: 7 具有葡糖淀粉酶活性的情况下,权利要求 10 和 11 的保护范围能够得到说明书的支持。权利要求 13 和 14 中引用权利要求 12 (a) (b) 的技术方案也能够得到说明书的支持。

审理法院 最高人民法院
审理时间 2016 年 12 月 30 日
案　　号 最高人民法院(2016)最高法行再 85 号民事判决书
出　　处 《最高人民法院知识产权案件年度报告(2016)》。

233. 技术工业化合同中合同目的的认定
——再审申请人陕西天宝大豆食品技术研究所与被申请人汾州裕源土特产品有限公司技术合同纠纷案

> **裁判要点**
> 能否产出符合合同约定的产品,与该产品能否上市销售、是否适销对路、有否利润空间等,并非同一层面的问题。在涉及技术工业化的合同中,如无明确约定,不应将产品商业化认定为合同目的。

关 键 词 技术合同　产品商业化　合同目的

裁判理由 最高人民法院认为:合同法第九十四条确立了合同法定解除权制度。其作为合同法项下的制度,必然须以维护意思自治、鼓励市场交易、稳定市场秩序、实现资源的有效配置的合同法立法宗旨和价值取向为依归,故对合同法定解除权的适用条件予以严格限定才是这一制度的主要方面和价值侧重。技术合同领域,特别是在涉及技术工业化的合同中,尤应注意对合同法定解除权的适用予以严格规范。区分技术工业化和产品商业化的概念,避免在没有明确约定的情况下,将产品商业化认定为技术合同的目的。技术工业化以技术的工业化运用为目标,其仅解决技术能否从实验室走向工厂、产出合格产品的问题;产品商业化则以盈利为目标,其所关心的是供给侧和需求侧在质和量上是否匹配的问题，亦即产品是否适销对路、有否利润空间的问题。技术工业化只是产品商业化的必要条件，而非充分条件。产品商业化的达成，还需要满足诸如精准分析市场需求、巧妙设定营销策略、严格控制产销成本、切实保障资金流转等与技术无关的其他条件。故若在无明确约定的情况下将产品商业化，乃至盈利，认定为技术合同的合同目的，将阻滞技术向生产力的转化。本案中，涉案合同明确约定，合同项下合格产品的认定标准为国家标准。二审法院以"符合上市条件"作为认定产品合格的依据，将合同约定的技术标准拔高为市场标准，系对涉案合同关于合格产品认定标准条款的错误理解，其关于天宝所因始终未能解决试产产品存在的口感不稳定、有沉淀等问题而构成根本违约的认定，确有错误。最高人民法院亦指出，投资方应审慎签订涉及技术工业化的合同，在技术指标的设置和产品合格标准的选择上，应当尽可能贴近市场对产品的要求，尤应避免在市场竞争较为激烈或相关公众要求较高的领域，仅以市场准入标准作为合同项下的产品合格标准，从而陷入产品合格而商业失败的窘境。

审理法院　最高人民法院
审理时间　2017 年 1 月 24 日
案　　号　最高人民法院（2016）最高法民再 251 号民事判决书
出　　处　《最高人民法院知识产权案件年度报告（2017）》。

234. 权利要求是否以说明书为依据的认定
——再审申请人传感电子有限责任公司与被申请人国家知识产权局专利复审委员会、一审第三人宁波讯强电子科技有限公司发明专利权无效行政纠纷案

> **裁判要点**
> 　　权利人有权在说明书充分公开的具体实施方式等内容的基础上，通过合理概括的方式撰写权利要求，以获得适度的保护范围。权利要求限定的保护范围应当与涉案专利的技术贡献和说明书充分公开的范围相适应。

关 键 词 发明专利 无效程序 权利要求

裁判理由 最高人民法院认为：权利人有权在说明书充分公开的具体实施方式等内容的基础上，通过合理概括的方式撰写权利要求，以获得适度的保护范围而不仅仅限于具体实施方式本身，从而给发明创造提供必要、适度的激励。另一方面，权利要求限定的保护范围应当与涉案专利的技术贡献和说明书充分公开的范围相适应，以免过宽的保护范围阻碍科学技术的进步。"权利要求应当以说明书为依据"是维护权利人与社会公众的利益平衡，防止专利权侵蚀公有领域，为后续创新保留必要空间的重要制度保障。针对涉案专利的 47 项权利要求，分别作出如下认定：1. 关于权利要求 1－4、6、7、9－12、14－18、20－26、29、30、37－42、44、46－47，其中均没有限定制作偏磁元件、磁致伸缩元件的具体材料，而是以材料或者标识器应当具有的某种或某几种特性及其参数范围来限定权利要求的保护范围。根据涉案专利说明书的记载，特定材料以及由其制作的标识器具有多种材料特性，仅仅在权利要求中限定某项或者某几项特定的特性及其参数范围，则限定的保护范围中不仅包括了涉案专利说明书中充分公开的实施例的技术方案，也包括了其他数目无法穷尽，由各种已知甚至未知的材料制作的偏磁元件以及标识器。而对于哪些具体材料可用于实施涉案专利技术方案，本领域技术人员基于涉案专利说明书充分公开的技术内容，涉案专利作出的技术贡献，以及现有技术的整体状况，难以作出合理的预测，而是必须通过大量的选择、实验验证甚至发现，才能确认在所述权利要求所限定的范围内的哪些具体材料能够，或者不能解决涉案专利所要解决的技术问题，实现涉案专利所要实现的技术效果，权利要求 1－4、6、7、9－12、14－18、20－26、29、30、37－42、44、46－47 的保护范围明显超出了涉案专利说明书充分公开的程度和涉案专利的技术贡献程度，未能以说明书为依据。2. 权利要求 34、35 限定的技术方案缺乏具体实施方式支持，不符合专利法第二十六条第四款的规定。3. 关于被诉决定维持有效的权利要求 5、8、13、19、27、28、31、32、33、36、43 和 45。第一，权利要求 5、8、13、19、27、28、36、43 和 45 中没有限定制作偏磁元件、磁致伸缩元件的具体材料，而是以偏磁元件或者标识器具有的某种或某几种特性及其参数范围来限定权利要求的保护范围，未能以说明书为依据，不符合专利法第二十六条第四款的规定。第二，权利要求 31、33 均引用权利要求 30，分别进一步限定了"偏磁元件由 SB1 材料形成"，以及"磁致伸缩元件由 2628CoA 材料形成"，能够得到说明书中充分公开的具体实施方式的支持。权利要求 31、33 符合专利法第二十六条第四款的规定。第三，涉案专利说明书中没有公开与权利要求 32 中限定的"Metglas 2628MB 材料"对应的具体实施方式，本领域技术人员不能合理确认权利要求 32 限定的技术方案能够解决涉案专利所要解决的技术问题，实现所要实现的技术效果，故权利要求 32 未能以说明书为依据，不符合专利法第二十六条第四款的规定。

审理法院 最高人民法院
审理时间 2017 年 3 月 23 日
案　　号 最高人民法院（2016）最高法行再 19 号行政判决书
出　　处 《最高人民法院知识产权案件年度报告（2017）》。

235. 在认定权利要求是否以说明书为依据时涉案专利所要解决的技术问题的确定
——再审申请人传感电子有限责任公司与被申请人国家知识产权局专利复审委员会、一审第三人宁波讯强电子科技有限公司发明专利权无效行政纠纷案

裁判要点

在认定权利要求是否以说明书为依据时，可以结合说明书中记载的背景技术及其存在的缺陷，发明内容中记载的"发明目的""所要解决的技术问题""有益效果"，以及具体实施方式中与"技术问题""有益效果"相关的内容等，对涉案专利所要解决的技术问题和实现的技术效果进行认定。根据权利要求与"最接近的现有技术"的区别技术特征所重新确定的"实际解决的技术问题"可能不同于涉案专利所要解决的技术问题，不能直接作为认定权利要求是否以说明书为依据的基础。

关 键 词 发明专利　无效程序　技术问题

裁判理由 最高人民法院认为：正确认定涉案专利所要解决的技术问题和所要实现的技术效果，对于认定涉案专利权利要求 1－47 是否以说明书为依据具有重要意义。根据专利法实施细则第十八条第一款有关专利说明书撰

写作出的规定,对于涉案专利所要解决的技术问题、实现的技术效果,以及具体实施方式等,说明书中均应当予以写明。人民法院可以结合说明书中记载的背景技术及其存在的缺陷,发明内容中记载的"发明目的""所要解决的技术问题""有益效果",以及具体实施方式中与"技术问题""有益效果"相关的内容等,对涉案专利所要解决的技术问题和实现的技术效果进行认定。综合考虑涉案专利说明书中有关背景技术、发明目的、有益效果、具体实施方式等内容,涉案专利相对于背景技术作出的改进主要在于以特定材料制作偏磁元件,以使得标识器更容易退活化,并且标识器不会因"存储、运输或装卸时所可能会出现的磁场作用"而意外退活化。针对传感电子公司有关"应根据权利要求与'最接近的现有技术'的区别技术特征,参照说明书中的相关内容综合确定技术问题"的主张,最高人民法院认为:专利法第二十六条第四款规定的"以说明书为依据"涉及的主要是权利要求书与说明书的相互关系问题,相应地,在适用该法律规定的过程中,应当以说明书本身记载的相关内容为基本依据来认定涉案专利要解决的技术问题和实现的技术效果。虽然在判断权利要求是否具有创造性时,会根据权利要求与"最接近的现有技术"的区别技术特征所重新确定"实际解决的技术问题"。但是,该"实际解决的技术问题"可能并不同于涉案专利要解决的技术问题,不能直接作为认定权利要求是否以说明书为依据的基础。具体理由如下:第一,重新确定"实际解决的技术问题"的目的是为了在判断权利要求是否具有创造性的过程中,确定"现有技术整体上是否存在某种技术启示,即现有技术中是否给出将上述区别特征应用到该最接近的现有技术以解决其存在的技术问题(即'实际解决的技术问题')的启示"。因此,确定"最接近的现有技术""实际解决的技术问题"的目的与专利法第二十六条第四款的立法目的并不一致。第二,"最接近的现有技术"的认定是相对的、动态的,并与无效宣告请求人或者审查员的举证、检索情况密切相关。因此,权利要求与"最接近的现有技术"的区别技术特征,以及"实际解决的技术问题"都是相对的、动态的,会随着判断主体选择的"最接近的现有技术"改变而改变。"实际解决的技术问题"往往会不同于说明书中记载的专利要解决的技术问题。第三,在认定权利要求是否以说明书为依据时,并不以该权利要求具有或不具有创造性为前提。如果案件中并未同时涉及该权利要求是否具有"创造性"的争议,自然更不会涉及对"最接近的现有技术""实际解决的技术问题"的认定。

审理法院 最高人民法院
审理时间 2017 年 3 月 23 日
案　　号 最高人民法院（2016）最高法行再 19 号行政判决书
出　　处 《最高人民法院知识产权案件年度报告（2017）》。

236. 权利要求是否以说明书为依据与该权利要求是否具有创造性的关系
——再审申请人传感电子有限责任公司与被申请人国家知识产权局专利复审委员会、一审第三人宁波讯强电子科技有限公司发明专利权无效行政纠纷案

> **裁判要点**
> 即使权利要求具备创造性，对于其中记载的包括区别技术特征在内的各项技术特征是否概括适当，以及权利要求限定的技术方案整体上是否概括适当，仍然需要根据专利法第二十六条第四款的规定进行认定。

关 键 词　发明专利　无效程序　创造性

裁判理由　最高人民法院认为：专利法第二十二条第三款、第二十六条第四款分别对创造性和权利要求应当以说明书为依据做出规定。因此，即使权利要求具备创造性，对于其中记载的包括区别技术特征在内的各项技术特征是否概括适当，以及权利要求限定的技术方案整体上是否概括适当，仍然需要根据专利法第二十六条第四款的规定进行认定。在权利要求相对于现有技术具备区别技术特征，且现有技术整体上未能给出技术启示的情况下，如果该区别特征概括得过于宽泛，未能以说明书为依据，则只能依据专利法第二十六条第四款的规定请求宣告该权利要求无效。专利法中有关创造性、权利要求以说明书为依据的规定分别从不同角度，对权利要求的合法性进行规范和调整，共同保障专利制度的运行符合立法目的。综上，创造性和以说明书为依据均属于权利要求应当满足的法律规定，应当分别进行认定。

审理法院　最高人民法院
审理时间　2017 年 3 月 23 日

案　　号　最高人民法院（2016）最高法行再 19 号行政判决书
出　　处　《最高人民法院知识产权案件年度报告（2017）》。

237. 人民法院可部分撤销专利无效决定
——再审申请人传感电子有限责任公司与被申请人
国家知识产权局专利复审委员会、一审第三人
宁波讯强电子科技有限公司发明专利权无效行政纠纷案

> **裁判要点**
> 　　被诉专利无效决定的相关认定可以区分处理的，人民法院可部分撤销无效决定中认定错误的部分。

　　关　键　词　发明专利　无效决定　部分撤销

　　裁判理由　最高人民法院认为：行政诉讼法第七十条规定："行政行为有下列情形之一的，人民法院判决撤销或者部分撤销，并可以判决被告重新作出行政行为：……"根据该规定，在被诉决定中的各项认定属于可以区分的情况下，人民法院可以依法判决部分撤销被诉决定中的有关认定。本案中，被诉决定对权利要求 1－47 是否符合专利法的有关规定分别作出认定。由于每一项权利要求是一项独立的技术方案，其单独限定保护范围，也可以单独用于主张专利权的保护，或者单独被宣告无效，故被诉决定中关于各项权利要求的合法性的认定是可以区分的。此外，被诉决定中涉及专利法第二十二条第三款，第二十六条第三款、第四款，第三十三条等不同法律规定，被诉决定就相关权利要求是否符合所述法律规定也是分别作出认定，故被诉决定中关于各个法律规定的认定亦属于可以区分的情形。综上，本案可区分不同权利要求以及不同的法律规定，对被诉决定中的相关认定分别审理并作出认定，部分撤销被诉决定中认定错误的部分。由此可以避免不加区分地一并撤销被诉决定，使得已经由被诉决定宣告无效的权利要求又回复为有效状态，对既已稳定的权利义务关系和社会公众的合理信赖造成损害。由此也可避免不必要地增加专利复审委员会重新作出审查决定时的行政成本，避免循环诉讼。关于本案的 47 项权利要求。第一，关于权利要求 1－4、6、7、9－12、

14-18、20-26、29、30、34、35、37-42、44、46-47，被诉决定认定所述权利要求未能以说明书为依据，不符合专利法第二十六条第四款规定，宣告所述权利要求无效的认定正确，对于传感电子公司的相关申请再审理由不予支持。第二，关于权利要求31、33，被诉决定认定该两项权利要求符合专利法第二十六条第四款规定，维持该两项权利要求有效的认定正确。第三，关于权利要求5、8、13、19、27、28、32、36、43和45，被诉决定认定所述权利要求符合专利法第二十六条第四款规定，维持所述权利要求有效的认定错误，对被诉决定中的该部分认定应予部分撤销，由专利复审委员会针对所述权利要求是否符合专利法第二十六条第四款的规定另行作出审查决定。

审理法院 最高人民法院
审理时间 2017年3月23日
案　　号 最高人民法院（2016）最高法行再19号行政判决书
出　　处 《最高人民法院知识产权案件年度报告（2017）》。

238. 在申请再审程序中以新的证据主张现有技术抗辩不应予以支持
——再审申请人唐山先锋印刷机械有限公司与被申请人天津长荣印刷设备股份有限公司、一审被告常州市恒鑫包装彩印有限公司侵害发明专利权纠纷案

裁判要点

专利侵权案件中，被诉侵权人在申请再审程序中以新的证据主张现有技术抗辩，表面上系以新证据为由申请再审，但实质上相当于另行提出新的现有技术抗辩。如允许被诉侵权人在申请再审程序中无限制地提出新的现有技术抗辩，与专利权人应当在一审法庭庭审辩论终结前固定其主张的权利要求相比，对专利权人显失公平，且构成对专利权人的诉讼突袭，亦将架空一、二审诉讼程序。

关　键　词 专利　申请再审　现有技术抗辩
裁判理由 最高人民法院认为：《中华人民共和国专利法》第六十二条规

定,在专利侵权纠纷中,被诉侵权人有证据证明其实施的技术或者设计属于现有技术或者现有设计的,不构成侵犯专利权。本案中,先锋公司在一审、二审诉讼中提交授权公告号为 CN2416050Y 的专利文件,主张被诉侵权产品实施的技术属于现有技术。先锋公司现申请再审称其实施的技术属于现有技术,并提交了公开号为 CN1302730A 的另一份专利文件作为新证据。该证据是先锋公司在一审、二审阶段可以取得的,其在不同诉讼程序中以不同的证据主张现有技术抗辩,表面上系以新证据为由申请再审,但实质上相当于另行提出新的现有技术抗辩。根据《最高人民法院关于审理侵犯专利权纠纷案件应用法律若干问题的解释》第一条关于"人民法院应当根据权利人主张的权利要求,依据专利法第五十九条第一款的规定确定保护范围。权利人在一审法庭辩论终结前变更其主张的权利要求的,人民法院应当准许"之规定,专利权人应当在一审法庭庭审辩论终结前固定其权利要求。如允许先锋公司无限制地提出新的现有技术抗辩,与专利权人应当在一审法庭庭审辩论终结前固定其主张的权利要求相比,对专利权人显失公平,且构成对专利权人长荣公司的诉讼突击,亦将架空一审、二审的诉讼程序,不利于引导当事人在法定的一审、二审程序中解决纠纷,故对其相关主张不予支持。

审理法院 最高人民法院
审理时间 2017 年 3 月 29 日
案　　号 最高人民法院(2017)最高法民申 768 号民事裁定书
出　　处 《最高人民法院知识产权案件年度报告(2017)》。

239. 专利行政诉讼起诉期限起算点的确定
——再审申请人北京泰隆自动化设备有限公司、王宇与被申请人河南省知识产权局其他行政纠纷案

> **裁判要点**
> 　　行政诉讼的起诉期限从知道或者应当知道具体行政行为内容之日、或者具体行政行为作出之日起计算,而非从知道或者应当知道具体行政行为违法之日起计算。

关 键 词 行政诉讼 起诉期限 行政行为违法

裁判理由 最高人民法院认为：1990 年实施的行政诉讼法第三十九条和《最高人民法院关于执行〈中华人民共和国行政诉讼法〉若干问题的解释》第四十二条规定的起诉期限起算时间为公民、法人或者其他组织知道或者应当知道具体行政行为内容之日与具体行政行为作出之日，而非知道或者应当知道具体行政行为违法之日；而且，对本案被诉行政行为是否合法的司法审查不是必须以涉案专利侵权诉讼的审理结果为依据，涉案专利侵权诉讼的审理并不影响北京泰隆公司、王宇就河南省知识产权局被诉行政行为提起行政诉讼的权利，因此对北京泰隆公司、王宇的相应申请再审理由不予支持。

审理法院 最高人民法院
审理时间 2017 年 6 月 27 日
案　　号 最高人民法院（2017）最高法行申 2778 号行政裁定书
出　　处 《最高人民法院知识产权案件年度报告（2017）》。

240. 说明书是否清楚完整的认定
——再审申请人斯托布利—法韦日公司与被申请人
常熟纺织机械厂有限公司，一审被告、二审被上诉人
国家知识产权局专利复审委员会发明专利权无效行政纠纷案

> **裁判要点**
> 判断专利说明书是否清楚、完整，应当以本领域技术人员是否理解技术方案并能够实现作为判断标准。如果本领域技术人员在阅读说明书公开的内容时，即能理解、发现并更正其错误，且该理解和更正并不会导致权利要求的技术方案发生变化，则应当允许对专利说明书中存在的错误予以更正理解。

关 键 词 发明专利 无效程序 说明书

裁判理由 最高人民法院认为：本专利说明书确有部分语句不清楚或者标记错误，但这些不清楚之处更多是对本专利的背景技术、现有技术所进行的描述。由于本领域技术人员在阅读本专利说明书公开的内容时，即能理解

说明书不清楚之处的相关技术含义，看出其存在的错误，且在再现本发明的技术方案时，可以在自行理解和纠正的基础上实现发明创造的技术方案。因此，不宜以错误多少或者是否严重作为判断标准，而应当以本领域技术人员是否理解技术方案并能够实现作为判断标准。说明书记载达到何种程度才算清楚、完整，与阅读者的水平有关。无论是判断专利说明书是否清楚、完整，还是判断说明书中是否存在错误，判断主体都是本领域技术人员，而非一般的公众。如果本领域技术人员在阅读说明书公开的内容时，即能理解、发现并更正其错误，尤其是该理解和更正并不会导致权利要求的技术方案发生变化，进而损害权利要求的公示性和稳定性的情况下，若不对说明书的不清楚之处及标记错误作出更正性理解，将会导致专利权人获得的利益与其对社会作出的贡献明显不相适应。从保护发明创造，鼓励发明创造的基本原则出发，一方面应当允许对授权后的专利说明书中存在的错误予以更正理解；另一方面，也要防止专利权人滥用这一规则。要准确界定错误，在合理保护专利权人利益和维护社会公众利益之间进行利益平衡，以契合专利法鼓励发明创造、促进科技进步与经济社会发展的立法本意。

审理法院　最高人民法院
审理时间　2017 年 6 月 28 日
案　　号　最高人民法院（2016）最高法行再 95 号行政判决书
出　　处　《最高人民法院知识产权案件年度报告（2017）》。

241. 仅具有技术功能的零部件不构成外观设计侵权
——再审申请人欧介仁与被申请人泰州市金申家居用品有限公司侵害外观设计专利权纠纷案

裁判要点
　　将侵犯外观设计专利权的产品作为零部件，制造另一产品并销售的，如零部件在另一产品中仅具有技术功能，该行为不构成侵权。

关 键 词　外观设计专利　零部件　技术功能
裁判理由　最高人民法院认为：涉案专利名称为"铝型材"，授权公告图片由主视图、左视图、右视图、俯视图组成。涉案专利的简要说明中记载，最能表明设计要点的图片为主视图。主视图显示的是铝型材的端面造型，呈两个相对的"个"字并通过一个反"C"字（开口朝左）相连。本案中，被诉侵权产品为金申公司在南京河西国际博览中心进行销售的玻璃移门。作为该玻璃移门的部件，铝型材与移门上的玻璃镶嵌为一体，在正常使用状态下无法观察到铝型材的端面，在该产品中仅具有技术功能。根据《最高人民法院关于审理侵犯专利权纠纷案件应用法律若干问题的解释》第十二条第二款关于"将侵犯外观设计专利权的产品作为零部件，制造另一产品并销售的，人民法院应当认定属于专利法第十一条规定的销售行为，但侵犯外观设计专利权的产品在该另一产品中仅具有技术功能的除外"的规定，金申公司将铝型材作为零部件制造玻璃移门并进行销售的行为，不构成侵权。

审理法院 最高人民法院
审理时间 2017 年 9 月 27 日
案　　号 最高人民法院（2017）最高法民申 2649 号行政裁定书
出　　处 《最高人民法院知识产权案件年度报告（2017）》。

242. 实用新型专利的非形状构造类技术特征在认定现有技术抗辩时原则上不予考虑
——再审申请人谭熙宁与被申请人镇江新区恒达硅胶有限公司侵害实用新型专利权和外观设计专利权纠纷案

> **裁判要点**
> 　　实用新型专利的保护对象是由形状、构造及其结合所构成的技术方案，故权利要求中非形状构造类技术特征对于该权利要求的新颖性和创造性不产生贡献。因此，在实用新型专利侵权案件中，现有技术抗辩的认定原则上不考虑现有技术是否公开了权利要求记载的非形状构造类技术特征。

关 键 词 实用新型专利　现有技术抗辩　非形状构造类技术特征
裁判理由 最高人民法院认为：根据《中华人民共和国专利法》第二条

第三款的规定,实用新型是对产品的形状、构造或者其结合所提出的适于实用的新的技术方案。据此可知,实用新型专利的保护对象是由形状、构造及其结合所构成的技术方案。实用新型专利权利要求中非形状构造类技术特征对于该实用新型专利权利要求的新颖性和创造性不能产生贡献。因此,审查针对该具有非形状构造类技术特征的实用新型专利权利要求所提出的现有技术抗辩时,原则上不考虑该现有技术是否公开了该非形状构造类技术特征。相反,如果考虑该非形状构造类技术特征,则会将已经全部公开了有关形状构造类技术特征的现有技术囊括在该具有非形状构造类技术特征的实用新型专利权利要求的保护范围之内,导致该实用新型专利权利要求的保护范围与其技术贡献不相适应。本案中,尽管涉案专利在其权利要求1中用"热压"限制聚四氟乙烯包裹层,但"热压"既不属于形状范畴,也不属于构造范畴,故不属于涉案专利的保护范围,因而管法兰国家标准未公开"热压"这一非形状构造类技术特征,不影响恒达公司根据该标准主张现有技术抗辩。

审理法院 最高人民法院
审理时间 2017年9月28日
案　　号 最高人民法院(2017)最高法民申3712号民事裁定书
出　　处 《最高人民法院知识产权案件年度报告(2017)》。

243. 合法来源抗辩应当提供符合交易习惯的相关证据
——再审申请人宁波欧琳实业有限公司与被申请人
宁波搏盛阀门管件有限公司,二审上诉人宁波欧琳
厨具有限公司、宁波欧琳网络科技有限公司,二审被上诉人
宁波市鄞州时蓉塑胶有限公司侵害外观设计专利权纠纷案

> **裁判要点**
> 　　一方当事人出具的有关其生产并提供被诉侵权产品给其他当事人的"声明"属于当事人陈述,在专利权人对该声明不予认可,且缺乏其他客观证据证明的情况下,应认定合法来源抗辩不能成立。

关 键 词 外观设计专利　合法来源抗辩　当事人陈述

裁判理由　最高人民法院认为：被诉侵权人主张合法来源抗辩的，应当提供符合交易习惯的相关证据。本案中，欧琳公司并未提供符合交易习惯的相关证据，以证明被诉侵权产品来自于时蓉公司，具有合法来源。首先，欧琳公司提交的"买卖总合同"以及"采购订单"不能相互印证，不足以证明被诉侵权产品源于时蓉公司。其次，时蓉公司出具的"产品清单"真实性难以确认。最后，关于时蓉公司出具的"声明"，声称被诉侵权产品系由时蓉公司生产并提供给欧琳公司。由于时蓉公司是一审法院根据欧琳公司申请，将其追加为本案被告，而博盛公司在一、二审中均对此明确提出异议。时蓉公司作为被告之一，其出具的"声明"以及被诉侵权产品由其生产的主张均属于《中华人民共和国民事诉讼法》第六十三条规定的"当事人陈述"。时蓉公司的陈述是否被采信，对于欧琳公司在本案中承担何种侵权责任，以及博盛公司能否获得充分的赔偿，均具有潜在的重大影响。然而经反复释明，时蓉公司以及欧琳公司始终未能提供充分的证据，证明被诉侵权产品系由时蓉公司生产并提供给欧琳公司。《最高人民法院关于民事诉讼证据的若干规定》第七十六条规定"当事人对自己的主张，只有本人陈述而不能提出其他相关证据的，其主张不予支持。但对方当事人认可的除外。"由于博盛公司对欧琳公司有关合法来源抗辩的主张不予认可，对时蓉公司有关其生产被诉侵权产品的主张亦不予认可，故对时蓉公司的陈述不予支持。综上，欧琳公司有关被诉侵权产品具有合法来源的主张不能成立。

审理法院　最高人民法院
审理时间　2017 年 9 月 28 日
案　　号　最高人民法院（2017）最高法民申 1671 号民事裁定书
出　　处　《最高人民法院知识产权案件年度报告（2017）》。

244. 马库什权利要求在无效程序中的修改原则
——再审申请人国家知识产权局专利复审委员会
与被申请人北京万生药业有限责任公司、一审第三人
第一三共株式会社发明专利权无效行政纠纷案

> **裁判要点**
>
> 允许对马库什权利要求进行修改的原则应当是不能因为修改而产生具有新性能和作用的一类或单个化合物,但是同时也要充分考量个案因素。

关　键　词　发明专利　无效程序　修改方式

裁判理由　最高人民法院认为:2010 年《专利审查指南》规定无效宣告请求审查阶段,发明和实用新型专利文件的修改应仅限于权利要求书,其遵循的基本原则是:1. 不得改变原权利要求的主题名称;2. 与授权的权利要求相比,不得扩大原专利的保护范围;3. 不得超出原说明书和权利要求书中技术特征;4. 一般不得增加未包含在授权权利要求书中的技术特征。但是,目前修改方式已经改为在满足上述修改原则的前提下,修改权利要求书的具体方式一般限于权利要求的删除、技术方案的删除、权利要求的进一步限定、明显错误的修正。权利要求进一步限定是指在权利要求中补入其他权利要求中记载的一个或者多个技术特征,以缩小保护范围。可见,在无效程序中,专利文件修改方式更加多样化。但是,化学领域发明专利申请审查存在诸多特殊问题,如化学发明是否能够实施需要借助于实验结果才能确认,有的化学产品需要借助于参数或者制备方法定义,已知化学产品新的性能和用途并不意味着结构或者组分的改变等。鉴于化学发明创造的特殊性,同时考虑到在马库什权利要求撰写之初,专利申请人为了获得最大的权利保护范围就有机会将所有结构方式尽可能写入一项权利要求,因此在无效阶段对马库什权利要求进行修改必须给予严格限制,允许对马库什权利要求进行修改的原则应当是不能因为修改而产生新性能和作用的一类或单个化合物,但是同时也要充分考量个案因素。如果允许专利申请人或专利权人删除任一变量的任一选项,即使该删除使得权利要求保护范围缩小,不会损伤社会公众的权益,

但是由于是否因此会产生新的权利保护范围存在不确定性,不但无法给予社会公众稳定的预期,也不利于维护专利确权制度稳定,因此二审法院相关认定明显不妥,应当予以纠正。

审理法院 最高人民法院
审理时间 2017 年 12 月 20 日
案　　号 最高人民法院(2016)最高法行再 41 号行政判决书
出　　处 《最高人民法院知识产权案件年度报告(2017)》。

245. 马库什权利要求的创造性判断方法
——再审申请人国家知识产权局专利复审委员会
与被申请人北京万生药业有限责任公司、一审第三人
第一三共株式会社发明专利权无效行政纠纷案

> **裁判要点**
> 　　以马库什方式撰写的化合物权利要求的创造性判断应当遵循创造性判断的基本方法,即专利审查指南所规定的"三步法"。意料不到的技术效果是创造性判断的辅助因素,通常不宜跨过"三步法"直接适用具有意料不到的技术效果来判断专利申请是否具有创造性。

关 键 词　发明专利　无效程序　创造性

裁判理由　最高人民法院认为:马库什权利要求创造性判断应当遵循创造性判断的基本方法,即专利审查指南所规定的"三步法"。意料不到的技术效果是创造性判断的辅助因素,而且作为一种倒推的判断方法,具有特殊性,不具有普遍适用性。因此,只有在经过"三步法"审查和判断得不出是否非显而易见时,才能根据具有意料不到的技术效果认定专利申请是否具有创造性,通常不宜跨过"三步法"直接适用具有意料不到的技术效果来判断专利申请是否具有创造性。关于技术效果比对结果的问题,本案中,专利复审委员会在无效程序中并未将比文件 1 实施例 10、17、50 和 69 和涉案专利的实施例进行比对且就此作出认定,而二审直接进行比对并作出认定,明显超出了无效审查决定的审查范围,不符合行政诉讼法和相关司法解释的规定,应

当予以纠正。无效宣告请求人万生公司认为涉案专利权利要求 1 不具备创造性，并将证据 1 作为最接近的对比文件。专利复审委员会和一审法院在对涉案专利权利要求 1 的创造性进行判断时，严格遵循了"三步法"，认定权利要求 1 的式 I 化合物和证据 1 的式 I 化合物相比较具有两项区别技术特征，然后对两项区别技术特征的非显而易见性进行了分析，从而认定涉案专利权利要求 1 具有创造性并无不当。

审理法院 最高人民法院
审理时间 2017 年 12 月 20 日
案　　号 最高人民法院（2016）最高法行再 41 号行政判决书
出　　处 《最高人民法院知识产权案件年度报告（2017）》。

246. 马库什权利要求的性质
——再审申请人国家知识产权局专利复审委员会
与被申请人北京万生药业有限责任公司、一审第三人
第一三共株式会社发明专利权无效行政纠纷案

裁判要点
　　以马库什方式撰写的化合物权利要求应当被理解为一种概括性的技术方案，而不是众多化合物的集合。

关 键 词 发明专利　无效程序　性质

裁判理由 最高人民法院认为：马库什权利要求是化学发明专利申请中一种特殊的权利要求撰写方式，即一项申请在一个权利要求中限定多个并列的可选择要素概括的权利要求。马库什权利要求撰写方式的产生是为了解决化学领域中多个取代基基团没有共同上位概念可概括的问题，其本身一直被视为结构式的表达方式，而非功能性的表达方式。马库什权利要求限定的是并列的可选要素而非权利要求，其所有可选择化合物具有共同性能和作用，并且具有共同的结构或者所有可选要素属于该发明所属领域公认的同一化合物。虽然马库什权利要求的撰写方式特殊，但是也应当符合专利法和专利法实施细则关于单一性的规定。马库什权利要求具有极强的概括能力，一旦

获得授权，专利权保护范围将涵盖所有具有相同结构、性能或作用的化合物，专利权人权益将得到最大化实现。而从本质而言，专利权是对某项权利的垄断，专利权人的所享有的权利范围越大，社会公众所受的限制也就越多，因此，从公平角度出发，对马库什权利要求的解释应当从严。马库什权利要求不管包含多少变量和组合，都应该视为一种概括性的组合方案。选择一个变量应该生成一种具有相同效果药物，即选择不同的分子式生成不同的药物，但是这些药物的药效不应该有太大差异，相互应当可以替代，而且可以预期所要达到的效果是相同的，这才符合当初创设马库什权利要求的目的。因此，马库什权利要求应当被视为马库什要素的集合，而不是众多化合物的集合，马库什要素只有在特定情况下才会表现为单个化合物，但通常而言，马库什要素应当理解为具有共同性能和作用的一类化合物。如果认定马库什权利要求所表述的化合物是众多化合物的集合，就明显与单一性要求不符，因此二审判决认为马库什权利要求属于并列技术方案不妥，应当予以纠正。

审理法院　最高人民法院
审理时间　2017 年 12 月 20 日
案　　号　最高人民法院（2016）最高法行再 41 号行政判决书
出　　处　《最高人民法院知识产权案件年度报告（2017）》。

247. 专利侵权判断中权利要求技术特征的划分标准
——再审申请人刘宗贵与被申请人台州市丰利莱塑胶有限公司侵害实用新型专利权纠纷案

> **裁判要点**
>
> 　　恰当划分专利权利要求的技术特征是进行侵权比对的基础。技术特征的划分应该结合发明的整体技术方案，考虑能够相对独立地实现一定技术功能并产生相对独立的技术效果的较小技术单元。

关 键 词　实用新型专利　权利要求　技术特征

裁判理由　最高人民法院认为：本案的关键在于恰当划分技术特征以便正确地进行技术特征比对。技术特征的划分应该结合发明的整体技术方案，考虑能够相对独立地实现一定技术功能并产生相对独立的技术效果的较小技术单元。如果划分技术特征时未恰当考虑该技术特征是否能够相对独立地实现一定技术功能并产生相对独立的技术效果，导致技术特征划分过细，则在侵权比对时容易因被诉侵权技术方案缺乏该技术特征而错误认定侵权不成立，不适当地限缩专利保护范围；如果未恰当考虑该技术特征是否系相对独立地实现一定技术功能和技术效果的较小技术单元，导致技术特征划分过宽，则在侵权比对时容易忽略某个必要技术特征而错误认定侵权成立，不适当地扩大专利保护范围。因此，恰当划分技术特征是进行侵权比对的基础。本案中，涉案专利权利要求1关于"其（调节拉杆）两端分别套设有弹簧，在弹簧的外围套有孔径小于弹簧直径的套体"的记载所实现的功能是：当需要调节椅体高度时，对调节拉杆产生回复力，使得销体和卡槽扣紧。可见，"套体"虽然是一个部件，但其功能和效果必须依赖于弹簧的配合才能实现，两者相互配合才能在整体技术方案中发挥作用。因此，在涉案专利权利要求1中，套体本身无法实现相对独立的功能，不宜作为一个独立的技术特征对待。在将涉案专利权利要求的技术特征与被诉侵权产品的相应技术特征进行比对时，应当将"其两端分别套设有弹簧，在弹簧的外围套设有孔径小于弹簧直径的套体"作为一个独立的技术特征进行比对，而不是将"套体"作为一个独立的技术特征进行比对。对比涉案专利权利要求1的上述技术特征与被诉侵权产品的相应特征，被诉侵权产品是通过在调节拉杆两端设置销轴并挂设弹簧的方式实现相应的功能，而涉案专利则是通过在调节拉杆两端设置套体并套装弹簧的方式实现相应功能。两者虽然不属于相同的技术特征，但是无论是利用弹簧的拉伸原理调节座椅，还是采用弹簧的压缩原理调节座椅，均是利用了弹簧具有回复力的基本性质，手段基本相同，实现利用其回复力使得销体和卡槽扣紧的功能，并且两者所能达到的效果基本相同。而且，采用弹簧拉伸还是压缩的方式对于本领域普通技术人员来说是容易联想到的。因此，两者属于等同技术特征。二审法院将涉案专利权利要求记载的"套体"作为单独的技术特征，在此基础上进行侵权比对，进而以被诉侵权产品缺少套体特征为由认定未落入涉案专利权保护范围，未考虑相关技术特征是否构成等同，技术特征划分和侵权比对均有失妥当，应予纠正。

审理法院　最高人民法院
审理时间　2017年12月20日

案　　号　最高人民法院（2017）最高法民申3802号民事裁定书
出　　处　《最高人民法院知识产权案件年度报告（2017）》。

248. 专利侵权案件中适用禁止反悔原则的限制条件
——再审申请人曹桂兰、胡美玲、蒋莉、蒋浩天与被申请人重庆力帆汽车销售有限公司等侵害发明专利权纠纷案

裁判要点

人民法院在专利侵权案件中适用禁止反悔原则时，判断权利人作出的意见陈述是否符合《最高人民法院关于审理侵犯专利权纠纷案件应用法律若干问题的解释（二）》第十三条规定的"明确否定"，应当对专利授权和确权阶段技术特征的审查进行客观全面的判断，着重考察权利人对技术方案作出的限缩性陈述是否最终被裁判者认可，是否由此导致专利申请得以授权或者专利权得以维持。

关　键　词　发明专利　禁止反悔　明确否定

裁判理由　最高人民法院认为：根据本案的相关事实，在授权程序中，国家知识产权局专利审查部门对蒋小平关于区别特征a、b的陈述意见不予认可，持明确否定意见，而且，涉案专利获得授权并非基于对区别特征a、b作出的限缩性陈述。在后续的无效审查程序，专利复审委员会并未推翻实质审查阶段所持的否定意见，不能得出专利复审委员会认为通过连接元件来进行阻抗匹配不是本领域的惯用技术手段，不属于本领域的公知常识的结论，也不能得出"注塑嵌装"及"固定卡装"不是本领域常用的锁固方式，不属于本领域的公知常识的结论。在评价涉案专利具有创造性时，尽管无效决定将特征a、b作为区别特征予以了罗列，但特征a、b的存在并未影响专利复审委员会以现有技术存在相反的技术教导，本领域技术人员不存在结合特征c"所述无线电接收天线为AM/FM共用天线"的动机，而使得涉案专利具有创造性的审查评判。由于专利权人作出的限缩性陈述在实质审查中已被明确否定，而无效审查程序并未推翻该认定得出相反的结论，在这种情况下，应当认定存在专利权人的限缩性陈述已被明确否定的事实。这与所做的限缩性陈述并未带来专利权的获得和专利权的维持的事实相符，与"禁止反悔"原则

防止权利人"两头得利"的目的不相悖。因此,蒋小平关于区别特征 a、b 的意见陈述,不发生技术方案被放弃的法律效果。根据《最高人民法院关于审理侵犯专利权纠纷案件应用法律若干问题的解释(二)》第十三条的规定,本案侵权判定不应适用禁止反悔原则。

审理法院 最高人民法院
审理时间 2017 年 12 月 22 日
案　　号 最高人民法院(2017)最高法民申 1826 号民事裁定书
出　　处 《最高人民法院知识产权案件年度报告(2017)》。

249. 以外观设计专利权与他人在先取得的合法权利相冲突为由提起无效宣告请求的请求人资格
——再审申请人斯特普尔斯公司与被申请人罗世凯、
一审被告国家知识产权局专利复审委员会
外观设计专利权无效行政纠纷案

> **裁判要点**
> 　　专利无效理由可以区分为绝对无效理由和相对无效理由两种类型,两者在被规范的客体本质、立法目的等方面存在重大区别。有关外观设计专利权与他人在先合法权利冲突的无效理由属于相对无效理由。当专利法第四十五条关于请求人主体范围的规定适用于权利冲突的无效理由时,基于相对无效理由的本质属性、立法目的以及法律秩序效果等因素,无效宣告请求人的主体资格应受到限制,原则上只有在先合法权利的权利人及其利害关系人才能主张。

关 键 词 外观设计专利　无效程序　权利冲突

裁判理由 最高人民法院认为:本案中,无效宣告请求人以专利法第二十三条关于授予专利权的外观设计不得与他人在先取得的合法权利相冲突为由提出无效请求,对于依据该特定无效理由提出无效宣告的请求人资格问题,首先,关于被规范的客体本质。无效宣告请求人依据专利法第四十五条提出无效宣告请求时,根据专利法关于专利权授予条件的相关规定,其据以主张的无效理由可以大致分为两类：一是有关可专利性、新颖性、创造性、实用性、充分公开、权利要求得到说明书支持等专利授权实质条件的无效理由；二是有关外观设计专利权与他人在先合法权利冲突的无效理由。由于不同类型无效理由的本质属性存在差异，当专利法第四十五条关于请求人主体范围的规定适用于上述不同类型的无效理由时，其请求人主体资格问题与无效理由本质属性密切相关。专利申请被授权后，专利权人将获得在一定期间内排他性实施该专利的独占权。为保证被授权的专利值得获得这种保护，要求该专利真正符合新颖性、创造性、实用性等专利实质条件，以使其获得的保护与其贡献相匹配。任何不符合专利实质条件的专利申请的授权，均将不当限制社会公众的自由利用与创新。为此，专利法设置了无效宣告制度，意在借助公众的力量，发现和清除不当授予的专利权，以维护有利于创新的公共空间。同时，对于社会公众而言，其亦有能力和机会获得有关可专利性、新颖性、创造性、实用性、充分公开、权利要求得到说明书支持等专利授权实质条件的证据材料，对此并不存在实际障碍。因此，有关专利授权实质条件的前述第一类无效理由属于专利无效的绝对理由，任何人均可主张。对于外观设计专利权而言，其有关新颖性和区别性的无效理由，同样属于任何人均可主张的绝对理由。与第一类无效理由不同，有关外观设计专利权与他人在先合法权利冲突的第二类无效理由具有自身特殊的属性。如果外观设计专利权与他人在先合法权利冲突，直接影响的仅仅是在先合法权益，与公共利益无涉。同时，在实践操作层面上，证明外观设计专利权与他人在先合法权利相冲突的证据通常只有在先权利的权利人或者利害关系人才能掌握，他人难以获知。因此，关于外观设计专利权与他人在先合法权利冲突的无效理由属于相对无效理由，通常只能由在先权利的权利人或者利害关系人主张。主张该无效理由的请求人主体资格受到相对无效理由本质属性的天然限制。其次，关于专利法第二十三条有关权利冲突规定的立法目的。"授予专利权的外观设计不得与他人在先取得的合法权利相冲突"这一规定系专利法第二次修正时加入，其目的在于解决实践中出现的外观设计专利申请人未经许可将他人享有权利的客体结合自己的产品申请外观设计专利的问题，为在先权利人请求宣告相应外观设计专利无效提供法律依据。因此，该规定的立法目的本身即为维护在先权利。基于该立法目的，自应由权利人或者利害关系人提出该无效主张。专利法实施细则第六十五条第三款的规定即是在实践层面对上述立法目的的贯彻实施。最后，关于法律秩序效果。如果任何人均可主张外观设计专利权与他人在先合法权利冲突的无效理由,可能会在法律秩序上造成不良效果。允许任何人均可以外观设计专利权与他人在先合法权利冲突为由提出无效宣告请求,不可避免地会造成违背在先权利人意志的窘境。还应注意的是,外观设计专利权与他人在先合法权利冲突的本质在于外观设计专利权的实施将侵害他人在先权利,该冲突状态将因外观设计专利人获得在先权利人的许可或者同意而消除。因此,在先权利人及其利害关系人之外的社会公众发动无效宣告程序后,其后的行政程序和行政诉讼程序均可能因权利冲突状态的消除而随时归于无效,造成行政和司法资源的浪费。相反,如果仅允许在先权利人及其利害关系人主张权利冲突的无效理由,则可避免上述不良效果。基于上述理由,当专利法第四十五条关于请求人主体范围的规定适用于有关外观设计专利权与他人在先合法权利冲突的无效理由时,无效宣告请求人的主体资格将因被规范的客体本质、立法目的以及法律秩序效果等而受到限制,原则上只有在先合法权利的权利人及其利害关系人才能主张。二审判决从外观设计专利保护客体的特殊性方面立论,理由虽欠妥当,但认定结论正确,予以确认。

审理法院　最高人民法院
审理时间　2017 年 12 月 25 日
案　　号　最高人民法院(2017)最高法行申 8622 号行政裁定书
出　　处　《最高人民法院知识产权案件年度报告(2017)》。

250. 当事人恒定原则可以适用于专利无效宣告行政程序
——再审申请人斯特普尔斯公司与被申请人罗世凯、
一审被告国家知识产权局专利复审委员会
外观设计专利权无效行政纠纷案

> **裁判要点**
>
> 在行政诉讼程序中,人民法院受理相关诉讼后,为保证诉讼程序的稳定和避免诉讼不确定状态的发生,当事人的主体资格不因有关诉讼标的的法律关系随后发生变化而丧失。专利无效宣告行政程序属于准司法程序,当事人恒定原则对于该程序亦有参照借鉴意义。对于无效宣告行政程序启动时符合资格条件的请求人,即便随后有关诉讼标的的法律关系发生变化,其亦不因此当然丧失主体资格。

关 键 词 外观设计专利 无效程序 当事人恒定原则 主体资格

裁判理由 最高人民法院认为:《最高人民法院关于适用〈中华人民共和国民事诉讼法〉的解释》第二百四十九条第一款规定:"在诉讼中,争议的民事权利义务转移的,不影响当事人的诉讼主体资格和诉讼地位。人民法院作出的发生法律效力的判决、裁定对受让人具有拘束力。"该规定体现了民事诉讼中的当事人恒定原则,该原则和精神对于行政诉讼亦有参照作用。根据该原则和精神,在行政诉讼程序中,人民法院受理相关诉讼后,为保证诉讼程序的稳定和避免诉讼不确定状态的发生,当事人的主体资格不因有关诉讼标的的法律关系随后发生变化而丧失。相反,如果允许当事人的主体资格因随后有关诉讼标的的法律关系发生变化而丧失,导致已经进行的行政诉讼程序归于无效,将对程序的稳定性和结果的确定性产生严重的不利影响,造成司法资源的浪费。同时,有关诉讼标的的法律关系发生变化后,新权利人的利益可以通过程序设计予以保障。例如,新权利人可以申请替代原当事人承担诉讼,人民法院根据案件具体情况决定是否准许。人民法院予以准许的,原当事人已经完成的诉讼行为对新权利人具有拘束力。对于专利无效宣告行政程序而言,其具有双方当事人参与和专利复审委员会原则上居中裁决的特点,属于准司法程序。当事人恒定原则对于该程序亦有参照借鉴意义。否则,同样可能导致专利无效宣告行政程序的不稳定及行政资源的浪费。因此，对于无效宣告行政程序启动时符合资格条件的请求人，即便随后有关诉讼标的的法律关系发生变化，其亦不因此当然丧失主体资格。本案中，假定斯特普尔斯公司在提出无效宣告请求时确实是涉案作品的著作权人或者利害关系人，即便其随后将该作品著作权转让给案外人，亦不会因此而丧失以权利冲突为由提出无效宣告请求的请求人主体资格。二审判决以斯特普尔斯公司所主张的涉案著作权已经转让为由，否定斯特普尔斯公司以涉案外观设计专利与其在先著作权相冲突为由提出无效宣告请求的请求人资格，适用法律错误，应予纠正。

审理法院 最高人民法院
审理时间 2017 年 12 月 25 日
案　　号 最高人民法院（2017）最高法行申 8622 号行政裁定书
出　　处 《最高人民法院知识产权案件年度报告（2017）》

251. 专利行政执法中程序违法的认定和处理
——再审申请人西峡龙成特种材料有限公司与被申请人榆林市知识产权局、陕西煤业化工集团神木天元化工有限公司专利侵权纠纷行政处理案

裁判要点

已经被明确变更的合议组成员又在被诉行政决定书上署名，实质上等于"审理者未裁决、裁决者未审理"，构成对法定程序的严重违反。原则上，作出被诉行政决定的合议组应由该行政机关具有专利行政执法资格的工作人员组成。即使异地调配执法人员，也应当履行正式、完备的公文手续。

关　键　词 实用新型专利　专利行政执法　程序违法

裁判理由 最高人民法院认为：被诉行政决定的作出违反法定程序，应予撤销。首先，榆林局在处理平等民事主体关于涉案专利的侵权纠纷时，实际上处于居中裁决的地位，本应秉持严谨、规范、公开、平等的程序原则，

但是，在合议组成员已经被明确变更的情况下，却又在被诉行政决定书上署名，实质上等于"审理者未裁决、裁决者未审理"，构成对法定程序的重大且明显违反。其次，作出被诉行政决定的榆林局合议组应由该局具有专利行政执法资格的工作人员组成。即便在特殊情况下需要跨区域调配执法人员，也应履行正式、完备的公文手续。否则，行政执法程序的规范性和严肃性无从保证，既不利于规范行政执法活动，也不利于强化行政执法责任。榆林局提交的陕西省知识产权局协调保护处的所谓答复（复印件），实为该处写给该局领导的内部请示，既无文号，更无公章，国家知识产权局专利管理司给陕西省知识产权局的《关于在个案中调度执法人员的复函》晚于被诉行政决定的作出时间，从内容上看与本案无直接关联，均不能作为苟红东参与被诉行政决定合议组的合法、有效依据。再次，榆林局虽主张在口头审理时将苟红东的具体身份以及参与合议组的理由告知过当事人，但其提交的证据并不能证明该项主张，当事人是否认可合议组成员身份并不能成为评判被诉行政行为程序是否合法的前提和要件。因此，榆林局和天元公司提出的"西峡公司对于合议组成员不持异议，故程序合法"的主张不能成立。

审理法院 最高人民法院
审理时间 2017 年 12 月 25 日
案　　号 最高人民法院（2017）最高法行再 84 号行政判决书
出　　处 《最高人民法院知识产权案件年度报告（2017）》。

252. 外观设计专利权无效案件中区别技术特征的认定
——再审申请人 YKK 株式会社与被申请人国家知识产权局
专利复审委员会、一审第三人理想（广东）拉链实业
有限公司、开易（广东）服装配件有限公司
外观设计专利权无效行政纠纷案

裁判要点

对于在外观设计专利主视图中没有任何体现，且立体图无清晰显示的特征，不构成外观设计专利与对比设计的区别技术特征。

关 键 词 外观设计专利　无效程序　区别技术特征

裁判理由 最高人民法院认为：YKK株式会社主张与现有设计相比，涉案专利还具有如下创新设计特征：（1）上层链牙长宽高的尺寸比例关系，特别是牙身部的长宽高的尺寸比例关系不同；（2）上层链牙的上表面形状不同，上层链牙的上表面具有明显的下倾斜面、上表面整体上呈前低后高的曲面设计；（3）上层链牙的牙头部和牙颈部的形状不同，牙头部呈海豚嘴状，牙颈部左右侧面分别为向外鼓而后向内收的平滑曲面形状；（4）上层链牙的牙身部的形状不同，上层链牙的牙身部呈上宽下窄的梯台形。对于YKK株式会社主张的涉案专利与现有设计的区别（1），通过对比涉案专利设计与现有设计，确实存在链牙长宽高比例关系及修长与否的区别，但修长设计亦应属于本领域的惯常设计。至于YKK株式会社主张的区别（2），无效决定已经认定涉案专利的牙链端部较后部薄，只是YKK株式会社主张牙链端部较后部"明显"薄，牙头与牙身间具有明显的倾斜。涉案专利设计的右视图和立体图，存在牙头与牙身的倾斜设计。对比设计的仰视图与俯视图亦显示，牙头与牙身间是弧线设计，也具有一定角度的倾斜。鉴于涉案专利设计的倾斜角度未达到超过45度的程度，而对比设计也存在一定的弧度，二者在倾斜度上的区别应当属于细微差别，尚不足以对专利整体外观产生实质性的影响。对于YKK株式会社主张的区别（3）即有关牙颈部设计的不同，在专利文件即外观设计图片中并不明显。对于YKK株式会社主张的区别（4），亦存在与（3）同样的问题，即YKK株式会社在再审审查中提交的三维模型证据中比较明显，但专利文件图片显示不明显。外观设计的特征应以专利文件附图为准，在专利文件附图中无法看出或者不明显的特征，不能作为涉案专利的技术特征。而且，尽管在立体图中对（3）和（4）似有指示，但主视图没有任何体现，按照YKK株式会社的主张，即上述特征明显的情况下，不仅右视图、立体图中应有展现，主视图亦应有所呈现。鉴于涉案专利的图片未能清晰展现YKK株式会社主张的区别（3）和（4），对YKK株式会社关于涉案专利与现有设计存在区别（3）和（4）的主张，不予采信。

审理法院 最高人民法院
审理时间 2017年12月29日
案　　号 最高人民法院（2016）最高法行申3687号行政裁定书
出　　处 《最高人民法院知识产权案件年度报告（2017）》。

253. 认定外观设计是否相同或近似,应根据授权外观设计、被诉侵权设计的设计特征,以外观设计的整体视觉效果进行综合判断

——三九企业集团兰考葡萄酒业有限公司蛋白食品分公司
与江西江中食疗科技有限公司、三九企业集团兰考
葡萄酒业有限公司、安徽金麦乐面业有限公司、
南城县万家福购物广场侵害外观设计专利权纠纷案

> **裁判要点**
>
> 认定外观设计是否相同或者近似时,应当根据授权外观设计、被诉侵权设计的设计特征,以外观设计的整体视觉效果进行综合判断。

关 键 词 外观设计专利 设计特征 视觉效果

裁判理由 最高人民法院认为:认定外观设计是否相同或者近似时,应当根据授权外观设计、被诉侵权设计的设计特征,以外观设计的整体视觉效果进行综合判断。涉案专利与被诉侵权设计所对应的产品均为饼干包装盒。二者的相同点在于:1. 整体形状和颜色相同,均是规则的米黄色长方体;2. 产品正面图案及设计布局基本相同,均由三部分主体图案组成,上部为椭圆形的黄色饼干图案,中部为黑色的"猴姑"("猴菇")文字图案,下部为三个黄色的呈品字形组合的猴菇植物图案。二者的不同点在于:1. 涉案专利主视图左上角为椭圆形内有红色"食"外有"食疗医生"字样,被诉侵权产品正面左上角为蓝底白字的"999"商标及"三九企业集团"字样;2. 涉案专利主视图右上角为红色方框内标注"15 天装"和"720 克"字样,被诉侵权产品正面右上角为绿色橄榄油图案;3. 涉案专利主视图右下角有"猴头菇·养胃"字样,被诉侵权产品正面右下角空白;4. 涉案专利主视图左下角印有四列小字,被控侵权产品正面左下角为"素食"及产品计量等字样;5. 涉案专利的左视图、俯视图相较被诉侵权产品的左视图、俯视图各少了三个黄色的呈品字形组合的猴菇植物图案。关于上述相同点、不同点对整体视觉效果的影响。首先,对于饼干盒的外观设计而言,通常形状、色彩、图案设计及其布局等设计特征对整体视觉效果更具有影响。如前所述,涉案专利与被控

侵权产品均为米黄色长方体,且产品正面的图案及其设计布局基本相同。形状、颜色、图案及其设计布局占据了产品的主要视觉部分,更容易被一般消费者所关注,相比其他设计特征对于外观设计的整体视觉效果具有更为显著的影响。其次,产品正面四个角的图案或文字相对于整个产品的正面而言,占据的面积或比例较小,对于产品的外观而言影响不大,一般消费者施以通常的注意力和分辨力,也难于观察到二者此方面的细微差异。因此,二者存在的前述不同点1至不同点4,对整体视觉效果不具有显著影响。再次,相比涉案专利,被控侵权产品的左视图和俯视图仅增加了与产品正面相同的猴菇植物图案,且通常左视图和俯视图的设计相对主视图的设计居于次要地位,故二者主视图和俯视图的差异对整体视觉效果同样不具有显著影响。据此,被诉侵权设计与涉案专利的整体视觉效果无实质性差异,属于相近似的外观设计,被诉侵权设计落入涉案外观设计专利权的保护范围。一审、二审法院对此认定并无不当。三九酒业蛋白分公司还主张,被控侵权产品所使用的手提袋上增加了美少女肖像图案,与涉案专利具有实质性差异。对此本院认为,被控侵权产品包装盒具有独立存在的产品形态,可以脱离手提袋而直接销售,即使将产品包装盒置于手提袋中,由于包装盒可取出摆放展示并销售,一般消费者在购买时对被控侵权产品与涉案专利容易相互混淆,故被控侵权产品置于手提袋中销售对本案侵权的认定没有实质影响。

　　三九酒业蛋白分公司认为,涉案专利因同样的发明创造终止于2014年5月14日进入公共领域,任何人可不经许可实施该外观设计。根据一审、二审查明的事实,江西江中制药(集团)有限责任公司于2013年8月12日就同样的外观设计向国家知识产权局提交了专利申请,并于2014年1月8日获得授权。因不符合专利法第九条有关"同样的发明创造只能授予一项专利权"的规定,江西江中制药(集团)有限责任公司于2014年5月9日向国家知识产权局提出放弃案外"包装盒(猴姑酥性饼干7天装)"专利权声明,国家知识产权局于同年5月14日发出手续合格通知书,同意其放弃专利权。针对涉案专利,三九酒业蛋白分公司向国家知识产权局专利复审委员(以下简称专利复审委员)会提出了无效宣告请求,该委于2015年3月24日作出维持涉案专利权有效的决定。据此,由于涉案专利仍然合法有效,三九酒业蛋白分公司在相同种类产品上采用了与涉案专利近似的外观设计,构成专利侵权,案外"包装盒(猴姑酥性饼干7天装)"专利放弃专利权并不能成为三九酒业蛋白分公司不侵权的抗辩理由。

审理法院　最高人民法院
审理时间　2016 年 11 月 21 日
案　　号　最高人民法院（2016）最高法民申 2540 号民事裁定书
出　　处　《知识产权审判指导》2016 年第 2 辑（总第 28 辑）。

第四章 反不正当竞争、反垄断

254. "老字号"构成不正当竞争或侵犯注册商标专用权的认定
——成都同德福合川桃片有限公司诉重庆市合川区同德福桃片有限公司、余晓华侵害商标权及不正当竞争纠纷案

裁判要点

1. 与"老字号"无历史渊源的个人或企业将"老字号"或与其近似的字号注册为商标后,以"老字号"的历史进行宣传的,应认定为虚假宣传,构成不正当竞争。

2. 与"老字号"具有历史渊源的个人或企业在未违反诚实信用原则的前提下,将"老字号"注册为个体工商户字号或企业名称,未引人误认且未突出使用该字号的,不构成不正当竞争或侵犯注册商标专用权。

关 键 词 不正当竞争 老字号 虚假宣传

裁判理由 法院认为:个体工商户余晓华及重庆同德福公司与成都同德福公司经营范围相似,存在竞争关系;其字号中包含"同德福"三个字与成都同德福公司的"同德福TONGDEFU及图"注册商标的文字部分相同,与该商标构成近似。其登记字号的行为是否构成不正当竞争关键在于该行为是否违反诚实信用原则。成都同德福公司的证据不足以证明"同德福TONGDEFU及图"商标已经具有相当知名度,即便他人将"同德福"登记为字号并规范使用,不会引起相关公众误认,因而不能说明余晓华将个体工商户字号注册为"同德福"具有"搭便车"的恶意。而且,在二十世纪二十年代至五十年代期间,"同德福"商号享有较高商誉。同德福斋铺先后由余鸿春、余复光、余永祚三代人经营,尤其是在余复光经营期间,同德福斋铺生产的桃片获得了较多荣誉。余晓华系余复光之孙、余永祚之子,基于同德福斋铺的商号曾经获得的知名度及其与同德福斋铺经营者之间的直系亲属关系,将个体工商

户字号登记为"同德福"具有合理性。余晓华登记个体工商户字号的行为是善意的，并未违反诚实信用原则，不构成不正当竞争。基于经营的延续性，其变更个体工商户字号的行为以及重庆同德福公司登记公司名称的行为亦不构成不正当竞争。

从重庆同德福公司产品的外包装来看，重庆同德福公司使用的是企业全称，标注于外包装正面底部，"同德福"三字位于企业全称之中，与整体保持一致，没有以简称等形式单独突出使用，也没有为突出显示而采取任何变化，且整体文字大小、字形、颜色与其他部分相比不突出。因此，重庆同德福公司在产品外包装上标注企业名称的行为系规范使用，不构成突出使用字号，也不构成侵犯商标权。就重庆同德福公司标注"同德福颂"的行为而言，"同德福颂"四字相对于其具体内容（三十六字打油诗）字体略大，但视觉上形成一个整体。其具体内容系根据史料记载的同德福斋铺曾经在商品外包装上使用过的一段类似文字改编，意在表明"同德福"商号的历史和经营理念，并非为突出"同德福"三个字。且重庆同德福公司的产品外包装使用了多项商业标识，其中"合川桃片"集体商标特别突出，其自有商标也比较明显，并同时标注了"合川桃片"地理标志及重庆市非物质文化遗产，相对于这些标识来看，"同德福颂"及其具体内容仅属于普通描述性文字，明显不具有商业标识的形式，也不够突出醒目，客观上不容易使消费者对商品来源产生误认，亦不具备替代商标的功能。因此，重庆同德福公司标注"同德福颂"的行为不属于侵犯商标权意义上的"突出使用"，不构成侵犯商标权。

成都同德福公司的网站上登载的部分"同德福牌"桃片的历史及荣誉，与史料记载的同德福斋铺的历史及荣誉一致，且在其网站上标注了史料来源，但并未举证证明其与同德福斋铺存在何种联系。此外，成都同德福公司还在其产品外包装标明其为"百年老牌""老字号""始创于清朝乾隆年间"等字样，而其"同德福 TONGDEFU 及图"商标核准注册的时间是1998年，就其采取前述标注行为的依据，成都同德福公司亦未举证证明。成都同德福公司的前述行为与事实不符，容易使消费者对于其品牌的起源、历史及其与同德福斋铺的关系产生误解，进而取得竞争上的优势，构成虚假宣传，应承担相应的停止侵权、消除影响的民事责任。

审理法院　重庆市高级人民法院
审理时间　2013年12月17日

| 案　　号 | 重庆市高级人民法院〔2013〕渝高法民终字 00292 号民事判决书 |
| 出　　处 | 最高人民法院指导案例 58 号，2016 年 5 月 20 日发布。 |

255. 经营者占有市场支配地位的认定
——再审申请人吴小秦与被申请人陕西广电网络传媒（集团）股份有限公司捆绑交易纠纷案

> **裁判要点**
>
> 　　作为特定区域内唯一合法经营有线电视传输业务的经营者及电视节目集中播控者，在市场准入、市场份额、经营地位、经营规模等各要素上均具有优势，可以认定该经营者占有市场支配地位。

关 键 词　垄断　捆绑交易　经营者　市场支配地位

裁判理由　最高人民法院认为：反垄断法第十七条第五项规定，禁止具有市场支配地位的经营者没有正当理由搭售商品或者在交易时附加其他不合理的交易条件。本案中，广电公司在一审答辩中明确认可其"是经陕西省政府批准，陕西境内唯一合法经营有线电视传输业务的经营者。作为陕西省内唯一电视节目集中播控者，广电公司具备陕西省有线电视市场支配地位，鼓励用户选择更丰富的有线电视套餐，但并未滥用市场支配地位，也未强行规定用户在基本收视业务之外必须消费的服务项目。"二审中，广电公司虽对此不予认可，但并未举出其不具有市场支配地位的相应证据。再审审查过程中，广电公司对一审、二审法院认定其具有市场支配地位的事实并未提出异议。鉴于广电公司作为陕西境内唯一合法经营有线电视传输业务的经营者，陕西省内唯一电视节目集中播控者，一审、二审法院在查明事实的基础上认定在有线电视传输市场中，广电公司在市场准入、市场份额、经营地位、经营规模等各要素上均具有优势，占有支配地位，并无不当。

审理法院　最高人民法院
审理时间　2016 年 5 月 31 日
案　　号　最高人民法院（2016）最高法民再 98 号民事判决书

出　　处　最高人民法院指导案例 79 号，2017 年 3 月 6 日发布；《最高人民法院知识产权案件年度报告（2016）》。

256. 滥用市场支配地位案件中"搭售"行为的认定
——再审申请人吴小秦与被申请人陕西广电网络传媒（集团）股份有限公司捆绑交易纠纷案

裁判要点

经营者利用市场支配地位，将数字电视基本收视维护费和数字电视付费节目费捆绑在一起向消费者收取，侵害了消费者的消费选择权，不利于其他服务提供者进入数字电视服务市场。经营者即使存在两项服务分别收费的例外情形，也不足以否认其实施了反垄断法所禁止的搭售行为。

关 键 词　垄断　滥用市场支配地位　搭售

裁判理由　最高人民法院认为：广电公司的工作人员告知吴小秦每月最低收费标准已从 2012 年 3 月起由 25 元上调为 30 元，每次最少缴纳一个季度，并未告知吴小秦可以单独缴纳数字电视基本收视维护费或者数字电视付费节目费。结合广电公司给吴小秦开具的收费专用发票记载的收费项目—数字电视基本收视维护费 75 元及数字电视节目费 15 元的事实，可以认定广电公司实际上是将数字电视基本收视节目和数字电视付费节目捆绑在一起向吴小秦销售，并没有告知吴小秦是否可以单独选购数字电视基本收视服务的服务项目。虽然广电公司提交了向其他用户单独收取数字电视基本收视维护费的相关票据，但仅能证明广电公司在收取该费用时存在客户服务中心说明的套餐之外的例外情形，并不足以否认广电公司将数字电视基本收视维护费和数字电视付费节目费一起收取的普遍做法。因此，现有证据不能证明普通消费者可以仅缴纳数字电视基本收视维护费或者数字电视付费节目费，即不能证明消费者选择权的存在。此外，数字电视基本收视维护费和数字电视付费节目费属于两项单独的服务，广电公司未证明将两项服务一起提供符合提供数字电视服务的交易习惯；同时，如将数字电视基本收视维护费和数字电视付费节目费分别收取，现亦无证据证明会损害该两种服务的性能和使用价值；广电公司更未对前述行为说明其正当理由，在此情形下，广电公司利用其市场支配地位，将数字电视基本收视维护费和数字电视付费节目费一起收取，客观上影响消费者选择其他服务提供者提供相关数字付费节目，同时也不利于其他服务提供者进入电视服务市场，对市场竞争具有不利的效果。一审法院认定其违反了反垄断法第十七条第五项之规定，并无不当。

审理法院　最高人民法院
审理时间　2016 年 5 月 31 日
案　　号　最高人民法院（2016）最高法民再 98 号民事判决书
出　　处　最高人民法院指导案例 79 号，2017 年 3 月 6 日发布；《最高人民法院知识产权案件年度报告（2016）》。

257. 行为人开发并运营相关软件，实现无需观看片前广告即可直接观看其他网络视频平台视频的功能，该行为违背了诚实信用原则，构成不正当竞争

——北京爱奇艺科技有限公司诉深圳聚网视科技
有限公司其他不正当竞争纠纷案

裁判要点
　　行为人开发并运营相关软件，实现无需观看片前广告即可直接观看其他网络视频平台视频的功能，该行为违背了诚实信用原则，损害了其他网络视频平台依托其正当商业模式获取商业利益的合法权益，构成不正当竞争。

关 键 词　诚实信用原则　不正当竞争
裁判理由　法院认为：本案争议焦点为：上诉人聚网视公司是否通过破解被上诉人爱奇艺公司验证算法取得"VST 全聚合"软件的密钥（Key 值）实施了绕开广告直接播放爱奇艺公司视频的行为；绕开广告直接播放视频的行为是否具有正当性。

　　法院认为，上诉人聚网视公司主张"VST 全聚合"软件采用的密钥（Key 值）源于公开渠道，其需提供证据予以佐证。但聚网视公司未能提供证据证

明其该主张。相反，被上诉人爱奇艺公司提供的证据能够证明爱奇艺公司对其提供的视频采取了加密措施，聚网视公司是采用破解爱奇艺公司的验证算法，取得密钥（Key值）生成请求播放视频的SC值，实现无需观看片前广告直接获得视频播放的目的。

被上诉人爱奇艺公司依托"广告＋免费视频"或者收取会员用户费用的经营模式，通过广告费和会员费谋求商业利益的经营行为应受法律保护。绕开广告直接播放爱奇艺公司视频的行为是上诉人聚网视公司采取技术手段的结果，聚网视公司凭借技术使其用户在无需付出时间成本和费用成本的情况下，观看爱奇艺公司的视频，这将导致部分爱奇艺公司用户转而成为聚网视公司的用户以及爱奇艺公司广告点击量和会员费收入的下降。聚网视公司通过技术让其用户观看爱奇艺公司视频，但其并未支付版权费等营运成本，该成本仍由爱奇艺公司承担。而爱奇艺公司在支付上述成本的同时，却面临用户数量减少和广告点击量下降导致的商业利益的损失。作为技术实施方的聚网视公司明知该技术会出现自己得利他人受损的后果，仍实施该技术，具有主观故意，违背了诚实信用原则和公认的商业道德，侵害了爱奇艺公司合法的经营活动，其行为不具有正当性。

综上所述，一审认定事实清楚，适用法律正确，应予维持。

审理法院　上海知识产权法院
审理时间　2016年4月26日
案　　号　上海知识产权法院（2015）沪知民终字第728号民事判决书
出　　处　《最高人民法院公报》2016年第12期。

258. 商业秘密共有案件中合理保密措施的认定
——上诉人化学工业部南通合成材料厂、南通星辰合成材料有限公司、南通中蓝工程塑胶有限公司与被上诉人南通市旺茂实业有限公司、周传敏、陈建新、陈晰、李道敏、戴建勋侵害商业技术秘密和商业经营秘密纠纷案

裁判要点

当事人虽对相关商业秘密主张共有,但涉案信息实际上是在各当事人处分别形成。故某一当事人采取的保密措施,不能取代其他当事人应分别对涉案商业秘密采取的合理保密措施。

关 键 词 商业秘密 共有 保密措施

裁判理由 最高人民法院认为:合成材料厂、星辰公司、中蓝公司是否对其主张商业秘密保护的涉案信息采取了合理的保密措施是本案的争议焦点。合成材料厂、星辰公司、中蓝公司主张,涉案信息为合成材料厂、星辰公司、中蓝公司共同共有,只要当事人之一采取了合理的保密措施,就应视为合成材料厂、星辰公司、中蓝公司均采取了合理的保密措施。首先,保密措施通常是由商业秘密的权利人所采取的,体现出权利人对其主张商业秘密保护的信息具有保密的主观意愿。本案中,合成材料厂、星辰公司、中蓝公司主张的技术秘密为改性 PBT 的 155 项配方以及相关工艺,经营秘密为 55 项客户名单。涉案信息实际上是在较长时间内,在合成材料厂、星辰公司和中蓝公司三个民事主体处分别形成的。涉案信息中的一部分以出资的方式,在合成材料厂与星辰公司之间,以及星辰公司与中蓝公司之间,先后经历了两次权利人的变更。合成材料厂、星辰公司、中蓝公司为各自独立的民事主体,组织机构各不相同,本案并无充分证据证明三者存在"三个单位、一套人马、三位一体"的情形。在合成材料厂、星辰公司和中蓝公司主张共有之前,中蓝公司作为涉案信息唯一的权利人,应当就涉案信息采取合理的保密措施。在合成材料厂、星辰公司和中蓝公司人主张共有之后,中蓝公司作为共有人之一,亦应当就涉案信息采取合理的保密措施。但是在本案中,合成材料厂、星辰公司和中蓝公司提供的证据不能证明中蓝公司采取了合理的保密措施。

同理，合成材料厂采取的保密措施仅适用于在该厂形成的有关涉案信息，不能作为在星辰公司、中蓝公司处取得或形成的有关涉案信息的保密措施。相应的，星辰公司采取的保密措施，也不能作为在中蓝公司处取得或形成的有关涉案信息的保密措施。其次，关于合成材料厂、星辰公司、中蓝公司主张共有涉案信息对本案的影响。在没有相反证据证明的情况下，因共有而发生的涉案信息权利人的变更并不能对形成共有之前的保密措施的认定带来实质性影响。且不论共有方式如何，合成材料厂、星辰公司、中蓝公司均应就涉案信息采取合理的保密措施。因此，一审法院认定"在共同共有的状态下，合理的保密措施还意味着各共有人对该非公知信息均应采取合理的保密措施"并无不当。合成材料厂、星辰公司、中蓝公司有关"只要某一当事人采取了合理的保密措施，就应视为合成材料厂、星辰公司、中蓝公司均采取了合理的保密措施"的主张缺乏事实和法律依据。

审理法院　最高人民法院
审理时间　2016年9月26日
案　　号　最高人民法院（2014）民三终字第3号民事判决书
出　　处　《最高人民法院知识产权案件年度报告（2016）》。

259. 不正当竞争案件中当事人诉讼主体资格的确定
——再审申请人梁或、卢宜坚与被申请人安徽采蝶轩蛋糕集团有限公司、合肥采蝶轩企业管理服务有限公司、一审被告、二审被上诉人安徽巴莉甜甜食品有限公司侵害商标权及不正当竞争纠纷案

裁判要点
　　不正当竞争案件中原告主体资格的确定，不能仅依据其与被告是否为具有直接竞争关系的产品经营者判断。

关　键　词　不正当竞争　主体资格　竞争关系
裁判理由　最高人民法院认为：根据反不正当竞争法第二条第二款、第三款规定，不正当竞争，是指经营者违反法律规定，损害其他经营者的合法权益，扰乱社会经济秩序的行为。经营者，是指从事商品经营或者营利性服

务的法人、其他经济组织和个人。梁或、卢宜坚是涉案注册商标权人，其认为采蝶轩集团公司、采蝶轩服务公司和巴莉甜甜公司的行为侵害了涉案注册商标专用权，构成不正当竞争，即可以据此提起诉讼，其诉讼主体资格的有无，不能仅据其是否系具体的涉诉商标产品的实际经营者来判断。原审法院认定梁或、卢宜坚与采蝶轩集团公司、采蝶轩服务公司和巴莉甜甜公司不具有竞争关系，不符合提起不正当竞争之诉的主体要件，没有法律依据，对此予以纠正。

审理法院 最高人民法院
审理时间 2016 年 11 月 7 日
案　　号 最高人民法院（2016）最高法民申 1975 号民事裁定书
出　　处 《最高人民法院知识产权案件年度报告（2016）》。

260. 网络购物收货地不宜作为知识产权和不正当竞争案件的侵权行为地
——上诉人广东马内尔服饰有限公司、周乐伦与被上诉人新百伦贸易（中国）有限公司、一审被告南京东方商城有限责任公司不正当竞争纠纷管辖异议案

裁判要点
　　侵犯知识产权和不正当竞争案件中，原告通过网络购物方式购买被诉侵权产品，不宜适用民事诉讼法司法解释第二十条的规定，以网络购物收货地作为侵权行为地确定案件的地域管辖。

关 键 词 不正当竞争　管辖　网络购物收货地
裁判理由 最高人民法院认为：侵犯知识产权案件和不正当竞争案件均属于侵权类案件，根据民事诉讼法第二十八条以及民事诉讼法司法解释第二十四条规定，可以依据侵权行为地确定案件的管辖法院，侵权行为地包括侵权行为实施地和侵权结果发生地。在此类案件中，由于附着了相关知识产权的商品具有大范围的可流通性，如何确定侵权行为地有不同于一般民事纠纷案件的特殊性。根据《关于审理商标民事纠纷案件适用法律若干问题的解释》

（法释〔2002〕32号）第六条的规定，在侵犯商标权案件中，除了大量侵权商品的储藏地以及海关、工商等行政机关依法查封、扣押侵权商品的所在地外，仅侵权行为的实施地或者被告住所地可以作为管辖依据，不再依据侵权结果发生地确定管辖。本案中，新百伦公司认为马内尔公司的侵权行为是基于周乐伦的授权，通过网络销售被诉侵权产品，参照前述司法解释规定，新百伦公司可以在马内尔公司被诉侵权行为的实施地以及该公司住所地的人民法院提起诉讼。马内尔公司住所地位于广东省广州市天河区，新百伦公司亦无其他证据证明其在公司住所地之外的其他地区实施了侵权行为，故应以该住所地作为对马内尔公司相应行为确定管辖的依据。民事诉讼法司法解释第二十条规定："以信息网络方式订立的买卖合同，通过信息网络交付标的的，以买受人住所地为合同履行地；通过其他方式交付标的的，收货地为合同履行地。合同对履行地有约定的，从其约定。"该条规定是对民事诉讼法第二十三条、第三十四条关于合同履行地的补充规定。对于以信息网络方式订立的买卖合同，确定被告住所地或者合同履行地存在一定的困难，故司法解释该条进行了明确。由于合同案件与侵犯知识产权及不正当竞争案件存在较大的不同，合同案件一般发生在合同当事人之间，且其影响基本仅限于特定的行为和特定的当事人，而在侵犯知识产权和不正当竞争案件中，当事人通过网络购物方式取得被诉侵权产品，虽然形式上与"以信息网络方式订立买卖合同"并无区别，但其所提出的侵权主张并非仅针对这一特定的产品，而是包含了特定权利的所有产品；其主张也并非仅针对合同的另一方主体，而可能是与此产品相关的、根据法律规定可能构成侵权的其他各方主体。考虑到上述区别，并考虑到侵犯知识产权案件和不正当竞争案件中对侵权行为地的确定有专门的规定，在此类案件中，如果原告通过网络购物方式购买被诉侵权产品，不宜适用民事诉讼法司法解释第二十条的规定来确定案件的地域管辖。一审法院援引民事诉讼法司法解释第二十条的规定，认定南京市既是马内尔公司的侵权行为实施地，也是侵权结果发生地，适用法律不当，予以纠正。

审理法院　最高人民法院
审理时间　2017年6月13日
案　　号　最高人民法院（2016）最高法民辖终107号民事裁定书
出　　处　《最高人民法院知识产权案件年度报告（2017）》。

261. 知名商品特有包装装潢中的"商品"与"包装装潢"应当具有特定指向关系
——上诉人广东加多宝饮料食品有限公司与被上诉人广州医药集团有限公司、广州王老吉大健康产业有限公司擅自使用知名商品特有包装装潢纠纷两案

裁判要点

反不正当竞争法第五条第二项规定的"知名商品"和"特有包装装潢"之间具有互为表里、不可割裂的关系，只有使用了特有包装装潢的商品，才能够成为反不正当竞争法调整的对象。抽象的商品名称或无确定内涵的商品概念，脱离于包装装潢所依附的具体商品，缺乏可供评价的实际使用行为，不具有依据反不正当竞争法第五条第二项规定进行评价的意义。

关　键　词　不正当竞争　知名商品　特有包装装潢

裁判理由　最高人民法院认为：包装装潢具有显著识别特征，并使用于具有一定知名度的商品之上，是与包装装潢有关的商业标识性权益获得反不正当竞争法保护的条件。在适用反不正当竞争法第五条第二项的规定时，应对"特有包装装潢"与"知名商品"之间的关系作出正确理解，即二者具有互为表里、不可割裂的关系。只有使用了特有包装装潢的商品，才能够成为反不正当竞争法评述的对象。相反，抽象的商品名称，或无确定内涵的商品概念，脱离于包装装潢所依附的具体商品，缺乏可供评价的实际使用行为，不具有依据反不正当竞争法第五条第二项规定进行评价的意义。"王老吉凉茶"作为一种商品名称，在双方纠纷发生之时，至少可以指代由广药集团生产的绿色纸盒或加多宝公司生产的红色罐装等不同包装装潢形式的凉茶商品。而本案界定"知名商品"的目的，是为了判断附着于其上的、特定的包装装潢形式，是否符合反不正当竞争法对商业标识性权益提供保护的条件。因此，该"知名商品"应当与涉案包装装潢形式具有明确的指向关系。一审法院脱离了商品与包装装潢所应具有的依附关系，将指代并不唯一的商品名称"王老吉凉茶"认定为本案的"知名商品"，缺乏事实与法律依据，对此予以

纠正。

审理法院 最高人民法院
审理时间 2017 年 7 月 7 日
案　　号 最高人民法院（2015）民三终字第 2 号、第 3 号民事判决书
出　　处 《最高人民法院知识产权案件年度报告（2017）》。

262. 确定知名商品特有包装装潢权益归属的考量因素
——上诉人广东加多宝饮料食品有限公司与被上诉人广州医药集团有限公司、广州王老吉大健康产业有限公司擅自使用知名商品特有包装装潢纠纷两案

裁判要点

在确定特有包装装潢的权益归属时，既要在遵循诚实信用原则的前提下鼓励诚实劳动，也应当尊重消费者基于包装装潢本身具有的显著特征而客观形成的对商品来源指向关系的认知。

关 键 词 不正当竞争　知名商品　权益归属

裁判理由 最高人民法院认为：本案所涉知名商品特有包装装潢纠纷的产生，源于双方在签订和履行商标许可使用合同的过程中，并未对可能产生于许可使用期间的衍生利益如何进行分割作出明确的约定。通常情况下，在商标许可使用关系终止后，被许可人应停止使用行为，被许可使用商标之上所积累的商誉，应同时归还于许可人。但本案纠纷发生的特殊之处在于，许可使用期间形成的特有包装装潢，既与被许可商标的使用存在密切联系，又因其具备反不正当竞争法下独立权益的属性，而产生了外溢于商标权之外的商誉特征。双方各自提出的权利主张，既涉及与商业标识性权益保护有关的一般性法律适用问题，也体现了本案所特有的包装装潢权益在形成过程中所包含的复杂历史和现实因素。注册商标制度与知名商品特有包装装潢权益保护制度虽然均属于对商业标识性权益提供保护的法律制度，但二者的权利来源和保护条件有所不同。注册商标与包装装潢可以各自发挥其独立的识别作用，并分属于不同的权利主体潢红罐王老吉凉茶推出市场后，经过加多宝公

司及其关联企业有效的营销活动，红罐王老吉凉茶使用的包装装潢因其知名度和独特性，已经形成了独立的商业标识性权益。但本案的特殊之处在于，作为涉案包装装潢实际经营者的加多宝公司，在设计、使用及宣传推广的过程中，始终将作为广药集团注册商标的"王老吉"文字在包装装潢中进行了突出使用，且从未着意阻断和清晰区分包装装潢与其中包含的注册商标之间的关系，客观上使包装装潢同时指向了加多宝公司与广药集团。消费者亦不会刻意区分法律意义上的商标权与知名商品特有包装装潢权益，而会自然地将红罐王老吉凉茶与广药集团、加多宝公司同时建立联系。实际上，涉案包装装潢中确实也同时蕴含了广药集团"王老吉"品牌的影响力，以及加多宝公司通过十余年的生产经营和宣传推广而形成、发展而来的商品知名度和包装装潢的显著识别效果。综合考虑上述因素，结合红罐王老吉凉茶的历史发展过程、双方的合作背景、消费者的认知及公平原则的考量，因广药集团及其前身、加多宝公司及其关联企业，均对涉案包装装潢权益的形成、发展和商誉建树，各自发挥了积极的作用，将涉案包装装潢权益完全判归一方所有，均会导致显失公平的结果，并可能损及社会公众利益。因此，涉案知名商品特有包装装潢权益，在遵循诚实信用原则和尊重消费者认知并不损害他人合法权益的前提下，可由广药集团与加多宝公司共同享有。

审理法院 最高人民法院
审理时间 2017 年 7 月 7 日
案　　号 最高人民法院（2015）民三终字第 2 号、第 3 号民事判决书
出　　处 《最高人民法院知识产权案件年度报告（2017）》。

263. 对涉及市场统计调查的公证书证据的审查认定
——再审申请人河北六仁烤饮品有限公司与被申请人河北养元智汇饮品股份有限公司及一审被告金华市金东区叶保森副食店擅自使用知名商品特有包装、装潢纠纷案

> **裁判要点**
>
> 对涉及市场统计调查的公证书证据的审查认定,应当具体审查该市场统计调查的客观性、科学性、适法性等有关情况,不能仅因该调查经过公证就当然采信。

关 键 词 不正当竞争 市场统计调查 公证书

裁判理由 最高人民法院认为:关于六仁烤公司所称第 498 号公证书可以证明其商品包装、装潢与养元公司商品包装、装潢不近似、不会使消费者产生混淆误认一节,第 498 号公证书涉及市场统计调查,对该项证据应否采信,应当具体审查该市场统计调查的客观性、科学性、适法性等有关情况,不能仅因该调查经过公证就当然采信。第 498 号公证书所记载的市场统计调查,由六仁烤公司设计、提供相关表格,并派员参与调查过程,非由中立第三方独立完成,故其客观性存疑;从调查表格的设计来看,一张调查表同时记录多名受访人的意见,每名受访人均能看到其他受访人的选择结果,不是在不受外界影响的状态下独立作出判断,易出现从众效应,故不具有科学性;调查过程中,对两种商品的摆放不符合判断商品包装装潢是否近似时应隔离比对的要求,每名受访人均能同时看到两种商品;从问卷问题的设计来看,直接询问受访人是否发生实际混淆,没有考虑混淆可能性。因此,原审法院对第 498 号公证书不予采信并无不当。

审理法院 最高人民法院
审理时间 2017 年 9 月 29 日
案　　号 最高人民法院(2017)最高法民申 3918 号民事裁定书
出　　处 《最高人民法院知识产权案件年度报告(2017)》

264. 企业在申请注册企业名称时已知晓他人注册商标，而申请相同字号企业名称的，表明该企业具有攀附他人商誉的主观故意，构成不正当竞争

——菏泽汇源罐头食品有限公司与北京汇源食品饮料有限公司侵害商标权及不正当竞争纠纷案

> **裁判要点**
>
> 企业在申请注册企业名称时已知晓他人注册商标，而申请相同字号企业名称的，表明该企业具有攀附他人商誉的主观故意，企业在经营中客观造成了相关消费者的混淆误认的，构成不正当竞争。

关 键 词 企业名称　恶意攀附　不正当竞争

裁判理由 最高人民法院认为：关于一审法院认定菏泽汇源公司构成不正当竞争是否适当问题。北京汇源公司主张，菏泽汇源公司在企业名称中使用与其注册商标相同的"汇源"文字，构成不正当竞争。即在其生产的商品的外包装、瓶贴、网站中使用"菏泽汇源罐头食品有限公司"企业名称。而菏泽汇源公司抗辩和上诉称北京中美新汇食品有限公司所持有的第 242665 号（29 类）注册商标早在 1985 年 4 月 29 日申请。汇源公司于 2011 年拟设立时，北京中美新汇食品有限公司同意公司股东和第一任法定代表人张文敏使用汇源字号用，但是目前第 242665 号（29 类）注册商标已经被生效判决撤销，菏泽汇源公司该理由不能成立。此外，菏泽汇源公司自认在企业名称预先核准申请时，已知道北京汇源公司涉案商标的存在，且出具了"使用汇源字号如存有异议愿意更改字号"的说明，表明菏泽汇源公司在主观上具有攀附北京汇源公司涉案商标声誉的意图。故一审法院认定菏泽汇源公司在企业名称中使用与其注册商标相同的"汇源"文字构成不正当竞争并无不当。

审理法院 最高人民法院
审理时间 2017 年 12 月 22 日
案　　号 最高人民法院（2015）民三终字第 7 号民事判决书
出　　处 《2017 年中国法院 50 件典型知识产权案例》。

第五章 其 他

265. 分别持有植物新品种父本与母本的双方当事人，因不能达成相互授权许可协议，导致植物新品种不能继续生产，损害双方各自利益，在衡量父本与母本对植物新品种生产具有基本相同价值基础上，人民法院可以直接判令双方当事人相互授权许可并相互免除相应的许可费

——天津天隆种业科技有限公司与江苏徐农种业科技有限公司侵害植物新品种权纠纷案

裁判要点

分别持有植物新品种父本与母本的双方当事人，因不能达成相互授权许可协议，导致植物新品种不能继续生产，损害双方各自利益，也不符合合作育种的目的。为维护社会公共利益，保障国家粮食安全，促进植物新品种转化实施，确保已广为种植的新品种继续生产，在衡量父本与母本对植物新品种生产具有基本相同价值基础上，人民法院可以直接判令双方当事人相互授权许可并相互免除相应的许可费。

关 键 词 侵害植物新品种权　相互授权许可

裁判理由 法院认为：在通常情况下，植物新品种权作为一种重要的知识产权应当受到尊重和保护。植物新品种保护条例第六条明确规定："完成育种的单位或者个人对其授权品种，享有排他的独占权。任何单位或者个人未经品种权所有人许可，不得为商业目的生产或者销售该授权品种的繁殖材料，不得为商业目的将该授权品种的繁殖材料重复使用于生产另一品种的繁殖材料"，但需要指出的是，该规定并不适用于本案情形。首先，9优418的合作培育源于上世纪九十年代国内杂交水稻科研大合作，本身系无偿配组。9优418品种性状优良，在江苏、安徽、河南等地广泛种植，受到广大种植农户的普遍欢迎，已成为中粳杂交水稻的当家品种，而双方当事人相互指控对方侵权,本身也足以表明9优418品种具有较高的经济价值和市场前景,涉及到辽宁稻作所与徐州农科所合作双方以及本案双方当事人的重大经济利益。在二审期间,法院做了大量调解工作,希望双方当事人能够相互授权许可,使9优418这一优良品种能够继续获得生产,双方当事人也均同意就涉案品种权相互授权许可,但仅因一审判令天隆公司赔偿徐农公司200万元,徐农公司赔偿天隆公司50万元,就其中的150万元赔偿差额双方当事人不能达成妥协,故调解不成。天隆公司与徐农公司不能达成妥协,致使9优418品种不能继续生产,不能认为仅关涉双方的利益,实际上已经损害了国家粮食安全战略的实施,有损公共利益,且不符合当初辽宁稻作所与徐州农科所合作育种的根本目的,也不符合促进植物新品种转化实施的根本要求。从表面上看,双方当事人的行为系维护各自的知识产权,但实际结果是损害知识产权的运用和科技成果的转化。鉴于该两案已关涉国家粮食生产安全等公共利益,影响9优418这一优良品种的推广,双方当事人在行使涉案植物新品种独占实施许可权时均应当受到限制,即在生产9优418水稻品种时,均应当允许对方使用己方的亲本繁殖材料,这一结果显然有利于辽宁稻作所与徐州农科所合作双方及本案双方当事人的共同利益,也有利于广大种植农户的利益,故一审判令该两案双方当事人相互停止侵权并赔偿对方损失不当,应予纠正。其次,9优418是三系杂交组合,综合双亲优良性状,杂种优势显著,其中母本不育系作用重要,而父本C418的选育也成功解决了三系杂交粳稻配套的重大问题,在9优418配组中父本与母本具有相同的地位及作用。法院判决,9优418水稻品种的合作双方徐州农科所和辽宁省稻作研究所及其本案当事人徐农公司和天隆公司均有权使用对方获得授权的亲本繁殖材料,且应当相互免除许可使用费,但仅限于生产和销售9优418这一水稻品种,不得用于其他商业目的。因徐农公司为推广9优418品种付出了许多商业努力并进行种植技术攻关,而天隆公司是在9优418品种已获得市场广泛认可的情况下进入该生产领域,其明显减少了推广该品种的市场成本,为体现公平合理,法院同时判令天隆公司给予徐农公司50万元的经济补偿。最后,鉴于双方当事人各自生产9优418,事实上存在着一定的市场竞争和利益冲突,法院告诫双方当事人应当遵守我国反不正当竞争法的相关规定,诚实经营,有序竞争,确保质量,尤其应当清晰标注各自的商业标识,防止发生新的争议和纠纷,共同维护好9优418品种的良好声誉。

审理法院 江苏省高级人民法院

审理时间 2013 年 12 月 29 日

案　　号 江苏省高级人民法院〔2011〕苏知民终字第 0194 号、〔2012〕苏知民终字第 0055 号民事判决书

出　　处 最高人民法院指导案例 86 号，2017 年 3 月 6 日发布。

266. 未经品种权人许可，为商业目的生产或销售授权品种的繁殖材料的，构成侵害植物新品种权

——莱州市金海种业有限公司诉张掖市富凯农业科技有限责任公司侵犯植物新品种权纠纷案

裁判要点

依据中华人民共和国农业行业标准《玉米品种鉴定 DNA 指纹方法》NY/T1432-2007 检测及判定标准的规定，品种间差异位点数等于 1，判定为近似品种；品种间差异位点数大于等于 2，判定为不同品种。品种间差异位点数等于 1，不足以认定不是同一品种。对差异位点数在两个以下的，应当综合其他因素判定是否为不同品种，如可采取扩大检测位点进行加测，以及提交审定样品进行测定等，举证责任由被诉侵权一方承担。

关 键 词 侵害植物新品种权　举证责任

裁判理由 法院认为：未经品种权人许可，为商业目的生产或销售授权品种的繁殖材料的，是侵犯植物新品种权的行为。而确定行为人生产、销售的植物新品种的繁殖材料是否是授权品种的繁殖材料，核心在于应用该繁殖材料培育的植物新品种的特征、特性，是否与授权品种的特征、特性相同。本案中，经人民法院委托鉴定，北京市农科院玉米种子检测中心出具的鉴定意见表明待测样品与授权样品"无明显差异"，但在 DNA 指纹图谱检测对比的 40 个位点上，有 1 个位点的差异。依据中华人民共和国农业行业标准《玉米品种鉴定 DNA 指纹方法 NY/T1432-2007 检测及判定标准》的规定：品种间差异位点数等于 1，判定为近似品种；品种间差异位点数大于等于 2，判定为不同品种。依据 DNA 指纹检测标准，将差异至少两个位点作为标准，来判

定两个品种是否不同。品种间差异位点数等于1，不足以认定不是同一品种。DNA检测与DUS（田间观察检测）没有位点的直接对应性。对差异位点数在两个以下的，应当综合其他因素进行判定，如可采取扩大检测位点进行加测以及提交审定样品进行测定等。此时的举证责任应由被诉侵权的一方承担。由于植物新品种授权所依据的方式是DUS检测，而不是实验室的DNA指纹鉴定，因此，张掖市富凯农业科技有限责任公司如果提交相反的证据证明通过DUS检测，被诉侵权繁殖材料的特征、特性与授权品种的特征、特性不相同，则可以推翻前述结论。根据已查明的事实，被上诉人富凯公司经释明后仍未能提供相反的证据，亦不具备DUS检测的条件。因此，依据《最高人民法院关于审理侵犯植物新品种权纠纷案件具体应用法律问题的若干规定》第二条第一款"未经品种权人许可，为商业目的生产或销售授权品种的繁殖材料，或者为商业目的将授权品种的繁殖材料重复使用于生产另一品种的繁殖材料的，人民法院应当认定为侵犯植物新品种权"的规定，应认定富凯公司的行为构成侵犯植物新品种权。

关于侵权责任问题。依据《最高人民法院关于审理侵犯植物新品种权纠纷案件具体应用法律问题的若干规定》第六条之规定，富凯公司应承担停止侵害、赔偿损失的民事责任。由于本案的侵权行为发生在三年前，双方当事人均未能就被侵权人因侵权所受损失或侵权人因侵权所获利润双方予以充分举证，法院查明的侵权品种种植亩数是1000亩，综合考虑侵权行为的时间、性质、情节等因素，酌定赔偿50万元，并判令停止侵权行为。

审理法院　甘肃省高级人民法院
审理时间　2014年9月17日
案　　号　甘肃省高级人民法院（2013）甘民三终字第63号民事判决
出　　处　最高人民法院指导案例92号，2017年11月15日发布。

267. 集成电路布图设计侵权案件中合法来源抗辩是否成立的判断
——再审申请人南京微盟电子有限公司与被申请人
泉芯电子技术（深圳）有限公司侵害集成电路布图设计专有权纠纷案

> **裁判要点**
>
> 集成电路布图设计公告内容通常仅包括著录项目信息，不包括布图设计的具体内容。有证据证明通过合法途径获得被诉侵权产品，不知道也没有合理理由知道其中含有非法复制的布图设计的，合法来源抗辩成立。

关 键 词 集成电路布图设计　合法来源抗辩　举证责任

裁判理由 最高人民法院认为：在泉芯公司主张其不知道且没有合理理由应当知道时，二审法院认定应由微盟公司承担举证责任，证明泉芯公司具有知道或者应当知道的主观状态，并无不当。本案中，微盟公司没有提供证据证明泉芯公司知道或者应当知道QX6206中含有非法复制的布图设计。根据《集成电路布图设计保护条例》第十八条的规定，布图设计公告内容通常仅包括相关著录项目信息，不包括布图设计的具体内容，公众若希望了解具体内容，仍需办理查阅手续。微盟公司没有提交证据证明泉芯公司查阅了布图设计的具体内容。故微盟公司的再审主张缺乏事实依据，不应予以支持。

审理法院 最高人民法院
审理时间 2016年11月18日
案　　号 最高人民法院（2016）最高法民申1491号民事裁定书
出　　处 《最高人民法院知识产权案件年度报告（2016）》。

268. 植物新品种保护条例第六条规定中"销售"的含义
——再审申请人莱州市永恒国槐研究所与被申请人葛燕军侵害植物新品种权纠纷案

裁判要点

对于植物新品种保护条例第六条规定中"销售"一词的含义，应该结合我国已经加入的《国际植物新品种保护公约》（1978年文本）第五条第一款的规定予以理解。根据国际法与国内法解释一致性原则，植物新品种保护条例第六条所称的"销售"应该包括许诺销售行为。

关　键　词　植物新品种　销售　国际公约

裁判理由　最高人民法院认为：虽然《购苗木合同》上无买方签章、该合同亦未生效，但是《购苗木合同》中品种名称明确载明为"双季米槐"，结合该合同书的形成过程及内容可以认定，葛燕军至少实施了推销"双季米槐"繁殖材料的行为。音像材料亦显示，葛燕军认可其销售的是"双季米槐"。《中华人民共和国植物新品种保护条例》第十八条第一款规定："授予品种权的植物新品种应当具备适当的名称，并与相同或者相近的植物属或者种中已知品种的名称相区别。该名称经注册登记后即为该植物新品种的通用名称。"据此可知，授权品种的名称具有独特性，在没有相反证据时，名称相同的品种可推定为同一品种。因此，基于本案原审现有证据，可以认定葛燕军对外推销的繁殖材料为授权品种"双季米槐"的可能性较大，达到了高度盖然性的证明尺度。根据植物新品种保护条例第六条的规定，未经品种权人许可，为商业目的生产或者销售该授权品种的繁殖材料属于侵犯品种权的行为。对于该规定中"销售"一词的含义，应该结合我国已经加入的《国际植物新品种保护公约》（1978年文本）中的相关规定予以理解，使得对国内法的解释与我国加入的国际公约保持协调。该公约第五条第一款规定："授予育种者权利的效果是在对受保护品种自身的有性或无性繁殖材料进行下列处理时，应事先征得育种者同意：以商业销售为目的之生产；许诺销售；市场销售。"根据国际法与国内法解释一致性原则，植物新品种保护条例第六条所称的"销售"应该包括许诺销售行为。本案中，葛燕军通过合同磋商销售"双季米槐"繁殖材料的行为构成许诺销售，属于销售行为的一种。对此，葛燕军应承担相应的民事责任。

审理法院　最高人民法院
审理时间　2017 年 12 月 26 日
案　　号　最高人民法院（2017）最高法民申 4999 号民事裁定书
出　　处　《最高人民法院知识产权案件年度报告（2017）》。

最高人民法院裁判观点精编

(2016—2017)

人民法院出版社法规编辑中心 编

人民法院出版社

总目录

上　册

第一篇　民　事

第一章　婚姻家庭继承 …………………………………（ 3 ）
第二章　侵权责任 ………………………………………（ 7 ）
　第一节　人格权、人身权 ……………………………（ 7 ）
　第二节　交通事故 ……………………………………（ 13 ）
　第三节　产品责任 ……………………………………（ 15 ）
　第四节　其　他 ………………………………………（ 19 ）
第三章　物　权 …………………………………………（ 24 ）
　第一节　总　类 ………………………………………（ 24 ）
　第二节　担　保 ………………………………………（ 29 ）
　第三节　建筑物区分所有权 …………………………（ 58 ）
　第四节　其　他 ………………………………………（ 61 ）
第四章　民事合同 ………………………………………（ 65 ）
　第一节　总　类 ………………………………………（ 65 ）
　第二节　买卖合同 ……………………………………（ 92 ）
　第三节　委托合同 ……………………………………（ 95 ）
　第四节　民间借款合同 ………………………………（ 100 ）
　第五节　土地使用权出让合同 ………………………（ 128 ）
　第六节　房地产开发合同 ……………………………（ 145 ）
　第七节　建设工程合同 ………………………………（ 164 ）

第八节　商品房买卖合同	（193）
第九节　服务合同	（205）
第五章　劳动、人事争议	（209）
第六章　环境资源	（216）
第七章　民刑交叉	（228）

第二篇　商　事

第一章　公司企业	（237）
第二章　破产清算	（300）
第三章　商事合同	（305）
第一节　一般商事合同	（305）
第二节　借款合同	（309）
第三节　保证合同	（316）
第四节　融资租赁合同	（341）
第四章　保　险	（343）
第五章　金　融	（358）
第六章　证券、票据、信用证	（372）
第七章　海事商事	（382）

第三篇　知识产权

第一章　著作权	（399）
第二章　商标权	（414）
第三章　专利权、技术合同	（465）
第四章　反不正当竞争、反垄断	（523）
第五章　其　他	（538）

下 册

第四篇 民事诉讼

第一章 总 类	（547）
第二章 起诉与受理	（553）
第三章 管 辖	（559）
第四章 诉讼参加人	（571）
第五章 证 据	（573）
第六章 诉讼费用	（587）
第七章 保 全	（590）
第八章 第三人撤销之诉	（596）
第九章 再 审	（605）
第十章 公益诉讼	（609）
第十一章 执 行	（613）
第十二章 仲 裁	（699）

第五篇 行政·国家赔偿

第一编 行 政	（713）
第一章 受案范围	（713）
第二章 起诉与受理	（756）
第三章 审理与法律适用	（821）
第二编 国家赔偿	（988）

第六篇 刑 事

第一章 总 类	（1001）
第二章 侵犯公民人身权利、民主权利	（1008）

第三章　危害公共安全罪…………………………………………（1011）
第四章　破坏社会主义市场经济秩序罪…………………………（1013）
第五章　侵犯财产罪………………………………………………（1023）
第六章　妨害社会管理秩序罪……………………………………（1025）

关键词索引……………………………………………………（1030）

下 册

第四篇 民事诉讼

第一章 总 类

269. 人民法院应当依法制裁恶意串通进行虚假诉讼意图损害他人合法权益的行为
——上海欧宝生物科技有限公司诉辽宁特莱维置业发展有限公司企业借贷纠纷案 ………………………………（547）

第二章 起诉与受理

270. 诉讼请求变更的认定与处理
——中材供应链管理有限公司与武汉重冶机械成套设备集团有限公司大冶分公司民间借贷纠纷案 ………………………（553）

271. 委托贷款合同明确约定借款人违约时由受托人起诉，委托人仍然可以自己的名义起诉
——北京长富投资基金与武汉中森华世纪房地产开发有限公司、中森华投资集团有限公司等合同纠纷案 ……………（554）

272. 执行事务合伙人怠于行使权利时，有限合伙人可以为了本企业的利益以自己的名义提起诉讼
——焦建、刘强等与安徽瑞智房地产开发有限公司金融借款合同纠纷案 ……………………………………………………（555）

第三章 管　辖

273. 审查管辖权异议，既要妥当保护当事人的管辖异议权，又要及时矫正、遏制当事人错用、滥用管辖异议权
　　——招商银行股份有限公司无锡分行与中国光大银行股份有限公司长春分行委托合同纠纷管辖权异议案 ………………………（559）

274. 申请强制执行的管辖法院应在被执行人住所地、被执行财产所在地中择一选择
　　——大庆筑安建工集团有限公司、大庆筑安建工集团有限公司曲阜分公司与中煤第六十八工程有限公司施工合同纠纷案 …………（563）

275. 合作开发房地产合同纠纷不属于不动产纠纷，不适用不动产专属管辖
　　——原宝根、李海生等与山西世景房地产开发有限公司、山西富阳泰房地产经营有限公司等管辖案 ……………………………（564）

276. 侵害股东优先购买权案件的诉讼管辖规则
　　——深圳市阳光佳润投资有限公司、深圳佳兴和润投资有限公司等与贵州赤天化股份有限公司、厦门京道凯翔投资合伙企业等管辖权异议案 ………………………………………………………（566）

277. 股东代表诉讼应适用侵权类诉讼的管辖规则
　　——海南省丝绸集团有限公司等诉深圳市庆鹏石油化工经销有限公司关联交易损害责任纠纷案 ……………………………………（568）

278. 当事人因达成和解协议撤回对部分被告的起诉，不变更管辖法院
　　——何雪娟、浙江义乌宝德彩印有限公司借款合同纠纷案 …………（569）

第四章 诉讼参加人

279. 工商行政管理部门对法定代表人"变动事项"未办理登记，不影响该代表人代表公司进行诉讼
　　——上诉人北京时光房地产开发有限公司与被上诉人新华信托股份有限公司、兴安盟时光房地产开发有限公司合同纠纷案 …………（571）

第五章 证 据

280. 协议形成行为与印章加盖行为在性质上具有相对独立性，协议内容是双方合意行为的表现形式，而印章加盖行为是各方确认双方合意内容的方式，二者相互关联又相对独立
    ——陈呈浴与内蒙古昌宇石业有限公司合同纠纷案 …………（573）
281. 如果仅凭收条不足以证明当事人之间的实际收付款情况，人民法院应结合双方交易习惯、其他资金结算凭证综合判断收条中记载内容是否确实履行
    ——孙宝荣与杨焕香、廊坊愉景房地产开发有限公司公司增资
    纠纷案 ………………………………………………………………（578）
282. 民间借贷案件中举证证明责任的分配
    ——郑能欢与许锡忠、华瀚科技有限公司、民间借贷纠纷案 ………（582）

第六章 诉讼费用

283. 当事人提出反诉后未交纳诉讼费的，法院应当如何处理
    ——曲直、孙志财等与江苏徐工工程机械有限公司融资租赁合同纠
    纷申请再审案 ……………………………………………………（587）
284. 诉讼中以保函形式提供担保所支出的保险费属于合理支出，
    应由违约方承担
    ——中国房地产开发集团哈尔滨有限公司与江苏省苏中建设集团
    股份有限公司建设工程施工合同纠纷案 ………………………（588）

第七章 保 全

285. 财产保全错误相应证明责任的分配
    ——宁化县永龙房地产开发有限公司诉陈应桂等财产保全责任
    纠纷案 ……………………………………………………………（590）
286. 诉讼保全过程中存在程序瑕疵不影响保全和执行措施的效力
    ——兰州通用机器制造有限公司与兰州新区汇银小额贷款有限责任
    公司企业借贷纠纷、申请承认与执行法院判决、仲裁裁决案 ………（591）

287. 财产保全错误如何判断
　　——都兴东与沈阳锦元纸业有限公司因申请诉中财产保全损害责任纠纷案 ………………………………………………………………（593）
288. 期满未诉的诉前保全查封措施不会自动解除
　　——新疆博湖农村商业银行股份公司、段某某与巴州金帆废旧橡胶再生利用有限公司买卖合同纠纷案 ……………………………（594）

第八章　第三人撤销之诉

289. 鉴于生效裁判的既判力和法律稳定性，第三人撤销之诉在原告适格性问题上，提起撤销之诉的原告必须是原案的有独立请求权的第三人或者无独立请求权的第三人，并符合该款规定的其他条件
　　——香港大千国际企业有限公司与于秋敏、海门市大千热电有限公司第三人撤销之诉纠纷案 ……………………………………（596）
290. 受理第三人撤销之诉应从主体要件、程序性要件、实体性要件、时间要件及管辖法院多方面进行严格的实质性审查
　　——孙某不服不予受理第三人撤销之诉裁定案 ………………（597）
291. 第三人撤销之诉的构成要件
　　——大连海岸东方投资有限公司与中国建设银行股份有限公司大连天津街支行、大连海岸东方置地有限公司、大连欧美亚房地产开发有限公司、朱清明、西庆国其他撤销权纠纷案 ………………（598）
292. 第三人撤销之诉的适用条件与审查标准
　　——伊犁州国有资产投资经营有限责任公司与新疆油田资产管理有限责任公司、新疆石油管理局新源钢铁公司第三人撤销之诉纠纷案 ……………………………………………………………………（601）
293. 第三人撤销之诉中无独立请求权第三人的认定标准
　　——张宝升与恒增公司、环宇公司第三人撤销之诉案 ………（603）

第九章 再 审

294. 生效裁判确定的数债务人中，仅有部分债务人申请再审且理由可以成立的，人民法院在依法裁定再审时，还应当审查案件再审是否可能影响其他债务人按照原裁判承担债务
——经纬纺织机械股份有限公司与裘雅芬等分期付款买卖合同纠纷案 …………………………………………………（605）

295. 当事人在判决、裁定发生法律效力六个月后又以新证据为由申请再审的，若经审查后发现不属于民事诉讼法第二百条第一项情形的，人民法院应以超过法定申请再审期限为由裁定驳回其再审申请
——孙明杰与中国银行股份有限公司湘潭分行票据损害责任纠纷申请再审案 …………………………………………………（607）

第十章 公益诉讼

296. 环境污染公益诉讼案件中如何认定专门从事环境保护公益活动的社会组织
——中国生物多样性保护与绿色发展基金会诉宁夏瑞泰科技股份有限公司环境污染公益诉讼案 …………………………（609）

第十一章 执 行

297. 对于有强制执行效力的公证债权文书，发生争议后债权人应当申请强制执行，直接提起诉讼的，人民法院不予受理
——李杰与辽宁金鹏房屋开发有限公司金融不良债权追偿纠纷案 ……（613）

298. 执行异议之诉中的请求是否成立，应根据案件的具体情况和异议人所主张的权利、申请执行人债权实现的效力以及被执行人对执行标的权利作出比较并综合判断
——钟永玉与王光、林荣达案外人执行异议纠纷案 ……………（617）

299. 当事人通过协议方式选择,或通过不提管辖异议、放弃管辖
　　 异议等默认方式自行确定向无管辖权的法院申请执行的,
　　 不予支持
　　　　——大庆筑安建工集团有限公司、大庆筑安建工集团有限公司曲
　　　　　阜分公司与中煤第六十八工程有限公司施工合同纠纷案 ……（621）

300. 教育用地或教育设施无豁免执行,学校应以学校的财产包括
　　 教育用地与教育设施负担其债务
　　　　——中国农业银行股份有限公司吉林市东升支行与吉林市碧碧溪
　　　　　外国语实验学校借款担保合同纠纷执行案 ……………………（623）

301. 不具备资质的企业或者个人以承包或者租赁形式掩盖其借用
　　 建筑施工企业资质施工的目的,不属于《执行规定》予以保
　　 护的范围
　　　　——李建国与孟凡生、长春圣祥建筑工程有限公司等案外人执行
　　　　　异议之诉案 ……………………………………………………（626）

302. 执行异议之诉中举证证明责任的分配
　　　　——信达陕西分公司与崇立公司、佳佳公司案外人执行异议之
　　　　　诉案 ………………………………………………………………（627）

303. 案外人不能以其对被执行的建设工程享有优先受偿权为由
　　 要求停止强制执行,而应当在执行程序中向执行法院提出
　　 优先受偿主张
　　　　——华宇广泰建工集团松原建筑有限公司与东北农业生产资料有
　　　　　限公司及松原市博翔房地产开发有限公司案外人执行异议之诉申
　　　　　请再审案 …………………………………………………………（629）

304. 执行异议之诉中,若案外人对执行标的物享有的实体权利
　　 不足以排除强制执行,人民法院在执行异议之诉中不能单
　　 独针对案外人的确权请求作出确权判项
　　　　——华宇广泰建工集团松原建筑有限公司与东北农业生产
　　　　　资料有限公司等案外人执行异议之诉案 ……………………（630）

305. 离婚协议关于房产分割的约定能够对抗之后债务的强制
　　 执行
　　　　——钟某某与王某、林某某股权转让纠纷案外人执行异议之诉案 ……（631）

306. 能否因担保人在执行和解协议中的担保承诺直接追加其为被执行人
　　——上海欣成投资（集团）有限公司、孟杰飞与上海欣成投资（集团）有限公司、南通盈丰房地产投资发展有限公司等合资、合作开发房地产合同纠纷、申请承认与执行法院判决、仲裁裁决案 ………………………………………………………（634）

307. 执行拍卖所得标的物有瑕疵的，竞拍人不能要求撤销拍卖或核减价款
　　——三亚昌达房地产开发有限公司、海南仁望旅游投资有限公司等与海南仁望旅游投资有限公司、同德投资控股有限公司等金融借款合同纠纷、申请承认与执行法院判决、仲裁裁决案 ……（637）

308. 因公证机关未出具执行证书，当事人据此就公证债权文书内容争议提起民事诉讼的应予受理
　　——郑州鸿盛商贸有限公司与王某某等借款担保合同纠纷申请再审案 ………………………………………………………（638）

309. 对存放于银行保证金专户的资金，当事人不能申请法院强制执行
　　——大连银行股份有限公司沈阳分行与抚顺市艳丰建材有限公司、郑某某案外人执行异议案 …………………………………（639）

310. 案外人不能仅以以物抵债协议阻却法院对房屋的强制执行
　　——大连银行股份有限公司沈阳分行与抚顺市艳丰建材有限公司、郑某某案外人执行异议案 …………………………………（644）

311. 银行对保证金账户内的特定化保证金所享有的金钱质权可以排除民事强制执行中申请人的执行
　　——抚顺市艳丰建材有限公司、郑克旭与大连银行股份有限公司沈阳分行案外人执行异议案 …………………………………（646）

312. 当事人达成合意是非经拍卖程序的"以房抵债"生效的前提条件
　　——中国工商银行股份有限公司成都青华路支行与成都市春熙大厦房屋开发公司金融借款合同纠纷案 ……………………（651）

313. 不能以生效文书确定的逾期违约金为基数，计算迟延履行利息
　　——安徽伟宏钢结构集团股份有限公司与合肥华芝园商贸有限公司执行申诉案 ……………………………………………………（653）

314. 案外人不能以未初始登记的房屋主张所有权而排除对该房屋的强制执行
——上海鼎一仓储物流有限公司、上海金工建设(集团)有限公司等案外人执行异议案 ……………………………………………（654）

315. 首封法院与优先债权执行法院争夺查封财产处分权时如何处理
——中国工商银行股份有限公司海口新华支行申请执行案 ………（655）

316. 被执行人对公证债权文书的执行提出抗辩的,法院应对文书内容进行实质性审查
——山西关东房地产开发有限公司、山西宝鑫房地产开发有限公司等与北京城建道桥建设集团有限公司建设工程合同纠纷、申请承认与执行法院判决、仲裁裁决案 …………………………………（656）

317. 和解协议中未明确放弃的债权,债权人有权申请继续执行
——甘某某、李某某与甘某某民间借贷纠纷、申请承认与执行法院判决、仲裁裁决案 ……………………………………………（658）

318. 人民法院对债权人申请继续执行调解书确定的违约金及迟延履行期间该部分费用利息的主张不予支持
——王某某、徐某某等申请执行案 …………………………………（660）

319. 被执行人未能转入破产程序时普通债权的受偿顺序适用财产保全和执行中查封、扣押、冻结财产的规定
——章某、中江国际信托股份有限公司与南昌宝葫芦农庄有限公司、江西靖安中部梦幻城实业有限公司等借款合同纠纷、申请承认与执行法院判决、仲裁裁决案 …………………………………（661）

320. 据以执行的法律文书是否存在错误不属于案外人异议之诉的审理内容
——大连津成电线电缆有限公司、辛某某等案外人执行异议案 ………（662）

321. 抵押权人能否通过案外人执行异议排除对抵押物的强制执行
——福建长安船务有限公司与泉州市长海集装箱发展有限公司、泉州市鸿益机械制造有限公司等企业借贷纠纷、金融借款合同纠纷案 ……………………………………………………………（663）

322. 执行分配中建设工程款优先权不须以法律文书明确规定为前提
——中国银行股份有限公司江门分行、广东中人集团建设有限公司等执行分配方案异议案 ……………………………………（665）

323. 被执行人受让的债权在执行过程中不能直接抵销申请执行人申请执行的债权
　　——陈某某与刘某某、陈某某民间借贷纠纷案……………………（667）
324. 被执行人是法人分支机构的，可以追加执行该法人的财产
　　——人保投资控股有限公司河北资产管理部与深圳东方实业有限公司、沧州金融市场借款合同纠纷案………………………（668）
325. 当买受人不具备竞买资格时，当事人、利害关系人申请撤销拍卖的，人民法院应予支持
　　——北京新元知识产权代理有限公司与北京市同力制冷设备公司保证合同纠纷案…………………………………………（669）
326. 债务人到期债权和未支取收入的执行适用"被执行人到期债权的执行"相关制度
　　——无锡市贤顺贸易有限公司与李某某申请承认与执行法院判决、仲裁裁决案……………………………………………………（671）
327. 被冒名的股东不能追加为被执行人并要求其承担出资不实责任
　　——河南省天伦实业（集团）有限公司与树某某、深圳市中航星空间技术应用有限公司执行案……………………………（672）
328. 债权转让导致公证债权文书内容不一致时，债权人有权对剩余债权向法院申请强制执行
　　——中国民生银行股份有限公司长沙分行与中国民生银行股份有限公司长沙分行、浙江千足集团有限公司等合同、无因管理、不当得利纠纷案………………………………………………（674）
329. 拍卖标的物流拍后市场价值增加的，被执行人可申请撤销以保留价作出的以物抵债裁定
　　——山西海姿焦化有限公司与山西汇基有色金属有限公司执行案……（675）
330. 拍卖资产价值发生重大变化，继续执行显失公平的应如何处理
　　——山西海姿焦化有限公司与山西汇基有色金属有限公司执行案……（677）
331. 执行案件案外人申请撤销以物抵债协议的，法院应主动审查以物抵债行为是否触犯他人利益
　　——中国银行股份有限公司山东省分行与汇统房地产有限公司、烟台银信投资管理有限公司等金融借款合同纠纷、合同、无因管理、不当得利纠纷案…………………………………………（679）

332. 执行程序中法院对当事人以物抵债合意出具的裁定书损害到第三人利益的，人民法院应当予以撤销
——中国银行股份有限公司山东省分行与汇统房地产有限公司、烟台银信投资管理有限公司等金融借款合同纠纷、合同、无因管理、不当得利纠纷案 ……………………………………………………（680）

333. 执行法院在作出生效裁定前，竞买人即使已签订拍卖成交确认书仍未取得物权，该拍卖程序可撤销
——孙俊岗、山东省临朐县华龙园林工程有限公司与山东省胶州市李哥庄镇人民政府、胶州市大沽河农科园有限公司建设工程合同纠纷案 ……………………………………………………（681）

334. 司法拍卖中，已签订成交确认书情形下法院仍有权撤销该拍卖程序
——孙某某、山东省临朐县华龙园林工程有限公司与山东省胶州市李哥庄镇人民政府、胶州市大沽河农科园有限公司建设工程合同纠纷案 ……………………………………………………（682）

335. 多债权人对同一被执行人财产申请参与分配方案的，同一顺位债权应按债权比例进行清偿
——常州华瑞福海电子科技有限公司、常州久和电子有限公司与江苏高通资产监管有限公司、常州新北区商汇担保有限公司企业借贷纠纷、申请公司清算案 ……………………………………（683）

336. 用于支付工程款的商品房预售资金可以强制执行
——青岛海宜林投资控股有限公司与青岛国隆昌盛投资置业有限公司、青岛国隆房地产有限责任公司企业借贷纠纷案 …………（685）

337. 案外人对涉案财物认定为赃款赃物被执行不服时，应通过审判监督程序主张权利
——马某某、周某某与马某甲执行异议案 ……………………（686）

338. 股权代持关系合法有效，能否影响债权人对被代持股权的强制执行
——王某某与刘某某、詹某某等民事申诉、申请案 ……………（688）

339. 债权人可以申请执行显名股东代持的股权
——王某某与刘某某、詹某某等申诉、申请案 ……………………（690）

340. 隐名股东对强制执行显名股东股权提起执行异议之诉时，可同时提起股东资格确认之诉，法院应当合并审理
　　——刘营兰等与江西鑫诚建生投资有限公司等案外人执行异议案……（691）

341. 父母以未成年子女名义购买并登记为子女所有的房屋能否因父母债务而被强制执行
　　——王雲轩、贺珠明执行异议再审纠纷案………………（692）

342. 已经划扣到执行法院账户尚未支付给申请执行人的款项仍属于债务人财产，执行法院应中止执行并移送受理破产案件的法院或管理人
　　——安徽国信建设集团有限公司与安徽永禾置业有限公司建设工程合同纠纷案……………………………………………（694）

343. 评估机构超出执行法院规定期限作出《估价报告》，若对评估程序及评估结果并无重大影响，不足以认定评估程序严重违法，不构成重新评估的事由
　　——林啟明与莆田市中宏房地产开发有限公司、福建省中通恒基投资有限公司等执行案……………………………（697）

第十二章　仲　裁

344. 如果当事人没有约定其争议纠纷由仲裁机构解决，通常情况下，仲裁机构无权对该争议纠纷予以仲裁
　　——湖南华厦建筑有限责任公司与常德工艺美术学校不服执行裁定申诉案………………………………………………（699）

345. 为达成合作目的，当事人签订了多个合同，但仅在一个合同中约定了仲裁条款，涉及该合同的仲裁裁决生效后，又因其他未约定仲裁条款的合同的争议形成诉讼，一方当事人仅以仲裁裁决已生效为由主张人民法院无管辖权的，人民法院不予支持
　　——华建电子有限责任公司、华建机器翻译有限公司与广州科技风险投资有限公司、谢雄平等合作协议纠纷案……………（702）

346. 服务合同中仲裁条款对签署仲裁条款的特殊普通合伙承继人有效
　　——天威新能源控股有限公司与毕马威华振特殊普通合伙委托合同纠纷管辖权异议上诉案 ……………………………………（705）
347. 非因争议协议项下产生的独立民事行为而生的名誉权侵权责任，与协议项下违约责任并无竞合关系，不属仲裁条款约定的仲裁事项
　　——洋马发动机（上海）有限公司与厦门豪嘉利商贸发展有限公司、洋马株式会社名誉权纠纷管辖权异议案 ……………………（708）

第五篇　行政·国家赔偿

第一编　行　政

第一章　受案范围

348. 法院应当依法受理当事人对公安机关消防机构消防验收备案结果通知行为提起的行政诉讼
　　——戴世华诉济南市公安消防支队消防验收纠纷案 ……………（713）
349. 教育部门许可并通过民政部门登记设立的民办学校，当事人以其系该民办学校的实际出资人为由诉请变更举办人身份的，属于行政许可范围
　　——李稳博诉上海虹口区艺术合子美术进修学校合同纠纷案 ………（715）
350. 行政机关针对咨询申请作出的答复以及不予答复行为，不属于政府信息公开行为，故不属于行政复议的受理范围
　　——孙长荣诉吉林省人民政府行政复议不予受理决定案 ………（718）
351. 乡、镇人民政府不依法履行对村民委员会监督职责的，属于行政诉讼受案范围
　　——毛武营诉吉林省长春市二道区人民政府不履行行政职责案 ………（719）

352. 行政机关依据法院生效执行裁定作出的强制拆除行为，通常不属于行政诉讼受案范围，但行政机关扩大执行范围或者采取违法方式实施的除外

　　——马秋某等人诉苏州市政府房屋拆除行政强制案 …………（723）

353. 行政机关的内部文件批转行为，对外不发生法律效力，不属于行政复议的受案范围

　　——邱某金等4人诉重庆市人民政府行政复议案 ………………（724）

354. 要求上级行政机关基于内部层级监督关系履行对下级行政机关执法检查、督促履行等监督职责的，不属于行政复议受理范围

　　——杨某胜诉安徽省人民政府不依法履行行政复议职责案 ………（725）

355. 行政机关内部层级监督，并不直接对当事人的权利义务产生影响，不宜纳入行政诉讼受案范围

　　——赵洪某诉中华人民共和国国家工商行政管理总局不履行
　　　职责案 …………………………………………………………（726）

356. 被征地农民诉请解决有关宅基地争议问题的，依法属于行政诉讼受案范围

　　——李某成诉湖南省涟源市人民政府拆迁行政管理案 ……………（728）

357. 行政机关对信访事项作出的答复，不属于行政复议受理范围

　　——徐某娥诉浙江省杭州市西湖区人民政府行政复议案 …………（729）

358. 当事人针对征收补偿留地安置模式中生产留地补偿款分配起诉的，不属于行政诉讼受案范围

　　——柳清等诉湖南省长沙县人民政府征地补偿安置争议案 ………（730）

359. 对行政相对人权利义务不产生直接影响的会议纪要，不属于行政诉讼受案范围

　　——北京世纪佳联教育技术发展有限公司诉山东省日照市人民政府
　　　会议纪要案 ……………………………………………………（731）

360. 认为行政机关不依法履行、未按照约定履行或者违法变更、解除政府特许经营协议、土地房屋征收补偿协议等协议的，属于行政诉讼受案范围

　　——陈某生、张某平诉金寨县政府房屋征收补偿协议案 …………（732）

361. 行政机构的撤销合并以及因此而作出的人员分流决定，不属于行政诉讼受案范围

　　——王某生诉山西省太原市杏花岭区人民政府履行行政义务案 ………（734）

362. 上级行政机关对下级行政机关、本级人民政府对所属工作部门的内部监督行为，一般不属于行政诉讼受案范围
——李某刚诉北京市西城区人民政府不履行法定职责案 ………（735）

363. 行政机关根据政府信息申请人就法律问题咨询所作答复，不属于人民法院司法审查范围
——谢某蓉诉中国证券监督管理委员会信息公开及行政复议决定案 ………（737）

364. 历史遗留的落实政策性质的房地产纠纷，不属于人民法院主管工作的范围
——唐某鑫诉江苏省南京市鼓楼区人民政府行政赔偿案 ………（739）

365. 历史遗留的落实政策性质的纠纷不属于人民法院行政诉讼的主管范围
——陈某华诉浙江省台州市椒江区人民政府不履行房屋拆迁补偿安置法定职责案 ………（740）

366. 公民、法人或者其他组织对驳回当事人对行政行为提起申诉的重复处理行为不服提起诉讼的，不属于人民法院行政诉讼的受案范围
——韩某舟等10人诉江苏省人民政府不履行法定职责案 ………（741）

367. 被诉行政机关负责人不出庭应诉也不委托相应的工作人员出庭，不属于行政复议受理范围和行政诉讼受案范围
——孙某安诉北京市人民政府行政复议案 ………（743）

368. 行政机关就其职权范围内特定事项作出的具有独立意思表示的行政确认行为，属于可诉的行政行为
——黄某星诉江苏省财政厅不予履行复议职责案 ………（744）

369. 行政机关所有不履行职责的行为，并非都必然属于行政诉讼受案范围
——翁某华诉江苏省东台市人民政府行政管理案 ………（746）

370. 行政机关根据法院执行裁定作出的、未设定相对人新的权利义务的告知行为，不属于行政诉讼受案范围
——蔡某凤诉上海市黄浦区人民政府执行通知及强拆行为案 ………（748）

371. 在不增加义务或减损权利时，公民、法人或者其他组织不能对行政主体的程序性行为、过程性行为单独申请行政复议或提起诉讼

——沈某华诉江苏省公安厅行政撤销及履行法定职责案 ……（749）

372. 城乡规划部门建设项目选址意见书通常不直接设定公民、法人或者其他组织有关环境权益，不具有可诉性

——关某春等193人诉浙江省住房和城乡建设厅等行政复议案 ……（751）

373. 地方人民政府的组织实施行为是否可诉？

——再审申请人徐保安诉郑州市金水区人民政府行政行为违法案 ……（754）

第二章 起诉与受理

374. 当事人认为行政机关作出的程序性行政行为侵犯其人身权、财产权等合法权益的，可以提起行政诉讼

——王明德诉乐山市人力资源和社会保障局工伤认定案 ……（756）

375. 举报人就其自身合法权益受侵害向行政机关进行举报的，与行政机关的举报处理行为具有法律上的利害关系，具备行政诉讼原告主体资格

——罗镕荣诉吉安市物价局物价行政处理案 ……（758）

376. 原告起诉时已经提供初步证据证明被诉行政行为存在且系被告实施的，通常认为原告起诉具有事实根据

——济南高新技术产业开发区管理委员会等诉济南高新技术产业开发区城市管理行政执法局行政强制案 ……（760）

377. 行政争议尚处于行政复议审理期间而复议申请人又提起行政诉讼的，人民法院可以依法裁定驳回起诉

——张某诉上海市人民政府不履行行政复议职责案 ……（761）

378. 原告提出行政复议申请明显不属于行政复议受理范围的，人民法院既可以判决驳回诉讼请求，也可以结合案件具体情况裁定驳回起诉

——陈某泳等诉福建省人民政府行政复议案 ……（762）

379. 中学退休教职工对区政府撤销中学行为以个人名义提起诉讼无法律依据，不具备原告主体资格

——马某根等诉北京市东城区人民政府教育行政管理案 ……（763）

380. 当事人起诉认为行政机关不履行法定监管职责的,应当以直接行使该监管职权的行政机关为被告
　　——曾某玲诉中国银行业监督管理委员会行政案 ……………（764）
381. 原告提起确认无效之诉,但被诉行政行为明显不符合行政诉讼法第七十五条规定情形的,人民法院可以裁定不予立案或者驳回起诉
　　——徐某琼诉贵州省紫云苗族布依族自治县人民政府土地行政行为纠纷案 ………………………………………………………（765）
382. 当事人起诉要求行政机关履行法定职责的请求事项明显不属于被诉行政机关职责范围的,人民法院可以直接裁定不予立案或驳回起诉
　　——李淑芝诉北京市昌平区人民政府不履行法定职责案 …………（766）
383. 起诉人一审起诉时涉及不同行政机关作出的多个不同的行政行为,且属不同人民法院管辖的,可以迳行裁定不予立案或驳回起诉
　　——王某武、杨某敏诉新疆生产建设兵团第七师土地行政案 ………（767）
384. 对于明显违背行政复议制度且明显具有任性恣意色彩的反复申请,行政复议机关可以在口头释明之后不作任何处理;申请人对此不服提起行政诉讼的,法院可以不予立案,或者在立案之后裁定驳回起诉
　　——杨吉全诉山东省人民政府行政复议案 ………………………（768）
385. 与案件处理结果无利害关系的人,不能追加为第三人
　　——王某诉山东省青岛市市南区人民政府行政赔偿案 ……………（770）
386. 限期搬迁决定作出后,被拆迁人又与相关单位签订安置补偿协议,即使存在权利保护必要,也属于自愿放弃了相关权利
　　——张某为诉天津市人民政府拆迁行政复议案 ……………………（771）
387. 当事人在后续行政程序中对前续的行政行为明示认可的,视为抛弃该相关诉权
　　——张某为诉天津市人民政府拆迁行政复议案 ……………………（772）
388. 国有企业的原法定代表人被免职后,不能以企业名义提起行政诉讼
　　——元氏县石化产品总公司诉河北省元氏县人民政府行政案 ………（773）

389. 被征收人对与房屋征收部门签订的征收补偿协议不服,只能以
   房屋征收部门为被告,提起行政诉讼
       ——陈某生、张某平诉金寨县政府房屋征收补偿协议案 ……………(774)
390. 行政诉讼法对延期审理并未作明确规定,可以适用民事诉讼中
   延期审理的规定;一审法院判令撤销行政复议决定,有可能减
   损第三人的权益,第三人有权提起上诉
       ——田某柱诉山西省太原市人民政府不予受理行政复议案 …………(776)
391. 行政复议申请材料不齐全或者表述不清楚的,行政复议机关可
   以要求申请人补正,申请人无正当理由逾期不补正的,行政复
   议机关可以决定不予受理
       ——张某成诉中华人民共和国住房和城乡建设部行政复函案 ………(777)
392. 被告适格,不仅包括被告应当具体、明确等形式条件,也包括
   被告作出了被诉行政行为等实质条件
       ——刘某运诉山东省庆云县人民政府行政强制及行政赔偿案 ………(779)
393. 法院在审查起诉期限起算点时,不能仅仅以被诉决定落款日期
   作为依据,应查明各种情况
       ——马朝发诉蒙自市人民政府行政决定案 …………………………(780)
394. 人民法院审查行政行为的合法性时,可根据当事人的请求一并
   审查作为行为依据的规范性文件是否合法。人民法院对于单独
   对规范性文件提起诉讼的案件,可依法裁定不予立案或者驳回
   起诉
       ——徐庆裕诉浙江省宁波市鄞州区人民政府拆迁其他行政行为案 ……(782)
395. 土地登记发证后利害关系人向政府申请处理土地权属争议的,
   政府不予受理,但利害关系人可直接对登记结果提起行政诉讼
       ——黑龙江省集贤县永安乡永兴村村民委员会与黑龙江省集贤县
       人民政府、黑龙江省集贤县安邦河湿地自然保护区管理局再审案 ……(783)
396. 明显的重复起诉、上诉和申请再审,违背诉权行使的必要性,
   应认定属于滥用诉权行为
       ——张某玲、张某艳、张某安诉北京市海淀区人民政府政府信息公
       开案 …………………………………………………………………(784)
397. 当事人因正在进行民事诉讼而未及时提出相应行政复议申请的,
   复议机关应结合具体情形作出相应处理
       ——岳某忠诉北京市海淀区人民政府行政复议决定案 ………………(786)

398. 公民、法人或者其他组织对撤村建居等行为不服的,可以以村民委员会、村集体经济组织的名义,或者以超过适当比例的村民共同的名义提起行政诉讼

——阮某洪等9人诉浙江省杭州市人民政府、浙江省杭州市余杭区人民政府行政批复案 ………………………………………………（788）

399. 被征收人签订补偿安置协议并领取补偿费用后,仍有权提起行政诉讼

——宣某明诉无锡市滨湖区人民政府土地房屋征收拆迁行为及行政赔偿案 …………………………………………………………（790）

400. 行政机关被撤销或者职权变更的,继续行使其职权的行政机关是被告

——王某南诉江苏省常州市武进区人民政府土地行政管理案 ………（793）

401. 如何理解行政诉讼法规定的"利害关系"暨如何认定原告主体资格

——刘广明诉江苏省张家港市人民政府行政复议案 ………………（795）

402. 信访人对信访机构依据《信访条例》处理信访事项的行为或者不履行《信访条例》规定的职责不服提起行政诉讼的,人民法院不予受理

——孙某军诉江苏省人民政府行政复议决定案 ……………………（799）

403. 复议决定维持原行政行为的,作出原行政行为的行政机关和复议机关是共同被告

——周某华诉海安县人民政府、南通市人民政府征收补偿决定及复行决定案 …………………………………………………………（801）

404. 当事人可以在收到复议决定书之日起十五日内向人民法院提起行政诉讼

——周某华诉海安县人民政府、南通市人民政府征收补偿决定及复行决定案 …………………………………………………………（802）

405. 在复议机关不受理复议申请的情况下,当事人不可以同时起诉原行政行为和复议机关行政不作为两项行为

——张某功诉南通市人民政府、江苏省人民政府房屋行政补偿及行政复议案 …………………………………………………………（804）

406. 原告起诉是否超过法定起诉期限，是否符合法定起诉条件，依法属于人民法院依职权主动审查的范围
——张某力诉徐州市泉山区人民政府房屋征收补偿案 ………（806）

407. 各级政府设立的办事机构不能作为行政诉讼中的被告
——叶某来、胡某根诉浙江省人民政府信息公开案 ………（808）

408. 申请人在提出行政复议申请时，应当提供初步的、表面成立的证据证明其存在一项合法权益、该项合法权益已经或者可能受到行政行为侵犯
——张某水等诉山东省人民政府等行政复议案 ………（809）

409. 当事人所在社区、单位推荐的公民，应当是当事人所在社区的居民或者所在单位的工作人员
——徐某纲诉南京市人民政府信息公开案 ………（811）

410. 行政机关强制拆除未妥善处置应承担举证不能的不利后果
——李吉程诉南宁高新技术产业开发区管理委员会强制拆除及行政赔偿再审案 ………（814）

411. 行政相对人已经积极行使诉权并因正当理由而耽误起诉期限的，可不认为超过起诉期限
——黄某敬诉北京市东城区人民政府行政复议案 ………（816）

412. 具有针对房屋行政强制行为提起行政诉讼的资格，已初步证明被告适格的，人民法院依法应予立案
——上海马桥酒店管理有限公司诉上海市闵行区人民政府行政强制案 ………（818）

第三章　审理与法律适用

413. 工商行政管理部门可依法对食品经营者未在食品标签、食品说明书上特别强调配料、成分的添加量或含量实施行政处罚
——盐城市奥康食品有限公司东台分公司诉盐城市东台工商行政管理局工商行政处罚案 ………（821）

414. 行政机关在职权范围内对行政协议约定的条款进行的解释，对协议双方具有法律约束力，人民法院可以作为审查行政协议的依据

——萍乡市亚鹏房地产开发有限公司诉萍乡市国土资源局不履行行政协议案 ………………………………………………………………（823）

415. 行政相对人仅以行政机关未告知期限为由，主张行政许可没有期限限制的，人民法院不予支持

——张道文、陶仁等诉四川省简阳市人民政府侵犯客运人力三轮车经营权案 ……………………………………………………………（824）

416. 行政行为程序违法，应当依法判决撤销，但判决撤销会给公共利益带来明显不利影响的，应当判决行政行为违法

——张道文、陶仁等诉四川省简阳市人民政府侵犯客运人力三轮车经营权案 ……………………………………………………………（826）

417. 公民选取或创设姓氏应当符合中华传统文化和伦理观念

——"北雁云依"诉济南市公安局历下区分局燕山派出所公安行政登记案 ……………………………………………………………（827）

418. 公安机关交通管理部门对不礼让行人的机动车驾驶人依法作出行政处罚的，人民法院应予支持

——贝汇丰诉海宁市公安局交通警察大队道路交通管理行政处罚案 ……………………………………………………………………（829）

419. 因行政机关原因导致原告无法对房屋内物品损失举证，行政机关亦因未依法进行财产登记、公证等措施无法对房屋内物品损失举证的，人民法院对原告未超出市场价值的符合生活常理的房屋内物品的赔偿请求，应当予以支持

——沙明保等诉马鞍山市花山区人民政府房屋强制拆除行政赔偿案 ……………………………………………………………………（830）

420. 征收补偿问题未依法定程序解决前，被征收人有权拒绝交出房屋和土地

——山西省安业集团有限公司诉山西省太原市人民政府收回国有土地使用权决定案 ……………………………………………（831）

421. 行政机关实施扣留等暂时性控制措施，无正当理由长期不处理的，构成滥用职权
　　——刘云务诉山西省太原市公安局交通警察支队晋源一大队道路交通管理行政强制案 ……………………………………（833）

422. 行政机关作出行政允诺后，在与相对人发生行政争议时，对行政允诺关键内容作出无事实根据和法律依据的随意解释的，人民法院不予支持
　　——崔龙书诉丰县人民政府行政允诺案 ………………（836）

423. 基于土地转让行为而发生的土地使用权变更登记行为不属于行政复议前置的行政行为
　　——贵阳市花溪金碧预制构件厂诉贵阳市人民政府土地行政登记申诉案 …………………………………………………………（840）

424. 被诉行政行为存在瑕疵，无法被撤销或者确认违法，人民法院应当视情况判决行政机关依法改正
　　——居泰安物业管理有限公司诉上海市工商行政管理局黄浦分局无主财产上缴财政案 ……………………………………（842）

425. 对无产权房屋是否赔偿或者如何赔偿，应当综合考虑违法建设情节、房屋形成的历史背景、当地相关补偿政策、行政机关过错程度等因素加以确定
　　——蒋某福诉河南省虞城县人民政府强制拆除房屋及行政赔偿案 ……（846）

426. 行政许可的撤回或变更，应看实质内容是否有改变
　　——鑫海公司诉襄州区政府行政补偿案 ………………（847）

427. 政府收回划拨土地的行为未造成地上建筑物损失的，无需给予补偿
　　——广东广建集团股份有限公司与韶关市人民政府、韶关市国土资源局行政补偿申诉案 …………………………………（848）

428. 被征收人对评估结果有异议的，可以依法申请复核评估和鉴定，被征收人因自身原因放弃行使评估异议权利而在诉讼期间对评估报告合法性提出质疑的，人民法院可以不予支持
　　——赵某诉河南省商丘市人民政府、梁园区政府房屋征收补偿决定案 …………………………………………………………（850）

429. 信息公开工作负责人同意延期是行政机关延期答复的必须程序，但其同意的决定可以不公开给申请人
　　——戚惠法、汪冬明诉浙江省杭州市人民政府房屋拆迁信息公开案 …………………………………………………………（851）

430. 农民集体对争议林地事实上的利用和处置，不必然形成土地所有权取得或者变更的法律后果
　　——河南省济源市北海街道办事处药园居民委员会诉河南省济源市人民政府土地权属处理决定案 ……………………（853）

431. 人民法院在审理国有土地上房屋征收案件时的审查重点
　　——李泽宇诉安徽省寿县人民政府房屋征收行政补偿案 …………（855）

432. 行政机关撤销历史错误颁证，应符合比例原则并遵循正当程序
　　——郑州市中原区豫星调味品厂诉河南省郑州市人民政府行政处理决定案 ………………………………………………………（856）

433. 行政复议机关作出处理的文书存在形式瑕疵，但不影响结论正确性的，法院可以不确认行政复议机关违法
　　——范光友诉重庆市人民政府行政告知纠纷案 ……………………（859）

434. 对行政给付行为和给付变动行为引起的行政案件可以通过调解结案
　　——林建国诉山东省济南市住房保障和房产管理局房屋行政管理案 ……………………………………………………………………（860）

435. 公民、法人或者其他组织向有关机关申诉信访和反映问题，不宜作为认定起诉期限被耽误的法定理由
　　——张某远诉济南市槐荫区人民政府、济南市槐荫区腊山分洪工程非法占地案 ………………………………………………………（862）

436. 当事人对国有土地上房屋征收补偿评估结果有异议的，应当依法定程序依次提出复核评估申请和鉴定申请
　　——陈某诉安徽省宣城市广德县人民政府房屋征收补偿决定案 ………（863）

437. 人民法院审查市、县级人民政府作出国有土地上房屋征收决定是否合法，应当按照《国有土地上房屋征收与补偿条例》的规定进行
　　——马某友等诉包河区政府房屋征收决定案 ………………………（865）

438. 申请人要求行政机关公开对其信访事项办理结果的信息，行政机关可按照《信访条例》以及地方性法规、规章等规定进行办理
　　——陈某舟诉上海市浦东新区人民政府信息公开案……………（867）
439. 征收实施单位在规定期限内未与被征收人达成补偿安置协议的，征收单位应当依法及时作出补偿决定
　　——唐某军诉下城区政府房屋征收补偿决定案………………（869）
440. 《国有土地上房屋征收与补偿条例》施行前已依法取得房屋拆迁许可证的项目，继续沿用原有的规定办理，但政府不得责成有关部门强制拆迁
　　——刘某清诉青海省西宁市城东区人民政府行政赔偿案……（871）
441. 社会稳定风险评估未经市政府常委会会议讨论决定但经下级政府机构作出并报市政府审查认可的，视为该程序瑕疵已补正，可不认定构成程序违法
　　——李某冰诉济南市政府房屋行政征收案………………………（873）
442. 征收人已经在征收补偿行政程序中告知被征收人既可以货币补偿也可以选择产权调换，被征收人在规定期限内未作选择，也未答复的，征收人可以作出补偿决定确定产权调换补偿安置方式
　　——张某菊诉西秀区政府房屋征收行政补偿案…………………（874）
443. 公民、法人或者其他组织发生土地权属争议且无法协商解决的，有权请求人民政府处理
　　——施某荣诉云县人民政府土地行政确权案……………………（877）
444. 因上下级行政机关之间内部工作关系而形成的信息，通常不属于政府信息公开的范围
　　——尹某琴诉中华人民共和国教育部政府信息公开案…………（878）
445. 行政案件的起诉期限以知道或应当知道行政行为内容三日作为起算时点，而非以知道或应当知道行政行为违法之日作为起算时点
　　——崔某武诉乳山市人民政府土地行政征收及行政赔偿案……（879）

446. 依法自愿签订的补偿安置协议应当得到执行，对因行政机关强制执行扩大的损失，依法应当另行赔偿
——陈某长诉福建省宁德市蕉城区人民政府行政赔偿案 ……（880）
447. 集体土地被征收为国有，原集体土地使用权人与后续国有土地使用权登记颁证行为通常不具有法律上的利害关系
——吴某丽等诉湖北省人民政府行政复议决定案 ………（881）
448. 农民集体连续使用其他农民集体所有的土地已满二十年且二十年期满之前原所有人未要求归还的，该争议土地依法可视为现使用的农民集体所有
——湖南省隆回县司门前镇新庄村三组诉湖南省隆回县人民政府土地行政确认案 ………………………………………（882）
449. 对规范性文件一并进行审查的前提是本诉成立
——宋某诉北京市丰台区人民政府履行法定职责案 ………（883）
450. 行政区划变动并不当然导致村集体土地所有权发生变动
——杜交曲村委会诉娄烦县政府土地行政确权纠纷案 ………（884）
451. 违法收回国有土地使用权用于建设公共设施，如果判决撤销会给公共利益造成重大损失，可以判决确认违法并责令采取补救措施
——程保芳诉河南省信阳市人民政府土地行政批复案 ………（885）
452. 国有农用地被收回并依法变更为国有建设用地的，不适用有关农村集体土地征收的法律规定
——余某友诉观山湖区政府不履行土地行政补偿协调法定职责案 ……（886）
453. 企业实施其他不具有合理商业目的的安排而减少其应纳税收入或者所得额的，税务机关有权按照合理方法调整
——儿童投资主基金诉中华人民共和国杭州市西湖区国家税务局税务行政征收案 ………………………………………（888）
454. 共同被告情形下行政机关的证据提交
——陈玉勤诉河南省人民政府、河南省济源市人民政府信息公开及行政复议案 …………………………………………（890）
455. 审理因行政处罚引发的行政诉讼，如何审查行政裁量权
——赵立章诉上海市金山区人民政府行政复议案 …………（892）

456. 授益性行政行为的作出、变更、撤销和废止应当符合程序正当的基本要求，并保障行政相对人的程序权利
　　——开封市福兴乳业有限公司诉河南省开封市人民政府行政批复案 ……………………………………………（893）

457. 对于行政管理机关的内部管理信息和过程性信息，行政机关可以不予公开
　　——张辉、金实、韩晓鹏、王书丽、吴香玉、张卫兵、常连庆、张德艳诉北京市人民政府政府信息公开、行政复议案 ………（895）

458. 行政机关要求信息公开申请人补充材料的告知书，一般不能成为行政诉讼的对象
　　——周成群诉四川省成都市人民政府行政复议案 ………（897）

459. 撤销违法行政行为将对公共设施建设造成重大损害，法院应当确认该行政行为违法并责令被告采取补救措施
　　——卢德标、谢先军诉浙江省人民政府土地行政批准及行政复议决定案 ……………………………………………………（898）

460. 人民法院在行政诉讼中如何认定善意取得
　　——海南鑫铭房地产有限公司诉海南华琦实业开发公司、海口市人民政府颁发国有土地使用证纠纷案 …………………（899）

461. 在审理国有土地上房屋征收案件时应坚持全面审查的原则
　　——薛玉芳等5人诉内蒙古自治区包头市青山区人民政府房屋征收决定案 ……………………………………………………（903）

462. 一审判决作出时，修改后的行政诉讼法已经施行，二审判决援引修改后的行政诉讼法并无不当
　　——田某柱诉山西省太原市人民政府不予受理行政复议案 …（905）

463. 当事人不可以单独起诉维持原行政行为的复议决定，复议机关相应也不单独承担相应的行政赔偿责任
　　——王某兰诉安徽省砀山县人民政府行政复议、行政赔偿案 ………（906）

464. 包括退休在内的公务员管理工作由公务员主管部门负责，地方人民政府不具有办理退休手续的法定职责
　　——王某生诉山西省太原市杏花岭区人民政府履行行政义务案 ………（908）

465. 行政机关在实施强制拆除行为之前，对于难以查明违建者的，可以在设定合理公告期限后，视情形按无主房屋作出处理
——杨某诉宁夏回族自治区固原市原州区人民政府等行政强制执行案 ……………………………………………………………（909）

466. 当事人要求更正政府信息的，提起行政诉讼前应当向具有更改权的行政机关提出更正申请
——王晓丁诉四川省体育局政府信息公开案 ………………（912）

467. 行政机关协助执行人民法院生效裁判应当依法进行，应当遵循相应的程序
——于某理诉中华人民共和国商务部行政复议案 …………（913）

468. 人民法院审理再审行政案件通常以一审阶段的诉讼请求为限，对于二审阶段新增的诉讼请求，一般不予支持
——梁明洪诉浙江省新昌县人民政府土地征收及行政赔偿案 ………（915）

469. 行政机关采取证据先行登记保存措施的，证据保存的时间不得超过七日，就地保存时不能对场所进行查封或者对场所进行变相的查封
——杜东平诉陕西省西安市人力资源和社会保障局行政查封赔偿案
…………………………………………………………………（916）

470. 拍卖价格已经经过国有资产管理部门认可、买受人也已经支付对价的，行政机关不宜迳行撤销相应登记颁证行为
——李某华、田某菊诉湖南省张家界市房地产管理局撤销房屋登记案 ………………………………………………………（918）

471. 当事人提起履行法定职责之诉，除行政机关应当依职权主动履行法定职责外，人民法院应当进行审查
——陈某华诉浙江省台州市椒江区人民政府不履行房屋拆迁补偿安置法定职责案 ……………………………………………（919）

472. 上诉人在庭审中拒绝服从法庭安排和指挥，拒不参加庭审活动的，视为主动放弃上诉权，人民法院可以裁定按撤诉处理
——滕某琴诉江苏省南京市雨花台区人民政府行政协议案 …（921）

473. 申请政府信息公开，应按法定申请样式，向指定机关提出
——袁某明诉江苏省人民政府信息公开案 …………………（923）

474. 公开涉及商业秘密、个人隐私的政府信息，应平衡保障权利
人利益和申请人知情权
　　——齐某喜诉上海市松江区人民政府、上海市人民政府信息公开、
　　行政复议案…………………………………………………………（926）

475. 对行政行为合法性的评价，一般以该行政行为作出时的证据、
事实和法律作为评价标准
　　——陈某晓、张某斌诉浙江省杭州市人民政府行政赔偿案 …………（928）

476. 前诉所列争议焦点经过当事人充分辩论后，前诉裁判对该争
议焦点所作的实质性判断依法具有既判力
　　——王某学诉徐州市泉山区人民政府房屋面积认定案 ………………（929）

477. 土地使用权被依法征收后原土地使用权人与后续的土地出让
行为不再具有利害关系，故不具有提起行政诉讼的原告资格
　　——熊怡萍诉洛阳市人民政府土地出让批复案 ………………………（932）

478. 对行政机关在执法活动中形成的不违反上位法和法律原则的
行政惯例和专业认定，人民法院应予尊重
　　——广州德发房产建设有限公司诉广东省广州市地方税务局第一
　　稽查局税务处理决定案 …………………………………………（934）

479. 在土地房屋征收补偿过程中，行政机关有权根据生效的行政
处理决定，确认被征收人合法的房屋面积
　　——戴某华诉杭州市上城区人民政府房屋行政确认案 ………………（940）

480. 被征地农民领取征收土地补偿款或者收到征收土地补偿款提
存通知之日，可以视为该被征地农民知道征收土地决定之日
　　——殷某祥诉江苏省人民政府土地行政复议案 ………………………（941）

481. 申请人已经实际获得相关政府信息后又起诉要求公开同一政
府信息的，人民法院不予支持
　　——刘某成诉江苏省扬州市人民政府信息公开案 ……………………（942）

482. 行政机关对政府信息公开申请指向是否明确具体，应当以有
利于保障申请人知情权的角度从宽掌握
　　——周某宪诉上海市杨浦区人民政府信息公开案 ……………………（944）

483. 政府信息不存在案件，行政机关负有对信息不存在的举证
责任
　　——沈亚威诉上海市徐汇区人民政府政府信息公开案 ………………（946）

484. 行政复议申请人错列被申请人、材料不齐全或者表述不清楚的，应予以补正，否则复议机关可以作出不予受理决定
　　——毛某华、上海沉毅玻璃制品有限公司诉上海市人民政府行政复议不予受理案 ………………………………………………（948）
485. 在行政赔偿案件中，原则上应当由原告就其损害事实承担举证证明责任
　　——王某芳诉溧水区政府、溧水区征收办城建行政强制及行政赔偿案 …………………………………………………………（949）
486. 在已有原始证据直接证明被征收人或者利害关系人相关财产损失、能够形成内心确信的情况下，人民法院应当据此确认赔偿义务机关的赔偿范围
　　——王某芳诉溧水区政府、溧水区征收办城建行政强制及行政赔偿案 …………………………………………………………（952）
487. 不服市、县人民政府批准的征地补偿、安置方案的救济途径
　　——王金玲与亳州市人民政府行政再审案 ………………（954）
488. 申请人对政府信息是由制作机关公开还是由保存机关公开的证明责任
　　——郑建惠、陕西省咸阳市人民政府再审审查案 ………（956）
489. 县（市）人民政府决定对采矿企业实施关停，应当给予行政相对人公平合理补偿，并按照法定程序作出
　　——林某辰诉南京市浦口区人民政府行政强制及行政赔偿案 ………（958）
490. 国有土地上房屋所有权已经变更登记的，该房屋占用范围内的土地权属应相应一并变更
　　——毛某萍诉南京市国土资源局国有土地使用权证纠纷案 …………（960）
491. 不能在同一征收程序中既征收国有土地上的房屋，又征收集体土地
　　——孟伟诉山西省太谷县人民政府行政征收纠纷案 ………（962）
492. 对旧城区改建项目是否符合公共利益需要，应当考虑拟征收范围内被征收人的改建意愿
　　——郭某昌诉鄞州区政府房屋行政征收案 …………………（964）

493. 建设项目是否符合公共利益的需要,一方面应主要由立法判断,另一方面,也要尊重绝大多数被征收人通过正当程序而形成的意思表示
　　——贵某玲、贵某温诉上海市政府、静安区政府房屋行政补偿及行政复议案 ……………………………………………………（966）

494. 非国家一级公益林依法可以设立采矿权,林地征用占用许可不是采矿权出让许可的前置条件
　　——浙江新曙光建设有限公司诉三门县国土资源局行政纠纷案 ………（969）

495. 不动产物权的转移变更登记一般应由各方当事人共同向主管部门提出申请
　　——福建省绿水青山林业有限公司诉建瓯市人民政府不履行法定职责案 ……………………………………………………………………（971）

496. 当事人申请行政复议要求行政机关承担行政赔偿责任,不能明确具体事项的,行政复议机关可以驳回行政复议申请
　　——张某尧、吴某先诉浦江县人民政府行政复议案 ………………（972）

497. 根据行政机关的授权或者委托,受托的事业单位订立的具有行政法上权利义务关系的协议应认定为行政协议
　　——宁都县梅川供水有限公司诉宁都县人民政府、宁都县土地收购储备中心不履行行政征收补偿职责案 ……………………………（974）

498. 受协议相对性约束,行政协议原则上仅对协议相关各方发生拘束力
　　——宁都县梅川供水有限公司诉宁都县人民政府、宁都县土地收购储备中心不履行行政征收补偿职责案 ……………………………（975）

499. 行政机关签订的招商引资协议,可以认为属于行政协议
　　——香港斯托尔实业（集团）有限公司诉泰州市海陵区人民政府等招商引资协议案 …………………………………………………（976）

500. 人民法院审查行政行为的合法性时,原则上实体问题适用旧法规定,程序问题适用新法规定,但也有除外情形
　　——香港斯托尔实业（集团）有限公司诉泰州市海陵区人民政府等招商引资协议案 …………………………………………………（980）

501. 行政机关未制作、未获取、未保存相关信息以及因保管不善造成信息灭失等问题，一般不属于政府信息公开行政案件的审查范围
　　——王某华诉上海市虹口区人民政府信息公开案 ……………（981）
502. 行政机关未尽合理检索查找义务，或者故意隐瞒政府信息，属于不依法履行政府信息公开义务
　　——王某华诉上海市虹口区人民政府信息公开案 ……………（983）
503. 起诉人通过中国邮政特快专递方式而未到法院受理窗口当面提交起诉状不违反法律规定
　　——陆奶平芳诉贵州省从江县人民政府强制拆迁再审案 …………（984）

第二编　国家赔偿

504. 在国家赔偿案件中，认定赔偿请求人的财产权受到侵害，是基于赔偿请求人对涉案财产享有合法权益
　　——汪崇余、杭州华娱文化艺术有限公司再审无罪赔偿案 …………（988）
505. 返还财产适用条件是原物未被处分或发生毁损灭失，若相关财产客观上已无法返还或恢复原状时，则应支付相应的赔偿金
　　——海南惠普森医药生物技术有限公司诉文昌市人民政府行政赔偿案
　　…………………………………………………………………（991）
506. 在国家赔偿法未明确具体赔偿标准的情况下，可以通过类比国家赔偿法最相近似的具体规定衡平赔偿标准
　　——海南惠普森医药生物技术有限公司诉文昌市人民政府行政赔偿案
　　…………………………………………………………………（992）
507. 赔偿义务机关违法造成财产损害的，应当给予赔偿，并应当及时履行赔偿义务
　　——海南惠普森医药生物技术有限公司诉文昌市人民政府行政赔偿案
　　…………………………………………………………………（994）
508. 违法强拆案件中的国家赔偿标准的确态
　　——郑义斌诉福州市仓山区人民政府、福州市仓山区城门镇人民政府行政赔偿案 …………………………………………………（995）

第六篇 刑 事

第一章 总 则

509. 对犯罪的未成年人应进行教育、感化和挽救，做到教育为主、惩罚为辅
　　——上海市长宁区人民检察院诉李某某盗窃案 ……………………（1001）
510. 为进行刑事追诉而提出的引渡请求，如何确定实体审查的内容
　　——科罗列夫斯基引渡案 …………………………………………（1003）
511. "证据裁判"的理解与把握
　　——戴庆成强奸、抢劫、盗窃、故意伤害案 ……………………（1004）
512. 审理强制医疗案件，对被申请人或者被告人是否"有继续危害社会可能"，应当综合多种情况予以判定
　　——徐加富强制医疗案 ……………………………………………（1006）

第二章 侵犯公民人身权利、民主权利

513. 唐世玉、乌吉斯古楞等抢劫、故意杀人案
　　——抢劫、故意杀人共同犯罪案件中死刑的适用 ………………（1008）
514. 出卖亲生子女行为的定性及在法定刑以下判处刑罚的适用
　　——董小勇拐卖儿童案 ……………………………………………（1009）

第三章 危害公共安全罪

515. 交通肇事案件中，已作为入罪要件的逃逸行为，不能再作为对被告人加重处罚的量刑情节而予以重复评价
　　——安徽省颍上县人民检察院诉龚德田交通肇事案 ……………（1011）

第四章　破坏社会主义市场经济秩序罪

516. 如何正确理解刑法第一百八十条第四款对于第一款的援引以及如何把握利用未公开信息交易罪"情节特别严重"的认定标准
　　——马乐利用未公开信息交易案 ……………………………（1013）
517. 在数额犯中犯罪既遂与未遂并存时如何量刑
　　——王新明合同诈骗案 …………………………………………（1016）
518. 如何认定《中华人民共和国刑法》第一百四十四条规定的"有毒、有害的非食品原料"
　　——北京阳光一佰生物技术开发有限公司、习文有等生产、销售有毒、有害食品案 ……………………………………（1018）
519. 假冒注册商标犯罪的非法经营数额、违法所得数额，应当综合多种证据认定
　　——郭明升、郭明锋、孙淑标假冒注册商标案 ………………（1020）
520. 行为人在食品中掺入国家禁止使用的化学物质，虽然不属于司法解释中明确的有毒有害物质，应当确定定为有毒有害物质，依照生产、销售有毒、有害食品罪定罪
　　——江苏省扬州市广陵区人民检察院诉北京阳光一佰生物技术开发有限公司、习文有等生产、销售有毒、有害食品案 ……………（1021）

第五章　侵犯财产罪

521. 行为人通过虚构事实、隐瞒真相的方式骗取客户资金占为己有的，应认定为诈骗罪
　　——江苏省扬州市宝应县人民检察院诉刘国义等诈骗案 ………（1023）

第六章　妨害社会管理秩序罪

522. 有能力执行而拒不执行判决、裁定的时间从判决、裁定发生法律效力时起算
　　——毛建文拒不执行判决、裁定案 ……………………………（1025）

523. 毒品案件死刑适用及从重情节把握

——潘文、廖发能等故意杀人、贩卖运输毒品案 ············(1027)

524. 判断被告人对其运输的毒品是否存在主观明知的方法

——陆伍兴运输毒品案 ································(1028)

关键词索引 ··(1030)

第四篇　民事诉讼

第一章 总 类

269. 人民法院应当依法制裁恶意串通进行虚假诉讼意图损害他人合法权益的行为
——上海欧宝生物科技有限公司诉辽宁特莱维置业发展有限公司企业借贷纠纷案

裁判要点

人民法院审理民事案件中发现存在虚假诉讼可能时,应当依职权调取相关证据,详细询问当事人,全面严格审查诉讼请求与相关证据之间是否存在矛盾,以及当事人诉讼中言行是否违背常理。经综合审查判断,当事人存在虚构事实、恶意串通、规避法律或国家政策以谋取非法利益,进行虚假民事诉讼情形的,应当依法予以制裁。

关 键 词 企业借贷 虚假诉讼

裁判理由 法院生效裁判认为:人民法院保护合法的借贷关系,同时对于恶意串通进行虚假诉讼意图损害他人合法权益的行为,应当依法制裁。本案争议的焦点问题有两个,一是欧宝公司与特莱维公司之间是否存在关联关系;二是欧宝公司和特莱维公司就争议的8650万元是否存在真实的借款关系。

一、欧宝公司与特莱维公司是否存在关联关系的问题

《中华人民共和国公司法》第二百一十七条规定,关联关系,是指公司控股股东、实际控制人、董事、监事、高级管理人员与其直接或间接控制的企业之间的关系,以及可能导致公司利益转移的其他关系。可见,公司法所称的关联公司,既包括公司股东的相互交叉,也包括公司共同由第三人直接或间接控制,或者股东之间、公司的实际控制人之间存在直系血亲、姻亲、共同投资等可能导致利益转移的其他关系。

本案中,曲叶丽为欧宝公司的控股股东,王作新是特莱维公司的原法定

代表人,也是案涉合同签订时特莱维公司的控股股东翰皇公司的控股股东和法定代表人,王作新与曲叶丽系夫妻关系,说明欧宝公司与特莱维公司由夫妻二人控制。欧宝公司称两人已经离婚,却未提供民政部门的离婚登记或者人民法院的生效法律文书。虽然辽宁高院受理本案诉讼后,特莱维公司的法定代表人由王作新变更为姜雯琪,但王作新仍是特莱维公司的实际控制人。同时,欧宝公司股东兼法定代表人宗惠光、王奇等人,与特莱维公司的实际控制人王作新、法定代表人姜雯琪、目前的控股股东王阳共同投资设立了上海特莱维,说明欧宝公司的股东与特莱维公司的控股股东、实际控制人存在其他的共同利益关系。另外,沈阳特莱维是欧宝公司控股的公司,沙琪公司的股东是王作新的父亲和母亲。可见,欧宝公司与特莱维公司之间、前述两公司与沙琪公司、上海特莱维、沈阳特莱维之间均存在关联关系。

欧宝公司与特莱维公司及其他关联公司之间还存在人员混同的问题。首先,高管人员之间存在混同。姜雯琪既是欧宝公司的股东和董事,又是特莱维公司的法定代表人,同时还参与翰皇公司的清算。宗惠光既是欧宝公司的法定代表人,又是翰皇公司的工作人员,虽然欧宝公司称宗惠光自2008年5月即从翰皇公司辞职,但从上海市第一中级人民法院(2008)沪一中民三(商)终字第426号民事判决载明的事实看,该案2008年8月至12月审理期间,宗惠光仍以翰皇公司工作人员的身份参与诉讼。王奇既是欧宝公司的监事,又是上海特莱维的董事,还以该公司工作人员的身份代理相关行政诉讼。王阳既是特莱维公司的监事,又是上海特莱维的董事。王作新是特莱维公司原法定代表人、实际控制人,还曾先后代表欧宝公司、翰皇公司与案外第三人签订连锁加盟(特许)合同。其次,普通员工也存在混同。霍静是欧宝公司的工作人员,在本案中作为欧宝公司原一审诉讼的代理人,2007年2月23日代表特莱维公司与世安公司签订建设施工合同,又同时兼任上海特莱维的董事。崔秀芳是特莱维公司的会计,2010年1月7日代特莱维公司开立银行账户,2010年8月20日本案诉讼之后又代欧宝公司开立银行账户。欧宝公司当庭自述魏亚丽系特莱维公司的工作人员,2010年5月魏亚丽经特莱维公司授权办理银行账户开户,2011年9月诉讼之后又经欧宝公司授权办理该公司在中国建设银行沈阳马路湾支行的开户,且该银行账户的联系人为魏亚丽。刘静君是欧宝公司的工作人员,在本案原一审和执行程序中作为欧宝公司的代理人,2009年3月17日又代特莱维公司办理企业登记等相关事项。刘洋以特莱维公司员工名义代理本案诉讼,又受王作新的指派代理上海特莱维的相关诉讼。

上述事实充分说明，欧宝公司、特莱维公司以及其他关联公司的人员之间并未严格区分，上述人员实际上服从王作新一人的指挥，根据不同的工作任务，随时转换为不同关联公司的工作人员。欧宝公司在上诉状中称，在2007年借款之初就派相关人员进驻特莱维公司，监督该公司对投资款的使用并协助工作，但早在欧宝公司所称的向特莱维公司转入首笔借款之前5个月，霍静即参与该公司的合同签订业务。而且从这些所谓的"派驻人员"在特莱维公司所起的作用看，上述人员参与了该公司的合同签订、财务管理到诉讼代理的全面工作，而不仅是监督工作，欧宝公司的辩解，不足为信。辽宁高院关于欧宝公司和特莱维公司系由王作新、曲叶丽夫妇控制之关联公司的认定，依据充分。

二、欧宝公司和特莱维公司就争议的8650万元是否存在真实借款关系的问题

根据《最高人民法院关于适用〈中华人民共和国民事诉讼法〉的解释》第九十条规定，当事人对自己提出的诉讼请求所依据的事实或者反驳对方诉讼请求所依据的事实，应当提供证据加以证明；当事人未能提供证据或者证据不足以证明其事实主张的，由负有举证证明责任的当事人承担不利的后果。第一百零八条规定："对负有举证证明责任的当事人提供的证据，人民法院经审查并结合相关事实，确信待证事实的存在具有高度可能性的，应当认定该事实存在。对一方当事人为反驳负有举证责任的当事人所主张的事实而提供的证据，人民法院经审查并结合相关事实，认为待证事实真伪不明的，应当认定该事实不存在。"在当事人之间存在关联关系的情况下，为防止恶意串通提起虚假诉讼，损害他人合法权益，人民法院对其是否存在真实的借款法律关系，必须严格审查。

欧宝公司提起诉讼，要求特莱维公司偿还借款8650万元及利息，虽然提供了借款合同及转款凭证，但其自述及提交的证据和其他在案证据之间存在无法消除的矛盾，当事人在诉讼前后的诸多言行违背常理，主要表现为以下7个方面：

第一，从借款合意形成过程来看，借款合同存在虚假的可能。欧宝公司和特莱维公司对借款法律关系的要约与承诺的细节事实陈述不清，尤其是作为债权人欧宝公司的法定代表人、自称是合同经办人的宗惠光，对所有借款合同的签订时间、地点、每一合同的己方及对方经办人等细节，语焉不详。

案涉借款每一笔均为大额借款,当事人对所有合同的签订细节、甚至大致情形均陈述不清,于理不合。

第二,从借款的时间上看,当事人提交的证据前后矛盾。欧宝公司的自述及其提交的借款合同表明,欧宝公司自2007年7月开始与特莱维公司发生借款关系。向本院提起上诉后,其提交的自行委托形成的审计报告又载明,自2006年12月份开始向特莱维公司借款,但从特莱维公司和欧宝公司的银行账户交易明细看,在2006年12月之前,仅欧宝公司8115账户就发生过两笔高达1100万元的转款,其中,2006年3月8日以"借款"名义转入特莱维公司账户300万元,同年6月12日转入801万元。

第三,从借款的数额上看,当事人的主张前后矛盾。欧宝公司起诉后,先主张自2007年7月起累计借款金额为5850万元,后在诉讼中又变更为8650万元,上诉时又称借款总额1.085亿元,主张的借款数额多次变化,但只能提供8650万元的借款合同。而谢涛当庭提交的银行转账凭证证明,在欧宝公司所称的1.085亿元借款之外,另有4400多万元的款项以"借款"名义打入特莱维公司账户。对此,欧宝公司自认,这些多出的款项是受王作新的请求帮忙转款,并非真实借款。该自认说明,欧宝公司在相关银行凭证上填写的款项用途极其随意。从本院调取的银行账户交易明细所载金额看,欧宝公司以借款名义转入特莱维公司账户的金额远远超出欧宝公司先后主张的上述金额。此外,还有其他多笔以"借款"名义转入特莱维公司账户的巨额资金,没有列入欧宝公司所主张的借款数额范围。

第四,从资金往来情况看,欧宝公司存在单向统计账户流出资金而不统计流入资金的问题。无论是案涉借款合同载明的借款期间,还是在此之前,甚至诉讼开始以后,欧宝公司和特莱维公司账户之间的资金往来,既有欧宝公司转入特莱维公司账户款项的情况,又有特莱维公司转入欧宝公司账户款项的情况,但欧宝公司只计算已方账户转出的借方金额,而对特莱维公司转入的贷方金额只字不提。

第五,从所有关联公司之间的转款情况看,存在双方或多方账户循环转款问题。如上所述,将欧宝公司、特莱维公司、翰皇公司、沙琪公司等公司之间的账户对照检查,存在特莱维公司将已方款项转入翰皇公司账户过桥欧宝公司账户后,又转回特莱维公司账户,造成虚增借款的现象。特莱维公司与其他关联公司之间的资金往来也存在此种情况。

第六,从借款的用途看,与合同约定相悖。借款合同第二条约定,借款限用于特莱维国际花园房地产项目,但是案涉款项转入特莱维公司账户后,该公司随即将大部分款项以"借款""还款"等名义分别转给翰皇公司和沙琪公司,最终又流向欧宝公司和欧宝公司控股的沈阳特莱维。至于欧宝公司辩称,特莱维公司将款项打入翰皇公司是偿还对翰皇公司借款的辩解,由于其提供的翰皇公司和特莱维公司之间的借款数额与两公司银行账户交易的实际数额互相矛盾,且从流向上看大部分又流回了欧宝公司或者其控股的公司,其辩解不足为凭。

第七,从欧宝公司和特莱维公司及其关联公司在诉讼和执行中的行为来看,与日常经验相悖。欧宝公司提起诉讼后,仍与特莱维公司互相转款;特莱维公司不断向欧宝公司账户转入巨额款项,但在诉讼和执行程序中却未就还款金额对欧宝公司的请求提出任何抗辩;欧宝公司向辽宁高院申请财产保全,特莱维公司的股东王阳却以其所有的房产为本应是利益对立方的欧宝公司提供担保;欧宝公司在原一审诉讼中另外提供担保的上海市青浦区房产的所有权,竟然属于王作新任法定代表人的上海特莱维;欧宝公司和特莱维公司当庭自认,欧宝公司开立在中国建设银行东港支行、中国建设银行沈阳马路湾支行的银行账户都由王作新控制。

对上述矛盾和违反常理之处,欧宝公司与特莱维公司均未作出合理解释。由此可见,欧宝公司没有提供足够的证据证明其就案涉争议款项与特莱维公司之间存在真实的借贷关系。且从调取的欧宝公司、特莱维公司及其关联公司账户的交易明细发现,欧宝公司、特莱维公司以及其他关联公司之间、同一公司的不同账户之间随意转款,款项用途随意填写。结合在案其他证据,法院确信,欧宝公司诉请之债权系截取其与特莱维公司之间的往来款项虚构而成,其以虚构债权为基础请求特莱维公司返还8650万元借款及利息的请求不应支持。据此,辽宁高院再审判决驳回其诉讼请求并无不当。

至于欧宝公司与特莱维公司提起本案诉讼是否存在恶意串通损害他人合法权益的问题。首先,无论欧宝公司,还是特莱维公司,对特莱维公司与一审申诉人谢涛及其他债权人的债权债务关系是明知的。从案涉判决执行的过程看,欧宝公司申请执行之后,对查封的房产不同意法院拍卖,而是继续允许该公司销售,特莱维公司每销售一套,欧宝公司即申请法院解封一套。在接受法院当庭询问时,欧宝公司对特莱维公司销售了多少查封房产,偿还了多少债务陈述不清,表明其提起本案诉讼并非为实现债权,而是通过司法程序进行保护性查封以阻止其他债权人对特莱维公司财产的受偿。虚构债权,恶意串通，损害他人合法权益的目的明显。其次，从欧宝公司与特莱维公司人员混同、银行账户同为王作新控制的事实可知，两公司同属一人，均已失去公司法人所具有的独立人格。《中华人民共和国民事诉讼法》第一百一十二条规定："当事人之间恶意串通，企图通过诉讼、调解等方式侵害他人合法权益的，人民法院应当驳回其请求，并根据情节轻重予以罚款、拘留；构成犯罪的，依法追究刑事责任。"一审申诉人谢涛认为欧宝公司与特莱维公司之间恶意串通提起虚假诉讼损害其合法权益的意见，以及对有关当事人和相关责任人进行

审理法院 最高人民法院（第二巡回法庭）
裁判时间 2015 年 10 月 27 日
案　　号 最高人民法院（2015）民二终字第 324 号民事判决书
出　　处 最高人民法院指导案例 68 号，2016 年 9 月 19 日发布。

第二章 起诉与受理

270. 诉讼请求变更的认定与处理
——中材供应链管理有限公司与武汉重冶机械成套设备集团有限公司大冶分公司民间借贷纠纷案

> **裁判要点**
>
> 在当事人主张的法律关系的性质或者民事行为的效力与人民法院根据案件事实作出的认定不一致的情况下，人民法院依据《最高人民法院关于民事诉讼证据的若干规定》第三十五条的规定向当事人释明，当事人应提出明确、具体的变更诉讼请求的意见，否则视为拒绝变更诉讼请求。当事人拒绝变更诉讼请求的，人民法院应判决驳回诉讼请求。

裁判理由 最高人民法院认为：一、在北京市高级人民法院（2013）高民初字第4388号民事裁定已认定本案法律关系性质名为买卖合同纠纷，实为企业间融资借贷纠纷并将本案发回重审的情况下，中材公司仍以买卖合同纠纷为由提起诉讼。一审法院依据《最高人民法院关于民事诉讼证据的若干规定》第三十五条的规定，在当事人主张的法律关系的性质或者民事行为的效力与人民法院根据案件事实作出的认定不一致的情况下，当庭告知中材公司可以变更起诉的事实理由和诉讼请求，但中材公司明确答复不变更。由于依据买卖合同纠纷提出的诉讼请求与依据企业间融资借贷纠纷提出的诉讼请求，在诉请事项和请求权基础等方面均有本质区别，因此中材公司变更诉讼请求的申请应当明确、具体。虽然中材公司在庭审辩论阶段作出"即使是融资合同，诉讼请求也是要求被告返还货款，赔偿损失"的陈述，一审庭审结束后提交的代理词中有关于"法庭若认定本案系融资合同则原告方同意变更相关诉讼请求"的表述，但始终未就诉讼请求的变更提出明确、具体的申请。中材公司庭审中提出将诉讼请求第二项由返还货款变更为返还合同款，亦是基于买卖合同法律关系，而非基于法院认定的企业间融资借贷法律关系。原审围绕中材公司诉讼请求的范围对案件进行审理,认定中材公司不能证明其基于买卖合同关系提出的诉讼请求,应承担举证不能的法律后果,并判决驳回中材公司的诉讼请求,认定事实、适用法律并无不当。二、中材公司的起诉符合《中华人民共和国民事诉讼法》第一百一十九条规定的起诉条件,其诉讼请求不成立,原审判决驳回其诉讼请求正确。因中材公司未明确申请变更诉讼请求,一审仅就案涉法律关系性质以及中材公司诉讼请求是否应予支持作出认定,未就当事人之间的企业间融资借贷法律关系进行审理,二审认为如果直接审理将损害当事人审级利益,并指出中材公司可以人民法院认定的法律关系另行起诉并无不妥。

审理法院 最高人民法院
裁判时间
案　　号 最高人民法院(2016)最高法民申1426号民事裁定书
出　　处 《商事审判指导》2016年第4辑(总第43辑)。

271. 委托贷款合同明确约定借款人违约时由受托人起诉,委托人仍然可以以自己的名义起诉
——北京长富投资基金与武汉中森华世纪房地产开发有限公司、中森华投资集团有限公司等合同纠纷案

> **裁判要点**
> 　　委托贷款合同明确约定借款人不归还本金及利息,由受托人起诉。但是,根据合同法关于委托合同可以直接约束委托人和第三人的规定,委托人仍然可以以自己的名义提起诉讼。

关 键 词 委托贷款合同　委托人
裁判理由 最高人民法院认为:关于长富基金是否系本案适格原告问题。本院认为,首先,《中华人民共和国合同法》第四百零二条规定,"受托人以自己的名义,在委托人的授权范围内与第三人订立的合同,第三人在订立合同时知道受托人与委托人之间的代理关系的,该合同直接约束委托人和第三人,但有确切证据证明该合同只约束受托人和第三人的除外。"中森华房地产

公司在 2013 年 9 月 27 日与长富基金、兴业银行武汉分行、中森华投资公司、郑巨云、陈少夏签订《投资合作协议》，以及与长富基金、兴业银行武汉分行签订《委托贷款合同》的行为及合同内容，表明中森华房地产公司在签订《委托贷款合同》时明知兴业银行武汉分行与长富基金之间的代理关系，中森华房地产公司并未提供证据证明《委托贷款合同》只约束兴业银行武汉分行和中森华房地产公司，因此，《委托贷款合同》直接约束长富基金和中森华房地产公司，原审判决认定长富基金可以自己名义直接向中森华房地产公司主张权利，有事实和法律依据。其次，《委托贷款合同》第 1.4 条受托人承诺中约定，"借款人不能按期偿还本金及利息时，受托人应按照委托人的书面要求以受托人的名义向借款人、担保人及相关联人提起诉讼"，该约定是受托人兴业银行武汉分行对委托人长富基金的承诺，只约束兴业银行武汉分行和长富基金，与中森华房地产公司无关；就约定内容而言，是否以兴业银行武汉分行作为原告对借款人、担保人及相关联人提起诉讼，是该约定赋予长富基金的权利，而非系限制其行为的义务，长富基金既可以自行起诉，也可要求受托人兴业银行武汉分行提起诉讼。

审理法院 最高人民法院
裁判时间 2016 年 6 月 27 日
案　　号 最高人民法院（2016）最高法民终 124 号民事裁定书
出　　处 中国裁判文书网。

272. 执行事务合伙人怠于行使权利时，有限合伙人可以为了本企业的利益以自己的名义提起诉讼

——焦建、刘强等与安徽瑞智房地产开发有限公司金融借款合同纠纷案

裁判要点
委托贷款合同到期后不提起诉讼或仲裁，即构成执行事务合伙人怠于行使权利之事实。在此情况下，有限合伙人可以以自己的名义起诉。

关 键 词 执行事务合伙人　有限合伙人
裁判理由 最高人民法院认为：二、和信资本公司作为执行事务合伙人

是否怠于行使权利

本院认为，和信资本公司是否怠于行使权利，需要结合和信资本公司的作为，对案涉委托贷款发放之后的几个不同阶段逐一进行分析和判断。

首先，案涉两笔委托贷款到期后不提起诉讼或仲裁，即为怠于行使权利。和信投资中心与瑞智公司之间涉及四笔委托银行贷款，本金合计20800万元，其中案涉两笔贷款均为一年期贷款，贷款金额合计1亿元，2014年8月1日前均到期。按照《北京和信恒轩投资中心（有限合伙）合伙协议》约定，执行事务合伙人拥有的权限包括为有限合伙的利益决定提起诉讼或应诉，进行仲裁，与争议对方进行妥协、和解等，以解决有限合伙与第三方的争议。然而，截至2015年1月1日，和信资本公司作为执行事务合伙人，未就案涉到期债权向瑞智公司提起诉讼或申请仲裁，也未与瑞智公司达成任何保障有限合伙债权尽快实现的协议。如此不作为，足以认定和信资本公司怠于行使权利。瑞智公司主张和信资本公司就四笔委托贷款中的一笔已提起诉讼，以此证明和信资本公司并未怠于行使权利。本院已查明，该笔委托贷款金额为5600万元，于2014年7月9日到期，确系四笔贷款中的一笔。同为2014年8月前到期的委托贷款，和信资本公司仅起诉其中一笔，对于本案讼争的两笔贷款却未采取任何有效措施来主张权利，亦说明和信资本公司对于案涉债权怠于行使权利。

其次，和信资本公司于2015年1月2日加盖印章的《确认书》不能作为其积极督促还款的证明。和信资本公司质证时陈述，该《确认书》系应投资人及瑞智公司要求而盖章的，之后各方均未履行。从《确认书》的形式看，并不是和信资本公司与瑞智公司签订的协议书，仅为和信资本公司单方盖章的意见书。从《确认书》的内容看，和信资本公司同意瑞智公司直接向投资人以房屋折抵的方式兑付本金，并视为偿还合伙企业的债务。这种对于债务的处理，已经涉及在合伙协议约定范围以外分配资产，存在违背企业宗旨和损害合伙企业利益的风险，按照《北京和信恒轩投资中心（有限合伙）合伙协议》约定，属于需要有限合伙人全体一致同意的重大事项。和信资本公司未经有限合伙人全体一致同意即轻率地应瑞智公司的要求而进行盖章确认，并未对全体有限合伙人进行告知，且放任瑞智公司与合伙人解艳玲签订《折抵三方协议书》，系违背合伙协议约定的行为，不能作为其积极督促还款的证明。

再次，和信资本公司于2015年6月24日签订的《协议书》，并不能否定其怠于行使权利。该《协议书》约定,瑞智公司应于 2015 年 8 月 15 日前全额结清所欠四笔委托贷款的本金、利息及逾期利息。从表面形式看,和信资本公司与瑞智公司协商并签订还款协议的行为系履行执行事务合伙人职责的证明。但是,瑞智公司在一审中并未提交该证据,一审法院依据当时的既有证据,结合和信投资中心未到庭参加诉讼的事实,认定和信资本公司怠于行使权利。本院注意到,该《协议书》1.7 条约定,根据基金投资人对瑞智公司所提诉讼事宜,和信资本公司必须根据事实情况向瑞智公司提供相应的证明材料,以保护瑞智公司的合法权益。二审法庭调查中,本院询问和信投资中心在一审中是否知道焦建、刘强、李春红提起诉讼,和信投资中心表示其确实不知道。从该条约定的表述分析,和信资本公司明知一审诉讼却不积极应诉,反而隐瞒《协议书》签订的事实以"保护瑞智公司的合法权益",本身即违背执行事务合伙人的职责。一审法院认定和信投资中心经送达开庭传票未到庭参加诉讼即视为和信资本公司怠于行使权利,并无不当。瑞智公司与和信资本公司签订《协议书》后,并未按约于 2015 年 8 月 15 日履行还款义务。和信资本公司在瑞智公司再次违约的情况下,依然未主动参加一审诉讼或以另行提起诉讼或仲裁的方式向瑞智公司主张权利,而是被动地应瑞智公司的请求,于 2016 年 1 月 22 日和 9 月 18 日分别出具《意见函》《关于中翔商业中心项目在建工程抵押融资款项往来及抵押情况的说明》,同意有步骤的解除对瑞智公司抵押物的抵押权,放任瑞智公司一再拖延到期债务,即是其怠于行使权利的证明。

三、焦建、刘强、李春红能否代表和信投资中心提起诉讼

瑞智公司主张,按照《中华人民共和国合同法》第七十三条规定,代位权的行使范围以债权人的债权为限,焦建、刘强、李春红不能代表和信投资中心起诉 1 亿元的标的额。本院认为,焦建、刘强、李春红与和信投资中心的关系,并非债权人与债务人的关系,而是有限合伙人与合伙企业的关系,不能适用《中华人民共和国合同法》第七十三条规定。《北京和信恒轩投资中心(有限合伙)合伙协议》约定,有限合伙人在执行事务合伙人怠于行使权利时,有权督促其行使权利或者为了本企业的利益以自己的名义提起诉讼,并未要求全体有限合伙人一致同意才能提起诉讼。《中华人民共和国合伙企业法》第六十八条第二款第七项规定,执行事务合伙人怠于行使权利时,有限合伙人督促其行使权利或者为了本企业的利益以自己的名义提起诉讼,不视为执行合伙事务。该条款赋予了合伙企业的有限合伙人以自己的名义代表合

伙企业提起诉讼的权利，且并未限定其在个人出资额范围内提出诉讼请求，只要满足以合伙企业的利益为目的这一要求即可。焦建、刘强、李春红代表和信投资中心提起诉讼，既符合《北京和信恒轩投资中心（有限合伙）合伙协议》的约定，又不违反《中华人民共和国合伙企业法》的规定，故对瑞智公司的此项上诉主张，本院不予支持。

审理法院　最高人民法院
裁判时间　2017 年 3 月 29 日
案　　号　最高人民法院（2016）最高法民终 756 号民事裁定书
出　　处　中国裁判文书网。

第三章 管 辖

273. 审查管辖权异议，既要妥当保护当事人的管辖异议权，又要及时矫正、遏制当事人错用、滥用管辖异议权
——招商银行股份有限公司无锡分行与中国光大银行股份有限公司长春分行委托合同纠纷管辖权异议案

> **裁判摘要**
>
> 合同效力是对已经成立的合同是否具有合法性的评价，依法成立的合同，始对当事人具有法律约束力。《中华人民共和国合同法》第五十七条关于"合同无效、被撤销或者终止的，不影响合同中独立存在的有关解决争议方法的条款的效力"的规定适用于已经成立的合同，"有关解决争议方法的条款"应当符合法定的成立条件。
>
> 审查管辖权异议，注重程序公正和司法效率，既要妥当保护当事人的管辖异议权，又要及时矫正、遏制当事人错用、滥用管辖异议权。确定管辖权应当以起诉时为标准，结合诉讼请求对当事人提交的证据材料进行形式要件审查以确定管辖。
>
> 从双方当事人在两案中的诉讼请求看，后诉的诉讼请求如果成立，存在实质上否定前诉裁判结果的可能，如果后诉的诉讼请求不能完全涵盖于前诉的裁判结果之中，后诉和前诉的诉讼请求所依据的民事法律关系并不完全相同，前诉和后诉并非重复诉讼。
>
> 案件移送后，当事人的诉讼请求是否在另案中通过反诉解决，超出了管辖异议的审查和处理的范围，应由受移送的人民法院结合当事人对诉权的处分等情况，依据最高人民法院《关于适用〈中华人民共和国民事诉讼法〉的解释》第二百三十二条、第二百三十三条等的有关规定依法处理。

关 键 词 管辖权异议

裁判理由 最高人民法院认为，根据本案双方当事人的上诉及答辩意见，本案二审审理的争议焦点为：一、《委托定向投资协议》中管辖条款的效力。二、一审法院是否具有管辖权。三、招行无锡分行的诉讼请求能否通过反诉解决以及能否根据刑事案件确定本案的管辖。

一、关于《委托定向投资协议》中管辖条款的效力问题

招行无锡分行提起本案诉讼，向人民法院提交了落款日期均为2014年5月30日的《委托定向投资协议》《同业存款协议》以及《投资指令》等材料。经吉林公正司法鉴定中心和无锡市公安局物证鉴定所鉴定，上述《委托定向投资协议》和《投资指令》尾部加盖的光大银行长春分行的印章及其法定代表人王守坤的名章均与送检的样本印文非同一印章盖印形成。招行无锡分行对该鉴定结论没有异议。招行无锡分行并未向人民法院提交光大银行长春分行在其他场合使用了加盖在《委托定向投资协议》上的"公章"的证据，故不能认定《委托定向投资协议》上的"公章"是真实的。

合同效力是对已经成立的合同是否具有合法性的评价，依法成立的合同，始对当事人具有法律约束力。合同成立之前不存在合同效力的问题。《中华人民共和国合同法》第五十七条关于"合同无效、被撤销或者终止的，不影响合同中独立存在的有关解决争议方法的条款的效力"的规定适用于已经成立的合同，"有关解决争议方法的条款"亦应当真实存在，体现双方当事人真实意思表示，且达成合意。招行无锡分行应当提交具备客观真实性、关联性、合法性的证据，足以证明其依据的"有关解决争议方法的条款"符合法定的成立条件。上述鉴定结论证明《委托定向投资协议》上并没有加盖真实的光大银行长春分行的公章或法定代表人签章，故上述协议中管辖条款在成立要件上存在重大瑕疵，不能认定存在有效的管辖条款。招行无锡分行关于涉案管辖条款具有独立性，即便合同无效亦不影响无效合同中管辖条款的约束力的上诉请求，不能成立，本院不予支持。

此外，合同经办人张磊的行为是否构成表见代理以及表见代理与管辖协议的效力问题。在对当事人提出的管辖权异议进行审查的阶段，注重程序公正和司法效率，既要妥当保护当事人的管辖异议权，又要及时矫正、遏制当事人错用、滥用管辖异议权。此阶段一般结合诉讼请求对当事人提交的证据材料进行形式要件审查，以认定涉及确定管辖的要素，如原告住所地、被告住所地、合同履行地、合同签订地、财产所在地、侵权行为地、诉讼标的额、案件影响程度以及是否存在有效的管辖条款等。且确定管辖权以起诉时为标

准。依据《中华人民共和国合同法》第四十九条"行为人没有代理权、超越代理权或者代理权终止后以被代理人名义订立合同，相对人有理由相信行为人有代理权的，该代理行为有效"以及最高人民法院《关于当前形势下审理民商事合同纠纷案件若干问题的指导意见》第13条"合同法第四十九条规定的表见代理制度不仅要求代理人的无权代理行为在客观上形成具有代理权的表象，而且要求相对人在主观上善意且无过失地相信行为人有代理权。合同相对人主张构成表见代理的，应当承担举证责任，不仅应当举证证明代理行为存在诸如合同书、公章、印鉴等有权代理的客观表象形式要素，而且应当证明其善意且无过失地相信行为人具有代理权"的规定，表见代理制度的举证责任较为严格。招行无锡分行在管辖权异议的审查阶段，并未提交形式上清晰明确、内容上无疑意、无争议的证据材料，以证明其有理由相信张磊有代理权签订管辖协议条款，且对光大银行长春分行构成约束，故其不能以表见代理成立为由主张管辖条款发生效力。即使经过实体审理认定表见代理成立，也只涉及案件当事人有关民事责任的承担，不影响人民法院对管辖权异议的处理。招行无锡分行上诉认为，"一审法院一方面认定《委托定向投资协议》对光大银行长春分行不产生效力，另一方面认为如果张磊的行为构成表见代理则该协议对光大银行长春分行将产生效力，存在矛盾"，混淆了不同诉讼程序阶段的不同任务和不同认定标准，该上诉理由不能成立。

二、关于一审法院是否具有管辖权的问题

招行无锡分行起诉时称，2014年5月30日，光大银行长春分行存入指定账户3.5亿元，但招行无锡分行未按《同业存款协议》的要求向其正式交付开户证实书，也未交付进账单，一审法院对于招行无锡分行提起的本案诉讼的起诉权利予以保护是正确的。至于《委托定向投资协议》是否实际履行，必须经过案件实体审理才能认定，现尚不能确定《委托定向投资协议》是否实际履行，故对招行无锡分行关于"根据司法解释，合同对履行地点没有约定或者约定不明确，争议标的为给付货币的，接收货币一方所在地为合同履行地，本案主要诉讼请求为要求光大银行长春分行支付175万元的代理手续费，即便《委托定向投资协议》中的管辖条款不适于（用）本案，本案亦应当由一审法院管辖"的上诉理由不予支持。一审法院对本案没有管辖权，一审裁定依据被告住所地确定管辖法院并无不当。

三、关于招行无锡分行的诉讼请求能否通过反诉解决以及能否根据刑事案件确定本案的管辖的问题

2015年6月，光大银行长春分行以《同业存款协议》为依据另案诉至吉林省高级人民法院，请求判令招行无锡分行向其支付存款本金3.5亿元以及存款利息和违约金。吉林省高级人民法院立案在先。其后，招行无锡分行提起本案诉讼。从双方当事人在两案中的诉讼请求看，后诉的诉讼请求如果成立，存在实质上否定前诉裁判结果的可能，但是，招行无锡分行的诉讼请求不能完全涵盖于前诉的裁判结果之中，后诉和前诉的诉讼请求所依据的民事法律关系并不完全相同，故一审裁定认定招行无锡分行提起本案诉讼不符合《民诉法解释》第二百四十七条规定的重复诉讼，是正确的。

根据《中华人民共和国民事诉讼法》第三十六条"人民法院发现受理的案件不属于本院管辖的，应当移送有管辖权的人民法院，受移送的人民法院应当受理"的规定，没有管辖权的人民法院可以裁定将案件移送有管辖权的人民法院。本案原告的诉讼请求是否在另案中通过反诉解决，超出了管辖异议的审查和处理的范围，应由受移送的人民法院结合当事人对诉权的处分等情况，依据《民诉法解释》第二百三十二条、第二百三十三条等的有关规定依法处理。故招行无锡分行关于其诉讼请求无法在另案中通过反诉或抗辩实现的上诉理由，本院不予审理。一审裁定关于招行无锡分行依据《委托定向投资协议》所主张的诉请也可在该案中通过反诉解决的认定超出审查范围，本院予以纠正。

本案是否涉及江苏省无锡市中级人民法院审理的相关刑事案件，并非民事案件确定管辖的法定理由，招商银行无锡分行以此主张应由江苏省高级人民法院审理本案的理由不能成立。

综上，上诉人招行无锡分行的上诉理由不能成立，本院不予支持。一审裁定正确，应予维持。

审理法院　最高人民法院
裁判时间　2016年2月3日
案　　号　最高人民法院（2015）民二终字第428号民事裁定书
出　　处　《最高人民法院公报》2016年第7期。

274. 申请强制执行的管辖法院应在被执行人住所地、被执行财产所在地中择一选择
——大庆筑安建工集团有限公司、大庆筑安建工集团有限公司曲阜分公司与中煤第六十八工程有限公司施工合同纠纷案

> **裁判要点**
>
> 虽然《民事诉讼法》没有明文禁止当事人可协商选择执行管辖法院，但法律对当事人就执行案件管辖权的选择仅限定于被执行人住所地和被执行的财产所在地两个连接点之间，当事人只能依法选择其中的一个有管辖权的法院提出执行申请，不得以任何方式改变法律规定的执行管辖法院。《民事诉讼法》有关应诉管辖的规定不能适用于执行程序。

关 键 词 执行 执行法院 约定管辖

裁判理由 最高人民法院认为：本案的焦点问题是青岛市中级人民法院对本案的执行是否有管辖权。

《中华人民共和国民事诉讼法》（以下简称《民事诉讼法》）第二百二十四条及最高人民法院《关于适用〈中华人民共和国仲裁法〉若干问题的解释》（以下简称《民事诉讼法》）第二十九条对仲裁案件执行的级别管辖和地域管辖作出明确规定，具有强制约束力。仲裁裁决的执行，其确定管辖的连接点只有两个，一是被执行人住所地；二是被执行的财产所在地。《民事诉讼法》属于公法性的法律规范，法律没有赋予的权力就是属于禁止。虽然《民事诉讼法》没有明文禁止当事人可协商执行管辖法院，但法律对当事人就执行案件管辖权的选择限定于上述两个连接点之间，当事人只能依法选择其中一个有管辖权的法院提出执行申请，不得以任何方式改变法律规定的执行管辖法院。《民事诉讼法》有关应诉管辖的规定适用于诉讼程序，在执行程序中适用没有法律依据、法理依据。

因此，当事人通过协议方式选择，或通过不提管辖异议、放弃管辖异议等默认方式来确定无执行管辖权的法院享有管辖权，均不符合法律的规定。就本案而言，被执行人大庆筑安建工集团有限公司曲阜分公司的住所地或财产所在地均不在青岛市中级人民法院管辖范围内，青岛市中级人民法院对本案执行没

有管辖权。鉴于青岛市中级人民法院对本案不具有执行管辖权,为方便有执行管辖权法院顺利执行本案,排除执行程序中的障碍,故青岛市中级人民法院所作出的涉及本案非财产控制措施的相关执行裁定应予以一并撤销。

审理法院 最高人民法院
裁判时间 2015 年 9 月 16 日
案　　号 最高人民法院(2015)执申字第 42 号执行裁定书
出　　处 中国裁判文书网。

275. 合作开发房地产合同纠纷不属于不动产纠纷,不适用不动产专属管辖
——原宝根、李海生等与山西世景房地产开发有限公司、山西富阳泰房地产经营有限公司等管辖案

裁判要点

《最高人民法院关于适用〈中华人民共和国民事诉讼法〉的解释》第二十八条规定:"民事诉讼法第三十三条第一项规定的不动产纠纷是指因不动产的权利确认、分割、相邻关系等引起的物权纠纷;农村土地承包经营合同纠纷、房屋租赁合同纠纷、建设工程施工合同纠纷、政策性房屋买卖合同纠纷,按照不动产纠纷确定管辖。"因合作开发房地产项目而引发的纠纷,不属于该司法解释所列举的不动产纠纷类型。

关 键 词 合作开发　房地产合同　不动产纠纷

裁判理由 最高人民法院认为:本案的基础合同是《合作开发协议》和"关于《合作开发协议》的变更协议"。《合作开发协议》是由原宝根、李海生、刘新法与世景公司于 2011 年 10 月 14 日所签订,约定由原宝根、李海生、刘新法三人投资开发东岗区棚户区改造项目。后刘新法病故,原宝根、李海生与世景公司于 2013 年 12 月 25 日签订一份"关于《合作开发协议》乙方(指原宝根、李海生)合作人变更确认书",杨存金加入乙方作为上述项目开发合作人。之后,原宝根、李海生与世景公司又签订"关于《合作开发协议》的变更协议",约定原宝根、李海生退出项目合作,世景公司给付 8500 万元

作为对原宝根、李海生的最终补偿等。还约定，该"变更协议"在世景公司付清乙方（指原宝根、李海生等项目开发合作人）上述款项后生效；该协议生效同时，双方所签订的《合作开发协议》及与该项目有关合同、协议全部终止。《最高人民法院关于适用〈中华人民共和国民事诉讼法〉的解释》第二十八条规定："民事诉讼法第三十三条第一项规定的不动产纠纷是指因不动产的权利确认、分割、相邻关系等引起的物权纠纷；农村土地承包经营合同纠纷、房屋租赁合同纠纷、建设工程施工合同纠纷、政策性房屋买卖合同纠纷，按照不动产纠纷确定管辖。"本案是因合作开发有关"棚户区改造项目"而引发的纠纷，不属于该司法解释所列举的不动产纠纷类型。依照《中华人民共和国民事诉讼法》第三十四条关于"合同或者其他财产权益纠纷的当事人可以书面协议选择被告住所地、合同履行地、合同签订地、原告住所地、标的物所在地等与争议有实际联系的地点的人民法院管辖，但不得违反本法对级别管辖和专属管辖的规定"的规定，案涉《合作开发协议》第十一条关于"因履行协议发生争议……协议各方同意将提交原告所在地有管辖权的法院解决"的约定符合上述法律规定。至于上诉人提出"变更协议"的效力问题，属于实体审理问题，不影响本管辖权异议案件的处理。本案原告住所地均在河南省行政辖区，被告住所地在山西省行政辖区内，诉讼标的额为2.7亿余元。一审法院立案时间是2015年2月28日。依照本院《关于调整高级人民法院和中级人民法院管辖第一审民商事案件标准的通知》（法发〔2008〕10号）关于河南省高级人民法院可管辖"诉讼标的额在1亿元以上的第一审民商事案件，以及诉讼标的额在5000万元以上且当事人一方住所地不在本辖区或者涉外、涉港澳台的第一审民商事案件"的规定，河南省高级人民法院有权作为一审法院受理本案。

审理法院　最高人民法院
裁判时间　2016年6月8日
案　　号　最高人民法院（2016）最高法民辖终73号民事判决书
出　　处　中国裁判文书网。

276. 侵害股东优先购买权案件的诉讼管辖规则

——深圳市阳光佳润投资有限公司、深圳佳兴和润投资有限公司等与贵州赤天化股份有限公司、厦门京道凯翔投资合伙企业等管辖权异议案

裁判要点

损害股东优先购买权的诉讼为侵权之诉,此类诉讼不具有公司组织法上纠纷的性质,故不属于《民事诉讼法》第二十六条规定的情形,应适用一般地域管辖规定确定管辖法院,即由侵权行为地或者被告住所地人民法院管辖。

关 键 词 股东 优先购买权 诉讼管辖

裁判理由 最高人民法院认为:《中华人民共和国民事诉讼法》第二十六条规定因公司设立、确认股东资格、分配利润、解散等纠纷提起的诉讼,由公司住所地人民法院管辖。《最高人民法院关于适用中华人民共和国民事诉讼法的解释》第二十二条规定:因股东名册记载、请求变更公司登记、股东知情权、公司决议、公司合并、公司分立、公司减资、公司增资等纠纷提起的诉讼,依照民事诉讼法第二十六条规定确定管辖。上述条款系针对公司诉讼案件的管辖所作出的特别规定。公司诉讼主要是关涉公司的组织法性质的诉讼,存在与公司组织相关的多数利害关系人,涉及多数利害关系人的多项法律关系的变动,且胜诉判决往往产生对世效力。

本案纠纷源于赤天化公司将其拥有的高特佳公司的股权转让给京道凯翔企业,阳光佳润公司、佳兴和润公司、鹏瑞公司、速速达公司作为高特佳公司的股东,认为该股权转让行为损害其优先购买权,请求撤销上述《股权转让合同》,并判令其以同等条件行使优先购买权。因而,本案纠纷系高特佳公司的股东与股东以及第三人因股权转让行为而产生。该诉讼虽与公司有关,但不具有公司组织法上纠纷的性质,也不涉及多项法律关系,该案判决仅对股权转让方、受让方及高特佳公司其他股东发生法律效力。因此,本案诉讼应适用一般地域管辖规定确定管辖法院。一审法院认为本案诉讼系与公司有关的诉讼,应适用公司诉讼的特殊地域管辖的规定,并据此裁定其享有本案管辖权不当,本院予以纠正。

案涉《股权转让合同》的双方当事人是赤天化公司与京道凯翔企业，因阳光佳润公司等并非《股权转让合同》的缔约方，故不应受上述合同约定的管辖限制。赤天化公司主张适用该合同约定的协议管辖条款确定管辖法院，没有事实和法律依据，本院不予支持。

本案系阳光佳润公司等以其股权优先购买权受到侵害而提起，即认为其民事权益受到侵害，故本案应适用《中华人民共和国民事诉讼法》第二十八条因侵权行为提起的诉讼，由侵权行为地或者被告住所地人民法院管辖的规定确定管辖法院。

根据阳光佳润公司等提起的诉讼请求以及事实和理由，阳光佳润公司等认为赤天化公司与京道凯翔企业签订《股权转让合同》、转让股权的行为侵害其优先购买权，故上述《股权转让合同》签订地即为侵权行为地。经审查，案涉《股权转让合同》载明该合同在贵阳观山湖区赤天化大厦17楼签订。本案诉讼所直接指向的对象应当是阳光佳润公司等所认为的股权转让方赤天化公司及股权受让方京道凯翔企业，高特佳公司仅为股权转让目标公司，与案涉股权转让行为各方均无实质性争议，其与本案没有法律上的直接利害关系。阳光佳润公司等称可依高特佳公司住所地确定管辖法院，本院不予支持。案涉侵权行为地及赤天化公司的住所地均为贵州省贵阳市，京道凯翔企业的住所地在福建省厦门市，依据侵权行为地或被告住所地确定管辖法院的规定，结合案涉争议标的金额的实际情况，贵州省高级人民法院和福建省高级人民法院对本案有管辖权。

依照《中华人民共和国民事诉讼法》第三十五条之规定，两个以上人民法院都有管辖权的诉讼，原告可以向其中一个人民法院起诉，即原告有权选择有管辖权的法院进行诉讼。经征询阳光佳润公司、佳兴和润公司、鹏瑞公司、速速达公司四方当事人的意见，其选择由福建省高级人民法院管辖。该选择符合法律规定，本院予以采纳。

审理法院　最高人民法院
裁判时间　2016年11月9日
案　　号　最高人民法院（2016）最高法民辖终216号号民事裁定书
出　　处　中国裁判文书网。

277. 股东代表诉讼应适用侵权类诉讼的管辖规则
——海南省丝绸集团有限公司等诉深圳市庆鹏石油化工
经销有限公司公司关联交易损害责任纠纷案

> **裁判要点**
>
> 股东代表诉讼并不涉及公司的组织变更和组织行为,与民事诉讼法第二十六条确定特殊地域管辖的案件性质不同,应根据民事诉讼法第二十八条侵权类诉讼的管辖规则,由侵权行为地或者被告住所地人民法院管辖。

关 键 词 股东代表诉讼 管辖权

裁判理由 最高人民法院认为:民事诉讼法第二十六条规定:"因公司设立、确认股东资格、分配利润、解散等纠纷提起的诉讼。"《最高人民法院关于适用的解释》第二十二条规定:"因股东名册记载、请求变更公司登记、股东知情权、公司决议、公司合并、公司分立、公司减资、公司增资等纠纷提起的诉讼,依照民事诉讼法第二十六条规定确定管辖。"上述条款规定的纠纷类型大多关涉公司组织行为,存在与公司组织相关的多数利害关系人,涉及多数利害关系人的多项法律关系变动,且作出的判决往往具有对世效力。本案纠纷源于丝绸集团公司作为丝绸投资公司的股东,代表丝绸投资公司向庆鹏实业公司主张偿还借款本息,并由庆鹏化工公司、同源公司及郑桂泉承担连带责任,性质上属于股东代表诉讼。该诉讼虽与公司有关,但并不涉及公司的组织变更和组织行为。因此,本案纠纷的性质与民事诉讼法第二十六条确定特殊地域管辖的案件性质不同,本案不适用该规定。丝绸集团公司关于本案应依据民事诉讼法第二十六条确定管辖法院的上诉理由不成立,本院不予支持。民事诉讼法第二十八条规定:"因侵权行为提起的诉讼,由侵权行为地或者被告住所地人民法院管辖。"《最高人民法院关于适用〈中华人民共和国民事诉讼法〉的解释》第二十四条规定:"民事诉讼法第二十八条规定的侵权行为地,包括侵权行为实施地、侵权结果发生地。"即便如丝绸集团公司所诉本案属于侵权纠纷,侵权结果发生地亦应广东省深圳市,海南省高级人民法院并不具有管辖权。在侵权结果发生地的认定上,应具体分析侵权行为的表现形态，以侵权行为产生的直接结果发生地作为侵权结果发生地，而不能简单地认为侵权结果的承受地即为侵权结果发生地。本案丝绸集团公司主张的侵权行为的主要表现形态为，庆鹏化工公司借款后未按约定将款项转给丝绸投资公司，而是由庆鹏实业公司占用，之后又未履行承诺，及时返还借款本息。上述借款行为、占用行为均发生在深圳市，该行为一旦实施即发生侵权结果，侵权行为实施与侵权结果发生密不可分，侵权结果发生地应广东省深圳市。故依据民事诉讼法第二十八条的规定，广东省深圳市中级人民法院亦对本案具有管辖权。

审理法院 最高人民法院
裁判时间 2017年8月10日
案　　号 最高人民法院（2017）最高法民辖终233号民事裁定书
出　　处 中国裁判文书网。

278. 当事人因达成和解协议撤回对部分被告的起诉，不变更管辖法院
——何雪娟、浙江义乌宝德彩印有限公司借款合同纠纷案

裁判要点

当事人因达成和解协议撤回对部分被告的起诉，可以视为变更诉讼请求。即便导致案件不符合地域管辖规则，根据管辖恒定原则，不应当变更管辖法院。

关 键 词 和解协议　撤回起诉　管辖

裁判理由 最高人民法院认为：一方面，虽然宝德公司撤回了对天山公司的起诉，但系因其与天山公司达成和解协议而撤诉，并非通过恶意虚列被告方式规避地域管辖的规定。何雪娟上诉主张宝德公司为了达到将案件由一审法院审理目的，故意以天山公司作为虚假被告再撤回起诉的理由，欠缺有效证据支持。另一方面，宝德公司在一审法院第一次开庭审理后与天山公司达成和解协议并撤回对其的起诉，可以视为宝德公司变更了诉讼请求，即撤销了"请求法院判令被告天山公司对被告方志奇所欠原告的借款本息承担连

带清偿责任"的诉讼请求。根据管辖恒定原则，人民法院确定对案件有管辖权的，不因当事人提起反诉、增加或者变更诉讼请求等改变管辖，但违反级别管辖、专属管辖规定的除外。换言之，在本案一审已经两次开庭进入实体审理的情形下，本案不应因宝德公司撤回对天山公司的起诉而改变管辖。原裁定驳回何雪娟的管辖权异议，并无不当。

审理法院　最高人民法院
裁判时间　2017 年 8 月 25 日
案　　号　最高人民法院（2017）最高法民辖终 257 号民事裁定书
出　　处　中国裁判文书网。

第四章 诉讼参加人

279. 工商行政管理部门对法定代表人"变动事项"未办理登记，不影响该代表人代表公司进行诉讼
——上诉人北京时光房地产开发有限公司与被上诉人新华信托股份有限公司、兴安盟时光房地产开发有限公司合同纠纷案

> **裁判要点**
>
> 最高人民法院关于适用《中华人民共和国民事诉讼法》的解释第五十二条第二款规定："法定代表人已经变更，但未完成登记，变更后的法定代表人要求代表法人参加诉讼的，人民法院可以准许。"据此，工商行政管理部门对法定代表人"变动事项"未办理登记，不影响该代表人代表公司进行诉讼。

关 键 词　法定代表人　诉讼资格

裁判理由　最高人民法院认为：根据《合作协议》第3.1.1条约定：信托公司作为兴安盟时光公司唯一股东，由信托公司独立行使股权权利。在合同履行中，信托公司依约将信托资金汇入兴安盟时光公司账户，并受让了北京时光公司持有的兴安盟时光公司100%的股权，成为该公司的唯一股东。依据公司法第四条关于"公司股东依法享有资产收益、参与重大决策和选择管理者等权利"的规定，信托公司作为兴安盟时光公司的唯一股东，其有权任命杨晓飞为兴安盟时光公司的法定代表人。本案诉讼发生时，尽管工商行政管理部门对该"变动事项"未办理登记，但这不影响对杨晓飞作为该公司法定代表人身份的认定。民事诉讼法第四十八条第二款规定："法人由其法定代表人进行诉讼。"该条虽对"未经登记的法定代表人能否代表公司进行诉讼"，没有作出规定，但亦未明确禁止。且2015年2月4日起实施的《关于适用〈中华人民共和国民事诉讼法〉的解释》第五十条第二款规定："法定代表人已经变更，但未完成登记，变更后的法定代表人要求代表法人参加诉讼的，

人民法院可以准许。"因此，本案中，原审法院准许杨晓飞作为兴安盟时光公司的法定代表人参加诉讼，并不违反我国公司法及民事诉讼法的相关规定，不存在违反法定程序的情形。上诉人北京时光公司的该项上诉理由不成立，本院不予采纳。

审理法院　最高人民法院
裁判时间　2015 年 9 月 30 日
案　　号　最高人民法院（2014）民二终字第 261 号民事判决书
出　　处　《商事审判指导》2016 年第 1 辑（总第 40 辑）。

第五章 证 据

280. 协议形成行为与印章加盖行为在性质上具有相对独立性,协议内容是双方合意行为的表现形式,而印章加盖行为是各方确认双方合意内容的方式,二者相互关联又相对独立
——陈呈浴与内蒙古昌宇石业有限公司合同纠纷案

裁判摘要

一、印章真实不等于协议真实。协议形成行为与印章加盖行为在性质上具有相对独立性,协议内容是双方合意行为的表现形式,而印章加盖行为是各方确认双方合意内容的方式,二者相互关联又相对独立。在证据意义上,印章真实一般即可推定协议真实,但在有证据否定或怀疑合意形成行为真实性的情况下,即不能根据印章的真实性直接推定协议的真实性。也就是说,印章在证明协议真实性上尚属初步证据,人民法院认定协议的真实性需综合考虑其他证据及事实。

二、当事人在案件审理中提出的人民法院另案审理中作出的鉴定意见,只宜作为一般书证,根据《中华人民共和国民事诉讼法》第七十六条、第七十八条的规定,鉴定意见只能在本案审理中依法申请、形成和使用。

关 键 词 协议形成行为 印章加盖行为

裁判理由 最高人民法院认为,本案审理的核心是原判决认定事实和适用法律是否存在错误,陈呈浴请求昌宇公司补偿其投资损失有无事实和法律依据。

(一)关于原判决相关事实的认定问题

本案原判决昌宇公司对陈呈浴承担投资损失赔偿责任的基础主要是5.3补充协议的可信性和《鉴证报告》的客观性及合法性。综合本案原审及再审

期间当事人的陈述及举证情况，本院认为，原判决昌宇公司承担投资损失赔偿责任的事实依据不足。

关于5.3补充协议真实性的认定问题。2011年11月，陈呈浴以与昌宇公司存在5.3补充协议为据，向一审法院提起诉讼。2011年，昌宇公司在本案管辖异议二审期间向福建高院对5.3补充协议上昌宇公司的真实性提出司法鉴定申请，经福建鼎力司法鉴定中心鉴定，鉴定意见为印章真实。本案一审期间，昌宇公司又于2013年5月25日，向一审法院提出《司法鉴定申请书》，除再次对5.3补充协议上加盖公章的真实性提出鉴定申请外，另提出对公章与文字形成的前后顺序、文字形成日期、纸张日期进行鉴定的申请，一审法院经审查对昌宇公司再行提出印章真实性的鉴定申请不予支持，并无不当；但因公章与文字的前后顺序、文字形成日期等对认定协议的真实性亦有重要影响，原审法院以公章与文字形成先后不影响协议真实性的判断为由，不予支持，确有不当。在5.3补充协议真实性的认定上，该协议加盖的印章虽为真实，但因协议形成行为与印章加盖行为具有相对独立性，协议形成行为是双方合意行为的反映形式，而印章加盖行为是双方确认双方合意即协议的行为，二者相互关联又相互独立，在证据意义上，印章真实一般即可推定合意形成行为真实，但在有证据否定或怀疑合意形成行为真实性的情况下，即不能根据印章的真实性直接推定协议的真实性，也就是说，印章在证明协议真实性上尚属初步证据，人民法院认定协议的真实性需综合考虑其他证据及事实。本院认为，本案5.3补充协议的真实性有如下不足：第一，5.3补充协议对5.1协议的风险负担进行根本变更，不合常理，陈呈浴对此变更不能进行合理说明。根据2004年9月26日陈呈浴、刘景印与昌宇公司签订的《内部承包合同》，陈呈浴等在获得采石生产、定价、销售所属矿山产品权利的同时，对生产、销售活动中所需的资金、物力等均需自行解决，自行承担在生产经营中因自身原因引起的责任；同时，陈呈浴等还需一次性给付50万元开发补偿费，并据商品荒料的价格按比例向昌宇公司交纳补偿金。可见，合作合同的风险主要在陈呈浴一方。之后，双方签订2005年5月1日《补充协议》，决定终止上述《内部承包合同》，该《补充协议》虽有昌宇公司同意以优惠条件与陈呈浴签订新合同之内容，但同年5月1日签订的5.1协议仍有陈呈浴负责生产、销售活动的资金、人力、物力以及税金，承担生产经营活动中因自身原因引起的各项责任义务等内容；同时，5.1协议还对协议履行期间陈呈浴不合理开采、开采权转让、不按约给付补偿金等约定昌宇公司享有单方解除权,并约定因此造成的损失由陈呈浴自行承担。可见,陈呈浴与昌宇公司无论在前的《内部承包合同》还是在后根据昌宇公司给予陈呈浴优惠条件签订的5.1协议,合作风险几乎全部由陈呈浴承担。但5.3补充协议对双方合作合同期间的风险作了完全相反的约定,即合作合同风险完全转移到昌宇公司一方。根据该5.3补充协议内容,无论协议有效或无效、昌宇公司单方或法院判定协议解除或终止,昌宇公司均有义务对陈呈浴除经营损失外的全部投入予以退还。同时,该《补充协议》有关剥夺他方鉴定申请权及明确诉讼管辖地等内容,进一步将风险完全转移到昌宇公司一方。本院认为,在合同当事人的缔约地位并未改变,且依约昌宇公司全部矿山使用补偿费仅240万元的情况下,上述约定超出了合作协议的合理范围,不合常情、常理;陈呈浴对仅时隔一天后签订5.3补充协议根本变更5.1协议内容,虽解释是受到昌宇公司和他人所签合同的影响,但并未提供相关证据予以支持,其解释的可信性不足。第二,5.3补充协议的基本内容存在矛盾,陈呈浴不能合理说明。5.3补充协议第二条规定5.1协议第一条中陈呈浴承担的损失限定为"经营损失",以与5.3补充协议第一条所涉"投资"相区分。实际上,所谓"经营损失"反映的是投资与收益的关系,而陈呈浴履行协议中所投入的生产经营成本性质上即为投资,5.3补充协议对此又明确约定为自行承担,从而其主张自相矛盾。再审庭审中,陈呈浴对协议正常履行条件下,生产经营成本与投资、生产经营风险不能作出合理说明;同时,其在法庭陈述中也表示主张投资是因为前期没有产品产出而其开挖的风化层对之后的生产带来了方便,如有产品产出,其投资和生产经营风险即自行承担。可见,其主张的生产经营成本与投资无法区分,经营成本是其自愿承担范围。第三,陈呈浴在相关诉讼中从未提及5.3补充协议及管辖问题,不合常理。内蒙古自治区相关人民法院在审理陈呈浴与昌宇公司互为原被告的多起相关诉讼中,陈呈浴均未提及双方曾签订有5.3补充协议,亦未就管辖法院提出异议,其虽解释该5.3补充协议当时无法找到,是多年后在清理个人物品时偶然发现,但其前后陈述发现地点不一,结合该补充协议相关内容对双方关系的重大影响,其解释不合情理。最后,5.3补充协议在形式上还存在甲方、乙方列法及明确协议份数的条款等与之前订约习惯明显差异的情况。综上,根据5.3补充协议的内容、形式及该补充协议的形成过程和再审庭审查明陈呈浴在原审中隐瞒重大事实信息的不诚信行为，同时考虑昌宇公司一直否认自行加盖印章且不持有该协议之抗辩意见，本院对5.3补充协议相关内容的真实性不予采信。

关于《鉴证报告》的采信及认定问题。根据再审期间本院查明的事实，原审法院采信呼市中院审理陈呈浴诉昌宇公司合作经营合同纠纷一案中委托兴益会计师事务所出具的《鉴证报告》作为认定陈呈浴实际损失的证据，存在如下问题：第一，《鉴证报告》是陈呈浴申请呼市中院委托兴益会计师事务所所作鉴证，因陈呈浴申请撤诉，呼市中院已对该案作出撤诉处理。本案原审期间，陈呈浴并未向原审人民法院提出有关损失鉴定申请，原审法院将陈呈浴提供的该《鉴证报告》作为鉴定意见予以质证和认定，违反《中华人民共和国民事诉讼法》第七十六条第一款之规定，属适用法律错误。同时，依据《中华人民共和国民事诉讼法》第七十八条之规定，鉴定意见即使为原审法院依法委托，该鉴定意见在当事人提出异议的情况下，原审法院亦应通知鉴定人出庭作证，否则不能采信为认定案件事实的证据。第二，本案《鉴证报告》属投入费用鉴证，不能作为认定投资损失事实的依据。该《鉴证报告》在内容上虽列明了陈呈浴开采期间开挖的土方量和石方量及各项费用，但并未说明开挖的石方量中有商品荒料及形成多少商品荒料，即并未包含产品产出情况。根据2005年6月，昌宇公司委托山西省地质科学研究所进行的《内蒙古和林格尔县榆树沟村花岗岩矿区普查地质报告》及2005年9月8日内蒙古科瑞房地产评估有限公司出具的《内蒙古和林格尔县榆树沟村花岗岩矿区普查地质报告评审意见书》，均认为合作开采矿区矿体分布稳定，覆盖层或风化层较薄，裸露地表，陈呈浴所采矿区的平均图解荒料率为25.03%。上述地质普查报告及评审意见均为采矿的基本资料，陈呈浴作为合作采矿当事人，对此应该明知，其在履行相关开采协议期间并未提出异议。对此，本院予以采信。昌宇公司主张《鉴证报告》所涉石方量中已有部分商品荒料产出，有一定可信性，且得到本院庭审查明事实的佐证，陈呈浴认为没有矿石产品产出，故意隐瞒重要案件事实，违背诚实信用的诉讼原则，对其陈述不予采信。再审期间，陈呈浴于2014年7月20日委托中国冶金地质总局内蒙古地质勘查院所作《内蒙古自治区和林格尔县榆树沟花岗岩矿区覆盖层调查报告》亦对矿区矿体的荒料率予以了调查，但该报告为陈呈浴单方委托，且勘测的是已经开挖的矿坑，矿体因开采已经破坏，无法予以认证，对此，本院不予采信。综上，本院认为，原审根据上述《鉴证报告》认定陈呈浴的投资损失，认定事实和适用法律均有错误，本院予以纠正。

（二）关于陈呈浴请求投资损失赔偿有无事实和法律依据的问题

根据再审期间本院查明的事实，陈呈浴请求投资损失赔偿无合同根据，亦无损失事实根据。第一，合同方面。根据双方认可的5.1协议，昌宇公司以其享有的采矿权与陈呈浴形成了合作开发矿山法律关系，该合作关系并不违背国家法律、法规的强制性规定，应为有效。陈呈浴认为其与昌宇公司构成矿山买卖合同关系及双方买卖关系无效的主张，无事实和法律根据，本院不予支持。根据5.1协议约定的相关内容，陈呈浴有组织实施采石生产和销售产品的权利（第三条），同时需自行解决生产、销售活动的资金、人力、物力，承担生产经营中因自身原因引起的各项责任义务（第六条）；还具有保护矿山生态环境的义务、合理开采不得实施损坏开采的义务、按期给付矿山费用补偿金的义务等。另外，该协议第十条约定："如乙方（陈呈浴）违反按期交付矿山费用补偿金之义务，甲方（昌宇公司）有权单方终止合同，造成的损失由乙方承担。"根据2008年11月7日呼市中院作出的（2008）呼法民二终字第957号民事判决所查明的相关事实，陈呈浴在合作期间不仅违反协议有关保护生态环境、合理开采的义务，而且也自认没有按期给付昌宇公司2007年度矿山费用补偿金，据此，在5.1协议被法院判决解除后，根据上述协议之规定，应自行承担有关损失。第二，损失事实方面。在原审、申请再审审查及再审庭审中，陈呈浴一直称其在矿山开采期内，只有投入没有产品产出，即尚未产生任何收益，但在应本院要求提供部分投资票据时，本院查明该部分票据包含部分（矿石）荒料生产、加工和销售票据，其对此未予否认，亦不能作出合理解释。本院认为，陈呈浴自行进行矿石生产和销售，亦承认昌宇公司对矿石生产和销售没有任何参与，其举出的有关投资票据不仅形式、内容存在严重瑕疵从而导致投资认定困难，根据其已有矿石生产和销售的事实，是否具有投资损失，亦无证据予以充分支持。同时，原审中，陈呈浴作为损失赔偿的请求人不仅未提供有关生产经营票据，而且对其应该掌握的票据前后表述不一，有时称其有三麻袋票据，有时称只是三小袋票据，有时称票据在他人处不能取得，有时称票据大部分丢失等。再审中，经多次催告陈呈浴限期提交全部生产经营票据，但其并未向本院补交。据此，陈呈浴请求投资损失赔偿的事实依据不足，本院不予支持。

综上，原判决认定事实不清，适用法律错误，应予纠正。

审理法院 最高人民法院

裁判时间 2015 年 5 月 30 日
案　　号 最高人民法院（2014）民提字第 178 号民事判决书
出　　处 《最高人民法院公报》2016 年第 3 期。

281. 如果仅凭收条不足以证明当事人之间的实际收付款情况，人民法院应结合双方交易习惯、其他资金结算凭证综合判断收条中记载内容是否确实履行

——孙宝荣与杨焕香、廊坊愉景房地产开发有限公司公司增资纠纷案

> **裁判摘要**
>
> 收条作为当事人之间收付款的书证、直接证据，对证明当事人之间收付款的事实具有一定的证明效力，但如果收条记载的内容与当事人之间实际收付款的时间、金额存在不一致的情形，仅凭收条不足以充分证明实际收付款情况，人民法院还应结合汇款单、票据等资金结算凭证，对收条中记载的资金是否实际收付加以综合判断认定。

关 键 词　证明效力　收条

裁判理由　最高人民法院认为：一、关于杨焕香应返还孙宝荣的投资款数额

孙宝荣主张解除《投资入股协议书》及《补充协议》，杨焕香不持异议，故《投资入股协议书》及《补充协议》因双方当事人意思表示一致而解除。根据《中华人民共和国合同法》第九十七条的规定，协议解除后，当事人应将依据合同取得的财产返还给对方。本案恰因返还投资款的数额产生纷争。孙宝荣以杨焕香出具的载明其累计收到 1.4 亿元的收条为据，主张已经累计支付了 1.4 亿元投资款，因此诉请杨焕香返还 1.4 亿元。杨焕香主张实际仅收到 1 亿元投资款，扣除不应返还的 2800 万元定金，其应返还孙宝荣 7200 万元。对此争议，本院结合双方提交的证据具体分析认定如下：

（一）关于能否依据 1.4 亿元收条认定孙宝荣实际支付了 1.4 亿元投资款。收条作为当事人之间收付款的书证、直接证据，对证明当事人之间收付款的事实具有一定的证明效力。但是，由于收条记载的内容与当事人之间实际收付款的情形有时并不一致，因此仅以收条为据尚不足以充分证明实际收

付款情况。特别是在大额资金往来中，除收条外，还应结合双方的交易习惯、付款凭证、汇款单据等证据，对收条中记载的资金是否实际支付加以综合判断认定。具体到本案，由于杨焕香与孙宝荣原系朋友关系，双方基于相互的人身信赖，在资金往来中确实存在先打条、后付款的情形，因此收条记载的内容与款项实际支付情况并不完全相符。例如：2011年5月30日，杨焕香给孙宝荣出具收条："今收到孙宝荣现金人民币贰仟万元整（￥20000000元），作为孙宝荣购买杨焕香持有的愉景公司35%股权的定金。"但实际上，收条中载明杨焕香已收到的500万元定金在收条出具时孙宝荣并未支付，汇款凭证显示，孙宝荣于2011年5月31日才将该500万元汇付。2011年11月28日，杨焕香向孙宝荣出具"至今累计收到壹亿肆仟万元整"入股金的收条，但孙宝荣支付的入股金中有两笔合计1591万元系在2011年11月29日才汇入愉景公司账户。因此，收条记载的"至今累计收到壹亿肆仟万元整"并不属实。综上，本院认为，虽然杨焕香向孙宝荣出具了至今累计收到1.4亿元的收条，但在收条记载的内容并不完全属实且双方就已付金额发生争议的情况下，仅凭收条尚不足以认定孙宝荣实际支付了1.4亿元投资款。

（二）关于杨焕香应否返还有争议的4000万元投资款

孙宝荣主张向杨焕香及愉景公司共支付了1.4亿元投资款，并提供了通过银行转账汇款12591万元的凭证；另外1409万元，孙宝荣主张以顾问费冲抵定金及投资款形式支付了1200万元，以垫付项目工地垃圾清运费等杂费形式支付了209万元。杨焕香认可孙宝荣通过银行转汇付款12591万元，但辩称其中的2591万元是为了帮助孙宝荣融资而走的银行轨迹，该笔款项已经返还给孙宝荣，孙宝荣实际只支付了1亿元，对孙宝荣主张以顾问费冲抵1200万元及代付杂费209万元不予认可。由此可见，双方的此项争议集中在4000万元投资款是否实际支付、应否返还上。本院根据孙宝荣主张已经实际支付并应予返还的4000万元投资款的构成情况，分析评判如下：

关于孙宝荣主张以顾问费冲抵1200万元投资款是否应予支持问题。2009年8月25日，杨焕香与孙宝荣签订《顾问咨询协议》，约定杨焕香聘请孙宝荣为御景湾项目私人高级顾问，时间三年，顾问咨询费共计100万元。该协议特别约定："本意向的任何修改，由双方另行签订补充合同"。根据协议，杨焕香仅负有向孙宝荣支付100万元顾问费的合同义务。孙宝荣主张以1200万元顾问费顶抵了投资款，但并没有提供双方已经变更《顾问咨询协议》、提高顾问费金额的补充合同。原审庭审中，孙宝荣声称，杨焕香同意支付给孙宝荣的顾问费由100万元变为1000万元。但其诉请冲抵投资款的顾问费却为1200万元。二审期间，杨焕香提供了孙宝荣出具的四张顾问费收条后，孙宝荣又称，由于其顾问工作，使得愉景公司的土地由酒店用地变为住宅和商业用地，土地溢价4.5亿元，因此杨焕香同意支付其顾问费4000万元。但根据查明的事实，愉景公司早在2006年5月就已经挂牌取得了案涉土地使用权，在2009年1月7日廊坊市市长办公会上已经议定了该土地"可依据批准的规划，按照商业和住宅用途分别确权登记。商业酒店与住宅项目应同时开工建设。"亦即在孙宝荣与杨焕香于2009年8月25日签订顾问合同之前，该土地的用途即已获批为商业与住宅两类，孙宝荣关于由于其顾问工作使得愉景公司的土地由酒店用地变为住宅和商业用地的主张不能成立。因此，孙宝荣关于顾问费的说法前后莫衷一是，且无证据佐证，故本院对孙宝荣的主张实难采信。从顾问费收条内容看，2011年6月16日的200万元收条、2011年7月30日的800万元收条、2011年8月25日的1000万元收条均记载孙宝荣收到了杨焕香以现金支付的顾问费，这与孙宝荣主张以顾问费冲抵投资款的陈述不符，孙宝荣亦承认杨焕香从未以现金形式支付过顾问费。因此，顾问费收条记载的内容与客观事实并不相符。4000万元顾问费收条是由孙宝荣单方出具，4000万元也没有实际支付，据此不能证明杨焕香同意向孙宝荣支付4000万元顾问费。电话录音表明，杨焕香并不同意孙宝荣以顾问费收条作为支付入股金的凭证，对孙宝荣出具顾问费收条亦提出了异议。故此，在孙宝荣没有证据证明杨焕香同意变更顾问费以及双方达成了以顾问费冲抵1200万元投资款的情况下，孙宝荣辩称以顾问费冲抵支付了1200万元投资款证据不足，本院不予支持。

关于杨焕香和愉景公司返还的2591万元是借款还是投资款问题。杨焕香及愉景公司在向孙宝荣一方付款2591万元时在银行付款凭证上并未指明款项用途，刘建秀出具的收款收据上虽然注明"还借款"和"还款"，但这只是收款方的单方意思表示，在双方对还款用途产生争议的情况下，根据举证证明责任的分配原则，应由孙宝荣对其主张的杨焕香返还的2591万元系借款而非投资款承担举证责任，进一步举证证明其与杨焕香之间、愉景公司与刘建秀之间存在2591万元的借款关系。孙宝荣提供了自己以及其控制的廊坊中邦小额贷款有限公司与杨焕香以及杨焕香控制的公司之间存在借款关系的证据，但这些证据与孙宝荣主张的证明目的之间不具有关联性，不足以证明孙宝荣与杨焕香之间、愉景公司与刘建秀之间此前存在2591万元借款关系，孙宝荣应承担举证不能的不利后果。故此,本院对孙宝荣主张杨焕香返还的2591万元为借款而非投资款不予认可。

关于209万元垃圾清运费等杂费问题。孙宝荣主张,其代杨焕香支付了项目工地垃圾清运费等杂费209万元,该笔款项包括在杨焕香最终决算出具的1.4亿元总收条内,并提交了《垃圾清运合同》加以证明。本院认为,孙宝荣所提交的《垃圾清运合同》并不能证明其主张。从时间上看,杨焕香出具最终决算1.4亿元的总收条在2011年11月28日,而《垃圾清运合同》则是在2011年12月3日才签订,合同约定的付款时间则是在垃圾清运完毕之后。因此,在杨焕香出具最终决算1.4亿元的总收条时,垃圾清运合同尚未订立,不存在需要垫付款的问题。从金额上看,《垃圾清运合同》约定的合同金额仅为23万元,远少于孙宝荣主张的垫付金额。况且,孙宝荣并未提供任何付款凭证,无法证明其实际垫付了209万元杂费。故孙宝荣主张垫付了209万元垃圾清运费等杂费并以其抵作了投资款证据不足,本院不予认可。

综上,本院认为,依据现有证据,不能证明孙宝荣支付了1.4亿元投资款,而仅能证明孙宝荣支付了1.2591亿元,扣除已经返还的2591万元,本院认定孙宝荣实际支付投资款本金为1亿元。

投资款系孙宝荣为履行《投资入股协议书》而支付,《投资入股协议书》解除后,应由协议相对人将收取的投资款返还给孙宝荣。从内容上看,《投资入股协议书》涉及愉景公司增资以及愉景公司同意孙宝荣出资入股等事宜,应由愉景公司和孙宝荣协商订立。杨焕香当时虽为愉景公司持股70%的控股股东,但并非愉景公司的法定代表人,也没有证据证明愉景公司授权杨焕香对外签订《投资入股协议书》。因此,杨焕香订立《投资入股协议书》的行为应属无权代表。愉景公司知悉杨焕香擅自同孙宝荣签订《投资入股协议书》后,未予否定,相反却多次收受孙宝荣支付的投资款并出具收据。愉景公司的此种积极行为,应视为对杨焕香无权代表行为的追认。因此,杨焕香行为的法律后果应由愉景公司承担。《投资入股协议书》解除后,愉景公司作为合同相对人,应返还孙宝荣支付的投资款。原审中,孙宝荣诉请愉景公司返还9091万元投资款,并未超出其有权要求返还的总金额,原审法院予以支持并无不当。杨焕香在诉讼中自愿承担投资款的返还义务,属于债务加入,孙宝荣对此亦不持异议。因此,本院认为,在协议解除后,杨焕香应返还孙宝荣1亿元投资款,愉景公司在9091万元范围内与杨焕香承担共同返还责任。因孙宝荣未主张返还利息,本院对此不做处理,当事人可以另行解决。

审理法院 最高人民法院
裁判时间 2016年12月18日
案　　号 最高人民法院（2015）民二终字第191号民事判决书
出　　处 《最高人民法院》2017年第8期。

282. 民间借贷案件中举证证明责任的分配
——郑能欢与许锡忠、华瀚科技有限公司、民间借贷纠纷案

> **裁判要点**
> 　　民间借贷纠纷案件中，借款人往往根据出借人口头指令，将还款支付到其他公司或个人账户，而产生诉讼之后出借人对此不予认可。依据民事诉讼法"谁主张，谁举证"的原则，民间借贷纠纷案件通常由借款人就履行还款义务承担举证证明责任。但如果借款人支付还款款项的账户为出借账户时，应由出借人承担举证证明责任。

关 键 词　民间借贷　举证责任

裁判理由　最高人民法院认为：本案二审的争议焦点是，陈晓华能否代表华瀚公司以及如何确定华瀚公司的委托诉讼代理人；本案借贷主体和案由如何确定；一审审理程序是否存在不当；华瀚公司、郑能欢尚欠的借款金额如何认定。对此，作如下分析：

（一）关于陈晓华能否代表华瀚公司以及如何确定华瀚公司的委托诉讼代理人的问题

首先，根据《中华人民共和国民法通则》第三十八条的规定，法定代表人有权依照法律或者法人组织章程规定，代表法人行使职权。陈晓华于2015年5月11日在深圳市市场监督管理局登记为华瀚公司法定代表人，该登记具有法律意义。因此，从形式上看，陈晓华有权代表华瀚公司以及委托吴如芳律师参加诉讼。但不可否认的是，陈晓华在本案中成为华瀚公司法定代表人具有特殊性，故本案应谨慎考察陈晓华、吴如芳的意见能否代表华瀚公司的真实意思表示。从已查明的事实看，立众公司是华瀚公司的唯一股东，而立众公司的原控股股东是郑能欢。由于合同约定作为还款保障的需要，郑能欢将立众公司的90%股份过户给许锡忠、伟康德公司、陈文端、杨建野指定的

淞瑞公司。立众公司作出由陈晓华替代郑能欢成为华瀚公司法定代表人的变更决定时，控制立众公司的股东正是许锡忠、伟康德公司等指定的淞瑞公司。由此可见，在现有股权结构下，许锡忠、伟康德公司等实际已通过立众公司控制了华瀚公司。另外，《债权转让及还款确认协议书》中还指明，陈晓华是与许锡忠、伟康德公司等有关联的自然人。结合华瀚公司员工李军的陈述，可以推断，陈晓华替代郑能欢成为华瀚公司法定代表人并非华瀚公司根据自身经营需要而作的选择，陈晓华与许锡忠、伟康德公司更具有利益上的一致性。从诉讼对抗角度看，华瀚公司本应站在许锡忠的对立面，但陈晓华以及其委托的吴如芳律师在本案中的立场实际与许锡忠保持一致，有悖于华瀚公司的利益。综上，最高人民法院认为，陈晓华以及其委托的吴如芳律师提交的答辩意见并不能代表华瀚公司的真实意思表示，不宜本案中采纳，亦不能确认吴如芳作为华瀚公司的委托诉讼代理人。

其次，李军虽然举证证明其为华瀚公司的员工，并持有加盖华瀚公司公章的授权委托书以及华瀚公司原有企业法人营业执照、组织机构代码证副本的复印件，但从深圳市市场监督管理局查询的资料可见，立众公司作为华瀚公司股东已经登报和向深圳市市场监督管理局声明，华瀚公司原有公章遗失，并重新申领了营业执照。这说明，李军持有的授权委托书中加盖的华瀚公司公章和原企业法人营业执照、组织机构代码证副本暂已失效，故本案不宜认定李军具有华瀚公司委托诉讼代理人的资格。

（二）关于本案借贷主体和案由如何确定的问题

关于出借主体。涉案《借款合同》《借据》和《收款确认书》明确记载，华瀚公司、郑能欢共同向许锡忠借款，且本案借款的实际出款单位宏德辉公司和达源公司系受许锡忠指定，这足以证明许锡忠是合同出借人，宏德辉公司和达源公司接受委托实际出款的事实并不能否定许锡忠作为出借人的法律地位。郑能欢还要求许锡忠举证证明其对宏德辉公司和达源公司所转款项享有支配权利，并无法律依据。关于借款主体。尽管《借款合同》约定借款的用途是华瀚公司的经营所需，但郑能欢已明确以个人名义与华瀚公司一起作为共同借款人签署《借款合同》《借据》和《收款确认书》，其再抗辩仅仅作为华瀚公司法定代表人履行职务行为的说法不能成立。故，郑能欢、华瀚公司是共同的借款人。至于案由，本案借款合同发生在许锡忠和郑能欢、华瀚公司之间，属于自然人与自然人、企业之间就借款事实产生的争议，一审判决据此认定本案案由为民间借贷纠纷，并无不当。

(三) 关于一审审理程序是否存在不当的问题

郑能欢要求本案与伟康德公司、杨建野的诉讼案件合并审理并追加陈文端为本案当事人参与诉讼的主张，并无法律依据。许锡忠、伟康德公司、杨建野、陈文端与华瀚公司、郑能欢之间的借款关系是基于内容不同、相互独立的合同形成，各债权人有权分别提起诉讼。郑能欢申请合并审理并追加当事人，主要是为了证明其已还清款项的事实。对于华瀚公司、郑能欢是否已还清借款这一基本事实，应由债务人在不同的案件中针对不同的债权人就还款事实进行举证，即便合并审理并追加了陈文端参加本案诉讼，也不能由此免除或减轻郑能欢、华瀚公司在本案中对许锡忠还款事实的举证义务。实际上，本案在审理时也注意到了伟康德公司、杨建野与华瀚公司相关诉讼案件中的内容，并将相关事实在本案中予以查明，并不存在因未合并审理或者未追加当事人而造成本案事实无法查清的问题。因此，一审法院的审理程序并无不当，郑能欢就此提出的上诉请求，不能成立。

(四) 关于华瀚公司、郑能欢尚欠许锡忠借款金额如何认定的问题

涉案《借款合同》《借据》和《收款确认书》证明，华瀚公司、郑能欢收到许锡忠的借款本金为11676万元。华瀚公司、郑能欢和许锡忠、伟康德公司、杨建野、陈文端六方于2010年7月28日订立的《债权转让及还款确认协议书》共同确认，在华瀚公司、郑能欢偿还了借款本金9700万元以及由四方债权人减免了部分违约金后，截至2010年7月26日，华瀚公司、郑能欢共欠许锡忠、伟康德公司、杨建野、陈文端本金33900万元、违约金6100万元。该协议书明确了四位债权人的债权总额，其总金额系六方协商基础上进行的结算，体现出各方的真实意思表示。郑能欢主张已偿还许锡忠全部本金，而《债权转让及还款确认协议书》确认的本金均为违约金转化而来，应由郑能欢承担相应的举证义务。

首先，关于尚欠本金的认定。许锡忠、伟康德公司在本案和（2012）粤高法民二初字第8号案中确认，《债权转让及还款确认协议书》结算的本金33900万元构成为许锡忠11676万元、伟康德公司19610万元、陈文端14万元、杨建野2600万元。陈文端系伟康德公司于（2012）粤高法民二初字第8号案诉讼时的法定代表人和大股东，其未对伟康德公司关于33900万元本金的分配主张提出异议，视为对前述分配无异议。杨建野另案起诉华瀚公司的借款本金为2360万元，该金额虽低于伟康德公司、许锡忠陈述的杨建野债权本金2600万元，但与前述分配并不构成冲突或者矛盾。郑能欢、华瀚公司未

就前述33900万元提出不同的分配方法，也未能对前述分配提出相反的证据，故最高人民法院确认许锡忠、伟康德公司的分配主张，即《债权转让及还款确认协议书》项下33900万元本金中归属许锡忠的为11676万元。

郑能欢要想证明《债权转让及还款确认协议书》确认的许锡忠的借款本金11676万元都是由违约金转化而来，则必须证明其已在该确认协议书之前已实际偿还了全部借款本金。对于偿还过程，郑能欢主张，其和华瀚公司已向七名一审第三人划款13677.83万元用于偿还本案借款。对此主张，最高人民法院认为，第一，郑能欢未能举证证明其向七名一审第三人中的欧宇公司、诺华德扬公司、宜都公司、华源公司、泽槟公司的划款符合涉案《借款合同》约定的还款方式或者获得许锡忠的指示，也没有提供证据证明前述五位一审第三人与许锡忠存在何种身份关联，故华瀚公司、郑能欢向前述五位一审第三人的划款不能认定是归还本案借款；第二，一审法院将华瀚公司向宏德辉公司、达源公司转款4634万元认定为归还本案借款本金的事实，许锡忠虽提出异议，但并未就此提起上诉。从一审已查明的事实看，宏德辉公司、达源公司系许锡忠指定的案涉借款的出款主体，且许锡忠通过持股伟康德公司的方式实际控股宏德辉公司，这表明许锡忠与宏德辉公司存在身份关联。对于向宏德辉公司、达源公司的这两笔转款是否属于偿还本案借款，许锡忠存在更多的举证便利。在许锡忠未能举证证明华瀚公司向宏德辉公司、达源公司转款4634万系基于其他债权债务事实的情况下，一审法院根据举证责任的分配规则以及由此形成的内心确信认定该4634万元系用于偿还借款本金，并无不当。华瀚公司、郑能欢已经归还4634万元本金，则只剩本金7042万元，《债权转让及还款确认协议书》仍结算许锡忠的本金为11676万元，显然是将部分违约金纳入了本金计算，而将违约金纳入本金计算的部分违反了法律规定，不能获得保护，应予剔除。一审判决认定华瀚公司、郑能欢尚欠许锡忠借款本金7042万元，予以维持。

其次，关于逾期付款违约金的认定。案涉合同约定的逾期还款每天5‰的违约金标准过高，一审判决依法调整为年利率24%，并从合同约定的到期日之次日2009年6月27日起计算至实际清偿之日止计算逾期还款违约金，符合法律规定，最高人民法院予以支持。由于《债权转让及还款确认协议书》明确指出在计算违约金时有进行了减免，故郑能欢关于《债权转让及还款确认协议书》中放弃逾期罚金、不计算借款利息的内容不符合常理的主张，不能成立。

审理法院 最高人民法院
裁判时间 2014 年 11 月 15 日
案　　号 最高人民法院（2014）民一终字第 77 号民事裁定书
出　　处 《民事审判指导与参考》2017 年第 3 辑（总第 71 辑）。

第六章 诉讼费用

283. 当事人提出反诉后未交纳诉讼费的，法院应当如何处理
——曲直、孙志财等与江苏徐工工程机械有限公司融资租赁合同纠纷申请再审案

裁判要点

当事人提出反诉后未依法交纳诉讼费，对其反诉不予审理。

关　键　词　反诉　诉讼费

裁判理由　最高人民法院认为：《诉讼费用交纳办法》第一条规定：当事人进行民事诉讼、行政诉讼，应当依照本办法交纳诉讼费。第二十条规定：案件受理费由原告、有独立请求权的第三人、上诉人预交。被告提起反诉，依照本办法规定需要交纳案件受理费的由被告预交。最高人民法院《关于适用〈诉讼费用交纳办法〉的通知》规定，当事人逾期不按照《诉讼费用交纳办法》第二十条规定，交纳案件受理费或者申请费并且没有提出司法救助申请，或者申请司法救助未获批准，在人民法院指定期限内仍未交纳案件受理费或者申请费的，由人民法院依法按照当事人自动撤诉或者撤回申请处理。本案原审法院根据上述规定，认定曲直在提出反诉后并未依法交纳诉讼费，对其反诉未予审理并无不当。

审理法院　最高人民法院
裁判时间　2016年2月24日
案　　号　最高人民法院（2016）最高法民申204号民事裁定书
出　　处　中国裁判文书网。

284. 诉讼中以保函形式提供担保所支出的保险费属于合理支出，应由违约方承担
——中国房地产开发集团哈尔滨有限公司与江苏省苏中建设集团股份有限公司建设工程施工合同纠纷案

裁判要点

以保函形式提供担保所支出的保险费属于诉讼中的合理必要费用，是守约方损失的一部分，应当由违约方承担相应费用。

关 键 词 保全 保函 诉讼费用

裁判理由 最高人民法院认为：本案的争议焦点为中房集团应否承担诉讼保全担保保险费及保全费。

苏中集团在本案一审庭审中当庭增加诉讼请求，请求中房集团支付诉讼保全担保保险费，符合《最高人民法院关于适用〈中华人民共和国民事诉讼法〉的解释》第二百三十二条关于原告在案件受理后法庭辩论结束前增加诉讼请求的时限规定。一审判决支持苏中集团的该项诉讼请求不属于超出诉讼请求判决。根据《中华人民共和国民事诉讼法》第一百条第二款关于"人民法院采取保全措施，可以责令申请人提供担保，申请人不提供担保的，裁定驳回申请"的规定以及《最高人民法院关于人民法院办理财产保全案件若干问题的规定》第八条关于"金融监管部门批准设立的金融机构以独立保函形式为财产保全提供担保的，人民法院应当依法准许"的规定，苏中集团可以通过保险公司出具保函的形式为财产保全提供担保，而非必须以自己的财产或他人财产担保。因中房集团违约引起本案诉讼，苏中集团为此向保险公司交纳的诉讼保全担保保险费系苏中集团支出的合理必要费用，属苏中集团的损失部分，一审判令违约方中房集团承担并无不当。根据《诉讼费用交纳办法》第六条第二项关于"当事人应当向人民法院交纳的诉讼费用包括：（二）申请费"及第十条第二项关于"当事人依法向人民法院申请下列事项，应当交纳申请费：（二）申请保全措施"的规定，苏中集团申请财产保全需要向法院交纳申请保全费，该费用属于诉讼费用的范畴。根据《诉讼费用交纳办法》第二十九条第一款关于"诉讼费用由败诉方负担"的规定，一审判令中房集

团负担保全费并无不当,本院予以维持。

审理法院 最高人民法院
裁判时间 2017 年 9 月 15 日
案　　号 最高人民法院(2017)最高法民终 437 号民事判决书
出　　处 中国裁判文书网。

第七章 保 全

285. 财产保全错误相应证明责任的分配
——宁化县永龙房地产开发有限公司诉陈应桂等财产保全责任纠纷案

> **裁判要点**
>
> 　　财产保全错误损害赔偿责任,应当适用一般侵权责任过错归责原则。

关 键 词　财产保全错误　证明责任

裁判理由　最高人民法院认为:从立法本意上看,《民事诉讼法》第一百零五条系为防止当事人滥用诉讼权利,不当损害他人合法权益而作出的规定。司法实践中,财产保全的申请人对自身权利的衡量与人民法院最终认定之间存在差异,当事人认为合理的诉请不为人民法院认定支持的情况并不鲜见,将上述法律规定认定为《侵权责任法》第七条规定的无过错责任,在申请人败诉的情况下,即认为构成"申请有错误",并一概要求申请人承担申请财产保全错误的赔偿责任,不符合《民事诉讼法》第一百零五条的立法本意。因此,该条法律规定的"申请有错误",应当理解为不仅包括人民法院的裁判结果与申请人诉讼请求之间存在差异,申请人的诉讼请求未能全部得到人民法院支持的客观方面,亦应包括申请人主观上存在故意或重大过失等过错的主观方面。即法律规定的申请财产保全错误损害赔偿责任,应当适用一般侵权责任过错归责原则,而不能仅依据裁判结果来认定责任的成立与否。永龙公司所持二审判决对其遭受的经济损失及与陈应桂申请财产保全之间具有因果关系未予认定错误的申请再审理由,不能成立。

　　因保全引起的损害赔偿案件,应当适用侵权责任法规定的过错责任归责原则。申请是否有错误,不能简单地以申请人的诉讼请求是否得到人民法院支持为判断依据,应以申请人对出现保全错误存在故意或重大过失作为认定过错的标准。

审理法院 最高人民法院
裁判时间 2015年6月16日
案　　号 最高人民法院（2015）民申字第1147号民事裁定书
出　　处 中国裁判文书网。

286. 诉讼保全过程中存在程序瑕疵不影响保全和执行措施的效力
——兰州通用机器制造有限公司与兰州新区汇银小额贷款有限责任公司
企业借贷纠纷、申请承认与执行法院判决、仲裁裁决案

裁判要点

即便法院未能立即向被保全人送达诉讼保全的裁定，也不影响对保全内容的执行，未送达保全裁定不影响法院对被保全财产采取的保全措施的效力。

关 键 词　程序瑕疵　送达　执行效力

裁判理由　最高人民法院认为：关于甘肃高院在实施保全行为过程中是否存在违反程序的行为及相应法律后果，结合兰通公司的异议和复议理由，其认为甘肃高院在程序上的违法行为包括：甘肃高院掩盖汇银公司未提供有效担保的事实，未向兰通公司送达保全裁定，02号异议裁定未对兰通公司针对保全裁定提出的复议进行处理。

1. 关于甘肃高院在实施保全过程中汇银公司是否提供了相应担保及其法律后果

本案中，任某、邵某某为汇银公司提出的诉讼保全申请提供担保，甘肃高院在执行（2014）甘民二初字第13-1号民事裁定对担保财产实施查封的过程中，要求兰州市房产交易中心、担保房屋的出卖人佳和房地产公司协助执行查封事项，已依法履行了查封职责，所采取的查封措施已足以实现财产担保功能。且根据《中华人民共和国民事诉讼法》（以下简称《民事诉讼法》）第一百条第二款的规定，人民法院采取保全措施，可以责令申请人提供担保，申请人不提供担保的，裁定驳回申请。根据《最高人民法院关于适用

《中华人民共和国民事诉讼法》的解释》（以下简称《民事诉讼法解释》）第一百五十二条第三款的规定，在诉讼中，人民法院依申请或者依职权采取保全措施的，应当根据案件的具体情况，决定当事人是否应当提供担保以及担保的数额。

上述规定表明，诉讼中保全裁定的作出并不需要严格的对审程序，要求申请人提供担保，是为了及时有效地赔偿可能因申请人申请错误而给被申请人造成的损失，进而也促使申请人在申请保全时慎重考虑。因此，当事人在诉讼中申请保全，是否提供担保是法院依职权决定的事项，法院有权根据案件具体情况决定是否责令申请人提供担保以及担保的具体数额。

综上，甘肃高院对汇银公司提供的担保财产依法实施了查封，所采取的措施已足以实现财产担保的功能。兰通公司所提关于汇银公司未能提供有效担保以及甘肃高院掩盖汇银公司未能提供有效担保的复议理由与事实不符，且于法无据，不能成立，本院不予支持。

2. 关于甘肃高院未向兰通公司送达保全裁定的法律后果以及02号异议裁定是否应对兰通公司针对保全裁定本身提出的复议进行处理

本院查明的事实表明，甘肃高院在对兰通公司采取保全措施时，确未向兰通公司送达（2014）甘民二初字第13-2号民事裁定，在程序上存在瑕疵。但根据《民事诉讼法》第一百零八条的规定，当事人对保全或者先予执行的裁定不服的，可以申请复议一次。复议期间不停止裁定的执行。从该条规定的具体内容看，此类复议属于事中救济。法律之所以规定复议期间不停止裁定的执行，主要是为了防止被保全的一方当事人利用申请复议期间转移财产。因此，即便甘肃高院未能立即向兰通公司送达诉讼保全的裁定，也不影响保全内容的执行，未送达保全裁定不影响甘肃高院对兰通公司财产采取的保全措施的效力。经本院查明，甘肃高院在对兰通公司名下的银行存款账户、土地使用权实施保全措施后，向兰通公司送达了保全裁定，此前送达程序中存在的瑕疵已得到补正，保全措施的效力应予维持。保全裁定送达后，兰通公司对该裁定不服的，可依据有关法律规定申请复议。

甘肃高院依据《民事诉讼法》第二百二十五条对兰通公司所提执行异议进行审查，其对象是甘肃高院冻结兰通公司银行存款账户、查封兰通公司名下土地使用权的执行措施，而非诉讼保全裁定本身。因此，02号异议裁定将审查的对象限定在执行措施范围内，符合法律规定，并无不当。

故裁定：驳回申请复议人兰州通用机器制造有限公司的复议请求，维持甘肃省高级人民法院（2014）甘执异字第02号执行裁定。

审 理 法 院　最高人民法院
裁 判 时 间　2015年6月25日
案　　　号　最高人民法院（2014）执复字第25号执行裁定书
出　　　处　中国裁判文书网。

287. 财产保全错误如何判断
——都兴东与沈阳锦元纸业有限公司因申请
诉中财产保全损害责任纠纷案

裁判要点
　　诉讼保全金额与诉请金额进行比较，两者数额趋于等同时，一般不认定财产保全存在过错；财产保全错误损害赔偿责任，应当适用一般侵权责任过错归责原则。

关 键 词　财产保全错误
裁 判 理 由　最高人民法院认为：原审判决认定锦元公司申请财产保全没有侵害都兴东权益的故意或重大过失并无不当。《民事诉讼法》第一百条规定，本案锦元公司因都兴东欠付租金提起诉讼，请求都兴东给付租金及损失等合计400余万元，为保障权利实现，其在诉讼中提出财产保全申请，请求冻结都兴东400万元的存款或查封相应价值的财产。由此，锦元公司的财产保全申请符合法律规定，其没有通过财产保全侵害都兴东权益的故意和重大过失。都兴东申请再审称锦元公司申请财产保全存在过错，缺乏证据证明。

审 理 法 院　最高人民法院
裁 判 时 间　2016年8月30日
案　　　号　最高人民法院（2016）最高法民申2100号民事裁定书
出　　　处　中国裁判文书网。

288. 期满未诉的诉前保全查封措施不会自动解除
——新疆博湖农村商业银行股份公司、段某某
与巴州金帆废旧橡胶再生利用有限公司买卖合同纠纷案

> **裁判要点**
>
> 法院裁定采取诉前保全措施后,申请人在法定期限内既未提起诉讼,又未提出撤销保全申请的,该保全的效力并未自动灭失,应由作出保全裁定的法院依职权解除财产保全。

关 键 词 保全 期满未起诉 自动解除

裁判理由 最高人民法院认为:本案争议的焦点问题是,采取诉前保全措施后,申请人既未在法定期限内起诉财产所有权人,又未申请法院解除保全措施,如何确定保全查封的效力。

诉前保全是指人民法院在民事案件受理前,为了不使利害关系人的合法权益受到难以弥补的损害,根据利害关系人的申请,对被申请人的财产进行保全,或者责令被申请人作出一定行为或禁止作出一定行为的民事强制措施。《中华人民共和国民事诉讼法》(以下简称《民事诉讼法》)对诉前保全的规定,既保护了利害关系人的利益,也兼顾了被申请人的合法权益,为避免被申请人因保全时间过长而扩大经济损失,对采取保全措施后,申请人的起诉期限提出了明确要求。本案诉讼发生在2009年,根据原《民事诉讼法》第九十三条第三款关于"申请人在人民法院采取保全措施后十五日不起诉的,人民法院应当解除财产保全"的规定,诉前保全申请人在人民法院采取保全措施后,应当及时与被申请人解决民事纠纷,不能及时解决的,应当在采取保全措施后15日内向人民法院起诉。如果在15日内不起诉,又不提出撤销保全措施的,人民法院应当依职权解除财产保全。同时,原《最高人民法院关于适用〈中华人民共和国民事诉讼法〉若干问题的意见》第一百零八条规定:"人民法院裁定采取保全措施后,除作出保全裁定的人民法院自行解除和其上级人民法院决定解除外,在财产保全期限内,任何单位都不得解除保全措施。" 2015年施行的《最高人民法院关于适用〈中华人民共和国民事诉讼法〉的解释》第一百六十五条重申了上述规定。据此,人民法院裁定采取保全措

施后，有权解除保全裁定的主体只能是作出保全裁定的人民法院或者其上级人民法院，排斥除此以外的其他法院对非本院保全裁定的解除，同样也将其他行政机关、企事业单位等排除在外。

本案中，应博湖农商行的申请，博湖法院于 2009 年 11 月 26 日作出（2010）博民保字第 2 号民事裁定，查封了被申请人倪某某名下的案涉土地使用权，并于次日向库尔勒市国土资源局和倪某某送达了上述裁定。同年 12 月 7 日，博湖农商行将马玉英等七个自然人和金帆公司作为被告，诉至博湖法院，但起诉书中没有倪某某。2010 年 1 月 12 日，博湖农商行向博湖法院提交申请，要求追加倪某某等人为共同被告。博湖农商行在博湖法院对被申请人倪某某的财产采取诉前保全措施后，在法定的 15 日内既未对倪某某提起诉讼，亦未提出撤销保全申请，博湖法院应依职权解除财产保全。但博湖法院的保全查封的效力并不因博湖农商行未在法定期限内起诉倪某某而消灭。在明知博湖法院保全措施未予解除情况下，库尔勒市法院将案涉土地使用权予以强制执行，违反法律及司法解释关于查封、扣押、冻结财产的规定。

新疆高院在执行监督程序，依据《中华人民共和国民事诉讼法》第二百二十五条及《最高人民法院关于适用〈中华人民共和国民事诉讼法〉执行程序若干问题的解释》第五条关于当事人、利害关系人对违法执行行为提出异议的规定作出（2013）新审执监字第 1 号执行裁定，属适用法律错误。故裁定：

撤销新疆维吾尔自治区高级人民法院（2013）新审执监字第 1 号执行裁定。

审理法院　最高人民法院
裁判时间　2016 年 10 月 31 日
案　　号　最高人民法院（2016）最高法执监 29 号执行裁定书
出　　处　中国裁判文书网。

第八章 第三人撤销之诉

289. 鉴于生效裁判的既判力和法律稳定性,第三人撤销之诉在原告适格性问题上,提起撤销之诉的原告必须是原案的有独立请求权的第三人或者无独立请求权的第三人,并符合该款规定的其他条件

——香港大千国际企业有限公司与于秋敏、海门市大千热电有限公司第三人撤销之诉纠纷案

> **裁判摘要**
>
> 第三人撤销之诉是针对生效裁判提起的诉讼,一方面是给予因故未能参加诉讼而没有获得程序保障、却可能受到生效裁判拘束的第三人提供救济途径,另一方面则是防止第三人的合法权益受到他人虚假诉讼的侵害。鉴于生效裁判的既判力和法律稳定性,第三人撤销之诉在原告适格性问题上,应当严格遵守民事诉讼法第五十六条第三款的规定,即提起撤销之诉的原告必须是原案的有独立请求权的第三人或者无独立请求权的第三人,并符合该款规定的其他条件。

关 键 词 第三人撤销之诉 原告适格性

裁判理由 最高人民法院认为:本案系第三人撤销之诉纠纷。第三人撤销之诉是针对生效裁判提起的诉讼,一方面是给予因故未能参加诉讼而没有获得程序保障、却可能受到生效裁判拘束的第三人提供救济途径,另一方面则是防止第三人的合法权益受到他人虚假诉讼的侵害。鉴于生效裁判的既判力和法律稳定性,第三人撤销之诉在原告适格性问题上,应当严格遵守民事诉讼法第五十六条第三款的规定,即提起撤销之诉的原告必须是原案的有独立请求权的第三人或者无独立请求权的第三人,并符合该款规定的其他条件。本案中,原案的诉讼标的是于秋敏和海门大千公司之间的民间借贷法律关系。香港大千公司虽然是海门大千公司的全资股东,但其对原案的诉讼标的无独

立请求权，原案的处理结果亦不会导致其承担法律义务或责任，故其与原案的处理结果并无法律上的利害关系，其亦非原案的无独立请求权的第三人。因此，香港大千公司无权提起本案第三人撤销之诉，原裁定驳回其起诉并无不当，香港大千公司申请再审理由不能成立。至于海门大千公司的董事或法定代表人是否存在越权或关联交易侵害公司利益的行为，公司法已经为公司所有权和经营权分离所产生的风险提供了董事、高管侵权赔偿责任等救济途径，香港大千公司可据此寻求救济。

综上，香港大千公司的再审申请不符合《中华人民共和国民事诉讼法》第二百条规定的情形。

审理法院　最高人民法院
裁判时间　2016 年 8 月 26 日
案　　号　最高人民法院（2016）最高法民申 1045 号民事裁定书
出　　处　《最高人民法院公报》2017 年第 10 期。

290. 受理第三人撤销之诉应从主体要件、程序性要件、实体性要件、时间要件及管辖法院多方面进行严格的实质性审查
——孙某不服不予受理第三人撤销之诉裁定案

裁判要点

第三人撤销之诉是针对权益受到错误生效民事裁判侵害的案外第三人而建立的一项诉讼制度，是对案外第三人合法权益的一种事后程序保障，具有突破生效判决既判力的特点。因此，全面正确认识第三人撤销之诉是受理该诉讼的前提。在受理此类诉讼时，应当严格掌握标准，从主体要件、程序性要件、实体性要件、时间要件及管辖法院几个方面进行一定的实质性审查。

关 键 词　案外第三人　事后救济　撤销之诉

裁判理由　最高人民法院认为：孙某的此次起诉系依据《中华人民共和国民事诉讼法》第五十六条第三款之规定，以本溪中院作出的（2012）本审民再字第 19 号民事调解书损害其民事权益为由，向本溪中院提起第三人撤销

之诉。依据《中华人民共和国民事诉讼法》第五十六条第三款的规定,提起第三人撤销之诉的主体只能是对案争标的有独立请求权的第三人,或与案件处理结果有利害关系的无独立请求权第三人。而依据已经生效的辽宁高院(2004)辽审民再终字第15号民事判决书的确定,孙某仅是对开发公司、常某享有返还房款或损害赔偿的债权请求权,但对于涉案房屋并不享有任何实体权利,开发公司此后就涉案房屋作出何种处分亦不会对孙某产生法律上的利害关系。因此,在辽宁高院(2004)辽审民再终字第15号民事判决书已经生效的前提下,孙某不属于涉案房屋的有独立请求权的第三人,已经生效的本溪中院(2012)本审民再字第19号民事调解书之结果对孙某来讲亦无任何法律上的利害关系。作为开发公司或常某的债权人,孙某的此次起诉不符合第三人撤销之诉的主体条件,应当不予受理,故,本溪中院及辽宁高院作出不予受理的裁定并无不当,不存在认定基本事实和适用法律错误的问题。依照《中华人民共和国民事诉讼法》第二百零四条第一款之规定,裁定驳回孙某的再审申请。

审理法院　最高人民法院
裁判时间
案　　号
出　　处　《立案工作指导》2015年第3辑(总第46辑)。

291. 第三人撤销之诉的构成要件
——大连海岸东方投资有限公司与中国建设银行股份有限公司大连天津街支行、大连海岸东方置地有限公司、大连欧美亚房地产开发有限公司、朱清明、西庆国其他撤销权纠纷案

裁判要点

依据《中华人民共和国民事诉讼法》第五十六条第三款的规定,第三人撤销之诉必须具备主体要件、程序要件、时间要件、管辖要件、实体要件和结果要件。前四个要件通常在起诉和受理阶段审查,进入审理程序后,人民法院则需重点审查实体要件和结果要件。

关 键 词 第三人撤销之诉　构成要件

裁判理由 最高人民法院认为：依据民事诉讼法第五十六条第三款规定，本案应审查的内容为投资公司作为（2012）辽民二初字第 32 号案件的第三人是否有证据证明该判决关于"中国建设银行股份有限公司大连天津街支行有权对已设定抵押的位于大连市金州区友谊街道御海园的 158,100.61 平方米的 1740 套中的 578 套（建筑面积 49450.7 平方米）在建房屋折价或拍卖、变卖的价款优先受偿"的判决内容存在错误。结合案情，本案的争议焦点为：（1）建设银行对涉案 578 套在建工程是否已经取得了合法有效的抵押权。（2）投资公司对涉案 578 套在建工程是否享有足以对抗建设银行抵押权的权利。

关于焦点一，建设银行对涉案 578 套在建工程是否已经取得了合法有效的抵押权。

依据物权法第一百八十七条规定，以正在建造的建筑物抵押的，应当办理抵押登记。抵押权自登记时设立。依据（2012）辽民二初字第 32 号民事判决和本案查明的事实，置地公司已经以包括涉案 578 套在建工程在内的 1740 套在建工程作为抵押物，和建设银行签订了抵押合同，并于 2009 年 12 月 31 日在房产部门办理了抵押登记。对此事实，各方当事人均无异议。因此，自 2009 年 12 月 31 日办理抵押登记时，建设银行就取得了对涉案 578 套在建工程的抵押权。

投资公司主张置地公司办理抵押登记时所持有的国有土地使用权证、建设用地规划许可证、建设规划许可证是作废的，商品房预售许可证是变造的，置地公司进行了虚假的抵押登记。对此，最高人民法院认为，办理抵押登记时，对于材料是否齐全、是否真实有效的审查权属于办理登记的行政部门。在行政部门已经做了抵押登记的情形下，投资公司若认为该登记行为有问题，可提起相应行政诉讼。在行政部门撤销登记之前，抵押权应视为合法有效。

投资公司主张建设银行未将土地使用权和在建工程一同抵押，违反银监会规定，抵押权应为无效。对此，最高人民法院认为，现行法律、行政法规并没有关于在建工程和对应的土地使用权必须同时抵押、否则无效的强制性规定，投资公司的该项主张不能成立。

投资公司主张置地公司与建设银行恶意串通，损害了第三人的利益，抵押行为应为无效，但对其主张并未提供证据证明，对其该项主张不予支持。

关于焦点二，投资公司对涉案 578 套在建工程是否享有足以对抗建设银行抵押权的权利。

从投资公司提交的《项目转让协议》《项目转让补充协议书》的内容来看，涉案 578 套在建工程所在的 C 地块此前是包含在置地公司已经取得的"海岸东方"一期项目土地证中，故投资公司认为其对涉案 578 套在建工程为原始取得的主张不能成立。

依据物权法第九条、第十六条、第十七条规定，不动产物权的设立、变更、转让和消灭，经依法登记，发生效力；不动产权属证书是权利人享有不动产物权的证明。建设银行的抵押权设立于 2009 年 12 月 31 日，投资公司主张其在此之前已经成为涉案 578 套在建工程的所有权人，但其提交的大金国土挂字（2009）65 号成交确认书、土地出让金收据、施工合同等证据，均不属于不动产权属证书，不能作为享有不动产物权的证明，因此其主张不能成立。

投资公司虽提交了（2011）第 0621005 号土地证，但该土地证取得于 2011 年，即抵押权设立在先，土地使用权取得在后。基于抵押权的物上追及力，即使涉案 578 套在建工程所在范围内的土地包含在该土地证范围之内，投资公司的土地使用权也不能否定和对抗建设银行的抵押权。

审理法院　最高人民法院
裁判时间　2014 年 12 月 19 日
案　　号　最高人民法院（2014）民申字第 2199 号民事裁定书
出　　处　《民事审判指导与参考》2015 年第 4 辑（总第 64 辑）。

292. 第三人撤销之诉的适用条件与审查标准
——伊犁州国有资产投资经营有限责任公司与新疆油田资产管理有限责任公司、新疆石油管理局新源钢铁公司第三人撤销之诉纠纷案

裁判要点

作为案外人的一种非常救济制度，第三人撤销之诉是以撤销错误的生效判决为手段遏制侵害案外人利益的虚假诉讼、恶意诉讼等行为的诉讼制度。关于第三人撤销之诉的适用条件，应当严格根据案件的事实和当事人提供的证据分别从程序要件、主体要件和实体要件的构成条件上进行分析判断，特别是对于其提出诉讼的期限、诉讼主体的资格、提出的事由及具体请求。关于第三人撤销之诉的审查标准，在起诉与受理阶段分别进行形式性的审查和适度性的实质审查，在案件的审理阶段进行全面性的实质审查，并根据不同阶段的审查结果区别适用不予受理、驳回起诉、驳回诉讼请求和依法改变或撤销。

关 键 词 第三人撤销之诉 审查标准

裁判理由 最高人民法院认为：

（一）关于本案是否超过除斥期间的问题

根据《中华人民共和国民事诉讼法》第五十六条第三款和《最高人民法院关于适用〈中华人民共和国民事诉讼法〉的解释》第一百二十七条的规定，第三人提起撤销之诉的期间是自知道或者应当知道其民事权益受到损害之日起六个月，且该期限为不变期间。2013年4月28日，伊犁州分院作出（2013）伊州执恢字第2号执行裁定，变更伊犁国资公司为137号案件的申请执行人，如伊犁国资公司认为业已生效的30号调解书损害其合法权益，最晚应于此时起六个月内提起第三人撤销之诉。然而，伊犁国资公司2015年1月12日才提起本案诉讼，显然已超过法律规定的六个月期限。

伊犁国资公司申请再审称，原审忽略了其曾前后两次诉讼的事实，主张2013年9月23日曾向克拉玛依市中级人民法院提起撤销之诉，但未提供相关证据。克拉玛依中院（2014）克中法民立初字第2号民事裁定载明，该院于

2014年2月27日收到伊犁国资公司的起诉状及相关证据材料,该时间节点亦已超过法律规定的期间。据此,二审法院认定伊犁国资公司已经丧失提起第三人撤销之诉的程序权利,并裁定驳回该公司的起诉,并无不当。伊犁国资公司此项申请理由不能成立,最高人民法院不予支持。

(二)关于伊犁国资公司是否具备第三人撤销之诉主体资格的问题

根据法律规定,提起第三人撤销之诉的"第三人"是指有独立请求权的第三人,或者案件处理结果同其有法律上的利害关系。在137号案件中,伊犁国资公司受让的是信达乌鲁木齐办事处对新源县火电厂享有的债权,该债权债务关系中,作为主债务人的新源县火电厂用其自有财产设定了抵押。因此,137号判决判令新源钢铁公司与其他两保证人在新源县火电厂抵押的厂房、机器设备、土地使用权不足以清偿上述债务时,对不足部分共同承担连带责任。而30号案件中,油田管理公司是债权人,新源钢铁公司是债务人,双方在诉讼过程中达成调解协议,对债务数额、还款方式等达成一致。上述两案中,伊犁国资公司和油田管理公司对新源钢铁公司分别享有独立的债权,且均为普通债权。

因此,新源钢铁公司在其财产所有权未受到其他限制的情况下,处分自己所有的财产以偿还自身债务的行为,并无不妥。据此,原审法院以伊犁国资公司在137号案件中的民事权益与30号案件处理结果没有法律上的利害关系为由,认定伊犁国资公司不符合第三人撤销之诉中"第三人"须"与案件的处理结果有法律上的利害关系"之条件,依照《最高人民法院关于适用〈中华人民共和国民事诉讼法〉的解释》第三百三十条"人民法院依照第二审程序审理案件,认为依法不应由人民法院受理的,可以由第二审人民法院直接裁定撤销原裁判,驳回起诉"之规定,裁定驳回伊犁国资公司的起诉,并无不当。伊犁国资公司申请再审的理由,不能成立。

(三)关于30号调解书是否错误应予撤销的问题

经审查,30号案件系油田管理公司与新源钢铁公司双方在诉讼过程中自愿达成调解协议,且经克拉玛依中院以调解书的形式予以确认。伊犁国资公司虽主张新源钢铁公司与油田管理公司存在恶意串通、虚构债务、虚假诉讼的情形,但并未提供相关证据予以佐证。此种情形下,伊犁国资公司仅以协议双方具有一定关联关系为由,请求再审确认30号案件为虚假诉讼,证据不足。伊犁国资公司该项申请理由,最高人民法院不予支持。

审理法院 最高人民法院
裁判时间 2016年6月30日
案　　号 最高人民法院（2016）最高法民申1643号民事裁定书
出　　处 《民事审判指导与参考》2016年第3辑（总第67辑）。

293. 第三人撤销之诉中无独立请求权第三人的认定标准
——张宝升与恒增公司、环宇公司第三人撤销之诉案

> **裁判要点**
> 　　第三人撤销之诉中无独立请求权的第三人一般限于三种情形：一是当事人的民事权利受到损害或者行使民事权利受到障碍，以及在原案判决中负有返还或者赔偿等义务；二是当事人具有法律所特别保护的优先权利，即法定优先权；三是当事人有证据证明原案存在虚假诉讼情形，对其利益造成损害。

关 键 词 第三人撤销之诉　无独立请求权第三人

裁判理由 最高人民法院认为：本案审理的焦点问题是张宝升是否具有针对0018号案件提起撤销之诉的第三人资格。

根据民事诉讼法第五十六条的规定，提起第三人撤销之诉的主体必须是原案诉讼中有独立请求权的第三人或者无独立请求权的第三人。

1. 张宝升不属于有独立请求权的第三人。张宝升不是涉案的碧水庄园三期工程的发包方，也不是承包方或实际施工人，且0018号案件的处理结果并不涉及张宝升与恒增公司的民间借贷法律关系，亦未处分张宝升在民间借贷法律关系中的任何权益，因此张宝升对0018号案件的涉案工程没有独立的物上请求权，张宝升不是0018号案件有独立请求权的第三人。

2. 张宝升亦不属于无独立请求权的第三人。无独立请求权的第三人一般限于三种情形：一是当事人的民事权利受到损害或者行使民事权利受到障碍，以及在原案判决中负有返还或者赔偿等义务；二是当事人具有法律所特别保护的优先权利，即法定优先权；三是当事人有证据证明原案存在虚假诉讼情形，对其利益造成损害。

首先，在天津仲裁委员会（2014）津仲调解字第293号和第294号仲裁

案件中，张宝升与恒增公司之间是民间借贷法律关系，在 0018 号案件中恒增公司与环宇公司是建设工程施工合同法律关系，二者并无法律上的牵连。建设工程合同之诉中当事人行使权利、履行义务并未直接或者间接影响民间借贷之诉中当事人行使权利、履行义务。建设工程合同之诉的审理结果对张宝升与恒增公司的民间借贷之诉的审理结果并无法律上的影响，既未损害张宝升在民间借贷法律关系中的民事权益，亦未判决张宝升承担返还或者赔偿等任何义务，故张宝升与 0018 号案件并无法律上的利害关系。

其次，依据《最高人民法院关于建设工程价款优先受偿权问题的批复》第一条"认定建筑工程的承包人的优先受偿权优于抵押权和其他债权"的规定，张宝升对涉案工程享有抵押权，不属于应当适用民事诉讼法第五十六条规定的第三人撤销之诉保护的民事权益。

再次，就本案而言，张宝升认为恒增公司与环宇公司涉嫌恶意串通，以恶意提高建设工程价款的方式逃避对张宝升的合法债务，但是张宝升并未提供证据证明自己的主张，因此张宝升的该项上诉理由亦不能成立。

审理法院　最高人民法院
裁判时间　2017 年 3 月 2 日
案　　号　最高人民法院（2017）最高法民终 13 号民事裁定书
出　　处　《民事审判指导与参考》2017 年第 2 辑（总第 70 辑）。

第九章 再 审

294. 生效裁判确定的数债务人中，仅有部分债务人申请再审且理由可以成立的，人民法院在依法裁定再审时，还应当审查案件再审是否可能影响其他债务人按照原裁判承担债务

——经纬纺织机械股份有限公司与裘雅芬等分期付款买卖合同纠纷案

> **裁判摘要**
>
> 生效裁判确定的数债务人中，仅有部分债务人申请再审且理由可以成立的，人民法院在依法裁定再审时，还应当审查案件再审是否可能影响其他债务人按照原裁判承担债务。如再审不影响其他债务人按照原裁判承担债务的，应当仅中止对再审申请人的执行，以确保在实现再审依法纠错功能的同时，合理保护债权人的合法权利。

关 键 词 生效裁判 申请再审

裁判理由 最高人民法院认为，上述查明事实足以认定一审法院违反了《中华人民共和国民事诉讼法》第九十二条"受送达人下落不明，或者用本节规定的其他方式无法送达的，公告送达"以及该条第二款"公告送达，应当在案卷中记明原因和经过"的规定。裘雅芬的再审理由符合《中华人民共和国民事诉讼法》第二百条第（八）项规定的情形，本案应予再审。

最高人民法院《关于适用〈中华人民共和国民事诉讼法〉的解释》第四百零五条规定："人民法院审理再审案件应当围绕再审请求进行"。裘雅芬的再审请求为驳回经纬公司要求其承担保证责任的诉讼请求。其依据的理由，一是经纬公司未向天盛公司支付7680万元货款，即主债权债务不存在；二是《个人保证担保函》中裘雅芬的签字系伪造。关于第一项理由，一审查明经纬公司提交了双方签订的《棉花购销合同》，载明经纬公司向天盛公司采购皮棉，先款后货，首付款7680万元。合同签订后天盛公司给经纬公司出具的《不能履行棉花购销合同确认函》，载明"贵公司已于2010年12月17日支付

了货款 7680 万元"。提交了天盛公司出具的《还款承诺函》，载明"直至今日仍未偿还贵公司的 7680 万元"。债务人天盛公司亦确认收到该笔款项。一审法院依据当事人陈述及经庭审质证的上述证据，认定经纬公司已向天盛公司支付 7680 万元货款。现裘雅芬否认主债权债务实际发生，但未能提交相关证据，不能推翻一审法院上述认定，该项理由不能成立，不应纳入再审审理范围。关于第二项理由，由于一审法院公告送达违反了《中华人民共和国民事诉讼法》第九十二条的规定，导致裘雅芬未能参加一审庭审，未对《个人保证担保函》质证，也使裘雅芬申请鉴定的权利无法行使。因此，裘雅芬提出的其在《个人保证担保函》上的签字系伪造，并据此主张不应承担保证责任的理由能否成立，应当由再审法院在依法保障裘雅芬诉讼权利的基础上依照事实和法律作出认定。据此，本案再审审理应当围绕《个人保证担保函》中裘雅芬的签字是否系伪造，裘雅芬是否应当承担保证责任进行。

本案一审判决作出后，除裘雅芬外，主债务人天盛公司及其他保证人均未上诉，亦未申请再审。为依法保障债权人经纬公司的权利，依照《中华人民共和国民事诉讼法》第二百零六条"按照审判监督程序决定再审的案件，裁定中止原判决、裁定、调解书的执行，但追索赡养费、扶养费、抚育费、抚恤金、医疗费用、劳动报酬等案件，可以不中止执行"的规定，本案仅对裘雅芬中止执行，对天盛公司及其他保证人不中止执行。

综上，裘雅芬的再审申请符合《中华人民共和国民事诉讼法》第二百条第（八）项规定的情形。

审理法院　最高人民法院
裁判时间　2015 年 11 月 20 日
案　　号　最高人民法院（2015）民申字第 1823 号民事裁定书
出　　处　《最高人民法院公报》2016 年第 4 期。

295. 当事人在判决、裁定发生法律效力六个月后又以新证据为由申请再审的，若经审查后发现不属于民事诉讼法第二百条第一项情形的，人民法院应以超过法定申请再审期限为由裁定驳回其再审申请

——孙明杰与中国银行股份有限公司湘潭分行票据损害责任纠纷申请再审案

裁判要点

当事人在判决、裁定发生法律效力六个月后又以新证据为由申请再审的，人民法院应仅对新证据这一事由进行审查；若经审查后发现不属于民事诉讼法第二百条第一项情形的，应以超过法定申请再审期限为由裁定驳回其再审申请。

关 键 词 再审期限 新证据

裁判理由 孙明杰申请再审是否超过法定申请再审期限。依据《中华人民共和国民事诉讼法》第二百零五条规定"当事人申请再审，应当在判决、裁定发生法律效力后六个月内提出；有本法第二百条第一项、第三项、第十项、第十三项规定情形的，自知道或者应当知道之日起六个月内提出"，如上所述，孙明杰系根据《中华人民共和国民事诉讼法》第二百条第一项、第二项、第六项、第九项、第十一项规定申请再审，但其作为新证据提交的1480号判决、992号判决又不属于《中华人民共和国民事诉讼法》第二百条第一项规定的情形，故本案不存在《中华人民共和国民事诉讼法》第二百条第一项、第三项、第十项、第十三项规定情形，当事人申请再审，应当在本案二审判决发生法律效力后六个月内提出。根据孙明杰提供的材料，本案二审判决的具体生效时间不能确定，但按照孙明杰在再审申请书中陈述，其于2014年11月11日按照本案二审判决所认定内容，向郭德提起诉讼，也就是说，最晚在2014年11月11日之前孙明杰已经收到了本案二审判决，本案二审判决已经发生法律效力。孙明杰申请再审的时间为2015年11月19日，距二审判决生效已经超过了六个月的期限，依据《最高人民法院关于适用〈中华人民共和国民事诉讼法〉的解释》第三百九十五条第二款规定，应裁定驳回其

再审申请。

审理法院　最高人民法院
裁判时间
案　　号
出　　处　《民事审判指导与参考》2016 年第 2 辑（总第 66 辑）。

第十章 公益诉讼

296. 环境污染公益诉讼案件中如何认定专门从事环境保护公益活动的社会组织
——中国生物多样性保护与绿色发展基金会诉宁夏瑞泰科技股份有限公司环境污染公益诉讼案

> **裁判要点**
> 1. 社会组织的章程虽未载明维护环境公共利益,但工作内容属于保护环境要素及生态系统的,应认定符合《最高人民法院关于审理环境民事公益诉讼案件适用法律若干问题的解释》(以下简称《解释》)第四条关于"社会组织章程确定的宗旨和主要业务范围是维护社会公共利益"的规定。
> 2. 《解释》第四条规定的"环境保护公益活动",既包括直接改善生态环境的行为,也包括与环境保护相关的有利于完善环境治理体系、提高环境治理能力、促进全社会形成环境保护广泛共识的活动。
> 3. 社会组织起诉的事项与其宗旨和业务范围具有对应关系,或者与其所保护的环境要素及生态系统具有一定联系的,应认定符合《解释》第四条关于"与其宗旨和业务范围具有关联性"的规定。

关　键　词　环境污染公益诉讼　专门从事环境保护公益活动的社会组织

裁判理由　法院生效裁判认为:本案系社会组织提起的环境污染公益诉讼。本案的争议焦点是绿发会应否认定为专门从事环境保护公益活动的社会组织。

《中华人民共和国民事诉讼法》第五十五条规定了环境民事公益诉讼制度,明确法律规定的机关和有关组织可以提起环境公益诉讼。《环境保护法》第五十八条规定:"对污染环境、破坏生态,损害社会公共利益的行为,符合下列条件的社会组织可以向人民法院提起诉讼:(一)依法在设区的市级以上人民政府民政部门登记；（二）专门从事环境保护公益活动连续五年以上且无违法记录。符合前款规定的社会组织向人民法院提起诉讼，人民法院应当依法受理。"《解释》第四条进一步明确了对于社会组织"专门从事环境保护公益活动"的判断标准，即"社会组织章程确定的宗旨和主要业务范围是维护社会公共利益，且从事环境保护公益活动的，可以认定为《环境保护法》第五十八条规定的'专门从事环境保护公益活动'。社会组织提起的诉讼所涉及的社会公共利益，应与其宗旨和业务范围具有关联性"。有关本案绿发会是否可以作为"专门从事环境保护公益活动"的社会组织提起本案诉讼，应重点从其宗旨和业务范围是否包含维护环境公共利益，是否实际从事环境保护公益活动，以及所维护的环境公共利益是否与其宗旨和业务范围具有关联性等三个方面进行审查。

一、关于绿发会章程规定的宗旨和业务范围是否包含维护环境公共利益的问题。社会公众所享有的在健康、舒适、优美环境中生存和发展的共同利益，表现形式多样。对于社会组织宗旨和业务范围是否包含维护环境公共利益，应根据其内涵而非简单依据文字表述作出判断。社会组织章程即使未写明维护环境公共利益，但若其工作内容属于保护各种影响人类生存和发展的天然的和经过人工改造的自然因素的范畴，包括对大气、水、海洋、土地、矿藏、森林、草原、湿地、野生生物、自然遗迹、人文遗迹、自然保护区、风景名胜区、城市和乡村等环境要素及其生态系统的保护，均可以认定为宗旨和业务范围包含维护环境公共利益。

我国1992年签署的联合国《生物多样性公约》指出，生物多样性是指陆地、海洋和其他水生生态系统及其所构成的生态综合体，包括物种内部、物种之间和生态系统的多样性。《环境保护法》第三十条规定，"开发利用自然资源，应当合理开发，保护生物多样性，保障生态安全，依法制定有关生态保护和恢复治理方案并予以实施。引进外来物种以及研究、开发和利用生物技术，应当采取措施，防止对生物多样性的破坏。"可见，生物多样性保护是环境保护的重要内容，亦属维护环境公共利益的重要组成部分。

绿发会章程中明确规定，其宗旨为"广泛动员全社会关心和支持生物多样性保护和绿色发展事业，保护国家战略资源，促进生态文明建设和人与自然和谐，构建人类美好家园"，符合联合国《生物多样性公约》和《环境保护法》保护生物多样性的要求。同时，"促进生态文明建设""人与自然和谐""构建人类美好家园"等内容契合绿色发展理念，亦与环境保护密切相关，属于维护环境公共利益的范畴。故应认定绿发会的宗旨和业务范围包含维护环境公共利益内容。

二、关于绿发会是否实际从事环境保护公益活动的问题。环境保护公益活动，不仅包括植树造林、濒危物种保护、节能减排、环境修复等直接改善生态环境的行为，还包括与环境保护有关的宣传教育、研究培训、学术交流、法律援助、公益诉讼等有利于完善环境治理体系，提高环境治理能力，促进全社会形成环境保护广泛共识的活动。绿发会在本案一审、二审及再审期间提交的历史沿革、公益活动照片、环境公益诉讼立案受理通知书等相关证据材料，虽未经质证，但在立案审查阶段，足以显示绿发会自1985年成立以来长期实际从事包括举办环境保护研讨会、组织生态考察、开展环境保护宣传教育、提起环境民事公益诉讼等环境保护活动，符合《环境保护法》和《解释》的规定。同时，上述证据亦证明绿发会从事环境保护公益活动的时间已满五年，符合《环境保护法》第五十八条关于社会组织从事环境保护公益活动应五年以上的规定。

三、关于本案所涉及的社会公共利益与绿发会宗旨和业务范围是否具有关联性的问题。依据《解释》第四条的规定，社会组织提起的公益诉讼涉及的环境公共利益，应与社会组织的宗旨和业务范围具有一定关联。此项规定旨在促使社会组织所起诉的环境公共利益保护事项与其宗旨和业务范围具有对应或者关联关系，以保证社会组织具有相应的诉讼能力。因此，即使社会组织起诉事项与其宗旨和业务范围不具有对应关系，但若与其所保护的环境要素或者生态系统具有一定的联系，亦应基于关联性标准确认其主体资格。本案环境公益诉讼系针对腾格里沙漠污染提起。沙漠生物群落及其环境相互作用所形成的复杂而脆弱的沙漠生态系统，更加需要人类的珍惜利用和悉心呵护。绿发会起诉认为瑞泰公司将超标废水排入蒸发池，严重破坏了腾格里沙漠本已脆弱的生态系统，所涉及的环境公共利益之维护属于绿发会宗旨和业务范围。

此外，绿发会提交的基金会法人登记证书显示，绿发会是在中华人民共和国民政部登记的基金会法人。绿发会提交的2010至2014年度检查证明材料，显示其在提起本案公益诉讼前五年年检合格。绿发会还按照《解释》第五条的规定提交了其五年内未因从事业务活动违反法律、法规的规定而受到行政、刑事处罚的无违法记录声明。据此，绿发会亦符合《环境保护法》第五十八条，《解释》第二条、第三条、第五条对提起环境公益诉讼社会组织的其他要求，具备提起环境民事公益诉讼的主体资格。

审理法院　最高人民法院
裁判时间　2016 年 1 月 28 日
案　　号　最高人民法院（2016）最高法民再 47 号民事裁定书
出　　处　最高人民法院指导案例 75 号，2016 年 12 月 28 日发布，《最高人民法院公报》2016 年第 9 期。

第十一章 执 行

297. 对于有强制执行效力的公证债权文书，发生争议后债权人应当申请强制执行，直接提起诉讼的，人民法院不予受理
——李杰与辽宁金鹏房屋开发有限公司金融不良债权追偿纠纷案

裁判摘要

根据《中华人民共和国民事诉讼法》第二百三十八条、最高人民法院《关于当事人对具有强制执行效力的公证债权文书的内容有争议提起诉讼人民法院是否受理问题的批复》的规定，具有强制执行效力的公证债权文书与生效判决书、仲裁裁决书一样，是人民法院的执行依据，当事人可以据此申请强制执行。对于有强制执行效力的公证债权文书，发生争议后债权人应当申请强制执行，直接提起诉讼的，人民法院不予受理。

根据最高人民法院、司法部《关于公证机关赋予强制执行效力的债权文书执行有关问题的联合通知》第一条的规定，赋予强制执行效力的公证债权文书必须符合当事人已经就强制执行问题在债权文书中达成书面合意的条件。如果仅有公证的形式，而没有当事人关于执行问题的特殊合意，也不能产生可以申请强制执行的效果。因此，合同当事人的意思表示是赋予强制执行效力的公证债权文书强制执行效力的重要来源，当事人可以通过合意的方式约定直接申请强制执行的内容，法律亦不禁止当事人变更直接申请强制执行的内容，放弃对债权的特殊保障。在存在有强制执行效力的公证债权文书的情况下，双方当事人后又对部分债权约定可以采取诉讼方式解决纠纷，是通过合意的方式变更了可以直接申请强制执行的内容，当事人可以就该部分债权提起诉讼。

关 键 词 强制执行效力 公证债权文书

裁判理由 最高人民法院认为，本案的争议焦点是：一、有强制执行效

力的公证债权文书所涉债务纠纷，未经执行程序，当事人能否直接提起诉讼。二、虽然存在有强制执行效力的公证债权文书，但当事人对部分债权又约定可以通过诉讼解决纠纷，当事人能否就该部分债权提起诉讼。三、未经执行程序，当事人提起诉讼主张具有强制执行效力的公证债权文书确有错误，不具执行效力，能否予以支持。

一、关于有强制执行效力的公证债权文书所涉债务纠纷，未经执行程序，当事人能否直接提起诉讼的问题

《中华人民共和国民事诉讼法》（注：2012年修正）第二百三十八条规定："对公证机关依法赋予强制执行效力的债权文书，一方当事人不履行的，对方当事人可以向有管辖权的人民法院申请执行，受申请的人民法院应当执行。公证债权文书确有错误的，人民法院裁定不予执行，并将裁定书送达双方当事人和公证机关。"最高人民法院《关于当事人对具有强制执行效力的公证债权文书的内容有争议提起诉讼人民法院是否受理问题的批复》规定："根据《中华人民共和国民事诉讼法》（注：2007年修正）第二百一十四条和《中华人民共和国公证法》第三十七条的规定，经公证的以给付为内容并载明债务人愿意接受强制执行承诺的债权文书依法具有强制执行效力。债权人或者债务人对该债权文书的内容有争议直接向人民法院提起民事诉讼的，人民法院不予受理。但公证债权文书确有错误，人民法院裁定不予执行的，当事人、公证事项的利害关系人可以就争议内容向人民法院提起民事诉讼。"根据上述规定，具有强制执行效力的公证债权文书与生效判决书、仲裁裁决书一样，是人民法院的执行依据，当事人可以据此申请强制执行。对于有强制执行效力的公证债权文书，发生争议后债权人应当申请强制执行，直接提起诉讼的，人民法院不予受理。前述司法解释的明确规定，排除了当事人对直接提起诉讼这一方式的选择权。由于本案亦不存在公证债权文书确有错误，人民法院不予执行的裁定，故李杰关于其提起本案诉讼符合法律规定的主张，不能予以支持。

李杰主张本案其实现担保物权的诉讼请求应当予以支持。但李杰在本案关于担保物权的诉讼请求，是建立在涉案债权纠纷可以通过诉讼方式解决的基础之上的。一审法院根据全案事实，认定涉案债权未过诉讼时效，涉案抵押权亦未丧失，是正确的。由于根据最高人民法院《关于当事人对具有强制执行效力的公证债权文书的内容有争议提起诉讼人民法院是否受理问题的批复》的规定，本案仅有部分债权可通过诉讼方式解决，故李杰在本案诉讼中，

可就该部分债权行使抵押权。对于其余部分抵押权,《中华人民共和国民事诉讼法》第一百九十六条规定:"申请实现担保物权,由担保物权人以及其他有权请求实现担保物权的人依照物权法等法律,向担保财产所在地或者担保物权登记地基层人民法院提出。"第一百九十七条规定:"人民法院受理申请后,经审查,符合法律规定的,裁定拍卖、变卖担保财产,当事人依据该裁定可以向人民法院申请执行;不符合法律规定的,裁定驳回申请,当事人可以向人民法院提起诉讼。"根据该规定,不通过诉讼,直接提出实现担保物权的申请,应当向担保财产所在地或者担保物权登记地基层人民法院提出。相关申请是否符合法律规定,也应当由该基层人民法院审查,故该问题不属于本案诉讼处理的范畴。

二、关于存在有强制执行效力的公证债权文书,当事人对部分债权又约定可以通过诉讼解决纠纷,当事人能否就该部分债权提起诉讼的问题

最高人民法院、司法部《关于公证机关赋予强制执行效力的债权文书执行有关问题的联合通知》第一条规定:"一、公证机关赋予强制执行效力的债权文书应当具备以下条件:(一)债权文书具有给付货币、物品、有价证券的内容;(二)债权债务关系明确,债权人和债务人对债权文书有关给付内容无疑义;(三)债权文书中载明债务人不履行义务或不完全履行义务时,债务人愿意接受依法强制执行的承诺。"根据该规定,赋予强制执行效力的公证债权文书必须符合当事人已经就强制执行问题在债权文书中达成书面合意的条件。换言之,如果仅有公证的形式,而没有当事人关于执行问题的特殊合意,也不能产生可以申请强制执行的效果。因此,合同当事人的意思表示是赋予强制执行效力的公证债权文书强制执行效力的重要来源,当事人可以通过合意的方式约定直接申请强制执行的内容,法律亦不禁止当事人变更直接申请强制执行的内容,放弃对债权的特殊保障。金鹏公司主张申请强制执行是"法定前置程序"而不考虑当事人的意思表示,没有法律依据。本案中,虽然涉案债权存在有强制执行效力的公证债权文书,但双方当事人后对部分利息又约定可以采取诉讼方式解决纠纷,是通过合意的方式变更了可以直接申请强制执行的内容,故一审法院对该部分内容进行审理并无不当。

李杰主张双方当事人系对全部债权归还方式进行重新约定。但金鹏公司签收涉案欠息通知书时,涉案两份长期借款合同均未到期,从涉案欠息通知书的内容看,涉及的仅为241万元利息。故李杰提出双方当事人对全部债权归还方式进行重新约定的主张,本院不予支持。涉案欠息通知书对于欠息部

分债务约定了诉讼等纠纷解决方式,变更了原来的约定,金鹏公司收到前述通知书之后并未提出异议,而是签章确认,应视为双方就欠息部分归还的方式达成了新的合意。故金鹏公司否认前述通知书,认为同时约定了诉讼等三种方式属约定不明即视为没有约定的主张,缺乏事实依据。金鹏公司主张即使认定达成了新的协议,所涉及 241 万元利息部分也已过诉讼时效。最高人民法院《关于审理民事案件适用诉讼时效制度若干问题的规定》第十一条规定:"权利人对同一债权中的部分债权主张权利,诉讼时效中断的效力及于剩余债权,但权利人明确表示放弃剩余债权的情形除外。"涉案 241 万元利息是涉案两份合同之债的部分孳息,根据本案查明的事实,在李杰提起诉讼之时,上述两合同的主债权诉讼时效期间均未届满,故金鹏公司关于该部分利息超过诉讼时效的主张,与事实不符,本院不予支持。

三、关于未经执行程序,当事人提起诉讼主张具有强制执行效力的公证债权文书确有错误,不具执行效力,能否予以支持的问题

最高人民法院《关于当事人对具有强制执行效力的公证债权文书的内容有争议提起诉讼人民法院是否受理问题的批复》规定:"……但公证债权文书确有错误,人民法院裁定不予执行的,当事人、公证事项的利害关系人可以就争议内容向人民法院提起民事诉讼。"该条款是对公证债权文书所涉当事人权利救济的规定。人民法院裁定不予执行,说明经过审查,公证债权文书本身有错误,不具有强制执行效力,在此情况下,当事人关于直接申请执行的合意不再有效,债权债务关系处于不稳定的状态,当事人可以依法提起民事诉讼解决存在的争议,明确各方权利义务关系。公证债权文书是否确有错误,应在执行程序中予以认定。根据本案查明的事实,目前尚无确认涉案公证债权文书确有错误,不予执行的生效裁定。李杰在诉讼中提出公证债权文书确有错误的主张,不属于本案诉讼的审理范围。

一审判决主文第三项"驳回原告、被告其他诉讼请求"表述不当,应为"驳回原告李杰对被告金鹏公司的其他诉讼请求",对此,本院予以纠正。

综上,李杰、金鹏公司的上诉理由均不能成立,一审判决认定事实清楚,适用法律正确,应当予以维持。

审理法院 最高人民法院
裁判时间 2014 年 12 月 29 日
案　　号 最高人民法院(2014)民二终字第 199 号民事判决书

出　　处　《最高人民法院公报》2016年第4期。

298. 执行异议之诉中的请求是否成立，应根据案件的具体情况和异议人所主张的权利、申请执行人债权实现的效力以及被执行人对执行标的权利作出比较并综合判断
——钟永玉与王光、林荣达案外人执行异议纠纷案

> **裁判摘要**
>
> 　　最高人民法院《关于人民法院办理执行异议和复议案件若干问题的规定》是关于执行程序中当事人提出执行异议时如何处理的规定。由于执行程序需要贯彻已生效判决的执行力，因此，在对执行异议是否成立的判断标准上，应坚持较高的、外观化的判断标准。这一判断标准，要高于执行异议之诉中原告能否排除执行的判断标准。由此，最高人民法院《关于人民法院办理执行异议和复议案件若干问题的规定》第二十五条至第二十八条的规定应当在如下意义上理解，即符合这些规定所列条件的，执行异议能够成立；不满足这些规定所列条件的，异议人在执行异议之诉中的请求也未必不成立。是否成立，应根据案件的具体情况和异议人所主张的权利、申请执行人债权实现的效力以及被执行人对执行标的的权利作出比较并综合判断，从而确定异议人的权利是否能够排除执行。

　　关　键　词　执行异议之诉　请求是否成立

　　裁判理由　最高人民法院认为：本案系案外人钟永玉在王光与林荣达股权转让纠纷一案生效判决的执行中，对执行标的（讼争房产）提起的执行异议之诉，请求排除执行的理由为股权转让关系发生之前该讼争房产已在离婚协议中作为其与林荣达夫妻共同财产进行处分归其和四名子女所有，因此，钟永玉对本案讼争房产是否享有足以阻止执行的实体权利是本案争议的焦点。本院认为，钟永玉对诉争房产享有足以阻却执行的权利。主要理由是：

　　一、现有证据不能证明钟永玉与林荣达之间存在恶意串通逃避债务的主观故意，钟永玉与林荣达解除婚姻关系及有关财产约定的意思表示真实。根据原审查明的案件事实，王光与林荣达之间转让股权的时间为2009年9月，

王光因该股权转让纠纷根据生效判决申请原审法院对讼争房产进行查封的时间为2013年6月,此时讼争房产登记在债务人林荣达个人名下。钟永玉一审中提供的复印自上杭县档案馆的《离婚登记申请书》《离婚协议书》《审查处理结果》等三份证据,能够证明钟永玉与林荣达两人于1996年7月22日达成的《离婚协议书》已明确将夫妻双方共有的讼争房产归钟永玉及其子女所有。上述《离婚协议书》系钟永玉与林荣达两人自愿达成,内容不违反法律、行政法规的强制性规定,且两人亦已依该协议并经行政机关批准解除婚姻关系,故一审法院认定该离婚协议合法有效,并无不当。由于该《离婚协议书》签订时间(1996年7月)在先,法院对讼争房产的执行查封(2013年6月)在后,时间上前后相隔长达十几年之久,林荣达与钟永玉不存在借离婚协议处分财产逃避债务的主观恶意。据此,钟永玉与林荣达在离婚协议中对于夫妻共同财产的处分行为亦属有效。王光上诉认为钟永玉与林荣达之间的离婚协议属恶意逃避债务的理由不能成立。

二、关于钟永玉对讼争房产的请求权的内容问题。根据《上杭县私有房屋所有权登记申请书》、杭房权字第06072号《房屋所有权证》及杭国用(1997)字第4468号《国有土地使用证》等证据可知,讼争房产的用地面积为172.8平方米。由于钟永玉与林荣达签订《离婚协议书》时,讼争房产尚未办理门牌号码也未测量其实际面积,因此,钟永玉与林荣达在《离婚协议书》中约定:"……建在上杭县城关和平路的面积一百七十三平方米(尚未办理门牌号码)的房屋归女方及女方所生子女所有",该约定的内容即应解释为诉争房屋的全部而非其中的173平方米归钟永玉及其所生子女所有。尤其是,在《离婚协议书》签订之后,钟永玉及其所生子女也一直实际占有、使用了诉争房屋。因此,王光上诉以钟永玉仅对诉争房屋的173平方米部分享有请求权、人民法院不应停止对该房屋其他部分执行的主张不能成立。

三、由于《离婚协议书》并不存在恶意串通逃避债务的问题,且钟永玉对案涉全部房产享有请求权,因此,需要进一步讨论的问题是,钟永玉依据《离婚协议书》对讼争房产享有的权利是否足以排除执行。

在法律适用上,应当看到,最高人民法院《关于人民法院办理执行异议和复议案件若干问题的规定》是针对执行程序中当事人提出执行异议时如何处理的规定。由于执行程序需要贯彻已生效判决的执行力,因此,在对执行异议是否成立的判断标准上,应坚持较高的、外观化的判断标准。这一判断标准,要高于执行异议之诉中原告能否排除执行的判断标准。

由此，最高人民法院《关于人民法院办理执行异议和复议案件若干问题的规定》第二十五条至第二十八条的规定就应当在如下意义上理解，即符合这些规定所列条件的，执行异议能够成立；不满足这些规定所列条件的，异议人在执行异议之诉中的请求也未必不成立。是否成立，应根据案件的具体情况和异议人所主张的权利、申请执行人债权实现的效力以及被执行人对执行标的的权利作出比较后综合判断，从而确定异议人的权利是否能够排除执行。

在本案中，钟永玉与林荣达于1996年7月22日签订《离婚协议书》，约定讼争房产归钟永玉及其所生子女所有，该约定是就婚姻关系解除时财产分配的约定，在诉争房产办理过户登记之前，钟永玉及其所生子女享有的是将讼争房产的所有权变更登记至其名下的请求权。该请求权与王光的请求权在若干方面存在不同，并因此具有排除执行的效力。

第一，从成立时间上看，该请求权要远远早于王光因与林荣达股权转让纠纷所形成的金钱债权。债权的成立时间尽管并不影响债权的平等性，但是在若干情形下对于该债权能否继续履行以及继续履行的顺序产生影响。例如，最高人民法院《关于审理买卖合同纠纷案件适用法律问题的解释》第十条针对出卖人就特殊动产订立多重买卖合同的继续履行问题明确规定，在均未受领交付且未办理所有权转移登记手续的情况下，依法成立在先合同的买受人的继续履行请求权就优先于其他买受人。以此类推，在本案情形，至少不能得出王光成立在后的债权具有优先于钟永玉成立在前的债权的结论。

第二，从内容上看，钟永玉的请求权系针对诉争房屋的请求权，而王光的债权为金钱债权，并未指向特定的财产，诉争房屋只是作为林荣达的责任财产成为王光的债权的一般担保。在钟永玉占有诉争房屋的前提下，参考最高人民法院《关于审理买卖合同纠纷案件适用法律问题的解释》第十条规定的精神可知，其要求将讼争房产的所有权变更登记至其名下的请求权，也应当优于王光的金钱债权。

第三，从性质上看，王光与林荣达之间的金钱债权，系林荣达与钟永玉的婚姻关系解除后发生的，属于林荣达的个人债务。在该债权债务发生之时，诉争房屋实质上已经因钟永玉与林荣达之间的约定而不再成为林荣达的责任财产。因此，在王光与林荣达交易时以及最终形成金钱债权的过程中，诉争房产都未影响到林荣达的责任财产。在此意义上，钟永玉的请求权即使排除王光债权的执行，也并未对王光债权的实现形成不利影响。

第四，从发生的根源上看，讼争房产系钟永玉与林荣达婚姻关系存续期间因合法建造而产生的夫妻共同财产，在钟永玉与林荣达婚姻关系解除之时约定讼争房产归钟永玉及其所生子女所有。从功能上看，该房产具有为钟永玉及其所生子女提供生活保障的功能。与王光的金钱债权相比，钟永玉及其子女享有的请求权在伦理上具有一定的优先性。

综上所述，本院认为，基于钟永玉与王光各自债权产生的时间、内容、性质以及根源等方面来看，钟永玉对诉争房产所享有的权利应当能够阻却对本案讼争房产的执行，钟永玉提起执行异议请求阻却对本案讼争房产执行的理由成立，一审法院判决停止对讼争的位于福建省上杭县和平路121号房产的执行正确，应予维持。王光上诉请求撤销该项判决的理由，不能成立，本院不予支持。

审理法院 最高人民法院
裁判时间 2016年1月10日
案　　号 最高人民法院（2015）民一终字第150号民事判决书
出　　处 《最高人民法院公报》2016年第6期

299. 当事人通过协议方式选择，或通过不提管辖异议、放弃管辖异议等默认方式自行确定向无管辖权的法院申请执行的，不予支持

——大庆筑安建工集团有限公司、大庆筑安建工集团有限公司曲阜分公司与中煤第六十八工程有限公司施工合同纠纷案

裁判摘要

《中华人民共和国民事诉讼法》第二百二十四条及最高人民法院《关于适用〈中华人民共和国仲裁法〉若干问题的解释》第二十九条对仲裁案件执行的级别管辖和地域管辖作出的明确规定，具有强制约束力。关于仲裁裁决的执行，其确定管辖的连接点只有两个，一是被执行人住所地，二是被执行的财产所在地。民事诉讼法属于公法性质的法律规范，法律没有赋予权利即属禁止。虽然民事诉讼法没有明文禁止当事人协商执行管辖法院，但对当事人就执行案件管辖权的选择限定于上述两个连接点之间，当事人只能依法选择向其中一个有管辖权的法院提出执行申请。民事诉讼法有关应诉管辖的规定适用于诉讼程序，不适用于执行程序。因此，当事人通过协议方式选择，或通过不提管辖异议、放弃管辖异议等默认方式自行确定向无管辖权的法院申请执行的，不予支持。

关 键 词 协议方式 管辖权异议 申请执行

裁判理由 最高人民法院经审查认为：本案的焦点问题是青岛市中级人民法院对本案的执行是否有管辖权。《中华人民共和国民事诉讼法》第二百二十四条及最高人民法院《关于适用〈中华人民共和国仲裁法〉若干问题的解释》第二十九条对仲裁案件执行的级别管辖和地域管辖作出明确规定，具有强制约束力。仲裁裁决的执行，其确定管辖的连接点只有两个：一是被执行人住所地；二是被执行的财产所在地。民事诉讼法属于公法性的法律规范，法律没有赋予的权力就是属于禁止。虽然民事诉讼法没有明文禁止当事人可协商执行管辖法院，但法律对当事人就执行案件管辖权的选择限定于上述两个连接点之间，当事人只能依法选择其中的一个有管辖权的法院提出执行申

请，不得以任何方式改变法律规定的执行管辖法院。《中华人民共和国民事诉讼法》有关应诉管辖的规定适用于诉讼程序，在执行程序中适用没有法律依据、法理依据。因此，当事人通过协议方式选择，或通过不提管辖异议、放弃管辖异议等默认方式来确定无执行管辖权的法院享有管辖权，均不符合法律的规定。就本案而言，被执行人大庆筑安建工集团有限公司曲阜分公司的住所地或财产所在地均不在青岛市中级人民法院管辖范围内，青岛市中级人民法院对本案执行没有管辖权。申请执行人中煤第六十八工程有限公司以被执行人称其与住所地或财产所在地的法院有特殊关系为由，不向有管辖权的法院提出申请执行，而向无管辖权的青岛市中级人民法院申请执行，青岛市中级人民法院明知自己无管辖权仍然受理本案，不符合法律的规定。本案被执行人大庆筑安建工集团有限公司曲阜分公司在法定期限内提出了执行管辖权异议，青岛市中级人民法院应当依法予以审查，并依据法律规定确定其异议是否成立。虽然在此期间，大庆筑安建工集团有限公司曲阜分公司决定撤回管辖权异议，并且还向青岛市中级人民法院提出不予执行该仲裁裁决的申请，但当事人的上述行为均不能改变法律的规定而使青岛市中级人民法院取得对本案的执行管辖权。综上，大庆筑安建工集团有限公司曲阜分公司申诉理由成立，青岛市中级人民法院和山东省高级人民法院关于本案执行管辖异议的处理缺乏法律依据，应予纠正。在法院确定执行管辖权时，大庆筑安建工集团有限公司不是本案的当事人，而是法院基于另一当事人申请追加的当事人，其无权就本案的管辖权确定提出异议。鉴于大庆筑安建工集团有限公司不是仲裁裁决案件的当事人，该仲裁裁决案件执行管辖的确定不能以其住所地或财产所在地作为根据，应以仲裁裁决案件中被执行人住所地或被执行的财产所在地作为确定执行管辖法院的根据，即被执行人大庆筑安建工集团有限公司曲阜分公司住所地或者被执行的财产所在地的中级人民法院有管辖权。鉴于青岛市中级人民法院对本案不具有执行管辖权，为方便有执行管辖权法院顺利执行本案，排除执行程序中的障碍，故青岛市中级人民法院所作出的涉及本案非财产控制措施的相关执行裁定应予以一并撤销。

审理法院 最高人民法院
裁判时间 2015年9月16日
案　　号 最高人民法院（2015）执申字第42号执行裁定书
出　　处 《最高人民法院公报》2016年第9期。

300. 教育用地或教育设施无豁免执行，学校应以学校的财产包括教育用地与教育设施负担其债务
——中国农业银行股份有限公司吉林市东升支行
与吉林市碧碧溪外国语实验学校借款担保合同纠纷执行案

裁判摘要

一、豁免执行必须有法律法规的明确规定，现行法律法规中没有规定对教育用地或教育设施豁免执行，学校应以学校的财产包括教育用地与教育设施负担其债务。

二、债权实现与维护社会公共利益之间应当保持平衡，法院采取的执行措施不能影响社会公益设施的使用。为保障社会公益事业发展，保障公众受教育权等基本权益，对教育用地与教育设施的执行不能改变其公益性用途，不能影响实际使用。

关 键 词 教育用地 教育设施 豁免执行

裁判理由 最高人民法院认为：根据申诉人申诉及被申诉人答辩，本案争议的焦点为碧碧溪学校的主体资格问题以及碧碧溪学校的教育用地和教育设施能否获得执行豁免问题。

首先，关于碧碧溪学校的主体资格问题。在本案恢复执行之前，碧碧溪学校被吉林市民政局公告撤销民办非企业（法人）单位登记。根据《民办非企业单位登记管理暂行条例》第二十七条"未经登记，擅自以民办非企业单位名义进行活动的，或者被撤销登记的民办非企业单位继续以民办非企业单位名义进行活动的，由登记管理机关予以取缔，没收非法财产；构成犯罪的，依法追究刑事责任；尚不构成犯罪的，依法给予治安管理处罚"之规定，碧碧溪学校本不能继续以碧碧溪学校名义进行活动，但碧碧溪学校尚未办理注销登记，根据《民办非企业单位登记管理暂行条例》第十六条第二款"民办非企业单位在办理注销登记前，应当在业务主管单位和其他有关机关的指导下，成立清算组织，完成清算工作。清算期间，民办非企业单位不得开展清算以外的活动"之规定，碧碧溪学校被撤销登记之后，办理注销登记之前，其法人资格依然存在，但权利能力与行为能力受到限制，只能开展清算范围

之内的活动。碧碧溪学校作为被执行人参与执行程序，应为债权债务清理工作的一部分。而碧碧溪学校尚未按照法律规定成立清算组织，不允许碧碧溪学校以单位名义参与执行程序，则无法进行相应的债权债务清理工作。参照最高人民法院《关于适用〈中华人民共和国公司法〉若干问题的规定（二）》第十条关于"公司依法清算结束并办理注销登记前，有关公司的民事诉讼，应当以公司的名义进行。公司成立清算组的，由清算组负责人代表公司参加诉讼；尚未成立清算组的，由原法定代表人代表公司参加诉讼"之规定，碧碧溪学校在注销登记之前，能够以单位名义参与执行程序，进行债权债务清理工作。本案中，碧碧溪学校以单位名义从事活动，必须严格限定在参与执行程序的必要活动中，不得从事清理既有债权债务关系之外的活动。碧碧溪学校为民办学校，根据《中华人民共和国民办教育促进法》（以下简称民办教育促进法）第三条第一款之规定，"民办教育事业属于公益性事业，是社会主义教育事业的组成部分"。因此，农行东升支行有关碧碧溪学校法人资格已不存在，其也不再是公益事业单位的主张没有事实与法律依据，本院不予支持。

其次，关于教育设施和教育用地能否豁免执行的问题。本案争议的土地与房产为公益性质的教育用地与教育设施，碧碧溪学校曾以上述房屋所有权与土地使用权向农行东升支行设定抵押，被法院以违反法律强制性规定为由判决抵押无效。虽然法律明确禁止学校以教育设施设定抵押，但目前法律、行政法规中对于强制执行教育用地或教育设施却并无限制性或禁止性规定。民办教育促进法中规定了民办学校的终止及清算义务，明确了债务清偿顺序，在民办学校清算时，以学校的财产包括教育用地与教育设施变价清偿学校所负债务是应有之义。然而，基于社会公共利益考量，教育用地与教育设施确实具有不同于普通财产的特殊性。该种特殊性表现在教育设施具有特定用途。学校要完成教育教学目标，达到教书育人的社会公益目的，离不开各种教育教学设施。如果强制执行学校正在使用中的教育设施，不仅影响正常的教育教学秩序，处置不当还有可能造成学生失学，损害公众受教育权。因此，虽然我国法律、行政法规中对于教育设施能否豁免执行的问题并无明确规定，但为保障社会公益事业发展，保障公众受教育权等基本权益，对教育用地与教育设施的执行不能改变其原有的公益性用途，不能影响其实际使用。本案中，虽然碧碧溪学校目前并无在校学生，争议的教育用地与教育设施均处于闲置状态，不存在对在校学生受教育权直接现实的损害，但是碧碧溪学校的办学许可证并未被吊销，吉林市教育局的复函表明碧碧溪学校仍保留了办学资质，存在恢复招生的可能性。为充分维护社会公共利益，对本案争议的教育用地与教育设施的执行也应当以不影响其教育功能的发挥为前提。同时，强制执行程序的根本目的是实现生效法律文书确定的债权，只要不影响教育用地与教育设施的正常使用，人民法院应当根据申请执行人的申请采取必要的执行措施，以保护申请执行人的合法权益。因法律法规并不禁止教育用地与教育设施的转让，在存在转让可能性的情况下，应当允许在不影响使用的前提下进行查封。鉴于吉林中院（2014）吉中执恢字第 20 号执行裁定内容仅为查封本案争议的土地与房产，而查封可以在不影响正常使用的前提下进行，农行东升支行关于吉林中院对碧碧溪学校自有资产的查封符合法律规定的申诉主张，应予支持。吉林中院（2014）吉中执行异字第 16 号执行裁定虽然没有明确指出对本案争议的土地与房产必须在不影响其正常使用的前提下采取执行措施，但该裁定维持了对争议财产的查封，处理结果并无错误。吉林高院（2014）吉执复字第 29 号执行裁定直接撤销上述执行裁定没有法律依据，应予纠正。

审理法院 最高人民法院
裁判时间 2015 年 8 月 5 日
案　　号 最高人民法院（2015）执申字第 55 号执行裁定书
出　　处 《最高人民法院公报》2016 年第 10 期。

301. 不具备资质的企业或者个人以承包或者租赁形式掩盖其借用建筑施工企业资质施工的目的，不属于《执行规定》予以保护的范围

——李建国与孟凡生、长春圣祥建筑工程有限公司等案外人执行异议之诉案

> **裁判摘要**
>
> 《最高人民法院关于人民法院执行工作若干问题的规定（试行）》第78条规定以及予以保护的承包或者租赁经营，应当是法律所准许的承包、租赁形式。企业或者个人以承包租赁为名借用建筑施工企业资质之实的，因违反有关法律及司法解释规定，故不应包含在该条保护范围之内。

关 键 词　建筑施工企业　借用资质　执行

裁判理由　最高人民法院认为：建和分公司与圣祥公司之间的内部承包合同，不属于《最高人民法院执行工作若干问题的规定（试行）》（以下简称《执行规定》）第78条规定的企业法人分支机构被承包的情形。首先，该内部承包合同载明的承包人是建和分公司，被承包人是圣祥公司，也就是说，从该合同的表现形式来看，被承包经营的是圣祥公司，建和分公司作为企业法人的分支机构并没有被承包。且从已查明的事实看，无论是圣祥公司还是建和分公司与李建国之间均没有签订相关承包合同。据此，原判决认定李建国是建和分公司的实际承包人缺乏合同依据。其次，该内部承包合同约定的承包范围为《资质证书》中规定的工业与民用建筑承包范围，也就是说，究其合同约定之实质，该合同名为内部承包，实为建设工程施工企业资质租赁或者有偿使用。李建国在庭审中亦自认其经营建和分公司，主要是利用圣祥公司的资质方便其对外承揽建筑工程。换言之，该内部承包合同约定之实质并非承包法律关系。第三，《执行规定》第78条中规定以及予以保护的承包或者租赁经营，应当是法律所准许的承包、租赁形式。众所周知，建筑施工企业具有很强的专业技术性，且施工质量直接关系到人民群众的生命财产安全，因此不仅要求此类企业要具有符合国家规定的注册资本，而且要具有与所从

事的建筑施工活动相适应的专业资质。实践中，一些建筑施工企业中所谓承包或者租赁经营的实质，是不具备资质的企业或者个人，以承包或者租赁形式，掩盖其借用建筑施工企业资质进行施工的目的，由于借用资质进行施工是法律及司法解释所禁止的行为，故与之相关的承包或者租赁经营合同以及施工转分包合同亦为法律所不容。因此，即便能够认定李建国与建和分公司之间存在实际承包关系，因其承包经营形式为法律所不容，故亦不应包括在《执行规定》第78条规定的承包经营之列。

审理法院 最高人民法院
裁判时间 2016年7月28日
案　　号 最高人民法院（2016）最高法民再149号民事判决书
出　　处 《最高人民法院公报》2017年第2期。

302. 执行异议之诉中举证证明责任的分配
——信达陕西分公司与崇立公司、佳佳公司案外人执行异议之诉案

> **裁判要点**
> 　　根据《最高人民法院关于适用〈中华人民共和国民事诉讼法〉的解释》第三百一十一条规定，案外人提起执行异议之诉的，应当就其对执行标的享有足以排除强制执行的民事权益承担举证证明责任，且需达到享有权益排除执行的高度盖然性证明标准。
> 　　执行异议之诉中，利益和主张相对的双方首先是案外人和申请执行人，被执行人对案件事实的承认可以作为认定案件事实的证据，但不能据此当然免除案外人的举证证明责任。

关 键 词 执行异议之诉　举证　证明责任
裁判理由 最高人民法院认为：围绕当事人上诉请求、事实理由与答辩意见，本案争议焦点为：原判认定崇立公司享有案涉10套房屋所有权并可排除执行是否正确。

首先，不动产物权变动一般应以登记为生效要件。依照物权法规定的物权法定原则，物权的种类和内容，由法律规定，当事人之间不能创设。物权

法第九条规定，不动产物权的设立、变更、转让和消灭，经依法登记，发生效力；未经登记，不发生效力，但法律另有规定的除外。物权法第十四条规定，不动产物权的设立、变更、转让和消灭，依照法律规定应当登记的，自记载于不动产登记簿时发生效力。根据查明事实，案涉房屋并未登记于崇立公司名下，崇立公司不能依据登记取得案涉房屋所有权。

其次，崇立公司能否基于合法建造取得案涉房屋所有权。最高人民法院认为，第一，物权法第一百四十二条规定，建设用地使用权人建造的建筑物、构筑物及其附属设施的所有权属于建设用地使用权人，但有相反证据证明的除外。即建设用地使用权人建造的建筑物、构筑物及其附属设施的所有权一般属于建设用地使用权人。就本案而言，建设用地使用权证载明的权利人为佳佳公司并非崇立公司。第二，虽然物权法第三十条规定，因合法建造、拆除房屋等事实行为设立或者消灭物权的，自事实行为成就时发生效力。但合法建造取得物权，应当包括两个前提条件，一是必须有合法的建房手续，完成特定审批，取得合法土地权利，符合规划要求；二是房屋应当建成。根据查明事实，案涉房屋的国有土地使用权证、建筑用地规划许可证、建筑工程规划许可证、施工许可证等记载的权利人均为佳佳公司。即在案涉房屋开发的立项、规划、建设过程中，佳佳公司是相关行政审批机关确定的建设方，崇立公司仅依据其与佳佳公司的联建协议，并不能直接认定其为物权法第三十条规定的合法建造人，并因事实行为而当然取得物权。结合《佳家时代广场B、C座项目联合开发合同书》约定内容分析，双方联建的佳家时代广场B、C座楼位及B座以北的地下车库项目，双方共同投资至本项目总价的25%~30%时，佳佳公司应无条件的将该项目转让，过户给崇立公司，由崇立公司独自建设、经营、销售，收益归崇立公司所有，转让过户的税费由崇立公司承担。即崇立公司、佳佳公司双方亦明知，双方合作开发，崇立公司仅能依据联建协议参与建成房屋分配，项目转让仍需履行相关审批手续。

再次，《最高人民法院关于适用〈中华人民共和国民事诉讼法〉的解释》三百一十一条规定，案外人或者申请执行人提起执行异议之诉的，案外人应当就其对执行标的享有足以排除强制执行的民事权益承担举证证明责任。崇立公司主张其基于合法建造事实享有案涉房屋所有权，应当承担举证证明责任。现其既未提交证据足以证明对于案涉项目投资事实，亦未提交证据证明其对涉案房屋占有的权利外观，更未提交证据证明案涉房屋已经登记至其名下，应当承担举证不能不利后果。

另外，物权法规定物权公示原则，即物权的变动必须将其变动的事实通过一定方法向社会公开，其目的在于使第三人知道物权变动情况，以免第三人遭受损害并保障交易安全。本案中崇立公司与佳佳公司之间存在合作开发房地产合同关系，崇立公司有权另案向佳佳公司主张二者基于合作开发合同产生的权利义务关系。但在其提交证据不足以证明其为相关审批手续载明的合法建造主体、投资事实、占有权利外观的情况下，仅依据其与佳佳公司合作开发合同关系，不属于物权法第三十条规定的合法建造人，一审判决认定崇立公司基于合法建造取得案涉房屋所有权属适用法律不当，予以纠正。

审理法院　最高人民法院
裁判时间　2017 年 8 月 4 日
案　　号
出　　处　《民事审判指导与参考》2017 年第 3 辑（总第 71 辑）。

303. 案外人不能以其对被执行的建设工程享有优先受偿权为由要求停止强制执行，而应当在执行程序中向执行法院提出优先受偿主张

——华宇广泰建工集团松原建筑有限公司与东北农业生产资料有限公司及松原市博翔房地产开发有限公司案外人执行异议之诉申请再审案

裁判要点

建设工程价款优先受偿权是以建设工程折价、拍卖的交换价值担保债权的实现，本质上是债权实现的优先顺位权。人民法院对生效判决确认债权的强制执行并不必然妨害建设工程价款优先受偿权的实现，案外人不能以其对被执行的建设工程享有优先受偿权为由要求停止执行，而应当在执行程序中向执行法院提出优先受偿主张。若案外人提出的优先受偿主张未获支持，其可以根据《最高人民法院关于适用〈中华人民共和国民事诉讼法〉的解释》第五百一十二条的规定，对分配方案提出书面异议以及提出"执行分配方案异议之诉"。

关 键 词 执行异议之诉 优先受偿

裁判理由 最高人民法院认为：关于华宇广泰公司享有的建设工程价款优先受偿权能否排除东北农业公司借款债权执行的问题。华宇广泰公司诉松原博翔公司建设工程施工合同纠纷一案，松原中院于2015年11月26日作出（2015）松民二初字第106号生效民事判决，确认华宇广泰公司在博翔大酒店工程价款的范围内享有优先受偿权。据此，华宇广泰公司对本案执行标的物博翔大酒店享有实体权益。建设工程价款优先受偿权属于法定优先权，其本质是以建设工程的交换价值担保工程款债权的实现，此种优先受偿权仅是债的实现顺位的优先，不能排除人民法院对执行标的采取的拍卖、变卖、折价等执行行为，不属于"足以排除强制执行"的民事权益。因此，二审法院对建设工程价款优先受偿权人华宇广泰公司停止执行的诉讼请求不予支持，并无不当，华宇广泰公司此项申请再审主张不成立。

审理法院 最高人民法院
裁判时间 2017年3月29日
案　　号
出　　处 《民事审判指导与参考》2017年第4辑（总第72辑）。

304. 执行异议之诉中，若案外人对执行标的物享有的实体权利不足以排除强制执行，人民法院在执行异议之诉中不能单独针对案外人的确权请求作出确权判项

——华宇广泰建工集团松原建筑有限公司与东北农业生产资料有限公司等案外人执行异议之诉案

> **裁判要点**
>
> 案外人执行异议之诉的根本目的在于解决能否排除执行的问题，确权只是排除执行的附带功能，若案外人对执行标的物享有的实体权利不足以排除强制执行，人民法院在执行异议之诉中不能单独针对案外人的确权请求作出确权判项。

关 键 词 执行异议 强制执行

裁判理由 最高人民法院认为：关于二审法院是否遗漏审理华宇广泰公司的确权请求和优先给付请求的问题。本案华宇广泰公司所享有的建设工程价款优先受偿权已经另案松原中院（2015）松民二初字第106号生效民事判决所确认，该公司在本案执行异议之诉中再次请求确认其建设工程价款优先受偿权，属于重复诉讼，本案一、二审法院不予确认并无不当。对于华宇广泰公司提出的"判决对博翔大酒店工程折价或者拍卖价款优先支付给华宇广泰公司工程款本金115641081.50元"的请求，实质为行使工程价款优先受偿权的具体请求，属于给付请求，不属于执行异议之诉的审查范围，一、二审法院不予审查并无不当。

审理法院 最高人民法院
裁判时间 2017年8月14日
案　　号
出　　处 《民事审判指导与参考》2017年第4辑（总第72辑）。

305. 离婚协议关于房产分割的约定能够对抗之后债务的强制执行
——钟某某与王某、林某某股权转让纠纷案外人执行异议之诉案

裁判要点
《离婚协议书》约定讼争房产归案外人钟某某所有，该约定是就婚姻关系解除时财产分配的约定，在诉争房产办理过户登记之前，钟某某享有将讼争房产的所有权变更登记至其名下的请求权。该请求权优先于王某的金钱债权，具有排除执行的效力。

关 键 词 离婚协议　婚内房产　排除执行

裁判理由 最高人民法院认为：由于《离婚协议书》并不存在恶意串通逃避债务的问题，且钟某某对案涉全部房产享有请求权，因此，需要进一步讨论的问题是，钟某某依据《离婚协议书》对讼争房产享有的权利是否足以排除执行。

在法律适用上，应当看到，最高人民法院《关于人民法院办理执行异议和复议案件若干问题的规定》是针对执行程序中当事人提出执行异议时如何

处理的规定。由于执行程序需要贯彻已生效判决的执行力,因此,在对执行异议是否成立的判断标准上,应坚持较高的、外观化的判断标准。这一判断标准,要高于执行异议之诉中原告能否排除执行的判断标准。

由此,最高人民法院《关于人民法院办理执行异议和复议案件若干问题的规定》第二十五条至第二十八条的规定就应当在如下意义上理解,即符合这些规定所列条件的,执行异议能够成立;不满足这些规定所列条件的,异议人在执行异议之诉中的请求也未必不成立。是否成立,应根据案件的具体情况和异议人所主张的权利、申请执行人债权实现的效力以及被执行人对执行标的的权利作出比较后综合判断,从而确定异议人的权利是否能够排除执行。

在本案中,钟某某与林某某于1996年7月22日签订《离婚协议书》,约定讼争房产归钟某某及其所生子女所有,该约定是就婚姻关系解除时财产分配的约定,在诉争房产办理过户登记之前,钟某某及其所生子女享有的是将讼争房产的所有权变更登记至其名下的请求权。该请求权与王某的请求权在若干方面存在不同,并因此具有排除执行的效力。

首先,从成立时间上看,该请求权要远远早于王某因与林某某股权转让纠纷所形成的金钱债权。债权的成立时间尽管并不影响债权的平等性,但是在若干情形下对于该债权能否继续履行以及继续履行的顺序产生影响。例如,最高人民法院《关于审理买卖合同纠纷案件适用法律问题的解释》第十条针对出卖人就特殊动产订立多重买卖合同的继续履行问题明确规定,在均未受领交付且未办理所有权转移登记手续的情况下,依法成立在先合同的买受人的继续履行请求权就优先于其他买受人。以此类推,在本案情形,至少不能得出王某成立在后的债权具有优先于钟某某成立在前的债权的结论。

第二,从内容上看,钟某某的请求权系针对诉争房屋的请求权,而王某的债权为金钱债权,并未指向特定的财产,诉争房屋只是作为林某某的责任财产成为王某的债权的一般担保。在钟某某占有诉争房屋的前提下,参考最高人民法院《关于审理买卖合同纠纷案件适用法律问题的解释》第十条规定的精神可知,其要求将讼争房产的所有权变更登记至其名下的请求权,也应当优于王某的金钱债权。

第三,从性质上看,王某与林某某之间的金钱债权,系林某某与钟某某的婚姻关系解除后发生的,属于林某某的个人债务。在该债权债务发生之时,诉争房屋实质上已经因钟某某与林某某之间的约定而不再成为林某某的责任财产。因此，在王某与林某某交易时以及最终形成金钱债权的过程中，诉争房产都未影响到林某某的责任财产。在此意义上，钟某某的请求权即使排除王某债权的执行，也并未对王某债权的实现形成不利影响。

第四，从发生的根源上看，讼争房产系钟某某与林某某婚姻关系存续期间因合法建造而产生的夫妻共同财产，在钟某某与林某某婚姻关系解除之时约定讼争房产归钟某某及其所生子女所有。从功能上看，该房产具有为钟某某及其所生子女提供生活保障的功能。与王某的金钱债权相比，钟某某及其子女享有的请求权在伦理上具有一定的优先性。

综上所述，本院认为，基于钟某某与王某各自债权产生的时间、内容、性质以及根源等方面来看，钟某某对诉争房产所享有的权利应当能够阻却对本案讼争房产的执行，钟某某提起执行异议请求阻却对本案讼争房产执行的理由成立，一审法院判决停止对讼争的位于福建省上杭县和平路121号房产的执行正确，应予维持。王某上诉请求撤销该项判决的理由，不能成立，本院不予支持。故判决：驳回上诉，维持原判。

审理法院　最高人民法院
裁判时间　2016年1月10日
案　　号　最高人民法院（2015）民一终字第150号民事判决书
出　　处　中国裁判文书网。

306. 能否因担保人在执行和解协议中的担保承诺直接追加其为被执行人

——上海欣成投资（集团）有限公司、孟杰飞与上海欣成投资（集团）有限公司、南通盈丰房地产投资发展有限公司等合资、合作开发房地产合同纠纷、申请承认与执行法院判决、仲裁裁决案

裁判要点

根据民事诉讼法以及司法解释的有关规定，执行担保应当具备的要件：第一，担保人要向执行法院而不是向对方当事人提供担保；第二，该执行担保不但要取得申请执行人的同意，还应得到执行法院的批准；第三，如提供财产担保，还应参照物权法、担保法的有关规定办理相应手续。执行和解协议中符合上述要件的担保行为可被认定为执行担保，担保人应受有关执行担保法律规定的约束，申请人可直接申请执行该担保人的财产。

关 键 词 执行和解协议　担保承诺　追加

裁判理由 最高人民法院认为：本案的争议焦点为，1.4月20日和解协议是否为执行和解协议；2.欣成公司在4月20日和解协议中提供的担保是否构成执行担保；3.欣成公司的保证责任是否应予免除。

1. 关于4月20日和解协议是否为执行和解协议的问题。根据《民事诉讼法》第二百三十条的规定，在执行中，当事人自行达成和解协议的，执行员应当将协议内容记入笔录，由双方当事人签名或者签章。本案4月20日和解协议第八条约定："本协议经协议各方盖章、有权代表签字后生效。本协议一式五份，甲、乙、丙、丁方及江苏高院各执一份。"该约定表明各方当事人均同意将该和解协议提交江苏高院，且该和解协议原件已提交给江苏高院入卷，江苏高院亦根据该和解协议及孟杰飞的申请对盈丰公司的财产予以解封。从上述事实来看，4月20日和解协议符合法律规定的执行和解协议的特征，故欣成公司关于4月20日和解协议并非在法院主持下达成、因此不是执行和解协议的复议理由没有法律依据，不能成立。

2. 关于欣成公司在4月20日和解协议中提供的担保是否构成执行担保的问题。《民事诉讼法》第二百三十一条规定："在执行中，被执行人向人民法院提供担保，并经申请执行人同意的，人民法院可以决定暂缓执行及暂缓执行的期限。被执行人逾期仍不履行的，人民法院有权执行被执行人的担保财产或者担保人的财产。"最高人民法院《关于适用〈中华人民共和国民事诉讼法〉的解释》第四百七十条、第四百七十一条进一步规定："根据民事诉讼法第二百三十一条规定向人民法院提供执行担保的，可以由被执行人或者他人提供财产担保，也可以由他人提供保证。担保人应当具有代为履行或者代为承担赔偿责任的能力。他人提供执行保证的，应当向执行法院出具保证书，并将保证书副本送交申请执行人。被执行人或者他人提供财产担保的，应当参照物权法、担保法的有关规定办理相应手续。""被执行人在人民法院决定暂缓执行的期限届满后仍不履行义务的，人民法院可以直接执行担保财产，或者裁定执行担保人的财产，但执行担保人的财产以担保人应当履行义务部分的财产为限。"根据上述法律以及司法解释的规定，执行担保应当具备以下要件：第一，担保人要向执行法院而不是向对方当事人提供担保；第二，该执行担保不但要取得申请执行人的同意，还应得到执行法院的批准；第三，如提供财产担保，还应参照物权法、担保法的有关规定办理相应手续。从4月20日和解协议中欣成公司提供担保的相关条款来看，如仅根据其中第四条的约定，并不能得出成立执行担保的结论，但结合该和解协议第六条及第八条的约定，以及此后的实际履行情况，可以认定欣成公司在4月20日和解协议中提供的担保符合执行担保的构成要件。首先，本案各方当事人约定将该和解协议向执行法院提交，其中约定有附条件的担保条款，即系向执行法院明确，当约定的保证责任事由出现时，欣成公司须在约定的担保范围内承担担保责任。同时，该和解协议第六条还明确约定如发生保证责任事由，欣成公司放弃抗辩权，孟杰飞可直接追加各担保人为被执行人。由此，作为担保人的欣成公司是以自己的财产向执行法院而不是对方当事人提供担保。其次，执行法院已将该和解协议入卷，且已根据该和解协议及孟杰飞的申请解除了被执行人名下部分房产的查封，实质上已暂缓执行被执行人名下财产。故欣成公司提供的担保不仅已经取得申请执行人的同意，也已经得到执行法院的批准。综上，（2015）苏执异字第00002号执行裁定认定欣成公司在4月20日和解协议中提供的担保属于执行担保并无不当。此外，民事诉讼和执行中，各方当事人都应遵守诚实信用原则。欣成公司承诺承担保证责任，且已放弃抗辩权，在获得申请执行人同意，并向执行法院申请解封，实际亦已解除查封的情况下，该公司又违反在先承诺，拒绝承担担保责任，违背了诚实信用原则。综上，江苏高院认定欣成公司在本案中提供的担保构成执行担保于法有据，欣成公司关于4月20日和解协议中的担保条款不构成执行担保的复议理由没有法律依据，不能成立。

3. 关于欣成公司的保证责任是否应予免除的问题。根据本案查明事实，欣成公司在异议阶段中并未以该公司的保证责任因主债务人已足额还款而免除为由向江苏高院提出异议，江苏高院在异议审查阶段亦只是明确了欣成公司承担责任的范围应以4月20日和解协议中第四条约定其应承担的义务为限，并指明了对于盈丰公司在欣成公司担保范围内已履行部分，欣成公司可以免除保证责任。由于（2015）苏执异字第00002号执行裁定并未就欣成公司的保证责任是否因盈丰公司的履行行为而免除的问题作出认定，故本次复议程序对此亦不予审查。并且，在（2015）苏执异字第00002号执行裁定作出后，江苏高院又以（2014）苏执字第00017-19号执行裁定查封冻结欣成公司名下房产，故欣成公司可以通过对后一执行裁定提出异议的方式寻求救济，由江苏高院对上述执行行为的合法性予以审查，并对欣成公司是否仍应承担保证责任予以明确。

综上，欣成公司的复议理由不能成立，应予驳回。江苏高院（2015）苏执异字第00002号执行裁定认定事实清楚，适用法律正确，应予维持。

审理法院　最高人民法院
裁判时间　2016年3月25日
案　　号　最高人民法院（2015）执复字第48号执行裁定书
出　　处　中国裁判文书网。

307. 执行拍卖所得标的物有瑕疵的，竞拍人不能要求撤销拍卖或核减价款

——三亚昌达房地产开发有限公司、海南仁望旅游投资有限公司等
与海南仁望旅游投资有限公司、同德投资控股有限公司等
金融借款合同纠纷、申请承认与执行法院判决、仲裁裁决案

裁判要点

在司法拍卖中，若拍卖机构已书面明确提示竞买人考察拍卖标的、了解标的瑕疵，则竞买人不得再因标的物有瑕疵而要求撤销拍卖或者核减价款。

关 键 词 司法拍卖 标的物瑕疵 核减价款 免责条款

裁判理由 最高人民法院认为：关于涉案拍卖效力应如何认定的问题。《最高人民法院关于人民法院民事执行中拍卖、变卖财产的规定》第二十五条规定，买受人逾期未支付价款而使拍卖目的难以实现的，人民法院可以裁定重新拍卖。根据该条规定，买受人逾期付款是否要重新拍卖，关键要看拍卖目的是否得到实现，而不能机械地认定只要逾期付款即导致重新拍卖，如果买受人已经全部付款，拍卖目的已经实现，则不宜裁定重新拍卖。本案中，虽然买受人昌达公司逾期付款，且还存在昌达公司未付清款项青海高院即将涉案股权提前过户的情形，但由于昌达公司已于2006年11月17日至2008年12月24日分六次陆续付清了拍卖价款，涉案拍卖的目的已得以实现，故本案拍卖效力应予维持。仁望公司主张本案拍卖根据合同约定应当重新拍卖的复议理由于法无据，本院不予支持。

关于青海高院在拍卖成交后核减拍卖价款有无法律依据的问题。涉案拍卖前，拍卖机构已书面提示竞买人昌达公司考察拍卖标的、了解标的瑕疵，在昌达公司签字的《"三亚西岛旅游开发有限公司50%股权"拍卖会竞买须知及注意事项》中明确记载了"竞买人在决定参与竞买前请务必对有关资料及公司项目等状况进行考察，详细了解拍卖标的有关瑕疵，拍卖人仅对标的按现状进行拍卖，对标的物存在的或可能存在的任何瑕疵不承担任何责任。竞买人一旦举牌，则视为已充分知悉和认可拍卖标的现状及可能存在的瑕疵"

在其签署的《竞买协议书》中亦明确约定了"甲方(即昌达公司)已对本次拍卖会的标的物进行了充分了解,拍卖人对拍卖标的物不承担任何瑕疵责任,……甲方签订本协议,即视为充分知悉和认可拍卖标的物现状及可能存在的瑕疵。"据此,昌达公司在拍卖成交后再提出核减拍卖价款的行为既不符合上述约定,亦无法律依据,而且对其他竞买人而言,也不公平。故对于昌达公司的该项复议理由,本院不予支持。

审理法院 最高人民法院
裁判时间 2016年3月26日
案　　号 最高人民法院(2015)执复字第41号执行裁定书
出　　处 中国裁判文书网。

308. 因公证机关未出具执行证书,当事人据此就公证债权文书内容争议提起民事诉讼的应予受理

——郑州鸿盛商贸有限公司与王某某等借款担保合同纠纷申请再审案

裁判要点

《最高人民法院关于当事人对具有强制执行效力的公证债权文书的内容有争议提起诉讼人民法院是否受理问题的批复》(以下简称《批复》)规定的法院不予受理当事人就公证债权文书提起诉讼的情形,是指当事人对具有强制执行效力的公证债权文书的内容有争议而提起民事诉讼。债权人未能取得执行证书则不属于《批复》中规定的法院不予受理当事人诉讼的法定情形。因此,公证机关不予出具执行证书时,当事人可以就文书争议内容提起诉讼。

关 键 词 执行证书　文书内容争议　提起诉讼

裁判理由 最高人民法院认为:根据《最高人民法院、司法部关于公证机关赋予强制执行效力的债权文书执行有关问题的联合通知》第四条、第五条、第七条之规定,债权人在向人民法院申请强制执行之前,需向公证处申请执行证书,公证处在出具执行证书时需要核查合同履行情况等内容,债权人凭原公证书及执行证书可向人民法院申请强制执行。根据本案二审判决书

记载,二审庭审期间,王某某向法庭提交二七公证处于 2015 年 3 月 26 日出具的《不予出具执行证书的决定》。虽然案涉借款合同经过了公证,但王某某未能取得执行证书,无法申请强制执行。在此种情形下,王某某就案涉借款合同向人民法院提起民事诉讼,人民法院予以受理并无不当,鸿盛商贸公司关于此点的申请再审的理由不成立。

审理法院 最高人民法院
裁判时间 2016 年 3 月 29 日
案　　号 最高人民法(2016)最高法民申 470 号民事裁定书
出　　处 中国裁判文书网。

309. 对存放于银行保证金专户的资金,当事人不能申请法院强制执行
——大连银行股份有限公司沈阳分行与抚顺市艳丰建材有限公司、郑某某案外人执行异议案

裁判要点
开立承兑汇票时存入银行保证金专户内的存款具有金钱质押的性质,银行对此享有的质权具有能够排除其他债权人的强制执行的效力。

关 键 词 案外人异议　金钱质权

裁判理由 最高人民法院认为:本案为大连银行沈阳分行对河北省廊坊市中级人民法院作出的(2013)廊执异字第 26-1 号执行异议裁定不服提起的案外人执行异议之诉,根据《最高人民法院关于适用〈中华人民共和国民事诉讼法〉的解释》第三百一十二条规定,对该类案件,人民法院经审理,按照下列情形分别处理:(一)案外人就执行标的享有足以排除强制执行的民事权益的,判决不得执行该执行标的;(二)案外人就执行标的不享有足以排除强制执行的民事权益的,判决驳回诉讼请求。案外人同时提出确认其权利的诉讼请求的,人民法院可以在判决中一并作出裁判。因此,本案再审审理的焦点问题是大连银行沈阳分行对执行标的即艳丰公司存入保证金专用账户的 4000 万元是否享有足以排除人民法院强制执行的民事权益。大连银行沈阳

分行主张,艳丰公司存入保证金专用账户的4000万元系具有金钱质押效力的保证金,在其对艳丰公司申请开立的银行承兑汇票付款之后,其对该4000万元享有优先受偿权。据此,本案将从大连银行沈阳分行是否对该4000万元享有质权、该权利是否足以排除强制执行等方面进行分析判定。

一、大连银行沈阳分行对案涉4000万元是否享有质权

《中华人民共和国物权法》第二百一十条规定:"设立质权,当事人应当采取书面形式订立质权合同。质权合同一般包括下列条款:(一)被担保债权的种类和数额;(二)债务人履行债务的期限;(三)质押财产的名称、数量、质量、状况;(四)担保的范围;(五)质押财产给付的时间。"第二百一十二条规定:"质权自出质人交付质押财产时设立。"《最高人民法院关于适用〈中华人民共和国担保法〉若干问题的解释》第八十五条规定:"债务人或者第三人将其金钱以特户、封金、保证金等形式特定化后,移交债权人占有作为债权的担保,债务人不履行债务时,债权人可以以该金钱优先受偿。"根据上述法律及司法解释的规定,金钱作为一种特殊的动产,具备一定形式要件后,可以用于质押。具体到本案,大连银行沈阳分行对案涉4000万元是否享有质权,应当从大连银行沈阳分行与艳丰公司之间是否存在质押合同关系以及质权是否有效设立两个方面进行审查。

(一)大连银行沈阳分行与艳丰公司之间是否存在质押合同关系。大连银行沈阳分行与艳丰公司签订的《汇票承兑合同》第二条第2.2款约定:艳丰公司于汇票承兑前,在大连银行沈阳分行开立针对合同项下汇票的保证金专用账户(账号为10×××23)并存入汇票金额100%的保证金,保证金金额为8000万元。艳丰公司同意将上述保证金及其产生的利息作为履行合同的担保,并授权大连银行沈阳分行在因合同需要时办理上述保证金的冻结、扣划等手续;第五条第5.7款约定:艳丰公司应于合同项下汇票到期日之前将汇票金额足额存入大连银行沈阳分行指定账户。若艳丰公司未能在汇票到期日前足额交付全部汇票金额,则大连银行沈阳分行有权将合同第二条第2.2款的保证金账户和艳丰公司其他存款账户中的款项直接用于支付到期汇票或偿还大连银行沈阳分行对持票人的垫款以及相应利息和手续费,同时对艳丰公司尚未支付的汇票金额按照日万分之五计收罚息。上述约定表明,大连银行沈阳分行与艳丰公司之间协商一致,达成以下合意,即艳丰公司向大连银行沈阳分行缴存100%比例保证金作为案涉承兑汇票业务的担保,如艳丰公司未按期足额交付全部汇票金额,则大连银行沈阳分行有权以该保证金直接支付

到期承兑汇票或偿还大连银行沈阳分行对持票人的垫款,也即大连银行沈阳分行对案涉保证金享有优先受偿权。上述合意具备质押合同的一般要件,符合《最高人民法院关于适用〈中华人民共和国担保法〉若干问题的解释》第八十五条关于金钱质押的规定。原审法院仅以双方在《汇票承兑合同》中未有大连银行沈阳分行对该保证金享有优先受偿权的表述即认定双方并无以保证金设立质押的意思表示、保证金不具有金钱质押性质,有所不当,本院予以纠正。

(二)本案质权是否有效设立。根据《中华人民共和国物权法》第二百一十二条"质权自出质人交付质押财产时设立"的规定,交付行为应被视为设立动产质权的生效条件。金钱质押作为特殊的动产质押,依照《最高人民法院关于适用〈中华人民共和国担保法〉若干问题的解释》第八十五条规定,生效条件包括金钱特定化和移交债权人占有两个方面。具体到本案,首先,案涉4000万元资金已经通过存入保证金专用账户的形式予以特定化。保证金特定化的实质意义在于使特定数额金钱从出质人财产中划分出来,成为一种独立的存在,使其不与出质人其他财产相混同,同时使转移占有后的金钱也能独立于质权人的财产,避免特定数额的金钱因占有即所有的特征混同于质权人和出质人的一般财产中。具体到保证金账户的特定化,就是要求该账户区别于出质人的一般结算账户,使该账户资金独立于出质人的其他财产。本案中,双方当事人按照《汇票承兑合同》的约定开立了账号为10×××23的保证金专用账户,用途均与保证金有关,不同于艳丰公司在大连银行沈阳分行开立的账号为10×××25的一般结算账户。艳丰公司按照《汇票承兑合同》约定的额度比例向该账户缴存了保证金,大连银行沈阳分行向艳丰公司出具了《保证金冻结通知书》,对保证金账户进行了冻结。因此,本案符合金钱以保证金形式特定化的要求。其次,大连银行沈阳分行能够对该保证金专用账户进行实际控制和管理,实现了移交占有。本案中,案涉保证金专用账户开立于大连银行沈阳分行的下属支行,艳丰公司在按照《汇票承兑合同》约定存入保证金之后,大连银行沈阳分行对该账户进行了冻结,使得艳丰公司作为保证金专户内资金的所有权人,不能自由使用账户资金,实质上丧失了对保证金账户的控制权和管理权。而大连银行沈阳分行依据《汇票承兑合同》第五条第5.7款规定,在艳丰公司未能在汇票到期日前足额交付全部汇票金额的情况下,有权将保证金账户中的款项直接用于支付到期汇票或者偿还大连银行沈阳分行对持票人的垫款,即大连银行沈阳分行有权直接扣划保证金专用账户内的资金。据此应当认定，大连银行沈阳分行实质上取得了案涉保证金专用账户的控制权，此种控制权移交符合动产交付占有的本质要求。

综合以上分析可以认定，本案金钱质押已经设立，大连银行沈阳分行对案涉4000万元保证金享有质权。大连银行沈阳分行该项再审主张和理由，有事实和法律依据，本院予以支持。原审法院认定本案保证金账户存款性质属于信誉保证，不属于金钱质押，适用法律错误，本院予以纠正。

二、大连银行沈阳分行对案涉4000万元保证金享有的质权是否足以排除郑某某与艳丰公司借款案的强制执行

根据《中华人民共和国物权法》第一百七十条规定，担保物权人在债务人不履行到期债务或者发生当事人约定的实现担保物权的情形，依法享有就担保财产优先受偿的权利；第二百零八条规定，为担保债务的履行，债务人或者第三人将其动产出质给债权人占有的，债务人不履行到期债务或者发生当事人约定的实现质权的情形，债权人有权就该动产优先受偿。因此，大连银行沈阳分行在履行案涉承兑汇票付款义务后，对艳丰公司享有垫款之债权，也即《汇票承兑合同》约定的担保之债权已经发生，为实现该债权，大连银行沈阳分行有权就4000万元保证金主张优先受偿。但本案的特殊之处在于，另案即郑某某与艳丰公司、明达意航公司借款合同纠纷案判决郑某某对艳丰公司享有4000万元本金及相应利息的债权，该案执行中，该4000万元作为艳丰公司的资金已被廊坊市中级人民法院予以冻结，因此出现了在同一执行标的即案涉4000万元保证金之上，大连银行沈阳分行主张质权而郑某某主张债权的冲突问题。大连银行沈阳分行享有的质权能否排除郑某某案的强制执行，是本案需要解决的终极问题，而该问题取决于物权与债权的关系如何。

从权利属性和分类上来讲，大连银行沈阳分行对艳丰公司享有的质权属于担保物权，因此该权利具备物权的基本特征和法律效力。《中华人民共和国物权法》第二条第三款明确规定："本法所称物权，是指权利人依法对特定的物享有直接支配和排他的权利"，据此，物权相较之债权而言具有优先性，此即意味着当同一标的物之上同时存在债权人主张债权与物权人主张物权相冲突时，物权优先于债权实现。具体到本案，大连银行沈阳分行对案涉4000万元保证金享有担保物权，而郑某某作为艳丰公司的普通债权人对艳丰公司存款享有的仅是一般债权，两种权利虽都是当事人的合法民事权利，但二者相比较，大连银行沈阳分行享有的物权应当优先于郑某某的普通债权得以实现。因此可以得出结论，大连银行沈阳分行对执行标的即4000万元保证金享有的

质权足以排除郑某某与艳丰公司借款案的强制执行。大连银行沈阳分行该项再审主张有事实及法律依据，本院予以支持。原审法院认定大连银行沈阳分行对4000万元保证金不享有优先受偿权，适用法律错误，本院予以纠正。

关于郑某某答辩提出的大连银行沈阳分行在出票过程中存在重大过错的意见，从本案事实看，大连银行沈阳分行与艳丰公司签订《汇票承兑合同》是双方的真实意思表示，现无证据证实该合同存在《中华人民共和国合同法》第五十二条规定的合同无效之情形，因此双方已经形成票据法律关系；大连银行沈阳分行已对艳丰公司提供的《工业品买卖合同》进行了相应的形式审查，虽未按《汇票承兑合同》约定要求艳丰公司提供增值税专用发票复印件存在业务操作欠规范的情形，但并不对《汇票承兑合同》的真实性、合法性以及票据法律关系的效力构成影响。至于艳丰公司与首创公司之间的基础交易关系，属于票据取得的原因关系，而票据作为要式证券，文义性、无因性是其重要特征，票据关系一经成立，即与票据取得的原因关系相脱离，无论其原因关系是否存在及是否有效，均不影响票据本身的效力。因此，郑某某以非票据法律关系当事人之身份、以艳丰公司与首创公司的买卖交易关系虚假为由主张本案《汇票承兑合同》及其中的保证金条款无效，无法律依据，本院不予采纳。另外，郑某某还提出，大连银行沈阳分行在票据付款过程中亦存在过错，在廊坊市中级人民法院对案涉保证金采取冻结措施后，大连银行沈阳分行不应再进行付款。但从本案事实看，大连银行沈阳分行在出票的同时已经在汇票正面"本汇票已经承兑，到期日由本行付款"处加盖了汇票专用章，即进行了承兑。大连银行沈阳分行一经承兑，则负有汇票到期无条件交付票款的责任，且已经实际履行该付款责任。根据最高人民法院、中国人民银行《关于依法规范人民法院执行和金融机构协助执行的通知》（法发〔2000〕21号）第九条关于"人民法院依法可以对银行承兑汇票保证金采取冻结措施，但不得扣划。如果金融机构已对汇票承兑或者已对外付款，根据金融机构的申请，人民法院应当解除对银行承兑汇票保证金相应部分的冻结措施；银行承兑汇票保证金丧失保证功能时，人民法院可以依法采取扣划措施"的规定，廊坊市中级人民法院虽然于2013年5月28日对案涉保证金进行了冻结，但该冻结措施发生于大连银行沈阳分行承兑之后，而在艳丰公司未在汇票到期日前将汇票金额足额交存的情况下，大连银行沈阳分行已经实际履行了付款责任，与艳丰公司形成垫付款的债权债务关系，此时案涉4000万元保证金并未丧失保证功能。因此，大连银行沈阳分行有权对廊坊市中级人民法院采取的冻结措施提出异议，该院应当解除对保证金相应部分的冻结措施。原审法院关于大连银行沈阳分行在人民法院冻结4000万元保证金之后未要求艳丰公司在汇票到期日之前将汇票金额存入指定账户，而是进行了兑付，存在明显过错，大连银行沈阳分行应对其损失自负的认定，无法律依据，本院予以纠正。

审理法院 最高人民法院
裁判时间 2016年3月31日
案　　号 最高人民法院（2015）民提字第175号民事判决书
出　　处 中国裁判文书网。

310. 案外人不能仅以以物抵债协议阻却法院对房屋的强制执行
——大连银行股份有限公司沈阳分行与抚顺市艳丰
建材有限公司、郑某某案外人执行异议案

> **裁判要点**
> 　　案外人根据以房抵债协议提起执行异议之诉时，若不能提供证据证明其已经取得了案涉房屋的所有权，也不能自证债权人身份的，不能阻却法院生效判决的执行。

关 键 词 案外人异议　借款协议　以物抵债
裁判理由 最高人民法院认为：本案为执行异议之诉，尽管王某某一审的诉讼请求是确认其对案涉房屋具有所有权，但其主张所有权的目的是阻却天津高院（2003）津高民二初字第2号民事判决的执行。一审判决不支持王某某的诉讼请求，理据清楚。第一，王某某与环亚公司、联华公司签订以房抵债协议后，自称在2001年11月与联华公司签订了商品房买卖合同，且天津市当时并未实行商品房买卖合同备案制度，但其此后从未在房地产管理部门办理案涉房屋的产权过户登记手续。因此，王某某无法通过不动产登记簿来证明其为案涉房的所有权人。第二，王某某主张其取得案涉房屋所有权的依据首先是其对于环亚公司享有300万元的债权。但其只提供了借款合同和环亚公司的三张收据，却未能提供其依据合同向环亚会司支付出借款项的银行转账凭证和现金交付出借款项的其他证据。环亚公司一、二审均未出庭应诉，没有提供相关证据支持王某某的观点，仅凭王某某提供的借款合同和收据，不足以证明其为环亚公司的债权人。第三，王某某二审中提交了其与联华公司签订的两份商品房买卖合同，其中对于案涉两套房屋价格的约定分别是225万元和345万元，与王某某主张的其对环亚公司享有的债权数额不同。而且，两份合同中有关付款形式与付款时间部分均为空白，从中无法看出王某某向联华公司购买案涉房屋与其主张的环亚公司以上述房产抵债一事之间的联系。综上，王某某提供的证据，不能形成完整的证据链，以达到其证明自己为环亚公司的债权人，债务人环亚公司因无法偿还债务而以案涉环亚公寓的两套房屋抵偿给王某某，但采取由案外人联华公司与王某某签订商品房买卖合同的方式完成所有权转移的目的。在没有办理房屋产权转移登记的情况下，王某某没有从自己是已经实际支付了对价并实际占有所购房屋的商品房购买者的角度主张阻却生效判决的执行。

对于程某通过受让的方式取得案涉债权和抵押权的事实，王某某于一、二审诉讼中均未提出异议。王某某不仅没有提供证据证明其已经取得了案涉房屋的所有权，也没有从法律适用方面提出理据，说明其即使取得了案涉房屋的所有权，又有何依据阻却（2003）津高民二初字第2号民事判决的执行。故一审判决驳回王某某的诉讼请求并无不当。

审理法院　最高人民法院
裁判时间　2016年3月31日
案　　号　最高人民法院（2015）民提字第175号民事判决书
出　　处　中国裁判文书网。

311. 银行对保证金账户内的特定化保证金所享有的金钱质权可以排除民事强制执行中申请人的执行

——抚顺市艳丰建材有限公司、郑克旭与大连银行股份有限公司沈阳分行案外人执行异议案

裁判要点

开立承兑汇票时存入银行保证金专户内的存款具有金钱质押的性质,银行对此享有的质权具有能够排除其他债权人的强制执行的效力。

关 键 词 保证金账户 金钱质权

裁判理由 最高人民法院认为:本案为大连银行沈阳分行对河北省廊坊市中级人民法院作出的(2013)廊执异字第26-1号执行异议裁定不服提起的案外人执行异议之诉,根据《最高人民法院关于适用〈中华人民共和国民事诉讼法〉的解释》第三百一十二条规定,对该类案件,人民法院经审理,按照下列情形分别处理:(一)案外人就执行标的享有足以排除强制执行的民事权益的,判决不得执行该执行标的;(二)案外人就执行标的不享有足以排除强制执行的民事权益的,判决驳回诉讼请求。案外人同时提出确认其权利的诉讼请求的,人民法院可以在判决中一并作出裁判。因此,本案再审审理的焦点问题是大连银行沈阳分行对执行标的即艳丰公司存入保证金专用账户的4000万元是否享有足以排除人民法院强制执行的民事权益。大连银行沈阳分行主张,艳丰公司存入保证金专用账户的4000万元系具有金钱质押效力的保证金,在其对艳丰公司申请开立的银行承兑汇票付款之后,其对该4000万元享有优先受偿权。据此,本案将从大连银行沈阳分行是否对该4000万元享有质权、该权利是否足以排除强制执行等方面进行分析判定。

一、大连银行沈阳分行对案涉4000万元是否享有质权

《中华人民共和国物权法》第二百一十条规定:"设立质权,当事人应当采取书面形式订立质权合同。质权合同一般包括下列条款:(一)被担保债权的种类和数额;(二)债务人履行债务的期限;(三)质押财产的名称、数量、质量、状况;(四)担保的范围;(五)质押财产给付的时间。"第二百一十二条规定:"质权自出质人交付质押财产时设立。"《最高人民法院关于适

用〈中华人民共和国担保法〉若干问题的解释》第八十五条规定："债务人或者第三人将其金钱以特户、封金、保证金等形式特定化后，移交债权人占有作为债权的担保，债务人不履行债务时，债权人可以以该金钱优先受偿。"根据上述法律及司法解释的规定，金钱作为一种特殊的动产，具备一定形式要件后，可以用于质押。具体到本案，大连银行沈阳分行对案涉4000万元是否享有质权，应当从大连银行沈阳分行与艳丰公司之间是否存在质押合同关系以及质权是否有效设立两个方面进行审查。

（一）大连银行沈阳分行与艳丰公司之间是否存在质押合同关系。大连银行沈阳分行与艳丰公司签订的《汇票承兑合同》第二条第2.2款约定：艳丰公司于汇票承兑前，在大连银行沈阳分行开立针对合同项下汇票的保证金专用账户（账号为10×××23）并存入汇票金额100%的保证金，保证金金额为8000万元。艳丰公司同意将上述保证金及其产生的利息作为履行合同的担保，并授权大连银行沈阳分行在因合同需要时办理上述保证金的冻结、扣划等手续；第五条第5.7款约定：艳丰公司应于合同项下汇票到期日之前将汇票金额足额存入大连银行沈阳分行指定账户。若艳丰公司未能在汇票到期日前足额交付全部汇票金额，则大连银行沈阳分行有权将合同第二条第2.2款的保证金账户和艳丰公司其他存款账户中的款项直接用于支付到期汇票或偿还大连银行沈阳分行对持票人的垫款以及相应利息和手续费，同时对艳丰公司尚未支付的汇票金额按照日万分之五计收罚息。上述约定表明，大连银行沈阳分行与艳丰公司之间协商一致，达成以下合意，即艳丰公司向大连银行沈阳分行缴存100%比例保证金作为案涉承兑汇票业务的担保，如艳丰公司未按期足额交付全部汇票金额，则大连银行沈阳分行有权以该保证金直接支付到期承兑汇票或偿还大连银行沈阳分行对持票人的垫款，也即大连银行沈阳分行对案涉保证金享有优先受偿权。上述合意具备质押合同的一般要件，符合《最高人民法院关于适用〈中华人民共和国担保法〉若干问题的解释》第八十五条关于金钱质押的规定。原审法院仅以双方在《汇票承兑合同》中未有大连银行沈阳分行对该保证金享有优先受偿权的表述即认定双方并无以保证金设立质押的意思表示、保证金不具有金钱质押性质，有所不当，本院予以纠正。

（二）本案质权是否有效设立。根据《中华人民共和国物权法》第二百一十二条"质权自出质人交付质押财产时设立"的规定，交付行为应被视为设立动产质权的生效条件。金钱质押作为特殊的动产质押，依照《最高人民法院关于适用〈中华人民共和国担保法〉若干问题的解释》第八十五条规定，生效条件包括金钱特定化和移交债权人占有两个方面。具体到本案，首先，案涉4000万元资金已经通过存入保证金专用账户的形式予以特定化。保证金特定化的实质意义在于使特定数额金钱从出质人财产中划分出来，成为一种独立的存在，使其不与出质人其他财产相混同，同时使转移占有后的金钱也能独立于质权人的财产，避免特定数额的金钱因占有即所有的特征混同于质权人和出质人的一般财产中。具体到保证金账户的特定化，就是要求该账户区别于出质人的一般结算账户，使该账户资金独立于出质人的其他财产。本案中，双方当事人按照《汇票承兑合同》的约定开立了账号为10×××23的保证金专用账户，用途均与保证金有关，不同于艳丰公司在大连银行沈阳分行开立的账号为10×××25的一般结算账户。艳丰公司按照《汇票承兑合同》约定的额度比例向该账户缴存了保证金，大连银行沈阳分行向艳丰公司出具了《保证金冻结通知书》，对保证金账户进行了冻结。因此，本案符合金钱以保证金形式特定化的要求。其次，大连银行沈阳分行能够对该保证金专用账户进行实际控制和管理，实现了移交占有。本案中，案涉保证金专用账户开立于大连银行沈阳分行的下属支行，艳丰公司在按照《汇票承兑合同》约定存入保证金之后，大连银行沈阳分行对该账户进行了冻结，使得艳丰公司作为保证金专户内资金的所有权人，不能自由使用账户资金，实质上丧失了对保证金账户的控制权和管理权。而大连银行沈阳分行依据《汇票承兑合同》第五条第5.7款规定，在艳丰公司未能在汇票到期日前足额交付全部汇票金额的情况下，有权将保证金账户中的款项直接用于支付到期汇票或者偿还大连银行沈阳分行对持票人的垫款，即大连银行沈阳分行有权直接扣划保证金专用账户内的资金。据此应当认定，大连银行沈阳分行实质上取得了案涉保证金专用账户的控制权，此种控制权移交符合动产交付占有的本质要求。

综合以上分析可以认定，本案金钱质押已经设立，大连银行沈阳分行对案涉4000万元保证金享有质权。大连银行沈阳分行该项再审主张和理由，有事实和法律依据，本院予以支持。原审法院认定本案保证金账户存款性质属于信誉保证，不属于金钱质押，适用法律错误，本院予以纠正。

二、大连银行沈阳分行对案涉4000万元保证金享有的质权是否足以排除郑克旭与艳丰公司借款案的强制执行

根据《中华人民共和国物权法》第一百七十条规定，担保物权人在债务人不履行到期债务或者发生当事人约定的实现担保物权的情形，依法享有就

担保财产优先受偿的权利；第二百零八条规定，为担保债务的履行，债务人或者第三人将其动产出质给债权人占有的，债务人不履行到期债务或者发生当事人约定的实现质权的情形，债权人有权就该动产优先受偿。因此，大连银行沈阳分行在履行案涉承兑汇票付款义务后，对艳丰公司享有垫款之债权，也即《汇票承兑合同》约定的担保之债权已经发生，为实现该债权，大连银行沈阳分行有权就 4000 万元保证金主张优先受偿。但本案的特殊之处在于，另案即郑克旭与艳丰公司、明达意航公司借款合同纠纷案判决郑克旭对艳丰公司享有 4000 万元本金及相应利息的债权，该案执行中，该 4000 万元作为艳丰公司的资金已被廊坊市中级人民法院予以冻结，因此出现了在同一执行标的即案涉 4000 万元保证金之上，大连银行沈阳分行主张质权而郑克旭主张债权的冲突问题。大连银行沈阳分行享有的质权能否排除郑克旭案的强制执行，是本案需要解决的终极问题，而该问题取决于物权与债权的关系如何。

从权利属性和分类上来讲，大连银行沈阳分行对艳丰公司享有的质权属于担保物权，因此该权利具备物权的基本特征和法律效力。《中华人民共和国物权法》第二条第三款明确规定："本法所称物权，是指权利人依法对特定的物享有直接支配和排他的权利"，据此，物权相较之债权而言具有优先性，此即意味着当同一标的物之上同时存在债权人主张债权与物权人主张物权相冲突时，物权优先于债权实现。具体到本案，大连银行沈阳分行对案涉 4000 万元保证金享有担保物权，而郑克旭作为艳丰公司的普通债权人对艳丰公司存款享有的仅是一般债权，两种权利虽都是当事人的合法民事权利，但二者相比较，大连银行沈阳分行享有的物权应当优先于郑克旭的普通债权得以实现。因此可以得出结论，大连银行沈阳分行对执行标的即 4000 万元保证金享有的质权足以排除郑克旭与艳丰公司借款案的强制执行。大连银行沈阳分行该项再审主张有事实及法律依据，本院予以支持。原审法院认定大连银行沈阳分行对 4000 万元保证金不享有优先受偿权，适用法律错误，本院予以纠正。

关于郑克旭答辩提出的大连银行沈阳分行在出票过程中存在重大过错的意见，从本案事实看，大连银行沈阳分行与艳丰公司签订《汇票承兑合同》是双方的真实意思表示，现无证据证实该合同存在《中华人民共和国合同法》第五十二条规定的合同无效之情形，因此双方已经形成票据法律关系；大连银行沈阳分行已对艳丰公司提供的《工业品买卖合同》进行了相应的形式审查，虽未按《汇票承兑合同》约定要求艳丰公司提供增值税专用发票复印件存在业务操作欠规范的情形，但并不对《汇票承兑合同》的真实性、合法性以及票据法律关系的效力构成影响。至于艳丰公司与首创公司之间的基础交易关系，属于票据取得的原因关系，而票据作为要式证券，文义性、无因性是其重要特征，票据关系一经成立，即与票据取得的原因关系相脱离，无论其原因关系是否存在及是否有效，均不影响票据本身的效力。因此，郑克旭以非票据法律关系当事人之身份、以艳丰公司与首创公司的买卖交易关系虚假为由主张本案《汇票承兑合同》及其中的保证金条款无效，无法律依据，本院不予采纳。另外，郑克旭还提出，大连银行沈阳分行在票据付款过程中亦存在过错，在廊坊市中级人民法院对案涉保证金采取冻结措施后，大连银行沈阳分行不应再进行付款。但从本案事实看，大连银行沈阳分行在出票的同时已经在汇票正面"本汇票已经承兑，到期日由本行付款"处加盖了汇票专用章，即进行了承兑。大连银行沈阳分行一经承兑，则负有汇票到期无条件交付票款的责任，且已经实际履行该付款责任。根据最高人民法院、中国人民银行《关于依法规范人民法院执行和金融机构协助执行的通知》（法发〔2000〕21 号）第九条关于"人民法院依法可以对银行承兑汇票保证金采取冻结措施，但不得扣划。如果金融机构已对汇票承兑或者已对外付款，根据金融机构的申请，人民法院应当解除对银行承兑汇票保证金相应部分的冻结措施；银行承兑汇票保证金丧失保证功能时，人民法院可以依法采取扣划措施"的规定，廊坊市中级人民法院虽然于 2013 年 5 月 28 日对案涉保证金进行了冻结，但该冻结措施发生于大连银行沈阳分行承兑之后，而在艳丰公司未在汇票到期日前将汇票金额足额交存的情况下，大连银行沈阳分行已经实际履行了付款责任，与艳丰公司形成垫付款的债权债务关系，此时案涉 4000 万元保证金并未丧失保证功能。因此，大连银行沈阳分行有权对廊坊市中级人民法院采取的冻结措施提出异议，该院应当解除对保证金相应部分的冻结措施。原审法院关于大连银行沈阳分行在人民法院冻结 4000 万元保证金之后未要求艳丰公司在汇票到期日之前将汇票金额存入指定账户，而是进行了兑付，存在明显过错，大连银行沈阳分行应对其损失自负的认定，无法律依据，本院予以纠正。

审理法院　最高人民法院
裁判时间　2016 年 3 月 31 日
案　　号　最高人民法院（2015）民提字第 175 号民事判决书
出　　处　中国裁判文书网。

312. 当事人达成合意是非经拍卖程序的"以房抵债"生效的前提条件

——中国工商银行股份有限公司成都青华路支行
与成都市春熙大厦房屋开发公司金融借款合同纠纷案

> **裁判要点**
>
> 人民法院不经拍卖、变卖程序直接裁定以物抵债的法定要件是"经申请执行人和被执行人同意",即只要没有足够的证据证明申请执行人和被执行人在以物抵债裁定作出前,以口头或书面的方式表示同意,就不产生以物抵债的法律效力。

关 键 词 非经拍卖程序 以物抵债 当事人合意

裁判理由 最高人民法院认为:根据卷宗材料,成都中院 2002 年作出以房抵债裁定并制作了《协助执行通知书》,但在《送达回证》上,受送达人为"成都市产权监理处"的签名或盖章栏为空白。成都中院的以房抵债裁定作出前后,工行青华路支行均实际占用着涉案房屋,但一直未办理抵债房屋产权过户,涉案房产的产权仍然登记在春熙公司名下。时隔 8 年后,成都中院 2010 年再次制作内容相同的《协助执行通知书》并送达房屋管理部门,抵债房屋过户提上了议事日程,春熙公司强烈认为以房抵债裁定违法,明确表示不同意以房抵债。因此,本案争议的焦点问题是成都中院的以房抵债裁定是否违反了法律规定。

最高人民法院《关于适用〈中华人民共和国民事诉讼法〉若干问题的意见》第 301 条明确规定:"经申请执行人和被执行人同意,可以不经拍卖、变卖,直接将被执行人的财产作价交申请执行人抵偿债务,对剩余债务,被执行人应当继续履行。"由此可见,"经申请执行人和被执行人同意"是法院不经拍卖、变卖程序直接裁定以物抵债的法定要件。本案中,成都中院对案涉房产未经拍卖直接作价以房抵债,必须依照上述法律的规定。因此,考察成都中院的以房抵债裁定是否符合法律规定,重点要审查的问题是该以房抵债裁定作出前是否经当事人双方的同意。

关于成都中院以房抵债裁定作出前,双方当事人是否同意以物抵债的问题。第一，本案卷宗材料中未见双方当事人在以房抵债裁定作出前均同意以物抵债的任何记载。虽然成都中院的原执行案件承办人称，当时双方当事人对以物抵债肯定是同意了，但同时也承认并未进行书面记载。无论本案的客观事实在当时是怎样的状态，从卷宗材料记载的事实看，一方面工行青华路支行对估价报告提出了异议且明确反对法院直接裁定以房抵债，另一方面春熙公司对法院直接以房抵债未见明确意思表示。本案没有足够的证据证明春熙公司在以房抵债裁定作出前，以口头或者书面的方式表示同意。这种事实状态不符合上述法律规定以房抵债"经申请人和被执行人同意"的要求。第二，以当事人双方在以房抵债裁定作出后的行为并不能推定其事前均同意以房抵债的事实。本案中，工行青华路支行在以房抵债裁定作出后，未提异议且将抵债房产做账列入固定资产；在成都中院的执行监督程序中多次表示接受以房抵债并反对撤销以房抵债裁定。春熙公司在以房抵债裁定作出后，亦未提异议，且以其已用涉案房产抵销债务为由书面投诉要求银行部门从征信系统中删除其不良记录。但分析双方当事人的上述行为的性质，系对成都中院以房抵债裁定作出后造成事实加以接受，并非是当事人双方同意执行法院裁定以房抵债。换言之，当事人双方的这种事后接受，并不能推定其事前即同意以房抵债。综上所述，四川高院认定成都中院作出以房抵债裁定前因未经申请人和被执行人同意而违反了法律的相关规定，并据此撤销成都中院的以房抵债裁定和该院（2012）成执监字第1号民事裁定，有事实和法律依据。申诉人的该项申诉理由不能成立。

审理法院　最高人民法院
裁判时间
案　　号　最高人民法院（2016）最高法执监172号执行裁定书
出　　处　中国裁判文书网。

313. 不能以生效文书确定的逾期违约金为基数，计算迟延履行利息
——安徽伟宏钢结构集团股份有限公司与合肥华芝园商贸有限公司执行申诉案

> **裁判要点**
>
> 逾期付款违约金自生效法律文书确定的履行期限届满之次日起算，延伸至实际付清法律文书确定的金钱债务之日止，与迟延履行期间债务利息的计算期间重叠且目的均为惩罚债务人的迟延履行行为，执行程序中不能作为基数计算迟延履行期间的债务利息。

关　键　词　执行　迟延履行利息　逾期违约金　计算期间

裁判理由　最高人民法院认为：关于本案适用的清偿顺序是否违法的问题。《最高人民法院关于适用〈中华人民共和国合同法〉若干问题的解释（二）》第二十一条规定："债务人除主债务之外还应当支付利息和费用，当其给付不足以清偿全部债务时，并且当事人没有约定的，人民法院应当按照下列顺序抵充：（一）实现债权的有关费用；（二）利息；（三）主债务"。实现债权的有关费用和利息应当在主债务之前偿付，但本案中的"逾期付款违约金"不属于实现债权的费用或利息，伟宏钢构公司要求根据上述规定优先清偿逾期付款违约金的申诉理由没有法律依据，本院不予支持。

关于能否以生效法律文书确定的履行期间届满后发生的违约金为基数计算迟延履行期间债务利息的问题。本案合肥仲裁委员会（2008）合仲字第321号仲裁调解书确定华芝园公司应给付伟宏钢构公司的债务数额是工程款34万元。逾期付款违约金在本案仲裁调解书确定的履行期限届满前尚未发生，且发生与否并不确定，只有当华芝园公司未按仲裁调解书确定的履行期限履行义务时，该款项才实际发生，其目的是促使当事人履行生效法律文书确定的金钱债务。该违约金自生效法律文书确定的履行期限届满之次日起算，延伸至实际付清法律文书确定的金钱债务之日止，与迟延履行期间债务利息的计算期间重叠，目的相同，执行程序中不能作为基数计算迟延履行期间债务利息。本案中当事人约定了较高的逾期付款违约金，复议裁定关于合肥中院

按此计算违约金已足以弥补伟宏钢构公司的损失，伟宏钢构公司主张以逾期付款违约金为基数计算迟延履行期间债务利息缺乏法律依据亦有违公平原则的认定并无不当。伟宏钢构公司此项申诉理由没有事实与法律依据，本院不予支持。

审理法院　最高人民法院
裁判时间　2016年3月31日
案　　号　最高人民法院（2016）最高法执监26号执行裁定书
出　　处　中国裁判文书网。

314. 案外人不能以未初始登记的房屋主张所有权而排除对该房屋的强制执行
——上海鼎一仓储物流有限公司、上海金工建设（集团）有限公司等案外人执行异议案

> **裁判要点**
> 　　实际占有、使用房屋的案外人，即便被执行人明确认可其权利，但案外人不能证明对未做产权登记的房屋享有所有权或其他足以排除执行的权利，法院对其请求中止执行的诉情不予支持。

关 键 词　执行　案外人异议　强制执行

裁判理由　最高人民法院认为：根据鼎一公司与宏峰公司签订的《土地使用权及房屋租赁协议》和《土地使用权及房屋租赁补充协议》以及宏峰公司与金工公司签订的施工合同，由金工公司施工所建的涉案房屋的所有权归属于宏峰公司，在合同约定的期限内由鼎一公司向宏峰公司交纳租金并进行租赁使用。新建成的2号厂房尚未办理房屋产权初始登记，根据相关规定，未登记的建筑物和土地使用权，依据土地使用权的审批文件和其他相关证据确定权属。因此，根据已经查明的相关事实，直至本案原审期间宏峰公司仍是华丹路688号房地产（包括2号厂房）的用地单位，故原判决认定2号厂房为宏峰公司所有是正确的。即使鼎一公司提供了一些证据材料以证明金工公司在其他场合表述过该厂房系由鼎一公司出资建设的意见，但该证据并不

足以否定原判决认定该厂房属于宏峰公司所有的事实。因此，本案中鼎一公司只举证证明了其与宏峰公司之间曾经签订过租赁合同，但确实并未完成证明其对 2 号厂房享有所有权或有其他足以阻止对该厂房转让、交付实体权利的举证责任，原判决认定鼎一公司没有提供出充分证据证明其对 2 号厂房享有所有权或有其他足以阻止对该厂房转让、交付的实体权利，因此不支持其要求停止对 2 号厂房的执行并确认该厂房归其所有的诉讼请求，不存在鼎一公司在再审申请中提出的基本事实缺乏证据证明和适用法律错误的情形。

虽然被执行人宏峰公司对鼎一公司的权利主张表示认可，并认为作为执行依据的仲裁裁决和人民法院驳回宏峰公司申请撤销仲裁裁决的裁定是错误的，但仲裁机构作出的（2011）沪仲案字第 0314 号仲裁裁决和人民法院驳回宏峰公司申请撤销裁决的（2013）沪一中民四（商）撤字第 2 号裁定是否正确，均非本执行异议之诉案件的审理范围，鼎一公司和宏峰公司要求对上述裁决和裁定进行审理，缺乏法律依据，本院对此不予审查。综上，鼎一公司再审申请不符合《中华人民共和国民事诉讼法》第二百条规定应当再审的情形，依照《中华人民共和国民事诉讼法》第二百零四条第一款的规定，裁定：驳回上海鼎一仓储物流有限公司的再审申请。

审理法院 最高人民法院
裁判时间 2016 年 5 月 17 日
案　　号 最高人民法院（2015）民申字第 3301 号民事裁定书
出　　处 中国裁判文书网。

315. 首封法院与优先债权执行法院争夺查封财产处分权时如何处理
——中国工商银行股份有限公司海口新华支行申请执行案

裁判要点

首先查封法院自首先查封之日起已超过 60 日未发布拍卖公告或者进入变卖程序的，优先债权执行法院可以要求将该查封财产移送执行。

关 键 词 查封财产处分权　迟延处分
裁判理由 最高人民法院认为：本案焦点问题是首先查封法院是否应将

"儋州领时国际"项目土地使用权及所附建筑物移送优先债权执行法院执行。

《最高人民法院关于首先查封法院与优先债权执行法院处分查封财产有关问题的批复》（以下简称《批复》）第一条规定"已进入其他法院执行程序的债权对查封财产有顺位在先的担保物权、优先权（该债权以下简称优先债权），自首先查封之日起已超过60日，且首先查封法院就该查封财产尚未发布拍卖公告或者进入变卖程序的，优先债权执行法院可以要求将该查封财产移送执行"。其中，首先查封包括了诉讼保全过程中的查封。本案中，根据执行法院查明的事实和《批复》的规定，工行海口新华支行对"儋州领时国际"项目土地使用权及所附建筑物的优先债权为生效法律文书所确认且已进入执行程序。首先查封法院办理案件的债权人华夏银行青岛分行，在生效法律文书作出后，始终未申请强制执行，已经超过一年时间。海南高院办理案件已经进入执行程序，申请执行人工行海口新华支行系争议不动产的抵押权人，对"儋州领时国际"项目土地使用权及所附建筑物的变价款享有优先受偿的权利，而且，查封财产位于海南省内，因此，由海南高院负责对两地法院争议不动产的执行，更为妥当。

审理法院　最高人民法院
裁判时间　2016年5月26日
案　　号　最高人民法院（2016）最高法执协5号执行裁定书
出　　处　中国裁判文书网。

316. 被执行人对公证债权文书的执行提出抗辩的，法院应对文书内容进行实质性审查

——山西关东房地产开发有限公司、山西宝鑫房地产开发有限公司等与北京城建道桥建设集团有限公司建设工程合同纠纷、申请承认与执行法院判决、仲裁裁决案

裁判要点

在执行程序中，被执行人提出不予执行进行抗辩的，法院应当对公证债权文书的程序和实体内容是否符合法律规定进行全面审查。

关　键　词　公证债权文书

裁判理由　最高人民法院认为：本案的焦点问题为，案涉公证债权文书是否应不予执行。对于当事人不予执行公证债权文书的申请，执行程序中应当适用《中华人民共和国民事诉讼法》第二百三十八条、最高人民法院《关于适用〈中华人民共和国民事诉讼法〉的解释》（以下简称《民诉法解释》）第四百八十条，结合《中华人民共和国公证法》《最高人民法院、司法部关于公证机关赋予强制执行效力的债权文书执行有关问题的联合通知》以及《公证程序规则》等关于公证程序的法律法规进行审查，认定是否存在《中华人民共和国民事诉讼法》第二百三十八条规定的"公证债权文书确有错误"的情形，进而认定是否不予执行。其中，《民诉法解释》第四百八十条对于"公证债权文书确有错误"的具体情形进行了列举，包括：（一）公证债权文书属于不得赋予强制执行效力的债权文书的；（二）被执行人一方未亲自或者未委托代理人到场公证等严重违反法律规定的公证程序的；（三）公证债权文书的内容与事实不符或者违反法律强制性规定的；（四）公证债权文书未载明被执行人不履行义务或者不完全履行义务时同意接受强制执行的；以及人民法院认定执行该公证债权文书违背社会公共利益的。本案中，关东公司、宝鑫公司、李某某明确向山西高院提出了以上"公证债权文书确有错误"的理由，如：第 03185 号《公证书》中确定的 43244759.04 元工程款不存在；公证债权文书属于不得赋予强制执行效力的债权文书；公证债权文书的内容与事实不符、违反法律强制性规定；《还款协议书》没有约定宝鑫公司不履行义务时或者不完全履行义务时同意接受强制执行；公证债权文书违反公证程序、办证规则，在公证过程中未尽到充分的审查义务；关东公司与城建公司施工合同纠纷，运城市盐湖区人民法院正在审理之中等。但山西高院在审查过程中，仅审查了当事人签订《还款协议书》的情况、两份《公证书》的出具过程以及《执行证书》的主要内容等事实。而对于申请人提出的债权是否真实存在，担保人宝鑫公司是否承诺同意接受强制执行，公证机关制作《执行证书》之前是否核实审查债务履行情况，债务人对于履行情况有无疑义以及当事人另诉等相关事实，山西高院在异议裁定中未予查明，仅以公证机关进行债权文书的公证必须按照法律规定在当事人在场并系其真实意思表示的情况下才可以出具，异议人提出的理由及相关印证材料不足以证明公证机关有违法行为，不能证明异议人在签订协议时存在重大误解及受到胁迫等行为，不能证明公证债权文书确有错误为由，驳回关东公司、宝鑫公司、李某某的请求，认定基本事实不清、证据不足。另外，关东公司、宝鑫公司、李某某提出不予执行公证债权文书申请的，执行法院应当依照《民事诉讼法》第二百三十八条、《民诉法解释》第四百八十条，结合公证程序相关法律法规进行审查，而山西高院（2015）晋执异字第3号裁定却适用了《民事诉讼法》第二百二十五条规定，在法律适用上亦存在错误。

审理法院 最高人民法院
裁判时间 2016年5月29日
案　　号 最高人民法院（2016）最高法执复17号执行裁定书
出　　处 中国裁判文书网。

317. 和解协议中未明确放弃的债权，债权人有权申请继续执行
——甘某某、李某某与甘某某民间借贷纠纷、
申请承认与执行法院判决、仲裁裁决案

> **裁判要点**
> 债权人在达成执行和解协议时未明确放弃剩余债权，对该部分债权人民法院有权决定强制执行。

关 键 词 和解协议　剩余债权　履行完毕

裁判理由 最高人民法院认为：本案的争议焦点是申请执行人在达成执行和解协议时是否放弃了剩余债权，执行法院的恢复执行行为是否符合法律规定。关于申请执行人在达成执行和解协议时是否放弃了剩余债权的问题。申诉人主张，2006年9月21日达成的执行和解协议是全案和解，即申请执行人李某某已经放弃了剩余债权。但从本案查明的事实看，本案执行依据系（2005）岳中民三初字第12号民事判决，判决中确定的债权为本金130万元、利息227300元以及本金130万元从2003年1月30日起按银行同类贷款计算的利息。此外，甘某某依法尚需承担迟延履行期间的加倍债务利息。本案中甘某某应当履行的债务总额显然超过了154万元。2006年9月21日，李某某与湘阴县公安局签订的执行和解协议只确定了由湘阴县公安局代甘某某偿还154万元，对于超过154万元部分的剩余债权如何处置，执行和解协议未予涉及。甘某某主张该和解为全案和解，但不能提供李某某放弃154万元之外债

权的证据。对甘某某的这一主张，本院不予支持。

关于岳阳中院的恢复执行行为是否合法的问题。《中华人民共和国民事诉讼法》第二百三十条第二款规定，申请执行人因受欺诈、胁迫与被执行人达成和解协议，或者当事人不履行和解协议的，人民法院可以根据当事人的申请，恢复对原生效法律文书的执行。据此，如果无证据证明执行和解中存在欺诈、胁迫的情形，也无证据证明存在不依法履行和解协议的情形，即不应任意恢复对原生效法律文书的执行。因此，本案中对执行和解协议确定的154万元部分，即使湘阴县公安局尚未履行完毕，只要无证据证明其存在不依约履行的情况，亦无其他法定事由，即不应就该部分债权申请恢复原判决的执行。但对和解协议所确定的154万元之外的剩余债权，人民法院仍有权对被执行人甘某某的财产强制执行。由于被执行人无财产可供执行，岳阳中院作出（2005）岳中执字第114－4号民事裁定终结本次执行程序。此后，在发现被执行人甘某某财产后，岳阳中院又依申请执行人李某某的申请恢复执行，并无不当。

此外，甘某某提出误认"终结本次执行"为"终结执行"，执行法官也未予释明，导致其未及时还款。但（2005）岳中执字第114－4号民事裁定书明确指出，"因申请执行人李某某与被执行人甘某某自行达成执行和解协议，被执行人自愿将在湘阴县公安局的工程款154万元转让给申请执行人。剩余款项由于被执行人无财产可供执行，申请执行人亦未能提供被执行人可供执行财产的线索，故裁定终结本次执行程序"。可见，岳阳中院的裁定中明确了剩余款项仍应执行，法院只是终结本次执行程序。申诉人因自己对裁定内容存在误解，即主张免除生效法律文书确定的实体义务，缺乏法律依据，本院不予支持。综上，甘某某的申诉请求缺乏事实与法律依据，应予驳回。湖南高院（2014）湘高法执复字第29号执行裁定认定事实清楚，适用法律正确，结果应予维持。

审理法院　最高人民法院
裁判时间　2016年6月26日
案　　号　最高人民法院（2016）最高法执监162号执行裁定书
出　　处　中国裁判文书网。

318. 人民法院对债权人申请继续执行调解书确定的违约金及迟延履行期间该部分费用利息的主张不予支持

——王某某、徐某某等申请执行案

裁判要点

债务人履行完毕调解书所确定的义务后,债权人又要求其承担迟延履行责任的,人民法院不予支持。

关 键 词 执行 调解书违约金 迟延履行

裁判理由 最高人民法院认为:本案焦点问题为,申诉人关于继续执行(1999)大经初字第18号民事调解书第二项确定的违约金及该款迟延履行期间的债务利息的主张能否得到支持。《最高人民法院关于人民法院民事调解工作若干问题的规定》自2004年11月1日起实施,第十九条规定:"调解书确定的担保条款条件或者承担民事责任的条件成就时,当事人申请执行的,人民法院应当依法执行。不履行调解协议的当事人按照前款规定承担了调解书确定的民事责任后,对方当事人又要求其承担民事诉讼法第二百二十九条(2012年修改后的民事诉讼法第二百五十三条)规定的迟延履行责任的,人民法院不予支持。"本案中,执行依据为(1999)大经初字第18号民事调解书,黑河中院已经强制执行了该调解书第一项所确定的生产费及迟延履行期间债务利息等共计128万元,申诉人关于继续执行西林吉林业局未如期履行应承担的违约金及该违约金对应的迟延履行期间的债务利息的要求能否得到支持,应当适用上述规定进行判断。

本案调解书中确认的生产费数额为558,799.10元,法院扣划的128万元中已经包含了迟延履行期间债务利息656,306.16元。在王某某、徐某某、徐某甲已经实现了迟延履行期间债务利息的情况下,再申请执行调解书第二项确定的违约金显然不能得到支持。且实际执行的迟延履行期间债务利息的数额大于王某某、徐某某、徐某甲主张的违约金的数额,并没有损害王某某、徐某某、徐某甲的合法权益。综上,申诉人王某某、徐某某、徐某甲的申诉主张不能成立。

审理法院 最高人民法院
裁判时间 2016 年 6 月 29 日
案　　号 最高人民法院（2016）最高法执监 212 号执行裁定书
出　　处 中国裁判文书网。

319. 被执行人未能转入破产程序时普通债权的受偿顺序适用财产保全和执行中查封、扣押、冻结财产的规定
——章某、中江国际信托股份有限公司与南昌宝葫芦农庄有限公司、江西靖安中部梦幻城实业有限公司等借款合同纠纷、申请承认与执行法院判决、仲裁裁决案

裁判要点
《民事诉讼法解释》第五百一十六条有关当事人不同意移送破产的相关规定，应当理解为执行案件的全体当事人即申请执行人和被执行人均不同意移送破产。申请执行人和被执行人均不同意移送破产时，应适用"对于普通债权，按照财产保全和执行中查封、扣押、冻结财产的先后顺序清偿"的规定，否则仍应转入破产程序。

关 键 词 执转破　普通债权　受偿顺序
裁判理由 最高人民法院认为：关于《最高人民法院关于适用〈中华人民共和国民事诉讼法〉的解释》第五百一十六条有关当事人不同意移送破产的相关规定，该规定应当理解为执行案件的全体当事人即申请执行人和被执行人均不同意移送破产，而在本案中，宝葫芦公司已向法院申请破产重整，章某不同意移送破产，不符合该规定的情形，不能阻却破产受理后中止执行。

审理法院 最高人民法院
裁判时间 2016 年 6 月 29 日
案　　号 最高人民法院（2016）最高法执复 22 号执行裁定书
出　　处 中国裁判文书网。

320. 据以执行的法律文书是否存在错误不属于案外人异议之诉的审理内容

——大连津成电线电缆有限公司、辛某某等案外人执行异议案

> **裁判要点**
>
> 案外人、当事人对裁定不服,认为原判决、裁定错误的,依照审判监督程序办理。以此为由向法院提出的异议之诉,不属于案外人执行异议之诉的审理内容。

关 键 词 案外人异议 执行异议

裁判理由 最高人民法院认为:根据津成公司申请再审以及在本院组织的询问中提出的理由和请求,本案争议之焦点问题为如下几个方面:

一、关于大连仲裁委员会作出的(2004)大仲裁字第264号裁决是否属于本案审查范围的问题。本案津成公司以辛某某为被告、经贸公司为第三人,主张涉案土地及房屋并非辛某某与经贸公司之间建设工程施工合同纠纷仲裁裁决的执行标的,要求停止仲裁裁决的执行,即本案系案外人执行异议之诉,系案外人因对执行标的提出异议而依据《中华人民共和国民事诉讼法》第二百二十七条之规定提起的诉讼。在原审诉讼中,津成公司以执行程序中的案外人身份对执行标的主张权益,并欲阻却人民法院的强制执行。在本案再审申请中,尽管津成公司对原判决提出撤销之主张,但却又针对于原执行行为所依据的生效法律文书,即大连仲裁委员会(2004)大仲裁字第264号裁决提出了异议,所提交之证据一至证据五也是欲证明该生效的仲裁裁决错误,并请求本院撤销。对此,本院认为,依据《中华人民共和国民事诉讼法》第二百二十七条关于执行过程中,案外人对执行标的提出书面异议的,人民法院应当自收到书面异议之日起十五日内审查,理由成立的,裁定中止对该标的的执行;理由不成立的,裁定驳回。案外人、当事人对裁定不服,认为原判决、裁定错误的,依照审判监督程序办理;与原判决、裁定无关的,可以自裁定送达之日起十五日内向人民法院提起诉讼。执行程序中的案外人对于执行标的提出异议,属于对人民法院据以执行的原判决、裁定错误的可以按照审判监督程序办理;属于与据以执行的原判决、裁定无关的,可以提起案

外人执行异议之诉。作为对执行标的已经提起执行异议之诉的案外人，津成公司应当围绕其对涉案执行标的所享有的权益以及排除人民法院强制执行的事由提交证据、陈述观点，特别是在再审申请中，还应当根据《中华人民共和国民事诉讼法》第二百条之规定提出原判决存在符合应当再审的法定事由、具体的事实及理由。但，津成公司在生效判决已经驳回其执行异议之诉的情形下，却放弃与执行标的有关的理由，径行对执行所依据的生效仲裁裁决存在错误为由向本院提出再审申请，其该项请求与其原诉讼主张明显相悖，既超出其原审的诉讼请求范围，亦不属于案外人执行异议之诉的审理内容。因此，津成公司请求本院撤销大连仲裁委员会（2004）大仲裁字第264号裁决的请求不属于申请再审案件的审查范围，本院依法不予审查，其以此为由请求本院撤销原判决亦缺乏法律依据。津成公司所据以提供的证据一至证据五因均是指向大连仲裁委员会（2004）大仲裁字第264号裁决，而非本案原判决，故上述证据亦与本案无关，本院不予审查。

审理法院　最高人民法院
裁判时间　2016年7月20日
案　　号　最高人民法院（2016）最高法民申1513号民事裁定书
出　　处　中国裁判文书网。

321. 抵押权人能否通过案外人执行异议排除对抵押物的强制执行
——福建长安船务有限公司与泉州市长海集装箱发展有限公司、泉州市鸿益机械制造有限公司等企业借贷纠纷、金融借款合同纠纷案

裁判要点

民事诉讼法第二百二十七条所指的案外人对执行标的提出的异议，其目的是排除对执行标的的强制执行。抵押权人可以从执行标的的变价款中优先受偿，并不需要排除对抵押物的执行，强制执行程序可以保障抵押权人优先受偿权的实现。

关　键　词　抵押权人　案外人异议　强制执行

裁判理由　最高人民法院认为：首先，从泉州中行的异议申请书中可以看出，其请求厦门海事法院撤销将拍卖款划拨给该院处置的执行行为，这是对厦门海事法院的具体执行行为提出异议，符合民事诉讼法第二百二十五条的规定。其次，最高人民法院《关于适用〈中华人民共和国民事诉讼法〉的解释》第四百六十五条规定："案外人对执行标的提出的异议，经审查，按照下列情形分别处理：（一）案外人对执行标的不享有足以排除强制执行的权益的，裁定驳回其异议；（二）案外人对执行标的享有足以排除强制执行的权益的，裁定中止执行。驳回案外人执行异议裁定送达案外人之日起十五日内，人民法院不得对执行标的进行处分。"根据该规定精神，民事诉讼法第二百二十七条所指的案外人对执行标的提出的异议，其目的是排除对执行标的的强制执行。抵押权人可以从执行标的的变价款中优先受偿，并不需要排除对抵押物的执行，强制执行程序可以保障抵押权人优先受偿权的实现。本案中，泉州中行提出异议的目的亦非排除对土地使用权的强制执行，故本案不应当适用民事诉讼法第二百二十七条的规定。

审理法院　最高人民法院
裁判时间　2016 年 7 月 31 日
案　　号　最高人民法院（2016）最高法执监 204 号执行裁定书
出　　处　中国裁判文书网。

322. 执行分配中建设工程款优先权不须以
法律文书明确规定为前提
——中国银行股份有限公司江门分行、广东中人集团建设
有限公司等执行分配方案异议案

裁判要点

根据合同法等现行法律、司法解释的规定，建设工程价款优先受偿权是一种法定优先权，无需当事人另外予以明示。因此，人民法院在判决书、调解书中未明确建设工程款享有优先受偿权的，并不妨碍权利人申请行使其优先受偿的权利。

关 键 词 执行 建设工程优先受偿权 抵押权

裁判理由 最高人民法院认为：根据江门中行的再审申请理由，本案再审审查的争议焦点问题是：被申请人中人公司、新兴公司的优先受偿权是否成立，具体涉及到中人公司、新兴公司主张优先受偿权是否具有法律依据及是否超过期限两个方面。对此，本院具体分析如下：

（一）关于中人公司、新兴公司主张优先受偿权是否具有法律依据的问题

首先，根据《合同法》第二百八十六条关于"发包人未按照约定支付价款的，承包人可以催告发包人在合理期限内支付价款。发包人逾期不支付的，除按照建设工程的性质不宜折价、拍卖的以外，承包人可以与发包人协议将该工程折价，也可以申请人民法院将该工程依法拍卖。建设工程的价款就该工程折价或者拍卖的价款优先受偿"的规定，中人公司、新兴公司对涉案工程应享有法定优先受偿权。因涉案工程为公路建设工程，属于特殊建设工程，无法直接拍卖或折价，该工程的主要经济价值即体现在其通行费用上，故对其收益即年票补偿款作为优先受偿权的行为对象符合实际情况。再审申请人江门中行认为涉案公路年票补偿款不属于工程价款优先受偿权的对象的申请理由不成立。

其次，最高人民法院曾于2008年2月29日对广东省高级人民法院作出（2007）执他字第11号《关于对人民法院调解书中未写明建设工程款有优先受偿权应如何适用法律问题的请示的复函》。该复函载明，建设工程价款优先

受偿权是一种法定优先权，无需当事人另外予以明示。该函是就广东省高级人民法院关于对人民法院调解书中未写明建设工程款有优先受偿权应如何适用法律问题的请示所作出的答复。因此，人民法院在判决书、调解书中未明确建设工程款享有优先受偿权的，并不妨碍权利人申请行使其优先受偿的权利。因此，中人公司和新兴公司虽未明确主张优先受偿权，但并不影响其享有该权利。故再审申请人江门中行认为被申请人中人公司和新兴公司提起执行分配方案异议之诉所依据的优先受偿权的实体权利并未获得司法认定的申请理由不能成立。

再次，最高人民法院《关于建设工程价款优先受偿权问题的批复》第一条规定："人民法院在审理房地产纠纷案件和办理执行案件中，应当依照《合同法》第二百八十六条的规定，认定建筑工程的承包人的优先受偿权优于抵押权和其他债权"。根据该规定，中人公司和新兴公司作为享有建筑工程优先受偿权的一方应优先于江门中行行使己方债权。二审法院对此认定正确，本院予以支持。

（二）关于中人公司、新兴公司的优先受偿权是否超过期限的问题

经审查，案涉公路于2007年6月28日正式通车并试运营至今，但未办理任何竣工验收手续。在案涉的施工承包合同中，双方也未明确约定案涉公路的竣工日期。

案涉建设工程为公路，属于特殊工程，应适用中华人民共和国交通运输部（以下简称交通部）于2004年3月31日颁布并于2004年10月1日施行的《公路工程竣（交）工验收办法》（以下简称《验收办法》）来评判案涉工程的竣工与否。根据该《验收办法》第四条的规定："公路工程验收分为交工验收和竣工验收两个阶段。交工验收是检查施工合同的执行情况，评价工程质量是否符合技术标准及设计要求，是否可以移交下一阶段施工或是否满足通车要求，对各参建单位工作进行初步评价。竣工验收是综合评价工程建设成果，对工程质量、参建单位和建设项目进行综合评价"。《验收办法》第十六条同时规定："公路工程进行竣工验收应具备以下条件：（一）通车试运营2年后；……"本案中案涉公路于2007年6月28日正式通车并试运营至今，但并未办理任何竣工验收手续，竣工交付使用并不等于竣工验收合格，故案涉公路虽已运行通车满2年，但在未经法定竣工验收程序的情况下，不宜适用《最高人民法院关于建设工程价款优先受偿权问题的批复》第四条关于"建设工程承包人行使优先权的期限为六个月，自建设工程竣工之日或者建设

工程合同约定的竣工之日起计算"的规定认定中人公司、新兴公司的优先受偿权已超过行使期限。一审法院的认定与交通部验收办法的规定不相符，二审法院对此予以纠正正确，本院予以支持。再审申请人江门中行关于中人公司、新兴公司的优先受偿权不处于六个月的法定除斥期间的申请理由不能成立。综上，二审法院认定事实清楚，适用法律正确。裁定：驳回江门中行的再审申请。

审理法院 最高人民法院
裁判时间 2016年8月23日
案　　号 最高人民法院（2016）最高法民申1281号民事裁定书
出　　处 中国裁判文书网。

323. 被执行人受让的债权在执行过程中不能直接抵销申请执行人申请执行的债权
——陈某某与刘某某、陈某某民间借贷纠纷案

> **裁判要点**
> 　　虽然《合同法》存在关于互负到期债务可以相互抵销的规定，但在执行程序中并不必然可以直接抵销。针对被执行人有多个债权人的情形，如果被执行人所受让对申请执行人的债权与其对申请执行人的债务相抵销，意味着优先于其他债权人进行了受偿，将可能损害申请执行人其他债权人的合法利益。所以在执行过程中需根据债权人的债权性质及被执行人的财产状况等具体情况确定参与分配的比例。

关 键 词 受让债权　抵销

裁判理由 最高人民法院认为：本案争议的焦点为刘某某受让的债权能否直接抵销陈某某申请执行的债权。

刘某某与陈某某虽然互负到期债务，但在执行程序中并不必然可以直接抵销。根据《中华人民共和国合同法》第九十九条的规定，当事人互负到期债务，该债务的标的物种类、品质相同的，任何一方可以将自己的债务与对方的债务抵销，但依照法律规定或者按照合同性质不得抵销的除外。而针对

被执行人有多个债权人的情形，执行程序则规定了参与分配制度，需根据债权人的债权性质及被执行人的财产状况等具体情况确定参与分配的比例和数额。如果债务人通过受让，取得了对债权人的债权，但该债权人作为被执行人，有其他多个债权人向其主张权利，那么债务人受让的债权在执行程序中能否实现以及能够实现多少，要按照相关法律规定在执行程序中确定，不能直接将其债务抵销。本案中，浙江高院查明，义乌法院共有以陈某某作为被执行人的执行案件 31 件，合计标的 43382614 元。2009 年 2 月 6 日，义乌法院向刘某某发出（2008）义执字第 4659 号履行到期债务通知书，责令刘某某不得向陈某某清偿到期债务。因此，刘某某所受让对陈某某的债权，如果与其对陈某某的债务相抵销，意味着优先于其他债权人进行了受偿，将可能损害陈某某其他债权人的合法利益。因此，刘某某所受让对陈某某的债权，应当在陈某某为被执行人的执行案件中通过参与分配的方式实现，而不能在本案简单以抵销的方式变相获得优先受偿权。刘某某申诉称相互抵销行为不会损害其他债权人的利益，没有事实和法律依据。

审理法院　最高人民法院
裁判时间　2016 年 8 月 29 日
案　　号　最高人民法院（2016）最高法执监 155 号执行裁定书
出　　处　中国裁判文书网。

324. 被执行人是法人分支机构的，可以追加执行该法人的财产
——人保投资控股有限公司河北资产管理部与深圳东方实业有限公司、沧州金融市场借款合同纠纷案

裁判要点
　　法人的分支机构出现不能独自清偿生效法律文书确定的债务时，申请执行人可以申请变更、追加该法人为被执行人。法人仍不足以清偿该部分债务的，法院可以执行该法人的其他分支机构。

关 键 词　追加被执行人　分支机构
裁判理由　最高人民法院认为：人保公司曾就本案的执行依据即本院

（2000）经终字第 89 号民事判决，于 2014 年 5 月 9 日向本院申请再审称，沧州金融市场不具备独立承担民事责任的能力，其营业执照系伪造，债务应由开办单位沧州人行承担。本院于 2014 年 6 月 20 日作出（2014）民申字第 816 号民事裁定，该裁定认为，沧州金融市场曾领取了《企业法人营业执照》和《经营金融业务许可证》，系全民所有制金融服务企业，具有完全独立的民事主体资格，据此驳回人保公司的再审申请。人保公司此次在执行阶段以同样的理由就原判决认定的事实再次向本院申诉，执行阶段不能以执代审。且人保公司并没有提供充分的证据支持其主张，不能推翻本案原一审、二审及再审审查结论。至于人保公司对本院（2014）民申字第 816 号民事裁定不服，属于对生效裁判文书不服，执行程序无法审查。综上，本案争议的相关问题已经审判程序认定，执行程序中追加沧州人行为被执行人证据不足。且沧州人行并不具有法人资格，亦不符合依据《最高人民法院关于人民法院执行工作若干问题的规定（试行）》第七十八条第一款之规定追加分支机构的企业法人为被执行人的情形。

审理法院　最高人民法院
裁判时间　2016 年 8 月 30 日
案　　号　最高人民法院（2016）最高法执监 184 号执行裁定书
出　　处　中国裁判文书网。

325. 当买受人不具备竞买资格时，当事人、利害关系人申请撤销拍卖的，人民法院应予支持
——北京新元知识产权代理有限公司与北京市同力制冷设备公司保证合同纠纷案

裁判要点
当事人、利害关系人针对买受人不具备竞买资格而提出异议请求撤销拍卖的，法院应予支持。

关 键 词　执行　拍卖　竞买人资格
裁判理由　最高人民法院认为：关于新元公司是否具备购买怀思堂全部

投资权益及收益的主体资格问题,《城镇集体所有制企业条例》第四条规定"城镇集体所有制企业(以下简称集体企业)是财产属于劳动群众集体所有、实行共同劳动、在分配方式上以按劳分配为主体的社会主义经济组织。前款所称劳动群众集体所有,应当符合下列中任一项的规定:(一)本集体企业的劳动群众集体所有;(二)集体企业的联合经济组织范围内的劳动群众集体所有;(三)投资主体为两个或者两个以上的集体企业,其中前(一)、(二)项劳动群众集体所有的财产应当占主导地位。本项所称主导地位,是指劳动群众集体所有的财产占企业全部财产的比例,一般情况下应不低于51%,特殊情况经过原审批部门批准,可以适当降低。"根据上述规定,劳动群众集体所有的财产一般情况下应不低于企业全部财产的51%,特殊情况经过原审批部门批准,可以适当降低。本案中,同力公司、怀思堂均系集体所有制企业。同力公司经拍卖取得了怀思堂项目,并于1998年7月16日与八达岭实业公司签订了协议书。该协议书约定的转让内容包括,1 怀思堂所属国有土地使用权;2 地上各类建筑物及附属建筑的所有权;3 包括现存各类设施在内的全部固定资产等。北京一中院裁定将同力公司持有的怀思堂全部投资及收益归企业性质为自然人投资的有限责任公司的新元公司所有,违反了上述规定中关于集体所有制企业中劳动群众集体所有的财产占主导地位的限制性规定。

根据最高人民法院《关于人民法院办理执行异议和复议案件若干问题的规定》第二十一条第一款第二项关于买受人不具备法律规定的竞买资格的,当事人、利害关系人提出异议请求撤销拍卖的,人民法院应予支持的规定,北京一中院撤销拍卖并无不当。

审理法院　最高人民法院
裁判时间　2016年8月30日
案　　号　最高人民法院(2016)最高法执监53号执行裁定书
出　　处　中国裁判文书网。

326. 债务人到期债权和未支取收入的执行适用"被执行人到期债权的执行"相关制度
—— 无锡市贤顺贸易有限公司与李某某申请承认与执行法院判决、仲裁裁决案

> **裁判要点**
>
> 在被执行人为工程承包方、第三人为工程发包方的情况下,若申请执行人主张对第三人予以强制执行,应适用"被执行人到期债务的执行"相关制度。如第三人对债务提出异议,则申请执行人应提起代位权诉讼维护权利。

关 键 词 到期债权 代位权诉讼

裁判理由 最高人民法院认为:本案焦点问题如下:其一,华北建设公司在本案中应当定位为协助执行人还是到期债权第三人;其二,执行法院能否对华北建设公司名下财产予以强制执行。

关于华北建设公司的定位。《中华人民共和国民事诉讼法》(以下简称《民事诉讼法》)及最高人民法院《关于人民法院执行工作若干问题的规定(试行)》(以下简称《执行规定》)第三十六条所规定负有"支取收入"义务的协助执行人,具有特定含义,系指负有向被执行人给付工资、奖金、劳务报酬等义务的用人单位。本案被执行人李某某与华北建设公司因承揽建设工程而产生债权债务关系,该类案件往往法律关系复杂,明显不属于前述劳动者与用人单位所发生的劳务报酬关系。在被执行人为工程承包方、第三人为工程发包方的情况下,如申请执行人主张对第三人予以强制执行,只能适用《执行规定》关于"被执行人到期债权的执行"相关制度。因此,江苏高院将华北建设公司定位于到期债权执行中的第三人,适用法律正确。

关于能否对华北建设公司予以强制执行。《执行规定》第六十一条至第六十九条规定了"被执行人到期债权的执行"相关制度。对于被执行人到期债权的执行,必须符合三项要件:一是第三人向被执行人负有金钱债务。二是该债务已届履行期限。三是第三人对该债务并未提出异议。申请执行人在执行程序中根据到期债权执行制度对第三人申请执行,前提是第三人对债务并

未提出异议,一旦提出异议,则不得对第三人强制执行,且对异议不进行审查,这是现行法律对限缩执行裁量权的制度要求。华北建设公司在本案中系作为到期债权第三人,该公司在执行过程中已对债务提出异议,无论异议是否成立,执行法院均不应进行实质审查,应释明申请执行人提起代位权诉讼予以救济,而不得对华北建设公司予以强制执行。因此,江苏高院认定执行法院不应直接对华北建设公司予以强制执行的认定结论,具有相应事实与法律依据。

审理法院 最高人民法院
裁判时间 2016 年 8 月 31 日
案　　号 最高人民法院(2016)最高法执监 25 号执行裁定书
出　　处 中国裁判文书网。

327. 被冒名的股东不能追加为被执行人并要求其承担出资不实责任
—— 河南省天伦实业(集团)有限公司与树某某、深圳市中航星空间技术应用有限公司执行案

裁判要点

因被执行人向工商部门提交的变更新股东的登记材料系其伪造,后经工商部门撤销变更行为并认定该新股东非被执行人股东的,不应依据商事外观主义原则以新股东出资不实或虚假出资为由追加其为被执行人。

关 键 词 追加被执行人　冒名股东　出资不实

裁判理由 最高人民法院认为:关于是否应当将空间研究院追加为被执行人的问题。第一,福田法院和深圳中院在中航星公司与深圳市市场监督管理局工商管理行政处罚纠纷一案一、二审判决中,已认定中航星公司向工商行政管理部门提交的变更空间研究院为中航星公司股东的登记材料中空间研究院的印章印文及相关工作人员签名为伪造,深圳市工商行政管理部门已撤销了该变更登记,已经证实空间研究院不是中航星公司股东,那么其出资不实或虚假出资的事实不能成立。第二,空间研究院已经对 2007 年 5 月 10 日所提交执行异议书中主张该院按约履行了出资义务的情况作出了合理说明,结

合该院后续权利救济过程和相关生效行政判决，本院对天伦公司主张空间研究院自认是中航星公司股东的申诉理由不予采纳。第三，关于天伦公司认为空间研究院 2001 年即知道中航星公司存在，却至 2007 年才主张撤销工商变更登记，空间研究院恶意逃避法律责任的问题。空间研究院工作人员的陈述仅能表明该院与中航星公司曾有过业务合作，该院 2001 年即知道中航星公司存在的事实也不足以证明该院入股中航星公司，成为了中航星公司的股东。至于该院何时主张撤销中航星公司工商变更登记，是行政诉讼程序审查的问题，不属于执行程序审查的内容。第四，关于天伦公司主张空间研究院印章的更换也会导致鉴定结论不准确的理由，因天伦公司未提交证据加以证明，本院不予采信。第五，天伦公司认为应当根据商法的外观主义原则，对该公司认为工商登记的真实性进行保护以及深圳市工商行政管理部门撤销中航星公司工商变更登记的行政行为不具有溯及力，不能导致郑州中院执行行为无效的主张，不能对抗生效行政判决已确认的事实，本院不予采纳。因此，深圳市工商行政管理部门撤销中航星公司工商变更登记后，郑州中院追加空间研究院为被执行人的事实依据已不存在，空间研究院不应被追加为被执行人。

审理法院　最高人民法院
裁判时间　2016 年 9 月 28 日
案　　号　最高人民法院（2016）最高法执监 245 号执行裁定书
出　　处　中国裁判文书网。

328. 债权转让导致公证债权文书内容不一致时，债权人有权对剩余债权向法院申请强制执行

——中国民生银行股份有限公司长沙分行与中国民生银行股份有限公司长沙分行、浙江千足集团有限公司等合同、无因管理、不当得利纠纷案

> **裁判要点**
> 债权人将部分债权转让给他人，并在申请执行证书时将该部分债权予以扣减，该转让行为是债权人自主处分其民事权利的表现，不构成不予执行公证债权文书的理由。同时，该行为亦不损害被执行人的利益，上述情况发生时，债权人有权继续对剩余债权向法院申请强制执行。

关 键 词 执行 公证债权文书 债权转让

裁判理由 最高人民法院认为：转让债权8000万元的问题。民生银行长沙分行将其对汇丰公司可主张的债权中的8000万元转让给长沙合道建筑工程有限公司，并在申请执行证书时将8000万元予以核减，放弃的是对该8000万元的债权的申请强制执行的权利，该转让行为是民生银行长沙分行自主处分其民事权利的行为，且该行为在本案中并不损害被执行人的利益，不构成不予执行公证债权文书的理由。

审理法院 最高人民法院
裁判时间 2016年9月29日
案　　号 最高人民法院（2016）最高法执监142号执行裁定书
出　　处 中国裁判文书网。

329. 拍卖标的物流拍后市场价值增加的，被执行人可申请撤销以保留价作出的以物抵债裁定
——山西海姿焦化有限公司与山西汇基有色金属有限公司执行案

裁判要点

当标的物的市场价值出现增值的时间发生于流拍之后，因不存在通过竞价程序校验标的物市场价值的可能，此时，再以最后一次拍卖时所定的保留价裁定以物抵债则会对被执行人显失公平，故法院可裁定撤销以物抵债裁定。

关 键 词 流拍 增值 以物抵债

裁判理由 最高人民法院认为：本案焦点问题为临汾中院撤销将本案所涉股权交付海姿公司抵债的裁定是否错误。

首先，关于临汾中院是否有权裁定以物抵债的问题。《最高人民法院关于人民法院民事执行中拍卖、变卖财产的规定》（以下简称《执行拍卖、变卖规定》）第十九条第一款规定："拍卖时无人竞买或者竞买人的最高应价低于保留价，到场的申请执行人或者其他执行债权人申请或者同意以该次拍卖所定的保留价接受拍卖财产的，应当将该财产交其抵债"；第二十八条第一款规定："对于第二次拍卖仍流拍的不动产或者其他财产权，人民法院可以依照本规定第十九条的规定将其作价交申请执行人或者其他执行债权人抵债。申请执行人或者其他执行债权人拒绝接受或者依法不能交付其抵债的，应当在六十日内进行第三次拍卖"。本案中，襄汾县法院为涉案股权的首查封法院，对该股权启动了评估、拍卖程序，流拍后法院可以将该股权交付申请执行人或其他执行债权人抵债。鉴于富邦公司拒绝接受该股权抵债，海姿公司作为执行债权人，有权接受该财产抵债。法律与司法解释中并未要求启动评估、拍卖程序的法院与裁定以物抵债的法院必须是同一法院。襄汾县法院裁定解除对上述股权的查封后，临汾中院查封生效，依法有权对涉案股权进行处分，可以裁定以涉案股权抵偿生效法律文书确定的债权。因此，（2015）晋执复字第46号执行裁定关于临汾中院未启动评估拍卖程序因而以物抵债裁定应予撤销的认定不当，本院予以纠正。

其次,关于以最后一次拍卖所定的保留价作为抵债价格的问题。拍卖过程是对标的物市场价值的检验,一般而言,标的物流拍表示此次拍卖所定的保留价原则上高于标的物的市场价值。因此,如果执行债权人愿意以该价格接受拍卖财产折抵相应数额的债权,既有利于债权的实现,也不会损害被执行人的利益,且最大限度地节省了后期拍卖费用和时间成本。因此司法解释中设立了流拍后裁定以物抵债的制度。执行实践中,评估后的标的物市场价值发生较大变化的可能性确实存在。如果标的物的市场价值变化发生于拍卖之前,则该标的物的市场价值可以经过拍卖的充分竞价程序得到检验;如果标的物的市场价值变化发生于流拍之后,不存在通过竞价程序校验标的物市场价值的可能性,再以最后一次拍卖时所定的保留价裁定以物抵债则会显失公平,此时就属于《执行拍卖、变卖规定》中所谓依法不能交付执行债权人抵债的情形。本案中,自第二次拍卖流拍日至作出以物抵债裁定之日间隔较长,超出了合理期间。被执行人汇基公司主张在此期间江川矿业公司于2015年5月取得采矿权,其股权市场价值较最后一次拍卖流拍时产生较大变化。海姿公司虽然主张该采矿权只是原有采矿权的延续,但是附期限的财产性权利到期后权利即丧失,权利延期与新取得权利并无本质不同,均会导致财产价值的增加。临汾中院撤销以最后一次拍卖所定的保留价作为抵债价格的以物抵债裁定并无不当。陕西高院的复议裁定对这一决定予以维持,虽然理由存在瑕疵,但处理结果并无不当。

审理法院 最高人民法院
裁判时间 2016年10月31日
案　　号 最高人民法院(2016)最高法执监191号执行裁定书
出　　处 中国裁判文书网。

330. 拍卖资产价值发生重大变化，继续执行显失公平的应如何处理
——山西海姿焦化有限公司与山西汇基有色金属有限公司执行案

裁判要点

当标的物的市场价值出现增值的时间发生于流拍之后，因不存在通过竞价程序校验标的物市场价值的可能，此时，再以最后一次拍卖时所定的保留价裁定以物抵债则会对被执行人显失公平，故法院可裁定撤销以物抵债裁定。

关 键 词 拍卖 价值变化 显失公平 以物抵债

裁判理由 最高人民法院认为：本案焦点问题为临汾中院撤销将本案所涉股权交付海姿公司抵债的裁定是否错误。

首先，关于临汾中院是否有权裁定以物抵债的问题。《最高人民法院关于人民法院民事执行中拍卖、变卖财产的规定》（以下简称《执行拍卖、变卖规定》）第十九条第一款规定："拍卖时无人竞买或者竞买人的最高应价低于保留价，到场的申请执行人或者其他执行债权人申请或者同意以该次拍卖所定的保留价接受拍卖财产的，应当将该财产交其抵债"；第二十八条第一款规定："对于第二次拍卖仍流拍的不动产或者其他财产权，人民法院可以依照本规定第十九条的规定将其作价交申请执行人或者其他执行债权人抵债。申请执行人或者其他执行债权人拒绝接受或者依法不能交付其抵债的，应当在六十日内进行第三次拍卖"。本案中，襄汾县法院为涉案股权的首查封法院，对该股权启动了评估、拍卖程序，流拍后法院可以将该股权交付申请执行人或其他执行债权人抵债。鉴于富邦公司拒绝接受该股权抵债，海姿公司作为执行债权人，有权接受该财产抵债。法律与司法解释中并未要求启动评估、拍卖程序的法院与裁定以物抵债的法院必须是同一法院。襄汾县法院裁定解除对上述股权的查封后，临汾中院查封生效，依法有权对涉案股权进行处分，可以裁定以涉案股权抵偿生效法律文书确定的债权。因此，（2015）晋执复字第46号执行裁定关于临汾中院未启动评估拍卖程序因而以物抵债裁定应予撤销的认定不当，本院予以纠正。

其次，关于以最后一次拍卖所定的保留价作为抵债价格的问题。拍卖过程是对标的物市场价值的检验，一般而言，标的物流拍表示此次拍卖所定的保留价原则上高于标的物的市场价值。因此，如果执行债权人愿意以该价格接受拍卖财产折抵相应数额的债权，既有利于债权的实现，也不会损害被执行人的利益，且最大限度地节省了后期拍卖费用和时间成本。因此司法解释中设立了流拍后裁定以物抵债的制度。执行实践中，评估后的标的物市场价值发生较大变化的可能性确实存在。如果标的物的市场价值变化发生于拍卖之前，则该标的物的市场价值可以经过拍卖的充分竞价程序得到检验；如果标的物的市场价值变化发生于流拍之后，不存在通过竞价程序校验标的物市场价值的可能性，再以最后一次拍卖时所定的保留价裁定以物抵债则会显失公平，此时就属于《执行拍卖、变卖规定》中所谓依法不能交付执行债权人抵债的情形。本案中，自第二次拍卖流拍日至作出以物抵债裁定之日间隔较长，超出了合理期间。被执行人汇基公司主张在此期间江川矿业公司于2015年5月取得采矿权，其股权市场价值较最后一次拍卖流拍时产生较大变化。海姿公司虽然主张该采矿权只是原有采矿权的延续，但是附期限的财产性权利到期后权利即丧失，权利延期与新取得权利并无本质不同，均会导致财产价值的增加。临汾中院撤销以最后一次拍卖所定的保留价作为抵债价格的以物抵债裁定并无不当。陕西高院的复议裁定对这一决定予以维持，虽然理由存在瑕疵，但处理结果并无不当。

审理法院　最高人民法院
裁判时间　2016年10月31日
案　　号　最高人民法院（2016）最高法执监191号执行裁定书
出　　处　中国裁判文书网。

331. 执行案件案外人申请撤销以物抵债协议的，法院应主动审查以物抵债行为是否触犯他人利益

——中国银行股份有限公司山东省分行与汇统房地产有限公司、
烟台银信投资管理有限公司等金融借款合同
纠纷、合同、无因管理、不当得利纠纷案

> **裁判要点**
> 　　当事人协商以物抵债是一种私法行为，属于执行和解的一种形式，人民法院应主动审查执行当事人抵债行为是否触犯第三人权益，而不宜直接出具执行裁定予以确认，以防止当事人恶意串通损害第三人利益。

关 键 词 和解协议　以物抵债　第三人利益

裁判理由 最高人民法院认为：本案中，中行山东分行是基于人民法院的强制执行行为，通过执行裁定取得涉案房产的物权，是国家司法公权行为处分物权的结果，不属于善意取得，应当适用《物权法》第二十八条的相关规定，不应适用善意取得制度。

执行程序中，双方当事人协商以物抵债是一种私法行为，属于执行和解的一种形式，人民法院应当审查执行当事人抵债行为是否触犯第三人权益，不宜出具执行裁定予以确认，以防止当事人恶意串通损害第三人利益或者通过执行裁定来规避行政审查等情形发生。本案虽然没有证据证明中行山东分行与中银公司、银信公司恶意串通，但是中银公司明显存在选择性抵债的情形，并损害了工行市中支行公平受偿的权益。基于上述理由，山东高院26-1号裁定应予撤销。

审理法院 最高人民法院
裁判时间 2016年11月4日
案　　号 最高人民法院（2016）最高法执监85号执行裁定书
出　　处 中国裁判文书网。

332. 执行程序中法院对当事人以物抵债合意出具的裁定书损害到第三人利益的,人民法院应当予以撤销

——中国银行股份有限公司山东省分行与汇统房地产有限公司、烟台银信投资管理有限公司等金融借款合同纠纷、合同、无因管理、不当得利纠纷案

> **裁判要点**
>
> 当事人协商以物抵债是一种私法行为,属于执行和解的一种形式,人民法院应主动审查执行当事人抵债行为是否触犯第三人权益,而不宜直接出具执行裁定予以确认,以防止当事人恶意串通损害第三人利益。

关　键　词　以物抵债　第三人利益　撤销

裁判理由　最高人民法院认为:本案中,中行山东分行是基于人民法院的强制执行行为,通过执行裁定取得涉案房产的物权,是国家司法公权行为处分物权的结果,不属于善意取得,应当适用物权法第二十八条的相关规定,不应适用善意取得制度。

关于山东高院26-1号裁定是否应予撤销的问题。……第四,执行程序中,双方当事人协商以物抵债是一种私法行为,属于执行和解的一种形式,人民法院应当审查执行当事人抵债行为是否触犯第三人权益,不宜出具执行裁定予以确认,以防止当事人恶意串通损害第三人利益或者通过执行裁定来规避行政审查等情形发生。本案虽然没有证据证明中行山东分行与中银公司、银信公司恶意串通,但是中银公司明显存在选择性抵债的情形,并损害了工行市中支行公平受偿的权益。基于上述理由,山东高院26-1号裁定应予撤销。

审理法院　最高人民法院
裁判时间　2016年11月4日
案　　号　最高人民法院(2016)最高法执监85号执行裁定书
出　　处　中国裁判文书网。

333. 执行法院在作出生效裁定前，竞买人即使已签订拍卖成交确认书仍未取得物权，该拍卖程序可撤销
——孙俊岗、山东省临朐县华龙园林工程有限公司
与山东省胶州市李哥庄镇人民政府、胶州市
大沽河农科园有限公司建设工程合同纠纷案

裁判要点

司法拍卖中，即便竞买人已签订了拍卖成交确认书，但若执行法院没有送达拍卖成交裁定，强制拍卖程序即没有结束，竞买人不能办理过户手续，也不能发生财产权利转移的效力，执行法院有权撤销该拍卖程序。

关 键 词 生效裁定　物权取得　撤销

裁判理由 最高人民法院认为：本案的焦点问题是，临朐县法院撤销拍卖裁定是否符合法律规定。

孙俊岗并未合法取得本案的案涉标的物。买受人孙俊岗竞买案涉财产后，与精诚拍卖公司签订了《拍卖成交确认合同》，约定拍卖成交后，除即时清结的情况外，拍定方须当场交付拍定价款总额的 5% 的定金，计 15 万元；从 2007 年 8 月起，每月的 15 日前交付拍卖款 35 万元，于 2008 年 1 月 15 日将所有拍卖款付清。经查，孙俊岗除在拍卖成交当日支付 5 万元保证金、次日支付 30 万元外，余款未付。执行法院也未制作确认拍卖成交的执行裁定。因本案的拍卖行为是在执行程序中经法院委托进行的司法拍卖，司法拍卖不同于普通民事拍卖，受委托拍卖机构的拍卖行为性质上属于司法授权行为，其只能在法院授权范围内实施司法拍卖活动，并受执行法院监督。因此，对于司法拍卖而言，即使签订了拍卖成交确认书，只要执行法院没有送达拍卖成交裁定，强制拍卖程序就没有结束，竞买人就不能办理过户手续，也就不会发生财产权利转移的效力。故临朐县法院综合考虑上述情况，撤销该院拍卖裁定及相关委托拍卖通知书，符合本案客观情况，也不违反相关法律规定。

审理法院 最高人民法院

裁判时间 2016 年 11 月 30 日

案　　号 最高人民法院（2016）最高法执监 277 号执行裁定书

出　　处 中国裁判文书网。

334. 司法拍卖中，已签订成交确认书情形下法院仍有权撤销该拍卖程序
——孙某某、山东省临朐县华龙园林工程有限公司与山东省胶州市李哥庄镇人民政府、胶州市大沽河农科园有限公司建设工程合同纠纷案

> **裁判要点**
>
> 　　在执行程序中经法院委托进行的司法拍卖不同于普通民事拍卖，性质上属于司法授权行为，只能在法院授权范围内实施司法拍卖活动，并受执行法院监督。因此，对于司法拍卖而言，即使签订了拍卖成交确认书，只要执行法院没有送达拍卖成交裁定，强制拍卖程序就没有结束，竞买人就不能办理过户手续，也就不会发生财产权利转移的效力。

关 键 词　司法拍卖　成交确认书　财产权利转移

裁判理由　最高人民法院认为：本案的焦点问题是，临朐县法院撤销拍卖裁定是否符合法律规定。

　　孙某某并未合法取得本案的案涉标的物。买受人孙某某竞买案涉财产后，与精诚拍卖公司签订了《拍卖成交确认合同》，约定拍卖成交后，除即时结清的情况外，拍定方须当场交付拍定价款总额的 5% 的定金，计 15 万元；从 2007 年 8 月起，每月的 15 日前交付拍卖款 35 万元，于 2008 年 1 月 15 日将所有拍卖款付清。经查，孙某某除在拍卖成交当日支付 5 万元保证金、次日支付 30 万元外，余款未付。执行法院也未制作确认拍卖成交的执行裁定。因本案的拍卖行为是在执行程序中经法院委托进行的司法拍卖，司法拍卖不同于普通民事拍卖，受委托拍卖机构的拍卖行为性质上属于司法授权行为，其只能在法院授权范围内实施司法拍卖活动，并受执行法院监督。因此，对于司法拍卖而言，即使签订了拍卖成交确认书，只要执行法院没有送达拍卖成交裁定，强制拍卖程序就没有结束，竞买人就不能办理过户手续，也就不会发

生财产权利转移的效力。故临朐县法院综合考虑上述情况，撤销该院拍卖裁定及相关委托拍卖通知书，符合本案客观情况，也不违反相关法律规定。

审理法院 最高人民法院
裁判时间 2016 年 11 月 30 日
案　　号 最高人民法院（2016）最高法执监 277 号执行裁定书
出　　处 中国裁判文书网。

335. 多债权人对同一被执行人财产申请参与分配方案的，同一顺位债权应按债权比例进行清偿
——常州华瑞福海电子科技有限公司、常州久和电子有限公司与江苏高通资产监管有限公司、常州新北区商汇担保有限公司企业借贷纠纷、申请公司清算案

> **裁判要点**
> 　　被执行人为企业法人且未经清算而歇业，其财产不足清偿全部债务的，对冻结股权进行拍卖所得案款，同一顺位债权应按债权比例进行清偿。

　　关 键 词　分配方案　同一顺位债权
　　裁判理由　最高人民法院认为：本案符合参与分配的法定条件，申诉人华瑞公司认为本案不符合参与分配条件的理由不能成立。由于南京中院作出（2013）宁执字第 386-4 号执行裁定时，《最高人民法院关于适用〈民事诉讼法〉的解释》还未施行，因此仍应适用《最高人民法院关于人民法院执行工作若干问题的规定（试行）》的有关规定。该规定第九十六条规定，被执行人为企业法人，未经清理或清算而撤销、注销或歇业，其财产不足清偿全部债务的，应当参照本规定第九十条至第九十五条的规定，对各债权人的债权按比例清偿。本案中被执行人高通公司为企业法人，未经清理或清算。高通公司法定代表人王某某于 2012 年 12 月即已下落不明，高通公司无人工作，生产经营活动已终止满一年，符合《企业法人登记管理条例》第二十二条关于企业法人领取营业执照后停止经营活动满一年的视

同歇业的规定。目前已经查明的经判决进入执行程序的被执行人高通公司的债务数额达到18535.5322万元，但可以执行的财产只有高通公司持有金鼎公司8000万股，评估价值为8403.42万元，属于财产不足清偿全部债务的情况。新北法院2015年10月19日裁定受理久和公司对高通公司的破产清算申请，也印证了高通公司确实存在资不抵债的情况。综上，本案符合参与分配的法定条件。申诉人华瑞公司提出，本案是在案外人异议之诉仍在进行、案外人提供担保申请停止执行以及华瑞公司亦提供担保请求继续执行的情况下，南京中院继续执行的，其他债权人因未提供担保和申请继续执行，因此不能申请参与分配。该理由不能成立，因为另案债权人是否提供担保并申请继续执行，并非法定的申请参与分配的条件。案外人异议之诉的存在以及案外人提供担保申请停止执行可能会延缓最终的分配，但不能剥夺另案债权人参与分配的权利。

南京中院对华瑞公司予以全额清偿违反法律规定，并损害其他债权人的合法权利。原告华瑞公司与被告高通公司、商汇公司企业借贷纠纷一案，常州中院于2012年10月9日对高通公司在金鼎公司所持有的8%的股权予以冻结，10月16日将该案移送南京中院管辖，南京中院于2012年10月30日受理后，为该股权的首先冻结法院。该院于2014年2月13日、3月13日收到鼓楼法院转交的吴某某、谢某某的参与分配申请，于2014年11月18日、20日收到新北法院请求将商汇公司、久和公司纳入参与分配对象的函以及两个公司的参与分配申请。作为首先冻结法院，南京中院应当根据《最高人民法院关于人民法院执行工作若干问题的规定（试行）》第九十条至第九十六条的规定对参与分配申请进行审查，依法对同一顺位的执行债权按比例进行分配。但南京中院对另案债权人的参与分配申请和异议申请置之不理，作出（2013）宁执字第386-4号执行裁定对华瑞公司全额清偿，违反了上述规定，损害了其他债权人的合法权利。

关于吴某某与谢某某出具的《情况说明》是否足以推翻江苏高院裁定问题。该份说明的内容为江苏高院未向二人了解情况，南京中院已经向其解释不能直接申请参与分配，二人自愿放弃在异议之诉结果出来之前参与分配的权利，真正影响债权人实现债权的是案外人异议之诉，这些内容为二人对有关问题的说明，并非新证据。吴某某与谢某某主张在南京中院作出（2013）宁执字第386-4号执行裁定之前放弃参与分配，但并未提供相应证据支持。并且，此二人即便放弃参与分配，也不代表其他债权人（久和公司、商汇公司等)放弃参与分配。该《情况说明》不足以推翻江苏高院的裁定。

综上所述,江苏省高级人民法院(2015)苏执监字第00012号、(2015)苏执监字第00013号执行裁定认定事实清楚,适用法律正确,本院予以维持。华瑞公司的申诉请求不能成立,本院不予支持。裁定:驳回常州华瑞福海电子科技有限公司的申诉请求。

审理法院 最高人民法院
裁判时间 2016年11月30日
案　　号 最高人民法院(2016)最高法执监205号执行裁定书
出　　处 中国裁判文书网。

336. 用于支付工程款的商品房预售资金可以强制执行
——青岛海宜林投资控股有限公司与青岛国隆昌盛投资置业有限公司、青岛国隆房地产有限责任公司企业借贷纠纷案

> **裁判要点**
> 商品房预售资金应用于工程施工建设以保障购房者利益,因此,商品房预售资金监管账户中的资金可以被强制执行支付工程进度款。

关 键 词 建设工程进度款　商品房预售资金

裁判理由 最高人民法院认为:工程进度款是发包人根据建设工程进度的不同阶段,按照承包人完成的工程量,支付给承包人的工程价款,是工程项目竣工结算前发包人工程投资支付的最主要方式。本案中,南通八建公司系昌盛花园二期工程施工企业,根据青岛中院(2015)青民一初字第12号民事调解书确认的关于"南通八建公司收到上述工程款后只能用于本工程项目,不得挪作他用;南通八建公司收到上述款项后继续将合同约定的涉案工程未完工部分施工完毕,国隆置业公司应按合同约定继续支付工程进度款"等内容,可以认定调解书所涉工程进度款属案涉工程的工程款范围。

关于工程进度款能否从商品房预售资金监管账户中执行的问题。商品房预售资金,是开发商将正在建设中的商品房出售给购房者,购房者按照商品房买卖合同约定支付给开发商的购房款。由于开发商预售的商品房属于期房,

对于购房者而言，具有比较大的风险。2013年3月26日，国务院以《国务院办公厅关于继续做好房地产市场调控工作的通知》（国办法〔2013〕17号）要求各地制定本地区商品房预售资金的监管办法，确保商品房预售资金能够用于工程施工建设，以保障购房者的利益不受损害。案涉工程进度款属于工程款，并用于建设项目的施工，如果不及时支付，将无法保证工程建设正常进行。因此，以商品房预售资金监管账户中的资金支付案涉工程进度款符合《中华人民共和国城市房地产管理法》第四十五条第三款关于"商品房预售所得款项，必须用于有关的工程建设"的规定和上述国务院通知精神。综上，南通八建公司的复议理由成立。

审理法院 最高人民法院
裁判时间 2016年12月27日
案　　号 最高人民法院（2016）最高法执复33号执行裁定书
出　　处 中国裁判文书网。

337. 案外人对涉案财物认定为赃款赃物被执行不服时，应通过审判监督程序主张权利
——马某某、周某某与马某甲执行异议案

裁判要点

案外人对涉案财物是否属于赃物提出异议，该申诉可以通过裁定补正的，执行法院应将异议材料移送刑事审判部门处理，若无法通过裁定补正的，应当告知异议人通过审判监督程序处理。

关　键　词 案外人异议　刑民交叉

裁判理由 最高人民法院认为：关于案外人对刑事裁判涉财产部分提出执行异议的审查程序问题，《最高人民法院关于刑事裁判涉财产部分执行的若干规定》第十四条规定，案外人对执行标的主张足以阻止执行的实体权利，向执行法院提出书面异议的，执行法院应当依照《中华人民共和国民事诉讼法》第二百二十五条的规定，通过执行异议、复议程序审查处理。因此，北京高院、北京二中院依法受理案外人马某某、周某某异议，并适用《中华人

民共和国民事诉讼法》第二百二十五条进行审查，于法有据，并无不当。

关于案外人对涉案财物是否属于赃物提出异议的救济程序问题，《最高人民法院关于刑事裁判涉财产部分执行的若干规定》第十五条规定，一方面，案外人的申诉可以通过裁定补正的，执行法院应将异议材料移送刑事审判部门处理。另一方面，案外人的申诉无法通过裁定补正的，应当告知异议人通过审判监督程序处理。本案中，马某某、周某某的申诉请求，涉及位于北京市朝阳区观音景园210号楼2单元302室房产的权属争议，而北京二中院（2013）二中刑初字第1509号刑事判决，明确指出案涉房产变价款按照比例发还被害人，申诉人马某某、周某某的主张，属于对原刑事裁判涉财产部分有关赃物认定内容不服，无法通过裁定补正。北京二中院（2013）二中刑初字第1509号刑事判决、北京高院（2014）高刑终字第68号刑事裁定中，有关涉案款物的认定以及变价处理意见明确，所附扣押物品清单包括案涉房产，申诉人马某某、周某某如对据以执行的刑事裁判有关涉案款物认定和处理不服，可以通过审判监督程序主张权利。

审理法院　最高人民法院
裁判时间　2016年12月28日
案　　号　最高人民法院（2016）最高法执监418号执行裁定书执行裁定书
出　　处　中国裁判文书网。

338. 股权代持关系合法有效，能否影响债权人对被代持股权的强制执行
——王某某与刘某某、詹某某等民事申诉、申请案

> **裁判要点**
>
> 根据商事外观主义原则，有关公示体现出来的权利外观，导致第三人对该权利外观产生信赖，即使真实状况与第三人的信赖不符，只要第三人的信赖合理，第三人的民事法律行为效力即应受到法律的优先保护。因此，名义股东的非基于股权处分的亦应属于法律保护的"第三人"范畴，有权依据工商登记中记载的股权归属向人民法院申请对该股权强制执行。

关 键 词 名义股东 善意第三人

裁判理由 最高人民法院认为：本案的争议焦点是王某某是否享有排除强制执行的民事权利。首先，关于《公司法》第三十二条第三款规定的理解与适用问题，该条款规定："公司应当将股东的姓名或者名称向公司登记机关登记；登记事项发生变更的，应当办理变更登记。未经登记或者变更登记的，不得对抗第三人。"工商登记是对股权情况的公示，与公司交易的善意第三人及登记股东之债权人有权信赖工商机关登记的股权情况并据此作出判断。本案中，王某某与詹某某之间的《委托持股协议》已经一、二审法院认定真实有效，但其股权代持协议仅具有内部效力，对于外部第三人而言，股权登记具有公信力，隐名股东对外不具有公示股东的法律地位，不得以内部股权代持协议有效为由对抗外部债权人对显名股东的正当权利。本院认为，《公司法》第三十二条第三款所称的第三人，并不限缩于与显名股东存在股权交易关系的债权人。根据商事外观主义原则，有关公示体现出来的权利外观，导致第三人对该权利外观产生信赖，即使真实状况与第三人的信赖不符，只要第三人的信赖合理，第三人的民事法律行为效力即应受到法律的优先保护。基于上述原则，名义股东的非基于股权处分的债权人亦应属于法律保护的"第三人"范畴。因此，本案中詹某某因其未能清偿到期债务而成为被执行人时，刘某某作为债权人依据工商登记中记载的股权归属，有权向人民法院申

请对该股权强制执行。

其次，关于本案能否适用最高人民法院《关于人民法院执行工作若干问题的规定（试行）》（以下简称《民事执行规定》）第十七条、第三十一条规定的问题。王某某申请再审主张其为案涉股份的实际权利人，应当按照第三十一条的规定解除查封。就股权的实际权利人与外观权利人的关系问题，前文已经阐述，此处不再赘述。而《民事执行规定》第十七条规定的是被执行人将需要登记过户的财产出卖给案外人的情形，买受人得以排除强制执行的要件有四点：一是签订买卖合同，二是支付全部价款，三是实际占有财产，四是未经登记的过错不在于买受人。本案系代持股权引发的争议，并非买卖交易，不适用该条款，即使参照该条款的规定，王某某将自有股份登记在詹某某名下的行为也不符合上述要件的第四项，即买受人对未经变更登记无过错。故本院对王某某的该项主张不予支持。

另外，关于王某某在本院询问中提出的二审法院遗漏诉讼请求的问题，本院认为，按照《民事诉讼法》第二百条的规定，民事再审审查坚持事由审查的原则，王某某在法律规定的申请再审期限内向本院申请再审所提出的事由仅为第二百条第六项，而其于2016年12月5日提出按照第十一项的事由申请再审，已经超过了六个月的再审申请期限，本院不应予以审查。此外，王某某提出的诉讼请求的第一项为请求确认其享有中汇公司10%的股权，本院认为，根据《公司法》的相关规定及《公司法司法解释（三）》第二十一条的规定，当事人向人民法院起诉请求确认其股东资格的，应当以公司为被告，与案件争议股权有利害关系的人作为第三人参加诉讼。而本案系执行异议之诉，中汇公司并非本案当事人，审理的法律关系亦非股权归属，在法律关系不同、诉讼当事人不同的情形下，二审法院仅在事实认定部分确认案涉10%股份的实际出资人，而未在判决主文中对该诉讼请求予以确认或驳回并无不当。

审理法院　最高人民法院
裁判时间　2016年12月28日
案　　号　最高人民法院（2016）最高法民申3132号民事判决书
出　　处　中国裁判文书网。

339. 债权人可以申请执行显名股东代持的股权
——王某某与刘某某、詹某某等申诉、申请案

裁判要点

《公司法》第三十二条第三款所称的第三人，应并不限缩于与显名股东存在股权交易关系的债权人，当显名股东因其未能偿到期债务而成为被执行人时，其债权人依据工商登记等记录及公示的股权归属，有权向人民法院申请对该股权强制执行。

关 键 词 第三人债权人　显名股东　股权代持

裁判理由 最高人民法院认为：关于《公司法》第三十二条第三款规定的理解与适用问题，该条款规定："公司应当将股东的姓名或者名称向公司登记机关登记；登记事项发生变更的，应当办理变更登记。未经登记或者变更登记的，不得对抗第三人。"工商登记是对股权情况的公示，与公司交易的善意第三人及登记股东之债权人有权信赖工商机关登记的股权情况并据此作出判断。本案中，王某某与詹某某之间的《委托持股协议》已经一、二审法院认定真实有效，但其股权代持协议仅具有内部效力，对于外部第三人而言，股权登记具有公信力，隐名股东对外不具有公示股东的法律地位，不得以内部股权代持协议有效为由对抗外部债权人对显名股东的正当权利。《公司法》第三十二条第三款所称的"第三人"，并不限缩于与显名股东存在股权交易关系的债权人。根据商事外观主义原则，有关公示体现出来的权利外观，导致第三人对该权利外观产生信赖，即使真实状况与第三人的信赖不符，只要第三人的信赖合理，第三人的民事法律行为效力即应受到法律的优先保护。基于上述原则，名义股东的非基于股权处分的债权人亦应属于法律保护的"第三人"范畴。所以，最高法院最终裁定，驳回王某某的再审申请。

审理法院 最高人民法院
裁判时间 2016年12月28日
案　　号 最高人民法院（2016）最高法民申3132号民事裁定书
出　　处 中国裁判文书网。

340. 隐名股东对强制执行显名股东股权提起执行异议之诉时，可同时提起股东资格确认之诉，法院应当合并审理
——刘菅兰等与江西鑫诚建生投资有限公司等案外人执行异议案

> **裁判要点**
> 在案外人执行异议之诉中，无论案外人是否对执行标的提出确权的诉讼请求，审查实体权利的归属和性质，都是判断能否排除执行的前提和基础，如果案外人同时提出确认其权利的诉讼请求，人民法院应当进行审理，且一并作出裁判。故隐名股东对强制执行显名股东股权提出执行异议之诉时，可以同时请求法院确认其股东资格。

关 键 词 执行异议之诉 股东资格确认之诉 合并审理 显名股东

裁判理由 最高人民法院认为：一审法院认为两个不同的法律关系不能在一个案件中合并审理，系审理大多数民事案件的一般性规则，其效力并不及于民事案件审理的所有领域，案外人执行异议之诉的审理程序即为特殊性规则。《民事案件案由规定》将案外人执行异议之诉列入适用特殊程序案件案由，《最高人民法院关于〈中华人民共和国民事诉讼法〉适用的解释》将案外人执行异议之诉列为专门一章进行规定，均由此类案件特殊性所决定。《最高人民法院关于适用〈中华人民共和国民事诉讼法〉的解释》第三百一十二条第二款规定："对案外人提起的执行异议之诉，人民法院经审理，按照下列情形分别处理：案外人就执行标的享有足以排除强制执行的民事权益的，判决不得执行该执行标的；案外人就执行标的不享有足以排除强制执行的民事权益的，判决驳回诉讼请求。案外人同时提出确认其权利的诉讼请求的，人民法院可以在判决中一并作出裁判。"按照该条规定，无论案外人是否对执行标的提出确权的诉讼请求，审查实体权利的归属和性质，都是判断能否排除执行的前提和基础，如果案外人同时提出确认其权利的诉讼请求，人民法院应当进行审理，且一并作出裁判。此外，《最高人民法院关于执行权合理配置和科学运行的若干意见》《最高人民法院关于人民法院办理执行异议和复议案件若干问题的规定》的相关规定，已明确排除了人民法院查封的其他法院关于该查封物的另案确权，也不支持当事人另案确权。一审法院以确认股东资

格之诉与案外人执行异议之诉系两种不同的法律关系不宜合并审理而应另案解决为由,对谢优春主张确认其股东资格的诉讼请求未进行实体性审理,系适用法律不当,本院予以纠正。

审理法院　最高人民法院
裁判时间　2017 年 3 月 16 日
案　　号　最高人民法院(2016)最高法民终 701 号民事判决书
出　　处　中国裁判文书网。

341. 父母以未成年子女名义购买并登记为子女所有的房屋能否因父母债务而被强制执行
——王雲轩、贺珠明执行异议再审纠纷案

> **裁判要点**
>
> 　　王永权、姚明春将涉案房屋登记在未成年子女王雲轩名下时,王永权、姚明春尚未归还贺珠明借款,因此王雲轩取得案涉房屋损害了贺珠明的利益。此外案涉房屋一直由王永权、姚明春夫妻用于经营,明显超出王雲轩的基本生活需要。因此,原判决综合分析房屋购买时间、产权登记时间、王永权对贺明珠负债情况及购房款的支付,认定案涉房屋应为王永权、姚明春、王雲轩的家庭共有财产并无不妥,王雲轩要求排除执行无法支持。

关　键　词　未成年子女名义　父母债务　强制执行
裁判理由　最高人民法院认为:
一、原判决认定事实有证据证明。
(一)原判决认定王雲轩没有独立经济来源不属于缺乏证据证明。
本院《关于适用〈中华人民共和国民事诉讼法〉的解释》第九十三条规定"下列事实,当事人无须举证证明:(一)自然规律以及定理、定律;(二)众所周知的事实;(三)根据法律规定推定的事实;(四)根据已知的事实和日常生活经验法则推定出的另一事实;(五)已为人民法院发生法律效力的裁判所确认的事实;(六)已为仲裁机构生效裁决所确认的事实;(七)

已为有效公证文书所证明的事实。前款第二项至第四项规定的事实，当事人有相反证据足以反驳的除外；第五项至第七项规定的事实，当事人有相反证据足以推翻的除外。"王永权、姚明春以王雲轩名义签订案涉房屋购房合同时，王雲轩仅有13岁，属无劳动能力的限制民事行为能力人，王雲轩亦未举证证明其通过继承、奖励、父母之外第三人的赠与、报酬、收益等有合法经济来源。《中华人民共和国合同法》第一百八十七条规定"赠与的财产依法需要办理登记等手续的，应当办理有关手续。"房屋则是需要办理登记等手续的财产，在案涉房屋登记在王雲轩名下之前，王雲轩尚未取得赠与财产，更谈不上对赠与财产即案涉房产进行合理使用取得收益。因此，原判决认定王永权、姚明春以王雲轩的名义签订案涉房屋购房合同时，王雲轩没有独立经济来源不属于缺乏证据证明。

（二）原判决认定案涉房屋系家庭共同财产有证据证明。王永权、姚明春以王雲轩名义签订案涉房屋购买合同时间是2010年11月2日，王永权与贺珠明签订借款合同时间是2012年8月24日，王永权、姚明春将案涉房屋登记在王雲轩名下是2013年6月4日。王永权、姚明春将涉案18套房屋登记在未成年子女王雲轩名下时，王永权、姚明春尚未归还贺珠明借款，因此王雲轩认为其取得案涉房屋未损害贺珠明利益的理由不成立。另，案涉房屋一直由王永权、姚明春夫妻用于经营，明显超出王雲轩的基本生活需要。因此，原判决综合分析房屋购买时间、产权登记时间、王永权对贺明珠负债情况及购房款的支付，认定案涉18套房屋应为王永权、姚明春、王雲轩的家庭共有财产有证据证明。

二、原判决适用法律不属确有错误。《中华人民共和国物权法》第十七条规定"不动产权属证书是权利人享有该不动产物权的证明。"第三十三条规定"因物权的归属、内容发生争议的，利害关系人可以请求确认权利。"据上述规定，不动产权属证书是权利人享有该不动产物权的证明，一般情况下，登记权利人即推定为实际权利人，但有证据证明购房款实际出资人不是登记权利人时，亦要根据实际出资情况确定房屋的归属。王永权、姚春明对王雲轩的赠予是否成立，不影响原判决认定案涉18套房屋应为王永权、姚明春、王雲轩的家庭共有财产，故王雲轩认为原判决适用法律错误的理由不成立。

审理法院　最高人民法院
裁判时间　2017年11月15日

案　　号　最高人民法院（2017）最高法民申3404号民事裁定书
出　　处　中国裁判文书网。

342. 已经划扣到执行法院账户尚未支付给申请执行人的款项仍属于债务人财产，执行法院应中止执行并移送受理破产案件的法院或管理人

——安徽国信建设集团有限公司与安徽永禾置业有限公司建设工程合同纠纷案

> **裁判要点**
>
> 　　已经扣划到执行法院账户的银行存款等执行款，但未完成向申请执行人转账、汇款、现金交付的，财产权利归属未发生变动，仍属于被执行人的财产，执行法院收到受移送法院受理裁定后，不应再支付给申请执行人，应当将其移交给受理破产案件的法院或管理人。

关　键　词　债务人财产　中止执行

裁判理由　最高人民法院认为：本案的争议焦点是，在人民法院受理对被执行人的破产清算申请情况下，执行程序中已执行到法院账户但未发放给申请执行人的款项是应支付给申请执行人还是应移交给受理破产案件的法院处置。

《中华人民共和国企业破产法》第十九条规定，人民法院受理破产申请后，有关债务人财产的保全措施应当解除，执行程序应当中止。根据该规定精神，如果执行程序尚未终结，对被执行人财产的保全措施应当解除，执行程序应当中止，尚未清偿的不得进行清偿。

对此，最高人民法院《关于如何理解〈最高人民法院关于破产法司法解释〉第六十八条的请示的答复》（以下简称《答复》）明确了不应列入破产财产的两种具体情形："一、正在进行的执行程序不仅作出了生效的执行裁定，而且就被执行财产的处理履行了必要的评估拍卖程序，相关人已支付了对价，此时虽未办理变更登记手续，且非该相关人的过错，应视为执行财产已向申请人交付，该执行已完毕，该财产不应列入破产财产；二、人民法院针对被执行财产采取了相应执行措施，该财产已脱离债务人实际控制，视为已向权

利人交付,该执行已完毕,该财产不应列入破产财产。"

第一种情形主要针对需要变更登记手续的不动产,第二种情形主要从被执行财产是否已经脱离债务人实际控制角度明确是否列入破产财产,未具体区分财产类型。本案安徽高院认定涉案款项已向权利人交付的主要理由就是涉案款项已经脱离了债务人的实际控制,与《答复》的精神基本一致。

但《答复》作出时间为2004年12月22日,其以"脱离债务人实际控制"为界限将被执行财产视为已向权利人交付的观点,与自2015年2月4日起施行的《最高人民法院关于适用〈中华人民共和国民事诉讼法〉的解释》有关规定精神及2017年1月20日最高人民法院印发的《指导意见》精神并不完全一致。

依《最高人民法院关于适用〈中华人民共和国民事诉讼法〉的解释》第五百零八条第一款规定及第五百一十三条规定,在被执行人为公民或者其他组织情况下,被执行人的财产不能清偿所有债权的,可以通过参与分配程序实现债权的公平清偿,而在被执行人为企业法人情况下,则通过破产程序实现债权的公平清偿。

《指导意见》第16条规定,执行法院收到受移送法院受理裁定后,应当于七日内将已经扣划到账的银行存款、实际扣押的动产、有价证券等被执行人财产移交给受理破产案件的法院或管理人。第17条规定,执行法院收到受移送法院受理裁定时,已通过拍卖程序处置且成交裁定已送达买受人的拍卖财产,通过以物抵债偿还债务且抵债裁定已送达债权人的抵债财产,已完成转账、汇款、现金交付的执行款,因财产所有权已经发生变动,不属于被执行人的财产,不再移交。从第16、17条规定精神看,对已完成向申请执行人转账、汇款、现金交付的执行款,因财产权利归属已经发生变动,不属于被执行人的财产。已经扣划到执行法院账户的银行存款等执行款,但未完成向申请执行人转账、汇款、现金交付的,财产权利归属未发生变动,仍属于被执行人的财产,执行法院收到受移送法院受理裁定后,不应再支付给申请执行人,应当将其移交给受理破产案件的法院或管理人。最高人民法院《关于适用〈中华人民共和国民事诉讼法〉的解释》及《指导意见》有关规定均体现了对债权人进行公平清偿的精神。从价值衡量角度看,个别债权人和全体债权人利益冲突的衡量,应该要向全体债权人倾斜,以有利于矛盾纠纷的化解。

本案中,在1332万元汇入法院执行款专户前,被执行人永禾公司尚有多起执行案件在肥西县法院执行,肥西县法院于2015年12月7日向合肥中院提交各案申请参与分配函,其实质反映了在被执行人财产明显不能清偿所有债权时其他债权人要求实现债权公平清偿的主张。根据最高人民法院《关于适用〈中华人民共和国民事诉讼法〉的解释》有关规定倾向于对债权人进行公平清偿的精神,合肥中院通过向肥西县法院发函的方式,告知永禾公司的其他债权人及时向住所地法院申请破产,是比较合理的处理方式。

本案合肥中院作出异议裁定时(2017年4月17日),《指导意见》已经正式实施,而当时执行款仍未实际支付给国信公司,肥西县法院也已受理了永禾公司破产清算申请,应当按照《指导意见》精神审查国信公司异议请求,明确案涉执行款不应再支付给申请执行人,应当将其移交给受理破产案件的法院或管理人。安徽高院在审查复议申请时,亦应如此。安徽高院所主张的"专户资金实质上已由执行法院为申请执行人代管,该款项已脱离了债务人的实际控制,视为已向权利人交付"的观点,与《指导意见》精神不一致。

综上,安徽高院(2017)皖执复字第28号执行裁定适用法律不当,本院依法予以纠正。

审理法院　最高人民法院
裁判时间　2017年12月29日
案　　号　最高人民法院(2017)最高法执监422号执行裁定书
出　　处　中国裁判文书网。

343. 评估机构超出执行法院规定期限作出《估价报告》，若对评估程序及评估结果并无重大影响，不足以认定评估程序严重违法，不构成重新评估的事由

——林启明与莆田市中宏房地产开发有限公司、
福建省中通恒基投资有限公司等执行案

裁判要点

法院对拍卖标的物进行委托评估是辅助，是法院确定拍卖保留价的手段，对于评估报告异议，法院重点针对评估机构、评估人员是否具备相应的评估资质以及评估程序是否严重违法进行审查。关于评估机构超出法院规定期限作出《估价报告》，若无正当理由，法院可以解除委托重新选择，并采取惩戒措施。但若超期作出评估报告，对评估程序及评估结果并无重大影响，不足以认定评估程序严重违法，法院并不准许重新评估。

关 键 词　评估机构　超出期限　评估程序

裁判理由　最高人民法院认为：本案争议焦点在于《估价报告》的评估程序是否严重违法致使评估价格过低。

对拍卖标的物进行评估是辅助人民法院确定拍卖保留价的手段，具有较强的专业技术性，需由法院委托专门的具有相应资质的评估机构进行评估。根据最高人民法院《关于人民法院民事执行中拍卖、变卖财产的规定》第六条的规定，人民法院对于评估报告异议，重点针对评估机构、评估人员是否具备相应的评估资质以及评估程序是否严重违法进行审查。因此，本院重点针对莆田中宏公司所主张评估程序违法问题进行审查。关于《估价报告》未在执行法院规定期限内做出的问题。即使超期作出评估报告，对评估程序及评估结果并无重大影响，不足以认定评估程序严重违法。关于评估方法的选用问题。按照《房地产估价规范》，评估机构可以同时选用两种以上估价方法，并非必须选用两种以上估价方法，况且《估价报告》就为何对42套房产只选用比较法已进行了说明。关于比较对象是"利害关系人之间的交易"的问题。本案申诉人并未提供充分证据证明其与17套房产买受人存在所谓的合

作关系并产生某种利害关系。关于比较单价问题。《估价报告》系以合同备案价作为比较单价,该价格为房产交易当事人自行向政府主管部门登记,评估机构以此价格作为比较单价并无不妥。综上,莆田中宏公司所主张评估程序严重违法致使评估价格过低的申诉事由,本院不予支持。

审理法院　最高人民法院
裁判时间　2017 年 12 月 21 日
案　　号　最高人民法院(2017)最高法执监 231 号执行裁定书
出　　处　中国裁判文书网。

第十二章 仲 裁

344. 如果当事人没有约定其争议纠纷由仲裁机构解决，通常情况下，仲裁机构无权对该争议纠纷予以仲裁
——湖南华厦建筑有限责任公司与常德工艺美术学校不服执行裁定申诉案

裁判摘要

一、当事人自愿达成合法有效协议或仲裁条款选定仲裁机构解决其争议纠纷，是采用仲裁方式解决争议纠纷的前提。如果当事人没有约定其争议纠纷由仲裁机构解决，通常情况下，仲裁机构无权对该争议纠纷予以仲裁。

二、当事人在主合同中约定其争议纠纷由仲裁机构解决，对于没有约定争议纠纷解决方式的补充协议可否适用该约定，其关键在于主合同与补充协议之间是否具有可分性。如果主合同与补充协议之间相互独立且可分，在没有特别约定的情况下，对于两个完全独立且可分的合同或协议，其争议解决方式应按合同或补充协议约定处理。如果补充协议是对主合同内容的补充，必须依附于主合同而不能独立存在，则主合同所约定的争议解决条款也适用于补充协议。

关 键 词 约定 争议纠纷 仲裁机构

裁判理由 最高人民法院经审查认为：

一、关于增加申诉理由部分是否要审查的问题。常德工艺美术学校在向湖南省高级人民法院提出的申诉理由中增加了"双方实际履行的协议和补充协议没有仲裁条款"等内容。因常德工艺美术学校向常德市中级人民法院和湖南省高级人民法院提出的请求均为不予执行仲裁裁决，其前后请求并没有发生改变，湖南省高级人民法院针对常德工艺美术学校提出的请求，并结合具体的申诉理由（新增理由）进行审查并无不当。

二、关于申诉人称没有听证、没有依法送达法律文书的问题。根据最高人民法院《关于人民法院执行公开的若干规定》第十二条的规定，人民法院对案外人异议、不予执行的申请以及变更、追加被执行主体等重大执行事项，一般应当公开听证进行审查；案情简单，事实清楚，没有必要听证的，人民法院可以直接审查，因此，湖南省高级人民法院有权根据案件情况决定是否听证。人民法院对其作出的法律文书应当依法进行送达。本案申诉人湖南华厦建筑有限责任公司不服湖南省高级人民法院（2013）湘高法执监字第14号执行裁定，向本院申诉，说明其不仅已知晓该裁定书内容，而且向本院提交了该执行裁定书文本，但并不排除湖南省高级人民法院应当依法送达的义务。

三、关于湖南省高级人民法院的审查是否超出常德工艺美术学校申请不予执行仲裁裁决理由范围的问题。依据当时生效的《中华人民共和国民事诉讼法》第二百一十三条第二款的规定，被申请人提出证据证明仲裁裁决有本条规定的六种情形之一的，经人民法院组成合议庭审查核实，裁定不予执行。因此，湖南省高级人民法院在对常德工艺美术学校向法院申请不予执行仲裁裁决审查过程中，依据上述规定认定仲裁裁决是否构成不予执行的理由并无不当。

四、关于主合同约定的争议解决方式是仲裁，补充协议没有约定争议解决方式，仲裁机构是否可对主合同和补充协议一并进行仲裁的问题。本院认为，当事人自愿达成合法有效协议或仲裁条款选定仲裁机构解决其争议纠纷，是采用仲裁方式解决争议纠纷的前提。如果当事人没有约定其争议纠纷由仲裁机构解决，通常情况下，仲裁机构无权对该争议纠纷予以仲裁。但存在主合同与补充协议的情形时，当事人在主合同中约定其争议纠纷由仲裁机构解决，对于没有约定争议纠纷解决方式的补充协议可否适用该约定，其关键在于主合同与补充协议之间是否具有可分性。如果主合同与补充协议之间是相互独立且可分，那么，在没有特别约定的情况下，对于两个完全独立且可分的合同或协议，其争议解决方式应按合同或补充协议约定处理。如果补充协议是对主合同内容的补充，必须依附于主合同，而不能独立于主合同存在，那么，主合同所约定的争议解决条款也适用于补充协议。本案中，双方当事人于2007年12月28日经过招投标而签订的合同明确约定，双方当事人发生争议由常德市仲裁委员会管辖，故常德仲裁委员会对该案具有管辖权。此后双方当事人于2008年3月20日签订的补充协议明确约定双方已于2007年12月28日签订了合同，为完善条款，对未尽事宜和可能出现的新问题补签该补充协议，且明确约定："所签补充协议与前签协议有同等效力。"由此可见，主合同所约定的发生争议提交常德市仲裁委员会仲裁的争议解决条款也应适用于补充协议。此外，依据法律规定当事人对仲裁协议的效力有异议，应当在仲裁庭首次开庭前提出。本案中湖南华厦建筑有限责任公司向常德市仲裁委员会申请仲裁后，常德工艺美术学校并没有在仲裁庭首次开庭前，对仲裁协议的效力提出异议，而是向常德仲裁委员会提出仲裁反申请，并申请常德仲裁委员会委托对水电工程和装饰工程的工程造价依合同约定的结算标准进行了司法鉴定，这表明双方认可依照约定选择的常德仲裁委员会解决双方工程欠款纠纷。常德工艺美术学校在向湖南省高级人民法院申诉中称双方实际履行的合同和补充协议没有仲裁条款，常德仲裁委员会对案件进行仲裁错误的理由不予支持。故湖南省高级人民法院（2013）湘高法执监字第14号执行裁定中有关"补充协议并未约定争议的解决方式，因此，补充协议中水电安装及装饰工程等工程造价不属于仲裁协议的范围，仲裁裁决书对这部分工程造价作出了裁决，超出了仲裁裁决范围"部分的认定不正确，应予纠正。常德市中级人民法院（2012）常执不字第8号执行裁定结果正确，应予维持。

审理法院 最高人民法院
裁判时间 2015年9月24日
案　　号 最高人民法院（2015）执申字第33号执行裁定书
出　　处 《最高人民法院公报》2016年第8期。

345. 为达成合作目的，当事人签订了多个合同，但仅在一个合同中约定了仲裁条款，涉及该合同的仲裁裁决生效后，又因其他未约定仲裁条款的合同的争议形成诉讼，一方当事人仅以仲裁裁决已生效为由主张人民法院无管辖权的，人民法院不予支持

——华建电子有限责任公司、华建机器翻译有限公司与广州科技风险投资有限公司、谢雄平等合作协议纠纷案

> **裁判摘要**
>
> 为达成合作目的，当事人签订了多个合同，但仅在一个合同中约定了仲裁条款，涉及该合同的仲裁裁决生效后，又因其他未约定仲裁条款的合同的争议形成诉讼，一方当事人仅以仲裁裁决已生效为由主张人民法院无管辖权的，人民法院不予支持。在生效仲裁裁决依据的合同与人民法院处理争议案件依据的合同不同，人民法院审理的内容也不涉及仲裁条款约定事项的情形下，一方当事人以"一事不再理"为由主张人民法院不应重复处理的，人民法院不予支持。

关 键 词 多个合同 仲裁条款 管辖权

裁判理由 最高人民法院认为：根据当事人申请再审的理由以及答辩情况，本案争议的焦点如下。

一、关于本案是否归人民法院主管的问题。

广东省高级人民法院依据《民事诉讼法》第一百一十一条第（二）项的规定驳回华建电子公司、华建翻译公司的起诉。华建电子公司、华建翻译公司申请再审认为，其提起诉讼所依据的两份合同均未约定仲裁条款，人民法院应予受理并进行实体审理。本院开庭审理后，被申请人科技公司、谢雄平、张贺平也认为人民法院对本案具有管辖权。

本院认为，华建电子公司、华建翻译公司提起本案诉讼的依据是《合作协议》《框架协议》，这两份协议并没有仲裁条款。仲裁裁决书明确指出："仲裁庭对双方基于《框架协议》和《合作协议》而可能存在的争议，不予审理。"据此，本案属人民法院主管。广东省高级人民法院依据《民事诉讼

法》第一百一十一条第（二）项的规定，认为本案不属于人民法院主管，适用法律错误，本院依法予以纠正。

二、关于《合作协议》第三条第15项的约定是否无效、其约定的终止条件是否成就的问题。

科技公司认为，《合作协议》第三条第15项关于"如因各种原因甲方重组上市未果，则终止本协议、双方签订的股权转让协议和VC投资协议"的约定应属于附条件终止协议条款，但所附条件"如因各种原因甲方重组上市未果"为非真正条件，该约定无效。华建电子公司、华建翻译公司认为，该约定不违反法律的强制性规定，应为有效。

本院认为，认定合同或者合同约定的条件无效，其依据是《合同法》第五十二条的规定。《合作协议》第三条第15项约定的条件，并不违反《合同法》第五十二条关于合同无效的规定，依法应当认定为有效。既然合同有效，就应当严格按照《合作协议》第三条第15项的约定内容履行。"如因各种原因甲方重组上市未果"这一条件如果已经成就，那么就应当"终止本协议、双方签订的股权转让协议和VC投资协议"。本案中，虽然经过双方当事人特别是华建电子公司的一系列运作，但是华建电子公司的海外子公司最终未在香港上市是客观事实，符合双方的约定即"如因各种原因甲方重组上市未果"，故终止《合作协议》等合同的条件已经成就。因此，一审法院关于"对于上市未果，华建电子公司已通知旷世公司原股东，并要求终止合作协议。五被告没有依约协助两原告履行工商变更登记义务，恢复旷世公司的股权原状，其行为已经构成违约，应当承担相应的违约责任。因此，两原告以五被告没有履行合作协议约定的义务为由，要求将其各自持有旷世公司90%和10%的股权全部变更登记在被告谢雄平、黄若浩、张贺平、仇绍明、科技公司的名下，本院予以支持"的认定，符合双方的约定和法律规定，本院依法予以维持。根据《合作协议》的约定，双方对已履行的《股权转让协议》进行恢复原状，华建电子公司将其持有的25%旷世公司股权退还给科技公司，科技公司将取得转让该股权的对价，包括48000元返还给华建电子公司。

三、关于一审法院股权恢复原状的判决是否违反了"一事不再理"的原则、是否与仲裁裁决矛盾的问题。

科技公司和谢雄平、张贺平都认为，仲裁裁决书已经裁决：1. 华建电子公司向科技公司支付股权转让费300万元；2. 华建电子公司向科技公司支付逾期付款利息440000元及从2005年12月1日起至股权转让款清偿完毕之日止的逾期付款利息（按日万分之二点一计算）。如果人民法院再判决股权恢复原状，则违反了"一事不再理"的原则，与仲裁裁决矛盾。华建电子公司、华建翻译公司认为，各方根据《合作协议》和《框架协议》就旷世公司股权结构恢复原状的纠纷与各方根据《股权转让协议》就旷世公司股权转让款项支付的纠纷系不同法律关系，不符合"一事不再理"原则规定的情形，人民法院审理本案与北京仲裁委员会的裁决并不矛盾。

本院认为，一审法院股权恢复原状的判决并没有违反"一事不再理"的原则。理由是：由于"重组上市未果"，华建电子公司、华建翻译公司请求根据《合作协议》第三条第15项的规定就旷世公司股权结构恢复原状的纠纷与双方根据《股权转让协议》就旷世公司股权转让款项支付的纠纷系不同法律关系，是各方基于不同的法律事实提出的不同请求。从《合作协议》的约定来看，该协议的履行分为两个阶段，第一阶段是为了华建电子公司的海外子公司重组上市成功，进行旷世公司股权转让并支付股权转让款；第二阶段是如果"重组上市未果"，则恢复旷世公司股权结构并返还转让款。为履行第一阶段的约定事项，各方又签订了《股权转让协议》，并约定了仲裁条款，排除了人民法院的管辖权。该纠纷已经过北京仲裁委员会仲裁。但为履行第二阶段的约定事项，即"如因各种原因甲方重组上市未果，则终止本协议、双方签订的股权转让协议和VC投资协议。对已经履行的部分，双方同意尽可能地恢复原状，包括（但不限于）返还协议价格，恢复旷世科技股权架构、重新进行相应工商变更等，对由此给双方带来的损失，双方同意按照公平原则各自承担"，华建电子公司依据该约定提起诉讼，本案解决的正是履行《合作协议》第二阶段发生的纠纷。由于一审法院处理本案的依据并不是《股权转让协议》，而是《合作协议》第三条第15项，而仲裁所依据的是《股权转让协议》，并不是《合作协议》第三条第15项，基于仲裁裁决所依据的协议与一审法院处理本案所依据的协议不同，即一审法院并没有处理双方履行《股权转让协议》所发生的争议，仲裁裁决也明确表示不将《合作协议》纳入仲裁范围，也就是说，仲裁裁决所处理的"一事"即《股权转让协议》所发生的纠纷，人民法院并没有处理，所以一审法院股权恢复原状的判决并没有违反"一事不再理"的原则。

在一审法院股权恢复原状的判决并没有违反"一事不再理"的原则的情况下，就谈不上判决与仲裁裁决是否矛盾的问题。即使仲裁裁决的结果是履行《股权转让协议》，而判决的结果是恢复旷世公司的股权结构，判决是根据

《合作协议》第三条第 15 项的约定作出的，该约定仍然是双方当事人包括科技公司及张贺平、谢雄平、仇绍明、黄若浩的真实意思表示。也就是说，一审判决与仲裁裁决都是根据当事人的真实意思表示做出的，都是当事人履行双方协议的必然结果。换言之，当事人的真实意思表示就是，为了重组上市，先要进行旷世公司的股权变更，而且实际上也进行了股权变更。但是，如果上市未果，已经变更的股权就应恢复原状。在上市未果的情况下，一审法院判决恢复旷世公司的股权架构，依法应予维持。

审理法院　最高人民法院
裁判时间　2010 年 6 月 30 日
案　　号　最高人民法院（2010）民提字第 10 号民事判决书
出　　处　《最高人民法院公报》2017 年第 7 期。

346. 服务合同中仲裁条款对签署仲裁条款的 特殊普通合伙承继人有效
——天威新能源控股有限公司与毕马威华振 特殊普通合伙委托合同纠纷管辖权异议上诉案

裁判要点

毕马威华振特殊普通合伙承继了毕马威华振的权利义务，既包含实体权利也包含有关争议解决方式的程序性条款。在无相反约定的情况下，天威公司与毕马威华振之间的仲裁条款在天威公司与毕马威华振特殊普通合伙之间具有约束力。天威公司以侵权赔偿之诉回避仲裁条款的适用理由不能成立。

关键词　仲裁条款效力　法院管辖

裁判理由　最高人民法院认为：针对双方的诉辩意见，本案争议焦点是仲裁条款的效力及本案争议是否应受仲裁条款的约束。

首先，仲裁条款的效力。天威公司与毕马威华振签署的一般条款第 49 条"适用法律和解决争议"条款是双方当事人真实意思表示，其内容不违反法律和行政法规的强制性规定，应为合法有效。天威公司提出一般条款第 39.2 条约定了可以诉讼,属于既约定仲裁又约定诉讼,且仲裁协议属于格式条款,仲裁协议无效的上诉理由不能成立。第一,从一般条款的架构和内容来看,第39.2条属于"我方责任免除及限制"条款的一部分,其内容是有关毕马威华振对天威公司及其他受益人所应承担的责任范围的约定,与第49条"适用法律和争议解决"的仲裁条款相互独立,双方对将争议提交仲裁解决的意思表示是明确的。第39.2条文中虽出现"诉讼""法院"字样,但从其表述及上下条文的内容、目的来看,解决的是毕马威华振所应承担的责任限制范围,并未明确属于争议解决的方式,也未约定争议解决的法院。因此,该条款不构成对第49条仲裁条款的实质性改变,天威公司主张该条款构成双方约定诉讼的上诉理由无事实依据。第二,双方签署的一般条款虽为毕马威华振所起草,但系双方协商一致的结果。一般条款第51条"协商"条款明确载明:"关于本业务一般条款的内容,贵方与我方已进行了充分协商,双方均同意本业务一般条款所有条款的内容",上述内容可以证明,一般条款已经双方协商并形成合意,约定仲裁作为双方"适用法律和争议解决"方式的意思表示真实。故天威公司主张仲裁条款属于格式条款,且毕马威华振并未与其协商应认定无效的上诉理由不能成立。

其次,本案争议是否应受仲裁条款的约束。天威公司主张毕马威华振特殊普通合伙与服务合同中毕马威华振是两个独立主体,不存在民事权利义务的承继关系,毕马威华振特殊普通合伙承接了毕马威华振的资产,理应承担相关的损害赔偿责任,但天威公司向毕马威华振特殊普通合伙主张实体权利,并不意味着认可其成为仲裁条款的相对方的上诉理由亦不能成立。第一,根据原审查明的事实,毕马威华振特殊普通合伙是基于国家有关中外合作会计师事务所实现本土化转制的规定而成立,与毕马威华振之间具有承继关系。根据2012年5月2日,财政部、国家工商总局、商务部、国家外汇管理局、中国证监会发布《关于印发〈中外合作会计师事务所本土化转制方案〉的通知》(财会〔2012〕8号),中外合作会计师事务所根据合作设立时所作承诺实现本土化,并在合作到期日之后或自愿在合作到期日之前采用符合中国法律法规规定的组织形式。毕马威华振因经营期限届满,按照《中外合作会计师事务所本土化转制方案》的规定,转制为特殊普通合伙组织形式。毕马威华振的全部资产负债按账面净值整体转让给经转制设立的毕马威华振特殊普通合伙,毕马威华振特殊普通合伙整体承接了毕马威华振资产、债权、负债、业务和人员,依法继续运营。虽然毕马威华振与毕马威华振特殊普通合伙在形式上是分别进行工商登记的会计师事务所，但二者的名称、经营范围、住所地、人员基本一致，经营期限前后衔接。《中外合作会计师事务所本土化转制方案》规定，原会计师事务所因执业质量可能引发的行政责任由特殊普通合伙会计师事务所承担。由此可见，毕马威华振特殊普通合伙与毕马威华振之间形成了在业务经营、资产等方面的承继关系。该种承继关系是在国家实行本土化转制的规定前提下，通过清算注销原主体设立新主体的方式，完成了债权债务的整体移转，其中亦包括本案服务合同项下的权利义务。天威公司一方面依据服务合同向毕马威华振特殊普通合伙主张因未尽职履行服务合同而产生的实体权利，另一方面又以毕马威华振特殊普通合伙与毕马威华振无承继关系，其不同意毕马威华振特殊普通合伙成为仲裁条款的相对方为由反对双方受该合同中仲裁条款的约束，显然在法律逻辑上自相矛盾，亦有违诚实信用和公平原则。因此，一审法院认定毕马威华振特殊普通合伙承继了毕马威华振的权利义务，在无相反约定的情况下，仲裁条款对双方当事人具有约束力并无不当。天威公司上诉主张毕马威华振特殊普通合伙与毕马威华振之间不存在承继关系，双方当事人不受仲裁条款约束的理由，缺乏事实和法律依据。

第二，从天威公司起诉状中所陈述的事实和理由看，其所述毕马威华振的侵权行为，是在履行服务合同过程中产生的。根据服务合同一般条款第49条的约定，凡因服务合同引起的或与服务合同有关的任何争议（包括关于服务合同条款的存在、效力或终止，或无效之后果等争议），均应提交中国国际经济贸易仲裁委员会仲裁。按其内容所表达的意思，可提交仲裁的争议包括因服务合同引起的所有争议。本案中，天威公司以侵权事由起诉毕马威华振特殊普通合伙承担侵权赔偿责任，依据的主要事实是天威公司与毕马威华振签订的服务合同，其主张毕马威华振特殊普通合伙承担赔偿责任的诉讼请求的基础也是基于毕马威华振违反了双方签署的服务合同所应承担的义务和职责，所引用的法律依据亦主要是合同法第一百一十三条"当事人一方不履行合同义务或者履行合同义务不符合约定，给对方造成损失的，损失赔偿额应当相当于因违约所造成的损失"和第四百零六条"有偿的委托合同，因受托人的过错给委托人造成损失的，委托人可以要求赔偿损失"等规定，属于双方约定的仲裁事项范围，理应受合同中仲裁条款的约束。

审理法院　最高人民法院

裁判时间 2015年12月22日

案　　号 最高人民法院（2015）民二终字第381号民事裁定书

出　　处 《立案工作指导》2015年第3辑（总第46辑）。

347. 非因争议协议项下产生的独立民事行为而生的名誉权侵权责任，与协议项下违约责任并无竞合关系，不属仲裁条款约定的仲裁事项

——洋马发动机（上海）有限公司与厦门豪嘉利商贸发展有限公司、洋马株式会社名誉权纠纷管辖权异议案

> **裁判要点**
>
> 　　仲裁条款是当事人围绕争议解决方式而订立的合同，因此判断当事人关于仲裁事项的合意时，应当遵循合同解释的基本原则。从本案仲裁条款使用的措辞看，其约定的仲裁事项为"因协议或协议项下进行交易而产生的任何或所有争议"，采取的是概括性约定仲裁事项的方式。依照通常理解，该条款约定了两方面的条件：一是提交仲裁的争议性质为任何争议，即不仅限于合同争议，也包括非合同性质的侵权争议或其他争议；二是提交仲裁的争议必须是因《出口和分销协议》或该协议项下进行交易而产生的。即争议应当基于《出口和分销协议》权利义务关系而产生，与该协议项下的权利行使或义务履行有关。

关 键 词 仲裁条款　合同解释　概括性约定仲裁事项

裁判理由 最高人民法院认为：仲裁条款是当事人围绕争议解决方式而订立的合同，因此判断当事人关于仲裁事项的合意时，应当遵循合同解释的基本原则。从本案仲裁条款使用的措辞看，其约定的仲裁事项为"因协议或协议项下进行交易而产生的任何或所有争议"，采取的是概括性约定仲裁事项的方式。依照通常理解，该条款约定了两方面的条件：一是提交仲裁的争议性质为任何争议，即不仅限于合同争议，也包括非合同性质的侵权争议或其他争议；二是提交仲裁的争议必须是因《出口和分销协议》或该协议项下进行交易而产生的。即争议应当基于《出口和分销协议》权利义务关系而产生，与该协议项下的权利行使或义务履行有关。

洋马公司上诉认为，本案诉称侵权行为与《出口和分销协议》的解除行为具有实质关联，两者密不可分，实质仍属于《出口和分销协议》而产生的纠纷。但从豪嘉利公司起诉主张看，其诉称的侵权行为是洋马公司在解除《出口和分销协议》后，向豪嘉利公司的业务网络成员即合同以外的当事人传递豪嘉利公司已被解除分销权等不实信息。上述诉称行为虽然与洋马公司的解除合同行为有一定的事实关联，但上述行为本身并不属于《出口和分销协议》合同权利义务的调整范畴，也不是因该协议项下权利的行使或义务的履行而产生的，而是一项独立的民事行为。因上述行为所产生的名誉权侵权责任，与《出口和分销协议》项下的违约责任并无竞合关系，不存在重复审理的问题。因此，福建省高级人民法院认定本案纠纷不属于涉案仲裁条款约定的仲裁事项，并无不当，本院予以维持。

需要指出的是，在解释仲裁条款范围时，如侵权争议因违反合同义务而产生，违约责任和侵权责任有竞合关系，则原告即使选择以侵权为由提出诉讼，仍应受到合同仲裁条款的约束，不应允许当事人通过事后选择诉因而逃避仲裁条款的适用。且即便原告提起诉讼时增列了未签订仲裁协议的其他被告，亦不影响有仲裁协议的原被告之间的纠纷适用仲裁协议。因此，福建省高级人民法院认为对仲裁协议范围的认定不涉及请求权竞合的审查，其关于法律适用的表述欠准确，本院予以纠正。

审理法院　最高人民法院
裁判时间　2015 年 5 月 26 日
案　　号　最高人民法院（2015）民四终字第 15 号民事裁定书
出　　处　《涉外商事海事审判指导》2015 年第 2 辑（总第 31 辑）。

第五篇　行政·国家赔偿

第一编 行 政

第一章 受案范围

348. 法院应当依法受理当事人对公安机关消防机构消防验收备案结果通知行为提起的行政诉讼
——戴世华诉济南市公安消防支队消防验收纠纷案

> **裁判要点**
> 建设工程消防验收备案结果通知含有消防竣工验收是否合格的评定,具有行政确认的性质,当事人对公安机关消防机构的消防验收备案结果通知行为提起行政诉讼的,人民法院应当依法予以受理。

关 键 词 行政诉讼 受案范围 行政确认 消防验收 备案结果通知

裁判理由 法院生效裁判认为:关于行为的性质。《中华人民共和国消防法》(以下简称《消防法》)第四条规定:"县级以上地方人民政府公安机关对本行政区域内的消防工作实施监督管理,并由本级人民政府公安机关消防机构负责实施。"《公安部建设工程消防监督管理规定》第三条第二款规定:"公安机关消防机构依法实施建设工程消防设计审核、消防验收和备案、抽查,对建设工程进行消防监督。"第二十四条规定:"对本规定第十三条、第十四条规定以外的建设工程,建设单位应当在取得施工许可、工程竣工验收合格之日起七日内,通过省级公安机关消防机构网站进行消防设计、竣工验收消防备案,或者到公安机关消防机构业务受理场所进行消防设计、竣工验收消防备案。"上述规定表明，建设工程消防验收备案就是特定的建设工程施工人向公安机关消防机构报告工程完成验收情况，消防机构予以登记备案，以供消防机构检查和监督，备案行为是公安机关消防机构对建设工程实施消防监督和管理的行为。消防机构实施的建设工程消防备案、抽查的行为具有行使行政职权的性质，体现出国家意志性、法律性、公益性、专属性和强制性，备案结果通知是备案行为的组成部分，是备案行为结果的具体表现形式，也具有上述行政职权的特性，应该纳入司法审查的范围。

关于行为的后果。《消防法》第十三条规定："按照国家工程建设消防技术标准需要进行消防设计的建设工程竣工，依照下列规定进行消防验收、备案：……（二）其他建设工程，建设单位在验收后应当报公安机关消防机构备案，公安机关消防机构应当进行抽查。依法应当进行消防验收的建设工程，未经消防验收或者消防验收不合格的，禁止投入使用；其他建设工程经依法抽查不合格的，应当停止使用。"公安部《建设工程消防监督管理规定》第二十五条规定："公安机关消防机构应当在已经备案的消防设计、竣工验收工程中，随机确定检查对象并向社会公告。对确定为检查对象的，公安机关消防机构应当在二十日内按照消防法规和国家工程建设消防技术标准完成图纸检查，或者按照建设工程消防验收评定标准完成工程检查，制作检查记录。检查结果应当向社会公告，检查不合格的，还应当书面通知建设单位。建设单位收到通知后，应当停止施工或者停止使用，组织整改后向公安机关消防机构申请复查。公安机关消防机构应当在收到书面申请之日起二十日内进行复查并出具书面复查意见。"上述规定表明，在竣工验收备案行为中，公安机关消防机构并非仅仅是简单地接受建设单位向其报送的相关资料，还要对备案资料进行审查，完成工程检查。消防机构实施的建设工程消防备案、抽查的行为能产生行政法上的拘束力。对建设单位而言，在工程竣工验收后应当到公安机关消防机构进行验收备案，否则，应当承担相应的行政责任，消防设施经依法抽查不合格的，应当停止使用，并组织整改；对公安机关消防机构而言，备案结果中有抽查是否合格的评定，实质上是一种行政确认行为，即公安机关消防机构对行政相对人的法律事实、法律关系予以认定、确认的行政行为，一旦消防设施被消防机构评定为合格，那就视为消防机构在事实上确认了消防工程质量合格，行政相关人也将受到该行为的拘束。

据此，法院认为作出建设工程消防验收备案通知，是对建设工程消防设施质量监督管理的最后环节，备案结果通知含有消防竣工验收是否合格的评定，具有行政确认的性质，是公安机关消防机构作出的具体行政行为。备案手续的完成能产生行政法上的拘束力。故备案行为是可诉的行政行为，人民法院可以对其进行司法审查。原审裁定认为建设工程消防验收备案结果通知性质属于技术性验收通知，不是具体行政行为，并据此驳回上诉人戴世华的起诉，确有不当。

审理法院 济南市中级人民法院
裁判时间 2013年1月17日
案　　号 济南市中级人民法院（2012）济行终字第223号行政裁定书
出　　处 最高人民法院指导案例59号，2016年5月20日发布。

349. 教育部门许可并通过民政部门登记设立的民办学校，当事人以其系该民办学校的实际出资人为由诉请变更举办人身份的，属于行政许可范围
——李稳博诉上海虹口区艺术合子美术进修学校合同纠纷案

> **裁判摘要**
> 1. 对于根据《中华人民共和国民办教育促进法》等法律法规的规定，经教育部门许可并通过民政部门登记设立的民办学校，当事人以其系该民办学校的实际出资人为由诉请变更举办人身份的，属于行政许可范围，不属于民事诉讼受案范围。
> 2. 对于经教育部门许可并通过民政部门登记设立的民办学校，当事人以其系该民办学校实际出资人为由诉请确认其出资份额的，因该类民办学校系公益性组织，对该类学校的出资在本质上属于向社会的捐赠，民办学校对于已投入的资产享有独立法人财产权，且投入的财产终极归属于社会而非归属于出资人，故出资人对学校财产不具有财产权益，其要求确认出资份额的诉请没有法律上的财产权依据。
> 3. 对于没有法律上的权利基础的事实确认，不能作为独立的诉讼请求。当事人诉请要求确认没有法律权利基础的某项事实的，人民法院应裁定不予受理或驳回起诉。

关 键 词 教育部门 民政部门 民办学校

裁判理由 上海市第二中级人民法院二审认为：本案上诉人李稳博虽然在一审庭审中的诉请表述为请求确认其对被上诉人合子学校具有35%的出资份额比例，但在一审审理笔录中，从李稳博对其诉讼请求的解释可得出，其认为出资人和举办者无区别，其要求确认出资人身份就是要求确认其为举办者，其欲通过司法途径确认出资人暨举办者的身份，据此再向行政机关申请举办者变更登记。而在二审中李稳博称其在一审中没有要求确认举办者身份，与其一审中对诉请的解释不符，二审不予采信。二审法院认定李稳博在一审中的诉讼请求为要求确认其系合子学校的出资人暨举办者，出资比例为35%。而根据《中华人民共和国民办教育促进法》等法律规定，民办学校举办者的变更属于行政许可的范围，不属于民事诉讼的受理范围，李稳博如欲成为合子学校的举办者，应通过申请行政许可变更的途径解决。

上诉人李稳博在二审中改变对其诉讼请求的解释，认为其要求确认35%出资份额与举办者身份无关，此解释系将出资人与举办者相分离。民办学校的出资人仅仅诉请确认其对学校的出资份额是否属于民事诉讼范围，应以出资人对其出资额是否拥有法律上的权利为前提。这种权利的一种方式可体现为身份上的权利，即出资人基于出资可以对学校享有决策管理权。民办学校的决策机构系董事会（或理事会），根据《中华人民共和国民办教育促进法》第二十条的规定，校董事会由举办者（或其代表）、校长、教职工代表组成。可见，出资人若基于出资享有对学校的决策管理权，该出资人身份必须与举办者身份合为一体，无法分割。而举办者身份的确认或变更属于行政许可范围。

那么，出资人是否可对出资份额单独享有财产权？二审法院认为，属于民办非企业法人的民办学校不同于公司（或企业法人），具有公益性和非营利性。非企业法人的民办学校对投入学校的资产和积累享有独立的法人财产权，出资人对学校财产不享有所有权或共有权，出资人对学校也不享有类似于公司股东的财产权利。就本案而言，被上诉人合子学校在申请设立时，在由其举办者及全体董事（含李稳博）共同签章的提交申请许可和登记的学校《章程》中明确"举办者不要求回报"，"学校清偿后的剩余财产用于公益性或者非营利性目的，或者由登记管理机关转赠与本校性质、宗旨相同的组织，并向社会公告。"这是学校举办者和全体董事在学校设立时向社会作出的承诺，也是取得行政许可和民政登记的条件，亦符合《中华人民共和国民办教育促进法》对投入民办学校的财产终极归属于社会而非归属出资人的立法本意。民办非企业学校的《章程》内容是取得行政许可和登记的条件,在学校设立后,学校董事不能随意对章程作出有悖于学校公益性质的变更或另行作出与《章程》性质不符的约定。根据本案合子学校的《章程》规定和该校作为民办非企业法人的公益性质,该校的出资人(举办者)对其投入学校的资产不具有所有权,也不具有根据出资多少来获得回报、分配剩余财产等的其他财产权利。故李稳博要求确认其对合子学校的出资份额没有法律上的财产权基础,其要求确认出资份额只是要求确认一项事实,没有法律权利基础的事实确认不能作为独立的诉讼请求。

对于上诉人李稳博是否对被上诉人合子学校投入过资金及投入多少资金,本案不作实体审查。如果李稳博对合子学校确实投入过资金,且李稳博投入该资金是以其成为合子学校出资人(举办者)的身份为目的,而不是单纯向学校的捐赠行为;那么,在以该目的的出资未能获得合子学校董事会接受,也未能获得行政机关变更许可和登记的情况下,李稳博可以另行主张要求接受其投入资金的受让人予以返还。

综上,本案中上诉人李稳博诉请确认其对被上诉人合子学校具有35%的出资份额的实质是李稳博要求确认其成为合子学校的举办者,而确认和变更举办者属于行政许可范围。而对于作为民办非企业法人的学校,确认非举办者身份的出资人地位没有现行法律依据,且根据合子学校的《章程》和《中华人民共和国民办教育促进法》等法律法规的规定,出资人(举办者)对于其出资形成的学校财产也没有法律上的财产权,李稳博要求确认其出资份额只是要求确认一项事实,不能作为独立的民事诉讼请求。故一审裁定于法有据,二审予以维持。

审理法院 上海市第二中级人民法院
裁判时间 2015年9月8日
案　　号
出　　处 《最高人民法院公报》2016年第9期。

350. 行政机关针对咨询申请作出的答复以及不予答复行为，不属于政府信息公开行为，故不属于行政复议的受理范围

——孙长荣诉吉林省人民政府行政复议不予受理决定案

> **裁判摘要**
>
> 《政府信息公开条例》调整的"政府信息"是指现实存在的，并以一定形式记录、保存的信息。申请了解文件效力，属于咨询性质，不属于该条例第二十六条规定的"应当按照申请人要求的形式予以提供"政府信息的情形。行政机关针对咨询申请作出的答复以及不予答复行为，不属于政府信息公开行为，不会对咨询人的权利义务产生实际影响，故不属于行政复议的受理范围。起诉人缺乏诉的利益，则无原告资格，人民法院可以不予受理或者裁定驳回起诉。

关 键 词　行政机关　政府信息公开　行政复议

裁判理由　最高人民法院认为：《政府信息公开条例》第二条规定："本条例所称政府信息，是指行政机关在履行职责过程中制作或者获取的，以一定形式记录、保存的信息。"据此，该条例所指的政府信息，应当是现有的，以一定形式记录、保存的信息。为准确把握政府信息的适用范畴，国务院办公厅《关于做好政府信息依申请公开工作的意见》（国办发〔2010〕5号）第二条明确规定："行政机关向申请人提供的政府信息，应该是现有的，一般不需要行政机关汇总、加工或者重新制作（作区分处理的除外）。"本案中，孙长荣向吉林省住建厅申请了解的是吉建房字〔1999〕27号通知的效力问题，并非申请公开"以一定形式记录、保存的"政府文件本身，在性质上属于咨询，不属于《政府信息公开条例》调整的范畴，况且针对咨询作出答复以及答复与否，不会对咨询人的权利义务产生实际影响。因此，吉林省人民政府作出吉政复不字〔2011〕号不予受理决定，符合《行政复议法》第六条、第十七条的规定。孙长荣认为吉林省人民政府违反《政府信息公开条例》及相关法律规定，请求人民法院依法撤销不予受理决定的理由不能成立，本院不予支持。原一、二审法院维持吉林省人民政府作出的吉政复不字〔2011〕号不予受理决定，并无不当。

根据《政府信息公开条例》第二十六条的规定，行政机关依申请公开的政府信息，应当按照申请人要求的形式予以提供。本案中，孙长荣的申请既然属于咨询性质，就不属于该条所规定的"应当按照申请人要求的形式予以提供"政府信息的情形。对于此类咨询申请，法律并无要求行政机关必须书面答复的明确规定。在吉林省住建厅已以口头方式作出答复，尤其是在孙长荣提起本案诉讼前吉林省住建厅已经公布废止吉建房字〔1999〕27 号通知的情况下，孙长荣仍然要求人民法院责令行政机关对该通知的效力问题作出答复，其起诉并无应受司法保护的现实利益，其请求被申请人重新作出行政行为已丧失诉的基础。

审理法院 最高人民法院
裁判时间 2016 年 5 月 12 日
案　　号 最高人民法院（2015）行提字第 19 号行政判决书
出　　处 《最高人民法院公报》2016 年第 12 期。

351. 乡、镇人民政府不依法履行对村民委员会监督职责的，属于行政诉讼受案范围

——毛武营诉吉林省长春市二道区人民政府不履行行政职责案

裁判要点

村民向乡、镇人民政府提出行使监督权的申请，有管辖权的乡、镇人民政府即有履行法定监督职责的义务，乡、镇人民政府不履行监督职责的，构成不履行法定职责，属于行政诉讼受案范围。

当事人对不服信访工作机构依据《信访条例》作出的处理意见、复查意见、复核意见或者不履行《信访条例》规定的职责不服的，不属于行政诉讼受案范围。

关 键 词 人民政府　行政诉讼

裁判理由 最高人民法院认为：毛武营就上世纪 70～80 年代与宏伟村委会之间有关社员身份问题长期上访，在二道区政府信访办公室、英俊乡政府于 2004 年已经就其信访事项作出明确答复意见后，仍继续就同一信访事项反

复请求相关政府予以答复,二道区政府对其信访诉求不予重复答复的行为,未对其权利义务产生实际影响,依法不属于行政诉讼的受案范围,一、二审裁定驳回其起诉,裁定结果并无不当。毛武营申请再审理由不能成立。

一、关于乡、镇人民政府不履行监督义务行为的可诉性

《村委会组织法》第三十六条规定:"村民委员会或者村民委员会成员作出的决定侵害村民合法权益的,受侵害的村民可以申请人民法院予以撤销,责任人依法承担法律责任。村民委员会不依照法律、法规的规定履行法定义务的,由乡、民族乡、镇的人民政府责令改正。乡、民族乡、镇的人民政府干预依法属于村民自治范围事项的,由上一级人民政府责令改正。"根据上述条文规定,村民委员会成员对村民委员会作出的侵犯村民合法权益的行为有两条救济途径:一是向人民法院提起诉讼,二是由乡、镇人民政府责令改正。这两条途径均是村民依法获得救济的法定渠道,村民可以选择通过诉讼途径解决其与村民委员会之间的侵权纠纷,也可以选择请求乡、镇人民政府行使行政监督权,依法责令村民委员会改正侵权的决定。当村民选择通过行政程序获得救济时,村民一旦向乡、镇人民政府提出行使监督权的申请,有管辖权的乡、镇人民政府即有履行法定监督职责的义务,不履行监督义务,构成不履行法定职责。根据《中华人民共和国行政诉讼法》第十二条第一款第六项规定,公民、法人或者其他组织申请行政机关履行保护人身权、财产权等合法权益的法定职责,行政机关拒绝履行或者不予答复的,属于人民法院行政诉讼受案范围,当事人依法提起行政诉讼,人民法院应当立案受理。但是,对于当事人就信访事项提出的申请,相关政府部门不予答复的,不属于通常情况下行政机关不履行法定职责的行为,不适用上述规定。本案中,毛武营认为宏伟村委会上世纪80年代取消其社员身份的行为侵犯其合法权益长期上访,二道区政府信访办、英俊乡政府于2004年就其信访事项已经作出答复。毛武营不服,就该信访事项再次向二道区政府提出申请,二道区政府对其信访事项不予答复的行为,不同于普通的不履行监督职责义务的行为,不适用《村委会组织法》及《中华人民共和国行政诉讼法》的相关规定,应当按照有关信访答复行为可诉性的规定予以处理。

二、关于不履行信访答复义务行为的可诉性问题

《中华人民共和国行政诉讼法》第二条第一款规定:"公民、法人或者其他组织认为行政机关和行政机关工作人员的行政行为侵犯其合法权益,有权依照本法向人民法院提起诉讼。"也就是说,只有可能侵犯公民、法人或者其

他组织合法权益的行政行为,才是可诉的行政行为,如果行政行为根本不可能对当事人的合法权益造成侵害,则属于不可诉的行政行为。为此,《最高人民法院关于执行〈中华人民共和国行政诉讼法〉若干问题的解释》第一条第二款第六项规定,"对公民、法人或者其他组织权利义务不产生实际影响的行为"属于不可诉的行政行为。(2005)行立他字第4号《最高人民法院关于不服县级以上人民政府信访行政管理部门、负责受理信访事项的行政管理机关以及镇(乡)人民政府作出的处理意见或者不再受理决定而提起的行政诉讼人民法院是否受理的批复》,针对信访机构行为的可诉性问题,进一步作出明确解释:"信访工作机构是各级人民政府或政府工作部门授权负责信访工作的专门机构,其依据《信访条例》作出的登记、受理、交办、转送、承办、协调处理、监督检查、指导信访事项等行为,对信访人不具有强制力,对信访人的实体权利义务不产生实质影响。信访人对信访工作机构依据《信访条例》处理信访事项的行为或者不履行《信访条例》规定的职责不服提起行政诉讼的,人民法院不予受理。"根据上述规定,信访机构作出的对当事人权利义务没有产生实际影响的作为和不作为行为,均是不可诉的。本案中,二道区政府就毛武营提出的同一信访事项不再予以重复答复的行为,未对其合法权益造成实际的不利影响,一、二审驳回毛武营的起诉,裁定结果并无不当。

三、关于一、二审的裁定理由问题

毛武营一审诉讼请求是确认二道区政府不履行法定职责的行为违法,并判决二道区政府在一定期限内作出保护其合法财产权和民主权的行政行为。据此,本案被诉行政行为应当是二道区政府不履行监督法定职责的不作为行为。一审裁定从适格被告的角度,以东站办事处是履行监督职责的行政机关,二道区政府不是本案的适格被告,经释明毛武营拒绝变更被告为由,裁定驳回毛武营的起诉。

本院认为:根据《中华人民共和国行政诉讼法》第六十九条规定,原告申请被告履行法定职责理由不成立的,应当判决驳回原告诉讼请求,而不是裁定驳回起诉。毛武营向二道区政府提出申请,二道区政府不予答复,并非被告不适格,而是其请求二道区政府履行法定职责的理由不能成立。因此,一审以被告不适格为由裁定驳回毛武营的起诉,理由错误。同时,根据《中华人民共和国行政诉讼法》第八十七条的规定,人民法院审理上诉案件应当对原审人民法院的判决、裁定和被诉行政行为进行全面审查,本案二审裁定改变了一审裁定理由维持一审裁定结果,没有对一审裁定理由予以正面评价并说明理由,确有不妥,本院予以指正。但是,二审未对一审裁定理由予以评价说明,并非再审的法定事由,以此为由申请再审,本院不予支持。二审变更一审裁定理由,以毛武营所诉事项属于适用政策问题和历史遗留问题,不属于人民法院行政诉讼受案范围为由,驳回上诉,维持原裁定。本院认为:二审裁定理由也是不能成立的。所谓政策性问题和历史遗留问题不属于人民法院行政诉讼受案范围,必须要有充分的事实根据和法律、法规、司法解释依据,不得泛化。就本案而言,毛武营的诉讼请求是请求判决二道区政府履行法定职责,并非政策调整事项,同时,也没有法律、法规或者司法解释明确规定,此类案件属于政策性问题或者历史遗留问题,不属于行政诉讼受案范围,二审裁定理由缺乏事实和法律依据,同样不能成立。但是,如前所述,毛武营所诉事项属于重复信访行为,二道区政府的不予答复行为未对其合法权益产生实际影响,依照《中华人民共和国行政诉讼法》及相关司法解释的规定,不属于行政诉讼受案范围,二审裁定结果并无不当,再审没有实际意义。据此,毛武营以此为由申请再审,本院亦不予支持。

审理法院 最高人民法院
裁判时间 2016年3月14日
案　　号 最高人民法院(2016)最高法行申42号行政裁定书
出　　处 法信网。

352. 行政机关依据法院生效执行裁定作出的强制拆除行为，通常不属于行政诉讼受案范围，但行政机关扩大执行范围或者采取违法方式实施的除外
——马秋某等人诉苏州市政府房屋拆除行政强制案

裁判要点

《最高人民法院关于办理申请人民法院强制执行国有土地上房屋征收补偿决定案件若干问题的规定》第九条、第十条规定，申请机关向人民法院申请强制执行房屋拆迁裁决，人民法院裁定准予执行的，一般由市、县级人民政府组织实施，也可以由人民法院执行。因此，作出征收补偿决定的市、县级人民政府按照准予执行裁定，组织实施的强制拆除行为，属于行政机关执行人民法院生效裁定的行为，不属于行政诉讼的受案范围。但行政机关扩大执行范围或者采取违法方式实施的除外。

关　键　词　行政机关　强制拆除　行政诉讼

裁判理由　最高人民法院认为：《国有土地上房屋征收与补偿条例》第三十五条规定，本条例施行前已依法取得房屋拆迁许可证的项目，继续沿用原有的规定办理，但政府不得责成有关部门强制拆迁。《最高人民法院关于办理申请人民法院强制执行国有土地上房屋征收补偿决定案件若干问题的规定》第九条、第十条规定，申请机关向人民法院申请强制执行房屋拆迁裁决，人民法院裁定准予执行的，一般由市、县级人民政府组织实施，也可以由人民法院执行。本案中，拆迁人江苏省苏州市土地储备中心于2009年领取苏建拆许字〔2009〕第36号房屋拆迁许可证，故涉案房屋拆除应当按照上述规定执行。马秋某等四人对苏州市住建局作出的3号《裁决书》既未主动履行其确定的搬迁义务，也未申请行政复议或提起行政诉讼，该局遂向姑苏区人民法院申请强制执行。姑苏区人民法院裁定准予强制执行并由苏州市政府组织实施。因此，被申请人苏州市政府依法具有强制拆除涉案房屋的法定职权。

苏州市政府强制拆除涉案房屋时，除执行人员对涉案房屋内的物品进行清点、制作物品清单外，参与现场见证、监督的社区工作人员和公证人员在物品清单上予以了签字确认。物品清点和拆除全过程进行了摄像和部分拍照。

清点的物品被运至产权调换房内，笔记本电脑等贵重物品直接交至马桂某处。马桂某亦已分两次领取被搬出的室内物品。由此可见，苏州市政府强制搬迁和拆除涉案房屋的程序合法。

根据原《城市房屋拆迁管理条例》第二十二条第二款的规定，拆除违法建设不予补偿。案涉房屋所有权登记的建筑面积为44平方米，另有17.5平方米的房屋经21108号《行政处罚决定书》确认属违法建设，并要求限期拆除。苏州市住建局作出的3号《裁决书》亦要求马秋某等四人主动腾让包括17.5平方米违法建设在内的全部房屋并交有关部门验收后拆除，且该裁决书经姑苏区人民法院裁决准予执行并由苏州市政府组织实施。因此，苏州市政府强制拆除涉案全部房屋并无不当。

综上，马秋某等四人的再审申请不符合《中华人民共和国行政诉讼法》第九十一条规定的情形。

审理法院　最高人民法院
裁判时间　2016年4月4日
案　　号　最高人民法院（2016）最高法行申81号行政裁定书
出　　处　中国裁判文书网。

353. 行政机关的内部文件批转行为，对外不发生法律效力，不属于行政复议的受案范围
——邱某金等4人诉重庆市人民政府行政复议案

裁判要点

提出行政复议申请的前提条件，是申请人的行政复议申请事项属于行政复议受理范围。市人民政府作出的转通知行为，系向区人民政府转发国土资源部门有关批复的内部文件批转行为，通常不直接设定行政法上的权利义务关系，不属于行政复议受理范围。

关 键 词　内部批转文件　行政复议　受理范围

裁判理由　最高人民法院认为：根据《中华人民共和国行政复议法》第六条及《中华人民共和国行政复议法实施条例》第二十八条第（五）项的规

定，公民、法人或者其他组织认为行政机关具体行政行为侵犯其合法权益，可以向行政机关提出行政复议申请。提出行政复议申请的前提条件系申请人的行政复议申请事项属于行政复议范围。本案中，重庆市政府作出的《重庆市人民政府关于中国人民解放军第三军医大学重庆江津校区工程建设用地的通知》，系向重庆市江津区人民政府转发国土资源部批复的内部行政行为，对外不发生法律效力，不属于行政复议的受案范围。重庆市政府据此作出《不予受理行政复议申请决定书》适用法律正确。邱某金等四人提出原审对其提交的新证据不予质证无事实依据，本院不予支持。

综上，邱某金、汪某有、张某林、彭某彬的再审申请不符合《中华人民共和国行政诉讼法》第九十一条规定的情形。

审理法院 最高人民法院
裁判时间 2016年4月4日
案　　号 最高人民法院（2016）最高法行申90号行政裁定书
出　　处 法信网。

354. 要求上级行政机关基于内部层级监督关系履行对下级行政机关执法检查、督促履行等监督职责的，不属于行政复议受理范围
——杨某胜诉安徽省人民政府不依法履行行政复议职责案

裁判要点

要求省国土资源厅对市国土资源局的违法行为予以查处，系要求上级行政机关基于内部层级监督关系履行对下级行政机关执法检查、督促履行等监督职责，通常不直接设定行政法上的权利义务关系，不属于行政复议受理范围，复议机关可以决定不予受理。

关 键 词 内部监督　行政复议　受理范围

裁判理由 最高人民法院认为：再审申请人杨某胜在认为宣城市国土资源局未依法履行查处违法用地法定职责的情况下，申请安徽省国土资源厅对宣城市国土资源局的行为予以查处，系要求上级行政机关履行对下级行政机

关的监督职责,该职责是行政机关上下级之间的内部行为,不属于行政复议受案范围,故复议机关不予受理其行政复议申请并无不当,原审判决据此驳回杨某胜的诉讼请求正确。综上,杨某胜的再审申请不符合《中华人民共和国行政诉讼法》第九十一条规定的情形。

审理法院 最高人民法院
裁判时间 2016年6月13日
案　　号 最高人民法院(2016)最高法行申416号行政裁定书
出　　处 法信网。

355. 行政机关内部层级监督,并不直接对当事人的权利义务产生影响,不宜纳入行政诉讼受案范围
——赵洪某诉中华人民共和国国家工商行政管理总局不履行职责案

> **裁判要点**
>
> 国家工商总局的对下监督职责,源于上下级行政机关的行政隶属关系,属于行政机关内部层级监督,并不直接对当事人的权利义务产生影响,不具有司法审查的必要性和实效性,不宜纳入行政诉讼受案范围。行政管理相对人认为合法权益受到侵犯的,应通过对直接影响其权利义务的行政行为提起行政诉讼,实现其权利救济的目的,而无需通过起诉上级行政机关不履行监督管理职责的方式来维护权益。

关 键 词 内部监督　司法审查

裁判理由 最高人民法院认为:参照工商广字〔1996〕第391号《国家工商行政管理局关于受理违法广告举报工作的规定》第二条的规定,国家工商总局具有负责监督、指导、协调地方各级工商行政管理机关受理违法广告举报工作和调查处理有重大影响的举报两项法定职责。本案中,赵洪某先后共五次通过邮寄信件的方式要求国家工商总局履行职责,前三次均是要求国家工商总局履行调查处理职责;最后一次是要求履行对下监督职责,第四次对上述两项职责都提出了要求。

关于调查处理职责。赵洪某举报的事项显然不具有重大影响,故不属于

国家工商总局直接调查处理的范围。工商广字〔1996〕第391号《国家工商行政管理局关于受理违法广告举报工作的规定》第十一条第一款规定："工商行政管理机关一般应当按照对广告发布或者自行发布广告的广告主的管理权限受理举报。对不在管辖权限内的举报，应当于十日内转交有管辖权的工商行政管理机关调查处理。上级工商行政管理机关收到应当由下级工商行政管理机关管辖的举报，应当逐级在收到举报材料后十日内转交下级工商行政管理机关调查处理。"国家工商总局收到赵洪某前四次举报信后根据其举报涉嫌违法广告行为的主体、广告发布及影响范围等情况，分别转交北京市工商局和杭州市工商局，并以告知书的形式将转办情况告知赵洪某，符合法律规定。

关于对下监督职责。国家工商总局的对下监督职责是源于上下级行政机关的行政隶属关系，属于行政机关内部的层级监督，并不能直接对当事人的权利义务产生影响，不具有司法审查的必要性和实效性，不宜纳入行政诉讼受案范围。行政管理相对人认为合法权益受到侵犯的，应通过对直接影响其权利义务的行政行为提起行政诉讼，实现其权利救济的目的，而无需通过起诉上级行政机关不履行监督管理职责的方式来维护权益。故本案中国家工商总局是否依法履行赵洪某要求的对下监督职责不属于人民法院司法审查范围，原审对此予以审查并无必要，鉴于裁判结果正确，本院对此仅予指正。

综上，赵洪某的再审申请不符合《中华人民共和国行政诉讼法》第九十一条规定的情形。

审理法院　最高人民法院
裁判时间　2016年7月26日
案　　号　最高人民法院（2016）最高法行申348号行政裁定书
出　　处　法信网。

356. 被征地农民诉请解决有关宅基地争议问题的，依法属于行政诉讼受案范围

——李某成诉湖南省涟源市人民政府拆迁行政管理案

裁判要点

对当地集体土地上房屋拆迁补偿安置办法已经确立市（县）政府安排被征地农民宅基地义务的，被征地农民起诉要求政府履行该宅基地安置职责，依法属于行政诉讼受案范围。根据《土地管理法》第六十二条第一款规定，农村村民一户只能拥有一处宅基地，被征地农民在本集体经济组织内已经拥有一处宅基地的，其要求政府再为其安置一处宅基地，没有法律依据。

关 键 词 征地 宅基地 行政诉讼受案范围

裁判理由 最高人民法院认为：《中华人民共和国土地管理法》第六十二条第一款规定："农村村民一户只能拥有一处宅基地，其宅基地的面积不得超过省、自治区、直辖市规定的标准。"涟源市政府拆除的房屋系李某成岳父母所有，其岳父母已经去世。李某成在本集体经济组织内已经拥有一处宅基地，故其要求涟源市政府再为其安置一处宅基地的请求没有法律依据。

综上，原审判决驳回李某成的诉讼请求并无不当，李某成的再审申请不符合《中华人民共和国行政诉讼法》第九十一条规定的情形。

审理法院 最高人民法院
裁判时间 2016年8月10日
案　　号 最高人民法院（2016）最高法行申1976号行政裁定书
出　　处 法信网。

357. 行政机关对信访事项作出的答复，不属于行政复议受理范围
——徐某娥诉浙江省杭州市西湖区人民政府行政复议案

裁判要点

该答复告知是杭州市国土资源局西湖分局针对层转的信访事项作出，并非针对再审申请人直接向其提出的履行法定职责申请作出。再审申请人若对杭州市国土资源局西湖分局所作答复告知不服，可依照《信访条例》的有关规定依法申请复查、复核，而其向被申请人申请行政复议，不符合行政复议法关于行政复议范围的规定。

关 键 词 信访事项 行政复议 受理范围

裁判理由 最高人民法院认为：本案的核心问题是再审申请人徐某娥向被申请人西湖区政府申请行政复议的事项是否属于法定的行政复议范围。经原审法院查明，再审申请人于2014年12月向国土资源部邮寄举报信，反映杭州市西溪湿地二期西溪文化创意园项目对其家庭的安置补偿没有到位的问题，请求立案调查。国土资源部将该举报信作为信访事项处理。该举报信其后逐级经浙江省国土资源厅、杭州市国土资源局，层转至杭州市国土资源局西湖分局处理。杭州市国土资源局西湖分局于2015年3月对再审申请人作出《举报国土资源违法违规事项答复告知书》。可见，该答复告知是杭州市国土资源局西湖分局针对层转的信访事项作出，并非针对再审申请人直接向其提出的履行法定职责申请作出。再审申请人若对杭州市国土资源局西湖分局所作答复告知不服，可依照《信访条例》的有关规定依法申请复查、复核，而其向被申请人申请行政复议，不符合行政复议法关于行政复议范围的规定。被申请人于2015年3月所作的杭西政复决字（2015）第16号行政复议不予受理决定于法有据。浙江省高级人民法院所作二审判决撤销杭州市中级人民法院所作（2015）浙杭行初字第84号行政判决，驳回再审申请人的诉讼请求，并无不当。徐某娥提出的再审申请理由不能成立，本院不予支持。

综上，徐某娥的再审申请不符合《中华人民共和国行政诉讼法》第九十一条规定的情形。

审理法院 最高人民法院
裁判时间 2016年8月26日
案　　号 最高人民法院（2016）最高法行申304号行政裁定书
出　　处 法信网。

358. 当事人针对征收补偿留地安置模式中生产留地补偿款分配起诉的，不属于行政诉讼受案范围
——柳清等诉湖南省长沙县人民政府征地补偿安置争议案

> **裁判要点**
>
> 　　在征收补偿采取的留地安置模式中，生产留地补偿款的分配争议，是申请人与其所在村集体经济组织之间的纠纷，当事人针对生产留地补偿款分配起诉政府的，不属于行政诉讼受案范围。

关 键 词　生产留地补偿款分配　受案范围

裁判理由　最高人民法院认为：关于申请人提出的同等享受15万元/人的生产留地补偿款的请求。根据2000年的《长沙市征地补偿安置条例》第三十六条、第三十九条的规定，在留地安置模式中，县政府及其土地主管部门将生活、生产留地安置指标核算到农村集体经济组织后，其使用、收益和分配均由农村集体经济组织依据村民自治的原则进行实施，县政府只负责监督、指导和协调。因此，本案中，生产留地补偿款的分配问题系申请人与其所在村集体经济组织之间的纠纷，该类争议不属于行政审判的范围，原审裁定驳回起诉并无不当。

　　关于申请人提出的每人享受55平方米生活安置建房用地的请求。因生活留地安置的补偿方案是按照长沙市政府60号令针对被征收人实施的，在2003年龙华村征地时上述安置补偿方案就已经在申请人所在村、组公告。申请人于2015年向一审法院提起诉讼已超过法定起诉期限，原审裁定驳回起诉并无不当。

　　关于申请人提出的享受失地农民城镇最低生活保障费的请求。根据《湖南省农村最低生活保障办法》（湖南省政府221号令）和《湖南省城镇最低生

活保障办法》（湖南省政府 167 号令）的相关规定，申请人要求给付低保待遇的，应持相关资料先向村委会或乡镇政府、街道办提出申请。未经行政程序直接起诉请求法院判决其享受低保待遇的，人民法院不予受理。

综上，柳清、杨浪、柳某的再审申请不符合《中华人民共和国行政诉讼法》第九十一条规定的情形。

审理法院 最高人民法院
裁判时间 2016 年 9 月 27 日
案　　号 最高人民法院（2016）最高法行申 1823 号行政裁定书
出　　处 法信网。

359. 对行政相对人权利义务不产生直接影响的会议纪要，不属于行政诉讼受案范围
——北京世纪佳联教育技术发展有限公司
诉山东省日照市人民政府会议纪要案

> **裁判要点**
> 会议纪要作为行政机关用于记载和传达有关会议情况和议定事项的内部公文，通常不对行政相对人的权利和义务产生影响。只有在其转化为对外发生效力的行政行为时，才具有法律上的强制执行力。判断会议纪要是否属于行政诉讼的受案范围，主要审查其是否对行政管理相对人的权利和义务产生直接影响。

关 键 词 会议纪要　受案范围

裁判理由 最高人民法院认为：会议纪要作为行政机关用于记载和传达有关会议情况和议定事项的内部公文，通常不对行政相对人的权利和义务产生影响。只有在其转化为对外发生效力的行政行为时，才具有法律上的强制执行力。判断会议纪要是否属于行政诉讼的受案范围，主要审查其是否对行政管理相对人的权利和义务产生直接影响。本案中，日照市政府第 6 次市长办公会议形成的案涉《会议纪要》，仅是原则上同意日照市教育局关于一佳合作学校改革调整的工作思路和对其操作过程提出指导性意见。该会议纪要应

属上级行政机关对下级行政机关的内部指导行为,对再审申请人世纪佳联公司的权利义务不产生直接影响,原审认为案涉会议纪要不属于行政诉讼受案范围,认定事实清楚,适用法律正确。

审理法院 最高人民法院
裁判时间 2016年9月28日
案　　号 最高人民法院(2016)最高法行申2711号行政裁定书
出　　处 法信网。

360. 认为行政机关不依法履行、未按照约定履行或者违法变更、解除政府特许经营协议、土地房屋征收补偿协议等协议的,属于行政诉讼受案范围
——陈某生、张某平诉金寨县政府房屋征收补偿协议案

> **裁判要点**
> 　　根据《中华人民共和国行政诉讼法》第十二条第一款第十一项的规定,认为行政机关不依法履行、未按照约定履行或者违法变更、解除政府特许经营协议、土地房屋征收补偿协议等协议的,属于行政诉讼受案范围。

关 键 词 行政机关　行政协议

裁判理由 最高人民法院认为:法定主体原则要求谁行为谁为被告。行政协议虽以合同的面貌出现,但说到底还是一种行政行为,即以传统的行政诉讼当事人规则审视本案,金寨县政府也不应成为适格的被告。在行政诉讼中,确定适格被告的依据是所谓法定主体原则,即行政机关作出了被诉的那个行政行为,或者没有作出被申请的行政行为,并且该机关在此范围内能对争议的标的进行处分。《中华人民共和国行政诉讼法》第二十六条第一款"公民、法人或者其他组织直接向人民法院提起诉讼的,作出行政行为的行政机关是被告"的规定就是法定主体原则的具体体现。通常情况下,法定主体原则具体包括这样两个要件:第一,谁行为,谁为被告;第二,行为者,能为处分。以行政协议之诉而言,所谓"谁行为",就是指谁是行政协议的相对

方；"能处分"，就是指该相对方有能力履行协议所约定的给付义务。本案中，金寨县征补办是房屋征收补偿协议的另一方当事人，并无争议。再审申请人所强调的是，依照《国有土地上房屋征收与补偿条例》第四条第一款的规定，"市、县级人民政府负责本行政区域的房屋征收与补偿工作"，这无疑已确定金寨县政府的征收补偿主体资格，签订房屋征收补偿协议只是一种具体落实。因此，其以金寨县政府为被告提起诉讼，完全符合条例的原意。本院认为，《国有土地上房屋征收与补偿条例》第四条第一款的确规定："市、县级人民政府负责本行政区域的房屋征收与补偿工作。"但这里所谓的"负责"，只是明确一种主体责任，并非是指该行政区域房屋征收与补偿方面的所有工作都由市、县级人民政府负责。考虑到房屋征收与补偿工作量大面广，不可能都由人民政府具体实施，该条第二款紧接着规定："市、县级人民政府确定的房屋征收部门组织实施本行政区域的房屋征收与补偿工作。"房屋征收部门与市、县级人民政府在房屋征收与补偿工作中各有分工，各负其责。例如，依照该条例第二十五条的规定，与被征收人订立补偿协议就由房屋征收部门以自己的名义进行；达不成补偿协议的，则依照该条例第二十六条的规定，由房屋征收部门报请市、县级人民政府作出补偿决定。房屋征收部门虽然是由"市、县级人民政府确定"，但其职责并非由市、县级人民政府授权，也非由市、县级人民政府委托，其和市、县级人民政府一样，都是在该条例的授权之下以自己的名义履行职责。此外，金寨县征补办也有能力履行协议所约定的给付义务，从而具有诉讼实施权。依照该条例第十二条第二款的规定，在金寨县政府因涉案建设项目而作出房屋征收决定前，征收补偿费用应当足额到位、专户存储、专款专用。即使金寨县征补办在房屋征收补偿协议诉讼中被判令承担继续履行、采取补救措施或者赔偿损失等责任，也因有充分的资金准备而具有承担法律责任的能力。综上，陈某生、张某平提出的再审申请理由不能成立，其再审申请不符合《中华人民共和国行政诉讼法》第九十一条规定的情形，本院不予支持。

审理法院　最高人民法院
裁判时间　2016年9月29日
案　　号　最高人民法院（2016）最高法行申2719号行政裁定书
出　　处　法信网。

361. 行政机构的撤销合并以及因此而作出的人员分流决定，不属于行政诉讼受案范围
——王某生诉山西省太原市杏花岭区人民政府履行行政义务案

裁判要点

根据《地方各级人民政府机构设置和编制管理条例》等规定，县级以上地方人民政府行政机构的内设机构的设立、撤销、合并或者变更规格、名称，由该行政机构报本级人民政府机构编制管理机关审批。机构的撤销合并以及因此而作出的人员分流决定，不属于行政诉讼受案范围。

关 键 词 行政机构的撤销合并 人员分流决定 行政诉讼受案范围

裁判理由 最高人民法院认为：关于北城区经协办的撤并及人员分流问题。从《地方各级人民政府机构设置和编制管理条例》的相关规定看，地方人民政府设立的议事协调机构以及地方人民政府行政机构设立的内设机构都可能存在机构的撤销问题。其中，为办理一定时期内某项特定工作设立的议事协调机构，应当明确规定其撤销的条件和期限；而县级以上地方人民政府行政机构的内设机构的设立、撤销、合并或者变更规格、名称，由该行政机构报本级人民政府机构编制管理机关审批。原审因未进入实体审理程序而未查明王某生原工作单位北城区经协办的机构性质是地方人民政府设立的议事协调机构，还是地方人民政府行政机构设立的内设机构。但不论其性质如何，机构的撤销或合并以及因此而作出的人员分流等决定均系行政机关的内部行为，依法不属于人民法院行政诉讼的受案范围。王某生如认为杏花岭区政府撤销或合并北城区经协办的行为违法，根据《地方各级人民政府机构设置和编制管理条例》的相关规定，有权向机构编制管理机关、监察机关等有关部门举报。查证属实的，由机构编制管理机关给予通报批评，并责令限期改正；情节严重的，对直接负责的主管人员和其他直接人员，还可以给予处分；构成犯罪的，甚至还可以追究刑事责任。

审理法院 最高人民法院

裁判时间 2016 年 9 月 30 日
案　　号 最高人民法院（2016）最高法行申 1744 号行政裁定书
出　　处 法信网。

362. 上级行政机关对下级行政机关、本级人民政府对所属工作部门的内部监督行为，一般不属于行政诉讼受案范围
——李某刚诉北京市西城区人民政府不履行法定职责案

> **裁判要点**
>
> 《行政诉讼法》第十二条第一款第六项规定的"法定职责"，一般不包括上级行政机关对下级行政机关、本级人民政府对所属工作部门的层级监督、内部管理职责。行政管理相对人申请履行保护人身权、财产权等合法权益的法定职责，一般应当向直接具有管辖职权，能够直接解决其具体请求的行政机关提出。但行政管理相对人对上级行政机关或者同级人民政府的处理不服，以上级行政机关或者同级人民政府为被告，要求人民法院责令上级行政机关或者同级人民政府履行保护人身权、财产权等合法权益的法定职责的，一般不属人民法院行政诉讼的监督范畴。

关 键 词　内部监督　行政诉讼　受案范围

裁判理由　最高人民法院认为：根据《中华人民共和国行政诉讼法》第十二条第一款第六项规定，申请行政机关履行保护人身权、财产权等合法权益的法定职责，行政机关拒绝履行或者不予答复，公民、法人或者其他组织因此提起诉讼的，人民法院应当受理。此处的法定职责，系指行政机关依据法律、法规或者规章等规定，具有针对行政管理相对人申请直接进行处理、直接解决行政管理相对人诉求的职责，不应包括上级行政机关对下级行政机关、本级人民政府对所属工作部门的层级监督、内部管理职责。行政管理相对人申请履行保护人身权、财产权等合法权益的法定职责，一般应当向直接具有管辖职权，能够直接解决其具体请求的行政机关提出。行政管理相对人对具有管辖职权的行政机关的处理不满意，可以向上级行

政机关或者同级人民政府投诉、举报、反映，要求上级行政机关或者同级人民政府监督、督促具有相应管辖职权的行政机关依法履行职责；上级行政机关或者同级人民政府也有权依据《中华人民共和国地方各级人民代表大会和地方各级人民政府组织法》及相关法律规定进行相应处理。但行政管理相对人对上级行政机关或者同级人民政府的处理不服，以上级行政机关或者同级人民政府为被告，要求人民法院责令上级行政机关或者同级人民政府履行保护人身权、财产权等合法权益的法定职责的，一般不属人民法院行政诉讼的监督范畴。

本案李某刚所提有关要求签订协议的诉请，系西城区政府所属相应工作部门职责范围，而非西城区政府职责范围。西城区政府作为地方一级人民政府，虽有依据《中华人民共和国地方各级人民代表大会和地方各级人民政府组织法》及相关法律规定监督所属工作部门的职责，但此种职责必须依法行使；作为地方一级人民政府一般也不宜直接逾越职权界限，代替相应工作部门对该工作部门职权范围内事项直接作出对外发生法律效力的行政决定。如果李某刚认为西城区政府所属相应工作部门未依法履行保护其人身权、财产权等合法权益的法定职责，亦应以相应工作部门为被告直接提起诉讼，以维护合法权益，并及时化解纠纷，减轻各方当事人的诉讼成本，避免诉累。但其以西城区政府为被告，直接要求西城区政府履行保护人身权、财产权等合法权益的法定职责，无法律依据。

根据《最高人民法院关于适用〈中华人民共和国行政诉讼法〉若干问题的解释》第三条第一款第八项①之规定，行政行为对其合法权益明显不产生实际影响的起诉，人民法院可以迳行裁定驳回起诉。因此，针对原告以上级行政机关或者同级人民政府为被告而提起的不履行法定职责违法之诉或者要求履行法定职责之诉，人民法院如无需实体审查即能得出被告明显不具有诉请履行法定职责的，可以迳行裁定驳回起诉，而无需进入实体审理后再作出驳回其诉讼请求的实体判决，以保障各方权益，减轻司法成本，引导诉讼权利正确行使。据此，原一、二审法院依照《中华人民共和国行政诉讼法》第四十九条第四项，《最高人民法院关于适用〈中华人民共和国行政诉讼法〉若干

---

① 该解释已被2018年2月6日发布的《最高人民法院关于适用〈中华人民共和国行政诉讼法〉的解释》第六十九条第一款第（八）项代替。

问题的解释》第三条第一款第一项、第十项①之规定,分别裁定驳回李某刚的起诉和上诉,符合法律规定。

审理法院 最高人民法院
裁判时间 2016 年 11 月 10 日
案　　号 最高人民法院(2016)最高法行申 1820 号行政裁定书
出　　处 法信网。

363. 行政机关根据政府信息申请人就法律问题咨询所作答复,不属于人民法院司法审查范围
——谢某蓉诉中国证券监督管理委员会信息公开及行政复议决定案

> **裁判要点**
> 1. 人民法院受理行政案件的范围,是由法律设定,而非由行政机关或者行政机关的法律文书设定;行政机关法律文书错误告知当事人可以提起行政诉讼,当事人因此提起诉讼的,人民法院仍应依法审查立案,不符合法律规定条件的裁定不予立案,已经立案的裁定驳回起诉。
> 2. 申请人向行政机关的咨询行为不是政府信息公开申请行为,行政机关以政府信息公开答复书的形式进行答复,既未侵犯申请人人身权、财产权,也未侵犯其知情权,对其权益明显不产生实际影响,不论申请人是否满意,均不属于可诉的行政行为,其亦无权对此申请行政复议或提起行政诉讼。

关 键 词 行政机关　信访条例
裁判理由 最高人民法院认为:当事人向人民法院提起行政诉讼,应当符合法律规定的起诉条件,且属于《中华人民共和国行政诉讼法》规定的受案范围。人民法院受理行政案件的范围,是由法律设定,而非由行政机关或者行政机关的法律文书设定;行政机关法律文书错误告知当事人可以提起行

---

① 该解释被 2018 年 2 月 6 日发布的《最高人民法院关于适用〈中华人民共和国行政诉讼法〉的解释》第六十九条第一款第(八)项、第(十)项代替。

政诉讼，当事人因此提起诉讼的，人民法院仍应依法审查立案，不符合法律规定条件的裁定不予立案，已经立案的裁定驳回起诉。本案系因谢某蓉向证监会申请政府信息公开，依据行政诉讼和政府信息公开立法，对一个恰当的政府信息公开行为不服的，信息公开申请人可以依法申请复议或者提起行政诉讼。但谢某蓉提起的系一个不成立的政府信息公开申请，其申请内容系要求公开"证监信复字（2013）1000985号答复中'不再受理'的法律依据"。对此种请求一、二审法院已经认定系咨询行为而非政府信息公开申请行为。证监会针对该咨询事项作出的（2014）39号《监管信息告知书》已经对谢某蓉的请求作了回答。此种以政府信息公开答复书的形式进行答复的行为，既未侵犯谢某蓉的人身权、财产权，也未侵犯其知情权，对其权益明显不产生实际影响，不论谢某蓉是否满意，均不属于可诉的行政行为，其亦无权对此申请复议或提起行政诉讼。此类针对法律咨询所作的答复行为如亦纳入行政诉讼受案范围，人民法院必然需要以判决方式去回应行政机关就法律咨询事项的答复行为是否合法、正确、全面，此显然有悖于司法机关裁断纠纷的职能和国家设立司法机关的目的。因为司法机关仅能对已经存在的具体纠纷进行裁断，而不能在没有现实纠纷的前提下，对行政机关依据何法律规范进行监督管理问题予以审查。因此，针对行政机关根据当事人就法律问题咨询所作出的答复，不论该种答复是否合法、正确和全面，均不属人民法院司法审查的范围。

综上，谢某蓉的再审申请不符合《中华人民共和国行政诉讼法》第九十一条规定的情形。

审理法院　最高人民法院
裁判时间　2016年12月
案　　号　最高人民法院（2016）最高法行申2308号行政裁定书
出　　处　法信网。

364. 历史遗留的落实政策性质的房地产纠纷，不属于人民法院主管工作的范围
——唐某鑫诉江苏省南京市鼓楼区人民政府行政赔偿案

裁判要点

对社会主义改造等历史遗留的落实政策性质的房地产纠纷，不属于人民法院主管工作的范围，当事人为此而提起的诉讼，人民法院应依法裁定不予立案或者驳回起诉。

关 键 词 历史遗留的落实政策性质　房地产纠纷　受案范围

裁判理由 最高人民法院认为：根据《中华人民共和国行政诉讼法》第四十九条第（四）项，《最高人民法院关于适用〈中华人民共和国行政诉讼法〉若干问题的解释》第三条第一款第（一）项[①]规定，公民、法人或者其他组织提起行政诉讼，应当属于人民法院的受案范围，对已经立案但不符合起诉条件的，应当裁定驳回起诉。根据《最高人民法院关于房地产案件受理问题的通知》第三条规定，参照《城乡建设环境保护部印发〈关于城市私有出租房屋社会主义改造遗留问题的处理意见〉的通知》，对社会主义改造等历史遗留的落实政策性质的房地产纠纷，不属于人民法院主管工作的范围，当事人为此而提起的诉讼，人民法院应依法不予受理或驳回起诉。本案中，原南京市下关区房产经营公司1997年11月24日向唐某鑫作出的"关字7号通知"，其主要内容为：根据南京市人民政府宁政发〔1996〕243号文件规定，决定自1997年12月1日起将坐落在栅栏门28号34.2平方米房屋的产权退还给产权人尤刘氏自行管理，通知你户与房主建立租赁关系，原公有住房租赁合约自即日起作废。上述"关字7号通知"，是对经社会主义改造后退还产权的城市私有房屋相关租赁关系的处理，唐某鑫起诉要求确认该通知违法并赔偿损失，根据上述法律、司法解释的规定，依法不属于人民法院主管工作的范围。一审法院裁定驳回起诉，二审法院裁定驳回上诉、维持原裁定，并无

[①] 该解释被2018年2月6日发布的《最高人民法院关于适用〈中华人民共和国行政诉讼法〉的解释》第六十九条第一款第（一）项、第二款代替。

不当。唐某鑫诉请解决的原公有住房租赁合约解除后的住房保障问题,应依法向有关部门申请解决,由有关部门依法处理。

综上,唐某鑫的再审申请不符合《中华人民共和国行政诉讼法》第九十一条第(一)项规定的情形。

审理法院 最高人民法院
裁判时间 2017 年 1 月 23 日
案　　号 最高人民法院(2017)最高法行申 5 号行政裁定书
出　　处 中国裁判文书网。

365. 历史遗留的落实政策性质的纠纷不属于人民法院行政诉讼的主管范围
——陈某华诉浙江省台州市椒江区人民政府不履行房屋拆迁补偿安置法定职责案

> **裁判要点**
>
> 根据《最高人民法院关于房地产案件受理问题的通知》(法发〔1992〕38 号)等规定精神,历史遗留的落实政策性质的纠纷不属于人民法院行政诉讼的主管范围,应申请相关部门予以解决。

关 键 词 历史遗留 落实政策 主管范围

裁判理由 最高人民法院认为:根据《中华人民共和国行政诉讼法》第四十九条第(四)项、《最高人民法院关于适用〈中华人民共和国行政诉讼法〉若干问题的解释》第三条第一款①规定,公民、法人或者其他组织提起行政诉讼,应当属于人民法院受案范围,对已经立案但不符合起诉条件的,应当裁定驳回起诉。《最高人民法院关于房地产案件受理问题的通知》第三条规定,历史遗留的落实政策性质的房地产纠纷,不属于人民法院主管工作的范围,当事人为此而提起的诉讼,人民法院依法不予受理或驳回起诉。再审

---

① 该解释已被 2018 年 2 月 6 日发布的《最高人民法院关于适用〈中华人民共和国行政诉讼法〉的解释》第六十九条第一款代替。

申请人陈某华提出的落实私房改造政策的文件和椒房政办（1986）53号处理意见违法问题，不属于人民法院行政诉讼的受案范围，本院依法不予审查。

综上，陈某华的再审申请不符合《中华人民共和国行政诉讼法》第九十一条规定的情形。

审理法院 最高人民法院
裁判时间 2017年2月24日
案　　号 最高人民法院（2017）最高法行申3号行政裁定书
出　　处 法信网。

366. 公民、法人或者其他组织对驳回当事人对行政行为提起申诉的重复处理行为不服提起诉讼的，不属于人民法院行政诉讼的受案范围
——韩某舟等10人诉江苏省人民政府不履行法定职责案

> **裁判要点**
> 　　对明显不符合行政复议范围的复议申请，行政机关可以在口头释明后作存档处理，也可以书面告知复议申请人其申请不属于行政复议的范围；当事人因此而提起行政诉讼的，不属于人民法院行政诉讼的受案范围，人民法院可迳行裁定不予立案。

关　键　词 起诉期限　不可归责于自身原因

裁判理由 最高人民法院认为：根据《中华人民共和国行政复议法》第二条规定，行政复议范围仅限于能够对公民、法人或者其他组织产生实际影响的行政行为。本案再审申请人韩某舟等对多个行为不服，向被申请人江苏省政府提出行政复议申请，其中，东方专修学院、徐州市总工会、徐州市政府等信访答复、复查和复核意见，均属于根据《信访条例》规定作出的处理，对韩某舟等权利义务不产生实际影响，明显不属于行政复议受理范围。

根据《最高人民法院关于执行〈中华人民共和国行政诉讼法〉若干问题

的解释》①第一条第二款第五项规定，公民、法人或者其他组织对驳回当事人对行政行为提起申诉的重复处理行为不服提起诉讼的，不属于人民法院行政诉讼的受案范围。据此，对明显不符合行政复议范围的复议申请，行政机关可以在口头释明后作存档处理，也可以书面告知复议申请人其申请不属于行政复议的范围；当事人因此而提起行政诉讼的，不属于人民法院行政诉讼的受案范围，人民法院可迳行裁定不予立案。本案中，针对韩某舟等复议申请，江苏省政府以书面《告知函》的方式，告知韩某舟等反映的问题相关单位已作出信访处理，其申请不属于行政复议受理范围，韩某舟等不服提起行政诉讼后，一、二审法院经实体审理判决驳回韩某舟等的诉讼请求。虽然江苏省政府一、二审胜诉，但对本不属于行政复议受理范围事项出庭应诉，已让其支付了额外的诉讼成本，并浪费了全体纳税人的税赋，且无益于原告的权利保障。因此，对于此类明显由信访事项引发、明显不属于行政复议受理范围的事项，复议机关不予行政复议，同样亦不应当纳入行政诉讼受案范围。鉴于本案原审已经立案并经实体审理后驳回韩某舟等诉讼请求，为避免诉累，本案已无必要通过审判监督程序提起再审后再行裁定驳回起诉。

综上，韩某舟等的再审申请不符合《中华人民共和国行政诉讼法》第九十一条规定的情形。

审理法院　最高人民法院
裁判时间　2017 年 3 月 21 日
案　　号　最高人民法院（2017）最高法行申 236 号行政裁定书
出　　处　法信网。

---

① 该解释已被 2018 年 2 月 6 日发布的《最高人民法院关于适用〈中华人民共和国行政诉讼法〉的解释》代替。

367. 被诉行政机关负责人不出庭应诉也不委托相应的工作人员出庭，不属于行政复议受理范围和行政诉讼受案范围
——孙某安诉北京市人民政府行政复议案

裁判要点

被诉行政机关负责人出庭应诉为基本的行政诉讼制度。被诉行政机关负责人虽有法定义务参与行政诉讼活动，但该义务的履行不以公民、法人或其他组织的申请为前提，亦不以直接保护公民、法人或其他组织的合法权益为目的。设立该制度的基本立法本意是，被诉行政机关负责人通过出庭应诉，参与行政诉讼活动，直接面对公民、法人或其他组织，了解本行政机关的执法情况，有效解决行政争议，有利于全面推进依法行政，加强法治政府建设。被诉行政机关负责人不能出庭的，应当委托相应的工作人员出庭。如果被诉行政机关负责人不出庭应诉也不委托相应的工作人员出庭，需要就此追究有关人员责任的，应当通过《公务员法》《行政监察法》等规定的内部追责程序加以解决，而不属于行政复议和行政诉讼的受案范围。

关　键　词　出庭应诉　行政复议　行政诉讼

裁判理由　最高人民法院认为：本案的核心争议是再审申请人孙某安向被申请人北京市人民政府提出的行政复议申请是否符合法定受理条件，申请再审阶段的审查重点是再审申请人就朝阳区政府负责人在三个行政诉讼中不出庭应诉申请行政复议是否属于行政复议范围。通常认为，《中华人民共和国行政复议法》第六条规定的行政机关履行法定职责，一般应当是请求行政机关履行法定行政管理职责对外作出行政行为，直接保护公民、法人或其他组织的合法权益。依照《中华人民共和国行政诉讼法》第三条第三款"被诉行政机关负责人应当出庭应诉。不能出庭的，应当委托行政机关相应的工作人员出庭"的规定，被诉行政机关负责人出庭应诉是我国的一种基本行政诉讼制度。被诉行政机关负责人虽有法定义务参与行政诉讼活动，但该义务的履行不以公民、法人或其他组织的申请为前提，亦不以直接保护公民、法人或其他组织的合法权益为目的。设立该制度的基本立法本意是，被诉行政机关

负责人通过出庭应诉,参与行政诉讼活动,直接面对公民、法人或其他组织,了解本行政机关的执法情况,有效解决行政争议,有利于全面推进依法行政,加强法治政府建设。被诉行政机关负责人不能出庭的,应当委托相应的工作人员出庭。如果被诉行政机关负责人不出庭应诉也不委托相应的工作人员出庭,需要就此追究有关人员责任的,应当通过《中华人民共和国公务员法》《中华人民共和国行政监察法》等规定的内部追责程序加以解决,而不属于行政复议和行政诉讼的受案范围。因此,被诉行政机关负责人实施的出庭应诉行为属于行政诉讼行为,并非行政机关出于行政管理目的履行行政法律、法规等规定的应当履行的法定职责,再审申请人所称朝阳区政府负责人在三个行政诉讼中未出庭应诉不属于《中华人民共和国行政复议法》规定的行政机关未履行法定职责范畴,不属于行政复议范围。一审法院判决驳回诉讼请求,二审法院判决驳回上诉、维持一审判决,均无不当。再审申请人所提再审申请理由不能成立,本院不予支持。

综上,孙某安的再审申请不符合《中华人民共和国行政诉讼法》第九十一条规定的情形。

审理法院　最高人民法院
裁判时间　2017 年 3 月 29 日
案　　号　最高人民法院(2017)最高法行申 559 号行政裁定书
出　　处　法网信。

368. 行政机关就其职权范围内特定事项作出的具有独立意思表示的行政确认行为,属于可诉的行政行为
——黄某星诉江苏省财政厅不予履行复议职责案

裁判要点
　　原省国资局行使行政职权、就特定的具体事项、适用《暂行规定》等规定、按照其自身意志独立作出产权界定,属于行政行为,具有可诉性。

关 键 词　过程性行为　行政复议　行政诉讼受案范围

裁判理由 最高人民法院认为：

一、关于原省国资局出具产权界定函行为的性质问题。《企业国有资产所有权界定的暂行规定》（以下简称《暂行规定》）第五条规定："企业国有资产所有权界定工作由国有资产管理部门组织实施。"《国有资产产权界定和产权纠纷处理暂行办法》（以下简称《暂行办法》）第二十四条规定："国有资产产权界定工作，按照资产的现行分级分工管理关系，由各级国有资产管理部门会同有关部门进行。"据此，原省国资局具有国有资产产权界定的法定职权。《暂行办法》第二条规定，产权界定，系指国家依法划分财产所有权和经营权、使用权等产权归属，明确各类产权主体行使权利的财产范围及管理权限的一种法律行为。原省国资局基于南京市玄武区人民检察院的要求，于1998年5月27日向南京市玄武区人民检察院出函，将江苏扬子江文化中心资产性质界定为国有资产，属于产权界定行为。虽然本案产权界定系原省国资局应检察机关的要求而作出，但检察机关仅是启动产权界定程序的起因，可归入《暂行办法》第二十七条规定的"占有、使用国有资产的单位，发生下列情形的，应当进行产权界定：……，国有资产管理部门认为需要界定的其他情形"。原省国资局行使行政职权、就特定的具体事项、适用《暂行规定》等规定、按照其自身意志独立作出产权界定，属于行政行为，具有可诉性。

二、关于行政复议机关的确定问题。《行政复议法》第十五条第一款第（五）项规定："对被撤销的行政机关在撤销前所作出的具体行政行为不服的，向继续行使其职权的行政机关的上一级行政机关申请行政复议。"黄某星对原省国资局1998年5月27日作出的产权界定行为不服，应当向继续行使其职权的行政机关省财政厅的上一级行政机关申请行政复议。省财政厅作出5号《不予受理决定书》超越职权，黄某星向其申请行政复议，无事实和法律依据。

三、关于提出行政复议申请的期限问题。《行政复议法》第九条规定："公民、法人或者其他组织认为具体行政行为侵犯其合法权益的，可以自知道该具体行政行为之日起六十日内提出行政复议申请；但是法律规定的申请期限超过六十日的除外。因不可抗力或者其他正当理由耽误法定申请期限的，申请期限自障碍消除之日起继续计算。"黄某星于1998年8月7日南京市玄武区人民法院作出（1998）玄刑初字第179号刑事判决时已获知原省国资局对江苏扬子江文化中心产权归属所作的界定，但其被羁押、人身自由受到限制期间可不予计算，故应从黄某星2004年刑满释放时起算行政复议申请期限。黄某星于2015年4月15日提出行政复议申请，已超过法定申请期限。黄某星称申请复议未超期，理由证据不足。

本案被诉行政行为是省财政厅作出的5号《不予受理决定书》。黄某星提出行政复议申请时超过法定申请期限，5号《不予受理决定书》不予受理的结果符合《行政复议法》第十七条的规定，但省财政厅不是本案行政复议机关，其作出5号《不予受理决定书》属超越职权已被江苏省高级人民法院二审判决确认无效。二审将原省国资局出具产权界定函行为定性为司法协助行为，而非行政行为，进而认为不属于行政复议受理范围，适用法律有误，但处理结果并无不当。综上，黄某星的再审申请不符合《中华人民共和国行政诉讼法》第九十一条规定的情形。

审理法院　最高人民法院
裁判时间　2017年3月30日
案　　号　最高人民法院（2017）最高法行申28号行政裁定书
出　　处　法信网。

369. 行政机关所有不履行职责的行为，并非都必然属于行政诉讼受案范围
—— 翁某华诉江苏省东台市人民政府行政管理案

裁判要点

行政机关所有不履行职责的行为，并非都必然属于行政诉讼受案范围，人民法院不可能通过司法审查方式来监督行政机关履行所有其应尽的职责和义务。由于行政权的复杂性以及行政职责来源的多样性，人民法院对行政机关不履行职责行为是否应予司法监督和审查，要结合行政机关行使行政权力的性质以及相应职责的不同来源予以综合判断，同时还要考虑当事人申请履行职责所保护的权利，是否属于行政诉讼法保护的权利范围和权利种类。

关 键 词　不履行职责行为　行政诉讼受案范围
裁判理由　最高人民法院认为：行政机关应当依法履行法定职责，不履

行法定职责的,应当承担相应的责任。但这并不意味着行政机关所有不履行职责的行为都属于行政诉讼受案范围,也不意味着人民法院能够通过司法审查方式来监督行政机关履行所有其应尽的职责和义务。由于行政权的复杂性以及行政职责来源的多样性,人民法院对行政机关不履行职责行为是否应予司法监督和审查,要结合行政机关行使行政权力的性质以及相应职责的不同来源予以综合判断,同时还要考虑当事人申请履行职责所保护的权利是否属于行政诉讼法保护的权利范围和权利种类。本案中,信访复核意见所处理的纠纷,本质上是事业单位与其工作人员之间因工资、社会保险等引发的纠纷,本身并不属于行政诉讼的受案范围。翁某华诉请东台市政府和富安镇政府履行的相关义务,也非来源于法律规定,而系上级行政机关的信访复核意见中的要求。如人民法院将此类案件纳入行政诉讼受案范围,则必然会涉及对信访复核意见合法性的评价以及对下级行政机关是否履行了信访复核意见的内容的判断等,此实际上是将信访事项又重新导入司法诉讼程序,最终可能形成信访和诉讼的不正当循环,因此人民法院原则上不应将信访事宜纳入行政诉讼受案范围。且当事人既然已经选择通过信访方式来维护权利,对信访复核意见是否满意、是否全部得到落实,仍应通过信访程序来解决;《信访条例》第三十六条,第三十八条等条款,对相关情形的处理也均作了具体明确的规定。

审理法院　最高人民法院
裁判时间　2017 年 4 月 13 日
案　　号　最高人民法院(2017)最高法行申 682 号行政裁定书
出　　处　法信网。

370. 行政机关根据法院执行裁定作出的、未设定相对人新的权利义务的告知行为，不属于行政诉讼受案范围

——蔡某凤诉上海市黄浦区人民政府执行通知及强拆行为案

> **裁判要点**
>
> 《最高人民法院关于执行〈中华人民共和国行政诉讼法〉的解释》第一条第二款第（六）项[①]规定，公民、法人或者其他组织不服对其权利义务不产生实际影响的行为而提起行政诉讼的，不属于人民法院行政诉讼的受案范围。行政机关根据法院生效裁定作出的告知书，仅是告知行政相对人法院生效裁定的主要内容，没有独立的决定事项，未对相对人设定新的权利义务，因此不属于人民法院行政诉讼的受案范围。

关　键　词　上下级监督　内部监督　受案范围

裁判理由　最高人民法院认为：本案争议的焦点是蔡某凤等人的起诉是否符合法定的起诉条件。首先，根据现已查明的事实，黄浦区政府作出的黄府执通（2015）005号执行通知书，主要内容是告知施某萍（户），上海市黄浦区人民法院（2015）黄浦行审字第4号行政裁定已经准许对黄房管拆（2014）0040号房屋拆迁裁决的执行，根据生效裁定，要求被通知人按照房屋拆迁裁决书执行，搬离房屋，并办理交接手续。该执行通知书仅是告知人民法院生效裁定和此前作出的行政裁决的内容，未对相对人设定新的权利义务，没有独立的决定事项。《最高人民法院关于执行〈中华人民共和国行政诉讼法〉若干问题的解释》[②]第一条第二款第六项规定，公民、法人或者其他组织不服对其权利义务不产生实际影响的行为提起行政诉讼的，不属于人民法院行政诉讼的受案范围。其次，根据《最高人民法院关于办理申请人民法院强制执行国有土地上房屋征收补偿决定案件若干问题的规定》第九条、第

[①] 该解释已被2018年2月6日发布的《最高人民法院关于适用〈中华人民共和国行政诉讼法〉的解释》第一条第二款第（十）项代替。

[②] 该解释已被2018年2月6日发布的《最高人民法院关于适用〈中华人民共和国行政诉讼法〉的解释》第一条第一款第（十）项代替。

十条规定，申请机关向人民法院申请强制执行房屋拆迁裁决，人民法院裁定准予执行的，一般由市、县级人民政府组织实施，也可以由人民法院执行。本案执行通知书作出后，黄浦区政府实施强制执行，系在人民法院行政裁定的范围之内。《中华人民共和国行政诉讼法》第四十九条第三项规定，提起诉讼应当有具体的诉讼请求和事实根据。蔡某凤等人起诉时也未诉称，强制执行行为存在扩大执行范围或者违法采取执行措施的情形。基于上述两点，蔡某凤等人的起诉不符合法定条件，一审裁定不予立案，二审裁定驳回其上诉，并无不当。

审理法院 最高人民法院
裁判时间 2017 年 5 月 3 日
案　　号 最高人民法院（2017）最高法行申 190 号行政裁定书
出　　处 法信网。

371. 在不增加义务或减损权利时，公民、法人或者其他组织不能对行政主体的程序性行为、过程性行为单独申请行政复议或提起诉讼
——沈某华诉江苏省公安厅行政撤销及履行法定职责案

裁判要点
　　公民、法人或者其他组织对行政机关为作出行政行为而实施的准备、论证、研究、层报、咨询等过程性行为不服的，通常不能申请行政复议或者提起行政诉讼，除非该行为具有事实上的最终性，并影响公民、法人或者其他组织的合法权益。

关 键 词 过程性行为　行政复议　行政诉讼受案范围

裁判理由 最高人民法院认为：《中华人民共和国行政复议法》第二条规定，公民、法人或者其他组织认为具体行政行为侵犯其合法权益，向行政机关提出行政复议申请，行政机关受理行政复议申请、作出行政复议决定，适用本法。一般而言，可申请行政复议的行政行为，应当是行政主体直接设定行政相对人权利义务或者对相对人权利义务直接产生影响、对外发生法律效

果的行为,也即行政管理活动的最终行政决定。一般不包括行政主体在作出最终行政决定过程中针对程序性事项所作的决定和处理。此类针对程序性事项所作的行为以及过程性行为虽具有一定法律意义,也会间接影响相对人权利义务,但它的法律效果是依附并被最终的行政决定所吸收,除非过程性行为具有独立的价值且对当事人权利义务产生重大影响。对过程性行为合法性的评价,可以在对最终的行政决定合法性评价中一并进行,过程性、程序性行为存在违法情形的,可能会导致最终的行政决定被认定为违法。依据《中华人民共和国行政复议法》第二十八条,《中华人民共和国行政诉讼法》第六十九条、第七十条、第七十四条的规定,行政行为是否符合法定程序是行政复议机关和人民法院审查行政行为合法性的重要方面,行政行为违反法定程序的,行政复议机关和人民法院有权予以撤销并可责令重作;行政行为程序轻微违法,但对当事人权利不产生实际影响的,人民法院可以判决确认违法而不撤销行政行为。因此,行政主体在行政程序中所作的程序性行为以及过程性行为的合法性问题,可以在对最终的行政决定的合法性审查中予以解决。对于是在最终行政决定作出后,甚至行政相对人已对最终的行政行为申请复议或提起诉讼的情况下,当事人再对过程性行为、程序性行为单独提起行政诉讼,显然已不再具有诉的利益,不再具备诉讼的必要性和实效性。因此,行政主体程序性行为、过程性行为,通常不能单独申请行政复议或提起诉讼,除非该程序性行为具有事实上的最终性,并影响公民、法人或者其他组织的合法权益。

  本案中,再审申请人沈某华认为无锡市公安局批准延长办案期限行为违法,向江苏省公安厅申请行政复议。无锡市公安局批准延长办案期限,属办理治安行政处罚案件中的程序性行为,不直接对沈某华增加义务或减损权利,即使存在超过办案期限的问题,也只能在针对行政处罚所提起的案件中进行审查,而不能单独就行政处罚案件办案期限问题申请行政复议。事实上,沈某华已就无锡市公安局新吴分局作出的新公(旺)行罚决字〔2015〕753号行政处罚决定向人民法院提起行政诉讼,人民法院在该案中对延长办案期限问题进行了审查并作出评价。嗣后,沈某华又单独就延长办案期限问题向江苏省公安厅申请行政复议,江苏省公安厅根据《中华人民共和国行政复议法》第十六条第二款有关公民、法人或者其他组织向人民法院提起行政诉讼,人民法院已经依法受理的,不得申请行政复议的规定,决定不予受理,符合法律规定。一、二审法院对沈某华不服江苏省公安厅不予受理决定提起的诉讼,应当依法判决驳回诉讼请求,但一、二审法院分别以裁定方式不予立案和驳回上诉,适用法律错误。但考虑到江苏省公安厅对被诉行政行为作出不予受理决定符合法律规定,沈某华的诉讼请求从实体上不能支持,为避免诉累,本案不再启动再审程序。

综上,沈某华的再审申请不符合《中华人民共和国行政诉讼法》第九十一条规定的情形。

审理法院 最高人民法院
裁判时间 2017 年 8 月 31 日
案　　号 最高人民法院(2017)最高法行申 4409 号行政裁定书
出　　处 法信网。

372. 城乡规划部门建设项目选址意见书通常不直接设定公民、法人或者其他组织有关环境权益,不具有可诉性
——关某春等 193 人诉浙江省住房和城乡建设厅等行政复议案

裁判要点

根据《中华人民共和国城乡规划法》第三十六条,《浙江省城乡规划条例》第三十条第二款等规定,城乡规划部门核发选址意见书,虽然可能为后续相应的建设许可,环境影响评价许可等以及后续的实际开工建设创造条件,但相关环境利益保护问题,只能通过环保部门对建设项目环境影响报告书进行审批时予以考量,其并非城乡规划部门核发选址意见书时需要重点审查的权益。因此,公民、法人或者其他组织,不能以环境利益受到侵犯为由,主张其与城乡规划部门核发选址意见书存在利害关系,其起诉也不具有原告主体资格。

关 键 词 建设项目选址意见书　利害关系

裁判理由 最高人民法院认为:《中华人民共和国行政诉讼法》第二十五条规定,行政行为的相对人以及其他与行政行为有利害关系的公民、法人或者其他组织,有权提起诉讼。所谓的利害关系显然系指法律上利害关系,且由于行政诉讼乃公法上之诉讼,上述法律上的利害关系,一般也仅指公法上

的利害关系。而公法（行政法）上利害关系的判断，同样较为复杂。原告主体资格问题与司法体制、法治状况和公民意识等因素密切相关，且判断是否具备原告主体资格的标准多重，并呈逐渐扩大和与时俱进态势。其中，保护规范理论或者说保护规范标准，将法律规范保护的权益与请求权基础相结合，具有较强的实践指导价值。即以行政机关作出行政行为时所依据的行政实体法和所适用的行政实体法律规范体系，是否要求行政机关考虑、尊重和保护原告诉请保护的权利或法律上的利益（以下统称权益），作为判断是否存在公法上利害关系的重要标准。依上述理论，影响原告主体资格是否成立的因素就可分为以下两种，一是起诉人诉请保护的权益类型，二是行政实体法律规范的规定。只有当起诉人诉请保护的权益，恰好落入行政机关作出行政行为时所依据的行政实体法律规范的保护范围时，起诉人的原告主体资格才能被承认。反之，如果起诉人虽有某种权益，但并非行政机关作出行政行为时需要考虑的，或者起诉人并不具有行政机关作出行政行为时需要考虑的权益，人民法院均不宜认可其原告主体资格。

同时，行政诉讼中的原告主体资格问题，既与行政实体法律规范密切相关，也与当事人诉请保护的权益类型、诉讼请求和诉讼理由密切相关。易言之，同一起诉人对同一行政行为的起诉，可能由于其所诉请保护的权益类型、诉讼请求和诉讼理由的不同，其是否具备原告主体资格的结论可能会有所不同。此也意味着，起诉人起诉行政机关许可其邻人建房的同一个行政许可行为，人民法院可能会由于其诉请保护土地使用权，或者通风采光权，或者通行权，或者环境权益等权益类型的不同，结合其提供的初步证据以及上述各种权益受到侵犯的可能性，分别认可或者不认可其原告主体资格。

本案关某春等193人诉请保护的环境利益，虽然值得进行司法保护，如其能证明环境利益有受到行政行为侵害的可能性且行政机关在作出行政行为时应当考虑其环境利益，人民法院当然应承认其原告主体资格；但其起诉城乡规划主管部门核发选址意见书侵犯其环境利益，则显然不能成立，其所居住的房屋既非在案涉《选址意见书》范围内，亦不在焚烧车间边界为基准300米的环境防护范围内，其住宅与案涉项目距离超过两公里，其也不具备相应的原告主体资格。根据《中华人民共和国城乡规划法》第三十六条有关"按照国家规定需要有关部门批准或者核准的建设项目，以划拨方式提供国有土地使用权的，建设单位在报送有关部门批准或者核准前，应当向城乡规划主管部门申请核发选址意见书"的规定以及《浙江省城乡规划条例》第三十条第二款有关"申请核发选址意见书,建设单位应当提交下列材料:(一)包含建设单位、项目性质、建设规模、选址意向等内容的选址申请书;(二)建设项目需要批准、核准的证明文件;(三)标明拟选址位置的地形图;(四)法律、法规规定的其他材料"等规定,选址意见书系城乡规划部门根据建设单位申请依法出具的意见,其目的在于为相关部门批准或核准建设项目提供决策参考,本身并不直接决定建设项目的实施与否,也不会侵犯关某春等193人主张的环境利益,即使此种环境利益存在,也非城乡规划部门核发选址意见书时需要重点审查的权益。城乡规划部门核发选址意见书,虽然可能为后续相应的建设许可,环境影响评价许可等以及后续的实际开工建设创造条件,但关某春等193人主张的环境利益保护问题,只能通过环保部门在对建设项目环境影响报告书进行审批时予以考量。关某春等193人以环境利益受到侵犯为由,起诉城乡规划部门核发选址意见书,不具有原告主体资格。一、二审法院分别裁定驳回其起诉和上诉,符合法律规定。事实上,涉案项目的环境影响评价报告已经浙江省杭州市环境保护局复议、浙江省建德市人民法院和浙江省杭州市中级人民法院两审终审,当事人请求撤销环境影响评价报告的诉讼请求已经被驳回,当事人起诉选址意见书核发更缺乏相应的事实和法律依据。

综上,关某春等193人的再审申请不符合《中华人民共和国行政诉讼法》第九十一条规定的情形。

审理法院　最高人民法院
裁判时间　2017年9月7日
案　　号　最高人民法院(2017)最高法行申4361号行政裁定书
出　　处　法信网。

373. 地方人民政府的组织实施行为是否可诉？

——再审申请人徐保安诉郑州市金水区人民政府行政行为违法案

> **裁判要点**
>
> 按照职权法定原则，地方人民政府和所属工作部门都会被法律、法规授予对特定事项的管辖权，无论是地方人民政府还是工作部门，都应当基于法律、法规的授权并在权限范围内行使权力。地方人民政府虽然"领导所属各工作部门和下级人民政府的工作"，但领导不是替代。地方人民政府可以就一些重点工作组织有关工作部门或下级人民政府实施，在有些情况下，也可以通过发出指示，对所属工作部门和下级人民政府施加影响，但具体的实施还应当由各工作部门或下级人民政府根据其法定管辖权以自己的名义分别落实。究竟地方人民政府的组织实施行为可诉，还是所属工作部门或下级人民政府的具体实施行为可诉，则要看哪一个行为是"产生外部法律效力的行为"。因为一个可诉的行政行为，必须具有"对外性"和"法效性"，也就是该行为必须是直接对外发生法律效果。当存在这些直接对外发生法律效果的具体实施行为的情况下，坚持起诉属于内部指示范畴的金水区政府的"组织实施"行为，就不符合法定的起诉条件。

关 键 词 组织实施行为 可诉性

裁判理由 最高人民法院认为：本案的争议焦点是，地方人民政府的组织实施行为是否可诉？厘清这一问题，需要从分析地方人民政府与所属工作部门的关系入手。《中华人民共和国地方各级人民代表大会和地方各级人民政府组织法》第五十四条规定："地方各级人民政府是地方各级人民代表大会的执行机关，是地方各级国家行政机关。"第六十四条第一款规定："地方各级人民政府根据工作需要和精干的原则，设立必要的工作部门。"法律之所以规定地方人民政府设立必要的工作部门，主要基于三个方面的考虑：一是统一性。通过行政机关活动范围的划分，可以避免重复劳动、推诿扯皮，确保行政的统一性。二是明确性。便于公民、法人或者其他组织知道哪一个行政机关负责处理自己的事件。三是专业性。只有主管机关才具备受过专门训练、通晓专业的人员和必要的设备,而这正是做出正确决定的保障所在。按照职权法定原则,地方人民政府和所属工作部门都会被法律、法规授予对特定事项的管辖权,无论是地方人民政府还是工作部门,都应当基于法律、法规的授权并在权限范围内行使权力。地方人民政府虽然"领导所属各工作部门和下级人民政府的工作",但领导不是替代。地方人民政府可以就一些重点工作组织有关工作部门或下级人民政府实施,在有些情况下,也可以通过发出指示,对所属工作部门和下级人民政府施加影响,但具体的实施还应当由各工作部门或下级人民政府根据其法定管辖权以自己的名义分别落实。究竟地方人民政府的组织实施行为可诉,还是所属工作部门或下级人民政府的具体实施行为可诉,则要看哪一个行为是"产生外部法律效力的行为"。因为一个可诉的行政行为,必须具有"对外性"和"法效性",也就是该行为必须是直接对外发生法律效果。具体到本案,再审申请人坚持起诉金水区政府对于合村并城的组织实施行为,但其自称,"合村并城实施行为包括了多个机关的多个行为",诸如立项、土地规划、环境评估、征地审批、房屋拆迁、道路建设等,那么,当存在这些直接对外发生法律效果的具体实施行为的情况下,坚持起诉属于内部指示范畴的金水区政府的"组织实施"行为,就不符合法定的起诉条件,一审法院裁定驳回起诉,二审法院驳回上诉,维持原裁定,并无不当。再审申请人的再审理由,本院不予支持。

综上,再审申请人徐保安的再审申请不符合《中华人民共和国行政诉讼法》第九十一条规定的情形。

审理法院 最高人民法院
裁判时间 2017 年 12 月 29 日
案　　号 最高人民法院(2017)最高法行申 9274 号行政裁定书
出　　处 中国裁判文书网。

第二章 起诉与受理

374. 当事人认为行政机关作出的程序性行政行为侵犯其人身权、财产权等合法权益的，可以提起行政诉讼
——王明德诉乐山市人力资源和社会保障局工伤认定案

> **裁判要点**
>
> 当事人认为行政机关作出的程序性行政行为侵犯其人身权、财产权等合法权益，对其权利义务产生明显的实际影响，且无法通过提起针对相关的实体性行政行为的诉讼获得救济，而对该程序性行政行为提起行政诉讼的，人民法院应当依法受理。

关 键 词 工伤认定　程序性行政行为　受理

裁判理由 法院生效裁判认为：本案争议的焦点有两个：一是《中止通知》是否属于可诉行政行为；二是《中止通知》是否应当予以撤销。

一、关于《中止通知》是否属于可诉行政行为问题

法院认为：被告作出《中止通知》，属于工伤认定程序中的程序性行政行为，如果该行为不涉及终局性问题，对相对人的权利义务没有实质影响的，属于不成熟的行政行为，不具有可诉性，相对人提起行政诉讼的，不属于人民法院受案范围。但如果该程序性行政行为具有终局性，对相对人权利义务产生实质影响，并且无法通过提起针对相关的实体性行政行为的诉讼获得救济的，则属于可诉行政行为，相对人提起行政诉讼的，属于人民法院行政诉讼受案范围。

虽然根据《中华人民共和国道路交通安全法》第七十三条的规定："公安机关交通管理部门应当根据交通事故现场勘验、检查、调查情况和有关的检验、鉴定结论，及时制作交通事故认定书，作为处理交通事故的证据。交通事故认定书应当载明交通事故的基本事实、成因和当事人的责任，并送达当事人"。但是，在现实道路交通事故中，也存在因道路交通事故成因确实无法

查清，公安机关交通管理部门不能作出交通事故认定书的情况。对此，《道路交通事故处理程序规定》第五十条规定："道路交通事故成因无法查清的，公安机关交通管理部门应当出具道路交通事故证明，载明道路交通事故发生的时间、地点、当事人情况及调查得到的事实，分别送达当事人。"就本案而言，峨眉山市公安局交警大队就王雷兵因交通事故死亡，依据所调查的事故情况，只能依法作出《道路交通事故证明》，而无法作出《交通事故认定书》。因此，本案中《道路交通事故证明》已经是公安机关交通管理部门依据《道路交通事故处理程序规定》就事故作出的结论，也就是《工伤保险条例》第二十条第三款中规定的工伤认定决定需要的"司法机关或者有关行政主管部门的结论"。除非出现新事实或者法定理由，否则公安机关交通管理部门不会就本案涉及的交通事故作出其他结论。而本案被告在第三人申请认定工伤时已经提交了相关《道路交通事故证明》的情况下，仍然作出《中止通知》，并且一直到原告起诉之日，被告仍以工伤认定处于中止中为由，拒绝恢复对王雷兵死亡是否属于工伤的认定程序。由此可见，虽然被告作出《中止通知》是工伤认定中的一种程序性行为，但该行为将导致原告的合法权益长期，乃至永久得不到依法救济，直接影响了原告的合法权益，对其权利义务产生实质影响，并且原告也无法通过对相关实体性行政行为提起诉讼以获得救济。因此，被告作出《中止通知》，属于可诉行政行为，人民法院应当依法受理。

二、关于《中止通知》应否予以撤销问题

法院认为，《工伤保险条例》第二十条第三款规定，"作出工伤认定决定需要以司法机关或者有关行政主管部门的结论为依据的，在司法机关或者有关行政主管部门尚未作出结论期间，作出工伤认定决定的时限中止"。如前所述，第三人在向被告就王雷兵死亡申请工伤认定时已经提交了《道路交通事故证明》。也就是说，第三人申请工伤认定时，并不存在《工伤保险条例》第二十条第三款所规定的依法可以作出中止决定的情形。因此，被告依据《工伤保险条例》第二十条规定，作出《中止通知》属于适用法律、法规错误，应当予以撤销。另外，需要指出的是，在人民法院撤销被告作出的《中止通知》判决生效后，被告对涉案职工认定工伤的程序即应予以恢复。

审理法院 四川省乐山市市中区人民法院
裁判时间 2013 年 9 月 25 日
案　　号 四川省乐山市市中区人民法院（2013）乐中行初字第 36 号

判决

出　　处　最高人民法院指导案例 69 号，2016 年 9 月 19 日发布。

375. 举报人就其自身合法权益受侵害向行政机关进行举报的，与行政机关的举报处理行为具有法律上的利害关系，具备行政诉讼原告主体资格

——罗镕荣诉吉安市物价局物价行政处理案

裁判要点

1. 行政机关对与举报人有利害关系的举报仅作出告知性答复，未按法律规定对举报进行处理，不属于《最高人民法院关于执行〈中华人民共和国行政诉讼法〉若干问题的解释》第一条第六项规定的"对公民、法人或者其他组织权利义务不产生实际影响的行为"，因而具有可诉性，属于人民法院行政诉讼的受案范围。

2. 举报人就其自身合法权益受侵害向行政机关进行举报的，与行政机关的举报处理行为具有法律上的利害关系，具备行政诉讼原告主体资格。

关　键　词　举报答复　受案范围　原告资格

裁判理由　法院生效裁判认为：关于吉安市物价局举报答复行为的可诉性问题。根据《中华人民共和国行政诉讼法》（以下简称《行政诉讼法》，1989 年 4 月 4 日通过）第十一条第一款第五项规定，申请行政机关履行保护人身权、财产权的法定职责，行政机关拒绝履行或者不予答复的，人民法院应受理当事人对此提起的诉讼。本案中，吉安市物价局依法应对罗镕荣举报的吉安市电信公司收取卡费行为是否违法进行调查认定，并告知调查结果，但其作出的举报答复将《关于江西电信全业务套餐资费优化方案的批复》（以下简称《批复》）中规定的 UIM 卡收费上限标准进行了罗列，未载明对举报事项的处理结果。此种以告知《批复》有关内容代替告知举报调查结果行为，未能依法履行保护举报人财产权的法定职责，本身就是对罗镕荣通过正当举报途径寻求救济的权利的一种侵犯，不属于《最高人民法院关于执行〈中华人民共和国行政诉讼法〉若干问题的解释》（以下简称《行政诉讼法解释》）

第一条第六项规定的"对公民、法人或者其他组织权利义务不产生实际影响的行为"的范围，具有可诉性，属于人民法院行政诉讼的受案范围。

关于罗镕荣的原告资格问题。根据《行政诉讼法》第二条、第二十四条第一款及《行政诉讼法解释》第十二条规定，举报人就举报处理行为提起行政诉讼，必须与该行为具有法律上的利害关系。本案中，罗镕容虽然要求吉安市物价局"依法查处并没收所有电信用户首次办理手机卡被收取的卡费"，但仍是基于认为吉安电信公司收取卡费行为侵害其自身合法权益，向吉安市物价局进行举报，并持有收取费用的发票作为证据。因此，罗镕荣与举报处理行为具有法律上的利害关系，具有行政诉讼原告主体资格，依法可以提起行政诉讼。

关于举报答复合法性的问题。《价格违法行为举报规定》第十四条规定："举报办结后，举报人要求答复且有联系方式的，价格主管部门应当在办结后五个工作日内将办理结果以书面或者口头方式告知举报人。"本案中吉安市物价局作为价格主管部门，依法具有受理价格违法行为举报，并对价格是否违法进行审查，提出分类处理意见的法定职责。罗镕荣在申诉举报函中明确列举了三项举报请求，且要求吉安市物价局在查处结束后书面告知罗镕荣处理结果，该答复未依法载明吉安市物价局对被举报事项的处理结果，违反了《价格违法行为举报规定》第十四条的规定，不具有合法性，应予以纠正。

审理法院 江西省吉安市吉州区人民法院
裁判时间 2012年11月1日
案　　号 江西省吉安市吉州区人民法院（2012）吉行初字第13号判决书
出　　处 最高人民法院指导案例77号，2016年12月28日发布。

376. 原告起诉时已经提供初步证据证明被诉行政行为存在且系被告实施的，通常认为原告起诉具有事实根据
——济南高新技术产业开发区管理委员会等诉济南高新技术产业开发区城市管理行政执法局行政强制案

裁判要点

原告起诉时已经提供初步证据证明被诉行政行为存在且系被告实施的，通常认为原告起诉具有事实根据。被告认为原告起诉错误或者所涉行政行为系他人实施的，应当依法对自己提出的主张提供相应的证据。被告在法定举证期限内既不提交相应证据又拒绝作出合理说明的，则人民法院依法应当认定被告适格。

关 键 词 初步证据　举证责任

裁判理由 最高人民法院认为：金某玮在原审提交的证据能够证明2014年9月3日金某玮之父金某亮的房屋被强行拆除时，在场人员有高新管委会、高新执法局和高新公安分局的工作人员。因此，高新管委会、高新执法局和高新公安分局如认为其并未参与实施被诉强拆行为，应当向人民法院提交相应证据予以证明。但在法定的举证期限内，高新管委会、高新执法局和高新公安分局均未向原审法院提交相应的证据。原审法院依据金某玮提供的证据认定高新管委会、高新执法局和高新公安分局参与实施被诉强拆行为，并无不当。

综上，高新管委会、高新执法局和高新公安分局的再审申请不符合《中华人民共和国行政诉讼法》第九十一条规定的情形。

审理法院 最高人民法院
裁判时间 2016年3月17日
案　　号 最高人民法院（2016）最高法行申205号行政裁定书
出　　处 中国裁判文书网

377. 行政争议尚处于行政复议审理期间而复议申请人又提起行政诉讼的，人民法院可以依法裁定驳回起诉
——张某诉上海市人民政府不履行行政复议职责案

> **裁判要点**
> 原告提起行政诉讼时，争讼事项尚于行政复议审理期限之内，且复议机关之后作出了行政复议决定，已经履行了行政复议职责。因此，原告提出复议机关未作出行政复议决定书，属于行政不作为的主张，不能成立。

关 键 词 行政复议 审理期间 驳回起诉

裁判理由 最高人民法院认为：张某于2015年7月21日提起本案诉讼时，尚在行政复议审理期限内，且上海市人民政府于2015年8月3日作出了行政复议决定，已经履行了行政复议职责。因此，张某提出的上海市人民政府未作出行政复议决定书，属于行政不作为的主张，本院不予支持。另外，上海市高级人民法院通过阅卷等方式在了解本案案情的基础上，进行书面审理并不违反法定程序。张某关于上海市高级人民法院以书面审理方式直接作出二审裁定书，违反法定程序的主张不能成立。

综上，张某的再审申请不符合《中华人民共和国行政诉讼法》第九十一条规定的情形。

审理法院 最高人民法院
裁判时间 2016年4月4日
案　　号 最高人民法院（2016）最高法行申464号行政裁定书
出　　处 中国裁判文书网。

378. 原告提出行政复议申请明显不属于行政复议受理范围的，人民法院既可以判决驳回诉讼请求，也可以结合案件具体情况裁定驳回起诉
——陈某泳等诉福建省人民政府行政复议案

裁判要点

行政机关对农村集体土地上房屋征收补偿安置作出的政策性规定，对相关征地范围内的农村集体土地上房屋征收补偿具有普遍约束力，属于能够反复适用的规范性文件。

根据《中华人民共和国行政复议法》第七条第一款规定，对规章以下规范性文件的审查申请须在对行政行为申请行政复议时一并提出，而不能单独提出。因此，申请人不服规范性文件提出行政复议申请，不属于行政复议受案范围。

原告提出行政复议申请明显不属于行政复议受理范围的，人民法院既可以判决驳回诉讼请求，也可迳行裁定驳回起诉。

关 键 词 行政复议 驳回诉讼请求

裁判理由 最高人民法院认为，从〔2015〕10号细则的内容来看，其从2015年1月1日开始施行，是对福州市仓山区东部新城建设项目的农村集体土地上房屋征收补偿安置作出的政策性规定，对仓山区城门镇、螺洲镇及盖山镇位于东部新城建设项目范围内的农村集体土地上房屋征收补偿安置均具有普遍约束力。因此，该细则应属于能够反复适用的规范性文件。根据《中华人民共和国行政复议法》第七条第一款的规定，对规章以下规范性文件的审查申请须在对具体行政行为申请行政复议时一并提出，而不能单独提出。因此，对申请人不服〔2015〕10号细则提起的行政复议申请，被申请人以该细则属于规范性文件，不属于行政复议受案范围为由不予受理，并无不当。

综上，陈某泳、陈某峰、王某华的再审申请不符合《中华人民共和国行政诉讼法》第九十一条规定的情形。

审理法院 最高人民法院

裁判时间 2016 年 5 月 12 日
案　　号 最高人民法院（2016）最高法行申 453 号行政裁定书
出　　处 法信网。

379. 中学退休教职工对区政府撤销中学行为以个人名义提起诉讼无法律依据，不具备原告主体资格
——马某根等诉北京市东城区人民政府教育行政管理案

> **裁判要点**
>
> 　　县级以上地方人民政府根据当地教育发展规划等情况对辖区内中小学作出的设立、变更和终止等行为，系政府作为举办者依法对公办学校进行的调整和管理。区政府撤销中学的行为，所针对的是其直接管理的中学这一事业单位法人，并不侵犯该中学退休教职工享有的人身权和财产权，因此中学退休教职工以个人名义提起诉讼无法律依据，不具备原告主体资格。

关 键 词　公立学校　退休教职工　撤销公立学校

裁判理由　最高人民法院认为：《中华人民共和国义务教育法》第十五条规定，县级以上地方人民政府根据本行政区域内居住的适龄儿童、少年的数量和分布状况等因素，按照国家有关规定，制定、调整学校设置规划。《中华人民共和国教育法》第二十八条规定，学校及其他教育机构的设立、变更和终止，应当按照国家有关规定办理审核、批准、注册或者备案手续。因此，县级以上地方人民政府根据当地教育发展规划等情况对辖区内中小学作出的设立、变更和终止等行为，系政府作为举办者依法对公办学校进行的调整和管理。本案被诉的东城区政府的行为所针对的是其直接管理的地安门中学这一事业单位法人，地安门中学的历史文化仍将在相关学校章程和历史沿革中得以传承，并将在新学校的发展壮大中得以延续。东城区政府的上述行为并不侵犯马某根、马某忠、马某实、刘某珍等因地安门中学退休教职工身份而享有的人身权和财产权，因此其以个人名义提起诉讼无法律依据，一、二审法院以不具有提起诉讼的原告主体资格为由裁定驳回其起诉，并无不当。

　　综上，马某根、马某忠、马某实、刘某珍的再审申请不符合《中华人民

共和国行政诉讼法》第九十一条规定的情形。

审理法院 最高人民法院
裁判时间 2016年5月30日
案　　号 最高人民法院（2016）最高法行申359号行政裁定书
出　　处 中国裁判文书网。

380. 当事人起诉认为行政机关不履行法定监管职责的，应当以直接行使该监管职权的行政机关为被告
——曾某玲诉中国银行业监督管理委员会行政案

> **裁判要点**
>
> 根据《银行业监督管理法》第八条和《商业银行理财产品销售管理办法》第四条的规定，银监会的派出机构具有对理财产品销售活动实施监督管理的法定职责。地方银监局作为独立的事业法人，根据法律的授权依法具有监管的法定职责，能独立承担法律责任。当事人错列银监会为被告经释明后仍拒绝变更为地方银监局的，人民法院可裁定不予立案或驳回起诉。

关 键 词 不履行法定监管职责　直接行使监管职权　行政机关

裁判理由 最高人民法院认为：本案的争议焦点为银监会是否为适格的被告。根据《中华人民共和国银行业监督管理法》第八条和《商业银行理财产品销售管理办法》第四条的规定，银监会的派出机构具有对理财产品销售活动实施监督管理的法定职责。北京银监局作为独立的事业法人，具有法律的授权以及监管的法定职责。曾某玲以银监会为被告提起本案之诉，并在法院释明后拒绝变更被告，属于法律规定中错列被告且拒绝变更的情形，原审裁定驳回其起诉并无不当。

综上，曾某玲的再审申请不符合《中华人民共和国行政诉讼法》第九十一条规定的情形。

审理法院 最高人民法院

裁判时间 2016 年 8 月 10 日
案　　号 最高人民法院（2016）最高法行申 1747 号行政裁定书
出　　处 法信网。

381. 原告提起确认无效之诉，但被诉行政行为明显不符合行政诉讼法第七十五条规定情形的，人民法院可以裁定不予立案或者驳回起诉
——徐某琼诉贵州省紫云苗族布依族自治县人民政府土地行政行为纠纷案

> **裁判要点**
> 　　根据《行政诉讼法》第七十五条"行政行为有实施主体不具有行政主体资格或者没有依据等重大且明显违法情形，原告申请确认行政行为无效的，人民法院判决确认无效"的规定，构成行政行为无效的违法情形包括实施行为的主体没有行政主体资格或者行政行为没有依据，并且违法情形须达到重大且明显的程度。原告提起确认无效之诉，但被诉行政行为明显不符合《行政诉讼法》第七十五条规定情形的，人民法院可以裁定不予立案或者驳回起诉。

　　关 键 词　确认无效之诉　不予立案　驳回起诉

　　裁判理由　最高人民法院认为：申请人徐某琼一审诉讼请求为撤销紫云县政府作出的 15 号《批复》。该批复作出于 1993 年 4 月 26 日，徐某琼于 2015 年 9 月 10 日提起诉讼，依据《中华人民共和国行政诉讼法》第四十六条第二款"因不动产提起诉讼的案件自行政行为作出之日起超过二十年，其他案件自行政行为作出之日起超过五年提起诉讼的，人民法院不予受理"的规定，徐某凉的起诉已经超过法定起诉期限。徐某琼认为被诉行为自始无效、其起诉不受起诉期限限制的理由不能成立。根据《中华人民共和国行政诉讼法》第七十五条"行政行为有实施主体不具有行政主体资格或者没有依据等重大且明显违法情形，原告申请确认行政行为无效的，人民法院判决确认无效"的规定，构成行政行为无效的违法情形包括实施行为的主体没有行政主体资格或者行政行为没有依据，并且违法情形须达到重大且明显的程度。本案被诉 15 号批复不属于上述情况。综上，原审裁定驳回起诉并无不当。

综上，徐某琼的再审申请不符合《中华人民共和国行政诉讼法》第九十一条规定的情形。

审理法院　最高人民法院
裁判时间　2016 年 9 月 13 日
案　　号　最高人民法院（2016）最高法行申 2362 号行政裁定书
出　　处　中国裁判文书网。

382. 当事人起诉要求行政机关履行法定职责的请求事项明显不属于被诉行政机关职责范围的，人民法院可以直接裁定不予立案或驳回起诉
——李淑芝诉北京市昌平区人民政府不履行法定职责案

> **裁判要点**
>
> 当事人认为政府工作部门不履行法定职责，应以相应的管理部门为被告，提起不履行法定职责之诉，而不能直接以人民政府为被告提起不履行法定职责之诉。

关 键 词　行政机关履行法定职责　行政机关职责范围

裁判理由　最高人民法院认为：《中华人民共和国行政诉讼法》第四十九条第三项规定："提起诉讼应当符合下列条件：……（三）有具体的诉讼请求和事实根据。"本案中，李淑芝要求昌平区政府责令他人停止非法占地、违章建楼、非法圈占公建水渠、泄洪通道等行为，并恢复土地原状。根据相关法律法规规定，再审申请人的上述请求明显不属于昌平区政府的法定职责。一审法院据此裁定驳回再审申请人起诉、二审法院裁定驳回其上诉，并无不当。

综上，再审申请人李淑芝的再审申请不符合《中华人民共和国行政诉讼法》第九十一条规定的情形。

审理法院　最高人民法院
裁判时间　2016 年 9 月 26 日
案　　号　最高人民法院（2016）最高法行申 1890 号行政裁定书

出　　处　法信网。

383. 起诉人一审起诉时涉及不同行政机关作出的多个不同的行政行为，且属不同人民法院管辖的，可以迳行裁定不予立案或驳回起诉
——王某武、杨某敏诉新疆生产建设兵团第七师土地行政案

> **裁判要点**
> 　　起诉人一审起诉时提出多项诉讼请求、涉及不同行政机关作出的多个不同的行政行为，且所诉事项属于不同人民法院管辖的，此类起诉不符合法定起诉条件。经人民法院依法释明，要求起诉人依法变更起诉状后，起诉人坚持合并起诉的，人民法院可以裁定不予立案或者裁定驳回起诉。

　　关　键　词　多个不同行政行为　不同人民法院管辖

　　裁判理由　最高人民法院认为：《中华人民共和国行政诉讼法》第二十六条第一款规定："公民、法人或者其他组织直接向人民法院提起诉讼的，作出行政行为的行政机关是被告"，第四十九条规定："提起诉讼应当符合下列条件：……（三）有具体的诉讼请求和事实依据"。本案中，再审申请人王某武、杨某敏在一审起诉状中提出了多项诉讼请求，涉及多个行政行为、不同被告及多种法律关系，同时还分别属于不同级别的人民法院管辖，其起诉不符合法定受理条件。一审法院按照《最高人民法院关于适用〈中华人民共和国行政诉讼法〉若干问题的解释》第二条第二款的规定，对申请人予以释明，请其按照法律规定更改起诉状，再审申请人王某武、杨某敏仍坚持并案诉讼不做更改，一审法院据此裁定驳回其起诉、二审法院裁定驳回其上诉并无不当。

　　综上，再审申请人王某武、杨某敏的再审申请不符合《中华人民共和国行政诉讼法》第九十一条规定的情形。

　　审理法院　最高人民法院
　　裁判时间　2016年9月26日
　　案　　号　最高人民法院（2016）最高法行申1810号行政裁定书

出　　处　中国裁判文书网。

384. 对于明显违背行政复议制度且明显具有任性恣意色彩的反复申请，行政复议机关可以在口头释明之后不作任何处理；申请人对此不服提起行政诉讼的，法院可以不予立案，或者在立案之后裁定驳回起诉

——杨吉全诉山东省人民政府行政复议案

> **裁判要点**
>
> 　　对于一个毫无事实根据和法律依据的指控，即使最终判决被告胜诉，也是对被告的不公平，因为将他们传唤到法院应诉本身已经使他们承受了不应承受的花费和压力。固然，从救济权利、监督权力的制度功能出发，行政诉讼可以适度向原告倾斜，以求得他们与公权力机关的实质平衡，但在任何一个发达的司法制度中，以牺牲被告的利益为代价考虑原告的利益，都是有失公允的。因此本院认为，对于此类明显违背行政复议制度、明显具有任性恣意色彩的反复申请，即使行政复议机关予以拒绝，也不应因形式上的"不作为"而将其拖进一个没有意义的诉讼游戏当中。鉴于本案已经实际走完诉讼程序，一、二审法院经实体审理后亦未支持再审申请人的诉讼请求，本案便没有必要通过审判监督程序提起再审后再行裁定驳回起诉。但本院所阐述的法律原则，可以供将来处理同类起诉时参考。

　　关　键　词　反复申请不予立案　裁定驳回起诉

　　裁判理由　最高人民法院认为：行政复议和行政诉讼并称行政争讼制度，它们不仅共享重要的适法条件和法律标准，而且也服务于共同的目标：对行政行为的合法性进行审查，并且解决行政争议。申请行政复议和提起行政诉讼是法律赋予公民、法人或者其他组织的权利，他们既可以选择行政复议，也可以选择行政诉讼，还可以在选择行政复议之后再行提起行政诉讼，除非法律规定行政复议决定为最终裁决。再审申请人杨吉全就是先选择行政复议，对行政复议决定不服提起了本案诉讼。但再审申请人的问题在于，他在提起行政诉讼之前，针对同一事由连续申请了三级行政复议——先是就青岛市市南区司法局所作答复意见向青岛市司法局申请复议；然后就青岛市司法局所

作行政复议决定向青岛市人民政府申请复议；再就青岛市人民政府所作行政复议决定向本案再审被申请人山东省人民政府申请复议。这种主张权利的方式显然违反了国家对于行政复议和行政诉讼衔接的制度安排。《中华人民共和国行政复议法》第五条规定："公民、法人或者其他组织对行政复议决定不服的，可以依照行政诉讼法的规定向人民法院提起行政诉讼，但是法律规定行政复议决定为最终裁决的除外。"法律并没有规定对行政复议决定不服还可以向其上一级行政机关再次申请行政复议。由此可知，我国实行的是一级复议制度。对于明显违反、甚至是一再违反一级复议制度的申请，行政复议机关可以在口头释明之后不作任何处理；申请人对此不服提起行政诉讼的，人民法院可以不予立案，或者在立案之后裁定驳回起诉。本案中，再审被申请人仍然正式作出不予受理复议申请决定，这种不厌其烦的耐心和依法行政的意识值得钦佩。原审法院判决驳回再审申请人的诉讼请求，亦是对再审被申请人合法处置的正当支持。但是，这种支持显然还不够到位。对于一个毫无事实根据和法律依据的指控，即使最终判决被告胜诉，也是对被告的不公平，因为将他们传唤到法院应诉本身已经使他们承受了不应承受的花费和压力。固然，从救济权利、监督权力的制度功能出发，行政诉讼可以适度向原告倾斜，以求得他们与公权力机关的实质平衡，但在任何一个发达的司法制度中，以牺牲被告的利益为代价考虑原告的利益，都是有失公允的。因此本院认为，对于此类明显违背行政复议制度、明显具有任性恣意色彩的反复申请，即使行政复议机关予以拒绝，也不应因形式上的"不作为"而将其拖进一个没有意义的诉讼游戏当中。鉴于本案已经实际走完诉讼程序，一、二审法院经实体审理后亦未支持再审申请人的诉讼请求，本案便没有必要通过审判监督程序提起再审后再行裁定驳回起诉。但本院所阐述的法律原则，可以供将来处理同类起诉时参考。

综上，杨吉全提出的再审申请理由不能成立，其再审申请不符合《中华人民共和国行政诉讼法》第九十一条规定的情形，本院不予支持。

审理法院　最高人民法院
裁判时间　2016年9月27日
案　　号　最高人民法院（2016）最高法行申2976号行政裁定书
出　　处　法信网。

385. 与案件处理结果无利害关系的人，不能追加为第三人
——王某诉山东省青岛市市南区人民政府行政赔偿案

> **裁判要点**
>
> 《行政诉讼法》第二十九条第一款规定："公民、法人或者其他组织同被诉行政行为有利害关系但没有提起诉讼，或者同案件处理结果有利害关系的，可以作为第三人申请参加诉讼，或者由人民法院通知参加诉讼"。与案件处理结果没有法律上的利害关系的人，不符合追加为第三人的资格。

关 键 词 利害关系 第三人

裁判理由 最高人民法院认为：王某系不服市南区政府针对王某、王丙、王乙作出的行政赔偿决定而提起本案行政诉讼。由于王某在行政赔偿程序中对有证及无证房屋的损失均提出了赔偿请求，而市南区政府作出的赔偿决定仅针对有证房屋的损失作出赔偿处理，对无证房屋并未作涉及，故原审法院据此判决撤销市南区政府作出的行政赔偿决定，由市南区政府重新对赔偿请求人的赔偿申请作出行政处理，并无不当。2015年8月14日，市南区政府已重新作出青南政赔决字（2015）第1号行政赔偿决定，王某如对该行政赔偿决定仍一不服，可另行提起诉讼。《中华人民共和国行政诉讼法》第八十六条规定："人民法院对上诉案件，应当组成合议庭，开庭审理。经过阅卷、调查和询问当事人，对没有提出新的事实、证据或者理由，合议庭认为不需要开庭审理的，也可以不开庭审理"。根据上述规定，王某关于二审法院未公开开庭审理，违反法定程序的申请再审理由，不能支持。《中华人民共和国行政诉讼法》第二十九条第一款规定："公民、法人或者其他组织同被诉行政行为有利害关系但没有提起诉讼，或者同案件处理结果有利害关系的，可以作为第三人申请参加诉讼，或者由人民法院通知参加诉讼"。由于王丙、王乙系被诉具体行政行为的行政赔偿请求人，原审法院在王丙、王乙未对被诉具体行政行为提起诉讼的情形下，依法通知王丙、王乙作为第三人参加本案诉讼，符合法律规定。王某认为本案应当追加房屋承租人杨某红、李某为第三人，但由于杨某红、李某并非行政赔偿请求人，其与案涉行政赔偿决定并无法律上

的利害关系,故该项申请再审的理由,亦不能支持。

综上,王某的再审申请不符合《中华人民共和国行政诉讼法》第九十一条规定的情形。

审理法院 最高人民法院
裁判时间 2016 年 9 月 27 日
案　　号 最高人民法院（2016）最高法行申 999 号行政裁定书
出　　处 中国裁判文书网。

386. 限期搬迁决定作出后,被拆迁人又与相关单位签订安置补偿协议,即使存在权利保护必要,也属于自愿放弃了相关权利

——张某为诉天津市人民政府拆迁行政复议案

裁判要点

限期搬迁决定作出后,被拆迁人又与相关单位签订安置补偿协议,应当视为当事人通过签署安置补偿协议表达了对于前置限期搬迁决定的认可,即使存在权利保护必要,也属于自愿放弃了相关权利。

关 键 词 限期搬迁决定　安置补偿协议

裁判理由 最高人民法院认为:再审申请人过于迟延地申请行政复议,已经超过法定申请期限。行政复议和行政诉讼共同构成解决行政争议、维护合法权益的行政救济渠道,但公民、法人或者其他组织寻求行政救济也应在一定期限内完成。过于迟延地申请行政复议或者提起行政诉讼,不利于行政法律关系的稳定、有违诚实信用原则,对于当事人及时保护自身权利也无益处。《中华人民共和国行政复议法》第九条第一款规定:"公民、法人或者其他组织认为具体行政行为侵犯其合法权益的,可以自知道该具体行政行为之日起 60 日内提出行政复议申请;但是法律规定的申请期限超过 60 日的除外。"本案中,和平区政府所作 282 号限期搬迁决定于 1998 年 8 月 3 日送达再审申请人,再审申请人迟至 2015 年 5 月才就该决定申请行政复议,显已超过申请行政复议的法定期限。再审申请人虽然主张其于 2015 年 3 月 27 日通过政

府信息公开方获知该 282 号限期搬迁决定，但没有证据否定该决定当时已对其送达的事实。

二、再审申请人申请复议、提起诉讼缺乏权利保护必要。行政复议和行政诉讼既属权利救济制度，当事人申请行政复议、提起行政诉讼就应具备权利保护的必要性。本案争议系因房屋拆迁安置补偿问题引发，但根据原审法院查明，再审申请人已于 2006 年与相关单位签订安置补偿协议，并且已实际履行，再审申请人的安置补偿权益已经依法得到保障。在此情况下转而申请复议、提起诉讼，明显缺乏权利保护必要。更为重要的是，再审申请人申请行政复议的 282 号限期搬迁决定作出在前，与相关单位签订安置补偿协议在后，应当视为再审申请人通过签署安置补偿协议表达了对于前置限期搬迁决定的认可，即使存在权利保护必要，也属自愿放弃了相关权利。

审理法院　最高人民法院
裁判时间　2016 年 9 月 28 日
案　　号　最高人民法院（2016）最高法行申 2385 号行政裁定书
出　　处　中国裁判文书网。

387. 当事人在后续行政程序中对前续的行政行为明示认可的，视为抛弃该相关诉权

——张某为诉天津市人民政府拆迁行政复议案

> **裁判要点**
>
> 诉权虽然是公民、法人和其他组织享有的法定权利，但也可以经自由处分后自愿抛弃。抛弃诉权既可以单方向人民法院表示或者向对方当事人表示，也可以由当事人之间达成合意。一方当事人在自愿抛弃诉权后再行起诉，不符合法定的起诉条件。

关 键 词　自愿抛弃诉权　起诉条件
裁判理由　最高人民法院认为：再审申请人已经自愿抛弃权利保护，仍旧提起诉讼有违诉讼诚信。诉权是公民、法人和其他组织享有的法定权利，神圣不可侵犯，但诉权却可以自愿抛弃。抛弃权利保护的方式包括单方向人

民法院表示、单方向诉讼的另一方当事人表示，也包括当事人之间自愿达成合意。如果当事人在自愿抛弃权利保护之后再行实施诉权，则属出尔反尔，有违诚实信用。经原审法院查明，再审申请人在与相关单位所签安置补偿协议中已经承诺不再上访、诉讼，其后又长期多次申请行政复议及提起行政诉讼，不断违反自己所作权利抛弃承诺，这种权利保护的滥用同样构成不符合法定起诉条件的情形。

审理法院 最高人民法院
裁判时间 2016年9月28日
案　　号 最高人民法院（2016）最高法行申2385号行政裁定书
出　　处 中国裁判文书网。

388. 国有企业的原法定代表人被免职后，不能以企业名义提起行政诉讼
——元氏县石化产品总公司诉河北省元氏县人民政府行政案

裁判要点

国有企业原法定代表人被免去职务后，使用作废公章，以公司名义提起行政诉讼，并不是该企业真实意思的表示，不具有原告主体资格。

关 键 词 国有企业　原法定代表人免职　企业名义

裁判理由 最高人民法院认为：元氏县人民政府于2002年撤销了元氏县商业局，成立了元氏县商业总公司。元氏县商业总公司变更其下属企业的法定代表人，并更换公章等行为，均属其履行管理职责的范围。本案再审申请人武某立被免去公司经理职务后，使用作废公章，仍以元氏县石化产品总公司名义提起诉讼，并不是该企业真实的意思表示，也不能代表该企业主张诉权，故不具有原告诉讼主体资格；商业总公司的机构设置属于公司经营管理的内部事务，与武某立个人无法律上的利害关系，该机构的设置、成立未侵犯武某立的合法权益，故武某立以个人名义对元氏县人民政府设立元氏县商业总公司的行为提起行政诉讼因缺乏诉的利益而不能成立。故原审法院依法裁定驳回其起诉并无不当。

综上，元氏县石化产品总公司、武某立的再审申请不符合《中华人民共和国行政诉讼法》第九十一条规定的情形。

审理法院 最高人民法院
裁判时间 2016 年 9 月 29 日
案　　号 最高人民法院（2016）最高法行申 2057 号行政裁定书
出　　处 中国裁判文书网。

389. 被征收人对与房屋征收部门签订的征收补偿协议不服，只能以房屋征收部门为被告，提起行政诉讼
——陈某生、张某平诉金寨县政府房屋征收补偿协议案

> **裁判要点**
> 　　根据《国有土地上房屋征收与补偿条例》第二十五条的规定，与被征收人签订房屋征收补偿协议的主体，一般为市、县人民政府确定的房屋征收部门。被征收人对与房屋征收部门签订的征收补偿协议不服，只能以房屋征收部门为被告，提起行政诉讼。

关 键 词　被征收人　房屋征收部门　征收补偿协议

裁判理由　最高人民法院认为：以协议相对方以外的其他主体为被告违背了合同相对性原则。再审申请人系针对其与金寨县征补办签订的房屋征收补偿协议提起诉讼，请求人民法院判决撤销该协议，并判决被告予以补偿、赔偿。根据《中华人民共和国行政诉讼法》第十二条第一款第十一项的规定，认为行政机关不依法履行、未按照约定履行或者违法变更、解除政府特许经营协议、土地房屋征收补偿协议等协议的，属于行政诉讼受案范围。因此本案属于行政协议之诉。所谓行政协议，是指行政机关为实现公共利益或者行政管理目标，在法定职责范围内，与公民、法人或者其他组织协商订立的具有行政法上权利义务内容的协议。尽管行政协议在性质上仍然属于一种行政行为，在主体、标的以及目标等方面与民事合同多有不同，但它的确是一种"最少公法色彩、最多私法色彩"的新型行政行为。与民事合同类似，行政协议同样是一种合同，同样基于双方或者多方当事人的意思合致，同样具有合

同当事人地位平等以'及非强制性等特点。正是基于这种类似性,最高人民法院《关于适用〈中华人民共和国行政诉讼法〉若干问题的解释》①第十四条才规定,在行政协议诉讼中"可以适用不违反行政法和行政诉讼法强制性规定的民事法律规范"。在民事合同法律规范中,合同相对性原则具有基础地位。该原则是指,合同主要在特定的合同当事人之间发生法律约束力,只有合同当事人一方才能基于合同向合同的相对方提出请求或者提起诉讼,而不能向合同相对方以外的其他主体主张。本案中,金寨县征补办系依据《国有土地上房屋征收与补偿条例》第二十五条与再审申请人订立房屋征收补偿协议。而该条第二款"补偿协议订立后,一方当事人不履行补偿协议约定的义务的,另一方当事人可以依法提起诉讼"的规定也正是合同相对性原则的具体体现。所以,如果再审申请人针对补偿协议提起诉讼,只能以协议的相对方金寨县征补办为被告,其以合同相对方以外的其他主体金寨县政府为被告提起诉讼,是对合同相对性原则的违反,也是对《国有土地上房屋征收与补偿条例》第二十五条第二款规定的违背。

审理法院 最高人民法院
裁判时间 2016年9月29日
案　　号 最高人民法院(2016)最高法行申2719号行政裁定书
出　　处 法信网。

---

① 该解释已被2018年2月6日发布的《最高人民法院关于适用〈中华人民共和国行政诉讼法〉的解释》代替。

390. 行政诉讼法对延期审理并未作明确规定，可以适用民事诉讼中延期审理的规定；一审法院判令撤销行政复议决定，有可能减损第三人的权益，第三人有权提起上诉

——田某柱诉山西省太原市人民政府不予受理行政复议案

裁判要点

行政诉讼法对延期审理并未作明确规定，可以适用《民事诉讼法》第一百四十六条有关民事诉讼中延期审理的规定。

一审法院判令撤销行政复议决定，并责令被告限期重新作出行政行为。鉴于判决有可能减损第三人的权益，根据《行政诉讼法》第二十九条第二款有关"人民法院判决第三人承担义务或者减损第三人权益的，第三人有权依法提起上诉"的规定，第三人有权提起上诉。

关键词 延期审理 判令撤销行政复议

裁判理由 最高人民法院认为：关于二审是否存在程序违法问题。该问题主要涉及以下四个方面：一是关于延期审理问题。行政诉讼法对延期审理并无明确规定，根据《中华人民共和国行政诉讼法》第一百零一条的规定，可以适用《中华人民共和国民事诉讼法》的相关规定。《中华人民共和国民事诉讼法》第一百四十六条是有关民事诉讼中延期审理的规定，本案并不存在该条规定的可以延期审理的情形，故二审法院对田某柱延期开庭的申请未予准许并不违反法律规定，不存在程序违法问题。二是关于管辖问题。根据《中华人民共和国行政诉讼法》第十八条第一款有关"经复议的案件，也可以由复议机关所在地人民法院管辖"的规定，本案由复议机关太原市政府所在地的太原市中级人民法院管辖亦未违反法律规定。三是关于赵润晋的诉讼代理人资格问题。本案中，赵润晋向二审法院提交的相关证据仅能证明其与田某柱的妻子张宝梅系表兄妹关系，而不能证明系本案当事人田某柱的近亲属，不符合《中华人民共和国行政诉讼法》第三十一条有关公民担任诉讼代理人的要求，原审未认定其诉讼代理人资格并无不当。四是关于一审第三人是否有权提起上诉问题。本案中，一审判令撤销太原市政府作出的行政复议决定，

并责令其限期重新作出行政行为。鉴于该判决有可能减损第三人王某旭的权益，根据《中华人民共和国行政诉讼法》第二十九条第二款有关"人民法院判决第三人承担义务或者减损第三人权益的，第三人有权依法提起上诉"的规定，王某旭提起上诉符合法律规定，亦不存在程序违法问题。

审理法院 最高人民法院
裁判时间 2016年9月30日
案　　号 最高人民法院（2016）最高法行申1847号行政裁定书
出　　处 中国裁判文书网。

391. 行政复议申请材料不齐全或者表述不清楚的，行政复议机关可以要求申请人补正，申请人无正当理由逾期不补正的，行政复议机关可以决定不予受理

——张某成诉中华人民共和国住房和城乡建设部行政复函案

裁判要点

根据《行政复议法实施条例》第二十九条规定，行政复议申请材料不齐全或者表述不清楚的，行政复议机构可以自收到该行政复议申请之日起5日内书面通知申请人补正。补正通知应当载明需要补正的事项和合理的补正期限。无正当理由逾期不补正的，视为申请人放弃行政复议申请。补正申请材料所用时间，不计入行政复议审理期限。

关 键 词　行政复议　申请材料

裁判理由　最高人民法院认为：根据《行政复议法实施条例》第二十一条第一项的规定，申请人认为被申请人不履行法定职责的，应当提供曾经要求被申请人履行法定职责而被申请人未履行的证明材料。本案中，张某成认为天津市规划局未履行查处违法建设的法定职责，向住建部申请行政复议，应当提供曾经要求天津市规划局依法履行法定职责的证明材料。《行政复议法实施条例》第二十九条规定，行政复议申请材料不齐全或者表述不清楚的，行政复议机构可以自收到该行政复议申请之日起5日内书面通知申请人补正。

补正通知应当载明需要补正的事项和合理的补正期限。无正当理由逾期不补正的，视为申请人放弃行政复议申请。补正申请材料所用时间不计入行政复议审理期限。由于张某成在其行政复议申请书中未清楚表述其是否曾向天津市规划局申请履行查处违法建设的法定职责，亦未向住建部提交其向天津市规划局申请履行查处违法建设的法定职责的证明材料，故住建部作出补正通知，告知张某成补正前述证明材料，于法有据。张某成在收到住建部的补正通知后，仅提供了住建部稽查办公室建稽举（一）转（2013）568号函。本院认为，住建部稽查办公室将张某成所提供的举报材料函转天津市规划局，属于行政机关上下级之间的内部监督指导行为，不应视为张某成已按法定形式向天津市规划局提出履行法定职责的申请。因此，住建部作出本案被诉复函，并无不当。一审判决据此驳回张某成的诉讼请求正确。二审判决撤销被诉复函并由住建部重新作出处理，并无必要。鉴于住建部已根据生效判决重新作出了行政复议决定，为减少诉累，本案不宜指令再审。

综上，住建部的再审申请不符合《中华人民共和国行政诉讼法》第九十一条规定的情形。

审理法院　最高人民法院
裁判时间　2016年9月30日
案　　号　最高人民法院（2016）最高法行申358号行政裁定书
出　　处　中国裁判文书网。

392. 被告适格，不仅包括被告应当具体、明确等形式条件，也包括被告作出了被诉行政行为等实质条件

——刘某运诉山东省庆云县人民政府行政强制及行政赔偿案

裁判要点

在行政诉讼中，被告适格包括两个层面的含义。一是形式上适格，即《行政诉讼法》第四十九条第二项规定的"有明确的被告"，以及第二十六条规定的关于适格被告的各款规定。形式上适格属于法定起诉条件的范畴，不符合这些规定的，应当裁定不予立案或者在立案后裁定驳回起诉。二是实质性适格，它是指被诉的行政机关作出了被诉的行政行为，并且该机关在此范围内能对案涉标的进行处分。实质性适格问题相对复杂，通常需要通过实体审理查明，如果通过实体审理确实不构成实质性适格，则以理由不具备为由判决驳回原告的诉讼请求。

关 键 词 被告适格　形式上适格　实质性适格

裁判理由 最高人民法院认为：在行政诉讼中，被告适格包括两个层面的含义。一是形式上适格，也就是《行政诉讼法》第四十九条第二项规定的"有明确的被告"，以及第二十六条规定的关于适格被告的各款规定。形式上适格属于法定起诉条件的范畴，不符合这些规定的，应当裁定不予立案或者在立案后裁定驳回起诉。二是实质性适格，它是指被诉的行政机关作出了被诉的那个行政行为，并且该机关在此范围内能对案涉标的进行处分。实质性适格问题相对复杂，通常需要通过实体审理查明，如果通过实体审理确实不构成实质性适格，则以理由不具备为由判决驳回原告的诉讼请求。当然，也不排除在特别明显地不具备实质性适格的情况下，在进入实体审理之前即以起诉不符合法定条件为由裁定驳回起诉。本案中，再审申请人以庆云县政府为被告提起诉讼，要求确认庆云县政府行政强制行为违法并请求行政赔偿，由于"有明确的被告"，原告也提供了一些初步的事实证据，原审法院认定再审申请人提起本案诉讼符合法定条件并予以受理，不仅较好地保护了原告的诉权，也提供了通过言词审理进一步查清案件事实的机会。在经过开庭审理之后，原审法院认为再审申请人所提供的证据和证人证言并不能足以证明庆

云县政府实质性适格,亦即并不能足以证明被诉行政强制行为系由庆云县政府实施。而且,通过证人证言,被告答辩、第三人陈述意见的相互印证,特别是通过再审申请人在庭审中的自认,能够认定被诉行政强制行为系庆云县政府组织、第三人渤海路街道办实施,在此情况下,再审申请人对庆云县政府的指控显然缺乏事实根据,原审法院判决驳回其诉讼请求符合法律规定。再审申请人提出的"主体问题应当是裁定方式结案"的主张依法不能成立。

审理法院 最高人民法院
裁判时间 2016年9月30日
案　　号 最高人民法院(2016)最高法行申2907号行政裁定书
出　　处 法信网。

393. 法院在审查起诉期限起算点时,不能仅仅以被诉决定落款日期作为依据,应查明各种情况

——马朝发诉蒙自市人民政府行政决定案

> **裁判要点**
> 　　法院在审查起诉期限的起算点时,应当从起诉期限的起算点、法律规定提起诉讼的期限、法律规定的最长保护期限、当事人向人民法院提交起诉状的时点、超过起诉期限是否存在正当理由等方面进行综合考虑。

　　关 键 词 期限起算点
　　裁判理由 最高人民法院认为:本案争议的焦点在于马朝发起诉是否超过起诉期限。《执行解释》于2000年3月10日颁布实施,而云南省高级人民法院认定再审申请人于2000年3月8日向人民法院提起行政诉讼,因此确定本案的起诉期限,不能直接适用《执行解释》第四十一条有关最长不得超过2年起诉期限的规定,而应当先根据修改前的《中华人民共和国行政诉讼法》和1991年制定的《贯彻意见》来进行判断。对此问题,最高人民法院法行〔2000〕7号《对如何理解〈执行解释〉第四十一条第一款规定的请示的答复》也予以了明确,即根据《贯彻意见》第三十五条的规定,公民、法人或者其他组织的起诉期限,在《执行解释》实施之日即2000年3月10日之前

已经届满,其在起诉期限届满之后提起行政诉讼的,人民法院不予受理。公民、法人或者其他组织的起诉期限,在《执行解释》实施之日即2000年3月10日之前尚未届满的,其起诉期限适用《执行解释》第四十一条的规定。因此,红河哈尼族彝族自治州中级人民法院一审期间直接依据《执行解释》第四十一条有关2年起诉期限的规定不当,构成适用法律错误,云南省高级人民法院二审纠正一审对此问题的认定正确。

一般而言,认定当事人起诉是否超过法定期限,需要考虑以下四个因素:即起诉期限的起算点、法律规定提起诉讼的期限、当事人向人民法院提交起诉状的时点、超过起诉期限是否存在正当理由。修改前的《中华人民共和国行政诉讼法》第三十九条规定,公民、法人或者其他组织直接向人民法院提起诉讼的,应当在知道作出具体行政行为之日起3个月内提出,法律另有规定的除外;1991年制定的《贯彻意见》第三十五条规定,行政机关作出具体行政行为时,未告知当事人的诉权或者起诉期限,致使当事人逾期向人民法院起诉的,其起诉期限从当事人实际知道诉权或者起诉期限时计算,但逾期的时间最长不得超过1年。根据上述规定,行政机关作出行政行为时未正确交待诉权和起诉期限的,当事人从知道或者应当知道行政行为之日起而非行政行为作出之日起,超过1年零3个月向人民法院提起行政诉讼的,才能认定为起诉超过法定起诉期限。因此,确定是否超过起诉期限,首先要确定起诉期限的起算点,即行政行为送达相对人的日期或者行政相对人知道或者应当知道行政行为的日期。本案中,云南省高级人民法院在确定本案起诉期限的起算点时,既未查明被诉决定作出后是否送达以及何时送达给马朝发,也未查明马朝发知道或应当知道被诉决定的日期;在计算马朝发提起本案诉讼的起诉期限时,既未查明是否存在因法院立案原因造成延迟立案情形,也未查明是否存在当事人提交起诉状日期与法院立案日期不一致的情形,而仅以被诉决定落款的日期作为起诉期限的起算点,认定马朝发自1998年8月20日即知道或者应当知道被诉行政行为,并以此认定再审申请人起诉超过法定起诉期限,驳回其起诉,属于《中华人民共和国行政诉讼法》第九十一条第三项规定的认定事实的主要证据不足,构成人民法院应当再审的法定事由。

综上,马朝发申请再审符合《中华人民共和国行政诉讼法》第九十一条第三项规定情形。

审理法院 最高人民法院

裁判时间 2016 年 11 月 25 日
案　　号 最高人民法院（2015）行监字第 1727 号行政裁定书
出　　处 法信网。

394. 人民法院审查行政行为的合法性时，可根据当事人的请求一并审查作为行为依据的规范性文件是否合法，人民法院对于单独对规范性文件提起诉讼的案件，可依法裁定不予立案或者驳回起诉

——徐庆裕诉浙江省宁波市鄞州区人民政府拆迁其他行政行为案

> **裁判要点**
>
> 对规范性文件合法性的审查要求只能在针对行政行为提起诉讼时一并提出，而不能直接对规范性文件提起诉讼。对于单独、直接对规范性文件提起诉讼的情形，人民法院可依法裁定不予立案或者驳回起诉。

关 键 词 规范性文件　不予立案　驳回起诉

裁判理由 最高人民法院认为：再审申请人徐庆裕要求撤销的鄞政发〔2001〕103 号《鄞县周公宅水库征地拆迁和移民安置实施办法》为原鄞县人民政府作出的规范性文件。根据《中华人民共和国行政诉讼法》第十三条的规定，行政法规、规章或者行政机关制定、发布的具有普遍约束力的决定、命令不属于行政诉讼的受案范围。而涉案文件系依据《中华人民共和国土地管理法》和《大中型水利水电工程建设征地补偿和移民安置条例》等法律、法规，针对周公宅水库征地拆迁和移民安置工作的需要而制定，属于行政规范性文件，具有普遍约束效力，故不能直接提起诉讼。《中华人民共和国行政诉讼法》第五十三条第一款规定，公民、法人或者其他组织认为行政行为所依据的国务院部门和地方人民政府及其部门制定的规范性文件不合法，在对行政行为提起诉讼时，可以一并请求对该规范性文件进行审查。因此，对规范性文件合法性的审查要求只能在针对行政行为提起诉讼时一并提出，而不能直接对规范性文件提起诉讼。本案中，二审法院明确指出，再审申请人诉请撤销的实施办法系再审被申请人鄞州区政府依据《中华人民共和国土地管理法》和《大中型水利水电工程建设征地补偿和移民安置条例》等法律、法

规,针对周公宅水库征地拆迁和移民安置工作的需要而制定,属于行政规范性文件,对其不能直接行政诉讼。上述认定于法有据,本院予以认可。另,再审申请人在原审中仅就上述实施办法直接起诉而请求法院依法撤销,至于其他申请再审请求,其在一、二审期间并未提出,本院依法不予审查。再审申请人申请再审的事实和理由于法无据,难以成立。

综上,徐庆裕的再审申请不符合《中华人民共和国行政诉讼法》第九十一条规定的情形。

审理法院 最高人民法院
裁判时间 2016年12月5日
案　　号 最高人民法院(2016)最高法行申3581号行政裁定书
出　　处 法信网。

395. 土地登记发证后利害关系人向政府申请处理土地权属争议的,政府不予受理,但利害关系人可直接对登记结果提起行政诉讼
——黑龙江省集贤县永安乡永兴村村民委员会与黑龙江省集贤县人民政府、黑龙江省集贤县安邦河湿地自然保护区管理局再审案

裁判要点

土地权属争议是指土地登记前,土地权利的利害关系人因土地所有权和使用权的归属而发生的争议。土地登记发证后已经明确了土地的所有权和使用权,土地登记发证后提出的争议不属于土地权属争议。土地所有权、使用权依法登记后利害关系人对登记结果提出异议的,可向原登记机关申请更正登记,也可向原登记机关的上级主管机关提出行政复议或直接向法院提起行政诉讼。

关 键 词 土地登记　权属争议　行政诉讼

裁判理由 最高人民法院认为:《中华人民共和国土地管理法》第十六条第一款规定,土地所有权和使用权争议,由当事人协商解决;协商不成的,

由人民政府处理。为进一步明确"土地所有权和使用权争议"的范围，国土资源部办公厅 60 号复函规定，土地权属争议是指土地登记前，土地权利利害关系人因土地所有权和使用权的归属而发生的争议。土地登记发证后已经明确了土地的所有权和使用权，土地登记发证后提出的争议不属于土地权属争议。土地所有权、使用权依法登记后第三人对其结果提出异议的，利害关系人可根据《土地登记规则》的规定向原登记机关申请更正登记，也可向原登记机关的上级主管机关提出行政复议或直接向法院提起行政诉讼。本案中，1983 年集贤县政府已分别为永兴村委会（当时称永兴大队）和集贤县湿地局（当时称芦苇站）颁发土地证，涉案 44 公顷土地在集贤县湿地局持有的土地证范围内，当时土地权属即已明确属集贤县湿地局。依照上述规定，在已经取得土地证，土地证确定的土地权属明确的情况下，永兴村委会申请对涉案 44 公顷土地权属申请确权，其申请显然不属于土地权属争议申请，集贤县政府无权依照土地管理法第十六条的规定受理其土地确权申请，决定对其确权申请不予受理，主要事实清楚，适用法律法规正确。

审理法院 最高人民法院
裁判时间 2016 年 12 月 14 日
案　　号 最高人民法院（2016）最高法行申 3241 号行政裁定书
出　　处 中国裁判文书网。

396. 明显的重复起诉、上诉和申请再审，违背诉权行使的必要性，应认定属于滥用诉权行为
——张某玲、张某艳、张某安诉北京市海淀区人民政府政府信息公开案

裁判要点

保障当事人的诉权与规制恶意诉讼，均是审判权的应有之义，对于明显的重复起诉、上诉和申请再审，违背诉权行使的必要性，应认定属于滥用诉权行为。原告在前诉中滥用诉权的，今后若再次向人民法院提起类似的行政诉讼应从严审查，其须证明具有诉的利益，否则人民法院将迳行裁定驳回起诉。

关 键 词 重复起诉、上诉和申请再审 滥用诉权

裁判理由 最高人民法院认为：人民法院依法保障公民行使诉讼权利，但需指出的是，任何公民在享有宪法和法律规定的权利的同时必须履行宪法和法律规定的义务，诉权行使应有合理的边界，公民应理性、正当行使诉权以维护自身合法权益，不得损害国家的、社会的、集体的利益和其他公民的合法权利。本案重复起诉行为十分明显，张某玲等3人明知其起诉已被一审法院明确认定为重复起诉后，仍坚持提起上诉并申请再审，违背诉权行使的必要性，应认定属于滥用诉权行为。保障当事人的诉权与规制恶意诉讼，均是审判权的应有之义，对于张某玲等3人今后若再次向人民法院提起类似的行政诉讼应从严审查，其须证明具有诉的利益，否则人民法院将迳行裁定驳回起诉。

综上，再审申请人张某玲等3人的再审申请不符合《中华人民共和国行政诉讼法》第九十一条规定的情形。

审理法院 最高人民法院
裁判时间 2016年12月15日
案　　号 最高人民法院（2016）最高法行申4232号行政裁定书
出　　处 中国裁判文书网。

397. 当事人因正在进行民事诉讼而未及时提出相应行政复议申请的,复议机关应结合具体情形作出相应处理
——岳某忠诉北京市海淀区人民政府行政复议决定案

> **裁判要点**
>
> 民事诉讼的进行,一般并不构成当事人申请行政复议超过法定复议申请期限的正当理由。但当民事诉讼与行政复议性质虽异而实质争议相同时,且该实质争议既可以通过民事诉讼方式解决,也可以通过行政复议方式解决时,当事人因正在进行民事诉讼而未及时提出行政复议申请,依法可能构成《行政复议法》第九条第二款所规定的"正当理由"。行政复议机关不宜迳行决定不予受理或者驳回申请,而宜结合案涉具体情形作出相应处理。

关 键 词 民事诉讼 行政复议

裁判理由 最高人民法院认为:本案争议焦点在于行政复议申请期限的确定方式以及如何判断耽误法定期限是否构成正当理由的认定问题。公民、法人或者其他组织认为行政行为侵犯其合法权益的,可以在法定期限内向行政复议机关提出行政复议申请。《中华人民共和国行政复议法》第九条第一款规定,提出行政复议申请的期限为知道该行政行为之日起六十日内。该条第二款规定,因不可抗力或者其他正当理由耽误法定申请期限的,申请期限自障碍消除之日起继续计算。而为了更好地保护公民、法人或者其他组织申请复议的权利,强化行政机关作出行政行为时的教示义务,对行政机关作出涉及当事人重大权益的行政行为,未告知申请复议权利和申请复议期限且公民、法人或者其他组织的确不知道申请复议权利和申请复议期限又无其他救济渠道的,应当坚持有利于保护行政复议申请权的原则,从公民、法人或者其他组织知道或者应当知道申请复议权或者申请复议期限之日起计算六十日申请期限,但从知道或者应当知道行政行为内容之日起最长不得超过两年。

本案中,海淀区政府作出《复议决定》认为,岳某忠于2014年7月3日参加其与北京市海淀区苏家坨镇西小营村村民委员会(以下简称小营村委会)房屋借用纠纷一案的庭审时,即已经知道了本案的行政行为,其于2015年2

月 13 日提出行政复议申请,超过了法律规定的行政复议申请期限。然而,海淀区政府作出《复议决定》时,未考虑到岳某忠与小营村委会房屋借用纠纷民事案件与本案涉诉土地使用权以及本案被申请复议的土地使用权审批行为之间具有直接关联性;岳某忠与小营村委会之间的民事诉讼与本案的行政复议性质虽异,但实质争议相同。因此,本案的实质争议,既可以通过民事诉讼方式得以解决,也可以通过行政复议方式得以解决。岳某忠因正在进行民事诉讼而未及时提出行政复议申请,构成《中华人民共和国行政复议法》第九条第二款所规定的"正当理由"。同时,本案中海淀区政府也未查明本案是否存在最长不得超过两年申请复议期限的特别情形,即简单以岳某忠的行政复议申请超出法定期限为由,驳回岳某忠的行政复议申请,不符合《中华人民共和国行政复议法》有关行政复议申请期限规定的精神。因此,一审判决驳回岳某忠的诉讼请求,二审判决予以维持,显属不当。

再审申请人岳某忠提出的再审申请,符合《中华人民共和国行政诉讼法》第九十一条第(四)项规定的情形。

审理法院 最高人民法院
裁判时间 2017 年 2 月 28 日
案　　号 最高人民法院(2016)最高法行申 1859 号行政裁定书
出　　处 中国裁判文书网。

398. 公民、法人或者其他组织对撤村建居等行为不服的，可以以村民委员会、村集体经济组织的名义，或者以超过适当比例的村民共同的名义提起行政诉讼

——阮某洪等9人诉浙江省杭州市人民政府、浙江省杭州市余杭区人民政府行政批复案

> **裁判要点**
>
> 原村集体组织成员是否同意撤村建居，应当依法定程序，通过村民会议、村民代表会议等法定途径表达。公民、法人或者其他组织对撤村建居等行为不服的，可以以村民委员会、村集体经济组织的名义，或者以超过适当比例的村民共同的名义提起行政诉讼。

关 键 词 撤村建居　村民委员会、村集体经济组织名义　超过适当比例村民共同名义

裁判理由 最高人民法院认为：本案争议的焦点是阮某洪等9人是否具备行政诉讼的原告资格。《中华人民共和国村民委员会组织法》第三条第二款规定："村民委员会的设立、撤销、范围调整，由乡、民族乡、镇的人民政府提出，经村民会议讨论同意，报县级人民政府批准。"《中华人民共和国城市居民委员会组织法》第六条规定："居民委员会的设立、撤销、规模调整，由不设区的市、市辖区的人民政府决定。"村民委员会改为居民委员会，意味着村民委员会的撤销和居民委员会的设立，涉及整个村集体利益，应当在尊重村民自治的基础上，按照相关法律规定进行。本案2009年7月6日，余杭区五常街道永福村党总支和村民委员会集体研究提出《五常街道永福村党总支、村委会关于同意撤村建居改革的意见》。随后，村民委员会将该《意见》征求村民（户代表）意见。该村实有农户919户，同意该《意见》的有794户（由户代表签字）。后该村召开村民代表大会，应到村民代表78人，实到村民代表70人，此次村民代表大会形成《关于同意撤村建居改革的决议》，一致同意执行村民（户代表）开展撤村建居改革的决定。同年7月22日，五常街道办事处向余杭区政府提出《关于要求永福村撤村建社区的请示》。余杭区政府经过审查作出101号批复，同意撤销永福村，按照社区布局规划，设立五

常街道永福社区居民委员会,并明确了社区四至范围。《中华人民共和国村民委员会组织法》第二十一条、第二十二条规定,村民会议由本村十八周岁以上的村民组成。村民会议由村民委员会召集。有十分之一以上的村民或者三分之一以上的村民代表提议,应当召集村民会议。召集村民会议,应当提前十天通知村民。召开村民会议,应当有本村十八周岁以上村民的过半数,或者本村三分之二以上的户的代表参加,村民会议所作决定应当经到会人员的过半数通过。法律对召开村民会议及作出决定另有规定的,依照其规定。第二十五条、第二十六条规定,人数较多或者居住分散的村,可以设立村民代表会议,讨论决定村民会议授权的事项。村民代表由村民按每五户至十五户推选一人,或者由各村民小组推选若干人。村民代表会议由村民委员会召集。村民代表会议每季度召开一次。有五分之一以上的村民代表提议,应当召集村民代表会议。村民代表会议有三分之二以上的组成人员参加方可召开,所作决定应当经到会人员的过半数同意。阮某洪等 9 人作为原村集体组织成员,其有关是否同意撤村建居的意见应依法定程序,通过村民会议、村民代表会议途径表达。余杭区政府 101 号批复同意永福村撤村建社区针对的是原村集体组织,有权提起诉讼的,只能是村民委员会、村集体经济组织,或者超过适当比例的村民。阮某洪等 9 人以 101 号批复导致其合法权益受损为由,坚持以个人名义提起行政诉讼,原告诉讼主体资格不成立。根据《中华人民共和国行政诉讼法》第四十九条第(一)项的规定,一、二审裁定不予立案,处理结果并无不当。

综上,再审申请人阮某洪等 9 人的再审申请不符合《中华人民共和国行政诉讼法》第九十一条规定的情形。

审理法院　最高人民法院
裁判时间　2017 年 3 月 30 日
案　　号　最高人民法院(2017)最高法行申 125 号行政裁定书
出　　处　法信网。

399. 被征收人签订补偿安置协议并领取补偿费用后，仍有权提起行政诉讼
——宣某明诉无锡市滨湖区人民政府土地房屋征收拆迁行为及行政赔偿案

裁判要点

为了更好地推进征收补偿依法、有序、平稳进行，应当允许被征收人在对征收行为合法性保留异议权利的前提下，先行鼓励和引导其以签订补偿安置协议的方式解决补偿问题，以减少纠纷。被征收人签订补偿安置协议并领取相应补偿费用后，如坚持认为征收行为违法，仍可在法定期限内依法对征收行为提起行政诉讼，而不能认为签订补偿安置协议或领取相应补偿费用后，被征收人即丧失相应原告主体资格，无权提起相关行政诉讼；除非补偿安置协议对被征收人放弃相关诉讼权利并取得相应之补偿已经进行了明确约定。

参考《国务院法制办公室关于认定被征地农民"知道"征收土地决定有关问题的意见》（国法〔2014〕40号）第四条第一款第四项规定，对申请人在征收土地决定作出后已经签订房屋拆迁协议的，自该签订房屋拆迁协议之日起，可以视为申请人知道征收土地决定，并根据行政诉讼法有关起诉期限的规定，可进一步判断原告不服相关征地拆迁行为而提起的行政诉讼，是否超过法定的起诉期限。

关 键 词 被征收人 补偿安置协议 补偿费用

裁判理由 最高人民法院认为：本案的争议焦点是宣某明的起诉是否符合法定的起诉条件，具体分述如下：

（一）关于签订补偿安置协议后能否对征地拆迁行为起诉的问题

根据《中华人民共和国土地管理法》第二条第四款规定，国家为了公共利益的需要，可以依法对土地实行征收或者征用并给予补偿。实践中，整个征收补偿过程约略可划分为征收行为、补偿行为和强制或非强制实施行为，其中补偿行为是征收行为的必然结果，也是实施行为的前提条件。由于征收行为、补偿行为与实施行为的分离，被征收人既可能认为上述三个阶段的行政行为均不合法，也可能仅认为征收过程中的某一行政行为不合法，因而提

起行政诉讼。为了更好地推进征收补偿依法、有序、平稳进行,应当允许被征收人在对征收行为合法性保留异议权利的前提下,先行鼓励和引导其以签订补偿安置协议的方式先行解决补偿问题,以减少纠纷。但被征收人签订补偿安置协议并领取相应补偿费用后,如坚持认为征收行为违法,仍可在法定期限内依法对征收行为提起行政诉讼,而不能认为签订补偿安置协议或领取相应补偿费用后,被征收人即丧失相应原告主体资格,无权提起相关行政诉讼;除非补偿安置协议对被征收人放弃相关诉讼权利并取得相应之补偿,已经进行了明确约定。因此,一审法院认为宣某明签订补偿安置协议即实际处分自己的权益,因而征地拆迁行为对其权利义务不产生实际影响,是对《最高人民法院关于执行〈中华人民共和国行政诉讼法〉若干问题的解释》第一条第二款第六项①规定的错误理解,一审法院以此为由对宣某明的起诉裁定不予立案,不符合法律规定。

(二)关于修改后的《中华人民共和国行政诉讼法》(以下简称《行政诉讼法》)实施前签订的征收补偿协议能否作为行政案件受理的问题

《行政诉讼法》第十二条第一款第十一项明确规定,公民、法人或者其他组织认为行政机关不依法履行、未按照约定履行或者违法变更、解除土地房屋征收补偿协议提起的诉讼,属于人民法院行政诉讼的受案范围。该规定并未以《行政诉讼法》实施日期为标准,来区分2015年5月1日之前或者之后的土地房屋征收补偿协议案件的性质;且《行政诉讼法》作为行政诉讼程序的基本法,其条文主要系诉讼程序规定,实体规定较少,因此,《行政诉讼法》修改后的条款除非明确规定不溯及既往或者因条款性质不适宜溯及既往,原则上对有关受案范围、审理程序、裁判种类等属于法院裁判职权专属事项的规定,人民法院均应当适用该新的规定作出裁判。本案中,案涉补偿安置协议虽然签订于2015年5月1日之前,但如被征收人在2015年5月1日之后依法起诉,仍应当依据《行政诉讼法》上述规定,作为行政案件予以受理。二审法院将用于调整国有土地上房屋征收拆迁事项的《关于受理房屋拆迁、补偿、安置等案件问题的批复》,作为裁判本案集体土地房屋征收拆迁行为的依据,并认为宣某明所诉纠纷性质属于民事合同纠纷,不属于人民法院行政诉讼的受案范围,显属适用法律错误。事实上,《行政诉讼法》经修改于2015年5月1日实施以后,《关于受理房屋拆迁、补偿、安置等案件问题的批

---

① 该解释已被2018年2月6日发布的《最高人民法院关于适用〈中华人民共和国行政诉讼法〉的解释》第一条第二款第(十)项代替。

复》第二条即与《行政诉讼法》规定相抵触，应当不再予以适用。而对于2015年5月1日之前形成的国有土地上房屋拆迁补偿安置协议，公民、法人或者其他组织在2015年5月1日之后提起诉讼的，也应当作为行政案件受理立案，而不再作为民事案件受理立案。

（三）关于再审申请人宣某明请求确认征地拆迁行为违法是否超过法定起诉期限的问题

根据再审申请人宣某明一审起诉状，其诉讼请求为请求判决无锡市政府、滨湖区政府征地拆迁行为违法并赔偿相关财产损失。根据《行政诉讼法》《中华人民共和国土地管理法》规定，被征收人对征地拆迁等具体的行政行为不服，有权提起行政诉讼，但应当在法定期限内提出。根据《最高人民法院关于执行〈中华人民共和国行政诉讼法〉若干问题的解释》第四十一条第一款①规定，行政机关作出行政行为时，未告知公民、法人或者其他组织诉权或者起诉期限的，起诉期限从公民、法人或者其他组织知道或者应当知道诉权或者起诉期限之日起计算，但从知道或者应当知道行政行为内容之日起最长不得超过2年。同时，参考《国务院法制办公室关于认定被征地农民"知道"征收土地决定有关问题的意见》（国法〔2014〕40号）第四条第一款第四项有关"申请人在征收土地决定作出后已经签订房屋拆迁协议的，自该签订房屋拆迁协议之日起，可以视为申请人知道征收土地决定"的规定，再审申请人宣某明于2013年11月2日签订《拆迁协议书》后，即应视为已经知道相关征地拆迁行为，而其于2016年9月17日才针对无锡市政府、滨湖区政府征地拆迁行为提起行政诉讼，明显超过法定的起诉期限。根据《最高人民法院关于适用〈中华人民共和国行政诉讼法〉若干问题的解释》第三条第一款第二项规定，对再审申请人宣某明该起诉，人民法院应当裁定不予立案。因此，本案一、二审法院裁定虽然存在适用法律错误情形，但不予立案结果正确。为减轻诉累和节约司法资源，对一、二审法院裁定的结果，本院仍予维持；对一、二审法院审理中存在的问题，本院依法予以指正。

综上，宣某明的再审申请不符合《中华人民共和国行政诉讼法》第九十一条规定的情形。

审理法院　最高人民法院

---

① 该解释已被2018年2月6日发布的《最高人民法院关于适用〈中华人民共和国行政诉讼法〉的解释》第六十四条第一款代替，但起诉期限由两年变为一年。

裁判时间 2017 年 4 月 12 日
案　　号 最高人民法院（2017）最高法行申 144 号行政裁定书
出　　处 中国裁判文书网。

400. 行政机关被撤销或者职权变更的，继续行使其职权的行政机关是被告
——王某南诉江苏省常州市武进区人民政府土地行政管理案

裁判要点

根据《中华人民共和国土地管理法》和《中华人民共和国土地管理法实施条例》的规定，县级以上人民政府具有核发国有土地使用权证书，确认使用权的法定职责。此后，包括土地登记在内的不动产登记法律制度发生了变化。2015 年 3 月 1 日起施行的《不动产登记暂行条例》施行后，单一的土地登记已经转变为不动产统一登记，原不同登记机关的职责整合到不动产登记机构。《中华人民共和国行政诉讼法》第二十六条第六款规定，行政机关被撤销或者职权变更的，继续行使其职权的行政机关是被告。原告起诉要求撤销《不动产登记暂行条例》施行前人民政府颁发国有土地使用证行为的，应当以继续行使其职权的行政机关即不动产统一登记机构为被告。

关 键 词　行政诉讼　举证责任

裁判理由　最高人民法院认为：本案争议的焦点是谁为适格的行政诉讼被告。《中华人民共和国土地管理法》第五十三条规定，经批准的建设项目需要使用国有建设用地的，建设单位应当持法律、行政法规规定的有关文件，向有批准权的县级以上人民政府土地行政主管部门提出建设用地申请，经土地行政主管部门审查，报本级人民政府批准。《中华人民共和国土地管理法实施条例》第五条规定，单位和个人依法使用的国有土地，由土地使用者向土地所在地的县级以上人民政府土地行政主管部门提出土地登记申请，由县级以上人民政府登记造册，核发国有土地使用权证书，确认使用权。本案中，武进区政府基于湖滨公司的申请于 2009 年 12 月 7 日颁发《国有土地使用证》的行为，即属于上述规定的情形。此后，包括土地登记在内的不动产登记法

律制度发生了变化。2015年3月1日起施行的《不动产登记暂行条例》第一条规定:"为整合不动产登记职责,规范登记行为,方便群众申请登记,保护权利人合法权益,根据《中华人民共和国物权法》等法律,制定本条例。"《不动产登记暂行条例》以《中华人民共和国物权法》为依据,吸收借鉴相关登记办法的内容,对不动产统一登记方面的一系列重要制度予以了明确。该条例第二条规定:"本条例所称不动产,是指土地、海域以及房屋、林木等定着物。"第七条规定:"不动产登记由不动产所在地的县级人民政府不动产登记机构办理;直辖市、设区的市人民政府可以确定本级不动产登记机构统一办理所属各区的不动产登记。"基于上述规定,《不动产登记暂行条例》施行后,本案所涉单一的土地登记已经转变为不动产统一登记,原不同登记机关的职责整合到不动产登记机构。本案王某南诉请撤销武进区政府2009年12月7日颁发的武国用〔2009〕第1206262号《国有土地使用证》。土地权属证书是土地登记的载体,因此本案被诉行政行为仍是土地权属登记行为。王某南申请再审主张,其起诉的是武进区政府决定颁发国有土地使用证的行为而不是该证的登记行为,系对法律法规的误解。根据常州市相关部门制定的《常州市政府办公室关于印发常州市不动产统一登记工作实施方案的通知》《常州市编委关于整合不动产登记职责的通知》等规范性文件,从2015年10月起,常州市范围内的不动产登记的法定职责统一由常州市国土资源局承担,即原武进区政府行使的土地登记职权由常州市国土资源局承继。根据《中华人民共和国行政诉讼法》第二十六条第六款的规定,行政机关被撤销或者职权变更的,继续行使其职权的行政机关是被告。因此,武进区政府已不是本案的适格被告。在一审法院已释明变更被告的情况下王某南仍拒绝变更,一、二审法院根据《最高人民法院关于适用〈中华人民共和国行政诉讼法〉若干问题的解释》第三条第一款第(三)项①之规定,裁定驳回起诉,并无不当。

综上,再审申请人王某南的再审申请不符合《中华人民共和国行政诉讼法》第九十一条规定的情形。

审理法院　最高人民法院
裁判时间　2017年4月15日
案　　号　最高人民法院(2017)最高法行申137号行政裁定书

---

① 该解释已被2018年2月6日发布的《最高人民法院关于适用〈中华人民共和国行政诉讼法〉的解释》第六十九条第一款第(三)项代替。

出　　处　法信网。

401. 如何理解行政诉讼法规定的"利害关系"暨如何认定原告主体资格
——刘广明诉江苏省张家港市人民政府行政复议案

> **裁判要点**
> 　　行政诉讼原告资格，应基于公民、法人或其他组织与行政行为具有公法上的利害关系，目前尚不宜扩大至主张保护其反射性利益的当事人。

关 键 词　利害关系　反射性利益

裁判理由　最高人民法院认为：本案的争议焦点是如何理解行政诉讼法规定的"利害关系"暨如何认定原告主体资格问题。

《中华人民共和国行政诉讼法》第二十五条规定：行政行为的相对人以及其他与行政行为有利害关系的公民、法人或者其他组织，有权提起诉讼。《中华人民共和国行政复议法》第十条也有关于利害关系的规定。显然，上述法条规定的"有利害关系的公民、法人或者其他组织"，不能扩大理解为所有直接或者间接受行政行为影响的公民、法人或者其他组织；所谓"利害关系"仍应限于法律上的利害关系，不宜包括反射性利益受到影响的公民、法人或者其他组织（以下简称当事人）。同时，行政诉讼乃公法上之诉讼，上述法律上的利害关系，一般也仅指公法上的利害关系；除特殊情形或法律另有规定，一般不包括私法上的利害关系。因而，举凡债务人夫妻的离婚登记行为、债务人的非抵押房屋转移登记行为、抵押人的公司股东变更登记行为，虽有可能影响民事债权人或者抵押权人债权或抵押权的实现，债权人或者抵押权人因而与上述行政登记行为有了一定的利害关系，但因此种利害关系并非公法上的利害关系，也就不宜承认债权人或者抵押权人在行政诉讼中的原告主体资格。上述债权人的普通债权和抵押权人的抵押权等民事权益，首先应考虑选择民事诉讼途径解决。申言之，只有主观公权利，即公法领域权利和利益，受到行政行为影响，存在受到损害的可能性的当事人，才与行政行为具有法律上利害关系，才形成了行政法上权利义务关系，才具有原告主体资格（原告适格），才有资格提起行政诉讼。

公法（行政法）上利害关系的判断，同样较为复杂。原告主体资格问题与司法体制、法治状况和公民意识等因素密切相关，且判断是否具备原告主体资格的标准多重，并呈逐渐扩大和与时俱进态势。其中，保护规范理论或者说保护规范标准，将法律规范保护的权益与请求权基础相结合，具有较强的实践指导价值。即以行政机关作出行政行为时所依据的行政实体法和所适用的行政实体法律规范体系，是否要求行政机关考虑、尊重和保护原告诉请保护的权利或法律上的利益（以下简称权益），作为判断是否存在公法上利害关系的重要标准。实践中，对行政实体法某一法条或者数个法条保护的权益范围的界定，不宜单纯以法条规定的文意为限，以免孤立、割裂地"只见树木不见森林"，而应坚持从整体进行判断，强调"适用一个法条，就是在运用整部法典"。在依据法条判断是否具有利害关系存有歧义时，可参酌整个行政实体法律规范体系、行政实体法的立法宗旨以及作出被诉行政行为的目的、内容和性质进行判断，以便能够承认更多的值得保护且需要保护的利益，属于法律保护的利益，从而认可当事人与行政行为存在法律上的利害关系，并承认其原告主体资格，以更大程度地监督行政机关依法行政。但需要强调的是，个案中对法律上利害关系，尤其是行政法上利害关系或者说行政法上权利义务关系的扩张解释，仍不得不兼顾司法体制、司法能力和司法资源的限制；将行政实体规范未明确需要保护、但又的确值得保护且需要保护的权益，扩张解释为法律上保护的权益，仍应限定于通过语义解释法、体系解释法、历史解释法、立法意图解释法和法理解释法等法律解释方法能够扩张的范围为宜。

将当事人是否具有法律保护的权益，作为判断当事人是否具有原告主体资格的重要标准，与行政行为合法性审查原则也相互契合。法院对行政行为合法性的评判，除了依据行政诉讼法等行政基本法，更要依据行政机关所主管的行政实体法；在实体问题上的判断，更多是依据行政实体法律、法规、规章甚至规范性文件。如果原告诉请保护的权益，并不是行政机关作出行政行为时需要考虑和保护的法律上的权益，即使法院认可其原告主体资格，但在对行政行为合法性进行实体审查时，仍然不会将行政机关未考虑原告诉请保护权益之情形，作为认定行政行为违法的标准。也即，即使当事人所主张的权益客观存在，也可能会间接受到行政行为的影响，但因不属于行政实体法保护的权益，故并不会得到实体裁判支持，原告最终仍然只能承担不利的后果。申言之，即使法院认可其原告主体资格，受理其起诉，因其所诉请保护的权益并不会在诉讼中得到保护和尊重，其起诉也就丧失了必要性，不具备诉的利益；因而不承认其原告主体资格，也并不会侵犯其任何权益。对于仅具有反射性利益，而非法律上权益的当事人而言，也不能以被诉行政行为被作否定性评价后，可能会间接有利于保护其所主张的权益为由取得原告主体资格。申言之，当事人民法上的权益或者习惯法上的权益，只有在有关行政法律规范对其加以保护的情形下，才能成为行政法上保护的权益，才能形成行政法上的利害关系，才能取得原告主体资格，才能请求司法保护该权益。否则，上述相关权益，只宜通过民事诉讼或者针对直接对其设定权利义务的行政行为提起行政诉讼等方式来保护。而且，对行政行为合法性的评价，主要依据行为作出时的事实和法律状态，一般不受事后变化了的事实和法律规定的影响；因而当事人主张的权益，应当是行政机关作出行政行为时已经存在和需要考虑的权益，原则上对于事后形成的权益或者已经消失的权益，当事人无权提起诉讼，除非存在因行政法律关系存续而事后受到影响等特殊情形或者法律有特殊规定。

将当事人是否具有法律保护的权益，作为判断当事人是否具有原告主体资格的重要标准，与现行公益诉讼的立法和实践相一致。行政诉讼的立法宗旨，体现了权利保护和权力监督的统一性。适格原告的起诉，既在主观上维护自身合法权益，又在客观上维护法秩序。监督依法行政，有利于法治国家建设，从而体现出主观为自己，客观为他人的样态。因而，通过适度扩大原告主体资格、坚持合法性全面审查、严格审查标准等，可以在一定程度上弥合行政诉讼主、客观诉讼的争议。但行政诉讼虽有一定的公益性，却显然不能将原告主体资格范围无限扩大，将行政诉讼变相成为公益诉讼。现行行政诉讼法在确定原告主体资格问题上，总体坚持主观诉讼而非客观诉讼理念，行政诉讼首要以救济原告权利为目的，因此有权提起诉讼的原告，一般宜限定为主张保护其主观公权利而非主张保护其反射性利益的当事人。即使在消费者权益保护、环境污染、公共服务等领域，部分原告提起的诉讼，客观上具备一定程度公益诉讼特点，呈现自益为形式而公益为目的的特征；但在原告主体资格上，一般仍然限于提起自益形式的公益诉讼，仍然坚持原告本人需提供证据证明其存在与普通公众不同的独特的权益，且该种权益受行政实体法律规范所保护，并存在为被诉行政行为侵害的可能性；法律明确规定其属于可以直接提起公益诉讼的主体除外。因而，在行政机关不依法处理投诉举报事项等行政不作为引发的诉讼中，认可因自己法律上的权益受侵害而投诉举报的当事人的原告主体资格,就比认可因公共利益受损而投诉举报的当事人的原告主体资格,更具有正当性。

就本案而言,根据《国务院关于投资体制改革的决定》(国发〔2004〕20号)、《中央预算内直接投资项目管理办法》《政府核准投资项目管理办法》《江苏省企业投资项目备案暂行办法》等规定,发展改革部门对政府投资项目的审批行为和企业投资项目的核准和备案行为,主要是从维护经济安全、合理开发利用资源、保护生态环境、优化重大布局、保障公共利益、防止出现垄断等方面,判断某一项目是否应予审批、核准或备案(以下简称项目审批行为)。考察上述一系列规定,并无任何条文要求发展改革部门必须保护或者考量项目用地范围内的土地使用权人权益保障问题,相关立法宗旨也不可能要求必须考虑类似于刘广明等个别人的土地承包经营权的保障问题。发展改革部门在作出项目审批行为时,也就无需审查项目用地范围内的征地拆迁、补偿安置等事宜,无需考虑项目用地范围内单个土地、房屋等权利人的土地使用权和房屋所有权的保护问题。因此,项目建设涉及的土地使用权人或房屋所有权人与项目审批行为不具有利害关系,也不具有行政法上的权利义务关系,其以项目审批行为侵犯其土地使用权或者房屋所有权为由,申请行政复议或者提起行政诉讼,并不具有申请人或者原告主体资格。具体到本案中,张家港市发改委作出823号通知即使涉及刘广明依法使用的土地,刘广明也不能仅以影响其土地承包经营权为由申请行政复议。张家港市政府以再审申请人的行政复议申请不符合《实施条例》第二十八条第二项的规定为由,作出驳回其申请之决定,符合法律规定。一、二审法院判决并无不当。再审申请人刘广明如认为项目建设过程中行政机关的土地征收与补偿等行为侵犯其合法权益,应当通过其他法定途径解决。

另外,人民法院审理行政案件原则上应当公开进行,但人民法院可依法决定书面审理或者开庭审理、公开开庭或者不公开开庭。不能认为所有的一审行政案件和二审行政案件,都必须要经过公开开庭审理程序。为节约司法成本,减轻各方当事人诉讼负担,对于原告或者上诉人所诉之请求,在法律上显无理由者,人民法院可基于职权,不经言词辩论,直接不予支持。因此,根据《最高人民法院关于适用〈中华人民共和国行政诉讼法〉若干问题的解释》第三条以及《最高人民法院关于行政诉讼应诉若干问题的通知》的相关规定,对于一审行政案件,合议庭认为不需要开庭审理的,可以迳行裁定驳回起诉;根据《中华人民共和国行政诉讼法》第八十六条规定,对于二审行政案件，合议庭认为不需要开庭审理的，也可以不开庭审理。因本案的主要争议是法律适用问题，二审法院未开庭审理而采用书面方式审理，系法院职权所在且不违反法律规定。再审申请人有关二审法院未经询问即书面审理违法的再审理由，亦不能成立。

综上，再审申请人刘广明的再审申请不符合《中华人民共和国行政诉讼法》第九十一条规定的情形。

审理法院 最高人民法院
裁判时间 2017年4月26日
案　　号 最高人民法院（2017）最高法行申169号行政裁定书
出　　处 法信网。

402. 信访人对信访机构依据《信访条例》处理信访事项的行为或者不履行《信访条例》规定的职责不服提起行政诉讼的，人民法院不予受理

——孙某军诉江苏省人民政府行政复议决定案

裁判要点

根据《最高人民法院关于不服县级以上人民政府信访行政管理部门、负责受理信访事项的行政管理机关以及镇（乡）人民政府作出的处理意见或者不再受理决定而提起的行政诉讼人民法院是否受理的批复》（〔2005〕行立他字第4号）第一条规定，信访工作机构是各级人民政府或政府工作部门授权负责信访工作的专门机构，其依据《信访条例》作出的登记、受理、交办、转送、承办、协调处理、监督检查、指导信访事项等行为，对信访人不具有强制力，对信访人的实体权利义务不产生实质影响。信访人对信访工作机构依据《信访条例》处理信访事项的行为或者不履行《信访条例》规定的职责不服提起行政诉讼的，人民法院不予立案。

关 键 词 信访事项 行政诉讼 受案范围
裁判理由 最高人民法院认为：《中华人民共和国行政复议法》第二条规

定，公民、法人或者其他组织认为具体行政行为侵犯其合法权益，向行政机关提出行政复议申请，行政机关受理行政复议申请、作出行政复议决定，适用本法。本案中，孙某军请求连云港市政府履行的职责内容为：核实龙直镇政府、灌云县政府作出的两份信访答复、撤销灌云县政府终结该信访事项的决定以及将其录入全国信访信息系统黑名单的行为。孙某军因连云港市政府未作出答复而向江苏省政府提起行政复议，该行政复议申请的对象仍属于信访事项。参照《最高人民法院关于不服县级以上人民政府信访行政管理部门、负责受理信访事项的行政管理机关以及镇（乡）人民政府作出的处理意见或者不再受理决定而提起的行政诉讼人民法院是否受理的批复》（〔2005〕行立他字第4号）有关"信访人对信访机构依据《信访条例》处理信访事项的行为或者不履行《信访条例》规定的职责不服提起行政诉讼的，人民法院不予受理"的规定，江苏省政府以申请复议事项不属于行政复议范围为由，作出第86号不予受理决定，并无不当。孙某军申请再审理由不能成立，本院不予支持。

综上，再审申请人孙某军的再审申请不符合《中华人民共和国行政诉讼法》第九十一条规定的情形。

审理法院 最高人民法院
裁判时间 2017年5月3日
案　　号 最高人民法院（2017）最高法行申255号行政裁定书
出　　处 中国裁判文书网。

403. 复议决定维持原行政行为的,作出原行政行为的行政机关和复议机关是共同被告
——周某华诉海安县人民政府、南通市人民政府
征收补偿决定及复行决定案

> **裁判要点**
>
> 复议机关决定维持原行政行为的,作出原行政行为的行政机关和复议机关是共同被告。原行政行为和复议决定均属于行政案件的审查对象。原告不能通过仅起诉原行政行为,而排除人民法院对复议决定一并审查。

关 键 词 维持原行政行为 共同被告

裁判理由 最高人民法院认为:关于本案的诉讼标的确定问题。《中华人民共和国行政诉讼法》第二十六条第二款规定,经复议的案件,复议机关决定维持原行政行为的,作出原行政行为的行政机关和复议机关是共同被告。《最高人民法院关于适用〈中华人民共和国行政诉讼法〉若干问题的解释》①第七条明确规定,原告只起诉作出原行政行为的行政机关或者复议机关的,人民法院应当告知原告追加被告。原告不同意追加的,人民法院应当将另一机关列为共同被告。该司法解释第九条和第十条则进一步明确规定,复议机关决定维持原行政行为的,人民法院应当在审查原行政行为合法性的同时,一并审查复议程序的合法性;人民法院对原行政行为作出判决的同时,应当对复议决定一并作出相应判决。因此,根据上述相关条文的规定,现行行政诉讼制度对经过复议维持的案件,人民法院司法审查的对象或者说诉讼标的既包括原行政行为,也包括复议决定,人民法院必须对原行政行为和复议决定的合法性均进行评价,而不能仅审查原行政行为或者复议决定。且原告在提起诉讼后,人民法院对诉讼标的的审查,并不完全受原告起诉状的限制,原告也无权仅针对原行政行为或者复议决定提起诉讼;原告漏列原行政机关或者复议机关的,经释明拒绝变更的,人民法院可以依职权追加漏列的机关

---

① 该解释已被 2018 年 2 月 6 日发布的《最高人民法院关于适用〈中华人民共和国行政诉讼法〉的解释》代替。

为被告。易言之，无论原告起诉状中如何列举被告和表述诉讼请求，作出原行政行为的行政机关和复议机关是法定的共同被告，原行政行为和复议决定均属于行政案件的审查对象。原告不能通过仅起诉原行政行为，而排除人民法院对复议决定一并审查。本案周某华提出其是对海安县政府1号征收补偿决定不服提起诉讼，非对南通市政府273号行政复议决定不服，该主张不能成立。

审理法院 最高人民法院
裁判时间 2017年6月28日
案　　号 最高人民法院（2017）最高法行申2620号行政裁定书
出　　处 法信网。

404. 当事人可以在收到复议决定书之日起十五日内向人民法院提起行政诉讼
——周某华诉海安县人民政府、南通市人民政府征收补偿决定及复行决定案

裁判要点

经过复议的案件，当事人可以在收到复议决定书之日起十五日内向人民法院提起行政诉讼，而不能只针对原行政行为适用行政诉讼法六个月起诉期限的规定。

关 键 词 复议决定书　行政诉讼

裁判理由 最高人民法院认为：关于经复议的案件是否适用六个月起诉期限的问题。修改前的《中华人民共和国行政诉讼法》第三十八条第二款规定，申请人不服复议决定的，可以在收到复议决定书之日起十五日内向人民法院提起诉讼。由于修改前的行政诉讼法并未设立复议机关复议维持做共同被告的制度，因此此条所规定的提起诉讼，显然只能是针对被维持的原行政行为或者改变了原行政行为的复议决定提起的诉讼。从此条立法意旨来看，已经将行政复议作为行政争议解决的一个特定渠道，并就行政复议与行政诉讼的衔接作了规定，也将经过复议的案件的起诉期限，从一般的三个月等规

定缩减为十五日。由此可见行政诉讼立法时，已经对经过复议的行政行为的起诉期限作了特别规定，并排除了一般起诉期限规定的适用。而在行政诉讼法修改过程中，上述立法宗旨仍得以延续，相关条文表述并未作修改。《中华人民共和国行政诉讼法》第四十五条规定，公民、法人或者其他组织不服复议决定的，可以在收到复议决定书之日起十五日内向人民法院提起诉讼。由于复议机关维持做共同被告制度的引入，此处的提起诉讼可分为两类：一类是复议机关决定维持原行政行为的，作出原行政行为的行政机关和复议机关是共同被告，另一类是复议机关改变原行政行为的，复议机关是单独被告；但是在十五日的起诉期限适用范围上，从历史和文意解释等方法来看，仍然是以十五日的特殊规定取代了关于起诉期限的一般规定，亦即经过复议的案件，在起诉期限问题上并无适用行政诉讼法所规定的六个月一般期限的情形。本案中周某华于2015年10月12日收到南通市政府作出的273号行政复议决定，该决定也明确告知"如不服本决定，可自收到本决定书之日起十五日内向人民法院提起行政诉讼"，因此，周某华于2015年12月3日提起本案诉讼，显然超过了法定的十五日起诉期限。且本案不属于未经复议程序直接起诉原行政行为的情况，因此不适用《中华人民共和国行政诉讼法》第四十六条第一款关于六个月起诉期限的规定。

审理法院　最高人民法院
裁判时间　2017年6月28日
案　　号　最高人民法院（2017）最高法行申2620号行政裁定书
出　　处　法信网。

405. 在复议机关不受理复议申请的情况下，当事人不可以同时起诉原行政行为和复议机关行政不作为两项行为

——张某功诉南通市人民政府、江苏省
人民政府房屋行政补偿及行政复议案

裁判要点

驳回行政复议申请决定属于对行政复议申请的程序性驳回，不同于"复议机关决定维持原行政行为"之情形。在复议机关不受理复议申请的情况下，当事人可以起诉原行政行为，也可以起诉复议机关驳回行政复议申请的决定，但不可以同时起诉两项行为，因为后者审查的结果可能是撤销驳回行政复议申请的决定，重启行政复议程序，由此造成人民法院和行政复议机关在并行的两个法定程序中对同一行为即原行政行为合法性进行审查，两个程序重复且结果可能矛盾，也违背司法最终原则。

关 键 词 程序性驳回复议申请 共同被告

裁判理由 最高人民法院认为：本案中，南通市政府提交的张贴证明及照片、8号征收补偿决定的送达回证等证据材料可以证明，南通××技术开发区管理委员会的房屋征收部门于2014年4月9日在张某功户房屋外墙张贴了8号征收补偿决定及补偿决定公告，并于2014年4月24日将8号征收补偿决定进行了留置送达。张某功主张未送达，与事实不符。该8号征收补偿决定明确告知了申请行政复议及提起行政诉讼的权利和期限。2015年1月30日，张某功向江苏省政府申请行政复议，已超过《中华人民共和国行政复议法》第九条规定的申请期限。江苏省政府据此决定驳回其复议申请，符合法律规定。

2015年5月，张某功提起本案诉讼，被诉行政行为同时包括两项，一是南通市政府作出的8号征收补偿决定，二是江苏省政府作出的022号驳回复议申请决定。首先，关于8号征收补偿决定。《中华人民共和国行政诉讼法》第四十六条规定，公民、法人或者其他组织直接向人民法院提起诉讼的，应当自知道或者应当知道作出行政行为之日起六个月内提出。法律另有规定的除外。因不动产提起诉讼的案件自行政行为作出之日起超过二十年，其他案

件自行政行为作出之日起超过五年提起诉讼的,人民法院不予受理。另外,根据《最高人民法院关于适用〈中华人民共和国行政诉讼法〉若干问题的解释》第三条①的规定,是否遵守起诉期限属于起诉条件的一种,对于起诉条件的审查,人民法院应当依职权进行,无需等待当事人的申请,也不用基于当事人的抗辩,对于"超过法定起诉期限且无正当理由的",人民法院可以不予立案或者裁定驳回起诉。本案张某功于2014年4月即知道或应当知道8号征收补偿决定,其直至2015年5月才针对该决定提起诉讼,已经超过法定起诉期限;且二十年最长起诉期限,仅适用于当事人一直不知道行政行为主要内容的情形,本案并不适用。张某功因起诉期限超过而丧失诉权,并不因其曾申请行政复议而受影响。因此,张某功本项起诉不符合法定条件,应当裁定驳回。其次,关于022号驳回复议申请决定。因张某功申请行政复议超过法定的申请期限,江苏省政府作出022号驳回行政复议申请决定。根据《最高人民法院关于适用〈中华人民共和国行政诉讼法〉若干问题的解释》②第六条第一款规定,"行政机关决定维持原行政行为"包括复议机关驳回复议申请或者复议请求的情形,但以复议申请不符合受理条件为由驳回的除外。022号驳回行政复议申请决定从性质上属于对行政复议申请的程序性驳回,未对被申请行政行为的合法性作出实体性评判和处理,不同于"复议机关决定维持原行政行为"之情形。在复议机关不受理复议申请的情况下,根据《中华人民共和国行政诉讼法》第四十四条的规定,当事人可以起诉原行政行为,也可以起诉复议机关驳回行政复议申请的决定,即行政不作为。但当事人不可以同时起诉两项行为,因为后者审查的结果可能是撤销驳回行政复议申请的决定,重启行政复议程序,由此造成人民法院和行政复议机关在并行的两个法定程序中对同一行为即原行政行为合法性进行审查,两个程序重复且结果可能矛盾,也违背司法最终原则。同时,根据《中华人民共和国行政诉讼法》第二十六条第二款规定,复议机关是共同被告的情形,限于"复议机关决定维持原行政行为"。江苏省政府虽为复议机关但不满足作为共同被告的条件。张某功同时起诉8号征收补偿决定和022号驳回复议申请决定,并将南通市政府与江苏省政府作为共同被告向人民法院提起诉讼,不符合法律规定。一

---

① 该解释已被2018年2月6日发布的《最高人民法院关于适用〈中华人民共和国行政诉讼法〉的解释》代替。

② 该解释已被2018年2月6日发布的《最高人民法院关于适用〈中华人民共和国行政诉讼法〉的解释》代替。

审裁定驳回起诉，二审裁定驳回上诉，并无不当。

综上，张某功的再审申请不符合《中华人民共和国行政诉讼法》第九十一条规定的情形。

审理法院 最高人民法院
裁判时间 2017年8月31日
案　　号 最高人民法院（2017）最高法行申4311号行政裁定书
出　　处 中国裁判文书网。

406. 原告起诉是否超过法定起诉期限，是否符合法定起诉条件，依法属于人民法院依职权主动审查的范围
——张某力诉徐州市泉山区人民政府房屋征收补偿案

> **裁判要点**
> 　　超过起诉期限的，将丧失进入实体审理的程序权利。由于行政案件属于公法诉讼，涉及公共利益和社会管理秩序的稳定性，对原告起诉是否超过法定起诉期限，是否符合法定起诉条件，仍属人民法院在双方举证基础上依职权审查范围。

关 键 词 起诉期限　起诉条件　主动审查

裁判理由 最高人民法院认为：修改前的《中华人民共和国行政诉讼法》第三十九条规定，公民、法人或者其他组织直接向人民法院提起诉讼的，应当在知道作出具体行政行为之日起三个月内提出；法律另有规定的除外。本案中，泉山区政府向一审法院提交的192号《房屋补偿决定》及其送达证、送达照片、视频资料、证人证言等证据，能够证明泉山区政府于2014年9月29日作出192号《房屋补偿决定》后，已于同年10月25日向张某力进行了留置送达。上述证据已通过一审庭审质证。张某力虽对证据的真实性提出异议，但不能提供足以反驳的相反证据，其异议缺乏证据支持，本院不予采信。因192号《房屋补偿决定》中已明确告知张某力诉权和起诉期限，故张某力于2015年3月提起行政诉讼，显然已超过法定起诉期限。张某力主张人民法院不应对起诉期限主动进行审查，应适用诉讼时效的有关规定。行政诉讼法

上的起诉期限不同于民法上的诉讼时效。诉讼时效，是权利人未在法定期间内行使权利而丧失请求人民法院依法保护其权利的法律制度。诉讼时效本质上是实体法上的制度，关系到某一实体权利应否受人民法院强制力保护。民法上的诉讼时效属于私法范畴，遵循自愿原则和诚信原则。因此，对于诉讼时效效力采取抗辩发生主义，人民法院不得主动适用诉讼时效的规定，一旦义务人行使时效抗辩权，权利人即丧失胜诉权。行政诉讼法的起诉期限，是法定的起诉条件之一。依据《最高人民法院关于适用〈中华人民共和国行政诉讼法〉若干问题的解释》① 第三条的规定，"超过法定起诉期限且无正当理由的"，人民法院裁定不予立案；已经立案的，裁定驳回起诉。即超过起诉期限的，将丧失进入实体审理的程序权利。由于行政案件属于公法诉讼，涉及公共利益和社会管理秩序的稳定性，所以对起诉是否符合法定条件，包括是否超过法定起诉期限，人民法院应当依职权进行审查，并非当一事人不主张人民法院不审查的事项。张某力此项申请再审理由不能成立。一审法院以超过起诉期限为由裁定驳回张某力的起诉，二审法院予以维持，并无不当。

综上，张某力的再审申请不符合《中华人民共和国行政诉讼法》第九十一条规定的情形。

审理法院　最高人民法院
裁判时间　2017 年 8 月 31 日
案　　号　最高人民法院（2017）最高法行申 5410 号行政裁定书
出　　处　法信网。

---

① 该解释已被 2018 年 2 月 6 日发布的《最高人民法院关于适用〈中华人民共和国行政诉讼法〉的解释》代替。

407. 各级政府设立的办事机构不能作为行政诉讼中的被告
——叶某来、胡某根诉浙江省人民政府信息公开案

> **裁判要点**
> 行政机关组建并赋予行政管理职能但不具有独立承担法律责任能力的机构，以自己的名义作出具体行政行为，当事人不服提起诉讼的，应当以组建该机构的行政机关为被告。

关 键 词 政府法制部门 行政管理职权 人民政府

裁判理由 最高人民法院认为：本案的争议焦点是对政府法制办公室的行为不服引发诉讼的，应当以政府法制办公室还是同级政府为被告。

行政诉讼中的被告是被原告起诉到法院的、由法院通知应诉的行政机关。"谁行为，谁被告"是确定行政诉讼被告的基本原则。《中华人民共和国行政诉讼法》第二十六条第一款规定："公民、法人或者其他组织直接向人民法院提起诉讼的，作出行政行为的行政机关是被告。"但同时，由于行政管理的多样性以及行政主体资格的复杂性，可能出现实施行为主体与承担法律责任主体的不一致性。《最高人民法院关于执行〈中华人民共和国行政诉讼法〉若干问题的解释》①第二十条第一款即规定，行政机关组建并赋予行政管理职能但不具有独立承担法律责任能力的机构，以自己的名义作出具体行政行为，当事人不服提起诉讼的，应当以组建该机构的行政机关为被告。而对于各级政府设立的办事机构，如政府办公室，法制办公室等，其所有权依据相关组织法规定行使相关职权，并以自己名义作出相应的行为，但发生诉讼后仍应以相应的政府作为名义被告。根据《国务院行政机构设置和编制管理条例》、《国务院关于机构设置的通知》（国发〔2013〕14 号）以及《浙江省人民政府办公厅关于印发浙江省人民政府法制办公室主要职责内设机构和人员编制规定的通知》（浙政办发〔2009〕127 号）等规定，浙江省政府法制办公室是浙江省政府办事机构，其职能定位为浙江省政府负责同志的参谋助手和法律

---

① 该解释已被 2018 年 2 月 6 日发布的《最高人民法院关于适用〈中华人民共和国行政诉讼法〉的解释》代替。

顾问，浙江省政府法制办公室所具体承担的法规审查、行政复议、备案审查等工作，依法均由浙江省政府作出最终决定，浙江省政府法制办公室本身不具有独立的行政管理职能，也不对外行使行政管理职权。因此，浙江省政府法制办公室所作出的行为，其法律责任应当由浙江省政府承担。本案叶某来、胡某根因认为浙江省政府法制办公室未在规定期限内提供所申请获取的政府信息，坚持以浙江省政府为被告提起行政诉讼，符合现行有关政府法制办公室法律地位的规定。一、二审法院以其起诉的被告主体不适格为由，裁定驳回其起诉和上诉，可能存在适用法律错误情形。

综上，叶某来的再审申请符合《中华人民共和国行政诉讼法》第九十一条第一项规定的情形。

审理法院 最高人民法院
裁判时间 2017 年 9 月 28 日
案　　号 最高人民法院（2017）最高法行申 4870 号行政裁定书
出　　处 法信网。

408. 申请人在提出行政复议申请时，应当提供初步的、表面成立的证据证明其存在一项合法权益、该项合法权益已经或者可能受到行政行为侵犯

——张某水等诉山东省人民政府等行政复议案

裁判要点

行政复议申请人在提出行政复议申请时，应当举证证明其与具体行政行为有利害关系。易言之，应当提供证据初步证明其存在一项合法权益、该项合法权益已经或者可能受到行政行为侵犯。但此种举证应当是初步的、表面成立的，而不能要求在申请阶段就必须证明其权利确实已经受到侵犯；在相邻权案件中尤其如此。

关 键 词 初步证据　合法权益　事实根据

裁判理由 最高人民法院认为：本案争议的焦点在于如何认定行政复议申请人与行政行为是否具备利害关系，以及行政复议申请人在申请复议时需

要达到何种证明标准,即因认可其申请复议资格。《行政复议法实施条例》第二十八条规定,"行政复议申请符合下列规定的,应当予以受理:(一)有明确的申请人和符合规定的被申请人;(二)申请人与具体行政行为有利害关系;(三)有具体的行政复议请求和理由;(四)在法定申请期限内提出;(五)属于行政复议法规定的行政复议范围;(六)属于收到行政复议申请的行政复议机构的职责范围;(七)其他行政复议机关尚未受理同一行政复议申请,人民法院尚未受理同一主体就同一事实提起的行政诉讼。"因此,申请人在提出行政复议申请时,应当举证证明其与具体行政行为有利害关系。易言之,应当提供证据初步证明其存在一项合法权益、该项合法权益已经或者可能受到行政行为侵犯。但此种举证应当是初步的、表面成立的,而不能要求在申请阶段就必须证明其权利确实已经受到侵犯;在相邻权案件中尤其如此。是否具备申请人资格与其请求能否在行政复议中得到支持,是两个不同层面的问题。正如承认起诉人提起行政诉讼的原告主体资格,并不意味着必然会判决支持其实体诉讼请求;起诉权与胜诉权虽然有关联,但两者有着明显的区别。行政复议的申请人和行政诉讼的起诉人,只要能提供初步的证据证明其存在合法权益被侵犯的可能性,则应当认可其申请复议和提起诉讼的资格;不能以事后查明的不具备合法权益或者不存在其合法权益未被侵犯的可能性事实,来否认即不承认其申请复议和提起诉讼的资格。在行政复议申请人是否具备合法权益,是否存在合法权益被侵犯的可能性,与原行政行为是否存在利害关系,应当按照有利于人民群众通过行政救济或者司法救济渠道申请人维护权益的角度来理解和把握解释和认定申请人提供的证据材料等。人民法院对行政复议决定的审查,更应注意司法谦抑,特别是在复议机关已经认可申请人资格并作出实体复议决定的情况下,除非复议机关认定明显错误,否则不宜另行认定申请人不具备申请复议的资格,而宜对复议决定是否合法进行实体审查,以避免程序空转,并及时化解纠纷。

本案中,聊城市人民政府于1988年7月22日为张某水的父亲张某轩颁发《1804号房权证》,该证上记载涉案宗地上有张某轩北屋两间。1992年张某轩与张金兰已就位于豆营居委会的涉案宗地达成了分割使用协议。1994年康某英起诉张金兰排除妨碍民事纠纷一案法官绘制的现场勘验图显示在涉案宗地院落的西北角有张某轩的两间房屋。这些证据已经能够证明其父张某轩在涉案宗地上曾有过房屋,且曾经就涉案宗地的分割问题与张金兰达成过协议,应当认定张某水已经履行初步举证责任,已经提供了表面成立的证据的情况下，应当认定其与2001年颁发《第633号国有土地使用证》的行为有利害关系，复议机关受理其复议申请即有法律依据。原一、二审法院在复议机关已经受理复议申请并作出实体复议决定的情况下，以张某水提供的证据材料不能证明2001年聊城市人民政府向张金兰颁发涉案《第633号国有土地使用证》时，涉案土地上存在其父母的房屋为由，否定其与颁证行为存在利害关系，进而不认可其申请行政复议的资格，并以此为由撤销复议决定，系对行政复议法有关利害关系法律规定的错误理解，属于适用法律错误。本案原一审法院应当针对被诉行政复议决定的合法性进行审查，并依法进行裁判。

综上，张某水的再审申请符合《中华人民共和国行政诉讼法》第九十一条第四项规定情形。

审理法院 最高人民法院
裁判时间 2017年11月21日
案　　号 最高人民法院（2016）最高法行申1759号行政裁定书
出　　处 法信网。

409. 当事人所在社区、单位推荐的公民，应当是当事人所在社区的居民或者所在单位的工作人员

——徐某纲诉南京市人民政府信息公开案

> **裁判要点**
>
> 《行政诉讼法》第三十一条第二款对公民作为委托诉讼代理人的范围予以了限制，明确只有"当事人所在社区、单位以及有关社会团体推荐的公民"可以被委托为诉讼代理人。基于行政诉讼法的立法目的和汉语正常文意，当事人所在社区、单位推荐的公民应限于当事人所在社区的居民、工作人员或者当事人所在单位的工作人员。

关　键　词 社区、单位推荐的公民　工作人员

裁判理由 最高人民法院认为：（一）根据本案一、二审查明的事实，徐某纲于2016年3月14日向南京市政府提交政府信息公开申请表，申请公开1734号文件。南京市政府收到徐某纲申请后，于3月17日作出答复书，同意

向徐某纲公开，并于3月18日向徐某纲直接送达答复书及1734号文件，徐某纲在签收表上签字予以确认。南京市政府依据徐某纲的申请于15个工作日内向其公开1734号文件的行政行为，符合《政府信息公开条例》第二十四条的规定，已经依法履行了政府信息公开的法定职责。其后，南京市政府在案涉1734号文件上加盖政府信息公开专用章，进一步印证其所公开信息的真实性，使徐某纲的信息公开权益得到充分保障。徐某纲关于确认南京市政府上述行政行为违法并予以撤销、由南京市政府重新作出信息公开行为的诉讼请求，缺乏事实和法律依据。一审法院依照《行政诉讼法》第六十九条规定判决驳回其诉讼请求，二审法院依据《行政诉讼法》第八十九条第一款第一项规定判决驳回其上诉并维持一审判决，适用法律和处理结果均无不当。

（二）《行政诉讼法》第三十一条第二款规定，"下列人员可以被委托为诉讼代理人：（一）律师、基层法律服务工作者；（二）当事人的近亲属或者工作人员；（三）当事人所在社区、单位以及有关社会团体推荐的公民。"修改前的《行政诉讼法》第二十九条规定，"律师、社会团体、提起诉讼的公民的近亲属或者所在单位推荐的人，以及经人民法院许可的其他公民，可以受委托为诉讼代理人"。两相对照，现行行政诉讼法对公民作为委托诉讼代理人的范围予以了限制，明确只有"当事人所在社区、单位以及有关社会团体推荐的公民"可以被委托为诉讼代理人。当事人所在社区、单位推荐公民代理诉讼，是为了保护与之有密切联系的当事人的利益，其只有基于对本社区、本单位人员专业知识、诉讼能力、道德品行的了解，才有足够理由作出推荐或者不予推荐的决定。基于行政诉讼法的立法目的和汉语正常文意，当事人所在社区、单位推荐的公民应限于当事人所在社区的居民、工作人员或者当事人所在单位的工作人员。本案徐某纲所在社区为南京市鼓楼区热河南路办事处二板桥社区居委会，其委托的杨某明住址为四川省营山县，与其并不在同一社区，徐某纲所在社区推荐杨某明作为其诉讼代理人，不符合《行政诉讼法》第三十一条的规定，二审法院认定杨某明不具有诉讼代理人资格并无不当。

（三）《行政诉讼法》第五十五条第一款规定，"当事人认为审判人员与本案有利害关系或者有其他关系可能影响公正审判，有权申请审判人员回避。"但徐某纲并无证据证明二审审判人员与本案有利害关系或者有其他关系可能影响公正审判，其以案件审理超过法定审限为由申请二审合议庭全体成员回避，不符合法定回避情形。二审法院依法作出决定书驳回徐某纲回避申请、作出复议决定书驳回其复议申请,且阐明驳回理由并已向徐某纲送达,真实合法有效。

(四)《行政诉讼法》第八十六条规定,"人民法院对上诉案件,应当组成合议庭,开庭审理。经过阅卷、调查和询问当事人,对没有提出新的事实、证据或者理由,合议庭认为不需要开庭审理的,也可以不开庭审理。"据此,人民法院根据上诉案件的具体情况,有权决定是否开庭审理。本案主要事实清楚,二审法院依法决定不开庭审理本案并无不当。

(五)根据《行政诉讼法》第九十一条的规定,违反法律规定的诉讼程序,可能影响公正审判的,人民法院应当再审。据此,如果受案法院违反法律规定的诉讼程序进而可能影响案件公正判决和裁定的,构成案件再审的事由。本案徐某纲再审申请主张的有关二审法院延长审限违反法定程序、未在三日内对其回避申请作出决定等情形,即使成立也不影响案件的公正审判,本院于本案不予审查。徐某纲针对审限问题提交的二审法院诉讼服务网截图及中国裁判文书网 14 个行政案件裁判文书截图,以及针对杨某明是否具有诉讼代理人资格问题提交的(2016)苏民申 5926 号民事裁定书,均不属于再审新证据,亦不能支持其申请再审主张,本院不予采纳。由于徐某纲的回避申请被依法予以驳回,二审合议庭继续审理本案并在全面审查被诉行政行为的合法性基础上作出二审判决,符合法律规定。徐某纲提出的二审判决违反法律规定的诉讼程序可能影响公正审判、适用法律错误,以及有新的证据足以推翻二审判决的申请再审事由均不能成立;其以二审判决违反法定程序为由主张二审审理本案的审判人员滥用职权、枉法裁判、徇私舞弊,缺乏事实和法律依据,其该项申请再审事由亦不能成立。

综上,徐某纲的再审申请不符合《中华人民共和国行政诉讼法》第九十一条规定的情形。

审理法院 最高人民法院
裁判时间 2017 年 11 月 30 日
案　　号 最高人民法院(2017)最高法行申 4774 号行政裁定书
出　　处 法信网。

410. 行政机关强制拆除未妥善处置应承担举证不能的不利后果
——李吉程诉南宁高新技术产业开发区
管理委员会强制拆除及行政赔偿再审案

裁判要点

行政机关在强制拆除过程中，本应依法妥善处置并保全证据，以证明其在强制拆除过程中已尽慎重、妥善之注意义务，对行政相对人所建违法建筑物中的合法财产已予清空并妥善处理。但行政机关未能提供任何相关证据，未尽到举证责任。由于行政机关的违法强制拆除，行政相对人仅能提供相关现场照片及财产损失清单，业已穷尽举证手段以证明动产损失的存在，虽然其对于动产损失的具体数额无法举证，基于公平原则，对于案涉动产损失及赔偿数额的确定，应适用法律所规定的举证责任倒置，即由行政机关承担举证不能的不利后果并负相应的赔偿责任。

关 键 词 行政机关 强制拆除 举证责任

裁判理由 最高人民法院认为：高新管委会的强制拆除行为违反《中华人民共和国行政强制法》第三十五条以及第三十七条第一款的规定，程序违法，一、二审判决确认违法正确，本院予以支持。关于高新区管委会是否有权实施涉案强拆行为的问题，根据《中华人民共和国城乡规划法》第六十四条及第六十八条之规定，县级以上人民政府城乡规划主管部门具有城乡规划行政处罚权。另根据《广西壮族自治区高新技术产业开发区条例》第十三条关于"高新区所在地的市人民政府设立高新区管理委员会，作为管理高新区具体事务的派出机构，根据市人民政府的授权，对高新区的发展规划、科技创新、城市建设、土地、财政、外事、项目审批、劳动人事等事项进行统一管理"以及第十四条第一款第七项关于"高新区管理委员会履行所在地的市人民政府授予的其他职权"的规定，南宁市人民政府可以对高新区管委会等派出机构予以明确授权，由其履行法律赋予南宁市人民政府的有关行政管理职权。在此前提下，中共南宁市委办公厅、南宁市人民政府办公厅印发的《中共南宁高新技术开发区工作委员会南宁高新技术产业开发区管理委员会主要职责、内设机构和人员编制规定》第一点主要职责第九项也已明确授权高新区管委会负责高新区城市管理综合行政执法工作。案涉农业养殖设施所在地属于高新区管委会的城乡规划行政管理职权实施的地域范围，因此，高新区管委会有权实施涉案强拆行为。

《中华人民共和国国家赔偿法》第二条第一款规定："国家机关和国家机关工作人员行使职权，有本法规定的侵犯公民、法人和其他组织合法权益的情形，造成损害的，受害人有依照本法取得国家赔偿的权利。"也就是说，获得国家赔偿的前提是公民、法人和其他组织的合法权益受到侵害造成损失的。李吉程被拆除的建筑物不属于合法财产，一、二审对涉案建筑物不给予国家赔偿依法有据，本院予以支持。

《中华人民共和国行政诉讼法》第三十八条第二款明确规定："在行政赔偿、补偿的案件中，原告应当对行政行为造成的损害提供证据。因被告的原因导致原告无法举证的，由被告承担举证责任"。本案中，高新区管委会在强制拆除过程中，本应依法妥善处置并保全证据，以证明其在强制拆除过程中已尽慎重、妥善之注意义务，对李吉程所建违法建筑物中的合法财产已予清空并妥善处理。但高新区管委会未能提供任何相关证据，未尽到举证责任。由于高新区管委会的违法强制拆除，李吉程仅能提供相关现场照片及财产损失清单，业已穷尽举证手段以证明动产损失的存在，虽然其对于动产损失的具体数额无法举证，基于公平原则，对于案涉动产损失及赔偿数额的确定，应适用上述法律所规定的举证责任倒置，即由高新区管委会承担举证不能的不利后果并负相应的赔偿责任。一、二审判决适用《最高人民法院关于执行〈中华人民共和国行政诉讼法〉若干问题的解释》第二十七条第三项的规定，而未适用《中华人民共和国行政诉讼法》第三十八条第二款的规定，适用法律错误，应予纠正。在本院庭审中，李吉程主张其所养生猪被驱离房屋，无处安置产生相应损失的事实，高新区管委会亦未提出相反证据。对于李吉程养殖物及屋内合理物品的损失等相关事实，应当进一步核实后依据证据规则予以确定。

审理法院　最高人民法院
裁判时间　2017 年 11 月 30 日
案　　号　最高人民法院（2017）最高法行再 66 号行政判决书
出　　处　中国裁判文书网。

411. 行政相对人已经积极行使诉权并因正当理由而耽误起诉期限的，可不认为超过起诉期限
——黄某敬诉北京市东城区人民政府行政复议案

> **裁判要点**
>
> 　　判断行政相对人的起诉是否超过起诉期限以及超过起诉期限是否具备正当理由，应当充分考虑行政相对人是否已经积极行使诉权，是否存在行政相对人因正当理由而耽误起诉期限的情形。
>
> 　　在现行法律规范未对正当理由作明确规定的情况下，人民法院对超过起诉期限但有正当理由的判断，应当按照有利于起诉人的原则进行。

　　关　键　词　起诉期限　不可归责于自身原因

　　裁判理由　最高人民法院认为："无救济则无权利"。法律在赋予公民、法人或者其他组织诸项权利的同时，也赋予其在权利受到侵害或发生争议时获得救济尤其是司法救济的权利；而司法救济的权利就是诉权，即请求司法机关进行裁判，解决争议并保护法律赋予的权利。当然，"法律不保护躺在权利上睡觉的人"，公民、法人或者其他组织行使诉权，必须在法定期限内进行。尤其是为了及时解决纠纷，避免行政管理秩序长期处于不稳定状态，各国行政诉讼制度都引导并鼓励公民、法人或者其他组织尽快提起行政诉讼，并设立了较短的起诉期限制度。司法实践中，对确有正当理由超过法定期限提起的诉讼，又作了特殊规定，并在是否因正当理由超过起诉期限的判断方面，作有利于公民、法人或者其他组织的解释，以切实保障诉权。因此，判断行政相对人的起诉是否超过起诉期限以及超过起诉期限是否具备正当理由，应当充分考虑行政相对人是否已经积极行使诉权，是否存在行政相对人因正当理由而耽误起诉期限的情形。本案中，东城区政府于2015年7月15日作出被诉复议决定，并告知"如不服本决定，可自收到本决定书之日起15日内，依法向人民法院提起行政诉讼"，但由于被诉复议决定并未明确指向应当提起诉讼的具体人民法院，黄某敬在2015年7月16日收到被诉复议决定后，于7月30日通过邮寄方式向东城区法院提起行政诉讼，是积极行使诉权的表现，且没有超过《行政复议法》第十九条规定的15日起诉期限；即使存在错误选

择管辖法院的情形,也不能因此承担相应的不利后果。因行政案件跨区划管辖及级别管辖的调整原因,本案无管辖权的东城区法院在收到黄某敬邮寄的起诉状后,作出《立案审查暨补正告知书》,告知黄某敬应依法另行向有管辖权的北京市第四中级人民法院起诉,并不违反法律规定。黄某敬于9月1日收到《立案审查暨补正告知书》后,于9月5日即向一审法院邮寄本案的起诉书,亦没有怠于行使诉权;且即使认定为超过法定起诉期限,也应认为属于有正当理由。在现行法律规范未对正当理由作明确规定的情况下,人民法院对超过起诉期限但有正当理由的判断,应当按照有利于起诉人的原则进行。因此,原审法院认定黄某敬在9月1日收到《立案审查暨补正告知书》后,应当在9月2日前向一审法院起诉,其于9月5日向一审法院邮寄本案起诉书,超过《行政复议法》规定的15日起诉期限且无正当理由的认定,不符合法律规定;原一、二审法院分别裁定驳回起诉和上诉,属适用法律错误,应当予以纠正。

综上,黄某敬的再审申请符合《中华人民共和国行政诉讼法》第九十一条第一项、第四项规定情形。

审理法院 最高人民法院
裁判时间 2017年12月17日
案　　号 最高人民法院(2016)最高法行申4521号行政裁定书
出　　处 法信网。

412. 具有针对房屋行政强制行为提起行政诉讼的资格，已初步证明被告适格的，人民法院依法应予立案
——上海马桥酒店管理有限公司诉上海市闵行区人民政府行政强制案

> **裁判要点**
>
> 公民、法人或者其他组织的合法房屋受法律保护，任何单位和个人不得侵犯。
>
> 提起诉讼应当有明确的被告。所谓有明确的被告，主要是指起诉状所列被告的名称等信息能够足以使被告与其他行政机关或者法律法规规章授权的组织相区别，以使人民法院能够送达起诉状副本，保障诉讼程序顺利进行。
>
> 监督行政机关依法行使职权，人民法院在确定行政案件适格被告方面也存有一定义务。

关 键 词 房屋征收强制拆除主体　明确的被告

裁判理由 最高人民法院认为：《中华人民共和国物权法》第四条规定，国家、集体、私人的物权和其他权利人的物权受法律保护，任何单位和个人不得侵犯。为了全方位、无漏洞地保护物权，我国建立了民事、刑事和行政诉讼三种渠道，分别救济因民事侵权、刑事犯罪或者行政侵权而造成的物权损失。《中华人民共和国侵权责任法》第二条第一款、第三条、第四条规定，侵害民事权益，应当依照本法承担侵权责任；被侵权人有权请求侵权人承担侵权责任；侵权人因同一行为应当承担行政责任或者刑事责任的，不影响依法承担侵权责任。《中华人民共和国刑法》第二百七十五条规定，故意毁坏公私财物，数额较大或者有其他严重情节的，处三年以下有期徒刑、拘役或者罚金；数额巨大或者有其他特别严重情节的，处三年以上七年以下有期徒刑。《中华人民共和国行政诉讼法》第二条第一款规定，公民、法人或者其他组织认为行政机关和行政机关工作人员的行政行为侵犯其合法权益，有权依照本法向人民法院提起诉讼。因此，侵犯公民、法人和其他组织合法拥有的物权的，根据其侵权原因及情节，将分别承担相应的民事责任、刑事责任或者行

政赔偿责任。

本案中，案涉国有土地使用权于 1990 年经原上海县土地管理局登记在上海市服装公司职工疗养所名下。2004 年 3 月，上海服装（集团）有限公司与马桥酒店达成房地产转让协议，由马桥酒店以 461.02 万元的价格受让案涉土地使用权及地上房屋。2007 年，案涉房屋所有权登记在上海市服装公司职工疗养所名下。但案涉土地及地上房屋一直由马桥酒店占有、使用和处分，故马桥酒店系案涉土地和房屋的实际权利人，依法享有相应的物权。一审法院以马桥酒店不是案涉土地和房屋的登记权利人为由，认定马桥酒店不具备提起本案诉讼的原告资格，缺乏法律依据，本院予以纠正。

《中华人民共和国行政诉讼法》第四十九条第二项规定，提起诉讼应当有明确的被告。所谓有明确的被告，主要是指起诉状所列被告的名称等信息能够足以使被告与其他行政机关或者法律法规规章授权的组织相区别，以使人民法院能够送达起诉状副本，保障诉讼程序顺利进行。在立案登记制背景下，起诉人在起诉无书面决定的事实行为时，只要能够提供初步证据证明事实行为存在且极有可能系起诉状所列被告实施，即应视为已经初步履行了适格被告的举证责任；除非起诉状所列被告明显不适格，或者为规避法定管辖而多列被告，或者原告明显存在滥用诉讼权利情形。案涉房屋为合法建筑，强拆前无任何书面征收决定、限期拆除决定等行政法律文书送达马桥酒店，强拆后也无任何主体主动承担强制拆除责任。马桥酒店和上海服装（集团）有限公司曾以马桥镇人民政府为被告提起过民事侵权诉讼，但生效民事裁定以案涉地块被纳入建设项目征收土地范围，所诉争议不属于平等主体之间的人身、财产争议为由驳回起诉。而且不论是农村集体土地还是国有土地上的房屋征收、强制搬迁、收回国有土地使用权以及随后的土地出让金收取等，均为政府及其职能部门的法定职权，因此，对合法建筑的拆除首先应推定为行政强制行为，除非有证据足以推翻。马桥酒店提起本案诉讼时，所提供的闵行区政府 2010 年征收土地公告等文件，已经能够初步证明闵行区政府在案涉土地周边地块进行征收，因而极有可能实施或者通过书面、口头等形式委托相关主体实施强制拆除，因此以闵行区政府为被告提起诉讼，符合立案登记条件，一审法院应予登记立案。即使闵行区政府否认曾实施强制拆除行为，并主张系基层群众自治组织强制拆除，人民法院也应先行立案并在其后的审理程序查明。由于现行《中华人民共和国土地管理法》和《国有土地上房屋征收与补偿条例》仅规定政府及其职能部门具有征收房屋、收回国有土地使用权及强制拆除合法建筑的职权，民事主体或基层群众自治组织并无实施强制拆除权力，因而闵行区政府如不能举证证明确系其他主体违法实施的强制拆除，将可能被推定为实施强制拆除的主体，并承担相应的赔偿责任。由于我国法律并不认可私力救济，因此民事主体等或自治组织负责人违法强制拆除他人合法房屋，涉嫌构成故意毁坏财物罪的，权利人可以依法请求公安机关履行相应职责；人民法院经审查认为有犯罪行为的，应当依据《中华人民共和国行政诉讼法》第六十六条第一款规定，将有关材料移送公安、检察机关。

为保护公民、法人和其他组织合法权益，监督行政机关依法行使职权，人民法院在确定行政案件适格被告方面也存有一定义务。《最高人民法院关于适用〈中华人民共和国行政诉讼法〉若干问题的解释》第三条第一款第三项①规定，错列被告且拒绝变更的，人民法院裁定不予立案；已经立案的，应当裁定驳回起诉。此即说明，即使原告所起诉的被告不适格，人民法院仍有义务查明适格被告，并告知当事人变更，而不能简单以被告不适格为由不予立案或者迳行裁定驳回起诉，除非被告明显不适格，或者为规避法定管辖而多列被告，或者原告明显存在滥用诉讼权利情形。

综上，马桥酒店具有针对房屋行政强制行为提起行政诉讼的资格，其已初步证明闵行区政府作为被告的适格性，人民法院依法应予立案。马桥酒店申请再审理由成立，符合《中华人民共和国行政诉讼法》第九十一条第一项规定的情形，依法应予再审，一、二审裁定认定事实不清，适用法律法规错误，依法应予纠正。

审理法院 最高人民法院
裁判时间 2017 年 12 月 29 日
案　　号 最高人民法院（2017）最高法行再 102 号行政裁定书
出　　处 中国裁判文书网。

---

① 该解释已被 2018 年 2 月 6 日发布的《最高人民法院关于适用〈中华人民共和国行政诉讼法〉的解释》第六十九条第一款第（三）项代替。

第三章 审理与法律适用

413. 工商行政管理部门可依法对食品经营者未在食品标签、食品说明书上特别强调配料、成分的添加量或含量实施行政处罚
——盐城市奥康食品有限公司东台分公司
诉盐城市东台工商行政管理局工商行政处罚案

裁判要点

1. 食品经营者在食品标签、食品说明书上特别强调添加、含有一种或多种有价值、有特性的配料、成分，应标示所强调配料、成分的添加量或含量，未标示的，属于违反《中华人民共和国食品安全法》的行为，工商行政管理部门依法对其实施行政处罚的，人民法院应予支持。

2. 所谓"强调"，是指通过名称、色差、字体、字号、图形、排列顺序、文字说明、同一内容反复出现或多个内容都指向同一事物等形式进行着重标识。所谓"有价值、有特性的配料"，是指不同于一般配料的特殊配料，对人体有较高的营养作用，其市场价格、营养成分往往高于其他配料。

关　键　词　行政处罚　食品安全标准　食品说明书

裁判理由　法院生效裁判认为：《食品安全法》第二十条第四项规定，食品安全标准应当包括对与食品安全、营养有关的标签、标识、说明书的要求。第二十二条规定，本法规定的食品安全国家标准公布前，食品生产经营者应当按照现行食用农产品质量安全标准、食品卫生标准、食品质量标准和有关食品的行业标准生产经营食品。GB7718-2004《预包装食品标签通则》由国家质量监督检验检疫总局和国家标准化管理委员会制定，于2005年10月1日实施；《食品安全法》于2009年6月1日实施，新版的GB7718-2011《预包装食品标签管理通则》是由国务院卫生行政部门制定，且明确是食品安全国

家标准,于 2012 年 4 月 20 日实施。本案原告奥康公司违法行为发生在 2011 年 9 月至 2012 年 2 月,GB7718-2004《预包装食品标签通则》属于当时的食品安全国家标准之一。因此,被告东台工商局适用 GB7718-2004《预包装食品标签通则》对原告作出行政处罚,并无不当。

GB7718-2004《预包装食品标签通则》规定:"预包装食品标签的所有内容,不得以虚假、使消费者误解或欺骗性的文字、图形等方式介绍食品;也不得利用字号大小或色差误导消费者。""如果在食品标签或食品说明书上特别强调添加了某种或数种有价值、有特性的配料,应标示所强调配料的添加量。"这里所指的"强调",是特别着重或着重提出,一般意义上,通过名称、色差、字体、字号、图形、排列顺序、文字说明、同一内容反复出现或多个内容都指向同一事物等形式表现,均可理解为对某事物的强调。"有价值、有特性的配料",是指对人体有较高的营养作用,配料本身不同于一般配料的特殊配料。通常理解,此种配料的市场价格或营养成分应高于其他配料。本案中,原告奥康公司认为"橄榄原香"是对产品物理属性的客观描述,并非对某种配料的强调,但从原告销售的金龙鱼牌橄榄原香食用调和油的外包装来看,其标签上以图形、字体、文字说明等方式突出了"橄榄"二字,强调了该食用调和油添加了橄榄油的配料,且在吊牌(食品标签的组成部分)上有"添加了来自意大利的 100% 特级初榨橄榄油"等文字叙述,显而易见地向消费者强调该产品添加了橄榄油的配料,该做法本身实际上就是强调"橄榄"在该产品中的价值和特性。一般来说,橄榄油的市场价格或营养作用均高于一般的大豆油、菜籽油等,因此,如在食用调和油中添加了橄榄油,可以认定橄榄油是"有价值、有特性的配料"。因此,奥康公司未标示橄榄油的添加量,属于违反食品安全标准的行为。东台工商局所作行政处罚决定具有事实和法律依据,应予维持。

审理法院 江苏省盐城市中级人民法院
裁判时间 2013 年 5 月 9 日
案　　号 江苏省盐城市中级人民法院(2013)盐行终字第 0032 号行政判决
出　　处 最高人民法院指导案例 60 号,2016 年 5 月 20 日发布。

414. 行政机关在职权范围内对行政协议约定的条款进行的解释，对协议双方具有法律约束力，人民法院可以作为审查行政协议的依据
——萍乡市亚鹏房地产开发有限公司诉萍乡市国土资源局不履行行政协议案

裁判要点

行政机关在职权范围内对行政协议约定的条款进行的解释，对协议双方具有法律约束力，人民法院经过审查，根据实际情况，可以作为审查行政协议的依据。

关　键　词　行政协议　合同解释　司法审查

裁判理由　法院生效裁判认为，行政协议是行政机关为实现公共利益或者行政管理目标，在法定职责范围内与公民、法人或者其他组织协商订立的具有行政法上权利义务内容的协议，本案行政协议即是市国土局代表国家与亚鹏公司签订的国有土地使用权出让合同。行政协议强调诚实信用、平等自愿，一经签订，各方当事人必须严格遵守，行政机关无正当理由不得在约定之外附加另一方当事人义务或单方变更解除。本案中，TG-0403号地块出让时对外公布的土地用途是"开发用地为商住综合用地，冷藏车间维持现状"，出让合同中约定为"出让宗地的用途为商住综合用地，冷藏车间维持现状"。但市国土局与亚鹏公司就该约定的理解产生分歧，而萍乡市规划局对原萍乡市肉类联合加工厂复函确认TG-0403号国有土地使用权面积23173.3平方米（含冷藏车间）的用地性质是商住综合用地。萍乡市规划局的解释与挂牌出让公告明确的用地性质一致，且该解释是萍乡市规划局在职权范围内作出的，符合法律规定和实际情况，有助于树立诚信政府形象，并无重大明显的违法情形，具有法律效力，并对市国土局关于土地使用性质的判断产生约束力。因此，对市国土局提出的冷藏车间占地为工业用地的主张不予支持。亚鹏公司要求市国土局对"萍国用（2006）第43750号"土地证（土地使用权面积8359.1平方米）地类更正为商住综合用地，具有正当理由，市国土局应予以更正。亚鹏公司作为土地受让方按约支付了全部价款，市国土局要求亚鹏公

司如若变更土地用途则应补交土地出让金,缺乏事实依据和法律依据,且有违诚实信用原则。

审理法院 江西省萍乡市中级人民法院
裁判时间 2014 年 8 月 15 日
案　　号 江西省萍乡市中级人民法院(2014)萍行终字第 10 号行政判决
出　　处 最高人民法院指导案例 76 号,2016 年 12 月 28 日发布。

415. 行政相对人仅以行政机关未告知期限为由,主张行政许可没有期限限制的,人民法院不予支持

——张道文、陶仁等诉四川省简阳市人民政府侵犯客运人力三轮车经营权案

> **裁判要点**
> 1. 行政许可具有法定期限,行政机关在作出行政许可时,应当明确告知行政许可的期限,行政相对人也有权利知道行政许可的期限。
> 2. 行政相对人仅以行政机关未告知期限为由,主张行政许可没有期限限制的,人民法院不予支持。

关 键 词 期限　告知义务　违法判决

裁判理由 最高人民法院认为:关于被诉行政行为的合法性问题。从法律适用上看,《四川省道路运输管理条例》第 4 条规定"各级交通行政主管部门负责本行政区域内营业性车辆类型的调整、数量的投放"和第 24 条规定"经县级以上人民政府批准,客运经营权可以实行有偿使用。"四川省交通厅制定的《四川省小型车辆客运管理规定》(川交运〔1994〕359 号)第八条规定:"各市、地、州运管部门对小型客运车辆实行额度管理时,经当地政府批准可采用营运证有偿使用的办法,但有偿使用期限一次不得超过两年。"可见,四川省地方性法规已经明确对客运经营权可以实行有偿使用。四川省交通厅制定的规范性文件虽然早于地方性法规,但该规范性文件对营运证实行有期限有偿使用与地方性法规并不冲突。基于行政执法和行政管理需要,客

运经营权也需要设定一定的期限。从被诉的行政程序上看，程序明显不当。被诉行政行为的内容是对原已具有合法证照的客运人力三轮车经营者实行重新登记，经审查合格者支付有偿使用费，逾期未登记者自动弃权的措施。该被诉行为是对既有的已经取得合法证照的客运人力三轮车经营者收取有偿使用费，而上述客运人力三轮车经营者的权利是在1996年通过经营权许可取得的。前后两个行政行为之间存在承继和连接关系。对于1996年的经营权许可行为，行政机关作出行政许可等授益性行政行为时，应当明确告知行政许可的期限。行政机关在作出行政许可时，行政相对人也有权知晓行政许可的期限。行政机关在1996年实施人力客运三轮车经营权许可之时，未告知张道文、陶仁等人人力客运三轮车两年的经营权有偿使用期限。张道文、陶仁等人并不知道其经营权有偿使用的期限。简阳市政府1996年的经营权许可在程序上存在明显不当，直接导致与其存在前后承继关系的本案被诉行政行为的程序明显不当。

关于客运人力三轮车经营权的期限问题。申请人主张，因简阳市政府在1996年实施人力客运三轮车经营权许可时未告知许可期限，据此认为经营许可是无期限的。最高人民法院认为，简阳市政府实施人力客运三轮车经营权许可，目的在于规范人力客运三轮车经营秩序。人力客运三轮车是涉及到公共利益的公共资源配置方式，设定一定的期限是必要的。客观上，四川省交通厅制定的《四川省小型车辆客运管理规定》（川交运〔1994〕359号）也明确了许可期限。简阳市政府没有告知许可期限，存在程序上的瑕疵，但申请人仅以此认为行政许可没有期限限制，最高人民法院不予支持。

关于张道文、陶仁等人实际享受"惠民"政策的问题。简阳市政府根据当地实际存在的道路严重超负荷、空气和噪声污染严重、"脏、乱、差"、"挤、堵、窄"等问题进行整治，符合城市管理的需要，符合人民群众的意愿，其正当性应予肯定。简阳市政府为了解决因本案诉讼遗留的信访问题，先后作出两次"惠民"行动，为实质性化解本案争议作出了积极的努力，其后续行为也应予以肯定。本院对张道文、陶仁等人接受退市营运的运力配置方案并作出承诺的事实予以确认。但是，行政机关在作出行政行为时必须恪守依法行政的原则，确保行政权力依照法定程序行使。

审理法院　最高人民法院
裁判时间　2017年5月3日

416. 行政行为程序违法，应当依法判决撤销，但判决撤销会给公共利益带来明显不利影响的，应当判决行政行为违法
——张道文、陶仁等诉四川省简阳市人民政府侵犯客运人力三轮车经营权案

裁判要点

行政机关在作出行政许可时没有告知期限，事后以期限届满为由终止行政相对人行政许可权益的，属于行政程序违法，人民法院应当依法判决撤销被诉行政行为。但如果判决撤销被诉行政行为，将会给社会公共利益和行政管理秩序带来明显不利影响的，人民法院应当判决确认被诉行政行为违法。

关 键 词 程序违法 公共利益

裁判理由 最高人民法院认为，简阳市政府作出《公告》和《补充公告》在行政程序上存在瑕疵，属于明显不当。但是，虑及本案被诉行政行为作出之后，简阳市城区交通秩序得到好转，城市道路运行能力得到提高，城区市容市貌持续改善，以及通过两次"惠民"行动，绝大多数原401辆三轮车已经分批次完成置换，如果判决撤销被诉行政行为，将会给行政管理秩序和社会公共利益带来明显不利影响。最高人民法院根据《最高人民法院关于执行〈中华人民共和国行政诉讼法〉若干问题的解释》第五十八条有关情况判决的规定确认被诉行政行为违法。

审理法院 最高人民法院
裁判时间 2017年5月3日
案　　号 最高人民法院（2016）最高法行再81号行政判决书
出　　处 最高人民法院指导案例88号，2017年11月15日发布。

417. 公民选取或创设姓氏应当符合中华传统文化和伦理观念
——"北雁云依"诉济南市公安局历下区分局燕山派出所公安行政登记案

裁判要点

公民选取或创设姓氏应当符合中华传统文化和伦理观念。仅凭个人喜好和愿望在父姓、母姓之外选取其他姓氏或者创设新的姓氏,不属于《全国人民代表大会常务委员会关于〈中华人民共和国民法通则〉第九十九条第一款、〈中华人民共和国婚姻法〉第二十二条的解释》第二款第三项规定的"有不违反公序良俗的其他正当理由"。

关 键 词 公安行政登记 姓名权 公序良俗

裁判理由 法院生效裁判认为,2014年11月1日,第十二届全国人民代表大会常务委员会第十一次会议通过了《全国人民代表大会常务委员会关于〈中华人民共和国民法通则〉第九十九条第一款、〈中华人民共和国婚姻法〉第二十二条的解释》。该立法解释规定:"公民依法享有姓名权。公民行使姓名权,还应当尊重社会公德,不得损害社会公共利益。公民原则上应当随父姓或者母姓。有下列情形之一的,可以在父姓和母姓之外选取姓氏:(一)选取其他直系长辈血亲的姓氏;(二)因由法定扶养人以外的人抚养而选取抚养人姓氏;(三)有不违反公序良俗的其他正当理由。少数民族公民的姓氏可以从本民族的文化传统和风俗习惯。"

本案不存在选取其他直系长辈血亲姓氏或者选取法定扶养人以外的抚养人姓氏的情形,案件的焦点就在于原告法定代理人吕晓峰提出的理由是否符合上述立法解释第二款第三项规定的"有不违反公序良俗的其他正当理由"。首先,从社会管理和发展的角度,子女承袭父母姓氏有利于提高社会管理效率,便于管理机关和其他社会成员对姓氏使用人的主要社会关系进行初步判断。倘若允许随意选取姓氏甚至恣意创造姓氏,则会增加社会管理成本,不利于社会和他人,不利于维护社会秩序和实现社会的良性管控,而且极易使社会管理出现混乱,增加社会管理的风险性和不确定性。其次,公民选取姓氏涉及公序良俗。在中华传统文化中,"姓名"中的"姓",即姓氏,主要来源于客观上的承袭,系先祖所传,承载了对先祖的敬重、对家庭的热爱等,体现着血缘传承、伦理秩序和文化传统。而"名"则源于主观创造，为父母所授，承载了个人喜好、人格特征、长辈愿望等。公民对姓氏传承的重视和尊崇，不仅仅体现了血缘关系、亲属关系，更承载着丰富的文化传统、伦理观念、人文情怀，符合主流价值观念，是中华民族向心力、凝聚力的载体和镜像。公民原则上随父姓或者母姓，符合中华传统文化和伦理观念，符合绝大多数公民的意愿和实际做法。反之，如果任由公民仅凭个人意愿喜好，随意选取姓氏甚至自创姓氏，则会造成对文化传统和伦理观念的冲击，违背社会善良风俗和一般道德要求。再次，公民依法享有姓名权，公民行使姓名权属于民事活动，既应当依照《民法通则》第九十九条第一款和《婚姻法》第二十二条的规定，还应当遵守《民法通则》第七条的规定，即应当尊重社会公德，不得损害社会公共利益。通常情况下，在父姓和母姓之外选取姓氏的行为，主要存在于实际抚养关系发生变动、有利于未成年人身心健康、维护个人人格尊严等情形。本案中，原告"北雁云依"的父母自创"北雁"为姓氏、选取"北雁云依"为姓名给女儿办理户口登记的理由是"我女儿姓名'北雁云依'四字，取自四首著名的中国古典诗词，寓意父母对女儿的美好祝愿"。此理由仅凭个人喜好愿望并创设姓氏，具有明显的随意性，不符合立法解释第二款第三项的情形，不应给予支持。

审理法院 济南市历下区人民法院
裁判时间 2015 年 4 月 25 日
案　　号 济南市历下区人民法院（2010）历行初字第 4 号行政判决
出　　处 最高人民法院指导案例 89 号，2017 年 11 月 15 日发布。

418. 公安机关交通管理部门对不礼让行人的机动车驾驶人依法作出行政处罚的，人民法院应予支持
——贝汇丰诉海宁市公安局交通警察大队道路交通管理行政处罚案

> **裁判要点**
>
> 礼让行人是文明安全驾驶的基本要求。机动车驾驶人驾驶车辆行经人行横道，遇行人正在人行横道通行或者停留时，应当主动停车让行，除非行人明确示意机动车先通过。公安机关交通管理部门对不礼让行人的机动车驾驶人依法作出行政处罚的，人民法院应予支持。

关 键 词 行政处罚 机动车让行

裁判理由 法院生效裁判认为，首先，人行横道是行车道上专供行人横过的通道，是法律为行人横过道路时设置的保护线，在没有设置红绿灯的道路路口，行人有从人行横道上优先通过的权利。机动车作为一种快速交通运输工具，在道路上行驶具有高度的危险性，与行人相比处于强势地位，因此必须对机动车在道路上行驶时给予一定的权利限制，以保护行人。其次，认定行人是否"正在通过人行横道"应当以特定时间段内行人一系列连续行为为标准，而不能以某个时间点行人的某个特定动作为标准，特别是在该特定动作不是行人在自由状态下自由地做出，而是由于外部的强力原因迫使其不得不做出的情况下。案发时，行人以较快的步频走上人行横道线，并以较快的速度接近案发路口的中央位置，当看到贝汇丰驾驶案涉车辆朝自己行走的方向驶来，行人放慢了脚步，以确认案涉车辆是否停下来，但并没有停止脚步，当看到案涉车辆没有明显减速且没有停下来的趋势时，才为了自身安全不得不停下脚步。如果此时案涉车辆有明显减速并停止行驶，则行人肯定会连续不停止地通过路口。可见，在案发时间段内行人的一系列连续行为充分说明行人"正在通过人行横道"。再次，机动车和行人穿过没有设置红绿灯的道路路口属于一个互动的过程，任何一方都无法事先准确判断对方是否会停止让行，因此处于强势地位的机动车在行经人行横道遇行人通过时应当主动停车让行，而不应利用自己的强势迫使行人停步让行，除非行人明确示意机动车先通过，这既是法律的明确规定，也是保障作为弱势一方的行人安全通

过马路、减少交通事故、保障生命安全的现代文明社会的内在要求。综上，贝汇丰驾驶机动车行经人行横道时遇行人正在通过而未停车让行，违反了《中华人民共和国道路交通安全法》第四十七条的规定。海宁交警大队根据贝汇丰的违法事实，依据法律规定的程序在法定的处罚范围内给予相应的行政处罚，事实清楚，程序合法，处罚适当。

审理法院 浙江省嘉兴市中级人民法院
裁判时间 2015年9月10日
案　　号 浙江省嘉兴市中级人民法院（2015）浙嘉行终字第52号行政判决
出　　处 最高人民法院指导案例90号，2017年11月15日发布。

419. 因行政机关原因导致原告无法对房屋内物品损失举证，行政机关亦因未依法进行财产登记、公证等措施无法对房屋内物品损失举证的，人民法院对原告未超出市场价值的符合生活常理的房屋内物品的赔偿请求，应当予以支持

——沙明保等诉马鞍山市花山区人民政府房屋强制拆除行政赔偿案

> **裁判要点**
> 　　在房屋强制拆除引发的行政赔偿案件中，原告提供了初步证据，但因行政机关的原因导致原告无法对房屋内物品损失举证，行政机关亦因未依法进行财产登记、公证等措施无法对房屋内物品损失举证的，人民法院对原告未超出市场价值的符合生活常理的房屋内物品的赔偿请求，应当予以支持。

关 键 词 行政赔偿　强制拆除　举证责任

裁判理由 法院生效裁判认为，根据《中华人民共和国土地管理法实施条例》第四十五条的规定，土地行政主管部门责令限期交出土地，被征收人拒不交出的，申请人民法院强制执行。马鞍山市花山区人民政府提供的证据不能证明原告自愿交出了被征土地上的房屋，其在土地行政主管部门未作出责令交出土地决定亦未申请人民法院强制执行的情况下，对沙明保等四人的

房屋组织实施拆除，行为违法。关于被拆房屋内物品损失问题，根据《中华人民共和国行政诉讼法》第三十八条第二款之规定，在行政赔偿、补偿的案件中，原告应当对行政行为造成的损害提供证据。因被告的原因导致原告无法举证的，由被告承担举证责任。马鞍山市花山区人民政府组织拆除上诉人的房屋时，未依法对屋内物品登记保全，未制作物品清单并交上诉人签字确认，致使上诉人无法对物品受损情况举证，故该损失是否存在、具体损失情况等，依法应由马鞍山市花山区人民政府承担举证责任。上诉人主张的屋内物品5万元包括衣物、家具、家电、手机等，均系日常生活必需品，符合一般家庭实际情况，且被上诉人亦未提供证据证明这些物品不存在，故对上诉人主张的屋内物品种类、数量及价值应予认定。上诉人主张实木雕花床价值为5万元，已超出市场正常价格范围，其又不能确定该床的材质、形成时间、与普通实木雕花床有何不同等，法院不予支持。但出于最大限度保护被侵权人的合法权益考虑，结合目前普通实木雕花床的市场价格，按"就高不就低"的原则，综合酌定该实木雕花床价值为3万元。综上，法院作出如上判决。

审理法院 安徽省高级人民法院
裁判时间 2015年11月24日
案　　号 安徽省高级人民法院（2015）皖行赔终字第00011号行政赔偿判决
出　　处 最高人民法院指导案例91号，2017年11月15日发布。

420. 征收补偿问题未依法定程序解决前，被征收人有权拒绝交出房屋和土地
——山西省安业集团有限公司诉山西省太原市人民政府收回国有土地使用权决定案

裁判摘要

有征收必有补偿，无补偿则无征收。征收补偿应当遵循及时补偿原则和公平补偿原则。补偿问题未依法定程序解决前，被征收人有权拒绝交出房屋和土地。

关 键 词 征收补偿 法定程序

裁判理由 最高人民法院认为：有征收必有补偿，无补偿则无征收。为了保障国家安全、促进国民经济和社会发展等公共利益的需要，国家可以依法收回国有土地使用权，也可征收国有土地上单位、个人的房屋；但必须对被征收人给予及时公平补偿，而不能只征收不补偿，也不能迟迟不予补偿。通常，征收决定应当包括具体补偿内容，因评估或者双方协商以及其他特殊原因，征收决定未包括补偿内容的，征收机关应当在征收决定生效后的合理时间内，及时通过签订征收补偿协议或者作出征收补偿决定的方式解决补偿问题。征收补偿应当遵循及时补偿原则和公平补偿原则。国家因公共利益需要使用城市市区的土地和房屋的，市、县人民政府一般应按照《国有土地上房屋征收与补偿条例》（以下简称《征补条例》）规定的程序和方式进行，并应根据《国有土地上房屋征收评估办法》和《城镇土地估价规程》等规定精神，由专业的房地产价格评估机构在实地查勘的基础上，根据被征收不动产的区位、用途等影响被征收不动产价值的因素和当地房地产市场状况，综合选择市场法、收益法、成本法、假设开发法等评估方法对被征收不动产价值进行评估，合理确定评估结果，并在此基础上进行补偿。对国有土地上房屋所有权人补偿内容已经包含了国有土地使用权补偿的，对同时收回的国有土地的土地使用权人不再单独给予补偿。对被征收不动产价值评估的时点，一般应当为征收决定公告之日或者征收决定送达被征收人之日。因征收人原因造成征收补偿问题不合理迟延的，且被征收不动产价格明显上涨的，被征收人有权主张以作出征收补偿决定或者签订征收补偿协议时的市场价格作为补偿基准。被征收人对征收补偿决定或者征收补偿协议所确定的补偿金额和其他内容有异议的，可以依法提起行政诉讼。征收机关依法办理相关提存等手续并书面告知被征收人领取补偿款项、使用安置房屋等内容的，被征收人无法定正当理由拒绝领取的，征收机关对诉讼期间被征收财物价格上涨而形成的损失不承担补偿责任。

本案中，因实施道路建设改造工程的需要，太原市政府与相关职能部门可以依法收回国有土地使用权，但应当遵循法定的程序和步骤并应依法及时解决补偿问题。在本案中，太原市政府收回安业公司拥有使用权的749.5平方米土地时，既未听取安业公司的陈述申辩，也未对涉案土地的四至范围作出认定，尤其是至今尚未对安业公司进行任何补偿，不符合《土地管理法》第五十八条、《中华人民共和国物权法》第四十二条第三款、《中华人民共和国城市房地产管理法》第六条以及《征补条例》第八条、第十三条、第二十七条等规定的精神，依法应予以撤销。但考虑到相关道路建设改造工程确属公共利益需要，因此根据《中华人民共和国行政诉讼法》第七十四条第一款第一项规定，对太原市政府以《通告》形式收回安业公司749.5平方米国有土地使用权的行政行为应确认违法。今后如因道路建设改造实际使用安业公司相应土地，安业公司有权主张以实际使用土地时的土地市场价值为基准进行补偿；安业公司也有权要求先补偿后搬迁，在未依法解决补偿问题前，安业公司有权拒绝交出土地。

审理法院 最高人民法院
裁判时间 2016年7月28日
案　　号 最高人民法院（2016）最高法行再80号行政判决书
出　　处 《最高人民法院公报》2017年第1期。

421. 行政机关实施扣留等暂时性控制措施，无正当理由长期不处理的，构成滥用职权
——刘云务诉山西省太原市公安局交通警察支队晋源一大队道路交通管理行政强制案

裁判摘要

建设服务型政府，要求行政机关既要严格执法以维护社会管理秩序，也要兼顾相对人实际情况。行政处理存在裁量余地时，应当尽可能选择对相对人合法权益损害最小的方式；实施扣留等暂时性控制措施不能代替对案件的实体处理，行政机关无正当理由长期不处理的，构成滥用职权。

关　键　词 暂时性控制措施　滥用职权

裁判理由 最高人民法院认为：本案的争议焦点为再审被申请人晋源交警一大队扣留涉案车辆的行政强制措施是否合法。具体涉及以下三个问题：

（一）决定扣留涉案车辆的程序是否合法。依照全国人民代表大会常务委员会于2003年10月28日通过的《中华人民共和国道路交通安全法》第九十

六条第一款及公安部于 2004 年 4 月 30 日发布的《道路交通安全违法行为处理程序规定》第十三条第二项的规定，晋源交警一大队在行政执法中发现车辆涉嫌套牌的，有依法扣留的职权。在再审申请人刘云务提交合法年审手续后，晋源交警一大队又发现涉案车辆无发动机号码、无法识别车架号码而涉嫌套牌时，可依法继续扣留。但是，晋源交警一大队决定扣留应遵循《中华人民共和国道路交通安全法》第一百一十二条第一款和《道路交通安全违法行为处理程序规定》第十一条第一款规定的告知当事人违法行为的基本事实、拟作出行政强制措施的种类、依据及其依法享有的权利，听取当事人的陈述和申辩，制作行政强制措施凭证并送达当事人等行政程序。晋源交警一大队违反上述行政程序，始终未出具任何形式的书面扣留决定，违反法定程序。在刘云务提供合法年审手续后，晋源交警一大队初始以未经年审为由扣留车辆的行为应已结束，其关于以车辆涉嫌套牌为由继续扣留无需另行制作扣留决定的主张，依法不能成立，本院不予支持。

（二）认定涉案车辆涉嫌套牌而持续扣留证据是否充分。比对切割查验后显示的涉案车辆车架号码和涉案车辆行驶证载明的车架号码，前者共 16 位字符，后者共 17 位字符，前者缺失了代表车辆生产国家或者地区的首字母。再审申请人刘云务主张缺失的首字母"L"系在切割查验时不慎损毁所致，再审被申请人对此未发表相反意见。鉴于涉案汽车确系中国生产，且对于该型号的东风运输汽车而言，切割查验后显示的车辆车架号码和涉案车辆行驶证载明的车架号码的最后 8 位字符均为"11022219"，可以认定被扣留的车辆即为刘云务所持行驶证载明的车辆。晋源交警一大队在刘云务先后提供购车手续、山西省威廉汽车租赁有限公司出具的说明、山西吕梁东风汽车技术服务站出具的三份证明等相关证据材料后，认定涉案车辆涉嫌套牌而持续扣留，构成主要证据不足。

（三）既不调查核实又长期扣留涉案车辆是否构成滥用职权。车辆车体打刻的发动机号码、车架号码，是确认车辆身份的重要证明。根据公安部于 2004 年 4 月 30 日发布的《机动车登记规定》第九条、第十条的规定，刘云务在车辆生产厂家指定的维修站对涉案车辆的发动机、车架进行维修，并不违法。且仅为对涉案车辆更换发动机缸体而非更换发动机。但刘云务未及时请相关单位在相应部位重新打刻号码并履行相应手续不当。在涉案车辆发动机缸体未打刻发动机号码且车架号码被钢板铆钉遮盖无法目视确认的情况下，刘云务让所雇佣的司机驾驶车辆上路具有过错，晋源交警一大队认为涉嫌套牌依法有权扣留车辆,刘云务应承担相应责任。但扣留车辆属于暂时性的行政强制措施,不能将扣留行为作为代替实体处理的手段。晋源交警一大队扣留车辆后,应依照《中华人民共和国道路交通安全法》第九十六条第二款和《道路交通安全违法行为处理程序规定》第十五条的规定,分别作出相应处理:如认为刘云务已经提供相应的合法证明,则应及时返还机动车;如对刘云务所提供的机动车来历证明仍有疑问,则应尽快调查核实;如认为刘云务需要补办相应手续,也应依法明确告知补办手续的具体方式方法并依法提供必要的协助。刘云务先后提供的车辆行驶证和相关年审手续、购车手续、山西省威廉汽车租赁有限公司出具的说明、山西吕梁东风汽车技术服务站出具的三份证明,已经能够证明涉案车辆在生产厂家指定的维修站更换发动机缸体及用钢板铆钉加固车架的事实。在此情况下,晋源交警一大队既不返还机动车,又不及时主动调查核实车辆相关来历证明,也不要求刘云务提供相应担保并解除扣留措施,以便车辆能够返回维修站整改或者返回原登记的车辆管理所在相应部位重新打刻号码并履行相应手续,而是反复要求刘云务提供客观上已无法提供的其他合法来历证明,滥用了法律法规赋予的职权。

　　行政机关进行社会管理的过程,也是服务社会公众和保护公民权利的过程。建设服务型政府,要求行政机关既要严格执法以维护社会管理秩序,也要兼顾相对人实际情况,对虽有过错但已作出合理说明的相对人可以采用多种方式实现行政目的时,在足以实现行政目的的前提下,应尽量减少对相对人权益的损害。实施行政管理不能仅考虑行政机关单方管理需要,而应以既有利于查明事实,又不额外加重相对人负担为原则。实施扣留等暂时性控制措施,应以制止违法行为、防止证据损毁、便于查清事实等为限,不能长期扣留而不处理,给当事人造成不必要的损失。因此,晋源交警一大队扣留涉案车辆后,既不积极调查核实车辆相关来历证明,又长期扣留涉案车辆不予处理,构成滥用职权。

　　综上,人民法院对行政行为合法性进行审查,应当依据行政机关作出行政行为时所收集的证据、认定的事实、适用的法律和主张的理由来综合判断。本案涉案车辆是经过年审并正常行驶的车辆,晋源交警一大队在作出行政行为时和原一、二审诉讼中均未以车辆系擅自改装而需要强制报废等作为扣留涉案车辆的理由,在本院审理中也未提供证据证明涉案车辆需要强制报废,故对晋源交警一大队有关涉案车辆需要强制报废的主张不应予以支持,且其在再审期间又改变扣留理由,也有违依法行政的基本要求。

因此，晋源交警一大队在决定扣留涉案车辆时未遵循法定程序，认定涉案车辆涉嫌套牌而持续扣留主要证据不足，既不调查核实又长期扣留涉案车辆构成滥用职权。因晋源交警一大队未作出书面扣留决定，扣留行为不具有可撤销内容，人民法院应依照《中华人民共和国行政诉讼法》第七十四条第二款第一项的规定确认扣留行为违法并判令返还违法扣留的车辆。一审判决驳回刘云务诉讼请求错误，依法应予撤销。二审判决对扣留行为是否合法未予裁判，判令晋源交警一大队作出处理并驳回刘云务其他诉讼请求错误，依法亦应予撤销。鉴于刘云务对晋源交警一大队扣留涉案车辆造成的停运损失、车辆损坏损失等已另案提起行政赔偿诉讼，故刘云务的赔偿请求应在行政赔偿案件中另行解决。

审理法院 最高人民法院
裁判时间 2016年4月29日
案　　号 最高人民法院（2016）最高法行再5号行政判决书
出　　处 《最高人民法院公报》2017年第2期。

422. 行政机关作出行政允诺后，在与相对人发生行政争议时，对行政允诺关键内容作出无事实根据和法律依据的随意解释的，人民法院不予支持

——崔龙书诉丰县人民政府行政允诺案

裁判摘要

诚实信用原则是行政允诺各方当事人应当共同遵守的基本行为准则。在行政允诺的订立和履行过程中，基于公共利益保护的需要，赋予行政主体在解除和变更中的相应的优益权固然必要，但行政主体不能滥用优益权。优益权的行使既不得与法律规定相抵触，也不能与诚实信用原则相违背。行政机关作出行政允诺后，在与相对人发生行政争议时，对行政允诺关键内容作出无事实根据和法律依据的随意解释的，人民法院不予支持。

关　键　词 行政机关　行政允诺　行政争议

裁判理由 江苏省高级人民法院二审认为：本案当事人之间的争议主要在于，如何正确适用法律，准确理解《23号通知》中的有关规定以及被上诉人丰县政府是否应当依法、依约履行相应义务等问题。

一、如何正确适用法律，准确理解《23号通知》中的有关规定

二审法院认为，本案涉及的《23号通知》系被上诉人丰县政府为充分调动社会各界参与招商引资积极性，以实现政府职能和公共利益为目的向不特定相对人发出的承诺，在相对人实施某一特定行为后，由自己或其所属职能部门给予该相对人物质奖励的单方面意思表示。根据该行为的法律特征，应当认定《23号通知》属于行政允诺。对于被上诉人丰县政府在《23号通知》所作出的单方面行政允诺，只要相对人作出了相应的承诺并付诸行动，即对双方产生约束力。本案中，上诉人崔龙书及其妻子李洪侠响应丰县政府《23号通知》的号召，积极联系其亲属，介绍重庆康达公司与丰县建设局签订投资建设协议，以BOT模式投资建设成涉案项目并投产运行至今，为丰县地方取得了良好的经济效益和社会效益。基于丰县政府在《23号通知》中的明确允诺，丰县政府至今未履行《23号通知》中允诺相应奖励义务的现实，崔龙书夫妻二人推举崔龙书为代表提起本案之诉，于法有据。

本案中，被上诉人丰县政府作出的《23号通知》已就丰县当地的招商引资奖励政策和具体实施作出了相应规定，该规定与现行法律规范中的强制性规定并无抵触。同时，由于当事人双方系在《23号通知》内容的基础上，达成有关招商引资奖励的一致意思表示，因此该文件应当是本案审查丰县政府是否应当兑现相关允诺的依据。依照最高人民法院《关于适用〈中华人民共和国行政诉讼法〉若干问题的解释》第十四条的规定，本案的审理可以适用不违反行政法和行政诉讼法强制性规定的民事法律规范。对丰县政府相关行为的审查，既要审查合法性，也要审查合约性。不仅要审查丰县政府的行为有无违反行政法的规定，也要审查其行为有无违反准用的民事法律规范所确定的基本原则。

法治政府应当是诚信政府。诚实信用原则不仅是契约法中的帝王条款，也是行政允诺各方当事人应当共同遵守的基本行为准则。在行政允诺的订立和履行过程中，基于保护公共利益的需要，赋予行政主体在解除和变更中的相应的优益权固然必要，但行政主体不能滥用优益权。行使优益权既不得与法律规定相违背，也不能与诚实信用原则相抵触。在对行政允诺关键内容的解释上，同样应当限制行政主体在无其他证据佐证的情况下，任意行使解释

权。否则，将可能导致该行政行为产生的基础，即双方当事人当初的意思表示一致被动摇。

本案一审判决驳回上诉人崔龙书诉讼请求的主要根据是丰县发改委在一审期间作出的《招商引资条款解释》，该解释将"本县新增固定资产投入"定义为，仅指丰县原有企业，追加投入，扩大产能。二审法院认为，该解释不能作为认定被上诉人丰县政府行为合法的依据。主要理由是：1.《招商引资条款解释》系对被上诉人业已作出的招商引资文件所做的行政解释，在本案中仅作为判定行政行为是否合法的证据使用，其关联性、合法性、真实性理应受到司法审查。2.《招商引资条款解释》是在丰县政府收到一审法院送达的起诉状副本后自行收集的证据，根据最高人民法院《关于行政诉讼证据若干问题的规定》第六十条第（一）项的规定，该证据不能作为认定被诉具体行政行为合法的依据。3. 我国统计指标中所称的"新增固定资产"是指通过投资活动所形成的新的固定资产价值，包括已经建成投入生产或交付使用的工程价值和达到规定资产标准的设备、工具、器具的价值及有关应摊入的费用。从文义解释上看，《23号通知》中的"本县新增固定资产投入"，应当理解为新增的方式不仅包括该县原有企业的扩大投入，也包括新企业的建成投产。申言之，如《23号通知》在颁布时需对"本县新增固定资产投入"作出特别规定，则应当在制定文件之初即予以公开明示，以避免他人陷入误解。4. 诚实守信是法治政府的基本要求之一，诚信政府是构建诚信社会的基石和灵魂。《论语·为政》言明，言而无信，不知其可。本案中丰县政府所属工作部门丰县发改委，在丰县政府涉诉之后，再对《23号通知》中所作出的承诺进行限缩性解释，有为丰县政府推卸应负义务之嫌疑。丰县政府以此为由，拒绝履行允诺义务，在一定程度上构成了对优益权的滥用，有悖于诚实信用原则。故对丰县发改委作出的《招商引资条款解释》，不予采信。

二、被上诉人丰县政府是否应当依法、依约履行相应义务

本案上诉人崔龙书一审中提交的丰县人民代表大会常务委员会和丰县建设局在不同时间出具的三份材料虽均为复印件，但其在一审质证中，已经对不能提供原件的理由进行了说明，上述三份材料之间的内容可以相互印证。同时，结合二审法院二审中查明的事实，足以认定涉案的丰县康达公司项目系崔龙书及其妻子李洪侠介绍引进，该项目投资高于《23号通知》附则所指的新增固定资产投入300万元，且已建成并运行良好。故应当认定崔龙书已经履行自身相关义务，被上诉人丰县政府应当依照《23号通知》附则中的规

定,兑现其招商引资奖励允诺。依照《中华人民共和国行政诉讼法》第三十四条的规定,结合本案的特点,丰县政府对其行政行为的合法性和合约性负有举证责任。丰县政府虽主张崔龙书不符合《23号通知》规定的条件,不应当予以参照奖励。但并未提供充分证据证明之。无论是主体还是内容,案外人李洪恩通过居间活动从重庆康达公司获得报酬,与本案之间不属于同一法律关系。丰县政府以案外人李洪恩已经从重庆康达公司获取了中介报酬,从而认为崔龙书不应当依照行政允诺获得奖励的主张,没有法律依据,依法不予支持。本案在卷证据足以证明,丰县政府存在未依法、未依约履行招商引资奖励允诺义务之情形。一审判决未能依照本案的特点,准确适用相关法律规定,未能对丰县政府不履行约定义务的行为作出正确判断,应依法予以纠正。

鉴于《23号通知》中凡涉及外商投资额的内容,均以美元而非人民币作为货币种类;对引荐的对外承包工程项目或劳务合作项目,项目总额也以美元计。同时,将"外资"理解为引进自其他国家和地区(包括港澳台地区)的资金亦符合社会公众对这一概念的通常理解,故上诉人崔龙书主张被上诉人丰县政府应当按照《23号通知》第25条的规定履行奖励义务的观点缺乏事实根据,依法不予支持。

综上,上诉人崔龙书的部分上诉理由成立,其请求撤销一审判决依法有据。一审法院认定事实不清,适用法律错误,判决结果不当。

审理法院 江苏省高级人民法院
裁判时间 2017年3月29日
案　　号
出　　处 《最高人民法院公报》2017年第11期。

423. 基于土地转让行为而发生的土地使用权变更登记行为不属于行政复议前置的行政行为
——贵阳市花溪金碧预制构件厂诉贵阳市人民政府土地行政登记申诉案

> **裁判要点**
>
> 行政诉讼应当以同一当事人和同一诉讼标的作为重复起诉的认定标准。行政复议前置有其独特的立法价值,基于土地转让行为而发生的土地使用权变更登记行为不属于行政复议前置的行政行为;在行政复议前置案件中,当事人在行政复议阶段的失权,应当导致其在行政诉讼阶段的失权。在诉讼时效方面,由于不属于起诉人自身的原因超过起诉期限的,被耽误的时间不计算在起诉期间内。

关 键 词 重复起诉 复议前置 诉讼时效

裁判理由 最高人民法院认为:一、花溪构件厂的起诉不属于重复起诉。已生效的(2013)黔高行终字第22号行政判决一案,系因一条龙公司不服贵州省人民政府作出的黔府行复决字(2012)12号行政复议决定书而提起的诉讼。该案的原告是一条龙公司,被诉行为是贵州省人民政府的行政复议行为。而本案诉讼,原告是花溪构件厂,被诉行为是贵阳市人民政府向一条龙公司颁发筑国用(2010)第30394号《国有土地使用证》的行政行为。两案在当事人以及诉讼标的等方面明显不同,原审裁定以花溪构件厂"就同一行政行为在经过行政复议及一、二审行政诉讼程序的情况下,又向本院提起行政诉讼,不符合法律的起诉条件"为由裁定驳回起诉,存在不当,应予纠正。

二、本案被诉的行为不属于行政复议前置的行政行为。《最高人民法院关于适用〈行政复议法〉第三十条第一款有关问题的批复》规定:"根据《行政复议法》第三十条第一款的规定,公民、法人或者其他组织认为行政机关确认土地、矿藏、水流、森林、山岭、草原、荒地、滩涂、海域等自然资源的所有权或者使用权的具体行政行为,侵犯其已经依法取得的自然资源所有权或者使用权的,经行政复议后才可以向人民法院提起行政诉讼,但法律另有规定的除外。对涉及自然资源所有权或者使用权的行政处罚、行政强制措施等其他具体行政行为提起行政诉讼的，不适用《行政复议法》第三十条第一款的规定。"行政复议法第三十条第一款涉及的复议前置行为，主要是指行政机关确认土地、矿藏等自然资源的所有权或者使用权的行政行为侵犯已经依法取得的自然资源所有权或者使用权的行为。本案中，花溪构件厂所诉的是贵阳市人民政府向一条龙公司颁发筑国用（2010）第30394号《国有土地使用证》的行为，该颁证行为系基于土地使用权转让而发生的土地使用权过户登记行为，不属于行政复议法第三十条第一款规定的"确认土地等自然资源的所有权或者使用权的具体行政行为"。因此，该颁证行为不属于行政复议法规定的行政复议前置的行为，申诉人可以针对该颁证行为直接提起诉讼。

三、花溪构件厂的起诉没有超过法定起诉期限。《最高人民法院关于执行〈中华人民共和国行政诉讼法〉若干问题的解释》第四十一条第一款规定，行政机关作出行政行为时，未告知公民、法人或者其他组织诉权或者起诉期限的，起诉期限从公民、法人或者其他组织知道或者应当知道诉权或者起诉期限之日起计算，但从知道或者应当知道行政行为内容之日起最长不得超过两年。从原审查证事实及另案审理情况看，2010年12月1日贵阳市人民政府向一条龙公司颁发筑国用（2010）第30394号《国有土地使用证》。花溪构件厂2011年2月知道该行为后，于2011年6月7日针对该颁证行为向贵州省人民政府申请行政复议，贵州省人民政府于2012年5月8日作出黔府行复决字（2012）12号行政复议决定：撤销贵阳市人民政府向一条龙公司颁发筑国用（2010）第30394号《国有土地使用证》的行政行为。行政复议第三人一条龙公司不服，于2012年6月5日向贵阳市中级人民法院提起行政诉讼，主张花溪构件厂的复议申请已经超过法定的复议期限，请求撤销该复议决定。该院于2013年4月9日作出行政判决：撤销贵州省人民政府于2012年5月8日作出黔府行复决字（2012）12号行政复议决定书的行政行为。该案第三人花溪构件厂不服，向贵州省高级人民法院提起上诉，该院于2013年7月23日作出二审判决，驳回上诉，维持原判。花溪构件厂于2013年8月26日向贵阳市中级人民法院提起本案诉讼。根据《最高人民法院关于执行〈中华人民共和国行政诉讼法〉若干问题的解释》第四十三条"由于不属于起诉人自身的原因超过起诉期限的，被耽误的时间不计算在起诉期间内"之规定，花溪构件厂原针对贵阳市人民政府向一条龙公司颁发筑国用（2010）第30394号《国有土地使用证》的行政行为申请行政复议以及后续行政诉讼所占用的时间，应从起诉期间内扣除，即2011年6月7日至2013年7月23日的时间应从起诉期间内扣除。因此，花溪构件厂自 2011 年 2 月 12 日知晓被诉行政行为，其于 2013 年 8 月 26 日提起本案行政诉讼，没有超过两年的起诉期限。原审裁定认定花溪构件厂的起诉超过法定的起诉期限，属适用法律错误，应予纠正。

审理法院　最高人民法院
裁判时间　2015 年 1 月
案　　号　最高人民法院（2015）行监字第 6 号行政裁定书
出　　处　《立案工作指导》2015 年第 3 辑（总第 46 辑）。

424. 被诉行政行为存在瑕疵，无法被撤销或者确认违法，人民法院应当视情况判决行政机关依法改正
——居泰安物业管理有限公司诉上海市工商行政管理局黄浦分局无主财产上缴财政案

裁判要点

行政行为合法性的判断一般应当以行为作出时所依据的事实依据和法律规范为基准。行政机关在发现行政行为存在瑕疵的情况下，有义务加以改正。行政机关拒绝改正的，人民法院可判决行政机关履行改正义务。

关 键 词　行政行为瑕疵　确认违法

裁判理由　最高人民法院认为，本案存在三个主要争议焦点：一是居泰安公司作为本案再审申请人是否适格；二是被诉行政行为是否合法以及被申请人是否负有相应的改正义务；三是涉案羊毛拍卖款应否返还给再审申请人。

一、关于居泰安公司作为本案再审申请人是否适格的问题

对黄浦工商分局作出的认定涉案羊毛为无主财产并上缴财政的决定，厦门建行享有包括起诉、上诉和申请再审在内的寻求司法救济的一系列诉讼权利。厦门建行之所以享有上述诉讼权利，基础在于其涉案羊毛质权人的特定身份，这一身份使其对被诉行政行为具有了诉的利益，而该利益通过质权的连续两次转让，已经连同厦门建行对凯天公司的债权一并转移至居泰安公司名下。厦门中院根据两份转让合同作出的（2001）厦经执字第 36 号民事裁

定，将（1999）厦经初字第215号民事判决的申请执行人变更为居泰安公司，并明确由居泰安公司继续行使厦门建行的权利义务，表明该公司的质权人身份已经得到司法确认。在此情况下，居泰安公司承继厦门建行原有诉讼地位的条件已经成就，加之厦门建行在本院庭审中对于居泰安公司申请再审明确表示同意，故本院认可居泰安公司的再审申请人资格。针对被申请人提出以票据、债券、存款单、仓单、提单出质的，质权人再转让或者质押无效为由否认居泰安公司再审申请人资格的主张，因涉案质权系以羊毛为标的的动产质押，而非以有关单据为标的的权利质押，本院对此不予支持。针对被申请人提出再审申请人以打包形式低价购入涉案债权和质权，系通过民事法律手段变相造成国有资产流失行为的主张，根据《最高人民法院关于金融资产管理公司收购、处置银行不良资产有关问题的补充通知》（法发〔2005〕62号）第三条有关"金融资产管理公司转让、处置已经涉及诉讼、执行或者破产等程序的不良债权时，人民法院应当根据债权转让协议和转让人或者受让人的申请，裁定变更诉讼或者执行主体"之规定，上述主张难以成立。针对被申请人提出涉案羊毛的质权自2000年7月26日厦门中院的民事判决生效时方成立，并指出厦门建行1999年12月6日将质权进行转让与该行在原审中陈述的事实矛盾，意在否认质权转让效力并据此否认居泰安公司承继诉权资格的主张，根据《中华人民共和国担保法》第六十四条关于"出质人和质权人应当以书面形式订立质押合同。质押合同自质物移交于质权人占有时生效"之规定，结合厦门建行与柏德公司质押合同签订时间为1998年7月31日、该行实际取得质物时间为同年7月22日等事实可以认定，涉案羊毛的质押合同至少在质权转让之前的1998年7月31日即已生效，故上述主张于法无据。

二、关于被诉行政行为是否合法以及被申请人是否负有改正义务的问题

评价被诉行政行为的合法性，一般应当以该行为作出时行政机关能够发现的事实为依据。事后出现的新证据，即使足以证明被诉行政行为作出时所依据的法律事实与客观事实不符，只要该客观事实是行政机关在作出行为时无法发现的，人民法院就不宜以此简单否定行政行为的合法性并据此撤销。但是，按照依法行政的基本原则，行政机关一旦发现已经作出的行政行为赖以存在的基础事实发生重大变化，且该行为会损害或者可能损害公民、法人或者其他组织的合法权益时，即有义务依法及时改正。本案中，被申请人对涉案羊毛进行调查，由于查找不到相关当事人且货物所有人经公告仍未出现，遂依照当时生效的《暂行规定》对无主财产认定的相关要求，作出了被诉行

政行为。鉴此，在现有证据不能证明被申请人知道涉案羊毛设有质权的情况下，对再审申请人提出的撤销被诉行政行为的请求，本院不予支持。同时，被申请人事后发现涉案羊毛设有质权，其知道或者应当知道被诉行政行为与客观事实不符，即依法负有改正义务。该义务包括两项内容：一是就涉案羊毛可能涉及的违法问题，依照法律规定的处理权限作出判断。被申请人如果无权处理，则交由有权机关继续调查；如果有权处理，则自行组织调查。二是被申请人如果有权处理，则应一并对再审申请人提出的返还请求作出处理。参照国家工商行政管理总局《工商行政管理机关行政处罚程序规定》的有关规定，被申请人应在判决生效之日起15日内移交有权机关调查；如果自行调查，则应在启动调查之日起120天内作出处理。对于再审申请人提出的被诉行政行为依据的《暂行规定》未经公布，而且与《中华人民共和国民事诉讼法》相抵触的主张，由于《暂行规定》于1996年10月17日颁布，该规定第六十一条中的无主财产与《中华人民共和国民事诉讼法》规定的无主财产性质并不相同，故该主张于法无据，本院不予支持。居泰安公司还提出，被诉行政行为是没收决定，并进而主张该决定违反行政处罚程序规定。本院认为，被诉行政行为系依据《暂行规定》第六十一条作出的视为无主财产上缴财政的决定，并非针对相对人违法行为作出终局处理的没收决定，在性质上不属于行政处罚。一审判决针对厦门建行提出的相同主张进行审查，在作出同样结论的同时指出被申请人参照没收物品进行处理的做法欠妥，并无不当。

三、关于涉案羊毛拍卖款应否返还给再审申请人的问题

被申请人将涉案羊毛拍卖款上缴财政是被诉行政行为的核心内容，再审申请人提出的判令被申请人返还涉案羊毛拍卖款的再审请求能否实现，取决于被申请人在本案判决之后对涉案羊毛涉嫌走私问题如何作出处理。对此，如果能够认定涉案羊毛为走私物，则应当由有权机关依据有关法律规定作出处理决定；如果涉案羊毛不属于走私物，则以无主财产为由没收设有质权的涉案羊毛拍卖款显属不当。虽然被申请人在拍卖款上交国库后已不实际控制这笔款项，但作为给付义务主体，其负有启动涉案羊毛拍卖款返还程序的义务。根据现有证据，涉案羊毛是否为走私物尚不明确。依据《中华人民共和国海关法》等有关规定，走私物的认定属于海关等行政机关的法定职权，不宜由法院直接作出认定。因此，对涉案羊毛是否属于走私物作出判定并进而判断被申请人是否负有启动返还程序的义务，需要有关行政机关通过相应的行政行为予以认定。

综上，被诉行政行为虽然不宜由法院判决撤销，但有新的证据表明该行为作出时所依据的事实与客观事实不符，且该行为继续存在可能侵害再审申请人的合法权益，对此，被申请人负有改正义务。根据修改前的《中华人民共和国行政诉讼法》第五十四条第三项之规定，人民法院应当判决其在法定期限内履行上述义务。一审判决维持被诉行政行为，驳回厦门建行的其他诉讼请求，而未就被申请人履行改正义务作出判决，属于认定事实不清，适用法律错误，依法应予纠正。二审判决驳回上诉，维持原判，依法亦应予以纠正。此外，上海吴淞海关在案件移交过程中可能存在未明确告知工商部门涉案羊毛设有质权的情形，按照《最高人民法院关于执行〈中华人民共和国行政诉讼法〉若干问题的解释》第二十三条第二款之规定，人民法院本应追加上海吴淞海关为被告或第三人，原审法院未予追加确有不当，但考虑到责令被申请人进一步履行相关职责已使再审申请人获得救济机会，故为减轻当事人的诉累，本院决定不将本案发回重审。

审理法院 最高人民法院
裁判时间 2016 年 2 月 25 日
案　　号 最高人民法院（2013）行提字第 7 号行政判决书
出　　处 法信网。

425. 对无产权房屋是否赔偿或者如何赔偿，应当综合考虑违法建设情节、房屋形成的历史背景、当地相关补偿政策、行政机关过错程度等因素加以确定

——蒋某福诉河南省虞城县人民政府强制拆除房屋及行政赔偿案

裁判要点

在征地拆迁补偿过程中，对于无产权房屋有时不宜简单地以违法建设为由一律不赔。应当本着实事求是原则，综合考虑违法建设情节、房屋形成的历史背景、当地相关补偿政策、行政机关过错程度等因素加以确定。如无产权房屋占地面积是否符合当地住宅用地面积限额、无产权房屋用地后是否退回原宅基地、原宅基地上的房屋是否已经得到拆迁补偿安置、行政机关组织强制拆除是否给当事人留出必要的自行搬迁时间等因素，酌情考虑是否赔偿或者合理确定赔偿范围、标准。

关　键　词　无产权房屋　赔偿

裁判理由　最高人民法院认为：本案的争议焦点集中在涉案房屋是否属于违法建筑以及再审申请人蒋某福因被申请人虞城县人民政府强制拆除行为造成的损失是否得到合理赔偿。首先，再审申请人虽然主张涉案房屋是在政府指定安置区内所建且已办理了土地使用权证，但未提供证据证实其主张，故本院不予支持。涉案房屋位于虞城县城市总体规划区内，未取得建筑规划许可。虽然再审申请人认为涉案房屋未取得建筑规划许可系政府不作为所致，但未提供证据证实涉案房屋符合规划条件且已向有关部门提出申请，故对其该项主张不予支持。虞城县住建局认定涉案房屋系违法建筑并无不当。再审申请人有关将涉案房屋恢复原状或重建的诉讼请求于法无据，本院不予支持。其次，关于再审申请人提出的赔偿问题，自虞城县住建局作出《责令限期拆除违法建筑告知书》至实际拆除涉案房屋长达近两个月的时间，再审申请人单方称将大量现金及贵重物品存放于即将被拆除的房屋之内且未收到上述告知书，缺乏充分的证据佐证。鉴于被申请人提供的证据证实在拆除涉案房屋之前已将房屋内存放的物品搬出，且再审申请人亦在拆除现场，二审法院认为虞城县住建局虽然对物品进行了清点搬运，但未对搬运出去的物品进行妥

善交接，造成部分物品损坏丢失的情形客观存在；且再审申请人并未就其单方所列的物品清单向法院提供确切证据证明损失物品的具体内容及价值。同时，考虑到强拆时物品的处理未经公证程序，在各方证据不足、难以再行取证的情形下，二审法院结合本案具体情况，以有关物品交接存有瑕疵为由酌定被申请人赔偿再审申请人损失两万元，并无不当。

综上，蒋某福的再审申请不符合《中华人民共和国行政诉讼法》第九十一条规定的情形。

审理法院 最高人民法院
裁判时间 2016 年 3 月 22 日
案　　号 最高人民法院（2016）最高法行申 43 号行政裁定书
出　　处 中国裁判文书网。

426. 行政许可的撤回或变更，应看实质内容是否有改变
——鑫海公司诉襄州区政府行政补偿案

> **裁判要点**
> 　　行政许可的撤回或变更，应看实质内容是否有改变，而不能仅仅看许可证是否被吊销或撤回。

关 键 词　行政许可　撤回　变更

裁判理由　最高人民法院认为：根据《行政许可法》第八条第二款规定精神，通常情况下，公民、法人或者其他组织要求行政机关予以补偿，前提应当是行政机关为了公共利益的需要，依法变更或者撤回已经生效的行政许可。本案中，襄州区政府及其职能部门虽然尚未直接作出吊销鑫海公司采矿许可证的决定，也未以其他书面形式正式撤回已经生效的鑫海公司相关行政许可，但襄州区政府作出的通知该区国土资源局吊销鑫海公司的采矿许可证、通知质检、公安部门做好整顿关闭等相关工作、口头要求鑫海公司停业等一系列行为，客观上导致鑫海公司不能正常采矿，被迫停产，事实上已经构成对鑫海公司采矿许可的撤回，由此给鑫海公司造成的财产损失，应当由襄州区政府依照《行政许可法》第八条第二款的规定依法予以补偿。至于襄州区

政府以口头通知形式而非书面形式作出相关要求停业的决定,是其行政执法过程中的不规范之处,不能以此为由否定停业决定的存在;相关国土资源部门未及时依据襄州区政府通知吊销或者撤回鑫海公司的采矿许可证,也不能作为其否定撤回行政许可并主张不应补偿的理由。此外,鑫海公司采矿许可证有效期到2014年8月19日已经截止,襄州区政府认为鑫海公司采矿许可证至今仍然有效,不应对其予以补偿的再审申请理由,无事实及法律依据,不能成立。

审理法院 最高人民法院
裁判时间 2016年3月23日
案　　号 最高人民法院(2016)最高法行申260号行政裁定书
出　　处 法信网。

427. 政府收回划拨土地的行为未造成地上建筑物损失的,无需给予补偿
——广东广建集团股份有限公司与韶关市人民政府、韶关市国土资源局行政补偿申诉案

裁判要点

人民政府根据城市建设发展需要和城市规划的要求无偿收回划拨土地使用权时,没有证据证明收回划拨土地使用权的行为造成地上建筑物、其他附着物损失的,人民政府无需给予补偿。

关 键 词 划拨土地　地上建筑物　损失

裁判理由 最高人民法院认为:根据本案当事人的诉辩意见,各方当事人对韶关市人民政府、韶关市国土资源局收回涉案划拨土地使用权的行政行为并无异议,其争议主要在于韶关市人民政府、韶关市国土资源局是否应就收回涉案划拨土地使用权的行政行为向广建公司支付补偿款。

开发公司系根据韶府发〔1992〕84号《关于将市区江心岛土地划拨给开发公司开发利用的通知》、韶地征〔1993〕97号《关于划拨市区江心岛土地开发使用权的通知》等文件,于1993年领取韶府国用〔1993〕字第

020100131 号《国有土地使用证》，无偿取得了涉案划拨土地使用权。至今，涉案划拨土地仍登记在开发公司名下，且开发公司未对该土地进行动工开发。依照《中华人民共和国土地管理法》第五十八条，"有下列情形之一的，由有关人民政府土地行政主管部门报经原批准用地的人民政府或者有批准权的人民政府批准，可以收回国有土地使用权：（一）为公共利益需要使用土地的；（二）为实施城市规划进行旧城区改建，需要调整使用土地的；（三）土地出让等有偿使用合同约定的使用期限届满，土地使用者未申请续期或者申请续期未获批准的；（四）因单位撤销、迁移等原因，停止使用原划拨的国有土地的；（五）公路、铁路、机场、矿场等经核准报废的。依照前款第（一）项、第（二）项的规定收回国有土地使用权的，对土地使用权人应当给予适当补偿"；以及《中华人民共和国城镇国有土地使用权出让和转让暂行条例》第四十七条，"无偿取得划拨土地使用权的土地使用者，因迁移、解散、撤销、破产或者其他原因而停止使用土地的，市、县人民政府应当无偿收回其划拨土地使用权，并可依照本条例的规定予以出让。对划拨土地使用权，市、县人民政府根据城市建设发展需要和城市规划的要求，可以无偿收回，并可依照本条例的规定予以出让。无偿收回划拨土地使用权时，对其地上建筑物、其他附着物，市、县人民政府应当根据实际情况给予适当补偿"等规定，基于本案中开发公司系无偿取得涉案划拨土地使用权，且没有证据证明收回涉案划拨土地使用权的行为造成地上建筑物、其他附着物损失的事实，韶关市人民政府有权根据城市建设和公共利益的要求无偿收回涉案土地使用权，无需支付补偿款。因此，无论广建公司是否与开发公司为同一主体，涉案划拨土地使用权是否归属广建公司所有，均不影响对韶关市人民政府作出无偿收回涉案划拨土地使用权且不予支付补偿款的这一行政行为合法性的认定。故广建公司以有新的证据足以推翻原判决为由申请再审，事实和法律依据不足，本院不予支持。

审理法院 最高人民法院
裁判时间 2016 年 3 月 28 日
案　　号 最高人民法院（2016）最高法行申 263 号行政裁定书
出　　处 中国裁判文书网。

428. 被征收人对评估结果有异议的，可以依法申请复核评估和鉴定，被征收人因自身原因放弃行使评估异议权利而在诉讼期间对评估报告合法性提出质疑的，人民法院可以不予支持

——赵某诉河南省商丘市人民政府、梁园区政府房屋征收补偿决定案

裁判要点

在征收补偿案件中，当事人对评估结果有异议的，应重点审查评估机构的选定、评估程序以及作出评估报告是否符合《国有土地上房屋征收与补偿条例》和《国有土地上房屋征收评估办法》的规定。当事人对评估报告有异议可以向评估机构申请复核评估，对复核结果有异议的，可以向房地产价格评估专家委员会申请鉴定。其因自身原因未在规定期限内行使相关权利，却在诉讼阶段对评估价值提出异议的，人民法院一般不予支持。

关 键 词 被征收人 评估结果 评估异议权利

裁判理由 最高人民法院认为：根据住房和城乡建设部《国有土地上房屋征收评估办法》（以下简称《评估办法》）第四条规定精神，除允许被征收人以协商方式选定评估机构外，还明确要求在"规定时间"内完成协商。然而，包括本案再审申请人赵某在内的被征收人未在梁园区政府公告要求的规定时间内完成协商并报送选定结果。在此情形下，被申请人梁园区政府采取在公证人员监督下抽签确定评估机构的做法，符合《评估办法》第四条第一款关于选定评估机构的程序规定。本案评估机构是在考虑了涉案房屋的区位用途、建筑结构和楼层、新旧程度、租金收入、空置率以及税收等影响因素后才作出的分户评估报告，确定了相应的房屋价值，与《评估办法》第十四条第一款关于评估因素之规定相符。另外，根据《评估办法》第二十条规定，被征收人对评估结果有异议的，应当自收到评估报告之日起10日内，向评估机构申请复核评估。然而，再审申请人在收到分户评估报告后并未在法定期限内行使相关权利，其在诉讼阶段对评估结果提出异议不符合法律规定，其据此主张补偿标准过低，本院不予支持。涉案房屋已被梁园区政府依法征收，

在与再审申请人就房屋补偿问题达不成协议的情况下，梁园区政府以分户评估报告确定的房屋价值为依据作出被诉征收补偿决定，在征收范围内予以公告的做法，并未对其实体合法权益产生实质影响，再审申请人认为被诉征收补偿决定程序违法的理由，难以推翻原审法院的判决结果。《国有土地上房屋征收与补偿条例》没有要求征收部门在作出房屋征收补偿决定的同时必须提供补偿数额的资金专用账户，再审申请人的相关主张，缺乏法律依据。被诉征收补偿决定明确载明了安置房屋为"高铁商城B座三层B3031号，安置面积67.68平方米；高铁商城B座三层B3114号，安置面积35.03平方米，安置面积共计102.85平方米"等信息，梁园区政府亦在原审中详细介绍了安置房源的基本情况，并且告知正在开工建设中。再审申请人提出对方未提供安置房源证据的主张，难以成立。

综上，赵某的再审申请不符合《中华人民共和国行政诉讼法》第九十一条规定的情形。

审理法院 最高人民法院
裁判时间 2016年3月31日
案　　号 最高人民法院（2016）最高法行申378号行政裁定书
出　　处 中国裁判文书网。

429. 信息公开工作负责人同意延期是行政机关延期答复的必须程序，但其同意的决定可以不公开给申请人
——戚惠法、汪冬明诉浙江省杭州市人民政府房屋拆迁信息公开案

> **裁判要点**
> 　　法院审理当事人申请信息公开被拒绝的案件，应当明确信息公开的前提是行政机关以一定形式记录、保存了该信息。若该行政机关未保存此信息，但能够确定该政府信息的公开机关的，应当告知申请人该行政机关的名称、联系方式。需要延期答复的，应当经行政机关信息公开工作负责人同意并告知当事人，但负责人同意延期答复的决定，属于行政机关内部程序性行政行为，可以不公开给当事人。

关　键　词　信息公开　延期答复

裁判理由　最高人民法院认为：本案的争议焦点是再审被申请人杭州市政府作出的政府信息公开告知书是否符合《条例》第二十一条第三项规定的不属于本行政机关公开或者该政府信息不存在的情形。

首先，《条例》第二条规定的政府信息是指"行政机关在履行职责过程中制作或者获取的，以一定形式记录、保存的信息"，而针对再审申请人在本案中申请公开的"2008年杭州铁路东站枢纽建设涉及新风村（整村）征迁拆迁工程资金预算、资金来源及运用情况、工程拆迁资金拨付需用审定、审批情况等信息"，经原审法院查明，上述涉案工程系由杭州铁路及东站枢纽建设指挥部（原杭州市铁路投资有限公司）按照"自我筹资、自我建设、自我管理、自我还贷"的原则统一建设、开发和管理，故该信息的制作、保存单位为该指挥部，再审被申请人对于该信息不具有相应行政管理职责，亦没有制作或保存过相应信息。据此，被诉《政府信息公开告知书》中明确告知再审申请人其申请获取的信息该府不存在，并提示其可向上述单位咨询，符合《条例》第二十一条第三项规定的"依法不属于本行政机关公开或者该政府信息不存在的，应当告知申请人，对能够确定该政府信息的公开机关的，应当告知申请人该行政机关的名称、联系方式"之精神，于法有据，并无不当。再审申请人主张依据《条例》第十条第八项、第十一条第三项规定公开的"重大建设项目的批准和实施情况"和"征收或者征用土地、房屋拆迁及其补偿、补助费用的发放、使用情况"信息，系行政机关依职权应当主动公开的信息，但该条规定的前提是此类政府信息已由行政机关在履行职责过程中制作或者获取，且以一定形式记录、保存，而本案并无证据证明具备上述前提，因此，再审申请人此项理由，本院不予支持。

其次，再审被申请人延期答复程序符合法律规定。《条例》第二十四条第二款规定"行政机关不能当场答复的，应当自收到申请之日起15个工作日内予以答复；如需延长答复期限，应当经政府信息公开工作机构负责人同意，并告知申请人，延长答复的期限最长不得超过15个工作日"，其中"经政府信息公开工作机构负责人同意"系指行政机关内部处理程序，并非须向申请人告知的内容。本案中，再审被申请人已经作出《政府信息公开告知书》邮寄送达给再审申请人，且再审被申请人从2014年10月16日收到申请至同年11月25日邮寄送达，期间已于11月5日作出相关告知书告知再审申请人延期答复情况，符合《条例》规定的办理期限。对再审被申请人有关延期答复未提交负责人批准文件、未告知其延期理由等主张，本院不予支持。

综上，戚惠法、汪冬明的再审申请不符合《中华人民共和国行政诉讼法》第九十一条规定的情形。

审理法院　最高人民法院
裁判时间　2016年3月31日
案　　号　最高人民法院（2016）最高法行申203号行政裁定书
出　　处　中国裁判文书网。

430. 农民集体对争议林地事实上的利用和处置，不必然形成土地所有权取得或者变更的法律后果
——河南省济源市北海街道办事处药园居民委员会诉河南省济源市人民政府土地权属处理决定案

裁判要点

根据《确定土地所有权和使用权的若干规定》第四条规定：依据一九五〇年《土地改革法》及有关规定：凡当时没有将土地所有权分配给农民的土地属于国家所有；实施一九六二年《农村人民公社工作条例修正草案》未划入农民集体范围内的土地属于国家所有。同时，第十九条规定：土地改革时分给农民并颁发了土地所有证的土地，属于农民集体所有；实施一九六二年《农村人民公社工作条例修正草案》时确定为集体所有的土地，属农民集体所有。据此，村集体经济组织在新中国成立后对争议林地存在事实上的利用行为的，不当然导致其对该争议土地享有所有权，除非能提供有效证据证明，二十世纪五六十年代争议地曾经分配给其集体的农民或者划入过其集体的范围。

关 键 词　农民集体　争议林地　土地所有权

裁判理由　最高人民法院认为：新中国成立后，国家土地制度历经土地改革、农业合作社和人民公社等历史阶段，土地所有权已经发生变动。《林木林地权属争议处理办法》第九条规定，土地改革前有关林木、林地权属的凭证，不得作为处理林权争议的依据或者参考依据。因此，药园居委会以清代

碑文主张争议地权属，缺乏法律依据。《确定土地所有权和使用权的若干规定》第四条规定："依据一九五〇年《中华人民共和国土地改革法》及有关规定，凡当时没有将土地所有权分配给农民的土地属于国家所有；实施一九六二年《农村人民公社工作条例修正草案》（以下简称《六十条》）未划入农民集体范围内的土地属于国家所有。"该规定第十九条规定："土地改革时分给农民并颁发了土地所有证的土地，属于农民集体所有；实施《六十条》时确定为集体所有的土地，属农民集体所有。依照第二章规定属于国家所有的除外。"根据上述规定，药园居委会新中国成立后对争议地事实上的利用行为并不能当然证明对争议地享有土地所有权，除非提供有效证据证明二十世纪五六十年代争议地曾经分配给其集体的农民或者划入过其集体的范围。因此，药园居委会与1961年《划分山林权限协议书》之间不存在利害关系，其提出有关协议无效的主张难以成立。济信联（2012）1号济源市处理信访突出问题及群体性事件联席会议纪要以及北海街道办事处与药园居委会所签协议书既未涉及争议地的权属确定，也不能作为有效的确权凭证，故不能证明药园居委会的权属主张。

综上，药园居委会的再审申请不符合《中华人民共和国行政诉讼法》第九十一条规定的情形。

审理法院　最高人民法院
裁判时间　2016年4月8日
案　　号　最高人民法院（2016）最高法行申73号行政裁定书
出　　处　法信网。

431. 人民法院在审理国有土地上房屋征收案件时的审查重点
——李泽宇诉安徽省寿县人民政府房屋征收行政补偿案

> **裁判要点**
>
> 人民法院在审理国有土地上房屋征收案件时，应当从评估机关选定、评估工作流程、异议程序、价格专家委员会工作程序等方面对房屋评估报告是否符合《国有土地上房屋征收评估办法》及其他相关规定进行审查。

关键词 国有土地上房屋 房屋价格评估

裁判理由 最高人民法院认为：（1）关于征收房屋决定的合法性问题。该问题已经另案处理，并由安徽省高级人民法院作出终审判决，不属于本案审查范围。（2）关于本案相关文书的送达问题。从在案证据来看，涉案房屋评估报告等相关文书已经公告或是向作为再审申请人李泽宇同住近亲属的父母进行了送达，相关程序未违反法律规定。（3）关于涉案房屋评估报告的合法性问题。第一，关于评估单位的确定。评估单位系在公证机关的监督下，由被征收人代表抽选产生，并将结果进行了公示，以上程序没有明确证据表明存在违法之处。第二，关于评估方法。本案评估单位对涉案房屋的评估使用包含房屋所占地段商业用途土地的使用权价值的重置成本法，并未违反相关规定。再审申请人在没有配合鉴定部门对评估结论进行鉴定，也没有确凿证据表明评估方法和结果侵害其合法权益的情况下，对评估方法和结果提出异议，本院不予支持。第三，关于房屋的性质。房屋征收部门根据被征收房屋房地产权证和建设规划许可证所记载的"商住"性质，并结合现场勘测，认定争议房屋一层为经营性用房，二层为生产性用房并无不当。再审申请人提出二层也为经营性用房，但没有相应的证据予以证实，本院不予支持。第四，关于房屋的成新率问题。再审申请人主张涉案房屋的成新率应为六安市建拆（2009）4号文件规定的0.9。对此，六安市建拆（2009）4号文件公布的是城镇2009年度国有土地上房屋拆迁货币补偿基准价及相关调整系数。其中虽规定2000年至2004年的房屋成新系数为0.9，但涉案房屋的评估时点2011年已经距该文件公布的2009年过去了2年，评估机构据此将涉案房屋的成新系数调整为 0.85 并无明显不当。(4) 关于评估报告的时效问题。《国有土地上房屋征收与补偿条例》第十九条规定:"对被征收房屋价值的补偿,不得低于房屋征收决定公告之日被征收房屋类似房地产的市场价格。"本案中,房屋征收公告作出的时间为 2011 年 7 月 16 日,评估报告的评估时点亦为 2011 年 7 月 16 日。此外,涉案房屋最终使用的评估报告作出的时间为 2014 年 1 月 10 日,征收补偿决定作出的时间为 2014 年 4 月 15 日,不论从征收决定使用评估报告的时间,还是评估报告本身的评估时点来看,均未违反相关法律规定。

综上,李泽宇的再审申请不符合《中华人民共和国行政诉讼法》第九十一条规定的情形。

审理法院 最高人民法院
裁判时间 2016 年 4 月 13 日
案　　号 最高人民法院(2016)最高法行申 60 号行政裁定书
出　　处 法信网。

432. 行政机关撤销历史错误颁证,应符合比例原则并遵循正当程序
——郑州市中原区豫星调味品厂诉河南省郑州市人民政府行政处理决定案

裁判要点

行政机关针对多年以前的错误颁证行为,在决定注销该证时需要综合考虑其自身当时是否尽到了审慎审查义务、是否考虑当事人多年来在涉案土地的投入以及涉案土地在行政机关收取出让金之后的房地产开发等因素,避免简单地"一注了之",因为其客观上不利于当事人信赖利益的保护。同时,在作出注销决定这一针对当事人重大财产权益的不利处分行为时,应当遵循正当程序,事前告知当事人,给予其必要的陈述和申辩机会,否则可能被人民法院判决确认违法或者撤销。

关 键 词 行政机关　撤销历史错误颁证

裁判理由 最高人民法院认为：根据查明的案件事实，结合争议焦点，本案再审需要审查以下三个问题：一是豫星调味品厂是否有资格获颁涉案土地使用证，二是4号决定是否合法，三是应当选择何种判决方式。

一、关于豫星调味品厂获颁涉案土地使用证的资格问题

郑州市政府给豫星调味品厂颁发涉案土地使用证，是对该厂违法占地进行处理的结果。因此，判断该厂获颁国有土地使用证资格问题，关键看是否符合郑州市当时处理违法占地的政策。根据郑政办文〔1996〕119号文件要求，豫星调味品厂只有属于"农村集体经济组织兴办的经济实体"，才有资格补办国有土地用地手续。经查，该厂在工商机关登记的经济性质为个体工商户。从法律上来看，个体工商户实为个人兴办的经济实体，而非"农村集体经济组织兴办的经济实体"，客观上不具备补办违法占地用地手续的资格。此外，按照河南省土地管理局豫土〔1996〕239号文件就补办用地审批手续规定的"被占地群众的生产和生活已得到依法补偿和妥善安置"条件，郑州市政府当年在补偿安置未予落实的情形下，给作为个体工商户的豫星调味品厂颁发土地性质为"划拨"的涉案国有土地使用证，与上述条件不符，属于错误颁证。因此，对于豫星调味品厂主张其系"村办企业"、符合当时颁证条件的申请再审理由，本院不予支持。

二、关于4号决定的合法性问题

按照依法行政原则的要求，行政机关对于自己或者所属部门作出的违法行政行为，有权亦有职责加以纠正。关于纠正的方式，按照实体从旧、程序从新的原则，可以适用新的规定。据此，《河南省实施〈土地管理法〉办法》关于发现土地登记和颁证错误可以收回或者注销之规定虽系1999年修改时新增加的内容，但按照前述原则，郑州市政府于2006年纠正1996年的错误颁证行为时可以适用。豫星调味品厂质疑上述规定溯及力从而主张郑州市政府无权纠正1996年所颁涉案土地使用证的理由不能成立，本院不予支持。

郑州市政府作出的4号决定虽有法律上的授权为依据，但以被诉行政行为合法性审查的标准来衡量，至少还有两个明显问题：一是事实认定有误。从本案查明的事实来看，豫星调味品厂在与闫垌村三组共同申请土地登记时曾经自称"村办企业"，亦曾在有关申请表中填写过"个体"的经济性质。虽然申请人对经济性质的表述前后不一，但尚不构成对真实经济性质的刻意隐瞒，故4号决定认定豫星调味品厂与闫垌村三组在登记中采取欺骗手段，证据并不充分。除此之外，郑州市政府及所属土地管理部门在办理登记的过

程中未尽审慎审查的义务,未能发现豫星调味品厂系个体工商户这一明显事实,导致错误登记和颁证的发生。因此,4号决定将错误登记和颁证完全归因于豫星调味品厂和闫垌村三组的"欺骗手段",却对行政机关审查不严的问题隐而不提,事实认定有误。二是有违正当程序。按照正当程序的基本要求,行政机关作出对行政管理相对人、利害关系人不利的行政决定之前,应当告知并给予其陈述和申辩的机会。4号决定剥夺了豫星调味品厂继续使用涉案土地的权利,对其重大财产权益产生不利影响,郑州市政府既未事前告知豫星调味品厂,亦未给予其陈述和申辩的机会,程序明显不当。虽然郑州市政府相关工作人员在2006年9月22日对豫星调味品厂负责人弓中兴进行了口头询问并制作了调查笔录,但从该笔录内容看,询问时既未告知调查目的,也未告知可能因涉嫌欺骗未如实登记、行政机关拟注销涉案土地使用证等情况,不足以使该厂在4号决定作出前进行充分的、有针对性的陈述和申辩,显然不能满足正当程序的要求。因此,郑州市政府作出的4号决定事实认定有误、程序明显不当,被诉行政行为构成违法,一审、二审判决及河南高院的两次再审判决,属于认定事实不清,证据不足,依法应予纠正。

三、关于选择何种判决方式的问题

4号决定违法,依法本应判决撤销,并责令郑州市政府重新作出处理。但考虑到涉案土地已出让他人开发建成住宅并已使用多年,判决撤销不利于保护为数众多的善意第三人的合法利益,且豫星调味品厂确实不具备获得涉案土地使用证的条件,判决撤销亦无必要。从利益保护的角度看,本案最大的问题在于,由于被诉行政行为对错误颁证归因有误,客观上不利于豫星调味品厂主张信赖利益的保护。且涉案土地使用证从发证到被注销的时间长达九年,该厂在此期间如有合理投入,应当认定为应受法律保护的信赖利益。为了保护相对人的信赖利益,应当对被诉行政行为的违法性尤其是错误颁证过程中行政机关未尽审慎审查职责的行为作出确认。另外,郑州市政府是在闫垌村三组就颁证行为提起诉讼后法院审理期间、该组又向郑州市政府提出撤证申请的背景下作出了4号决定,之前长期一直未发现并及时纠错,而4号决定将涉案土地使用证一注了之,未充分考量各种因素,加之涉案土地很快用于房地产开发,无疑增大了后续权益实现、矛盾化解的难度。故综合权衡公共利益和个体利益全面保护的需要,根据行政诉讼法有关规定,本案最为适当的判决方式就是确认4号决定违法但不撤销。一审判决维持4号决定,认定事实不清,应予纠正;二审判决及河南高院两次再审判决均维持一审判决,亦当纠正。至于豫星调味品厂是否存在信赖利益以及应当如何予以弥补的问题,由于该厂并未就此提出诉讼请求,不属于本案审理范围,可由郑州市政府在本案判决后组织调查并作出相应的处理。

审理法院 最高人民法院
裁判时间 2016 年 4 月 28 日
案　　号 最高人民法院（2014）行提字第 21 号行政判决书
出　　处 中国裁判文书网。

433. 行政复议机关作出处理的文书存在形式瑕疵,但不影响结论正确性的,法院可以不确认行政复议机关违法
——范光友诉重庆市人民政府行政告知纠纷案

> **裁判要点**
>
> 　　行政机关对于信访的回复应当依法使用行政复议决定书,因复议回复形式不符合法律规定被诉的,法院应当受理。法院受理此类案件上诉时,相对人所申诉内容并无依据,再次诉讼无意义的,出于减少诉累和降低诉讼成本的目的,判决可以不确认政复议机关违法。

关 键 词　文书瑕疵

裁判理由　最高人民法院认为：2012 年 12 月 3 日,范光友通过政府信息公开途径,已经知晓重庆市人民政府作出的渝府地（2003）1320 号批复（以下简称 1320 号批复）的内容,范光友于 2015 年 3 月 18 日向重庆市人民政府提交《确认征地批复违法申请书》,请求重庆市人民政府确认 1320 号批复违法,已超过法定的行政复议期限,该请求属于行政申诉信访。重庆市人民政府收到该请求后,于 2015 年 4 月 15 日作出《告知书》(以下简称 4 月告知书),告知"……土地征收批准文件自下达后生效,你们申请确认违法的批准文件目前未经法定程序确认违法,并无不当"。该告知书系对信访申诉的处理,对范光友的权利义务不产生实际影响,依法不属于行政复议的受案范围。范光友对 4 月告知书向重庆市人民政府申请行政复议,重庆市人民政府于 2015 年 5 月 19 日作出《告知书》(以下简称 5 月告知书),告知"……你的

行政复议申请不属于行政复议受理范围,其结论并无不当"。重庆市人民政府仅作出 5 月告知书,而未作出不予受理行政复议决定,不符合《中华人民共和国行政复议法》第三十一条第二款规定的形式,存在瑕疵,但该瑕疵不影响 5 月告知书结论的正确性。范光友对 5 月告知书不服,向人民法院提起行政诉讼,人民法院应当予以受理。原审法院裁定驳回起诉,不符合法律规定。但鉴于范光友诉请人民法院撤销 5 月告知书的请求没有事实根据,依法应当判决予以驳回,通过审判监督程序亦难以支持其诉讼请求,为减少诉累和降低诉讼成本,本院对范光友的再审请求不予支持。

综上,范光友的再审申请不符合《中华人民共和国行政诉讼法》第九十一条规定的情形。

审理法院 最高人民法院
裁判时间 2016 年 5 月 2 日
案　　号 最高人民法院(2016)最高法行申 450 号行政裁定书
出　　处 法信网。

434. 对行政给付行为和给付变动行为引起的行政案件可以通过调解结案

——林建国诉山东省济南市住房保障和房产管理局房屋行政管理案

裁判要点

在行政给付行为和给付变动行为中,行政主体在是否实施给付、给付的方式与幅度、是否启动给付变动权、采取何种变动行为等方面有自由裁量权,行政机关行使法律、法规规定的自由裁量权的案件可以调解结案。有关城市低收入家庭廉租住房权益保障的案件属于上述情形,可以通过调解结案。

关 键 词 行政给付行为　调解

裁判理由 最高人民法院经审理查明:2007 年 9 月 9 日,林建国向济南市房管局提出廉租房实物配租申请,经济南市房管局审查,符合廉租房实物配租条件。通过摇号,林建国取得了该市槐荫区世纪中华城 3 号楼 8 单元 101

室廉租住房,并签订了《济南市廉租住房租赁合同》。2010 年 5 月,林建美向济南市住建局实名举报林建国在申请廉租房过程中隐瞒离婚事实、取得廉租房后连续六个月未实际居住等事实。济南市房管局经调查,举报内容属实。林建国主张其连续六个月未实际居住,是因为自己肢体二级残疾,该住房位置偏远、地处山坡、交通不便,故居住不久后即搬出。同年 7 月,济南市房管局收回林建国承租的涉案廉租房,并于同年 9 月给林建国办理了廉租房租金补贴。林建国从 2010 年 7 月开始在外租房居住至今,2011 年重新申请并取得该年度廉租住房实物配租资格,后以当年房源不适合自己居住为由放弃摇号选房。目前,林建国仍享有该市保障性住房实物配租资格。

本案再审期间,根据《中华人民共和国行政诉讼法》第六十条之规定,经征求双方当事人意见,本院主持了调解。双方当事人自愿达成如下协议:

一、济南市房管局在 2016 年 10 月 1 日之前,将济南市槐荫区德裕家园 2 区 2 号楼 1 单元 706 室作为公租房调配给林建国租住;林建国应当按照济南市公租房的相关管理规定,提供相应的资格证明材料经审查合格后办理入住手续,并严格按照公租房的相关管理规定缴纳费用和使用房屋。

二、济南市房管局在 2016 年 10 月 1 日之前,给付林建国救助金人民币 7 万元整。

上述协议,符合相关法律规定,本院予以确认。

本调解书经双方当事人签收后,即具有法律效力。

审理法院 最高人民法院
裁判时间 2016 年 5 月 13 日
案　　号 最高人民法院(2016)最高法行再 17 号行政调解书
出　　处 法信网。

435. 公民、法人或者其他组织向有关机关申诉信访和反映问题，不宜作为认定起诉期限被耽误的法定理由
——张某远诉济南市槐荫区人民政府、济南市槐荫区腊山分洪工程非法占地案

裁判要点

《最高人民法院关于执行〈中华人民共和国行政诉讼法〉若干问题的解释》第四十三条规定，由于不属于起诉人自身的原因超过起诉期限的，被耽误的时间不计算在起诉期限内。此条规定的不属于起诉人自身的原因，应当为不可抗力、人身自由受限制等确实不能行使起诉权的情形，而向有关机关申诉信访和反映问题，是公民认为权利被侵害后自己对救济途径的选择，并不能作为起诉期限被耽误的合法理由。

关　键　词　起诉期限　申诉信访　反映问题

裁判理由　最高人民法院认为：本案争议焦点为再审申请人的起诉是否超过起诉期限。1. 根据《最高人民法院关于执行〈中华人民共和国行政诉讼法〉若干问题的解释》第四十一条之规定，行政机关作出具体行政行为时未告知公民、法人或者其他组织诉权或者起诉期限的，起诉期限从公民、法人或者其他组织知道或者应当知道诉权或者起诉期限之日起计算，但从知道或者应当知道具体行政行为内容之日起最长不得超过两年。本案中，再审申请人于 2008 年和 2010 年已经分别领取了涉案房屋的补偿款，并且涉案房屋已由再审申请人于 2008 年 8 月和 2010 年 9 月自行拆除，因此再审申请人最迟于 2010 年就已经知道或者应当知道被诉行政行为的内容，其于 2015 年 3 月 18 日提起本案诉讼，已经超过了法定的两年起诉期限。再审申请人认为其不知道行政行为内容，其起诉没有超过起诉期限的理由，没有事实和法律依据，不能成立，本院不予支持。2.《最高人民法院关于执行〈中华人民共和国行政诉讼法〉若干问题的解释》①第四十三条规定，由于不属于起诉人自身的

---

① 该解释已被 2018 年 2 月 6 日发布的《最高人民法院关于适用〈中华人民共和国行政诉讼法〉的解释》代替。

原因超过起诉期限的，被耽误的时间不计算在起诉期限内。此条规定的不属于起诉人自身的原因，应当为不可抗力、人身自由受限制等确实不能行使起诉权的情形，而向有关机关申诉信访和反映问题，是再审申请人认为权利被侵害后自己对救济途径的选择，并不能作为起诉期限被耽误的合法理由。因此，再审申请人认为其一直向有关机关反映情况，其起诉没有超过起诉期限的理由，亦不能成立，本院亦不予支持。

综上，张某远的再审申请不符合《中华人民共和国行政诉讼法》第九十一条规定的情形。

审理法院 最高人民法院
裁判时间 2016年5月30日
案　　号 最高人民法院（2016）最高法行申300号行政裁定书
出　　处 法信网。

436. 当事人对国有土地上房屋征收补偿评估结果有异议的，应当依法定程序依次提出复核评估申请和鉴定申请
——陈某诉安徽省宣城市广德县人民政府房屋征收补偿决定案

裁判要点

《国有土地上房屋征收与补偿条例》第十九条规定，对被征收房屋价值的补偿，不得低于房屋征收决定公告之日被征收房屋类似房地产的市场价格。而确定被征收房屋的价值，应当由具有相应资质的房地产价格评估机构按照房屋征收评估办法评估确定。对评估确定的被征收房屋价值有异议的，可以向房地产价格评估机构申请复核评估。对复核结果有异议的，可以向房地产价格评估专家委员会申请鉴定。当事人主张以银行制作的《房地产抵押清单》所确定的"本次抵押房地产暂作价"作为被征收房屋价值的主张，没有法律依据。

关　键　词 国有土地上房屋　征收补偿评估结果

裁判理由 最高人民法院认为，一、广德县政府采取发放征求意见表的方式，按被征收人多数人的意见确定具有相应资质的金桥公司作为评估机构，

在陈某户未依法对评估结果申请复核、鉴定的情形下，以评估结果作为陈某户房屋价值的确认依据，符合《征补条例》第十九条"对被征收房屋价值的补偿，不得低于房屋征收决定公告之日被征收房屋类似房地产的市场价格。被征收房屋的价值，由具有相应资质的房地产价格评估机构按照房屋征收评估办法评估确定。对评估确定的被征收房屋价值有异议的，可以向房地产价格评估机构申请复核评估。对复核结果有异议的，可以向房地产价格评估专家委员会申请鉴定"以及第二十条"房地产价格评估机构由被征收人协商选定；协商不成的，通过多数决定、随机选定等方式确定，具体办法由省、自治区、直辖市制定"的规定。关于陈某认为评估结果远低于市场价的主张，因未提供有效证据证明，不能成立。关于陈某以银行制作的《房地产抵押清单》所确定的"本次抵押房地产暂作价"作为被征收房屋价值的主张，没有法律依据，不能成立。二、广德县政府作出被诉征收补偿决定，确定陈某户可以选择货币和产权调换两种补偿方式，选择产权调换的，可以按征收补偿方案确定的安置地点和安置原则选择安置房屋，符合《征补条例》第二十一条第一款、第二款"被征收人可以选择货币补偿，也可以选择房屋产权调换。被征收人选择房屋产权调换的，市、县级人民政府应当提供用于产权调换的房屋，并与被征收人计算、结清被征收房屋价值与用于产权调换房屋价值的差价"的规定。关于陈某原址回迁的主张，由于本案所涉征收项目为道路改造、陈某户的被征收房屋为商住房、原址已非政府投资建设的商住房等因素，不符合《征补条例》第二十一条第三款"因旧城区改建征收个人住宅，被征收人选择在改建地段进行房屋产权调换的，作出房屋征收决定的市、县级人民政府应当提供改建地段或者就近地段的房屋"的规定，不能成立。三、陈某未提供有效证据证明本案被诉补偿决定的程序和实体等方面，存在其他不符合法律规定之处；亦未提供有效证据证明原审判决存在不符合法律规定之处。

综上，陈某的再审申请不符合《中华人民共和国行政诉讼法》第九十一条规定的情形。

审理法院 最高人民法院
裁判时间 2016年6月11日
案　　号 最高人民法院（2016）最高法行申144号行政裁定书
出　　处 法信网。

437. 人民法院审查市、县级人民政府作出国有土地上房屋征收决定是否合法，应当按照《国有土地上房屋征收与补偿条例》的规定进行
——马某友等诉包河区政府房屋征收决定案

裁判要点

1. 根据《国有土地上房屋征收与补偿条例》第十条、第十一条的规定，征收补偿方案应由房屋征收部门拟定并报市、县级人民政府。再由市、县级人民政府组织有关部门对征收补偿方案进行论证并予以公布，征求公众意见。然后将征求意见情况和根据公众意见修改的情况及时公布。根据《条例》第十一条第二款的规定，旧城区改建的，多数被征收人认为征收补偿方案不符合本条例规定的，市、县级人民政府应当组织由被征收人和公众代表参加的听证会，并根据听证会情况修改方案。被告在一审提供的证据中，仅有自己制作的意见汇总表和征求原告意见的证据，没有其他绝大多数人的反馈意见，故将此意见认定为多数被征收人对征收补偿方案的意见证据不足。

2. 根据《国有土地上房屋征收与补偿条例》第十二条第一款规定，市、县级人民政府作出房屋征收决定前，应当按照有关规定进行社会稳定风险评估；房屋征收决定涉及被征收人数量较多的，应当经政府常务会议讨论决定。社会稳定风险评估报告虽然由街道办事处作出，但政府将该报告予以采纳后，可以认定履行了该项义务。

关 键 词 国有土地上房屋

裁判理由 最高人民法院认为：根据《条例》第九条规定，确需征收房屋的各项建设活动，应当符合国民经济和社会发展规划、土地利用总体规划、城乡规划和专项规划。保障性安居工程建设、旧城区改建，应当纳入市、县级国民经济和社会发展年度计划。被申请人包河区政府在一审提供的证据中，没有能够证明需征收的建设活动符合国民经济和社会发展规划和已经纳入市、县级国民经济和社会发展年度计划的有效证据。虽然二审提供了相应的一些证据，但已经超过举证期限，二审不予采信并无不当；根据《条例》第十条、第十一条的规定，征收

补偿方案应由房屋征收部门拟定并报市、县级人民政府。再由市、县级人民政府组织有关部门对征收补偿方案进行论证并予以公布，征求公众意见。然后将征求意见情况和根据公众意见修改的情况及时公布。本案中，征收与补偿安置实施方案是望湖街道办以"望湖街道王大郢城中村改造项目办公室"的名义进行拟定并对外公布并征求意见的，与《条例》的要求不相符合，在程序上存在缺陷。根据《条例》第十一条第二款的规定，旧城区改建的，多数被征收人认为征收补偿方案不符合本条例规定的，市、县级人民政府应当组织由被征收人和公众代表参加的听证会，并根据听证会情况修改方案。但包河区政府在一审提供的证据中，仅有自己制作的意见汇总表和征求原告意见的证据，没有其他绝大多数人的反馈意见，故将此意见认定为多数被征收人对征收补偿方案的意见证据不足。根据《条例》第十二条第一款规定，市、县级人民政府作出房屋征收决定前，应当按照有关规定进行社会稳定风险评估；房屋征收决定涉及被征收人数量较多的，应当经政府常务会议讨论决定。本案中，社会稳定风险评估报告虽然由合肥市包河区望湖街道办事处作出，但在包河区政府将该报告予以采纳后，可以认定其履行了该项义务。根据《条例》第十二条第二款规定，作出房屋征收决定前，征收补偿费用应当足额到位、专户存储、专款专用。本案中，包河区政府没有提供其作出房屋征收决定前，征收补偿费用已足额到位、专户存储、专款专用的有效证据。其提供的资金证明显示的户名是合肥市包河区住房和城乡建设局，该账户上资金往来也有非征收补偿费用的内容，因此，认定征收补偿费用已专户存储、专款专用证据不足。此外，包河区政府委托评估的时间发生在作出被诉具体行政行为之后，包河区政府也没有提供此次征收补偿所需全部费用的其它证据，因此，银行账户存款余额也不能证明征收补偿费用已足额到位。综上，原审认定包河区政府作出的被诉征收决定，主要证据不足，并无不当。

由于该次征收已实际开展，大多数房屋已经被征收，申请人在申请再审时亦未对此提出异议。原审认为撤销被诉行政行为会给公共利益造成重大损失，根据《最高人民法院关于执行〈中华人民共和国行政诉讼法〉若干问题的解释》①第五十八条的规定，判决确认被诉征收决定违法并无不当。

综上，马某友等人的再审申请不符合《中华人民共和国行政诉讼法》第九十一条规定的情形。

---

① 该解释已被 2018 年 2 月 6 日发布的《最高人民法院关于适用〈中华人民共和国行政诉讼法〉的解释》代替。

审理法院 最高人民法院
裁判时间 2016 年 6 月 14 日
案　　号 最高人民法院（2016）最高法行申 414 号行政裁定书
出　　处 中国裁判文书网。

438. 申请人要求行政机关公开对其信访事项办理结果的信息，行政机关可按照《信访条例》以及地方性法规、规章等规定进行办理
——陈某舟诉上海市浦东新区人民政府信息公开案

裁判要点

《政府信息公开条例》第十七条规定，行政机关制作的政府信息，由制作该政府信息的行政机关负责公开；行政机关从公民、法人或者其他组织获取的政府信息，由保存该政府信息的行政机关负责公开。法律、法规对政府信息公开的权限另有规定的，从其规定。此处"公开的权限"一般仅应理解为突破"谁制作、谁公开；谁保存，谁公开"的原则，不包括行政机关将自己的公开职责转移至其不能独立承担法律责任的内设机构、派出机构，《政府信息公开条例》设立专门的政府信息公开工作机构的目的就是承担起该行政机关所有政府信息公开职责，此时如果允许行政机关再将部分政府信息公开职责转移至其个别内设机构，不利于保护申请人的知情权，也造成行政资源的浪费，也不符合基本的法律逻辑。但是，信访事项作为实践中，作例外处理，符合现阶段的实际。《信访条例》第三十二条规定，对信访事项有权处理的行政机关经调查核实，应当依照有关法律、法规、规章及其他有关规定，分别作出处理，并书面答复信访人；《上海市信访条例》第十四条规定，信访人在信访活动中，享有下列权利：（二）要求信访工作机构提供与其提出的信访事项有关的咨询；……（四）向办理机关查询本人信访事项的办理结果并要求答复。申请人要求公开的信息属于对信访事项的处理意见。申请人在进行信访的过程中需要查询、知晓相关信息的，可以按照《信访条例》《上海市信访条例》的规定进行办理。

关 键 词 行政机关　信访条例

裁判理由 最高人民法院认为,根据陈某舟提交的再审申请书及所附的起诉状、上诉状等有关材料所述的情况,陈某舟因农村集体所有土地(自留地)使用权问题,多次向上海市浦东新区政府及浦东新区川沙镇政府信访、反映情况。期间,浦东新区川沙镇信访办及浦东新区政府信访复查复核办公室曾向陈某舟作出过信访处理意见答复及复查意见答复。本案中,陈某舟要求浦东新区政府公开的政府信息即浦东新区政府给陈某舟信访复查意见答复中提及的"处理意见"。据此,陈某舟要求公开的政府信息实际上属于在对农村集体所有土地使用权问题进行信访过程中的信息。《中华人民共和国政府信息公开条例》第十七条规定,行政机关制作的政府信息,由制作该政府信息的行政机关负责公开;行政机关从公民、法人或者其他组织获取的政府信息,由保存该政府信息的行政机关负责公开,法律法规对政府信息公开的权限另有规定的,从其规定。《信访条例》第三十二条规定,对信访事项有权处理的行政机关经调查核实,应当依照有关法律、法规、规章及其他有关规定,分别作出处理,并书面答复信访人;第三十四、三十五条规定,信访人对行政机关作出的信访处理意见不服的,可以自收到书面答复之日起30日内请求上一级行政机关复查,对复查意见不服的,可以自收到书面答复之日起30日内向复查机关的上一级行政机关请求复核。《上海市政府信息公开规定》是上海市人民政府制定的地方政府规章,《上海市信访条例》是上海市人民代表大会常委会制定并发布的地方性法规,在上海市辖区内均具有法律效力。《上海市政府信息公开规定》第十四条第四款规定,法律、法规对政府信息公开的职责权限范围另有规定的,从其规定。《上海市信访条例》第十四条规定,信访人在信访活动中,享有下列权利:(二)要求信访工作机构提供与其提出的信访事项有关的咨询;(四)向办理机关查询本人信访事项的办理结果并要求答复。根据前述法规、规章的规定,陈某舟在对农村土地使用权问题进行信访的过程中需要查询、知晓相关信息的,可以按照《信访条例》《上海市信访条例》的规定进行办理;并有权要求信访工作机构提供与其提出的信访事项有关的咨询。因此,浦东新区政府告知陈某舟申请的政府信息公开事项应当按照《信访条例》《上海市信访条例》等规定进行查询的意见,并无不当,上海市高级人民法院判决驳回陈某舟的上诉请求,于法有据。

综上,陈某舟的再审申请不符合《中华人民共和国行政诉讼法》第九十一条规定的情形。

审理法院 最高人民法院
裁判时间 2016 年 6 月 15 日
案　　号 最高人民法院（2016）最高法行申 454 号行政裁定书
出　　处 法信网。

439. 征收实施单位在规定期限内未与被征收人达成补偿安置协议的，征收单位应当依法及时作出补偿决定
——唐某军诉下城区政府房屋征收补偿决定案

> **裁判要点**
> 根据《国有土地上房屋征收与补偿条例》第二十六条第一款规定，房屋征收部门与被征收人在征收补偿方案确定的签约期限内达不成补偿协议，或者被征收房屋所有权人不明确的，由房屋征收部门报请作出房屋征收决定的市、县级人民政府依照本条例的规定，按照征收补偿方案作出补偿决定，并在房屋征收范围内予以公告。

关 键 词 征收实施单位　被征收人　补偿安置协议

裁判理由 最高人民法院认为：本案的争议焦点为下城区政府是否有权作出被诉房屋征收补偿决定及涉案评估报告可否作为补偿决定的依据。

首先，《国有土地上房屋征收与补偿条例》第二十六条第一款规定："房屋征收部门与被征收人在征收补偿方案确定的签约期限内达不成补偿协议，或者被征收房屋所有权人不明确的，由房屋征收部门报请作出房屋征收决定的市、县级人民政府依照本条例的规定，按照征收补偿方案作出补偿决定，并在房屋征收范围内予以公告。"本案中，下城区政府提交了下城区房屋征收办作为房屋征收部门申请其作出补偿决定的书证，下城区政府作出被诉房屋征收补偿决定于法有据。

其次，根据《国有土地上房屋征收评估办法》第八条之规定，被征收房屋价值评估目的应当表述为"为房屋征收部门与被征收人确定被征收房屋价值的补偿提供依据，评估被征收房屋的价值"。用于产权调换房屋价值评估目的应当表述为"为房屋征收部门与被征收人计算被征收房屋价值与用于产权调换房屋价值的差价提供依据，评估用于产权调换房屋的价值"。本案中，国信公司对唐

某军、唐某兰被征收的房屋价值进行了评估，并出具了评估报告，为确定被征收房屋价值的补偿提供了依据，并无不当。国信公司系接受房屋征收部门委托对被征收房屋进行评估，委托人和受托人对此事实均无异议，再审申请人唐某军亦未提供证据证实国信公司无权对被征收房屋进行评估，故唐某军关于国信公司未经委托评估的主张与事实不符，本院不予认定。因唐某军不同意评估机构入室对被征收房屋的室内装修及附属物进行丈量评估，故评估报告的价值不包括室内装饰及附属物价值，评估报告对此亦予以说明，符合《国有土地上房屋征收评估办法》第十二条的相关规定。《国有土地上房屋征收评估办法》第十九条规定："被征收人或者房屋征收部门对评估报告有疑问的，出具评估报告的房地产价格评估机构应当向其作出解释和说明。"第二十条规定："被征收人或者房屋征收部门对评估结果有异议的，应当自收到评估报告之日起10日内，向房地产价格评估机构申请复核评估。申请复核评估的，应当向原房地产价格评估机构提出书面复核评估申请，并指出评估报告存在的问题。"第二十二条规定："被征收人或者房屋征收部门对原房地产价格评估机构的复核结果有异议的，应当自收到复核结果之日起10日内，向被征收房屋所在地评估专家委员会申请鉴定。被征收人对补偿仍有异议的，按照《征补条例》第二十六条规定处理。"本案中，评估报告已经送达给再审申请人。倘若唐某军认为涉案房屋存在的评估价值过低等问题，其可在申请复核后依法申请鉴定。但唐某军未行使申请鉴定等权利，应视为其认可涉案评估报告。综上，国信公司作出的被征收房屋的评估报告可以作为下城区政府作出补偿决定的依据。

再次，《国有土地上房屋征收与补偿条例》第二十一条第三款规定："因旧城区改建征收个人住宅，被征收人选择在改建地段进行房屋产权调换的，作出房屋征收决定的市、县级人民政府应当提供改建地段或者就近地段的房屋。"旧城区改建是指政府依照《中华人民共和国城乡规划法》有关规定组织实施的对危房集中、基础设施落后等地段进行改建的项目。本案系因浙江省杭州市地铁2号线凤起路站工程而征收个人住宅，并非因旧城区改建征收个人住宅，下城区政府为唐某军提供的安置房源符合规定，并无不当。此外，唐某军在再审申请程序中提出申请公开涉案建设项目涉及的相关信息与本案不属同一法律关系，可另案处理。

综上，唐某军的再审申请不符合《中华人民共和国行政诉讼法》第九十一条规定的情形。

审理法院 最高人民法院
裁判时间 2016 年 6 月 20 日
案　　号 最高人民法院（2016）最高法行申 788 号行政裁定书
出　　处 中国裁判文书网。

440.《国有土地上房屋征收与补偿条例》施行前已依法取得房屋拆迁许可证的项目，继续沿用原有的规定办理，但政府不得责成有关部门强制拆迁
——刘某清诉青海省西宁市城东区人民政府行政赔偿案

裁判要点

《国有土地上房屋征收与补偿条例》施行前已依法取得房屋拆迁许可证的项目，继续沿用原有的规定办理，但政府不得责成有关部门强制拆迁。拆迁行为发生在《城市房屋拆迁管理条例》施行时期的，安置补偿等事项仍宜按照《城市房屋拆迁管理条例》规定的程序、步骤和方式解决。

关 键 词 房屋拆迁许可证　强制拆迁

裁判理由 最高人民法院认为：根据原审所查明的事实，城东区政府强制拆除刘某清房屋的行为已被法院生效判决确认违法，本案属于行政赔偿案件。由于刘某清被强制拆除的房屋在城投公司拆许字（2010）第 08 号房屋拆迁许可证载明的拆迁范围内，对该房屋所涉及的安置补偿事宜，按照《国有土地上房屋征收与补偿条例》第三十五条的规定，应适用《城市房屋拆迁管理条例》的相关规定。综合来看，本案争议的焦点主要有三个：

一是对被强制拆除房屋的安置补偿争议。根据《城市房屋拆迁管理条例》第四条第一款、第二十二条第一款、第三十一条的规定，拆迁范围内对被拆迁人的房屋安置、临时安置补助费的补偿属于拆迁人依法应当履行的义务。本案中，刘某清作为被拆迁人，享有在同等条件下与其他被拆迁人相同的安置补偿权利，其房屋被城东区政府强制拆除，并不会影响刘某清作为房屋所有权人依法获得房屋安置补偿的权利。刘某清关于房屋安置和支付租金的诉求，可以通过向拆迁人城投公司主张安置和补偿来实现。原审法院判决由本

案第三人即拆迁人城投公司按照《城市房屋拆迁管理条例》的相关规定和批准实施的拆迁安置方案等对刘某清进行安置补偿，并无不当。

二是因强制拆除房屋造成的室内装修损失补偿争议。根据《中华人民共和国国家赔偿法》第四条第四项的规定，城东区政府违法强制拆除行为致使刘某清室内装修价值失去依法评估获得拆迁补偿的可能，对此部分损失，应由城东区政府赔偿。原审法院基于先期评估未送达等实际情况，在原评估结论的基础上给予适当提高，并无不妥。

三是对涉案两个规范性文件的合法性能否一并审查争议。刘某清在本案原审中增加对《西宁火车站综合改造项目征地拆迁方案》及《西宁火车站综合改造项目城市居民房屋拆迁安置实施细则》两个规范性文件一并进行合法性审查的诉讼请求。根据《中华人民共和国行政诉讼法》第五十三条及最高人民法院《关于审理行政赔偿案件若干问题的规定》第二十九条的规定，公民、法人或者其他组织在对行政行为提起诉讼时，可以一并请求对规范性文件进行审查，而本案是行政赔偿案件，人民法院只能就行政赔偿争议进行审理与裁判。因此刘某清请求原审法院对上述规范性文件的合法性一并审查，并不作为认定行政行为合法依据的诉讼请求不能成立。原审法院对此请求不予支持，并无不当。

综上，刘某清的再审申请不符合《中华人民共和国行政诉讼法》第九十一条规定的情形。

审理法院　最高人民法院
裁判时间　2016 年 6 月 21 日
案　　号　最高人民法院（2016）最高法行赔申 278 号行政裁定书
出　　处　法信网。

441. 社会稳定风险评估未经市政府常委会会议讨论决定但经下级政府机构作出并报市政府审查认可的，视为该程序瑕疵已补正，可不认定构成程序违法
——李某冰诉济南市政府房屋行政征收案

> **裁判要点**
>
> 审查行政机关作出行政行为程序是否正当时，应结合设定该程序的目的进行综合审查。若行政机关已通过其他方式实现了设定该程序的目的，视为已经对该程序问题进行了补正，即不再构成程序违法。

关键词 社会稳定风险评估　程序瑕疵

裁判理由 最高人民法院认为：本案争议焦点在于被申请人济南市政府作出的济征字（2013）2 号《房屋征收决定》是否符合《房屋征收与补偿条例》的规定。本案中所涉建设活动已经济南市以及历下区两级人民代表大会确认为旧城改建项目，经国土、规划和发改部门确认符合国民经济和社会发展规划、土地利用总体规划、城乡规划和专项规划，并纳入市、区两级国民经济和社会发展年度计划，符合征收房屋的相关要求。济南市政府在作出征收决定前，履行了组织论证并公告征收补偿方案的职责，确定了不少于 30 日的征求意见期限，且征收补偿费用已经足额到位、专户存储、专款专用，相关程序符合《房屋征收与补偿条例》的规定。

对于济南市政府未组织由被征收人和公众代表参加的听证会听取意见，原审判决已经予以指正。《房屋征收与补偿条例》第十一条规定听证的目的，是要求市、县级人民政府在作出征收决定前应当充分征求被征收人的意见，以体现大多数被征收人的意愿，确定公平的征收补偿方案。济南市政府在公告征收补偿方案后，征求了拟征收范围内 272 人次提出的意见和建议，并根据征求意见的汇总情况进行了修改，公告了征求意见情况及根据公众意见修改的情况，履行了相应的征求拟征收范围内社会公众意见的程序。因此，虽然济南市政府未组织听证会不当，但上述行政程序问题已经由事前公开听取意见和事后多数被拆迁户签订安置补偿协议等系列行为得到了补正，不再构成行政程序违法，也不构成本院提起再审的理由。

对于社会稳定风险评估未经政府常务会议讨论决定是否违法的问题,由于《房屋征收与补偿条例》未对"被征收人数量较多"情形作出具体界定,且山东省、济南市也无相应规定,原审判决基于严格征收审批的要求,认为本案属于涉及被征收人数量较多的情形,因此本案社会稳定风险评估未经政府常务会议讨论决定不当。考虑到本案社会稳定风险评估报告已经历下区维护社会稳定办公室以及历下区拆迁办公室作出,并最终由济南市政府进行审查并予以认可,可以视为济南市政府已经履行了社会稳定风险评估责任。因此,虽然社会稳定风险评估未经政府常务会议讨论决定构成程序不当,但此程序不当同样已经济南市政府的事后审查批准行为得以补正,也不构成本院提起再审的理由。

综上,李某冰的再审申请不符合《中华人民共和国行政诉讼法》第九十一条规定的情形。

审理法院　最高人民法院
裁判时间　2016 年 6 月 22 日
案　　号　最高人民法院(2016)最高法行申 195 号行政裁定书
出　　处　法信网。

442. 征收人已经在征收补偿行政程序中告知被征收人既可以货币补偿也可以选择产权调换,被征收人在规定期限内未作选择,也未答复的,征收人可以作出补偿决定确定产权调换补偿安置方式

——张某菊诉西秀区政府房屋征收行政补偿案

> **裁判要点**
>
> 在房屋征收人与被征收人就补偿问题多次协商未果的情况下,征收人依法向被征收人送达房屋征收安置补偿选择通知书,告知其可以在货币补偿和产权调换两种方式中进行选择,被征收人在约定期限内未作选择,也未进行答复的,征收人作出补偿决定确定产权调换补偿安置方式,不属于侵犯被征收人安置补偿方式选择权情形。

关 键 词 征收补偿行政程序 货币补偿 选择产权调换

裁判理由 最高人民法院认为:根据再审申请人提出的请求和理由,并结合原审审理情况,本案主要涉及以下四个方面的问题:

(一)对张某菊被征收房屋用途的认定问题

根据原审所查明的事实,本案被征收房屋登记的规划用途为仓库,张某菊要求将登记用途为仓库的房屋按商铺补偿,但没有提供合法有效的证据材料,其主张缺乏事实及法律依据。故西秀区政府按实际登记的用途对申请人被征收房屋进行补偿,并无不当。

(二)西秀区政府作出补偿决定前是否保障了张某菊选择安置补偿方式权利的问题

本案中,因双方就补偿问题多次协商未果,西秀区政府于2015年1月22日向张某菊送达了《房屋征收安置补偿选择通知书》,告知其可以选择货币补偿和产权安置,并要求其于3日内将选择结果告知西秀区政府。张某菊未在规定时间内答复西秀区政府。2015年3月9日,西秀区政府向张某菊送达了《房屋征收补偿决定书》(西府房征决〔2015〕3号)。该决定书中落款时间虽为2015年1月21日,但自2015年1月21日至2015年3月8日,该补偿决定并未实际送达,亦未实际生效,对张某菊的合法权益并未产生实际影响。故西秀区政府于2015年3月9日送达的《房屋征收补偿决定书》(西府房征决〔2015〕3号)虽然在时间落款上存在瑕疵,但并未实际侵害张某菊安置补偿方式的选择权。张某菊认为西秀区政府剥夺了其安置补偿方式选择权的主张不能成立,原审法院不予支持,并无不当。

(三)评估机构选定程序及被征收房屋价格评估程序是否合法的问题

根据原审所查明的事实,2014年11月7日,西秀区政府组织张某菊、刘某能、张某春、钱某等被征收户推选房地产价格评估机构,因没有形成统一意见,西秀区政府又于同年11月17日组织评估机构选定会,以抽签方式确定了贵州亚太公司作为涉案项目房屋征收评估机构,并予以公告,且两次评估机构推选会议均申请贵州省安顺市黄果树公证处现场公证,符合征补条例第十九条第一款、第二十条第一款以及《贵州省国有土地上房屋征收评估机构选定办法(暂行)》第八条第三款、第九条的规定。

在被征收房屋价格评估过程中,因张某菊在约定的评估时间未到场配合勘查评估,贵州亚太公司未能入户勘查,遂结合2013年5月26日的现场勘察表、被征收房屋及附属物示意图、第二次装修分户调查表及房屋图片等,对张某菊的房屋作出了《房地产分户估价报告》，并经公证依法送达给张某菊。该报告中就张某菊被征收房屋价格作出了评估，并告知其若不服该评估报告的相应救济时间与途径。张某菊在规定期限内，未就前述《房地产分户估价报告》提出异议。贵州亚太公司在本案房屋价格评估过程中，虽未能实际进入张某菊的被征收房屋内部进行勘测，但评估报告依据西秀区政府在房屋征收决定程序中依法作出的摸底调查情况予以评估并无不妥。张某菊若对该评估程序及评估报告有异议，可依据征补条例第十九条第二款的规定寻求救济。其在规定期限内未就前述《房地产分户估价报告》提出异议，应视为对该房屋价值评估程序及分户评估报告的认可。故张某菊提出评估机构选定程序及评估程序违法的主张不能成立，原审法院不予支持，亦无不妥。

（四）一审审理过程中，西秀区政府委托西秀区华西办事处人大工委主任出庭应诉是否合法的问题

根据《中华人民共和国行政诉讼法》第三条第三款的规定，被诉行政机关负责人应当出庭应诉。不能出庭的，应当委托行政机关相应的工作人员出庭。因此，行政机关负责人原则上应出庭应诉，确实不能出庭的，应委托行政机关的相应工作人员出庭应诉。本案中，西秀区政府因其负责人不能出庭应诉而委托西秀区华西办事处的人大工委主任出庭应诉，西秀区华西办事处人大工委主任并非被诉行政机关工作人员，故西秀区政府的该项委托不符合《中华人民共和国行政诉讼法》第三条的规定。由于行政机关相应工作人员未出庭应诉，不影响人民法院进行审理，西秀区政府于一审审理过程中的委托错误并不影响本案的实体处理。因此，原二审法院对张某菊认为该委托错误属于审判程序错误的主张不予支持，亦无不当。

综上，张某菊的再审申请不符合《中华人民共和国行政诉讼法》第九十一条规定的情形。

审理法院　最高人民法院
裁判时间　2016年6月30日
案　　号　最高人民法院（2016）最高法行申1379号行政裁定书
出　　处　法信网。

443. 公民、法人或者其他组织发生土地权属争议且无法协商解决的，有权请求人民政府处理
——施某荣诉云县人民政府土地行政确权案

裁判要点

根据《土地管理法》第十六条第一款规定：土地所有权和使用权争议，由当事人协商解决；协商不成的，由人民政府处理。公民、法人或者其他组织因发生土地权属争议且无法协商解决的，争议一方有权请求人民政府作出处理。人民政府受理后，应在认真调查的基础上，依照尊重历史、结合现实的原则，作出处理决定。

当事人主张土地使用面积与国土部门相关批准文件不一致，但未能提供证据证明其主张的，人民法院可以采信国土部门的公文书证。

关 键 词 土地权属争议 协商解决 人民政府

裁判理由 最高人民法院认为：根据《中华人民共和国土地管理法》第十六条第一款的规定，土地所有权和使用权争议，由当事人协商解决；协商不成的，由人民政府处理。云州三组与施某荣之间多年来因为争议土地纠纷不断，且无法协商解决，因此云州三组有权就争议土地权属问题请求人民政府处理。再审申请人认为云州三组的申请不符合土地权属争议条件的主张，不能成立。根据1994年《房地产使用权变更申请审批表》记载，施某荣申请变更房地产金额为40000元，变更土地面积2.74亩。根据云城乡房管字1994第21号《关于对云县中学与施某荣户房地产转让申请的批复》记载，同意云县中学将自有坐落于回营瓦窑坝的土、砖木结构房屋六幢二十二间，建筑面积为432.21平方米及其他附属物一次性作价为40000元（肆万元）处理转让给施某荣户营业所有。根据云县土地管理局云土籍字（1994）第5号《关于回营街道办事处与施某荣户土地使用权转让的批复》记载，同意爱华镇回营街道办事处将坐落在瓦窑坝河沙滩边1795平方米土地使用权转让给回营街道办事处三社农民施某荣户作发展养殖业和居住使用。因此，根据施某荣提供的现有证据，无法证明其仅支付40000元，就享有对约17亩争议土地的合法使用权。施某荣认为其有充分证据证明其享有争议土地使用权的主张，不能

成立，本院不予支持。本案中，云县人民政府通过调查，依照尊重历史、结合现实的原则，作出被诉处理决定，并无明显不当。

综上，施某荣的再审申请不符合《中华人民共和国行政诉讼法》第九十一条规定的情形。

审理法院 最高人民法院
裁判时间 2016年7月13日
案　　号 最高人民法院（2016）最高法行申171号行政裁定书
出　　处 中国裁判文书网。

444. 因上下级行政机关之间内部工作关系而形成的信息，通常不属于政府信息公开的范围
——尹某琴诉中华人民共和国教育部政府信息公开案

裁判要点

上下级行政机关间基于工作衔接等内部工作关系形成的信息，属于内部管理信息范畴，一般不属于《政府信息公开条例》所指应公开的政府信息。

关 键 词 政府信息公开

裁判理由 最高人民法院认为：根据国务院办公厅《关于做好政府信息依申请公开工作的意见》（国办发〔2010〕5号）第二条规定的精神，对于上下级行政机关间因内部工作关系形成的内部管理信息，一般不属于《政府信息公开条例》所指应公开的政府信息。对行政机关之间形成的应当公开的政府信息，也应当坚持"谁制作、谁公开"原则。再审申请人尹某琴要求教育部公开下级教育主管部门制作的政府信息，教育部对此作出合理说明，并书面作出告知书，已经履行了相应的义务。因此，根据《最高人民法院关于审理政府信息公开行政案件若干问题的规定》第十二条第（一）项规定，一、二审人民法院裁判并无不当。

综上，尹某琴的再审申请不符合《中华人民共和国行政诉讼法》第九十一条规定的情形。

审理法院 最高人民法院
裁判时间 2016 年 8 月 4 日
案　　号 最高人民法院（2016）最高法行申 1290 号行政裁定书
出　　处 法信网。

445. 行政案件的起诉期限以知道或应当知道行政行为内容三日作为起算时点，而非以知道或应当知道行政行为违法之日作为起算时点
——崔某武诉乳山市人民政府土地行政征收及行政赔偿案

> **裁判要点**
> 　　行政诉讼法规定的起诉期限是从行政相对人知道或应当知道行政行为之日起开始计算，而并非从知道或应当知道行政行为违法起开始计算。

关 键 词　起诉期限　　行政行为　　行政行为违法

裁判理由　最高人民法院认为：本案争议的焦点在于，再审申请人起诉乳山市人民政府土地征收及行政赔偿是否超过法律规定的起诉期限。从原审法院查明的事实来看，再审申请人曾于 2010 年 10 月 8 日提起过民事诉讼，请求给付征地补偿款、安置费、地面附着物补偿款等，在该民事诉讼中，就已经查明乳山市国土资源局与乳山口镇人民政府签订《征用土地协议书》、2008 年 3 月 6 日乳山市人民政府召开专题会议、2009 年兰家村委会通知再审申请人解决虾池承包合同等一系列事实，因此再审申请人最迟至 2010 年，就应当知道涉案土地被征收的事实，其于 2015 年提起行政诉讼，已经超过了法律规定的起诉期限。

　　行政诉讼法规定的起诉期限是从行政相对人知道或应当知道行政行为之日起开始计算，而并非知道或应当知道行政行为违法起开始计算。因此，再审申请人认为其于 2015 年 4 月才知道征地行为违法，起诉期限应当从此时开始计算的主张不能成立，本院不予支持。《中华人民共和国行政诉讼法》第四十八条规定，公民、法人或者其他组织因不可抗力或者其他不属于其自身的原因耽误起诉期限的，被耽误的时间不计算在起诉期限内。再审申请人对于

救济途径的选择,并非属于法定的"不属于自身原因"耽误起诉期限,因此再审申请人认为其一直在维权,耽误的期限应当予以扣除的主张,亦不能成立,本院亦不予支持。

综上,崔某武的再审申请不符合《中华人民共和国行政诉讼法》第九十一条规定的情形。

审理法院　最高人民法院
裁判时间　2016 年 8 月 6 日
案　　号　最高人民法院（2016）最高法行申 1798 号行政裁定书
出　　处　法信网。

446. 依法自愿签订的补偿安置协议应当得到执行,对因行政机关强制执行扩大的损失,依法应当另行赔偿

——陈某长诉福建省宁德市蕉城区人民政府行政赔偿案

> **裁判要点**
>
> 征收人与被征收人协商签订补偿协议后,被征收人违反法定程序将涉案房屋强制拆除且被确认违法的,关于房屋行政赔偿问题可通过执行协议书予以实现。如果在强拆过程中造成屋内其他物品损失的,超出部分不在该协议范围内,应另行计算。

关 键 词　补偿安置协议　行政机关　另行赔偿

裁判理由　最高人民法院认为:本案是陈某长基于强制拆除涉案房屋行为被确认违法而提起的行政赔偿诉讼。尽管强制拆除房屋行为已经被生效判决确认为违法,但根据原审查明的事实,在陈某长房屋被强拆之前,其已经与宁德市蕉城区土地收储中心宁德火车站周边项目部就涉案房屋签订了宁德火车站周边项目《房屋征收产权调换协议书》,协议对被征收房屋、安置房屋情况、差价结算、付款方式及期限、搬迁日期、过渡方式等进行了约定。因此,陈某长关于强制拆除涉案房屋的赔偿请求可通过执行该协议书得以实现。另外,陈某长并未提交其房屋被强拆造成其他实际损失的有效证据,因此,原审判决并无违法之处。

综上，陈某长的再审申请不符合《中华人民共和国行政诉讼法》第九十一条规定的情形。

审理法院 最高人民法院
裁判时间 2016 年 8 月 11 日
案　　号 最高人民法院（2016）最高法行申 1776 号行政裁定书
出　　处 中国裁判文书网。

447. 集体土地被征收为国有，原集体土地使用权人与后续国有土地使用权登记颁证行为通常不具有法律上的利害关系
——吴某丽等诉湖北省人民政府行政复议决定案

> **裁判要点**
> 集体土地经省人民政府批准征收，土地性质由集体土地转为国有土地后，原集体土地使用权人所享有的土地使用权灭失，其与后续针对该土地的行政行为不再具有利害关系。
> 行政行为的相对人是有限责任公司的，公司有权针对该行政行为申请行政复议或提起行政诉讼的，但公司的股东并不能因其股东身份而可以直接以股东名义提起诉讼。

关　键　词　集体土地　国有土地使用权

裁判理由　最高人民法院认为：再审申请人吴某丽等人主张他们均是姚家岭村征地范围内的被拆迁户，且其中三人还是涉案建设用地批准书申请人武汉星星集团有限责任公司的股东，因此与武汉市人民政府批准出让姚家岭村土地给武汉星星集团有限责任公司以及给该公司核发建设用地批准书的行为有利害关系，有权对上述行政行为申请行政复议。被申请人提供的《湖北省国土资源厅关于批准武汉市 2009 年城中村第 3 批次建设用地的函》（鄂土资函〔2009〕786 号）能够证明涉案土地已于 2009 年经由湖北省人民政府批准征收，故该土地的性质已由集体土地转为国有土地，包括被拆迁户在内的原集体土地使用权人所享有的土地使用权灭失，上述人员与后续针对该土地的行政行为不再具有利害关系。武汉星星集团有限责任公司虽然是被申请行

政复议的行政行为的相对人，但该公司的股东并不能因其股东地位而享有相关权利。故无论再审申请人是被拆迁户还是武汉星星集团有限责任公司的股东，均与本案被申请行政复议的行政行为无利害关系。被诉《行政复议告知书》合并答复再审申请人的行政复议申请并不违反法律规定。原审判决驳回吴某丽等人的诉讼请求并无不当。

综上，吴某丽等8人的再审申请不符合《中华人民共和国行政诉讼法》第九十一条规定的情形。

审理法院 最高人民法院
裁判时间 2016年8月11日
案　　号 最高人民法院（2016）最高法行申780号行政裁定书
出　　处 中国裁判文书网。

448. 农民集体连续使用其他农民集体所有的土地已满二十年且二十年期满之前原所有人未要求归还的，该争议土地依法可视为现使用的农民集体所有

——湖南省隆回县司门前镇新庄村三组
诉湖南省隆回县人民政府土地行政确认案

> **裁判要点**
>
> 根据原国家土地管理局《确定土地所有权和使用权的若干规定》第二十一条规定，农民集体连续使用其他农民集体所有的土地已满二十年的，且在二十年期满之前所有者未向现使用者或有关部门提出归还的，该争议土地应视为现使用的农民集体所有。

关 键 词 集体土地

裁判理由 最高人民法院认为：原国家土地管理局《确定土地所有权和使用权的若干规定》第二十一条规定，农民集体连续使用其他农民集体所有的土地已满二十年的，应视为现使用者所有；连续使用不满二十年，或者虽满二十年但在二十年期满之前所有者曾向现使用者或有关部门提出归还的，由县级以上人民政府根据具体情况确定土地所有权。在本案中，1967年阳某

庚将铺宇出卖给众善村四组魏某祝，阳某庚即失去了对争执地的占有和使用，1986年魏某祝将争执地与众善村三组刘某勋进行兑换，由刘某勋在争执地上修建碾米房，以刘某勋之父刘某柏的名义申请土地登记并领取土地使用权证。期间，湖南省隆回县司门前镇新庄村三组均未提出异议。直至2012年8月，新庄村三组村民阳某庚要求刘某勋返还地基。此时，众善村三组实际占有并使用争议地已超过二十年。隆回县人民政府隆政决字〔2015〕1号土地权属争议案件行政处理决定认为双方争议的位于众善村三组的刘某勋碾米房所占土地所有权属司门前镇众善村三组农民集体，符合《确定土地所有权和使用权的若干规定》第二十一条规定。原审判决驳回隆回县司门前镇新庄村三组的诉讼请求，并无不当。

综上，湖南省隆回县司门前镇新庄村三组的再审申请不符合《中华人民共和国行政诉讼法》第九十一条规定的情形。

审理法院　最高人民法院
裁判时间　2016年8月11日
案　　号　最高人民法院（2016）最高法行申1643号行政裁定书
出　　处　法信网。

449. 对规范性文件一并进行审查的前提是本诉成立
——宋某诉北京市丰台区人民政府履行法定职责案

> **裁判要点**
> 　　原告依据《行政诉讼法》第五十三条规定，一并请求对行政机关作出行政行为所依据的规范性文件进行审查的，其前提是对该行政行为的起诉成立。原告对行政行为的起诉符合法定起诉条件的，人民法院应当依法裁定不予立案或者驳回起诉。

关　键　词　起诉成立　审查前提
裁判理由　最高人民法院认为：根据《中华人民共和国义务教育法》第七条第二款的规定，县级以上人民政府教育行政部门具体负责义务教育实施工作；县级以上人民政府其他有关部门在各自的职责范围内负责义务教育实施工作。因此，被申请人丰台区政府没有申请人主张的为适龄儿童安排入读小学的法定职责。申请人请求附带审查的《丰台区 2015 年非本市户籍适龄儿童少年接受义务教育证明证件材料审核实施细则》系丰台区教育委员会出台的规范性文件。对规范性文件一并进行审查的前提是本诉成立，本案中，因申请人提起的履行法定职责之诉不能成立，故对规范性文件一并审查的请求也不能成立。本院审理过程中，相关教育行政主管部门已经多次就入学问题与宋某的法定代理人进行沟通，并就宋某入学所需具备的条件予以指导。申请人宋某及其法定代理人应根据相关规定要求，努力完善自身各项条件，及时向相关教育行政主管部门提出申请，尽快妥善解决在京就读问题。

综上，宋某的再审申请不符合《中华人民共和国行政诉讼法》第九十一条规定的情形。

审理法院　最高人民法院
裁判时间　2016 年 8 月 21 日
案　　号　最高人民法院（2016）最高法行申 1677 号行政裁定书
出　　处　法信网。

450. 行政区划变动并不当然导致村集体土地所有权发生变动
——杜交曲村委会诉娄烦县政府土地行政确权纠纷案

裁判要点

根据《确定土地所有权和使用权的若干规定》第二十条规定，村农民集体所有的土地，按目前该村农民集体实际使用的本集体土地所有权界线确定所有权。同时，根据一九六二年《农村人民公社工作条例修正草案》规定，对行政区划变动未涉及土地权属变更的，原土地权属不变。因此，虽有行政区划变动，但不能证明村集体经济组织的村民目前正在使用争议土地的，该土地所有权并不必然发生变动。

关 键 词　行政区划变动　村集体土地所有权

裁判理由　最高人民法院认为：在 2003 年娄烦县政府组织开展土地核实登记工作中，杜交曲村和小河沟村均对当时集体所有的承包地进行了确认并签字盖章。再审申请人杜交曲村委会提出土地核实登记表和退耕还林台账存在问题，但是无法证明有其村民目前正在使用争议土地。《确定土地所有权和使用权的若干规定》第二十条规定："村农民集体所有的土地，按目前该村农民集体实际使用的本集体土地所有权界线确定所有权。根据《六十条》（指1962年《农村人民公社工作条例修正草案》）确定的农民集体土地所有权，由于下列原因发生变更的，按变更后的现状确定集体土地所有权：（一）由于村、队、社、场合并或分割等管理体制的变化引起土地所有权变更的；……行政区划变动未涉及土地权属变更的，原土地权属不变。"娄烦县政府根据土地核实登记表和目前两村村民使用土地的实际状况进行确权，符合上述规定。

综上，杜交曲村委会的再审申请不符合《中华人民共和国行政诉讼法》第九十一条规定的情形。

审理法院 最高人民法院
裁判时间 2016年8月22日
案　　号 最高人民法院（2016）最高法行申792号行政裁定书
出　　处 法信网。

451. 违法收回国有土地使用权用于建设公共设施，如果判决撤销会给公共利益造成重大损失，可以判决确认违法并责令采取补救措施
——程保芳诉河南省信阳市人民政府土地行政批复案

裁判要点

行政机关收回国有土地虽系违法，但因该土地上已建成的小区或公共设施属于公共利益，如果判决撤销会给公共利益造成重大损失，人民法院可以确认收回国有土地使用权的行为违法并责令采取补救措施。

关 键 词 公共利益　判决确认违法　补救措施

裁判理由 最高人民法院认为：首先，被诉批复即再审被申请人信阳市政府作出的信政土（2005）3号《关于收回五星乡大拱桥村、平西村部分国有土地使用权的批复》涉及的土地没有经过征收，也没有经过省政府的批准

将集体土地转变为国有土地。即便土地性质已经转变为国有土地，也仅能在符合《中华人民共和国土地管理法》第五十八条规定的收回国有土地使用权法定情形的情况下将国有土地收回，而信阳市政府没有提交相应的证据予以支持，故原审法院认定被诉批复违法并无不当；其次，考虑到涉案土地已经建成小区和部分公共设施，判决撤销会给公共利益造成重大损失，且再审被申请人对程保芳的实体权益进行了合理补偿，相关补偿已由（2013）豫法行终字第00082号生效判决认定，故本案采取判决确认违法并责令再审被申请人采取相应的补救补措施的方式处理，符合《最高人民法院关于执行〈中华人民共和国行政诉讼法〉若干问题的解释》第五十八条的规定，于法有据，亦无不当。

综上，程保芳的再审申请不符合《中华人民共和国行政诉讼法》第九十一条规定的情形。

审理法院 最高人民法院
裁判时间 2016年8月26日
案　　号 最高人民法院（2016）最高法行申1255号行政裁定书
出　　处 法信网。

452. 国有农用地被收回并依法变更为国有建设用地的，不适用有关农村集体土地征收的法律规定
——余某友诉观山湖区政府不履行土地行政补偿协调法定职责案

裁判要点

根据《土地管理法实施条例》第二十五条第三款的规定，对集体土地上征地补偿标准有争议的，由县级以上地方人民政府协调。地方人民政府不履行协调职责的，同样构成不履行法定职责。

国有农用地被收回并转化为建设用地的行为，不同于国家对集体土地的征收行为，不属于《土地管理法实施条例》第二十五条第三款规定的协调范围。

关 键 词 国有农用地　国有建设用地　农村集体土地

裁判理由 最高人民法院认为：本案争议的焦点是被申请人观山湖区政府是否具有对申请人余某友申请协调事项进行协调的法定职责。根据土地管理法实施条例第二十五条第三款的规定，对集体土地上征地补偿标准有争议的，由县级以上地方人民政府协调。根据原审所查明的事实，本案中，阳关饲养场系国有农垦企业，涉案土地为国家划拨使用的国有农用地。由于开发建设的需要，涉案国有土地陆续被收回转为建设用地，并办理了农用地转用审批手续。涉案国有土地被收回并转化为建设用地的行为，并非对集体农用地的征收行为，因此，申请人不属于土地管理法实施条例第二十五条第三款规定的协调对象，其申请的事项也不属于该条规定的内容。故申请人请求观山湖区政府履行法定协调职责的理由不能成立，原审法院对其诉讼请求不予支持，并无不当。

综上，余某友的再审申请不符合《中华人民共和国行政诉讼法》第九十一条规定的情形。

审理法院 最高人民法院
裁判时间 2016 年 8 月 29 日
案　　号 最高人民法院（2016）最高法行申 2359 号行政裁定书
出　　处 法信网。

453. 企业实施其他不具有合理商业目的的安排而减少其应纳税收入或者所得额的，税务机关有权按照合理方法调整

——儿童投资主基金诉中华人民共和国杭州市西湖区国家税务局税务行政征收案

裁判要点

法院审理诉行政机关征收税款案件，认定非居民企业属于避税时，可以从三点入手，即（1）认定该交易本属于中国应税财产交易；（2）其是否在避税地或低税地注册且未从事实质经营活动；（3）其实施了不具有合理商业目的的安排，间接转让中国居民企业股权等财产。如果满足上述三种情形，可以认定非居民企业避税成立，此时税务机关可以按照合理方法调整纳税。

关键词 行政机关征收税款案件 调整纳税

裁判理由 最高人民法院认为：首先，再审申请人儿童投资主基金（TCI）在本案中提交的再审申请材料不足以推翻税务机关和原审法院认定的事实。根据国家税务总局于2013年7月针对再审被申请人西湖区国税局经调查后层报所作的批复等证据，原审法院充分肯定了税务机关认定的以下事实，即"一、境外被转让的CFC公司和香港国汇公司仅在避税地或低税率地区注册，不从事制造、经销、管理等实质性经营活动；二、股权转让价主要取决于对中国居民企业杭州国益路桥公司的估值；三、股权受让方对外披露收购的实际标的为杭州国益路桥公司股权。"上述事实来源于税务机关通过调查所得出的结论，围绕涉案公司的注册地点、股权转让的具体数额与方式、股权收购的实际标的、转让所得的实际来源、转让价格的决定因素以及股权交易的动机与目的等要素，税务机关均有充分证据予以证明。这些事实既是再审被申请人作出本案被诉《税务事项通知书》综合考量的基础，也是杭州市国税局作出复议决定和原审法院作出生效裁判的基础。从行政诉讼证据的客观性、关联性、合法性角度看，税务机关在原审中所提供的证据的证明力更强，具备相对优势，本院对上述事实予以认可。再审申请人有关香港国汇公司

2004年以前从事房地产投资业务，CFC公司一直从事投资股权、发行债券、管理股权、债权的业务活动等主张，不足以否定上述事实基础，其所提交的证据证明力不足，本院不予支持。

其次，针对股权转让所得数额的计算、税率的确定等事项，再审被申请人作出的被诉行政行为符合相关法律法规的规定。从原审法院的判决依据看，《中华人民共和国企业所得税法》第三条第三款规定了"非居民企业在中国境内未设立机构、场所的，或者虽设立机构、场所但取得的所得与其所设机构、场所没有实际联系的，应当就其来源于中国境内的所得缴纳企业所得税"，第四十七条规定了"企业实施其他不具有合理商业目的的安排而减少其应纳税收入或者所得额的，税务机关有权按照合理方法调整"，结合法律法规的其他规定，原审法院据此强调中华人民共和国的税务机关有权依法确定涉案情形下的征税对象和征税标准，对相关企业的避税行为作出判断并予以合理调整，本案再审被申请人作出的被诉《税务事项通知书》，其职权、管辖、事实认定、法律适用、行政程序均符合上述规定精神，且该《税务事项通知书》作出之前，再审被申请人还与再审申请人进行了充分沟通。因此，本院认为，再审被申请人在本案中履行职责到位，法律适用正确，被诉行政行为程序合法，原审法院的判决理由和结果于法有据，并无不当。再审申请人有关其转让CFC公司股权所得属于来源于境外所得，依照有关法律规定不负有申报缴纳中华人民共和国企业所得税义务的申请再审理由，本院不予支持。

再者，再审被申请人作出的被诉行政行为符合中华人民共和国税收政策的具体要求。国家税务总局发布的698号文第六条明确指出："境外投资方（实际控制方）通过滥用组织形式等安排间接转让中国居民企业股权，且不具有合理的商业目的，规避企业所得税纳税义务的，主管税务机关层报税务总局审核后可以按照经济实质对该股权转让交易重新定性，否定被用作税收安排的境外控股公司的存在。"本案中，再审被申请人层报国家税务总局后，国家税务总局经审核后作出批复，认定再审申请人与其他涉案公司之间间接转让杭州国益路桥公司股份的交易不具有合理的商业目的，属于以减少我国企业所得税为主要目的的安排；国家税务总局因此同意对再审申请人的间接转让交易重新定性，否定用作税收安排的CFC公司和香港国汇公司的存在，主张对再审申请人取得的股权转让所得应征收企业所得税。本院认为，被诉行政行为即是对国家税务总局698号文规定精神和上述批复内容的具体贯彻落实。再审被申请人的涉案操作流程与对股权转让交易的定性，符合中华人民共和国税收管理政策，具有正当性和必要性。再审申请人有关再审被申请人违反法律逻辑和698号文相关规定的主张与理由难以成立。

综上，本案事关税收法律法规和政策的把握，事关如何看待中华人民共和国税务机关处理类似问题的基本规则和标准，事关中国政府涉外经贸管理声誉和外国公司与中国公司合法权益的平等保护，在经过人民法院严格的司法审查且再审申请人缺乏充分证据证明被诉行政行为违法的情形下，原审生效裁判效力应予维持。故儿童投资主基金（TCI）的再审申请不符合《中华人民共和国行政诉讼法》第九十一条规定的情形。

审理法院　最高人民法院
裁判时间　2016年9月8日
案　　号　最高人民法院（2016）最高法行申1867号行政裁定书
出　　处　法信网。

454. 共同被告情形下行政机关的证据提交
——陈玉勤诉河南省人民政府、河南省济源市人民政府信息公开及行政复议案

裁判要点

经过复议的案件，由于复议机关和作出原行政行为的机关为共同被告，就要适用特殊的证据规则，即对原行政行为合法性的证明责任由作出原行政行为的行政机关和复议机关共同承担，由于此前经过了行政复议程序，行政复议机关和作出原行政行为的机关所掌握的能够证明原行政行为合法的证据材料大体相同，所以没有必要由两个被告重复提交证据。

关 键 词　共同被告　证据

裁判理由　最高人民法院认为：根据《中华人民共和国政府信息公开条例》第十七条的规定，行政机关制作的政府信息，由制作该政府信息的行政机关负责公开。本案中，再审申请人申请公开的信息是土地复垦验收方面的政府信息。而根据《土地复垦条例》的相关规定，负责土地复垦验收工作的

机关是国土资源部门,相应的政府信息自然也由国土资源部门制作或保存。济源市人民政府告知再审申请人陈玉勤所申请公开的政府信息公开义务机关应为济源市国土资源局,并告知了该义务机关的地址和联系方式。这种处理符合上述条例的规定。原审法院以此驳回再审申请人陈玉勤的诉讼请求并无不当。

再审申请人陈玉勤主张,一审时再审被申请人济源市人民政府在法定期限内没有提交据以作出行政行为的证据材料和法律依据,应当视为其答复没有依据。对此,本院认为:提交证据的义务和举证责任是两个不同的法律概念,前者是行为责任,后者是结果责任。作为行政诉讼的当事人,无论原告还是被告,都有向人民法院提交相关证据的义务,以利于人民法院查明案件事实。而举证责任的分配并非每一个案件中都会涉及,它只出现于当法院要对案件作出裁判时,仍然存在争议事实真伪不明的情况下,此时,由主张该事实的人承担不利的诉讼后果。一般情况下,被告行政机关应当提供作出该行政行为的证据和所依据的规范性文件,以证明被诉行政行为的合法性,《中华人民共和国行政诉讼法》第三十四条也规定:"被告不提供或者无正当理由逾期提供证据,视为没有相应证据。"但经过复议的案件,由于复议机关和作出原行政行为的机关为共同被告,就要适用特殊的证据规则,即对原行政行为合法性的证明责任由作出原行政行为的行政机关和复议机关共同承担,因为复议机关既然对原行政行为予以认可并且维持,就应当与原行政机关一道对其认为该行政行为合法的主张承担举证责任。由于此前经过了行政复议程序,行政复议机关和作出原行政行为的机关所掌握的能够证明原行政行为合法的证据材料大体相同,所以没有必要由两个被告重复提交证据,因此,《最高人民法院关于适用〈中华人民共和国行政诉讼法〉若干问题的解释》第九条规定:"作出原行政行为的行政机关和复议机关对原行政行为的合法性共同承担举证责任,可以由其中一个机关实施举证行为。"本案中,虽然作出原行政行为的济源市人民政府在法定举证期限内没有提交据以作出行政行为的证据和所依据的规范性文件,但原审法院根据作为共同被告的河南省人民政府复议时提交的证据材料对案件事实作出认定,既不存在争议事实真伪不明的问题,也符合行政诉讼的证据规则。再审申请人认为"应当视为其答复没有依据"的主张不能成立。

综上,陈玉勤的再审申请不符合《中华人民共和国行政诉讼法》第九十一条规定的情形。

审理法院 最高人民法院
裁判时间 2016 年 9 月 23 日
案　　号 最高人民法院（2016）最高法行申 1907 号行政裁定书
出　　处 法信网。

455. 审理因行政处罚引发的行政诉讼，如何审查行政裁量权
——赵立章诉上海市金山区人民政府行政复议案

> **裁判要点**
>
> 　　法院在审理因行政处罚引发的争议时，应根据《中华人民共和国行政处罚法》的立法精神及该法第四条、第五条的规定，审查行政机关是否在法律法规规定的范围内正确行使行政裁量权，对相对人的处罚是否与相对人行为的社会危害程度相当。

关 键 词　　立法精神　　行政处罚　　行政裁量权

裁判理由　　最高人民法院认为：消防安全事关人民群众生命财产安全，涉及重大公共利益，任何单位和个人都有维护消防安全和预防火灾的义务。执法机关和公民均应高度重视消防安全。各级公安机关及其消防机构对消防工作负有监督管理及具体实施的法定职责。在消防安全面前，相关执法机关应该严格执法，并依法依规进行。根据《中华人民共和国行政处罚法》第四条、第五条的规定，设定和实施行政处罚必须以事实为根据，与违法行为的事实、性质、情节以及社会危害程度相当；实施行政处罚，纠正违法行为，应当坚持处罚与教育相结合，教育公民、法人或者其他组织自觉守法。从《中华人民共和国行政处罚法》的立法精神来看，行政机关执法既要有利于公共利益和社会秩序的维护，又要有利于公民合法权益的保护。要严格按照法律法规的规定，把握好自由裁量的尺度，坚决防止任性执法和随意执法。只有这样，才能真正实现法律制定和实施的目的。本案中，执法机关金山公安分局在未对涉案违法行为的事实、性质、情节以及社会危害程度进行充分权衡考虑的前提下，即对再审申请人赵立章作出拘留十日的行政处罚决定，并当即执行。该行政处罚其程序明显流于形式，其结果明显不当，对赵立章的合法权益造成了损害。由于涉案行政处罚决定已被再审被申请人金山区政府

复议撤销，赵立章可通过申请国家赔偿等方式弥补因行政机关执法不当对其所造成的合法权益的损害。行政复议程序系行政系统内部的自我监督与自我纠错机制。本案中，行政复议机关金山区政府经审查，依法依规撤销了被诉行政处罚决定，对不当行政行为及时进行了纠正，有利于维护行政相对人的合法权益。从原审查明事实来看，被诉行政复议决定程序合法，处理适当，原审判决驳回赵立章的诉讼请求于法有据。当然，从本案行政处罚的事实来看，金山公安分局还存在执法程序上的不规范行为。作为上级主管部门，金山区政府应当进一步加强对金山公安分局的日常监督和管理，金山公安分局也要努力提高宗旨意识和执法水平，坚决防止类似情形再次发生。另外，再审申请人赵立章也要进一步增强消防意识和法治意识，自觉履行法定义务，努力做一名知法、守法、护法的公民。

综上，赵立章的再审申请不符合《中华人民共和国行政诉讼法》第九十一条规定的情形。

审理法院　最高人民法院
裁判时间　2016 年 9 月 26 日
案　　号　最高人民法院（2016）最高法行申 2395 号行政裁定书
出　　处　法信网。

456. 授益性行政行为的作出、变更、撤销和废止应当符合程序正当的基本要求，并保障行政相对人的程序权利
——开封市福兴乳业有限公司诉河南省开封市人民政府行政批复案

裁判要点

　　同意出让国有土地使用权的批复属于授益性行政行为，撤销批复的决定剥夺相对人的合法权益，行政机关应当遵循正当法律程序原则，保障行政相对人的程序权利。行政机关违反正当程序，迳行撤销授益性行政行为，侵害行政相对人程序权利的，法院应当依法判决撤销或者确认违法。

关 键 词　授益性行政行为　程序正当

裁判理由 最高人民法院认为：本案被诉行政行为是开封市政府于2011年作出的汴政土文（2011）55号《关于撤销汴政土文（2004）8号文的批复》（以下简称55号批复）。开封市政府于2004年2月14日作出的汴政土文（2004）8号文（以下简称8号批复）的主要内容是开封市政府同意收回饮料总厂使用的涉案国有土地使用权，出让给福兴公司作为工业用地。8号批复的基础是2003年7月28日饮料总厂与侯福兴签订的《整体出售、购买付款协议书》和2003年8月30日双方签订的《关于整体转让协议书》，协议约定将饮料总厂整体转让出售给侯福兴。后因侯福兴未履行协议约定和相关承诺，2004年4月饮料总厂依约终止与侯福兴的上述两个协议并通知侯福兴。《中华人民共和国合同法》第九十三条第二款规定，当事人可以约定一方解除合同的条件。解除合同的条件成就时，解除权人可以解除合同。该法第九十六条第一款规定，当事人一方依照本法第九十三条第二款、第九十四条的规定主张解除合同的，应当通知对方。合同自通知到达对方时解除。对方有异议的，可以请求人民法院或者仲裁机构确认解除合同的效力。福兴公司在2004年4月20日收到解除协议通知后，未就协议履行问题提起民事诉讼。因此，8号批复将涉案土地出让给福兴公司的依据已不存在，开封市政府根据开封市商务局的请示，通过作出55号批复撤销了8号批复在实体上并无不当。虽然被诉批复是土地行政管理的审批环节之一，但因该环节直接涉及福兴公司的重大权益，且审批程序启动并非基于福兴公司的申请，开封市政府在作出被诉批复之前，应保障福兴公司的知情、参与等程序权利，通知福兴公司提供证据并听取意见，开封市政府未履行上述程序，迳行作出被诉行为，不符合依法行政原则中程序正当的基本要求，一、二审法院以此为由确认被诉行政行为违法并无不当。由于福兴公司和饮料总厂的整体转让协议已经解除，福兴公司并未取得涉案土地的使用权，也未实际接收过饮料总厂，不享有该厂地上建筑物的所有权和使用权，故其提出的置换土地并复建厂房和基础设施等请求不能成立。

综上，福兴公司的再审申请不符合《中华人民共和国行政诉讼法》第九十一条规定的情形。

审理法院 最高人民法院
裁判时间 2016年9月27日
案　　号 最高人民法院（2016）最高法行申1844号行政裁定书

出　　处　法信网。

457. 对于行政管理机关的内部管理信息和过程性信息，行政机关可以不予公开
——张辉、金实、韩晓鹏、王书丽、吴香玉、张卫兵、常连庆、张德艳诉北京市人民政府政府信息公开、行政复议案

裁判要点

人民法院在审理信息公开案件时，应准确把握公开政府信息的适用范畴。对属于行政机关在日常工作中制作或者获取的内部管理信息以及处于讨论、研究或审查中的过程性信息，一般不属于应公开的政府信息。

不同的行政机关对于同一政府信息公开申请作出的回复不同，应当从实际角度加以判断，回复若可以得到合理解释，则不应确认行政机关违法。

关　键　词　内部管理信息　过程性信息

裁判理由　最高人民法院认为：本案的核心问题是再审被申请人北京市政府对再审申请人张辉等八人作出的164号告知书是否合法。依照《政府信息公开条例》第二条的规定，政府信息是指行政机关在履行职责过程中制作或者获取的，以一定形式记录、保存的信息。根据这一定义，政府信息包括一切记载信息的载体，并非只有形成正式文件的才构成政府信息。构成政府信息，也未必必须具备正式性、准确性和完整性。一审法院认为，"履行职责的过程应指履行法定具体职责的过程。行政机关在工作中进行研究、讨论、审查、内部管理等活动，虽属于其工作范围，但若没有明确的具体职责依据，则不宜笼统地将行政机关所有工作活动都纳入其履行具体职责的范围之内。"这种说法是对《政府信息公开条例》所指"履行职责过程"的限缩性解释。一审法院进而认为再审申请人申请获取的信息"并非北京市政府履行法定具体职责过程中制作或者获取的信息"，也有混淆政府信息和不应公开的政府信息这两个概念的嫌疑。但是，这也不是说凡行政机关在履行职责过程中形成的政府信息都必须公开。从世界范围来看，内部信息、过程信息、决策信息通常被列为可以不公开的情形。这些信息普遍具有"内部性"和"非终极

性"的特点，属于"意思形成"的信息，一旦过早公开，可能会引起误解和混乱，或者妨害率直的意见交换以及正常的意思形成。《政府信息公开条例》虽然没有明确对此作出规定，但国办发5号文第二条第二款规定："行政机关在日常工作中制作或者获取的内部管理信息以及处于讨论、研究或者审查中的过程性信息，一般不属于《政府信息公开条例》所指应公开的政府信息。"这一解释性规定符合国际通例，也有利于兼顾公开与效率的平衡。本案中，北京市领导对北京市海淀区北部地区开发建设工作所作批示，就具有"内部性"和"非终极性"的特点，再审被申请人在说明理由的基础上不予公开，并无不妥。再审申请人称，再审被申请人未提供案涉信息属于讨论、研究或者审查中的过程性信息的事实方面的证据。本院认为，政府信息的性质及其是否属于公开例外的判定，是一个法律问题，而非事实问题，人民法院能够依职权作出认定。再审申请人还主张，北京市海淀区北部办答复为"不存在"，对同一政府信息，行政机关作出两种认定，明显矛盾。对此本院认为，北京市海淀区北部办因为并不保存北京市领导的相关批示，只能答复政府信息不存在。再审被申请人保存该信息，知道该政府信息的性质，所以答复为不属于《政府信息公开条例》规定的应予公开的政府信息。两个机关的答复系从各自的立场和实际出发，并不构成相互矛盾。

综上，一审法院判决驳回再审申请人的诉讼请求，二审法院判决驳回上诉、维持一审判决，均无不当，诉讼程序亦不构成违法。张辉等八人的再审申请不符合《中华人民共和国行政诉讼法》第九十一条规定的情形，本院不予支持。

审理法院　最高人民法院
裁判时间　2016年9月29日
案　　号　最高人民法院（2016）最高法行申2769号行政裁定书
出　　处　法信网。

458. 行政机关要求信息公开申请人补充材料的告知书，一般不能成为行政诉讼的对象
——周成群诉四川省成都市人民政府行政复议案

> **裁判要点**
>
> 在信息公开案件中，行政机关作出的要求信息公开申请人对其所申请的信息进一步明确并补充此信息用途等证据材料的《补充告知书》，并未实际影响对当事人的权利义务。故以此为诉讼标的的起诉不符合行政诉讼的受理条件。

关 键 词 信息公开 行政诉讼的对象

裁判理由 最高人民法院认为：从原审法院查明的事实看，四川省成都市规划局作出〔2014〕第17号《政府信息公开申请补充告知书》的内容为要求再审申请人周成群对其所申请的信息进一步明确并补充申请信息用途的证据材料，未实际影响周成群的权利义务。故成都市政府在收到周成群对该告知书不服的复议申请后，以不符合受理条件为由作出处理并向其书面告知，并无不当。针对周成群所称成都市政府超期送达告知书违反法定程序的理由，二审法院根据《中华人民共和国行政复议法》第四十条第二款的规定，认定并未超期，不构成违法，本院对此予以认可。因此，再审申请人申请再审的事实和理由难以成立，于法无据，其申请再审所提交的证据不足以推翻原审判决结果。

综上，周成群的再审申请不符合《中华人民共和国行政诉讼法》第九十一条规定的情形。

审理法院 最高人民法院
裁判时间 2016年9月30日
案　　号 最高人民法院（2016）最高法行申1800号行政裁定书
出　　处 《中国裁判文书网》。

459. 撤销违法行政行为将对公共设施建设造成重大损害的，法院应当确认该行政行为违法并责令被告采取补救措施
——卢德标、谢先军诉浙江省人民政府土地行政批准及行政复议决定案

裁判要点

行政行为违法，符合作出撤销判决的条件，但撤销该行政行为可能对社会公共利益产生重大损害的，应当确认该行政行为违法，并且责令被告采取补救措施；对行政利害关系人造成损害的，依法判决被告承担赔偿责任。

关 键 词 撤销违法行政行为 缺席判决 社会公共利益

裁判理由 最高人民法院认为：按时到庭参加诉讼，是当事人应当履行的诉讼义务。本案再审被申请人浙江省政府在收到一审法院寄送的开庭传票并知晓开庭时间、地点的情况下，未到庭参加诉讼，且对此不能作出合理说明，属于"经合法传唤，无正当理由拒不到庭"的法定情形，其事后表示要求延期开庭的行为并不能否认其未到庭的事实。《中华人民共和国行政诉讼法》第五十八条规定，被告无正当理由拒不到庭，或者未经法庭许可中途退庭的，可以缺席判决。一审法院决定缺席判决，审判程序合法。《最高人民法院关于行政诉讼证据若干问题的规定》第三十六条规定："经合法传唤，因被告无正当理由拒不到庭而需要依法缺席判决的，被告提供的证据不能作为定案的依据。"据此，浙江省政府经合法传唤无正当理由拒不到庭，其提供的相关证据依法不能作为定案依据，被诉行政行为应予撤销。但是，鉴于被诉土地批准行为所涉土地系用于"台州医院新院区建设项目"建设，且再审申请人卢德标、谢先军的相关土地仅是被批准征收范围内的一小部分，若撤销被诉土地批准行为，将导致作为医疗卫生公益项目的整个台州医院新院区建设无法如期开展，将对社会公共利益产生重大损害，故原审法院据此判决确认被诉行政行为违法，认定事实清楚，适用法律正确。

综上，卢德标、谢先军的再审申请不符合《中华人民共和国行政诉讼法》第九十一条规定的情形。

审理法院	最高人民法院
裁判时间	2016 年 9 月 30 日
案　　号	最高人民法院（2016）最高法行申 1751 号行政裁定书
出　　处	法信网。

460. 人民法院在行政诉讼中如何认定善意取得
——海南鑫铭房地产有限公司诉海南华琦实业开发公司、
海口市人民政府颁发国有土地使用证纠纷案

裁判要点

不动产登记颁证行为违法，损害了相对人的合法权益，人民法院应当判决撤销该登记行为，但因第三人已经依法善意取得该不动产登记证明，人民法院判决确认该行政行为违法，不撤销登记行为。

人民法院在行政诉讼中认定善意取得时，要确认行政机关是否构成无权处分，还应当符合《中华人民共和国物权法》第一百零六条规定的情形。判断第三人是否善意取得，是能否适用情况判决的前提条件，未经审理即撤销登记，是对案件的基本事实认定不清，人民法院不予支持。

关　键　词　善意取得　第三人撤销登记

裁判理由　最高人民法院认为：本案被诉行政行为是海口市政府为鑫铭公司进行土地登记并颁发 002259 号土地证的行政行为，故应当对被诉登记及颁证行为的合法性问题作出判断。澄迈县政府关于无偿收回华琦公司涉案土地使用权的 9 号处罚决定及 132 号通知函，已被海南高院于 2004 年 5 月 17 日作出（2004）琼行终字第 23 号行政判决认定无效和撤销。此外，海南高院于 2008 年 6 月 16 日作出（2005）琼行终字第 168 号判决，责令澄迈县政府和澄迈县国土局于判决生效后三十日内给华琦公司颁发涉案土地使用权证书。2012 年 2 月，海口市国土局就涉案土地换证有关问题向澄迈县国土局发函征询时，上述 23 号判决已经发生法律效力，168 号判决已进入再审程序，澄迈县政府、澄迈县国土局对涉案土地争议情况及相关判决情况未向海口市政府如实告知和说明，致使海口市政府在不知道涉案土地存有争议的情况下向鑫铭公司颁发 002259 号土地证。此后，海南高院于 2013 年 5 月 7 日作出

（2010）琼行再终字第6号行政判决，变更168号判决为：责令澄迈县政府及澄迈县国土局为华琦公司换发涉案土地使用权证。2014年6月6日海南高院作出（2014）琼行终字第56号判决，确认澄迈县政府为鑫铭公司颁发的0541号土地证与华琦公司183号土地证项下重叠部分违法。上述判决均已发生法律效力，根据生效判决的既判力，澄迈县政府为鑫铭公司进行土地登记并颁发0541号土地证的行为侵害了华琦公司的合法权益，而海口市政府为鑫铭公司颁发的002259号土地证承继自0541号土地证，故本院对于海口市政府为鑫铭公司进行土地登记并颁发002259号土地证的违法性予以确认。

但是，对被诉行政行为作出否定性评价并不意味着该行政行为必须撤销，行政诉讼法及其司法解释明确规定了情况判决为行政诉讼裁判方式之一，即仅对被诉行政行为的合法性作否定评价却不改变该行政行为所形成的法律关系。关于情况判决的适用，根据《中华人民共和国行政诉讼法》第七十四条第一款第一项、《最高人民法院关于执行〈中华人民共和国行政诉讼法〉若干问题的解释》第五十八条之规定，在被诉行政行为违法、但撤销会给国家利益或社会公共利益造成重大损害的情况下，人民法院应当判决确认违法，而不撤销行政行为。社会公共利益为社会全部或者部分成员所享有的利益，强调利益享有者的公共性，受益范围一般是不特定多数人，应是在一定范围内带有共同性、普遍性、整体性的利益，同时还应涉及诚信、公平、秩序、稳定等基本的促进社会整体发展的因素。鑫铭公司在涉案土地上建成的大量地上建筑物无法预售，主要影响的是特定主体鑫铭公司的个体利益，不属于社会公共利益的范畴，故本案不符合损害社会公共利益的情形。鑫铭公司关于撤销土地证将损害社会公共利益的主张不能成立，本院不予支持。

情况判决的适用条件中除涉及国家利益或社会公共利益外，还包括涉及善意第三人的情形。《最高人民法院关于审理房屋登记案件若干问题的规定》第十一条第三款规定，被诉房屋登记行为违法，但判决撤销将给公共利益造成重大损失或者房屋已为第三人善意取得的，判决确认被诉行为违法，不撤销登记行为。该司法解释明确规定，人民法院审理房屋登记案件，可以根据《中华人民共和国物权法》等实体法律规范判断当事人是否属于善意取得，并确立了房屋登记案件中第三人善意取得可以阻却撤销登记的裁判规则。本案虽为土地登记案件，但因土地与房屋均属于不动产，按照《中华人民共和国物权法》的规定均以登记作为发生物权变动的生效要件，土地登记与房屋登记的法律后果相同，故当事人主张善意取得土地使用权的，应当参照《最高人民法院关于审理房屋登记案件若干问题的规定》进行审理。本案中，华琦公司诉请撤销海口市政府向鑫铭公司颁发的002259号土地证，鑫铭公司提出其系善意取得的抗辩，一审法院予以审理并据此作出裁判，二审法院不予审理善意取得问题却作出撤销上述土地证的判决，实质上否定了鑫铭公司系善意取得，裁判的理由和结果明显矛盾。而且，在华琦公司诉请撤销澄迈县政府向鑫铭公司进行土地登记并颁发0541号土地证的另案诉讼中，鑫铭公司作为第三人也曾主张善意取得，海南一中院、海南高院均在一、二审裁判文书中明确应在本案中对鑫铭公司是否为善意第三人作出认定。故本案应当审理鑫铭公司是否善意取得问题，二审判决不予审理错误，应予纠正。海口市政府颁发的002259、002260号土地证系由澄迈县政府颁发的0541号土地证变更登记而来，前证与后两证之间是承继关系。虽然前证与后两证的颁证主体不同，但权利主体均为鑫铭公司，且前证与后两证项下土地权利清楚，故鑫铭公司在涉及0541号土地证的另案与涉及002259号土地证的本案中均可主张善意取得。综上，本院将本案争议焦点归纳为：鑫铭公司主张的善意取得是否成立。

人民法院在行政诉讼中对善意取得进行认定时，应当适用《中华人民共和国物权法》第一百零六条的规定审理善意取得是否成立。构成善意取得的前提条件是处分人系无权处分。根据已查明的事实，澄迈县政府无偿收回华琦公司涉案土地使用权后，将收地决定存入地籍档案并注销登记，该收回决定经法定程序撤销或确认违法、无效前，澄迈县政府有权出让涉案土地。此后，因华琦公司对澄迈县政府无偿收地决定提起行政诉讼，海南高院作出（2004）琼行终字第23号行政判决，确认无偿收地决定无效。自该判决发生法律效力之日起，无偿收回土地决定自始无效，澄迈县政府出让华琦公司仍享有合法权益的国有土地使用权给鑫铭公司并登记发证相当于无权处分，符合适用善意取得的前提条件。

善意取得是否成立，还应当符合《中华人民共和国物权法》第一百零六条规定的三个要件，即受让人受让该不动产时是善意的、支付了合理的对价以及转让的不动产依法已经登记。澄迈县政府向鑫铭公司出让土地的协议达成后，对鑫铭公司取得0541号土地进行了登记，符合转让的不动产应当登记的已经登记的法定要件，故本案中善意取得是否成立的关键在于鑫铭公司受让土地时是否善意以及是否支付了合理的对价。

关于鑫铭公司受让涉案土地时是否善意的问题。从查明的事实看，2002

年澄迈县政府向鑫铭公司出让土地时，华琦公司183号土地证已被注销登记，澄迈县国土局将收回土地决定归入地籍档案，涉案国有土地使用权未登记有其他权利人，基于对涉案土地使用权登记的合理信赖，鑫铭公司有理由相信澄迈县政府有权出让涉案国有土地使用权。除非有相反证据证明鑫铭公司是恶意的，应当推定其在受让该土地使用权时是善意的。华琦公司在二审中主张，澄迈县政府违反商住用地需招拍挂出让的规定，事先批示同意协议出让、而后弄虚作假操纵挂牌出让程序，使鑫铭公司以挂牌价（评估价）的底价签订出让合同，存在严重恶意。上述华琦公司的主张是否成立涉及对鑫铭公司是否善意的认定，二审法院应当审理而未予审理。

关于鑫铭公司是否支付了合理对价的问题。本案一审时，鑫铭公司主张澄迈县政府以土地出让金抵偿所欠的基础设施工程款，华琦公司对鑫铭公司是否确实做了相关工程及工程款数额有异议，而一审法院仅依据澄迈县政府文件确认鑫铭公司以建设排污管道工程款抵顶土地出让金，未对华琦公司的异议予以回应。二审法院虽然查明鑫铭公司没有建设排污管道工程，但对鑫铭公司提出的三方公司修建排污管道工程后受让涉案土地并转让给鑫铭公司、其支付了对价等主张，以没有其他证据相印证、相关关系人不是本案当事人、未能提供转让合同等为由未予认定。上述事实是否存在涉及鑫铭公司是否支付了合理对价，二审法院亦应当审理而未予审理。

由于本案002259号土地证系从0541号土地证变更登记而来，不论鑫铭公司善意取得是否成立，本案处理结果均与澄迈县政府存在利害关系。况且，在涉案国有土地使用权的转让过程中，澄迈县政府作为土地出让方、工程款债务一方以及进行土地登记并颁发0541号土地证的行政机关，与是否存在恶意串通、是否支付合理对价、是否违反招拍挂程序等事实的查清密切相关，属于必须参加本案诉讼的当事人。二审判决亦认为一审法院在没有追加相关利害关系人参加诉讼的情况下确认善意取得程序违法，未发回重审而直接改判，亦属程序违法。在本案再审程序中，鑫铭公司主张，若其善意取得关系到澄迈县政府及他人利益，应查清事实后改判或发回一审法院重审。华琦公司答辩亦主张，如果需要审理鑫铭公司的善意取得问题，应将本案发回海口中院重审。鑫铭公司与华琦公司的上述主张理由成立，本院予以支持。

综上，二审判决对于工程款债权债务关系是否真实存在、鑫铭公司以工程款抵偿土地出让金的真实性等涉及善意取得是否成立的关键事实未予审查，属于未对本案基本事实进行审理。一、二审法院未通知澄迈县政府参加本案诉讼,属于遗漏必须参加诉讼的当事人。

审理法院 最高人民法院
裁判时间 2016 年 9 月 30 日
案　　号 最高人民法院(2016)最高法行再 2 号行政裁定书
出　　处 法信网。

461. 在审理国有土地上房屋征收案件时应坚持全面审查的原则
——薛玉芳等 5 人诉内蒙古自治区包头市青山区人民政府房屋征收决定案

> **裁判要点**
> 　　人民法院在审理国有土地上房屋征收案件时,应当坚持全面审查的原则,要根据物权法的精神,并结合《国有土地上房屋征收与补偿条例》中的规定,对征收机关的征收行为是否符合公共利益、是否符合法定程序、是否违反法律规定等方面进行审查。

关 键 词 国有土地上房屋　全面审查原则

裁判理由 最高人民法院认为:本案系房屋征收决定纠纷,从再审申请人的再审申请看,主要涉及青山区政府作出的行政征收决定是否合法的问题。根据《中华人民共和国物权法》第四十二条第一款的规定,只有为了公共利益的需要,并且依照法律规定的权限和程序实施的征收才是合法的征收。本案涉及的是对国有土地上个人房屋的征收,根据《中华人民共和国城市房地产管理法》第六条的规定,有关国有土地上房屋征收的具体办法由国务院来规定,《国有土地上房屋征收与补偿条例》就是国务院制定的规范国有土地上房屋征收与补偿的具体办法。故审查被诉征收决定的合法性,要根据物权法的精神,结合《国有土地上房屋征收与补偿条例》的具体规定来进行。就本案而言,根据再审申请人的再审申请,主要审查案涉征收决定是否基于公共利益、是否符合法定程序以及是否违反法律规定等问题。

（1）关于是否为了公共利益。案涉项目原系根据《国有土地上房屋征收与补偿条例》第八条第三项有关公共事业的规定实施征收，后有关部门将征收类别由公共事业改为旧城区改建，并纳入国民经济和社会发展年度计划，根据《国有土地上房屋征收与补偿条例》第九条、第八条第五项的规定，为了旧城区改建而实施的征收仍然符合公共利益的要求，再审申请人有关本案征收并非为了公共利益的该项再审理由缺乏事实和法律依据。

（2）关于是否违反法定程序。从再审申请的事实和理由看，主要涉及以下两方面的问题。一是关于未经登记建筑的调查、认定和处理问题。再审申请人并未举证证明其所有的房屋系未经登记的建筑，亦未举证证明本案征收涉及未经登记建筑的调查、认定和处理问题，因而其有关案涉征收因未履行《国有土地上房屋征收与补偿条例》第二十四条第二款有关未经登记建筑的调查、认定和处理程序而构成程序违法的该项主张缺乏事实依据。二是关于未召开听证会问题。根据《国有土地上房屋征收与补偿条例》第十条第二款的规定，市、县级人民政府应当组织有关部门对征收补偿方案进行论证并予以公布，征求公众意见，该条并未规定征求公众意见只能采取听证会一种形式。本案中，青山区政府通过口头征求意见、发布公告、召开座谈会等方式征求社会公众、被征收人的意见，符合《国有土地上房屋征收与补偿条例》第十条的规定，再审申请人有关本案征收违反法定程序的再审理由均不能成立。

（3）关于是否违反法律规定，主要涉及《国有土地上房屋征收与补偿条例》第三十五条的理解和适用问题。根据原审查明的事实，案涉地块改造项目最初确实是根据原《城市房屋拆迁管理条例》的有关规定由相关的房地产企业进行拆迁的，尽管已经完成了大部分商户的实际拆迁，但仍剩余部分商户未予拆迁。此后，国务院颁布《国有土地上房屋征收与补偿条例》，废止了原《城市房屋拆迁管理条例》，这就涉及未完成的拆迁是继续按照原来的拆迁办理，还是根据新的条例按征收实施的问题。根据《国有土地上房屋征收与补偿条例》第三十五条的规定，该条例施行前已依法取得房屋拆迁许可证的项目，继续沿用原有的规定办理。从原审查明的事实看，没有证据证明案涉项目在《国有土地上房屋征收与补偿条例》施行前已依法取得拆迁许可证，故政府根据《国有土地上房屋征收与补偿条例》的有关规定组织实施征收并不违反该条例的规定。因此，再审申请人有关政府不得组织实施征收的该项主张亦缺乏事实和法律依据。

综上，薛玉芳、安丽、安文峰、张国军、张海军的再审申请不符合《中华人民共和国行政诉讼法》第九十一条规定的情形。

审理法院　最高人民法院
裁判时间　2016 年 9 月 30 日
案　　号　最高人民法院（2016）最高法行申 1920 号行政裁定书
出　　处　法信网。

462. 一审判决作出时，修改后的行政诉讼法已经施行，二审判决援引修改后的行政诉讼法并无不当

——田某柱诉山西省太原市人民政府不予受理行政复议案

> **裁判要点**
> 　　根据《最高人民法院关于适用〈中华人民共和国行政诉讼法〉若干问题的解释》[①] 第二十六条第三款之规定，在申请再审或者人民法院依照审判监督程序再审的案件中，程序性规定可以适用修改后的行政诉讼法。

关 键 词　修改后的行政诉讼法

裁判理由　最高人民法院认为：关于二审是否存在法律适用错误问题。本案一审判决作出时，修改后的行政诉讼法已经施行，二审判决援引修改后的行政诉讼法并无不当。况且，二审判决所援引的《中华人民共和国行政诉讼法》第八十九条属于程序性规定，根据《最高人民法院关于适用〈中华人民共和国行政诉讼法〉若干问题的解释》第二十六条[②]第三款之规定，在申请再审或者人民法院依照审判监督程序再审的案件中，程序性规定可以适用修改后的行政诉讼法。根据"举重以明轻"以及"实体从旧、程序从新"的法律适用原则，对于程序性规定，人民法院在二审案件中适用修改后的行政诉讼法不存在法律适用的错误。

[①]　该解释已被 2018 年 2 月 6 日发布的《最高人民法院关于适用〈中华人民共和国行政诉讼法〉的解释》代替。
[②]　该解释已被 2018 年 2 月 6 日发布的《最高人民法院关于适用〈中华人民共和国行政诉讼法〉的解释》代替。

审理法院 最高人民法院
裁判时间 2016 年 9 月 30 日
案　　号 最高人民法院（2016）最高法行申 1847 号行政裁定书
出　　处 中国裁判文书网。

463. 当事人不可以单独起诉维持原行政行为的复议决定，复议机关相应也不单独承担相应的行政赔偿责任

——王某兰诉安徽省砀山县人民政府行政复议、行政赔偿案

> **裁判要点**
>
> 　　当事人不可以单独起诉维持原行政行为的复议决定，修改后的《行政诉讼法》第二十六条规定复议机关为共同被告，也只能附随于针对原行政行为的起诉。因此，在原行政行为已经被提起过诉讼且已由人民法院作出生效判决的情况下，当事人再行针对维持该行政行为的复议决定提起行政诉讼，就属于诉讼标的已为生效裁判所羁束的重复起诉。
>
> 　　原行政行为被撤销，确认违法或者无效，给原告造成损失的，应当由作出原行政行为的机关承担赔偿责任；因复议程序违法给原告造成损失的，由复议机关承担赔偿责任。

关 键 词　维持原行政行为　单独起诉复议决定　行政赔偿责任

裁判理由　最高人民法院认为：再审申请人王某兰提起本案诉讼时，共提出了两项诉讼请求，一是撤销砀山县政府作出的砀复决〔2008〕4 号行政复议决定，二是判决砀山县政府赔偿其经济损失，并追究相关人员的法律责任。由该诉讼请求可知，再审申请人并非单独提起行政赔偿诉讼，而是在针对砀山县政府作出的砀复决〔2008〕4 号复议决定提起行政诉讼的同时一并提出行政赔偿请求。根据原审法院查明的事实，被诉复议决定所维持的砀山县公安局砀公（治）决字（2008）080 号《公安行政处罚决定书》，已经被砀山县公安局在王某兰提起的另案诉讼中主动予以撤销，且安徽省砀山县人民法院也以（2008）砀行初字第 33-1 号行政判决确认该行政处罚行为违法。无论修改前的行政诉讼法还是修改后的行政诉讼法，都没有规定可以单独起

诉维持原行政行为的复议决定，修改后的行政诉讼法第二十六条规定复议机关为共同被告，也只能附随于针对原行政行为的起诉。因此，在原行政行为已经被提起过诉讼且已由人民法院作出生效判决的情况下，再审申请人再行针对维持该行政行为的复议决定提起行政诉讼，在性质上就属于诉讼标的已为生效裁判所羁束的重复起诉。根据《最高人民法院关于适用〈中华人民共和国行政诉讼法〉若干问题的解释》① 第三条第六项、第九项的规定，应当依法不予立案，已经立案的，应当裁定驳回起诉。再审申请人以《中华人民共和国行政诉讼法》第二十六条第二款所规定的"经复议的案件，复议机关决定维持原行政行为的，作出原行政行为的行政机关和复议机关是共同被告"为依据，主张其起诉复议机关符合法律规定，但其没有认识到复议机关作共同被告的制度是行政诉讼法2014年修改时作出的新规定，新的法律规定并不溯及既往。按照再审申请人最初起诉原行政处罚行为时生效的行政诉讼法第二十五条第二款的规定，"经复议的案件，复议机关决定维持原具体行政行为的，作出原具体行政行为的行政机关是被告"，再审申请人也据此行使了诉权，因此也就没有依照之后生效的法律再次行使诉权之理。

至于再审申请人的第二项诉讼请求，即针对被申请人提出的行政赔偿请求，亦没有可以提出该请求的法律依据。《中华人民共和国国家赔偿法》第八条规定："经复议机关复议的，最初造成侵权行为的行政机关为赔偿义务机关，但复议机关的复议决定加重损害的，复议机关对加重的部分履行赔偿义务。"在复议决定维持原行政行为的情况下，对当事人合法权益造成实质侵害的应当是原行政行为，复议决定只是对原行政机关的意志加以肯定而已。由于维持原行政行为的复议决定并没有给当事人增加新的负担，也就无法发生加重当事人损害的情形。因此，《最高人民法院关于适用〈中华人民共和国行政诉讼法〉若干问题的解释》第十条第五款规定，即使在行政诉讼法修改之后，复议机关因维持原行政行为而成为共同被告的情况下，赔偿义务机关的确定仍然应当依照《中华人民共和国国家赔偿法》第八条的规定精神执行。亦即："原行政行为被撤销，确认违法或者无效，给原告造成损失的，应当由作出原行政行为的机关承担赔偿责任；因复议程序违法给原告造成损失的，由复议机关承担赔偿责任。"再审申请人以复议机关为被告提出行政赔偿请求没有法律依据，原审法院在依法告知再审申请人变更被告其不同意变更的情

---

① 该解释已被2018年2月6日发布的《最高人民法院关于适用〈中华人民共和国行政诉讼法〉的解释》代替。

况下裁定驳回其起诉，并无不当。

又根据《最高人民法院关于适用〈中华人民共和国行政诉讼法〉若干问题的解释》第三条第二款的规定，"人民法院经过阅卷、调查和询问当事人，认为不需要开庭审理的，可以迳行裁定驳回起诉。"因此，再审申请人提出的"原审法院一不调取证据，二不公开开庭审理，违反法律规定"的再审理由，亦不能成立。

综上，王某兰的再审申请不符合《中华人民共和国行政诉讼法》第九十一条规定的情形。

审理法院 最高人民法院
裁判时间 2016 年 9 月 30 日
案　　号 最高人民法院（2016）最高法行赔申 340 号行政裁定书
出　　处 法信网。

464. 包括退休在内的公务员管理工作由公务员主管部门负责，地方人民政府不具有办理退休手续的法定职责
——王某生诉山西省太原市杏花岭区人民政府履行行政义务案

裁判要点

《公务员法》第一百零六条的规定，公务员以及法律、法规授权的具有公共事务管理职能的事业单位中除工勤人员以外的工作人员，适用公务员法的有关规定。而根据《公务员法》第十条的规定，包括退休在内的公务员管理工作由公务员主管部门负责，地方人民政府不具有办理退休手续的法定职责。

关 键 词　公务员　办理退休手续

裁判理由　最高人民法院认为：关于办理退休手续问题。根据《中华人民共和国公务员法》第一百零六条的规定，公务员以及法律、法规授权的具有公共事务管理职能的事业单位中除工勤人员以外的工作人员，适用公务员法的有关规定。而根据《中华人民共和国公务员法》第十条的规定，包括退

休在内的公务员管理工作由公务员主管部门负责,地方人民政府不具有办理退休手续的法定职责,就此而言,原审裁定驳回王某生的起诉也无不当。

审理法院 最高人民法院
裁判时间 2016 年 9 月 30 日
案　　号 最高人民法院（2016）最高法行申 1744 号行政裁定书
出　　处 中国裁判文书网。

465. 行政机关在实施强制拆除行为之前,对于难以查明违建者的,可以在设定合理公告期限后,视情形按无主房屋作出处理

——杨某诉宁夏回族自治区固原市原州区人民政府等行政强制执行案

> **裁判要点**
> 　　行政机关将其在违建区域内数次发出的一般性通告作为具体的行政执法依据,在形式上存在一定问题。行政机关在实施强制拆除行为之前,对于能够查明违建者的违法建筑的,宜逐户制作限期拆除决定书,难以查明违建者的,则可以设定合理公告期限,并按无主房屋作出处理;强制拆除前宜以适当方式告知被执行人享有陈述、申辩权和申请复议、提起诉讼等程序权利。

关 键 词　行政机关　强制拆除　公告期限　无主房屋

裁判理由　最高人民法院认为:违法建筑是城市规划建设管理工作面临的一大顽疾,在很大程度上制约和影响着新型城镇化建设的顺利推进。当前,在城市规划建设管理领域,全国各地的违法建筑、未登记建筑的表现形式多样,其形成原因、建设目的、使用状况等也多有不同。针对不同形态的违法建筑,各地、各部门所采取的处理方式不尽一致。但自 2008 年 1 月 1 日城乡规划法特别是 2011 年 1 月 21 日《国有土地上房屋征收与补偿条例》施行以来,各地在推进旧城区改造、房屋征收和市容整治等工作过程中,针对规划范围内已明令限制或禁止新建房屋而有关单位及个人无视相关规定,继续抢建强建、私搭乱建乃至借此套取国家补偿等公然违法建设现象,有必要依法

予以有效遏制和处理，以防止违法势头蔓延，引导群众树立依法依规建设的正确导向，切实维护公共利益和社会管理秩序，保障群众合法权益，改善群众生活环境。本案中，针对固原市开发建设具体情况，固原市政府于2011年4月19日发布了经该市人民代表大会审议通过的《固原市区城市规划区内土地及房屋征收与补偿暂行办法》，该办法于同年5月19日正式施行，其中第九条第三项有关"本办法出台实施后，凡违法占地、违法建造的建筑物、构筑物等，一律不予补偿"之规定，明确了违法建设的认定及处理规则。固原市政府以该办法施行作为时间节点，对在此前后形成的相关建筑分情况作出不同的处理并无不当。从被申请人六机关提交的自治区遥感检测院制作的航拍图等证据看，涉案房屋是在固原市政府前述办法出台施行后建造的，且再审申请人既不能举证证明涉案房屋符合规划条件，也不能举证证明已获颁过相关许可证书，甚至也不能举证证明已向有关部门提出过申请。根据固原市政府前述办法的规定，其未经批准擅自修建的房屋应当认定为违法建筑，应当依照当地规划管理要求予以拆除，且违建本身不属于涉案土地上房屋征收项目的补偿范围。从2012年11月起，围绕固原市集中开展的为期一年的违法建设专项整治工作，固原市政府以及被申请人先后四次发出通知、通告，责令涉案地块违建者限期自行拆除违建，但再审申请人拒不执行。对此类抢建、强建的违法行为，行政机关组织实施强制拆除活动，从行政强制的目的和职权角度看，具有行政强制法和城乡规划法的相关依据。同时，考虑到违法建筑本身不属于应受法律保护的合法权益，根据行政诉讼法第二条第一款及第十二条之规定精神，再审申请人认为被申请人没有执法权、执法目的不具有正当性等再审理由因缺乏法律依据而不能成立。总之，从实体上看，对于再审申请人认为涉案强制拆除行为无事实依据、构成违法的申请再审理由，本院不予支持。

但是，本院也关注到，从行政执法过程看，本案中被申请人的执法行为也确实存在一些程序瑕疵。比如，被申请人将其在违建区域内数次发出的一般性通告作为具体的行政执法依据，在形式上存在一定问题。行政机关在实施强制拆除行为之前，对于能够查明违建者的违法建筑宜逐户制作限期拆除决定书，对于难以查明违建者的情形则可设定合理公告期限，其后按无主房屋作出处理，如此针对性会更强；强制拆除前宜以适当方式告知被执行人享有陈述、申辩权和申请复议、提起诉讼等程序权利，等等。

针对上述程序问题，第一，考虑到固原市政府和被申请人前后多次发出通知、通告，这些通知、通告内容本身较为明确，给予违建者较为充足的自行拆除期限，被申请人其间又做了大量入户调查、现场确认、制作表册、核实建筑内财产状况等项工作，在总体操作程序上顾及了各方面关切，并未从根本上侵害违建者的实体合法权益。第二，考虑到本案违建者群体性公然抢建、强建行为所产生的不良社会影响以及刻意逃避执法检查等情形，行政机关的执法目的具有正当性，制止违建手段具有及时性、必要性。此次整治活动系由当地党委、政府统一部署、统筹推进的中心工作，拆除前的宣传、调查和现场组织工作有序，整体秩序平稳，善后的复核以及对部分困难群众给予救助等工作相对到位。第三，本案经过一审和二审程序，判决已经发生法律效力，判决结果亦遵循了司法审查的必要限度，仅就上述程序问题并无启动再审程序的必要。故综合考虑本案处理的法律效果、社会效果以及个案特殊性，对于再审申请人的再审请求，本院不予支持。被申请人在今后的工作中应当引以为戒，高度重视并不断改进完善行政程序，切实保障人民群众依法享有的各项程序性权利和实体权益。

此外，有关财产损失问题，因再审申请人的原审诉求系请求法院判决确认被申请人实施强制拆除其房屋的行政行为违法，并未一并提起行政赔偿、补偿诉讼，双方当事人在原审期间亦未对此提供证据相互辩论，故不属于本案审查范围。

综上，杨某的再审申请不符合《中华人民共和国行政诉讼法》第九十一条规定的情形。

审理法院　最高人民法院
裁判时间　2016 年 9 月 30 日
案　　号　最高人民法院（2016）最高法行申 377 号行政裁定书
出　　处　中国裁判文书网。

466. 当事人要求更正政府信息的，提起行政诉讼前应当向具有更改权的行政机关提出更正申请
——王晓丁诉四川省体育局政府信息公开案

> **裁判要点**
>
> 行政机关在其法定信息职责之外的便利当事人实现知情权的积极行为，如果未对当事人合法权益造成侵害，法院可判决驳回原告诉讼请求。
>
> 当事人要求行政机关更正错误或不准确的政府信息的，应当先行向具有更正权的行政机关提出更正申请，若未经上述程序直接要求法院判令行政机关更正相关信息的，法院对该诉求不予支持。

关　键　词　更正政府信息　更正申请

裁判理由　最高人民法院认为：再审被申请人四川省体育局根据法院另案判决"在法定期限内作出具体行政行为"之后作出了本案所争议的《答复告知书》。再审申请人王晓丁提起本案诉讼的诉讼请求是请求法院判决再审被申请人更正不正确的政府信息、公开告知书中的政策及2008年导入当事人离休费数据的全部信息，并说明基本离休费减少的原因。针对此诉讼请求，原审法院在查明事实的基础上明确指出：负责再审申请人之父王学集生前基本离休费和抚恤金发放的职能部门是四川省运动技术学院和社会保险行政管理职能部门，再审被申请人没有制作该信息，不直接负有对王学集离休待遇进行发放的管理职责，也没有对王学集离休待遇等信息直接答复的法定职责。这一认定符合我国工资、社会保险待遇管理职责配置的一般规定。因此，再审被申请人通过调取相关信息，作出《答复告知书》并具明一系列相关具体内容，已经是在其法定信息公开职责之外的积极行为。虽然《政府信息公开条例》第二十一条第三项规定了"依法不属于本行政机关公开或者该政府信息不存在，应当告知申请人，对能够确定该政府信息的公开机关的，应当告知申请人该行政机关的名称、联系方式"，但本案之具体情形是再审被申请人主动调取有关信息并直接答复了再审被申请人，很大程度上便利了信息公开申请人，更有利于其相关权益的保障，并未对其合法权益造成任何侵害。

针对再审申请人有关原审法院错误审理其诉讼请求，其申请的是"要求

对相关的信息记录不准确予以更正"而非"政府信息公开申请事项"的申请再审主张,本院认为,由于再审被申请人自身并非该信息制作者,亦无权更正信息。且根据《政府信息公开条例》第二十五条有关"公民、法人或者其他组织有证据证明行政机关提供的与其自身相关的政府信息记录不准确的,有权要求该行政机关予以更正。该行政机关无权更正的,应当转送有权更正的机关处理,并告知申请人"之规定,以及《最高人民法院关于审理政府信息公开行政案件若干问题的规定》第五条第七款有关"原告起诉被告拒绝更正政府信息记录的,应当提供其向被告提出过更正申请以及政府信息与其自身相关且记录不准确的事实根据",更正政府信息需要满足信息公开的申请人向被申请人提出过更正申请、政府信息记录和自身有关、政府信息记录不准确且被告有权更正等项条件,在没有证据证明具备上述条件的情况下,再审申请人在诉讼中迳行要求法院判令再审被申请人更正相关信息,难以得到支持。

综上,王晓丁的再审申请不符合《中华人民共和国行政诉讼法》第九十一条规定的情形。

审理法院 最高人民法院
裁判时间 2016年10月18日
案　　号 最高人民法院(2016)最高法行申3086号行政裁定书
出　　处 法信网。

467. 行政机关协助执行人民法院生效裁判应当依法进行,应当遵循相应的程序
——于某理诉中华人民共和国商务部行政复议案

裁判要点

人民法院判决及协助执行通知,仅系要求审批机关协助办理相应事项,并非要求审批机关批准股权变更申请。审批机关是否批准该股权变更申请,仍应根据有关法律、法规以及产业政策审查决定。

关　键　词　生效裁判　行政机关

裁判理由 最高人民法院认为：行政机关协助执行人民法院生效裁判应当依法进行，应当遵循相应的程序。庄胜投资有限公司（甲方）与于某理（乙方）于1992年11月11日签订的《代理协议》约定：甲方自北京庄胜房地产开发有限公司正式注册之日起将其在该公司占有股份的8.33%（占公司注册资本的5%），无条件、无偿转给乙方。根据北京市第一中级人民法院(2011)一中民初字第3746号民事判决及北京市高级人民法院(2012)高民终字第840号民事判决，庄胜投资有限公司、北京庄胜房地产开发有限公司应于判决生效之日起三十日内共同办理《代理协议》的报批手续，庄胜投资有限公司、北京庄胜房地产开发有限公司逾期不办理报批手续，于某理有权自行申请办理报批。北京市第一中级人民法院于2012年10月15日发出(2012)一中执字第992号《协助执行通知书》，要求北京商务委协助于某理办理《代理协议》相关内容的审批手续。北京商务委于2012年12月10日作出《批复》，其主要内容为：依据北京市第一中级人民法院(2011)一中民初字第3746号民事判决书、代理协议、北京市第一中级人民法院(2012)一中执字第992号协助执行通知书、二零一二年十一月二十七日北京市第一中级人民法院函，同意于某理按《代理协议》第五项办理相关股权转让事项，庄胜投资有限公司将其在北京庄胜房地产开发有限公司中占有股份的8.33%（占公司注册资本的5%）转让给于某理。上述民事判决及协助执行通知，系要求审批机关协助办理于某理申请股权变更的报批手续，并非要求审批机关批准于某理的股权变更申请。是否批准该股权变更申请，仍应由审批机关根据有关法律、法规以及产业政策审查决定。《中华人民共和国行政许可法》第三十六条规定："行政机关对行政许可申请进行审查时，发现行政许可事项直接关系他人重大利益的，应当告知该利害关系人。申请人、利害关系人有权进行陈述和申辩。行政机关应当听取申请人、利害关系人的意见。"该法第四十七条规定："行政许可直接涉及申请人与他人之间重大利益关系的，行政机关在作出行政许可决定前，应当告知申请人、利害关系人享有要求听证的权利。"本案中，于某理申请转让庄胜投资有限公司在北京庄胜房地产开发有限公司中占有股份的8.33%（占公司注册资本的5%），涉及庄胜投资有限公司和北京庄胜房地产开发有限公司的重大利益，北京商务委作出《批复》前，未向相关利害关系人履行告知义务，不符合《中华人民共和国行政许可法》的有关规定。同时，北京商务委作出《批复》前，未经法定程序，也未依法审查，仅依法院判决书、《代理协议》及法院协助执行通知书即作出《批复》,显属不当。据此,商务部依据《中华人民共和国行政复议法》第二十八条的有关规定,以北京商务委《批复》适用依据错误、违反法定程序为由,撤销《批复》并要求北京商务委重新作出股权转让审批决定的行政复议决定,并无不当。行政诉讼的第三人是指同被诉行政行为有利害关系或者同案件处理结果有利害关系的公民、法人或者其他组织。北京商务委作为行政复议的被申请人,不属于与本案被诉行政行为有利害关系或者同案件处理结果有利害关系的第三人,于某理有关原审未追加北京商务委作为第三人违法的再审申请理由,亦不能成立。

综上,于某理的再审申请不符合《中华人民共和国行政诉讼法》第九十一条规定的情形。

审理法院 最高人民法院
裁判时间 2016年11月7日
案　　号 最高人民法院(2016)最高法行申1188号行政裁定书
出　　处 法信网。

468. 人民法院审理再审行政案件通常以一审阶段的诉讼请求为限,对于二审阶段新增的诉讼请求,一般不予支持

——梁明洪诉浙江省新昌县人民政府土地征收及行政赔偿案

裁判要点

行政案件的审理范围通常应当局限于当事人在一审阶段提出的诉讼请求,在二审阶段中再审申请人提出的增加新的诉讼请求、要求扩大审查范围的情形,人民法院一般情况下不予支持。

关 键 词 诉讼请求

裁判理由 最高人民法院认为:从原审法院查明的事实看,浙江省人民政府于2013年4月12日审批同意了再审被申请人新昌县人民政府的拟征收决定,故再审被申请人不存在未经批准即征收再审申请人所租赁的集体土地的行为。再审申请人称"二审法院认为其所提诉讼请求仅指再审被申请人征收集体土地的决定是否经过浙江省人民政府的批准,明显违背其意思表示",但

在再审申请人向一审法院提交的起诉状中,明确将诉讼请求表述为"确认被告未经批准征收原告承租的位于羽林街道拔茅村 3.35 亩集体土地的具体行政行为违法,判令被告向原告赔偿苗木损失共计人民币 700002 元,本案诉讼费由被告承担",因此其在二审以及再审中要求法院对再审被申请人征收土地的具体组织实施行为是否合法进行审查,属于增加诉讼请求、要求扩大审查范围的情形,本院对此不予支持。至于再审申请人要求赔偿苗木损失 700002 元的主张,因没有相应的行政行为被确认违法,本院亦不予支持。

综上,梁明洪的再审申请不符合《中华人民共和国行政诉讼法》第九十一条规定的情形。

审理法院 最高人民法院
裁判时间 2016 年 11 月 28 日
案　　号 最高人民法院(2016)最高法行申 3030 号行政裁定书
出　　处 法信网。

469. 行政机关采取证据先行登记保存措施的,证据保存的时间不得超过七日,就地保存时不能对场所进行查封或者对场所进行变相的查封

——杜东平诉陕西省西安市人力资源和社会保障局行政查封赔偿案

> **裁判要点**
>
> 　　根据《中华人民共和国行政处罚法》第三十七条第二款规定,行政机关采取证据登记保存措施的,证据保存的时间不得超过七日。同时,如果上位法未授权行政机关以对场所查封的方式实施证据保存行为的,行政机关采取证据登记就地保存时不能对场所进行查封或者对场所进行变相的查封。行政机关由此给当事人财产造成不法侵害的,应当承担行政赔偿责任。

关 键 词 证据查封

裁判理由 最高人民法院认为:再审被申请人西安市人社局称其采取被诉行为的依据是《劳动行政处罚若干规定》(当时有效,现已废止)第十五

条:"劳动行政部门在收集证据时,对可能灭失或者以后难以取得的证据,可以依据法律、行政法规的规定,采取行政强制措施;在法律、行政法规没有赋予采取行政强制措施的情况下,经劳动行政部门负责人批准,可以将证据先行登记,就地保存。"该规定虽未明确保存的期限,以及是否允许以对场所查封的方式实施就地保存,但根据其上位法依据,即《中华人民共和国行政处罚法》第三十七条第二款关于"行政机关在收集证据时,可以采取抽样取证的方法;在证据可能灭失或者以后难以取得的情况下,经行政机关负责人批准,可以先行登记保存,并应当在七日内及时作出处理决定,在此期间,当事人或者有关人员不得销毁或者转移证据"之规定,至少以下两点是明确的:一是证据保存的时间不得超过7日;二是由于上位法未授权行政机关以查封的方式实施证据保存行为,因此,采取证据登记就地保存时不能采取对场所的查封或者变相查封的方式。

本案中,被诉扣押行为自1997年2月1日起实施,至1999年7月26日结束。期间,再审被申请人西安市人社局于1997年9月1日已经明确"世纪购物中心违法处理已完结,今后不再处罚。"在此情况下,再审被申请人继续扣押涉案货物长达600余天,明显违反了《中华人民共和国行政处罚法》关于证据登记保存时间的有关规定。此外,再审被申请人在没有法律、法规授权的情况下,以对商业协会342号房间进行查封的方式实施扣押财物的行为,同时构成超越职权。

在被诉行为违法的情况下,再审被申请人西安市人社局应当对由此给再审申请人杜东平造成的损失承担赔偿责任。具体而言,再审被申请人在货物扣押期间对被扣货物负有清点保管的义务,但其于1997年2月1日对涉案的五包货物重新查封时,没有制作相关笔录。在本案审查过程中,其亦未能就杜东平丢失部分被扣货物的主张及相应证据提出相反证据。因此,应当推定杜东平关于部分货物丢失的主张成立,西安市人社局应当对此损失承担赔偿责任。此外,违法查封行为造成再审申请人相关营业场所无法正常使用,由此给再审申请人带来的损失,再审被申请人西安市人社局亦应在合理范围内予以赔偿。

综上,杜东平的再审申请符合《中华人民共和国行政诉讼法》第九十一条第三项、第四项规定的情形。

审理法院 最高人民法院

裁判时间 2016年11月30日
案　　号 最高人民法院〔2006〕行监字第187—2号行政裁定书
出　　处 法信网。

470. 拍卖价格已经经过国有资产管理部门认可、买受人也已经支付对价的，行政机关不宜迳行撤销相应登记颁证行为
——李某华、田某菊诉湖南省张家界市房地产管理局撤销房屋登记案

> **裁判要点**
> 　　拍卖价格事前已经经过国有资产管理部门认可、买受人也已经支付对价、缴纳相关税费并登记颁证的，迳行认定拍卖造成国有资产严重损失，缺乏事实依据。对房屋转移登记时确有违法违规行为的，行政机关也应当充分考虑拍卖价格经过国有资产管理部门认可、相对人已经支付对价等因素的基础上作出相应处理。

关 键 词 拍卖价格　买受人　行政机关　登记颁证行为

裁判理由 最高人民法院认为，本案的主要问题是被申请人张家界市房管局作出《关于李某华、田某菊撤销房屋登记的决定》的合法性问题。根据行政诉讼法的规定，合法的行政行为应当满足证据确凿、适用法律法规正确、符合法定程序、不超越职权、不滥用职权等条件。第一，关于本案事实认定的问题。从行政机关认定的事实来看，被申请人张家界市房管局以申请人隐瞒真实情况、提交虚假的《拍卖成交确认书》申请房屋变更登记为由，撤销涉案房屋登记。申请人主张，被申请人提交的〔2005〕04号《张家界市正大拍卖有限公司拍卖成交确认证书》并非再审申请人提交的登记资料，而是旅游学校委托他人办理的。被申请人在作出被诉行政行为时，认定再审申请人"隐瞒真实情况、提交虚假材料"的主要依据是张家界市永定区财政局行政处罚决定书和张家界市监察局的监察决定书。该两份决定书针对的对象均为张家界旅游学校。该两份决定书涉及本案再审申请人的重大财产权益，并未送达本案再审申请人。被申请人仅以此为依据，而非基于自身调查取证作出本案被诉行政行为，主要证据不足。原审法院对这一事实认定不清。第二，关于颁发涉案房屋所有权证是否造成国有资产损失的问题。2005年10月9日，

永定区国资委在张家界旅游职业学校提交的《关于我校门面拍卖价格认定的报告》上对拍卖价格予以认可。之后,旅游职业学校在获得涉案房屋产权证后,按照拍卖价格与李某华签订了房地产买卖契约,被申请人为申请人颁发了张房证字第 037178 号房屋所有权证,申请人亦缴纳了相关税费。本案被诉行政行为所依据的张家界市永定区人民政府《关于请求撤销兰云等 3 户旅游学校临解放路教学楼一楼房屋所有权证的函》认定拍卖造成国有资产严重损失,缺乏事实依据。如果申请人在申请房屋转移登记确有违法违规行为,被申请人亦应当充分考虑拍卖价格经过国有资产管理部门认可、申请人已经支付对价等因素的基础上作出相应处理。

综上,李某华、田某菊的再审申请符合《中华人民共和国行政诉讼法》第九十一条第(三)项规定的情形。

审理法院 最高人民法院
裁判时间 2017 年 2 月 20 日
案　　号 最高人民法院(2015)行监字第 777 号行政裁定书
出　　处 法信网。

471. 当事人提起履行法定职责之诉,除行政机关应当依职权主动履行法定职责外,人民法院应当进行审查
——陈某华诉浙江省台州市椒江区人民政府
不履行房屋拆迁补偿安置法定职责案

裁判要点

　　当事人提起履行法定职责之诉,除行政机关应当依职权主动履行法定职责外,人民法院应当审查当事人是否提出申请、行政机关是否拒绝,以及该行政机关是否具备当事人所要求的法定职责、当事人是否具有提出该申请的实体法上的权利。

关 键 词 履行法定职责　行政机关

裁判理由 最高人民法院认为:再审申请人陈某华的诉讼请求为判令椒江区政府履行房屋拆迁补偿安置法定职责。《中华人民共和国行政诉讼法》第

三十八条规定,在起诉被告不履行法定职责的案件中,原告应当提供其向被告提出申请的证据;《中华人民共和国行政诉讼法》第七十二条规定,人民法院经过审理,查明被告不履行法定职责的,判决被告在一定期限内履行。对于当事人诉请履行法定职责行政案件,人民法院除了审查当事人是否提出了申请、行政机关是否拒绝履行之外,还应当审查该行政机关是否具备当事人所要求履行的法定职责,以及当事人是否具有提出该申请的实体法上的权利。具体到本案,陈某华诉讼的实质是要求椒江区政府对其位于椒江海门的祖遗房屋(253.75平方米)除已补偿安置85.58平方米之外的168.17平方米面积予以补偿安置,但椒江区人民政府征地拆迁办公室椒拆裁字(2000)第1号裁决书记载,对于该168.17平方米祖遗房屋,椒江市落实城镇私房政策办公室已作出陈某户落实私房政策调查处理意见(椒房政办〔1986〕53号)。按照陈某华向椒江区政府投寄的《关于要求履行法定职责的申请书》及之后的补充报告,其要求椒江区政府履行法定职责的内容,是对祖遗房屋、土地进行退还或赔偿处理,系对原处理结果不服。该事项属于历史遗留的落实政策问题,不在法律法规所规定的市、县级人民政府房屋征收与补偿工作的职责范围之内。另外,根据椒江市落实城镇私房政策办公室作出的椒房政办(1987)30号《关于房改信访户情况的汇报》记载,私房出租进行社会主义改造后,陈某户祖遗房屋中有168.17平方米归国家所有,陈某华未提供证据证明在拆迁时该部分房屋已退还,即其对祖遗房屋168.17平方米享有合法权利。因此,陈某华要求椒江区政府对168.17平方米的房屋进行补偿安置,缺乏事实和法律依据。《中华人民共和国行政诉讼法》第六十九条规定,原告申请被告履行法定职责或者给付义务理由不成立的,人民法院判决驳回原告的诉讼请求。基于上述分析,陈某华所提要求椒江区政府履行房屋拆迁补偿安置法定职责的诉讼请求,本院依法不予支持。

审理法院 最高人民法院
裁判时间 2017年2月24日
案　　号 最高人民法院(2017)最高法行申3号行政裁定书
出　　处 中国裁判文书网。

472. 上诉人在庭审中拒绝服从法庭安排和指挥，拒不参加庭审活动的，视为主动放弃上诉权，人民法院可以裁定按撤诉处理

——滕某琴诉江苏省南京市雨花台区人民政府行政协议案

> **裁判要点**
> 法庭是人民法院代表国家依法审判各类案件的专门场所，庭审是司法审判的中心环节，遵守法庭纪律，理性合法表达诉求，保障庭审活动正常进行，既是人民法院公正及时审理案件的需要，更是当事人依法维护自身权益的需要。当事人应当根据法庭引导，在庭审的不同环节，适时表达相应不同的诉求。上诉人在法庭庭审中无视法院释明，拒绝服从指挥，拒不参加庭审活动，其法律后果与拒不到庭无异，视为主动放弃上诉权，应裁定按撤诉处理。

关 键 词 调查处理结果不服 行政诉讼

裁判理由 最高人民法院认为：在行政诉讼中，被告行政机关的负责人出庭应诉是其履行职责的重要方式。对此，《行政诉讼法》《最高人民法院关于行政诉讼应诉若干问题的通知》（以下简称《行政诉讼应诉通知》）、《国务院办公厅关于加强和改进行政应诉工作的意见》（以下简称《行政应诉工作意见》），均分别作出明确、具体规定。根据上述规定精神，行政机关负责人确有不能出庭应诉理由的，应当告知人民法院，并委托相应的工作人员到庭。对应当出庭应诉的行政机关负责人未出庭应诉的，人民法院应当在裁判文书中载明，并可以依照《行政诉讼法》第六十六条第二款规定作出处理。但只要行政机关委托相关工作人员出庭，就不影响人民法院依法开庭审理，人民法院不能仅以行政机关负责人未出庭为由，中止庭审活动。

法庭是人民法院代表国家依法审判各类案件的专门场所，庭审是司法审判的中心环节，遵守法庭纪律，理性合法表达诉求，保障庭审活动正常进行，既是人民法院公正及时审理案件的需要，更是当事人依法维护自身权益的需要。根据《行政诉讼法》第一百零一条、《中华人民共和国民事诉讼法》第一百三十七条规定，对当事人和其他诉讼参与人是否到庭，被诉行政机关负

责人是否出庭应诉等事项，由书记员在开庭审理前查明，并由审判长在开庭审理时核对，而不宜作为庭审辩论内容。当事人应当根据法庭引导，在庭审的不同环节，适时表达相应不同的诉求。当事人如果对被诉行政机关负责人未出庭应诉有异议，可以向人民法院提出，由人民法院记录在案并作出法律释明；当事人如果进一步认为庭审活动存在不当或者违法之处，还可以根据《中华人民共和国人民法院法庭规则》第二十二条第二款规定，在庭审活动结束后向人民法院反映。但当事人不能无视法庭审判秩序，在庭审环节反复纠缠法庭已经审查完毕的事项，更不能以此妨碍人民法院庭审活动正常进行。

本案中，雨花台区政府庭前提交了其负责人因工作原因无法出庭应诉的书面、说明材料，并委托相应工作人员和律师出庭，符合《行政诉讼法》《行政诉讼应诉通知》《行政应诉工作意见》的规定。滕某琴对此提出异议，二审法院予以反复释明，告知滕某琴被诉行政机关负责人未出庭应诉不影响人民法院的开庭审理活动，但滕某琴坚决要求雨花台区政府负责人出庭应诉，并多次表示法院不能强迫其参加庭审，导致庭审无法继续进行。滕某琴在二审庭审中无视法院释明，拒绝服从指挥，拒不参加庭审活动，其法律后果与拒不到庭无异，应当视为主动放弃上诉权。二审法院参照《行政诉讼法》第五十八条以及《执行行政诉讼法解释》第四十九条第一款有关"原告或者上诉人经人民法院合法传唤，无正当理由拒不到庭或者未经法庭许可中途退庭的，可以按撤诉处理"的规定，将此案裁定按撤诉处理，并不违反法律规定。

综上，滕某琴的再审申请不符合《中华人民共和国行政诉讼法》第九十一条规定的情形。

审理法院　最高人民法院
裁判时间　2017 年 2 月 24 日
案　　号　最高人民法院（2017）最高法行申 145 号行政裁定书
出　　处　中国裁判文书网。

473. 申请政府信息公开，应按法定申请样式，向指定机关提出
——袁某明诉江苏省人民政府信息公开案

裁判要点

申请行政机关公开政府信息，应以法定的申请样式向该行政机关所属的政府信息公开工作机构提出。申请人向行政机关法定代表人邮寄信件且信件内容不符合申请样式，行政机关未予回复或者作为信访件处理，申请人因此以行政机关不履行政府信息公开职责为由提起诉讼的，人民法院应当裁定不予立案或者迳行驳回起诉；信件内容基本符合申请样式的，应以该机关信息公开工作机构实际收到转送的申请书之日或者与申请人确认之日为"收到申请之日"，并以此计算相关答复期限。

关 键 词 政府信息公开　法定申请样式

裁判理由 最高人民法院认为：

一、关于向行政机关法定代表人邮寄信件能否视为政府信息公开申请问题

依法获取政府信息是公民、法人和其他组织的权利，行政机关应依法积极履行政府信息公开的职责，保障公民、法人和其他组织的知情权。同时，公民、法人和其他组织申请公开政府信息，亦应按照法律法规规定的形式，向行政机关内设的政府信息公开工作机构提出。行政机关对不符合法定申请形式、未依法通过政府信息公开工作机构提出的信息公开申请，可以根据具体情况作出相应处理。

《信息公开条例》第四条规定，各级人民政府及县级以上人民政府部门应当建立健全本行政机关的政府信息公开工作制度，并指定机构（统称政府信息公开工作机构）负责本行政机关政府信息公开的日常工作。第十九条还规定，行政机关应当编制、公布政府信息公开指南和政府信息公开目录，并及时更新。政府信息公开指南，应当包括政府信息的分类、编排体系、获取方式、政府信息公开工作机构的名称、办公地址、办公时间、联系电话、传真号码、电子邮箱等内容。本案中，以多种形式向全社会公开发布的《江苏省政府办公厅信息公开指南》（以下简称《信息公开指南》）明确规定，省政府

办公厅负责向社会主动公开省政府以及省政府办公厅的政府信息，具体受理机构是江苏省政府办公厅政府信息公开办公室。《信息公开指南》还对依申请公开的事项作了进一步规定，公民、法人和其他组织需要江苏省政府主动公开内容以外的政府信息，可以通过互联网（网上申请平台、电子邮箱）、信函、传真等途径申请获取相关政府信息，并详细描述了通过互联网提出申请的申请人，可以在"中国江苏"政府门户网站网上申请平台直接填写并提交，也可以填写电子版《申请表》后，通过电子邮件方式发送至受理机构电子邮箱。对于申请人书面申请的，《信息公开指南》对申请形式也提出了明确的要求和指引，申请人通过信函方式提出申请的，要在信封左下角注明"政府信息公开申请"的字样，邮寄至江苏省政府办公厅政府信息公开办公室。申请人通过传真方式提出申请的，要相应注明"政府信息公开申请"的字样，传真至江苏省政府办公厅政府信息公开办公室所指定的电话号码。

由此可见，江苏省政府已经建立健全了政府信息公开工作制度，在此情况下，公民、法人或其他组织向江苏省政府申请政府信息公开，应按照《信息公开指南》的要求和指引，按照统一的样式向江苏省政府办公厅政府信息公开办公室提出。本案中，再审申请人袁某明向时任江苏省政府法定代表人的李学勇写信反映下级行政机关未依法公开其申请的信息并要求江苏省政府公开或者责成地方政府公开相关信息，然而，该信件既不符合政府信息公开申请的形式要件，也非向符合《信息公开条例》和《信息公开指南》规定的受理机构提出，江苏省政府根据信件内容未将其视为政府信息公开申请，而是作为信访件进行处理，并不违反法律法规规定。

需要特别指出的是，对于符合形式要件，且属于该行政机关公开的政府信息范围的申请，即使申请人未向政府信息公开工作机构提出申请，而是向法定代表人、其他内设机构提出，行政机关仍应以及时保障知情权和减轻申请人负担为原则，转本机关政府信息公开工作机构处理。本机关政府信息公开工作机构可以按照国务院办公厅政府信息与政务公开办公室发布的国办公开办函〔2015〕207号文件规定精神，与申请人联系确认申请事宜。但此种情况下，不应以法定代表人或者其他内设机构收到信息公开申请时间，作为《信息公开条例》第二十四条规定的行政机关"收到申请之日"，而应以指定的政府信息公开工作机构实际收到转送的申请书之日或者电话确认确系政府信息公开申请之日作为"收到申请之日"，并以此计算相关答复期限。

二、关于江苏省政府是否存在公开政府信息法定职责问题

《信息公开条例》第十七条规定，行政机关制作的政府信息，由制作该政府信息的行政机关负责公开；行政机关从公民、法人或者其他组织获取的政府信息，由保存该政府信息的行政机关负责公开。结合袁某明信件内容，其所申请公开的信息，主要涉及征地、用地、绿化补偿信息，以及补偿费发放、使用情况等信息，此类信息明显不属于江苏省政府制作或者保存的信息，江苏省政府也不具有公开上述信息的职责和义务，而且江苏省高级人民法院（2014）苏行终字第00180号行政判决已认定，袁某明已经实际获取涉案政府信息的主要内容。由于袁某明邮寄的信件既不符合政府信息公开申请的形式要件，且相关信息也非江苏省政府制作或者保存，因此江苏省政府不存在履行政府信息公开的法定职责。

三、关于本案是否属于行政诉讼受案范围问题

政府信息公开申请人如认为行政机关不履行政府信息公开法定职责，有权提起行政诉讼，人民法院亦应依法登记立案并依法审理。但对于明显不符合政府信息公开申请形式要件，又不依法向政府信息公开工作机构提出，且又具有信访性质的申请，行政机关未予回复或者按照信访件处理后，申请人又以行政机关不履行政府信息公开法定职责为由提起的诉讼，因其并不具备诉的利益，其诉讼请求亦不具有权利保护的必要性，人民法院应当释明告知其通过信访渠道反映。申请人坚持起诉的，人民法院应直接裁定不予立案或者迳行裁定驳回起诉，而不宜作为政府信息公开案件立案并审理，以节约行政和司法资源。鉴于本案一、二审法院已经立案并已经实体审理后作出驳回诉讼请求判决，为避免诉累，对原一、二审判决，本院不予改判。

综上，再审申请人袁某明的再审申请不符合《中华人民共和国行政诉讼法》第九十一条规定的情形。

审理法院　最高人民法院
裁判时间　2017年2月28日
案　　号　最高人民法院（2017）最高法行申17号行政裁定书
出　　处　中国裁判文书网。

474. 公开涉及商业秘密、个人隐私的政府信息，应平衡保障权利人利益和申请人知情权
——齐某喜诉上海市松江区人民政府、上海市人民政府信息公开、行政复议案

裁判要点

《政府信息公开条例》第十四条第三项规定，除非经权利人同意公开或者行政机关认为不公开可能对公共利益造成重大影响，行政机关不得公开涉及商业秘密、个人隐私的政府信息。对涉及商业秘密、个人隐私的政府信息公开申请，行政机关既可以事先征求第三方意见，也可根据《政府信息公开条例》第二十二条的规定，作出区分处理后，迳行作出告知而无需征求第三方意见再予答复，并确保政府信息公开申请人的知情权与第三方合法权益的平衡。

关 键 词 商业秘密 个人隐私 知情权

裁判理由 最高人民法院认为：

一、关于涉案告知隐去部分内容是否合法问题。

该问题实质上涉及了保障公众知情权与保护公民隐私权两者发生冲突时的处理规则。公民、法人和其他组织有权依法获取政府信息。对申请公开的政府信息，行政机关应根据相关规定作出答复。在公开相关信息可能侵害第三方合法权益时，行政机关应根据比例原则，作出适当处理，以取得与同样受法律保护的其他权利之间的平衡。具体到本案中，根据行政强制法的规定，强制执行决定是行政机关依法作出行政决定后，当事人在行政机关决定的期限内不履行义务的，具有行政强制执行权的机关依照行政强制法的相关规定作出的行政行为。齐某喜要求获取行政机关针对第三方作出强制执行决定的文件。首先，涉案信息所涉行政行为不涉及齐某喜，并未侵害齐某喜的个人合法权益。其次，公开涉案信息中隐去的内容，可能会给相关权利人造成潜在的损害，并且隐去部分信息，未侵害齐某喜获取政府信息的权利，亦与行政机关依法行政不存在关联性。所以，松江区政府把涉案信息作出区分，将涉案违法建筑地址等与相关个人存在紧密联系的部分作为个人隐私隐去，公

开涉案信息其余部分，并不违反法律规定。行政机关对隐私权范围的界定与区分处理，属行政机关基于行政管理实践与行政管理相对人合法权益的综合判断，属于行政机关自由裁量权范畴，除非行政判断明显不当，否则人民法院应尊重行政机关的判断。

二、关于松江区政府未征求第三方意见，即将相关信息以涉及个人隐私为由不予公开是否合法问题。

《信息公开条例》第二十三条规定的"征求第三方的意见"，一般是指，申请公开的信息全部或主要内容涉及商业秘密、个人隐私，公开后可能损害第三方合法权益的情形。鉴于行政机关既要保障政府信息公开申请人的知情权，也要保护第三方的合法权益。因此，被申请公开的信息是否应予公开，行政机关应征求第三方意见。如果政府信息公开申请人申请的政府信息只有一部分或非主要内容涉及商业秘密或者个人隐私，行政机关可以根据《信息公开条例》第二十二条的规定，作出区分处理后，迳行作出告知，而无需征求第三方意见后再予答复。如此，既能够保障政府信息公开申请人在最短时间内获取有效信息，又有效保护了第三方合法权益，还节约了行政资源。本案中，松江区政府将涉案信息直接作区分处理后公开、并不违反相关规定。

三、关于松江区政府、上海市政府未提供负责人批准被诉告知、被诉复议决定延期的证据，程序是否违法的问题。本案中，松江区政府、上海市政府已经在相关程序中向齐某喜告知了被诉告知、被诉复议决定的延期情况。相关负责人批准延期的具体情况，属行政机关的内部工作流程范畴，不属于需要向齐某喜证明的内容。行政机关未向齐某喜告知，不构成程序违法。

四、关于被诉复议决定针对多个告知作出同一复议决定问题。针对被诉告知，上海市政府进行了审查，被诉复议决定程序和实体均符合规定。上海市政府未针对被诉告知单独作复议决定，并未侵害齐某喜的合法权益。

综上，齐某喜的再审申请不符合《中华人民共和国行政诉讼法》第九十一条规定的情形。

审理法院　最高人民法院
裁判时间　2017年3月16日
案　　号　最高人民法院（2017）最高法行申312号行政裁定书
出　　处　中国裁判文书网。

475. 对行政行为合法性的评价，一般以该行政行为作出时的证据、事实和法律作为评价标准
——陈某晓、张某斌诉浙江省杭州市人民政府行政赔偿案

> **裁判要点**
> 对行政行为合法性的评价，一般以该行政行为作出时的事实、证据和法律为标准，而不能以所依据的事实、证据或法律发生变更为由，认定原行政行为合法抑或违法。否则，将不利于法律秩序的稳定，有损行政行为的公定力。

关 键 词 行政行为 合法性

裁判理由 最高人民法院认为：行政行为作出、被诉请人民法院审查、人民法院对其合法性作出裁判，必然存在时间间隔，以上述不同时间作为裁判基准时，将可能对行政行为合法性得出不同结论。一般而言，行政行为是行政机关根据作出时的事实、证据和法律作出的，对行政行为合法性的评价，一般也只能以该作出时的事实、证据和法律为标准，而不能以所依据的事实、证据或法律发生变更为由，认定原行政行为合法亦或违法。否则，将不利于法律秩序的稳定，有损行政行为的公定力。当然，基于行政行为性质的不同，行政诉讼的裁判基准时也相应有所区别。但是，对行政行为的效力内容已于行为作出时确定并实现的，该行政行为的合法性要件就仅与处分时的事实、证据和法律有关，而不能以行政机关当时无法预见到的事实、证据和法律，作为认定原行政行为违法的依据。

本案中，根据原浙江省杭州市房产管理局杭房拆许字〔2006〕第037号《房屋拆迁许可证》，案涉房屋已被列入拆迁范围，因拆迁双方未达成补偿安置协议，原浙江省杭州市房产管理局作出《24号裁决书》，杭州市政府以此为前提作出《8号决定书》，符合相关法律、法规规定，且《8号决定书》作出后，案涉房屋也已于2008年5月22日被强制拆除。因此，对《8号决定书》是否合法，只能根据该决定书作出当时的情形作出判断，即便此后《24号裁决书》被依法撤销，也不能仅以该撤销的事实，否定杭州市政府当时作出《8号决定书》的合法性。因此，再审申请人陈某晓、张某斌认为《24号

裁决书》被撤销后将导致《8号决定书》违法，于法无据。

根据《中华人民共和国国家赔偿法》第四条第四项、《最高人民法院关于审理行政赔偿案件若干问题的规定》第一条规定，行政机关及其工作人员的行政行为违法，并造成公民、法人或者其他组织财产损害，是公民、法人或者其他组织提起行政赔偿诉讼的前提。再审申请人陈某晓、张某斌通过主张《8号决定书》违法进而主张杭州市政府承担行政赔偿责任，不符合上述规定，不具备相关起诉条件。因此，一审裁定驳回陈某晓、张某斌的起诉，二审裁定驳回其上诉，并无不当。再审申请人陈某晓、张某斌所称财产损害赔偿，其实质仍属于相关拆迁补偿安置利益补偿，《24号裁决书》被依法撤销后，浙江省杭州市住房保障和房产管理局已经作出杭房拆裁上重字〔2016〕第1号《拆迁纠纷裁决书》，对再审申请人陈某晓、张某斌相关利益予以相应安排，陈某晓、张某斌如不服，仍可依法寻求救济。

综上，陈某晓、张某斌的再审申请不符合《中华人民共和国行政诉讼法》第九十一条规定的情形。

审理法院　最高人民法院
裁判时间　2017年3月21日
案　　号　最高人民法院（2017）最高法行申121号行政裁定书
出　　处　中国裁判文书网。

476. 前诉所列争议焦点经过当事人充分辩论后，前诉裁判对该争议焦点所作的实质性判断依法具有既判力
——王某学诉徐州市泉山区人民政府房屋面积认定案

裁判要点

通常情况下，前诉生效裁判的既判力，仅限于裁判主文确定的范围；后诉判断同一行政行为的合法性，要受前诉生效裁判的羁束。对前诉裁判所列争议焦点，经过当事人充分辩论后，前诉对争议焦点所作的实质性判断也发生争点效，形成既判力。该裁判的当事人及相关权利、义务的承担人不得在后诉中对前诉裁判已经查明和认定的主要法律事实和法律关系提出争议。

关 键 词　溯及力　既判力羁束

裁判理由　最高人民法院认为：本案的争议焦点是王某学诉请审查的房屋面积认定行为的合法性，是否已为前诉生效裁判所羁束；前诉有关征收补偿决定合法的裁判，是否对房屋面积认定形成既判力。

一般认为，已经生效的前诉裁判具有既判力，后诉不得作出与前诉相反的判断；已经前诉裁判羁束的内容，当事人不得再次诉请裁判；当事人坚持起诉的，法院应当裁定不予立案或者驳回起诉。显然，并不是前诉裁判文书记载的所有内容均具有既判力，也不意味着当事人均不得另行起诉或者均要受到羁束。从现行裁判文书制作样式来看，裁判文书中记载的当事人诉辩主张、事实陈述和请求，不具有既判力；前诉裁判在审理查明部分所认定的一般性事实，或者说次要事实的认定，一般也不具有既判力。而前诉裁判中的诉讼标的，则当然具有既判力，生效裁判作出后各方当事人均不得另行提起诉讼。而对前诉裁判所依据的主要事实和列为争议焦点经质证辩论后认定的事实，一般也认为具有既判力。

通常情况下，前诉生效裁判的既判力，仅限于裁判主文确定的范围，裁判主文对被诉行政行为合法性的评价构成该裁判既判力的客观范围；后诉判断同一行政行为的合法性，要受前诉生效裁判的羁束。而前诉的裁判理由，是建立在对主要法律事实和争议焦点问题判断的基础之上的，后者是前者的理由和根据，承认裁判主文的既判力，必然也要赋予裁判理由中对案件争议焦点和主要法律事实的判断以一定程度的既判力。据此，前诉裁判所列争议焦点在经过当事人充分辩论后，前诉对争议焦点所作的实质性判断即具有既判力，特别是前诉将案件的主要事实列为争议焦点时，更应如此。只要前诉已将权利发生、变更或消灭之法律效果中直接且必要的主要事实列为案件的争议焦点，并在经过当事人质证、辩论后作出了认定，那么，该直接且必要的主要事实，即发生争点效，形成既判力。该裁判的当事人及相关权利、义务的承担人不得在后诉中对前诉裁判已经查明和认定的主要法律事实和法律关系提出争议；即使前诉裁判认定有误，也只能通过再审程序改判，而不能直接作出相反的判断。

本案一、二审法院已经查明，泉山区政府于 2014 年 5 月 23 日作出 5 号征收决定时，已经公示了涉案房屋的调查结果和认定结果；相关评估公司于 2014 年 5 月 26 日作出"房屋征收估价报告"并公示，且于 2014 年 7 月 9 日送达，该报告对房屋面积有明确记载；泉山区政府于 2014 年 9 月 12 日作出

158 号补偿决定,载明王某学户房屋合法面积 228.20 平方米,房屋用途为住宅。王某学、周某娟提起行政诉讼,江苏省徐州市中级人民法院、江苏省高级人民法院分别作出(2015)徐行初字第 00070 号行政判决、(2015)苏行终字第 00746 号行政判决。在此诉讼中,当事人争议的焦点之一,即为涉案房屋面积认定是否合法的问题,一、二审法院也均将该问题作为争议焦点问题进行了审理。庭审中,与房屋面积直接有关的证据,如"被征收房屋现状测绘调查表""金山东路东延(七里沟棚改)项目住宅类房屋调查结果公示表"等,均经过当庭举证、质证,房屋面积认定方法也经各方辩论。由于涉案房屋没有房屋和用地权属证明,泉山区政府参照《江苏省城市规划管理技术规定》中关于低层居住建筑容积率规定(最高上限为 1.1),以实际使用国有土地使用权面积为基数,按 1.4 容积率计算并确认了涉案房屋的合法建筑面积,上述一、二审判决对此认定方法和具体面积的认定,均予以支持。可见,人民法院在前诉案件中对征收补偿决定合法性审查时,已经在当事人质证辩论基础上,对房屋面积认定问题进行了审查并作出了合法性认定。因此,有关房屋面积认定的合法性问题,已经受到前诉判决羁束;王某学在前诉中有关房屋面积认定违法的主张未得到支持后,又提起本案诉讼,构成重复起诉。根据《最高人民法院关于适用〈中华人民共和国行政诉讼法〉若干问题的解释》第三条第一款①第九项规定,诉讼标的已为生效裁判所羁束的,已经立案的,应当裁定驳回起诉。因此,一、二审法院裁定符合法律规定。

综上,王某学的再审申请不符合《中华人民共和国行政诉讼法》第九十一条规定的情形。

审理法院 最高人民法院
裁判时间 2017 年 3 月 21 日
案　　号 最高人民法院(2017)最高法行申 244 号行政裁定书
出　　处 中国裁判文书网。

---

① 该解释已被 2018 年 2 月 6 日发布的《最高人民法院关于适用〈中华人民共和国行政诉讼法〉的解释》代替。

477. 土地使用权被依法征收后原土地使用权人与后续的土地出让行为不再具有利害关系，故不具有提起行政诉讼的原告资格

——熊怡萍诉洛阳市人民政府土地出让批复案

> **裁判要点**
> 一、《中华人民共和国行政诉讼法》在原告资格方面所确立的"利害关系"标准，通常要考虑以下三个要素：是否存在一项权利；该权利是否属于原告的主观权利；该权利是否可能受到了被诉行政行为的侵害。
> 二、在人民政府的征收决定生效后，原土地使用权人享有的土地使用权就已经消灭，因此原土地使用权人与后续的国有建设用地使用权出让行为不再具有利害关系，也就不再具有提起行政诉讼的原告资格。

关 键 词 土地使用权 土地出让

裁判理由 最高人民法院认为：《中华人民共和国行政诉讼法》第二十五条第一款规定："行政行为的相对人以及其他与行政行为有利害关系的公民、法人或者其他组织，有权提起诉讼。"本条在原告资格方面所确立的"利害关系"标准，通常要考虑以下三个要素：是否存在一项权利；该权利是否属于原告的主观权利；该权利是否可能受到了被诉行政行为的侵害。本案中，再审申请人请求撤销的是洛阳市政府作出的《批复》，对于自己提起诉讼的权利基础，再审申请人主张系基于其享有的土地使用权，并且认为："其房屋虽被列为征收范围，但实际并没有完成征收。其还持有房产证，说明政府没有征收其房屋的合法手续，故政府无权作出同意公开挂牌出让其享有的土地使用权的批复，其与该批复有法律上的利害关系。"但《中华人民共和国物权法》第二十八条规定："因人民法院、仲裁委员会的法律文书或者人民政府的征收决定等，导致物权设立、变更、转让或者消灭的，自法律文书或者人民政府的征收决定等生效时发生效力。"《国有土地上房屋征收与补偿条例》第十三条第三款规定："房屋被依法征收的，国有土地使用权同时收回。"根据上述规定，一旦征收范围内的房屋被依法征收，该房屋所有权即转归国家所有，被征收人对其房屋不再享有所有权。城市房屋的征收也意味着建设用地使用

权的收回，房屋被依法征收的，国有土地使用权亦同时收回。原土地使用权人对征收决定和补偿行为不服的，可以通过行政复议、行政诉讼等法定途径维护自身合法权益，但在房屋被依法征收之后，由于其享有的国有土地使用权已经消灭，其针对后续的国有建设用地使用权出让等行为提起诉讼则不再具有利害关系。

在提起本案诉讼之前，再审申请人先已针对征收决定提起行政诉讼，但生效裁判迄未作出。一审法院认为，"在未有生效判决明确撤销该征收决定的情况下，该征收决定应视为具有效力的行政行为，洛阳市政府据此对已经被收归国有的土地作出同意公开挂牌出让的批复与熊怡萍没有法律上的利害关系，熊怡萍不具备本案的原告诉讼主体资格"。再审申请人对此提出质疑，认为这等于说"违法的行政行为也有效"。本院认为，一审法院的前述论点并不"荒唐"。由于行政行为具有公定力，一经作出，不论合法与否，除因严重违法而依法无效外，在未经法定机关和法定程序撤销或变更之前，都推定为有效，对行政机关、相对人、其他利害关系人以及其他国家机关均具有约束力。征收决定也是如此，一经作出，不论是否合法，立即发生效力，对作出决定的行政机关和被征收人都有法律约束力，并直接导致物权变动的法律效果。当然，正如二审裁定所言："如以后该决定被依法撤销，熊怡萍自可根据新的事实另行起诉。"但对于本案而言，原审法院裁定驳回起诉并无不当，再审申请人的再审理由并不成立。

审理法院　最高人民法院
裁判时间　2017 年 3 月 27 日
案　　号　最高人民法院（2017）最高法行申 1168 号行政裁定书
出　　处　中国裁判文书网。

478. 对行政机关在执法活动中形成的不违反上位法和法律原则的行政惯例和专业认定，人民法院应予尊重

——广州德发房产建设有限公司诉广东省广州市地方税务局第一稽查局税务处理决定案

> **裁判要点**
>
> 对各地税务机关不违反上位法和法律原则，在执法实践中形成的符合税务执法规律的行政惯例和专业认定，人民法院应予尊重。对于税务局和稽查局的职权范围，税务机关在执法实践中形成了符合税务执法规律且不违反上位法和法律原则的行政惯例，人民法院应予尊重。
>
> 对于重新核定应纳税额的条件"计税依据明显偏低，又无正当理由"，税务机关在判断时有裁量权，人民法院一般应尊重税务机关基于法定调查程序作出的专业认定，除非这种认定明显不合理或者滥用职权。
>
> 纳税人不存在应当缴纳滞纳金的法定情形，也不是通过违法行为而导致"计税依据明显偏低"，且对税务机关已经出具的完税凭证有信赖利益的，税务机关不应在核定应纳税额后追缴纳税人在该税款确定前的滞纳金。

关 键 词　行政惯例　专业认定

裁判理由　最高人民法院认为：本案争议的焦点问题是德发公司将涉案房产拍卖形成的拍卖成交价格作为计税依据纳税后，广州税稽一局在税务检查过程中能否以计税依据价格明显偏低且无正当理由为由重新核定应纳税额补征税款并加收滞纳金。结合双方当事人再审期间的诉辩意见，本院对当事人广州税稽一局的执法资格、执法权限、将涉案房产拍卖价格作为计税依据申报纳税是否明显偏低且无正当理由、广州税稽一局追征税款和加收滞纳金是否合法等问题分别评述如下：

一、关于广州税稽一局是否具有独立的执法主体资格的问题

2001年修订前的税收征管法未明确规定各级税务局所属稽查局的法律地位，2001年修订后的税收征管法第十四条规定："本法所称税务机关是指各级税务局、税务分局、税务所和按照国务院规定设立的并向社会公告的税务机

构."2002年施行的税收征管法实施细则第九条进一步明确规定:"税收征管法第十四条所称按照国务院规定设立的并向社会公告的税务机构,是指省以下税务局的稽查局。"据此,相关法律和行政法规已经明确了省以下税务局所属稽查局的法律地位,省级以下税务局的稽查局具有行政主体资格。因此,广州税稽一局作为广州市地方税务局所属的稽查局,具有独立的执法主体资格。虽然最高人民法院1999年10月21日作出的《对福建省高级人民法院〈关于福建省地方税务局稽查分局是否具有行政主体资格的请示报告〉的答复意见》(行他〔1999〕25号)明确"地方税务局稽查分局以自己的名义对外作出行政处理决定缺乏法律依据",但该答复是对2001年修订前的税收征管法的理解和适用,2001年税收征管法修订后,该答复因解释的对象发生变化,因而对审判实践不再具有指导性。德发公司以该答复意见主张广州税稽一局不具有独立执法资格,无权作出被诉税务处理决定的理由不能成立。

二、关于广州税稽一局行使税收征管法第三十五条规定的应纳税额核定权是否超越职权的问题

此问题涉及税收征管法实施细则第九条关于税务局和所属稽查局的职权范围划分原则的理解和适用。税收征管法实施细则第九条除明确税务局所属稽查局的法律地位外,还对税务稽查局的职权范围作出了原则规定,即专司偷税、逃避追缴欠税、骗税、抗税案件的查处,同时授权国家税务总局明确划分税务局和稽查局的职责,避免职责交叉。国家税务总局据此于2003年2月28日作出的《国家税务总局关于稽查局职责问题的通知》(国税函〔2003〕140号)进一步规定:"《中华人民共和国税收征管法实施细则》第九条第二款规定'国家税务总局应当明确划分税务局和稽查局的职责,避免职责交叉。'为了切实贯彻这一规定,保证税收征管改革的深化与推进,科学合理地确定稽查局和其他税务机构的职责,国家税务总局正在调查论证具体方案。在国家税务总局统一明确之前,各级稽查局现行职责不变。稽查局的现行职责是指:稽查业务管理、税务检查和税收违法案件查处;凡需要对纳税人、扣缴义务人进行账证检查或者调查取证,并对其税收违法行为进行税务行政处理(处罚)的执法活动,仍由各级稽查局负责。"从上述规定可知,税务稽查局的职权范围不仅包括偷税、逃避追缴欠税、骗税、抗税案件的查处,还包括与查处税务违法行为密切关联的稽查管理、税务检查、调查和处理等延伸性职权。虽然国家税务总局没有明确各级稽查局是否具有税收征管法第三十五条规定的核定应纳税额的具体职权,但稽查局查处涉嫌违法行为不可

避免地需要对纳税行为进行检查和调查。特别是出现税收征管法第三十五条规定的计税依据明显偏低的情形时，如果稽查局不能行使应纳税款核定权，必然会影响稽查工作的效率和效果，甚至对税收征管形成障碍。因此，稽查局在查处涉嫌税务违法行为时，依据税收征管法第三十五条的规定核定应纳税额是其职权的内在要求和必要延伸，符合税务稽查的业务特点和执法规律，符合《国家税务总局关于稽查局职责问题的通知》关于税务局和稽查局的职权范围划分的精神。在国家税务总局对税务局和稽查局职权范围未另行作出划分前，各地税务机关根据通知确立的职权划分原则，以及在执法实践中形成的符合税务执法规律的惯例，人民法院应予尊重。本案中，广州税稽一局根据税收征管法第三十五条规定核定应纳税款的行为是在广州税稽一局对德发公司销售涉案房产涉嫌偷税进行税务检查的过程中作出的，不违反税收征管法实施细则第九条的规定。德发公司以税收征管法实施细则第九条规定"稽查局专司偷税、逃避追缴欠税、骗税、抗税案件的查处"，本案不属于"偷税、逃避追缴欠税、骗税、抗税"的情形为由，认为广州税稽一局无权依据税收征管法第三十五条的规定对德发公司拍卖涉案不动产的收入重新核定应纳税额，被诉税务处理决定超出广州税稽一局的职权范围，应属无效决定的理由不能成立。

三、关于德发公司以涉案房产的拍卖成交价格作为计税依据申报纳税是否存在"计税依据明显偏低，又无正当理由"情形的问题

根据税收征管法第三十五条第一款第六项规定，税务机关不认可纳税义务人自行申报的纳税额，重新核定应纳税额的条件有两个：一是计税依据价格明显偏低，二是无正当理由。德发公司委托拍卖的涉案房产包括写字楼、商铺和车位面积共计 63244.7944 平方米，成交面积为 59907.0921m 平方米，拍卖实际成交价格 1.3 亿港元，明显低于德发公司委托拍卖时的 5.3 亿港元估值；涉案房产 2300 元/平方米的平均成交单价，也明显低于广州税稽一局对涉案房产周边的写字楼、商铺和车库等与涉案房产相同或类似房产抽样后确定的最低交易价格标准，即写字楼 5000 元/平方米、商铺 10500 元/平方米、停车场车位 85000 元/个；更低于德发公司委托的广州东方会计师事务所有限公司对涉案房产项目审计后确认的 7123.95 元/平方米的成本价。因此，广州税稽一局认定涉案房产的拍卖价格明显偏低并无不当。

营业税条例第四条和《广州市市区防洪工程维护费征收、使用和管理试行办法》第三条第一款规定销售不动产的营业额是营业税的计税依据。拍卖

是销售不动产的方式之一，不动产的公开拍卖价格就是销售不动产的营业额，应当作为营业税等税费的计税依据。就本案而言，广东省和广州市的地方税务局有更为明确的规范性文件可以参考，《广东省地方税务局关于拍卖行拍卖房地产征税问题的批复》（粤地税函〔1996〕215号）和《广州市地方税务局关于明确拍卖房地产税收征收问题的通知》（穗地税发〔2003〕34号）明确规定拍卖房地产的拍卖成交额可以作为征收营业税的计税价格；《广东省财政厅、广东省地方税务局关于规范我省二手房屋交易最低计税价格管理的指导性意见》（粤财法〔2008〕93号）规定，通过法定程序公开拍卖的房屋，以拍卖价格为最低计税价格标准。

拍卖价格的形成机制较为复杂，因受到诸多不确定因素的影响，相同商品的拍卖价格可能会出现较大差异。影响房地产价格的因素更多，拍卖价格差异可能会更大。依照法定程序进行的拍卖活动，由于经过公开、公平的竞价，不论拍卖成交价格的高低，都是充分竞争的结果，较之一般的销售方式更能客观地反映商品价格，可以视为市场的公允价格。如果没有法定机构依法认定拍卖行为无效或者违反拍卖法的禁止性规定，原则上税务机关应当尊重作为计税依据的拍卖成交价格，不能以拍卖价格明显偏低为由行使核定征收权。广州市地方税务局2013年修订后的《存量房交易计税价格异议处理办法》就明确规定，通过具有合法资质的拍卖机构依法公开拍卖的房屋权属转移，以拍卖对价为计税价格的，可以作为税务机关认定的正当理由。该规范性文件虽然在本案税收征管行为发生后施行，但文件中对拍卖价格本身即构成正当理由的精神，本案可以参考。因此，对于一个明显偏低的计税依据，并不必然需要税务机关重新核定；尤其是该计税依据是通过拍卖方式形成时，税务机关一般应予认可和尊重，不宜轻易启动核定程序，以行政认定取代市场竞争形成的计税依据。

但应当明确，拍卖行为的效力与应纳税款核定权，分别受民事法律规范和行政法律规范调整，拍卖行为有效并不意味税务机关不能行使应纳税额核定权，另行核定应纳税额也并非否定拍卖行为的有效性。保障国家税收的足额征收是税务机关的基本职责，税务机关对作为计税依据的交易价格采取严格的判断标准符合税收征管法的目的。如果不考虑案件实际，一律要求税务机关必须以拍卖成交价格作为计税依据，则既可能造成以当事人意思自治为名排除税务机关的核定权，还可能因市场竞价不充分导致拍卖价格明显偏低而造成国家税收流失。因此，有效的拍卖行为并不能绝对地排除税务机关的应纳税额核定权,但税务机关行使核定权时仍应有严格限定。

具体到本案,广州税稽一局在被诉税务处理决定中认定拍卖价格明显偏低且无正当理由的主要依据是,涉案房产以底价拍卖给唯一参加竞买的盛丰实业有限公司,而一人竞买不符合拍卖法关于公开竞价的规定,扭曲拍卖的正常价格形成机制,导致实际成交价格明显偏低。此问题的关键在于,在没有法定机构认定涉案拍卖行为无效,也没有充分证据证明涉案拍卖行为违反拍卖法的禁止性规定,涉案拍卖行为仍然有效的情况下,税务机关能否以涉案拍卖行为只有一个竞买人参加竞买即一人竞拍为由,不认可拍卖形成的价格作为计税依据,直接核定应纳税额。一人竞拍的法律问题较为特殊和复杂,拍卖法虽然强调拍卖的公开竞价原则,但并未明确禁止一人竞拍行为,在法律或委托拍卖合同对竞买人数量没有作出限制性规定的情况下,否定一人竞买的效力尚无明确法律依据。但对于拍卖活动中未实现充分竞价的一人竞拍,在拍卖成交价格明显偏低的情况下,即使拍卖当事人对拍卖效力不持异议,因涉及国家税收利益,该拍卖成交价格作为计税依据并非绝对不能质疑。本案中,虽然履行拍卖公告的一人竞拍行为满足了基本的竞价条件,但一人竞拍因仅有一人参与拍卖竞价,可能会出现竞价程度不充分的情况,特别是本案以预留底价成交,而拍卖底价又明显低于涉案房产估值的情形,即便德发公司对拍卖成交价格无异议,税务机关基于国家税收利益的考虑,也可以不以拍卖价格作为计税依据,另行核定应纳税额。同时,"计税依据明显偏低,又无正当理由"的判断,具有较强的裁量性,人民法院一般应尊重税务机关基于法定调查程序作出的专业认定,除非这种认定明显不合理或者滥用职权。广州税稽一局在被诉税务处理决定中认定涉案拍卖行为存在一人竞拍、保留底价偏低的情形,广州市地方税务局经复议补充认为,涉案拍卖行为保证金设置过高、一人竞拍导致拍卖活动缺乏竞争,以较低的保留底价成交,综合判定该次拍卖成交价格不能反映正常的市场价格,且德发公司未能合理说明上述情形并未对拍卖活动的竞价产生影响的情况下,广州税稽一局行使核定权,依法核定德发公司的应纳税款,并未违反法律规定。

四、关于广州税稽一局核定应纳税款后追征税款和加征滞纳金是否合法的问题

税收征管法对税务机关在纳税人已经缴纳税款后重新核定应纳税款并追征税款的期限虽然没有明确规定,但并不意味税务机关的核定权和追征权没有期限限制。税务机关应当在统筹兼顾保障国家税收、纳税人的信赖利益和

税收征管法律关系的稳定等因素的基础上，在合理期限内核定和追征。在纳税义务人不存在违反税法和税收征管过错的情况下，税务机关可以参照税收征管法第五十二条第一款规定确定的税款追征期限，原则上在三年内追征税款。本案核定应纳税款之前的纳税义务发生在2005年1月，广州税稽一局自2006年对涉案纳税行为进行检查，虽经三年多调查后，未查出德发公司存在偷税、骗税、抗税等违法行为，但依法启动的调查程序期间应当予以扣除，因而广州税稽一局2009年9月重新核定应纳税款并作出被诉税务处理决定，并不违反上述有关追征期限的规定。德发公司关于追征税款决定必须在2008年1月15日以前作出的主张不能成立。

根据依法行政的基本要求，没有法律、法规和规章的规定，行政机关不得作出影响行政相对人合法权益或者增加行政相对人义务的决定；在法律规定存在多种解释时，应当首先考虑选择适用有利于行政相对人的解释。有权核定并追缴税款，与加收滞纳金属于两个不同问题。根据税收征管法第三十二条、第五十二条第二款、第三款规定，加收税收滞纳金应当符合以下条件之一：纳税人未按规定期限缴纳税款；自身存在计算错误等失误；或者故意偷税、抗税、骗税的。本案中德发公司在拍卖成交后依法缴纳了税款，不存在计算错误等失误，税务机关经过长期调查也未发现德发公司存在偷税、抗税、骗税情形，因此德发公司不存在缴纳滞纳金的法定情形。被诉税务处理决定认定的拍卖底价成交和一人竞买拍卖行为虽然能证明税务机关对成交价格未形成充分竞价的合理怀疑具有正当理由，但拍卖活动和拍卖价格并非德发公司所能控制和决定，广州税稽一局在依法进行的调查程序中也未能证明德发公司在拍卖活动中存在恶意串通等违法行为。同时本案还应考虑德发公司基于对拍卖行为以及地方税务局完税凭证的信赖而形成的信赖利益保护问题。在税务机关无法证明纳税人存在责任的情况下，可以参考税收征管法第五十二条第一款关于"因税务机关的责任，致使纳税人、扣缴义务人未缴或者少缴税款的，税务机关在三年内可以要求纳税人、扣缴义务人补缴税款，但是不得加收滞纳金"的规定，作出对行政相对人有利的处理方式。因此，广州税稽一局重新核定德发公司拍卖涉案房产的计税价格后新确定的应纳税额，纳税义务应当自核定之日发生，其对德发公司征收该税款确定之前的滞纳金，没有法律依据。此外，被诉税务处理决定没有明确具体的滞纳金起算时间和截止时间，也属认定事实不清。

综上，广州税稽一局核定德发公司应纳税额，追缴8671188.75元税款，符合税收征管法第三十五条、税收征管法实施细则第四十七条的规定；追缴156081.40元堤围防护费，符合《广州市市区防洪工程维护费征收、使用和管理试行办法》的规定；广州税稽一局认定德发公司存在违法违章行为没有事实和法律依据；责令德发公司补缴上述税费产生的滞纳金属于认定事实不清且无法律依据。

审理法院 最高人民法院
裁判时间 2017年4月7日
案　　号 最高人民法院（2015）行提字第13号行政判决书
出　　处 法信网。

479. 在土地房屋征收补偿过程中，行政机关有权根据生效的行政处理决定，确认被征收人合法的房屋面积
——戴某华诉杭州市上城区人民政府房屋行政确认案

> **裁判要点**
> 　　行政行为具有确定力、拘束力和执行力，在未经法定程序变更或撤销前，公民、法人或者其他组织不得否认行政行为的效力。在土地房屋征收补偿过程中，行政机关有权根据生效的行政处理决定，认定被征收人合法的房屋面积。

关 键 词 土地房屋征收补偿　行政处理决定

裁判理由 最高人民法院认为：行政行为具有确定力、拘束力和执行力，在未经法定程序变更或撤销前，公民、法人或者其他组织不得否认行政行为的效力。根据涉案《房屋产权证》证载，戴德生户原有主房建筑面积186.76平方米，辅房建筑面积16.13平方米；同时，根据案涉《行政处罚决定书》《没收房屋折价回购意见书》等，对戴德生户自行扩建部分，其未批先建的47.11平方米建筑，经行政处罚缴纳罚款后被确认为合法建筑，少批多建的50.68平方米建筑，经行政处罚没收并同意折价回购后仅享有使用权，且在国家建设需要拆迁时，按受让价结合成新予以补偿，不作安置依据。据此，能够确认戴德生户涉案房屋的合法建筑面积为250平方米，而上述50.68平方

米房屋不能作为合法建筑，不作为相关拆迁补偿安置依据。因此，被诉权属认定合法，一、二审判决并无不当。

综上，戴某华、应某花的再审申请不符合《中华人民共和国行政诉讼法》第九十一条规定的情形。

审理法院 最高人民法院
裁判时间 2017年4月12日
案　　号 最高人民法院（2017）最高法行申122号行政裁定书
出　　处 法信网。

480. 被征地农民领取征收土地补偿款或者收到征收土地补偿款提存通知之日，可以视为该被征地农民知道征收土地决定之日
——殷某祥诉江苏省人民政府土地行政复议案

裁判要点

参考《国务院法制办公室关于认定被征地农民"知道"征收土地决定有关问题的意见》第四条第一款第三项、第二款规定：公民、法人或者其他组织领取征收土地补偿款或者收到征收土地补偿款提存通知之日，可以作为被征地农民知道征收土地决定时间，并根据《行政复议法》第九条、《行政复议法实施条例》第十五条第一款第六项规定，可进一步判断公民、法人或者其他组织不服相关批准征地行为提出行政复议申请，是否超过法定的行政复议申请期限。

关 键 词 被征地农民　征收土地补偿款

裁判理由 最高人民法院认为：本案的争议焦点是殷某样申请行政复议是否符合法定受理条件。

《行政复议法》第九条第一款规定："公民、法人或者其他组织认为具体行政行为侵犯其合法权益的，可以自知道该具体行政行为之日起60日内提出行政复议申请；但是法律规定的申请期限超过60日的除外。"参考《国务院法制办公室关于认定被征地农民"知道"征收土地决定有关问题的意见》

（国法〔2014〕40号）第四条第一款第三项有关"已经领取征收土地补偿款或者收到征收土地补偿款提存通知的，自申请人领取征收土地补偿款或者收到征收土地补偿款的提存通知之日起，可以视为申请人知道征收土地决定"之规定，本案殷某祥曾于2008年11月、2011年7月25日和2011年9月23日，先后领取暂付安置费、地上附着物宅基地补偿、附着物补偿款共35000元，并于2011年11月29日签署《停诉息访承诺书》，领取救助金24.8万元，故殷某祥当时领取补偿安置费用时就视为知道相关征地批准行为，而其于2015年11月25日申请行政复议，明显超过法定期限。因此，一、二审法院判决并无不当。

综上，殷某祥的再审申请不符合《中华人民共和国行政诉讼法》第九十一条规定的情形。

审理法院　最高人民法院
裁判时间　2017年4月13日
案　　号　最高人民法院（2017）最高法行申158号行政裁定书
出　　处　法信网。

481. 申请人已经实际获得相关政府信息后又起诉要求公开同一政府信息的，人民法院不予支持

——刘某成诉江苏省扬州市人民政府信息公开案

> **裁判要点**
>
> 申请人起诉要求行政机关公开相关政府信息，但申请人的代理人已向同一机关申请过相同的信息且获得答复的，视为申请人已经获得相关信息。

关 键 词　申请人　政府信息

裁判理由　最高人民法院认为：

一、关于政府信息公开问题。《政府信息公开条例》第二十一条第（三）项、第（四）项规定，对申请公开的政府信息，行政机关根据情况分别作出答复：依法不属于本行政机关公开或者该政府信息不存在的，应当告知申请

人，对能够确定该政府信息的公开机关的，应当告知申请人该行政机关的名称、联系方式。申请内容不明确的，应当告知申请人作出更改、补充。第二十四条规定，行政机关收到政府信息公开申请，能够当场答复的，应当当场予以答复。行政机关不能当场答复的，应当自收到申请之日起15个工作日内予以答复；如需延长答复期限的，应当经政府信息公开工作机构负责人同意，并告知申请人，延长答复的期限最长不得超过15个工作日。本案中，扬州市政府收到刘某成寄交的信息公开申请后于15个工作日内作出《补正通知书》，要求刘某成提供房屋所有权和土地使用权证书以便核查后准确作出答复，同时告知刘某成所申请公开的房屋和土地征收补偿信息由其所在地的江都区政府及相关部门制作，刘某成补充更改信息后可向江都区政府申请，符合上述规定。《补正通知书》作出后，扬州市政府按照刘某成申请书中提供的通信地址和联系电话邮寄给刘某成本人，由于未按照刘某成的要求写明收件人为"刘某松转刘某成"，致使该信件被退回。此后，扬州市政府工作人员又通过电话联系了刘某成的代理人刘某松并告之相关事宜。虽然扬州市政府未按照申请人要求填写收件人导致《补正通知书》通过邮寄无法送达，但其后扬州市政府电话告知，至此政府信息公开的法定职责已履行完毕。至于刘某成要求扬州市政府公开的房屋土地征收补偿信息，经查刘某成的委托诉讼代理人刘某松在本案诉讼之前已向扬州市政府提出相同的信息公开申请，扬州市政府以该信息不属于本机关制作为由告知其向相关部门提出，刘某松亦按照扬州市政府答复意见向江都区政府提出了申请，并已实际获取。刘某松作为刘某成的委托诉讼代理人，其对本案申请的政府信息不属于扬州市政府公开的范围是明知的。刘某成再行要求扬州市政府公开前述信息，没有事实和法律依据。一、二审法院驳回刘某成此项诉讼请求，符合法律规定。

二、关于赔偿问题。根据《中华人民共和国国家赔偿法》第二条规定，行政机关及其工作人员行使职权侵犯公民、法人和其他组织合法权益造成损害，受害人有取得国家赔偿的权利。本案中，扬州市政府针对刘某成提出的政府信息公开申请依法进行了答复，刘某成未能提供证据证明扬州市政府履职行为侵犯其合法权益并造成损害。因此，一、二审法院对其要求赔偿的诉讼请求不予支持，并无不当。

综上，再审申请人刘某成的再审申请不符合《中华人民共和国行政诉讼法》第九十一条规定的情形。

审理法院 最高人民法院
裁判时间 2017 年 4 月 15 日
案　　号 最高人民法院（2017）最高法行申 129 号行政裁定书
出　　处 中国裁判文书网。

482. 行政机关对政府信息公开申请指向是否明确具体，应当以有利于保障申请人知情权的角度从宽掌握
——周某宪诉上海市杨浦区人民政府信息公开案

> **裁判要点**
>
> 为方便行政机关查找检索并及时提供政府信息，公民、法人或者其他组织在进行内容描述时，一般应当包括明确的文件名称、文号或者其他特征性描述。在判断信息公开申请中"内容描述"是否明确具体，是否能够检索、查找到该政府信息时，要处理好群众习惯语言与法律专业语言之间的关系，只要申请中对内容描述和特征描述能够被理解和识别，不会发生歧义，可以进行查找检索，行政机关就不能以内容描述不明确不具体为由拒绝答复；更不能以制作或保存的政府信息内容或者名称与申请中的内容描述不完全一致为由，不予提供。

关键词　行政机关　政府信息公开　知情权

裁判理由　最高人民法院认为：

一、如何判断政府信息公开申请内容是否明确问题

根据《中华人民共和国政府信息公开条例》（以下简称《信息公开条例》）第二十条第二款第二项规定，公民、法人或者其他组织向行政机关申请获取政府信息的，应当提交政府信息公开申请，申请中应当包括申请公开的政府信息的内容描述。实践中，为方便行政机关查找检索并及时提供政府信息，公民、法人或者其他组织在进行内容描述时，一般应当包括明确的文件名称、文号或者其他特征性描述。在判断信息公开申请中"内容描述"是否明确具体，是否能够检索、查找到该政府信息时，要处理好群众习惯用语与法律专业术语之间的关系，只要申请中对内容描述和特征描述能够被理解和识别，不会发生歧义，可以进行查找检索，行政机关就不能以内容描述不明

确不具体为由拒绝答复;更不能以制作或保存的政府信息内容或者名称与申请中的内容描述不完全一致为由,不予提供。另外,根据《信息公开条例》第二十一条第四项的规定,申请内容不明确的,应当告知申请人作出更改、补充。因此,行政机关认为申请人的申请内容不明确、不具体,难以查找和检索的,应当告知申请人对申请内容作出更改或补充,申请人拒绝更改或补充的,行政机关才能不予支持。

  本案中,再审申请人周某宪申请公开的内容经数次更改和补充后,已经十分明确和具体,即要求公开《暂行规定》第七条第一款第三项所规定的杨浦区房管局申请强制执行时所附的拆迁人出具的拆迁双方当事人在协商时拆迁人的协商方案。该协商方案虽然名称、表现形式无统一规定,在每一个个案拆迁中也可能不同,但协商方案本身是规范性文件明确规定的,因此周某宪申请的内容也是明确具体的,并不存在被申请机关不能够识别的问题。因此,杨浦区政府认定周某宪提交的材料申请内容不明确,进而作出被诉告知行为,不符合《信息公开条例》的相关规定,应予纠正。

  但是周某宪有权申请公开协商方案,与杨浦区政府是否应该或者能够公开协商方案,是两个不同的问题。杨浦区政府履行公开该协商方案职责的前提是,其实际保存了该协商方案。而从本案周某宪的再审申请书来看,其申请再审时主张"由于开发商始终没有就拆迁补偿事宜与原告协商过。这个协商方案根本就不存在,原审被告应该答复的是'不存在'而不是以'不明确'来掩盖事实真相";杨浦区政府也辩称"双方协商是一个持续的过程,会以多种形式进行多次协商,是一个动态的过程,'协商时拆迁人的协商方案'体现在拆迁各个阶段的多份材料中,具有不确定性,难以指向某一特定的文件材料"。因此,虽然《暂行规定》第七条第一款第三项规定,杨浦区房管局应当向杨浦区政府提供拆迁人出具的协商方案,但从双方当事人诉辩意见可知,杨浦区政府并不保管该协商方案。因而,本案杨浦区政府作出的被诉告知行为虽然存在违法之处,但根据现有证据和查找情况,其即使最终进行了书面答复,也只能告知周某宪该政府信息不存在。而从周某宪再审申请依据的事实和理由来看,其申请政府信息公开的目的并非是获取信息,而是要求杨浦区政府作出涉案信息并不存在的答复,此与《信息公开条例》的立法目的也并不相符,不能实现公开政府信息的目的。因此,为减少诉累,本院对一、二审驳回周某宪诉讼请求的判决结果,仍予以维持,但对杨浦区政府答复理由及一、二审判决理由,依法予以指正。

二、关于政府信息不存在的处理问题

政府信息公开案件，一般仅审查申请内容是否明确具体、是否存在相应的政府信息以及是否应予公开问题，而并不审查行政机关不制作或者不保存相关政府信息是否违法问题。行政机关违法未制作或者未保存政府信息问题，属行政机关不依法履行职责范畴，并不是政府信息公开案件审查对象。当然，行政机关如以信息不存在为由拒绝提供政府信息的，应证明其已尽到合理检索义务。具体到本案中，拆迁人是否制作协商方案、杨浦区房管局是否向杨浦区政府提供协商方案，以及杨浦区政府是否依法保存该协商方案、是否存在违反《暂行规定》第七条第一款第三项关于协商方案的规定，均不属本政府信息公开案件审查范围。

综上，再审申请人周某宪的再审申请不符合《中华人民共和国行政诉讼法》第九十一条规定的情形。

审理法院　最高人民法院
裁判时间　2017 年 4 月 17 日
案　　号　最高人民法院（2017）最高法行申 123 号行政裁定书
出　　处　中国裁判文书网。

483. 政府信息不存在案件，行政机关负有对信息不存在的举证责任
——沈亚威诉上海市徐汇区人民政府政府信息公开案

> **裁判要点**
>
> 法院审理申请人不服被告知政府信息不存在的信息公开案件时，由被告承担信息不存在的举证责任，即证明其已尽合理检索义务，若信息不存在，法院应当审查行政机关是否及时告知了申请人。
>
> 法院在信息公开案件中，应审查信息公开行为本身是否合法，对于信息中显示的其他行政行为不属于法院审查信息公开案件的事项，当事人可以另行起诉。

关 键 词　政府信息不存在案件
裁判理由　最高人民法院认为：根据《中华人民共和国政府信息公开

条例》的规定,行政机关负责公开的政府信息应当是已经存在并以一定形式记录、保存的信息。人民法院审理因政府信息不存在《告知书》引发的行政案件,应重点审查行政机关是否已经尽到合理的查找和检索义务,当政府信息不存在时行政机关是否履行了法定告知或者说明理由义务。本案中,再审申请人沈亚威要求公开的政府信息是"徐汇区宜山路周沈巷112号《行政强制拆迁决定书》",被申请人徐汇区政府经查询,沈亚威申请公开的信息不存在,故而作出政府信息不存在《告知书》,并向沈亚威提供了徐府迁通字(2008)第18号强制执行通知书作为参考。一、二审法院依据《最高人民法院关于审理政府信息公开行政案件若干问题的规定》第十二条第一项之规定,判决驳回沈亚威的诉讼请求,并无不当。至于被申请人徐汇区政府是否应当作出行政强制拆迁决定,并非政府信息公开案件审查的问题。

综上,再审申请人沈亚威的再审申请不符合《中华人民共和国行政诉讼法》第九十一条规定的情形。

审理法院　最高人民法院
裁判时间　2017年4月19日
案　　号　最高人民法院(2017)最高法行申148号行政裁决书
出　　处　中国裁判文书网。

484. 行政复议申请人错列被申请人、材料不齐全或者表述不清楚的，应予以补正，否则复议机关可以作出不予受理决定

——毛某华、上海沉毅玻璃制品有限公司诉
上海市人民政府行政复议不予受理案

> **裁判要点**
>
> 根据《中华人民共和国行政复议法实施条例》第二十二条、第二十九条的规定，申请人提出行政复议申请时错列被申请人的，行政复议机构应当告知申请人变更被申请人；行政复议申请材料不齐全或者表述不清楚的，行政复议机构可以自收到行政复议申请之日起5日内书面通知申请人补正，无正当理由逾期不补正的，视为申请人放弃行政复议申请。

关 键 词 行政复议 错列被申请人

裁判理由 最高人民法院认为：《实施条例》第二十二条规定："申请人提出行政复议申请时错列被申请人的，行政复议机构应当告知申请人变更被申请人。"第二十九条规定："行政复议申请材料不齐全或者表述不清楚的，行政复议机构可以自收到该行政复议申请之日起5日内书面通知申请人补正。补正通知应当载明需要补正的事项和合理的补正期限。无正当理由逾期不补正的，视为申请人放弃行政复议申请。补正申请材料所用时间不计入行政复议审理期限。"本案中，再审申请人毛某华、沉毅公司以联席会议办公室为被申请人向上海市政府申请复议，要求确认行政征收违法。上海市政府向毛某华、沉毅公司作出《补正行政复议申请通知书》，要求申请人明确行政复议被申请人及复议请求，并详细说明联席会议办公室不是土地、房屋的征收主体，不是适格的被申请人；若不服政府部门作出的相关征地决定，应将作出该征地决定的行政机关列为被申请人，并在复议请求中载明该征地决定的名称、文号、日期等信息，提供相应的纸质文书复印件。毛某华、沉毅公司收到该通知后未按照要求列明符合规定的被申请人并明确复议请求，上海市政府遂作出被诉不予受理决定，符合上述规定。因此，一、二审判决驳回毛某华、沉毅公司的诉讼请求，并无不当。毛某华、沉毅公司主张上海市政府应该直

接告知准确的复议被申请人,但因毛某华、沉毅公司提起的复议请求不明确,故上海市政府难以确定复议申请具体指向的主体,且其已经在补正通知书中告知联席会议办公室不是土地、房屋的征收主体,应以征收决定作出机关为被申请人。毛某华、沉毅公司还主张,补正复议申请材料不应以一次为限,但《实施条例》并未规定补正材料的次数。毛某华、沉毅公司的主张没有法律依据,本院不予支持。

综上,再审申请人毛某华、沉毅公司的再审申请不符合《中华人民共和国行政诉讼法》第九十一条规定的情形。

审理法院 最高人民法院
裁判时间 2017 年 4 月 19 日
案　　号 最高人民法院(2017)最高法行申 141 号行政裁定书
出　　处 中国裁判文书网。

485. 在行政赔偿案件中,原则上应当由原告就其损害事实承担举证证明责任

——王某芳诉溧水区政府、溧水区征收办城建行政强制及行政赔偿案

裁判要点

根据《行政诉讼法》第一百零一条、《最高人民法院关于适用〈中华人民共和国民事诉讼法〉的解释》第九十条第一款规定,当事人对自己提出的诉讼请求所依据的事实,应当提供证据加以证明。在行政赔偿案件中,原则上应当由原告就其损害事实承担举证证明责任,因被告原因导致原告无法举证的,不当然免除原告初步证明其存在损失及损失范围的举证义务。

关 键 词 行政赔偿案件　举证责任

裁判理由 最高人民法院认为:一般认为,被告对被诉行政行为合法性承担举证责任,是行政诉讼的特点;但与被告行政机关对被诉行政行为合法性承担举证责任的规定有所不同,行政赔偿诉讼中原告对行政行为造成其损失事实的举证责任,法律规范作了特别规定。《中华人民共和国国家赔偿法》

第十五条第一款规定："人民法院审理行政赔偿案件，赔偿请求人和赔偿义务机关对自己提出的主张，应当提供证据"；《最高人民法院关于执行〈中华人民共和国行政诉讼法〉若干问题的解释》第二十七条第三项①进一步规定："在一并提起的行政赔偿诉讼中，证明因受被诉行为侵害而造成损失的事实承担举证责任"；《最高人民法院关于行政诉讼证据若干问题的规定》（以下简称《行政诉讼证据规定》）第五条也规定："在行政赔偿诉讼中，原告应当对被诉具体行政行为造成损害的事实提供证据。"上述规定，与通常认为的被告行政机关对行政行为合法性负举证责任的规定并不冲突。因而，根据上述法律规范的规定，在行政赔偿诉讼中，原告应当就行政行为是否造成损失、具体损失数（金）额（以下统称损失金额）多少承担举证责任。需要强调的是，上述原告就损失金额承担的举证责任，是法律预先规定的而非由法官酌定的，是固定不变的而非可转移的，是客观的举证责任而非主观的举证责任，是结果意义的举证责任而非行为意义的举证责任，是说服法官相信待证事实已达到高度可能性的责任而非推进诉讼进行的责任。易言之，只要原告所提供的证据不能证明其有关遭受损失及损失金额的主张，且对方又不认可其有关损失金额的主张，法院经调查核实后仍无法准确认定，有关损失金额的案件事实处于真伪不明的状态时，原告将因举证不能或者未能完全履行举证责任而承担其主张得不到法院支持的不利后果。当然，《行政诉讼法》及相关司法解释，基于证据的可得性、当事人提供证据的便利性以及对违反法定程序的行政机关的惩戒性，对于因被告违法行政而造成原告举证困难的情形作出了特殊规定。《行政诉讼法》第三十八条第二款即规定："在行政赔偿、补偿的案件中，原告应当对行政行为造成的损害提供证据。因被告的原因导致原告无法举证的，由被告承担举证责任。"而此法律规定，也正是王某芳申请再审的主要理由之一。但此条规定的举证责任，与前述原告的举证责任仍有较大区别：两种举证责任在证明目的、证明对象（待证事实）、不利后果等方面仍存在较大区别，特别是在是否存在损失及损失金额的认定等方面可能存在根本性分歧。因而，不能将《行政诉讼法》第三十八条第二款规定的"由被告承担举证责任"，扩大理解为由被告对原告主张的存在损失及损失金额多少承担举证责任，更不能进一步认为该举证责任属于结果意义上的举证责任；否则将违反"否定之人无需举证"这一基本证据法则，也将让主张消极事实

---

① 该解释已被2018年2月6日发布的《最高人民法院关于适用〈中华人民共和国行政诉讼法〉的解释》代替。

的被告，在案件审理中难以履行相应的举证责任。在此种情形下，行政诉讼中的原告和被告，对是否存在损失以及损失金额问题的举证责任，仍宜根据《行政诉讼法》第一百零一条规定，参照《最高人民法院关于适用〈中华人民共和国民事诉讼法〉的解释》（以下简称《民事诉讼法解释》）第九十条和第九十一条相关规定，分别承担相应的举证责任和证明责任，并在此基础上科学、合理地确定并分配被告行政机关的举证责任。申言之，当事人对自己提出的诉讼请求所依据的事实或者反驳对方诉讼请求所依据的事实，应当提供证据加以证明；当事人未能提供证据或者证据不足以证明其事实主张的，由负有举证证明责任的当事人承担不利的后果；主张法律关系存在的当事人，应当对产生该法律关系的基本事实承担举证证明责任；主张法律关系变更、消灭或者权利受到妨害的当事人，应当对该法律关系变更、消灭或者权利受到妨害的基本事实承担举证证明责任。

当然，因被告行政机关违反正当程序，不依法公证或者制作证据清单，给原告履行举证责任造成困难的，人民法院可以在原告已就损失金额提供证据初步证明的基础上，适当降低证明标准，或者通过推定等方式，依法作出对被告不利的认定。在被诉行政行为确已给原告造成损失，但原被告双方又无法证明具体损失数额的情况下，法庭可以结合国家赔偿价值取向、举证目的、证明对象的实际情况等，对全案证据进行综合审查，并遵循法官职业道德，运用逻辑推理和生活经验，进行全面、客观和公正地分析判断，依法对损失金额予以认定。

审理法院　最高人民法院
裁判时间　2017 年 5 月 8 日
案　　号　最高人民法院（2017）最高法行申 26 号行政裁定书
出　　处　中国裁判文书网。

486. 在已有原始证据直接证明被征收人或者利害关系人相关财产损失、能够形成内心确信的情况下，人民法院应当据此确认赔偿义务机关的赔偿范围

——王某芳诉溧水区政府、溧水区征收办城建行政强制及行政赔偿案

裁判要点

根据《最高人民法院关于行政诉讼证据若干问题的规定》第五十六条、第六十三条规定，法庭应当根据案件具体情况，从证据形成原因、发现证据时的客观环境、提供证据的人或者证人与当事人是否有利害关系等方面审查证据的真实性；对证明同一事实的数个证据，原始证据优于传来证据。同时，根据《行政诉讼法》第一百零一条、《最高人民法院关于适用〈中华人民共和国民事诉讼法〉的解释》第一百零八条第一款规定，对负有举证证明责任的当事人提供的证据，人民法院经审查并结合相关事实，确信待证事实的存在具有高度可能性的，应当认定该事实存在。在已有原始证据直接证明被征收人或者利害关系人相关财产损失、能够形成内心确信的情况下，人民法院应当据此确认赔偿义务机关的赔偿范围。

关 键 词 原始证据 赔偿义务机关 赔偿范围

裁判理由 最高人民法院认为：《民事诉讼法解释》第一百零八条第一款规定："对负有举证证明责任的当事人提供的证据，人民法院经审查并结合相关事实，确信待证事实的存在具有高度可能性的，应当认定该事实存在。"同时，《行政诉讼证据规定》第五十六条规定："法庭应当根据案件具体情况，从证据形成的原因、发现证据时的客观环境、提供证据的人或者证人与当事人是否有利害关系等方面审查证据的真实性。"第六十三条第六项规定："原始证据优于传来证据。"因此，再审申请人王某芳对其有关具体损失金额的主张，应承担举证责任，并应证明具有高度可能性，以达到明显优势证明标准。

本案中，再审申请人王某芳一审期间除提供了已被采信的《拆迁损失清单》之外，还分别提供了订货单、发货清单、进货对账单、经销合同、盘点库存情况说明、装修物资提报清单、盘点缺少货物情况说明（以下简称缺货

说明）等证据，以证明强制搬迁造成损失金额为101万元。但上述证据的证明力，并不能证明搬迁当时相关物品存在且因搬迁灭失，其举证也未能达到优势证明标准的要求。

首先，上述单据、合同，有的属于事后形成，有的是其自书证据，并不能充分证明搬迁当天其所列物品确实均存放于店铺之内。在强制搬迁前，被申请人溧水区征收办已多次与再审申请人王某芳商谈相关搬迁与费用补偿问题，并形成笔录，王某芳已有较充分时间进行搬迁前准备，以避免相关损失。其次，王某芳也未能证明上述物品在搬迁过程中发生毁损、灭失的事实。由于王某芳店铺所经营的并非价值昂贵、体积较小物品，而是有独立包装、体积较大的家纺用品。如在搬运过程中大批量遗失以致损失高达上百万元，不可能不引起随行一起参与搬迁的朱云和其他店铺职员注意。再次，王某芳主张灭失这些物品的时机也有违常理。强制搬迁后，王某芳与溧水区征收办等单位工作人员仍有多次协商，其当时并未提出该相当价值物品损失问题。在强制搬迁3个月后，王某芳于2013年12月20日才制作形成缺货说明，并主张有该相关物品损失。然而，此次盘点距2013年9月16日强制搬迁相隔时间较长，在该间隔期间内，所有货物及仓库钥匙也均由王某芳保管；盘点时，王某芳也未通知溧水区政府或者溧水区征收办等单位工作人员到场共同清点，故该缺货说明证明力较低，不能单独作为定案依据。因此，应当认为王某芳对于其一审有关实际损失101万元的主张，虽提供相关证据但未能达到证明标准，未能证明其，主张的待证事实存在高度可能性，未能完全履行举证责任，应当承担不利后果。

同时，一、二审法院在认定损失金额与作出赔偿判决时，严格遵循了法律规定和证据法则，并考虑强制搬迁的具体情况，对部分损失物品的价值，作出了有利于王某芳的认定、推定。由于《拆迁损失清单》系王某芳女儿朱云在强制搬迁后数日内手写，且经王某芳签字确认，因而该《拆迁损失清单》有关物品损失数额为22880元的证据内容，有较高可信度，能够客观反映强制搬迁当时的物品遗失、毁损情况；且溧水区政府也表示认可。因此，一、二审法院以此作为认定损失金额的依据，符合法律规定。同时，南京市溧水区公证处向本院提交的相关情况说明载明，溧水区政府组织强制搬迁时，该公证处虽然最终因故未制作公证文书，但指派三名公证员及数名公证助理到现场协助整理、清点物品及搬迁，对相关物品经统一装盒打包，由指定车辆运送至朱云指定仓库，且搬迁过程中朱云、店铺职员等均参与物品打包、清点和搬离，朱云还具体负责指挥其他搬运人员清点、搬运物品，搬运之后仓库钥匙亦交由朱云保管。王某芳对该新证据反映的内容也无实质性反驳意见。因此，该证据能够从侧面印证搬迁当时的基本情况。对于王某芳主张遗漏的外立面广告牌、广告字、二楼钢化玻璃橱窗、店铺内洞石、楼梯损坏等装饰装潢费用，溧水区政府经委托江苏苏信房地产评估咨询有限公司于2014年12月30日进行市场调查评估，同意按九成新计算价格并扣除相关民事判决已经确定的附属物装潢损失后补差87416元。此外，溧水区政府还同意一次性再予偿付搬迁物品损失20000元。该合计107416元损失补偿费用，溧水区政府经公证专户提存，且该补差部分，王某芳也已于2014年12月30日在拆迁组协商谈判记录表中签字确认。因此，其再审申请中又主张灯具、货柜及装饰品等损失583090.6元，有违禁止反言规则，不应予以支持。

综上，一、二审法院结合本案具体案情，以《拆迁损失清单》载明损失数额为基础，判决赔偿王某芳22880元，并驳回王某芳其他诉讼请求，有事实和法律依据。王某芳的再审申请不符合《中华人民共和国行政诉讼法》第九十一条规定的情形。

审理法院　最高人民法院
裁判时间　2017年5月8日
案　　号　最高人民法院（2017）最高法行申26号行政裁定书
出　　处　中国裁判文书网。

487. 不服市、县人民政府批准的征地补偿、安置方案的救济途径
——王金玲与亳州市人民政府行政再审案

裁判要点

对市、县人民政府批准的征地补偿、安置方案不服的救济途径，应当先向行政机关申请复议。在此类复议前置案件中，由于复议机关的处理决定是人民法院审理相关案件的必要条件，因此，如果复议机关作出不予受理决定，当事人只能就该不予受理决定向人民法院提起诉讼，而不能直接针对原行政行为起诉。

关 键 词　征地补偿　复议前置

裁判理由　最高人民法院认为：《中华人民共和国土地管理法实施条例》第二十五条第三款规定，市、县人民政府土地行政主管部门根据经批准的征用土地方案，会同有关部门拟订征地补偿、安置方案，在被征用土地所在地的乡（镇）、村予以公告，听取被征用土地的农村集体经济组织和农民的意见。征地补偿、安置方案报市、县人民政府批准后，由市、县人民政府土地行政主管部门组织实施。对补偿标准有争议的，由县级以上地方人民政府协调；协调不成的，由批准征用土地的人民政府裁决。《国务院法制办公室关于依法做好征地补偿安置争议行政复议工作的通知》（国法〔2011〕35号）规定，被征地集体经济组织和农民对有关市、县人民政府批准的征地补偿、安置方案不服要求裁决的，应当依照行政复议法律、法规的规定向上一级地方人民政府提出申请。据此，对市、县人民政府批准的征地补偿、安置方案不服的救济途径，应当先向行政机关申请裁决（复议）。在此类复议前置案件中，由于复议机关的处理决定是人民法院审理相关案件的必要条件，因此，如果复议机关作出不予受理决定，当事人只能就该不予受理决定向人民法院提起诉讼，而不能直接针对原行政行为起诉。据此，王金玲认为已经向复议机关安徽省人民政府申请过行政复议，即便申请被驳回，也取得了对征地补偿方案的起诉权，理由不能成立。原审法院裁定驳回起诉理由虽有瑕疵，但处理结果并无不当。

综上，王金玲的再审申请不符合《中华人民共和国行政诉讼法》第九十一条规定的情形。依照《中华人民共和国行政诉讼法》第一百零一条、《中华人民共和国民事诉讼法》第二百零四条第一款之规定，裁定如下：驳回再审申请人王金玲的再审申请。

审理法院　最高人民法院
裁判时间　2017年5月23日
案　　号　最高人民法院（2017）最高法行申1118号行政裁定书
出　　处　中国裁判文书网。

488. 申请人对政府信息是由制作机关公开还是由保存机关公开的证明责任

——郑建惠、陕西省咸阳市人民政府再审审查案

裁判要点

尽管政府信息公开条例第十七条规定保存政府信息的行政机关也负有公开义务,也不排除规范性文件制作机关以外的其他机关因工作原因获取、保存了规范性文件,但对于公民、法人或者其他组织获取政府信息而言,向规范性文件制作机关以外的其他机关申请政府信息公开无疑是舍近求远,且在随后提起的行政诉讼中,其对其他机关保存了规范性文件应承担更高的证明责任。

关 键 词 申请人 政府信息 制作机关 保存机关 证明责任

裁判理由 最高人民法院认为,再审申请人郑建惠于2015年11月20日向再审被申请人咸阳市政府申请公开的政府信息包括两项:一是咸阳市政府于2010年5月25日成立咸阳市招生委员会及咸阳市招生委员会办公室所依据的上级人民政府规范性文件信息,二是确定咸阳市招生委员会办公室编制、配备专职干部之规范性文件信息。本案的核心争议是再审被申请人咸阳市政府于2015年12月3日就再审申请人的这两项政府信息公开申请所作答复是否合法。分别评述如下:

(一)关于再审被申请人咸阳市政府对再审申请人的第一项政府信息公开申请所作答复是否合法。依照政府信息公开条例第十条第一项的规定,规范性文件系县级以上各级人民政府及其部门应当在各自职责范围内主动公开的政府信息。由于是在各自职责范围内主动公开,故规范性文件的制作机关应当承担主动公开义务。在规范性文件的制作机关未主动公开的情况下,公民、法人或者其他组织可以依照政府信息公开条例第十三条的规定向其申请公开,以及对其答复或者逾期不予答复不服,依照《最高人民法院关于审理政府信息公开行政案件若干问题的规定》第三条的规定向人民法院提起行政诉讼。尽管政府信息公开条例第十七条规定保存政府信息的行政机关也负有公开义务,也不排除规范性文件制作机关以外的其他机关因工作原因获取、保存了

规范性文件,但对于公民、法人或者其他组织获取政府信息而言,向规范性文件制作机关以外的其他机关申请政府信息公开无疑是舍近求远,且在随后提起的行政诉讼中,其对其他机关保存了规范性文件应承担更高的证明责任。本案中,对于再审申请人申请公开的上级人民政府规范性文件,再审被申请人咸阳市政府不负有主动公开义务,且咸阳市政府办公室于2010年5月25日就成立咸阳市招生委员会及咸阳市招生委员会办公室所作17号通知亦未援引任何上级人民政府的规范性文件。再审申请人向一、二审法院及本院提交的教育部2010年工作规定、陕西省招生委员会2013年实施办法等证据既难以证明再审被申请人咸阳市政府成立咸阳市招生委员会及咸阳市招生委员会办公室确实以某种上级人民政府规范性文件为据,又难以证明再审被申请人咸阳市政府确实保存了其所申请公开的上级人民政府规范性文件,故再审被申请人咸阳市政府告知再审申请人"不属于本机构的公开范围",建议其"向上一级政府相关部门咨询"不违反政府信息公开条例第二十一条第三项的规定。

（二）关于再审被申请人咸阳市政府对再审申请人的第二项政府信息公开申请所作答复是否合法。在该项政府信息公开申请中,再审申请人申请公开再审被申请人咸阳市政府确定咸阳市招生委员会办公室编制、配备专职干部之规范性文件。由于再审申请人在内容描述中将再审被申请人咸阳市政府确定为该政府信息的制作机关,则再审被申请人咸阳市政府应当明确答复该政府信息是否存在。若该政府信息不存在,则再审被申请人咸阳市政府应当依照政府信息公开条例第二十一条第三项的规定予以告知。尽管再审被申请人咸阳市政府于2015年11月20日所作答复隐含该政府信息不存在之意,但其于2015年12月3日所作答复中未予告知,不应视为已履行政府信息公开条例第二十一条第三项规定的法定告知义务。但是,行政机关事实上能否向公民、法人或者其他组织公开其所申请公开的政府信息是政府信息公开诉讼的根本关注点。咸阳市政府办公室所作17号通知已经表明该政府信息不存在,且再审被申请人咸阳市政府在本案诉讼及复议过程中已做说明。即使本院判决重新作出答复,再审被申请人咸阳市政府也只会是再次答复该政府信息不存在,这对再审申请人知情权的保障而言并无实益。由于再审被申请人咸阳市政府对该项政府信息公开申请的处理并未对再审申请人获取政府信息的权利造成实质侵害,即使本院确认违法,再审申请人也无据此取得行政赔偿的可能。因此,本案并无启动审判监督程序之必要,仅在此予以指正。

审理法院 最高人民法院
裁判时间 2017年8月10日
案　　号 最高人民法院（2016）最高法行申3977号行政裁定书
出　　处 中国裁判文书网。

489. 县（市）人民政府决定对采矿企业实施关停，应当给予行政相对人公平合理补偿，并按照法定程序作出

——林某辰诉南京市浦口区人民政府行政强制及行政赔偿案

> **裁判要点**
>
> 县（市）人民政府为改善生态环境、规范矿产资源开发利用秩序等公共利益需要，依法有权决定对辖区内相关采矿企业实施关停，但县（市）人民政府决定实施关停应当给予行政相对人公平合理补偿，并按照法定程序作出，否则即可能存在侵犯行政相对人合法权益而需要承担行政赔偿责任情形。

关 键 词 采矿企业　合理补偿　法定程序

裁判理由 最高人民法院认为：本案的争议焦点是浦口区政府决定关停中辰砖厂是否应承担相应补偿或者赔偿责任。

根据《中华人民共和国环境保护法》（1989年12月26日实施）第十六条、《中华人民共和国大气污染防治法》（2000年9月1日实施）第二条、第三条第二款、《中华人民共和国矿产资源法》第三条第二款规定，县级以上人民政府具有防治大气污染，保障国家矿产资源合理开发利用，保护和改善当地生活环境和生态环境，促进经济和社会可持续发展的法定职责。同时，《江苏省人民代表大会常务委员会关于限制开山采石的决定》第三条第一款规定："除国务院国土资源行政主管部门批准并颁发采矿许可证的开山采石企业外，禁采区内其他开山采石企业由县级以上地方人民政府予以关闭。采矿许可证到期的，必须立即予以关闭。采矿许可证未到期的，应当制定关闭计划，在本决定施行之日起三年内分批予以关闭。"本案浦口区政府结合南京市委、市人民政府《关于印发〈南京国土资源管理转型创新总体方案〉的通知》（宁委发〔2012〕26号）有关"保护资源、改善生态环境、规范矿产资源开发利

用秩序"要求，为公共利益需要，决定于 2012 年年底前对中辰砖厂实施关停，具有相应的职权依据。

但是，浦口区政府决定实施关停应当给予行政相对人公平合理补偿，并按照法定程序作出。《中华人民共和国行政许可法》第八条第二款规定："行政许可所依据的法律、法规、规章修改或者废止，或者准予行政许可所依据的客观情况发生重大变化的，为了公共利益的需要，行政机关可以依法变更或者撤回已经生效的行政许可。由此给公民、法人或者其他组织造成财产损失的，行政机关应当依法给予补偿。"第四十七条第一款规定："行政许可直接涉及申请人与他人之间重大利益关系的，行政机关在作出行政许可决定前，应当告知申请人、利害关系人享有要求听证的权利；申请人、利害关系人在被告知听证权利之日起五日内提出听证申请的，行政机关应当在二十日内组织听证。"《中华人民共和国行政强制法》第十八条第六项规定，行政机关实施行政强制措施应当听取当事人的陈述和申辩。因《通知》决定对中辰砖厂相关取土、烧砖等设施、设备采取行政强制措施，并涉及林某辰采矿、经营、安全生产、环境保护等多个行政许可撤回事项，直接关涉林某辰重大利益，但《通知》并未提及相应对行政相对人财产损失补偿内容，浦口区政府作出《通知》前，也未依法告知林某辰享有要求听证的权利，且浦口区政府还于 2013 年 2 月 15 日与桥林街办签订《浦口区粘土砖瓦窑厂拆除工作考核责任书》，要求完成拆除辖区内粘土砖瓦窑厂企业任务，中辰砖厂烟囱亦于 2013 年 4 月被强制拆除。在此情况下，浦口区政府作出《通知》显属不当，因而存在可能侵犯林某辰合法权益而需要承担行政赔偿责任情形；一、二审法院以"《通知》并无违法之处，林某辰仅能就相关行政主体执行《通知》行为主张权利救济"为由，驳回林某辰的诉讼请求及上诉，亦可能存在认定事实不清、适用法律错误。

综上，林某辰的再审申请符合《中华人民共和国行政诉讼法》第九十一条第三项、第四项规定的情形。

审理法院　最高人民法院
裁判时间　2017 年 8 月 29 日
案　　号　最高人民法院（2017）最高法行申 283 号行政裁定书
出　　处　中国裁判文书网。

490. 国有土地上房屋所有权已经变更登记的，该房屋占用范围内的土地权属应相应一并变更
——毛某萍诉南京市国土资源局国有土地使用权证纠纷案

裁判要点

我国现行法律实行地上房屋等建筑物及附着物处分时，土地使用权一并处分的原则，即不动产权利一体化原则。不动产权利一体化是指权利主体的一体化。当房屋等建筑物因转让、互换、出资或者赠与等处分形式发生权利主体变更时，该建筑物占用范围内的土地使用权归属主体应相应的予以变更。不允许出现建筑物所有权人处分所有权后，仍继续单独保留原建筑物占用范围内的土地使用权的情况。因房屋买卖而引起国有土地使用权一并转让的，应当由转让人和受让人共同向土地管理部门申请土地权属变更登记。

关 键 词 房屋所有权 变更登记

裁判理由 最高人民法院认为，结合再审申请人提出的再审理由，本案重点审查以下几个方面：

一、涉案土地变更登记行为的程序是否合法

国家土地管理局《关于变更土地登记的若干规定》第三部分第三点规定："因国有土地使用权转让或因地上建筑物、附着物所有权转让引起国有土地使用权转让的，土地使用权转让人和受让人在土地使用权转让合同签订后十五日内，持土地使用权转让合同共同向土地管理部门申请土地权属变更登记。"国家土地管理局《土地登记规则》第三十七条第一款规定："有下列情形之一的，土地使用权转让双方当事人应当在转让合同或者协议签订后三十日内，涉及房产变更的，在房产变更登记发证后十五日内，持转让合同或者协议、土地税费缴纳证明文件和原土地证书等申请变更登记：……（二）因买卖、转让地上建筑物、附着物等一并转移土地使用权的。"根据上述规定，因房屋买卖而引起国有土地使用权一并转让的，应当由转让人和受让人共同向土地管理部门申请土地权属变更登记。本案中，涉案房产系毛某萍与丈夫吴某宗共同所有。吴某宗去世后，毛某萍及四个女儿均放弃继承，涉案房屋中原吴

某宗所有的部分由儿子吴某银一人继承。后毛某萍又将涉案房屋中其个人部分出售给吴某银，涉案房屋办理了权属变更登记，吴某银领取了房屋所有权证书。本案中的土地使用权变更登记行为系因地上建筑物所有权转让而引起的，南京市政府在毛某萍未参与的情况下，依吴某银单方申请为其办理土地变更登记并颁发国有土地使用证，违反了上述相关法律法规的规定，二审法院认定构成程序违法，并无不当。

二、涉案土地变更登记行为的内容是否合法

《中华人民共和国城市房地产管理法》第三十二条规定："房地产转让、抵押时，房屋的所有权和该房屋占用范围内的土地使用权同时转让、抵押。"《中华人民共和国物权法》第一百四十七条规定："建筑物、构筑物及其附属设施转让、互换、出资或者赠与的，该建筑物、构筑物及其附属设施占用范围内的建设用地使用权一并处分。"《中华人民共和国土地管理法实施条例》第六条第一款规定："依法改变土地所有权、使用权的，因依法转让地上建筑物、构筑物等附着物导致土地使用权转移的，必须向土地所在地的县级以上人民政府土地行政主管部门提出土地变更登记申请，由原土地登记机关依法进行土地所有权、使用权变更登记。土地所有权、使用权的变更，自变更登记之日起生效。"基于上述规定可见，我国现行法律实行地上房屋等建筑物及附着物处分时，土地使用权一并处分的原则，即不动产权利一体化原则。不动产权利一体化是指权利主体的一体化。当房屋等建筑物因转让、互换、出资或者赠与等处分形式发生权利主体变更时，该建筑物占用范围内的土地使用权归属主体应相应的予以变更。不允许出现建筑物所有权人处分所有权后，仍继续单独保留原建筑物占用范围内的土地使用权的情况。本案即属于此类情形。毛某萍通过买卖合同的方式，将涉案房屋中个人所占份额出售给吴某银，该房屋权属已办理变更登记，为吴某银所有。之后，毛某萍、吴某银应当向土地管理部门申请土地使用权的变更登记。此为法律的强制性规定。虽然南京市政府在毛某萍未参加的情况下，办理土地变更登记程序违法，但涉案土地所有权属于依法应予进行变更登记的情况，该土地变更登记行为的内容符合法律规定，且并未侵害毛某萍实体上的合法权益。《中华人民共和国行政诉讼法》第七十四条第一款第（二）项规定，行政行为程序轻微违法，但对原告权利不产生实际影响的，人民法院判决确认违法，但不撤销行政行为。因此，二审法院对南京市政府颁证行为的效力予以保留，并无不当。根据《中华人民共和国行政诉讼法》第七十五条的规定，行政行为有实施主体不具有行政主体资格或者没有依据等重大且明显违法情形，原告申请确认行政行为无效的，人民法院判决确认无效。本案不存在可导致被诉土地变更登记行为无效的情形，毛某萍此项申请再审理由不能成立。

综上，毛某萍的再审申请不符合《中华人民共和国行政诉讼法》第九十一条规定的情形。

审理法院　最高人民法院
裁判时间　2017年8月31日
案　　号　最高人民法院（2017）最高法行申2625号行政裁定书
出　　处　中国裁判文书网。

491. 不能在同一征收程序中既征收国有土地上的房屋，又征收集体土地
——孟伟诉山西省太谷县人民政府行政征收纠纷案

裁判要点

国有土地上房屋的征收与集体土地的征收，在征收对象、征收主体、征收程序以及所适用的法律等方面均存在明显区别，故不能在同一征收程序中既征收国有土地上的房屋，又征收集体土地。

关　键　词　行政征收

裁判理由　最高人民法院认为：国有土地上房屋的征收与集体土地的征收，在征收对象、征收主体、征收程序以及所适用的法律等方面均存在明显区别，不能在同一征收程序中既征收国有土地上的房屋，又征收集体土地。二者的区别表现在以下几个方面：其一，从征收对象看，前者的征收对象是国有土地上的房屋，国有土地使用权与房屋一起征收；后者的征收对象是集体土地，地上的房屋则随着集体土地一并征收。其二，从征收主体及实施主体看，国有土地上房屋的征收，由市、县级人民政府根据法定程序作出征收决定，由市、县级人民政府确定的房屋征收部门组织实施具体的征收与补偿工作；而征收集体土地，需要省、自治区、直辖市人民政府甚至是国务院批准，由市、县级以上人民政府予以公告并组织实施。其三，从征收程序看，

由于涉及土地用途的变更以及耕地保护等问题，在征收集体土地时，在办理征地审批手续之前，原则上应当先行办理农用地转用审批，国务院或者省、自治区、直辖市人民政府批准农用地转用的，同时办理征地审批手续。而国有土地上房屋的征收，因本身就属于国有土地，不存在农用地转用及审批的问题。其四，从法律依据看，前者主要依据《国有土地上房屋征收与补偿条例》进行，而后者的法律依据则是《中华人民共和国土地管理法》。可见，确定征收的对象是国有土地上的房屋还是集体土地，具有重要意义。本案中，从被诉征收公告确定的征收对象看，既有国有土地上的房屋，也有集体土地，但太谷县政府却统一根据《国有土地上房屋征收与补偿条例》的相关规定作出征收决定，并组织实施征收行为。根据前述分析，其中涉及集体土地部分的征收，太谷县政府既无作出征收决定的法定职权，亦违反了《中华人民共和国土地管理法》规定的诸如农用地转用审批等法定程序，还存在适用法律错误等问题，根据《中华人民共和国行政诉讼法》第七十条之规定，理应予以撤销。但考虑到被诉征收公告涉及面广，在孟伟未能举证证明多数被征收人不同意征收的情况下，撤销该征收公告可能会给社会公共利益造成重大损害，根据《中华人民共和国行政诉讼法》第七十四条第一款第一项的规定，应当判决确认违法，但不宜予以撤销。鉴于本案还涉及国有土地上房屋的征收，而就该部分的征收而言，从原审查明的事实看，是符合法律规定的。因而原审判决涉及国有土地上房屋的征收部分合法、涉及集体土地的征收部分违法，并无明显不当。孟伟主张案涉项目并非为了社会公共利益，而是为了商业开发，不符合征收的法定条件。根据原审查明的事实，案涉项目是政府组织实施的对基础设施落后地段进行旧城区改建而实施的征收，具有社会公共利益的属性。至于政府在组织实施过程中通过合法正当程序并以市场化的方式具体实施，与征收决定的社会公共利益性并不矛盾，故孟伟有关本案征收是为了商业开发而非为了社会公共利益，并据此请求撤销被诉征收公告的该项再审理由，本院不予支持。

审理法院　最高人民法院
裁判时间　2017 年 9 月 1 日
案　　号　最高人民法院（2016）最高法行申 1863 号行政裁定书
出　　处　中国裁判文书网。

492. 对旧城区改建项目是否符合公共利益需要，应当考虑拟征收范围内被征收人的改建意愿
——郭某昌诉鄞州区政府房屋行政征收案

裁判要点

由于公共利益属于典型的不确定法律概念，建设项目是否符合公共利益的需要，一方面应主要由立法判断，即只有立法明确列举的建设项目才属于公共利益的需要；另一方面，对于立法规定不明确或者可能认识有分歧的，则宜尊重通过正当程序而形成的判断，地方人大及其常委会、绝大多数被征收居民同意的建设项目，应当认为属于公共利益的需要。尤其在以征收形式进行旧城区改建，既交织公共利益与商业开发，也涉及旧城保护与都市更新，更应尊重拟征收范围内被征收人的改建意愿；大多数或者绝大多数被征收人同意改建方案的，即可以认为建设项目符合公共利益的需要。

关 键 词　旧城区改建　公共利益　改建意愿

裁判理由　最高人民法院认为：国有土地上房屋征收决定影响众多被征收人合法权益，事关建设项目的顺利推进和社会和谐稳定，人民法院对征收决定的审查，应当按照《征补条例》的规定依法进行。人民法院一般应审查建设项目是否基于公共利益的需要、建设活动是否符合一系列规划、征收补偿方案是否已经公布并根据公众意见修改公布、是否已进行社会稳定风险评估、征收补偿费用是否已经足额到位、专户存储、专款专用。由于公共利益属于典型的不确定法律概念，建设项目是否符合公共利益的需要，一方面应主要由立法判断，即只有立法明确列举的建设项目才属于公共利益的需要；另一方面，对于立法规定不明确或者可能认识有分歧的，则宜尊重通过正当程序而形成的判断，地方人大及其常委会、绝大多数被征收居民同意的建设项目，应当认为属于公共利益的需要。尤其是以征收形式进行的旧城区改建，既交织公共利益与商业开发，也涉及旧城保护与都市更新，更应尊重拟征收范围内被征收人的改建意愿；大多数或者绝大多数被征收人同意改建方案的，即可以认为建设项目符合公共利益的需要。本案中，江东征管办就涉案项目

征询了被征收人的征收意愿,并由浙江省宁波市永欣公证处对征询工作进行公证。经统计,涉案项目的征收意愿同意率达99.4%,充分证明案涉项目反映了公共利益。郭某昌有关涉案地块不属于公共利益项目的再审申请,不能成立。

案涉项目已根据《征补条例》的规定,事先被纳入国民经济和社会发展年度计划。江东区政府在一审中也提供了建设符合相关规划的证据材料,项目申请材料中已经包括:符合江东区国民经济和社会发展规划的证明(一般性项目)、符合江东区国民经济和社会发展年度计划的证明(旧城区改建项目)、符合城乡规划(专项规划)、符合土地利用总体规划的证明等。江东区政府在发布房屋征收范围公告后,也组织有关部门对征收补偿方案进行论证,并将征收补偿方案予以公布并征求公众意见,公布征求意见情况和修改情况,并进行了社会稳定风险评估,也对征收范围内房屋权属、建筑面积等情况进行调查登记并公布结果,相关房屋征收补偿资金专款已足额存入专户;江东区政府经常务会议讨论通过后作出被诉征收决定并依法予以公告。因此该征收决定符合《征补条例》的规定,一、二审法院分别判决驳回郭某昌的诉讼请求和上诉,符合法律规定。

综上,郭某昌的再审申请不符合《中华人民共和国行政诉讼法》第九十一条规定的情形。

审理法院 最高人民法院
裁判时间 2017年9月26日
案　　号 最高人民法院(2017)最高法行申4693号行政裁定书
出　　处 中国裁判文书网。

493. 建设项目是否符合公共利益的需要，一方面应主要由立法判断，另一方面，也要尊重绝大多数被征收人通过正当程序而形成的意思表示
——贵某玲、贵某温诉上海市政府、静安区政府房屋行政补偿及行政复议案

> **裁判要点**
>
> 建设项目是否符合公共利益的需要，一方面应主要由立法判断，即只有立法明确列举的建设项目才属于公共利益的需要；另一方面，也要尊重绝大多数被征收人通过正当程序而形成的意思表示，对绝大多数被征收居民同意的建设项目，应当认为符合公共利益需要。

关 键 词 建设项目 公共利益 意思表示

裁判理由 最高人民法院认为：由于公共利益属于典型的不确定法律概念，建设项目是否符合公共利益的需要，一方面应主要由立法判断，即只有立法明确列举的建设项目才属于公共利益的需要；另一方面，也要尊重绝大多数被征收人通过正当程序而形成的意思表示，对绝大多数被征收居民同意的建设项目，应当认为符合公共利益需要。《国有土地上房屋征收与补偿条例》（以下简称《征补条例》）第八条第五项规定："由政府依照城乡规划法有关规定组织实施的对危房集中、基础设施落后等地段进行旧城区改建的需要，确需征收房屋的，由市、县级人民政府作出房屋征收决定。"《上海市国有土地上房屋征收与补偿实施细则》（以下简称《上海市征补实施细则》）第二十一条规定："因旧城区改建需要征收房屋的，房屋征收部门应当在征收决定作出后，组织被征收人、公有房屋承租人根据征收补偿方案签订附生效条件的补偿协议。在签约期限内达到规定签约比例的，补偿协议生效；在签约期限内未达到规定签约比例的，征收决定终止执行。签约比例由区（县）人民政府规定，但不得低于80%。"本案系上海市旧城区改建房屋征收，改建地段内被征收人、公有房屋承租人补偿协议签约比例超过85%，符合上述公共利益征收规定及相应征收补偿协议签约比例要求。

因房屋征收部门与再审申请人在征收补偿方案确定的签约期限内未达成

补偿协议,静安区政府有权作出补偿决定。《征补条例》第二十一条第三款规定:"因旧城区改建征收个人住宅,被征收人选择在改建地段进行房屋产权调换的,作出房屋征收决定的市、县级人民政府应当提供改建地段或者就近地段的房屋。"《上海市征补实施细则》第二十六条第三款进一步规定:"因旧城区改建征收居住房屋的,作出房屋征收决定的区(县)人民政府应当提供改建地段或者就近地段的房源,供被征收人、公有房屋承租人选择,并按照房地产市场价结清差价。就近地段的范围,具体由房屋征收部门与被征收人、公有房屋承租人在征收补偿方案征求意见过程中确定。"据此,对因旧城区改建征收的,被征收人、公有房屋承租人有选择改建地段或者就近地段房屋安置的权利。就近地段的范围,一般应考虑城市规模、交通状况、安置房源数量和户型面积等实际因素,由房屋征收部门与被征收人、公有房屋承租人在征收补偿方案征求意见过程中确定。被征收人、公有房屋承租人未在改建地段或者征收补偿方案确定的就近地段选择安置、未能达成补偿安置协议的,房屋征收部门根据房屋征收补偿法律规定,可以结合被征收房屋套型、面积和价值,被征收房屋与安置房屋匹配程度,当地对居住困难户优先保障安置方案等具体因素,选择确定更有利于保障被征收人居住权的安置房屋。本案中,房屋征收部门根据征收补偿方案,已经公告《静安区59街坊(一期)旧城区改建产权调换房屋选购办法》,再审申请人在征收补偿方案确定的签约期内未选择就近地段安置;在房屋征收部门已经依法公告案涉产权调换房评估报告等相关文件资料,并经静安区政府组织行政调解后,也未能与房屋征收部门达成补偿安置协议。因再审申请人户被征收公有承租房屋居住面积仅11.7平方米,核定建筑面积18.02平方米,难以在就近地段安置相匹配的房屋,静安区政府根据上海市有关对居住困难户优先保障和增加保障补贴的规定,并经上海市静安区建设和交通委员会报请上海市城乡建设和交通委员会、上海市住房保障和房屋管理局作出沪建交联〔2014〕24号《关于安排静安区59街坊旧区改造项目居民安置房源的批复》,在计算被征收房屋价格、价格补贴、套型面积补贴等补偿、补贴后,未将再审申请人户安置于就近地段,而选择上海市奉贤区专门房源进行安置,更加有利于保障被征收人居住权。且该安置房源均为商品房,安置再审申请人户两套房屋面积分别为82.52平方米、104.58平方米,再审申请人户虽为公有房屋承租人,但被诉补偿决定亦明确上述房屋归"公有房屋承租人及其共同居住人共有",亦可依法上市交易。因此,静安区政府将上海市奉贤区房源作为安置房源,虽然不属于提供改建地段或者就近地段房源，但静安区政府在征收补偿程序中已经充分保障了再审申请人就近地段房屋安置选择权，因再审申请人在行政征收程序中未能达成补偿安置协议，静安区政府结合被征收房屋实际状况，选择市场价值明显高于被征收房屋价值，更有利于保障再审申请人及其家庭成员居住权的异地房源实施安置，符合《中华人民共和国城市房地产管理法》第六条有关"征收个人住宅的，还应当保障被征收人的居住条件"的规定，也不违反《征补条例》第二条有关"为了公共利益的需要，征收国有土地上单位、个人的房屋，应当对被征收人给予公平补偿"的规定，依法应予支持。

审理法院　最高人民法院
裁判时间　2017年9月29日
案　　号　最高人民法院（2017）最高法行申4162号行政裁定书
出　　处　中国裁判文书网。

494. 非国家一级公益林依法可以设立采矿权，林地征用占用许可不是采矿权出让许可的前置条件
——浙江新曙光建设有限公司诉三门县国土资源局行政纠纷案

裁判要点

（1）对非属于国家一级公益林和国家规定的自然保护区、重要风景区的，国土资源管理部门有权依法在该地域内设立采矿权。

（2）"开山采石"与"开采矿藏"本身是否违法，与其称谓并无必然联系，核心差异在于"采石"或者"采矿"是否依法取得相应许可。《国家级公益林管理办法》所禁止的"开山采石"行为，是禁止未经许可的采石采矿活动，而并非禁止依法进行的采石采矿活动。

（3）根据《占用征用林地审核审批管理办法》第二条第（一）项、第（二）项第3目规定，取得采矿许可证等相关批准文件，是申请占用或者征用林地审核的前置条件，即林地征用占用审批依法属于采矿许可审批后置程序。

（4）办理林地征用占用许可既非国土资源管理部门法定义务，也非采矿权有出让合同、成交确认书确定的国土资源管理部门约定义务，相对方以未办理林地征用占用许可审批为由主张先履行抗辩权，不符合《合同法》第六十七条规定情形。

关 键 词 非国家一级公益林 设立采矿权 林地征用占用许可

裁判理由 最高人民法院认为：《中华人民共和国合同法》第六十七条规定："当事人互负债务，有先后履行顺序，先履行一方未履行的，后履行一方有权拒绝其履行要求。先履行一方履行债务不符合约定的，后履行一方有权拒绝其相应的履行要求。"据此，新曙光公司行使抗辩权的前提在于，三门国土局应当先履行义务而未予履行或者履行义务不符合约定。但是，新曙光公司并未提供相应的证据证明该有关事实。新曙光公司虽主张应先行办理林地征占用许可，但该行政许可并非三门国土局法定义务，也非相关约定义务，且办理相应林地征占用许可，依法是在签订合同并取得采矿许可之后，而非签订合同或者取得采矿许可之前。新曙光公司认为本案采矿权设立违法且无

法办理林地占用审批手续的主张没有事实根据，也与相关林业主管部门最终书面意见不符。即便在日后履约过程中出现采矿权无法正常实现的情形，案涉成交确认书、采矿权有偿出让合同等均对合同约定不能成就以及违约责任和争议解决机制进行了约定，新曙光公司在签订成交确认书之后，可以要求出让方就林地征占用审批问题进行澄清并作出说明；但在出让方要求其依法履行成交确认书所确定的义务，交纳相应款项并签订正式合同后，则应当先行履行相关义务，或者依法提起相应诉讼寻求救济，而不能自力救济。否则，新曙光公司应当承担相应的不利后果。

综上，涉案矿区林地虽为国家公益林，但非一级公益林地，浙江省国土资源厅批准设立采矿权，并不违反国家公益林及其他林地管理的相关规定。新曙光公司关于本案采矿项目属于违法进行的开山采石之主张与事实不符。根据《中华人民共和国森林法实施条例》第十六条规定，涉案公益林地的征占用审批手续并非采矿权挂牌出让的前置条件，而需要用地单位在取得采矿许可证后依法申请办理。《网上挂牌出让公告》《出让竞买须知》《三门县沿赤乡沿江村白象山建筑用石料（凝灰岩）矿采矿权挂牌出让相关情况告知书》，均在新曙光公司交纳竞买保证金的2014年1月13日之前，三门国土局与新曙光公司签订《采矿权网上挂牌出让成交确认书》的时间为2014年1月22日，故并不存在挂牌出让隐瞒公益林等级以及告知不全面、不及时的情形。三门国土局通过挂牌方式出让采矿权，并与新曙光公司签订成交确认书的行为并不违反法律规定。因此，一、二审法院判决驳回新曙光公司的诉讼请求及上诉，并无不当。

综上，新曙光公司的再审申请不符合《中华人民共和国行政诉讼法》第九十一条规定的情形。

审理法院　最高人民法院
裁判时间　2017年9月29日
案　　号　最高人民法院（2017）最高法行监17号行政裁定书
出　　处　中国裁判文书网。

495. 不动产物权的转移变更登记一般应由各方当事人共同向主管部门提出申请
——福建省绿水青山林业有限公司诉建瓯市人民政府不履行法定职责案

> **裁判要点**
>
> 林权变更登记依法属于依申请作出的行政行为,申请人应当提供符合法定要求的申请材料且须由当事人共同提出变更登记申请。一方单独提出变更登记申请且未能提供相应证据材料的,不符合申请变更登记的法定条件。

关 键 词 不动产物权 转移变更登记

裁判理由 最高人民法院认为:《中华人民共和国行政诉讼法》第六十三条第一款规定,人民法院审理行政案件,以法律和行政法规、地方性法规为依据。地方性法规适用于本行政区域内发生的行政案件。《福建省林权登记条例》系福建省人大常委会根据《中华人民共和国物权法》《中华人民共和国森林法》等法律制定的地方性法规,一、二审法院将其作为审理依据符合行政诉讼法的规定,可以作为福建省行政区域内行政案件的裁判依据。

《不动产登记暂行条例》第十四条第一款规定,因买卖、设定抵押权等申请不动产登记的,应当由当事人双方共同申请。《福建省林权登记条例》第六条规定,申请林权登记的,应当提交林权登记申请表、申请人的身份证明、申请登记事项的证明材料以及法律、法规规定的其他有关材料。申请变更、注销登记的,还应当提交《中华人民共和国林权证》。第二十条规定,因林权流转申请林权变更登记的,当事人应当共同提出变更登记申请。根据上述行政法规和地方性法规的规定,作为不动产登记的重要类型,林权变更登记系依申请作出的行政行为,申请人应当提供符合法定要求的申请材料且须由当事人共同提出变更登记申请。本案中,绿水青山公司虽然在2015年期间及2016年7月多次就案涉林权向建瓯市人民政府提出申请,请求将案涉林权的权利人由原南平曼图公司变更为绿水青山公司。但是由于绿水青山公司系单方提出变更登记申请且未能提供林权证,不符合申请变更登记的法定条件。

建瓯市人民政府向绿水青山公司就上述情况作了口头答复，依法履行了告知义务，不存在不履行法定职责的情形。且从案涉林权的权利变动原因看，并不符合《不动产登记暂行条例》第六条第二款规定的可以单方申请不动产登记的情形，故绿水青山公司有关符合单方申请变更登记的主张缺乏法律依据，本院不予支持。另外，因原案涉林权权利人南平曼图公司已被注销，二审法院已明确绿水青山公司应与南平曼图公司的权利义务继受人共同提出林权变更登记申请，指出了绿水青山公司的申请变更方式和救济途径，故一、二审法院对绿水青山公司的诉讼请求不予支持并无不当。绿水青山公司也可在与南平曼图公司的权利义务继受人通过相应民事诉讼后，依据生效民事裁判，依法申请变更登记。

综上，绿水青山公司的再审申请不符合《中华人民共和国行政诉讼法》第九十一条规定的情形。

审理法院　最高人民法院
裁判时间　2017年12月11日
案　　号　最高人民法院（2017）最高法行申8484号行政裁定书
出　　处　中国裁判文书网。

496. 当事人申请行政复议要求行政机关承担行政赔偿责任，不能明确具体事项的，行政复议机关可以驳回行政复议申请
——张某尧、吴某先诉浦江县人民政府行政复议案

裁判要点

申请人应对其在复议程序中提出的赔偿请求承担举证责任。申请人虽然在行政复议程序中提出了赔偿请求和数额，但既不能明确赔偿数额的具体构成，也无法提供证据证明其所主张的具体损害后果和相应损失范围的，行政复议机关可以依法决定驳回申请人的赔偿请求。

关键词　行政复议　行政赔偿
裁判理由　最高人民法院认为：本案争议焦点集中在以下三个方面：1.

吴某先是否具备申请行政复议和提起诉讼的主体资格。2. 案涉《通知》和强制拆除行为二者关系如何界定，能否在同一案件中作出评判和处理。3. 浦江县人民政府经复议后不予支持张某尧赔偿请求是否正确。对此具体评述如下：

关于第一个焦点问题。本案审理对象系浦江县人民政府所作的行政复议决定，而张某尧系该行政复议的申请人，其与行政复议决定存在利害关系，有权对该行政复议决定提起行政诉讼。吴某先虽与张某尧系夫妻关系，然其并非该行政复议的申请人，无证据证明其与被诉行政复议决定存在利害关系，故其不具备针对行政复议决定提起行政诉讼的资格。一审法院判决驳回吴某先对案涉行政复议决定的起诉于法有据，并无不当，且并不影响张某尧代表吴某先依法维权。

关于第二个焦点问题。从形式上看，案涉《通知》与强制拆除行为处于不同的时间阶段，属于存在递进关系的不同行政行为。但从实质内容和法律效果上看，对案涉养猪场产生实际影响的是浦江县国土资源局、浦江县城市行政管理执法局和浦江县杭坪镇人民政府共同实施的强制拆除行为，案涉《通知》虽然也在一定程度上为张某尧设定义务，对其权利产生了影响，但这种影响相较于强制拆除行为而言仍然具有过程性和非终局性。鉴于浦江县人民政府在复议时已将案涉《通知》和强制拆除行为合并审查，且因浦江县国土资源局、浦江县城市行政管理执法局和浦江县杭坪镇人民政府未能在行政复议法规定期限内提交证据，案涉《通知》和强制拆除行为已被确认违法，在此情况下，人民法院再行撤销重作已无实际意义。一、二审法院对此未予调整并无不当。另外，强制拆除行为已经实施完毕，案涉养猪场已不复存在，属于没有可撤销内容的行政行为，故浦江县人民政府经过复议后作出确认违法的决定有事实和法律依据。张某尧提出的强制拆除行为应予撤销的观点缺乏法律依据，本院不予采纳。

关于第三个焦点问题。《中华人民共和国行政复议法实施条例》第二十一条第二项规定，申请行政复议时一并提出行政赔偿请求的，提供受行政行为侵害而造成损害的证明材料。本案中，张某尧虽然在向浦江县人民政府申请行政复议时一并提出了赔偿500万元的复议请求，但其未能有效明确所申请赔偿数额的具体构成，也没有提供充分证据证明强拆行为造成的具体损害后果和相应损失范围，故浦江县人民政府对其行政赔偿请求决定不予赔偿有事实和法律依据，一、二审法院判决驳回其相关诉讼请求并无不当。张某尧对违法强制拆除给其合法财产造成的损失，可依《中华人民共和国国家赔偿法》

规定,在提供相应依据和具体项目构成后,直接起诉请求赔偿。

综上,张某尧、吴某先的再审申请不符合《中华人民共和国行政诉讼法》第九十一条规定的情形。

审理法院 最高人民法院
裁判时间 2017 年 12 月 13 日
案　　号 最高人民法院(2017)最高法行申 7979 号行政裁定书
出　　处 法信网。

497. 根据行政机关的授权或者委托,受托的事业单位订立的具有行政法上权利义务关系的协议应认定为行政协议
——宁都县梅川供水有限公司诉宁都县人民政府、
宁都县土地收购储备中心不履行行政征收补偿职责案

> **裁判要点**
> 根据行政机关的授权或者委托,承担公共管理和服务职能的事业单位可以就特定事项与公民、法人或者其他组织订立具有行政法上权利义务关系的协议,该协议应认定为行政协议。

关 键 词 行政机关　授权　委托

裁判理由 最高人民法院认为:行政协议是行政机关以及法律、法规、规章授权的组织为实现行政管理目标,在其职权范围内与行政管理相对人签订或者委托其他组织与行政管理相对人签订的具有行政法上权利义务关系的协议。本案中,《国有土地使用权收回及房屋收购合同》系宁都县土地收购储备中心与江西金龙塑业有限公司协商签订。而作为合同一方当事人,宁都县土地收购储备中心是宁都县人民政府根据《土地储备管理办法》相关规定批准设立的具有独立法人资格、隶属于宁都县国土资源局并统一承担土地储备工作的事业单位,其与江西金龙塑业有限公司签订案涉国有土地使用权收回及房屋收购合同,实质是宁都县人民政府及其相关行政主管部门委托宁都县土地收购储备中心与江西金龙塑业有限公司以签订合同的方式收回国有土地使用权并给予合理补偿的行政管理活动,是宁都县人民政府行使行政管理职

权、实现行政管理目的一种方式，属于行政诉讼法和司法解释规定的行政协议。

审理法院　最高人民法院
裁判时间　2017 年 12 月 19 日
案　　号　最高人民法院（2017）最高法行申 8090 号行政裁定书
出　　处　中国裁判文书网。

498. 受协议相对性约束，行政协议原则上仅对协议相关各方发生拘束力
——宁都县梅川供水有限公司诉宁都县人民政府、宁都县土地收购储备中心不履行行政征收补偿职责案

> **裁判要点**
>
> 　　受协议相对性约束，行政协议原则上仅对协议相关各方发生拘束力。但在特定条件下，行政协议行为对第三人产生不利影响时，可以依法向签订协议的行政机关提出保护和救济请求。

关 键 词　协议相对性　拘束力

裁判理由　最高人民法院认为，由于江西金龙塑业有限公司的国有土地使用权和地上房屋被宁都县人民政府协议收回和收购，宁都县梅川供水有限公司丧失了主要甚至是唯一的供水客户，无法正常经营，濒临停产停业。此时，宁都县人民政府对江西金龙塑业有限公司进行整体收回和收购的行为已对宁都县梅川供水有限公司的经营权益产生了不利影响。因此，在宁都县梅川供水有限公司就此提出收购申请，且宁都县工业和信息化局也对此提出相关补偿方案的情况下，宁都县人民政府应当依法予以受理并及时作出处理。然宁都县人民政府对此并未予以处置，故二审判决认定其不履行处理职责行为违法并责令限期予以处理有事实与法律依据，并无不当。关于宁都县人民政府、宁都县土地收购储备中心提出的二审法院超出诉讼请求范围裁判的问题，根据行政诉讼法及司法解释相关规定，人民法院审理行政案件，对被诉行政行为合法性实行全面审查，不受当事人诉请范围的限制，人民法院经审

查后根据具体案件事实和法律规定作出适当判决，判决方式亦不必然受限于当事人的诉讼请求。宁都县梅川供水有限公司诉请宁都县人民政府、宁都县土地收购储备中心赔偿（补偿）损失，人民法院判决对补偿申请依法履行行政处理职责，并不违法。

综上，宁都县人民政府、宁都县土地收购储备中心的再审申请不符合《中华人民共和国行政诉讼法》第九十一条规定的情形。

审理法院　最高人民法院
裁判时间　2017 年 12 月 19 日
案　　号　最高人民法院（2017）最高法行申 8090 号行政裁定书
出　　处　中国裁判文书网。

499. 行政机关签订的招商引资协议，可以认为属于行政协议

——香港斯托尔实业（集团）有限公司诉泰州市海陵区人民政府等招商引资协议案

裁判要点

行政协议一般包括以下要素：一是协议有一方当事人必须是行政主体；二是该行政主体行使的是行政职权；三是协议目的是为实现社会公共利益或者行政管理目标；四是协议的主要内容约定的是行政法上的权利义务关系。由于行政管理的复杂性以及双方当事人协议约定内容的多样性，判断一项协议是属于行政协议还是民事协议，不能仅看其名称，也不能仅依据其中的少数或者个别条文来判定，而应结合以上要素和协议的主要内容综合判断。

关 键 词　招商引资协议　行政协议

裁判理由　最高人民法院认为：关于本案招商引资协议是否为行政协议的问题。协议是经过谈判、协商而制定的共同承认、共同遵守的文件。利用协议来约定权利义务是各种社会主体普遍采用的手段。平等的民事主体间签订的协议，属民事协议；引发的纠纷，按照民事救济程序解决。随着行政管

理方式的多样化和行政管理理念从高权命令向协商、合作的转变，行政机关在法律规定的职权范围内，通过协商一致的方式约定其与行政管理相对人之间的权利义务关系，此种协议也被统称为行政协议（行政契约、行政合同）；由此引发的纠纷，一般通过行政救济程序解决。《行政诉讼法》第十二条第一款规定："人民法院受理公民、法人或者其他组织提起的下列诉讼：……（十一）认为行政机关不依法履行、未按照约定履行或者违法变更、解除政府特许经营协议、土地房屋征收补偿协议等协议的。"《最高人民法院关于适用〈中华人民共和国行政诉讼法〉若干问题的解释》[①]（以下简称《适用解释》）第十一条第一款规定："行政机关为实现公共利益或者行政管理目标，在法定职责范围内，与公民、法人或者其他组织协商订立的具有行政法上权利义务内容的协议，属于行政诉讼法第十二条第一款第十一项规定的行政协议。"因此，行政协议一般包括以下要素：一是协议有一方当事人必须是行政主体；二是该行政主体行使的是行政职权；三是协议目的是为实现社会公共利益或者行政管理目标；四是协议的主要内容约定的是行政法上的权利义务关系。由于行政管理的复杂性以及双方当事人协议约定内容的多样性，判断一项协议是属于行政协议还是属于民事协议，不能仅看其名称，也不能仅依据其中的少数或者个别条文来判定，而应当结合以上要素和协议的主要内容综合判断。

对本案的招商引资协议而言：

（一）协议的一方当事人海陵工业园管委会是行政机关。海陵工业园管委会是经江苏省人民政府批准设立，作为海陵区政府派出机构，对开发区实行统一领导和管理的行政机构；协议权利义务的最终承担者系海陵区政府，因此具备协议订立一方必须是行政主体的形式特征。

（二）海陵工业园管委会在协议中处分的虽有民事机关法人的职权但主要是行政职权。根据《江苏省经济技术开发区管理条例》第八条、第九条规定，以及江苏省人民政府苏政复〔2006〕35号《省政府关于同意设立南京栖霞经济开发区等34家省级开发区的批复》，海陵工业园管委会属于海陵区政府派出机构，具有"制定开发区的总体规划和发展计划，按规定负责审批或者审核开发区内的投资建设项目，负责开发区内的基础公用设施的建设和管理，对市属各有关部门设在开发区内的分支机构的工作进行监督和协调，依法行

[①] 该解释已被2018年2月6日发布的《最高人民法院关于适用〈中华人民共和国行政诉讼法〉的解释》代替。

使海陵区政府授予的其他职权，代表海陵区政府对开发区实行统一领导和管理"等法定职责。招商引资协议约定海陵工业园管委会行使的职权和义务，如有关土地出让金价格的确定、二期项目开发用地的预留、配套平整土地、给予政策补贴、帮助减免相应税费、对开发、利用土地及未来改变土地用途时的同意并逐级上报审批、对斯托尔公司可能存在的违法用地行为的监督管理和行政处罚等，均属《江苏省经济技术开发区管理条例》规定以及海陵区政府所授予的行政管理职权。

（三）协议的目的是为了公共利益。《江苏省经济技术开发区管理条例》第三条第二款规定："开发区旨在发展对外经济技术合作，引进外资、先进技术、先进设备、人才和科学管理方式，以兴办外商投资、出口创汇、高新技术项目为主，相应发展第三产业，加强与省内外的经济技术合作，促进对外开放和经济技术发展。"招商引资协议正是为了实现上述目的，为了实现公共利益需要而签订。协议约定，斯托尔公司将主要从事智能电脑针织机械的生产、制造和销售业务，企业总投资5000万美元，注册资本3000万美元；斯托尔公司将从当地学校招录职业技工300名，解决部分就业问题；条件成熟时，斯托尔公司还将二期项目扩产，海陵工业园管委会同时预留100亩土地用于保障投资。协议的如约履行，将相应提高当地经济生产总量，提高政府财税收入，部分解决就业问题，有助于对外开放、经济技术发展和产业结构调整，有利于地方的长远发展。这些显然是为了促进社会公共利益，而非海陵工业园管委会以及海陵区政府自身的法人利益。

（四）协议的主要内容约定的是行政法上的权利义务。协议虽有海陵工业园管委会借款给斯托尔公司，支付国有建设用地使用权招拍挂成交价与5万元/亩基数差额部分的约定，但协议的主要内容仍然为行政法上的权利义务。协议约定，斯托尔公司负担保证所使用土地为拟申报项目的工业用地性质，不擅自改变土地用途，如需改变土地使用用途，应征得海陵工业园管委会同意并报上级有权部门批准，重新签订土地使用权出让合同，调整土地使用权出让金并办理登记等义务；海陵工业园管委会则相应负担对斯托尔公司申请变更土地使用用途进行审核上报的义务；协议还约定，斯托尔公司待协议生效后，负担及时申请外资企业工商注册登记，办理计划、测量、规划、国土、建设、交通、消防、财政、人防、质监等相关行政审批、缴纳相关配套费用的义务；海陵工业园管委会则相应负担协助斯托尔公司办理完成其申请的行政审批和登记手续，争取政策补贴，帮助减免建设规费等义务；协议并约定，斯托尔公司需服从海陵工业园管委会及当地政府管理，及时向海陵工业园管委会主管税务机关纳税，以及以土地摘牌之日后 24 个月为起始时间，连续三年企业入库税收分别达到人民币 10 万元/亩、15 万元/亩时，申请相应税费减免奖励等；海陵工业园管委会则需对斯托尔公司依法纳税进行监管，积极争取和利用有关招商引资政策，将斯托尔公司投产后五年内所缴纳国税、地税、基金等税费，视情形对斯托尔公司进行奖励，以及在斯托尔公司设立新企业注册后一个月内配套安排 25 套住宅房屋，用于斯托尔公司引进高管人才，并帮助解决相关高管人才子女就学问题，帮助协调泰州地区有关职业技术学校与斯托尔公司签订就业安置协议等。这些权利义务虽有部分民事权利义务性质，但更多约定涉及地方政府不同职能部门的行政职权，分别受多部行政法律规范调整，具有明显的行政法上的权利义务特征。而事实上，此类约定也系海陵工业园管委会代表海陵区政府进行的行政允诺。

总之，本案招商引资协议一方为行政主体，协议目的符合公共利益需要，海陵工业园管委会行使的主要是《江苏省经济技术开发区管理条例》规定的行政职权，协议内容除包括相关民事权利义务约定外，还包括大量难以与协议相分离的行政权利义务约定，依法属于《适用解释》第十一条第一款①规定的行政协议范畴。一审法院仅以双方约定的部分内容，即认定招商引资协议仅系形成借款与赠与的民事法律关系，而不具有行政法上的权利义务内容，属于认定事实错误。

审理法院　最高人民法院
裁判时间　2017 年 12 月 28 日
案　　号　最高人民法院（2017）最高法行再 99 号行政裁定书
出　　处　法信网。

---

① 该解释被 2018 年 2 月 6 日发布的《最高人民法院关于适用〈中华人民共和国行政诉讼法〉的解释》代替。

500. 人民法院审查行政行为的合法性时,原则上实体问题适用旧法规定,程序问题适用新法规定,但也有除外情形

——香港斯托尔实业(集团)有限公司诉泰州市海陵区人民政府等招商引资协议案

裁判要点

对《行政诉讼法》修改后的条款,除非明确规定不溯及既往或者因条款性质不适宜溯及既往的,原则上对有关受案范围、审理程序、裁判种类等属于法院裁判职权专属事项的规定,人民法院均应当适用新的规定进行裁判。

关 键 词 行政诉讼法 溯及力

裁判理由 最高人民法院认为:关于本案应否适用《行政诉讼法》的相关规定处理的问题。2015年5月1日前的法律规范未明确规定招商引资协议属于民事协议,本案招商引资协议也未约定选择民事诉讼程序解决纠纷。二审法院虽未否定招商引资协议的行政协议属性,也未否定本案可以作为行政案件受理,但其以本案的招商引资协议签订在2015年5月1日之前、而自2015年5月1日起实施的修改后的《行政诉讼法》始将行政协议纳入行政诉讼受案范围为由,驳回斯托尔公司的上诉,维持一审裁定。对于二审法院上述裁定理由是否适当,需要对《行政诉讼法》相关规定是否具有溯及力,加以准确地判断和把握。对此,《最高人民法院关于印发〈关于审理行政案件适用法律规范问题的座谈会纪要〉的通知》(法〔2004〕96号)对有关新旧法律适用以及法不溯及既往问题作了明确规定。根据该纪要第三条规定,在存在新旧法律衔接问题的情况下,人民法院审查行政行为的合法性,实体问题适用旧法规定,程序问题适用新法规定,但下列情形除外:(一)法律、法规或规章另有规定的;(二)适用新法对保护行政相对人的合法权益更为有利的;(三)按照具体行政行为的性质应当适用新法的实体规定的。《行政诉讼法》是我国行政诉讼程序的基本法,根据上述适用法律规范标准,对《行政诉讼法》修改后的条款,除非明确规定不溯及既往或者因条款性质不适宜溯

及既往的，原则上对有关受案范围、审理程序、裁判种类等属于法院裁判职权专属事项的规定，人民法院均应当适用新的规定进行裁判。由于《行政诉讼法》第十二条第一款第十一项是有关行政诉讼受案范围的规定，属于人民法院行使裁判职权专属事项，依法即具有溯及力。因此，二审法院认为《行政诉讼法》第十二条第一款第十一项规定不溯及既往的理由不能成立。申言之，对形成于2015年5月1日之前的行政协议，如果协议双方未明确约定争议解决适用仲裁或者民事诉讼途径的，作为协议一方的公民、法人或者其他组织提起行政诉讼，人民法院依法应当立案受理。

审理法院 最高人民法院
裁判时间 2017年12月28日
案　　号 最高人民法院（2017）最高法行再99号行政裁定书
出　　处 法信网。

501. 行政机关未制作、未获取、未保存相关信息以及因保管不善造成信息灭失等问题，一般不属于政府信息公开行政案件的审查范围
——王某华诉上海市虹口区人民政府信息公开案

裁判要点

依申请公开的义务主体，仅具有在根据申请查找、检索相关政府信息后，依法提供其已经制作或者保存的可以公开的政府信息的义务，并不具有另行制作政府信息再予以公开的义务。也即行政机关未制作、未获取、未保存相关信息以及保管不善造成信息灭失是否合法问题，不属于政府信息公开行政案件的审查范围。

关 键 词 政府信息公开　审查范围

裁判理由 最高人民法院认为，政府信息依申请公开，是指行政机关根据申请人的申请公开其在履行职责过程中制作或者获取的，以一定形式记录、保存的信息，以此保障公民、法人和其他组织依法获取政府信息的权利，提高政府工作透明度，促进依法行政，充分发挥政府信息对人民群众生产、生

活和经济社会活动的服务作用。根据《中华人民共和国政府信息公开条例》（以下简称《条例》）的规定，依申请公开的义务主体，仅具有在根据申请查找、检索相关政府信息后，依法提供其已经制作或者保存的可以公开的政府信息的义务，并不具有另行制作政府信息再予以公开的义务。国办发〔2010〕5号《国务院办公厅关于做好政府信息依申请公开工作的意见》第二条第三款也规定："行政机关向申请人提供的政府信息，应当是现有的，一般不需要行政机关汇总、加工或重新制作（作区分处理的除外）。依据《条例》精神，行政机关一般不承担为申请人汇总、加工或重新制作政府信息，以及向其他行政机关和公民、法人或者其他组织搜集信息的义务。"也即行政机关未制作、未获取、未保存相关信息以及保管不善造成信息灭失是否合法问题，不属于政府信息公开行政案件的审查范围。

《条例》第二十一条第三项规定，政府信息不存在的，应当告知申请人，对能够确定该政府信息的公开机关的，应当告知申请人该行政机关的名称、联系方式。在现行立法未对"政府信息不存在"的内涵和外延作出明确界定的情况下，除明确答复政府信息不存在外，行政机关答复"未制作""未获取""未保存""未找到"相应的政府信息，均可视为属于"政府信息不存在"范畴。行政机关在尽到合理的查找和检索义务后，将相应查找和检索情况告知申请人，并就应当制作、获取、保存但未制作、未获取、未保存等情况作出合理说明的，即应视为履行了政府信息公开义务。原告起诉行政机关"政府信息不存在"答复违法的，应当提供该政府信息系由被告制作或者保存的相关线索；并可以依据《最高人民法院关于审理政府信息公开行政案件若干问题的规定》第五条第五款规定，申请人民法院调取证据。

审理法院　最高人民法院
裁判时间　2017年12月28日
案　　号　最高人民法院（2017）最高法行申9250号行政裁定书
出　　处　中国裁判文书网。

502. 行政机关未尽合理检索查找义务，或者故意隐瞒政府信息，属于不依法履行政府信息公开义务

——王某华诉上海市虹口区人民政府信息公开案

裁判要点

行政机关未尽合理检索查找义务，或者故意隐瞒政府信息，构成不依法履行政府信息公开义务的，信息公开申请人可依据政府信息公开条例第三十三条第一款的规定，向上级行政机关、监察机关或者政府信息公开工作主管部门举报。收到举报的机关应当予以调查处理。依据政府信息公开条例第三十五条第一项之规定，行政机关不依法履行政府信息公开义务的，由监察机关、上一级行政机关责令改正；情节严重的，对行政机关直接负责的主管人员和其他直接责任人员依法给予处分；构成犯罪的，依法追究刑事责任。

关 键 词 政府信息公开

裁判理由 最高人民法院认为，《条例》为保障申请人的知情权，促进行政机关依法履行政府信息公开义务，对行政机关履行政府信息公开法定职责，不仅规定了司法审查程序，而且规定了行政机关内部监督程序和行政监察程序。因此，并非所有政府信息公开纠纷均需通过行政诉讼渠道解决。鉴于司法审查强度的有限性和人民法院依职权调取证据的局限性，行政机关内部监督程序和行政监察程序在解决政府信息不存在引发的纠纷方面有其自身优势。行政机关未尽合理检索查找义务，或者故意隐瞒政府信息，构成不依法履行政府信息公开义务的，信息公开申请人可依据《条例》第三十三条第一款的规定，向上级行政机关、监察机关或者政府信息公开工作主管部门举报。收到举报的机关应当予以调查处理。依据《条例》第三十五条第一项之规定，行政机关不依法履行政府信息公开义务的，由监察机关、上一级行政机关责令改正；情节严重的，对行政机关直接负责的主管人员和其他直接责任人员依法给予处分；构成犯罪的，依法追究刑事责任。

本案中，王某华申请公开的政府信息为"1994年1月至1996年2月末贵府与王某华谈话时制作的谈话笔录"，虹口区政府经检索后未找到其申请公开

的政府信息，嘱于《条例》规定的政府信息"不存在"情形，虹口区政府答复王某华其申请公开的信息未保存故无法提供，并不违反《条例》的规定。王某华认为虹口区政府应当作出其是否制作该信息的答复而非未保存该信息的答复，属于对《条例》的错误理解。虹口区政府在庭审中陈述其曾经制作过责令王某华限期拆迁的决定，但未查找到限期拆迁的案卷材料，未能发现申请公开的政府信息；且不排除曾经制作过该信息但因制作、保管、移交等方面出现疏漏导致案涉信息丢失或灭失的情形，因而只能答复未保存该政府信息。对虹口区政府档案管理方面存在的问题，二审判决也对虹口区政府进一步加强档案管理提出了要求。一、二审法院分别判决驳回王某华的诉讼请求和上诉，符合法律规定。

综上，王某华的再审申请不符合《中华人民共和国行政诉讼法》第九十一条规定的情形。

审理法院　最高人民法院
裁判时间　2017 年 12 月 28 日
案　　号　最高人民法院（2017）最高法行申 9250 号行政裁定书
出　　处　中国裁判文书网。

503. 起诉人通过中国邮政特快专递方式而未到法院受理窗口当面提交起诉状不违反法律规定
——陆奶平芳诉贵州省从江县人民政府强制拆迁再审案

裁判要点

在法律没有禁止当事人以邮寄方式递交起诉状的情况下，为充分保护诉权，当事人通过中国邮政特快专递方式而未到法院受理窗口当面提交起诉状并不违反法律规定。

关 键 词　提交诉状　邮政特快专递

裁判理由　最高人民法院认为：结合原审裁定和陆奶平芳申请再审的主张及理由，本案争议焦点在于陆奶平芳主张其于法定起诉期限内以邮寄方式向一审法院递交起诉状，能否认定其在法定期限内行使了本案诉权。行政诉讼起诉期限制度的存在对促使当事人及时行使权利，维护行政法律关系的稳定具有重要意义。当事人如无正当理由超过法定起诉期限，则丧失获得法律救济的权利。从本案一审庭审查明的事实来看，从江县政府于2013年6月17日强制拆除陆奶平芳的房屋，陆奶平芳当天就知晓了从江县政府的强制拆除行为，但事后陆奶平芳于2015年6月10日通过中国邮政特快专递方式向一审法院邮寄了自称为本案起诉状的文件材料，并提供编号为108168275614的国内特快专递单及查询详情（快递单上"内件品名"为"文件"）。陆奶平芳据此主张其于2年的法定起诉期限内向一审法院提起了本案行政诉讼，该主张是否成立主要取决于以下问题：

（一）陆奶平芳提起本案行政诉讼是否违反《中华人民共和国行政诉讼法》第五十条第一款规定

《中华人民共和国行政诉讼法》第五十条第一款规定"起诉应当向人民法院递交起诉状，并按照被告人数提出副本"。适用该规定具体到本案，有以下两方面问题：第一，陆奶平芳通过中国邮政特快专递方式向一审法院提起本案行政诉讼是否影响陆奶平芳依法行使诉权。该条款所称"递交"，但未明确规定以何种方式递交。一般认为，当事人应当积极行使自己的权利，亲自到法院递交起诉状提起行政诉讼为妥。当事人如以邮寄的方式递交诉状，因本人或代理人不能亲自到法院递交起诉状和预交诉讼费，法院无法判断起诉材料是否是当事人真实意思表示，且后续进行审查亦有诸多不便，特别是《中华人民共和国行政诉讼法》第五十一条规定，法院立案审查期限为七日，七日内必须作出是否立案的决定。对于以邮寄方式立案的当事人，因为当事人与法院信息不对称等因素，法院在七日审查期限内无法确定能否立案。不过，同为行政救济制度的行政复议，根据《中华人民共和国行政复议法实施条例》第十八条规定，申请人书面申请行政复议的，可以采取当面递交、邮寄或者传真等方式提出行政复议申请。有条件的行政复议机构可以接受以电子邮件形式提出的行政复议申请。故在法律没有禁止当事人以邮寄方式递交起诉状的情况下，为充分保护诉权，本案陆奶平芳通过中国邮政特快专递方式而未到一审法院受理窗口当面提交起诉状并不违反法律规定。第二，向一审法院而未明确具体部门邮寄提起本案行政诉讼是否影响陆奶平芳依法行使诉权。《中华人民共和国行政诉讼法》第五十条第一款规定起诉应当向人民法院递交起诉状，但该条款并未规定"递交"给人民法院哪个部门或者人员，没有限定起诉人必须或者只能向人民法院受理窗口递交起诉状。在本案，陆奶平芳自称向一审法院直接邮寄诉状而未具体明确该院的哪个部门或者人员，亦不违反法律规定。

（二）陆奶平芳对其已在法定起诉期限内行使了诉权是否提供有效证据予以证明

依据行政诉讼法规定，是否具备起诉条件的要求，由起诉的原告提供证明；是否符合起诉条件，则由人民法院审查决定。故当事人的起诉是否符合行政诉讼法规定的条件应当由原告举证，并由法院审查。法院经审查认为符合条件的，裁定予以立案或者受理；不符合条件的，裁定不予立案或者驳回起诉。最高人民法院《关于执行〈中华人民共和国行政诉讼法〉若干问题的解释》① 第二十七条、最高人民法院《关于行政诉讼证据若干问题的规定》第四条均规定，公民、法人或者其他组织向人民法院起诉时，应当提供其符合起诉条件的相应的证据材料或者承担举证责任。为了证明在法定起诉期限内行使了诉权，陆奶平芳一审庭审中提出其于2015年6月10日通过中国邮政特快专递方式向一审法院提交了行政起诉状，并提供编号为108168275614的国内特快专递单及查询详情（快递单上"内件品名"为"文件"）。但是，一、二审法院认为，因快递单上面标注的内容不能证明邮寄的文件是起诉状，陆奶平芳也未向一、二审法院提供其他有效证据证明其主张，仅凭该证据不能证明其在2015年6月10日已经向一审法院提起诉讼的事实，故对陆奶平芳的起诉予以驳回。本院认为，结合本案证据材料和行政诉讼法及相关司法解释的规定，应当认定陆奶平芳已提供充分证据证明其于法定期限内提起了本案诉讼。主要理由有二：其一，按照最高人民法院《关于执行〈中华人民共和国行政诉讼法〉若干问题的解释》第二十七条第（一）项、最高人民法院《关于行政诉讼证据若干问题的规定》第四条第三款规定，从江县政府一审主张陆奶平芳的起诉超过法定期限，应由从江县政府承担举证责任。从现有证据看，从江县政府并未提供有效证据证明陆奶平芳的起诉超过法定期限，而相反的是陆奶平芳提供了上述国内特快专递单及查询详情，证明其于法定期限提起本案行政诉讼。一、二审法院以陆奶平芳未提供有效证据证明其在法定期限内起诉为由驳回陆奶平芳起诉，违反行政诉讼法及相关司法解释关于起诉期限举证责任的规定；其二，陆奶平芳因行政诉讼受理与起诉的法律规定不明确等正当事由不能提供其他相关证据材料的情况下，提供上述国内特

---

① 本解释已被2018年2月6日发布的《最高人民法院关于适用〈中华人民共和国行政诉讼法〉的解释》代替。

快专递单及查询详情进行了合理说明,即使快递单上"内件品名"为"文件"尚不能证明是本案的起诉状,亦应认定陆奶平芳已完成相关举证责任。且从现有证据看,一审法院已经签收相关邮件,本应以适当方式予以储存,并在庭审中就有关事项进行调查核实,而一、二审法院却迳行以陆奶平芳未提供有效证据证明其在法定期限内起诉为由驳回其起诉,有失公允。

综上,最大程度地依法保护当事人的起诉权,充分保护当事人的合法权益是现代行政诉讼的主要目的。在相关法律规定不明确的情况下,一、二审法院违反相关司法解释关于起诉期限举证责任的规定,认为陆奶平芳未提供有效证据证明其在法定期限内提起本案诉讼,显属不当,依法应予纠正。

审理法院　最高人民法院
裁判时间　2017 年 12 月 29 日
案　　号　最高人民法院(2017)最高法行再 48 号行政裁定书
出　　处　中国裁判文书网。

第二编　国家赔偿

504. 在国家赔偿案件中，认定赔偿请求人的财产权受到侵害，是基于赔偿请求人对涉案财产享有合法权益
——汪崇余、杭州华娱文化艺术有限公司再审无罪赔偿案

> **裁判摘要**
>
> 在国家赔偿案件中，认定赔偿请求人的财产权受到侵害，是基于赔偿请求人对涉案财产享有合法权益。人民法院赔偿委员会对于涉案财产权属的判断，应当受生效刑事、民事等裁判文书既判力的羁束，赔偿请求人对生效裁判相关认定不服的，应当通过审判监督程序予以解决。
>
> 国家赔偿以"谁侵权，谁赔偿"为一般原则，以责任后置吸收为例外规定。特殊情形中的赔偿责任后置吸收，是实体后置吸收与程序后置吸收的统一，且以实体后置吸收为前提，以兼顾国家赔偿法救济私权与规范公权的双重宗旨，实现方便赔偿请求人申请赔偿与倒逼赔偿义务机关依法履职之间关系的平衡。

关　键　词　国家赔偿　赔偿请求人

裁判理由　最高人民法院赔偿委员会审查认为：汪崇余因涉嫌犯合同诈骗罪、伪造事业单位印章罪，经东阳市人民法院一审、金华中院二审均被判处有期徒刑和罚金，后经浙江省高级人民法院再审改判无罪。根据《中华人民共和国国家赔偿法》第十七条第三项、第十八条第二项、第二十一条第四款的规定，金华中院应对汪崇余已被执行的原判有期徒刑、罚金的刑罚，承担再审无罪赔偿责任。华娱公司并非原刑事案件被告，不具有申请再审无罪赔偿的赔偿请求人主体资格。

（一）关于汪崇余申诉主张的人身自由损害赔偿

汪崇余自 2003 年 11 月 26 日被刑事拘留至 2011 年 6 月 9 日被假释，共被羁押 2753 天。国家赔偿为法定赔偿，浙江高院赔偿委员会、金华中院决定由金华中院按照 2014 年度全国职工日平均工资 219.72 元的赔偿标准，向汪崇余支付侵犯人身自由 2753 天的赔偿金 60.488916 万元，符合《中华人民共和国国家赔偿法》第三十三条的规定。故汪崇余申诉关于赔偿其被羁押、假释期间的人身自由损失、职业经理人薪酬、服刑期间劳动报酬、社会保险金等损失共计 2238.8105 万元的请求，无事实和法律依据，不予支持。

汪崇余系因其行为构成伪造事业单位印章罪的情节显著轻微、危害不大，构成合同诈骗罪的证据不足而被改判无罪，其本人亦有过错；但汪崇余被羁押 2753 天，其个人生活和公司经营也因此受到影响，应认定属于《中华人民共和国国家赔偿法》第三十五条规定的精神损害后果严重。参照最高人民法院《关于人民法院赔偿委员会审理国家赔偿案件适用精神损害赔偿若干问题的意见》第七条第二款的规定，精神损害抚慰金原则上不超过侵犯人身自由的赔偿金总额的 35%，故浙江高院赔偿委员会、金华中院综合本案实际情况，按照侵犯人身自由的赔偿金约 30% 的比例，决定由金华中院向汪崇余支付 18 万元精神损害抚慰金，并无不当。浙江高院再审刑事判决已经宣告汪崇余无罪，浙江高院赔偿委员会决定由金华中院为汪崇余消除影响、恢复名誉、赔礼道歉，该项决定应予维持；汪崇余申诉另要求金华中院在淳安县、杭州市和全国级的媒体上赔礼道歉，不予支持。

（二）关于汪崇余、华娱公司申诉主张的财产损害赔偿

汪崇余、华娱公司主张的财产损害赔偿包括以再审无罪和刑事违法追缴为由申请的两类赔偿。在程序上，汪崇余具有申请前述两类赔偿的请求人主体资格；华娱公司因不属于原刑事案件被告，仅具有以刑事违法追缴为由申请赔偿的请求人主体资格。

关于汪崇余以再审无罪为由申请的财产损害赔偿。汪崇余原被判处的 4 万元罚金已上缴国库，其经再审宣告无罪后，作出原生效刑事判决的金华中院应当对此承担赔偿责任；浙江高院赔偿委员会、金华中院决定由金华中院向汪崇余返还原判 4 万元罚金，浙江高院赔偿委员会并决定按照同期银行五年期存款利率支付利息 1.615273 万元，符合《中华人民共和国国家赔偿法》第三十六条第一项、第七项的规定。汪崇余申诉还提出返还另 4 万元罚金并赔偿利息，经查，该 4 万元罚金并非金华中院原生效刑事判决判处，系汪崇余刑罚执行期间缴纳的罚金，杭州市中级人民法院已予返还，故该项赔偿请

求不属于本案审查范围。

关于汪崇余、华娱公司以刑事违法追缴为由申请的财产损害赔偿。汪崇余、华娱公司申诉提出金华中院应予返还的追缴款为398.374984万元，经查，汪崇余、华娱公司被追回和冻结的398.374984万元中，222万元经刑事追缴发还给横店影视公司，4万元作为罚金上缴国库，余款172万余元后作为（2005）东民二初字第1087号民事判决的先予执行款支付给横店影视公司。该4万元罚金及利息已由金华中院承担再审无罪赔偿责任。该172万余元先予执行款已经生效民事判决确认其效力，汪崇余、华娱公司如有不服，应当通过民事审判监督程序予以解决。前述经刑事追缴发还给横店影视公司的222万元中，192.3452万元系在侦查阶段由东阳市公安局追缴发还，另29.6548万元系在生效刑事判决执行过程中由东阳市人民法院发还，华娱公司以金华中院为赔偿义务机关提出相关赔偿申请不当。汪崇余经再审改判无罪后，其在合同履行过程中收取横店影视公司222万元的行为尚不构成合同诈骗罪，但东阳市人民法院已生效的（2005）东民二初字第1087民事判决确认了华娱公司与横店影视公司签订的演出合同和补充合同无效，汪崇余及其华娱公司丧失了依据该些合同取得222万元的合法性基础，东阳市人民法院后生效的（2015）东商初字第4788号民事判决亦支持了横店影视公司要求返还该款项的诉讼请求，故汪崇余、华娱公司以违法追缴该222万元为由提出国家赔偿请求，无事实和法律根据。汪崇余、华娱公司如对上述生效民事判决不服，应当通过民事审判监督程序予以解决。前述222万元及利息80.968793万元实际由横店影视公司转付后又通过民事执行程序执行给该公司，并非国库支付。因此，浙江高院赔偿委员会决定由金华中院承担返还该款及支付利息的国家赔偿责任错误，该项决定应予撤销。

汪崇余、华娱公司申诉提出赔偿诉讼费、律师费、房租、旅费和经营等损失，为汪崇余解决商品房、购买车辆、恢复经纪人资格证，向华娱公司赔偿办公租房、设备和经营等损失，恢复该公司营业执照效力，追究横店影视公司刑事责任等其他请求，不属于国家赔偿法规定的赔偿范围，不予支持。汪崇余申诉提出追究侦查、检察、审判相关人员责任的请求，不属于本案审查范围。

审理法院　最高人民法院
裁判时间　2017年1月13日

案　　号　最高人民法院赔偿委员会（2016）最高法委赔监 145 号国家赔偿决定书

出　　处　《最高人民法院公报》2017 年第 9 期。

505. 返还财产适用条件是原物未被处分或发生毁损灭失，若相关财产客观上已无法返还或恢复原状时，则应支付相应的赔偿金
——海南惠普森医药生物技术有限公司诉文昌市人民政府行政赔偿案

> **裁判要点**
>
> 　　返还财产是国家赔偿首选的赔偿方式，既符合赔偿请求人的要求也更为方便快捷；但其适用条件是原物未被处分或发生毁损灭失，若相关财产客观上已无法返还或恢复原状时，则应支付相应的赔偿金。

关　键　词　返还财产　原物　赔偿金

裁判理由　最高人民法院认为：文昌市政府收回惠普森公司土地使用权的行为已由海南高院（2011）琼行终字第 119 号生效行政判决确认违法，该违法收地行为给惠普森公司造成了损失，惠普森公司请求文昌市政府承担国家赔偿责任的理由成立，本院予以支持。

　　国家赔偿法第三十二条规定："国家赔偿以支付赔偿金为主要方式。能够返还财产或者恢复原状的，予以返还财产或者恢复原状"。据此，返还财产是国家赔偿首选的赔偿方式，既符合赔偿请求人的要求也更为方便快捷；但其适用条件是原物未被处分或发生毁损灭失，若相关财产客观上已无法返还或恢复原状时，则应支付相应的赔偿金。本案中，文昌市政府的涉案收地行为被人民法院判决确认违法时，涉案土地已因建设文昌火箭发射场设备运载码头这一公共利益需要被划拨给文昌港湾港务有限公司进行建设。文昌市政府和惠普森公司在本院组织的现场勘查中，均认可涉案土地现状因上述原因已无法返还。故在涉案土地确已无法返还的情况下，本案应当以支付赔偿金的方式进行国家赔偿。根据国家赔偿法第三十六条第八项"对财产权造成其他损害的，按照直接损失给予赔偿"的规定，本案应当以赔偿直接损失为原则。

审理法院 最高人民法院
裁判时间 2016 年 6 月 22 日
案　　号 最高人民法院（2015）行提字第 25 号行政赔偿判决书
出　　处 中国裁判文书网。

506. 在国家赔偿法未明确具体赔偿标准的情况下，可以通过类比国家赔偿法最相近似的具体规定衡平赔偿标准
——海南惠普森医药生物技术有限公司诉文昌市人民政府行政赔偿案

裁判要点

在国家赔偿法仅规定了赔偿直接损失的原则、未明确具体赔偿标准的情况下，可以通过类比国家赔偿法最相近似的具体规定衡平赔偿标准。以侵权行为发生时作为估价时点对保护当事人的合法权益明显不公的情况下，可以"损失发生时"作为评估时点认定损失。

关 键 词　国家赔偿　赔偿标准

裁判理由　最高人民法院认为：文昌市政府收回惠普森公司土地使用权的行为已由海南高院（2011）琼行终字第 119 号生效行政判决确认违法，该违法收地行为给惠普森公司造成了损失，惠普森公司请求文昌市政府承担国家赔偿责任的理由成立，本院予以支持。

就本案而言，赔偿标准的核心即土地估价时点如何确定。首先，在国家赔偿法对本案的情形仅规定了赔偿直接损失的原则、未明确具体赔偿标准的情况下，可以通过类比国家赔偿法最相近似的具体规定，来分析立法精神、衡平赔偿标准。国家赔偿法第三十六条第五项规定："财产已经拍卖或者变卖的，给付拍卖或者变卖所得的价款；变卖的价款明显低于财产价值的，应当支付相应的赔偿金"。该规定亦适用于行政赔偿，且适用的情形均为侵权机关占用本属受害人所有的财产被确认违法，却因涉案财产被转移给他人致无法返还。二者的区别仅是他人取得涉案财产的方式不同，而他人取得涉案财产的方式并不会对受害人直接损失的大小产生影响，故二者具有高度的可类比性。拍卖或者变卖所得的价款即涉案财产转移给他人时的市场价值，类比到

本案应为涉案土地被划拨给他人时的市场价值，即 2010 年 10 月 20 日涉案土地的市场价值。

其次，《中华人民共和国侵权责任法》第十九条规定："侵害他人财产的，财产损失按照损失发生时的市场价格或者其他方式计算。"本案中，涉案土地被收回后一直闲置，在因公共利益需要被划拨用于文昌火箭发射场设备运载码头建设前仍然存在返还可能，惠普森公司依法仍可恢复原土地使用权。直至 2010 年 10 月 20 日涉案土地因公共利益需要划拨给文昌港湾港务有限公司，惠普森公司的涉案土地使用权才最终丧失、确已无法返还。故本案中"损失发生时"应认定为 2010 年 10 月 20 日涉案土地使用权被划拨给文昌港湾港务有限公司之时。文昌市政府以 2004 年 8 月 16 日为"损失发生时"作为土地估价时点的主张，本院不予支持。退一步讲，惠普森公司的涉案土地使用权若未被无偿收回，则将因建设文昌火箭发射场设备运载码头这一公共利益的需要，被依法征收。惠普森公司享有的土地权益从而转化为相应的补偿请求权，补偿标准应为涉案土地被征收时的市场价格。鉴于涉案土地事实上未被征收，其被划拨时的市场价格与被征收时的市场价格最为接近，故本案应以涉案土地 2010 年 10 月 20 日的市场价格作为赔偿金基数。涉案土地被划拨后，其价值的提升或贬损显然已与惠普森公司无关，亦不属于惠普森公司的直接损失，故惠普森公司关于应当按生效判决作出时的评估价支付赔偿金的请求，本院不予支持。

再次，《最高人民法院关于民事、行政诉讼中司法赔偿若干问题的解释》第十一条规定，"财产灭失的，按侵权行为发生时当地市场价格予以赔偿"。本案中，侵权行为是文昌市政府 2004 年 8 月 16 日作出收回涉案土地决定，但文昌市政府未依法履行送达告知义务，仅将收地决定公告送达，惠普森公司因不知道该收地决定内容，在文昌市政府作出收地决定后仍连续多年要求完善涉案土地基础设施以便开发。故若类比上述司法解释，以侵权行为发生时即 2004 年 8 月 16 日作为土地估价时点，对保护惠普森公司的合法权益明显不公。此外，上述司法解释适用于司法赔偿，即人民法院在民事、行政诉讼过程中侵犯公民、法人和其他组织合法权益造成损害的情形，而本案系行政赔偿纠纷，故该司法解释不适用于本案。

综上，以涉案土地使用权因公共利益需要被划拨给他人致无法返还时作为确定赔偿金基数的时点，既符合国家赔偿直接损失的原则，也保护了惠普森公司作为原土地使用权人的合法权益，更为公平合理，故本院确定以涉案土地使用权 2010 年 10 月 20 日的市场价格作为文昌市政府支付惠普森公司赔偿金的基数。海南一中院一审判决以惠普森公司买地合同价作为直接损失，海南高院二审判决以惠普森公司的买地成本及其利息作为直接损失，均缺乏相应的法律依据，本院予以纠正。鉴于文昌市政府在本案二审判决生效后已支付 162.4535 万元赔偿金，故已支付的部分应予以扣除。

审理法院 最高人民法院
裁判时间 2016 年 6 月 22 日
案　　号 最高人民法院（2015）行提字第 25 号行政赔偿判决书
出　　处 中国裁判文书网。

507. 赔偿义务机关违法造成财产损害的，应当给予赔偿，并应当及时履行赔偿义务

——海南惠普森医药生物技术有限公司诉文昌市人民政府行政赔偿案

> **裁判要点**
> 　　赔偿义务机关违法造成财产损害的，应当给予赔偿，并应当及时履行赔偿义务。无法返还财产的，应当及时支付违法损害赔偿金，以使赔偿金的孳息尽早归于受害人，尽可能减少受害人的损失。若违法损害赔偿金不计付利息，则会使受害人的直接损失无法得到全部赔偿，甚至可能促使加害人拖延履行赔偿义务。

关 键 词 赔偿义务机关　履行赔偿义务

裁判理由 最高人民法院认为：文昌市政府收回惠普森公司土地使用权的行为已由海南高院（2011）琼行终字第 119 号生效行政判决确认违法，该违法收地行为给惠普森公司造成了损失，惠普森公司请求文昌市政府承担国家赔偿责任的理由成立，本院予以支持。

国家赔偿法第二条第二款规定，赔偿义务机关应当及时履行赔偿义务；第九条第一款规定，赔偿义务机关违法造成财产损害的，应当给予赔偿。据此，文昌市政府作为赔偿义务机关有及时支付赔偿金的法定义务。本案中，文昌市政府在收地行为被人民法院生效判决确认违法后，理应及时履行赔偿

义务，但其在收到惠普森公司的赔偿申请后，仍未在法定期限内作出答复。此外，依据公平原则，加害人理应及时支付违法损害赔偿金，以使赔偿金的孳息尽早归于受害人，尽可能减少受害人的损失。若违法损害赔偿金不计付利息，则会使受害人的直接损失无法得到全部赔偿，甚至可能促使加害人拖延履行赔偿义务。故本院认为，未及时支付赔偿金所产生的利息亦属于直接损失的范围，应予赔偿。

此外，国家赔偿法第四十一条规定，赔偿请求人要求国家赔偿的，赔偿义务机关、复议机关和人民法院不得向赔偿请求人收取任何费用；《诉讼费用交纳办法》第八条第四项规定，行政赔偿案件不交纳案件受理费。据此，本案不应当收取案件受理费。海南高院二审判决："一、二审案件受理费100元由文昌市人民政府负担"错误，本院予以纠正，已收取的案件受理费应当退还文昌市政府。

综上，惠普森公司的部分申请再审理由成立，一、二审判决认定事实不清，适用法律错误，应予纠正。

审理法院 最高人民法院
裁判时间 2016年6月22日
案　　号 最高人民法院（2015）行提字第25号行政赔偿判决书
出　　处 中国裁判文书网。

508. 违法强拆案件中的国家赔偿标准的确态
——郑义斌诉福州市仓山区人民政府、福州市
仓山区城门镇人民政府行政赔偿案

裁判要点

违法强拆案件中的国家赔偿，应当公平合理，不得低于补偿标准。

在违法强拆案件中，法院可以决定按照公平合理原则对拆迁对象进行重新评估。

因财产灭失，无法确定具体损失的，法院应当结合案件具体情况，酌情确定赔偿数额。

关 键 词 违法强拆案件 国家赔偿

裁判理由 最高人民法院认为，根据原审所查明的事实，仓山区政府、城门镇政府强制拆除郑义斌房屋的行为已被法院生效判决确认违法，本案属于行政赔偿案件。综合来看，本案争议的焦点主要有以下方面：

（1）关于郑义斌被强拆房屋损失的赔偿问题。主要包括以下几个方面：①本案被强拆的房屋涉及有产权登记的面积为 244.47 平方米。鉴于被拆除房屋所涉地块已规划为城市景观及绿化项目建设用地，且被拆除房屋已灭失，在无法恢复原状的情况下，一审法院依法委托福建中兴资产评估房地产土地估价有限责任公司对有产权登记的房屋面积进行评估，作出的《房地产估价报告》确定该部分房屋市场价值为人民币 1775586 元，足以采信。因此，郑义斌该部分房屋损失应得到的赔偿为人民币 1775586 元。②本案被强拆的未经登记的无产权房有 73.68 平方米。根据二审法院调取的有关航拍图、矢量图等证据，可以认定该无产权房屋中属 1984 年以前所建的有 45.42 平方米，属 1984 年至 2004 年间所建的有 28.26 平方米。参照《补偿安置实施方案》中有关面积确认和补偿标准的规定，1984 年以前所建的 45.42 平方米可视为合法产权面积，对此可确定该损失应予赔偿（该部分结合相关店面损失的认定予以赔偿）；1984 年至 2004 年间所建的 28.26 平方米可按房屋结构结合成新确定赔偿损失人民币 9990 元。根据郑义斌提供的相关工商营业登记等材料，郑义斌被强拆房屋中符合《补偿安置实施方案》相关店面认定和补偿条件的房屋面积有 45.42 平方米，因此，确认该店面损失的赔偿数额为人民币 402512 元，并无不当。③郑义斌的房屋装修费用的赔偿，郑义斌未提供相关证据且房屋已灭失，无法具体确认，参照《补偿安置实施方案》的相关规定及结合仓山区政府、城门镇政府提供的相关测算材料，可酌定赔偿人民币 14233 元，不违反法律规定。

（2）关于郑义斌主张其被拆除的房屋内物品的损失赔偿问题。郑义斌列举了物品损失清单，包括玉镯一对、红木床一张、铝合金防盗门一扇及家具等日常生活物品，对此，其只提供清单并无其他证据佐证。二审法院根据行政赔偿举证责任原则和郑义斌的家庭人口、生活水平等情况，结合考虑生活常识、常理，酌定赔偿该部分的损失为人民币 40000 元，并无不当。

（3）关于郑义斌主张其房屋被拆除后的租房过渡费损失赔偿问题。参照《补偿安置实施方案》有关拆迁过渡费的规定，按住宅每月每平方米 7 元计算，超过过渡期限的加倍计算过渡费。郑义斌房屋被强拆后，因未得到安置和补偿，二审法院判决从郑义斌房屋被强拆起至 2015 年 11 月止该项损失应得到的赔偿为人民币 198940 元，并无不当。

（4）关于郑义斌主张房租赔偿问题。上诉人主张其房屋有作为店面出租，租金每月 12800 元的损失应予赔偿。由于房屋的租金收入不属于直接损失，不属于国家赔偿范围，依法不予支持。但是，参照《补偿安置实施方案》有关规定，确定为 2004 年前经营店面的可给予三个月的经营补助每平方米 100 元，对此，郑义斌应得到该项损失赔偿人民币 13626 元，并无不当。

（5）关于郑义斌主张的其他损失的赔偿问题。郑义斌主张精神损害抚慰金、咨询费、诉讼费、上访费、误工费等赔偿事项，因精神损害抚慰金和误工费只适用于侵犯人身权的情形，不适用于本案涉及的侵犯财产权的情形；而咨询费、诉讼费、上访费等损失均不属于直接损失范畴，不属于国家赔偿范围。因此，郑义斌的相关赔偿主张缺乏法律依据，依法不予支持。

综上，原审判决并无不当，郑义斌的再审申请不符合《中华人民共和国行政诉讼法》第九十一条规定的情形。

审理法院　最高人民法院
裁判时间　2016 年 7 月 1 日
案　　号　最高人民法院（2016）最高法行赔申 309 号行政裁定书
出　　处　法信网。

第六篇　刑　事

第一章 总 类

509. 对犯罪的未成年人应进行教育、感化和挽救，做到教育为主、惩罚为辅
——上海市长宁区人民检察院诉李某某盗窃案

裁判要点

未成年人犯罪案件的审理方式与成年人犯罪案件不同，应根据实际情况适用《中华人民共和国刑事诉讼法》"未成年人刑事案件诉讼程序"专章中的相关规定，结合心理疏导、法律援助等方式，对犯罪的未成年人进行教育、感化和挽救，做到教育为主、惩罚为辅。同时通过加强社会调查，了解其个人成长经历、案外犯罪原因、羁押表现情况以及监护落实情况和社区矫治意见等，作为是否适用缓刑的量刑参考依据。

关 键 词 未成年人犯罪 教育为主 惩罚为辅

裁判理由 上海市长宁区人民法院一审认为，被告人李某某以非法占有为目的，秘密窃取他人财物，数额较大，其行为已构成盗窃罪，应依法承担刑事责任，并处罚金。公诉机关指控的犯罪事实清楚，证据确实充分，指控成立。李某某及其成年亲属、合适成年人、指定辩护人对此均无异议。李某某犯罪时已满16周岁不满18周岁，系未成年人，应当从轻处罚。李某某到案后能如实供述自己的罪行，系坦白，可以从轻处罚。李某某窃取的赃款已被当场追回和发还，没有造成被害人损失，可酌情从轻处罚。公诉人提出的对被告人的上述量刑意见成立，应予采纳。鉴于庭审中新增社会调查情况，被告人已具备所在社区帮教条件，公诉人当庭表示可以适用缓刑的意见可予采纳。李某某的指定辩护人提出李某某犯罪时系未成年人，应当从轻处罚；李某某到案后能坦白认罪，可以从轻处罚；李某某一时冲动，虽构成犯罪但没有造成被害人损失以及李某某家境贫困、家庭结构残缺等，要求在量刑时酌情考虑并处以缓刑的意见与事实相符，法院可予采纳。

被告人李某某因过早离开家庭和学校，缺少家庭和学校教育，导致其法制意识淡薄。李某某初中毕业后，不思进取，盲目交友，独自一人来到上海后没有稳定工作和收入，没有固定住所，在网吧等地闲逛，在不劳而获思想驱动下，最终走上了盗窃的犯罪道路。李某某的母亲离家出走，父亲缺乏管教，致其没有约束自己的行为，从而滋生了子女犯罪，对此负有不可推卸的责任。李某某作案时尚未成年，到案后至庭审中，能自愿认罪认罚；经法庭教育，有悔罪表现。结合社会调查情况中有关其个人成长经历、社会调查意见和羁押期间表现情况等，可在对全案综合考虑基础之上判处其拘役并宣告缓刑，同时判处禁止令执行事项。

希望被告人李某某家长言传身教，切实加强家庭教育，履行保护责任。希望李某某吸取教训，进一步增强法制意识，认真学习文化知识和工作技能，争取回归社会和成年后能找到一份力所能及的工作，多为家庭分担责任。希望李某某在安徽省芜湖市鸠江区司法局工作人员带回原籍社区报到后，遵守法律法规，服从社区监督管理，接受社区和家庭教育，完成公益劳动，珍惜法庭给予的教育挽救和悔过自新的机会，做一名遵纪守法、自食其力、有益社会的好公民。

一审宣判后，被告人李某某没有提出上诉，上海市长宁区人民检察院也没有提出抗诉，一审判决已发生法律效力。

审理法院　上海市长宁区人民法院
裁判时间　2016 年 2 月 29 日
案　　号
出　　处　《最高人民法院公报》2016 年第 8 期。

510. 为进行刑事追诉而提出的引渡请求，如何确定实体审查的内容
——科罗列夫斯基引渡案

> **裁判要点**
> 　　对于为了进行刑事追诉而提出的引渡请求的审查，包括形式要件的审查和实体内容的审查。应审查被请求引渡人的行为是否属于可引渡之罪以及是否存在应当拒绝或者可以拒绝引渡的情形。

关　键　词　引渡法　引渡条约　可引渡之罪

裁判理由　最高人民法院认为：俄罗斯联邦引渡请求所指被请求引渡人科罗列夫斯基于 2013 年 3 月 1 日与卡卢日斯基共同故意严重损害他人健康的行为，依照《中华人民共和国刑法》和《俄罗斯联邦刑事法典》的规定，均构成犯罪，且均可判处一年以上有期徒刑或者其他更重的刑罚。本案不存在应当或者可以拒绝引渡的情形，故俄罗斯联邦对科罗列夫斯基的引渡请求符合《中华人民共和国引渡法》规定的准予引渡条件。

审理法院　黑龙江省高级人民法院审理、最高人民法院复核

裁判时间

案　　　号　黑龙江省高级人民法院（2015）黑刑二引字第 1 号引渡裁定书

出　　　处　《人民法院案例选》2016 年第 5 辑（总第 99 辑）。

511. "证据裁判"的理解与把握
——戴庆成强奸、抢劫、盗窃、故意伤害案

裁判要点

认定案件事实,必须以证据为依据。对一切案件的判处都要重证据,死刑案件的判处更应如此。坚持证据裁判原则,核心就是要严格把握"事实清楚,证据确实充分"的证明标准。证据确实充分要求:定罪量刑的事实都有证据证明;据以定案的证据均经法庭程序查证属实;综合全案证据,对所认定的事实已排除合理怀疑。证据不足或者关键证据无法排除合理怀疑,不能认定被告人有罪的,应当按照疑罪从无的原则作出证据不足的无罪判决或对该事实不予认定。

对于犯罪分子决定刑罚的时候,应当根据犯罪的事实、犯罪的性质、情节和对于社会的危害程度,依法判处。

关 键 词 证明标准 排除合理怀疑 疑罪从无

裁判理由 安徽省阜阳市中级人民法院认为:被告人戴庆成违背妇女意志,强行奸淫妇女61人,其中未遂21人,中止1人;采取暴力手段,入户劫取他人财物32起,其中未遂10起,抢劫财物价值人民币8431元等;采取秘密手段,多次入户、持械窃取他人财物11起,盗窃人民币6595元及电器、衣物、粮食等财物;故意损害他人身体健康,致2人轻伤,其行为已分别构成强奸罪、抢劫罪、盗窃罪、故意伤害罪,依法应予数罪并罚。公诉机关指控罪名成立,予以确认。对于公诉机关指控的部分强奸、抢劫、盗窃犯罪,因事实不清,证据不足,不予认定。对于部分抢劫、盗窃犯罪的犯罪形态及犯罪数额指控错误,应予纠正。鉴于被告人戴庆成在连续几年时间内,强行奸淫妇女61人,犯罪时均是入户、持械作案,犯罪对象包括孕妇、刚行剖腹产的妇女、未成年被害人,有的甚至当着母亲、儿童和其他亲属的面实施强奸,犯罪手段特别卑劣,情节特别严重,社会危害性极大,依法应予严惩。

安徽省高级人民法院经审理认为:对于一审认定的第9起犯罪,经查,该起犯罪系被害人先报案,其陈述早于戴庆成供述,戴庆成在重审及二审期间均否认实施该起犯罪,综合全案,该起事实证据尚达不到确实充分,不予认定。对一审认定的第 12~20、22~24、26、27、29、30、32~38、40~45 起，总计 29 起犯罪事实，经查，该部分事实的被害人陈述均早于戴庆成供述，虽然戴庆成指认笔录在先，但根据现有证据，该部分指认笔录不能作为戴庆成供述在先的证据使用，戴庆成在重审及二审期间均否认实施上述犯罪，综合全案，该部分事实证据尚达不到确实充分，不予认定。对戴庆成及其辩护人关于没有实施一审认定全部犯罪的诉辩意见予以采纳。对出庭检察员关于一审认定的第 32、43、44 起系作案时间存疑，第 12、26、33、36、38 起系被告人供述与被害人陈述不一致不应认定的意见，予以采纳。

被告人戴庆成违背妇女意志，强行奸淫妇女 34 人，其中未遂 7 人；采取暴力手段，入户劫取他人财物 20 起，其中未遂 4 起，抢劫财物价值 5871 元等；采取秘密手段，入户、持械窃取他人财物 6 起，窃取现金 2600 元及电器、化肥、粮食等财物；故意伤害他人，致 2 人轻伤，其行为已分别构成强奸罪、抢劫罪、盗窃罪、故意伤害罪，依法应数罪并罚。原判认定的部分强奸、抢劫、盗窃犯罪事实不清、证据不足，不应认定，二审予以纠正。原判定罪准确。审判程序合法。鉴于戴庆成归案后曾如实供述自己罪行，且没有造成被害人的重伤或死亡等情况，对戴庆成判处死刑可不立即执行。对戴庆成及其辩护人关于对戴庆成从宽处罚的意见，予以采纳。但戴庆成在连续 10 余年内，强奸妇女 34 人，均是入户作案，犯罪对象包括孕妇、未成年人，有的还当着被害人母亲和其他亲属的面实施强奸，情节恶劣、人身危险性大，应对其限制减刑。

审理法院 安徽省高级人民法院
裁判时间 2015 年 9 月 14 日
案　　号 安徽省高级人民法院（2015）皖刑终字第 00254 号刑事判决书
出　　处 《人民法院案例选》2016 年第 6 辑（总第 100 辑）。

512. 审理强制医疗案件，对被申请人或者被告人是否"有继续危害社会可能"，应当综合多种情况予以判定

——徐加富强制医疗案

裁判要点

审理强制医疗案件，对被申请人或者被告人是否"有继续危害社会可能"，应当综合被申请人或者被告人所患精神病的种类、症状，案件审理时其病情是否已经好转，以及其家属或者监护人有无严加看管和自行送医治疗的意愿和能力等情况予以判定。必要时，可以委托相关机构或者专家进行评估。

关 键 词 刑事诉讼 强制医疗 有继续危害社会可能

裁判理由 法院生效裁判认为：本案被申请人徐加富实施了故意杀人的暴力行为后，经鉴定属于依法不负刑事责任的精神疾病人，其妄想他人欲对其加害而必须携带刀等防卫工具外出的行为，在其病症未能减轻并需继续治疗的情况下，认定其放置社会有继续危害社会的可能。成都市武侯区人民检察院提出对被申请人强制医疗的申请成立，予以支持。诉讼代理人提出了被申请人是否有继续危害社会的可能应由医疗机构作出评估，本案没有医疗机构的评估报告，对被申请人的强制医疗的证据不充分的辩护意见。法院认为，在强制医疗中如何认定被申请人是否有继续危害社会的可能，需要根据以往被申请人的行为及本案的证据进行综合判断，而医疗机构对其评估也只是对其病情痊愈的评估，法律没有赋予医疗机构对患者是否有继续危害社会可能性方面的评估权利。本案被申请人的病症是被害幻觉妄想症，经常假想要被他人杀害，外出害怕被害必带刀等防卫工具。如果不加约束治疗，被申请人不可能不外出，其外出必携带刀的行为，具有危害社会的可能，故诉讼代理人的意见不予采纳。

审理法院 四川省武侯区人民法院
裁判时间 2013 年 1 月 24 日

案　　号　四川省武侯区人民法院（2013）武侯刑强初字第 1 号强制医疗决定书

出　　处　最高人民法院指导案例 63 号，2016 年 6 月 30 日发布。

第二章　侵犯公民人身权利、民主权利

513. 唐世玉、乌吉斯古楞等抢劫、故意杀人案
——抢劫、故意杀人共同犯罪案件中死刑的适用

> **裁判要点**
>
> 在多名被告人对一名被害人实施抢劫，随后将其故意杀害的案件中，对在该共同犯罪中作用相当、犯罪情节特别恶劣、手段特别残忍、罪行最为严重的两名主犯，均判处死刑。

关 键 词　抢劫　故意杀人　作用相当的主犯

裁判理由　最高人民法院认为：被告人唐世玉、乌吉斯古楞以非法占有为目的，伙同他人采取暴力手段劫取被害人财物，后将被害人杀死，其行为均已构成抢劫罪和故意杀人罪。唐世玉、乌吉斯古楞有预谋地实施抢劫，持刀割刺被害人颈、胸、腹部十余刀致其死亡，犯罪情节特别恶劣，手段特别残忍，罪行极其严重。在共同犯罪中，唐世玉提议并纠集和组织、指挥他人实施抢劫、杀人犯罪，且积极参与实施。乌吉斯古楞积极与他人共谋抢劫，准备作案工具，且系杀死被害人的直接凶手。二人均系罪责最为严重的主犯，都应当按照其所参与的全部犯罪处罚。对被告人唐世玉、乌吉斯古楞均应判处死刑，剥夺政治权利终身。

审理法院　最高人民法院
裁判时间　2016 年 1 月 12 日
案　　号　最高人民法院（2015）刑五复字 70176334 号
出　　处　《人民法院案例选》2016 年第 8 辑（总第 102 辑）。

514. 出卖亲生子女行为的定性及在法定刑以下判处刑罚的适用
——董小勇拐卖儿童案

裁判要点

出卖亲生子女，符合拐卖儿童罪犯罪构成要件的，应依照拐卖儿童罪定罪处罚。出卖亲生子女者不具有法定减轻处罚情节时，根据案件特殊情况，经最高人民法院核准，也可以在法定刑以下判处刑罚。

关 键 词 出卖亲生子女 拐卖儿童罪 在法定刑以下判处刑罚

裁判理由 宿州市中级人民法院认为：证人李某、贺某、张某某、王晓梅等人均证明，董小勇在其小孩出生和送出后询问并索要了3万元营养费，非法获利的目的明显，其行为符合《最高人民法院、最高人民检察院、公安部、司法部关于依法惩治拐卖妇女儿童犯罪的意见》第十六条、第十七条第二款第（三）项的规定，即为收取明显不属于"营养费""感谢费"的巨额钱财将子女"送"给他人的，属于出卖亲生子女，应当以拐卖儿童罪论处。原判对董小勇在法定刑以下量刑是依据《刑法》第六十三条第二款的规定，即犯罪分子虽然不具有本法规定的减轻处罚情节，但是根据案件的特殊情况，经最高人民法院核准，也可以在法定刑以下判处刑罚。原判在具体处罚时，综合董小勇的犯罪事实、情节、对社会造成的危害程度和一贯表现，并根据董小勇认罪、悔罪态度，在法定刑以下量刑并适用缓刑并无不当。

最高人民法院裁判认为：被告人董小勇以非法获利为目的，出卖亲生子女，其行为已构成拐卖儿童罪。董小勇为非法获利出卖亲生子女，在拐卖儿童共同犯罪中起主要作用，系主犯，应按照其所参加的全部犯罪处罚。董小勇拐卖儿童，依法本应判处五年以上十年以下有期徒刑，其虽没有法定减轻处罚情节，但鉴于其因生活困难而出卖亲生子女，收取钱财相对有限，归案后积极退赃，且未造成被送养人身心健康受到严重损害，根据案件具体情况，对其依法可在法定刑以下判处刑罚

审理法院 最高人民法院

裁判时间 2016年12月25日

案　　号 最高人民法院（2016）最高法刑核45111857号

出　　处 《人民法院案例选》2017年第12辑（总第118辑）。

第三章 危害公共安全罪

515. 交通肇事案件中，已作为入罪要件的逃逸行为，不能再作为对被告人加重处罚的量刑情节而予以重复评价
——安徽省颍上县人民检察院诉龚德田交通肇事案

> **裁判摘要**
>
> 交通肇事案件中，已作为入罪要件的逃逸行为，不能再作为对被告人加重处罚的量刑情节而予以重复评价。

关 键 词 交通肇事案件　入罪要件　逃逸行为　加重处罚

裁判理由 安徽省阜阳市中级人民法院二审认为：

对于上诉人龚德田的上诉理由，经查，1. 本案系 2014 年 6 月 10 日 15 时 51 分，手机号码为 130XXXX99 的匿名电话拨打 110 报警，而龚德田使用 158XXXX8866 的手机于同日 16 时 16 分拨打 122 报警。其在事故发生后并未于第一时间及时报警。2. 其供述在报警后，因为害怕被派出所关起来，因而没有及时投案。3. 其在报警后弃车离开现场，未在现场等候公安机关处理，并关闭手机，交警出警到达现场后，无法与其取得联系。综上，足以认定其在肇事后为逃避法律追究，离开现场，虽然之后又向公安机关投案，但其事后终止逃逸并不影响对其逃逸行为的认定。对于其投案自首、赔偿被害人亲属经济损失并取得谅解等情节，原判对此均已经予以认定。综上，其上诉理由不能成立，不予采纳。

对于一审法院认为上诉人龚德田驾驶机动车辆在公共道路上超速行驶，违反交通运输管理法规，因而发生重大事故，致一人死亡，承担事故的主要责任，且肇事后逃逸，其行为构成交通肇事罪，并依照《中华人民共和国刑法》第一百三十三条、第六十七条第一款、第七十二条第一款及《最高人民法院关于审理交通肇事刑事案件具体应用法律若干问题的解释》第二条第一款第（一）项、第三条之规定，以龚德田犯交通肇事罪，判处有期徒刑三年，

缓刑四年的判决，经查，根据《中华人民共和国刑法》第一百三十三条、最高人民法院《关于审理交通肇事刑事案件具体应用法律若干问题的解释》第二条第一款的规定，交通肇事致一人死亡的，需同时具备负事故全责或者主要责任，行为人才能构成交通肇事罪。就本案而言，交警部门就是根据龚德田驾驶机动车超速行驶并且在事故发生后弃车离开现场认定其对事故负主要责任。即龚德田弃车离开现场的行为是其行为构成交通肇事罪的构成要件。因此，原判适用最高人民法院《关于审理交通肇事刑事案件具体应用法律若干问题的解释》第三条的规定，认定龚德田行为构成交通肇事罪，且系交通肇事后逃逸。显然是对其逃逸行为重复评价，属于适用法律错误，依法应予纠正。龚德田违反交通运输管理法规，驾驶机动车辆在公共道路上超速行驶，因而发生重大事故，致一人死亡，且在事故发生后弃车离开现场，承担事故的主要责任，其行为已构成交通肇事罪，依法应予惩处。原判事实清楚，证据确实、充分，定罪准确，审判程序合法。但适用法律有错误，依法应予以改判。

审理法院　安徽省阜阳市中级人民法院
裁判时间　2014 年 11 月 27 日
案　　号
出　　处　《最高人民法院公报》2017 年第 6 期。

第四章 破坏社会主义市场经济秩序罪

516. 如何正确理解刑法第一百八十条第四款对于第一款的援引以及如何把握利用未公开信息交易罪"情节特别严重"的认定标准
——马乐利用未公开信息交易案

> **裁判要点**
>
> 刑法第一百八十条第四款规定的利用未公开信息交易罪援引法定刑的情形，应当是对第一款内幕交易、泄露内幕信息罪全部法定刑的引用，即利用未公开信息交易罪应有"情节严重""情节特别严重"两种情形和两个量刑档次。

关 键 词 利用未公开信息交易罪 援引法定刑 情节特别严重

裁判理由 法院生效裁判认为：本案事实清楚，定罪准确，争议的焦点在于如何正确理解刑法第一百八十条第四款对于第一款的援引以及如何把握利用未公开信息交易罪"情节特别严重"的认定标准。

一、对刑法第一百八十条第四款援引第一款量刑情节的理解和把握

刑法第一百八十条第一款对内幕交易、泄露内幕信息罪规定为："证券、期货交易内幕信息的知情人员或者非法获取证券、期货交易内幕信息的人员，在涉及证券的发行，证券、期货交易或者其他对证券、期货交易价格有重大影响的信息尚未公开前，买入或者卖出该证券，或者从事与该内幕信息有关的期货交易，或者泄露该信息，或者明示、暗示他人从事上述交易活动，情节严重的，处五年以下有期徒刑或者拘役，并处或者单处违法所得一倍以上五倍以下罚金；情节特别严重的，处五年以上十年以下有期徒刑，并处违法所得一倍以上五倍以下罚金。"第四款对利用未公开信息交易罪规定为："证券交易所、期货交易所、证券公司、期货经济公司、基金管理公司、商业银行、保险公司等金融机构的从业人员以及有关监管部门或者行业协会的工作

人员，利用因职务便利获取的内幕信息以外的其他未公开的信息，违反规定，从事与该信息相关的证券、期货交易活动，或者明示、暗示他人从事相关交易活动，情节严重的，依照第一款的规定处罚。"

对于第四款中"情节严重的，依照第一款的规定处罚"应如何理解，在司法实践中存在不同的认识。一种观点认为，第四款中只规定了"情节严重"的情形，而未规定"情节特别严重"的情形，因此，这里的"情节严重的，依照第一款的规定处罚"只能是依照第一款中"情节严重"的量刑档次予以处罚；另一种观点认为，第四款中的"情节严重"只是入罪条款，即达到了情节严重以上的情形，依据第一款的规定处罚。至于具体处罚，应看符合第一款中的"情节严重"还是"情节特别严重"的情形，分别情况依法判处。情节严重的，"处五年以下有期徒刑"，情节特别严重的，"处五年以上十年以下有期徒刑"。

最高人民法院认为，刑法第一百八十条第四款援引法定刑的情形，应当是对第一款全部法定刑的引用，即利用未公开信息交易罪应有"情节严重""情节特别严重"两种情形和两个量刑档次。这样理解的具体理由如下：

（一）符合刑法的立法目的。由于我国基金、证券、期货等领域中，利用未公开信息交易行为比较多发，行为人利用公众投入的巨额资金作后盾，以提前买入或者提前卖出的手段获得巨额非法利益，将风险与损失转嫁到其他投资者，不仅对其任职单位的财产利益造成损害，而且严重破坏了公开、公正、公平的证券市场原则，严重损害客户投资者或处于信息弱势的散户利益，严重损害金融行业信誉，影响投资者对金融机构的信任，进而对资产管理和基金、证券、期货市场的健康发展产生严重影响。为此，《中华人民共和国刑法修正案（七）》新增利用未公开信息交易罪，并将该罪与内幕交易、泄露内幕信息罪规定在同一法条中，说明两罪的违法与责任程度相当。利用未公开信息交易罪也应当适用"情节特别严重"。

（二）符合法条的文意。首先，刑法第一百八十条第四款中的"情节严重"是入罪条款。《最高人民检察院、公安部关于公安机关管辖的刑事案件立案追诉标准的规定（二）》，对利用未公开信息交易罪规定了追诉的情节标准，说明该罪需达到"情节严重"才能被追诉。利用未公开信息交易罪属情节犯，立法要明确其情节犯属性，就必须借助"情节严重"的表述，以避免"情节不严重"的行为入罪。其次，该款中"情节严重"并不兼具量刑条款的性质。刑法条文中大量存在"情节严重"兼具定罪条款及量刑条款性质的情形，但无一例外均在其后列明了具体的法定刑。刑法第一百八十条第四款中"情节严重"之后,并未列明具体的法定刑,而是参照内幕交易、泄露内幕信息罪的法定刑。因此,本款中的"情节严重"仅具有定罪条款的性质,而不具有量刑条款的性质。

(三)符合援引法定刑立法技术的理解。援引法定刑是指对某一犯罪并不规定独立的法定刑,而是援引其他犯罪的法定刑作为该犯罪的法定刑。刑法第一百八十条第四款援引法定刑的目的是为了避免法条文字表述重复,并不属于法律规定不明确的情形。

综上,刑法第一百八十条第四款虽然没有明确表述"情节特别严重",但是根据本条款设立的立法目的、法条文意及立法技术,应当包含"情节特别严重"的情形和量刑档次。

二、利用未公开信息交易罪"情节特别严重"的认定标准

目前虽然没有关于利用未公开信息交易罪"情节特别严重"认定标准的专门规定,但鉴于刑法规定利用未公开信息交易罪是参照内幕交易、泄露内幕信息罪的规定处罚,最高人民法院、最高人民检察院《关于办理内幕交易、泄露内幕信息刑事案件具体应用法律若干问题的解释》将成交额250万元以上、获利75万元以上等情形认定为内幕交易、泄露内幕信息罪"情节特别严重"的标准,利用未公开信息交易罪也应当遵循相同的标准。马乐利用未公开信息进行交易活动,累计成交额达10.5亿余元,非法获利达1912万余元,已远远超过上述标准,且在案发时属全国查获的该类犯罪数额最大者,参照最高人民法院、最高人民检察院《关于办理内幕交易、泄露内幕信息刑事案件具体应用法律若干问题的解释》,马乐的犯罪情节应当属于"情节特别严重"。

审理法院 最高人民法院
裁判时间 2015年11月23日
案　　号 最高人民法院(2015)刑抗字第1号刑事判决书
出　　处 最高人民法院指导案例61号,2016年6月30日发布。

517. 在数额犯中犯罪既遂与未遂并存时如何量刑
——王新明合同诈骗案

> **裁判要点**
> 在数额犯中,犯罪既遂部分与未遂部分分别对应不同法定刑幅度的,应当先决定对未遂部分是否减轻处罚,确定未遂部分对应的法定刑幅度,再与既遂部分对应的法定刑幅度进行比较,选择适用处罚较重的法定刑幅度,并酌情从重处罚;二者在同一量刑幅度的,以犯罪既遂酌情从重处罚。

关 键 词 合同诈骗 数额犯 既遂 未遂

裁判理由 法院生效裁判认为:王新明以非法占有为目的,冒用他人名义签订合同,其行为已构成合同诈骗罪。一审判决事实清楚,证据确实、充分,定性准确,审判程序合法,但未评价未遂70万元的犯罪事实不当,予以纠正。根据刑法及司法解释的有关规定,考虑王新明合同诈骗既遂30万元,未遂70万元但可对该部分减轻处罚,王新明如实供述犯罪事实,退赔全部赃款取得被害人的谅解等因素,原判量刑在法定刑幅度之内,且抗诉机关亦未对量刑提出异议,故应予维持。北京市石景山区人民检察院的抗诉意见及北京市人民检察院第一分院的支持抗诉意见,酌予采纳。鉴于二审期间王新明申请撤诉,撤回上诉的申请符合法律规定,故二审法院裁定依法准许撤回上诉,维持原判。

本案争议焦点是,在数额犯中犯罪既遂与未遂并存时如何量刑。最高人民法院、最高人民检察院《关于办理诈骗刑事案件具体应用法律若干问题的解释》第六条规定:"诈骗既有既遂,又有未遂,分别达到不同量刑幅度的,依照处罚较重的规定处罚;达到同一量刑幅度的,以诈骗罪既遂处罚。"因此,对于数额犯中犯罪行为既遂与未遂并存且均构成犯罪的情况,在确定全案适用的法定刑幅度时,先就未遂部分进行是否减轻处罚的评价,确定未遂部分所对应的法定刑幅度,再与既遂部分对应的法定刑幅度比较,确定全案适用的法定刑幅度。如果既遂部分对应的法定刑幅度较重或者二者相同的,应当以既遂部分对应的法定刑幅度确定全案适用的法定刑幅度,将包括未遂部分在内的其他情节作为确定量刑起点的调节要素进而确定基准刑。如果未遂部分对应的法定刑幅度较重的，应当以未遂部分对应的法定刑幅度确定全案适用的法定刑幅度，将包括既遂部分在内的其他情节，连同未遂部分的未遂情节一并作为量刑起点的调节要素进而确定基准刑。

  本案中，王新明的合同诈骗犯罪行为既遂部分为 30 万元，根据司法解释及北京市的具体执行标准，对应的法定刑幅度为有期徒刑三年以上十年以下；未遂部分为 70 万元，结合本案的具体情况，应当对该未遂部分减一档处罚，未遂部分法定刑幅度应为有期徒刑三年以上十年以下，与既遂部分 30 万元对应的法定刑幅度相同。因此，以合同诈骗既遂 30 万元的基本犯罪事实确定对王新明适用的法定刑幅度为有期徒刑三年以上十年以下，将未遂部分 70 万元的犯罪事实，连同其如实供述犯罪事实、退赔全部赃款、取得被害人谅解等一并作为量刑情节，故对王新明从轻处罚，判处有期徒刑六年，并处罚金人民币六万元。

审理法院 北京市第一中级人民法院
裁判时间 2013 年 12 月 2 日
案 号 北京市第一中级人民法院（2013）一中刑终字第 4134 号刑事裁定书
出 处 最高人民法院指导案例 62 号，2016 年 6 月 30 日发布。

518. 如何认定《中华人民共和国刑法》第一百四十四条规定的"有毒、有害的非食品原料"
——北京阳光一佰生物技术开发有限公司、习文有等生产、销售有毒、有害食品案

裁判要点

行为人在食品生产经营中添加的虽然不是国务院有关部门公布的《食品中可能违法添加的非食用物质名单》和《保健食品中可能非法添加的物质名单》中的物质,但如果该物质与上述名单中所列物质具有同等属性,并且根据检验报告和专家意见等相关材料能够确定该物质对人体具有同等危害的,应当认定为《中华人民共和国刑法》第一百四十四条规定的"有毒、有害的非食品原料"。

关 键 词 生产、销售有毒、有害食品罪 有毒有害的非食品原料

裁判理由 法院生效裁判认为:刑法第一百四十四条规定,"在生产、销售的食品中掺入有毒、有害的非食品原料的,或者销售明知掺有有毒、有害的非食品原料的食品的,处五年以下有期徒刑,并处罚金;对人体健康造成严重危害或者有其他严重情节的,处五年以上十年以下有期徒刑,并处罚金;致人死亡或者有其他特别严重情节的,依照本法第一百四十一条的规定处罚。"最高人民法院、最高人民检察院《关于办理危害食品安全刑事案件适用法律若干问题的解释》(以下简称《解释》)第二十条规定,"下列物质应当认定为'有毒、有害的非食品原料':(一)法律、法规禁止在食品生产经营活动中添加、使用的物质;(二)国务院有关部门公布的《食品中可能违法添加的非食用物质名单》《保健食品中可能非法添加的物质名单》上的物质;(三)国务院有关部门公告禁止使用的农药、兽药以及其他有毒、有害物质;(四)其他危害人体健康的物质。"第二十一条规定,"'足以造成严重食物中毒事故或者其他严重食源性疾病''有毒、有害非食品原料'难以确定的,司法机关可以根据检验报告并结合专家意见等相关材料进行认定。必要时,人民法院可以依法通知有关专家出庭作出说明。"本案中,盐酸丁二胍系在我国未获得药品监督管理部门批准生产或进口,不得作为药品在我国生产、销售

和使用的化学物质；其亦非食品添加剂。盐酸丁二胍也不属于上述《解释》第二十条第二、第三项规定的物质。根据扬州大学医学院葛晓群教授出具的专家意见和南京医科大学司法鉴定所的鉴定意见证明，盐酸丁二胍与《解释》第二十条第二项《保健食品中可能非法添加的物质名单》中的其他降糖类西药（盐酸二甲双胍、盐酸苯乙双胍）具有同等属性和同等危害。长期服用添加有盐酸丁二胍的"阳光一佰牌山芪参胶囊"有对人体产生毒副作用的风险，影响人体健康、甚至危害生命。因此，对盐酸丁二胍应当依照《解释》第二十条第四项、第二十一条的规定，认定为刑法第一百四十四条规定的"有毒、有害的非食品原料"。

被告单位阳光一佰公司、被告人习文有作为阳光一佰公司生产、销售山芪参胶囊的直接负责的主管人员，被告人杨立峰、钟立檬、王海龙作为阳光一佰公司生产、销售山芪参胶囊的直接责任人员，明知阳光一佰公司生产、销售的保健食品山芪参胶囊中含有国家禁止添加的盐酸丁二胍成分，仍然进行生产、销售；被告人尹立新、谭国民明知其提供的含有国家禁止添加的盐酸丁二胍的原料被被告人习文有用于生产保健食品山芪参胶囊并进行销售，仍然向习文有提供该种原料，因此，上述单位和被告人均依法构成生产、销售有毒、有害食品罪。其中，被告单位阳光一佰公司、被告人习文有、尹立新、谭国民的行为构成生产、销售有毒、有害食品罪。被告人杨立峰的行为构成生产有毒、有害食品罪；被告人钟立檬、王海龙的行为均已构成销售有毒、有害食品罪。根据被告单位及各被告人犯罪情节、犯罪数额，综合考虑各被告人在共同犯罪的地位作用、自首、认罪态度等量刑情节，作出如上判决。

审理法院 江苏省扬州市中级人民法院
裁判时间 2014 年 6 月 13 日
案　　号 江苏省扬州市中级人民法院（2014）扬刑二终字第 0032 号刑事裁定
出　　处 最高人民法院指导案例 70 号，2016 年 12 月 28 日发布。

519. 假冒注册商标犯罪的非法经营数额、违法所得数额，应当综合多种证据认定
——郭明升、郭明锋、孙淑标假冒注册商标案

裁判要点

假冒注册商标犯罪的非法经营数额、违法所得数额，应当综合被告人供述、证人证言、被害人陈述、网络销售电子数据、被告人银行账户往来记录、送货单、快递公司电脑系统记录、被告人等所作记账等证据认定。被告人辩解称网络销售记录存在刷信誉的不真实交易，但无证据证实的，对其辩解不予采纳。

关 键 词 假冒注册商标罪 非法经营数额 网络销售

裁判理由 法院生效裁判认为：被告人郭明升、郭明锋、孙淑标在未经"SAMSUNG"商标注册人授权许可的情况下，购进假冒"SAMSUNG"注册商标的手机机头及配件，组装假冒"SAMSUNG"注册商标的手机，并通过网店对外以"正品行货"销售，属于未经注册商标所有人许可在同一种商品上使用与其相同的商标的行为，非法经营数额达2000余万元，非法获利200余万元，属情节特别严重，其行为构成假冒注册商标罪。被告人郭明升、郭明锋、孙淑标虽然辩解称其网店售销记录存在刷信誉的情况，对公诉机关指控的非法经营数额、非法获利提出异议，但三被告人在公安机关的多次供述，以及公安机关查获的送货单、支付宝向被告人郭明锋银行账户付款记录、郭明锋银行账户对外付款记录、"三星数码专柜"淘宝记录、快递公司电脑系统记录、公安机关现场扣押的笔记等证据之间能够互相印证，综合公诉机关提供的证据，可以认定公诉机关关于三被告人共计销售假冒的三星 I8552 手机20000余部，销售金额2000余万元，非法获利200余万元的指控能够成立，三被告人关于销售记录存在刷信誉行为的辩解无证据予以证实，不予采信。被告人郭明升、郭明锋、孙淑标，系共同犯罪，被告人郭明升起主要作用，是主犯；被告人郭明锋、孙淑标在共同犯罪中起辅助作用，是从犯，依法可以从轻处罚。故依法作出上述判决。

审理法院 江苏省宿迁市中级人民法院
裁判时间 2015年9月8日
案　　号 江苏省宿迁市中级人民法院（2015）宿中知刑初字第0004号刑事判决书
出　　处 最高人民法院指导案例87号，2017年3月6日发布。

520. 行为人在食品中掺入国家禁止使用的化学物质，虽然不属于司法解释中明确的有毒有害物质，应当确定定为有毒有害物质，依照生产、销售有毒、有害食品罪定罪

——江苏省扬州市广陵区人民检察院诉北京阳光一佰生物技术开发有限公司、习文有等生产、销售有毒、有害食品案

> **裁判摘要**
>
> 《食品安全法》明确规定，禁止在食品中添加食品添加剂以外的化学物质和其他可能危害人体健康的物质。行为人在食品中掺入国家禁止使用的化学物质，虽然不属于司法解释中明确的有毒有害物质，应当确定定为有毒有害物质，依照生产、销售有毒、有害食品罪定罪。

关 键 词 有毒有害物质　生产、销售有毒、有害食品罪

裁判理由 扬州市中级人民法院二审认为：对于上诉单位、各上诉人及其辩护人提出的盐酸丁二胍不是有毒有害物质，上诉单位以及各上诉人不构成生产、销售有毒、有害食品罪的上诉意见和辩护意见，经查，盐酸丁二胍系在我国未获得药品监督管理部门批准生产或进口，不得作为药品在我国生产、销售和使用的化学物质，与国家禁用药物名单上的药品具有同等属性，在我国禁止作为药物使用；其亦非食品添加剂，属于禁止在食品生产经营活动中添加、使用的物质。其虽然不在国家直接认定的有毒有害物质名单上，但其和名单上的其他降糖类西药对人体具有同等危害，应当认定是有毒有害物质。上诉单位在保健食品中添加该违禁物质构成生产、销售有毒、有害食品罪。故该上诉意见和辩护意见均不能成立，不予采纳。

对于上诉人习文有的辩护人提出上诉人习文有的行为构成生产、销售假

药罪的辩护意见,经查,山芪参胶囊系保健食品,其标注的主要成分为药食同源的食品原料和可用于保健食品的中药原料,其提示消费者山芪参胶囊所具有的辅助降糖功能是指药食同源的食品原料和中药原料本身具有的辅助治疗功能,并非西药所具有的治疗功能。山芪参胶囊的说明书和宣传资料明确告诉消费者产品中不含有西药以及其他任何违禁成分,不能代替药物,即西药。因此,上诉人习文有的行为不符合生产、销售假药罪的构成要件,故该辩护意见不能成立,不予采纳。

对于上诉单位、各上诉人及其辩护人提出各上诉人不明知盐酸丁二胍系有毒有害物质,没有生产、销售有毒、有害食品罪的犯罪故意的上诉意见和辩护意见,经查,各上诉人作为食品的生产经营者明知保健食品中不得添加食品添加剂以外的化学物质,在先后知道其生产、销售的山芪参胶囊中含有盐酸丁二胍,且明知盐酸丁二胍系具有西药属性的违禁物质,不得添加在保健食品中,但仍继续生产、销售,主观上均具有生产、销售有毒、有害食品罪的犯罪故意。该上诉意见和辩护意见均不能成立,不予采纳。

审理法院　扬州市中级人民法院
裁判时间　2014 年 6 月 13 日
案　　号
出　　处　《最高人民法院公报》2017 年第 2 期。

第五章　侵犯财产罪

521. 行为人通过虚构事实、隐瞒真相的方式骗取客户资金占为己有的，应认定为诈骗罪
——江苏省扬州市宝应县人民检察院诉刘国义等诈骗案

> **裁判要点**
>
> 行为人在明知自己控制的为虚拟现货交易平台，客户注入资金并未真正进入现货交易市场的情况下，通过虚构事实、隐瞒真相的方式骗取客户资金占为己有的，应认定为诈骗罪。

关　键　词　虚构事实　隐瞒真相　诈骗罪

裁判理由　宝应县人民法院一审认为：被告人刘国义、盛凌红、蔡祖鹏、吕鹏以非法占有为目的，在明知控制的为虚拟白银现货交易平台，客户注入资金并未真正进入白银现货交易市场的情况下，通过虚构事实、隐瞒真相的方式骗取客户资金，数额巨大，其行为均已构成诈骗罪。被告人刘国义、盛凌红、蔡祖鹏、吕鹏系共同故意犯罪，且在共同犯罪中均起主要作用，均是主犯。被告人刘国义犯罪后主动投案，并如实供述犯罪事实，是自首，依法予以从轻处罚，被告人盛凌红、蔡祖鹏、吕鹏归案后如实供述犯罪事实，依法予以从轻处罚。刘国义等人已退出全部赃款，取得了被害人的谅解，均可酌情从轻处罚。宝应县人民检察院指控被告人刘国义、盛凌红、蔡祖鹏、吕鹏犯诈骗罪的事实清楚，证据确实、充分，指控的罪名成立，法院予以支持。

对被告人刘国义、盛凌红、吕鹏的辩护人均提出起诉指控的罪名不成立，应当以非法经营罪定罪量刑的辩护意见，经查，刘国义虽注册设立安徽银富宝电子商务有限公司，并以该公司名义购买银富宝订购回收系统的软件，但其与盛凌红隐瞒银富宝订购回收系统为一款虚拟软件，客户投入资金不能进入白银现货交易市场的真相，并故意修改系统交易方式，吕鹏、蔡祖鹏使用虚假身份虚构事实，骗取被害人的信任，故意通过虚拟交易套取被害人资金，

从而使被害人被骗40余万元，被告人的上述行为符合诈骗罪的构成要件，应当以诈骗罪予以定罪量刑，而不应认定为非法经营罪，故对上述辩护意见不予采纳。对刘国义、盛凌红、吕鹏的辩护人分别提出刘国义具有自首情节、盛凌红、吕鹏归案后如实供述犯罪事实，上述三被告人认罪态度较好，无前科劣迹，退出全部赃款，取得被害人谅解，请求对上述被告人从轻处罚和酌情从轻处罚的辩护意见，经查有事实和法律依据，予以采纳。对刘国义的辩护人提出对刘国义适用减轻处罚，并适用缓刑的辩护意见，经查，刘国义诈骗数额达40余万元，虽具有自首情节，但根据本案具体情节，不宜对其适用减轻处罚并宣告缓刑，故对该辩护意见不予采纳。对盛凌红的辩护人提出盛凌红在本案中起次要作用，应认定为从犯的辩护意见，经查，盛凌红在与刘国义等被告人共同犯罪中，为获取非法利益发展客户，为被害人交易提供意见，并通过蔡祖鹏向被害人传达指令，骗得被害人资金，在本案中起主要作用，应认定为主犯，故对该辩护意见不予采纳。对蔡祖鹏的辩护人提出蔡祖鹏如实供述犯罪事实，自愿认罪，无前科劣迹，退出赃款，取得被害人的谅解，请求对其从轻和酌情从轻处罚并适用缓刑的辩护意见，经查，蔡祖鹏虽具有上述法定和酌定从轻处罚情节，可对其从轻处罚，但根据本案情节，不宜对蔡祖鹏宣告缓刑。对吕鹏的辩护人提出吕鹏在本案中起次要作用，应认定为从犯，请求对其从轻或减轻处罚，并适用缓刑的辩护意见，经查，吕鹏故意让被害人增加投入资金，并在骗取被害人资金过程中发挥了积极作用，故应当认定为主犯，对该辩护意见不予采纳。

一审宣判后，刘国义、蔡祖鹏不服，向扬州市中级人民法院提起上诉，称本案应当以非法经营罪定罪量刑。二审法院受理立案后，二人又自愿撤回上诉。二审法院裁定准许撤回上诉。

审理法院　宝应县人民法院
裁判时间　2014年4月30日
案　　号　
出　　处　《最高人民法院公报》2016年第2期。

第六章 妨害社会管理秩序罪

522. 有能力执行而拒不执行判决、裁定的时间从判决、裁定发生法律效力时起算
——毛建文拒不执行判决、裁定案

> **裁判要点**
>
> 有能力执行而拒不执行判决、裁定的时间从判决、裁定发生法律效力时起算。具有执行内容的判决、裁定发生法律效力后,负有执行义务的人有隐藏、转移、故意毁损财产等拒不执行行为,致使判决、裁定无法执行,情节严重的,应当以拒不执行判决、裁定罪定罪处罚。

关 键 词 拒不执行判决、裁定罪 起算时间

裁判理由 法院生效裁判认为:被告人毛建文负有履行生效裁判确定的执行义务,在人民法院具有执行内容的判决、裁定发生法律效力后,实施隐藏、转移财产等拒不执行行为,致使判决、裁定无法执行,情节严重,其行为已构成拒不执行判决罪。公诉机关指控的罪名成立。毛建文归案后如实供述了自己的罪行,可以从轻处罚。

本案的争议焦点为,拒不执行判决、裁定罪中规定的"有能力执行而拒不执行"的行为起算时间如何认定,即被告人毛建文拒不执行判决的行为是从相关民事判决发生法律效力时起算,还是从执行立案时起算。对此,法院认为,生效法律文书进入强制执行程序并不是构成拒不执行判决、裁定罪的要件和前提,毛建文拒不执行判决的行为应从相关民事判决于2013年1月6日发生法律效力时起算。主要理由如下:第一,符合立法原意。全国人民代表大会常务委员会对刑法第三百一十三条规定解释时指出,该条中的"人民法院的判决、裁定",是指人民法院依法作出的具有执行内容并已发生法律效力的判决、裁定。这就是说,只有具有执行内容的判决、裁定发生法律效力后,才具有法律约束力和强制执行力,义务人才有及时、积极履行生效法律

文书确定义务的责任。生效法律文书的强制执行力不是在进入强制执行程序后才产生的，而是自法律文书生效之日起即产生。第二，与民事诉讼法及其司法解释协调一致。《中华人民共和国民事诉讼法》第一百一十一条规定：诉讼参与人或者其他人拒不履行人民法院已经发生法律效力的判决、裁定的，人民法院可以根据情节轻重予以罚款、拘留；构成犯罪的，依法追究刑事责任。《最高人民法院关于适用〈中华人民共和国民事诉讼法〉的解释》第一百八十八条规定：民事诉讼法第一百一十一条第一款第六项规定的拒不履行人民法院已经发生法律效力的判决、裁定的行为，包括在法律文书发生法律效力后隐藏、转移、变卖、毁损财产或者无偿转让财产、以明显不合理的价格交易财产、放弃到期债权、无偿为他人提供担保等，致使人民法院无法执行的。由此可见，法律明确将拒不执行行为限定在法律文书发生法律效力后，并未将拒不执行的主体仅限定为进入强制执行程序后的被执行人或者协助执行义务人等，更未将拒不执行判决、裁定罪的调整范围仅限于生效法律文书进入强制执行程序后发生的行为。第三，符合立法目的。拒不执行判决、裁定罪的立法目的在于解决法院生效判决、裁定的"执行难"问题。将判决、裁定生效后立案执行前逃避履行义务的行为纳入拒不执行判决、裁定罪的调整范围，是法律设定该罪的应有之意。将判决、裁定生效之日确定为拒不执行判决、裁定罪中拒不执行行为的起算时间点，能有效地促使义务人在判决、裁定生效后即迫于刑罚的威慑力而主动履行生效裁判确定的义务，避免生效裁判沦为一纸空文，从而使社会公众真正尊重司法裁判，维护法律权威，从根本上解决"执行难"问题，实现拒不执行判决、裁定罪的立法目的。

审理法院 浙江省平阳县人民法院
裁判时间 2014 年 6 月 17 日
案　　号 浙江省平阳县人民法院（2014）温平刑初字第 314 号刑事判决
出　　处 最高人民法院指导案例 71 号，2016 年 12 月 28 日发布。

523. 毒品案件死刑适用及从重情节把握
——潘文、廖发能等故意杀人、贩卖运输毒品案

> **裁判要点**
> 对贩毒团伙中的主犯以及再犯、累犯、武装掩护贩毒或者有其他法定从重情节的,毒品数量达到死刑数量标准的,依法适用死刑。

关 键 词 毒品案件 死刑适用 从重情节

裁判理由 法院生效裁判认为:上诉人潘文与邓双军(已被击毙)无视国法,开枪射杀公安民警,非法故意剥夺他人生命,潘文的行为已触犯刑律,构成故意杀人罪。上诉人潘文、伍刚、熊永军、李继业、郭辉、原审被告人李书岗、张钟无视国法,伙同邓双军非法买卖毒品甲基苯丙胺片剂并实施运输的行为,已触犯刑法,构成贩卖、运输毒品罪,依法予以惩处。在共同犯罪中,潘文、邓双军提起犯意,为主出资,指挥其他人员,地位突出,起主要作用,是主犯;使用事前购买的枪支抗拒抓捕,属武装掩护实施毒品犯罪,依法应从重判处。伍刚、李书岗出资购毒,积极参与实施犯罪,起主要作用,是主犯。张钟、熊永军、李继业、郭辉起次要或辅助作用,是从犯。潘文、伍刚、张钟系累犯,依法应从重判处。上诉人晓打、廖发能无视国法,非法买卖、运输毒品甲基苯丙胺片剂的行为,已触犯刑律,构成贩卖、运输毒品罪,依法予以惩处;上诉人沙二、查思无视国法,为获取非法利益,运输毒品甲基苯丙胺片剂的行为,已触犯刑律,构成运输毒品罪,依法予以惩处。在共同犯罪中,晓打与邓双军合谋,联系境外毒贩获取毒品,倒卖获取利润,安排他人运输毒品,起主要作用,是主犯。廖发能转交毒资、毒品,起主要作用,是主犯。沙二、查思受晓打雇佣、指使帮助运输毒品,系从犯。

潘文是主犯,且系累犯,依法从重判处;使用事前购买的枪支抗拒抓捕,属于武装掩护贩卖、运输毒品,依法从重判处。本案涉及毒品数量大,社会危害性大,罪行极其严重,一审分别以故意杀人罪、贩卖运输毒品罪对其判处死刑,数罪并罚,决定执行死刑,量刑适当。晓打、廖发能系主犯,所贩卖、运输毒品数量大,罪行极其严重,一审以贩卖、运输毒品罪分别对二人判处死刑,量刑适当。伍刚是主犯,且系累犯,依法从重判处,其参与贩卖、

运输毒品数量大、罪行极其严重,一审以贩卖、运输毒品罪对其判处死刑,量刑适当。故,二审维持对四人的死刑判决,依法报送最高人民法院复核。

最高人民法院复核后认为:本案贩卖、运输毒品数量巨大,且在进行毒品犯罪中公然开枪拒捕,射杀公安民警,犯罪情节特别恶劣,社会危害极大,后果极其严重,潘文、晓打、廖发能、伍刚所犯罪行极其严重。第一审判决、第二审判决认定事实清楚,证据确实、充分,定罪准确,量刑适当。审判程序合法。故,依法核准对四人的死刑判决。

审理法院　最高人民法院
裁判时间
案　　号　最高人民法院(2015)刑三复25512157号
出　　处　《人民法院案例选》2016年第5辑(总第99辑)。

524. 判断被告人对其运输的毒品是否存在主观明知的方法
　　——陆伍兴运输毒品案

裁判要点

　　在运输毒品犯罪案件中,被告人辩称不明知其所运输的货物为毒品的,应当参照《全国部分法院审理毒品犯罪案件工作座谈会纪要》,依据被告人实施毒品犯罪行为的过程、方式、毒品被查获时的情形、被告人被抓获时的情形等证据,结合被告人的年龄、阅历、智力、对毒品的熟悉程度、毒品犯罪前科等情况,进行综合分析判断。被告人存在《纪要》中所描述的情形,又不能作出合理解释的,在排除其受他人蒙骗的可能性后,可认定被告人对其运输的毒品存在主观明知。

关 键 词　运输毒品　主观明知

裁判理由　法院生效裁判认为:被告人陆伍兴违反国家毒品管制法规,运输甲基苯丙胺,其行为已构成运输毒品罪。运输毒品数量大,社会危害严重,应依法惩处。

关于被告人陆伍兴庭上提出"其并不明知拉杆箱内装有毒品,其没有运输毒品的行为"辩解及辩护人提出的"起诉指控陆伍兴明知是毒品而故意非法运输，没有充足的证据予以证实"辩护意见，经查，本案公安机关除在陆伍兴所驾驶的轿车后尾箱的拉杆箱内查获到6包冰毒及1台电子秤外，还从陆伍兴随身携带的挎包内查获到3小包共23.76克冰毒。虽然在案证据已证实，陆伍兴直到驾车回到G72高速公路宾阳收费站被公安人员查获时，都没有打开过该拉杆箱，但被告人陆伍兴的供述、证人黄夏琳、黄霞的证词以及公安机关出具的到案经过，都证实陆伍兴对拉杆箱内装有毒品冰毒是明知的：（1）陆伍兴多次供述均承认其和阿水相互熟悉，因此知道阿水送来的拉杆箱内装有毒品，其之所以帮助阿水将毒品冰毒运输回宾阳，是因为阿水曾承诺给其5000元报酬，且当天阿水已给其3000元，余款2000元待运回宾阳后，由接货人给付。陆伍兴供述承认得到的高额报酬，符合《最高人民法院、最高人民检察院和公安部办理毒品犯罪案件适用法律若干问题的意见》（以下简称《办理毒品犯罪案件适用法律若干问题的意见》）规定的"行为人为获取不同寻常的高额报酬而携带、运输毒品，从中查获毒品的"推定"明知"标准。（2）在广州交接毒品时，陆伍兴和阿水分别驾驶车辆先在路上多次兜圈，后才在公路边交接毒品，以及陆伍兴交待黄夏琳、黄霞藏匿装有毒品的拉杆箱的异常方式，符合《办理毒品犯罪案件适用法律若干问题的意见》规定的"行为人采用高度隐蔽方式交接毒品，明显违背合法物品惯常交接方式的"推定"明知"标准。（3）公安机关在抓获陆伍兴时，陆伍兴的表现为神色慌张，且关闭车门、车窗拒绝配合检查等，陆伍兴抗拒检查等异常行为，符合《办理毒品犯罪案件适用法律若干问题的意见》规定的"行为人在执法人员检查时，抗拒检查的"推定"明知"标准。故对陆伍兴庭上所提辩解及辩护人提出的辩护意见，不予采纳。

第一审判决、第二审裁定认定的事实清楚，证据确实、充分，定罪准确，量刑适当，审判程序合法。因此，最高人民法院裁定核准广西壮族自治区高级人民法院（2015）桂刑三终字第60号维持第一审以运输毒品罪判处被告人陆伍兴死刑，剥夺政治权利终身，并处没收个人全部财产的刑事裁定。

审理法院 最高人民法院
裁判时间 2016年4月22日
案　　号 最高人民法院（2015）刑四复41304251号
出　　处 《人民法院案例选》2017年第4辑（总第110辑）。

关键词索引

A

安置补偿协议 771
案外第三人 597
案外人异议 639, 644, 654, 662, 664, 686

B

办理退休手续 908
帮助侵权行为 405
保存机关 956
保兑仓 309, 321
保函 588
保密措施 529
保全 588, 594
保险标的 352
保险代位求偿权 343
保险合同 343, 346
保险人 348, 352
保证 337
保证份额 318
保证合同 327, 340
保证金提取 377
保证金账户 646
保证期间 324

保证人 318, 326
保证责任 229, 320, 321, 326
备案 339
备案结果通知 713
背书 369
被保险人 352
被告适格 779
被征地农民 941
被征收人 774, 790, 850, 869
本金 121
比例原则 429
必要措施 405
变更 847
变更登记 960
标的物瑕疵 637
表见代理 230
别除权 300
驳回起诉 761, 765, 782
驳回诉讼请求 762
补偿安置协议 790, 869, 880
补偿费用 790
补偿性质合同 139
补救措施 885
不安抗辩权 265
不当得利返还义务 87
不动产 195
不动产纠纷 564

不动产物权 971
不可归责于自身原因 741,816
不良影响 419
不履行法定监管职责 764
不履行职责行为 746
不同人民法院管辖 767
不予立案 765,782
不正当竞争 455,523,527,530,531,533,534,536,537
部分撤销 499
部分债权转让 305

C

财产保全错误 590,593
财产保全制度 20
财产混同 246
财产权利转移 682
裁定驳回起诉 768
采矿企业 958
采矿权 224
查封财产处分权 655
差评 22
产品标注方式 15
产品商业化 493
产品说明书 482
产权登记 24,60
超出期限 697
超过适当比例村民共同名义 788
车辆散落物 13
撤村建居 788
撤回 847

撤回起诉 569
撤销 680,681
撤销公立学校 763
撤销历史错误颁证 856
撤销违法行政行为 898
撤销之诉 597
成交确认书 682
诚实信用原则 414,416,439,451,527
承包人 348
承担赔偿责任 354
承兑汇票出票人 30
承运人 382
程序违法 517,826
程序瑕疵 591,873
程序性驳回复议申请 804
程序性行政行为 756
程序正当 893
惩罚为辅 1001
驰名商标 445
迟延处分 655
迟延履行 660
迟延履行利息 653
充分公开 480
充分证据 65,239
抽资出逃 162
出版物公开 482
出卖亲生子女 1009
出让合同 133,143
出庭应诉 743
出资不实 672
初步证据 760,809

除权判决　372
船舶之间碰撞　385
串通　190
创造性　498，508
从重情节　1027
村集体土地所有权　884
村民委员会、村集体经济组织名义　788
磋商性文件　148
错列被申请人　948

D

搭售　526
代理　96
代位权诉讼　671
担保　324，327
担保承诺　634
担保人　323
担保责任　323
单独起诉复议决定　906
单方程序　438
单位名义　228
当事人陈述　505
当事人合意　651
当事人恒定原则　516
倒打款　369，370
到期债权　671
登记颁证行为　918
登记备案　203
登记所有权人　195
抵销　667

抵押权　37，49，192，665
抵押权人　664
抵押物　51
抵押物租金　53
抵押效力　56
地上建筑物　848
地质矿产主管部门　224
第三人　195，770
第三人撤销登记　899
第三人撤销之诉　596，599，601，603
第三人利益　679，680
第三人连带责任保证　47
第三人债权人　690
第三者对保险标的的损害　343
缔约过失责任　83，258
典当　47，111
电信服务合同　205
调查处理结果不服　921
调解　860
调解书违约金　660
调整纳税　888
定额货币　126
定金合同　254
动产质押监管合同　40
毒品案件　1027
独创性　399，404，412
对赌协议　287
多个不同行政行为　767
多个合同　702

E

恶意诋毁商业信誉 22
恶意攀附 537
儿童利益最大化原则 7

F

发明专利 480~483, 485, 492, 495, 496, 498, 499, 502, 507~509, 512
发明专利权 465
法定程序 832, 958
法定代表人 307, 340, 571
法定申请样式 923
法定通用名称 458
法定义务 58
法律漏洞填补 87
法律适用 432
法律无明文规定 241
法律效力 193
法律责任 251
法人资格 267
法院管辖 705
反复申请不予立案 768
反射性利益 795
反诉 587
反映问题 862
返还财产 991
房地产合同 564
房地产纠纷 739

房地产开发资质 160
房屋拆迁许可证 871
房屋价格评估 855
房屋交接单 197
房屋所有权 960
房屋征收部门 774
房屋征收强制拆除主体 818
房屋质量 199
非法采矿 232
非法经营数额 1020
非国家一级公益林 969
非集体经济组织 50
非经拍卖程序 651
非形状构造类技术特征 504
分公司 248
分配方案 683
分期付款 237
分期付款合同 341
分支机构 668
风险承担 126
封闭式循环买卖 108
夫妻共同财产权 5
抚养费 5
父母债务 692
付款 135
复审程序 480, 481, 483, 485
复议决定书 802
复议前置 840, 955

G

改建意愿 964

概括性约定仲裁事项　708
高速公路　13
告知义务　205，824
个人隐私　926
更正申请　912
更正政府信息　912
工程合同　324
工程价款　176，179，183
工程款　169，187
工程造价鉴定　187
工伤保险　214
工伤认定　756
工业化再现　483
工业用地　150
工作人员　811
公安行政登记　827
公告期限　909
公告义务　304
公共利益　826，885，964，966
公立学校　763
公示催告程序　372
公司财产　248
公司登记　269
公司公章　277，339
公司股权　243
公司股权转让合同书　278
公司减资　256
公司章程　280
公务员　908
公序良俗　827
公证书　536
公证债权文书　613，657，674

功能性特征　473
共存协议　444
共同被告　801，804，890
共同承包　174
共序　455
共有　529
构成要件　599
购房　24
购房合同　200
股东　566
股东出资纠纷　269
股东代表诉讼　568
股东红利　286
股东会决议　280，320
股东权利　280
股东未明示放弃　241
股东资格确认之诉　691
股权代持　690
股权回购　275
股权转让　237，254，265，272，281，284，289，291，295
故意　392
故意或重大过失　20
故意杀人　1008
雇佣救助合同　395
挂靠　277
拐卖儿童罪　1009
关联性　429
管辖　531，569
管辖权　568，702
管辖权异议　559，621
规范性文件　782

国际公约 543

国家机关文书 478

国家赔偿 988,992,996

国有建设用地 886

国有农用地 886

国有企业 163,773

国有土地上房屋 855,863,865,903

国有土地使用权 133,881

过程性信息 895

过程性行为 744,749

过错 19

过户登记手续 27

H

海难救助 389,395

海上货物运输合同 382

海事赔偿责任 392

合并审理 691

合法来源抗辩 505,542

合法权益 809

合法性 928

合伙 307

合伙企业名称 267

合伙协议纠纷 267

合伙主体 307

合理避让 440

合理补偿 958

合理预知 486

合同变更 165

合同解除 78,152,237,284,291

合同解除权 91

合同解释 708,823

合同履行 265

合同目的 493

合同条款 154

合同无效 221

合同相对性 96

合同效力 150,160,163,185,190,230,281,346

合同性质 111,159

合同约定生效要件 258

合同诈骗 1016

合同债权 76

合作开发 126,145,160,162,163,564

和解协议 569,658,679

核减价款 637

黑白合同 165

划拨土地 139,848

划拨土地使用权 269

还款承诺书 326

环境污染 216,220

环境污染公益诉讼 609

环境修复责任 218

环境资源 221

回购义务 287

会议纪要 731

婚内房产 631

混淆误认 416,443,452,453

豁免执行 623

货币补偿 875

J

机动车让行　829
基本事实　40
集成电路布图设计　542
集体土地　881，882
计算期间　653
技术功能　503
技术合同　486，488，489，491，493
技术开发　486，489
技术特征　468，510
技术问题　496
既判力羁束　930
既遂　1016
加重处罚　1011
价款　275
价值变化　677
假冒注册商标罪　1020
建设工程　174
建设工程价款　192
建设工程进度款　685
建设工程施工合同　169，176，179，183
建设工程优先受偿权　665
建设项目　966
建设项目选址意见书　751
建筑施工企业　626
健身器材　11
交纳保险费　346
交通事故　13

交通肇事案件　1011
交易规则　92
交易机会　83
教育部门　716
教育设施　623
教育为主　1001
教育用地　623
街道办　144
结算依据　187
解除抵押登记　37
解除合同　200
解释规则　154
借贷　111
借贷合意　116
借款本金　125
借款关系　126
借款合同　108，112，193
借款协议　644
借用　307
借用资质　626
金钱质权　639，646
金融借款合同　309，316
禁止反悔　512
经济合同　228
经营活动　277
经营者　525
竞买人资格　669
竞争关系　530
旧城区改建　964
拘束力　975
举报答复　758
举证　627

举证责任　125, 127, 428, 540, 542, 582, 760, 793, 814, 830, 949

举证责任倒置　246

拒不执行判决、裁定罪　1025

绝当　47

K

开发商　200

可得利益损失　284

可识别性　461

可诉性　754

可引渡之罪　1003

客观描述　456

扣押　53

矿业权　243

框架性协议　337

捆绑交易　525

L

滥用法人人格　251

滥用市场支配地位　526

滥用诉权　785

滥用职权　833

劳动者　209

老字号　523

离岗　212

离婚　3

离婚协议　26, 631

离任　340

历史题材　401

历史遗留　740

历史遗留的落实政策性质　739

立法精神　892

利害关系　751, 770, 795

利润分配　159, 162

利息　121, 125

利息损失　272

利用未公开信息交易罪　1013

连带共同保证　318

连带责任　246, 287, 465

林地征用占用许可　969

零部件　503

另行赔偿　880

留置权　35

流拍　675

垄断　525, 526

漏审　426

履行　129

履行法定职责　919

履行赔偿义务　994

履行完毕　658

落实政策　740

M

买卖股票　380

买卖、借贷以及担保　98

买受人　918

冒名股东　672

密码失密　377

免除民事责任　120

免费体验期　207
免责条款　637
民办学校　716
民间借贷　100，113，121，122，124，127，229，231，320，582
民间文学艺术衍生作品　399
民事　237，316
民事权益　12
民事诉讼　786
民事责任　228，365
民政部门　716
名义股东　688
明确的被告　818
明确否定　512
模型作品　412

N

内部管理信息　895
内部监督　725，726，735，748
内部批转文件　724
年利率上限　122
农村集体土地　886
农民集体　853

P

拍卖　669，677
拍卖价格　918
排除合理怀疑　1004
排除危害　220
排除执行　631

判断　204
判决确认违法　885
判令撤销行政复议　776
赔偿　83，137，846
赔偿标准　992
赔偿范围　952
赔偿金　991
赔偿请求人　988
赔偿义务机关　952，994
赔偿责任　9，11，13，304，363，382
骗取存款　365
票据责任　369，370，372
品种来源　460
评估程序　697
评估机构　697
评估结果　850
评估异议权利　850
破产重整　301
普通债权　661

Q

期间　91
期满未起诉　594
期限　824
期限起算点　780
欺诈行为　488，489，491
企业借贷　116，547
企业名称　537
企业名义　773
起诉成立　883

起诉期限 502, 741, 806, 816, 862, 879

起诉条件 772, 806

起算时间 300, 1025

签字签章瑕疵 187

强制拆除 723, 814, 830, 909

强制拆迁 871

强制医疗 1006

强制执行 630, 654, 664, 692

强制执行效力 613

抢劫 1008

侵犯 5

侵害植物新品种权 538, 540

侵权 7

侵权损害赔偿 408

侵权责任 12, 76

清偿 193, 304, 305

清算协议 185

情节特别严重 1013

情势变更 226

请求是否成立 617

区别技术特征 519

权利冲突 513

权利交叉 440

权利滥用 414

权利要求 495, 510

权益归属 534

权属争议 783

全面审查原则 903

缺席判决 898

确认不侵害专利权之诉 478

确认违法 842

确认无效之诉 765

R

人民政府 719, 808, 877

人身损害 9

人身意外伤害保险 214

人员分流决定 734

融资通道 369, 370

融资租赁合同 341

入罪要件 1011

S

善意第三人 421, 688

善意取得 289, 899

擅自处分共同财产 3

商标撤销程序 463

商标独占使用许可合同 421

商标复审程序 432

商标近似 442, 452

商标权 414, 456, 459, 460

商标权保护强度 430

商标权共有 423

商标权许可使用 423

商标申请日 410

商标使用行为 434

商标许可使用 408

商标在先使用 428

商标知名度 453

商标注册 419

商标专用权 425

商品房建设 190
商品房买卖合同 193，197，202～204
商品房预售许可 202
商品房预售资金 685
商品来源 453
商业风险 226
商业秘密 529，926
商业判断 491
上下级监督 748
设计特征 473，520
设立采矿权 969
设立金钱质押 30
社会公共利益 898
社会稳定风险评估 873
社区、单位推荐的公民 811
申请材料 777
申请人 942，956
申请再审 500，605
申请执行 621
申诉信访 862
身份认定 164
审查 278
审查标准 601
审查范围 981
审查前提 883
审定公告 460
审理期间 761
审慎注意义务 289
生产留地补偿款分配 730
生产、销售有毒、有害食品罪 1018，1021

生命健康权 354
生效裁定 681
生效裁判 605，913
剩余债权 658
施工合同 174，185
实际施工人 164
实际损失 80
实用新型专利 485，504，510，517
实用性 483
实质相似 401
实质性适格 779
食品安全标准 821
食品说明书 821
使用承诺 207
使用权 129，150
市场区分 443
市场统计调查 536
市场支配地位 525
市场秩序 451
事后救济 597
事实根据 809
事先约定 275
视觉效果 520
收条 578
手机电信用户服务提供者 207
受案范围 133，713，730，731，735，739，748，758，799
受偿顺序 661
受理 756
受理范围 724，725，729
受理条件 463
受让债权 667

受托人 96
授权 974
授益性行政行为 893
署名行为 435
数额犯 1016
数额确定 337
水质恢复 218
税款负担条款 128
说明书 502
说明书支持 492
司法解释 164
司法拍卖 637，682
司法审查 726，823
死亡 211
死刑适用 1027
送达 591
诉讼费 587
诉讼费用 588
诉讼管辖 566
诉讼请求 915
诉讼权利 374
诉讼时效 58，82，320，840
诉讼资格 571
溯及力 485，930，980
损害环境公共利益 221
损害赔偿 429
损害赔偿责任 348
损失 848
损失分担 152
损失赔偿 78

T

逃逸行为 1011
特定名称 449
特有包装装潢 533
提交诉状 984
提起诉讼 638
提前还款 113
通用名称 458，459
通知义务 256
同期租金 199
同一顺位债权 683
突发疾病 211
土地出让 932
土地出让合同 144
土地登记 783
土地房屋征收补偿 940
土地权属争议 877
土地使用权 143，159，932
土地使用权证 56
土地收回 132
土地所有权 853
土地增值 137
土地转让 129，137
土地转让合同 128，141
退休教职工 763
拖欠劳动报酬 35

W

外观设计专利　473，503，505，513，516，519，520
完全民事行为能力人　356
网络服务提供者　465
网络购物收货地　531
网络竞价　92
网络销售　1020
违法判决　824
违法强拆案件　996
违约　137
违约金　80，272
违约行为　343
违约责任　143
维持原行政行为　801，906
未成年人保护　7
未成年人犯罪　1001
未成年子女名义　692
未遂　1016
未脱离治疗抢救状态　211
伪造印章　230
委托　974
委托贷款合同　100，315，554
委托关系　98
委托合同　98
委托理财关系　377
委托人　315，554
文书内容争议　638
文书瑕疵　859
污染者　218

无产权房屋　846
无独立请求权第三人　603
无过错　9
无权处分　281
无效程序　492，495，496，498，502，507～509，513，516，519
无效果无报酬　395
无效合同　179
无效决定　499
无主房屋　909
侮辱诽谤　22
物保相对优先　327
物权变动　26
物权期待权　27
物权取得　681
物上代位权　51
物业公司　11
误导　15

X

瑕疵出资　280
先履行抗辩权　265
显名股东　690，691
显失公平　677
显著性　430，433
现有技术抗辩　500，504
限期搬迁决定　771
相关追偿　385
相互授权许可　538
消防安全要求　19
消防验收　713

消费者 15
消费者利益 444
销售 543
销售发票 434
小区车位 60
肖像权 461
效力 128，132，144，202，278，339
效力认定 295
协商解决 877
协议方式 621
协议相对性 975
协议效力 287
协议形成行为 573
协议约定 145
新颖性 481
新证据 607
信访 82
信访事项 729，799
信访条例 737，867
信息公开 852，897
信息网络传播权 405
刑民交叉 231，686
刑事犯罪 229，230
刑事诉讼 1006
刑事责任 228
行使期限 300
行政裁量权 892
行政处罚 821，829，892
行政处理决定 940
行政复议 718，724，725，729，743，744，749，761，762，777，786，948，972
行政给付行为 860
行政管理职权 808
行政惯例 934
行政机构的撤销合并 734
行政机关 718，723，732，737，764，814，836，856，867，880，909，913，918，919，944，974
行政机关履行法定职责 766
行政机关征收税款案件 888
行政机关职责范围 766
行政赔偿 830，972
行政赔偿案件 949
行政赔偿责任 906
行政区划变动 884
行政确认 713
行政诉讼 502，713，719，723，735，743，783，793，799，802，921
行政诉讼的对象 897
行政诉讼法 980
行政诉讼受案范围 728，734，744，746，749
行政协议 732，823，976
行政行为 879，928
行政行为违法 502，879
行政行为瑕疵 842
行政许可 847
行政允诺 836
行政争议 836
行政征收 962
形式上适格 779

性质　204，509
姓名权　439，447~449，827
修复环境　220
修改方式　507
修改后的行政诉讼法　905
虚构事实　1023
虚假陈述　367，380
虚假诉讼　547
虚假宣传　523
虚伪意思表示　108
选择产权调换　875

Y

延期答复　852
延期审理　776
研发阶段　488
业主共有　58，60
一地数卖　135
一人公司法人人格否认之诉　246
医院土地　49
疑罪从无　1004
以物抵债　27，50，112，644，651，675，677，679，680
以物抵债协议　70
异议人　478
意思表示　148，966
意思自治原则　423
意外伤害　356
意向书　148
因果关系　9，216，380
银行　367

银行工作人员　358
银行卡密码　363
引渡法　1003
引渡条约　1003
饮酒过量　356
隐藏法律关系　65，239
隐瞒真相　1023
隐名股东　273
印章加盖行为　573
盈余分配　286
影视作品　401
用人单位　209
优先购买权　141，241，566
优先权　135，426
优先认购权　283
优先受偿　53，630
优先受偿权　183，192，300
邮政特快专递　984
有毒有害的非食品原料　1018
有毒有害物质　1021
有继续危害社会可能　1006
有限合伙企业　374
有限合伙人　555
有效期限　205
有形形式　404
逾期利息　124
逾期违约金　653
原法定代表人免职　773
原告适格性　596
原告资格　758
原始证据　952
原物　991

援引法定刑 1013

约定 124,699

约定管辖 563

约定期限 203

约定俗成 459

越界开采 232

运输毒品 1028

Z

再审期限 607

再审申请 463

在法定刑以下判处刑罚 1009

在先权利 440,447

在先著作权 410,411,437

暂时性控制措施 833

责任承担 309,340

增值 675

增资扩股 283

增资入股 254

赠与 24

诈骗罪 1023

宅基地 50,112,728

债权 337

债权请求权 26

债权人 256

债权申报 304

债权转让 674

债务清偿期限 70

债务人 305

债务人财产 694

债务重组 323

招商引资协议 976

招投标 190

折角核对 365

真实意思表示 120

争议纠纷 699

争议林地 853

征地 728

征地补偿 955

征收补偿 832

征收补偿评估结果 863

征收补偿协议 774

征收补偿行政程序 875

征收实施单位 869

征收土地补偿款 941

正当使用 456

证据 305,890

证据查封 916

证据链 411

证据认定 445

证明标准 1004

证明商标 433

证明效力 578

证明责任 590,627,956

政府法制部门 808

政府信息 942,956

政府信息不存在案件 946

政府信息公开 718,878,923,944,981,983

政府政策 226

支付保险金 356

支付报酬 389

知名度 430,438

知名商品 533,534
知情权 926,944
执行 563,626,653,654,660,665,669,674
执行法院 563
执行和解协议 634
执行事务合伙人 555
执行效力 591
执行异议 630,662
执行异议之诉 617,627,630,691
执行证书 638
执转破 661
直接行使监管职权 764
职业病危害 212
职业健康检查 212
植物新品种 543
指示商标来源 425
指示、识别服务来源 425
制造或使用 485
制作机关 956
智力劳动成果 404
置换财产 56
中断 82
中外文商标 442
中止诉讼 231
中止执行 694
仲裁机构 699
仲裁条款 702,708
仲裁条款效力 705
重复起诉 840
重复起诉、上诉和申请再审 785
主动审查 806

主动使用 448
主观明知 1028
主管范围 740
主体资格 516,530
注册商标专用权 439
注册信息 435
注意和风险提示义务 358
著作权 399,408,412
著作权登记 411,437
著作权登记证书 410
专利 500
专利权保护范围 468
专利权无效 485
专利行政执法 517
专门从事环境保护公益活动的社会组织 609
专项维修资金 58
专业认定 934
转嫁风险 367
转让股权 273
转让合同 132,139
转让价格 141
转让意向合同 224
转移变更登记 971
追加 634
追加被执行人 668,672
资金划拨 116
自动解除 594
自行泄露 363
自愿抛弃诉权 772
字号 455
宗教含义 419

租赁期间　19
组织实施行为　754
最高额担保　316

醉酒　120
作用相当的主犯　1008